8th Edition

# Criminology

Explaining Crime and Its Context

# 범죄학

범죄원인론·형사정책·범죄발생의 최근경향

저자 | Stephen Brown · Finn-Aage Esbensen · Gilbert Geis

역자 | 황의갑 · 기광도 · 김용근 · 류준혁 · 박지선 · 윤우석 · 이봉한
이상문 · 이창한 · 이창훈 · 정덕영 · 정진성 · 조윤오

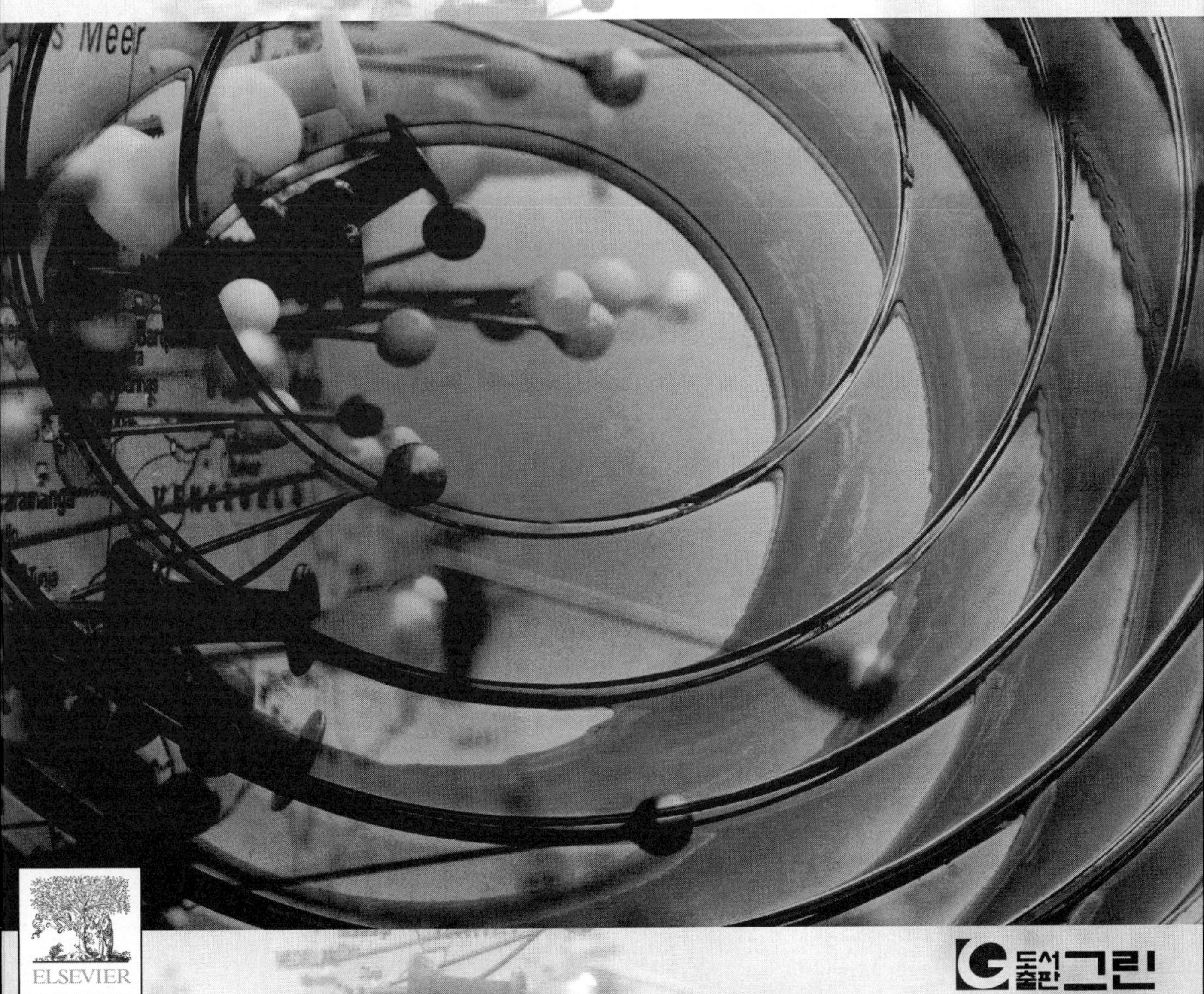

ELSEVIER

도서출판 그린

# Criminology: Explaining Crime and Its Context

Stephen E. Brown, Finn-Aage Esbensen, Gilbert Geis


ISBN : 9781455730100
Translated Edition ISBN : 9788957272121
Publication Date in Korea : 2015. 2. 28


Translated by Green Publishing Co.
Printed in Korea

## 8판 머리말

“범죄학: 범죄와 그 배경에 대한 설명” 8판에서 우리는 학생들에게 종합적이고도 깊이 있는 접근을 한 교재를 제공하고자 계속되는 노력을 하였습니다. 이번 개정판에서는 특별히 주목할 만한 보완작업이 이루어졌습니다. 첫째, 우리는 웨스턴캐롤리나 대학 범죄학 및 형사사법 학과의 바스크 박사(Jamie Vaske)로 하여금 제6장 “범죄에 대한 개인수준의 이론: 사회생물학적 관점”을 집중적으로 보완하기 위한 작업에 동참 할 수 있게 하여 기쁩니다. 최근 사회생물학적 관점의 진화는 범죄학계에 괄목할만한 변화를 초래하고 있을 뿐만 아니라 논쟁적인 연구결과를 양산해오고 있습니다. 제10장 “새로운 방향: 통합적 접근 및 생애경로적 접근”도 바스크 박사에 의해 심도 있게 보완되었습니다. 생애경로에 대한 주제는 최근에 가장 괄목할만한 범죄학적 관점으로 부상하였고 범죄학이론 과목에서 관심이 집중되는 분야입니다. 다른 장들도 현재의 범죄사례를 반영하고 선행연구의 최근 이론검증 내용을 포함하도록 보완하였습니다. 일련의 교육학적 요소와 시각적 학습 보조자료도 이번 개정판에 추가되었습니다. 각 장 시작부분에 학습목표를 주고 토론질문을 각 장의 마무리 부분에 배치하였습니다. 흥미롭게 범죄학적 사유를 유도하기 위하여 표와 삽화 그리고 사진을 추가하였습니다.

(8판을 출판하는데 도움을 준 많은 분들에 대한 감사말씀은 원문을 참고해 주시기 바랍니다).

## 7판 머리말

“범죄학: 범죄와 그 배경에 대한 설명” 7판을 준비하는데 있어서 어려운 점은 6판에 의해 600페이지 이상으로 늘어난 페이지 수를 본래 분량으로 줄이는 것이었습니다. 범죄를 설명하는 것이 광대한 작업이기에 책의 분량을 줄이는 것은 우리 세 저자에게는 너무나 힘든 일처럼 느껴졌습니다. 우리 학생들의 범죄학에 대한 기초를 향상시킬 수 있다고 생각되는 일련의 지식정보가 있습니다만 그러한 지식정보는 학술적인 의미라는 구조적인 틀 속에서 다루어 질 수 있어야 합니다. 무척이나 기쁘게도 범죄학의 이론적인 지평이 이 책이 발전해온 기간에 발맞춰 만개하듯 넓어졌습니다. 그러므로 책을 가다듬어 급격히 발전해온 내용들을 선별하여 제시할 때가 되었습니다.

이러한 수정작업 과정에 우리는 이 책을 강의교재로 활용하고 있는 몇몇 동료학자들로부터 도움이 되는 조언을 얻는 행운을 경험하였습니다. 수정작업 과정에 있어서 최종적인 결정에 대한 책임은 우리에게 있습니다만 동료학자들의 조언이 없었다면 이 책이 이렇게 훌륭한 작품이 될 수 없었으리라 생각됩니다. 아래의 범죄학자들에게 진심으로 감사드립니다.

| | |
|---|---|
| 부엔스(Karen Booyens) | 프리토리아 대학(University of Pretoria) |
| 드타두 보라(Kimberly Detardo-Bora) | 마샬 대학(Marshall University) |
| 클리노스키(Paul Klenowski) | 펜실베니아 클라리온 대학(Clarion University of Pennsylvania) |
| 루고(William Lugo) | 이스턴 코네티컷 대학(Eastern Connecticut University) |
| 티베츠(Stephen Tibbetts) | 캘리포니아 주립대학-샌 버너디노(CSU-San Bernardino) |
| 티틀(Charles Tittle) | 노스캐롤라이나 주립대학(North Carolina State University) |

일반적으로 알려져 있거나 새로이 부상하는 일련의 범죄학적 견해에 대해 경험적 증거를 제시하고 비판적 사고를 자극하기 위한 수년에 걸친 우리의 노력은 여기에 일일이 언급할 수 없는 많은 학생들과 동료학자들의 조언에 힘입은 바가 큽니다. 기여해준 모든 분들께 충심으로 감사드립니다. 특히 이 책 7판에 도움을 주신 분들 중 미주리대학 세인트루이스 캠퍼스의 테일러(Terrance T.J. Taylor)의 사려 깊은 조언과 우애 그리고 카슨(Dena Carson)과 비키오(J. Michael Vecchio)의 보조작업에 감사드립니다. 또한 캘리포니아대학 얼바인 캠퍼스의 크리스튼슨(Diane Christenson), 와실러(Marilyn Washler), 그리고 에드워즈(Patricia Edwards)의 후원에 감사드립니다.

# 옮긴이 머리말

경제수준과 더불어 범죄문제는 시민들의 삶의 질과 직결되는 객관적 지표에 해당한다. 서구 국가들을 중심으로 발전해 오던 범죄학이 최근 국내를 비롯한 일본, 중국 등 아시아 주요 국가들에서도 매우 중요한 학문분야로 자리 잡아 가고 있다. 범죄학 관련 번역서나 저서도 눈에 띄게 늘었으며 국내에서도 범죄학 이론을 개괄할 수 있는 교재를 쉽게 접할 수 있게 되었다. 이러한 상황에서 새로운 교재를 번역하는 것이 어떤 의미가 있을까 고민해봐야 하겠지만 국내에서 출판된 범죄학 관련 서적들을 살펴보면 다양한 범죄학이론의 설명에 집중함으로써 실증적 근거, 정책적 시사점, 또는 개별 범죄의 사회적 · 이론적 의미를 소홀히 하는 한계를 발견할 수 있다. 어떤 서적들은 지나치게 서구의 특정국가 상황을 강조함으로써 우리 현실과 결부하여 범죄이론을 이해하는데 어려움을 느끼게 한다. 그동안 대학의 교육현장에서 범죄학 관련 과목을 여러 서적을 교재로 활용해 강의하면서 각 범죄이론의 철학적 배경, 실증적 근거, 형사정책에의 적용과 더불어 주요한 범죄의 발생추세와 사회적인 의미를 한권으로 깊이 있게 이해할 수 있는 교재에 대한 아쉬움이 있었다.

이러한 갈증을 해소하며 범죄학 이론이 독자적인 이론으로 발전해온 과정을 이론적 전통, 사회적 배경, 그리고 과학적 체계성을 중심으로 자세히 다루고자 하는 범죄학 또는 범죄대책 과목 강의에 활용할만한 책으로 찾은 것이 브라운과 그 동료들의 "Criminology: Explaining Crime and Its Context"(초판, 1991; 제2판, 1996; 제3판, 1998; 제4판, 2001; 제5판, 2004; 제6판, 2007; 제7판, 2010; 제8판, 2013)이다. 이 책은 대학에서 범죄학을 다년간 강의하면서 적절한 범죄학 교재를 갈망하던 세 사람의 범죄학자들의 노력으로 시작되었으며 현재 8판에 이르기까지 새로운 내용이 보완되어 출판되면서 가장 인기 있는 범죄학 교재의 하나로 미국에서 베스트셀러가 되었다. 이 책의 저자 브라운(Stephen E. Brown) 교수와 애스븐슨(Finn-Aage Esbensen) 교수는 각각 웨스턴캐롤라이나대학과 미주리대학 세인트루이스 캠퍼스의 범죄학 및 형사사법학과 학과장으로 일하고 있고, 기스(Gilbert Geis) 교수는 캘리포니아대학 얼바인 캠퍼스의 범죄학 및 법사회학과 석좌교수로 재직중이며 미국 범죄학회 회장을 역임하였다.

"범죄학: 범죄와 그 배경에 대한 설명"은 범죄학의 토대, 범죄이론, 범죄유형 등 세 부분으로 구성되어 있다. 저자들은 그동안 여러 범죄학 교재로 대학의 강단에서 강의하며 얻은 경험과 범죄학자로서 다양한 범죄이론을 적용하여 연구했던 경험을 바탕으로 범죄학 이론의 복잡한 배경, 범죄의 원인, 그리고 범죄발생의 추세와 사회적 의미를 객관적이고 상대적인 관점에서 다루고 있다. 각 이론의 장단점이 제3자의 시각에서 조명되었고 타 저서의 단점으로 거론되는 특정이론에 대한 지나친 편중과 강조의 문제가 없기에 범죄학 이론을 균형 있게 이해하는데 적절한 저서이다. 또한 이 책은 지극히 과학적인 연구방법을 강조하며 각 이론과 범죄문제에 대한 경험적 연구의 흐름을 초기부터 최근까지 자세하게 설명하고 있어서 이론적 타당성의 전체적인 흐름과 최근의 연구경향을 이해하기에 용이하다. 이러한 측면은 범죄이론에 대한 깊이 있는 학습뿐만 아니라 새로운 연구에 대한 아이디어를 고안하는데도 도움이 된다. 특히 각 이론과 관련된 흥미로운 사회현상을 하이라이트로 제시한 점은 복잡한 사회문제를 범죄이론의 틀 속에서 이해하는 능력을 훈련하기에 적절하다. 무엇보다도 이 책이 여타 범죄학 서적과 구별되는 특별한 장점은 비록 내용이 서구의 범죄학 사상에 뿌리를 두고 있더라도 범죄, 일탈, 그리고 사회통제에 대한 폭넓은 이해를 돕기 위해 다양한 문화권의 연구자료를 망라하고 있다는 점이다. 서구의 학자들에 의해 작성된 범죄학 서적 중에 문화적 편협성을 크게 염려하지 않고 읽을 수 있는 드문 저서라고 할 수 있다.

이 책을 국내 독자들에게 소개하기 위하여 대학에서 범죄학 관련 과목을 강의하고 있는 13명의 학자들이 본 교재 제7판에 대한 공동번역 작업을 하였다. 1장은 동신대 김용근 교수, 2장은 경동대 정덕영 교수, 3장은 순천향대 정진성 교수, 4장은 계명대 윤우석 교수, 5장은 대구대 기광도 교수, 6장은 대구카톨릭대 류준혁 교수, 7장은 한남대 이창훈 교수, 8장은 경기대 황의갑 교수, 9장은 영산대 이상문 교수, 10장은 동국대 조윤오 교수, 11장은 경찰대 박지선 교수, 12장은 대전대 이봉한 교수, 13장은 동국대 이창한 교수가 맡아 번역하였다. 서로 다른 이론적 관심과 배경을 가진 여러 학자들이 출판일정에 맞춰 방학 중에 급하게 번역을 진행하다 보니 용어통일과 문체의 일관성은 물론 번역의 오류에 이르기까지 아쉬움이 많았다. 오류를 시정하는 것이 시급한 시점에 원서의 제8판이 출간되어 독자들의 의견과 질책을 수용하고 부족한 점을 보완할 수 있는 기회를 갖게 되었다. 본 교재 제8판에서는 최근 사회생물학적 관점의 연구가 대두되며 범죄학의 패러다임 변화를 요구하는 정도에 까지 이르고 있는 점을 고려하여 6장의 사회생물학적인 관점의 접근이 집중적으로 보완됨과 더불어 생애경로 관련 연구주제가 괄목할만한 범죄학적 관점으로 부상하고 있는 점을 고려하여 10장에서 범죄학의 새로운 경향으로서 통합이론과 생애경로이론이 대폭 보완되었다. 다른 장에서도 최근의 범죄사례는 물론 선행연구를 통한 이론검증 내용이 추가되었다. 이에 발맞추어 역자들 또한 제8판에 대한 추가적인 내용 번역과 기존 번역부분에 대한 수정보완을 통해 번역서의 완성도를 높이고자 노력하였다.

강의와 연구로 바쁜 가운데 이 책의 번역 및 추가적인 수정 작업에 시간과 정성을 할애해 준 동료 역자들에게 깊은 감사를 드린다. 이 책을 추천해준 동국대 조윤오 교수와 제8판 교정작업에 동참해준 한남대 이창훈 교수에게 감사의 말씀을 더한다. 아울러 제7판의 번역에 도움을 주었던 워싱턴주립대 우영기, 미시간주립대 이진아를 비롯한 박사과정 학우들의 노고에 감사드린다. 마지막으로, 이 책의 출판을 추진해준 그린출판사의 윤덕우 사장과 출판 일정을 지연시키는 일에도 불구하고 인내로 함께해준 편집담당자께도 감사를 드린다. 이 번역서가 독자들로 하여금 우리사회의 범죄현상과 원인을 이해하고, 범죄대책에 대한 아이디어를 얻거나 범죄학에 대한 관심을 기울이도록 하는데 조금이라도 도움이 되었으면 하는 것이 역자들의 바램이다.

2014년 12월

연구교수로 방문중인 메릴랜드대학교에서

역자들을 대표하여

**경기대학교 황의갑**

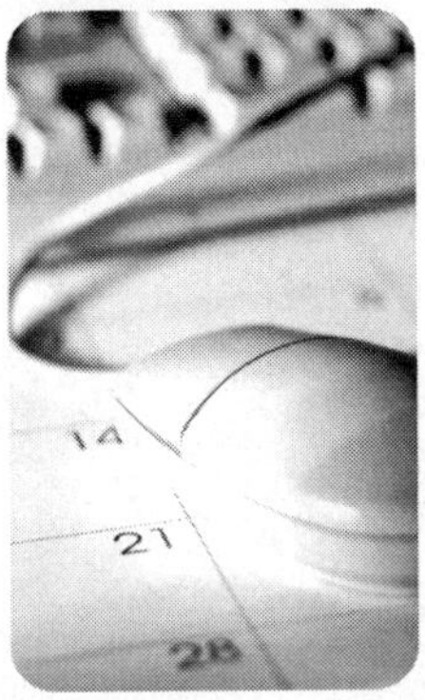

# CONTENTS

## PART Ⅰ 범죄학의 기초



## PART Ⅱ 범죄이론



## PART Ⅲ 범죄의 유형

# PART I

# 범죄학의 기초

이 단원에서는 범죄학 연구의 기본 틀과 다음 장에서 소개하게 될 내용들에 대한 기초를 제공하고자 한다. 범죄학은 광범위한 학제 간의 학문이라 할 수 있다. 그럼에도 불구하고 1-4장에서 살펴본 바와 같이 범죄학의 발전을 견인해온 몇몇 핵심 개념들이 존재한다. 개념정의가 학자들마다 다소 다를 수 있겠으나 현대의 범죄학은 범죄와 특히 그 원인에 대한 과학적 학문이라 할 수 있다. 그러나 시대에 따라 범죄와 범죄에 대한 연구방법은 모두 극적인 양상으로 변해왔다. 이러한 변화들은 그 자체로 중요하다. 따라서 역사적인 관점이 본 교재 "범죄학: 범죄와 그 배경에 대한 설명"에 포함되었다. 또한 본 교재의 기본 전제 가운데 하나는 시대적 인식이 우리의 현재 위치와 가야할 방향을 이해하는데 있어서 다른 무엇보다도 중요한 의미를 지닌다는 것이다. 범죄학에 대한 시대적 인식은 주요 사회변화에 대한 시대적 인식과 마찬가지로 범죄의 복잡성을 이해함에 있어서 단편적 사실로부터 결론을 도출해 내기 위한 전체적인 큰 그림을 우리에게 제공해 줄 것이다.

범죄학의 핵심논지 또는 존재이유는 범죄가 왜 발생하는지를 설명하는 것이며 이것은 곧 이론화의 과정이기도 하다. 이것은 많은 범죄학자들이 범죄에 대한 연구 및 실험을 발전시키는 과정에서 범죄학적 노력의 토대가 되고 있다. 범죄성과 정책개발을 예측하는 것은 몇몇 원인을 밝히는 틀 안에서 논리적으로 이루어져야 한다. 본 교재는 범죄를 설명하기 위한 다양한 연구모형을 검토하고 범죄를 해결하기 위한 많은 전략을 제안하고 있다. 본 교재는 범죄와 범죄학을 정의하는 일환으로 첫 장에서 범죄의 상대성에 주목하였다. 무엇이 범죄로 정의 내려지는 것인가 하는 것은 시간, 장소, 누가 정의 내리는가에 따라서 각기 다르다. 전 세계의 다양한 문화적 상황에 따른 차이들을 살펴보면 범죄와 일탈을 이해함에 있어 상대적인 개념이 얼마나 중요한가를 알 수 있다. 그런 의미에서 범죄학은 본질적으로 문화 간 차이를 내포하고 있다.

criminolog

criminolog

본 교재는 미국 범죄학 사상에 근간을 두고 있지만 범죄, 일탈 그리고 사회적 통제에 대한 더욱 폭넓은 이해를 돕기 위해 다양한 문화권의 자료를 망라하고 있다. 즉 범죄의 상대성은 각 문화권 내에서 범죄에 관한 지속적인 재정의를 이해하는 데 유익한 개념이 될 것이다.

범죄와 범죄정책에 대해 설명함에 있어 이데올로기의 영향은 아직까지도 범죄학자들과 본 교재의 관심과 과제이다. 이는 범죄에 관한 전망을 제시할 뿐만 아니라 다섯 가지 지배적인 패러다임에 근거한 다양한 설명을 제시한다. 그런 노력의 목적은 범죄학 분야에 균형 잡힌 관점을 제안하기 위함이다. 여러 범죄학 교재들이 하나의 패러다임 또는 이데올로기에 뿌리를 두고 있지만 본 교재는 많은 범죄학자들에 의해 제안된 다양한 철학적 사유들을 골고루 반영하고자 한다. 지면의 한계와 시간의 제약 때문에 모든 범죄학적 설명을 다 포함하지는 못했다 하더라도 범죄학적 사고를 포괄하고자 하는 상당한 노력이 있었다.

C/H/A/P/T/E/R 01

# 범죄와 범죄학
(Crime and Criminology)

## 학습 목표

제1장을 읽은 후, 당신은 다음의 내용을 수행할 수 있어야 한다.

- 범죄의 위해성 평가를 위한 기준들에 대한 논의
- 범죄학 분야의 주요 이슈들을 반영한 범죄학의 정의 개발
- 범죄학에 연관된 이데올로기 설명
- 범죄의 정의에 대한 차이 비교
- 범죄학에서의 다섯 가지 패러다임의 개요를 서술 및 비교
- 범죄학과 정책의 주변 논쟁과 그 의미에 대한 논의
- 범죄의 원인을 이해함에 있어 미디어의 역할에 대한 비판적 평가

범죄와 범죄자들은 항상 사람들의 주목을 받는다. 이러한 주제를 신문, 방송 등의 언론 매체에서 빠지지 않고 다루는 것은 그 때문이다. Casey Anthony의 딸에 죽음에 대한 재판의 충격적이고 상세한 내용들은 물론 국제적으로 비난을 불러일으킨 프랑스 정치인 Dominique Strauss-Khan의 뉴욕호텔 종업원 강간혐의 그리고 노르웨이 오슬로에서 반사회적 인격장애자에 의해 백여 명의 시민이 학살된 사건에 이르기까지 대중의 호기심은 멈추지 않는다. 이를 통해 Robin Hood나 Jesse James(서부개척시대의 전설적인 갱단 두목) 같은 범죄자들이 국민적 영웅이 되기도 한다. 심지어 피해자라고 주장하는 사람들을 비난하는 시나리오도 있다. 물론 범죄자나 범죄 용의자들이 악마로 표현되거나 분노와 공포의 감정을 불러일으키는 존재로 묘사되기도 한다.

범죄와 관련하여 몇 가지 흥미로운 질문을 제기할 수 있다. 왜 사람들은 범죄를 저지르는가? 우리는 어떻게 대응해야 하는가? 왜 어떤 행동은 범죄가 되는데 다른 행동은 범죄가 되지 않는가? 우리는 허용할 수 없지만 법적으로 허용 가능한 일이라면 법이 존재할 필요가 없지 않은가? 이러한 질문에 대해 범죄학자들은 단순한 궁금증에 머무르지 않고 좀 더

체계적인 방법으로 그 해답을 찾으려고 한다. 이들은 범죄와 범죄자, 그리고 범죄 행동을 연구하는 전문가로서 범죄의 원인을 밝혀내야 하는 사람들이기 때문이다(Rush & Torres, 1998:52).

무엇을 가리켜 범죄라 하고, 그것들은 얼마나 심각한 문제를 야기하는 것일까? 다음의 짧은 시나리오들을 대상으로 이들 가운데 가장 심각한 문제를 가져오는 행위부터 덜 심각한 순서대로 순위를 매겨보자. 그 후에 그렇게 배열한 근거를 생각해보고, 당신의 순위와 동료의 순위를 비교해보고, 그 결과가 다르다면 왜 그런지 설명해보자.

- George는 38구경 리볼버를 주류 판매점의 종업원에게 겨누고 외쳤다. "그 가방에 돈을 다 집어넣어."
- Karen과 Mary는 대학교 기숙사에서 CD를 들으며 일주일에 몇 번씩 대마초를 피웠다. 그들은 아무 죄책감도 느끼지 않은 채 깔깔거리며 즐거워했다.
- 대기업 자문을 맡고 있는 John은 회사에 큰 손실이 발생할 것이라는 사실을 알고 있었다. 하지만 그는 사원들에게 회사 주식을 구입하도록 부추겼고 그 대가로 두둑한 보너스까지 챙겼다. 끝내 회사는 부도를 맞았고 수천 명의 사원들은 직장과 연금마저 잃게 되었다.
- 대기업 중간 관리자인 Stuart는 중소기업과 합병하는 업무를 담당하고 있었다. 그는 합병으로 인해 상대 중소기업의 주식이 많이 오를 것을 알고, 약혼녀 Anna에게 4만 달러를 주어 그 주식을 구입하게 했다.
- 자동차 회사 임원인 Mike는 최근 출시된 자동차에 브레이크 결함이 있다는 사실을 보고받았다. 그로 인해 심각한 인명피해를 초래할 수도 있다는 사실을 알았지만 리콜을 실시하지 않는 편이 회사에 더 큰 이익을 가져온다는 결론을 내렸다. 그 다음 해에 14명의 시민들이 브레이크 불량으로 교통사고가 나서 목숨을 잃었다.
- Snake와 Slim은 그들의 주먹에 큰 자부심을 갖고 있었다. 힘센 주먹이야말로 그들이 동네 사람들의 존경을 받는 진정한 이유라고 생각하여 아무데서나 무분별하게 주먹을 휘두르곤 했다. 그들은 자기 마음에 들지 않는 사람들을 철저히 무시했다. 어느 날 밤, 엄청나게 취한 상태에서 게이로 여겨지는 젊은 대학생들에게 성적인 욕설을 퍼부으며 무자비하게 주먹질을 해댔다. 피해자들은 코와 갈비뼈가 골절되는 중상을 입고 한동안 병원에 입원해야 했다.

- Abby는 두 살짜리 아들을 키우는 십대 미혼모이다. 그녀의 동거남 Manley는 그녀의 아들을 담뱃불로 지지고 상처에 오줌을 싸는 형편없는 작자였다. Abby는 Manley가 아이를 괴롭히는 장면을 수차례 목격했지만 그를 사랑한다는 이유로 경찰에 신고하지 않았다. 결국 그들의 만행은 보육 교사의 신고로 발각이 났지만, 의사의 말에 따르면 아이의 팔과 다리에 난 상처는 영원히 흉터로 남을 것이라고 한다.
- Jake는 3년차 경찰관이다. 그는 지역 폭력 조직원인 Big이 어린 여자아이를 성추행했다는 소문을 들었다. 구체적인 물적 증거도 없고 주민들 중에 누구도 증인으로 나서지 않았기 때문에 그를 체포할 수는 없었지만, Jake는 그간의 경험을 통해 그가 범인이라는 확신을 굳혔다. 어느 날 밤 골목길에 혼자 있는 Big을 보고 Jake는 경찰봉으로 그를 수차례 내려쳤다. 그리고 여자아이들을 성추행했다는 소문이 다시 들리게 되면 더욱 심한 매를 맞게 될 것이라고 저속한 언어로 욕설을 퍼부었다.
- 자동차 대리점에서 정비공으로 일하는 Dustin은 사장으로부터 월급을 받으려면 충격 흡수 장치를 매주 다섯 개 이상 의무적으로 교체해야 했다. 그는 상대적으로 차에 대해 잘 모르는 여성 고객들을 대상으로 충격 흡수 장치를 교체해야 한다고 말했다. 그 결과 Dustin은 그의 할당량을 채워서 월급을 받을 수 있었다. 그렇게 몇 개월이 지나자 사장이 그를 불러 "자네는 우리 정비소에 꼭 필요한 사람이야."라는 칭찬을 하고 월급을 20% 이상 인상해주었다.
- 의사 Hippocrates는 신형 벤츠가 나올 때마다 현금을 들고 찾아가 새 차를 구입했다. 최근에 그는 신형 모델이 출시되자마자 부족한 현금을 채우기 위해 편도선이 부은 아이를 데리고 온 부모에게 편도선 절제술을 권했다. 그런 식으로 7번의 수술을 하여 각각 1,650달러를 청구했다.
- Sharon은 스물세 살의 고등학교 2학년 과학 선생이다. 그녀는 방과 후에 자신의 아파트에서 열네 살인 Jim과 성관계를 맺었다.
- Jay는 인터넷에 능통한 22세의 대학생이다. 그는 온라인에서 여고생들을 만나고 그들과 sexting하는데 많은 시간을 보낸다. 그의 이런 행동들은 13-16세 소녀들과의 몇몇 만남으로 이어지며 이런 만남에선 성행위가 이루어졌다.
- Alvin은 가난한 농사꾼이다. 그는 수익성이 높은 토마토 농사를 지었는데, 올해도 농사를 망칠 경우 결국 파산하게 될 처지에 놓여 있었다. 그런데 우려했던 대로 토마토에 무당벌레가 들끓자, 정상적인 방법으로는 문제를 해결할 길이 없어 불법 살충제라

는 사실을 알면서도 DDT를 토마토에 뿌렸다.

- Smith 코치는 밸리 중학교 미식축구팀을 챔피언 전에 네 번 진출시켰다. 그는 정기적으로 자신의 선수들과 소풍, 영화 그리고 유대감을 키울 수 있는 다른 활동들을 함께 한다. 어느 날 저녁 학교 관리인은 스미스 코치가 샤워하는 선수를 애무하는 것을 목격하였다.

이상의 시나리오들을 그 심각성의 정도에 따라 순위를 정하여 나열해보라. 어떤 것이 가장 심각한 문제를 야기하고, 어떤 것이 가장 덜 심각한 문제를 야기하는가? 자신의 순위를 동료의 순위와 비교해보라. 그 결과는 우리에게 많은 의문을 던져줄 것이다. 첫째, 이러한 행동의 심각성에 순위를 매기기 위해서는 용어에 대한 명확한 개념 정의가 필요하다. 전형적으로 범죄와 불법행위는 '피해'의 관점에서 정의되어야 한다. 그렇다면 가장 해로운 행동을 어떤 식으로 결정할 것인가? 아마도 자신의 생각과 타인의 생각을 비교한다면 많은 차이가 발견될 것이다. 무엇을 '피해'라고 생각하는지는 보는 사람의 관점에 따라 다르기 때문이다. 물론 해로운 행동을 평가하기 위한 기준으로 '피해'가 절대적인 것은 아니다. 다른 기준이 더해지기도 한다. 법적으로 특별 보호가 필요한 아이들이나 노인들, 장애인 집단이 그 좋은 예이다. 이 시나리오와 관련하여 어떤 집단이 특별 보호를 받을 자격이 있다고 할 수 있는가?

[그림 1.1] 누가 범죄자처럼 보이는가?

≫ 자료의 출처: Left: ⓒiStockphoto.com/Kristian Sekulic; middle: ⓒiStockphoto.com/kali9; right: ⓒiStockphoto.com/Ephraim Rivera.

둘째, 각 시나리오가 형사 사법 제도에서 어떻게 적용되는지, 그리고 그것을 사람마다 어떻게 다르게 받아들이는지 주목해야 한다. 모든 범죄가 사법권의 모든 영역 안에 있는 것도 아니고, 형사 사법 제도가 불법적인 행동에 모두 개입하는 것도 아니다. 경우에 따라 형사 사건을 바라보는 관점이 검찰과 다를 수도 있다. 다시 말해 이런 시나리오들은 피해

[표 1.1] 범죄의 심각성 평가를 위한 공통 기준

| | |
|---|---|
| 가해진 피해 | 그 행동으로 인해 야기된 피해에 관한 객관적인 기준은 무엇인가? |
| 피해 정도 | 피해자는 법적으로 특별 보호를 받을 만한가? |
| 도덕적 판정 | 무엇이 혹은 누구의 도덕적 평가가 범죄 정의 과정에서 특정 행위나 행동을 범죄화하는 데 영향을 미쳤는가? |
| 범법자들의 특징 | 범법자들의 상황과 배경의 역할은 무엇인가? |

는 물론이요, 지나치게 범죄화된 행동을 포함하고 있다고 결론내릴 수 있다. 어떤 시나리오에 논쟁의 여지가 있는가? 이 시나리오들은 이 책의 주요 이론인 법의 상대성이라는 두 가지 측면을 드러낸다. 요컨대 우리 모두는 범죄로 다루어져야 할 것과 그렇지 말아야 할 것에 대해 의견이 분분하다. 부정행위에 대한 우리의 인식은 성(性)과 종교, 인종, 사회적 지위를 비롯하여 기타 여러 가지 상황에 따라 달라진다. 이처럼 어떤 행동에 대한 도덕적 평가, 즉 어떤 행동을 범죄라고 여기는 반면에 어떤 행동은 범죄라고 여기지 않는 것은 우리의 일정한 반응에서 형성된다. 특별 이익 집단(Special Interest Group, 자신들의 특별한 이익을 위해 정부 등에 압력을 행사하는 단체)을 비롯하여 형사 사법 담당자는 물론이고 일반 대중까지도 특정 행위를 범죄로 규정하는 과정에 일정한 영향을 미친다.

셋째, 이들 시나리오의 범죄행위 중에는 당신을 비롯하여 우리 모두가 공감하는 특징을 반영한 것도 있을 것이다. 반대로 어떤 범죄행위는 단지 밉살스럽거나 반항적인 행동으로만 보일 수도 있다. 타인에게 피해를 입히는 사람들에게 공평하게 책임을 물어야 하는가, 아니면 범죄자들의 상황과 특징을 고려해야 하는가? 범죄자들이 부유하거나 가난하거나 혹은 건강하거나 아프거나 여유로운 삶을 살거나 불우한 삶을 살거나 하는 것이 문제가 되는가? 다시 말해 우리는 단지 범죄행위 자체만을 고려해야 하는가? 아니면 심각성의 정도를 등급으로 매길 때 범죄자의 처지 또한 고려해야 하는가? 이와 관련하여 [표 1.1]은 범죄행위의 심각성을 평가할 때 제기된 의문점들을 요약한 것이다.

범죄를 다루는 것은 결코 쉬운 일이 아니다. 형법이 사회 구성원의 관심을 대체로 반영하고 있는지, 또 범죄학자들이 의사합의 모형(consensus model)을 무엇이라고 부르는지가 중요한 철학적 질문으로 제기된다. 말하자면 합의는 "어떤 행동이 범죄인지에 대한 법적 정의의 근간이 되는가, 우리의 법은 국가가 다른 사람에게 손해를 끼쳐서 일부의 이익을 충족시키는 갈등의 반영인가, 일반 대중은 정부의 의사합의 모형으로서 국가 이념을 지지하는가?"하는 점과 밀접한 관련이 있다. 우리는 법이 시민의 의견을 적극적으로 수용하기를 바란다. 범죄학자들은 종종 정보가 없는 범죄 현장에서 공공 정책의 방향에 실망하게 되거나 정치가와 언론에 의해 조정되기 쉽다. 대부분의 범죄학자들은 범죄 문제의 복잡성을 잘 이해하고 있다. 즉 대부분의 범죄학자들은 범죄가 최소한의 보건, 경제, 외교 정책만큼이나 해결하기 어렵다는 사실에 동의하고 있는 것이다.

이와 관련하여 법학자인 Samuel H. Pillsbury(1995:305-336)는 다음과 같이 주장한다.

> 의사나 보험 설계사, 보건 행정가들이 빠진 보건 정책에 대해 입법 결정을 내릴 수 있을까? 재정 전문가나 경제학자로부터 추가적인 논의를 도출해 내지 않고 금융 정책을 해결하려고 한다면 어떨까? 외교관이나 정보요원 그리고 군사 전문가들이 빠진 외교 정책은 또 어떨까?

그러나 범죄 해결 계획은 최소한의 범죄학적 협의만을 통해 논의되어지고 채택된다. 형사사법 전문가들은 정책 논의에서 특별한 위치, 주로 낮은 위치에 있는 것처럼 보인다. Elliott Currie(1999:15)는 범죄학자들이 알고 있는 것과 미국의 범죄 정책 방향 사이에 커다란 격차가 있다고 우려를 표하였다. 이 문제는 미국범죄학회(American Society of Criminology) 회장이 두 차례에 걸친 연설에서 밝힌 바 있다. 2003년 학회 모임에서 '이론과 정책의 괴리'에 대해 논의하던 중, John Laub(2004)은 대부분의 정치인들이 학자들, 특히 범죄학자를 무시하는 경향이 있다고 주장하였다. 이와 관련하여 전 조지아 주지사 Zell Miller의 다음과 같은 범죄학적 지식으로부터 형사 사법 정책의 시급한 분리를 요구하기도 하였다.

> 당신이 아이보리 타워에 아이를 데리고 가서, 뒤에서 그 아이를 발로 차더라도 그것을 나에게 말해줄 사람은 아무도 없다. 그럴 수가 없다. 나는 학자들이 뭐라고 말하든 개의치 않는다(cited in Laub, 2004:16).

전 애리조나 주지사 Fife Symington(1997년 은행 사기로 유죄판결을 받은 인물)도 반범죄학적 감정을 다음과 같이 표출하였다.

> 나는 애리조나 사회이론가 이사로 고용된 것이 아니다. 나는 사기나 최근 범죄행위 원인의 뿌리에 대해 앉아서 명상하려고 여기에 온 것이 아니다. 형법은 이론가들이 아닌 도둑놈들을 상대한다(cited in Welch et al., 1998:234).

2004년 미국범죄학회 모임에서 Frank Cullen(2005)은 대부분의 사람들이 범죄학에 대해 무관심하다고 지적한 다음, 범죄학적 지식을 전파하기 위해 특별한 노력이 필요하다고 촉구하였다. Frank Cullen(2005:27)은 "합법적이고 엄격한 과학적 지식은 범죄학의 영향력을 지금보다 한층 배가시킬 것이다."라고 말하였다.

하지만 범죄학자들의 과학적 발견은 정치가들이 취하는 입장과 다르다. Travis Pratt(2008:44)는 방법론적으로 철저한 조사를 통해 '삼진 아웃법'과 같은 정책이 범죄율에 미치는 영향이 크지 않다는 것을 입증하였다.

범죄학 비평가 Austin(2003)은 "이러한 결과가 나온 것은 대부분 범죄학 조사의 열악한 질 때문이라고 생각하지만, 사실 그 원인은 다른 데 있다."라고 주장한다. 범죄학적 지식과 범죄 정책 사이에 격차를 줄이기 위해 Pratt(2008)는 "범죄학자들이 유권자를 비롯하여 정책 결정권자에게 보다 쉽게 이해할 수 있도록 정확한 언어로 복잡한 과학적 지식을 설명하기 위해 노력해야 한다."라고 주장한다. 마찬가지로 Marvell과 Moody( 2008)는 범죄학자들이 사용하는 복잡한 조사 설계를 믿을 수 있는 전문가 위원회가 표준화되어야 한다고 권고한다. 그러나 분명하게 신뢰를 얻는 것과 정치적으로 구미가 당기는 정책에 복잡한 과학적 발견을 끼워 넣는 것은 둘 다 범죄학적으로 큰 어려움을 야기한다.

## 과학으로서의 범죄학

앞서 살펴본 것처럼 범죄는 여러 사람들에게 다른 사상과 의미를 전달하는 상대적인 현상이다. 따라서 범죄학은 간략한 정의로 간추릴 수 있는 성질의 것이 아니다. 다만 "법 제정 및 법 위반의 과정, 그리고 법 위반에 대한 반응"을 연구하는 범죄학의 3대 영역은 Edwin Sutherland의 고전적인 연구로부터 시작되었다(Sutherland & Cressey, 1974:3). 이처럼 범위가 넓은 정의를 책 한 권으로 설명하기는 어려울 것이다. 그러므로 이 책은 법 제정과 법 위반에 대한 반응의 중요성을 인정하는 한편, 법 위반과 같은 범죄를 보다 일반적으로 설명하기 위해 과학적인 시도에 초점을 맞추었다.

과학의 필수적인 두 가지 요소는 이론적이거나 방법론적인 것들이다. 이론은 세상을 설명하거나 이해하는 노력을 나타냄으로써 범죄와 범죄화 그리고 비슷한 문제의 '원인'을 보여준다. 방법론은 범죄학자들이 범죄 원인을 결정하려고 할 때 사용하는 기술 또는 방법을 나타내는 말이다(챕터 3 참고). 이론과 방법은 범죄를 연구하는 과학적 방법과 필수적으로 연관되어 있다. 이론은 관찰된 사실을 설명하기 위해 개발되지만, 관찰은 이론을 시험하기 위해 수행된다. 하지만 그중 일부는 이론보다 숭고한 방법론이 있다고 믿는 '경험주의적인 과학주의'와 연관이 있다. 이는 범죄학적 상상력의 소멸에 영향을 준다(Williams, 1984).

이 책에서 최근의 범죄를 설명하는 노력은 범죄학적 이론화라는 점에서 큰 의의를 찾을 수 있다. 하지만 과학적 측면의 우위성에도 불구하고 몇몇 범죄학자들은 범죄를 이해하는 것에 대한 인간적인 접근을 선호한다. 이러한 관점은 권력자들이 어떻게 하면 자신에게 범죄를 유리하게 이용할 수 있는지 하는 문제와 상충된다. Jack Gibbs는 비판적인 범죄학자들의 주된 공헌이 공수표(hot air)가 되었다는 말에 반박하면서 일부 합의와 갈등을 다루는 이론가들 사이에 깊은 간극이 있다고 강조하였다.

> 부당한 비교를 전적으로 제외하고, 사회행동주의 과학자들은 사회비평가를 비롯하여 철학자, 혁명가, 신학자, 저널리스트, 사회복지사, 역사학자들과 어떻게 다른가? 만약에 사회학자들과 범죄학자들이 이 질문에 만족스럽게 대답할 수 없다면, 이 두 가지 분야는 존재할 가치가 없을 것이다.
> 이에 대해 나는 다음과 같이 간단하게 답변할 수 있다. 사회행동주의 과학자들은 실증적인 이론을 찾기 위해 노력할 것이고, 대개 그러한 이론은 예측 능력으로 평가될 수 있다(1987:3-4).

이에 대한 답변으로 Ray Michalowski는 다음과 같이 반박한다.

> 무수히 많은 범죄학자들이 있다. 만약에 우리가 실행 가능한, 강력한 범죄학을 만들어내고자 한다면 먼저 주제의 다양성부터 인정해야 한다. 아울러 인식론적으로나 이론적인 설득을 하는 범죄학자들이 서로 진지하게 이야기할 시간이 필요하다(1987:18).

범죄학자들 사이에서 과학적 방법이 범죄와 범죄행위를 이해하는 핵심 사항이라는 데는 의견이 일치하지만, 앞선 논쟁을 통해서 이 분야에 이견이 없지 않음을 알 수 있다. 즉 범죄학과 관련하여 과학적 방법의 적절한 역할에 대해서는 이념적인 차이가 여전히 존재한다. 이는 이 분야를 이해하는 중심이 되는 또 다른 문제이기도 하다.

## 범죄학내에서의 이념

이념은 우리 모두에게 무의식적으로 작용하며, 세상을 살아가는 방법으로서 일련의 신념이나 가치를 뜻한다. 즉 이념은 종교적, 정치적, 사회적 그리고 도덕적 상태의 근간이 된다. 결론적으로 말해 사회적 관계의 모든 방식으로서 선입견을 이끄는 것을 돕는다. “하나의 이념은 다른 모든 요소들보다 사회적 한 요소에 이익을 제공한다.”(Curra, 2000:6). 이러한 특징은 성(性)이나 특정 윤리 집단, 종교, 정치적 집단에 축적된다. 그것은 범죄와 범죄자들에 대한 우리의 선입견을 형성하는 더 큰 틀의 정치적이고 종교적인 이념을 형성한다. 그 자체로 이념이 나쁜 것은 아니다. 반대로 일련의 신념으로 속박당하는 것은 필수적인 것으로 피할 수 없다. 그러나 우리는 그러한 가치들이 무엇인지 알기위해 노력해야 한다. 게다가 우리는 기꺼이 그것들을 주의 깊게 평가해야 한다.

정치적 이념은 왼쪽 날개(진보)에서 오른쪽 날개(보수)로 연속적인 전도가 이루어지는 것으로 개념화할 수 있다. 각 연속에서 날개의 위치는 범죄 문제에 대해 정의하고 반응하는 극적인 내포 가치와 연관이 있다. 최근의 논쟁은 범죄 문제에 대해 상대적으로 분명한 이념적 경계를 나타낸다. [표 1.2]에서는 보수주의적인 견해와 진보주의적인 견해의 표본을 대비하였다. 범죄학자들이 범죄 문제를 구분하는 것은 다양한 통제(control), 억제(deterrence) 이론가들과 사회 구조/지지 이론가들 사이에 놓인다. 전자의 넓은 전략은 범죄자들에게 통제를 가하는 방법을 찾는데 반해, 후자의 구조주의/지지 이론가들은 주변 환경을 범죄자들에게 몰아가는 이들에게 더 정확한 기회를 제공하는 방법을 발견한다. Frank Cullen과 그의 동료들(1999:189)은 대중화된 통제 관점은 사람을 위해서라기보다 사람에게 뭔가를 하는 것을 요구하는 것이라고 본다. 따라서 통제 이론은 억압적인 방향으로 쉽게 기울어질 수 있다.

그러나 보수주의자들은 범죄자가 결점이 있거나 도덕적으로 문제가 있다는 예측으로부터 출발한다. 보수주의자들은 더 많은 사람들을 오랫동안 감옥에 가두어 놓기를 요구하는 반면에, 더 많은 진보 진영의 범죄학자들은 비행이나 범죄행위의 위험에 처해 있는 자들을 위해 사회적인 지지를 강화하기를 옹호한다.

종교적인 견해들은 이러한 사상의 토대를 구성하는 또 다른 중요한 일부이다. 이러한 종교적인 견해들은 범죄와 관련한 많은 대중적 그리고 정치적 견해들에 영향을 준다. 하지만 범죄학자들은 범죄를 설명하는데 있어서 종교와 종교성에 별로 주의를 기울이지 않았다. Cullen(2012)은 이러한 부주의가 Travis Hirschi(1969) 그리고 Hirschi와 Rodney Stark(1969)의 연구들에서 종교 - 비행(또는 범죄) 가설을 지지하는 증거를 발견해내지 못한 점과 Hirschi의 영향력 있는 통제이론에서 종교가 제외된 점에서 비롯되었다고 주장한다. 반면에 Cullen(2012)은 범죄학을 세속적 인문학적 학문으로 표현하고자 한다. 그는 종교와 종교성에 주목하지 않는 것이 시기상조일 수도 있다는 것을 인정하지만, 그에 따르면 범죄학은 범죄를 설명하는데 있어서 영적인 요인들을 고려하는 데에 관심을 가지고 있지 않다고 주장한다.

최근 Johnson과 Sung Joon Jang(2012)은 범죄와 종교 변수들의 철저한 검토를 방해하는 관념적인 눈가리개들을 제거하는 것들이 한참 전에 이루어졌어야 할 일들이라고 주장했다. 그들의 주장에 따르면 종교와 종교성의 변수들은 미시적이고 거시적인 수준에서 범죄를 직접적으로 그리고 또한 이 책에서 검토되고 일반적으로 인정된 많은 이론적 체계들(학습이론, 통제이론, 자아통제 그리고 긴장 이론)을 통하여 설명할 수 있는 뛰어난 가능성이 있다고 한다. 그들에 의하면 Hirschi와 Stark(1969)의 지옥불(hellfire) 연구는 비행을 방지하는 데에 있어서 종교가 중요한 역할을 한다는 증거를 찾지 못했지만 최근의 연구들은 그들의 이론을 뒷받침하고 있다고 주장한다. Cullen(2012: 154)도 지옥불(hellfire) 연구에서의 통제에 대한 전제가 종교와 범죄에 관한 연구의제를 잘못 설정하였다는 데에 동의하였다. 또한 Ulmer(2012)는 종교와 비행의 연관관계를 다양한 이론적 체계들 안에서 실증적으로 실험하자는 Johnson과 Sung Joon Jang의 주장을 지지하였다.

이데올로기에는 편견 또는 배타심이 종종 스며들기 때문에 보수적인 범죄정책을 지지하는 사람들이나 진보적인 범죄정책을 지지하는 사람 모두가 하나의 관점에 매달린다. Ling Ren, Jihong Zhao 그리고 Nicholas Lovrich(2006)는 이데올로기의 양극단을 비교하고 이데올로기의 양극단에 기반을 둔 범죄감소 프로그램의 성과를 실증적으로 평가하였다. 이론가들에게는 유감스럽겠지만, 그들은 경찰활동 강화(보수주의 사상과 일치)와 지역개발(진보주의 사상과 일치) 모두가 강력범죄 감소와 관련이 있음을 발견했다. 그들은 효과적인 범죄통제 정책은 보수적인 시각과 진보적인 시각의 장점들을 모두 겸비해야 한다고 권고하였다(2006:28). 하지만 불행히도 많은 사람들이 그들의 권고에 주의를 기울이지 않을 것이다. 범죄문제를 해결하는 데에 있어 이러한 교착상태는 2011년 여름 민주당, 공화당 그리고 우익단체들이 예산과 부채 상한선을 놓고 타협하기를 거부한 사태와 닮아 있다. 이러한 이데올로기적 완고함은 범죄행위를 포함하는 다른 많은 문제를 해결할 수 있는 기회를 놓치도록 만든다.

이데올로기에서 비롯되는 편견들은 알 수 없는 결과들을 초래한다. 정책은 범죄를 효과적으로 처리하기 위해서가 아니라 이데올로기를 위해서 지지되어진다. 예를 들어 [표 1.2]에 있는 목록들을 자세히 살펴보면 사람들이 자신의 정책 입장을 결정하는 데에 많은 영향을 주는 윤리적 · 정치적 관점들이 나와 있다. 특히 정치적으로 불안정한 상황에서 나타날 수 있는 입장의 전환들은 신중한 정책결정보다 이데올로기의 우월함을 보여준다. 이것을

[표 1.2] 보수주의 VS 진보주의 범죄 이념

| 보수주의 | 진보주의 |
|---|---|
| 사형 제도에 찬성함 | 사형 제도에 반대함 |
| 청소년의 범죄 책임 연령을 낮게 지지함 | 청소년의 범죄 책임 연령을 높게 지지함 |
| 마약 복용자에게 높은 형량을 지지함 | 마약 복용자에게 낮은 형량을 지지함 |
| 강제적인 형태의 최소한의 수감형을 지지함 | 강제적인 형태의 최소한의 수감형에 반대함 |
| 모든 범죄와 범죄자의 높은 형량을 지지함 | 일부 범죄와 범죄자의 높은 형량 보류를 지지함 |
| 범죄자 관리를 위한 형법 사용을 지지함 | 범죄자 관리를 위한 형법 사용에 반대함 |
| 혹독한 감옥 환경을 지지함 | 인간적이고 편안한 감옥 환경을 지지함 |

잘 보여주는 예로 보수주의자들에게 중요한 척도가 공소제 지지와 피해자옹호인 반면에 진보주의자들에게 중요한 척도는 피의자의 헌법상 권리보호와 무죄추정에 있다는 것이다. 2006년 봄 듀크 대학교 라크로스 팀 선수들의 강간사건에서 많은 전문가들의 극적인 입장 번복은 피해자와 범죄자에 대한 고정관념의 변화로부터 비롯되었다. 피해자가 소수인종 서민층이라는 주장과 피해자에게 주어진 스트리퍼라는 낙인 그리고 피의자가 백인 부유층이라는 사실은 많은 보수주의자들로 하여금 무죄추정의 원칙을 견고히 옹호하도록 만들었다. 하지만 진보주의자들로 하여금 적극적인 기소를 지지하도록 만들었다. Curra(2000:6)의 말에 따르면 진보주의자들과 보수주의자들의 입장변화는 이데올로기가 사회의 어느 한 부분의 이익만을 위하는 것으로 보여 진다는 것이다. 또한 형사사법절차의 다른 문제들처럼 이 사건의 중심에도 이데올로기가 내재되어 있는 것으로 보여 진다. 불행히도 이데올로기란 형사사법제도의 영원한 숨은 의도(의제)라고 한 Walter Miller(1973:142)의 수십 년 전 주장이 아직까지도 이어지고 있다는 점이다. Trayvon Williams(17살 흑인소년)이 George Zimmerman(백인/히스패닉 자율 방범대원)의 총에 맞은 사건 또한 언론의 극심한 관심의 대상이 되었으며, 이 사건의 기자회견은 이 사건에 대한 이데올로기적 추론의 표적이 되었다. W. J. Williams와 Matthew Robinson(2004)은 여러 범죄학적 패러다임의 근간에는 이데올로기적 편견이 있다는 것을 인식하였다. 다시 말해, 이데올로기적 경직성이 형사사법행정 업무와 범죄학적 분석을 저해한다는 것이다. 변화하는 범죄의 정의, 또는 법의 상대성은 많은 부분 이데올로기에서 비롯된다. 상대성과 이데올로기는 긴밀히 연결되어있다. 이데올로기적 편향은 범죄의 원인에 대한 우리의 이해와 대응에 영향을 주는 것뿐만이 아니라 실질적인 범죄의 정의에도 영향을 미친다. 범죄는 이데올로기적 체계와 분리하여서는 정의할 수가 없다. 따라서 어떠한 범죄에 대한 정의도 모든 그룹을 공정히 대하지 못한다. 그렇다면 범죄가 어떻게 정의되었느냐는 다른 무엇보다도 중요한 문제일 것이다.

[그림 1.2] 어떻게 이데올로기가 형성되는 것인가?

>> 자료의 출처: © iStockphoto.com/Courtney Navey.

## 범죄학에서 범죄

범죄의 과학적 연구로만 범죄학을 정의내리는 것은 "범죄는 무엇인가?"라는 정답 없는 질문을 던지는 셈이 될 것이다. 그동안 일련의 범죄학자들이 내놓은 범죄의 정의는 매우 다양하다. 이 중에 Paul Tappen의 '*legalistic definition*'은 이러한 연속적 정의의 대표적인 예이다.

> 범죄는 형법에 대한 방어를 비롯하여 이유 없이 이루어지는 악의적인 행위나 경범죄, 중죄 등을 가리키며 국가로부터 처벌을 받는 행위이다. 가해자에 대한 조사를 할 때, 특정 범죄를 저지른 것이 명확하지 않고 아무런 죄책감을 느끼지 않는다면 그를 범죄자라고 단정할 수 없다(1947:100).

이러한 견해는 범죄학의 주제를 형사사법 제도에서 다루고 있는 행위, 즉 형법에서 금지하는 행위의 일부에만 국한시킨다. 여기에는 범죄 요건을 갖추지 못한 행위를 비롯하여 치안당국에 의해 적발되지 않았거나 기소되지 않는 행위를 제외한다. 모든 현대 범죄학자들은 이러한 것을 매우 제한적인 정의로 간주한다. 범죄학은 범죄학의 연구 분야에 대한 매우 강력한 법적 정의를 부정한다. 범죄학의 형성기에 미국 범죄학의 권위자로 손꼽히는 Edwin H. Sutherland는 화이트칼라 범죄를 소개했는데, 이는 그 분야의 한계를 상당히 넓히는 계기를 마련했다. Sutherland는 수정된 법적 정의를 다음과 같이 주장했다.

> 범죄의 필수적인 특징은 국가에 피해를 입히는 행위로서 국가가 금지하고 있으며, 최후 수단으로 국가가 처벌하는 행위이다. 범죄를 정의할 때 반드시 필요한 요소는 사회적으로 해악이 되는 행위에 대한 법적 설명과 그러한 행위에 대한 처벌의 법적 규정이다(1949:31).

그러나 Sutherland는 "불법적인 행동은 처벌된다는 사실로 정의되어지는 것이 아니라, 처벌할 수 있다는 사실로 정의되어진다."(1949:35)라고 언급하고, 유죄를 선고받은 범죄자의 행위로만 제한되어야 한다는 테펜(Tappan)의 의견에 이의를 제기했다. 그는 권력을 가진 사람들이 불법 행위의 처벌을 누그러뜨렸다고 하더라도 벌금이나 법원 명령 등과 같은 것으로 처벌할 수 있으므로 화이트칼라 범죄(White collar crime, 비교적 높은 직위에 있는 사람들이 일상적인 업무와 관련하여 저지르는 범죄)도 법률적인 정의를 충족시킨다고 주장한다. Sutherland는 법률상으로 화이트칼라 범죄가 범죄라는 입장을 유지했지만, 화이트칼라 범죄는 '법의 차별적 이행'을 허용한 입법 명령으로 인해 행동의 별개 범주로 전환되었다는 것이 그의 주장이다(1949:42). 따라서 Sutherland는 시행되고 있는 법률에 초점을 두기 위해서 범죄학 영역을 확대하였다.

Hermann Mannheim과 Thorsten Sellin의 연구는 범죄학 정의를 보다 더 확대했다. Mannheim(1965)은 범죄학의 소재로 반사회적인 행동을 구별 지으면서 범죄학적인 행위를 설명할 때 법의 가치를 거부했다. 이와 유사하게 범죄학을 행위 규범 위반, 즉 주어진 시공간에서 형법에 내포된 일부분인 행동 기준 위반의 연구로서 범죄학을 정의하면서 Sellin은 다음과 같은 결론을 내렸다.

> 범죄학적인 연구의 기본 단위나 요소에 대해 완전무결한 법적 정의를 받아들이는 것은 과학의 근본적인 기준에 위배된다. 과학자는 해당 자료에 고유한 특징과 보편적이라고 여겨지는 자료의 특성을 근거로 자신의 용어를 마음대로 정의할 수 있어야 한다(1938:21).

그러한 정의는 법적인 현 상태에 우호적이지 않기 때문에 부분적으로 옹호된다. 그러나 범죄학자들은 범죄에 관한 공적인 정의는 객관적으로 연구되어지고 있는 반면에 더 일반적인 정의는 범죄학자들이 개인적인 일탈행위를 주목할 만한 것으로 판단한 채 범죄학을 일탈 행동 연구 분야로 축소하려는 경향이 있다고 주장한다.

범죄를 가장 넓은 범죄학적 개념으로 정의하는 일은 범죄학자들의 비판적인 진영에서 대두되었다. 이러한 관점이 적용된 분야를 신범죄학(new criminology)이나 급진적 범죄학(radical criminology)이라고 부른다. 이러한 관점에서 보면 범죄와 일탈 행동은 밀접한 관계가 있는 것으로 여겨진다. 이러한 접근법은 정치, 경제적 세력이 범죄와 일탈 행동을 유발하는 주요한 역할을 한다고 주장함으로써 범죄학 이론의 지평을 넓혔다. 이러한 '정치적 경제 범죄'라고 일컬어지는 요소들은 범죄 문제와 그 문제에 대한 반작용 체제에 배경을 형성한다고 한다. 어떠한 행위가 법률로 금해지는 것이고, 비범죄화 적용을 받는 것인지는 사회의 권력 구조 여부에 따르게 되는 것으로 알려져 있다.

새로운 범죄학자들은 범죄학에서 정치색을 없애버렸기 때문에 근시안적인 범죄학적 영역에 관한 한 더 제한적인 정의를 찾아냈다. 물질주의, 강요된 생산, 노동 분배, 그리고 자본주의의 다른 특징들은 일탈 행동의 범죄화를 필요로 하는 정치 경제적 환경을 이끌어낸다고 한다. 논쟁이 되는 이것은 범죄학 연구의 핵심이어야 한다. 예를 들어 Sutherland의 화이트칼라 범죄는 화이트칼라 범죄자의 위법 행위와 관련하여 산업자본주의 사회에서 일어날 수 있는 조사 방법으로는 전혀 밝혀내지 못했다(Taylor et al., 1973:273~274). 반대로 Sutherland는 화이트칼라 범죄가 실제 범죄이고, 즉 국가 법규를 위반한 것이라고 주장하면서 실행되는 법의 격차에 중점을 두었다.

> 부와 권력의 불평등 폐지와 특히 삶의 기회와 소유의 불평등에 규범적으로 전념하는 범죄학은 불가피하게 반드시 교정주의[근본적인 문제들을 해결하지 못한 개선]로 분리된다. 모든 교정주의는 병리학 분야를 비롯하여 일탈 행동과 연관되어 있다. 일탈 행동에 관한 사회적 이론은 범죄의 원인이 당시 사회적 합의에 의해 가정된 형태와 밀접한 연관이 있기 때문에 완전히 처벌주의와 단절되어야 한다. 범죄는 언제든지 사회적 합의 체제 내에 문제가 있는 것으로 여겨진다. 그래서 범죄가 없어지기 위해서는 그러한 사회적 체제 자체가 근본적인 사회적 변화에 영향 받기 쉬워야 한다(Taylor et al., 1973:281~282).

Herman과 Julia Schwendinger(1975)는 범죄 문제 한계점에 관한 이러한 견해를 나타내는 전형적인 표본이라 할 수 있다. 그들은 Sutherland나 Sellin 등과 같은 범죄학자들의 전제, 즉 국가를 통제하는 엘리트로부터 유발된 사회적 피해를 그동안 간과해왔다는 것에 동의한다. 비록 Sellin이 법적인 그리고 법의 영역 밖의 행동 기준에 대한 위반을 지적하기 위해 범죄학적 한계를 넓혔으나 그의 "승인 없는 행위 기준은 상상할 수 없다."(1938:34)는 가정은 정책 기관에게 영향력을 행사할 수 있는 정치적, 경제적 엘리트들로부터 자행된 사회문제에 대해 의문의 여지를 남겨 두었다. 그러므로 범죄학적 조사 용어에 대한 일반적인 정의에서 조사되지 않은 유해한 사회적 행위에 관한 많은 문제들을 남겨놓았다. 경제적 '폭력', 즉 근무 거부, 주거, 적절한 임금, 보육, 그리고 의료보호는 급진적인 관점을 제외하고는 범죄학적 조사의 영역에 거의 포함되지 않는다. Schwendinger와 Schwendinger(1975)는 인간의 권리라는 개념에서 발견된 범죄의 대안적인 인본주의적 정의를 제시했다.

인간 권리에 입각한 범죄의 재정의는 누가, 어떻게, 또 왜 인권을 침해했는지와 같은 권리에 관한 명확한 설명을 요한다. Schwendinger가 말하는 인간 권리는 약탈자들이나 탄압자, 제국주의 사회의 엘리트들부터의 보호뿐만 아니라 의식주, 의료지원, 도전적인 일, 그리고 취미 활동을 포함한 안녕(복지)에 대한 근본적인 전제조건이다(Schwendinger & Schwendinger, 1975:133-134). 각 개인과 기관들 모두 이러한 권리를 침해할지도 모른다. 형법으로 금지된 수많은 행위들이 이러한 정의 하에 포함되어지지만 형법에서 제외된 수많은 인권 위반 사례들 또한 포괄한다.

인종 차별, 성차별 그리고 빈곤은 Schwendinger학파의 관점에 있는 학자들 사이에서 형사법으로 해결되는 대부분의 사회적 피해보다 훨씬 더 큰 규모를 갖는다. 그들은 다음과 같이 유추를 통한 질문을 한다.

> 주(州)의 임원이 상당히 많은 수의 시민이 영양결핍으로 고생하는 동안 식품 가격을 조절하기 위해서 식품을 살처분하는 사람에게 합법적으로 처벌하지 않고 보상하는 반면에, 적은 금액의 돈을 훔친 사람을 범죄자라고 부를 수 있는, 범죄학 영역에서 정의의 기저를 이루는 추정에 대한 심각한 의문을 제기할 때가 아닌가?(1975:137)

미국 군대의 갈등에 대해 William Chambliss(2004:242~243)는 다음과 같이 주장하였다.

> 전쟁이 일어나고 있는 동안 한국에서 첩보 활동과 관련된 나의 모든 업무 과정에서 미군들이 한국인들을 어떻게 살해하고 강간했는지 알고 있다. 오늘날 이라크에서 이라크 죄수들, 국민들 그리고 테러 용의자들에게 행해지는 범죄와 같거나 더 심한 범죄들도 있었다. 사실 이것들은 국가의 범죄이고 또한 범죄학자들이 설명하고 조사해야 하는 범죄 목록에 높은 수준에서 다루어야 한다.

Schuwendinger학파와 Chambliss 같은 범죄학자들은 훈육이 종종 범죄를 저지른 국가기관의 옹호자로서 역할을 하는 것을 멈춰야하며, 대신에 인간 권리의 수호자가 되어야한다고 주장한다.

범죄학의 정의 범위는 범죄학자들이 무엇을 연구하는지 그리고 연구하지 않는지에 대해 영향을 미치는 뚜렷한 대조를 나타낸다. [표 1.3]은 논의해왔던 연속적인 정의를 재정리한

[표 1.3] 범죄정의에 대한 고찰

| | 정의적 접근 | | | |
|---|---|---|---|---|
| | 법률존중주의적 접근 | 개정된 법률존중주의적 접근 | 규범적 접근 | 새로운 접근 |
| **대표자들** | Tappan | Sutherland | Sellin, Mannheim | Taylor, Walton & Young<br>Schwendingers |
| **범죄 정의** | 법률적으로 정해진 형법 위반 | 국가가 정한 형벌 조항에 있는 사회적으로 유해한 행위 | 행동규범 위반<br>반사회 행위 | 일탈행동<br>인권 침해<br>법률로 금하기 |
| **범죄학의 선호점** | 선고된 범죄자 | 화이트칼라(공무원 등) 범죄자들과 그들에 대한 반응 | 다양한 규범위반과 그에 대한 반응<br>반사회적인 것으로 판결된 다양한 행동들과 그에 대한 반응 | 일탈행동에 대한 국가의 반응을 형성하는 정치적 경제적 요소들<br>제국주의, 인종주의, 성차별 주의 그리고 빈곤 |

것이다. 이 표에서는 전 범위의 정의적인 접근법과 일치하는 여러 가지 문제점을 조사하고 현대 범죄학을 구성하는 다양한 시도를 반영하고 있다.

범죄학의 한정 요소에 대한 엄격한 법적 정의의 가장 큰 비판은 집행되고 있는 법이 법으로부터 상당히 벗어나 있다는 것이다. 법적 정의는 범죄행위에 정의 체계의 작용 반작용의 문제를 방지한다. 그러나 대부분의 범죄학자들은 사법 체계 구성원들이 신중하게 행동하는 것과 행동하지 않는 것은 범죄 문제와 범죄 집단 모두를 형성한다고 주장하면서 법률 위반에 대한 반발을 범죄학적인 조사에 밀접한 관련이 있는 것으로 간주한다.

법적 관점에 관한 더 신랄한 비판은 범죄행위에 대한 관심을 규제하는 것은 행위를 인위적으로 분류하게 한다는 것이다. 즉, 법은 상대적인 것이다. 무해한 어떤 행동은 불법인데 반해, 유해한 어떤 행동은 합법이라는 것이다. 예를 들어 미국 연방정부 의무감은 중독성이 있는 담배는 헤로인의 중독 성분에 필적한다고 결론지었다. 일 년 동안 헤로인에 의한 사망은 약 566명인데 반해 흡연은 연간 40만 이상의 사망을 발생시켰다(Trebach, 1982). 그런데도 담배 재배는 정부보조금을 지원하는 반면에 헤로인을 생산하고 판매하고 소지하는 것은 불법이다. Michael Lynch & Paul Stretesky(2001)가 재검토한 유사한 예에서 연방정부는 살충제 노출로 인한 1만 명 이상의 죽음에 기인한 문제점을 해결하지 못한 반면에 250명의 총기살인 사건에 대해서는 신속한 법제정을 통하여 처리하였다. 이와 같이, 법은 정치적인 과정에서 변화를 반복하는 현상이다.

대개 그러한 것은 상대적인 현상이기 때문에 범죄를 개념화시키는 것은 복잡한 일이다

(Henry & Lanier, 2001). Robert Bohm(1986:195)은 "모든 범죄의 정의, 법 또는 그 외의 것은 배척해야 할 작위와 비작위를 포함하고 포함해야할 작위와 비작위를 배척한다."라고 설명해왔다. 이 생각은 많은 의문을 제기한다. 왜 담배를 피우는 것은 합법이고 대마초를 피우는 것은 불법인가? 왜 낙태는 합법이고 안락사는 불법인가? 왜 재산상속은 법으로 보호받지만 부의 공평한 분배를 가능케 하는 수용은 그렇지 않은가? 다른 행동들이 불법화되어야 하고 되지 말아야 하는지 주장을 할까? 예를 들어 많은 범죄학자들은 합법적인 살인과 피해는 형법으로 금지된 것을 훨씬 초과한다고 주장한다(Box, 1983; Brown, 1986; Reiman, 1990; Robinson, 2004). 그러한 범죄유형은 막을 수 있는 환경독극물의 생산, 위험한 근무 조건 조성하기, 위험한 상품 판매, 불필요한 수술 시술과 같이 다양한 행동들을 포함한다. 몇몇 범죄학자들에 의해 이러한 분야에서 법률로 금하는 것이 시도되고 기소가 이루어지기도 한다. 의사들의 수술과정에서 불법으로 기소된 15개 사건 조사는 이러한 목표를 향한 몇 가지 과정들이 현실화 되고 있다는 증거로 역할을 한다(Liederbach et al., 2001). 그들은 1986년 이전에는 이러한 종류의 사건을 찾아내지 못했고, 기소된 대다수의 사건은 1995년이나 그 이후에 발생한 사건들이었다.

Norval Morris와 Gordon Hwakins(1970)가 말한 "형법의 지나침"과 반대되는 관심사이다.

이러한 개념은 법은 "올바른 생활을 남에게 강요하는 효과 없는 도구"라는 전제로부터 나왔고, 법이 "피해자 없는 범죄"라고 불리는 것을 제시할 때, 피해자 없는 이러한 범죄는 어떠한 불평도 나오지 않을 것이라는 현상을 나타낸다(9장 참고). 범죄는 매춘과 마약과 같은 서비스나 물질을 자발적으로 교환하는 것으로 구성된다. 또한 "도덕적인 기업가들"에 대한 공격적인 행동은 피해자 없는 법규 하에 포함된다(Becker,1963). 하지만 그것은 법적으로 금기된 서비스나 밀수품 교환을 포함하지 않는다. 기소자의 부재로 인해 피해자 없는 범죄 법률은 대개 집행할 수 없고 그러한 법은 종종 범죄행위의 자성적 예언을 실행에 옮긴다. 고등학생은 피해자 없는 폭력을 저질러 "비행 청소년"이라고 분류될 수도 있고, 착한 학생에서 분류될 수도 있고, 비행청소년 사이에서 친구를 찾는 것을 강요받을 수도 있고, 그들과 함께가 아니라면 피할 수도 있었을 문제에 빠질 수도 있다. 이에 근거하여, 많은 범죄학자들은 많은 "피해자 없는" 행동에 대한 비범죄화 운동을 벌인다.

그러나 정의된 범죄는 상대적인 현상이다. 비법률적인 규범에서 벗어난 것으로 여겨지는 행위들뿐만 아니라 범죄화된 행위들은 시간과 사건현장 전체에 걸쳐 다양하다. 낙태는 미국에서 한때는 금지된 행위였지만, 지금은 대부분의 경우 합법적이며, Robert의 법정하에서 한때 다시 금지되어질 수 있었다. 비슷한 시기에 강간은 대부분의 주에서 불법화되어져 왔다. 형법 내용이 바뀌는 동안 범죄 문제에 대한 대중의 인식도 달라졌다. 폭력적인 화이트칼라 범죄(Cullen et al., 1982), 음주운전(Gusfield, 1982; Kingsnorth et al., 1993) 그리고 가정폭력은 점차 일축되어져 온 반면 많은 이성애자 관례는 최근에 용인되어져서 그러한 관례들은 이제 규범이 되었고(Good, 1984), 게이와 레즈비언 집단들의 운동이 동성애자들의 법적권리를 확대시키고 있다. 합법적인 규범과 법의 영역 밖의 규범은 문화마다 훨씬 더 다양하다. 이는 범죄학에서 이런 저런 이론적인 진술과 일반화는 문화적으로 연결되어 있는지 그렇지 않는지 혹은 사실상 보편적인 적용성을 지니고 있는지 아닌지 항상 물어봐야 한다는 것을 의미한다(Geis, 1987:7~8).

## 범죄학에서의 패러다임

범죄학은 범죄 정의에 의해서 뿐만 아니라 이론적인 성향, 즉 다시 말해서 다음에 나오는 '학설'에 의해 결정된다. 범죄학 내에서 *패러다임*이라고 일컬어지는 수많은 대립되는 이론적인 관점들이 있다. Robert Charies와 Grant Stitt(1994)가 언급했듯이, 범죄학자들이 채택한 근본적인 각각의 패러다임은 입증할 수 없는 가정 집합이기 때문에 특정 이념적 선입견을 반영하려는 경향이 있다. 모든 이론들은 이러한 증명할 수 없는 기초위에 구축되어진다. 패러다임의 개념은 종종 매우 막연하게 이용되고 다르게 정의된다. 범죄학자들이 패러다임 범주에 의해 이론을 분류하도록 시도할 때 상당한 결과 차이가 나타난다. 다섯 가지의 주요한 패러다임은 범죄에 대한 사고를 지배해왔다: 합리적인 선택, 실증주의, 상호작용설, 비판적인 범죄학, 이론적 통합. 파트 2의 챕터들에서는 이러한 각각의 패러다임들과 관련 있는 이론들에 초점을 맞추고 있다. 단지 이것은 이론적인 관점들 사이에 차이점을 확인하기 위한 매우 일반적인 개념 체계로서 의도되어진 것임을 유념하길 바란다.

비록 상대적으로 최근까지 미국 범죄학에서 등한시되었다 할지라도, 합리적인 선택은 많은 범죄학적 연구에 기본을 제공해왔다. 억제 주의(챕터 5에서 상세히 설명)는 그것의 중심점으로 역할을 해 왔다. 이러한 관점으로부터 형법의 정당성은 사람들에게 범죄를 저지르지 않도록 단념하는 방법이라는 문제가 주어진 것이다. 그 목표는 사람들은 합리적이고 그들 자신의 행동에 관한 결정을 내릴 수 있다고 추정되므로 성취가능하다. 질문은 금지한 행동에 대해 처벌을 구축하고 관리하는 방법이다.

실증주의 패러다임은 20세기 대부분의 기간 동안 미국 범죄학에서 가장 두드러졌다. 합리적인 결정이라기보다 개개인의 통제할 수 없는 힘은 범죄행위를 결정하는 것처럼 보인다. 당신이 누군가가 당신의 음료에 은밀하게 환각제를 넣어 그것을 마신 후 기이한 행동을 한 파티에 참석했다고 가정해 봐라. 당신의 일탈적인 행동을 결정하는 힘은 당신이 주체할 수 없었다. 비록 행위에 대한 법적 책임은 별개 문제일지라도, 낙관적인 범죄학자들은 원인이 되는 설명을 추구한다. 실증주의자들에게 있어서 원인이 되는 영향력은 유기물에 의해 생긴 근원, 범죄학적 사회구조, 열악한 가족 상호작용과 같은 결함이 있는 사회과정에서 발생할지도 모른다. 모든 실증주의 이론들은 범죄는 대개 개개인의 선택 영역밖에 있는 영향력에 의해 발생한다는 가정에 기반을 두고 있다. 그들은 또한 무엇이 그러한 행위를 야기하고 그러한 행위가 범죄화되지 않는 이유를 물으면서 범죄 낙인을 문제가 없는 것으로 받아들인다. 실증주의적인 패러다임에 기반을 둔 많은 이론들은 사회적, 생물학적 또는 다른 병리학들이 그들의 행위에 대한 원인이 있다고 주장하면서 가해자들을 공감한다. 그러나 그러한 행위 자체는 범죄라는 전제에 무비판적으로 받아들여진다.

사람과 집단들의 작용 반작용을 중심으로 삼는 *상호작용주의* 패러다임은 일탈 행위나 범죄행위에 중점을 두지만, 피해자 없는 범죄 연구에 이론적인 체계를 제공해왔다. 이런 패러다임을 지지하는 범죄학자들은 범죄의 공식적인 정의와 경찰과 같은 사회통제 요소의 활동을 분석하는 경향이 있다. 공식적인 범죄의 정의들은 상호작용주의 관점에서는 어떠한 행동도 근본적으로 일탈적이지 않다는 신념이 있기 때문에 회의적으로 받아들여졌다. 대신에 다른 사람들의 반작용이 행동들을 부당하게 낙인시켜 주었을 때만 그러한 행동은 일탈이 된다고 여겨진다. 사회통제 요소들은 범죄라기보다는 단지 가벼운 일탈적인 행동으로 치부될지 모르는 행위들까지도 부정적으로 낙인찍는 것을 향상시킬 것 같다. 이러한 낙인은 낙인찍힌 사람의 자부심의 일부로 통합되어질지도 모르고 이는 부수적인 일탈행동을 이끌게 된다. 이와 같이 낙인을 찍는 것은 그 목적이 일탈의 소용돌이로 몰아가는 자기 충족적인 암시를 만들어 낸다.

새롭고, 급진적이고 마르크스주의적인 비판적 범죄학은 범죄문제에 관한 넓은 정의를 내려주는 패러다임이다. 비판적 범죄학은 상대적으로 무력한 범법자들이 영향력을 지닌 범법자들보다 훨씬 더 범죄화가 되기 쉬운 이유를 물으면서 범죄에 관한 공식적인 정의를 거부함으로써 상호작용주의 패러다임에 덧붙였다. 비판적 범죄학의 핵심은 강력 범죄와 더불어 각별한 주의를 받는 전범위의 일탈행동을 포함한다. 이 패러다임은 챕터 9에서 보다 자세히 살펴보겠다.

[표 1.4] 범죄 조사의 전형적인 틀

| 패러다임 | 범죄 설명 | 범죄 초점 | 범죄화의 견해 | 참고 챕터 |
|---|---|---|---|---|
| 합리적 선택 | 개인들은 행위에 관하여 합리적이고 타산적인 결정을 할 수 있다. 유리할 때 범죄 결정을 한다. | 모든 불법 행동 | 범죄의 공식적인 정의는 의심 없이 받아들여짐 | 5 |
| 실증주의 | 분명한 병리학적인 상태는 범죄행위의 기원일지도 모른다. | 어떠한 일탈 행동이나 범죄행위. 그러나 대부분은 상대적으로 심각하다고 여겨지는 행위들 | 범죄에 관한 공식적인 정의는 무비판적으로 받아들여짐 | 6,7,8 |
| 상호작용주의 | 특정 행위에 대한 사람들과 집단에 대한 반응은 낙인찍힌 범죄의 결과를 야기한다. | 피해자가 없는 범죄 | 공식적인 정의와 범죄의 반응은 비판적으로 분석됨 | 9,13 |
| 비판범죄론 | 힘 있는 집단은 사회에서 그들의 지위를 보호하면서 범죄를 정의하고 사회통제국을 운용한다. | 공식적이고 영향력 있는 개개인의 범죄 | 공식적인 범죄 정의를 거부함 | 9 |
| 통합이론 | 범죄는 두 개 이상의 이론적 관점을 통합함으로써 가장 잘 설명될 수 있다. | 통합된 이론에 따라 다양하다. | 통합된 이론에 따라 다양함 | 10 |

다양한 접근법들의 통합은 범죄에 관한 최적의 설명들이 하나의 관점을 독점적으로 사용하기보다는 두 개 이상의 이론적인 관점들을 통합한 것으로부터 나왔다는 신념에 기초하고 있다. 통합은 범죄에 관한 어떤 특정된 정의적인 방향을 나타내지 않는다. 통합주의자들은 뛰어난 이론적 사례들이 침체되고 있지만 통합적 접근법은 전형적인 변화의 가능성을 지니고 있다고 주장한다(Swigert, 1989).

이론들을 통합하는 것에 대한 지지는 많은 대립되는 이론들을 "근본적으로 반대되는 세계관이라기보다는 단지 관심의 초점이나 주안점에 있어서 차이점을 반영한다."(Hirschi, 1989:39)는 가정에 기초하고 있다. 비평가들은 통합은 특징들을 약화시킴으로써 그리고 각각의 설명력은 줄어들 것이라는 독립적인 이론들에 관한 가정들로 인해 "이론적인 왜곡"을 만들어 낼 것이라고 주장한다(Akers, 1989). 일부 범죄학자들은 별개의 이론을 통합하는 것은 새로운 이론적인 통찰력을 만들어내지 못하고 더더욱 새로운 패러다임도 만들어내지 못한다는 것에 항의했다. 구체적인 통합 범죄 이론은 10장에서 논의되지만, 접근 방법이 너무 광범위해서 그것은 이론적인 명명자로 업적을 남긴 수많은 이론적인 관점의 특징이다. 예를 들어 생애과정(life-course)을 중심으로 이루어진 범죄학은 매우 유명해졌고 범죄학자들이 하나의 패러다임으로 언급하는 아주 폭넓은 관점이다. 최근 Frank

Cullen(2011: 310)은 "생애과정 범죄학이 범죄원인 연구를 조직화하는 체계가 되어야 한다."라고 하기까지 하였다. Cullen 교수는 생애과정 범죄학이 범죄학의 주요 패러다임으로 부각될 시기라는 주장을 펼쳤다. 의심의 여지가 없이 이 관점은 비행과 범죄행위를 이론화하고 조사하는데 있어서 중요한 영향력을 주는 힘으로 성장하고 있는 중이다.

[표 1.4]는 범죄 설명을 찾을 수 있는 관점을 나타내는 5가지 주요한 패러다임을 요약하고 있다. 각각의 패러다임은 명시된 장에서 세부적으로 분석되어진다. 정의의 다양성으로 인해, 각각의 패러다임과 관점들은 우리가 범죄를 이해하는 데 기여하고, 범죄행위에 대한 동시대적인 발상에 상당한 기여를 하는 출발점으로 기능한다.

## 정책과 범죄학

수십 년 동안 범죄학자들은 범죄학 분야를 다수의 순수사회과학 분야처럼 진리를 추구하는 학문으로 간주해 왔다. 아울러 정책 질문에 대한 해답을 모색하는 분야의 변질을 위협하는 정상적인 범죄학적 회의주의도 오랫동안 존재해 왔다. 다만 우려되는 것은 정책을 알리려는 노력이 이념적인 선입견을 초래할지도 모른다는 것이다. 예를 들어 Herbert A. Bloch와 Gilbert Geis는 범죄학을 "범죄행위를 이해하는 분야이지 반드시 범죄 축소에만 전념하는 분야가 아니다."라고 주장했다(1962:12). Edwin Sutherland는 명백하게 정책 문제를 범죄행위에 대한 이론적인 설명의 부수적인 것으로 간주하였다. 그러나 최근에 이런 경향은 범죄학자들의 연구와 정책 발전 사이의 긴밀한 연결 관계로 바뀌어왔다.

2009년은 범죄학 연구와 공공정책의 연결고리를 제기하는 데에 있어서 성공적인 해였다. 이 해 미국범죄학학회(ASC) 회장단 연설에서 Todd Clear(2010)는 증거에 기반한 범죄학 연구들에 대해 찬사를 보내며, 이러한 변화를 이용하라고 권고하였다.

미국범죄학학회 소식지인 〈*The Criminologist*〉 1-4호는 형사정책을 지지하는 데 있어서 날로 그 역할이 커지는 미국범죄학학회에 대해 논의하는 글들을 게재하였다(Blumstein, 2009; Clear, 2009; Lafree & Huffman, 2009; Liberman, 2009). ASC는 이러한 사안을 두고 논란을 겪었다. 지금까지 그 기관은 단지 두 가지 특정 정책의 입장을 지지해오고 있다. 그 첫 번째는 1989년에 표명되었는데 사형 제도에 반대하는 것이다. 이 책의 저자 중 한 사람인 Brown은 〈*The Criminologist*〉를 편집하고 나서 사형 제도의 충실한 옹호자인 Ernest van den Haag로부터 회원 자격 사임을 요구하는 공격적인 편지를 받았다. 확실히 수천 명의 범죄학자들로 구성된 기관이 범죄학 분야에서 “근본적인 기반이 우리가 원하는 것보다 훨씬 더 빈약하기” 때문에 특정 정책을 지지하는 태도를 취하는 것은 어렵다(Blumstein, 2009:3). 2007년 ASC는 UCR 데이터가 미국 도시의 안전 순위 등급을 매기는 데 이용하지 말아야 한다는 관점인 두 번째 정책 입장을 취했다. 비록 이 입장은 논쟁의 여지가 덜 하지만, 여러 ASC 지도자들이 기관은 특정 정책 입장을 취하는 것을 피해야 한다고 주장하고 있다. Akiva Liberman(2009)은 과학적 실험 적용이나 “정책을 만들어 내는 증거”를 통한 정책 심사 과정에 그 기관의 지지를 제한해야 한다고 주장한다. Carter Hay(2009)는 이와 유사하게 범죄 통제 정책은 이론적으로 도출된 프로그램 평가와 가시적인 자료에 의해 알려져야 한다고 주장하였다. Alfred Blumstein(2009:4)은 그 기관은 공적인 정책을 지지하기보다 그 분야의 이익을 축적하는 정책에 대한 지지 역할로 제한해야 한다고 주장했고, Todd Clear(2009)와 Gary Lafree와 Katharine Huffman(2009)은 이론과 연구는 계속 진행 중인 조사를 이끌어야 한다고 주장하였다. 클리어는 범죄학 분야에서 당장 흥미로운 주제로 보이거나 법무부 당국이 무조건 도입하고 싶어 하는 새로운 사업일지라도 그것이 정치적인 의제를 갖고 있는 프로그램이라면 반드시 학자로서 중립적인 태도를 취해야 하고 그 기대로부터 자유로워야 한다는 주장을 했다.

실질적으로 모든 범죄학자들은 우리의 전문지식이 범죄 정책에 기여하는 바가 없다고 말한다. 아울러 이론적인 일관성과 엄격한 과학적 평가를 요구함으로써 우리가 범죄 문제와 씨름하는 데 있어서 사회적으로 개선시킬 수 있다고 믿는다. 과학적인 발전에 의존하는 다른 분야와 마찬가지로 이것은 더 많은 투자를 요구한다. 그러나 불행하게도 치아와 관련한 연구 조사는 통합된 범죄 정의에 관한 모든 연구 조사와 비교하여 8배나 높은 수준의 자금을 지원받았다(Blumstein, 2009). 우리는 미국의 범죄 문제를 이해하고 궁극적으로 범죄를 최소화하려면 치아 연구 조사보다 훨씬 더 많은 노력이 요구되어진다. 확실히 세계의 다른 지역에서도 범죄 통제 연구 조사는 이와 비슷하게 등한시되어지는 어려움을 안고 있다. 만일 우리가 좀 더 효과적으로 범죄 문제 및 사회통제와 씨름하려 한다면 범죄학의 과학적인 지식기반을 이용하여 범죄 정의를 내리고 범죄 정책을 추진함과 동시에 이념적인 방해에서 벗어날 필요가 있을 것이다.

## 미디어와 범죄

미디어는 범죄와 그 원인을 잘못 이해하도록 하는데 상당한 역할을 한다. 이러한 문제는 이데올로기와 밀접한 관련이 있다. 선별적이고 자극적인 보도는 범죄와 관련된 사안들을 왜곡되게 이해하게 만드는데 항상 기여하였으며, 이런 보도 패턴들은 최근 노골적으로 이데올로기화되었다. 결국 이런 것들은 시민들이 잘못된 정보를 받아들여 범죄문제에 대한 공공토론이 피상적이 되어 잘못된 공공정책으로 이어지게 만든다. 범죄에 대한 미디어의 이런 부적절한 이해의 원천에는 광고를 통한 이윤을 얻기 위해 높은 시청률(또는 구독률)을 얻고자 하는 요구가 깔려있다. 이런 요구는 결국 자극적인 보도, 짧고 인상적인 문구 그리고 분석적이지 않더라도 사실적으로 범죄에 대한 공공의 이해를 도울 수 있는 사건을 골라 보도하는 것이 아니라 선정적으로 흥미를 끌 가능성이 있는 사건들을 골라 보도하는 것으로 이어진다.

[그림 1.3] 텔레비전의 보도를 모두 믿는 것은 범죄를 오해하는 한 방법이다.

≫ 자료의 출처: AP Photo/ Toby Talbot.

이 책에서 강조하는 바와 같이 범죄의 원인들(결과적으로 예방 및 제어)은 매우 복잡하다. 그러나 일반적으로 미디어는 거미줄과 같은 절후사정(인과관계)은 제외하고 자극적이고 피상적인 관점에서 범죄를 보도한다. 이것이 이 책의 제목인 **범죄학: 범죄의 이해와 맥락**의 근본적인 논리이다. 범죄를 이해하기 위해서는 생물학적, 심리학적 그리고 사회학적 요인들의 인과관계를 이해하여야만 한다.

미디어의 경솔함은 비행과 범죄를 현명하고 합리적으로 이해하기 위한 모든 노력들을 약화시킨다. Natasha Frost와 Nickie Phillips(2011)는 세 군데의 24시간 케이블 뉴스 방송국들(MSNBC, Fox, CNN)에서 방송한 범죄관련 프로그램을 3개월간 모니터한 결과 방송에서 인터뷰한 전문가의 83%가 범죄의 원인에 대한 어떤 논평도 하지 않았다는 것을 발견하였다. 범죄의 원인에 대해 논평한 다른 전문가들의 대부분 논평들은 '역겨운 정신병자, 그리고 미친 사람'과 같은 개인의 걷잡을 수 없는 비방에 그쳤다. 이런 비방은 패널들에게 범죄의 동기가 무엇인지를 심각하게 고려하도록 만드는 대신 쉬운 탈출구를 제공하였다(p. 99). 단지 4%의 전문가들만이 범죄를 전문적으로 연구하는 범죄학자였으며, 그들 중 몇몇은 범죄의 인과관계분석에 있어서 실패하였다. 엎친 데 덮친 격으로 Frost와 Phillips(2011)는 많은 패널들이 범죄행위의 근본적인 원인들을 분석하는 것을 조롱하며 범죄통제(제어)를 늘리는 것이 빠른 해결책이라고 제안하는 것을 보면서 반주지주의의 성향을 발견하였다. 그들은 이런 행동들이 진화론과 지구온난화 그리고 과학적 연구까지 공격하는 거대한 문화 패턴의 한 부분일지도 모른다고 결론지었다(p, 107).

중요한 정책 이슈들에 영향을 줄 수 있는 가능성이 있는 사건들이 아니라 이례적인 사건들을 전면적으로 보도하는 미디어의 행태도 대중이 범죄에 대한 잘못된 정보를 지니게 만드는데 일부 역할을 한다. Frost와 Phillips의 연구기간(여름, 2006)동안 보도된 사건의 90%가 노상범죄, 성범죄, 테러범죄들이었다. 이에 반해 1.7%만이 화이트칼라 범죄였으며(챕터 12 참조), 1.1%만이 마약관련 범죄였다(현재 50만 명 이상의 미국인들이 마약관련 범죄로 복역 중). 또한 이 기간 동안 앞서 언급한 범죄관련 프로그램들의 1/3이 2건의 이례적인 사건에 편중되어 언론이 대중에게 범죄에 관련하여 잘못된 정보를 전달하는데 더욱 기여하였다. 그중 하나의 사건은 Mark Karr의 허위자백으로 다시 관심을 받게 된 1996 JoneBenet Ramsey 사건이며, 다른 하나는 미성년자들과 일부다처관계를 가진 혐의를 받고 수배중인 Warren Jeffs 사건이다. 이 두 사건이 기이하고 희귀한 종류의 사건임에는 틀림없지만, 이 두 사건은 범죄를 예방하고 범죄의 빈도를 제어하기 위해서 우리의 이해가 필요한 더욱 전형적인 다른 범죄들로부터 우리의 관심을 빼앗아갔다.

대중의 관심사는 아니지만 새로운 세대의 범죄학자들과 형사사법 종사자들의 교육에 있어 중요한 점은 예능미디어가 범죄학 관련 직업들에 대한 광범위하게 잘못된 선입견을 가지도록 하는데 기여한다는 점이다. James Anderson과 그의 동료들(2009: 223)은 오늘날의 범죄학과와 형사사법학과 학생들이 대부분 과학수사대, 법의학자 또는 프로파일러가 되기를 원한다는 것을 발견하였다. 하지만 안타깝게도 현실에서 이런 직업들은 흔하지 않으며, 이런 직업들의 실상은 텔레비전에서 나오는 이미지와는 많이 다르다. 현실의 과학수사대는 증거를 확보하기 위해 스포츠카를 타고 범죄현장으로 출동하였다가 실험실로 달려가 증거를 조사하고 다시 용의자를 체포하기 위하여 현장으로 나가지 않는다. 거의 대부분 경찰관들이 범죄현장을 조사하고 다시 용의자를 체포하며 물리과학과 관련하여 많은 교육을 받은 과학수사대 대원은 매우 중요한 사건들과 관련된 수집된 증거들을 조사한다. 하지만 거의 대부분의 사건의 경우 과학적 검증은 사건에 별 영향을 주지 않는다. 범죄학을 가르치는 교수의 과제는 이 책과 같은 교과서를 이용하여 학생들에게 수년간 축적된 교육오락 프로그램의 영향을 해체시켜주는 것이다. 그것은 미디어의 경솔함, 이데올로기적 편견 그리고 이례적인 사건들에 대한 초점을 인식하는 데에서부터 시작된다.

## 요약

[표 1.5]는 이장의 핵심주제를 요약한 것이다. 범죄는 언제나 사람들에게 관심의 대상이 된다. 대부분의 사람들은 범죄의 원인과 대책을 이해하고 있다고 생각한다. 그러나 '심각성'을 기준으로 범죄의 등급을 매기는 것에 대한 표면적인 의견의 일치에도 불구하고, 조금만 더 깊이 들어가 보면 범죄 문제에 대한 공공의 관점에서 많은 차이점이 발견된다. 형법의 기저를 이루는 것에 대한 정반대되는 논쟁이나 갈등 혹은 의견 일치는 전적으로 정확한 것이라고 말하기 어렵다. 더구나 범죄에 관한 시각은 시간과 공간을 가로질러 극적으로 달라진다. 다시 말해 범죄는 상대적인 현상이다. 그 변화 자체는 정치인과 대중매체로부터 감정적인 대중 착취를 이끌어내는 편견을 주입하면서 대개 이념에 의해 구체화된다.

그들의 이념적 성향에 따라 범죄학자들이 범죄학의 목표로 여기는 것과 '범죄'를 구성하는 것, 그리고 그들의 연구를 이끌어주는 이념적이고 이론적인 관점을 이용하는 방법은 매우 다양하다. 범죄학자들은 그들이 고안한 방법을 비롯하여 그들이 범죄학의 목표로 삼는 것, 무엇이 범죄를 야기하고, 그들에게 어떤 일을 해야 하는지 안내하는 패러다임은 물론 이데올로기적인 전망까지 매우 다양하다.

반면에 대부분의 범죄학자들은 실증적인 이론 조사를 요구하면서 사회과학 렌즈를 통해 범죄학 분야를 바라본다. 통계적인 양상을 관찰하는 것은 범죄 요소인 인간을 간과할지도 모른다고 주장하는 일부 범죄학자들은 질적인 접근 방법을 더 선호한다. 대부분의 주류 범죄학자들은 그러한 훈련을 통해 범죄를 일으킬 수 있는 상황을 예측할 수 있어야 하고, 그러한 예측력의 중요성을 부인하는 것은 이념적 기반의 반향이라고 반박한다.

어떤 상황이 범죄를 이끌어내는지 설명하지 못한다면 범죄학은 무엇을 할 수 있는가? 만약에 어떤 상황이 범죄로 이끌어졌는지 설명할 수 없다면 범죄학은 무엇을 해야 하는가?

[표 1.5] 범죄학에서 근본적인 쟁점

| Issue | 설명 |
|---|---|
| 이데올로기 | 기본적인 신념 또는 가치들, 보통 젊을 때 형성되는데, 이러한 것을 통해서 사람들은 정보를 여과시킨다. |
| 범죄의 상대성 | 시간이나 공간, 맥락에 따라 어떠한 행위가 범죄인지에 관한 개념 변이 |
| 패러다임 | 이론이 기반을 두고 있는 몇몇 기본적인 가정을 포함하는 일반적인 체제나 방향 |
| 과학적 방법 | 이론과 관찰 둘 다를 포함하는 상황 연구로의 접근 |
| 합의 | 법은 대부분의 사회 구성원의 이익을 균등하게 반영한다는 신념 |
| 갈등 | 법이 사회 구성원 중에 유력한 소수집단만의 이익을 반영한다는 신념 |

이 책은 다양한 방법론적 관점의 논의를 포함하면서 과학적인 접근 방법의 우월성을 반영한다.

대부분의 범죄학자들은 그들의 연구가 범죄 원인에 관한 통찰력을 이끌어내야 하는 한편, 범죄 예방에 영향을 미쳐야 한다고 생각한다. 몇몇 범죄학자들은 범죄 원인론을 매우 중시하는 반면에, 그렇지 않은 범죄학자들은 범죄 예방에 관한 실용적 영향을 더 중시한다. 하지만 최근의 연구 동향은 범죄학자들의 과학적인 연구와 공공 정책 사이의 강력한 유대관계를 찾아내는 것이다.

지금까지 범죄학의 한계를 정하는 데 있어서 네 개의 개념적인 범죄 정의를 살펴보았다. 범죄 개념은 상대적으로 협의에서 광의로 연속적으로 이어진다. 범죄학의 주요 주제 중에 "범죄학, 범죄와 그 배경에 대한 설명 "은 "규범적인" 정의에서 강조된 바와 같이 범죄의 상대성이다.

이 책에서는 범죄를 설명하기 위해 다섯 가지의 패러다임을 사용한다. 자유 의지 또는 합리적인 선택, 실증주의, 상호작용주의, 비평적인 관점, 통합이 바로 그것이다. 여러분은 이러한 패러다임이 어떻게 범죄를 정의하는지, 어떻게 범죄를 설명하는지, 정책 영향 관점에서 이러한 이론적인 성향을 대조하는 노력과 자세가 중요하다.

여러분은 또한 어떤 범죄 유형이 각각의 이론적인 접근 방법으로 가장 잘 설명되는지 고려해야한다. 범죄 원인에 관한 사고의 폭도 넓혀야 한다. 가장 중요한 것은 여러분에게 범죄학적인 문제의 복잡성을 이해시킬 방법으로 다양한 패러다임을 나타내는 노력이 이루어져 왔다는 것이다. 이 책의 저자 중 한 명이 계속해서 그의 강의 교수요목에서 언급한 것처럼 범죄에 대한 유일한 잘못된 이해는 범죄가 단순한 문제라고 보는 것이다. 우리의 바람은 전문가로서 또한 현명한 시민으로서 여러분이 범죄행위를 이해할 때 동시대의 정치인들의 “덤 앤 더머” 접근법의 희생자가 되지 않게 하기 위해 문제의 복잡성을 경감시키는 것이다.

이 책의 다른 주제들은 도입 부분을 읽어 보면 보다 명확하게 알 수 있다. 첫째, 범죄에서 성별 문제를 고려하고자 하는 의식적인 의지가 있다. 앞으로 다음 장에서 논의될 많은 이론들에서 보이는 것처럼, 범죄학적인 연구는 그 시대의 이념적인 선입견에 의해 영향을 받는다. 그러므로 성차별 주의는 천천히 전개되어지거나 때로는 범죄에 대해 주어진 설명으로 뛰어넘었다. 범죄학을 불러일으키는 운동에 기여하기를 희망하면서, 성별 영향에 관한 다양한 이론들은 빈번하게 검토된다. 이론과 정책 영향의 기저를 이루는 가정 또한 강조된다. 마지막으로, 범죄의 상대성을 강조하는 것과 일치하는 표본은 전 세계의 문화로부터 도출되었다. 범죄는 다양한 사회의 맥락을 고려함으로써 더욱 이해가 쉬울 수 있다. 기술적인 변화는 급격하게 지구촌을 가깝게 만들었고 이러한 변화는 범죄학적인 진취성으로 통합되어야 한다. 또한 이론들의 근본적인 가정들과 그들이 정책에 미치는 영향들에 주안점을 두었다. 최근 범죄학이 정책에 주는 영향 또는 주지 않는 영향은 많은 관심을 받았다. 마지막으로 범죄를 보도하는 미디어를 비평하였다. 범죄학을 공부하려면 미디어의 경솔함과 자극성은 카페에 두고 오길 바란다.

## 주요 용어 및 개념

갈등(Conflict)
합의(Consensus)
범죄(Crime)
범죄학자(Criminologist)
범죄학(Criminology)
비판범죄학(Critical Criminology)
이념(Ideology)
통합(Integration)
상호작용주의(Interactionism)
법률적 정의(Legalistic Definition)
방법론(Methodology)
신범죄학(New Criminology)
패러다임(Paradigm)
실증주의(Positivism)
급진적 범죄학(Radical Criminology)
합리적 선택(Rational Choice)
범죄의 상대성(Relativity of Crime)
과학적 방법(Scientific Method)
이론(Theory)

## 주요 범죄학자들

Hermann Mannheim
Herman Schwendinger
Julia Schwendinger
Thorsten Sellin
Edwin Sutherland
Paul Tappan

## 토론 질문

1. 범죄의 상대성을 정의하고 3-5개 정도의 예를 들어라.
2. 무엇이 범죄학을 과학으로 만드는가? 과학의 필수적인 요소들 간의 관계는 무엇인가?
3. 범죄에 대한 네 가지 다른 정의가 무엇인지 나열하고 정의하라.
4. 패러다임은 무엇인가? 패러다임들은 범죄의 정의와 설명에 있어서 어떤 영향을 주는가?
5. 당신은 어떤 범죄학적 패러다임에 가장 동의하는가? 그 이유는?
6. 미디어는 이 수업을 위해 당신을 어떻게 준비시켰는가? 당신은 어떻게 적응해 나갈 것인가?
7. 이 수업을 듣기 전 범죄학 분야에 대한 당신의 대략적인 인식과 이 장을 읽고 난 후 이 분야에 대한 당신의 생각을 비교해보면 어떻게 달라졌는가?

## 참고문헌

Akers, R.L. (1989). "A Social Behaviorist's Perspective on Integration of Theories of Crime and Deviance." In S.E. Messner, M.D. Krohn & A.E. Liska (eds.) *Theoretical Integration in the Study of Deviance and Crime*. Albany, NY: State University of New York Press.

Austin, J. (2003). "Why Criminology Is Irrelevant." *Criminology & Public Policy*, 2:557–564.

Becker, H.S. (1963). *Outsiders: Studies in the Sociology of Deviance*. New York, NY: The Free Press.

Bloch, H.A. & G. Geis (1962). *Man, Crime, and Society*. New York, NY: Random House.

Blumstein, A. (2009) "What Role Should ASC Take in Policy Advocacy?" *The Criminologist*, 34,3:1–4.

Bohm, R.M. (1986). "Crime, Criminal and Crime Control Policy Myths." *Justice Quarterly*, 3:193–214.

Box, S. (1983). *Power, Crime, and Mystification*. New York, NY: Tavistock.

Brown, S.E. (1986). "The Reconceptualization of Violence in Criminal Justice Education Programs." *Criminal Justice Review*, 11:34–42.

Chaires, R.H. & B.G. Stitt (1994). "Paradigmatic Concerns in Criminal Justice." *Journal of Crime and Justice*, 17(2):1–23.

Chambliss, W. (2004). "On the Symbiosis between Criminal Law and Criminal Behavior." *Criminology*, 42:241–251.

Clear, T. (2009). "ASC's Policy Efforts." *The Criminologist*, 34,4:1–5.

Cullen, F.T. (2005). "The Twelve People Who Saved Rehabilitation: How the Science of Criminology Made a Difference." The American Society of Criminology 2004 Presidential Address. *Criminology*, 43:1–42.

Curra, J. (2000). *The Relativity of Crime*. Thousand Oaks, CA: Sage.

Currie, E. (1999). "Reflections on Crime and Criminology at the Millennium." *Western Criminology Review*, 2:1–15. (Online)

Dunaway, G.R. & F.T. Cullen (1991). "Explaining Crime Ideology: An Explanation of the Parental Socialization Perspective." *Crime & Delinquency*, 37:536–554.

Geis, G. (1987). "Musings on Cross-Cultural Criminology." *The Criminologist*, 12:1, 4, 7 & 8.

Geis, G. & R.F. Meier (1978). "Looking Backward and Forward: Criminologists on Criminology as a Career." *Criminology*, 16:273-288.

Gelles, R.J. (1972). *The Violent Home*. Beverly Hills, CA: Sage Publications.

Gibbs, J.P. (1987). "An Incorrigible Positivist." *The Criminologist*, 4(4):1, 3 & 4.

Grasmick, H.G., R.J. Bursik & B.S. Blackwell (1993). "Religious Beliefs and Public Support for the Death Penalty for Juveniles and Adults." *Journal of Crime and Justice*, 16:59-86.

Hay, C. (2009). "Examining the Key Causes of crime in Terms of Their Potential Responsiveness to Policy Manipulation." *The Criminologist*, 34,1:5-8.

Gusfield, J.R. (1981). *The Culture of Public Problems: Drinking, Driving and the Symbolic Order*. Chicago, IL: University of Chicago Press.

Henry, S. & M. Lanier (2001). *What Is Crime? Controversies over the Nature of Crime and What to Do About It*. Lanham, MD: Rowan & Littlefield.

Hirschi, T. (1989). "Exploring Alternatives to Integrated Theory." In S.E. Messner, M.D. Krohn & A.E. Liska (eds.) *Theoretical Integration in the Study of Deviance and Crime*. Albany, NY: State University of New York Press.

Kingsnorth, R.F., L. Alvis & G. Gavia (1993). "Specific Deterrence and the DUI Offender: The Impact of a Decade of Reform." *Justice Quarterly*, 10:265-288.

LaFree, G & K. Huffman (2009). "The ASC Goes to Washington: How and Why Now?" *The Criminologist*, 34,2:1-4.

Laub, J.H. (2004). "The Life Course of Criminology in the United States: The American Society of Criminology 2003 Presidential Address." *Criminology*, 42:1-26.

Liberman, A.M. (2009). "Advocating Evidence-Generating Policies: A Role for The ASC." *The Criminologist*, 34,1:1-5.

Liederbach, J., F.T. Cullen, J.L. Sundt & G. Geis (2001). "The Criminalization of Physician Violence: Social Control in Transformation?" *Justice Quarterly*, 18:301-321.

Lynch, M.J. & P. Stretesky (2001). "Toxic Crimes: Examining Corporate Victimization of the General Public Employing Medical and Epidemiological Evidence." *Critical Criminology*, 10:153-172.

Mannheim, H. (1965). *Comparative Criminology*. Boston, MA: Houghton Mifflin.

Marvell, T.B. & C.E. Moody (2008). "*Can and Should Criminology Research Influence Policy? Suggestions for Time-Series Cross-Section Studies,*" 7:359-365.

Michalowski, R.J. (1987). "Reply to Gibbs." *The Criminologist*, 12(6):12, 18.

Miller, W.B. (1973). "Ideology and Criminal Justice Policy: Some Current Issues." *Journal of Criminal Law and Criminology*, 64:141-162.

Morris, N. & G. Hawkins (1970). *The Honest Politician's Guide to Crime Control*. Chicago, IL: University of Chicago Press.

Pfohl, S. (1977). "The Discovery of Child Abuse." *Social Problems*, 24:310-324.

Pillsbury, S.H. (1995). "Why Are We Ignored? The Peculiar Place of Experts in the Current Debate About Crime and Justice." *Criminal Law Bulletin*, 31:3-28.

Pratt, T. (2008). "Rational Choice Theory, Crime Control Policy, and Criminological Relevance." *Criminology & Public Policy*, 7:43-52.

Reiman, J.H. (1990). *The Rich Get Richer and the Poor Get Prison*, Third Edition. New York, NY: Macmillan Publishing Company.

Ren, L., J. Zhao & N.P. Lovrich (2006). "Liberal vs. Conservative Public Policies on Crime: What Was the Comparative Track Record in the 1990s?" Paper presented at the Annual Meeting of the Academy of Criminal Justice Sciences, Baltimore, MD.

Robinson, M.B. (2002). "An Analysis of 2002 ACJS Papers: What Members Presented and What They Ignored." *ACJS Today*, 22,4:1-6.

Robinson, M.B. (2004). *Why Crime? An Integrated Systems Theory of Antisocial Behavior*. Upper Saddle River, NJ: Prentice Hall.

Rush, G.E. & S. Torres (1998). *The Encyclopedic Dictionary of Criminology*. Incline Village, NV: Copperhouse Publishing.

Schwendinger, H. & J. Schwendinger (1975). "Defenders of Order or Guardians of Human Rights?" In I. Taylor, P. Walton & J. Young (eds.) *Critical Criminology*. Boston, MA: Routledge and Kegan Paul.

Sellin, T. (1938). *Culture Conflict and Crime*. New York, NY: Social Science Research Council.

Stack, S. (2003). "Authoritarianism and Support for the Death Penalty: a Multivariate Analysis." *Sociological Focus*, 36:333-352.

Sutherland, E.H. (1949). White Collar Crime. New York, NY: Dryden.

Sutherland, E.H. & D.R. Cressey (1974). *Criminology*, Ninth Edition. Philadelphia, PA: J.B. Lippincott.

Swigert, V.L. (1989). "The Discipline as Data: Resolving the Theoretical Crisis in Criminology."

In S.E. Messner, M.D. Krohn & A.E. Liska (eds.) *Theoretical Integration in the Study of Deviance and Crime*. Albany, NY: State University of New York Press.

Tappan, P.W. (1947). "Who Is the Criminal?" *American Sociological Review*, 12:96–102.

Taylor, I., P. Walton & J. Young (1973). *The New Criminology: For a Social Theory of Deviance*. New York, NY: Harper Colophon Books.

Tierney, K.J. (1982). "The Battered Women Movement and the Creation of the Wife Beating Problem." *Social Problems*, 29:207–220.

Trebach, A.S. (1982). *The Heroin Solution*. New Haven, CT: Yale University Press.

Unnever, J.D., F.T. Cullen & B.K. Applegate (2005). "Turning the Other Cheek: Reassessing the Impact of Religion on Punitive Ideology." *Justice Quarterly*, 22:304–339.

Vogel, B.L. & R.E. Vogel (2003) "The Age of Death: Appraising Public Opinion of Juvenile Capital Punishment." *Journal of Criminal Justice*, 31:169–183.

Welch, M., M. Fenwick & M. Roberts (1998). "State Managers, Intellectuals, and the Media: A Content Analysis of Ideology in Experts' Quotes in Feature Newspaper Articles on Crime." *Justice Quarterly*, 15:219–241.

Williams, E.J. & M. Robinson (2004). "Ideology and Criminal Justice: Suggestions for a Pedagogical Model." *Journal of Criminal Justice Education*, 373–392.

Young, J. (1986). "The Failure of Criminology: The Need for a Radical Realism." In R. Mathews & J. Young (eds.) *Confronting Crime*. London, UK: Sage Publications.

C/H/A/P/T/E/R **02**

# 법과 범죄의 상대성
# (The Relativity of Law and Crime)

**학습 목표**

제2장을 읽은 후, 당신은 다음의 내용을 수행할 수 있어야 한다.

- 시대와 장소에 따른 법의 상대성에 대한 논의
- 법의 기원에 대한 갈등론적 설명과 합의론적 설명의 차이에 대한 정확한 서술
- 범죄자, 시민, 행정적인 법 사이의 핵심적 차이 설명
- 형사사법체계의 4개의 명확한 목표를 설명

형법의 내용은 시대와 장소에 따라 변하는 범죄와 일탈에 관한 우리의 생각으로 이루어져 있다. 그래서 어떠한 행위를 범죄로 규정하는 것은 정치적 과정인 동시에 형법의 내용이기도 하다. 이 장에서는 형법의 개념을 정의하고 제정과정을 검증하여 범죄학적 기본 틀을 제시하고자 한다. 범죄와 범죄자들을 알게 되면 시대나 장소와 밀접한 관련이 있는 형법을 조금 더 명확히 알게 될 것이다.

## 법의 개념

법은 공식적인 사회통제 기준을 제시한다. 합의론적 관점에서는 법을 복잡한 사회에서 공정성과 질서를 유지하는 기능을 지닌 것으로 본다. 갈등론적 관점에서는 법을 권력관계가 지속되도록 유지시키는 기능을 지닌 것으로 본다. 법은 광범위하기 때문에 어느 관점에서든 그 내용을 범죄자, 시민, 행정적 구성요소들로 세분화 할 수 있다. 각각은 통제행위를 위하여 설정되지만 그것들 사이에는 중요한 차이점들이 있다.

범죄는 아마도 작위 행위(강간이나 위험물의 고의적인 판매 등과 같은 금지된 행위를 하는 것)이거나 부작위 행위(소득세 환수나 어린이 보호 등 해야 하는 행위를 하지 않는 것)일 것이다. 형법에서 금지하고 있는 행위를 하지 않은 경우나 해야 하는 행위를 한 경우에

는 범죄가 아니다. 연방정부나 주정부의 형법에는 그렇게 명확히 규정되어 있다. 또한 법은 법을 위반했을 때 따라올 제재를 분명하게 제시하여야 한다. 중범죄는 처형 또는 1년 이상 징역을 살아야 할 가장 심각한 범죄들이다. 경범죄는 최대 11개월 29일 동안 교도소에서 살아야 하는 것이다. 가장 경미한 범죄는 종종 법률위반 또는 경죄라고 부르는, 상대적으로 적은 벌금형을 받는 위반 행위이다.

모든 범죄는 타당한 의심을 넘어 유죄 선고를 받아내기 위해 입증해야 하는 구체적인 요소들로 이루어져 있다. 범죄행위는 범죄를 구성하는 물리적 요소이다. 범죄행위는 형법에서 규정한 금지 행위의 실행이나 해야 하는 행위의 실패이다. 일반적으로 범의(犯意)는 의도적으로 표현되는 범죄의 정신적 요소이다. 몇몇 사례에서 추론할 수 있거나 엄격책임[1]이 있을지라도, 의도는 대개 범죄의 본질적인 구성요소이다. 엄격책임의 흔한 사례는 법정 강간[2]이다. 법은 합의 하에 관계한 경우이든 아니든 일반적으로 18세 정도의 특정 나이 이하인 사람과의 성행위를 금지하고 있다. [표 2.1]은 주요 중범죄의 일반적인 정의이다.

형법 집행자들은 민법을 어긴 것에 대해 법집행을 하지 않는다. 형법과 민법의 중요한 차이점은 목적이다. 민법은 배상명령은 할 수 있지만 형벌 제재가 목적은 아니다. 게다가 민법은 형법과 같은 수준의 명확성을 요구하지도 않는다. 민법은 형법에서 합헌적으로 금지한 상황을 소급 적용하기도 한다. 가장 뚜렷한 차이점은 형법이 광범위한 분야에 걸쳐 사회에 위해를 가하는 잘못들을 규정하는 반면, 민법은 개인들 사이에 발생하는 법적 문제들을 규정한다는 것이다. 다음의 두 시나리오가 이를 설명한다.

1. 평소 알고 지내던 여성이 당신의 자동차를 빌려달라고 부탁했다. 당신은 이에 빌려주는 것에 동의했고, 그녀는 당신에게 자동차가 재산상의 손실이 생기지 않도록 하겠다고 약속했다. 그런데 그녀가 장거리 운행을 하면서 기름 주유가 안 되는 중요한 결함이 생겨 엔진이 망가졌다. 당신은 수리비로 500달러를 지불해야 했다.

2. 평소 알고 지내던 여성이 당신의 자동차를 빌려달라고 했지만 당신은 이에 반대했다. 그럼에도 그녀는 당신의 허락 없이 자동차를 장거리 운행하여 기름 주유가 안 되는 중요한 결함을 유발했고, 결국 엔진을 망가뜨렸다. 당신은 수리비로 500달러를 지불해야 했다.

---

1) 역주 : 발생한 사고 등에 대해 입증절차 없이 행위자에게 지워지는 책임
2) 역주 : 법적 미성년자와 성행위를 하는 것


46

➡ [표 2.1] 판례법 정의와 주요 범죄의 요소

| 범죄 | 정의 | 요소 |
|---|---|---|
| 살인 | 악의를 지닌 사람이 계획적·위법적으로 타인을 죽임 | 1. 위법적인 살인<br>2. 자연인<br>3. 다른 자연인<br>4. 계획적으로 악의를 가짐 |
| 강간 | 여성의 의사에 반하여 강제적으로 남성에 의해 위법의 성경험을 갖는 행동 | 1. 위법<br>2. 성경험(혹은 성관계)<br>3. 힘과 공포에 의해<br>4. 여성의 의사에 반하거나 동의가 없이 |
| 강도 | 타인의 돈과 가치 있는 물건을 훔치는 중죄의 행동 또는 본인의 의지에 상관없이 폭행 혹은 공포를 주는 그의 존재 | 1. 침해<br>2. 취득<br>3. 이송<br>4. 개인 재산<br>5. 타인의 재산<br>6. 훔칠 목적을 가진<br>7. 상대방의 존재<br>8. 폭행, 협박 |
| 폭행 | 절박한 공포상황을 만들 수 있는 확실한 능력을 갖고, 타인에게 상처를 입히는 시도 또는 위법 행위 | 1. 시도 또는 시행<br>2. 폭력과 폭행<br>3. 즉각적이고 물리적인 상대방의 상해<br>4. 분명하고 즉각적인 능력 |
| 상해 | 타인에게 무력이나 폭행을 가하는 등 불법적으로 접촉하는 행위 | 1. 불법<br>2. 무력과 폭행<br>3. 타인 |
| 유괴 | 인신매매, 불법 구금, 사람을 다른 곳으로 강제적으로 이동시켜 감금하거나 강제적으로 타인의 의지에 반하여 못 가게 잡아두는 것 | 1. 타인을 못 가게 잡아두다<br>2. 무력으로<br>3. 타인의 동의 없는<br>4. 법률상의 과정 없는<br>5. 타인을 다른 공간으로 이동 또는 불법적인 인신매매 |
| 방화 | 거처 또는 주거지의 별채를 고의적이고 악의적으로 불을 냄 | 1. 방화<br>2. 거처(주거지의 별채)<br>3. 다른 사람에 의해 발생되어진 집<br>4. 반드시 고의에 의한 화재일 것 |
| 주거 침입 절도 | 야간에 중죄를 범할 목적으로 타인의 주택 침입, 파괴 | 1. 파괴<br>2. 침입<br>3. 주택<br>4. 타인<br>5. 야간<br>6. 중죄를 범할 목적을 가진 |

위의 두 사례에서 적어도 그 위반자가 지불능력이 있다면, 민사소송을 통해 당신이 지불한 비용 500달러를 보상받을 수 있을 것이다. 민사 절차에서는 위반 집단이나 피고(Jones)에 맞서 피해 집단이나 원고인 당신(Smith)을 참여하게 한다. 이것이 스미스 대 존스(*Smith v. Jones*)판례이다. 두 번째 시나리오에서 주정부는 존스를 형법에서 금지하고 있는 자동차 절도로 수사했다. 이런 형사 절차는 주정부 대 존스(*State v. Jones* 또는 *People v. Jones*) 판례로 불렸고 당신(Smith)의 민사 활동과는 별개가 된다.

비록 하나의 행위가 형사책임과 민사책임 둘 다를 포함하지만, 법적 조치들은 피해의 종류에 따라 다르다. 민법을 근거로 주정부가 공정하게 판결하도록 판결자의 입장에서 논의할 것이고, 그런 주정부의 견해를 근거로 피해를 입은 개인은 피해보상을 받기 위해 고소를 할 것이다. 그러나 형사 절차는 지역사회의 권리를 무제한으로 침해해왔고, 모든 시민들에게 사회적 책임을 묻는데 실패했다. 그래서 형사상의 피해는 사회에 해악이 된다.

널리 알려진 심슨(O.J. Simpson) 사건은 우리가 직면할 수 있는 형사와 민사상의 이중책임을 말해준다. 1995년 심슨은 그의 전처인 심슨(Nicole Brown Simpson)과 그녀의 친구 골드만(Ronald Goldman)의 죽음과 관련된 형사상 살인죄에 대해 무죄를 선고받았다. 그러나 민사상으로는 죽음에 대한 피해보상으로 2,500만 달러를 지불해야 한다는 판결을 받았다. 유사하게 1970년대 "바레타(Baretta)" TV 쇼의 스타인 브레이크(Robert Blake)는 그의 부인인 바크리(Bonnie Bakley) 살인에 대해 무죄를 선고받았지만, 부당한 죽음에 대한 3,000만 달러를 보상하라는 판결이 내려졌다. 이 결과는 그 사람이 유죄이냐 무죄이냐로 결론을 내리려는 많은 사람들에게 혼란을 주고 있다. 심슨과 브레이크(Simpson & Blake)의 사례는 최소한의 증거가 요구되는 사례의 기준이 되었다. 민사 재판이 증거의 우월성을 요구하는 반면에 형사 사건의 확신은 합리적 추정을 넘어선 증명을 요구한다. 이 차이는 현실적이다. 이 차이를 숫자로 나타내면 민사 책임과 형사 책임에서 인정받기 위해 필요한 증거의 비중은 민사 책임이 50% 이상, 형사 책임이 99% 이상이다. 다른 증거 기준도 변화한다. 민사 절차와 달리 형사 절차에서는 일반적으로 의도가 있어야 한다. 자신이 유죄가 되는 것을 막기 위한 보호(증언)는 형사절차에서 운영되지만, 민사사건에서는 증언을 할 수 없게 될 것이다. 그리고 심슨 사건처럼 가능한 제재는 상당히 다양해진다. 형법상의 제재인 형벌은 벌금, 집행유예, 구금, 그리고 38개 주연방기구군대에서 시행중인 사형을 포함한다. 그러나 민사상 해결책은 재정적으로 보상하거나 그 외에 고소인에게 위자료를 주는 것으로 제한한다. 법의 형태에 따른 구별은 [표 2.2]에서 보는 바와 같다.

더욱이 범죄의 피해자는 범죄자 담당 검사와 원칙적으로 협력할 의무가 있다. 피해자가

“기소하지 않음”을 언급한 범죄는 형법에 대한 일반적인 오해를 생기게 한다. 실제로 만약 피해자가 증거 제출을 거부하면 주정부는 그 사건을 중단할 것이다. 그러나 킨서(Darlene Kincer)가 남자친구에 맞서 제기한 살해의도와 폭행에 대한 기소를 취하해 달라고 판사에게 요청한 1993년, 디트로이트 사건에서는 중단되지 않았다. 증언에 따르면 그녀의 남자친구는 차에 그녀를 태우고 끌고 갔고, 그로 인해 그녀의 태아와 그녀 자신의 팔다리를 잃게 되었다. 하지만 피해자는 남자 친구를 기소함으로써 둘 사이의 관계가 원만하지 않게 되었고, 또한 그녀의 열여섯 살인 딸이 엄마(킨서)의 인생에서 그(킨서의 남자친구)가 사라지기를 바라기 때문에 그에게 불리한 진술을 한 것이라고 주장하며 그녀는 판사에게 기소를 취하할 것을 요청했다.(Johnson City Press, 1993). 이 극단적인 사건에서 판사는 남자 친구의 공격적인 행위가 사회에 반하는 잘못된 행위라는 점에서 형법에 저촉된다고 판시했다.

이틀 동안 당신의 캠퍼스가 멋진 행사와 기분 좋은 대화가 더 이상 없는, 여성을 대상으로 계속 성폭행을 자행하는 연쇄 성폭행범에 의해 오염되었다고 가정하자. 삼 일째, 범죄자의 아파트에서 강제적인 성관계가 일어난다. 피해자 개개인들은 정신적 충격과 육체적 상처를 보상 받기 위해 민사 조치를 취할 것이다. 주정부는 추가적인 피해를 줄이고 그의 행위를 처벌하기 위해 범죄자를 고소하는데 관심을 쏟을 것이다. 음주운전자나 도둑처럼 강간범도 사회질서를 위협하는 존재다. 경찰과 검사의 기소에 많은 강간 피해자들이 ‘기소하지 못하리라 예상하는 것’은 이론적인 법과 현실적인 법 사이의 불일치를 여실히 드러낸다.

행정법은 형법과 민법의 요소가 결합된 법이다. 행정법은 입법부가 규제기관에 위임한 법규 제정권을 근간으로 한다. 규제기관은 입법(법제정), 행정(법집행), 사법(제재) 기관이

[표 2.2] 법의 분류에 따른 핵심 범위

| | 형법 | 민법 | 행정법 |
|---|---|---|---|
| 피해자/고소인 | 주<br>(거대 사회) | 개인 | 주<br>(거대 사회) |
| 합법 | 분명한 법 없이 범죄가 없는 것 | 아마도 명백하거나 소급하는 것 | 아마도 명백하거나 소급하는 것 |
| 제재 | 벌금, 구금, 집행유예, 사형 | 피해받은 개인에 대한 보상 | 시민 벌금, 명령, 폐쇄, 압수, 면허취소, 형사활동 |
| 유죄 판결/<br>판결 기준 | 합리적인 의심 이상의 증명 | 증거의 우세 | 행정 결정(혹은 합리적인 의심 이상의 증명) |
| 의도 | 필요 | 불필요 | 불필요 |

그들에게 위임한 범위 내에서 권한을 갖는다. 여기에는 벌금, 명령, 면허취소 등처럼 시민에게 부가하는 행정처분의 권한이 있다. 형사 절차는 규제기관들이 적용하는 법규를 위반했을 때 진행된다. 행정법은 겨우 약 1세기 전에 등장했지만 사업 통제, 전문화, 조직적 활동이 필요했던 관계로 거대하게 성장했다. 미국에는 연방무역위원회, 증권거래위원회, 식품의약품안전청, 국세청, 환경보호청 등을 포함하여 수백 개의 규제기관이 있다.

## 갈등 또는 합의?

범죄학자들은 형법의 근본적인 제정 권력을 대체로 두 개의 일반 지향점 중 하나를 선택하는 것으로 이해한다. 합의론적 관점은 사회적 요구와 가치의 산물로 형법을 설명하지만, 갈등론적 관점에서 보면 법은 힘 있는 집단의 관심이 구체화된 것이다. 각각의 전통은 변화하지만, 두 가지 주요 주제는 근본적인 가정의 차이로 대비된다.

합의론적 관점은 형법이 사회의 대대적인 관심에 의해 발전하고 운영된다고 본다. 규칙과 법률들은 사회 대다수의 요구를 충족시켜 주는 것이다. 합의론적 관점을 초창기에 주장한 학자인 뒤르깽(Emile Durkheim)은 사회의 한 기능으로 범죄를 생각했다. 그는 범죄를 용인되는 행위의 경계라고 설명하면서 그 경계를 강화하는 것이 사회를 견고하게 한다고 주장했다. 예를 들어 불법마약의 사용은 광범위한 사회적 비난을 받는다. DARE(약물 남용 방지 교육 프로그램)와 같은 학교 프로그램의 단호한 메시지로부터 수천 명의 미국 수감자와 교도소에 적용되는 강력한 성명서는 허용되는 행위를 위반했을 때 받게 될 제재사항을 규정할 것이다. 합의론적 패러다임은 일반적인 선을 넘는 행위를 설명하는 데 초점을 둔다. 그리고 뒤르깽은 법과 규정을 위반하는 사람이 없다면 사회는 새로운 규정을 만들 필요가 있음을 알게 될 것이고, 그러면 행위의 경계가 명확해진다고 주장했다.

갈등론적 관점은 형법을 특권 없는 집단 구성원들과 갈등하는 부와 권력을 가진 엘리트의 관심을 반영한 것으로 본다. 엘리트들의 주된 생각에 반대하는 사람은 범죄자가 되고, 행위에 대해 법의 처벌을 받을 것이다. 가난하고 힘없는 사람들은 법적 제재를 직접적으로 받지만, 엘리트들은 다른 사람에게 해가 되는 행위를 해도 법적 제재를 받지 않는다. 갈등론적 관점을 지지하는 범죄학자들은 왜 어떤 사람은 범죄자가 되는 반면에 다른 사람들은 같은 행위를 하거나 더 해가 되는 행위를 하여도 주목을 받지 않는지를 설명하는 데 중점을 둔다. 그래서 갈등이론가들은 미국에서 특정 계층 사람들이 마약과 같은 중범죄를 저질러도 마땅히 제재할 방법이 없다고 말한다. 그들은 마약을 복용하면서도 충분한 재력을 동원해 치료한다는 핑계로 마약을 합법적 약물로 둔갑시킬 수 있으며 법규위반을 교묘히 빠져나갈 수도 있다. 더욱이 더 상위 계층에서 위반이 발생한 때에는 그들을 형사사법제도상의 절차를 밟게 할 수도 없다.

증거는 아마도 합의론적 관점과 갈등론적 관점 둘 다 필요하다고 정리할 것이다. 사람의 목숨을 담보로 한 살인과 성적 착취인 강간과 같은 행위는 실제로 모든 사람들이 몹시 혐오하는 것이다. 사람들 사이에서는 이미 그런 행위를 형법으로 처벌해야 한다는 공감대가 형성되어 있다. 반면에 대부분의 사람들은 엘리트가 저지른 범죄들에 대해서는 법을 다르게 적용한다고 믿는다. 이것은 무법자 엘리트들에게 "부자들은 어떤 일을 해도 벌을 받지 않을 수 있다!"라고 소리치며 저항하는 일반시민들에 의해 대변된다.

제7장과 제8장은 사회 합의론적 관점에 따른 범죄의 사회구조이론과 사회과정이론을 살펴본다. 합의론적 이론은 사회통제를 위한 노력을 뒷받침하고, 수용할 수 있는 행위의 범위 내에서 사람들을 지켜주기 위한 전술들의 토대를 제공한다. 제9장은 갈등으로부터 도출된 사회적 반응이론을 살펴보고, 이런 사상에 관하여 형법의 내용과 집행을 분석한다.

## 범죄의 상대성

앞서 살펴본 바와 같이 사회적으로 바람직한 행동은 바람직하지 않은 행동과 연속선상에 놓여 있기 때문에 그 경계가 매우 모호하다. 즉 어떤 행위의 평가는 시대와 장소에 따라 달라진다. 쿠라(John Curra, 2002: 2)가 설명한 것처럼, 어떤 인간의 행위도 모든 사회, 모

[그림 2.1] 행위와 관련된 사회적 바람직함의 연속선상

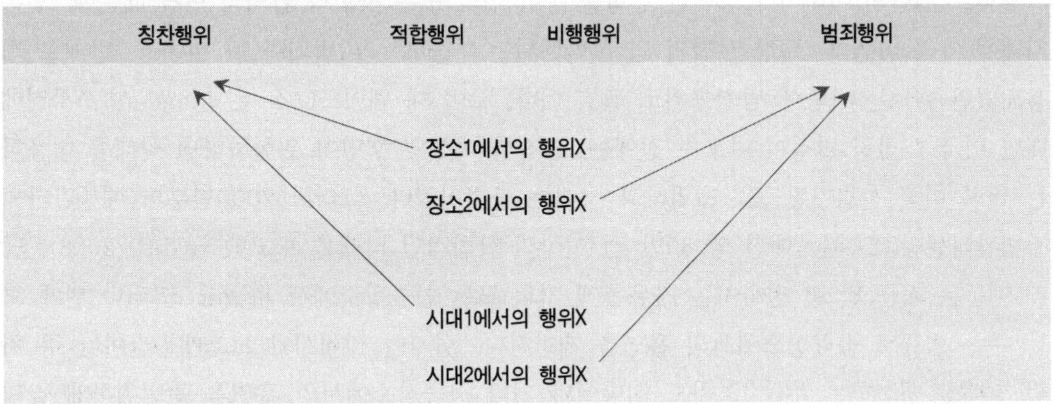

든 사람, 모든 시대로부터 부정당하지 않는다. 같은 시대에 칭찬할 만한 행위로 규정한 것도 다른 사람에게는 범죄로 인식될 수 있기 때문이다. 같은 장소에서 분명하고 용기 있는 것으로 생각되는 행위도 다른 사람에게는 얼마든지 범죄로 간주될 수 있다. 행위에 대한 반응은 종종 더 난해하게 바뀐다. 예를 들어, 같은 시대와 장소에서 칭찬할 만한 것으로 보였던 행동이 다른 사람들에게는 특별히 훌륭한 것은 아닌 그저 적합한 행동으로 보일 수도 있다. [그림 2.1]은 행위와 관련된 사회적 바람직함이 연속선상에 있음을 가장 극단적으로 보여준다. 범죄에 포함되고 포함되지 않는 내용의 차이를 설명하는, 연속선상에 있는 범죄의 정의는 범죄학자들이 범죄의 상대성으로 언급하는 것이다. 교육 기금의 마련을 위해 주정부가 개최하는 민감한 토론에서, 테네시 주의 한 상원의원이 "몇 년 전 우리는 주정부가 하는 일을 보여주기 위해 교도소에 사람들을 수감했다"고 진술했을 때, 법의 이러한 상대성 원리를 인정한 것이다(Johnson City Press, 2003).

[그림 2.1]에 적용될 수 있는 몇 가지 사례를 보자. 2003년 미국의 침공과 사담 후세인 정권의 몰락이 일기 전 이라크에서는 지도자를 기리는 동상과 그림을 훼손하면 중대한 범죄로 취급했다. 그러나 바그다드가 망했던 그날, 그 행동은 새로운 점령군인 미군의 권한이 되었고 대다수 시민도 그런 행동을 했다. 마찬가지로 보스턴 차 사건(Boston Tea Party)도 처음에는 심각한 형사 사건이었다. 그러나 불공정한 법을 반대하는 운동이 전국적으로 일어나자 곧바로 지지를 받는 행동이 되었다. 일반적으로 성공하지 못한 혁명가는 성공할 때까지는 범죄자이다. 조지 워싱턴, 피델 카스트로, 마오쩌둥, 블라디미르 레닌은 모두 그들의 국가에서 영웅으로 추앙받는다. 하지만 혁명적인 노력들이 실패했다면 그들은 어디까지나 범죄자일 뿐이다.

### *시대를 통한 상대성*

엘리트 집단의 이익이나 강력한 변화를 통한 이익 또는 사회적 합의의 변경 때문에, 법은 시대에 따라 바뀐다. 특정 시점의 법 위반행위는 나중에는 비범죄화 될 것이고, 반대로 허용되었던 행위는 나중에 범죄행위로 될 것이다. 로이 대 웨이드(*Roe v. Wade, 1973*)사건에 대한 미국 대법원 결정이 나오기 전에는, 임신한 여성의 생명이 위험하다면 낙태를 허용하는 몇몇 미국 사법기관들을 제외하고 낙태는 불법이었다. 그러나 2000년부터 애틀란타의 질병관리센터(CDC)는 매년 약 80만 건 이상의 합법적인 낙태를 보고했다(CDC, 2008). 담배 제품은 최근 몇 년 전까지는 자유롭게 거의 모든 공공장소에서 피웠다. 그러나 현재 모든 주는 법규로 공공장소에서의 흡연을 제한한다. 심지어 테네시와 노스캐롤라이나 주 처럼 담배를 생산하는 주(州)조차도 식당이나 기타 공공장소에서의 흡연을 광범위하게 금지하는 법안을 통과시키고 있다. 자살은 법을 위반하는 것이었다. 오리건 주에서는 합법적인 안락사에 대한 논의가 이루어지지만 미시건주에서는 중죄이다. 인종차별은 미국 남부지방에서는 법으로 인정받아 왔으나 현재 차별 행동은 범죄로 규정한다. 단지 농담이라고 생각되어졌던 것이 지금은 법적으로 성희롱이나 적대적인 환경을 만드는 것으로 해석되어질 것이다. 미국의 어떤 주의 법들은 남자가 구타할 때 자신의 엄지손가락보다 직경이 큰 막대기를 사용하지 않았다면 남편에 의한 아내 구타조차도 허용되는 행위였다. 모든 것들은 매우 많이 변하는데, 쿠라(John Curra, 2000: 14)는 그의 훌륭한 저서인 「일탈의 상대성」에서 '변화는 단지 실제의 유지'라고 주장하였다. 범죄의 상대성은 형법의 진행 중인 이야기이다. 물질 남용(마약, 알코올, 담배), 남색, 강간과 같은 미국인들의 경험은 시대에 따라 법이 변화한 사례로써 다음에서 살펴본다.

[BOX 2.1] 장소를 통한 법의 상대성 : 이슬람 대 서양 법의 개념

- 가정 분쟁으로 남편을 죽인 아프가니스탄 여성의 형 집행에 관한 1999년 보고서에는 이런 내용이 있다. 경기장에 수천의 시민이 모였고 형 집행 전에 군중은 돌을 던졌다. 군중에는 수많은 여성과 그들의 아이들이 함께 했다. 형을 집행할 때 그들은 "신은 위대하다!" 라고 크게 소리쳤다.
- 나이지리아 부부는 "결혼 밖에서 섹스를"을 주장하다가 돌팔매에 의한 사형을 선고받았다(Johnson City Press, 2002b).
- 간통에 대한 나이지리아의 돌팔매 선고를 보고, 2002 AP통신 보고서(Johnson City Press, 2002c)는 북부 주에는 무슬림들이 주로 살고 남부에는 기독교인들이 주로 사는데 이들 사이의 투쟁으로 이슬람 법원의 이러한 선고가 증가하게 되었다고 지적했다. 이 사건의 경우, 여성 피의자는 이혼 후 출산을 위해 9개월 이상의 시간이 필요했다. 법원은 그녀가 그녀의 아기를 돌볼 수 있도록 시간을 허락하여 2004까지 그녀의 형 집행을 연기했다.
- 뉴욕타임즈에 "여성이 운전하는 동안"이라는 제목의 기사 내용을 보면, 47세의 사우디 여성이 사우디아라비아의 수도인 리야드에서 운전 중에 법을 어겼다. 이슬람 성직자가 그 여성을 창녀라고 부르며 법규위반 사실을 지적했다. 그들은 직업과 여권을 잃었고, 죽음의 위협을 경험했다. 또한 수명이 짧아질지도 모를 항의에 대해 결코 이야기 하지 않는데도 동의했다. 2005년에 King's Consultive Council에 사우디 남자들이 다시 그 문제를 제기하였고 거절당했다.
- 이란에서 16세와 18세 소년이 2005년 7월 19일에 동성애 성관계를 했고 고문과 교수형을 당했다. 1979년 성직자법이 설치된 이래로 4,000명 이상의 이란인이 동성애 행위로 처벌 받은 것으로 추산된다.

## 물질 남용

어느 문화에나 음식물 섭취와 관련한 규칙과 관습이 있다. 어떤 음식이 문화를 뛰어넘는 음식으로 인정받기란 쉬운 일이 아니다. 다른 문화권의 음식을 접한 쾌락주의자들은 종종 불만을 나타내거나 얼굴색이 창백해지기도 한다. 식당에 앉아 달팽이, 개, 흰개미 또는 닭발이 담긴 접시와 마주한다면 과연 기분이 좋을까? 속이 매스껍진 않을까? 미국의 '야생' TV 쇼는 문화적으로 음식으로 정의되지 못한 물질을 먹는 것은 시청자에게 매우 충격적일 것이라는 생각을 저변에 깔고 있다.

문화적 인식의 측면에서, 몸이 섭취하는 물질에 따라 우리는 객관적인 영향을 받는다. 영양사들은 "우리는 우리가 먹는 것이다(We are what we eat)"라고 주장한다. 우리가 지나치게 먹어댄다면 살이 찔 수 있다. 충분히 먹지 않거나 균형잡힌 식사를 하지 못한다면, 우리의 몸은 허약해질 것이다. 카페인을 너무 많이 섭취한다면 과도한 불안 증세에 시달릴 수도 있다. 마늘은 불쾌한 입 냄새를 남길 것이고, 콩은 냄새가 심한 방귀를 유도할 것이다.

극단적으로 섭취기준을 어기는 사람들은 상궤를 벗어난 사람으로 정의될 것이다. 잘못된 물질을 먹는 것은 다른 사람들이 우리를 어떻게 보느냐에 극단적인 영향을 줄 수 있다. 힌두교인들이 그들 나라에서 소고기 스테이크를 저녁으로 먹는 것을 어떻게 받아들일지 생각해보라. 유대인들이 돼지고기 샌드위치를 게걸스럽게 먹는 것을 생각해보라. 동물성 기름에 튀긴 감자에 대한 채식주의자의 반응을 생각해보라. 기숙사에서 마리화나가 섞인 빵을 지니고 있다가 캠퍼스 경찰에 발각된 대학생을 생각해보라. 사람들은 그들의 먹는 행위를 비행으로 간주할 것이고, 심지어 형법이 그것을 금할 것이다. 이 장에서는 우리는 마약, 알코올, 담배를 논의하고자 한다.

## 마약

일반 시민뿐만 아니라 범죄학을 공부하는 학생들은 마약 범죄가 20세기 미국인이 만들어낸 창조물임을 종종 간과한다. 20세기 이전까지는 우리가 지금 마약으로 부르는 것이 건강을 해칠 수 있는 가능성을 가지고 있는, 수많은 다른 물질과 구분되지 않았다. 지금 심각한 마약이라고 취급하는 것들은 예전에 의약품과 식품 첨가물로 유용하게 쓰이던 것이었다. 코카콜라는 자극적인 맛을 내기 위해 코카인을 첨가하였다고 시인하였고, 그 후에 카페인으로 대체했다(Drug Policy Alliance, 2002a). 마약에 대한 현대 미국인의 인식은 진정제의 판매와 소지를 범죄로 규정한 해리슨(Harrison) 법이 1914년 의회를 통과했을 때부터 시작되었다. 마리화나를 범죄로 규정한 법은 1930년에 16개 주에서 만들어졌고, 연방정부가 마리화나세금법을 통과시킨 1937년에 모든 주에서 제정되었다(Galliher & Walker, 1977). 마리화나세금법은 마리화나 소지를 불법으로 규정하지는 않았지만 범죄자가 지불할 수 없을 정도의 엄청난 세금을 마약에 부과하여 실제로는 소지하지 못하도록 만들었다.

지난 25년은 법집행기관이 적극적으로 특정 마약을 퇴치하기 위한 목적으로 '마약전쟁'을 벌인 시기였다. 그 결과 1980년 이래로 마약 범죄를 저지른 수많은 피의자는 3배가 되었고, 해마다 150만 명 이상이 검거되고 있다. 게다가 마약 범죄로 유죄판결을 받아 구금 중인 사람의 수는 10배 이상 증가하고 있고, 현재는 50만 명을 넘어섰다. 연방 교도소의 70%와 주 교도소의 20%의 재소자가 마약 범죄로 수감 중이다. 2001년에 미국 경찰은 72만 3,627명을 마리화나 혐의로 체포하였고, 전체 피의자의 거의 절반이 마약 범죄자였다(Drug Policy Alliance, 2002c). 주 교도소와 연방 교도소의 마약 위반 재소자를 대상으로 한 연방 교정국의 조사에 따르면 58%는 폭력이나 높은 수준의 마약 활동 전력이 없었다(King & Mauer, 2002). 2003년에 마약 전쟁으로 지출된 비용은 500억 달러 가까이로 추산됐는데, 이는 납세자당 평균 380달러에 해당하는 규모이다(Drug Policy Alliance, 2002b). 불법 마약은 해마다 세금 한 푼 내지 않고 4천억 달러가 팔린다.

굿(Erich Goode, 2002)에 따르면, '마약전쟁'은 마약이라는 실체와 사회적도로 구조화된 마약 문제의 이미지 사이에서 엄청난 차이를 나타낸다. 레이너만(Craig Reinarman, 2000: 148)은 마약 공포는 다른 사회문제의 비난을 상쇄하기 위해 마련된, 사상적으로 구조화된 도덕적 불감증의 상태라고 표현하였다. 마약 자체가 유별난 것이 아니라 도덕적 불감증은 주술, 공산주의, 아동학대, 알코올 등 다양한 관련 분야에 영향을 미치는 것으로 확인된다. 도덕적 불감증을 만드는 주요 요인 중 하나는 잘못된 캠페인이다. 1930년대의 수치스러운 영화인 〈마리화나의 광기(Reefer Madness)〉는 폭력의 원인이 마약을 묘사했고, 마리화나 반대 캠페인에서 이것을 입증했다. 그 시대 정치인들은 마리화나를 중독성이 높은 마약으로 간주했다. 정보가 왜곡된 채 사상적인 캠페인은 오늘날도 지속된다. 1997년에 짐머와 모건(Lynn Zimmer & John Morgan, 제13장 참고)은 물질 효과에 관한 과학적 증거에서 약 20개의 일반적인 마리화나에 대한 신화(잘못된 믿음)를 확인할 수 있었다. 이를 요약하면

## 하이라이트 2.1 신화(잘못된 믿음), 도덕적 불감증, 그리고 마리화나

| 신화 | 사실 |
|---|---|
| 과학은 마리화나가 건강에 해롭다는 것을 증명하고 있다. | 마리화나 사용은 위험을 야기하지만 그 위험이 확실하게 나타난다고 증명할 수는 없다. |
| 마리화나는 의학적으로 이로움이 없다. | 녹내장, 암, 에이즈와 관련된 치료에 효과가 있음이 발견되었다. |
| 마리화나는 중독성이 있다. | 마리화나와 신체적 의존성과는 관련이 없다. |
| 마리화나는 사람들이 더 강한 마약을 쓰도록 유도하는 원인이 된다. | 마리화나 사용과 다른 마약의 사용 사이의 원인이 되는 연결고리는 없다. |
| 법이 충분히 집행되지 않기 때문에 마리화나 사용은 광범위하다. | 체포, 구금, 벌금, 보호관찰을 포함한 광범위한 처벌이 최근 급격히 증가하고 있다. |
| 마리화나는 두뇌 손상의 원인이다. | 이런 주장을 뒷받침하는 연구결과물은 없다. |
| 마리화나는 사용자의 동기부여를 감소시킨다. | 어떤 물질의 과도한 사용은 낮은 성취도와 관련되지만, 마리화나를 찾는 것이 좋지 않듯이 다른 물질을 찾는 것도 좋지 않다. |
| 마리화나 사용은 기억력을 감퇴시킨다. | 마리화나의 사용은 단기 기억상실을 유도하지만 장기 기억상실에 대한 증거는 없다. |
| 마리화나 사용은 정신질환을 유발한다. | 마리화나의 사용은 영구적이거나 장기간 심리적인 효과의 원인이 되지 않지만, 마리화나의 영향으로 심리적 효과를 볼 수는 있다. |
| 마리화나는 공격성과 범죄의 원인이 된다. | 마리화나는 공격성을 감소시키고 통계적으로 범죄와 관련이 없다. |
| 마리화나는 성호르몬에 광범위한 영향을 준다. | 마리화나가 성호르몬의 활성화에는 약간 영향을 주기도 한다. |
| 마리화나는 출생결함의 원인이다. | 출생 전에 마리화나에 노출이 되었던 아이와 노출이 없었던 아이 사이에 어떤 차이가 있다는 것은 증명되지 않았다. |
| 마리화나는 면역체계를 손상시킨다. | 일반적인 면역체계를 손상시킨다는 증거는 없다. 담배가 사람의 면역체계에 영향을 준다는 사실은 이미 입증되었다. |
| 마리화나는 담배보다 폐에 더 해롭다. | 마리화나를 피우는 것은 발암물질을 포함하지만 사용자는 평균적으로 매우 소량을 사용한다. |
| THC는 몸속에 남아있고 행동을 바꿀 수 있다. | THC는 몇 주 동안 신체 세포에 남아있고 소변 샘플로 쉽게 찾을 수 있다. 그러나 두뇌세포에서는 사용 후 몇 시간 지나면 사라진다. |
| 마리화나는 자동차 사고의 원인이 된다. | 마리화나의 사용은 운전에 지장을 초래한다. 그러나 알코올보다는 적다. 더욱이 마리화나는 보다 신중한 행위를 하게 만드는 경향이 있다. 알코올은 보다 공격적인 행위를 유발하는 경향이 있다. |
| 마리화나는 사용할 때보다 사용 후가 더 강력하다. | 사용 시간이 끝나면 특별한 변화와 같은 영향력이 나타나지 않는다. |
| 마리화나 사용은 예방할 수 있다. | 미국 마약예방프로그램의 성공은 매우 제한적이다. |

[하이라이트 2.1]과 같다.

가장 일반적인 신화는 마리화나가 나중에 강한 마약을 사용하게 하는 진입로 역할을 하는 마약 또는 디딤돌이라는 주장이다. 그러나 짐머와 모건(Zimmer & Morgan, 1997)은 그것들 사이에는 직접적인 인과관계가 없다고 결론지었다. 마리화나를 사용하는 대다수 사람들은 다른 불법 마약들을 사용하지 않았고, 그들을 그렇게 이끄는 생리학적 요인들도 없었다. 마리화나를 먼저 사용하고 그 후에 강한 마약을 사용한 자들을 관찰해 보면, 마리화나가 널리 퍼져 있어 구하기 쉬웠기 때문에 먼저 사용한 것이다. 또한 다른 약물의 상대적인 희소성 때문이다. 대부분의 사람들은 캐비어를 먹기 전에 사과 소스를 먹지만 "캐비어로 가는 진입로"가 사과라고 말하지 않는다. 대부분의 성범죄자들은 공격적인 행동을 하기 전에 다른 사람에게 어떤 비공격적인 접촉을 시도할 것이다. 모든 것이 상호 관련성이 있지만, 그렇다고 반드시 인과관계가 있다고는 볼 수 없다. 환영받는 키스는 강간으로 가는 진입로가 되지 않는다. 그리고 캐비어 소비자이든 코카인 소비자이든 개인의 사회적 배경과 인성에 관한 언급이 지속되지만 진입로 물질로서 사과나 마리화나에 관한 직접적인 관련 증거는 아무것도 없다. 그러나 불법적으로 사용되는 마리화나는 범죄 하위문화로 자리 잡아 사용자들을 통합시켜서 많은 사람들이 마약을 사용하도록 하는 사회적 관문으로 기능했다. 결국 마리화나는 강한 마약의 시장으로부터 분리될 필요가 있고, 범죄화 되어서는 안된다.

마리화나의 역사와 미국에서 마리화나가 어떻게 이해되고 있는가는 법의 상대성에서 주목할 만한 사례이다. 마리화나 사용은 1900년대 초반 허용된 또는 적어도 관용된 행위였다가 세기 중반에는 심각한 범죄로 바뀌었다. 1960년대와 1970년대에는 대학생들이 습관처럼 사용했고, 아주 사소한 비난을 받는 행위일 뿐이었다. 1980년대와 1990년대 초반 격변의 가혹한 반전을 거쳐 마침내 20세기가 끝나고, 21세기로 넘어오면서 법을 통해 새로운 토론이 진행되고 있다. 예를 들어 1996년 8개 주에서 마리화나의 의학적 사용을 인정하는 법이 통과되었다(Drug Policy Alliance, 2011). 많은 행위들처럼 마리화나의 사용은 20세기 후반부터 사회적으로나 법적으로 받아들여지는 방향으로 나아가고 있다.

최근 빠르게 범죄로 취급받는 마약의 범주는 스테로이드이다. "사기꾼들"의 위험한 도구로 광범위하게 처벌하고 있지만, 미국인들이 가장 즐기는 스포츠인 야구의 배리 본즈(Barry Bonds)와 올림픽 육상 스타 메리언 존스(Marion Jones)가 스테로이드 양성반응으로 구금형 선고를 받은 것과 투르 드 프랑스 사이클 대회 우승자인 플로이드 랜디스(Floyd Landis)와 알베르토 콘토돌(Alberto Contodor)이 스테로이드와 다른 근육강화약물들을 사용하고 있다. 크라스카(Peter Kraska) 등에 의한 연구를 보면, 보디빌딩을 할 때 스테로이드는 "마약과 전쟁" 안에서 "도덕적 공황" 상태까지 나타나게 한다고 제시하고 있다. 이런 마약의 역사를 추적해 보면, 많은 다른 나라들에서 범죄로 처리되는 것이 아니라 미국에서 스테로이드 통제법(Anabolic Steroid Control Act, 1990)이 제정되었고, 스테로이드법(Anabolic Steroids Act, 2004)에서 조항에 보다 구체적이고 많은 목록을 제시하고 범죄로 처리하고 있다. "스테로이드와의 전쟁"은 법집행 공무원들이 스테로이드법을 집행하는데 있어서 수동적인 역할에서 더욱 적극적인 역할을 하도록 변화시키는 상황에 이르고 있다.

## •• 알코올

최근 몇 년간 점점 더 마약처럼 간주되는 알코올은 어떤 불법 마약보다 많은 사람들을 독성분으로 죽이고 있다(Drug Policy Alliance, 2002d). FBI의 범죄통계보고서(UCR)에서 살인으로 분류하는 전체 수치보다 더 사람들이 알코올 관련 교통사고로 목숨을 잃는다. 알코올은 공식적으로 인식된 살인과도 관련되어 있다. 볼프강(Marvin Wolfgang, 1958)의 살인에 관한 획기적인 연구결과를 보면, 필라델피아 주 살인 사건의 가해자와 피해자의 거의 2/3 정도가 알코올과 관련되어 있고, 각기 다른 시간과 장소에서 알코올이 영향을 주었음이 밝혀졌다. 알코올은 교통사고 이외의 사고와 질병으로 엄청난 희생자를 만든다. 알코올은 중독성이 있는 물질이고, 수백만 명을 괴롭히고 있다.

알코올은 불법 마약 문제를 작게 만드는 거대한 규모의 죽음과 상해, 질병을 양산하고 있다. 현재 이 문제는 매우 복잡 미묘하기 때문에 단순히 알코올을 금지하는 법이 있어야 한다는 주장을 하기가 어렵다. 미국은 미국연방헌법 제18조에 의해 금지된 법(1920년에서 1933년까지)의 형태를 가지고 있었으나, 이 법은 완전한 실패였다고 평가 받는다. 객관적으로 해롭다고 모두 범죄가 되는 것은 아닌 것처럼 아주 작은 해악이나 해악이 전혀 없는 행위도 합법이라 주장할 수는 없다(Goode, 2001). 어느 정도냐에 따라 범죄와 법의 상대성은 법을 만드는 다른 사회적 힘으로 기능한다. 알코올은 통제를 받긴 하지만 합법적인 물질이다. 알코올 사용이 권력을 가진 사회 구성원에게만 허용된다고 생각되었기 때문에 금주법은 폐지되었다. 사실 금주법의 실패 경험은 종종 갈등으로 설명되곤 한다. 금주법은 정치적으로 우월한 지역과 개신교, 원주민 선거구 등에서 지지를 받았고, 성장하는 도시, 가톨릭, 이주민 선거구 등에서는 반대했다. 법적 금지는 같은 종류의 사회에서 더욱 효과적이다. 그렇지만 미국 금주법은 그 억제 효과가 미미하게나마 나타났다(제5장 참고). 전체 알코올 소비를 줄이는 데 성공한 것이다. 금주법의 실패는 맥주보다 독한 증류수 소비의 증가와 높은 수요를 창출하는 조직범죄단의 주된 상품이 되는 등의 의도하지 않은 결과들을 야기했다.

완전히 실패한 오남용과 금주법 문제는 현재 상황과 잘못된 정보에 대한 고려 없이 논의되어서는 안 된다. 확실한 맥락에서 알코올 소비는 최근 몇 년 동안 점점 더 비난수위가 높아지고 있다. 음주운전은 엄중한 체벌이 이루어지고 있고(제5장 참고), 혈중 알코올 농도를 낮추고 있다. 또한 법적 음주 연령을 높이고 알코올이 소비될 수 있는 장소에 보다 강한 제한을 두고 있다. 이러한 법적 상황 변화는 사회적 규범에 영향을 미친다는 뜻이다. 예를 들어, 대리운전 기사는 과거보다 현재가 일반적인 역할을 더 많이 한다. 마찬가지로 대학에서 허가하는 맥주 파티는 거의 사라졌고, 캠퍼스 밖의 술집에서 대학원 세미나를 갖는 교수는 법적 책임을 져야 할 확률이 높아지고 있다. 마리화나 사용이 목격된 것보다 작은 규모임에도 불구하고 알코올 때문에 발생하는 도덕적 불감증은 증가하고 있다. 이는 알코올 때문에 발생한 범죄로 알 수 있다. 많은 학자들은 알코올이 원인인 범죄를 포함하여 유죄가 확정된 중범죄자의 경력을 보면 알코올 문제의 비율이 특히 높다는 사실을 지적한다. 그러나 제3장에서 제시되는 것처럼 그 인과관계는 매우 복잡하다. 상호 관계는 인과관계의 필수적인 구성요소이지만, 원인을 입증하기에는 충분치 않다. 하지만 상호 관계가 매우 강해서 알코올이 범죄의 원인으로서 중요한 역할을 한 것에 의심의 여지는 없다. 그 뿐 아니라 독자적인 범죄에 전반적으로 알코올이 광범위하게 사용된 것과 알코올이 대부분의 유죄가 확정된 중범죄자들을 괴롭히는 문제들 중의 하나라는 사실이다. 이 점을 간과해서는 안 될 것이다.

## 담배

미국은 광범위한 광고, 청소년의 일반적인 흡연, 미디어의 매혹적인 묘사 등 공공연한 담배 소비의 제한이 거의 없었다. 하지만 공공장소에서의 흡연에 대한 실질적 규제, 광고 장소의 제한, 미성년자에 대한 담배판매의 금지, 흡연의 해약에 대한 묘사 등 반대하는 쪽으로 변화하고 있다. 과거에는 담배 업계가 대놓고 흡연을 건강한 습관으로 표현하던 시절도 있었다. 날씬한 몸매 유지, 건강한 정신, 피로 회복, 소화 촉진, 혈액순환 개선 등의 광고 문구는 우선적으로 흡연자에게 해로운 지식을 광범위하게 퍼트렸고 무의식적으로 흡연자들이 담배를 피우게 했다. 이 모든 것이 담배 업계가 주도한 것이다(Blum, 1980). 21세기의 담배 회사들은 1980년대 이전의 진술을 되풀이하지는 않지만, [하이라이트 2.2]에서 설명하는 바와 같이 젊은 세대를 니코틴으로 엮기 위한 의도를 보여준다.

담배 회사들은 결국 공개적으로 담배는 해로운 약물이라고 인정했고, 완전히 그들의 미사여구를 바꾸었다. 그들이 판매한 제품에 의한 건강 손상을 보상하기 위해 정부에 2,460억 달러를 지불하기로 했다. 가장 큰 담배 판매사인 필립 모리스는 1999년에 자사 제품이 암의 원인이고 중독성이 있다고 인정했다. 그러나 2000년에 클린턴 행정부의 담배 규제 정책은 연방대법원의 5대 4의 판결로 장벽에 부딪혔다. 아이러니하게도 식품의약품안전청(FDA)의 권한은 단지 안전한 약물을 규제하는 것에만 주어지는데 담배는 위험한 약물이라고 결정되었다. 그래서 대법원은 식품의약품안전청 대 브라운 & 윌리엄슨(FDA v. Brown & Williamson Tobacco Corp) 판결(2002)에서 FDA는 선택권이 없다고 했지만 담배가 불법이라고 선언했다. 대법원의 결정은 만일 그들이 치료 목적을 위해 안전하게 사용될 수 없고 아직 금지시킬 수 없다면, FDA의 제한 범위 내에서 적절하지 않은 것이라고 범죄와 관련된 시끄러운 정치적 문제를 발생시켰다. 업계는 1965년 미국 인구의 42.4%부터 1995년 24.7%까지 흡연 보급률의 급격한 감소를 경험하고 있다(Dreyfuss, 1999). 그러나 미국 내에서는 수용되는 것들이 전 세계의 미개발 지역에서는 여전히 수용되지 않고 있다. 미국의 담배 업계는 미국 밖의 합법화되어 있는 지역에서 오래된 그들의 판매 방식을 취한다. 베트남의 보건복지부는 1998년 하노이 텟(Tet, 설) 축제에서 필립 모리스(Philip Morris) 사가 어린 아이들에게 말보로(Marlboro) 말을 탈 수 있는 천막을 공급하는가 하면, 멋지게 치장한 카우보이 소녀들이 어린 소년들에게 담배를 무상으로 나누어 주었다고 보고했다(Dreyfuss, 1999). 담배에 반대하는 단체인 에센셜 액션(Essential Action)과 약 30개의 여성 단체, 공중보건기관의 성명서는 담배 업계가 독립, 힘, 해방, 날씬한 몸매 등의 관념을 뻔뻔하게 이용하는 유혹적인 광고로 개발도상국 여성과 소녀들을 공략하고 있다고 지적했다. 버지니아 슬림스(Virginia Slims)는 홍콩에서 사업을 시작할 때 당시 40세 이하 홍콩 여성의 2% 미만이 흡연을 한다는 통계를 들먹이며 시장 개척을 시도했다(Intl-tobacco, 2000). 타이완 여성들에게 버지니아 슬림 라이트(Virginia Slim Light) 담배와 라이터를 선물하는가 하면, 제품 광고를 위해 대중적인 인기를 얻고 있는 여배우를 활용하고, 세계적으로 성장하는 담배 시장과 관련하여 흡연의 위험이 매우 낮다는 인식을 조장했으며, 이 나라에 담배 광고를 광범위하게 확대하고 있다는 점도 그 보고서는 지적했다. 그 결과 조기 흡연에 따른 사망은 물론 개발도상국 여성의 흡연율이 급속히 높아지고 있다. 담배 업계가 청소년,

[하이라이트 2.2] **아이들을 유혹하기 위한 담배 회사의 전략**

타르가 낮은 담배에 니코틴을 추가하는 가장 확실한 방법 중 하나는 외부에서 니코틴을 추가하는 것이다. 문제는 추가적인 니코틴의 원천(공급)을 찾아내는 것과 어떻게 적용할지 결정하는 것이다.

장기적인 성장과 수입 증대를 위해 CAMEL FILTER 회사는 14~24세 집단에서의 시장 점유율을 증가시켜야 했다. 흡연 습관의 지속을 위해서는 흡연자들이 충분한 니코틴을 제공받아야 한다(Blum, 1980).

어떤 아이들은 학교에서 조용히 앉아 있을 수 없고 수업에 집중하지 못한다. 우리는 이미 3학년이 되는 그런 어린이들을 확인하여 지역 학교와 협력해 왔다. 그것은 적어도 하나의 소수 하위 집단에게 흡연이 이롭다는 것을 보여주기에 좋았다.

여성, 제3세계를 표적으로 삼은 역사는 최근 30년으로 추정되지만(Brown, 1982), 미국 내 판매가 감소한 만큼 증가하고 있다. 문제의 원인으로 지적되면서도 이를 허용하는 것이 바로 법의 상대성이다. 담배가 해롭고 중독성이 있는 약물로 정의되고 합법 및 초(超)합법적 대응도 변하자 전통적인 국내 시장의 담배소비가 줄어들고 있다. 그 결과 업계는 전통적이지 않고 규제하지 않는 국외 시장의 진출에 공을 들이고 있다. 흡연이 건강에 미치는 영향은 같지만 사회적·법적 대응은 현저한 차이를 보인다.

## •• 남색(수간)

범죄인가 비범죄인가를 판단하는 수많은 논쟁에는 범죄로 판단되었을 때 피해자의 고소가 없어서 피해자 없는 범죄로 표현되는 활동이 포함된다(제13장 참고). 남색은 범죄의 다양성을 나타내는 한 사례이고, 동성애에 초점을 맞추면 보다 뚜렷해진다. 미국 대법원은 바우어스 대 하드위크(Bowers v. Hardwick) 판례(1986)에서 동성애에 관한 조지아 주의 남색법을 지지했다. 그 법은 "한 남자가 그의 성기와 함께 다른 사람의 입 또는 항문을 포함하여 어떤 성적 행위를 할 때 남색 범죄를 저질렀다."고 선언했다(Georgia Code Annotated, 1984). 남색 범죄를 저지른 경우 해당 법은 그에게 20년 징역형을 부과했다.

테네시 판례는 판례법의 남색 해석에 근거하여 바우어스 이후 간단히 기소되었고 모든 사람들에게 적용되었다. 좀처럼 명확하게 집행되지는 않지만 동성애에 반대하는 일환이었다. 대학 캠퍼스에서 발생한 이 사건은 늦은 시간에 주차된 차량을 경찰이 수사하면서 시작되었다. 두 남자가 관련되었는데 한 사람은 바지를 입지 않은 상태였다. 두 남자는 체포되었고, 구강 성교 또는 항문 성교의 형태로 간주된 범죄 혐의를 받았다. 그들을 기소한 지역 검사는 동성애 공동체로 간주하면서, 동성애 공동체는 동성애를 하는데 이는 단순히 삶의 방식이 변한 것이 아니라 범죄라고 정의했다. 그는 우리 지역사회에서 동성애가 만연하는 것이 심히 우려된다고 말했다. "나는 수많은 사람들의 동성애를 목격했고 그들은 모든 사람을 에이즈 확산과 관련해서 위험에 빠트리고 있다(Johnson City Press, 1987:3)". 두 남자는 5년형을 선고받았고 법은 인간 본성에 어긋난 범죄 또는 남색으로 규정했다. 바우어스 판례는 1998년 조지아 주에서 바뀌었고, 1989년 테네시 주는 판례법의 접근 방식을 주형법전에 동성애자법 조항으로 대체했다. 해당 법은 캠벨 대 선퀴스트(Campbell v. Sundquist) 판결(1996)로 바뀌었다.

1960년대 남색은 50개 주에서 범죄로 간주되었지만, 미국 대법원은 로렌스 대 텍사스(Lawrence v. Texas) 판례(2003)에 따라 그 후로는 범죄로 취급하는 주가 줄어들어 13개 주가 되었다. 바우어스 판례가 잘못된 것으로 여겨지면서 각 주는 합리성의 일부로 로렌스 판례를 활용했다. 로렌스 판례는 동성애를 목적으로 한 남색을 금지하는 법을 포기했다. 9개 주에서 반남색법을 유지했고, 버지니아 주도 2004년 남색법의 보완을 거부했다. 로렌스 판례에 따라 사생활의 기준을 개인이 설정할 수 있는 비영리적 관계까지로 보는 성인들은 남색 금지에 대해 깊은 의구심을 갖고 있다. [하이라이트 2.3]은 시대를 통한 상대성이 40년을 조금 넘는 동안 헌법에서 보장하는 사생활의 권리에 대해 50개 주 모두에서 남색을 바라보는 형법의 관점이 어떻게 변해왔는지 보여준다.

### [하이라이트 2.3] 43년 동안 남색의 법적 상대성

| 본성에 반하는 범죄 | 범죄로 판단 | 사생활 보호권 |
|---|---|---|
| 모든 50개 주 | Bowers V. Hardwick(1986) | Lawrence v. TX(2003) |
| ↓ | ↓ | ↓ |
| 1960 | 1986 | 2003 |

## •• 강간

코커 대 조지아(Coker v. Georgia) 판례(1977)에 따라 강간 처벌이 무효가 된 1977년까지 미국에서 강간은 사형이 구형될 정도의 중대 범죄였다. 많은 사람들이 합의의 사례로 강간을 떠올린다. 강간의 정의는 지금도 시대와 장소에 따라 다양하다. 판례법에 따르면, 강간은 남편을 제외한 남자의 성기가 여자의 성기에 강제적이고 동의 없이 삽입된 정황이 있어야 성립한다. 남편이 아내를 강간하는 것과 남자가 강간의 피해자가 되는 것은 법적으로 불가능하다. 그러나 명확하게 아내의 의사에 반하여 잔인한 무력을 행사하여 아내가 성관계에 응하도록 만드는 남편들과 자기 의사에 반하여 성폭행을 당하는 남자들은 항상 있어왔다. 그런 상식적인 측면이 지난 25년 동안 미국 강간법의 전반적인 재구성에 영향을 주었다. 강간의 상대성은 부부 강간, 성의 구별이 없는 개념 재정립, 힘과 동의의 규정 변경 이렇게 3개의 범주로 나뉜다.

판례법에 따르면 여자는 일종의 재산으로, 결혼은 남편에게 아내의 성적인 서비스를 받을 수 있는 권리를 주는 계약으로 간주되었다. 이것은 1970년대까지 유지되던 강간의 정의에 영향을 미쳤다. 1976년까지는 남편에 의한 폭력적 성관계가 강간에 포함되지 않았고 배우자 강간의 정의는 다르게 남아 있었다(Hasday, 2000). [하이라이트 2.4]에서는 주정부 대 도미니(State v. Dominy) 판례(1997)를 통해 비록 테네시 주에서는 배우자 강간을 배타적으로 보지는 않았지만, 몇몇 주에서는 색다른 법적 근거를 모색했다.

남성 성기의 여성 성기 삽입을 대신하여 성기에 어떤 물질을 대신 삽입하는 것을 통해서, 최근 몇 년 동안 강간은 포괄적인 두 가지 영역으로 정의되었다. 첫째, 성폭력의 광범위한 부분을 포함한다. 둘째, 양성 중립 범죄로 전환되는 것을 촉진시켰다. 이제 강간은 이전에 불가능했던 범죄인 남성 피해자와 여성 가해자를 새롭게 인식하고 있다. 다음에서 설명하는 신종 강간의 한 형태는 젊은 남자 피해자와 성인 여성 강간자로 간주된다. 이런 행위들이 새로운 것은 아니지만 거의 주목받지 못했던 20년 전과는 확실히 다른 시각으로 보고 있다.

강간의 강제력 요소와 동의 요소는 최근 다양한 변화를 보이고 있다. 변화들 중 하나는 미성년자 강간 관련법의 발전이다. 미성년자 강간은 순수하게 합의된 성관계나 두 집단이 서로 사랑한다고 주장해도 범죄자로서 책임을 져야 한다. 해당 법은 피해자를 보호하기 위하여 그들의 어린 나이 때문에 명확한 합의가 있어도 무효라는 논리에 근거를 두고 있다. 1970년대까지 미성년자 강간은 단지 여성을 대상으로 남성이 저지르는 것이고, 남성 가해

### [하이라이트 2.4] 주정부 대 도미니: 개를 이용한 배우자 강간

테네시 주 대법원은 주의 강간 범죄에 대해 '배우자 제한' 원칙을 제시한다. 테네시 주 법전의 39-13-507을 보면 다음과 같다.

(a) 다음 세부 항목 외에 피해자가 가해자의 법적 배우자라면 그 사람은 이 부분을 위반하지 않은 것이다.

(b) (1) '배우자 강간'은 배우자에 의한 다른 배우자의 불법적인 성적 삽입을 말하며 다음 사항이 이에 해당된다.

(A) 피고인이 무기나 어떤 도구로 무장했고 그것을 사용하여 피해자가 그것이 무기가 될 수 있다고 충분히 믿을 만한 방법으로 피해자를 이끌었을 때

(B) 피고인이 피해자에게 심각한 신체적 상해를 입히는 원인이 있을 때

(C) 부부가 따로 살고 있고 그들 중 하나가 별거나 이혼소송을 한 때

1997년 주정부 대 도미니(State v. Dominy) 사건과 관련하여 발표된 내용은 다음과 같다.
테네시 주 해밀턴에 사는 테리 알렌 도미니는 그의 아내에게 개와 함께 성관계를 갖자고 요구했다. 그녀는 그의 요구를 거절했고, 그는 배관 테이프로 그녀의 손발을 묶었다. 그는 신속하게 개의 성기를 다루어 아내의 성기에 집어넣어 개와 성관계를 갖게 하였다. 아내는 도미니가 음주한 상태였고 환각제를 피웠다고 말했다. 그녀는 피고인이 웃고 있었으며 10~15분간 공격이 지속되었다고 증언했다. 그리고 그는 그녀와 성관계를 가졌다. 그는 강간에 대하여 유죄판결을 받았고, 75년 수감형을 선고받았다.

도미니는 강간 구성을 위한 배우자 제한 탄원을 하였고, 테네시 법원은 형사 탄원을 받아들여 유죄판결을 무죄로 뒤집었다. 그러나 테네시 주 대법원은 68파운드의 독일산 셰퍼드가 그녀에게 달려들어 물었기 때문에 기소에 필요한 무기를 구성했고, 배우자 제한 원칙의 하위 섹션인 (b)(1)(A)에 해당되어 다시 한 번 결정이 뒤집혔다. 2001년에 주대법원에 다시 탄원이 들어왔고, 법원은 검사가 도미니와 피해자가 결혼했던 것을 알고 있었지만, 처음부터 배우자 강간으로 기소를 하지 않았기 때문에 도미니는 배우자 강간에 대한 책임이 없다고 공표했고, 주정부는 범죄자를 기소할 권리를 잃었고, 도미니는 자유의 몸이 되었다(State v. Dominy, 2001).

자는 여성 피해자와 동일한 나이나 어린 나이에도 범죄자가 될 수 있었다. 하지만 1971년 강간법은 양성 중립으로서 범죄를 재정의할 뿐만 아니라 어린 피해자와 늙은 가해자 사이의 나이를 2~6세 범위로 구체화하기 시작했다. 정치적 과정을 추적하면 법정 강간 연령은 나이의 범주에 따라 만들어졌다. 코카(Carolyn Cocca, 2002a)는 강간 범죄에 대한 책임을

면제해 주는 것은 10대에게 성행위에 대한 자격을 주는 것이라는 두려움 때문에 그들에 대항하여 보수주의자, 교회 단체, 낙태 반대 운동가들이 캠페인을 벌였다는 사실을 알게 되었다. 비록 동일한 나이 범위를 구체화했고 양성 중립으로 범죄를 재정의했다. 하지만 이런 정치적인 토론의 결과로 성관계에 합의할 수 있는 나이를 14세에서 18세로 연장하여 미성년자 강간을 정의했고 다른 주로도 파급되었다.

코카(Cocca, 2002b)가 수행한 다른 연구는 도덕적 불감증의 개념이 10대의 임신과 싸우기 위하여 주정부가 미성년자 강간법을 강화시키는 최근 추세에 적용될 수 있음을 제시했다. 그녀는 기존 자료가 목표를 잘못 나타내고 있으며, 미성년자 강간으로 기소할 수 있는 가능성은 임신부의 아버지 중 단지 8% 정도라고 밝히면서 늙은 가해 남성으로부터 어린 소녀를 보호해야 하는 근거와 미혼모에 대한 공공 지원이 감소하고 있다고 주장했다. 연구 결과에 따르면, 10대 아이 중 2/3 정도는 18세나 19세라면 성관계에 충분히 동의할 수 있는 나이라고 생각하기 때문에 15세에서 17세인 아이들 대부분이 같은 또래 소년들에 의해 임신을 하게 되었고 몇몇은 법적으로 결혼했다. 진짜 목표는 도덕적으로 문제가 있는 행동을 통제하는 것이므로 10대 성관계를 재정의해야 한다. 최근 입법 동향은 10대 여성을 피해자로 만드는 가해 남성을 물리치려는 것이다. 그 결과가 보수주의적 의제에 적합한 미성년자 강간 관련법들이다.

> …… 가난하고, 임신한 10대, 그리고 그녀와 같이 가난하고 비도덕적인 방법으로 임신을 한 사람들이 대상이 된다. 미혼의 청소년 성관계와 임신에 대한 방어를 지속할 수 있는 사람은 거의 없다. 대상이 되는 사람들은 그들의 성, 나이, 계층, 인종 또는 소수 민족성에 의해 권한이 없어지게 된다……(Cocca, 2002b:66).

청소년 남성과 성인 여성 사이의 성관계도 도덕적인 침해로 판단되어 미성년자 강간법의 개정에 포함되었다. 1993년 캘리포니아 입법의 역사를 살펴본 코카(Cocca, 2002a)는 14~16세의 소년 8명과 성관계를 가진 40세 여성이 그녀가 미성년자 강간죄를 저지른 1992년의 사건을 자세히 진술했다. 다음 해에 고등학교 축구팀 코치는 그의 아내와 그의 선수 사이에 1,000번으로 추정되는 성관계가 있었다고 말했다. 그 행위는 기존에 정의되었던 미성년자 강간으로 다시 분류되지 않았고 이듬해에 집행되었다. 1993년 캘리포니아에서는 16세 이하의 사람과 양성 중립으로 3년 이내에 성관계를 가진 사람의 형량을 포함하여 미성년자 강간죄를 강하게 처벌한다는 내용의 법안을 통과시켰다. 워싱턴 주에서도 유사한 법적 변화가 일어났다. 매리 케이 레투르노(Mary Kay Letourneau) 사건으로 인해 법의 상대성에 여러 문제가 제기되었다.

1997년 미성년자 강간 사건 당시 레투르노는 34세였고, 피해자 푸알로(Vili Fualaau)는 12세였다. 레투르노는 6학년 선생님이었고, 푸알로는 그녀의 제자였다. 레투르노는 2학년 선생님일 때부터 그를 알았다. 그녀는 다재다능한 선생님이었고, 예술적 재능이 있는 학생인 푸알로에게 4년 동안 개인 교습을 해주었다. 레투르노가 6학년 학급을 맡았을 때 그녀는 기혼이었고 3세에서 12세까지 4명의 아이를 둔 엄마였다. 엄마 역할뿐만 아니라 교사 역할에서도 그녀는 매우 훌륭한 평가를 받았다. 그 시기에 레투르노가 몇몇 문제와 함께 생활고에 시달렸다는 데에 주목할 필요가 있다. 그녀는 남편과 파산 신청을 한데다가 부부싸움으로 스트레스가 심해 유산까지 했다. 그녀의 아버지는 암으로 사망하기까지 했다. 그런 스트레스는 그녀에게 긴장감을 안겨주었고, 때로 비행을 부추겼다(제7장 참고). 레투르노는 양극화 질환에 걸렸다는 진단이 나왔다(제6장 참고). 뇌의 화학적 불균형에 의한 정신병은 괴이하고 비합리적인 행동과 밀접한 관련이 있다. 의사는 과잉 성욕과 고위험 행위를 할 수 있는 정신병의 일반적 증상이라고 진단했다. 레투르노는 양극화 질환을 고치기 위해 전통적으로 사용되던 리튬보다 부드러운 마약인 데파코토(Depakote)를 처방받았다. 그러다가 전형적인 증상이 다시 나타났는데 그녀는 이를 부인하고 약물치료를 거부했다. 그녀의 비행을 설명하기 위해서든, 워싱턴 주가 레투르노에게 아동 강간범이라는 오명을 씌운 이유를 설명하기 위해서든, 이 사건의 분석은 실증주의(긴장과 정신질병) 대 상호작용주의(낙인)의 경합으로 귀결되었다.

상대성의 개념은 상호작용주의자들의 패러다임으로 평가된다. 핵심 문제를 찾기 위해서는 사건을 들춰내고 해결하는 방법을 고려해야 한다. 젊은 푸알로는 그의 나이에 비해 키도 컸고 조숙했다. 그의 어머니는 아들의 조숙한 정신이 아직 덜 성숙한 신체를 속였다고 설명했다(Cloud, 1998:3). 그는 레투르노를 성적으로 설득했다. 그는 그녀와의 성관계를 친구들에게 자랑했고, 심지어 20달러를 건 내기를 하기도 했다. 그는 내기에서 간단하게 이겼고, 그 일은 푸알로의 열세 번째 생일 전까지 지속되었다. 성관계는 레투르노가 그녀의 남편과 관련된 익명의 신고로 교장실에서 체포된 1997년 2월까지 지속되었다. 더 놀라운 점은 레투르노가 그 소년의 아이를 임신했고 1997년 5월에 출산했다는 것이다. 레투르노는 2급 아동 강간죄를 선고받고, 7년 6개월의 구금형에 처해졌다. 아울러 지속적인 약물치료에 동의하고 아이들과 접촉하지 않는다는 조건으로 두 달 반 동안 법 집행이 보류되었다. 그러나 그녀는 그 기간에 두 사람의 동의하에 다시 성관계를 갖고 푸알로의 아이를 임신하였다. 그녀는 1998년 2월에 수감되었고, 원래 판결대로 2005년까지 7년 6개월의 형을 살았다. 하지만 두 사람은 후에 축복받는 결혼을 했다.

레투르노는 자신을 법의 상대성의 피해자로 보았다. 그녀의 초기 진술에 따르면, 성관계를 시작했을 때 두 사람은 무척 자연스러웠다고 한다. 자연스럽게 보이지 않는 것은 자연스러운 일을 법으로 금지했기 때문이다(Alexander, 1997:1). 푸알로는 "이것은 불공평하다. 나는 메리와 아이를 원한다."라고 말했다. 이 커플의 이야기를 다룬 『범죄와 사랑』을 보면 레투르노는 자신을 범죄자라고 말하는 동시대의 사람들 때문에 피해자가 되었다고 말했다(Associated Press, 1998). 레투르노가 교도소에 있을 때 그녀의 남편 푸알로는 두 딸을 키우고 있었다. 이 책의 저자인 그레그 올슨(Greg Olson)에 따르면 이것은 범죄 이야기가 아니라 사랑 이야기라는 사실을 세상에 알릴 필요가 있다고 주장했다. 범죄의 상대성은 실제로 치명적이다.

2004년에 비슷한 사건이 일어났다. 27세의 테네시 교사인 터너(Pamela Rogers Turner)는 13세의 남학생을 성폭행을 했고, 이와 비슷한 13건의 강간 혐의로 기소되었다. 레투르노 사건처럼 둘의 관계는 익명의 제보로 드러났다. 터너 역시 6개월 징역형을 피할 수 있었고 피해자와 만나지 않을 것을 약속했다. 하지만 구속상태에서 벗어난 2개월 안에 그녀는 2번 더 체포되었다. 그녀는 그 소년을 만나 보호관찰 관련법을 위반한 혐의로 기소되었다. 레투르노처럼 그녀도 위기에 몰렸고 7년형을 선고받았다.

2005년에 발생한 미성년자 강간 사건은 매력적인 23세의 플로리다 주 여성 교사와 13세의 남학생 사이에서 발생한 일로 모두의 관심을 받았다. 결국 라헤이브(Debra Lafave)는 3년간의 가택 연금에 처해졌다. 라헤이브는 레투르노처럼 양극화 질환을 진단받았고, 그녀는 자신이 한 행동의 많은 부분에서 정신병을 걸린 것처럼 느꼈다고 진술했다.

기소되는 강간 범죄의 주요 절차상의 변화에는 소위 강간피해자보호법으로 불리는 내용이 포함된다. 역사적으로 강간 범죄의 형사 절차는 남성에 대한 거짓 강간 고소를 최소화하기 위해 여성 피해자를 부당하게 대우했다. 판례법에 따르면 여성들에게는 물리적 저항, 신속한 범죄 신고, 법정에서 적대적인 질문을 하는 것이 요구되었다. 1970년대부터 강간에 대한 인식개혁이 이루어지면서 이러한 견해는 강간 사건의 법적인 증거와 절차상의 필요성을 반영하였다. 부분적으로 강간에 대한 인식 개혁은 강간 피해자들이 강간범에 의해 1차 피해를 당하고 법적 절차를 밟는 과정에서 다시 2차 피해자가 된다는 광범위한 관점에서 환영받았다. 강간 피해자는 관련 없는 성적 경력의 폭로에 의해 난처하게 되는 것과 비도덕적 행동의 소극적인 고소 때문에 비난받는 것보다 강간범과 성관계 자체에 대한 실체적 합의를 통한 고소를 기대한다. 강간피해자보호법은 정보공개를 위한 보호 본능을 실질적으로 제한하는 것, 의심스러운 피해자의 경력과 특성에 관한 질문을 한정하는 것, 피해자의 관심에 따라 절차의 균형을 맞추도록 규정하고 있다. 그러나 2003년부터 2004년에 있었던 브라이언트(Kobe Bryant) 사건은 강간피해자보호법의 중요한 문제점을 보여주었다. 피해자는 결국 증언을 하지 않겠다고 고소를 취하했지만 이미 피해자 보호 집단에 의해 그녀를 비하하는 수많은 정보가 양산되었고, 판사는 이를 허용했다.

삽입 강간이란 용어는 1991년에 도입되었고(McLellan, 1991), 최근 캘리포니아에서 발생한 In re John Z(2003) 사건에서 알 수 있는 법적 판례를 남겼다. 삽입 강간은 여성이 성관계에 동의해 삽입을 받아들였다가 성행위 도중에 이를 철회한 상태에서 남성 파트너가 행위의 즉각적인 철회를 거절했을 때 발생한다. 성행위 중에도 합의가 있어야 하는데 합의가 철회된 후에도 남성이 계속한다면 이는 강간이라는 것이다. 이런 재정의는 의도와 다르게 객관화될 수 있다. 어느 법학자는 범죄의 정의에 혼란을 야기하는 두 개의 시나리오 강간이라고 불리는 강간 중 하나는 강간이 아니라 다른 형태의 성폭력이라고 주장한다. 더욱이 그렇게 간주하는 것은 전통적인 강간 피해자를 천박하게 만든다.(Fradella & Brown, 2003:13). 다른 사람들은 강간은 강간일 뿐이라고 주장한다. 범죄의 상대성 측면에서 보면 둘 다 틀린 것은 아니다. 강간이나 다른 범죄도 정치적 영향력을 가진 사람이 주어진 시대와 장소에 따라 그것을 선언하는 것으로 정의된다.

### *장소를 통한 상대성*

시대에 따라 법이 변하는 것처럼, 장소에 따라서도 법은 다양한 양상을 보인다. 범죄로 정의되는 것은 국가마다 다르고 특정 국가 안에서도 지역마다 다르다. 규범과 법의 차이는 종종 문화적 갈등을 드러낸다. 추악한 미국인의 이미지는 다른 문화 안에서 광범위하게 여행하는 풍요로운 사람들의 결과이자 다른 문화의 규범에 대한 무지를 반영한다. 어떤 경우에 갈등은 무지보다 자민족 중심주의(자신의 관습과 문화적 가치가 다른 관습과 문화보다 우월하다는 믿음) 때문에 생길 수 있다. 이 경우 규범 위반이 모욕이 아니라 범죄 행위로 간주될 수 있다.

2001년 9월 11일 세계무역센터에 납치와 후속 자살 비행기 충돌이 발생한 이래로, 이슬람 극단주의자들과 서양 문화 사이의 갈등에 사람들의 관심이 모아지고 있다. 이는 문화를 통해 드러난 법의 상대성을 잘 보여주는 최고의 현대적 사례로 손꼽힌다. 서양에서 테러리스트라고 낙인찍힌, 이런 공격을 범한 사람들은 혐오의 대상이 되고, 다른 어떤 유형의 범죄보다 더 노골적인 비난을 받을 것이다. 미국은 아프가니스탄과 이라크 침공의 정당화를 위해 그들을 무법자 테러리스트 지원 정권으로 낙인찍었다. 하지만 동일한 범죄가 이슬람 문화에서는 순교하는 것으로 폭넓게 간주된다.

이슬람과 서양의 법 개념 사이의 충돌은 테러와 군사 문제를 훨씬 넘어설 것이다. 이슬람기본법에 따라 범죄로 간주되는 것은 종종 서양의 관점에서는 충격적이다. 9.11 테러 당시 아프가니스탄에서 봉사활동을 하던 두 명의 미국 자원봉사자가 어둠을 틈타 선교사로 변장을 하고 탈출을 시도하였다. 커리와 머서(Dayna Curry & Heather Mercer)는 개인 가정을 방문하면서 기독교 신앙을 전파하는 선교사 활동을 했다. 그러다가 아프간 법에 따라 사형을 언도할 수 있는 권한을 가진 탈레반에 의해 체포되었다. 선교사는 그 나라에 입국할 수 없었지만 두 여성은 원조 기관의 후원으로 입국할 수 있었다. 그러나 그들은 성경, 예수 관련 영화, 무슬림과 함께 당신의 믿음을 공유하자는 제목의 책, 그리고 기독교 방송국에서 자주 낭송하는 문서를 소유하고 있었다. 호주의 총리(호주인 2명도 체포되어 있었음)는 기독교 신앙을 전파하는 사람들은 법적 처벌을 받아도 선교활동을 하지 않고 봉사활동만 한 사람들의 안전은 보호되어야 한다고 발표하면서 서방의 대응을 통명스럽게 표현했다. 선교활동이 있었다 해도 법에 의해 종종 간과되기도 하지만, 이슬람 국가에서 기독교 선교활동은 심각한 범죄이다. 2010년 아이티 지진의 여파로 아이다호 교회의 미국 선교사 10명이 33명의 어린이를 데리고 국경을 넘어 도미니카 공화국으로 가려다가 유괴 혐의를 받았다. 어린이 인신매매는 아이티에서 널리 퍼진 문제였다. 어린이 유괴 담당 법원은 그들을 5년에서 15년의 구금형에 처했다.

이슬람 국가에서 다루어진 다른 범죄 행위 관련 뉴스 기사를 요약하면 [BOX 2.1]과 같다. 이슬람 사법기관의 제재를 받은 이러한 위반 행위는 문화들 사이에서 범죄 정의의 차이를 잘 보여준다.

심지어 우스울 정도로 무해한 문제들을 범죄의 상대성에서 살펴볼 수 있다. 한 문화에서 웃어넘길 수 있는 것이 다른 문화에서는 비행이나 범죄가 될 수 있다. 예를 들어 정치적 풍자만화는 전통적으로 미국 유머의 주된 소재이다. 전 대통령 빌 클린턴에 관한 노골적인 성적 암시나 조지 부시 대통령을 과소평가하거나 비하하는 부시즘(Bushisms) 같은 조롱조의 논평은 미국 문화의 한 특징이기도 하다. 하지만 다른 문화에서는 그런 단어가 비행이나 범죄에 속한다. 예를 들어 태국에서 푸미폰 아둔야뎃(Bhumibol Adulyadej) 국왕을 직접적으로 비하하는 유머를 한다면 이는 불경을 넘어 범죄로 간주된다. 필라델피아에 있는, 태국을 테마로 한 라운지의 소유자는 힙합과 펑키 인물로 노인 야둔야뎃을 묘사한 그녀의 광고가 태국 정부에 의해 수많은 외교적 항의를 불러일으키자 크게 놀랐다(Johnson City Press, 2002a).

2006년 세계는 매우 심각한 유머의 문화적 충돌을 목격했다. 덴마크 신문에 연재된 만화가 외교적 보복, 무슬림 세계의 격렬한 시위, 덴마크 제품 불매운동, 덴마크 대사관에의 방화 및 시위 등 폭력으로 바뀌어 생명을 위협하는 사건이 일어났다. 마찬가지로 이슬람에서는 무하마드에 대한 표현이 금지된다. 덴마크의 풍자만화는 터번 위에 폭탄을 올려놓은 자세로 처녀가 부족하기 때문에 이를 바로잡기 위해 자살 폭탄범들을 훈계하는 예언자를 묘사했다. 무슬림은 이런 유머를 불경스러운 것으로 보며 이슬람법은 이를 금지하고 있다. 파키스탄의 한 성직자는 정부의 보호를 받는 그 만화가를 죽이는데 백만 달러가 넘는 현상금을 걸었다.

대부분의 덴마크인들이 비정상적인 곤경에 빠졌다. 덴마크는 오랫동안 관용의 나라라는 평가를 받아왔다. 하지만 그 평가는 표현의 자유 때문에 바뀌었다. 그들은 다른 문화들로부터 경멸을 받았고, 불매운동의 표적이 되었고, 자기 나라의 국기가 불타는 것을 보게 되었다. 아직도 갈등은 표현의 자유와 종교적 관용을 대립시키고 있다. 만화를 발표해 이런 사건을 야기한 덴마크의 편집자 로즈(Flemming Rose)는 다음과 같이 말했다.

> 나는 종교적 시도로 종교의 금기와 가치들을 더 큰 사회에 부과하려고 할 때 문제가 발생한다고 생각한다. 그들이 나에게 만화를 연재하지 말라고 할 때 그들도 나를 존중을 하지 않는다. 그들은 나의 항복을 요구하고 있다.…… 내 만화로 인해 누군가 납치를 했고, 유괴를 했으며, 인질을 잡아두었다고 말한다. 즉 이슬람 종교가 테러를 저질렀다는 것이다 (Fleishman, 2006: 2).

모든 다른 문제와 마찬가지로 유머는 상대적이다. 한 문화에서 웃을 수 있는 것이 다른 문화에서는 범죄가 될 수 있다. 범죄를 연구할 때 우리는 범죄는 범죄일 뿐이라는 단순한 생각을 버려야 한다. 무엇이 범죄인가는 장소가 어디인가, 그 장소에 있을 때 그리고 그들의 사상을 통합할 수 있는 힘을 가진 집단의 관심이 무엇인가를 반영한 법이 결정한다.

## 형사사법체계

범죄와 범죄자를 이해하기 위해서는 범죄자로 낙인찍힌 사람들에게 공식적으로 집행되는 법의 과정을 알아둘 필요가 있다. 우리는 범죄로 정의한 모든 행동이 사회에 유해한 것이 아니며, 사회의 안전과 해악이라는 관점에서 법이 만능은 아니라는 사실도 알 수 있었다. 어려움에 처한 사람을 도우려다 실수한 사람을 처벌하는 주는 어디에도 없다. 라스베이거스에서는 문제가 되지 않는데, 일반 직장에서 축구 경기로 도박을 하는 것은 불법이다. 열아홉 살 된 사람이 사랑을 얻으려고 무더운 날 넥타이를 매는 것은 합법이지만 맥주를 마시는 것은 그렇지 않다. 범죄는 지켜보는 사람의 시각이나 특정 행위를 범죄로 정의하는 권한을 지닌 사람에 따라 상대적이다. 본래 형법은 차별적으로 적용되기 마련이다. 아주 사소한 범죄도 공식적인 제재를 받는다. 일반적으로 열아홉 살이 되면 소년 사법 체계와 형사 사법 체계를 거스르지 않고 술을 마실 수 있다. 하지만 사회단체의 도덕적인 캠페인이나 음주 집단 구성원의 불평은 매우 심각한 문제로 다루어진다. 책 속의 법과 실제 법의 차이를 이해하면 형사 사법 과정을 설명하는 데 큰 도움이 된다.

형사 사법과 범죄학은 상호의존적이라는 면에서 중요하다. 범죄학은 범죄의 설명에 초점을 두고 있는 반면에 형사 사법은 사회, 특정 공무원, 범죄, 범죄자를 어떻게 대해야 하느냐와 관련이 있다. 따라서 범죄학은 보다 더 이론적이며 적어도 바로 적용할 수 없는 정책적 함의를 포함한다. 형사 사법은 종종 범죄학과 달리 형사 사법 실무자들을 위한 행동 과정을 제안하는 경향이 있다. 차이는 상호 배제가 아니라 강조점의 문제이며, 대다수 학생들이 상호보완적인 원리를 활용해야 한다. 학문적 측면에서 형사 사법과 친밀해지는 것은 범죄를 이해하고 설명하기 위해 반드시 필요한 것이다. 마찬가지로 범죄와 범죄자에 대한 공무원의 대응은 이론적 전제 없이 향상될 수 없다.

형사 사법의 지식을 체계화하는 가장 일반적인 방법은 경찰, 법원, 교정의 세 가지 구성요소를 참고하는 것이다. 그 접근 방식은 각각의 요소가 수행하는 형사 사법의 4가지 특정 목표와 관련이 있다. (1) 억제, (2) 무능력화, (3) 교화개선, (4) 응보가 바로 그것이다.

### *형사 사법의 목표*

형사 사법은 특정 가치 및 가정과 관련된 광범위한 사회적 목표를 실무와 연결하기 위해 만들어진다. 어떤 목표는 사회적 관심에 더욱 민감하기도 하고, 개인의 요구에 더욱 조화를 이루는 목표도 있다. 개별 목표의 인기는 그 시대에 사회적 우선순위와 엘리트의 관심에 따라 달라진다. 위에서 지적한 것과 같이 일반적으로 형사 사법 이론은 억제, 무능력화, 교화개선, 응보의 4개 정규 목표로 구성된다. 각각은 구체적인 정책들을 포함하고, 형사 사법 체계에서 특정 실무는 두 개 이상 별개의 목표를 수용할 것이다[표 2.3].

억제(제5장에서 자세히 설명)는 장래에 범죄를 저지를 사람을 단념시키기 위하여 처벌적 제재를 사용한다. 제재는 유죄판결을 받은 범죄자(특별 억제)를 가르치는 것과 다른 사람의 범죄(일반 억제)를 예로 들어 위험성을 보여주는 것으로 운영될 수 있다. 억제 이론과 정책은 처벌을 중심으로 운영되고 경찰, 검찰, 사법 업무에 관한 특별한 관심에 초점을 맞춘다. 억제는 범죄자에 대한 위협이나 잠재적 범죄자의 처우와 처벌적 제재의 적용을 통해 범죄

예방의 실용적 목표를 갖는다. 이 목표는 1970년대 이후 점점 더 강조되었다.

무능력화는 추가 범죄를 저지를 가능성이 있는 범죄자의 능력을 줄이거나 없애려고 하는 것이다. 사형은 범죄자를 무능력화시키는 유일하고 결정적인 수단이다. 과거에는 무능력화의 목적으로 범죄자를 추방했다. 영국에서는 범죄자들을 처음에는 미국으로, 나중에는 호주로 보냈다. 이런 방법은 영국에서 범죄를 저지를 능력을 억제하는 데 뚜렷한 효과가 있었다. 크리스털 프리즘을 이용하여 사형수나 악당을 국외 추방시키는 영화 슈퍼맨의 무용담이나 스타트랙의 모험에서 묘사된 형벌용 우주 식민지처럼 환상적인 기술에 의존하는 것이 무능력화의 계획과 유사성을 갖는다고 미래주의자들은 말한다. 무능력화를 지지하는 사람들은 전두엽 절제술이나 거세와 같은 수술 전략을 촉진시켰으나 그런 무서운 무능력화 계획이 단순하지만은 않다. 예를 들어 거세된 덴마크인 성범죄자 마르틴손(Robert Martinson)의 연구를 살펴보면, 그의 상습 범죄성은 의지가 있고 분명히 방법이 있었기에 흥미롭게도 효과가 전혀 없었다.

구금은 무능력화 목표를 달성하기 위해 설계된 주요 형사 사법 집행의 수단이다. 사람을 교도소 안에 가두어 놓음으로써 범죄 활동이 예방된다는 것은 상식이다. 그러나 구금은 수감된 범죄자가 시설 직원과 다른 수감자에게 피해를 주고, 경우에 따라서는 탈옥도 감행하기 때문에 완전한 무능력화가 아니다. 더 큰 우려는 투옥된 범죄자가 석방되었을 때 범죄를 저지르기 위해 잃어버린 시간을 구금되지 않았을 때보다 더 높은 비율 또는 더욱 심각한 범죄로 만회하려는 것이다. 만일 그렇다면 무능력화의 최종 효과는 영으로 줄어들거나 심지어 마이너스 효과를 나타낼 것이다. 특히 범죄자를 누범자로 낙인찍기 위해 최근 몇 년간 무능력화의 목표는 교도소에 대한 의존성을 높이고 있다.

교화개선은 범죄 행위를 저지르기 위한 동기를 없앰으로써 범죄자를 변하도록 하는 것이다. 교화개선의 전제는 행위자의 범죄 행위에 원인이 되는 태도, 가치, 기술, 또는 기본적 인성을 변화시키면 완화될 수 있다는 것이다. 치료 모델에 따라 교화개선은 범죄자의 결함적 특성을 처방하는 것이 적절한 치료가 될 것이라고 가정한다. 교화개선은 헤로인 중독자를 위한 직업훈련, 심리치료, 메타돈(마취제)의 유지와 같은 다양한 치료법을 제시한다.

교화개선은 20세기에 시작하여 1970년대 초반 교화개선을 반대하는 운동이 출현하기까지 사법 행정의 주류였다. 교화개선은 상습범의 비율을 낮출 수 있다는 낙관주의를 근거로 한다. 동시에 범죄자에 대한 동정과 자비로운 처벌로 간주되었다. 그러나 1970년대 초반 치료 모델로 필요하게 된 개별적인 의사결정에 의한 불공평한 사례의 문제, 예측된 구속(가석방) 결정의 정확성에 대한 의심 등 교화개선 업무를 믿지 못하면서 회의론이 확산되기 시작했다. 사법 행정에서 교화개선과 관련 정책들, 집행유예와 가석방 같은 절차들은 최근 몇 년 동안 중요성이 줄어들고 있다. 교화개선의 초기 약속은 해결하기가 어렵다(Andrews et al., 1990a; 1990b; Cullen, 2005; Logan & Gaes, 1993).

억제, 무능력화, 교화개선은 형사 사법의 유용한 목표이다. 전제는 모두 범죄를 예방할 수 있다는 것이다. 응보는 범죄 행위의 도덕적 비난 또는 폭력적 행위에 독자적인 근거를 가진다. 이것은 도덕적 균형을 맞추기 위해 과거 잘못된 행동을 처벌하는 것을 의미한다. 응보주의자들은 사회적 균형을 회복하고 범죄로 취득한 이익을 제거할 수 있는 형벌의 부과가 필요하다고 주장한다. 그리고 형벌은 도덕적으로 필요하다.

형벌을 받아들이는 것이 인정되면 자비는 확장될 수 있다. 하지만 형벌은 반드시 원인이 되고 위험이 따르는 피해에 비례해야 한다. 응보주의자들은 범죄자가 가지고 있는 기본적인 인간의 존엄성을 제거해야 한다고 주장한다. 우리는 동물을 훈련시키기 위하여 처벌하지만, 인간은 그들이 처벌을 받아들여야 처벌할 수 있다. 억제와 마찬가지로 인간의 합리성은 전제 조건이다. 반대로 교화개선은 개인의 실패를 전제로 한다. 가장 중요하게 응보주의자들은 단지 형벌을 위한 사법의 제공을 주장한다. 종종 응분의 벌로 불리는 응보는 최근 몇 년간 형사 사법의 주요 목표로 광범위하게 제시되고 있다. 그래스믹(Harold Grasmick)과 동료들의 연구에 따르면 신교도의 종교적 믿음의 기능과 같이 형벌을 위한 응보적 합리성을 제공하는 것으로 확인되고 있다(Grasmick et al., 1992). 신약성서를 보면 "눈에는 눈, 이에는 이(Leviticus, 25:17~22)"라는 구절이 있는데, 바로 이 믿음을 뒷받침한다.

4년간 집행이 보류되었던 판결 그레그 대 조지아(Gregg v. Georgia) 판례(1976)에서 사형제도의 복원은 미국 연방대법원이 타당한 형벌의 목표로서 응보주의를 엄격히 승인한 사례이다. 하지만 이는 도덕적으로 의문의 여지가 있고 비경험적 연구 결과는 교정인가 비교정인가라는 논쟁을 우리에게 말할 수 있다. 경험적 연구 결과는 무엇이 특정 범죄자(또는 비범죄자)로 받아들여지는가의 의문에 대한 대답을 줄 수도 없고, 사형제도와 관련된 다른 도덕적 이슈들을 논의하는 것도 설정할 수 없다(Radelet & Akers, 1996:1). 반면에 억제와 무능력화는 사형제도와 관련해 경험적으로 평가될 수 있는 목표들이다.

형사 사법의 이런 목적들은 보완할 수 있다. 허쉬(Andrew von Hirsch, 1976)는 응분의 벌은 형벌제도를 정당화할 것이라고 주장하지만 다른 목적에서 특히 억제에서는 보충적 범죄통제전략으로 유용하다고 보았다. 유사하게 응보주의에 기초한 교정을 통한 "사법모델"을 강조하면서, 포겔(David Fogel, 1975)은 범죄자가 자발적인 참여자라면 교화개선 서비스의 역할이 중요하다고 인정했다. 윌슨과 헤른스타인(James Q. Wilson & Richard Herrnstein, 1985)은 형사 사법 목표의 다양성을 장점으로 보았고, 무능력화와 억제의 유용성과 함께

[표 2.3] 형사 사법의 목표

| 목표 | 정의 |
|---|---|
| 억제 | 잠재적 범죄자들에게 형벌의 두려움을 인지시켜 범죄를 예방 |
| 무능력화 | 물리적으로 범죄를 저지를 능력을 제거하여 범죄를 예방, 일반적으로 구금을 통해서 |
| 교화개선 | 범죄를 위한 그들의 동기를 제거함으로써 범죄자의 추가 범죄 행위를 예방 |
| 응보 | 법 위반의 결과로서 받을 만한 범죄자의 처벌 |

응보주의의 효과를 긍정적으로 논했다.

부조화는 이 목표들 사이에서 종종 나타난다. 사회적 관심은 억제나 무능력화에서 우선적으로 응분의 벌로 수행되어야 할 때와 사회 보호를 위해 억제나 무능력화 측정을 통한 범죄자 교화개선이 우선적으로 수행되어야 할 때는 언제인가에 있다. 애벗(Jack Henry Abbott)은 약 20년 동안 교도소에 있었다. 그때 그는 메일러(Norman Mailer)에게 그의 문학적 재능으로 감명을 주었고, 메일러는 애벗과 친해진 후 교화개선의 합리성을 근거로 애벗의 가석방을 주장했다. 애벗이 풀려나기 전에 메일러는 애벗의 교도소 수감 경험을 묘사한 책의 서문에 다음과 같이 썼다:

> 그가 나갈 확실한 시점이다. 어떤 죄수는 자신의 의사도 제대로 표현할 수 없을 정도로 교도소에서 얻은 것이 아무것도 없다. 나는 애벗이 이런 시점에 도달했다고 생각한다. 반대로 그가 풀려나면, 우리는 우리 안에서 가장 커다란 명성을 가진 새로운 작가를 얻을 것이다……(Abbott, 1981: xviii).

애벗은 가석방되었고, 며칠 후 애벗과 사소한 의견 차이를 보였던 식당에서 같이 일하는 젊은 남자를 살해했다. 애벗이 풀려나기 전에 그는 자유에 관해 다음과 같이 말했다:

> 비록 지금은 나머지 사람들이 압도적이더라도, 다른 사람으로서가 아닌 적어도 나는 나의 인생에서 가끔 자유로이 나의 길을 갈 수 있는 권리를 가지고 있다(Abbott, 1981:198).

애벗에게 그런 권리가 있었는가? 사회와 그의 살인 피해자가 그로부터 보호받을 권리를 가지고 있었는가? 어떤 이유로 누군가가 교도소에서 고통받고 있을 때 누가 그에게 사회적으로 받아들여지고 생산적인 방법으로 자유를 줄 것인가? 이것이 형사 사법의 목표를 선택할 때의 핵심 딜레마이다. 이는 쉬운 일이 아니며, 목표의 명확함은 유용한 정책으로 선행되어야 한다.

모든 주의 교정 부서를 위한 법전 규정을 검토한 후 버튼, 던어웨이와 코파치(Velmer Burton, Gregory Dunaway & Renee Kopache, 1993)는 공식적인 형사 사법 목표들을 설명했다. 그들은 대부분의 주가 법적으로 하나의 목표 이상을 승인하고 있음을 알게 되었다. 교화개선은 그 시대에 수용되었던 범죄에 대한 보수적이고 강력한 태도에도 불구하고 가장 일반적인 목표를 유지했다. 그러나 가장 최근의 입법 동향은 교화개선이 아니다. 종종 입법 목표에서 구속과 통제 같은 무능력화는 형벌과 훈육 같은 응보주의나 억제의 뒤를 이어 두 번째 자리를 차지한다.

이런 목표는 무엇인가? 범죄의 상대성을 평가하는 사람들에 따르면 정의가 아닌 것이 쓰이는 것은 피할 수 없다. 예를 들어 레투르노(Letourneau)와 푸알로(Fualaau) 사건을 보면 알 수 있다. 만일 레투르노의 행동들이 푸알로를 피해자가 되게 만들었거나 다른 아이들에게 위협이 된다는 전제가 성립한다면, 그녀의 7년 6개월 수감 생활은 이런 목표들을 토대로 정당화될 것이다. 한편 응보주의에 따라 그녀가 받아들일 만한 형벌을 받거나, 억제나 무능력화를 통해 다른 아이들이 보호받거나, 교화개선처럼 그녀가 매우 아프거나 도움을 필요로 한다면 상담과 치료를 위한 장비나 설비가 있어야 하는 것을 논의해야 한다. 우리가 그녀의 행동이 범죄라는 것을 알았더라도, 푸알로가 그녀의 피해자라는 전제를 받아들일 수 없다면, 개입 논리는 무너진다. 그녀는 실제 범죄의 본질에서 피해자일 것이다. 철학적 측면에서 반드시 이상적인 것은 아니지만 실무를 수행하기 위해 어떻게 형사 사법 체계가 구성되어지는가와 관련한 문제는 다음 단락에서 살펴본다.

### *사법행정*

일반적으로 형사 사법 체계로 언급되는 사법은 미국에서 경찰, 법원, 교정기관으로 구성된 체계에 의해 운영된다. 체계나 과정으로서의 형사 사법 연구는 최근 수십 년 동안 비약적으로 증가하고 있고, 이런 체계나 과정은 범죄학과 복잡하게 연결되어 있다. 상호작용주의 패러다임에서 도출된 사회 반응 이론을 따르기 위해 이런 과정은 반드시 필요하다. 범죄 경력이 표현되는 방법을 설명하고 그런 범죄 행위를 이해하면서 다른 사회의 구성 요소들과 함께 형사 사법 공무원들을 더욱 조직적으로 만든다. 게다가 형사 사법 공무원들의 행동은 범죄행위의 설명을 합리적으로 선택하기 위해 뒤얽힌 부분이다. 만일 정규 사법 체계가 억제 등의 필요한 기준을 수행하는 데 실패한다면, 운영상의 실패로 이론적 전제가 약해질 것이다. 이론은 수정되겠지만 수행하는 데는 결함이 있다. 간단하게 설명하면 범죄

행위의 범죄학적 설명과 형사 사법 체계 운영 사이의 연계는 반드시 필요하다. 범죄학에 대한 서더랜드(Edwin Sutherland)의 세 부분으로 이루어진 정의를 반영하면, 형사 사법 체계의 운영은 범죄학 영역에 포함된다. 이 책에서는 이론의 실체 또는 범죄 행위의 설명에 초점을 두고, 체계와 과정으로서 형사 사법의 연구까지 살펴보게 되므로 범죄의 원인을 더 깊이 이해하게 될 것이다.

## 요약

범죄학자에게 형법의 내용과 기원은 모두 중요한 의미를 갖는다. 사회의 강력한 요구가 있다면 그것이 합의의 산물이든, 또는 다른 사람들과 갈등하는 엘리트의 관심을 보여주는 것이든 광범위하게 논의되어야 할 문제이다. 하지만 범죄가 상대적이라는 것만큼은 명백하다. 법의 내용은 시대에 따라 다르다. 물질 남용, 남색, 강간과 같은 다양한 행위의 개념화는 이 문제를 설명한다.

개인적인 잘못은 민법에 의해 처리되지만 공공의 잘못은 형법에서 다루어진다. 형사 절차는 보통 많은 사람이 연계되어 있어 실질적으로 더욱 제한적이다. 형법은 강도, 강간, 살인처럼 행위가 금지된 부작위 행위와 소득세 납부처럼 해야 하는 작위 행위가 있다. 그런 범죄들은 시민들이 인식하는 심각성의 정도에 따라, 그리고 집행될 처벌의 범위에 따라 중범죄, 경범죄, 경죄(경미한 위반 행위)로 나뉜다.

사법은 억제, 무능력화, 교화개선, 응보의 결합을 책임지는 형사 사법 체계가 운영한다. 이 체계는 경찰, 법원, 교정 기관으로 구성된다. 실제로 각 기관들은 많은 재량을 갖고 범죄와 범죄자를 이해하려고 노력하는 주체로 소개된다. 범죄학적 관점을 가질 때 형사 사법 체계의 활동을 주의 깊게 살피는 것은 필수적인 요구사항이다. 다수를 위한 사법 체계의 연구는 넓은 범죄학 영역의 일부분이다.

02

## 주요 용어 및 개념

Actus Reus
Administrative Law
Civil Law
Conflict
Consensus
Criminal Law
Deterrence
General
Special
Due Process of Law
Eighteenth Amendment
Ethnocentrism
Felony
Gateway Drug
Harrison Act (1914)
Incapacitation
Just Deserts
Marijuana Tax Act 1937
Mens Rea
Misdemeanor
Moral Panics
Criminal Justice System
Prohibition
Rape Shield Laws
Rehabilitation
Relativity of Crime (Law)
Retribution
Sodomy
Unintended Consequences (of Prohibition)
Victimless Crimes

## 주요 범죄학자들

John Curra
Emile Durkheim

## 판례

*Bowers v. Hardwick,* 478 U.S. 186 (1986)
*Campbell v. Sundquist,* 926 S.W. 2d 250 (1996)
*Coker v. Georgia,* 433 U.S. 485 (1977)
*FDA v. Brown & Williamson Tobacco Corp.,* 98-1152 (2000)
*Gregg v. Georgia,* 428 U.S. 153 (1976)
*In re John Z.,* 29 Cal. 4th 756, 128 Cal. Rptr. 2d 783, 60 P.3d 183 (2003)
*Lawrence v. Texas,* 539 U.S. 558 (2003)
*Roe v. Wade,* 410 U.S. 113 (1973)
*State v. Dominy,* No. 01C01-9512-CC-00404 (Tenn. 1997)
*State v. Dominy,* 67 S.W.3d 822 (Tenn. 2001)

## 토론 질문

1. 시간의 측면에서의 법의 상대성에 대한 세 가지 주요사례에 대해 논하시오.
2. 공간의 측면에서 법의 상대성에 대한 세 가지 주요사례에 대해 논하시오.
3. 미국이 마약을 범죄화 하는데 있어서 발생했던 세 가지 중요한 사건을 나열하고 논하시오.
4. 범죄가 발새하기 위해 존재해야 하는 요소들을 설명하시오.
5. "gateway drug"와 관련된 찬반 양 측면을 논하시오. 이 개념은 유용한가 아니면 잘못된 것인가에 대한 의견을 말해보시오.
6. 법의 상대성과 관련된 미국 연방법원의 최소 다섯 개의 판례를 찾아서 설명하시오.

## 참고문헌


Abbott, J.H. (1981). *In the Belly of the Beast: Letters from Prison.* New York, NY: Random House.

Alexander, K. (1997). “Zero for Conduct: After Bearing the Child of a 13-year-old Student, a Sixth-Grade Teacher May Be Heading for Prison.” *People Weekly*, v48 n15. EC: A19823594.

Andrews, D.A., I. Zinger, R.D. Hoge, J. Bonta, P. Gendreau & F.T. Cullen (1990a). “Does Correctional Treatment Work? A Clinically Relevant and Psychologically Informed Meta-Analysis.” *Criminology*, 28:369-404.

Andrews, D.A., I. Zinger, R.D. Hoge, J. Bonta, P. Gendreau & F.T. Cullen (1990b). “A Human Science Approach or More Punishment and Pessimism: A Rejoinder to Lab and Whitehead.” *Criminology*, 28:419-429.

Associated Press (1998). “Teenage Dad Overjoyed About New Daughter With Ex-Teacher.” *Johnson City Press,* October 19.

Becker, H.S. (1963). *Outsiders: Studies in the Sociology of Deviance.* New York, NY: The Free Press.

Bernard, T.J. & R.S. Engel (2001). “Conceptualizing Criminal Justice Theory.” *Justice Quarterly*, 18:1-30.

Blum, A. (1980). “Medicine vs. Madison Avenue: Fighting Smoke With Smoke.” *Journal of the American Medical Association*, 243:739-40.

Brown, S.E. (1982) "Hidden Assaults and the Tobacco Industry." Paper presented at the annual meeting of The American Society of Criminology, Toronto, Canada.

Burton, V.S., Jr., R.G. Dunaway & R. Kopache (1993). "To Punish or Rehabilitate? A Research Note Assessing the Purposes of State Correctional Departments as Defined by State Legal Codes." *Journal of Crime and Justice*, XVI:177-188.

Caplan, G.S. (1986). "Fourteenth Amendment-The Supreme Court Limits the Right to Privacy." *Journal of Criminal Law and Criminology*, 77:894-930.

CDC (2008). "Abortion Surveillance -- United States, 2005" *Surveillance Summaries*, 57 (SS13): 1-32.

Cloud, J. (1998). "A Matter of Hearts." *Time*, v151 n17 EC:A20534677.

Cocca, C.E. (2002a). "The Politics of Statutory Rape Laws: Adoption and Reinvention of Morality Policy in the States, 1971-1999." *Polity*, 35:51-73.

Cocca, C.E. (2002b). "From 'Welfare Queen' to "Exploited Teen": Welfare Dependency, Statutory Rape, and Moral Panic." *NWSA Journal*, 14:56-80.

Cullen, F. T. (2005). "The Twelve People Who Saved Rehabilitation: How the Science of Criminology Made a Difference." The American Society of Criminology 2004 Presidential Address. *Criminology*, 43:1-42.

Curra, J. (2000). *The Relativity of Deviance*. Thousand Oaks, CA: Sage.

Dowd, M. (2002). "Driving While Female." *New York Times*, Nov. 17.

Dreyfuss, R. (1999). "Big Tobacco Rides East." *Mother Jones Magazine*, Jan./Feb.

Durkheim, E. (1893/1933). *The Division of Labor in Society*, trans. G. Simpson. New York, NY: The Free Press.

Durkheim E. (1895/1958). *The Rules of Sociological Method*, trans. S.A. Soloway & J.H. Mueller. Glencoe, IL: The Free Press.

Drug Policy Alliance (2002a). "Drug By Drug." http://www.lindesmith.org/drugbydrug/cocainecrack

Drug Policy Alliance (2002b). "The Drug War Costs You $380 a Year." alerts@actioncenter. drugpolicy.org

Drug Policy Alliance (2002c). eNewsletter: Oct. 31. alerts@actioncenter.drugpolicy.org

Drug Policy Alliance (2002d). "Drug By Drug: Overview." http://www.lindesmith.org/drugbydrug

Drug Policy Alliance (2002d). "Marijuana: The Facts." http://www.lindesmith.org/marijuana/ medical

Erickson, P.G. (1999). "A Persistent Paradox: Drug Law and Policy in Canada." *Canadian Journal of Criminology*, 41:275–284.

Ferrell, W. (2000). http://snltranscripts.jt.org/00/00nbush.phtml

Ferrell, W. (2001). http://snltranscripts.jt.org/01/01mbush.phtml

Fleishman, J. (2006). latimes.com/news, Feb. 9.

Fogel, D. (1975). "We Are the Living Proof ..." *The Justice Model for Corrections.* Cincinnati, OH: Anderson Publishing Co.

Fradella, H.F. & K. Brown (2005). "Withdrawal of Consent Post–Penetration: Redefining the Law of Rape." *Criminal Law Bulletin*, 41:3–23.

Galliher, J.F. & A. Walker (1977). "The Puzzle of the Social Origins of the Marihuana Tax Act of 1937." *Social Problems*, 24:367–376.

Georgia Code Annotated A416–6–2 (1984).

Goode, E. (2001). *Deviant Behavior*, Sixth Edition. Upper Saddle River, NJ: Prentice–Hall.

Grasmick, H.G., E. Davenport, M.B. Chamelin & R.J. Bursik, Jr. (1992). "Protestant Fundamentalism and the Retributive Doctrine of Punishment." *Criminology*, 30:21–45.

Gusfield, J.R. (1981). *The Culture of Public Problems*. Chicago, IL: University of Chicago Press.

Hagan, J. (1980). "The Legislation of Crime and Delinquency: A Review of Theory, Method and Research." *Law and Society Review*, 14:603–628.

Hall, J. (1935). *Theft, Law and Society*, Second Edition. Indianapolis, IN: Bobbs–Merrill.

Hasday, J.E. (2000). "Contest and Consent: A Legal History of Marital Rape." *California Law Review*, 88:1373–1325.

Intl–tobacco@essential.org (2000). "Women, Girls and Tobacco: An Appeal for Global Action."

*Johnson City Press* (2002a). "Lounges Ad Featuring King Draws Thai Diplomat's Ire." Associated Press, June 30, p. 10.

*Johnson City Press* (2002a). "Reformist Scholar to Be Put to Death for Comments." Nov. 8.

*Johnson City Press* (2002b). "Couple to Be Stoned to Death for Affair." Aug. 30.

*Johnson City Press* (2002c). "Stoning Sentences Surge in Nigeria." Sept. 15

*Johnson City Press* (2003 ). "Senate OKs Bill Setting up State Lottery." April 24., p. 7.

*Johnson City Press* (1993). "Judge Rejects Woman's Pleas to Free Attacker." Associated Press November 13, p.12.

*Johnson City Press* (1987). "Sodomy: Crimes Against Nature Law Pressed." March 29, p. 3.

King, R.S. & M. Mauer (2002). "Distorted Priorities: Drug Offenders in State Prisons." Report of the Sentencing Project, www.sentencingproject.org

Logan, C.H. & G.G. Gaes (1993). "Meta-Analysis and the Rehabilitation of Punishment." *Justice Quarterly*, 10:245-263.

Martinson, R. (1974). "What Works?-Questions and Answers About Prison Reform." *The Public Interest*, (Spring):22-54.

McGarrell, E.F. & T.C. Castellano (1991). "An Integrative Conflict Mode of the Criminal Law Formation Process." *Journal of Research in Crime and Delinquency*, 28:174-196.

McLellan, A. (1991). "Post-Penetration Rape-Increasing the Penalty." *Santa Clara Law Review*, 31:779.

Musto, D.F. (1973). *The American Disease: Origins of Narcotic Control*. New Haven, CT: Yale University Press.

National Center for Health Statistics (2000). http://cdc.gov/nchs/releases/00facts/trends.htm *People Weekly* (1998). "Family Man: Teenage Lover of Mary Kay Letourneau Writes Book About Their Romance." EC: 53150648.

Radelet, M.L. & R.L. Akers (1996). "Deterrence and the Death Penalty: The Views of the Experts." *The Journal of Criminal Law and Criminology*, 87:1-16.

Reinarman, C. (2000). "The Social Construction of Drug Scares." In P.A. Adler & P. Adler (eds.) *Constructions of Deviance: Social Power, Context and Interaction*, Third Edition. Belmont, CA: Wadsworth.

von Hirsch, A. (1976). *Doing Justice*. New York, NY: Hill and Wang.

Zimmer, L. & J. Morgan (1997). "Marijuana Myths, Marijuana Facts: A Review of the Scientific Evidence." New York, NY: Lindesmith Center.

C/H/A/P/T/E/R 03

# 범죄통계의 생산 (Production of Crime Statistics)

## 학습 목표

제3장을 읽은 후, 당신은 다음의 내용을 수행할 수 있어야 한다.

- 미국 범죄통계의 세 가지 주요 원천에 대해 논하시오.
- 각 범죄통계 원천의 장단점에 대해 논하시오.
- 범죄에 대한 거시이론과 미시이론의 차이에 대해 설명하시오.
- 종단연구가 무엇인지와 범죄원인을 이해하는데 있어서 이러한 접근의 중요성을 설명하시오.
- UCR의 역사와 발전과정을 설명하시오.
- 지표범죄에 해당하는 8가지 범죄를 나열하시오.
- 지표범죄에서 제외된 심각한 범죄는 무엇인지 설명하시오.
- NIBRS가 UCR과 다른 점이 무엇인지 설명하시오.
- UCR과 비교했을 때 NIBRS의 상대적인 장점이 무엇인지 논하시오.
- NCVS에 대해 자세히 설명하시오.
- 범죄에 대한 자기보고식 측정방식의 타당성에 대해 논하시오.
- 범죄피해와 가해에 대한 자기보고식 측정방식의 타당성을 향상시키기 위해 그동안 진행되어 온 전략들에 대해 설명하시오.

범죄통계는 범죄연구에 있어 반드시 필요한 핵심요소이다. 범죄원인에 관한 이론들은 범죄통계에 근거하며, 범죄의 정도와 분포에 관한 대중과 전문가들의 인식 또한 범죄통계에 의해 결정된다. 범죄와 범죄인에 대한 공적인 대응도 "범죄 문제"의 심각성을 어떻게 보느냐에 따라 좌우된다. 1970년대와 1980년대 후반 미국의 폭력범죄와 재산범죄는 모두 증가하였는데, 미국 연방수사국(FBI)의 통계를 기초로 한 언론매체의 보도에 따르면 이 기간 동안 범죄의 증가속도는 놀랄만한 것이었다. 그러다 미국의 범죄율은 1991년 이래로 꾸준히 감소했으며, 2007년도에는 역사상 가장 낮은 수준을 기록했다. 그런데 이러한 공식 범죄통계상의 변화에도 불구하고 일부 범죄학자들은 해당 기간 동안 범죄율에 큰 변화가 없었다고 주장한다. 도대체 어느 쪽이 맞는 것일까?

이에 대한 답을 찾기 위해 이 장에서는 범죄통계의 3대 소스에 대해 살펴보고자 한다.

- 표준범죄보고(UCR)
- 전국범죄피해조사(NCVS)
- 자기보고자료(SRD)

UCR은 각 지역 경찰관서에서 수집하여 FBI에 보고된 범죄정보로 이루어지고, NCVS는 미국 센서스 사무국과 법무부가 공동으로 수행하며, 자기보고 설문은 독립된 연구자들에 의해 이루어진다. 기타 범죄자료들은 심층면담이나, 관찰, 인생사연구, 사례연구와 같은 질적 기법을 통해 얻어진다. 개인이나 소규모 그룹에 초점을 둔 질적 사례연구들은 대개 묘사적이며, 다양한 범죄 행태들에 관한 자세한 정보를 제공해준다. 예컨대 전문 절도범 사례(Sutherland, 1937), 전문 장물아비 사례(Klockars, 1974; Steffensmeier, 1986), 마약밀매지역 사례(Adler, 1992), 조직폭력배들 이야기(Campbell, 1991; Decker & Van Winkle, 1996; Miller, 2001), 침입절도범들 이야기(Wright & Decker, 1994), 강도들 이야기(Wright & Decker, 1997), 마약밀매자들 이야기(Jacobs, 1999) 등이 있다. 이러한 질적 연구들은 개인이나 집단, 하위문화 등을 매우 잘 묘사하지만, 타당도와 신뢰도의 문제로 인해 일반화될 수 없다는 문제점이 있다. 따라서 이 장에서는 주로 범죄통계의 양적인 소스들을 다루기로 한다.

## 기초 연구방법론에 대한 검토

범죄자료의 소스들에 대한 본격적인 논의에 앞서 기초적인 연구방법론에 대한 검토가 도움이 될 것이다. 이 장과 대표적인 범죄학 이론의 명제들에 대한 검증결과들을 검토하는 이후의 장들에 대한 이해를 돕기 위해 다음과 같은 방법론적 개념들에 대해 살펴보고자 한다.

- 독립변수와 종속변수
- 상관관계와 인과관계

03

- 횡단적 연구설계와 종단적 연구설계
- 미시분석과 거시분석
- 표집
- 연구설계
- 타당도와 신뢰도

일반화, 타당도, 신뢰도는 모든 사회과학 연구에 있어 핵심 쟁점이다. 연구자들은 적절한 연구설계를 통해 연구의 결과가 특정한 사례(들)에 국한되지 않도록 노력한다. 예를 들면, 범죄의 원인이 무엇인지 알아보기 위해 우리가 알고 있는 몇 몇 사람들에게 왜 법을 어겼는지를 물어볼 수 있을 것이다. 이러한 방법을 통해 어느 정도는 법을 어기는 이유에 대해 알 수 있겠지만, 이를 일반화시킬 수 있겠는가? 즉, 모든 범죄행위들의 원인에 대해 잘 설명할 수 있겠는가? 아마도 그렇지 않을 것이다. 또 다른 예로서, 다섯 명의 친구들에게 그들이 미성년자임에도 불구하고 술을 마시는 이유에 대해 묻는 것이 범죄의 원인에 대한 설명을 이끌어낼 수 있을까? 이런 단순한 방법에 대해 여러분은 우습다고 생각하겠지만, 실제로는 많은 사람들의 범죄에 대한 지식이 이처럼 비과학적인 연구에서 비롯되고 있다. 이러한 현실을 고려하면 범죄문제와 관련하여 존재하는 수많은 혼란이 이상하지만은 않을 것이다.

그러면 범죄원인에 대한 연구가 어떻게 제대로 수행될 수 있을까? 우선, 설명의 수준에는 두 가지가 있다. *거시수준*은 범죄율을 설명하고자 하고, *미시수준*은 개인들이 범죄를 저지르는 이유에 대해 연구한다. 예를 들면, 거시수준의 연구는 시간대나 지역사회별로 살인율이 다른 이유나 도시들 간에 차이가 나는 이유를 찾고자 할 것이다. 이 연구에서 *종속변수*, 즉 설명되는 변수는 살인율이 된다. *독립변수*, 즉 종속변수를 설명한다고 간주되는 변수는 인종적 다양성이나 가난한 사람들의 비율이 될 것이다. 거시연구에서는 종속변수와 독립변수 모두 지역사회 단위에서 측정된다. 따라서 살인율은 일반적으로 인구 10만 명당 살인의 수로 측정된다. 인종적 다양성은 백인, 흑인, 히스패닉, 아시안, 기타 인종의 상대적 분포로 측정될 수 있으며, 가난한 사람들의 비율은 연간소득이 가난의 기준이 되는 수입(2009년도 4인 가족 기준 소득이 22,050달러 이하인 경우)에 미치지 못하는 인구의 비율로 측정될 수 있다. 여기에서 세 변수에 대한 측정 모두 개인과는 무관함에 주목하길 바란다. 모두 그룹 차원의 정보가 이용되며 이 정보들은 미국 센서스 사무국과 법집행 기록에서 구할 수 있다. 이와 같은 거시수준의 접근방식은 사회적 요인이 개인의 행동을 설명

[하이라이트 3.1] **시간적 순서**

우리가 가난과 범죄와의 관계에 대해 관심이 있다고 가정하자. 이를 위해 설문조사를 실시하였고, 두 가지 질문이 던져졌다. "당신은 현재 고용된 상태인가요?", "당신은 지난 1년 동안 건물에 무단 침입하여 물건을 훔친 적이 있나요?" 분석결과, 실업자가 그렇지 않은 사람보다 침입절도를 더 자주 저지르는 것으로 드러났다. 이를 통해 실업이 침입절도와 관련되어 있음을 알았는데, 과연 이를 근거로 실업이 재산범죄의 원인이 되었다고 할 수 있겠는가? 그렇지 않다. 이 자료에 근거하여 우리가 내릴 수 있는 결론은 침입절도를 범해 직업을 잃었다는 것이 더 적절할 것이다. 즉 범죄가 실업을 유발했다는 결론이 더 타당할 것이다. 이와 같은 횡단적 연구 사례는 현재 상황에 대한 질문을 통해 과거 행위를 추론하는 논리적 오류의 예를 보여준다. 이를 바로잡으려면, "당신은 작년에 고용상태에 있었나요?"라는 질문을 던졌어야 했다.

하는데 도움이 된다는 가정을 전제로 한다. 거시수준에 대한 접근법은 제7장에서 보다 자세히 논의될 것이다.

미시수준에서는 연구의 목적이 개인의 행동을 설명하는 것인데, 종종 사회-심리적 접근법이 사용되기도 한다. 앞선 예와 관련하여, 미시수준 연구는 살인율 분포의 변화를 설명하기보다는 왜 개인행동에 차이가 있는지를 알아보고자 한다. 따라서 종속변수는 개인이 살인범죄를 저질렀는지 여부가 되고, 독립변수들에는 개인의 소득(소득을 이용해 개인의 가난 여부를 구분할 수 있음)과 인종이 될 수 있다. 이러한 미시수준 변수들에 대한 측정은 개인별 면담이나 설문을 통해 얻어진다.

여기에서 중요한 이슈는 거시수준이든 미시수준이든 연구결과가 어느 정도 일반화될 수 있는가이다. 즉, 연구결과가 연구의 대상이 된 개인이나 장소(지역) 이외의 사람이나 장소에도 적용될 수 있는가? 일반화는 적절한 연구설계와 표집절차를 통해 달성될 수 있다. 연구설계는 연구자에게 분석단위의 선택을 시작으로 어떻게 연구를 진행해나가야 하는지를 보여주는 청사진으로 볼 수 있다.

초기 범죄학과 형사사법 연구의 상당수는 특정 한 시점에서 수집된 자료를 이용하는 *횡단적 연구설계*에 의존했다. 여론조사나 후보자 선호도조사가 특정 주제에 대한 사람들의 의견을 횡단적으로 조사하는 기법이다.

*종단적 연구설계*는 일정 기간에 걸친 정보를 수집한다. 따라서 역사적 변화를 조사할 수 있게 된다. 또한 변수들 간의 시간적 순서를 올바르게 설정할 수 있는데, 이는 범죄이론 검증에서 매우 중요한 부분이다. 초기의 자기보고 연구에서는 특정 한 시점에서의 면담을 통

해 젊은이들의 가족, 학교성적, 사물이나 상황에 대한 태도 등에 관한 정보를 획득했다. 동시에 연구자들은 젊은이들이 이전에 행한 범죄행위 정보를 수집하였다. 이렇게 수집된 자료들을 가지고 과거의 범죄행위(종속변수)를 설명하기 위해 현재의 태도(독립변수)를 이용하였는데, 이것은 시간적으로 옳지 않은 방법이다. 왜냐하면, 상식적으로 독립변수가 종속변수보다 먼저 발생해야 하기 때문이다. 반대로 종단적 연구는 최소한 두 시점에서 자료를 구하는데, 독립변수들은 첫 번째 측정에서 얻어지고 종속변수는 다음 측정에서 얻어진다.

연구결과를 표본 이외의 대상에게도 적용시키고 싶다면, 어떤 형태로든 확률표집이 이루어져야 한다(예, 단순 무작위, 층화, 군집). 즉, 일반화시키고자 하는 모든 대상 각각이 연구에 포함될 확률이 동일해야 한다. 앞서 제시한 예에서 대도시와 소도시의 살인율 차이를 일반화시킬 수 있으려면, 우선 표본에 대도시와 소도시가 포함되어야 하고, 이들 표본 도시들은 모든 대도시와 소도시들 가운데 뽑힌 도시들이어야 한다. 이러한 표집은 모든 소도시들(즉, 인구 25만 명 이하의 도시)의 이름을 모자 속에 넣고 다섯 도시를 뽑아 연구에 포함시키는 방식으로 이루어질 수 있다. 대도시들(즉, 인구 50만 명 이상의 도시) 가운데 다섯 도시를 뽑는 것도 동일한 방식으로 가능하다. 이러한 표집 방식을 층화확률표집이라 하는데, 이는 모집단을 적절한 범주들로 나누고 이 범주들 내에서 표본을 뽑아내는 방식으로 이루어진다. 층화확률표집을 하면 연구결과가 두 범주에 포함된 모든 도시들에게 적용될 수 있게 된다. 하지만 두 종류의 도시들을 편의상 뽑게 되면 모든 도시들을 대표할 수 있는 일반화 가능한 자료가 산출되지 못할 것이다.

만약 우리의 거시연구에서 인종적으로 매우 다양하고 경제적으로 매우 빈곤한 도시들이 높은 범죄율을 보인다면, 이 두 변수들이 범죄의 원인이라고 결론지을 수 있겠는가? 그럴 수 없다. 단지 이들이 살인율과 상관관계에 있음을 알 수 있을 뿐, 살인율의 원인이라고 결론 내리기 위해서는 두 가지 조건을 추가로 만족해야 한다. 첫째, 독립변수들이 살인율의 측정에 앞선 시점에서 측정되어야 한다. 어떤 것이 다른 어떤 것의 원인이 되기 위해서는 시간적으로 먼저 발생해야 하기 때문이다. 둘째, 다른 가능한 원인변수(설명변수)들이 통제되어야 한다. 인종적 다양성과 빈곤보다 오히려 지리적 위치나 실업, 권총의 사용가능성 등이 지역별로 다른 살인율을 더 잘 설명해줄 수 있을 것이다. 따라서 이러한 원인변수들을 통제하지 않고서는 인과적 추론을 할 수 없는 것이다.

결론적으로, 두 변수들 간에 상관관계가 있을 지라도(즉, 하나가 증가함에 따라 다른 것도 증가하는 관계), 인과관계는 상관성 이외에 추가적인 조건을 요구한다. 예컨대, 빈곤이 범죄를 유발한다고 결론짓기 위해서는 다음 세 가지 조건을 만족해야 한다. (1) 두 변수가 상관관계에 있을 것. (2) 시간적 순서가 반드시 확정될 것(독립변수가 종속변수보다 앞서 발생해야 함). 그리고 (3) 다른 가능한 설명변수들이 통제될 것. 연구방법론의 필수 요소들을 검토했으니, 다시 범죄통계에 대해 살펴보기로 하자.

## 공식 범죄통계의 역사

20세기 이전 미국의 범죄 정도와 분포에 대한 지식은 주로 각 지역의 체포통계, 법원기록, 유치장·교도소 자료에 바탕을 두었다. 즉, 전반적인 미국사회의 범죄 정도를 체계적으로 측정하려는 시도가 없었던 것이다. 범죄 통계에 대한 초기 연구자인 셀린(Thorsten Sellin)은 법원이나 교도소 기록을 사용하는 것에 경고를 하였다. 그는 "범죄가 가지는 지표로서의 가치는 범죄자료 수집 절차상 범죄발생 자체로부터 멀어지면 멀어질수록 떨어지게 된다"(1931; 346)라고 적시하였다. 이처럼 체포와 재판 관련 통계에 의존했던 현실을 고려하면, 20세기 이전의 미국 범죄상황에 대한 명확한 해답을 구할 수가 없는 것이다.

1870년 미 연방의회가 법무부를 신설할 당시 검찰총장으로 하여금 매년 범죄통계를 보고하도록 하였으나 현실화되지 않았다. 전국경찰협회(국제경찰청장협회-IACP-의 전신)의 1871년 회의에서 통과된 동일한 취지의 결의안도 역시 효과가 없었다. 1920년대 들어 경찰 전문가들은 범죄에 대한 대중매체의 묘사에 대해 우려를 나타내기 시작했는데, 이를 계기로 국제경찰청장협회(IACP)에서 표준범죄기록을 위한 위원회를 구성하여 전국의 범죄 정보를 수집하는 절차를 개발하고자 했다. 하지만 이 과제는 모든 주들이 각기 다른 방식으로 범죄를 정의하고 있어 매우 복잡한 문제임이 드러났다. 1929년에 드디어 자료수집방식의 최종안이 결정되어 경찰서에 배포되었고, 총 400개 경찰관서가 이듬 해 1월 그들의 범죄보고를 FBI에 제출하였다. 여러 국가들의 범죄문제 연구에 관심이 있는 비교범죄학자들은 미국의 범죄학자들이 20세기 초 경험했던 것과 유사한 문제에 직면해있다. 나라마다 범죄에 대한 정의가 다를 뿐 아니라 범죄자료를 기록하는 방식은 더욱 다양한 상황이다. 이러한 문제들에도 불구하고 비교범죄학 분야는 세계화가 지속되면서 점차 확대되고 있다(van Dijk & Kangaspunta, 2000 참조).

UCR과 관련하여, 처음 경찰관서들이 FBI에 범죄자료를 제출할 당시에는 이것이 자발적으로 이루어졌다. 즉, FBI가 자료제출에 응하도록 요구할 법적 권위가 없었던 것이다. 현

### [하이라이트 3.2] 국제 범죄 자료

유엔은 1970년도부터 회원국들의 범죄자료와 형사사법시스템 운용자료를 수집하기 시작했다. 1977년도에 첫 번째 조사결과가 발표되었는데 여기에는 64개국의 1970-1975년까지 자료가 포함되었다. 이 "유엔 범죄 및 형사사법시스템의 경향 및 운용 조사(UNCJS)"는 5년마다 이루어지고 다섯 번째 조사결과에는 103개국의 자료가 포함되었다. 미국의 UCR과 유사하게 UNCJS는 살인, 강도, 강간, 절도, 폭력에 관한 정보를 수집한다. 뇌물, 사기, 마약사범과 같은 다른 종류의 범죄정보들도 수집되고 있지만, 범죄에 대한 정의와 기준이 문화적, 사회적으로 상이하여 타당한 분석이 어려운 실정이다. 어떤 이들은 너무 많은 불일치로 인해 이 자료들의 유용성에 의문을 제기하지만(Aebi, 2002), 다른 이들은 그 가치를 인정하기도 한다. 가치를 인정하는 후자의 입장에서 다음과 같은 UNCJS의 표준들이 인용되기도 한다. UNCJS는 각 국의 공식자료를 대표한다. UNCJS는 범죄의 표준화된 정의와 구분을 제공한다. UNCJS는 UN 회원국들의 규칙적이고 지속적인 보고를 제공한다. 그리고 UNCJS는 세계의 범죄를 수집하는 보편적인 방법론 개발에 기여한다(Fairchild & Dammer, 2001).

재는 미국 전체인구의 95%를 대표하는 18,000개 이상의 경찰관서들이 FBI에 보고를 하고 있다. 지역별로 살펴보면, 도시지역 거주자들의 95%가 UCR 자료에 포함되고 있어 약 89%에 머무르고 있는 시골지역 거주자들에 비해 UCR 자료에 더 잘 기록되고 있다(미 법무부, 2004). 여하튼, 이처럼 보고비율이 높아진 것은 많은 주에서 주법을 통해 지역 경찰관서들로 하여금 범죄통계를 제출하도록 요구할 수 있게 되었기 때문이다(Maltz, 1977, 1999). 하지만 여전히 FBI에 보고하는 것은 자율에 맡겨져 있는바, FBI에의 보고 여부는 강압이 아니라 조직의 위신과 더 밀접한 관계가 있다고 하겠다. 경찰관서들 사이에서는 FBI의 UCR에 참여하지 않는 것은 그 관서가 "전문적"이지 못함을 의미한다는 문화가 형성되어 있기 때문이다.

### *표준범죄보고(UCR) 개관*

UCR은 파트 I(색인범죄)과 파트 II(비색인범죄) 두 부분으로 이루어져 있다. 파트 I 범죄들은 "충분히 자주 발생해서 비교가 가능한" 심각한 불법행위들을 포함한다(미 법무부, 1980; 3). 여덟 가지 범죄가 이에 해당되는데, 가장 심각한 것부터 나열하면 다음과 같다.

1. 살인
2. 강간
3. 강도

## [하이라이트 3.3] 강도 기록을 위한 UCR 가이드라인

3. 강도

(재화를 노리는 범죄, 명백한 행위 당 1건으로 처리.)

정의 : 타인(들)의 보호, 관리, 통제 하에 있는 유가치한 재화를 강제나 강제의 위협, 폭력, 또는 피해자를 두렵게 하여 빼앗거나 빼앗으려고 하는 행위.

강도는 피해자가 실재하는 상황에서 범해진다는 점에서 악질적인 유형의 절도이다. 피해자는 통상 재화의 소유자이거나 관리인으로서 가해자와 직접적으로 대면한 상태에서 위협을 당하거나, 강제력이 사용될 수 있다는 두려운 상태에 놓이게 된다. 강도는 절도행위를 수반하지만 강제나 강제의 위협이라는 요소에 의해 가중되는 범죄이다.

소매치기나 날치기처럼 강제 또는 강제의 위협이 없는 상황이라면 당해 행위는 강도가 아닌 절도로 분류되어야 한다.

하지만, 만약 날치기와 같은 범죄행위 도중 피해자의 저항을 극복하기 위해 강제 또는 강제의 위협이 사용된다면 당해 행위는 완력강도로 분류되어야 한다.

강도를 분류함에 있어 다음과 같은 부제가 사용된다.

3.a. 총기
3.b. 칼 또는 절단기
3.c. 기타 위험한 흉기
3.d. 완력 – 손, 주먹, 발 등

3.a.에서 3.c.에 해당되는 무장강도는 통상 "권총강도," "공중납치," "노상강도," "상점강도" 등으로 불린다. 3.d.와 같이 흉기가 사용되지 않는 강도는 "완력강도"로 분류될 수 있다.

모든 강도사건에 있어 명백한 강도행위 또는 시도행위마다 1건으로 처리해야 한다. 강도 현장에 있던 피해자의 숫자나 가해자의 수를 기준으로 건수를 기록해서는 안된다.

가짜 흉기가 사용되었거나 또는 가해자의 위협과는 달리 피해자가 흉기를 보지 못했을 경우에도 무장강도로 분류하고 위 3.a.에서 3.c. 가운데 적절한 범주를 선택하여 건수를 기록해야 한다. 만약 현장검거를 통해 흉기가 없음이 밝혀질 경우에는 완력강도로 구분될 수 있다.

명백한 행위 당 1건으로 처리하시오.

3.a. 강도 – 총기

총기가 흉기로 사용되거나 또는 피해자를 위협하기 위한(또는 두려움에 처하게 하는) 강제수단으로 사용된 명백한 각 행위를 한 건으로 처리하시오.

3.b. 강도 – 칼 또는 절단기

칼, 깨진 병, 면도날, 기타 절단기가 흉기로 사용되거나 또는 피해자를 위협하기 위한(또는 두려움에 처하게 하는) 강제수단으로 사용된 명백한 각 행위를 한 건으로 처리하시오.

3.c. 강도 – 기타 위험한 흉기

몽둥이, 산성물질, 폭발물, 쇳조각, 기타 위험한 흉기가 사용된 명백한 각 행위를 한 건으로 처리하시오.

3.d. 강도 – 완력 – 손, 주먹, 발 등

이 범주에는 흉기가 사용되지 않은 노상강도가 포함되는데, 흉기 대신 완력(손, 팔, 발, 주먹, 이빨 등과 같은 신체적 무기 사용에 국한됨)을 사용하여 피해자의 재화를 빼앗는 행위를 말한다.

4. 가중폭행
5. 침입절도
6. 절도
7. 자동차 절도; 그리고
8. 방화(1979년에 추가되었음).

유괴, 횡령, 기업사기, 기타 화이트칼라 범죄와 같은 심각한 범죄들이 목록에서 빠져있는데, 그 이유를 FBI는 다음과 같이 설명한다. 이들 범죄는 너무 간헐적으로 발생하거나 또는 경찰에 인지되는 경우가 매우 드물어 시간대별로 또는 관할구역별로 일관되고 비교가능한 측정이 이루어지기 어렵다. 범죄지표에 위 여덟 가지 불법행위들이 포함됨으로써 불법행위의 본질과 정도, 심각성에 대한 대중의 인식이 "거리" 범죄로 편향되는 결과를 낳은 것도 사실이다.

*범죄율*은 범죄수를 해당 관할구역의 인구수로 나눈 다음 100,000을 곱하여 계산된다. 범죄수는 이처럼 10만 명당 범죄율로 표준화되어 지역들 간 비교가 가능해진다. 예컨대, 인구 2만 명 도시에서 200건의 범죄가 경찰에 보고되면 범죄율은 1,000이 된다(200/20,000 × 100,000). 이 범죄율은 인구 2백만 명 도시에서 5,000건의 범죄가 발생하는 것에 비해 심각하게 여겨질 것이다(범죄율 = 5,000/2,000,000 × 100,000 = 250).

매년 FBI는 모든 관할구역에 걸쳐 일관된 형식의 보고가 이루어지도록 각 경찰관서에 *표준범죄보고 핸드북*을 배포하는데, 이 책자에는 범죄를 기록할 때 따라야 할 가이드라인이 포함되어 있다. 하이라이트 3.3에 강도를 기록할 때의 지침 사례가 제시되어 있다.

파트 II 범죄들은 파트 I 목록에 없는 대부분의 범죄들을 포함한다. 20가지의 특정된 범죄들과 기타 모든 범죄들을 포함하는 "기타" 범주가 파트 II에 해당되는바, 기타 폭행, 횡령, 기물파손, 성범죄, 음주소란, 지위비행(즉, 무단결석과 같이 위반자의 나이로 인해 범법행위로 간주되는 청소년 행위들) 등이 포함되어 있다. 하지만 FBI는 이들 범죄의 빈도와 분포에 관한 정보를 언론에 발표하지 않는다. 그래서 대중은 혹한 신고식이나 미성년자 강간(미성년자와의 성교)과 같은 "심각하지 않은" 범죄행위들의 정도에 대해 잘 알지 못하고 있다.

범죄의 숫자와 종류, 발생장소에 관한 정보와 더불어 FBI는 범죄의 특성과 결과에 관한 자료도 제공한다(예, 상해 정도, 금전적 손실, 피해자와 가해자의 특성). 이러한 정보는 범죄학자들이 범죄의 원인을 설명하는 데 도움이 되는 변수들 간의 관계를 연구할 수 있도록 해준다. 누구나 예상하듯, 범죄는 모든 인구집단에서 동일한 분포를 보이지 않는다. 범죄를 더 많이 저지르는(적어도, 더 많이 검거되는) 그룹이 분명 존재한다. 이러한 차이점들을 설명하는 것이 이론가들과 범죄를 통제하고자 하는 사람들에게 도전적인 과제가 된다.

UCR은 법집행기관들에 대한 자료도 수집한다. 이러한 정보는 경찰관서의 크기가 체포와 유죄확정판결의 수에 미치는 영향이라든지, 어떤 형태의 교대근무제가 더 바람직한지, 성·인종·교육수준별로 경찰관 채용이 어떤 경향을 보이는지 등에 대한 연구를 가능케 해준다. 이처럼 UCR은 범죄 관련 정보뿐만 아니라 형사사법시스템의 다양한 측면에 대한 정보를 제공해준다. 하지만 분기별 또는 연도별로 발표되는 자료들은 수집되는 것의 일부에 지나지 않는다. 관심 있는 사람들을 위해 UCR 자료는 온라인으로 접속이 가능하도록 되어있다(http://www.fbi.gov/ ucr/ucr.htm).

전술한대로 경찰은 파트 I과 파트 II 범죄들을 상이하게 기록한다. 파트 I, 즉 색인범죄들은 경찰이 직접 인지하거나 시민이 신고한 범죄들로 구성되어 있다. 대부분의 범죄들, 특히 재산범죄들은 시민의 신고가 범죄정보의 주된 소스가 된다. 한 연구에 따르면, 강도의 1.6%와 주택침입절도의 0.4%만이 경찰에 의해 현장에서 적발되고 있다(Gove et al., 1985). 따라서 비록 UCR이 "공식 통계"로 간주되고 있지만, 대부분의 자료들은 경찰 대응(즉, 소극적 행위)의 산물이지 경찰 순찰(즉, 적극적 행위)의 산물은 아닌 것이다.

시민의 신고에 주로 의존하고 있다는 점을 고려하면, 파트 I 통계는 세 단계의 절차를 거쳐 작성된다고 볼 수 있다.

1. 시민들이 범죄가 실제 발생했는지를 결정해야 한다.
2. 시민들이 범죄가 실제 발생했다고 판단하면, 경찰에 신고해야 할지를 결정해야 한다. 그리고
3. 범죄행위가 신고되면, 경찰관은 다음과 같은 사항들을 결정해야 한다.
   (a) 범죄가 발생했는지
   (b) 그 범죄를 어떻게 구분할지; 그리고
   (c) 기록으로 남겨야 할지

그러므로 UCR 자료는 실제 범죄행위로부터 몇 단계를 거쳐 기록된다. 범죄가 가지는 지표로서의 가치는 범죄자료 수집 절차상 범죄발생 자체로부터 멀어지면 멀어질수록 떨어지게 된다는 셀린(Thorsten Sellin)의 경고를 기억하라. 하지만 이렇게 보고된 범죄가 체포나 유죄확정 판결된 범죄와 비교하면 실제 범죄행위와 더 근접하다는 사실도 함께 기억하길 바란다.

## 갱의 특성 정의 관련 이슈: 두 배 또는 절반?

갱은 무엇인가? 그리고 무엇으로 갱 관련 범죄인지를 결정하는가? 이 두 가지 질문은 갱에 대한 논의에 앞서 반드시 다뤄져야 할 문제이다. 하지만, 놀랍게도 이 질문들은 심하게 무시되어 왔다. 갱과 갱 활동에 관한 논문이나 언론 기사를 살펴보면 다양한 종류의 사람들을 묘사하고 있지만, 정작 주제의 범위를 적절히 정하지 못하는 경우가 많다. 그러다 보니 연구자의 관심이나 초점에 따라 갱을 구성하는 사람들이 다음의 하나이거나 또는 전체를 포함하는 경우도 있다. 청소년범죄집단, 마약밀매집단, 폭주족, 동네 불량배들, 죄수들, 기타 3인 이상(일부 지역에서는 2인 이상)으로 이루어진 특정 집단으로서 구성원들이 범죄행위에 가담하는 조직. 이들은 별개의 집단으로서 한 집단에 대한 설명이 다른 집단들에 대한 설명으로 일반화되지 못한다. 이처럼 갱에 대한 공통된 정의가 없음에도 불구하고, 갱이나 갱 조직원, 갱 활동과 같은 용어들이 마치 동일한 개념인 것처럼 일상적으로 듣고 읽혀지고 있는 실정이다. 갱 집단과 활동에 대한 명확한 정의를 내리지 못하는 것은 갱 문제의 본질에 대한 논의에 있어서도 혼란을 가져오지만, 더 심각한 문제는 실제 정책을 논의할 때 발생한다. 지난 20년간 갱이 받아온 주목을 고려하면, 갱 조직원과 갱 관련 범죄의 정도를 정확히 파악하는 것이 중요하다. 하지만 다양한 정의로 인해 이처럼 간단하고 기본적인 목표도 달성하기가 힘든 실정이다. 다음과 같이 정의가 서로 다른 예를 살펴보기로 하자.

LA와 시카고는 미국에서 갱이 가장 많은 도시들로 손꼽힌다. 한 흥미로운 연구에서 맥슨과 클라인(Cheryl Maxson and Malcolm Klein, 1990; 2002)은 이 두 도시에서 발생한 "갱 관련" 살인사건을 비교했는데, 이 연구는 관할구역이 다르면 범죄율을 비교하기가 힘들다는 점을 잘 보여주고 있다.

LA에서는 LA 경찰서와 보안관 관서 모두 "갱 조직원"에 대한 정의에 따라 발생한 범죄가 갱 관련 범죄인지 아닌지 구분한다. 즉, 갱 조직원에 의해 저질러진 범죄는 모두 갱 관련 범죄로 간주되는바, 가해자나 피해자가 갱 조직원이거나 준 조직원이면 갱 관련 범죄로 구분된다. 이러한 정책이 가능하기 위해서는 갱 조직원 여부에 대한 정확한 파악이 필요하다. LA의 두 경찰관서에서는 갱 조직원 여부를 확인하기 위해 다음과 같은 기준을 적용하고 있다.

- 당사자가 갱 조직원이라고 자백하는 경우
- 신뢰할만한 정보원이 당사자를 갱 조직원으로 지목하는 경우
- 신뢰성을 검증받지 않은 정보원이 당사자를 갱 조직원으로 지목하고 이것이 독립적인 정보에 의해 확인되는 경우
- 당사자가 갱의 영역에 거주하거나 자주 방문하며 의상, 수신호, 심벌, 문신 등을 따라하고 갱 조직원으로 알려진 자와 어울리는 경우
- 당사자가 일상적인 갱 활동과 일치하는 범죄행위로 인해 갱 조직원과 함께 수차례 체포된 경우

추가로 당사자가 갱과 매우 밀접한 관계에 있으나 위의 기준에는 부합하지 않을 경우 "준 조직원"으로 분류된다.

LA와 달리, 시카고 경찰서는 "갱 동기"를 중요시하는 정의에 따라 갱 관련 범죄 여부를 판단한다. 따라서 "둘 또는 그 이상의 갱들 간의 집단적 대면이 수반된 과정에서 발생한 범죄만이 갱 관련 범죄로

간주된다." 이러한 정의에 따르면, 아무리 갱 조직원들이 저지른 범죄 또는 폭력이라 할지라도 갱적인 맥락 또는 동기에서 발생된 것이 아니라면 갱 관련 범죄로 간주되지 않는다.

맥슨과 클라인(1990, 2002)은 시카고와 LA에서 발생한 갱 관련 살인사건을 조사했다. LA의 살인율은 보다 엄격한 갱 동기기준을 적용했을 경우 약 50% 감소하는 것으로 드러났다. 이 두 도시에서 사용되는 정의가 다른 지역에서는 어느 정도 적용되고 있는지를 조사해본 결과, 맥슨과 클라인(2000)은 두 기준이 동일하게 분포되어 있음을 밝혀냈다. 이처럼 다른 기준에도 불구하고, 그들은 "갱 조직원이 관련된 살인과 갱 동기를 가진 살인의 원인요소들을 살펴본 결과 두 형태의 살인에서 근본적인 질적 차이를 찾기 어려웠고, 따라서 정의에 상관없이 갱 관련된 살인과 관련되지 않은 살인을 지역별로 비교하는 것이 '적절'하다"고 결론지었다(Maxson & Klein, 2002; 182). 하지만, 갱 관련 살인사건의 비율 자체를 지역 간 비교하는 것은 주의를 요한다고 주장하였다.

UCR의 파트 II 통계는 체포된 범죄만을 대표한다. 이것이 바로 파트 II 범죄들을 파트 I 범죄들과 비교하기 어렵게 만드는 요인이다. 체포 통계는 경찰에 인지된 범죄들 가운데 일부만이 체포되기 때문에 '심각하지 않은' 범죄의 왜곡된 모습을 보여준다. 이 사실 역시 발생된 범죄 자체에 근접한 범죄자료를 수집해야 하는 중요성을 말해준다.

### *UCR의 장점*

다음 부분에서 논의될 많은 단점들에도 불구하고, UCR은 미국사회의 범죄 정보를 파악하는 중요한 소스가 된다. FBI와 지역, 군, 주 단위 경찰관서들의 공동 노력으로 인해 자료의 중복이 최소화되고 있다. 또한, UCR은 전국적인 범죄통계를 제공하여 도시 간, 지역 간 비교를 가능케 해준다. 이러한 비교연구는 FBI의 *표준범죄보고 핸드북*에서 제시하는 표준화된 가이드라인과 정의 덕분에 더욱 수월해져 있다. 짐작컨대, 노스캐롤라이나 주의 쿨로휘(Cullowhee)에서 발생한 범죄행위가 캘리포니아 주의 어바인(Irvine)에서 발생한다면 동일한 방식으로 기록될 것이다. 이렇게 하여 이들 두 지역사회의 상대적 안전성을 비교할 수 있고 또한 범죄를 해결하고 예방하는 경찰관서들의 수행능력도 평가할 수 있게 된다. 하지만 FBI는 이러한 비교분석을 주기적으로 경고하고 있는바, 그 이유는 핸드북 가이드라인에도 불구하고 경찰관서들이 때때로 자신들만의 방식으로 FBI에 보고하는 범죄를 기록하기 때문이다. 예컨대, 오하이오 주의 한 도시에서는 "절도된" 차량을 최초 신고 이후 24시간이 지나야 공식 기록으로 입력한 반면, 비슷한 규모의 다른 도시에서는 신고 되는 즉시 공식적으로 기록하였다. 당연히 두 번째 도시가 훨씬 더 높은 자동차 절도율을 보였는데, 실제로는 비율이 서로 비슷했을 지도 모르는 것이다. 이러한 맥락으로, '갱의 특성'이라는 제목의 다음페이지 하이라이트 박스에서 보면 조직원을 특정하고 갱 관련 범죄를 측정함에 있어 일관된 기준을 개발하는 것이 매우 중요하다는 것을 강조하고 있다.

UCR의 또 다른 장점은 통계자료가 1930년도부터 수집되기 시작하여 매월 갱신되고 있다는 점이다. 따라서 정책분석가들과 대중은 매년 범죄율을 비교해볼 수 있다. 또한 전체 범죄율이건 특정 범죄의 비율이건 시간대별 경향을 파악할 수 있다. 예를 들면, 연구자들은 강간범죄를 전반적인 범죄 경향과 비교해볼 수 있는 것이다. 하지만 1960년도에 범죄를 기록하는 방식이 크게 변하여 그 이전의 자료들과 직접 비교하는 것이 불가능하게 되었다.

### *UCR의 단점*

UCR 범죄지표의 명백한 단점은 전형적인 거리범죄를 강조하고 다른 심각한 범죄들은 제외된다는 점이다. 이러한 UCR의 심각한 범죄에 대한 정의는 기업관련 폭력, 정치범죄, 컴퓨터 사기와 같은 불법행위들에 대한 관심을 약화시킨다. 이 때문에 사람들은 기업범죄나 정치범죄로 인한 인적, 경제적 비용이 전통적인 거리범죄로 인한 피해보다 훨씬 큼에도 불구하고 살인자나 강도로부터 가장 큰 위협을 당하고 있다고 오해할 가능성이 커지게 된다 (Simpson & Eitzen, 1990; Kappeler et al., 1993). 페핀스키와 예실로우(Harold Pepinsky and Paul Jesilow, 1984)는 *범죄를 유발하는 미신들*이라는 수상 저서에서 화이트칼라 범죄가 비폭력적이라는 잘못된 인식에 대해 한 장을 할애하여 논하고 있다. 그들이 인용한 통계들 중에는 매년 1만 명이 불필요한 수술로 인해 목숨을 잃고 있고 2만 명이 잘못된 처방 때문에 숨지고 있다는 내용이 있다. 또한 1960년대에는 Richardson-Merrell사가 너무 일찍 Thalidomide에 대한 마케팅을 시작하여 수많은 출산 장애가 발생하기도 하였다. 이 책의 11장과 12장에서는 이러한 형태의 화이트칼라 범죄에 대해 좀 더 자세히 다루고 있다. 2009년에 있었던 보건 관련 논쟁은 매년 수천 명의 미국인들이 의료진의 "실수"로 인해 사망하고 있다는 사실을 부각시켰다.

또한 UCR은 정치적 조작의 도구가 될 수도 있다. 경찰 행정가들은 인력과 장비, 교육훈련을 위한 추가적 예산요구를 정당화하기 위해 UCR 자료를 이용하기도 한다. 때로는 범죄지표를 조작하여 경찰활동의 우수성을 홍보하는 수단으로 이용하기도 한다(즉, 범죄율의 감소나 해결율의 증가를 이용하여). 이러한 조작은 범죄신고를 기록하지 않거나, 범죄자들에게 실제 저지르지 않은 범죄를 다수 저질렀다고 거짓 증언하게 함으로써 형량을 낮춰주는 유죄협상을 통해 이루어질 수도 있다. 이러한 행위는 대부분 전통적으로 해결율이 낮은 재산범죄에서 가장 빈번하게 발생한다. 경찰은 때로 한 혐의자와의 유죄협상을 통해 200건의 침입절도를 해결하기도 한다. 이렇게 만들어진 자료는 경찰활동 수행에 대한 내부 자체

평가의 척도로 이용된다. 몇 몇 문제는 기록하는 방식에 의해 발생하기도 한다. *표준범죄보고 핸드북*에 정의와 절차가 적시되어 있지만, 경찰서나 지역마다 독자적인 기준을 적용하고 있는 경우가 있다. "장미는 그 자체로 장미이다"라는 말이 옳긴 하지만, 강간은 그 자체로 강간이 될 수는 없다. 예를 들어, 채펄(Duncan Chappell)과 그의 동료들(1971)이 보스턴 경찰과 LA 경찰의 강간에 대한 보고에 있어 용어와 형식(특히 강간으로 정의되는 행위의 종류들과 관련하여)이 어떻게 다른지 분석한 연구를 살펴보라. 문화적 기준, 경찰의 전문성, 직원의 형태와 같은 요소들로 인해 동일한 행위가 관할구역에 따라 다르게 기록될 수 있다. 남학생 사교클럽의 파티에 참석한 후 지나가는 차에 편승해 귀가하던 중 맞고 강도 강간당했다고 주장하는 19세 여대생의 사례를 살펴보자. 경찰관은 이 사건을 강간, 강도, 폭행 가운데 어떤 범죄로 기록하겠는가? 대답은 상황에 따라 다르다. 남성 우월주의 성향을 가진 경찰관은 여성이 밤에 혼자서 지나가는 차에 편승하는 것은 "강간을 원하는" 행위라고 믿을 것이고, 따라서 강간에 대한 주장은 무시해버릴 것이다. 다른 경찰관은 이를 강간으로 기록할 수도 있다. (강간에 대한 추가적 논의는 11장 참조.) UCR의 지침에 따르면 가장 심각한 범죄만을 기록하도록 되어있는데, 이는 *위계적 규칙*으로 알려져 있다. 따라서 만약 그 여대생이 강도와 강간을 당했다면 강간으로만 기록될 것이고(강도로는 기록되지 않음), 살인까지 당했다면 살인으로만 기록될 것이다(강간으로는 기록되지 않음).

또 다른 문제는 범죄 숫자가 계산되는 방식과 관련 있다. UCR 지침은 각각의 명백한 재산범죄를 하나의 범죄로 계산하도록 하고 있다. 예컨대, 한 호텔에서 10개의 방이 털렸다면 한 건의 침입절도로 기록되어야 하지만, 한 아파트 단지에서 10가구가 털렸다면 10건의 침입절도로 기록되어야 한다. 강도와 같은 신체범죄에 있어서는 피해자나 가해자의 숫자가 중요하지 않다. 따라서 만약 두 명의 강도가 은행에서 다섯 명의 고객을 상대로 범행을 한 경우에도 강도사건은 한 건 발생한 것으로 간주된다. 이러한 규정들로 인해 몇 몇 범죄 유형들은 발생정도가 과소평가되고, 또한 피해자조사나 자기보고설문 자료와의 직접적 비교가 부적절하게 된다. 예를 들면, UCR은 위 은행 강도사건을 한 건으로 처리하겠지만, 피해자조사는 다섯 명의 피해자를 기록할 것이고, 자기보고설문은 두 명의 범죄자를 기록하게 될 것이기 때문이다.

범죄율 또한 오해의 소지가 있을 수 있다. 예컨대, 라스베이거스나 이와 유사한 관광지역을 살펴보자. 이들 지역은 수많은 방문자들로 붐비고 이들 가운데 일부는 범죄를 저지른다. 하지만 범죄율은 해당 지역에 거주하고 있는 사람들의 수로 계산되지 가해자나 피해자가 될 가능성이 있는 실제 생활인구를 기준으로 계산되지 않는다. 또한 실제 거주하고 있는 사람들의 수를 결정하는 과정에서 심각한 오류를 범할 경우 – 드문 일이 아님 – 범죄율의 정확성에 큰 영향을 미칠 수도 있다.

범죄지표에 대한 추가적인 비판은 UCR 자료의 반응적 특성과 관련 있다. 즉, 법집행 관서들은 시민들이 범죄를 신고하고자 하는 의지에 주로 의존하고 있지만, 다양한 이유들로 인해 경찰에 신고하지 않는 경우가 있다. 한 추정에 따르면 전체 발생범죄 가운데 35% 만이 경찰에 신고되고 있다(Harlow, 1986). 범죄를 신고하지 않는 이유로서 가장 빈번하게 언급되는 것들은 다음과 같다.

- 신고할 정도로 중요한 사건이 아니라는 믿음, 그리고
- 사건이, 특히 폭력범죄인 경우, 사적이거나 개인적인 문제라는 느낌

다른 이유들로는 다음과 같은 것들이 있다.

- 신고를 해도 경찰이 아무것도 할 수 없거나 하지 않을 거라는 믿음
- 자신의 범죄행위(매춘이나 마약 밀매의 경우에서처럼)가 들통 날지 모른다는 두려움
- 사건이 공개됨으로써 개인이나 기업의 명성에 타격을 받을지 모른다는 두려움
- 가정폭력과 같은 경우 보복에 대한 두려움, 그리고
- 법적인 정의와의 불일치, 또는
- 행위가 그릇되지 않다거나 범죄행위가 정당하였다는 믿음.

## UCR의 새로운 모습: NIBRS-전국 사건기반 보고시스템

UCR에 대한 많은 비판과 점차 증가하는 범죄의 복잡성과 다양성을 고려하여, 법집행기관들의 필요를 충족시키기 위해 전국 사건기반 보고시스템(NIBRS)이 1984년 도입되었고, 1980년대 말까지 사건수준의 자료가 수집되었다(미 법무부, 연방수사국, 2004). NIBRS는 두 가지 주요 목적을 위해 개발되었다.

- 법집행부서에 의해 수집되는 통계자료의 양과 질, 적시성을 향상시키기 위해: 그리고,
- 수집된 범죄자료를 축적, 분석, 심사, 공개하는데 이용되는 방법을 향상시키기 위해.

전통적인 UCR 시스템은 파트 I 범죄들의 발생건수와 파트 I, 파트 II 범죄들의 체포자료를 기록하도록 되어있지만, NIBRS는 보다 세밀한 보고를 요구하고 복수 범죄를 기록할 수

있도록 함으로써 가장 심각한 범죄만을 기록하도록 하는 위계적 규칙을 없애버렸다. NIBRS를 이용하는 경찰관서들은 개별 범죄사건과 체포관련 자료를 수집하고 각 사건을 상세히 기록한 "보고"를 제출한다. 이러한 절차를 통해 전통적인 UCR 시스템의 요약 통계보다 훨씬 더 상세한 정보를 제공할 수 있다.

NIBRS는 파트 I과 파트 II 범죄 구분을 포기하고 대신 그룹 A, 그룹 B 구분을 채택했다. 파트 I 범죄들은 "거리범죄"에 초점을 맞추고 "호화범죄"를 무시했다. 반면, 그룹 A는 보다 다양한 형태의 범죄들을 포함하고 있다. 그룹 A의 22개 범죄들 각각에 대해 기록되는 상세한 정보는 범죄 상황, 피해자와 가해자 정보, 피체포자 자료, 신체적·재산적 피해 정도에 대한 정보들을 포함한다.

그룹 A에는 다음과 같은 범죄들이 포함되어 있다.

1. 방화
2. 폭행
3. 뇌물
4. 침입절도
5. 위조
6. 기물파손
7. 마약
8. 횡령
9. 갈취
10. 사기
11. 도박
12. 살인
13. 유괴
14. 절도
15. 자동차절도
16. 음란물
17. 매춘
18. 강도
19. 강제적 성범죄

20. 성범죄
21. 장물
22. 무기 위반

그룹 B에는 다음과 같은 범죄들이 포함되어 있다.

1. 손상된 가계수표
2. 통행금지/부랑
3. 무질서 행위
4. 음주운전
5. 만취
6. 가족 범죄
7. 주류 위반
8. 관음
9. 도망(탈주)
10. 불법 침입
11. 기타

사우스 캐롤라이나는 NIBRS 프로그램을 최초로 "시범" 실시한 주로서 1988년도에 이 프로그램에 대한 전반적 이용이 승인되었다(미 법무부, 연방수사국, 2006). 2004년도에는 5,741개의 경찰관서(미국 인구의 20%와 UCR에 의해 수집된 범죄통계의 16%를 대표함)가 이 프로그램을 사용하였고, 2006년도에는 26개 주가 NIBRS 사용을 "인증받았으며," 12개 주는 시범실시 단계에 있었고, 8개 주는 기획과 개발 단계에 있었다(연방수사국, 2006). 비록 NIBRS 자료가 미국 전역의 법집행기관이나 범죄사건을 대표하지는 못하지만, 다수의 관할구역을 대표하는 몇 개 안되는 자료들 가운데 하나로서 가해자, 피해자, 상황적 특성, 경찰 체포/해결 상태 등을 조사할 수 있게 해준다.

### *NIBRS의 장점*

NIBRS는 UCR, NCVS, 자기보고와 같은 현존하는 범죄측정방식보다 향상된 측면을 다수 보여준다. NIBRS에 대한 상세한 비평에서 맥스필드(1999: 145)는 NIBRS가 가질 수 있는 장점에 대해 다음과 같은 내용을 제시하고 있다. (1) 사건수준과 피해자수준의 분석이 세부지역 관할까지 가능하고 또한 보다 광범위한 지역에 대한 분석을 위해 통합될 수도 있다. (2) 주요하지 않은 범죄(마약이나 무기와 같은)와 범죄상황에 대한 분석까지 가능할 정도로 상세한 정보를 담고 있다. (3) 피해 정보가 개인, 가구, 상가, 기업별로 상세히 구분되어 있다. (4) 12세 이하의 피해자를 목표로 하는 범죄정보를 담고 있다. (5) 피해자가 구체적이지 않은 범죄들을 포함하여 매우 다양한 유형의 범죄들을 포함하고 있다. (6) 가구에 기반을 둔 설문조사로는 측정하기 어려운 비가구범죄와 다른 많은 범죄들을 조사할 수 있다. (7) 범죄자들에 대한 개인수준의 정보를 체포기록과 피해자보고를 통해 알 수 있다. (8) 사건 이후 피해자와 가해자의 상태에 대한 정보가 포함되어 있다. 이러한 장점들은 지역사회와 법집행기관에게 많은 실질적 함의를 제공한다. 예컨대, 파지아니와 매클로플린(1999)은 어떻게 지역의 경찰관서가 NIBRS 자료를 이용하여 "전술적 범죄 분석"을 할 수 있는지를 설명하고 있는바, 지역 경찰관서는 관할지역의 범죄패턴을 분석하고 그 결과에 따라 전략적으로 특정 범죄나 지역에 집중할 수 있게 된다. NIBRS 자료의 장점들은 연구자들에게도 범죄사건의 본질과 범위에 대한 이해를 높일 수 있는 중요한 함의를 제공한다.

### *NIBRS의 단점*

맥스필드(1999; 145-146)는 또한 NIBRS가 다른 자료들에 비해 상대적으로 약한 점들을 다음과 같이 요약하고 있다. 첫째, UCR과 마찬가지로 NIBRS 자료는 경찰에 신고 되고 경찰에 의해 기록된 범죄들만 포함하고 있어, 신고 되지 않거나 경찰에 의해 기록되지 않은 범죄들은 누락된다. 둘째, NIBRS의 융통성 없는 상세함은 이 시스템에 참여하고 있는 지역 경찰관서에게 큰 부담이 된다. 어쩌면 이 때문에 대도시와 큰 관서들은 뒤쳐진 채 작은 주의 작은 관서들이 주로 NIBRS 시스템을 채택하고 있는 것 같다. 셋째, 기관마다 다른 동기를 가지고 있다. FBI와 다른 국가 기관들은 주로 전국적인 관리시스템 구축과 연구활동에의 적용에 관심을 가지고 있지만, 지역이나 주 단위의 기관들은 당해 관할지역의 기록유지의무, 지역경찰활동을 지원하기 위한 분석, 자료시스템 유지를 위한 재원확보 등에 더 관심이 있는 실정이다. 넷째, NIBRS 기록체계의 수명과 복잡성, 그로인한 자료파일의 엄청난 크기는 연구자와 분석가, 컴퓨터 하드웨어와 소프트웨어에게 익숙하지 않은 과제가 되고 있다. 예를 들면, 1996년도 NIBRS 자료를 분석한 던과 젤레녹(1999)의 연구는 수백만 건의 기록을 분석하는 것이 얼마나 어려운지, 따라서 이 자료를 분석하기 위해 고성능의 하드웨어와 소프트웨어가 필요하다는 것을 잘 보여주고 있다. 다섯째, 사건기반 측정방식이 일반적으로 가지고 있는, 특히 NIBRS가 가지고 있는 오류의 구조에 대해 수많은 불확실이 존재한다. 최근의 연구들은 몇 가지 이러한 오류를 찾아내고 시정할 수 있는 방법을 제시하였다. 예컨대, 스나이더(1999)는 강도사건 해결건수에 있어 NIBRS가 다른 자료들에 비해 청소년들이 차지하는 비중이 지나치게 높다는 사실을 밝혀냈다. Addington의 최근 연구는 NIBRS의 살인사건과 관련한 오류를 찾아냈는데, 특히 경찰의 해결율에 문제가 있었다(Addington, 2006).

### *NIBRS를 이용한 최근 연구*

이러한 한계에도 불구하고, NIBRS는 연구자와 실무자들에게 범죄를 연구함에 있어 매우 유용하게 쓰일 수 있다. 최근 NIBRS를 다른 범죄자료들과 비교 연구한 칠턴과 자비스(1999b), 란탈라와 에드워즈(2000)에 의하면, NIBRS는 NCVS, UCR처럼 보다 자주 이용되는 자료들의 훌륭한 보완물로서 기능할 수 있다. 또한, 아키야마와 놀란(1999), 던과 젤레녹(1999)은 사용자들을 위해 NIBRS를 명확히 묘사하면서 사건기반 측정자료들이 얼마나 다목적으로 이용될 수 있는지를 강조하고 있다. 이러한 다용도성은 NIBRS 자료가 범죄사건의 묘사에서부터 공식적 처리과정마다 드러나는 범죄자들의 특징(예, Addington, 2006; Taylor, Holleran, & Topalli, 2009), 그리고 범죄이론들의 검증에 이르기까지 두루 이용되는 것을 보면 알 수 있다. 최근의 연구들은 NIBRS를 이용하여 아동학대(Finkelhor & Ormrod, 2001)와 증오범죄(Messner, McHugh & Felson, 2004; Strom, 2001)에서부터 가정폭력(Thompson, Saltzman & Bibel, 1999; Vasquez, Stohr & Purkiss, 2005), 치명적 폭행과 치명적이지 않은 폭행간의 차이(Chilton, 2004)에 대한 연구에 이르기까지 다양한 범주의 범죄들을 다루고 있다.

NIBRS 시스템의 도입은 범죄율에 영향을 미칠 수 있을 것이라는 우려가 있어왔다. 이 문제에 대한 연구에서 Ramona Rantala와 Thomas Edwards(2000)는 NIBRS 시스템을 채택한 1,000개 이상 경찰관서들의 범죄율을 비교해보았는데, NIBRS 시스템 하에서 범죄율이 높긴 했지만, 그 차이가 크진 않았다. 평균적으로 폭력범죄율은 1% 미만으로 높았고 재산범죄율은 2%가 약간 웃도는 정도로 높았다.

## 다른 범죄측정방법들

UCR은 미국에서 70년 넘게 범죄통계의 주요 소스였지만, 더 나은 대안을 찾기 위한 노력이 지속되어 왔다. 이에 설문기법에 의존한 두 자료 소스가 개발되었는데, 자기보고 연구는 자신이 관여한 범죄행동의 유형과 양을 기록하도록 요구하고, 피해자조사는 자신이 피해를 당한 범죄의 유형을 기록하도록 요구한다. 이러한 방법들을 지지하는 사람들은 자기보고와 피해자조사가 UCR보다 더 명확한 범죄현황을 보여준다고 주장하고, 다른 사람들은 대안적인 통계를 제공한다고 주장한다.

### *자기보고 연구들*

자기보고자료(SRD)의 발달은 그 자체가 방법론적 개선의 하나였다. 자기보고 연구들은 일반적으로 청소년들의 응답에 의존해왔는데, 일탈의 병인(원인들)을 설명하는 이론들의 발전에 영향을 미쳤다. 예를 들면 낙인이론(9장 참조)은 초기 자기보고 연구들에 큰 영향을 받았으며, 통합이론모형들과 발달범죄학(10장에서 논의)도 역시 SRD와 밀접한 관계에 있다.

초기의 자기보고 연구들은 포터필드(Austin Porterfield, 1946), 월러스테인(James Wallerstein)과 웨일(Clement Wyle, 1947)에 의해 수행되었다. 하지만 자기보고 측정이 진지한 주목을 받기 시작한 것은 쇼트와 나이(1957)의 연구에서 비롯되었다. 다음에서 논의될 다섯 건의 주요 자기보고 연구들을 살펴보면, 이러한 자료수집기법이 얼마나 방법론적으로 향상되었는지, 또한 특히 지난 25년 동안 범죄학자들이 얼마나 많이 이 기법을 채택해왔는지를 알 수 있다.

## Short and Nye(1957)

쇼트와 나이(James F. Short, Jr. and F. Ivan Nye)의 개척적인 연구는 그동안 공식기록이 그려왔던 청소년 일탈의 이미지와 정도를 완전히 바꾸어놓았다. 두 청소년 표본 그룹이 질문지를 작성했는데, 하나는 워싱턴 주의 세 개 학교에 재학중인 9-12학년 학생들이었고, 다른 하나는 수감된 일탈 청소년들이었다. 규칙과 법규 위반 관련 23개 문항에 대한 응답에서 두 그룹 간 차이를 거의 찾아볼 수 없었는바, 특히 부모의 사회경제적 배경과 가정생활의 질이 일탈과 관련 없다는 것은 매우 중요한 발견이었다. 왜냐하면 일탈은 가난과 가정붕괴에 의해 발생한다는 일탈의 원인에 관한 일종의 "진리"와 모순되는 결과였기 때문이다.

하지만 Short-Nye 척도에는 몇 가지 방법론적 문제들이 있었다. 응답자들은 그들이 초등학교에 들어간 이후 위반한 모든 규칙과 법규들을 기록하도록 요구받았는데, 응답의 범주는 다음과 같았다.

1. 매우 자주
2. 수회
3. 한두 번
4. 없음

설문지에 포함된 23개의 위반사항 가운데 일곱 가지가 일탈 척도를 구성하기 위해 선택되었다. 하지만, 고등학생 나이의 응답자들에게 10년 전의 일들을 회상하게 하고 그런 행위에 얼마나 자주 가담했는지를 적절히 기록하게 하는 것은 무리가 있었다. 더 나아가, 응답의 범주는 연구자들이 습관적 일탈자인지 드물게 일탈하는 자인지를 구분하기 어렵게 했다.

예컨대, "적합한 이유 없이 결석하기" 문항을 살펴보자. 10년 동안 한 학생이 일 년에 한 번 꼴로 결석했다고 가정하자. 이 경우는 분명 한두 번 보다는 확실히 많고 수회보다도 많다고 할 수 있다. 그렇다고 "매우 자주"라고 할 수 있겠는가? 아울러, 이 응답자와 똑 같이 10번을 결석했지만 작년 한 해 동안 결석한 응답자와 구분할 방법도 없다.

또 다른 방법론적 문제는 Short-Nye 척도가 "사소한" 위반으로 간주될 수 있는 행위를 강조하고 있다는 점이다. 부모의 권위에 저항한다거나 학교에 결석하는 것은 강도나 폭행 같은 파트 I 범죄들이 가지는 심각성과 비교될 수 없다. 즉, 사소한 위반행위들을 일탈 척도에 포함시킴으로써 연구자들은 일탈의 양을 과대평가할 수 있는 것이다. 일부 학자들이 전형적인 청소년기의 행위라고 일컫는 그런 사소한 행위들을 포함시킨 것이 어쩌면 사회계층과 일탈과의 상관관계가 드러나지 않은데 일조했을 가능성도 있다 하겠다(Tittle 외, 1978).

## •• 전국청소년조사(NYS)

자기보고 연구방법을 이용한 주요 연구는 콜로라도 대학교에서 엘리엇(Delbert Elliot)와 그의 동료들에 의해 수행되었다. 1977년 시작된 전국청소년조사(NYS)는 미국 본토에 거주하고 있는 청소년들의 확률 표본에 기초하고 있다(Elliott 외, 1985). 최초의 표본은 1,726명의 남녀 청소년들로 이루어졌다. 원래 11-17세 사이에 있었던 그 표본 동기 청소년들(동일한 청소년들)은 1981년까지는 매년 10회 상담을 받았는데, 이후에는 1984년, 1987년, 1990년, 1993년, 그리고 2002년에 다시 조사를 받았다. 2002년도에 실시된 마지막 조사는

36-42세 사이의 젊은 성인들에 대한 전국적 표본 자료를 제공해준다. 2003년도에는 원 대상자들과 그들의 배우자, 부모, 11세 이상의 자녀들도 함께 조사되었다.

이전의 자기보고 연구들과 달리, NYS의 일탈 측정은 UCR의 범죄 범주와 유사하게 이루어지도록 꾸며졌다. 결과적으로, 40개의 질문항목들이 UCR의 파트 1 범죄들 가운데 하나(살인)를 제외한 모든 범죄들과 파트 II 범죄들의 60%를 측정할 수 있도록 개발되었다(하이라이트 3.4 참조).

이 자기보고 도구는 두 개의 개별적인 응답 세트를 가지고 있었다. 일월과 이월 중에 조사되는 응답자들은 작년 한 해 동안(일 년 전 크리스마스부터 막 지난 크리스마스까지) 그들이 저지른 범죄의 횟수를 유형별로 기록하도록 지시받았다. 만약 응답자가 10회 이상을 기록하면, 이 응답에 대해서는 다음과 같은 타당도 검사가 이어졌다. 즉, 응답자들에게 그 행위가 얼마나 자주 행해졌는지를 물어보았다.

1. 한 달에 한 번
2. 2-3주에 한 번
3. 일주일에 한 번
4. 일주일에 두세 번
5. 하루에 한 번
6. 하루에 두세 번

### [하이라이트 3.4] NYS에 적용된 자기보고 일탈과 약물사용 항목들

당신은 작년 한 해 동안 몇 번 다음과 같은 행위를 저질렀는지:

1. 당신 부모님이나 다른 가족구성원들의 물건을 고의로 손상시키거나 부쉈는가?
2. 학교 기물을 고의로 손상시키거나 부쉈는가?
3. 당신 소유가 아닌 다른 기물(가족이나 학교 소유의 기물 제외)을 고의로 손상시키거나 부쉈는가?
4. 자동차나 오토바이와 같은 차량을 훔쳤는가(또는 훔치려고 시도했는가)?
5. 50달러 이상 가치가 나가는 물건을 훔쳤는가(또는 훔치려고 시도했는가)?
6. 장물인걸 알면서 사거나, 팔거나, 소유했는가(또는 사거나, 팔거나, 소유하려 했는가)?
7. 차량이나 사람에게 물건(돌, 눈덩이, 병과 같은)을 던졌는가?
8. 가출했는가?
9. 나이를 속여 특정 장소에 들어가거나 특정 물건을 샀는가? 예컨대, 나이를 속여 주류를 사거나 영화관에 들어갔는가?

10. 평범한 주머니칼 외에 흉기를 숨겨 다녔는가?
11. 5달러 이하 가치가 나가는 물건을 훔쳤는가(또는 훔치려고 시도했는가)?
12. 심하게 다치게 하거나 죽이려는 의도로 누군가를 공격했는가?
13. 누군가와 성적 관계를 맺는 대가로 돈을 받았는가?
14. 당신의 부인/남편 외의 다른 이성과 성교를 했는가?
15. 갱 싸움에 참여했는가?
16. 마리화나나 대마("pot", "grass", "hash")를 팔았는가?
17. 학교시험에서 부정행위를 했는가?
18. 해선 안되는 장소에서 남의 차를 얻어 탔는가?
19. 당신의 부모나 다른 가족구성원들의 돈이나 물건을 훔쳤는가?
20. 학교에서 선생님이나 다른 어른을 때렸는가(때리려고 위협했는가)?
21. 당신 부모들 가운데 한 사람을 때렸는가(때리려고 위협했는가)?
22. 다른 학생들을 때렸는가(때리려고 위협했는가)?
23. 공공장소에서 시끄럽게 하거나, 소란을 피우거나, 제멋대로 행동했는가(무질서한 행위)?
24. 헤로인이나 코카인, LSD와 같은 강력한 환각제를 팔았는가?
25. 소유자의 동의 없이 자동차를 탔는가(운전했는가)?
26. 미성년자를 위해 주류를 사거나 제공했는가?
27. 강제로 누군가와 성적 관계를 맺었는가(맺으려고 시도했는가)?
28. 강제로(완력을 이용하여) 다른 학생들의 돈이나 물건을 빼앗았는가?
29. 강제로(완력을 이용하여) 학교에서 선생님이나 다른 어른의 돈이나 물건을 빼앗았는가?
30. 강제로(완력을 이용하여) 다른 사람(학생과 교사 제외)의 돈이나 물건을 빼앗았는가?
31. 영화나 버스, 지하철, 식품과 같은 것들에 돈을 지불하지 않았는가?
32. 공공장소에서 술에 취했는가?
33. 5-50달러 사이의 가치가 나가는 물건을 훔쳤는가(또는 훔치려고 시도했는가)?
34. 학교에서 무언가를 훔치거나 훔치려고 시도했는가?(예컨대, 교실이나 사물함, 식당 등에서 누군가의 옷을 훔친다든지, 도서관에서 책을 훔친다든지 하는 행위)
35. 무언가를 훔치거나 또는 단지 구경할 목적으로 건물이나 차량에 침입하였는가(또는 침입하려고 시도했는가)?
36. 낯선 사람에게 돈이나 물건을 구걸했는가?
37. 이유 없이 학교에 결석했는가?
38. 상점 점원이 실수로 당신에게 준 잔돈을 되돌려주지 않았는가?
39. 학교에서 정학을 당했는가?
40. 누군가에게 전화를 걸어 지저분한 말을 하는 것과 같은 음란 전화를 했는가?

이렇게 하여 작성된 두 응답들 간의 일치여부가 확인될 수 있었고, 결과적으로 두 응답들 간에 높은 수준의 일치도가 있음을 알 수 있었다. 크리스마스를 기준으로 응답을 하도록 하는 것의 장점은 단순히 작년 한 해라고 하는 것보다 크리스마스가 보다 명확한 시점을 제공해줄 수 있는 뚜렷한 이벤트이기 때문이다. 더 나아가 이러한 시간 간격은 UCR 자료와 자기보고 결과와의 비교를 가능케 해주는 이점도 가지고 있다.

빈도 산출은 연구자들이 재범을 연구하는데 도움이 된다. 빈도가 낮은 그룹에서는 하위집단들(예, 사회계층, 나이, 인종) 간의 차이를 발견할 수 없었지만, 빈도가 높은 범죄자들(일관되게 범죄행위를 저지르는 사람들) 사이에서는 인종과 사회계층에 따라 차이가 있음을 알 수 있었다. 즉, 빈도가 높은 범죄자 그룹에서는 하위계층과 흑인들이 백인과 중산층에 비해 더 많이 발견되었다(Elliott & Ageton, 1980). 재연구(최초 연구결과들의 신뢰도를 검증하기 위해 이전 연구를 반복하는 것)의 중요성을 강조하면서 수행된 한 연구에서는 NYS의 첫 5년 간(1977-1981)의 자료를 이용하여 분석한 결과, 사회계층이 통제되면 인종에 따른 차이가 사라지는 것으로 밝혀졌다(Huizinga & Elliott, 1987).

## •• 일탈의 원인과 상관요소들에 대한 연구프로그램

1986년 미 법무부 산하 청소년사법 및 일탈예방국(OJJDP)에서는 자기보고자료를 이용하여 고위험 지역사회에서 일탈의 원인과 상관요소들을 연구할 수 있도록 세 개 연구프로젝트에 기금을 제공했다. 세 프로젝트 모두 NYS 항목들을 개선한 핵심적인 SRD 항목들을 이용했다. 두 프로젝트(Huizinga 외, 1991; Loeber 외, 1991)는 7세까지의 어린이들을 표본에 포함시켰다. 전술한 대로 이전의 자기보고 연구들은 중고등학생들에 초점을 맞추어왔는바, 더 어린 동기 표본들을 연구에 포함시키는 것은 어떠한 유년기 경험요소들이 일탈이나 문제행동과 관련 있는지를 더 잘 설명할 수 있게 해준다. 다른 방법론적 이슈는 어느 정도 시간적 간격으로 자료를 수집하는가였다. 두 연구(Loeber 외, 1991; Thornberry 외, 1991)는 6개월마다 인터뷰를 진행했고, 하우징아 외의 연구는 연간 스케줄에 따라 진행했다. 세 프로젝트는 1994년 OJJDP에 세 권으로 이루어진 보고서를 제출했다(Huizinga 외, 1994b). 프로젝트 참가자들은 다음과 같은 많은 연구주제들에 대한 이해를 높이는데 큰 공헌을 하였다. 갱 행위(Bjerregard & Smith, 1993; Esbensen & Huizinga, 1993; Thornberry 외, 1993, 2003), 총기 소유(Lizotte 외, 1994, 2000; Bjerregard & Lizotte, 1995), 범죄피해(Esbensen & Huizinga, 1991; Esbensen 외, 1999), 체포의 결과(Huizinga & Henry, 2007), 위험요소들과 반항(Huizinga 외, 1994a; Loeber 외, 1995; Thornberry 외, 1995; Kelley 외, 1997; Thornberry 외, 2000).

## •• 시카고 지역사회의 인간발달에 관한 프로젝트(PHDCN)

미국 사법성과 Jonh D. & Catherine T. MacArthur 재단은 공동으로 야망찬 연구프로젝트를 발주했다(Farrington 외, 1986; Tonry 외, 1991; Earls & Reiss, 1993). 이에 1988년부터 여러 연구팀이 연구설계와 자료수집도구를 개발하기 위해 작업을 시작했다. 6년간의 기획을 거쳐 해당 프로젝트는 1994년 연구설계를 시행하고 1995년부터 본격적으로 자료를 수집하기 시작했다. 종단적 연구를 수행하기 위해 시카고의 80개 지역사회가 확률표본 방식으로 선정되었다. 첫 번째 인터뷰에서는 일곱 개의 동기 집단(0, 3, 6, 9, 12, 15, 18세)으로부터 6,234명의 어린이들이 조사되었다. 1997-1998년에 걸쳐 시행된 두 번째 자료수집에서는 첫 조사대상자들 가운데 84%가 성공적으로 다시 조사되었다. 이러한 종단적 연구 이외에도, PHDCN은 시카고의 343개 지역사회에 거주하고 있는 주민들을 조사하는 지역사회 설문조사를 포함하고 있다. 1996년부터 2000년까지는 관찰 연구도 수행되었다. PHDCN 프로젝트는 연구설계와 측정을 포함하여 OJJDP 프로젝트의 많은 특징들을 공유하였다. 한 가지 주목할 만한 추가적인 특징은 출생 동기집단을 포함시킨 것이었다. 이는 임신한 여성들을 통해 태아시절부터 출생 후까지의 상태를 관찰함으로써 이루어졌다. 또 다른 특징은 계획적인 의료기록 자료의 수집이었는데, 이는 어떠한 신체적 특징이 범죄를 유발하는 원인이 될 수 있는지를 검증하기 위함이었다. 이 광범위한 연구를 수행하는 연구팀원들에 의해 이미 많은 연구결과들이 발표되었다(예, Duncan & Raudenbush, 1998; Sampson & Bartusch, 1998; Raudenbush & Sampson, 1999; Sampson 외, 1999; Morenoff 외, 2001; Sampson, 2002).

## •• 국제 자기보고 연구

많은 자기보고 연구가 미국에서 수행되었지만, 한 국제적 노력으로 인해 범죄연구에 있어 다국적 접근이 가능해졌다. 1988년 네덜란드에서 열린 NATO 후원의 워크숍의 산물인(Klein, 1989) 이 국제적 프로젝트는 13개국에서의 자료수집을 이끌어냈다(벨기에, 캐나다, 프랑스, 독일, 그리스, 이탈리아, 네덜란드, 북아일랜드, 스페인, 스웨덴, 스위스, 영국, 미국). 국가 간 비교가 가능하도록 표집 기법을 사용하고 비슷한 방식으로 설문 배포를 시행하기 위해 가능한 모든 노력을 기울였다. 모든 비교연구는 언어, 법률, 문화적 차이와 같은 문제들로 인해 적절한 수행이 어려웠는데, 이 프로젝트와 관련한 초기 국가 간 비교연구 결과를 보면 자기보고 일탈의 상관요소들이 상당히 일관됨을 알 수 있었다(Junger-Tas & Klein, 1994).

### 자기보고자료의 장점

자기보고 연구들은 1940-1950년대에 소개되어 UCR에 대한 대안적 측정방법을 제공했다. 이 때 경찰 자료에는 상당한 "암수"가 존재하는바, 실제 발생된 범죄의 일부만이 경찰에 신고되거나 발견된다는 주장이 제기되었다.

UCR 자료는 실제 범죄로부터 최소한 한 단계 걸러진 기록으로서 편향, 왜곡, 보고 오류 등이 있을 수 있다. 반면 자기보고 연구들은 직접 범죄자에게 물어봄으로써 간접적인 자료에 의존하지 않는다. 따라서 "비밀 범죄"(Becker, 1963) 또는 범죄의 "암수"(Biderman 외, 1967; Reiss, 1967)의 정도를 확인하는 것이 가능해졌다.

또한 자기보고 기법은 UCR처럼 조작되거나 정치적 목적으로 쓰일 염려도 없다. 즉, 경찰은 자기보고자료를 경제적, 정치적 필요에 맞게 조작할 수 없다. 이런 측면에서 자기보고자료는 경찰의 활동과 효과성을 평가하는 척도가 될 수 있다.

### 자기보고자료의 단점

처음 자기보고자료가 사용된 이래 많은 방법론적 개선이 이루어져왔다. 자기보고 연구들은 주로 청소년들을 대상으로 수행되어왔지만, 최근에는 이러한 표본 편의 문제가 잘 해결되고 있다. 예컨대, 자기보고 기법이 성인 수감자들에 대한 연구(예, Petersilia 외, 1977; Greenwood & Abrahamse, 1982; Horney & Marshall, 1992; Horney 외, 1995)에서 사용되고 있고 다른 성인 표본들에 대한 연구에서도 더 많이 사용되고 있는 추세인바, 특히 청소년 표본들이 성인기에 이르기까지 조사하는 종단적 연구에서 자주 이용되고 있다. 이러한 경향을 대표하는 연구들에는 OJJDP가 후원하는 일탈 원인과 상관요소에 관한 연구 프로그램인 NYS, 뉴질랜드의 Dunedin 연구(Moffitt 외, 2001; Silva & Stanton, 1996), 그리고 시카고 지역사회 연구(PHDCN) 등이 있다.

하지만, 지속적으로 제기되는 문제들이 있다. 사소하거나 지위범죄를 강조하는 것이 주요한 문제들 가운데 하나이다. NYS 연구 이전에 사소한 위반을 강조하던 것은 공식 범죄율과 자기보고 범죄율 간의 비교를 불가능하진 않지만 어렵게 만들었다.

자기보고 측정에 대한 다른 비판으로는 연구대상이 되는 시간대와 제공되는 응답의 범주가 있다. 자기보고를 위한 시간대 설정은 자료의 타당성에 영향을 미칠 수 있다. 예컨대, 응답자들이 3년이나 5년, 10년 전의 일들을 기억하기란 쉽지 않다. 또한 만약 시간 간격이 명확히 제시되지 않으면, 과거 일들을 잊어버리거나 다른 시점에 발생한 사건을 기록할 수도 있다. 정해진 시간대를 넘어선 사건을 기록하는 것을 telescoping(망원경화)이라고도 한다. NYS에서 이용되는 것처럼 역년(calendar year)을 제시하는 것이 UCR의 연간 자료와 비교하는 것을 더 용이하게 한다. 대부분의 자기보고 설문이 축소된 응답 범주를 제시하는데 이는 고빈도 범죄인들에 대한 연구를 어렵게 만들고, 또한 가끔 위반하는 자들과 비교적 자주 위반하는 자들을 하나의 그룹으로 묶어버리는 경향이 있다. 이로 인해 범죄행동에 대한 왜곡된 묘사가 초래되었다.

다음과 같은 방법론적 문제들이 제기되기도 했다.

- 표집
- 선택적 손실
- 허위진술(falsification), 타당도, 신뢰도
- 기억력 쇠퇴; 그리고
- 면접원 측정 오류

대부분의 자기보고 연구들은 도시나 군, 주에 거주하는 사람들의 제한된 표본만을 이용하고 있다. 그런 표본은 범죄의 실제 본질과 범위를 잘 대표하지 못할 수도 있다.

선택적 손실 또는 표본 감소는 위 표집 문제와 밀접한 관련이 있다. 연구자들이 추론하고자 하는 모집단보다 적은 사례를 연구할 때마다 항상 표집오류의 가능성은 발생한다. 일단 표집 기법과 표본이 선택되면, 연구자들은 표본 중 일부가 연구에 참여하기를 거부한다든지 또는 일부는 접촉하기 어렵다는 사실을 염두에 두어야 한다. 이러한 비응답이 어느 정도 결과를 왜곡시킬 것인가? 최초 손실율은 보통 25%에 달한다. 비응답자들에 대해 알려진 인구학적 정보를 이용하여 어느 정도는 비교가 가능하지만, 응답자들과 비응답자들 간 유사점과 차이점을 완벽히 밝히는 것은 불가능하다.

허위진술도 분명 중요한 문제 가운데 하나이다. 응답자가 전혀 모르는 사람과의 인터뷰나 설문에서 과거 범죄행위에 가담한 경력을 사실대로 말하리라 믿는 것은 지극히 순진한 생각 아닌가? 많은 연구들이 이러한 허위진술의 정도를 평가해보았는데, John Clark과 Larry Tifft(1966)은 거짓말 탐지기를 이용하여 분석한 결과 거짓이 거의 없음을 밝혀냈다.

Martin Gold(1966)는 지역의 정보원을 이용하여 불법행위의 과장보고나 축소보고를 조사해본 결과 자기보고가 상당히 타당한 측정방법이라고 결론지었다. 다른 연구자들은 범죄를 저지른 것으로 알려진 사람들을 조사하거나 경찰기록과의 대조를 통해 자기보고 정보의 진실성을 분석하기도 하였다(Hirschi, 1969; Elliott & Ageton, 1980; Hindelang 외, 1981). 문헌분석 결과를 토대로 Robert Hardt와 Sandra Peterson-Hardt(1977)는 자기보고가 범죄를 측정함에 있어 타당하고 신뢰도 높은 방법이라고 결론지었다.

허위진술 문제와 관련된 것이 자료수집과정에 있어서 면접원의 역할이다. 면접원의 특성과 태도는 응답자의 대답에 영향을 미칠 수 있다. 인종, 성, 사회계층, 태도 등이 모두 연구되었는데, 이 연구(Schuman & Converse, 1971; Bradburn & Sudman, 1979)는 응답자와 유사한 인구적 특성을 가진 면접원을 배치시키는 것이 응답 오류를 줄일 수 있다고 제안하고 있다. 하지만 면접원이 자기보고 일탈에 미치는 영향에 관한 연구에서 Esbensen(1983; 66)은 "어떤 단일 변수건 그 영향이 미미하다"고 결론지었다.

### *피해자 연구*

피해자조사의 발달은 1960년대 법집행과 사법행정에 관한 대통령위원회의 후원에 힘입었다(Biderman 외, 1967; Ennis, 1967; Rsiss, 1967). 세 건의 주요 초기 연구들 가운데 가장 잘 알려진 것은 국가여론조사센터에 의해 수행된 것이다(Ennis, 1967). 이 연구는 미대륙에 거주하고 있는 1만 가구(3만 명)의 표본을 이용했다. 범죄피해를 당하지 않은 경우에는 가구의 대표가 구성원들 모두에 대한 질문에 대답했다. 피해가 있는 경우에는 피해자에게 직접 사건에 대해 질문했다. 이러한 초기 조사들은 색인범죄 피해가 UCR이 발표하는 범죄율보다 훨씬 심각함을 밝혀냈다. 예를 들면, 강간 피해율은 UCR 수치보다 여덟 배나 많았으며 폭행의 경우 다섯 배 가량 많은 것으로 드러났다.

초기 조사가 완료된 이후 다음과 같은 많은 방법론적 문제들이 지적되었다.

- 시간 간격
- 가구의 한 구성원이 다른 구성원들의 범죄피해를 알거나 기억할 가능성
- 범죄피해를 정확히 측정하기 위해 필요한 표본 크기; 그리고
- 이와 같은 피해자조사가 수행되어야 하는 빈도

1970년과 1971년에 수행된 사전연구는 피해자가 잘 모르는 면접원에게 피해사실을 보고할 것인지 등과 같은 많은 우려스러운 문제들에 대한 대답을 제시해주었다. James

Garofalo와 Michael Hindelang(1977)은 세 도시(워싱턴, 볼티모어, 산호세)의 경찰기록에서 찾아낸 982명의 피해자들을 미 센서스 사무국 직원들이 면담하도록 하는 역-기록 확인 방법을 수행했다. 그 결과 70% 이상의 피해자들이 그들이 알고 있는 피해사실을 면접원에게 보고했다. 이러한 보고율은 범죄 유형에 따라 상당한 차이가 있었는바, 침입절도에 대해서는 88%가 보고했지만, 폭력에 대해서는 47%만이 언급했다. 폭행이나 강간 같은 대인범죄는 특히 아는 사람에 의해 저질러진 경우 낯선 사람에게 당한 피해보다 덜 보고되는 경향이 있었다. 이는 기억을 못하거나 감정을 억누르기 때문으로 볼 수도 있지만, Arnold Binder와 Gilbert Geis(1983)의 연구에 따르면, 부인에 대한 폭행이나 강간과 같은 경우 여성은 폭력을 휘두른 남편이나 남자친구와의 관계를 망치고 싶지 않기 때문에 보고하지 않는 경향이 있다고 할 수 있다. 예컨대, 아는 사람에 의해 강간을 당한 경우 54%만이 면접원에게 보고를 했지만 낯선 사람에 의해 당한 경우에는 84%가 보고했다. 응답에 영향을 미치는 두 번째 요인은 시간대였다. 산호세에서 수행된 연구에 따르면, 면접 전 1-3개월 사이에 당한 피해는 81% 정도 보고되었지만, 10-12개월 전에 당한 피해는 67%만이 보고되었다.

산호세와 데이톤에서 수집된 자료를 이용하여 한 명의 가구 대표자가 응답하도록 하는 방법(가구-응답 방법)과 각 구성원이 자신의 피해사실에 대해 응답하도록 하는 방법(자기-응답 방법)이 어떤 차이를 가져오는지에 대해 연구했다. 그 결과 자기-응답 방법을 이용하는 경우가 강도는 두 배, 가중폭행은 50%, 강간은 20% 더 많이 보고되는 것으로 드러났다. 따라서 가구-응답 방법은 범죄피해를 상당히 과소평가함을 알 수 있다.

## •• 전국범죄피해조사(NCVS)

전국범죄피해조사(NCVS, 애초에는 전국범죄조사-NCS-로 알려짐)는 미 법무부 산하 법집행지원국(LEAA)의 후원 하에 1972년 시작되었다. NCVS는 두 개별적 부분으로 이루어졌는데 하나는 미국 도시들로 구성된 표본이고 다른 하나는 전국 표본이다. 다는 국가들도 피해조사를 개시했는데 1988년에는 야망찬 다국적 범죄피해조사가 실시되었다. 하이라이트 3.5에 국제범죄피해조사(ICVS)에 대한 개관이 소개되어있는바, 현재까지 70개국 이상에서 4회 실시되었다.

1972년 7월에서 1975년 5월 사이에 26개 도시에서 연구가 진행되었는데 13개 도시에서

### [하이라이트 3.5] 국제범죄피해조사(ICVS)

1988년 유럽의 세 범죄학자들, Jan van Dijk, Pat Mahew, 그리고 Martin Killias가 최초로 대규모 국제 피해조사를 개발했다. 이로 인해 국제범죄피해조사(ICVS)가 시작되었고 현재까지 4회에 걸쳐(1989, 1992-94, 1996-97, 2000, 2004) 성공적으로 자료가 수집되었다. 지금까지 총 72개국에서 최소한 한 번 이상 가구 조사가 실시되었다. ICVS는 범죄에 관한 상세정보가 물질적, 신체적 피해 경험으로부터 수집된다는 점에서 NCVS와 비슷하다. 대부분의 국가에서는 전화조사로 이루어지지만, 전화보급이 미흡한 국가에서는 가구 방문이 필요하다. 첫 네 번의 조사로 구축된 ICVS 자료는 국가별 범죄의 정도에 대한 흥미로운 모습을 보여주었다. 오랫동안 범죄가 들끓는 나라로 인식되어온 미국이 다른 나라들과 큰 차이가 없어 보이기도 한다. 다음은 1997년 ICVS 자료에 따른 범죄유형별, 국가별 피해율 현황이다.

| 국가 | 총범죄 | 침입절도 | 접촉범죄 |
|---|---|---|---|
| 아르헨티나 | 87 | 28 | 37 |
| 브라질 | 68 | 14 | 45 |
| 캐나다 | 64 | 19 | 18 |
| 이집트 | 69 | 22 | 32 |
| 영국・웨일즈 | 63 | 23 | 17 |
| 중국 | 52 | 9 | 13 |
| 독일 | 62 | 12 | 18 |
| 필리핀 | 40 | 10 | 11 |
| 폴란드 | 61 | 13 | 16 |
| 러시아 | 63 | 17 | 22 |
| 남아프리카 | 64 | 23 | 29 |
| 스웨덴 | 67 | 15 | 19 |
| 미국 | 64 | 23 | 20 |

는 두 번 조사가 이루어졌다. 각 도시에서 대표성 있는 확률표본으로 구성된 1만 가구와 22,000명의 사람들(12세 이상)에 대한 조사가 시행되었다. 또한 별도로 구성된 각 도시의 기업들 표본에 대해서도 조사가 이루어졌다. 도시의 규모에 따라 1,000에서 5,000개의 기업이 연구에 포함되었다. 하지만 기업에 대한 연구는 나중에 중단되었다.

전국조사를 위해 가구와 기업 표본이 층화다단계군집 기법으로 선택되었는데, 대략

136,000명의 인구를 포함하는 6만 가구와 15,000여 개의 기업으로 구성되었다. 표본들은 여섯 개의 별도 그룹으로 나뉘어져 한 달에 한 그룹씩 조사가 이루어졌다. 이러한 방식으로 모든 표본들에 대한 조사가 6개월 동안 이루어지고, 다음 달부터 이 과정이 반복되었다. 각 가구는 다른 가구로 표본이 교체되기 전에 3년 동안 최대 7회 방문 조사되었다. 이러한 절차는 동일한 표본이 일정기간 지속적으로 관찰되는 패널 자료를 양산하는 효과를 가져왔다. 또한 6개월마다 조사를 통해 가장 최근의 피해를 지난 번 조사 시 응답한 피해와 비교함으로써 telescoping(망원경화) 문제를 피할 수 있었다. 하지만, 지난 수년 동안의 예산 삭감으로 인해 표본 가구수가 4만여 가구로 줄었고 방문이 아닌 전화조사에 더욱 의존하게 되었다.

NCVS가 처음에는 LEAA에 의해 감독받았지만, 현재는 미 센서스 사무국이 주관하여 수행하고 있다. 이러한 조사들의 주 목적이 피해통계를 수집하는 것이지만, 범죄와 관련된 다른 정보도 수집되고 있다. 예컨대, 범죄에 대한 두려움, 지역사회 범죄상황의 개선 또는 악화 여부, 가구를 피해로부터 보호하기 위해 취해진 조치들에 대한 조사들도 이루어진다.

1992년 미 법무부는 새롭게 설계된 전국범죄피해조사를 소개했다(미 법무부, 1997c). 응답자들이 범죄사건을 회상하는데 도움이 되도록 상세한 단서들을 이용하는 새로운 조사방법으로 인해 피해보고가 증가했는데, 특히 단순 폭행의 경우 많이 증가했다. 주목할 만한 사실은 가정폭력과 강간에 대한 측정방식이 바뀐 점이다(Bachman & Taylor, 1994). 이전에는 이러한 유형의 범죄들에 대한 피해정보가 간접적인 질문을 통해 수집되었는데, 새로 설계된 NCVS는 상당히 특정된 질문들을 포함하고 있다. 가정폭력을 측정하기 위해 응답자들은 알고 있는 사람에 의한 절도나 공격에 관해 질문 받는다. 강간을 측정하기 위해 응답자들은 다음과 같이 질문받는다. "당신은 강제로 원하지 않는 성적 행위를 한 적이 있나요

(a) 모르는 사람과, (b) 그냥 알고 지내는 사람과, 또는 (c) 잘 아는 사람과?" 이러한 변화들로 인해 1992년 이후 수집된 자료들은 이전에 수집된 자료들과 비교가 불가능하다. NCVS에서 응답자들에게 요구되는 질문 유형들 사례가 하이라이트 3.6에 제시되어 있다.

## [하이라이트 3.6] 전국범죄피해조사 표본 질문

**개인적 특성**

| 17. 성명 | 18. 면접 유형 | 19. Line No. |
|---|---|---|
| | PGM4 | |
| 성 | 401 | 402 |
| 이름 | 1 □ 직접 – 자기 응답자<br>2 □ 전화 – 자기 응답자<br>3 □ 직접 – 대리인 – 표지의 13번 문항을 채우시오<br>4 □ 전화 – 대리인 – 표지의 13번 문항을 채우시오<br>5 □ 비면접 – 표지의 19–28번, 14번 문항을 채우시오 | Line No. |

| 20. 대상자와의 관계 | 21. 나이 지난 생일 | 22a. 혼인상태 이번 설문기간 | 22b. 혼인상태 지난번 설문기간 | 23. 성별 | 24. 군인 | 25a. 교육 – 최종 학력 | 25b. 교육 – 당해 마무리 하셨나요? | 26. 다닌 대학 | 27. 인종 | 28. 히스패닉 혈통 |
|---|---|---|---|---|---|---|---|---|---|---|
| 403 | 404 | 405 | 406 | 407 | 408 | 409 | 410 | 411 | 412 | 413 |
| 01 □ 남편<br>02 □ 부인<br>03 □ 아들<br>04 □ 딸<br>05 □ 아버지<br>06 □ 어머니<br>07 □ 형제<br>08 □ 자매<br>09 □ 기타 친척<br>10 □ 비 친척<br>11 □ 대상자 | ____<br>나이 | 1 □ 혼인<br>2 □ 과부<br>3 □ 이혼<br>4 □ 별거<br>5 □ 미혼 | 1 □ 혼인<br>2 □ 과부<br>3 □ 이혼<br>4 □ 별거<br>5 □ 미혼<br>6 □ 지난 설문 불참 | 1 □ 남성<br>2 □ 여성 | 1 □ 예<br>2 □ 아니오 | ____<br>학년 | 1 □ 예<br>2 □ 아니오 | 1 □ 단과대/종합대<br>2 □ 상업학교<br>3 □ 직업학교<br>4 □ 없음 | 1 □ 백인<br>2 □ 흑인<br>3 □ 인디언 에스키모<br>4 □ 아시아인 태평양 제도<br>5 □ 기타 | 1 □ 예<br>2 □ 아니오 |

|  |  |
|---|---|
| 29. 면접일 ——→ | PGM5<br>501 [ ][ ] 월 [ ][ ] 일 [ ][ ] 년 |
| 30. 범죄와 관련된 질문을 하기 전에 당신의 평상시 행동에 대해 묻고자 합니다. 우리는 라이프스타일에 따라 범죄피해자가 될 가능성이 다르다는 것을 알게 되었습니다.<br><br>평균적으로, 지난 6개월 동안, 즉 19_년 _월 _일 이후, 얼마나 자주 쇼핑을 갔습니까? 예컨대, 약국, 의류매장, 식품점, 하드웨어, 편의점 등. (*응답자가 예라고 대답할 때까지 응답 범주들을 읽으시오.*)<br><br>*해당되는 첫 번째 범주에 (X)표 하시오.* | 502<br>1 □ 거의 매일(또는 더 자주)<br>2 □ 일주일에 최소 한 번<br>3 □ 한 달에 최소 한 번<br>4 □ 덜 자주<br>5 □ 전혀<br>6 □ 잘 모름 |
| 31. 평균적으로, 지난 6개월 동안, 밤에 일이나 학교, 여흥을 위해 집 밖에서 얼마나 자주 시간을 보냈습니까? (*응답자가 예라고 대답할 때까지 응답 범주들을 읽으시오.*)<br><br>*해당되는 첫 번째 범주에 (X)표 하시오.* | 503<br>1 □ 거의 매일 저녁(또는 더 자주)<br>2 □ 일주일에 최소 한 번<br>3 □ 한 달에 최소 한 번<br>4 □ 덜 자주<br>5 □ 전혀<br>6 □ 잘 모름 |
| 32. 평균적으로, 지난 6개월 동안, 얼마나 자주 대중교통을 이용하였습니까? (*응답자가 예라고 대답할 때까지 응답 범주들을 읽으시오.*)<br><br>스쿨버스는 제외하시오.<br><br>*해당되는 첫 번째 범주에 (X)표 하시오.* | 504<br>1 □ 거의 매일(또는 더 자주)<br>2 □ 일주일에 최소 한 번<br>3 □ 한 달에 최소 한 번<br>4 □ 덜 자주<br>5 □ 전혀<br>6 □ 잘 모름 |

|  |  |
|---|---|
| *만약 확실하지 않으면, 문의하거나 확인하시오-*<br>**33a.** 얼마나 오랫동안 이 주소에 살고 계십니까?<br>*(개월 수나 년 수를 기입하시오.)* | 505 ______개월(1-11) — *33b에 대답하시오.*<br>또는<br>506 ______년(가장 가까운 만년 수로 반올림하시오.)<br>- A 항목 확인란에 체크하시오. |
| **A항목 확인** 33a에 몇 년을 기입하셨나요? | □ 5년 이상 - 36a에 대답하시오.<br>□ 5년 미만 - 33b에 문의하시오. |
| **33b.** 지난 5년 동안, 즉 19_년 _월 _일 이후, 총 몇 번 이사를 하셨습니까? | 508 ______번 |
| | |
| **36a.** 이 연구가 다루는 범죄 유형들에 대한 당신의 이해를 돕기 위해 몇 가지 예를 들어보겠습니다.<br><br>예를 드는 가운데 지난 6개월 동안, 즉 19_년 _월 _ _일 이후, 당신에게 발생한 사례가 있으면 말씀해 주세요.<br><br>다음과 같은 물건을 도난당했습니까?<br>(a) 여행가방, 지갑, 핸드백, 서류가방, 책 등과 같이 소지하고 다니는 물건<br>(b) 의류, 보석, 계산기 등<br>(c) 자전거, 스포츠 용품 등<br>(d) 가정에 있는 물건 - TV, 스테레오, 연장 등<br>(e) 자동차에 있는 물건 - 포장물, 잡화, 카메라, 카세트 테잎 등<br>(f) 누군가 당신 물건을 훔치려고 시도했나요? | 발생한 사건(들)을 간단히 설명하시오. |
| *표시하거나 문의하시오..*<br>**36b.** 위 예시 가운데 당신에게 발생한 사건이 있나요? | 532 1 □ 예- 무슨 일이 있었나요? 위에 설명하시오.<br>2 □ 아니오- *40a에 대답하시오.* |
| **36c.** 몇 회 발생했나요? | 533 ______<br>발생 회수(36c) |
| **40a.** (이미 언급된 사건들을 제외하고)<br>19_년 _월 _일 이후, 다음과 같은 장소에서 공격이나 위협을 당하거나 또는 물건을 도난당한 적이 있습니까?<br><br>(a) 현관이나 마당을 포함한 집 안에서<br>(b) 친구, 친척 또는 이웃의 집에서<br>(c) 직장이나 학교에서<br>(d) 창고, 세탁실, 쇼핑몰, 식당, 은행, 공항 등에서<br>(e) 차량에 승차하고 가던 도중<br>(f) 길거리나 주차장에서<br>(g) 파티장소, 영화관, 체육관, 소풍장소, 볼링장 등에서 또는 낚시나 사냥 도중<br><br>또는<br><br>(h) 이와 같은 곳에서 누군가 당신을 공격하려고 **시도**하거나 당신 물건을 훔치려고 **시도**했습니까? | 발생한 사건(들)을 간단히 설명하시오. |
| *표시하거나 문의하시오.*<br>**40b.** 위 예시 가운데 당신에게 발생한 사건이 있나요? | 532 1 □ 예 - 무슨 일이 있었나요? 위에 설명하시오.<br>2 □ 아니오 - *41a에 대답하시오.* |
| **40c.** 몇 회 발생했나요? | 533 ______<br>발생 회수(40c) |

### 피해자조사의 장점

NCVS는 범죄측정 관련 문제를 해결할 수 있는 대안으로 알려졌지만, 완벽한 측정은 요원한 것으로 드러났다. 그럼에도 불구하고, 전국적인 확률표본은 FBI에 의해 수집되는 UCR 자료와의 비교를 가능케 하고 따라서 NCVS는 이러한 비교분석에 주로 이용되어왔는바, 다시 말하면 UCR의 타당도를 확인하는 수단으로 사용되어왔다. NCVS는 또한 UCR과 마찬가지로 범죄율의 지역적, 시간적 편차를 연구하는데 이용될 수 있고, 지역과 연방의 법집행활동을 평가하는 근거를 제공할 수 있다.

NCVS의 또 다른 장점은 비교적 드물게 발생하는 범죄에 관해서도 많은 정보가 수집된다는 것이다. 반면 UCR은 많은 종류의 범죄에 관하여 매우 적은 정보만을 수집하고 있다. NCVS는 범죄피해의 금전적, 심리적, 사회적 영향을 평가할 수 있다. 왜냐하면 응답자들에게 각각의 범죄피해에 대해 도난당하거나 훼손된 재화의 계략적인 비용을 제출하도록 요구하기 때문이다. NCVS의 패널 설계(동일 가구를 3년간 조사하는 설계) 덕분에 범죄피해가 당사자에게 미치는 사회심리적 영향을 종단적으로 연구할 수도 있다. 사람들의 태도와 행동이 범죄피해에 어떠한 영향을 받는가? 정말 "피해-경향성"이라는 것이 존재하는가? 이런 질문들은 심도있는 면담을 통해 해답을 구할 수 있다.

### 피해자조사의 단점

NCVS 자료를 해석할 때 반드시 주의를 요한다. NCVS의 문제는 자기보고 연구들이 공통적으로 가지고 있는 문제들을 포함한다(예, 허위진술, 망원경화, 타당도, 면접원 효과, 표집). 추가로, 피해 자료를 수집하는 독특한 과정에 대해 비판이 제기된다. 예컨대, 가구-응답 방법은 축소보고를 초래한다. 아는 사람에 의해 강간이나 폭행을 당한 경우에도 축소보고가 발생한다. 다른 절차상의 이유로 확대보고가 발생하기도 하는데 몇 가지 문제점들은 아래 논의된다.

비용도 피해 연구의 주요 문제이다. 4만 가구를 대상으로 하는 현행 NCVS 연구에는 엄청난 비용이 들어간다.

NCVS 자료를 기록하는 것과 관련해서도 몇 가지 독특한 방법론적 문제들이 제기되었다. 예를 들면, 보고된 피해가운데 대부분은 일반적으로 범죄로 간주되지 않는 경미한 폭행과 같은 사소한 위반들이다. 1992년 NCVS가 다시 설계되기 전에는 강간이 간접적으로 측정되었다. 즉, 초기 조사에서는 여성에게 강간을 당했냐고 묻지 않았다. 대신 다음과 같은 질문 가운데 하나에 "예"라고 대답하면 강간으로 기록되었다. "누군가 당신을 때린다고 위협하거나 다른 식으로 위협한 적이 있나요?" 또는 "누군가 당신을 다른 식으로 공격한 적이 있나요?" 이러한 방법론적 문제들로 인해 4장에서 논의되는 NCVS와 UCR의 차이점들을 설명하는 것이 쉽지 않을 것이다.

두 번째 기록상 어려움은 피해 조사가 개인과 가구에 대해 저질러진 범죄만을 기록하여 거주 장소를 독립변수로 설정한다는 것이다. 즉, 피해연구는 거주하는 지리적 장소 밖에서 발생하는 피해도 포함하게 된다. 반대로, 비거주자의 피해는 측정하지 않는다. 이는 UCR에는 포함되는 통근하는 사람이나 방문자, 관광객과 같은 사람들의 피해는 NCVS에서 제외된다는 것을 의미한다. 이러한 방식은 범죄의 지리적 분포를 왜곡시킨다(Skogan, 1976).

축소보고를 초래하는 피해 기록의 또 다른 특징은 "연속되는 사건"으로 분류되는 범주를 사용하는 것이다. 이 범주는 시작과 끝을 정확히 알 수 없는 아동학대나 배우자학대와 같은 범죄를 포함한다. NCVS에서는 일반적으로 연속되지 않는 별개의 사건들이 기록된다. 따라서 배우자 학대가 보고되면 개별 건으로 분리하기가 어렵다. 이를테면 아버지나 남편이 자식들이나 배우자를 정기적으로 학대하면 이것이 한 사건인가 아니면 둘, 셋, 또는 훨씬 많은 사건인가? 이런 경우 NCVS는 연속되는 사건 측정법을 사용한다. 이러한 연속되는 사건은 피해율에 기록되지 않는다. 따라서 결과적으로 NCVS는 가해자와 피해자가 지속되는 관계를 맺고 있는 경우 발생하는 가정폭력이나 기타 범죄에 대해 과소평가하게 된다.

NCVS가 자기보고 기법과 공유하는 문제점들은 자료수집방법을 중심으로 발생한다. 신뢰도를 분석한 연구들은 응답자의 교육수준과 범죄 유형에 따라 피해를 보고하는 정도가 다르다는 사실을 밝혀냈다. "예컨대, 1976년 조사에서 대학을 졸업한 응답자들이 초등학교 학력을 가진 사람들보다 폭행 피해를 세 배나 더 많이 기억했다"(Gove 외, 1985; 460). 대학을 졸업한 사람들이 더 자주 폭행을 당한다고 보기는 어렵다. 오히려 그들이 덜 교육받은 사람들은 무시하는 사소한 사건들에도 관심을 갖는다고 보는 것이 타당할 것이다. 피해조사에서 보고되는 대부분의 폭행사건은 상대적으로 경미하고 부상을 수반하지 않는 경우가 많다. 이는 법적으로 정의되는 폭행이나 의도적 폭행이 실제로 발생했느냐 하는 문제를 초래한다(Gove 외, 1985).

자기보고 연구에서는 면접원이 미치는 영향이 거의 없거나 있어도 상당하지 않는 것으로 드러났다. 하지만 Summer Clarren과 Alfred Schwartz(1976; 129)는 "이끌어낼 수 있는 범죄의 최대 수치는 면접원의 집요함과 응답자의 인내에 의해서만 제한받는다." 흥미롭게도, 과장되거나 축소 보고되는 경향이 있는 범죄들(강간, 폭행, 경미 절도, 연속되는 사건)이 면접원의 능력과 인내에 의해 가장 영향을 받는 범죄들이다.

## UCR, SRD, NCVS 비교

지금까지 훑어본 세 가지 범죄측정 방법들은 미국에서의 범죄 정도와 분포에 대해 다른 모습을 보여준다. 이 때문에 각각의 장점을 이해하는 것이 중요하다. 예컨대, UCR에 따르면 범죄가 1960년부터 1990년까지 증가하다가 1991년 이후 감소하는 것으로 보이지만, NCVS와 SRD에 따르면 상대적으로 안정되고 심지어 1973년 이후에는 감소하는 것으로 보인다(Menard, 1987; 미 법무부, 1997b). 확실히 범죄 추세에 대한 이런 상반된 결론은 둘 다 타당하지 않다! 하지만 각기 다른 측정방법(예, 포함된 범죄, 다뤄진 인구, 기록관련 정책)을 고려했을 때, 각 자료가 자신만의 방식으로는 옳을 수도 있다. Biderman과 Lynch(1991)는 UCR과 NCVS에 대해 훌륭한 비판을 제시하면서, 각기 다른 방법론을 고려하면 결과도 보이는 것처럼 그렇게 다르진 않다고 결론지었다.

많은 사람들이 세 자료 소스에 관한 최고의 논평이라 생각하는 연구에서 Robert O'Brien(1985)은 세 자료들 간에 명확한 차이가 존재한다고 지적한다. 예를 들면, 피해연구와 자기보고연구는 살인을 포함하지 않고, NCVS는 상점절도를 포함하지 않는다. 다루는 모집단과 관련하여, UCR은 미국 인구의 95%를 대표하고, NCVS는 미국 전역의 12세 이상자를 대표하는 확률표본이다. 현재까지 자기보고연구 가운데에서는 매년 성인의 전국적인 확률표본을 이용한 사례가 없다.

UCR과 NCVS는 도시 간 비교를 가능케 하지만 주의를 요한다. UCR은 해당 도시에서 발생한 범죄를 기록하는 반면, NCVS는 해당 도시의 거주자들에게 발생한 범죄를 기록한다. 그렇다면 이 두 자료 소스를 이용하여 도시 간 비교를 하는 것은 다른 모집단에 근거하기 때문에 범죄 측정치가 다를 수 있고 또한 범죄자와 피해자에 대한 묘사도 다를 수 있다. 자료가 기록되는 방식에 있어서도 차이가 존재한다. NCVS와 SRD는 실제 행위(즉, 피해와 범죄)에 관한 정보를 생산해내지만, UCR은 시민 불만에 대한 경찰의 대응이라는 반응적 측정치이다. 이러한 차이점들을 고려했을 때 우리는 이러한 의문을 제기해야 한다. "이 소스들이 실제 똑 같은 현상을 측정하는가?" 범죄학 분야에서 분명한 합의가 존재하진 않지만(예, O'Brien, 1985; Biderman & Lynch, 1991; Blumstein, Cohen & Rosenfeld, 1991; Menard, 1992), 다섯 명의 손님이 있는 편의점에서 발생한 강도사건 사례를 생각해 보자. UCR 지침은 경찰에게 이러한 사건을 한 건으로 기록하도록 하고 있어 한 건으로 보고된다. 하지만 NCVS는 개인을 보고 단위로 삼기 때문에 만약 다섯 명의 손님 모두가 NCVS에 참여한다면, 다섯 명의 범죄 피해자가 기록될 것이다. 이 사례는 두 자료 소스가 동일한 현상의 다른 측면들을 측정하고 있다는 것을 잘 보여준다. 범죄문제와 범죄에 대한 형사사법적 대응을 더 잘 이해하려면 자료 소스가 범죄의 모습을 만들어내는 정도를 깨닫는 것이 가장 중요하다. 4장에서 이러한 차이점들이 좀 더 자세히 논의된다.

## 요약

범죄통계는 범죄학에 있어 필수요소이다. 사회에 존재하고 있는 범죄의 정도와 분포에 대한 지식이 범죄학 이론들과 형사사법정책을 만들어낸다. 이 장에서는 범죄자료의 주요 세 가지 소스와 함께 다른 접근법들도 살펴보았다. 범죄통계는 양적인 특성을 내재하고 있어 범죄율(UCR)과 퍼진 정도(SRD와 NCVS)를 계산할 수 있다. 이러한 자료들은 연구자들과 정책결정자들이 범죄의 추세를 분석하고 다양한 형사사법 프로그램의 효과를 평가할 수 있게 해준다.

UCR은 지역 법집행기관들이 FBI에 제공한 정보의 결과이다. 이것은 1930년에 처음 수집되어 지금은 미국 전체 인구의 약 95%를 대표한다. 대부분의 관심은 파트 I 범죄들에 집중되는데, 이 범죄들은 특히 심각하고 상대적으로 자주 발생하는 범죄들(살인, 강간, 강도, 가중폭행, 침입절도, 절도, 자동차절도, 방화)을 포함한다. FBI는 제공받은 정보를 표로 만들어 분기별, 연도별로 보고서를 발행하는데 이 보고서가 언론매체에 의해 요약 보도된다. 이러한 자료들이 미국의 범죄 정도에 대한 대중의 인식에 큰 영향을 미친다. 모든 자료들이 그렇듯 UCR은 사용과 해석에 있어 긍정적 측면과 부정적 측면을 함께 가지고 있다.

범죄의 대안적 측정인 자기보고 연구는 1940년대 시작되었다. 자기보고 연구는 설문 응답자들에게 특정 기간 동안 그들이 범한 불법이나 일탈행동을 밝히도록 요구한다. 연구자들은 SRD 방법을 지속적으로 향상시켜왔으며 이 자료 소스는 범죄 이론들을 검증하고 발전시키는데 광범위하게 이용되고 있다.

피해 연구는 1960년대 중반 시작되어 범죄 정보의 세 번째 소스를 제공한다. SRD와 유사하게 피해연구는 설문기법을 이용하며 사람들에게 그들 자신이나 가구에 발생한 범죄에 대해 직접 물어본다. 미국 센서스 사무국에서 수행하는 전국범죄조사는 전체 국민에 대한 피해율뿐만 아니라 하위 그룹별 그리고 특정 지역에 대한 피해율도 매년 제공한다. 자기보고 방법과 마찬가지로 피해연구는 많은 방법론적 문제점을 가지고 있지만, 범죄의 정도와 분포에 관한 우리의 이해를 향상시키는 가치 있는 대안적 정보소스를 제공한다.

## 주요 용어 및 개념

전기
인과관계
동기집단 연구
비교 집단
통제 집단
상관관계
범죄 빈도
범죄의 퍼진 정도
범죄율
범죄 심각성 척도
횡단적 설계
범죄의 암수
종속 변수
실험 집단
위계적 규칙
독립 변수
지표 범죄
설명의 수준
종단적 설계
거시 수준
미시 수준
전국범죄피해조사
관찰 연구
파트 I 범죄
파트 II 범죄
확률표본
신뢰도
자기보고 연구
층화확률표본
망원경화
표준범죄보고
타당도
피해 조사

## 주요 범죄학자들

Albert D. Biderman
Delbert Elliott
James Garofalo
Michael Hindelang
David Huizinga
Rolf Loeber
F. Ivan Nye
Thorsten Sellin
James F. Short, Jr.
Terence P. Thornberry

# 토론 질문

1. 암수범죄란 무엇이며 범죄에 대한 암수범죄에 의한 왜곡을 다루기 위해 어떠한 방안들이 발전되었는지를 설명하시오.
2. UCR에 대한 비판가들은 왜 지표범죄가 미국의 범죄분포를 설명하는데 적정하지 않다고 주장하는지 논하시오.
3. 미국의 범죄에 대한 지표로서 UCR의 장단점을 논하시오.

4. "자기보고식 연구를 진행하는 연구자들에게 사람들이 진실을 얘기할 것이라고 생각하는 것은 우스운 일입니다."라는 설명에 당신이 찬성하는지 반대하는지와 그 이유에 대해 설명하시오.
5. 범죄원인에 대한 비교연구는 중요하지만 수행하기에 어려움이 따른다. 비교연구를 통해 무엇을 배울 수 있다고 생각하는지 그리고 국가 간 비교연구의 어려움은 무엇인지 논하시오.

## 참고문헌


Addington, L.A. (2004). "The Effect of NIBRS Reporting on Item Missing Data in Murder Cases." *Homicide Studies*, 8:193–213.

Addington, L.A. (2006). "Using NIBRS Murder Data to Evaluate Clearance Predictors: A Research Note." *Homicide Studies*.

Adler, P.A. (1992). *Wheeling and Dealing: An Ethnography of Upper-Level Drug Dealing and Smuggling Community*, Second Edition. New York, NY: Columbia University Press.

Aebi, M. (2002). "Counting Rules as the Main Explanation of Cross-National Differences in Recorded Crime." Paper presented at the Annual Meeting of the European Society of Criminology, Toledo, Spain, September.

Akiyama, Y. & J. Nolan (1999). "Methods for Understanding and Analyzing NIBRS Data." *Journal of Quantitative Criminology*, 15:225–238.

Bachman, R. & B.M. Taylor (1994). "The Measurement of Family Violence and Rape by the Redesigned National Crime Victimization Survey." *Justice Quarterly*, 11:499–512.

Becker, H.S. (1963). *Outsiders: Studies in the Sociology of Deviance*. New York, NY: The Free Press.

Biderman, A.D., L.A. Johnson, J. McIntyre & A. Weir (1967). *Report on a Pilot Study in the District of Columbia on Victimization and Attitudes Toward Law Enforcement*. Washington, DC: President's Commission on Law Enforcement and Administration of Justice.

Biderman, A.D. & J.P. Lynch (1991). *Understanding Crime Incidence Statistics: Why the UCR Diverges from the NCVS*. New York, NY: Springer-Verlag.

Binder, A. & G. Geis (1983). *Methods of Research in Criminology and Criminal Justice.* New York, NY: McGraw-Hill.

Bjerregard, B. & A.J. Lizotte (1995). "Gun Ownership and Gang Membership." *The Journal of Criminal Law and Criminology*, 86:37-58.

Bjerregard, B. & C. Smith (1993). "Gender Differences in Gang Participation, Delinquency, and Substance Use." *Journal of Quantitative Criminology*, 9:329-355.

Blumstein, A., J. Cohen & R. Rosenfeld (1991). "Trend and Deviation in Crime Rates: A Comparison of UCR and NCVS Data for Burglary and Robbery." *Criminology*, 29:237-263.

Bradburn, N.M. & S. Sudman (1979). *Improving Interview Method and Questionnaire Design.* San Francisco, CA: Jossey-Bass.

Campbell, A. (1991). *The Girls in the Gang*, Second Edition. New York, NY: Basil Blackwell.

Chappell, D., G. Geis, S. Schafer & L. Siegel (1971). "Forcible Rape: A Comparative Study of Offenses Known to the Police in Boston and Los Angeles." In J.M. Henslin (ed.) *Studies in the Sociology of Sex.* New York, NY: Appleton-Century- Crofts.

Chilton, R. (2004). "Regional Variations in Lethal and Non-lethal Assaults." *Homicide Studies*, 8:40-56.

Chilton, R. & J. Jarvis (1999). "Using the National Incident-Based Reporting System (NIBRS) to Test Effects of Arrestee and Offender Characteristics." *Journal of Quantitative Criminology*, 15:207-224.

Clark, J.P. & L.L. Tifft (1966). "Polygraph and Interview Validation of Self-Reported Deviant Behavior." *American Sociological Review*, 31:516-523.

Clarren, S.N. & A.I. Schwartz (1976). "Measuring a Program's Impact: A Cautionary Note." In W. Skogan (ed.) *Sample Surveys of the Victims of Crime.* Cambridge, MA: Ballinger.

Decker, S.H. & B. Van Winkle (1996). *Life in the Gang: Family Friend, and Violence.* New York, NY: Cambridge University Press.

Duncan, G.J. & S.W. Raudenbush (1998). "Assessing the Effects of Context in Studies of Child and Youth Development." *Educational Psychologist*, 34:29-41.

Dunn, C.S. & T.J. Zelenock (1999). "NIBRS Data Available for Secondary Data Analysis." *Journal of Quantitative Criminology*, 15:239-248.

Earls, F.J. & A.J. Reiss, Jr. (1993). "Annual Report of the Program on Human Development and Criminal Behavior for the John D. & Catherine T. MacArthur Foundation." Cambridge, MA: Harvard School of Public Health.

Elliott, D.S. & S.S. Ageton (1980). "Reconciling Race and Class Differences in Self-Reported and Official Estimates of Delinquency." *American Sociological Review*, 45:95-110.

Elliott, D.S., S.S. Ageton, D. Huizinga, B.A. Knowles & R.J. Canter (1983). *The Prevalence and Incidence of Delinquent Behavior: 1976-1980*. Boulder, CO: Behavioral Research Institute.

Elliott, D.S., D. Huizinga & S.S. Ageton (1985). *Explaining Delinquency and Drug Use*. Beverly Hills, CA: Sage Publications.

Ennis, P. (1967). *Criminal Victimization in the United States: A Report of a National Survey*. Washington, DC: President's Commission on Law Enforcement and Administration of Justice.

Esbensen, F.-A. (1983). "Measurement Error and Self-Reported Delinquency: An Examination of Interviewer Bias." In G.P. Waldo (ed.) *Measurement Issues in Criminal Justice*. Beverly Hills, CA: Sage Publications.

Esbensen, F.-A., D. Huizinga & S. Menard (1999). "Family Context and Victimization." *Youth and Society*, 31:168-198.

Esbensen, F.-A. & D. Huizinga (1993). "Gangs, Drugs, and Delinquency in a Survey of Urban Youth." *Criminology*, 31:565-589.

Esbensen, F.-A. & D. Huizinga (1991). "Juvenile Victimization and Delinquency." *Youth and Society*, 23:202-228.

Faggiani, D. & C. McLaughlin (1999). Using National Incident-Based Reporting System Data for Strategic Crime Analysis." *Journal of Quantitative Criminology*, 15:181-191.

Fairchild, E. & H.R. Dammer (2001). *Comparative Criminal Justice Systems*, Second Edition. New York, NY: Wadsworth.

Farrington, D.P., L.E. Ohlin & J.Q. Wilson (1986). *Understanding and Controlling Crime: Toward a New Research Strategy*. New York, NY: Springer-Verlag.

Finkelhor, D. & R. Ormrod (2001). "Child Abuse Reported to Police." *Juvenile Justice Bulletin* (May). Washington, DC: U.S. Department of Justice, Office of Justice Programs, Office of Juvenile Justice & Delinquency Prevention.

del Frate, A.A. (2002). "Introduction and Overview of the ICVS." Paper presented at the

2nd Annual Meeting of the European Society of Criminology, Toledo, Spain, September 5, 2002.

Garofalo, J. & M.J. Hindelang (1977). *An Introduction to the National Crime Survey.* Washington, DC: National Criminal Justice Information and Statistics Service, Law Enforcement Assistance Administration, U.S. Department of Justice.

Gold, M. (1966). "Undetected Delinquent Behavior." *Journal of Research in Crime and Delinquency*, 3:27–46.

Gove, W.R., M. Hughes & M. Geerken (1985). "Are Uniform Crime Reports a Valid Indicator of the Index Crimes? An Affirmative Answer with Minor Qualifications." *Criminology*, 23:451–502.

Greenwood, P.W. & A. Abrahamse (1982). *Selective Incapacitation.* Santa Monica, CA: RAND Corporation.

Hardt, R.H. & S. Peterson-Hardt (1977). "On Determining the Quality of the Delinquency Self-Report Method." *Journal of Research in Crime and Delinquency*, 14:247–261.

Harlow, C.W. (1986). *Reporting Crimes to the Police.* Washington, DC: The Criminal Justice Archive and Information Network.

Hindelang, M.J., T. Hirschi & J.G. Weis (1981). *Measuring Delinquency.* Beverly Hills, CA: Sage Publications.

Hirschi, T. (1969). *Causes of Delinquency.* Berkeley, CA: University of California Press.

Horney, J. & I.H. Marshall (1992). "Risk Perceptions Among Serious Offenders: The Role of Crime and Punishment." *Criminology*, 30:575–594.

Horney, J., D.W. Osgood & I.H. Marshall (1995). "Criminal Careers in the Short-Term: Intra-Individual Variability in Crime and Its Relation to Local Life Circumstances." *American Sociological Review*, 60:655–673.

Huizinga, D. (1997). "Gangs and the Volume of Crime." Paper presented at the annual meeting of the Western Society of Criminology.

Huizinga, D. & D.S. Elliott (1987). "Juvenile Offenders: Prevalence, Offenders, and Arrest Rates by Race." *Crime & Delinquency*, 33:206–223.

Huizinga, D., F. Esbensen & A.W. Weiher (1994a). "Examining Developmental Trajectories in Delinquency Using Accelerated Longitudinal Designs." In E.G.M. Weitekamp & H.J. Kerner (eds.) *Cross-National Longitudinal Research on Human Development and Criminal Behavior.* Dordrecht, The Netherlands: Kluwer.

Huizinga, D., F. Esbensen & A.W. Weiher (1991). "Are There Multiple Paths to Delinquency?" *Journal of Criminal Law and Criminology*, 82:83–118.

Huizinga, D. & K. L. Henry (2007). "The Effect of Arrest and Justice System Sanctions on Subsequent Behavior: Findings from Longitudinal and Other Studies". In Liberman (Ed.) *The Long View of Crime: A Synthesis of Longitudinal Research*. Springer New York.

Huizinga, D., R. Loeber & T.P. Thornberry (1994b). *Urban Delinquency and Substance Abuse*. Washington, DC: U.S. Department of Justice.

Jacobs, B.A. (1999). *Dealing Crack: The Social World of Streetcorner Selling*. Boston, MA: Northeastern University Press.

Junger–Tas, J. & M. Klein (1994). *International Self–Report Delinquency Survey*. Amsterdam, The Netherlands: Kugler Publishers.

Kappeler, V.E., M. Blumberg & G.W. Potter (1993). *The Mythology of Crime and Criminal Justice*. Prospect Heights, IL: Waveland Press.

Kelley, B.T., D. Huizinga, T.P. Thornberry & R. Loeber (1997). *Epidemiology of Serious Violence*. Washington, DC: U.S. Department of Justice.

Klein, M. (1989). *Cross–National Research in Self–Reported Crime and Delinquency*. Dordrecht: Kluwer.

Klockars, C.B. (1974). *The Professional Fence*. New York, NY: The Free Press.

Lizotte, A.J. M.D. Krohn, J.C. Howell, K. Tobin & G.J. Howard (2000). "Factors Influencing Gun Carrying among Young Urban Males over the Adolescent–Young Adult Life Course." *Criminology*, 38:811–834.

Lizotte, A.J., J.M. Tesoriero, T.P. Thornberry & M.D. Krohn (1994). "Patterns of Adolescent Firearms Ownership and Use." *Justice Quarterly*, 11:51–73.

Loeber, R., S.M. Green, K. Keenan & B.B. Lahey (1995). "Which Boys Will Fare Worse? Early Predictors of the Onset of Conduct Disorder in a Six Year Longitudinal Study." *Journal of the American Academy of Child and Adolescent Psychiatry*, 34:499–509.

Loeber, R., M. Stouthamer–Loeber, W. Van Kammen & D. Farrington (1991). "Initiation, Escalation and Desistance in Juvenile Offending and their Correlates." *Journal of Criminal Law and Criminology*, 82:36–82.

Maxfield, M.G. (1999). "The National Incident–Based Reporting System: Research and policy implications." *Journal of Quantitative Criminology*, 15:119-149.

Maltz, M.D. (1999). *Bridging Gaps in Police Crime Data*. Washington, DC: U.S. Department of Justice.

Maltz, M.D. (1977). "Crime Statistics: A Historical Perspective." *Crime & Delinquency*, 23:32-40.

Maxson, C. & M.W. Klein (1990). "Street Gang Violence: Twice as Great or Half as Great?" In C.R. Huff (ed.) *Gangs in America*. Newbury Park, CA: Sage Publications.

Maxson, C.L. & M.W. Klein (2002). "Defining Gang Homicide: An Updated Look at the Member and Motive Approaches." In J. Miller, C.L. Maxson & M.W. Klein (eds.) *The Modern Gang Reader*, Third Edition. Los Angeles, CA: Roxbury Press.

Menard, S. (1992). "Residual Gains, Reliability, and the UCR-NCS Relationship: A Comment on Blumstein, Cohen, and Rosenfeld." *Criminology*, 30:105-113.

Menard, S. (1987). "Short-Term Trends in Crime and Delinquency: A Comparison of UCR, NCS and Self-Report Data." *Justice Quarterly*, 4:455-474.

Messner, S.F., S. McHugh & R.B. Felson (2004). "Distinctive Characteristics of Assaults Motivated by Bias." *Criminology*, 42:585-618.

Miller, J. (2001). *One of the Guys: Girls, Gangs, and Gender*. New York, NY: Oxford University Press.

Moffitt, T.E., A. Caspi, N. Dickson, P. Silva & W. Stanton (2001). "Males on the Life--Course Persistance and Adolescence--Limited Antisocial Pathways: Follow-Up at Age 26." *Development and Psychopathology*.

Morenoff, J.D., R.J. Sampson & S.W. Raudenbush (2001). "Neighborhood Inequality, Collective Efficacy, and the Spatial Dynamics of Urban Violence." *Criminology*, 39:517-559.

Nye, F.I. (1958). *Family Relationships and Delinquent Behavior*. New York, NY: John Wiley and Sons.

O'Brien, R.M. (1985). *Crime and Victimization Data*. Beverly Hills, CA: Sage Publications.

Pepinsky, H.E. & P. Jesilow (1984). *Myths that Cause Crime*. Cabin John, MD: Seven Locks Press.

Petersilia, J., P.W. Greenwood & M. Lavin (1977). *Criminal Careers of Habitual Felons*. Santa Monica, CA: RAND Corporation.

Porterfield, A.L. (1946). *Youth in Trouble*. Fort Worth, TX: Leo Potisham Foundation.

Rantala, R.R. & T.J. Edwards (2000). *Effects of NIBRS on Crime Statistics*. Washington, DC: U.S. Department of Justice, Office of Justice Programs.

Raudenbush, S.W. & R.J. Sampson (1999). "Econometrics: Toward a Science of Assessing Ecological Settings, with Application to Systematic Social Observation of Neighborhoods." *Sociological Methodology*, 29:1–41.

Reiss, A.J., Jr. (1967). *Studies in Crime and Law Enforcement in Major Metropolitan Areas*. Washington, DC: President's Commission on Law Enforcement and Administration of Justice.

Sampson, R.J. (2002) "Transcending Tradition: New Directions in Community Research, Chicago Style–The American Society of Criminology 2001 Sutherland Address." *Criminology*, 40:213–230.

Sampson, R.J. & D. Bartusch (1998). "Legal Cynicism and (Subcultural?) Tolerance of Deviance: The Neighborhood Context of Racial Differences." *Law and Society Review*, 32:777–804.

Sampson, R.J., J.D. Morenoff & F.J. Earls (1999). "Beyond Social Capital: Spatial Dynamics of Collective Efficacy for Children." *American Sociological Review*, 64:633–660.

Schuman, H. & J.M. Converse (1971). "The Effects of Black and White Interviewers on Black Responses in 1968." *Public Opinion Quarterly*, 35:49–68.

Sellin, T. (1931). "The Basis of a Crime Index." *Journal of Criminal Law and Criminology*, 22:335–356.

Short, J.F., Jr. & F.I. Nye (1957). "Reported Behavior as a Criterion of Deviant Behavior." *Social Problems*, 5:207–213.

Silva, P. & W. Stanton (1996). *From Child to Adult: The Dunedin Multidisciplinary Health and Development Study*. Auckland: Oxford University Press.

Simon, D.R. & D.S. Eitzen (1990). *Elite Deviance*, Third Edition. Newton, MA: Allyn and Bacon.

Skogan, W. (1976). "Crime and Crime Rates." In Wesley Skogan (ed.) *Sample Surveys of Victims of Crime*. Cambridge, MA: Ballinger.

Snyder, H.N. (1999). "The Overrepresentation of Juvenile Crime Proportions in Robbery Clearance Statistics." *Journal of Quantitative Criminology*, 15:151–161.

Steffensmeir, D. (1986). *The Fence: In the Shadow of Two Worlds.* Totowa, NJ: Rowman and Littlefield.

Strom, K.J. (2001). Hate Crimes Reported in NIBRS, 1997–99. *Bureau of Justice Statistics Special Report* (September). U.S. Department of Justice, Office of Justice Programs, Bureau of Justice Statistics.

Sutherland, E.H. (1937). *The Professional Thief.* Chicago, IL: University of Chicago Press.

Taylor, T.J., D. Holleran & V. Topalli (2009). "Racial Bias in Case Processing: Does Victim Race Affect Police Clearance of Violent Crime Incidents?" *Justice Quarterly* 26: 562–591.

Thompson, M.P., L.E. Saltzman & D. Bibel (1999). "Applying NIBRS Data to the Study of Intimate Partner Violence." *Journal of Quantitative Criminology*, 15:163–180.

Thornberry, T.P., M.D. Krohn, A.J. Lizotte, C.A. Smith & K. Tobin (2003). *Gangs and Delinquency in Developmental Perspective.* New York, NY: Cambridge University Press.

Thornberry, T.P., E.H. Wei, M. Stouthamer–Loeber & J. Van Dyke (2000). *Teenage Fatherhood and Delinquent Behavior.* Washington, DC: U.S. Department of Justice.

Thornberry, T.P., D. Huizinga & R. Loeber (1995). "The Prevention of Serious Delinquency and Violence: Implications from the Program of Research on the Causes and Correlates of Delinquency." In J.C. Howell, B. Krisberg, J.D. Hawkins & J.J. Wilson (eds.) *A Sourcebook: Serious, Violent, & Chronic Juvenile Offenders.* Thousand Oaks, CA: Sage Publications.

Thornberry, T.P., M.D. Krohn, A.J. Lizotte & D. Chard–Wierschem (1993). "The Role of Juvenile Gangs in Facilitating Delinquent Behavior." *Journal of Research in Crime and Delinquency*, 30:55–87.

Thornberry, T.P., A.J. Lizotte, M.D. Krohn, M. Farnworth & S.J. Jang (1991). "Testing Interactional Theory: An Examination of Reciprocal Causal Relationships Among, Family, School, and Delinquency." *Journal of Criminal Law and Criminology*, 82:3–35.

Tittle, C., W. Villemez & D. Smith (1978). "The Myth of Social Class and Criminality: An Empirical Assessment of the Empirical Evidence." *American Sociological Review*, 43:643–656.

Tonry, M., L.E. Ohlin & D.P. Farrington (1991). *Human Development and Criminal Behavior: New Ways of Advancing Knowledge*. New York, NY: Springer-Verlag.

U.S. Department of Justice, Federal Bureau of Investigation. (2006). National Incident-Based Reporting System (NIBRS) frequently asked questions [online]. Available at http://www.fbi.gov/ucr/faqs.htm. Retrieved May 30, 2006.

U.S. Department of Justice, Federal Bureau of Investigation. (2004). *Uniform Crime Reporting Handbook*. Washington, DC: US Department of Justice, Federal Bureau of Investigation.

U.S. Department of Justice (1997a). *Criminal Victimization in the U.S.: 1994*. Washington, DC: U.S. Department of Justice.

U.S. Department of Justice (1997b). *Criminal Victimization, 1973-1995*. Washington, DC: U.S. Department of Justice.

U.S. Department of Justice (1997c). *Effects of the Redesign on Victimization Estimates*. Washington, DC: U.S. Department of Justice.

U.S. Department of Justice (1994). *Criminal Victimization in the U.S.: 1993*. Washington, DC: U.S. Department of Justice.

U.S. Department of Justice (1988). *Uniform Crime Reporting: National Incident-Based Reporting System, Volume 1; Data Collection Guidelines*. Washington, DC: U.S. Department of Justice.

U.S. Department of Justice (1996). *Uniform Crime Reporting Handbook*. Washington, DC: U.S. Department of Justice.

van Dijk, J. & K. Kangaspunta (2000). "Piecing Together the Cross-National Crime Puzzle." *National Institute of Justice Journal*, January:34-41.

Vasquez, S.P., M.K. Stohr & M. Purkiss (2005). "Intimate Partner Violence Incidence and Characteristics: Idaho NIBRS 1995 to 2001 Data." *Criminal Justice Policy Review*, 16:99-114.

Wallerstein, J.S. & C.J. Wyle (1947). "Our Law-Abiding Lawbreakers." *Probation*, 25:107-112.

Wright, R.T. & S.H. Decker (1997). *Armed Robbers in Action: Stickups and Street Culture*. Boston, MA: Northeastern University Press.

Wright, R.T. & S.H. Decker (1994). *Burglars on the Job: Streetlife and Residential Break-Ins*. Boston, MA: Northeastern University Press.

C/H/A/P/T/E/R **04**

# 범죄의 분포
## (Distribution of Crime)

### 학습 목표

제4장을 읽은 후, 당신은 다음의 내용을 수행할 수 있어야 한다.

- 미국의 지난 30년간의 범죄추세를 설명해보시오.
- 미국의 지리·시간적 범죄발생분포를 설명해보시오.
- 미국과 다른 산업화된 국가들의 범죄율 차이를 논하고 이 차이점들의 이유를 논의해보시오.
- UCR과 NCVS 사이의 범죄추세 차이를 비교해보시오.
- 여성범죄에 관한 자유주의와 후기자유주의의 관점 차이를 논의 해보시오.
- 1973년에서 2010년까지 체포율의 퍼센트 증가를 비교하기 보다는 실제 폭력 범죄로 인해 체포된 남성과 여성 범죄자의 숫자 변화를 살펴보게 되면 어떻게 다른 결론에 도달할 수 있는지 설명해보시오.
- 왜 UCR자료가 가해자와 피해자의 정보를 제공하는데 알맞지 않은지를 말해보시오.
- "연령–범죄 곡선"이라는 용어의 의미는 무엇인지 설명해보시오.
- 사회계층을 측정하는데 관계되는 문제점을 말해보시오.
- 범죄율에 인종과 사회계층의 역할을 논의해보시오.

범죄의 원인을 설명하기 위해서는 누가 범죄를 저지르고 누가 범죄피해를 당하며 언제 어디서 범죄가 발생하는지를 파악하려는 노력이 중요하다.

이 정보는 또한 범죄대응 기술의 효과성을 평가하고 보다 큰 주의가 요구되는 문제들을 파악하려는 형사사법 실무가들에 의해 사용될 수 있다. 이와 유사하게, 범죄행위의 자화상은 사회체계에서 상처 난 부분들에 대한 정보를 제공하며 그 사회체계가 어떻게 개인들이 적법한 방향으로 행동하도록 설득하는데 실패하였는지를 잘 보여준다. 만약 당신이 유전자는 운명이라거나 범죄행위는 어떤 이들에게는 결정되어진 것이라는 주장에 설득되지 않았다면 다른 또 하나의 논리적 추론은 개별 사회가 그 사회의 범죄자를 창조하였다는 점이 될 것이다.

범죄의 분포를 논의함에 있어서 수많은 요인들이 고려되어야 한다. 첫 번째로 얼마나 많은 범죄와 어떤 유형의 범죄가 저질러지고 있는지, 다시 말해서, 범죄의 양이 얼마나 되는지를 밝히는 것은 필수적이다. 두 번째 이슈는 그 범죄를 저지르는 사람은 누구인가? 범죄자의 사회적 특성은 무엇인가? (예: 성별, 나이, 인종, 종교, 그리고 사회계급) 또한 범죄 피해자들의 특성과 범죄자와의 관계를 파악하는 것 역시 중요하다. 그들이 낯선 사람인가, 친구인가, 아니면 친족인가? 그들은 젊은이인가 아니면 나이든 사람인가? 다음으로 범죄연구의 다른 중요한 문제는 지리·시간적 분포다. 예를 들면 범죄율이 그 국가의 지역에 따라 지역의 규모에 따라 차이를 보이는가? 범죄의 추세는 어떠한가? 년 중, 주 중, 그리고 하루 중 언제 특정 범죄들이 가장 많이 발생하는가? 이에 이 장에서는 범죄분포에 관한 전반적인 내용이 다루어질 것이다.

## 범죄의 양: 표준 범죄 보고서(Uniform Crime Reports: UCR)

표준범죄보고서는 미국의 범죄 규모를 상세히 파악할 수 있게 도와주는 주요 자료이다(3장 참조). 미 법무부 연방수사국에 의해 매년 발간되는 이 자료는 10월경에 전년도에 발생한 범죄 자료를 살펴 볼 수 있다. [표 4.1]은 2010년도에 경찰에 의해 보고되고 기록된 지표범죄들의 수치와 범죄유형을 나타내고 있다.

전체 10,329,538건의 지표범죄가 2010년에 법집행기관(Law Enforcement Agencies)에 의해 보고되었다. 이들 중 88%가 재산범죄(주거침입절도, 절도, 차량절도)였으며 12%는 폭력범죄(살인, 강간, 강도, 폭력)였다. 미국의 폭력과 재산범죄 발생비율 자체는 다른 산업화된 국가들에서 발견되는 것과 상당히 유사하다.

역사적으로 미국은 다른 산업화된 국가들 보다 상당히 높은 폭력범죄율을 경험하였다. 한편 지난 십년간의 폭력범죄 감소는 미국과 다른 산업 국가들과의 차이를 줄여주었다. 예를 들면 폭력범죄율의 국가 간 비교에서 메스너와 로젠펠드(Messner & Rosenfeld, 2007)는 프랑스와 잉글랜드-웨일즈의 강도 범죄율이 미국 보다 높았다고 보고하고 있다. 한편 범죄율의 차이가 줄어들고 있음에도 불구하고 미국의 폭력범죄는 평균 이상의 수준을 유지하고 있다. 2000년에서 2002년의 미국 강도범죄율은 인구 10만 명당 145.9명으로 가장 높은 수준은 아니었지만 15개 다른 산업 국가들의 평균 강도율(인구 10만 명당 89.8) 보다는 60%이상 높았다. 메스너와 로젠펠드(2007)는 미국과 다른 국가들의 폭력범죄의 차이는

[표 4.1] 2010년 경찰에 보고되거나 기록된 주요범죄 총 수

미국인구(United States Population): 308,745,538

| | 발생 건수(Number) | 인구 10만 명당 비율* |
|---|---|---|
| 범죄 전체(Crime Index Total) | 10,329,135 | 3,345.5 |
| 폭력범죄(Violent Crime) | 1,246,248 | 403.6 |
| 살인 | 14,748 | 4.8 |
| 강간 | 84,767 | 27.5 |
| 강도 | 367,832 | 119.1 |
| 폭행 | 778,901 | 252.3 |
| 재산범죄(Property Crime) | 9,082,887 | 2,941.9 |
| 주거침입절도 | 2,159,878 | 699.6 |
| 절도 | 6,185,867 | 2,003.5 |
| 차량절도 | 737,142 | 238.8 |

* Rate per 100,000 people.

≫ 자료의 출처: U.S. Department of Justice (2011) . Crime in the United States, 2007. Washington, DC: U.S. Government Printing Office.

강도(잉글랜드와 웨일즈 보다 10배 많음)와 살인사건들에서 총기류의 사용 가능성이 크기 때문이라 주장한다. 메스너와 로젠펠드의 책 "범죄와 아메리칸 드림: Crime and the American Dream)"의 출판이래로 미국의 범죄율은 지속적으로 감소하였으며 2010년도 강도범죄율은 인구 10만 명당 119.1명으로 나타났다. 한편, 미국의 살인사건 발생률은 비록 감소하였지만 인구 10만 명당 4.8명으로 다른 산업화 된 국가들에 비하여 아직도 상당히 높은 편이다.

아들레(Adler, 1983)는 어떤 사회문화적 요인들이 범죄활동을 억제하는지 파악하기 위해 범죄가 만연하지 않은 국가들을 연구해야 한다고 주장한다. 그녀는 범죄율이 높은 국가들에 비하여 범죄율이 낮은 국가들은 지역의식과 규범의 일치도가 높다고 주장한다. 이들 다양한 연구의 결과로 부터 얻게 되는 교훈은 비록 산업화된 국가들에서 폭력과 재산범죄의 비율이 유사할지라도 범죄율의 국가 간 차이가 매우 크게 차이가 날 수 있다는 것이다.

2010년 미국의 전체 범죄율은 3,345로 인구 10만 명당 미국에 거주하고 있는 1,000명의 사람들 중에서 34건의 지표범죄가 발생한다는 의미이다. 하지만 이 수치는 보수적인 측정치이다. 왜냐하면 때때로 범죄건수는 다수의 피해자를 양산하기 때문이다. 보다 종합적인 범죄의 양을 파악하기 위해서 표준범죄보고서의 두 번째 부분(Part II Offenses)에 포함되

는 범죄들 역시 살펴보아야 한다. 2010년 자료에 의하면 이들 범죄(약물위반사범, 횡령, 부랑, 성폭력, 음주 및 약물 운전)로 인해 대략 1100만 건의 체포가 이루어졌다. 체포에 의해 해결된 이들 유형의 범죄들만이 UCR의 두 번째 카테고리에 도식화되기 때문에 과소추산(Underestimation)이 발생한다. 특히 사적이고 감지하기 어려운 도박, 사기, 약물사용, 성범죄와 같은 범죄들이 대표적으로 과소추산 되는 범죄이다. 만약 체포율이 50%(주거침입절도 및 자동차 절도의 해결률은 12% 정도이므로 50%는 매우 높은 수치이다)라면 이것은 2010년도 미국에서 두 번째 파트 범죄가 이천이백만 건 이상 발생하였다는 것을 의미한다. 게다가 이들 두 번째 파트범죄들과 함께, 2010년에 천만 건의 지표범죄가 보고되었다. 따라서 2010년 미국의 범죄는 삼천이백만 건을 초과하였다는 것이다. 또한 기억해야 할 것은 이들 지표는 단지 경찰의 주의를 끈 범죄들이라는 것이다. 결과적으로 추가적인 수백만 건의 범죄가 미발견 된 채로 남아있다는 것이다.

### *지리적 분포(Geographical Distribution)*

어디에서 이들 범죄가 발생하는가? 당신이 이사를 계획하고 있다면 어느 곳이 가장 안전한 곳인가? [표 4.2]는 이 두 가지 질문에 대한 답을 지리적 영역으로 제공하고 있다. 폭력범죄와 관련하여 당신이 살인, 강도, 혹은 폭력범죄 피해를 최소화시키기 위한다면 남부에 위치한 주들(Southern States)을 피해야 할 것이다. 이들 주의 인구는 전체 인구 중 37.1%이나 살인범죄의 43.8% 그리고 폭력범죄의 43.6%가 발생하고 있다. 반면, 당신이 당신의 자동차가 도난 될 가능성을 줄이고자 한다면 서부에 위치한 주들(Western States)을 피해야한다. 이들 주의 인구는 전체 인구에서 23.3%에 불과하나 34.1%의 자동차절도가 발생하는 지역이다. 일반적으로 당신이 범죄를 두려워한다면 남부와 서부에 위치한 주들을 피해야 할 것이다. 이들 주들에서 저질러지는 범죄율은 전체인구 평균 발생률을 상당히 초과하고 있다. 반대로 미국의 북동부에 위치한 지역의 주들은 범죄피해 가능성을 감소시키기에 최고의 선택이다. 미국 인구에서 17.9%를 차지하는 이들 주에서 단지 15.8%의 폭력범죄와 12.9%의 재산범죄가 각각 발생한다.

### *시간적 분포(Temporal Distribution)*

언제 범죄가 발생하는가? 언제 범죄피해를 입기 가장 쉬운가? 범죄는 증가하고 있는가? 이들 질문들은 이 문제에 관심을 가지고 있는 연구자나 실무자뿐만 아니라 우리 모두의 실생활적 질문들이다. 표준범죄보고서에서 범죄는 일 년 내내 상당히 균등하게 발생하는 편

[표 4.2] 2010 표준범죄보고서 자료(미국 범죄의 지리적 분포)*

| 지역 (region) | 인구비율 (Percent of the Population) | 폭력 범죄 | 재산 범죄 | 살인 | 강간 | 강도 | 폭행 | 주거침 입절도 | 절도 | 차량절도 |
|---|---|---|---|---|---|---|---|---|---|---|
| 북동부 (Northeast) | 17.9 | 15.8 | 12.9 | 15.6 | 12.7 | 18.7 | 14.8 | 10.8 | 13.9 | 10.3 |
| 중서부 (Midwest) | 21.7 | 19.5 | 20.9 | 19.9 | 24.6 | 19.6 | 18.8 | 20.7 | 21.2 | 18.7 |
| 남부 (South) | 37.1 | 41.5 | 43.4 | 43.8 | 37.7 | 38.1 | 43.6 | 47 | 42.9 | 36.9 |
| 서부 (West) | 23.3 | 23.1 | 22.9 | 20.6 | 25.1 | 23.6 | 22.8 | 21.4 | 22.0 | 34.1 |

방화 자료는 전체 사건을 계산하기에 충분한 자료가 부족하여 이 표에서 제외됨.

* Because of rounding, the percentages may not add to 100.0.

» 자료의 출처: U.S. Department of Justice. (2011). Crime in the United States, 2007. Washington, DC: U.S. Government Printing Office.

이나 1월과 2월 달에 보다 적은 범죄가 저질러진다고 한다. 반대로 약간의 더 많은 범죄가 가장 더운 여름(7월과 8월)과 12월에 저질러진다.

이 계절적 변동은 기후적 조건들의 탓일 것이다. 사람들은 춥고 눈이 오는 계절에는 집안에 보다 더 머물려하고 덜 움직이려한다. 따라서 범죄를 저지를 수 있는 기회가 적어진다. 예를 들면 사람들이 집안에 머물러 있을 때 주거침입절도범은 적합한 목표물을 찾기 쉽지 않다. 더운 여름이 위치하는 월에는 사람들이 보다 외부활동이 많아지고 여행을 간다. 이들 요인들은 낯선 사람과의 대인폭력 기회를 증대시키고 주거침입절도범들에게 비어있는 목표물을 대상으로 저질러지는 범행 횟수를 증대시킨다.

다른 월보다도 12월동안 살인, 강도, 그리고 주거침입절도가 더 많이 저질러진다. 이 현상은 휴일시즌에 대한 압박 및 기대감과 밀접한 관계가 있을 것이다. 선물구매를 강조하게 되면 금전에 대한 필요가 높아진다. 연구자들 역시 크리스마스와 같은 가족휴가가 긴장과 대인간 적대감을 증가시키며 폭행과 살인을 유발한다고 주장한다. 가족과 면식관계의 폭력(살인, 강간, 폭행)사건이 전체 폭력사건에서 50%를 넘게 차지한다.

대부분의 범죄는 저녁과 밤 시간 그리고 주말, 특히 금요일 저녁과 토요일 밤 동안에 많이 저질러진다. 주거침입절도, 차량절도, 절도 등과 같은 범죄들은 언제 이들 범죄가 발생하는지 결론내리기 어렵다. 만약 어떤 사람이 2주 동안 집을 비우고 돌아와서 자신의 집과 자동차가 절도피해를 당했다는 것을 인지했을지라도 2주 동안 언제 범죄가 발생했는지 명확하게 확인하기는 불가능하다. 일반적으로 범죄는 경찰에 보고되기 직전에 발생한 것으로 여겨지게 된다. 결과적으로 도표에 나타난 수치는 범죄의 실제 시간을 정확하게 나타내는 지표가 되지 못한다.

시간의 흐름에 따른 범죄율의 변동은 면밀하게 연구되어왔다. 일반적으로 논의되는 것은 직전 과거의 범죄와 미국인들의 범죄사건에 집중된다. 예를 들어 매스너와 로젠펠드(Messner & Rosenfeld, 1994)는 미국의 살인율은 1920년대와 1930년대 동안 인구 10만 명당 8명을 초과했음을 알아냈다. 그리고 1950년대에 인구 10만 명당 5명으로 감소하였고 1970년대와 1980년대에만 인구 10만 명당 8명 이상으로 증가하였다. 20세기의 지난 몇 년간 미국의 살인율은 다시금 인구 10만 명당 8명 아래로 떨어졌다. 현재의 상황을 보다 잘 이해하기 위해서는 역사적 국가 간 범죄추세를 살펴보는 것이 도움이 될 것이다. 그들의 역사학적 분석에서 테드 로버트 걸과 그의 동료들(Ted Robert Gurr et al, 1977)은 폭력범죄율에서 U자형의 곡선을 발견하였는데 1800년대 초기의 높은 범죄율에서 세계경제공황까지 감소하였고 그리고는 20세기 내도록 가파르게 증가하였다. 그러나 보다 장기적인 분석은 현재보다 10배에서 20배정도 높은 살인율을 나타내던 13세기 잉글랜드 보다는 살인과 폭행이 상당히 낮은 수치를 나타내고 있다는 점이다(Hagan, 1994). 따라서 범죄와 폭력은 계속적으로 나빠지고 있는 사회문제의 수치로 널리 간주된다면 역사적 자료는 오랜 시간동안 좋지 않았으나 사실상 좋아지고 있음을 보여주고 있다.

최근의 추세와 관련하여 표준범죄보고서(UCR)에 나타난 범죄는 1960년대와 1970년대 동안 급등하였던 것으로 계산 된 중범죄의 파동을 제시한다. [그림 4.1]은 1973년에서 2010년까지 경찰에 의해 집계된 범죄발생숫자에 대한 38년간의 요약된 자료를 보여준다. 범죄율은 1980년에 꼭짓점을 찍고 1984년까지 점차적으로 감소하였으며 이후 1991년까지 매년 증가하였다. 그리고 범죄의 지속적인 증가라는 부정적 예측에도 불구하고 범죄율은, 특히 젊은이들의 폭력범죄, 감소하기 시작하여 1973년에 기록된 중범죄 보다 더 낮은 수준으로 2007년까지 떨어졌다. 이 사실은 경찰이 범죄억제를 함에 있어서 초기 1980년대와 1990년대 중 후반기에 잘하였다는 것을 의미하는 것인가? 지난 여러 정권의 강경한 법집행(get-tough)정책들이 성공했다는 것을 의미하는 것인가? 가석방 없는 형벌, 삼진아웃(three-strikes)입법, 그리고 강제적 체포정책 등과 같은 정책들이 범죄율을 감소시켰는가?

비록 이를 지지하는 증거가 없을지라도 어떤 이들은 이 같은 주장을 펼친다. 혹은 지역사회경찰활동으로의 변화가 기대되는 영향을 보여주었는가? 1990년대의 경제부흥, 낮은 실업률, 혹은 미국인구의 고령화와 같은 형사사법과 관련 없는 요소들의 역할은 무엇인가? 블룸스테인과 다른 동료들은 여러 출판물에서 범죄율의 감소를 주장한다(Blumstein & Wallman, 2000; Blumstein, 2001).

1985년 3월 캘리포니아 법무장관은 범죄율이 감소한 이유를 논의하는 학회를 소집하였다. 수많은 유명학자들이 인구변화에서 교도소의 초기 예방 프로그램 정책들에 이르기까지 자신들이 선호하는 설명을 발표하였다. 1981년에서 1984년까지 4년간의 범죄율 감소 이유에 대한 합의가 이루어지지 않았다. 그러나 한 연사(Geis, 1986:31)는 그 학회가 다른 이슈 – "비록 감소추세일지라도 왜 미국의 범죄율이 다른 선진국의 그것과 비교하여 아직도 매우 높은지? –를 강조했어야 한다고 주장한다. 다시 말해서 1984년 이래로 범죄율의 증가는 아마도 이것이 옳은 통찰이었다는 것을 보여주었다. 뉴밀레니엄의 시작점에서 아마도 이 질문은 비록 20년간의 범죄율 감소에도 불구하고 미국의 폭력범죄율과 감금율이 다른 산업화된 국가들의 그것에 비하여 높은 실정이기에 1985년의 그 질문보다 더 연관이 있는 질문이었을 것이다.

[그림 4.1] 38년간의 범죄추세: 표준범죄보고서 1973-2010.

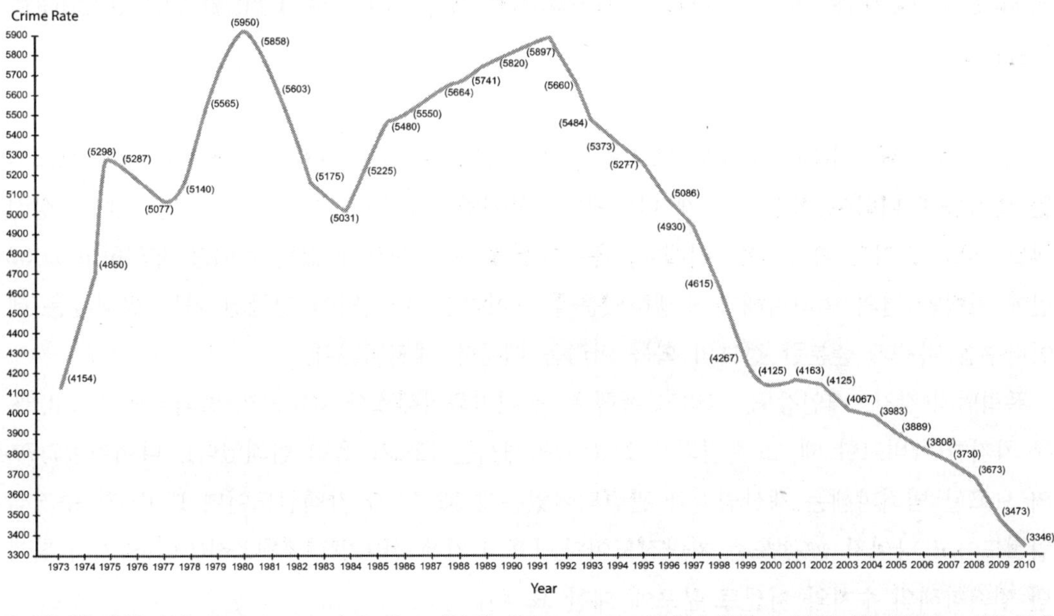


≫ 자료의 출처: U.S. Department of Justice. (2011). Crime in the United States, 2010. Washington, DC: U.S. Government Printing Office .

[표 4.3] 2009년 국가범죄피해조사 자료, 대인 및 가구 범죄(Personal and Household Crimes)

| 범죄유형(Crime Type) | 발생건수(Number) | 전체범죄에서 비율 | 비율(rate)* |
|---|---|---|---|
| 전체 범죄(All Crimes) | 20,057,180 | | |
| 대인 범죄(Personal Crimes) | 4,476,660 | 22.3% | 1,760 |
| 폭력범죄(Violent Crimes) | 4,343,450 | 21.7% | 1,710 |
| 강간/성폭행 | 125,910 | 0.6% | 50 |
| 강도 | 533,790 | 2.7% | 2,10 |
| 폭행 | 3,683,750 | 18.4% | 1,450 |
| 대인절도 | 133,210 | 0.7% | 50 |
| 주거범죄(Household Crimes) | 15,580,510 | 77.7% | 12,740 |
| 주거침입절도 | 3,134,920 | 15.6% | 2,560 |
| 절도 | 11,709,830 | 58.4% | 9,570 |
| 자동차절도 | 735,770 | 3.7% | 600 |

* 12세 이상 인구10만당 혹은 10만 가구당 발생건수

» 자료의 출처: Rand, Michael R. (2010). Criminal Victimization, 2009. Washington, DC: U.S. Department of Justice.

## 범죄의 량(Volume of Crime): 전미범죄피해조사(National Crime Victimization Survey)

전미범죄피해조사(NCVS)에서 보고되는 범죄피해율은 표준범죄보고서(UCR)에서 보고되는 범죄율에 비하여 상당히 높게 나타낸다. 전미범죄피해조사(NCVS)는 살인, 납치, 상점절도, 강도 그리고 마약남용, 성매매, 음주운전과 같은 피해자 없는 범죄를 제외하고 2009년에 이백만 건의 범죄피해가 발생하였음을 보여준다. 마지막에 언급된 이들 범죄들은 데이터수집 비용과 충분한 정보의 획득 어려움 때문에 제외되었다.

폭력범죄(강간, 대인강도, 그리고 폭행)는 전미범죄피해조사(NCVS)의 범죄피해 중 22.3%를 차지한다(비교할 때, 표준범죄보고서(UCR)에서는 12%가 폭력 범죄였다). 나머지 77.7%의 보고된 범죄피해는 재산범죄와 관련되어있는데 58.4%가 가택절도이며 15.6%가 주거침입절도이고 나머지 4%정도는 차량절도이다. [표 4.3]은 전미범죄피해조사(NCVS)에서 찾아낸 범죄피해의 수치와 퍼센트 분포에 대한 요약이다.

피해율은 일반적으로 인구 1,000명당이나 1,000가구당으로 보고되어진다. 표준범죄보고서(UCR)와 비교하기 위해 우리는 전미범죄피해조사(NCVS)의 내용을 인구 100,000만 명당으로 전환하였다. 12세 이상의 사람들에 대한 전체 폭력범죄 피해는 2009년에 인구 10

[표 4.4] 2005년 국가범죄피해조사 자료, 범죄피해지역 및 유형(Location and Type of Victimization)

| 지역(Location) | 폭력범죄 | 재산범죄* |
|---|---|---|
| 총계(All) | 2,210 | 15,400 |
| 북동부 | 2,020 | 10,390 |
| 중서부 | 2,370 | 15,580 |
| 남부 | 1,970 | 14,680 |
| 서부 | 2,590 | 20,650 |
| 도시(Urban) | 3,140 | 20,000 |
| 도시외곽(Suburban) | 1,910 | 14,140 |
| 시골(Rural) | 1,730 | 12,510 |

*12세 이상 인구 10만 명당 발생건수

>> 자료의 출처: U.S Department of Justice. (2006). Criminal Victimization in the United States, 2005. Washington, DC: U.S. Department of Justice.

만 명당 1,760명이었고 이 수치는 표준범죄보고서(UCR)에서 보고된 폭력범죄율의 거의 5배가 된다. 전미범죄피해조사(NCVS)에서 보고되는 재산범죄는 주로 가구피해를 의미하기에 표준범죄보고서(UCR)와 전미범죄피해조사(NCVS) 자료 간의 비교를 어렵게 한다. 그러나 전미범죄피해조사(NCVS)의 주거범죄율은 12,740으로 표준범죄보고서(UCR)의 재산범죄피해 보다 4배 넘게 많은 수치였다. 결과적으로 전미범죄피해조사(NCVS)의 범죄피해율은 2배에서 5배 이상 표준범죄보고서(UCR)에서 나타난 범죄율보다 높았다.

### *지리적 분포(Geographical Distribution)*

전미범죄피해조사(NCVS)의 자료는 표준범죄보고서(UCR)에서 제공되는 범죄의 지역분포와는 다른 모습을 나타낸다. [표 4.4]는 2005년도 미국의 지방과 지역규모에 따른 범죄발생분포에 대한 자료를 제공한다(전미범죄피해조사(NCVS)는 지역에 따른 자료를 최근에 제공하고 있지 않다). 도시지역(Urban Area)에 비하여 안전하기는 하지만 시골지역(Rural Area)은 표준범죄보고서(UCR)와 큰 차이는 아니나 약간의 차이를 보여준다. 도시 주변지역(Suburban Area)보다 폭력범죄율이 보다 더 높은 것으로 보고되며 이 차이의 일정부분은 3장에서 지적하였던 입력방식(Recoding Differences)의 차이에 기인한 것으로 보인다. 도시지역에서 발생하는 범죄는 시 경찰서(City Police Department)에서 보고되지만 범죄피해자는 도시주변지역의 거주자일 수도 있다. 따라서 그 범죄는 표준범죄보고서(UCR) 자료에서는 도시지역으로 나타나겠지만 전미범죄피해조사(NCVS)에서는 도시주변 거주자의 범죄피해경험으로 기록될 것이다. 그러나 이러한 입력 관행(Recoding Practices)은 표준범죄보고서(UCR)와 전미범죄피해조사(NCVS)에서 다른 지역의 범죄율 차이를 설명해주지 못한다. 표준범죄보고서(UCR) 자료와 일관되게 전미범죄피해조사(NCVS) 자료는 북동쪽 지역(Northeast)이 가장 낮은 범죄율을 보여준다. 그러나 반대로 표준범죄보고서에서는 남쪽지역이 가장 높은 폭력범죄율을 나타내지 않았다. 사실상 서쪽지역에서 보고된 폭력범죄율의 3/4 수준을 나타낸다. 이같이 다른 결과를 설명할 수 있는 것은 무엇인가? 이 차이는 지역별 경찰전문성(Police Professionalism)의 수준에 따른 결과인가? 표준범죄보고서(UCR)나 전미범죄피해조사(NCVS) 중 어느 것이 가장 정확한 실제를 제공하는가?

또한 전미범죄피해조사(NCVS)는 길거리, 주차장, 혹은 상업빌딩과 같은 공공장소에서 강도나 폭행과 같은 폭력범죄가 가장 많이 발생한다고 보고하고 있다. 한편, 강간은 피해자의 집이나 피해자가 알고 있는 어떤 다른 장소에서 발생할 가능성이 높다고 한다. 더군다나 거의 63%의 강간피해자는 가해자를 알고 있으며 가해자의 집이나 면식이 있는 사람의 집에서 피해를 당한다고 한다. 낯선 사람에게 강간을 당한 피해자는 전체 피해자들 중 1/3정도이며 면식범에 의한 강간피해자들과 달리 길거리, 공원, 운동장, 혹은 상업지구와 같은 공공장소에서 범죄피해를 보다 더 당할 가능성이 높다고 한다.

### *시간적 분포(Temporal Distribution)*

전미범죄피해조사(NCVS)의 수치에 따르면, 비록 대인폭력범죄(Crimes of Personal Violence)는 오후 6시에서 밤 12시 사이에 31% 정도가 발생하지만 낮 시간(53%발생) 동안 약간 더 많이 저질러진다. 부상을 발생시키는 강도사건 중에서 거의 50% 넘는 사건들이 이 시간 동안(오후 6시~밤 12시)에 주로 발생한다. 가정 내 범죄는 낮 시간(40%발생) 보다는 밤 시간(33%발생)에 덜 발생하는 경향이 있다. 그러나 재산범죄의 경우 27%정도를 정확하게 확정할 수 없다.

표준범죄보고서(UCR) 자료와 다른 모습은 1970년대와 1980년대의 범죄피해추세에서 각각 발견된다. 1973년에서 1992년까지 관찰된 년 도별 변동에도 불구하고 전체적인 패턴은 아주 안정적이다[그림 4.2]. 사실상 1992년의 폭력범죄피해율은 인구 십만 명당 3,210명인데 19973년에 기록된 3,260명과 거의 같은 비율이다. 1992년 전미범죄피해조사(NCVS)의 재설계로 인해 역사적인 비교는 어려워졌다. 그러나 1993년 전미범죄피해조사(NCVS)에서 폭력범죄피해율이 정점에 다다른 이래로 보고된 범죄피해는 점차 감소하여 2009년에는 인구 10만 명당 1,710으로 떨어졌다. 범죄피해 숫자와 비율의 감소는 표준범죄보고서(UCR)에서 보고된 감소결과와 거의 일치한다.

[그림 4.2] 12세 이상 인구 중 인구 10만 명당 폭력범죄 피해율

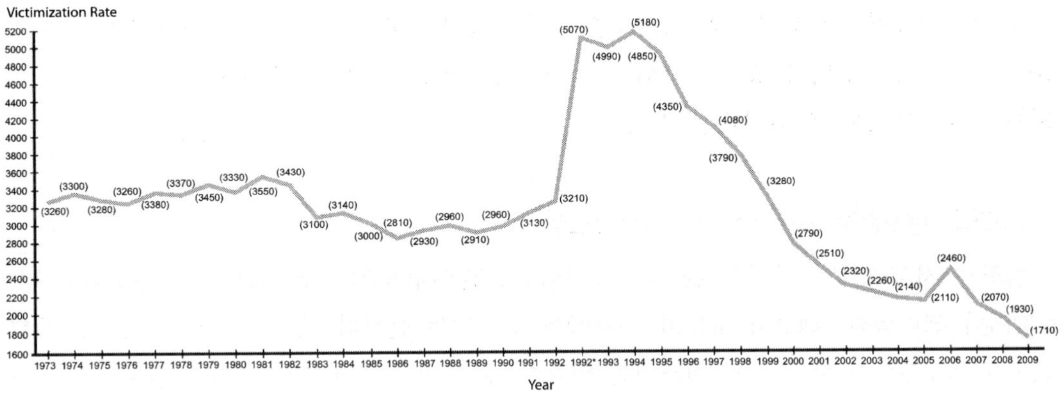

≫ 자료의 출처: Rand, Michael R. (2010). Criminal Victimization, 2009. Washington, DC: U.S. Department of Justice.

## 범죄의 양(Volume of Crime): 자기보고연구(Self-Report Studies)

자기보고자료(SRD)는 표준범죄보고서(UCR)나 전미범죄피해조사(NCVS)와 직접적으로 비교될 수 없는데 이는 현재까지 수행된 국가단위의 연구들은 청소년(Youths)과 젊은 성인(Young Adults)의 자기보고행동에 한정되기 때문이다. 또한 자기보고 연구들은 표준범죄보고서(UCR)나 전미범죄피해조사(NCVS)는 다른 범죄율 보고방식을 사용하고 있다. 범죄 유행율(Prevalence)이란 하나의 모집단에 속한 사람들 중 특정기간에 주어진 형태의 위반행위를 1회 또는 그 이상 저지른 사람들의 수를 의미한다. 범죄 유행율이란 전형적으로 모집단에서 특정 위반행위나 위반행위들에 참여한 사람들의 비율을 나타내는 것이다. 람다(Lamda)라 불리는 빈도(Frequency)나 개인의 위반율(the Number of Offenses)은 특정시간 간격동안 주어진 모집단에서 발생한 위반의 수를 의미한다. 개인의 위반율은 모집단 기준 위반 숫자를 의미하거나 혹은 각 개인 위반숫자의 평균을 의미하는 것이다. 범죄행위에 관여하고 있는 타인의 유행율이 비록 유용한 정보를 제공하기는 하지만 개인(본인)의 위반율이 표준범죄보고서(UCR)나 전미범죄피해조사(NCVS)와 보다 더 비교하기 편하다.

전국단위 자기보고 자료(3장 참조)들 중 가장 알맞은 것이 전미청소년조사(National Youth Survey)이다. 1980년에 15세에서 21세의 청소년들 중 65%가 최소한 비행척도(Delinquency Scale)에 포함되는 24가지 위반행위 중 한 가지를 저질렀다고 보고했다. 그러나 지표 범죄(Index Offenses)에서는 12%였다. 1980년의 개인위반율은 비행자 한 명당 평균 32건의 위반행위를 저질렀음을 보여준다. 그러나 대다수의 위반행위는 지위비행이나

공중위반범죄들이었다. 1980년에 보고된 모든 위반행위에서 심각한 위반은 단지 1%였다. 더군다나 지표범죄에서 개인의 위반율은 단지 개인 당 .6건이었다. 약 2천 9백만 명의 청소년 인구에서 12%의 유행율이란 삼백오십만 명의 청소년들이 최소한 매년 1건의 지표 범죄를 저지르고 있음을 나타내는 것이다.

### *지리적 분포(Geographical Distribution)*

범죄가 저질러지는 지역과 관련하여 전미청소년조사(NYS) 자료에서는 표준범죄보고서(UCR)나 전미범죄피해조사(NCVS) 자료에서 보고되는 현상이 나타나지 않는다. 범죄유행율이나 빈도율에서 모두 도시 청소년과 비교할 때 시골 청소년의 비행율이 낮은 것으로 드러나지만 통계적으로 유의미하지는 않았다. 도시외곽 청소년의 비행율은 시골 청소년 보다는 도시 청소년들과 유사하게 나타나는 경향이 있다. 엘리엇과 그의 동료들(Elliott et al., 1983:90-91)이 지적하기를

> "비행척도(Global Delinquency Scales)에서 범죄유행율의 차이는 상대적으로 덜 심각한 형태의 비행에서 도시나 도시외곽 청소년이 높은 범죄 유행율을 반영하는 것으로 나타난다. 발생척도(Incidence Scales)에서 유일한 체계적 차이는 역시 상대적으로 덜 심각한 위반 척도인 단순 절도와 관련된다. 심각한 비폭력이나 폭력범죄척도의 사건발생이나 유행율과 관련하여 도시, 도시외곽, 그리고 시골 청소년에서 차이가 난다는 증거는 거의 없었다."

### *시간적 분포(Temporal Distribution)*

전미청소년조사는 동일한 개인을 1977년에서 1993년까지 인터뷰한 종단연구이다. 시간에 걸친 비교가 가능하지만 중대한 문제점은 비행율의 변화가 코호트에 영향을 받을 수 있다는 것이다. 나이가 들수록 사람들은 다른 형태의 행동에 참여하기 시작한다. 그것은 성장효과를 반영한 결과일지도 모른다? 예를 들면, 1976년의 코호트인 11세에서 17세 청소년들의 비행이 질적 양적으로 1980년에 15세에서 21세가 된 코호트의 행동과 다를 수 있기 때문이다. 주어진 자료의 한계로 시간적 패턴에 대하여 가정하는 것은 알맞지 않을 수 있다.

## 성별에 따른 범죄 분포(Distribution of Crime by Gender)

범죄학의 주요한 결점은 연구현장에서 여성을 제외시키려는 경향이다. 전통적으로 범죄

이론들은 주로 남성의 행위에 관심을 기울였고 연구는 남자 연구대상자들로 제한되어 왔다. 여성의 제외는 공식체포기록에 의해 제시되는 것처럼 여성의 범죄 관여율(Involvement Rates in Crime)이 매우 낮기 때문인데 대략 2010년도 전체 체포자 중 25%가 여성이었다(남성 체포자 숫자는 7,621,103명인데 비교하여 여성 체포자는 2,602,455명이었다. [표 4.5] 참조). 더군다나, 오랫동안 여성들은 주로 성범죄에 관여하는 것으로 가정되었고 그들의 행위는 중요한 범인성(Criminality) 연구에서 제외되었다. 결과적으로 주요 범죄학 이론들은 여성에게까지 일반화하기 어려우며 성별에 따른 범죄의 분포가 왜곡된 체로 이해되고 있다. 이 교과서 전체에 걸쳐 우리는 이 결점을 보완하기 위해  여성을 포함하거나 여성에 관심을 가지는 연구와 이론적 설명에 보다 더 관심을 가지고자 한다.

[표 4.5] 2010년 표준범죄보고서, 범죄유형에 따른 범죄자 성별(Sex of Offenders by Offense Type)

| 표준범죄보고서 색인범죄 | 남성범죄자 | 여성범죄자 |
|---|---|---|
| 전체 체포건 수(Total Arrests) | 7,621,103<br>74.5% | 2,602,455<br>25.5% |
| 살인 | 7,726<br>89.1% | 941<br>10.9% |
| 강간 | 15,419<br>98.9% | 167<br>1.1% |
| 강도 | 77,077<br>87.8% | 10,694<br>12.2% |
| 폭행 | 246,297<br>77.4% | 72,043<br>22.6% |
| 주거침입절도 | 191,663<br>84.7% | 34,662<br>15.3% |
| 절도 | 562,812<br>56.1% | 439,654<br>43.9% |
| 차량절도 | 45,721<br>82.5% | 9,705<br>17.5% |
| 방화 | 7,271<br>82.6% | 1,535<br>17.4% |

* 12세 이상 인구 10만 명당 발생건수

≫ 자료의 출처: U.S. Department of Justice. (2011). Crime in the United States, 2010. Washington, DC: U.S. Government Printing Office.

### 여성범죄에 대한 관점들(Perspectives on Female Crime)

기존 연구들에서 여성을 제외시킨 정당화 사유의 예는 앞서 '성과 범죄'에 대한 요약에서 설명했다. 크바라세스(Kvaraceus)는 "여자 비행청소년들의 대부분은 소년법정으로 보내진 그들의 이유와 상관없이 일정 정도가 성적 비행자들이다"라고 주장한다(Kvaraceus, 1945:116). 코헨(Cohen)은 여자아이들은 그의 이론의 설명범위를 벗어난다고 선언하였다. 그는 말하기를

> 남성과 여성 비행에서 가장 눈에 띄는 차이는 남자 비행청소년은 다방면적이고 여자 비행청소년은 상대적으로 특정적이라는 것이다. 그것이 압도적으로 성적비행(Sexual Delinquency)에서 구분된다(Cohen, 1955:45).

클라워드와 오린(Cloward & Ohlin, 1960)은 여성 갱 멤버가 존재한다는 것을 인지하였지만 그들은 남성 비행자 그룹에 가입되어졌거나 종속되어져 있다고 결론 내렸다. 왜냐하면 여성 갱 멤버들은 그들 그룹에서 진정한 위협이 아니었기 때문이다. 클라워드와 오린은 그들의 이론에서 여성에 대한 추가적인 고려를 제외시켰다. 여성은 또 다시 사회통제이론을 명확하게 한 트래비스 허쉬(Travis Hirschi)의 "Cause of Delinquency"라는 저서에서 기꺼이 제외되었고 구체적으로 허쉬는 "자료 분석에서 여성 청소년은 제외된다"라고 언급하였다. 이들 이론가들은 여성 위반자들의 부도덕성(Immorality)에 덜 관심을 보였으며 중요한 연구에서 그들을 제외시켰다. 그러나 이 장에서 제시되는 갱의 특성은 이전 범죄학자들이 갱 멤버십이 주로 남성의 현상이라는 믿음을 반박한다.

그러나 모든 범죄학자들이 여성의 범죄행위를 무시하였던 것은 아니다. "The Criminality of Women(여성의 범인성)"이라는 저서에서 폴락(Pollak, 1961)은 공식범죄 자료는 여성범죄를 낮게 보고하는 경향이 있다고 주장한다. 그는 여성 범죄의 대부분이 사소한 유형이며 남성이 여성에 의해 범해지는 범죄의 피해자인 경우 신고하지 않을 가능성 등과 같은 이유를 들었다. 또한 그는 남자경찰관은 여자 범죄자를 다룰 때 자주 갈등에 부딪치게 된다고 믿었는데 이는 기사도 정신(Chivalry)과 여성에 대한 선입견 때문이라는 것이다. 결과적으로 경찰관들은 여자 범죄자를 덜 의심하거나 덜 체포하려 한다는 것이다. 더군다나, 통계자료는 여성들이 남성들에 비하여 무죄선고를 받을 가능성이 더 높음을 보여주고 있다. 종합할 때, 여성 범죄는 덜 보고되며 덜 발견되고 발견될지라도 보다 더 온정적으로 다루어진다는 것이다.

여성의 숨겨진 범인성에 대한 논의에서 폴락(Pollak)은 논의하기를 이것은 여성에 의해

저질러지는 범죄의 종류(불법적 낙태, 매춘에 의한 절도, 가구절도) 뿐만 아니라 여성의 타고난 비밀성 때문이라 주장한다. 그는 여성의 속임수는 사회적으로 설득 될 뿐만 아니라 여성 생리학과 관련되어 있다고 주장한다. 폴락은 여성은 그들의 성적 가장, 가짜 성적 반응, 그리고 월경을 통하여 남성을 속이는데 확신을 가진다고 믿었다. 남성을 속이는 그들의 힘에 대한 확신과 함께 여성은 들키지 않고 범죄를 저지를 수 있다는 것이다.

비록 폴락의 연구결과를 분명히 지지하는 증거는 없지만, 몇몇 범죄학자들은 그의 전제를 받아들었다. 여성이 그들의 정당성과 전통적 역할을 통하여 그들의 일탈을 숨길 수 있다는 가정은 많은 여성범죄 연구에서 발견된다. 동시에 폴락의 연구는 그의 연구가 인위적이고 여성 혐오적이며 과장되었다는 것을 밝혀낸 페미니스트 범죄학자들에게 신랄하게 비난받았다. 매우 예리한 비판 중 하나로 린드와 셸돈(Chesney-Lind & Sheldon, 1998)은 왜 "조숙한 생물학적 성숙(Precocious biological maturity)"이 남성이 아닌 여성의 성적 비행을 설명할 수 있는지를 설명하려는 폴락의 시도는 "매혹적이고 뒤틀려진(Fascinating and contorted)" 것이라 꼬집어서 비판하였다.

### *여성범죄에 대한 설명들(Explanations of Female Crime)*

일반적으로 여성에 대한 연구들은 1970년대에 증가하였다. 이러한 현상은 범죄학에서도 마찬가지였다. 처음으로 상당수의 여성 범죄학자들이 학계로 들어왔고 그들 중 많은 수는 여성 범죄자에 관심을 가졌다. 오래지 않아 여성범죄자 연구는 신체적 심리적 요소들에 국한되지 않았다. 문화와 사회구조적 변수들이 면밀히 관찰되기 시작하였다. 범죄학자들은 여성이 법을 위반할 때 빈번히 여성 자신들의 역할을 하는 와중에 저지르게 되는데 그들은 쇼핑객으로 가서 상점절도범이 되고 체크라이트로 가서 위조범이 된다고 주장한다.

호프만(Hoffman-Bustamonte, 1973)은 여성은 남성과는 매우 다르게 사회화된다는 가설을 강조하였다. 남자아이들은 자랄 때 여자아이들에 비해 매우 많은 자유를 허락받을 뿐만 아니라 보다 더 난폭하고, 야망적이며 외향적이도록 격려를 받는다. 여자아이들은 비폭력적이도록 기대되기 때문에 그들은 폭력적 행위를 저지를 수 있는 전문적 기술을 획득할 수 없다(see also Boocock, 1972; Schur, 1984). 하나의 예로 부모들이 그들 자녀들이 싸울 때 전형적으로 나타내는 반응을 들 수 있다. 아들이 싸울 경우 그들의 반응은 "나는 너보다 상대방 아이가 더 많이 맞았기를 희망 한다"일 것이다. 하지만 이런 언급은 딸에게는 거의 이루어지지 않는다. 어린 소년은 싸움을 시작하지 않아야 된다고 교육받지만 다른 소년에게 맞을 경우 도망가지 말라고 가르침을 받는다.

[그림 4.3] 경찰관이 신원불명의 여성에게 수갑을 채우고 있다. 1970년대에 여성의 범인성에 대한 연구가 증가하였으나 최근에는 과거에 비하여 많지 않다.

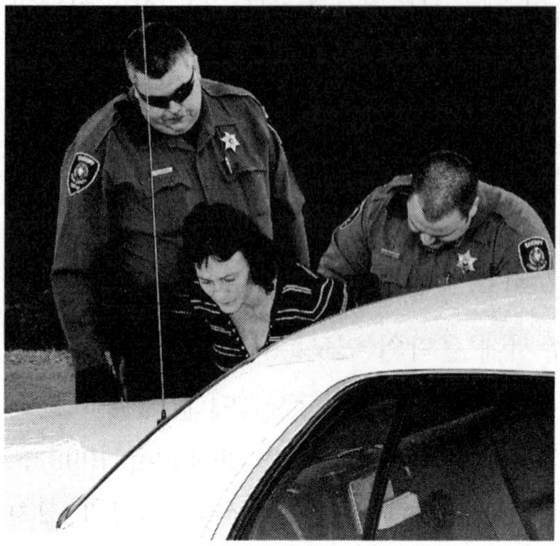

≫ 자료의 출처: P Photo/Stephen Monahan via the Lindsay Letter

더군다나 우리 문화에서 소년은 어떻게 싸우고 적이 쓰러지면 멈추는 것이 적절하다는 교육을 받지만 이런 훈련은 어린 여자아이들에게는 주어지지 않는다. 여자아이들이 싸우면 그들은 자주 물고, 할퀴고, 머리채를 잡아당긴다. 이 행동은 사회적으로 꼴불견인 것으로 정의된다. 비록 전형적으로 여자아이들이 소년들만큼 강하지는 않더라도 소녀들은 소년들보다 더 사납게 싸울 수 있다.

기존 자료들에 따르면, 여자들이 폭력범죄를 저지를 때 그들의 피해자는 자주 친척이나 연인들이라고 한다. 살인에서 가장 자주 사용되는 무기는 주방용구이며 일반적으로 칼이다. 여자들이 폭력범죄를 저지를 때조차 그들은 성에 국한된 무기를 사용하는 것이다. 여성 강도에 대한 연구에서 밀러(Miller, 1998)는 여자들은 일반적으로 여성 피해자를 목표로 하고 무기가 사용될 때 그들은 칼을 주로 사용할 가능성이 높았다고 한다. 무기 선택에서 남자 강도들이 피해자를 협박하기 위해 권총에 의지하는 것과 예리한 대조를 보인다.

역할이론은 페미니스트 범죄학 발전의 시발점이다. 그러나 스마트(Smart, 1976:69)가 주장하였듯이, “성역할에 관한 연구는 아마도 범죄현상에 대한 완벽한 분석을 제공하기 위한 의도는 아닌 것 같다.” 그녀는 역할이론이 “구체적으로 차이가 나는 역할들과 다른 인간 행동 형태들을 설명 할 수 있는 이론”으로 알맞아야 한다고 강조하였다.

### *자유주의와 범죄(Liberation and Crime)*

여성해방운동이 모멘텀을 획득한 것과 동시에 여성 범죄율이 증가한 것처럼 보여진다.

이에 따라 범죄학자들은 자유와 범죄의 관계를 검증하기 시작하였다. "Sister in Crime"이라는 저서에서 아들러(Adler, 1975:12-13)는 말하기를

> "여성들은 더 이상 미국의 주방, 육아 혹은 가사 등에서 도제살이를 당하지 않아도 된다. 처음으로 그들의 자유가 허락되고 수십만 명의 여성들은 그들의 주방을 버리고 전통적인 모든 남성들의 일자리 영역을 줄기차게 감소시키기로 결정하였다. 같은 방식으로 여성들은 정당한 노력의 영역에서 동등한 기회를 요구하고 비슷한 수의 완강한 여성들은 주요한 범죄의 세계로 밀고 들어간다."

아들러(Adler)는 여성운동에 의해 야기된 여성의 자기주장 증가와 여성범죄의 증가를 연결시켰다. 그녀는 여성들을 제약하는 것들은 줄어들었고 여성들이 그들의 강화된 위치로 인해 강한 압박이 존재한다고 주장하였다. 이로 인해 여성들은 남성들이 직면하고 있는 똑같은 범죄를 야기하는 힘(Forces)에 영향을 받게 되었다. 그러므로 역할기대의 수렴과 함께 여성범죄는 남성범죄와 닮아가기 시작하였다는 것이다. 여성들의 전통적인 거리범죄 참가율이 증가할 것이라는 아들러의 예측은 공식자료에서 현실화되었다. 1973년에서 2010년 사이 지표 범죄에서 여성체포자들은 121.8%증가한 반면 남성 체포자의 비율은 3.7% 증가하였다[표 4.6].

**[표 4.6]** 1973년과 2010년 색인범죄에서 체포된 사람들의 성별 변화

| | 1973 | | 2010 | | 1973에서 2010년까지 변화 | |
|---|---|---|---|---|---|---|
| | 남성 | 여성 | 남성 | 여성 | 남성 | 여성 |
| 전체 체포<br>퍼센트 | 5,502,284<br>84.7% | 997,580<br>15.3% | 7,621,103<br>74.5% | 2,602,455<br>25.5% | 38.5% | 160.9% |
| 전체 색인범죄*<br>퍼센트 | 1,112,485<br>81.3% | 256,739<br>18.7% | 1,153,986<br>67% | 569,401<br>33% | 3.7% | 121.8% |
| 폭력범죄<br>퍼센트 | 260,800<br>89.8% | 29,582<br>10.2% | 346,519<br>80.5% | 83,845<br>19.5% | 32.9% | 183.4% |
| 재산범죄*<br>퍼센트 | 851,685<br>78.9% | 227,157<br>21.1% | 807,467<br>62.4% | 485,556<br>37.6% | -5.2% | 113.8% |

* After 1978, arson is included as an Index and property crime.

>> 자료의 출처: U.S. Department of Justice. (1974). Crime in the United States, 1973. Washington, DC: U.S. Government Printing Office; U.S. Department of Justice. (2011). Crime in the United States, 2010. Washington, DC: U.S. Government Printing Office.

아들러가 그녀의 입장을 지지하는 사례연구자료를 사용하였다면, 사이몬(Simon, 1975)은 "The Contemporary Woman and Crime"에서 수십 년간 여성범죄의 통계적 상황을 검증하였다. 여성의 범인성에 있어 여성운동의 영향력을 검증하기 위해 사이몬은 노동시장에서 여성의 지위, 결혼과 출산율, 임금, 교육, 그리고 범죄통계 등의 자료를 사용하였다. 그녀는 몇몇 종류의 범죄(주로 화이트칼라 범죄)가 증가하는 반면 다른 종류의 범죄들(특히, 폭력범죄)은 감소할 것이라 결론 내렸다. 그녀는 이들 변화가 사회에서 여성의 지위변화 때문에 발생할 것이라 믿었다. 더군다나, 사이몬은 남성에 의해 지배되었던 여러 적법한 영역에서 여성들이 수용되고 있으므로 형사사법제도는 남성만큼이나 여성을 다루게 될 것이라 결론 내렸다. 결과적으로 여성들은 경찰이나 법원의 기사도주의적 처우로부터 더 이상 이익을 얻지 못하게 될 것이라는 주장이다.

비록 아들러와 사이몬의 연구가 새로운 것이었지만 분석에서 그들의 자료와 연구방법은 상당한 비판을 받았다. 아들러 역시 여성이 범죄자가 되는 것은 자유화의 결과라는 가정을 비판하였다. 왜냐하면 대다수의 범죄에 관여하는 여성들은 여성운동에 의해 별로 영향을 받지 않았던 것으로 보이기 때문이다. 여성운동에 의해 가장 영향을 받은 이들은 교육받은 중산층이나 상류계층의 가족들인 경향이 있는 반면 범죄통계에서 발견되는 여성들은 덜 교육받고 하류계층인 경우가 많았다.

보리치(Boritch, 1992)에 의해 보고된 연구는 역시 사이몬과 다른 이들이 역사적으로 여성들은 형사사법제도에서 남성에 비하여 보다 더 온정적인 처우를 받는다는 그들의 가정에 잘못이 있다고 주장한다. 1871년에서 1920년까지 온타리오의 미들섹스 카운티 법정에 대한 분석은 여성들이 보다 더 교도소형(Prison Sentences)을 많이 받고 남성보다 더 긴 선고를 받았음을 보여주었다.

여성의 위반율에 대한 합의나 남성과 여성범죄자의 위반율 차이를 설명할 수 있는 근거(Reasons)에 대한 합의는 계속적으로 부족할 것이다. 그러나 최근 라운스타인, 헤이머, 그리고 린치의 연구(Lauritsen, Heimer, & Lynch, 2009)는 법위반에서 성별차이는 많지 않다는 것을 보여준다. 표준범죄보고서(UCR)과 전미범죄피해조사(NCVS)자료를 사용하여 그들은 1973년에서 2005년까지 폭력범죄와 피해의 추세를 검증하였다. 슈와츠와 그의 동료들(Schwartz et al., 2009)의 비평에 대한 응답으로 헤이머와 그의 동료들(Heimer et al., 2009:436)은 결론짓기를

> 남성이 여성에 비하여 여전히 보다 더 폭력적이다. 치명적이지 않은 폭력범죄는 시간의 흐름에 따라 양성에서 감소하였다. 그러나 그 감소는 성별에 따라 동일한 정도는 아니었다.

> 그리고 우리는 성차가 시간의 흐름에 따라 감소함을 관찰하였다. 초기 1970년대 이래로 양성평등이라는 관점에서 사회 경제적 변화가 발생하였기에 우리는 이것에서 놀랍지 않았다.

그들은 "법위반 행위의 이 변화들에 대한 논쟁을 뛰어넘어 여성과 남성 폭력범죄율의 변화 이유를 설명하려는 연구에 보다 더 몰두 할" 시간이 되었다고 주장한다(Lauristen et al., 2009:392).

### *후기 자유주의 설명(Post-Liberation Explanations)*

지난 30년간, 많은 연구자들과 이론가들은 사실상 여성범죄의 후기 자유주의 설명들을 검증하고자 하였다. 헤이건, 심슨, 그리고 길리스(1979; 1985; 1987)는 왜 소녀들이 보다 덜 비행을 저지르는지를 설명하기 위해 비행의 권력통제모델(Power Control Model)을 제안하였다. 그들은 딸은 아들에 비해 가부장적 가정에서 보다 더 통제당한다고 설명한다. 이 통제는 여성 또래집단에서 의존성, 수동성, 복종성을 강화시키며 영속화된다. 더군다나, 남성에 비해 여성은 사회체계에서 보상구조로의 접근성이 보다 더 제한적이다. 헤이건과 그의 동료들은 범죄의 성적 계층화와 일자리에서의 성적 계층화를 연결지었다.

이들 견해들은 사회질서에서 가정의 위치와 함께 가정에서의 권위(Authority)와 청소년의 권력(Power)을 검증하였던 여러 논문들에서 개선되고 확대되어갔다. 헤이건, 심슨, 그리고 길리스의 견해에 따르면 권력의 존재와 통제의 부재는 비행이 발생할 수 있는 조건을 창출한다(see also Blackwell, 2000). 여성들이 보다 큰 통제와 권력의 부재를 가지는 것으로 볼 때, 여성의 적은 위법행위는 놀라운 일이 아닐 것이다.

그러나 청소년범죄와 관련되는 요인들을 탐색한 연구는 여성과 남성 비행의 다른 인과관계 혹은 설명모델을 보여주는데 실패했다. 돈펠드와 크루츠슈니트(Dornfeld & Kruttschnitt)는 부모이혼, 부의 알코올 남용, 그리고 가혹한 훈육과 같은 가족의 위험요인의 영향을 연구하였고 "우리는 성별에 국한된 위험요인이 존재한다는 것을 거부하지 않지만 단지 성에 기초하여 그들 위험요인들이 예측될 것이라는 반응을 거부할 것이다"라고 결론 내렸다(Dornfeld & Kruttschnitt, 1992:414). 이와 유사하게, 카스피와 그의 동료들(Caspi et al., 1994)에 의해 보고된 다국적 종단자료 분석의 결과는 같은 3가지의 성격 척도가 남성과 여성의 비행에 상관관계가 있음을 보여준다.

점차 증가하는 연구들이 여성과 남성의 위법행위의 인과적 설명에서 차이보다는 보다 유사성을 찾아내기 위해 지속되고 있다. 예를 들면, 고다노와 락웰(Giordano & Rockwell, 2000)은 심각한 위법행위를 설명함에 있어 차별접촉이론의 효과를 검증하고자 하였다. 그들은 차별접촉이론의 사회학습 개념들이 여성범죄자의 학습에 남성범죄자와 마찬가지로 동등하게 적용 가능함을 발견하였다. 비슷하게도 밀러(Miller, 1998)는 강도행위를 저지르는 실제적인 방법이 남성과 여성에서 다르지만 강도의 동기는 유사하였음을 보여주었다. 비행 청소년들에 대한 검증에서 리우와 카플란(Liu & Kaplan, 1999)은 여성과 남성 범죄에서 비슷한 비행 가담 패턴을 찾아냈을 뿐만 아니라 유사한 매개변수들이 같은 영향을 미친다는 것을 찾아냈다. 에스벤센과 데스체네스(Esbensen & Deschenes, 1998)는 갱 멤버십을 설명하는데 성의 역할을 검증하고자 하였다. 그들은 여성과 남성의 설명모델에서 다소의 차이를 발견할 수 있었다. 사회학습모델은 소년과 소녀에서 꽤나 비슷하였으나 사회통제모델은 남성과 여성의 갱 가입은 다른 설명요인이 있음을 보여주었다. 성차에 대한 다른 연구에서 헤이머와 데코스트(Heimer & DeCoster, 1999)는 남성과 여성의 위반행위에서 가정의 통제가 미치는 영향을 탐구하였다. 그들은 “소녀들이 소년들에 비해 덜 폭력적인데 이는 주로 그들이 가족 유대의 영향을 보다 더 강하게 받고 폭력적 정의를 덜 배우고, 폭력이 여성스러움과 부합하지 않는다는 가르침을 받기 때문이다”라고 주장하였다(1999:303).

### *성과 범죄에 관한 표준범죄보고서 자료(UCR Data on Gender and Crime)*

표준범죄보고서(UCR)에서 보고되는 범죄들 중 많은 수는 미결이었고 범죄자에 대한 정보가 없는 경우가 많다. 그러므로 인구학적 정보를 획득하는 것은 주로 체포 자료에 의존하게 되는 경우가 많다. 그러나 이 방법은 보다 늙고, 영리하며, 우발적인 범죄자들은 아마도 덜 체포될 가능성이 있으므로 샘플링(Sampling)의 왜곡이 발생할 수 있다. 성별, 인종, 그리고 사회적 계층과 같은 다른 요소들 역시 개인을 체포할 것인지 말 것인지에 대한 경찰관들의 재량행위(체포 혹은 경고 등)에 영향을 줄 수 있다. 그러므로 범죄의 패턴을 파악하기 위해 체포 자료를 사용할 때에는 주위가 요구된다.

[표 4.6]은 2007년 지표범죄에서 1,723,387건의 체포된 범죄자들 중에서 33%가 여성이었음을 보여준다. 이 수치는 모든 체포된 범죄자들 중 여성의 비율(25.5%) 보다 높은 것으로 여성들이 범죄를 저지를 때 그들은 남성범죄자들에 비해 중범죄로 체포될 가능성이 높다는 점을 보여주는 결과이다. 1973년 자료와 대조적으로 여성 범죄행위의 의미있는 변화가 나타난다. 1973년에 여성은 모든 체포된 범죄자들 중에서 단지 15%를 차지하였다. 체포된 여성 범죄자 비율의 변화가 여성범죄의 변화를 반영하는 것인가? 어떤 이들은 여성 범죄의 변화일수 있다고 결론짓지만 다른 가능성은 여성범죄자들에 대해 예전에는 체포하지 않았을 여성의 위반행위를 경찰이 갈수록 더 많이 체포하는 것과 같은 경찰 대응의 변화 때문일 수 있다.

갱의 특성

## 갱멤버의 인구학적 특성들

갱 연구는 방대하지만 갱의 본질, 특히 성과 인종적 구성에 관한 합의가 거의 존재하지 않는다. 일반적 고정관념은 갱은 주로 남성적 현상이며 여성들은 대체로 보조적 역할을 수행한다는 것이다. 마찬가지로, 언론매체의 표현은 갱 멤버십이 비소수인종 청소년을 사실상 제외한 소수인종의 현상으로 표현한다는 것이다. 최근 연구의 결과들은 이들 일반적인 가정들이 잘못되었다는 것을 제시한다. 3장에서 갱의 특성에 대해 논의하였듯이, 갱 문제의 정도는 대체로 사용되어진 정의에 의해 결정되어진다. 같은 정의가 갱의 본질과 구성에 적용된다. 서로 다른 정의들과 다른 연구방법들은 다른 모습의 결과를 나타낸다. 많은 갱 연구들은 연구자들이 갱에 대한 지식이 있는 정보원들로부터 찾아낸 특정 개인들이나 특정 갱을 관찰하는 사례연구에 의존해 왔다. 이들 묘사적인 설명들은 이들 갱들에 대한 매우 풍부한 묘사를 제공한다. 그러나 그들은 단지 갱의 모든 모습 중 일부만을 제공한다는 것이다. 최근 많은 수의 일반청소년을 대상으로 조사한 연구들은 갱 가입과 갱 활동에 대한 질문들을 포함시키고 있다. 이들 조사들은 사례연구들에서 제공되었던 모습과는 다른 갱의 모습을 보여준다. 그러나 다시 말해서 그것들은 단지 일부의 모습에 불과하다. 법집행 자료는 사례연구에서 획득 한 정보와 본질적으로 유사하다. 이슈들 중 하나는 연구 대상의 본질이다. 일반적인 조사에서 갱과 갱에 가입하지 않은 개인들을 대상으로 조사한다. 이들 연구들은 일반적으로 10세 정도의 청소년 응답자들을 포함하는 보다 어린 청소년 연구대상자들로 한정한다. 한편 사례연구들은 주로 16세나 그 이상의 갱과 활동적인 멤버들로 한정한다. 이들 다른 방법론들은 갱 멤버십에서 성과 인종적 구성의 다른 추정결과를 보여준다.

경찰자료와 사례연구들은 대부분의 갱 멤버들이 남성이며 소수인종이라는 관념을 강화시킨다. 이 추정치는 90%가 넘는 갱 멤버가 남성이고 90%~95%의 갱 멤버들이 소수인종임을 보여준다. 따라서 그 모습은 갱 문제는 정말로 소수인종 남성들에 집중된다는 점을 보여준다. 한편 일반적 설문조사들에서는 다른 모습이 드러난다. 소수인종 남성에 집중되어 있는 갱에 관한 이슈는 잘못된 것이다. 이들 일반적 설문조사들은 사례연구나 법 집행 자료에 의해 나타났던 가장 높은 추정치보다 두 배 이상 많은 30%~40%의 활동적인 청소년 갱이 여성이라는 것을 발견하였다. 인종과 민족과 관련하여 대부분의 설문조사들은 높은 위험지역으로 한정하였고 그러므로 대부분이 소수인종으로 구성되어졌다. 최근 미국 11개 도시에서 5,935명의 8학년 학생들을 설문조사한 연구는 비행청소년 갱들의 인종과 성비를 조사하였다(Esbensen & Winfree, 1998). 저자들은 25%의 갱 멤버들이 백인이었고 38%의 갱 멤버가 여성이었음을 발견하였다. 다른 일반적 설문조사와 같이 이들 추정치는 공식적인 수치들과는 상당히 다르다. 저자들은 다른 연구방법(예: 일반적인 설문조사와 사례연구 비교), 연구대상의 프레임(예: 설문조사는 13세에서 15세, 관찰 조사는 18세에서 25세), 그리고 다른 문제들(예: 갱 멤버십을 모든 청소년 그룹 대신에 범죄에 가담하는 갱으로 한정할 것인가?)이 갱에 대한 다른 결과의 근원일 것이라 주의를 준다. 이와 동시에 그들은 역시 갱 문제의 본질과 정도를 파악할 때 그리고 갱과 갱 활동에 지역사회의 반응을 고려할 때 이들 모든 근원들을 고려하는 것이 중요하다고 주장한다.

1973년에서 2010년까지 성별에 따른 범죄 추세분석은 여성의 체포율이 남성의 체포율에 비해 상당히 더 증가하였음을 보여준다. 2007년 지표범죄에서 남성의 체포율은 1973년에 비하여 3.7% 더 높아진 반면 여성에 대한 체포율은 121.8% 더 높아졌다. 폭력범죄의 증가는 가장 확연하게 드러나는데 남성에 대한 체포율은 32.9% 더 증가한 것에 비해 여성의 체포율은 183.4% 더 증가했다. 위에서 논의하였듯이 여성의 체포율 비교기준은 남성들보다는 상당히 낮다. 그러나 1973년에서 2010년까지 폭력 범죄로 체포된 남성들의 절대적 증가(85,719명)는 1973년에서 2010년 여성의 폭력범죄 체포자(54,263명) 보다 많았다. 그러나 체포된 여성들의 증가는 실제 여성의 범죄활동 증가를 반영하는 것인지 아니면 형사사법처리의 변화를 나타내는 것인가? 라는 질문이 남아있다. 이 문제를 검증하기 위한 시도로 휴이진가와 에스벤센(Huizinga & Esbensen, 1991)이 1978년 전미청소년조사(NYS)자료와 1989년 덴버 청소년조사(Denver Youth Survey) 자료를 비교하였다. 전미청소년조사(NYS) 자료를 도시청소년으로 한정하였고 남자 청소년과 여자 청소년의 비행율을 조사하였다. 표준범죄보고서(UCR)의 체포 자료와 반대로 그들은 1989년 응답자들은 비록 그 차이가 통계적으로 유의미하지는 않았지만 범죄율에서 조금 낮은 비율을 보여주었다.

### 성별과 범죄에 관한 전미범죄피해조사 자료(NCVS Data on Gender and Crime)

재산범죄에서 성(Gender)에 관한 정보는 전미범죄피해조사(NCVS)에서는 찾을 수 없다. 왜냐하면 이들 범죄자들은 그들의 피해자들에게 일반적으로 목격되지 않기 때문이다. 그러므로 유일한 방법은 개인적 접촉에서 폭력범죄에 관한 피해 자료를 비교하는 것이다. 전미범죄피해조사 자료는 표준범죄보고서 보다 폭력범죄에서 여성의 참가 정도가 보다 많음을 보여준다. 전미범죄피해조사 자료는 단일 범죄피해(피해자들에 의해 보고된 범죄자의 성별)에서 인식된 범죄자의 성(Sex)이 90%가 남자이며 10%가 여자임을 보여준다. 이 분포 비율은 범죄종류에 따라 매우 일관되게 나타난다. 유일한 예외는 강간범들은 거의 남성일 가능성이 높다는 것이다(99%).

### 성별과 범죄에 관한 자기보고자료(Self-Report Data on Gender and Crime)

비록 공식적 자료들은 남성과 여성의 위반율에서 차이가 상당하다는 것을 나타내지만 자기보고 자료는 매우 다른 모습을 제공한다. 캘리포니아 오클랜드에서 820명의 남성과 여성을 대상으로 한 힌델랑의 연구(Hindelang, 1971)는 여성 비행은 다른 사람들이 주장하는 것처럼 전문적이지 않다는 것을 발견하였다.

여성의 비행참여 패턴은 비록 축소된 빈도지만, 남성의 비행패턴과 매우 밀접하게 유사하다. 남자들과 여자들 중에서 최대와 최소 빈도의 활동들은 거의 동일하다. 그 결과는 여성 비행자들이 마치 성적 비행행위들에만 주로 가담하고 있다는 믿음과 차이가 있는 것이다.

더군다나 와이즈(Weis, 1980)는 10가지 자기보고 자료의 재분석으로부터 "성차는 적고 폭넓은 다양한 위반행위에 관여하고 있는 양성의 비율이 광범위하다"고 결론 내렸다. 다른 자기보고 자료들도 같은 패턴들을 보여준다. 세른코비치와 지오다노(Cernkovich & Giordano, 1979)의 중서부 지역 표본 분석은 캔트(Canter, 1982)의 전미청소년조사(NYS) 자료의 5개 패널들에 대한 분석에서와 같이 성별에서의 유사한 비행행위 패턴을 보여주었다. 성차는 중범죄나 폭력범죄의 카테고리에서 가장 명확하게 나타난다. 유행율을 기준으로 지표범죄에서 남성과 여성의 성비는 거의 3대 1이다. 빈도율의 비율은 거의 5대 1이다. 퍼센트로 바꾸면 이것은 15세~21세의 사람들이 보고한 중범죄 중 20%를 여성이 저지른다는 의미이다. 이 수치는 전미범죄피해조사 자료와 매우 일치하나 표준범죄보고서 체포 자료보다는 두 배가 넘는 수치이다. SRD 자료에 따르면, 여성의 범행은 낮은 빈도율을 보인다는 것을 제외하면 남성의 범인성과 매우 유사하다.

## 나이에 따른 범죄 분포(Distribution of Crime by Age)

성별 다음으로 연령은 범죄행위 가담을 가장 잘 예측하게 하는 개인적 특성이다. 거리범죄가 청소년과 동의어로 인식되어 진다는 것은 매우 일반적이다. 몇몇 사회과학자들은 범죄나 비행행위로 불리는 많은 것들은 성장하면서 행하는 일반적인 행동과 크게 다르지 않다고 주장한다(e.g, Jolin & Gibbons, 1987). 여러 문화에 따른 일관된 결과들은 연령 범죄 곡선(Age-Crime Curve)을 확인시켜준다. 후기 아동기나 초기 청소년기에 범죄의 개시(Crime Initiation)가 시작되고 청소년기에 걸쳐 증가하다가 서서히 안정기를 거친 이후 성인기를 걸쳐 점차 감소한다. 이 곡선의 모양은 여러 사회들에 걸쳐 놀랍도록 비슷하나 개시되는 연령과 범죄행위 정점의 연령은 일정 정도 차이를 보인다.

미국에서, 두 가지의 다른 추세가 [표 4.7]에서 나타나 있다. 첫 번째, 22세 미만의 청소년들은 지표범죄에서 편중적으로 많은 수의 체포를 차지한다. 표준범죄보고서 자료에 따르면 거의 모든 지표 범죄들에서 41%, 재산범죄에서 44%, 폭력범죄에서 32%, 그리고 살인에서 34%가 22세 미만의 사람들에 의해 저질러진다고 한다. 두 번째, 연령이 높아지면서 범죄의 양은 감소하나 감소정도는 재산범죄에서 보다 크게 나타난다. 예를 들면, 재산범죄(주로 절도)는 34세 이상 성인들의 경우 체포의 71%를 설명하는 것과 비교해서 16세 미만의 청소년들에서는 모든 지표범죄 체포의 84%를 차지한다. 따라서 상대적으로 말해 폭력범죄의 체포는 젊은이들 보다는 나이가 든 집단에게서 더 일반적이다. 이들 체포 자료는 부분적으로 차별적인 법집행 실태나 젊은 범죄자들 중 일부분의 미숙함을 반영하는 것이다.

단독범에 의한 폭력범죄 피해에서 범죄자의 연령은 전미범죄피해조사는 표준범죄보고서의 자료와 유사한 결과를 보여준다. 표준범죄보고서에서는 30%였고 전미범죄피해조사 자료에서는 그런 범죄자들 중 31%가 21세 미만이었다. 전미청소년조사(NYS) 자료 역시 비행행동이 초기 청소년기에 걸쳐 증가하고 10대 후반기 정체기에 도달하며 이후 점차 20대에 감소한다는 일반적 결과를 지지한다.

[표 4.7] 2010 표준범죄보고서, 체포자의 나이

| | 전체 | 16세 이하 | 16-18 | 19-21 | 22-24 | 25-29 | 30-34 | 34세 이상 |
|---|---|---|---|---|---|---|---|---|
| 전체 체포건수 | 10,223,558 | 593,737 | 1,163,548 | 1,415,374 | 1,130,306 | 1,517,930 | 1,118,681 | 3,283,982 |
| 퍼센트 | | 5.8% | 11.4% | 13.9% | 11.1% | 14.8% | 10.9% | 32.1% |
| 색인범죄 | 1,723,387 | 164,848 | 292,432 | 250,097 | 172,582 | 223,679 | 162,353 | 457,396 |
| 퍼센트 | | 9.6% | 17% | 14.5% | 10% | 13% | 9.4% | 26.5% |
| 폭력범죄 | 430,364 | 26,689 | 52,779 | 58,216 | 47,679 | 65,279 | 48,229 | 131,493 |
| 퍼센트 | | 6.2% | 12.2% | 13.5% | 11.1% | 15.2% | 11.2% | 30.5% |
| 재산범죄 | 1,293,023 | 138,159 | 239,653 | 191,881 | 124,903 | 158,400 | 114,124 | 325,903 |
| 퍼센트 | | 10.7% | 18.6% | 14.9% | 9.7% | 12.3% | 8.8% | 25.3% |
| 살인 | 8,667 | 192 | 1,135 | 1,619 | 1,166 | 1,430 | 938 | 2,187 |
| 퍼센트 | | 2.2% | 13.1% | 18.7% | 13.5% | 16.5% | 10.8% | 25.2% |

» 자료의 출처: U.S. Department of Justice. (2011). Crime in the United States, 2010. Washington, DC: U.S. Government Printing Office.

### *범죄경력 논쟁(Criminal Careers Debate)*

지난 20년 간, 범죄학의 관심은 범죄경력(Criminal Careers)과 경력범죄자(Career Criminals)라는 개념에 집중되었다. 전자는 범죄행위가 시작(Beginning), 활동기간(Period of Activity), 그리고 경력의 종료(Ending or Termination of the Career)에서 다른 직업들과 비슷하다고 가정한다. 경력범죄자는 상습범죄자(Habitual Offender)라는 보다 익숙한 개념과 동의어이다. 범죄경력 문헌은 주로 예측모델과 범죄비용과 감금의 비용을 파악하고자하는 시도들의 결과물이다.

범죄대응도구로써 선별적 불능화(Selective Incapacitation)의 개념은 레이건 정부(1984-1992) 기간 동안 인기를 얻었다. 이 정책은 사회적 비용(예: 경제적 비용과 개인적 부상)을 감소시키기 위해 경력범죄자들과 다른 재범가능성이 높은 범죄자들에 대한 감금을 지지하였다. 재범가능성이 높은 범죄자를 감금시키면, 감금되지 않았을 때 저질러질 수 있는 범죄의 수를 계산할 수 있다. 재범가능성이 높은 범죄자를 예측하고 그들의 경력기간(예: 무기한 이들을 감금할 필요가 있는가? 혹은 그들이 그들의 범죄행위를 좀 더 초기에 종료할 수 있을까?)을 결정할 수 있는가 하는 것은 미래 범죄를 예방하기 위해 사람들을 감금하고자 하는 정책과 관계된다. 연령과 범죄가담 정도의 관계에 대한 관심은 범죄경력 연구에서 중요시 된다.

가프레드선과 허쉬(Gottfredson & Hirschi, 1986; 1988; 1990)는 범죄경력 패러다임과 범죄경력자들을 평가하는 연구들을 수행하기위한 종단연구의 가치에 노골적인 반대자들이다. 그들은 범죄에서 연령의 영향은 불변하는 것이라 주장한다. 그들은 역사적 비교 문화적 연구가 연령 범죄곡선이 상대적으로 150년간 변화하지 않고 있다는 사실을 강조한다. 사실상 범죄가 16~17세에 정점을 이루고 점진적으로 남은 삶의 주기 내내 감소한다고 한다면 가프레드선과 허쉬는 "성숙에 의한 개선(Maturational Reform)"이 그 감소를 가장 잘 설명할 것이라 주장한다. 범죄행위에 대한 중단(Desistance)은 "행동의 변화는 설명되어질 수 없고 무슨 일이 발생되든 상관없이 변화가 일어나는" 것이다(Gottfredson & Hirschi, 1990:136). 이것은 범죄행위가 개인에 따라 다르며 범죄행위에의 가담율의 차이를 설명할 수 있는 상대적으로 안정적인 성향인 낮은 자기통제력(Low Self-Control)의 결과라는 그들의 신념과 일치한다. 자기통제력(Self-Control)은 초기 사회화과정에서 심어지며 주로 훈육(Child-rearing)의 결과이다. 범죄행위의 원인을 이해하기 위해 초기 아동기의 경험을 조사하고 개인의 자기 통제력을 측정하는 것이 필요하다. 이에 다른 요소들은 덜 중요한 것이 된다.

가프레드선과 허쉬와는 대조적으로, 블룸스테인, 코헨, 그리고 패링턴(Blumstein, Cohen, & Farrington, 1988a; 1988b)은 범죄경력 패러다임의 강력한 지지자들이다. 그들은 범죄경력이 "특정기간 동안 탐지 가능한 범행율을 나타내는 범죄자들에 의해 저질러지는 위반행위의 종단적이고 연속적인 사건들로 측정가능하다"(Blumstein et al., 1988a:2)고 주장한다. 그들은 시작(Initiation or Onset), 연속(Continuity), 기간(Duration), 개인적 위반율(or 람다(Lambda)), 확대(Escalation), 중단(Desistance), 그리고 종료(Termination)와 같은 용어를 적용한다. 종단연구는 범죄경력 연구를 위해 분명히 필요한 것이다. 범죄의 원인과 관련된 질문들이 제기되지만 역시 관심요인들은 범죄 가담의 증가빈도, 위반행위의 심각성 확대, 그리고 중요한 것은 법위반 행위의 중단과 관련된 것이다. 확대와 종료가 전자의 경우 낮은 자기통제의 결과로 그리고 종료의 경우에서 성숙으로 설명될 수 있는가? 이것은 분명히 너무 단순화된 것이다. 블룸스테인과 그의 동료들은 다른 요인들이 범죄행위의 시작과 종료를 설명하며 연령은 이 전체적인 범죄경력의 입장에서 부분적인 것이라는 그들의 입장을 지지하는 이전 연구를 인용한다. 10장에서 우리는 이 논쟁을 보다 상세하게 논의 할 것이다.

## 인종에 의한 범죄의 분포(Distribution of Crime by Race)

인종은 범죄율과 매우 관계가 있는 것으로 고려되는 세 번째 개인적 특성이다. 일반적 통념은 미국의 흑인(African Americans)과 다른 소수인종이 범죄통계에서 지나치게 부각되어 대표되고 있다는 것이며 이것은 실제 표준범죄보고서(UCR)의 자료에 대한 조사에서 드러난 사실이다. 전미범죄피해조사(NCVS) 자료 역시 미국 흑인을 범죄자로 인식하는 경우가 비확률적으로 많이 나타남을 보여준다. 그러나 대부분의 자기보고 연구들에서(전미청소년조사를 포함하여)는 인종에 의한 범죄율에서 그 같은 정도의 차이가 발견되지 않는다.

[표 4.8]은 체포 통계에 기초할 때 미국 흑인들이 인구크기에 상당히 불일치하는 비율로 폭력범죄를 저지르는 것으로 나타났다. 미국 흑인들은 미국 인구에서 15퍼센트 보다 적지만 그들은 전체 폭력범죄 체포에서 38%를 설명하고 전미범죄피해조사에서 단독 범죄피해

[표 4.8] 2010 표준범죄보고서, 인종에 따른 범죄분포(Distribution of Crime by Race)

| | 전체 | 백인 | 흑인 | 기타 |
|---|---|---|---|---|
| 전체 체포건수<br>퍼센트 | 10,177,907 | 7,066,154<br>69.4% | 2,846,862<br>28.0% | 264,891<br>2.6% |
| 색인범죄<br>퍼센트 | 1,717,461 | 1,136,040<br>66.2% | 536,232<br>31.2% | 45,189<br>2.6% |
| 폭력범죄<br>퍼센트 | 429,166 | 254,620<br>59.3% | 163,670<br>38.1% | 10,876<br>2.5% |
| 재산범죄<br>퍼센트 | 1,288,295 | 881,420<br>68.4% | 372,562<br>28.9% | 34,313<br>2.7% |

≫ 자료의 출처: U.S. Department of Justice. (2011). Crime in the United States, 2010. Washington, DC: U.S. Government Printing Office.

에서 22.4%인 것과 비교된다. 이 두 자료원의 차이는 형사사법제도에서의 차별을 나타내는가? 싱글러와 호른(Singler &Horn, 1986)은 연구자들이 경제적 계층을 통제하였을 때 인종은 체포 가능성에 영향을 주지 못하며 비록 체포될지라도 미국 흑인들이 보다 더 감금될 가능성이 높다는 것을 찾아냈다. 선고(Sentencing)결정을 조사한 많은 연구들은 미국 흑인들이 교도소형을 받을 가능성이 높으며 백인들에 비하여 자주 더 가혹한 형을 선고 받는다는 결과를 확인시켜준다(Chiricos & Crawford, 1995; Everett & Nienstadt, 1999; Spohn & Holleran, 2000; Steffensmeier, Ulmer & Kramer, 1998). 그러나 최근 펜실베이니아의 선고결정을 조사한 저서에서 스테펜스마이어와 데무스(Steffensmeier & Demuth, 2001)는 히스패닉 피고인들이 약물과 비약물(Drug or Non-drug) 범죄에서 보다 더 가혹한 선고를 받으며 백인들은 가장 덜 가혹한 처벌을 받고 미국 흑인 피고인은 중간 정도의 형을 선고 받는다는 점을 보여준다.

문헌들에 대한 종합적인 검토에서 윌뱅스(Wilbanks, 1987)는 형사사법제도가 인종차별적이라는 것은 신화라고 결론 내렸다. 윌뱅스는 선입견과 차별이 개개 사건들에서 발생하지만 드물고, 지속적이지 않고, 그리고 미국 형사사법제도에서 미국 흑인들에 반하는 체계적인 인종차별의 사실을 지지하는 증거가 모순적이라고 주장한다. 그러나 이 주장은 맥닐리와 포페(McNeeley & Pope, 1981)의 의견과 젊은 소수인종 남성들이 범행과 이전 범죄경력을 통제하였을 때조차 다른 사람들에 비하여 보다 더 감금될 위험성이 높다는 것을 지속적으로 보고하는 선고결정 연구(Sentencing Research)와 직접적으로 반대되는 결과이다. 이들 저자들은 제도가 인종차별적이고 미국흑인에게 불리하게 차별적이라고 주장한다. 마슈에다와 헤이머(Matsueda & Heimer, 1987)의 이론적 분석은 왜 미국 흑인들이 표준범죄보고서(UCR)와 전미범죄피해조사(NCVS) 모두에서 불균형적으로 나타나는가를 설명해준다. 그들은 해체된 가정이 다른 인종들에 비하여 미국 흑인들의 비행에 보다 더 영향을 준다고 주장한다. 결과적으로 미국 흑인들은 보다 더 범죄행동에 가담할 것이며 보다 더 체포되고 그들은 보다 자주 해체된 가정에서 자라날 것이다.

전미청소년조사(NYS) 자료는 표준범죄보고서의 자료를 반박하는 경향이 있다. 중범죄와 폭력범죄와 관련하여 5차년도 연구의 범죄 가담율에서 어떤 인종적 차이도 나타나지 않으며 사회적 계층을 통제하였을 때 인종관계는 사라진다고 한다(Huizinga & Elliott, 1987). 이 결과는 약간 정도의 불균형적인 형사사법제도에 의한 접촉과 처리가 영향을 미치고 있음을 설명하는 것이다.

## 사회계층에 의한 범죄분포(Distribution of Crime by Social Class)

범죄학에서 지속적인 논쟁은 사회계층과 범죄사이의 관계에 중심을 둔다. 이 명확하게 단순한 이슈는 수많은 해결을 위한 시도들에도 불구하고 풀리지 않고 남아있다. 사회계층과 범죄의 정적 혹은 부적관계가 모두 지지되는 결과를 찾을 수 있다. 티틀, 빌레메즈, 그리고 스미스(Tittle, Villemez, & Smith, 1978)는 35편의 연구들을 메타분석 한 결과 사회계층과 범인성의 관계는 신화라고 결론지었다. 그들의 논문은 새로운 연구와 비평적 반응의 확산을 자극하였다. 예를 들면, 브레이스웨이트(Braithwaite, 1981)는 야심차게 224편의 연구들을 이차적으로 분석하였는데 연구들 중 81%가 사회계층과 범죄의 반대관계(i. e., 계층이 낮을수록 범죄행동을 더 많이 함)를 나타낸다고 주장한다. 윌슨(Wilson, 1987)에 의한 하위계층(Underclass)이라는 개념의 소개는 이 영역에서 보다 더 많은 연구들을 양산하였으며 갱의 재출현은 미국 직업제도의 주류에서 벗어난 일부 인구인 도시 하층민의 발전과 관계된다고 한다(e.g., Hagedorn, 1988; Vigil, 1988). 티틀과 마이어(Tittle & Meier, 1990)는 1980년대에 발표된 연구에 대한 비판적 검토를 수행하였고 사회경제적 지위(SES-Socioeconomic Status)와 비행의 관계에 대한 지지는 일반적으로 약하고 일관되지 않다고 결론 내렸다.

이 논쟁의 많은 부분은 자기보고 자료의 사용이 원동력이 되었다. 경험적 증거와 1960년 이전 이론적 업적들은 하나의 연역적 가정처럼 하위 계층과 범인성 사이의 관계를 받아들었다. 연구자들은 하위 계층 사람들의 높은 범죄행위 비율을 설명하려고 노력하였다. 예를 들면, 밀러(Miller, 1958) 하위 계층의 사람들은 중산층의 신념과 갈등을 야기하는 행동들에 문화적 가치를 두는 독특한 "중점적 관심사(Focal Concerns)"를 가진다고 주장하였다(8장). 클라우드와 오린(Cloward와 Ohlin, 1960)은 차별적 기회이론(Differential Opportunity Theory)에서 여러 가설을 제안하였다. 다른 이들은 하위 계층의 사람들이 보다 범죄적 행위를 많이 저지르는데 이는 성공을 성취하기 위한 적법한 수단의 기회가 봉쇄되었기 때문이라고 주장한다. 하위계층이 보다 더 범죄적이라는 연구자들의 가설을 반박하기에는 경험적 증거나 많지 않았다.

1950년대 후반에서 1960년대에 자기보고 기술의 소개와 함께 새로운 증거가 제시되었고 이와 동시에 낙인이론(Labeling Theory)이라는 새로운 이론적 관점이 출현하였다(9장 참조). 이들 많은 연구들은 사회계층과 스스로 보고되어진 청소년 범죄 사이에 아무런 관련이 없음을 나타내었다. 이 결론은 하위계층이 범죄를 보다 더 저지르는 것이 아니라 사회계층과 범인성의 관계는 형사사법제도 안에서 차별적 관행에 의한 인공물이라는 주장을 지지하였다. 예를 들면, 경찰은 보다 더 하위계층의 사람들을 정지시키고 체포시키려한다. 이와 유사하게, 체포된 하위계층의 사람들은 중산층에 비하여 기소되고 수감판결을 받을 가능성이 높다.(Evans, 1978; Aaronson et al., 1984).

이들 자기보고 결과들은 주요한 이론적 논쟁을 부채질 할 뿐만 아니라 사회계층과 범죄행동의 측정과 관련되는 방법론적 관심을 불러일으켰다. 범죄행동은 불법행위를 범함(Commission of Illegal Acts) 혹은 공식적 발각(Official Detection)이나 그런 행동의 표시(Labeling)라 정의되는가? 더군다나, 범인성의 범위는 표준범죄보고서의 지표범죄에서 확인되는 거리범죄들로 한정되어야만 하는가 아니면 범죄의 보다 광범위한 개념이 있는가? 이들 질문들에 대한 해답은 사회계층과 범인성 논쟁에 대한 결론에 상당한 영향을 미칠 것이다.

형사사법제도의 재량적 (혹은 차별적) 관행에 대한 이슈가 역시 존재하고 있다. 어느 정도 행동과 행동에 차별적으로 대응하는 것 사이에 차이를 구별할 수 있는가라고 낙인이론가들이 질문할 것이다. 스테펀스마이어와 테리(Steffensmeier & Terry, 1973)는 상점절도에 대한 연구를 수행하였고 범죄자의 성별과 분명한 사회적 계층에 따라 같은 행동이 다른 결과를 나타낸다는 것을 알아내었다. 다른 연구들은 피그말리온효과(Pygmalion Effect) 혹은 자기실현적 예언(Self-Fulfilling Prophecy)은 사회계층과 범죄의 외견상 관계를 설명할 수 있는 연구결과를 보고하였다.

마지막 질문은 범죄의 정치적 본질을 반영한다. 범죄학자나 혹은 정치인이 범죄를 정의할 때 그들은 많은 중요한 함의와 함께 이념적 표현을 만들어낸다. 예를 들면, 우리가 횡령, 세금 회피, 내부자 거래, 그리고 피라미드사기(Ponzi Schemes)를 지표범죄로 정의한다면 누가 범죄자가 되는가? 명확하게도 범죄는 하위계층의 사람들 보다는 중산층이나 상위계층의 멤버들에 의해 저질러질 가능성이 높을 것이고(e.g., Bernie Maddoff; Willott et al., 2001 참조). 반대로, 우리가 주거침입절도, 강도, 그리고 절도를 중범죄로 정의한다면 누가 범죄자가 되는가? 범죄의 정의는 누가 범죄자인가에 대한 우리의 견해와 어떻게 우리가(우리 사회가) 범죄와 싸워나갈 것인가라는 것에 주요한 영향을 줄 것이다.

사회계층을 정의하는 것은 쉬운 일이 아니다. 우리가 사회계층을 교육, 수입, 그리고 직업의 집합적 측정이라 동의한다면, 어떻게 우리가 이들 변수들을 측정하는가? 어떻게 우리가 교육적 달성(Educational Attainment) - 학습 년 수(number of years in school), 최종학력(Highest Grade Completed), 비공식적 훈련(Informal Training), 혹은 앞선 예들의 어떤 조합(Some Combination of the Preceding)을 측정 할 것인가? 결정에 따라서, 그 결과를 매우 다를 것이다.

수입은 어떤가? 이것은 개인적, 가족, 혹은 가정수입을 의미하는가? 또한 연구자는 한 달, 연 간 혹은 가능한 연평균 총소득으로 측정할지 혹은 순이익으로 측정할지를 결정하여야 한다. 보다 큰 문제점은 수입과 관련된 질문을 어떻게 질문 할 것인가 하는 문제이다. 미국인들은 전형적으로 불법적이건 혹은 성적활동과 관련된 질문들보다 그들의 수입과 관련된 질문들에 보다 더 개인적이고 민감하다.

얼핏 보기에는 대학의 학장이 분명히 컴퓨터 센터의 데이터 가공 처리사(Data Processor) 보다 직업적 명망이 높아 보인다. 그러나 당신이 연구자로서 가족의 사회적 계층을 결정하는데 관심이 있다면, 당신은 남편이 데이터 가공처리사인 대학학장의 사회적 지위를 어떻게 결정할 것인가? 이것은 온전히 사회계층이라는 개념들을 조작화(Operationalizing)하는 이슈이다. 다른 관심은 사회계층의 측정을 개인적, 가족적, 혹은 이웃단위의 수준으로 할 것인가이다.

이 정의의 불확실성을 고려해 볼 때, 표준범죄보고서(UCR)이나 전미범죄피해조사(NCVS)가 범죄자의 사회계층과 관계있는 자료를 기록하지 않는다는 것을 놀랄만한 것이 아니다. 그럼 어디로부터 이 수많은 정보들이 온 것일까? 대부분은 사회계층과 범죄행동의 부적관계를 나타내는 이론적 서술을 구성하는 질적이고 인상주의적인 견해로부터 도출된다. 머튼(Merton, 1938)의 선구자적인 출판물이 고전적인 예이다. 부분적으로 누가 체포되고 감금되는지를 경험적으로 관찰한 것에 기초하여 머튼은 사회적으로 수락되는 수단과 문화적으로 특정되는 목표의 불일치는 범죄행위의 원인이라 주장한다. 그는 이 목표와 수단의 불일치가 주로 하위계층의 사람들에서 확연하게 나타났다고 명시했다. 7장에서 더 다루어질 이 주장은 모든 미국인들이 같은 것을 열망하나 이 목표의 성공적인 성취에 접근하는 것은 계층구조의 위치에 달려있다는 견해에 기초하였다. 모든 이들이 부, 권력, 그리고 명성을 추구하나 하층민들은 그들의 꿈을 실현시키는데 가장 큰 좌절을 경험한다. 좌절된 하층민들은 물질적 성공을 성취하려는데 불법적인 방안을 사용한다.

이 이론적 방향은 밀러(1958), 코헨(1955), 그리고 클라우드와 오린(1960)에 영속적으로 전해졌다. 경험적 연구들은 이들 이론가들의 가정에 대한 후속적 확인 작업의 성격이었다. 수감자들을 샘플로 이용한 연구들은 일반적으로 이론적 주장을 확인하였다. 연구자들이 어떻게 사회적 계층을 조작화 하는가와 상관없이, 그 결과들은 거의 일관된 것이었다. 하위계층의 사람들은 불균형적으로 수감인구를 차지하였다. 그러나 위에서 제시되었듯이, 어느 정도 이들 공식통계들이 차별적인 위반율 혹은 형사사법제도 내에서의 차별적 관행을 반영하는가? 자기보고 연구들은 이 논의를 해결하는데 실패하였다. 많은 연구자들이 사회계층과 범죄의 관계가 신화라고 주장(Tittle et al., 1978; Krohn et al., 1980)하는 반면, 다른 사람들은 방법론적 취약점이 그 혼란의 근원이라 주장한다(Clelland & Carter, 1980; Elliott & Ageton, 1980; Braithwaite, 1981; Brown, 1985; Tittle & Meier, 1990). 분명하게도 사회계층과 범죄사이의 관계는 보다 개선되고 확장적인 연구가 요구된다. 최근의 연구 중에서, 라이트와 그의 동료들(Wright et al., 1999)은 사회경제적 지위는 비행에 정적이고 부적인 영향을 동시에 가짐을 찾아내었다. "낮은 사회경제적 지위는 사람들의 고립, 경제적 긴장, 그리고 공격성을 증가시키거나 교육과 직업적인 열망을 감소시킴으로써 비행을 촉진시키나 한편으로 상위의 사회경제적 지위는 위기감수(Risk Taking)와 사회적 힘을 증가시키는 것과 관습적 가치를 감소시키는 것에 의해 개인들의 비행을 유발시킨다." 이 연구는 사회계층과 행위 사이의 중개변인들을 검증하는 것이 중요함을 제시하고 있다.

## 범죄 피해자(Victims of Crime)

전미범죄피해조사(NCVS)의 초기버전의 내용을 보면 미국에서의 범죄피해는 1981년에서 1992년에 걸쳐 감소하였다. 전미범죄피해조사(NCVS)의 재설계로 역사적인 비교를 더 이상 할 수 없는 상태이다. 전미범죄피해조사(NCVS)의 수정된 포맷은 범죄피해자가 1993년에 43,547,000명으로 정점이었고 2009년 20,057,180명까지 감소하였음을 보여주고 있다. 표준범죄보고서, 자기보고비행(SRD), 그리고 제한적으로 전미범죄피해조사(NCVS)는 범죄자에 대한 정보를 제공한다. 이 정보는 이론적 발전의 기초뿐만 아니라 형사사법정책의 형성에 기여한다. 또한 범죄피해자에 대한 지식은 범죄를 이해하고 효과적으로 범죄를 다루기 위한 조치를 발전시키는데 중요하다. 이들 피해자들은 누구인가? 누가 가장 범죄피해를 당하기 쉬운가? 전미범죄피해조사는 이들 질문들에 답하기에 이상적으로 알맞다.

전미범죄피해조사(NCVS)에서 수집된 많은 정보는 가구 특성들에 따라 도표화된다. 가구라는 용어는 거주단위나 가구의 입주자를 의미한다. 가구피해는 주거침입절도, 차량절도, 혹은 가구절도의 발생에 의해 결정되거나 혹은 범죄가 어디서 발생되었건 가구의 구성원이 범죄피해자면 계산된다. 전미범죄피해조사(NCVS)의 가구조사 자료에 의하면, 2006년 거의 15% 이상의 미국 가구들에서 어떤 형태로건 재산범죄 피해를 경험하였다. [표 4.9]는

[표 4.9] 인구 1,000명당 인종, 히스패닉계, 소득, 가구특성에 따른 재산범죄 건수(1995, 2008)

| 가구특성 혹은 세대주 특성 | 1,000가구당 재산범죄 발생 건수 | |
|---|---|---|
| | 1995 | 2008 |
| 인종(Race) | | |
| 백인 | 272.9 | 130.6 |
| 흑인 | 322.3 | 158 |
| 기타 | 292.6 | 113.4 |
| 히스패닉계 | | |
| 히스패닉 | 364.1 | 187.5 |
| 非히스패닉(Non-Hispanic) | 272.7 | 128.2 |
| 가구소득 | | |
| 7,500불 미만 | 290.7 | 204.2 |
| $7,500~14,999 | 256.1 | 175 |
| $15,000~24,999 | 286.9 | 161.7 |
| $25,000~34,999 | 283 | 150.5 |
| $35,000~49,999 | 293.6 | 142.7 |
| $50,000~74,999 | 317.1 | 125.8 |
| $75,000이상 | 336.1 | 133.4 |
| 지역 | | **2006*** |
| 북동부 | 223.7 | 103.9 |
| 중서부 | 256.3 | 155.8 |
| 남부 | 264.1 | 136.8 |
| 서부 | 387.8 | 206.5 |
| 거주지(Residence) | | |
| 도시 | 347.9 | 194.6 |
| 도시주변 | 267.0 | 133.0 |
| 시골 | 218.4 | 125.1 |
| 주택소유여부 | | |
| 소유 | 244.2 | 136.5 |
| 임대 | 344.4 | 192.3 |

*NCVS data for region, residence, and home ownership are not available after 2006.

≫ 자료의 출처: U.S Department of Justice. (1997). Changes in Criminal Victimization, 1994-1995. Washington, DC: U.S. Department of Justice; U.S. Department of Justice. (2010). Criminal Victimization in the United States, 2008 Statistical Tables. Washington, DC: U.S. Department of Justice.

범죄피해를 당한 가구들의 특성을 요약한 것이다. 일반적으로 가장 높은 범죄피해율을 나타내는 가구들은 서쪽 주들에서 발견되고, 년 간 가구소득이 7천 5백 불 이하였고, 도시지역에 거주하는 백인이었으며, 그리고 세입자들이었다(Catalano, 2005). 그러나 이 범죄피해율은 범죄유형에 따라 조금씩 달랐다. 예를 들면, 주거침입절도의 비율은 하위소득 계층들에서 높았으나 차량 절도는 상위계층 가구들에서 보다 일반적이었다.

### *가구소득(Household Income)*

전체 재산 범죄피해의 가능성은 연 간 소득이 7천 5백 불 미만인 가구에서 높았다[표 4.9]. 천 가구당 재산 범죄의 수는 2008년 가구소득 증가와 함께 점차 감소하였다. 연간 7천 5백 불 미만의 소득을 가진 가구들에서 재산범죄피해율은 천 가구 당 204.2로 연 간 소득 2만 5천불에서 3만 4천 999불은 150.5건 그리고 7만 5천불 이상의 가구에서는 133.4%건이었다.

개인적 범죄피해는 보다 일관된 범죄피해의 모습을 제공한다. 폭력범죄의 피해자가 되기 가장 쉬운 가구는 가난한 가구였다. 모든 종류의 개인적 범죄피해 중에서 보고된 폭력범죄피해의 비율은 소득과 함께 감소하였다. [표 4.10]에서 나타나듯이, 가구소득이 7천 5백 불 미만인 사람들의 개인적 범죄피해비율(12세 이상 인구 1,000명당 44.0건)은 7만 5천불이나 그 이상의 소득이 있는 가구(12.9건)보다 거의 4배였다. 이 패턴은 개개 특징적인 범죄유형에서 일관되게 나타나지만 강간/성폭행(6배 이상), 상해(5배 이상), 그리고 강도(3배 이상)에서 가장 명확하게 나타나다.

### *지역적 위치(Geographical Location)*

도시가구(1,000가구 당 29.7건)는 도시외곽(18.9건)과 시골가구(17.3건)에 비하여 1,000가구당 범죄피해율이 보다 높았다. 이 패턴은 주거침입절도, 차량절도, 그리고 단순절도 등 모든 세 가지 재산범죄에서 같았다. 개인적 범죄와 관련하여 도시지역은 다시금 모든 범죄유형에서 가장 높은 피해율을 나타내었다. 지역과 관련하여 서부에 위치한 주들은 절대적으로 범죄피해의 관점에서 피해야 되는 곳이다. 가구범죄와 개인범죄 양쪽에서, 서부는 다른 지역에 비해 가장 높은 비율을 나타낸다. 북동부는 일관되게 가장 낮은 범죄피해가 보고되는 가장 안전한 지역이다.

### *인종과 민족(Race and Ethnicity)*

히스패닉 가구(1,000가구 당 187.5건)는 미국 흑인가구(158건)와 백인 가구(128.2건)보다 상당히 높은 범죄피해율을 나타냈다. 히스패닉 가구들은 절도와 주거침입절도에서 높은

[표 4.10] 1000명당 범죄피해자의 특성에 따른 대인범죄피해 건수(1995, 2008)

| 피해자특성 | 인구 1000명당 대인범죄피해건수 | |
|---|---|---|
| | 1995 | 2008 |
| 성(Sex) | | |
| 남성 | 54.4 | 21.9 |
| 여성 | 38.5 | 17.8 |
| 연령 | | |
| 12-15 | 110.9 | 43.6 |
| 16-19 | 110.3 | 37.4 |
| 20-24 | 79.8 | 38.4 |
| 25-34 | 55.9 | 23.8 |
| 35-49 | 35.6 | 17.4 |
| 50-64 | 15.6 | 11.1 |
| 65세 이상 | 6.9 | 3.5 |
| 인종(Race) | | |
| 백인 | 44.6 | 18.6 |
| 흑인 | 58.4 | 26.6 |
| 기타 | 43.8 | 15.5 |
| Two or more | N/A | 52.4 |
| 히스패닉계 | | |
| 히스패닉 | 56.1 | 17.1 |
| 非히스패닉(Non-Hispanic) | 45.0 | 20.3 |
| 가구소득 | | |
| 7,500불 미만 | 74.6 | 44 |
| $7,500-14,999 | 49.7 | 41.3 |
| $15,000-24,999 | 49.2 | 26.5 |
| $25,000-34,999 | 48.1 | 25.7 |
| $35,000-49,999 | 45.8 | 23.1 |
| $50,000-74,999 | 44.1 | 16.5 |
| 75,000불 이상 | 37.9 | 12.9 |
| 지역 | | 2006* |
| 북동부 | 41.1 | 20.2 |
| 중서부 | 46.7 | 23.7 |
| 남부 | 39.6 | 19.6 |
| 서부 | 61.5 | 25.9 |
| 거주지(Residence) | | |
| 도시 | 59.9 | 29.7 |
| 도시주변 | 43.5 | 18.9 |
| 시골 | 35.5 | 17.3 |

* NCVS data for region and residence are not available after 2006.

≫ 자료의 출처: U.S Department of Justice. (1997). Changes in Criminal Victimization, 1994-1995. Washington, DC: U.S. Department of Justice; U.S. Department of Justice. (2010). Criminal Victimization in the United States, 2008 Statistical Tables. Washington, DC: U.S. Department of Justice.

피해율을 나타냈으나 미국 흑인 가구는 주거침입절도에서 가장 높은 피해율을 보여준다. 2008년 개인 범죄피해에서 히스패닉(1,000명 당 17.1건)은 미국 백인(20.3건)과 미국 흑인(26.6건)보다 조금 낮은 피해율을 보여 약간 다른 패턴을 나타내었다.

### *성별(Gender)*

남성들은 여성들에 비해 보다 더 범죄를 저지를 가능성이 높다. 마찬가지로 남성들은 여성들에 비해 보다 자주 범죄피해를 당하는 경향이 있다. 그러나 남성과 여성의 범죄피해율에서 차이는 점차적으로 줄어들고 있다. 1995년 남성들(1,000명당 54.4건)은 여성들(1,000명 당 38.5건)에 비하여 거의 50퍼센트 이상 개인범죄 피해를 보고하였다. 2008년에 와서는 남성의 피해율은 단지 여성의 피해율에 비해 조금 더 컸다(21.9건 vs 17.8건). 남성과 여성 사이 이 차이의 대부분은 남성의 강도와 상해 범죄피해율이 높기 때문에 나타난 것으로 보인다.

### *연령(Age)*

널리 알려진 견해와 반대로 나이 든 사람들은 범죄피해자가 될 가능성이 가장 낮다. 10대 청소년들은 개인범죄를 경험할 가능성이 가장 높다. 사실상 16세에서 19세의 범죄피해율은 인구 1,000명당 37.4건으로 65세나 그 이상인 사람들의 피해율(3.5건)보다 10배 이상이다. 개개 특정 범죄유형에서 10대 청소년들은 가장 높은 범죄피해 위험을 가진다. 예를 들면, 단순 폭행에서 10대들은 35세에서 49세의 사람들이 피해자가 되는 것에 2배이며 65세나 그 이상인 사람들의 피해율보다 25배나 범죄피해를 당하기 쉽다.

### *요약(Summary)*

이 장에서 우리는 미국의 범죄 양과 분포를 설명하였다. 범죄의 지리적, 시간적, 그리고 사회적 특징들을 자각하는 것은 범죄학자들의 관심일 뿐만 아니라 이 정보를 인식하는 것은 형사사법 정책입안자들에게 필수적인 것이다. 표준범죄보고서(UCR), 전미범죄피해조사(NCVS), 그리고 자기보고비행(SRD) 등의 세 가지 주요 범죄 자료는 범죄의 본질에 대한 다소 다른 모습을 제공한다.

표준범죄보고서(UCR)는 미국이 1960년대와 1970년대에 걸쳐 범죄의 급증, 1980년에 정점, 그리고 1984년부터 감소하였고 1985년에서 1991년까지 증가하다가 1992년 이래로 감소를 경험하였음을 그려낸다. 반대로, 전미범죄피해조사(NCVS)는 1970년대에서 1980년대

까지 상대적으로 안정적인 범죄비율을 보여준다. 그러나 기억해야할 것은 이들 미국 범죄 측정 도구들은 지속적으로 1992년 이래로 범죄감소를 보고하고 있다는 사실이다. 사실상, 양쪽 자료에 따를 때, 2010년 미국의 범죄율은 역사적인 저점이다.

표준범죄보고서(UCR)는 경찰에 의해 기록된 범죄로 한정되나 전미범죄피해조사(NCVS)는 인터뷰한 사람들이 보고한 범죄를 반영한다. 이 방법론상의 차이는 수치에서의 차이를 부분적으로 설명해 줄 수 있다. 일반적으로 전미범죄피해조사(NCVS)와 자기보고 연구들은 표준범죄보고서(UCR)에서 보고되는 것보다 2배에서 10배 정도의 범죄율을 나타낸다. 고버와 그의 동료들(Gove et al., 1985) 그리고 다른 이들은 이들 자료들이 행위의 다른 영역을 측정하므로 자료들은 다른 결론에 도달하게 된다고 주장한다.

범죄와 범죄자의 특징적인 분포 특성들에 관해 폭 넓은 합의가 존재한다. 일반적인 모습은 범죄가 도시지역에 집중되고 전체 범죄율은 서부에서 가장 높으며 대부분의 범죄는 저녁 6시에서 아침 6시 사이에 저질러진다. 범죄자들은 25세 이하의 남성일 가능성이 높다. 게다가, 표준범죄보고서(UCR)와 전미범죄피해조사(NCVS)에 따르면 미국 흑인들은 범죄자 인구에서 과대표 되어있다. 그러나 자기보고 자료는 이 견해를 지지하지 않는다. 범죄자의 사회계층에서도 그 같은 차이가 사실이다. 표준범죄보고서(UCR)와 전미범죄피해조사(NCVS)는 범죄자의 사회계층에 대한 정보를 전혀 제공하지 않으나 하위 계층에 속하는 사람들이 모든 범죄에서 불균형적으로 많은 부분의 범죄를 저지르고 있다는 일반적 가정이 있다. 자기보고 자료는 이 문제에 있어 반박할 수 있는 증거를 제공한다. 따라서 범죄자의 사회계층은 범죄학에서 뜨겁게 논쟁되는 토픽으로 남아있다.

전미범죄피해조사(NCVS) 자료는 범죄 피해자의 모습을 보여준다. 일반적 고정관념과 반대로, 가장 범죄피해를 당하기 쉬운 사람들은 도시 지역에 거주하는 젊은 미국 흑인과 히스패닉 남성들이다. 범죄피해 가능성이 가장 높은 가구는 6명에서 그 이상의 가구원이 있고, 히스패닉이나 흑인이 세대주인 가구로 도시지역에 위치하며 낮은 소득이 있는 가구이다(특히 폭력 범죄피해).

## 주요 용어 및 개념

연령과 범죄
경력범죄자
범죄 경력
확대
빈도율
성별과 범죄
지리적 범죄 분포
개인 위반율
개시
람다
성장효과
권력통제이론
유행율
인종과 범죄
선별적 불능화
사회계층과 범죄
시간적 범죄 분포
중단
하층
범죄피해

## 주요 범죄학자들

Freda Adler
Alfred Blumstein
John Braithwaite
Michael Gottfredson
John Hagan
Travis Hirschi
Steven Messner
Richard Rosenfeld
Rita Simon
Darrell Steffensmeier
Charles Tittle

## 토론 질문

1. 다음 문장의 이점을 논의해 보시오: 여성범죄자들은 범죄학 연구로부터 조직적으로 제외되었다. 그러므로 여성범죄가 증가했는지 혹은 여성범죄 보고의 증가는 이전에 무시되었던 행위가 기록되는 것의 반영 인지 평가하기 어렵다.
2. UCR과 NCVS에 따르면, 지난 20년 간 범죄는 감소하고 있다. 그러나 미디어의 입장에 기초하면 범죄는 흉포해지고 증가하고 있다. 당신은 어떤 입장을 지지하며 그 이유는 무엇인가?
3. 이 장에서 논의되었던 세 가지 자료(UCR, NCVS, SRD)에 기초하여 범죄자와 범죄피해자의 개인·사회적 특성을 설명해보시오.
4. UCR과 NCVS자료에 기초하여 지난 30년 간 미국의 폭력범죄추세를 설명해 보시오.

## 참고문헌


Aaronson, D.E., C.T. Dienes & M.C. Musheno (1984). *Public Policy and Police Discretion: Processes of Decriminalization*. New York, NY: Clark Boardman.

Adler, F. (1983). *Nations Not Obsessed with Crime*. Littleton, CO: Fred B. Rothman.

Adler, F. (1975). *Sisters in Crime*. New York, NY: McGraw-Hill.

Biderman, A.D. & J.P. Lynch (1991). *Understanding Crime Incidence Statistics: Why the UCR Diverges from the NCS*. New York, NY: Springer-Verlag.

Blackwell, B.S. (2000). "Perceived Sanction Threats, Gender, and Crime: A Test and Elaboration of Power-Control Theory." *Criminology*, 38:439-488.

Blumstein, A. (2001). "Why Is Crime Falling-Or Is It?" In Perspectives on Crime and Justice:

2000-2001 Lecture Series. Washington, DC: U.S. Department of Justice, Office of Justice Programs, National Institute of Justice.

Blumstein,A. & J. Wallman (2000). *The Crime Drop in America*. New York, NY: Cambridge University Press.

Blumstein, A., J. Cohen & D. Farrington (1988a). "Criminal Career Research: Its Value for Criminology." *Criminology*, 26:1-36.

Blumstein, A., J. Cohen & D. Farrington (1988b). "Longitudinal and Criminal Career Research: Further Clarifications." *Criminology*, 26:57-76.

Boocock, S.S. (1972). *An Introduction to the Sociology of Learning*. Boston, MA: Houghton-Mifflin.

Boritch, H. (1992). "Gender and Criminal Court Outcomes: An Historical Analysis." *Criminology*, 30:293-325.

Braithwaite, J. (1981). "The Myth of Social Class and Criminality Reconsidered." *American Sociological Review*, 46:36-57.

Brown, S.E. (1985). "The Class-Delinquency Hypothesis and Juvenile Justice System Bias." *Sociological Inquiry*, 55:212-223.

Canter, R.J. (1982). "Sex Differences in Self-Report Delinquency." *Criminology*, 20:373-393.

Caspi, A., T.E. Moffitt, P.A. Silva, M. Stouthamer-Loeber, R.F. Krueger & P. Schmutte

(1994). "Are Some People Crime-Prone? Replications of the Personality-Crime Relationship Across Countries, Genders, Races, and Methods." *Criminology*, 32:163-195.

Cernkovich, S.A. & P.C. Giordano (1979). "On Complicating the Relationship between Liberation and Delinquency." *Social Problems*, 26:467-481.

Chesney-Lind, M. & R.G. Sheldon (1998). *Girls: Delinquency and Juvenile Justice*, Second Edition. Belmont, CA: West/Wadsworth.

Chiricos, T.G. & C. Crawford (1995). "Race and Imprisonment: A Contextual Assessment of the Evidence." In D. Hawkins (ed.) *Ethnicity, Race and Crime*. Albany, NY: State University of New York Press.

Clelland, D. & T.J. Carter (1980). "The New Myth of Class and Crime." *Criminology*, 18:319-336.

Cloward, R. & L. Ohlin (1960). *Delinquency and Opportunity*. New York, NY: The Free Press.

Cohen, A.K. (1955). *Delinquent Boys*. New York, NY: The Free Press.

Dornfeld, M. & C. Kruttschnitt (1992). "Do the Stereotypes Fit? Mapping Gender-Specific Outcomes and Risk Factors." *Criminology*, 30:397-419.

Elliott, D.S. & S.S. Ageton (1980). "Reconciling Race and Class Differences in Estimates of Delinquency." *American Sociological Review*, 45:95-110.

Elliott, D.S., D.H. Huizinga, B.A. Knowles & R.J. Canter (1983). *The Prevalence and Incidence of Delinquent Behavior: 1976-1980, National Youth Survey Report Number 26*. Boulder, CO: Behavioral Research Institute.

Esbensen, F. & L.T. Winfree (1998). "Race and Gender Differences Between Gang and Non-Gang Youth: Results from A Multi-Site Survey." *Justice Quarterly*, 15:505-526.

Esbensen, F-A & E.P. Deschenes (1998). "A Multisite Examination of Youth Gang Membership: Does Gender Matter?" *Criminology*, 36:799-827.

Evans, M. (1978). *Discretion and Control*. Beverly Hills, CA: Sage Publications.

Everett, R.S. & B.C. Nienstadt (1999). "Race, Remorse and Sentencing Reduction: Is Saying You're Sorry Enough?" *Justice Quarterly*, 16:99-122.

Geis, G. (1986). "On the Declining Crime Rate: An Exegetic Conference Report." *Criminal Justice Policy Review*, 1:16-36.

Gioradano, P.C. & S.M. Rockwell (2000). "Differential Association Theory and Female Crime." In S.S. Simpson (ed.) *Of Crime & Criminality*. Thousand Oaks, CA: Pine Forge Press.

Gottfredson, M.R. & T. Hirschi (1990). *A General Theory of Crime*. Stanford, CA: Stanford University Press.

Gottfredson, M.R. & T. Hirschi (1988). "Science, Public Policy, and the Career Paradigm." *Criminology*, 26:37-56.

Gottfredson, M.R. & T. Hirschi (1986). "The True Value of Lambda Would Appear to be Zero: An Essay on Career Criminals, Criminal Careers, Selective Incapacitation, Cohort Studies, and Related Topics." *Criminology*, 24:213-233.

Gove, W.R., M. Hughes & M. Geerken (1985). "Are Uniform Crime Reports a Valid Indicator of the Index Crimes? An Affirmative Answer with Minor Qualifications." *Criminology*, 23:451-502.

Gurr, T.R., P.N. Grabosky & R.C. Hula (1977). *The Politics of Crime and Conflict: A Comparative Study of Four Cities*. Beverly Hills, CA: Sage Publications.

Hagan, J. (1994). *Crime and Disrepute*. Thousand Oaks, CA: Pine Forge Press.

Hagan, J., A.R. Gillis & J. Simpson (1985). "The Class Structure of Gender and Delinquency: Toward a Power-Control Theory of Common Delinquent Behavior." *American Journal of Sociology*, 90:1151-1178.

Hagan, J., J. Simpson & A.R. Gillis (1987). "Class in the Household: A Power-Control Theory of Gender and Delinquency." *American Journal of Sociology*, 92:788-816.

Hagan, J., J.H. Simpson & A.R. Gillis (1979). "The Sexual Stratification of Social Control: A Gender-Based Perspective on Crime and Delinquency." *British Journal of Sociology*, 30:25-38.

Hagedorn, J.M. (1988). *People and Folks: Gangs, Crime and the Underclass in a Rustbelt City*. Chicago, IL: Lakeview Press.

Heimer, K. & S. DeCoster (1999). "The Gendering of Violent Delinquency." *Criminology*, 37:277-317.

Heimer, K., J.L. Lauritsen & J.P. Lynch (2009). "The National Crime Victimization Survey and the Gender Gap in Offending: Redux." *Criminology* 47:427-438.

Hindelang, M.J. (1971). "Age, Sex, and the Versatility of Delinquent Involvements." *Social*

*Problems*, 18:522–535.

Hirschi, T. (1969). *Causes of Delinquency*. Berkeley, CA: University of California Press.

Hoffman-Bustamonte, D. (1973). "The Nature of Female Criminality." *Issues in Criminology*, 8:117–136.

Huizinga, D. & D.S. Elliott (1987). "Juvenile Offenders: Offender Incidence and Arrest Rates by Race." *Crime & Delinquency*, 33:206–223.

Huizinga, D. & F. Esbensen (1991). "Are There Changes in Female Delinquency and Are There Changes in Underlying Explanatory Factors?" Paper presented at the annual meeting of the American Society of Criminology.

Jolin, A. & D.C. Gibbons (1987). "Age Patterns in Criminal Involvement." *International Journal of Offender Therapy and Comparative Criminology*, 31:237–260.

Krohn, M.D., R.L. Akers, M.J. Radosevich & L. Lanza-Kaduce (1980). "Social Status and Deviance: Class Context of School, Social Status, and Delinquent Behavior." *Criminology*, 18:303–318.

Kvaraceus, W. (1945). *Juvenile Delinquency and the School*. Yonkers, NY: World Book Company.

Laub, J.H. (1990). "Patterns of Criminal Victimization in the United States." In A.J. Lurigio,

W.G. Skogan & R.C. Davis (eds.) *Victims of Crime: Problems, Policies, and Programs*. Newbury Park, CA: Sage Publications.

Lauritsen, J.L., K. Heimer & J.P. Lynch (2009). "Trends in the Gender Gap in Violent Offending: New Evidence from the National Crime Victimization Survey." *Criminology* 47:361–400.

Liu, X. & H.B. Kaplan (1999). "Explaining the Gender Difference in Adolescent Delinquent Behavior: A Longitudinal Test of Mediating Mechanisms." *Criminology*, 37:195–215.

Matsueda, R.L. & K. Heimer (1987). "Race, Family Structure, and Delinquency: A Test of Differential Association and Social Control Theories." *American Sociological Review*, 52:826–840.

McNeeley, R.L. & C.E. Pope (1981). *Race, Crime, and Criminal Justice*. Beverly Hills, CA: Sage Publications.

Menard, S. (1987). "Short-Term Trends in Crime and Delinquency: A Comparison of UCR,

NCS, and Self-Report Data." *Justice Quarterly*, 4:455–474.

Merton, R.K. (1938). "Social Structure and Anomie." *American Sociological Review*, 3:672–682.

Messner, S. & R. Rosenfeld (2007). *Crime and the American Dream*, Fourth Edition. Belmont, CA: Wadsworth.

Messner, S. & R. Rosenfeld (1994). *Crime and the American Dream*. Belmont, CA: Wadsworth.

Miller, J. (1998). "Up It Up: Gender and the Accomplishment of Street Robbery." *Criminology*, 36:37–66.

Miller, W.B. (1958). "Lower Class Culture as a Generating Milieu for Gang Delinquency." *Journal of Social Issues*, 14:5–19.

Peterson, D., J. Miller & F.-A. Esbensen (2001). "The Impact of Sex Composition on Gangs and Gang Member Delinquency." *Criminology*, 39:411–440.

Pollak, O. (1961). *The Criminality of Women*. New York, NY: Barnes.

Rand, M.R. (2008). *Criminal Victimization, 2007*. Washington, DC: U.S. Department of Justice, Office of Justice Programs.

Schur, E.M. (1984). *Labeling Women Deviant: Gender, Stigma, and Social Control*. New York, NY: Random House.

Schwartz, J., D. Steffensmeier, H. Zhong & J. Ackerman (2009). "Trends in the Gender Gap in Violence: Reevaluating NCVS and Other Evidence." *Criminology* 47:401–426.

Sigler, R.T. & M. Horn (1986). "Race, Income, and Penetration of the Justice System." *Criminal Justice Review*, 11:1–7.

Simon, R. (1975). *The Contemporary Woman and Crime*. Rockville, MD: National Institute of Mental Health.

Smart, C. (1976). *Women, Crime and Criminology: A Feminist Perspective*. London, UK: Routledge.

Spohn, C. & D. Holleran (2000). "The Imprisonment Penalty Paid by Young, Unemployed, Black and Hispanic Male Offenders." *Criminology*, 38:281–306.

Steffensmeier, D.J. & S. Demuth (2001). "Ethnicity and Judges' Sentencing Decisions: Hispanic- Black-White Comparisons." *Criminology*, 39:145–178.

Steffensmeier, D.J., J. Ulmer & J. Kramer (1998). "The Interaction of Race, Gender, and

Age in Criminal Sentencing: The Punishment Cost of Being Young, Black, and Male." *Criminology*, 36:763–797.

Steffensmeier, D.J. & M.D. Harer (1987). "Is the Crime Rate Really Falling? An Aging U.S. Population and Its Impact on the Nation's Crime Rate, 1980–1984." *Journal of Research in Crime and Delinquency*, 24:23–48.

Steffensmeier, D.J. & R.M. Terry (1973). "Deviance and Respectability: An Observational Study of Reactions to Shoplifting." *Social Forces*, 51:417–426.

Tittle, C. & R.F. Meier (1990). "Specifying the SES/Delinquency Relationship." *Criminology*, 28:271–299.

Tittle, C., W. Villemez & D. Smith (1978). "The Myth of Social Class and Criminality: An Empirical Assessment of the Empirical Evidence." *American Sociological Review*, 43:643–656.

van Dijk, J. & K. Kangaspunta (2000). "Piecing Together the Cross-National Crime Puzzle." *National Institute of Justice Journal*. Washington, DC: U.S. Department of Justice.

U.S. Department of Justice (2007). *Crime in the United States, 2007*. Washington, DC: U.S. Department of Justice.

U. S. Department of Justice (1997). *Changes in Criminal Victimization, 1994–95*. Washington, DC: U.S. Department of Justice.

U.S. Department of Justice (1994). *Criminal Victimization in the United States, 1992*. Washington, DC: U.S. Department of Justice

Vigil, J.D. (1988). *Barrio Gangs: Street Life and Identity in Southern California*. Austin, TX: University of Texas Press.

Weis, J.G (1980). *Sex Differences: Study Data Publications*. Seattle, WA: Center for Law and Justice.

Wilbanks, W. (1987). *The Myth of a Racist Criminal Justice System*. Monterey, CA: Brooks/Cole Publishing.

Willott, S., C. Griffin & M. Torrance (2001). "Snakes and Ladders: Upper Middle-Class Male Offenders Talk about Economic Crime." *Criminology*, 39:441–466.

Wilson, W.J. (1987). *The Truly Disadvantaged: The Inner City, the Underclass, and Public Policy*. Chicago, IL: University of Chicago Press.

Wright, B.R.E., A. Caspi, T.E. Moffitt, R.A. Miech & P.A. Silva (1999). "Reconsidering the Relationship Between SES and Delinquency: A Causation but not Correlation." *Criminology*, 37:175–194.

# PART II

# 범죄이론

우리가 앞에서 다룬 네 개의 장은 범죄학에서 반드시 다루어야 할 중요한 기초를 제공하였다. 그러나 아직까지 범죄학에서 전문적인 학문 개념에 대한 명확한 정의나 연구 범위에 대한 합의는 마련되지 않은 상태이다. 단지 학문적으로 기본이 될 수 있고 중요하다고 여겨지는 몇 가지 근본 개념들이 범죄학 요소로서 많은 학자들에 의해 인정받고 있는 실정이다. 형법에서 범죄를 어떻게 정의하고 있느냐에 많은 범죄학자들이 관심을 갖고 있고 범죄학자들은 그 내용을 명확히 이해해야 할 필요가 있다. 법률 규정을 어겼다는 사실 그 자체가 범죄학자에게는 바로 범죄학이 존재해야 하는 이유이기 때문이다. 반면에 다른 일부 범죄학자들은 반사회적인 행동 또는 비행행동에 사회가 어떻게 반응하느냐에 더 큰 관심을 갖는다. 즉, 범죄학의 기본 요소로서 문제행동이 공식적으로 사회에서 금기되는 것인지, 혹은 그렇지 않은 것인지에 더 큰 관심을 갖는 것이다. 중요한 것은 범죄학이라는 학문이 일종의 '과학'에 속한다는 사실이다. 이는 범죄학이 경험적인 요인과 이론적인 요인을 모두 포괄하고 있다는 사실과 관련이 깊다. 앞 두 장에서 이미 살펴보았듯이 경험적 연구 측면에서 범죄 및 범죄 관련 변수들을 측정해 낸다는 사실 자체가 범죄학에서 가장 중요한 영역이 된다. 지금부터 우리가 다룰 여섯 장은 관심의 초점을 경험적 연구에서 이론적 분야로 돌려 범죄이론 내용에 대해 보다 진지하게 다룰 것이다.

범죄학 이론을 본격적으로 다루기에 앞서 반드시 한 번쯤 생각해 봐야 할 문제가 있다. 바로 도대체 "이론이란 무엇인가"라는 질문이다. 왜 이론이라는 것이 범죄학에서 그토록 중요하게 다루어져야만 하는가. 학생들뿐만 아니라 심지어 형사정책 실무가들도 이론 이야기만 나오면 지루해하고 답답해한다. 그리고 대부분의 이론 설명은 실제 세상에서 일어나는 범죄 상황과 너무 동떨어져 그냥 제 역할을 못하는 학문적 '이론'으로 전락하고 만다.

criminology

criminology

같은 맥락에서 우리가 제시한 설명이나 이론이 관찰과 예측을 검증해내지 못한다면, 학자로서 우리는 그 이론을 포기해야만 한다. 다시 말하면 범죄이론이란 범죄라고 정의되는 행동 원인들을 설명해 줄 수 있는 논거들을 찾는 것이라고 볼 수 있다. 한 예로 만약 파란 눈이라는 변수가 횡령이라는 범죄행위의 원인이라는 이론이 있다면, 반드시 인과관계 파란 눈을 가진 자는 횡령을 저질러야만 한다. 그런데 만약 파란 눈을 가진 사람이 횡령을 저지른 실제 범죄자자들 사이에서 현저하게 많은 수를 차지하지 않는다면, 분명 그 이론은 잘못된 것으로 폐기되어야 하는 것이라 하겠다. 이후에는 결국 횡령이라는 범죄 원인을 설명할 수 있는 새로운 아이디어를 만들어야 하고 그것은 과학적인 이론과 연구를 계속 동반하는 절차를 밟아야만 하는 연구 주제로 간주되게 된다.

기본적으로 범죄학자는 범죄와 범죄자, 그리고 사회가 범죄 및 범죄자에게 보내는 반응을 연구하는 사람이다. 이것은 다양한 사실들을 축적해가며 연구의 꼬리를 물로 계속 새로운 연구 주제로 연결되는 긴 과정이라고 볼 수 있다. 이론이 형성된다는 것은 결국 이러한 긴 과정을 거쳐 블록이 하나둘씩 쌓여가는 것과 같은 논리이다. 그리고 때때로 이런 이론 검증 과정은 전혀 범죄와 관련 없어 보이는 사실에 범죄 원인을 귀착시키기도 한다. 이론은 관찰과 예측 검증의 대상으로 둘 또는 그 이상의 개념을 기본 가설로 포함하기도 한다. 이런 이유에서 범죄학이 과학적인 접근법을 사용한다는 것은 이론 검증에 실패하면 기존 설명을 버리고 다시 새로운 가설을 가져와서 검증 절차를 거친다는 것을 의미한다. 즉, "자가 수정(self-correcting)"적 검증 방식을 따른다는 말이다. 만약 이론 검증과 관련된 과학적 절차가 없다면, 범죄에 대한 신화나 잘못된 신념은 그대로 일반인들에게 퍼져갈 것이고 그것은 매우 위험한 상황을 만들어 낼 수도 있다.

따라서 이러한 과학적 검증 절차는 이론을 연구해야 하는 실질적인 중요한 이유를 제공하게 된다. 범죄문제와 관련된 공공 정책을 제시하는데 있어 범죄이론이 큰 공헌을 하게 되는 이유들을 보다 상세히 살펴보면 아래와 같다.

첫째, 기억해야 할 것은 사회 대다수의 구성원들은 범죄 원인에 대해, 그리고 범죄를 예방하고 통제해야 하는 대응방법에 대해 어느 정도 나름의 가치관을 갖고 있고 그 중요성을 충분히 인식하고 있다는 사실이다. 대학생도 벽돌 나르는 사람도, 의사도, 공무원도 간호사도, 은행 경영자도, 심지어 사회 각층 대다수의 사람들이 범죄원인이 무엇인지에 대해서는 어느 정도 인식을 하고 있고 그 문제를 해결하기 위한 나름의 방안도 갖고 있다. 예를 들어 범죄 발생을 놓고 일반인들이 벌이는 대화 내용을 들어보면 어느 정도로 일반인들이 뚜렷한 범죄인식을 하고 있는지 알 수 있을 것이다. 보통 자주 듣는 말은 "집안 내력을 보니 그 사람 유전자 자체가 안 좋아요," "그 사람 사는 동네가 질이 아주 안 좋던데요," "옛날부터 위험한 애들하고 계속 어울려 다니던 걸요," "그 사람 이번에 정말 혼쭐이 나야 정신 차리죠" 등이 있을 것이다. 자세히 들여다보면 각각의 문장이 이미 범죄학 이론 내용을 어느 정도 포함하고 있다. 그러나 안타깝게도 일반인들이 다루는 이런 설명들은 복잡한 범죄 발생을 너무 단순화시켜 해석한다는 치명적인 문제점을 갖고 있다. 이들이 갖고 있는 이런 공식적·비공식적 시각이 범죄 정책에 반영됨으로써 때로는 범죄 상황을 더욱 악화시키는 위험한 형사정책이 나오기도 한다.

모든 범죄 실무가들 역시 나름의 범죄 원인 이론과 배경지식을 갖고 업무를 수행하고 있다. 자신들이 믿고 있는 범죄 이론을 완벽하게 이해하지는 못하더라도 적어도 부분적으로 자신이 내리는 결정과 행동에 이론적 이유를 갖고 있다고 볼 수 있다. 예를 들면, 한 보호관찰관이 어떤 범죄 이론을 믿고 있느냐에 따라 그 보호관찰관이 보이는 행동이 "엄정한 법 집행" 스타일로 나타날 수도 있고 반대로 "관대한 온정주의" 스타일로 업무 집행 방식이 나타날 수 있는 것이다. 여기서 우리가 기억해야 할 것은 실무가들이 범죄이론을 제대로 공부해야 한다는 사실이 아니라 실무가들이 가능한 최고의 설명력을 지닌 이론을 알고 있어야 하고 가급적이면 비체계적인 방식의 이론들이 전파되는 것을 막아야 한다는 점이다. 실무에서 범죄를 직접 담당하고 있는 사람들이 이론 세계로 건너오면, 불행히도 범죄학자들이 만든 최고의 이론을 만나는 것이 아니라 잘못된 이론 이해로 좌절하게 된다는 것은 매우 안타까운 일이다. 범죄이론은 어떤 형태로든 형사정책 실무가들에게 영향을 미칠 수밖에 없다. 따라서 우리가 공식적인 범죄 이론을 공부하는 실질적인 이유는 제대로 된 이론을 만들어 범죄 프로그램 운영에 영향을 미치고 그것을 통해 정책 타당성을 강화시키기 위함이라고 하겠다.

범죄학은 매우 흥미로운 질문을 제시하고 그 답을 찾고자 노력하는 학문이다. 가장 오래된 질문 중의 하나는 바로 "왜(why)"라는 의문사와 관련된 것이다. 즉, "범죄자는 대체 왜 범죄를 저지르는가?" "다른 사람들은 왜 범죄를 저지르지 않고 사회규범에 잘 따르고 사는가?" "범죄와 범죄성을 어떻게 설명하고 이해할 것인가?"라는 질문을 생각해 볼 수 있을 것이다. 본 2편에서는 이런 질문들에 대한 이론적 답을 찾고자 한다. 그리고 이론적인 시각은 역사적인 기본 틀을 전제로 다루어질 것이다. 다시 말하면 역사적 기본 틀은 조직이 갖고 있는 기본 이념 이상의 가치를 갖고 있다고 가정한다. 이론적인 설명은 한 시대의 사회적·정치적·경제적 특징과 상황을 전제로 만들어지는 것이기 때문이다. 덧붙이자면 한 사회를 공부하는 것이 범죄를 이해하는데 큰 도움을 주듯이 역으로 범죄문제를 고찰함으로써 한 사회가 가진 개별 특징과 상황도 더 쉽게 이해할 수 있다고 하겠다.

C/H/A/P/T/E/R 05

# 억제이론과 합리적 선택이론

(Deterrence and Rational Choice Theories of Crime)

## 학습 목표

제5장을 읽은 후, 당신은 다음의 내용을 수행할 수 있어야 한다.

- 고전학파 이전에는 범죄를 어떻게 이해하고 대응하였는지에 대하여 서술하라.
- 고전학파 범죄학의 창시자들의 논리와 추리에 대하여 설명하라.
- 억제이론의 주장을 검증하는 최근의 경험적 연구에 대하여 논의하고, 그러한 연구방법론과 결과에 대하여 설명하라.
- 현대 억제이론의 주요 개념들을 제시하라.
- 범죄피해자와 범법자 모두에게 적용되는 일상활동이론에 대하여 설명하라.

범죄학자 및 일반인들 모두에게서 범죄를 설명하는 과정에서 가장 활발하게 논쟁되는 주제는 선택(choice)의 역할이다. 이러한 쟁점은 범죄자가 어느 정도로 합리적 의사결정을 하는지 또는 하지 않는지에 대한 것이다. 억제이론(deterrence theory)과 합리적 선택 패러다임(rational choice paradigm)에 포함되는 설명들은 다른 접근에 비하여 범죄자의 합리적 의사결정을 강조한다. 이러한 이론들은 모두 공리주의(utilitarianism)에 뿌리를 두고 있다. 공리주의는 공공의 정책결정은 쾌락을 극대화하고, 고통을 최소화해야 한다는 주장이다. 비록 대부분의 범죄학자들이 이분법보다는 연속성의 측면에서 합리성을 이해한다고 하더라도, 범죄자들이 합리적으로 계산하고 행동한다는 전제는 다른 범죄이론에 비하여 다소 낯설어 보인다. 최근에 다양한 관점들을 통합하려는 이론적 시도들이 실질적으로 증가하고 있다.

고전학파 범죄학(classical criminology)은 억제이론의 토대를 제공한다. 고전학파 범죄학은 범죄를 초자연적 힘보다는 자연적인 힘의 결과물로 설명하려는 최초의 시도라고 볼 수 있다. 그 핵심은 인간은 범행을 결정하기 전에 처벌 가능성을 사전에 고려하고 치밀하게 계산한다는 것을 말한다. 이러한 사고는 현대 서유럽 형사사법체계 발전의 근거 틀이 되었고, 18세기 후반에서 19세기 후반까지의 지배적인 범죄 설명 기초가 되었다. 억제이론이 가진 개념은 최근 20세기 후반에 다시 주목받기 시작했고 오늘날까지도 범죄학에서 가장 유명한 이론으로 계속 인정받고 있다.

이 장에서는 고전주의 이전 시대(preclassical era)로 알려진 당시 사회 상황을 살펴보고 그것을 시작으로 고전주의 범죄학 내용과 전개과정, 그리고 고전주의 범죄학이 이후에 미친 영향에 대해 자세히 살펴보기로 한다. 그리고 현대 억제이론의 발전과정을 다시 검토하고 이를 바탕으로 그 개념이 합리적 선택 관점에 어떻게 적용되었는지 살펴보기로 한다. 지난 세기 후반기에 나타난 일상활동이론(routine activities theory)은 범죄학 내에서 억제이론과 구분되는 독자적 이론으로 인정받으면서 동시에 합리적 선택 관점을 대표하는 이론으로 자리 잡게 되었다.

## 범죄에 관한 고전주의 이전의 견해

역사적 측면에서 범죄학은 가장 뒤늦게 형성된 학문영역이다. 비록 모든 사회에서 인간의 행동에 대한 규범과 규율은 항상 중요한 쟁점거리였지만, 수천 년 동안 이 영역에 대한 지적인 탐구는 거의 없었다. 범죄를 초자연적 현상보다는 자연적인 것으로 설명하는 시도는 18세기에 와서야 이루어졌다. 그 이전에는 범죄는 악마, 사탄, 마녀, 다른 악령에 의하여 저질러지는 것으로 보았다.

처벌의 주요 근거는 응보 또는 복수이다. 일찍이 복수라는 개념은 범죄 발생 결과를 처리하는 유일한 동기로 작용하였다(Schafer, 1976). 개인적, 가족적, 종교적, 국가적 복수가 압도적인 시대에서는 범죄의 원인에 대한 관심은 거의 없었고, 범죄에 대한 대응이 범죄통제나 예방에 얼마나 유용한가는 고려되지 않았다. 초기에는 형사사법체계에 관련된 공식적인 제도가 존재하지 않았다. 복수는 범죄피해자를 위로하거나 보상하는 역할을 하였다.

개인적 복수의 초기시대에 토마스 홉스(1651/1962:100)가 기술한 바와 같이, 삶은 "…모든 사람의 모든 사람에 대한 전쟁이며 … 인간의 삶은 고독하고, 비참하고, 불결하고, 잔인하고, 일 순간적이다." 각각의 개인은 자신의 안전을 확보해야 하고, 안전이 침해당했을 경우에는 개인에게 허용된 적절한 수준에서 복수를 해야 한다. 이러한 사건양상은 부분적으로 피해자와 가해자의 구분이 모호하기 때문에 사회적으로 역기능적이다. 복수를 하려는 세력이 처벌의 정도를 결정하고 가해자에게 보복할 것이며 폭력의 소용돌이가 이루어질 것이기 때문이다.

복수의 순환과정에서 복수의 상대방이 개인보다 친족집단일 경우에 문제는 더욱 심각해진다. 공격은 가족, 부족 또는 씨족 전체에 대한 모욕으로 받아들인다. 보복은 가해자의 친족집단의 개인이나 모든 구성원을 대상으로 이루어진다. 이러한 복수의 순환은 *가문(피)의 보복*(blood feuding)으로 알려져 있다. 처음에 두 개인 간에 있었던 원한이 이제는 친족집단 간의 갈등으로 전환된 것이다.

중세시대에는 피의 보복이 너무 확산되어서 사회질서의 안전을 위협하기도 하였다. 봉건영주는 범죄원인에 대한 미신을 제도화하기 시작하였고 범죄자 처벌에 대한 종교적 입장을 지지하였으며 범죄자를 무엇에 홀린 자로 선언하였다. 이는 개인과 친족집단에 의한 복수요구를 약화시켰다. 복수는 교회와 국가기관에 의하여 신의 이름으로 통제된 처벌로 대체되었다. 처벌은 피해자를 위한 정의가 아니라 신의 위로로 정의되었다. 그리고 범죄를 저지른 사람들은 악하고 종교적 죄를 짓는 것으로 고려되었다.

법에 의해 정당화되는 박해는 기원 후 4세기 정도부터 시작되었고(Newman, 1978), 성스러운 종교재판(Holy Inquisition)이 확산된 12~18세기에 절정을 이루었다. 헨리 레아(Henry Lea)가 저술한 3권으로 이루어진 『종교재판의 역사』(A History of the Inquisition of Middle Ages)는 12세기 말 로마 가톨릭 교회 권위의 위기에 대한 논의를 불러 일으켰다(Lea, 1887/1955). 불안전한 사회적 상황들은 규문주의의 틀을 제공한 교회와 국가를 연합하게 하였다. 범죄학적 측면에서 이 시대의 역사적 중요성은 "고문에 기초한 규문주의적 과정이 모든 형사절차의 토대가 되었다"는 것을 강조하지 않을 수 없다(Lea, 1899/1977: 86).

규문주의는 중세를 통하여 유럽 대부분의 국가에서 나타났으며, 자백을 이끌어내고 이교도를 처벌하기 위하여 감옥, 고문, 사형 등을 확산시켰다(Newman, 1978). 실제로 조사관과 세속적 당국은 유혈(잔혹성)을 회피하는 교회를 대신하여 처벌집행을 담당하였다. 그러나 13세기 조사관의 이야기는 교회활동에 대한 애착을 반영한다.

> 재판의 목적은 이교도를 말살하려는 것이다. 이교도는 그들의 후원자와 추종자가 파괴되지 않는 한 사라지지 않는다. 그리고 이것은 두 가지 방식으로 실현된다. 하나는 그들이 진정으로 가톨릭교도로 개종할 경우이며, 다른 하나는 세속적인 목표를 포기할 경우이며 그들의 육체는 화형당해야 한다(Lea, 1887/1955, Vol. 1: 535).

세속적 당국은 이 문제에 대해 실질적으로 선택의 여지가 없었다. 만일 그들이 규문주의적 판결의 수행 및 이교도에 대한 화형을 거부한다면, 그들 자신은 파문당하고 이교도로 낙인찍힐 위협에 놓이게 된다. 15세기 마녀사냥꾼의 지침인 Malleus Maleficarum의 표지에는 "마법이라는 주장을 믿지 않는 것이 최고의 이단이다"이라고 적혀 있다(Kramer and Sprenger, 1486/1928). 그러나 대부분의 세속정부는 "이교도를 관습에 따라 대해야 한다"는 그들의 의무를 수행했다. 즉 이교도를 살아있는 상태에서 화형하는 것에 대해 열성적이었다(Lea, 1887/1955: 537-538).

규문제도의 잔인성과 부정의는 범죄와 형벌의 역사에서 잔혹한 측면을 대표한다. 마녀사냥꾼은 그들의 불행한 피해자를 처벌하기 위하여 국가의 기관이 되었다. 이러한 무서운 활동은 오늘 이 시대에 중요한 교훈을 제공한다(Geis and Bunn, 1981). 과거에 마녀사냥꾼이 한 것과 같이 지금도 우리는 '범죄' 희생양을 찾는 것은 아닌가? 과거 마법사에게 했던 것처럼 정치적인 이해관계나 무지에서 비롯된 정부의 왜곡된 태도로 우리는 무조건 맹목적으로 범죄자를 고문하고 벌하는 잘못된 태도를 갖고 있는 것은 아닌가? 당시 "마법사"로 낙인찍힌 수천 명의 무고한 사람들을 고문하고 살해한 것은 사회적 일탈행위도 아니었고 부적절한 행동도 아닌 "정상적인" 행위로 인식되었다. 그러한 행위를 저지른 사람들은 다름 아닌 영국의 물리학자와 철학자 등을 포함한 서기, 법조인 등으로 당대의 저명한 인사들이었다(Geis and Bunn, 1981). 이러한 끔찍한 역사적 사건들은 오늘날 범죄와 형벌을 분석할 때도 여전히 다시 떠오를 수밖에 없는 기억에 속한다.

범죄에 대한 모든 책임이 국가에 주어져 있다고 하더라도 가혹한 처벌은 점차 확산되어 17세기와 18세기에 이르러 정점을 이루었다. 사형은 서유럽에서 주요 처벌방식의 하나였지만 17세기 영국에서는 모든 중죄로 확대되었다(Newman, 1978). 더구나 사형은 신속하거나 자비롭게 시행되지 못했다. 교수형은 집행자가 사형대상자의 다리를 잡아당기는 등 고통스럽고 천천히 진행되었다. 비록 영국의 보통법은 고문을 금지하고 있지만(Laugbein, 1977; Heath, 1982), 성좌법원 등에서는 기소에 대한 동의를 얻어내기 위해 죽을 때까지 피고인의 등을 늘리거나 무쇠로 누르는 파쇄행위를 서슴지 않았다. 유죄를 인정하지 않고 죽으면 미판결자로 남게 되고 그의 재산은 그의 가족에게 상속되기 때문에 유죄를 시인하지 않은 것은 피고인이나 그의 가족에게 중요하다. 만일 그가 유죄판결을 받게 되면 그의 재산은 국가나 교회에 몰수된다(Maestro, 1973).

잉글랜드에서 발생했던 고문행위는 결코 유럽 대륙에서 행해졌던 고문행위의 잔혹함에 미치지 못했다(Newman, 1978). 프랑스의 경우, 혁명 이전에 피고인은 비밀경찰(Gendarmerei)에 의해 체포되어 변호인 없이 조사 받고 살해되기도 하였다. 폴 라크로이스(Paul Lacroix, 1963:416)는 당시 프랑스에서 사용된 야만적 화형을 다음과 같이 기술하였다.

> 집행을 위하여 중심 기둥은 특별하게 설계된 장소에 세워졌고 주변에는 장작들이 준비되었으며 나뭇가지와 목재로 어른의 키만큼 단계적으로 만들어졌다. 기둥 주변에는 피해자를 위한 자유로운 공간이 마련되었고 죄수의 호송을 위한 통로가 설치되었다. 사형수는 유황색으로 더럽혀진 줄무늬 옷을 입고 좁은 입구를 통하여 장각더미의 가운데로 걸어 들어가서는 기둥에 있는 줄과 사슬로 묶이게 된다. 그리고 나면 작장더미와 기둥이 그가 걸어간 통로에 던져진다. 그의 모습이 보이지 않을 때까지 나무가 덮이고 모든 측면에서 장작더미에 불이 붙여진다.

살아있는 상태에서의 화형은 이교도에 대한 일상적인 처벌이다. 그러나 더 극단적인 고문은 가장 악질 범죄에 속하는 대역죄(국왕 살해)를 저지른 자에게 시행된다. 루이 16세를 암살하려다 체포되어 예비적 고문을 당한 바 있는 다이엥(Damien)에 대한 사지절단형(quartering)은 그 시대의 잔인성을 생생하게 묘사한다.

> 고문실에서 다이엥의 다리는 쇄기를 통하여 천천히 분쇄하는 부츠(boots)라고 불리는 기구 위에 놓여 있었다. 15분간의 간격으로 8개의 쇄기가 삽입되었으며, 모든 삽입과정에서 무서운 비명이 수반되었다. 고문을 시행하는 의사는 "사고의 위험성 없이" 지속적으로 가능한지 여부를 결정했다. 고문당했던 피해자는 파리 시청 앞의 처형장소로 끌려갔다. 그 곳에는 구경거리를 보기 위해 파리의 어중이떠중이들이 가득 모여 있었고 프랑스와 스위스 경호대는 거리 주변의 질서를 유지하고 있었다. 처형장에 있는 수형자의 팔과 다리는 동아줄로 묶어 놓았다. 처음에 그의 손은 유황색으로 불타고 있는 화로로 지져졌는데 손과 넓적다리, 가슴에는 빨갛게 달구어진 집게로 죄어져 있었다. 상처에는 녹인 납과 끓은 기름이 부어져 있었다. 이러한 고문은 몇 번을 반복하였고 그때마다 가장 고통스러운 비명이 비참한 몸뚱이에서 흘러 나왔다.
>
> 그 후에 네 명의 집행자의 채찍을 받은 네 마리의 말이 불에 타고 유혈이 낭자한 상처를 입은 수형자의 사지를 동아줄로 묶는다. 이러한 당김과 흔들기는 거의 1시간 동안 지속되었다. 팔과 다리는 점점 늘어났지만 몸에 붙어있었다. 집행자가 몇 개의 힘줄을 자르고 더욱 당기니 결국 사지가 떨어져 나갔다. 두 다리와 한 개의 팔이 떨어져 나갔지만 다이엥은 아직 숨을 쉬고 있었다. 그러다 두 번째 팔이 피범벅이 된 몸뚱이에서 떨어져 나가자 결국 죽고 말았다. 팔과 다리, 몸뚱이는 모두 처형장 근처에 준비된 불 속으로 던져졌다(Maestro, 1973: 14-15).

18세기에 시행된 처형의 다른 수단으로는 익사형, 살아있는 상태에서의 화형, 참수, 투석형, 거열형 등이 있다. 유럽과 아메리카 식민지에서 비-치명적 신체적 고문의 형태는 칼

씌우기, 형구(칼), 채찍, 손발절단, 낙인 등이다. 이러한 구시대의 고문은 형사정책의 운영 및 범죄의 이해와 관련해 강력한 개혁운동의 촉매 역할을 하였다.

[그림 5.1]

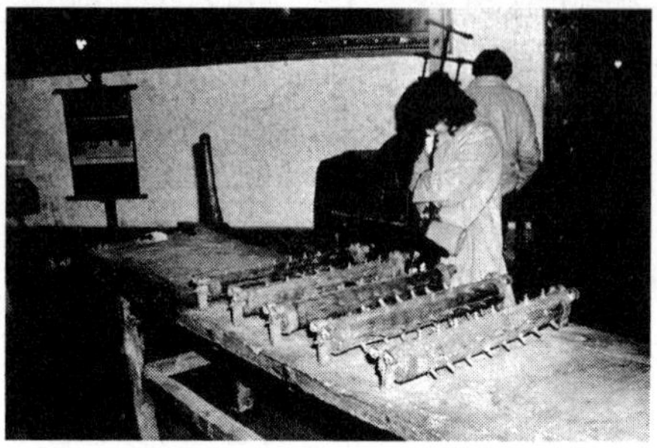

## 범죄학의 고전학파

18세기까지 지속된 중세유럽 형사사법의 자의적 집행과 잔혹한 형벌은 범죄학에서 고전학파가 출현하는 데 유용한 토대가 되었다. 고전학파는 범죄에 대한 자연주의적 설명을 처음으로 제시하였고 범죄를 초자연적 현상으로 이해하려는 접근을 대체하였다. 고전학파는 한 세기 동안 지배적인 관점이 되었으나 실증주의의 출현으로 특히 미국의 범죄학자들 사이에서 그 명성은 약화되었다. 그러나 아직도 많은 범죄학자들은 고전학파가 인문주의적 개혁을 대표했다는 점에서 존중하고 있다. 고전학파는 서유럽 형법의 기초가 되었으며 최근에는 범죄에 대한 합리적 선택이론을 통해 다시 부각되고 있다.

범죄학의 고전학파는 계몽주의의 맥락에서 이해되어야 한다. 왜냐하면 고전학파는 거대한 개혁운동의 산물이기 때문이다. 합리주의, 지성주의, 인도주의는 왕권 및 사제신수설에 대항하는 사상이었다(Johnson, 1988). 초기 고전주의자들은 당대의 형법과 형사사법의 영역에서 진보주의적 견해를 제시하였다. 1748년에 출판된 몽테스키외의 『법의 정신』(Espirit des lois)은 고전학파의 중요한 서곡이었다. 이 저서는 형법운영을 분석하고 고문과 다른 권력남용을 비판하였다. 이러한 광범위한 부정의에 대한 볼테르(Voltaire)의 개혁운동은 고전학파를 형성하게 하였다. 1762년 볼테르는 칼레스(Jean Calas)의 복권(사후에 무죄를 인정받음)에 성공하였다. 그는 톨로레스의 개신교 상인이었으며 자신의 아들을 살해했다고 자백하였다. 하지만 교회는 그를 가톨릭 신념으로 개종하려고 잘못된 판결을 내렸다. 실제로 칼레스의 아들은 정신병을 앓다가 자살하였다. 그러나 칼레스는 거열형에 처해져 고통스럽게 처형되었다(Bien, 1960). 같은 해에 루소(Jean-jacques Rousseau, 1762)는 다른 저서들과 마찬가지로 고전학파에 영향을 미친 『사회계약론』을 출판하였다. 가장 유명한 두 명의 고전학파 범죄학자로는 케사레 베카리아(Cesare Beccaria)와 제레미 벤담(Jeremy Bentham)을 들 수 있다.

### *케사레 베카리아: 고전학파 범죄학의 아버지*

케사레 베카리아(1738-1794)는 이탈리아 밀라노에서 부유한 귀족 집안의 4형제 가운데 맏이로 태어났다. 어린 시절에는 예수교 학교에서 교육을 받았는데 그러한 학창시절은 답답한 경험으로 알려졌으며, 그의 선생들은 그를 침울하고 재미없는 학생으로 인식하였다. 그는 동료들 사이에서 "작은 뉴턴(Little Newton)"으로 불릴 만큼 수학에서 뛰어났으며, 20세에 파비아 대학에서 법학박사를 취득하였다.

Cesare Beccaria

베카리아는 자신이 좋아하는 여성과 결혼하는 것을 반대한 아버지와의 갈등을 시작으로 여러 어려움을 겪었다. 그의 아버지는 테레사 블라스코와의 결혼을 만류하려고 그를 석 달 동안이나 집에 감금하기도 하였다(Phillipson, 1923/ 1970). 당시 부친은 로마법에 따라 부여된 자녀의 생명에 대한 무제한의 권한인 부권(patria potestas)으로 그의 의지를 강행할 수 있는 권력이 있었다. 그러나 아버지의 강력한 반대에도 베카리아는 그녀와 결혼하고 만다. 하지만 그 대가로 그들은 가난하게 살게 되었다. 그러나 그와 가족과의 관계가 복원되면서 그는 일생을 보낸 집으로 다시 들어오게 되었다. 베카리아의 인생에서 또 다른 어려움은 35세 때 부인인 테레사의 죽음과 50세 때에 어린 딸의 죽음, 그리고 가족에 의해 제기된 소송 등이었다. 그는 부끄러움이 많고 점잖았기 때문에 대중과의 만남을 꺼려하였고, 좋은 음식과 와인을 남다르게 즐겼기 때문에 비만이었다.

그의 경력에서 중요한 시기는 그가 피스티코프 아카데미의 문학모임을 위하여 피에트로와 알렉산드로 베리라는 두 친구를 만나면서 시작되었다. 그들은 베리의 집에서 만나서 문학과 사회적 관심에 대하여 토론하였다. 피에트로 베리는 베카리아에게 형법의 운용에 대한 비판적 논문을 제안하였다. 9개월 이후, 베카리아는 1764년에 출판된 『범죄와 형벌』

(Dei deliti e delle pene)을 완성하였다. 이는 100쪽 정도의 얇은 두께로 직설적이고 읽기 쉽게 쓰인 책이었다. 그러나 출판 초기에는 저자와 출판업자 모두 익명으로 되어 있었다. 베카리아가 순교자가 되기를 원하지 않았기 때문이었다. 당시는 교회와 국가에 대한 비난의 대가가 가혹해서 그들과 다른 장단에 맞추어 행진을 하기에는 좋지 않은 시대였다.

『범죄와 형벌』은 고전학파 범죄학의 중심이 되는 가르침을 제시하였다. 기존의 개혁운동을 구체화하기 위하여 "1764년 이후 문명사회에서 성취한 형사사법과 행형학에서의 중요한 실질적인 모든 개혁"을 제안하였다(Monachesi, 1972:49). 이러한 내용 덕분에 이 책은 큰 인기를 얻게 된다. 출판된 지 얼마 안 되어 프랑스어, 영어, 독일어, 스페인어, 네덜란드어, 폴란드어로 번역되었으며, 몇 년 뒤에는 러시아어, 그리스어 등의 다른 언어로 번역되었다. 비록 그는 인권을 강하게 주장하기보다는 공리주의적 측면을 강조했지만, 볼테르, 디덜로, 루소, 흄 등과 같은 당시의 지식인들은 그에게 많은 찬사를 보냈다. 그러나 전통적인 법조인과 종교적 열광자들은 베카리아가 공격한 전통적 형법체계를 옹호하였다. 베카리아는 조사관들이 그의 저서를 비판하기 위해 위원회를 구성하였을 때 두려움을 느꼈다. 조사관들은 "모든 사려있는 사람들은 『범죄와 형벌』의 저자가 기독교의 적이며, 사악한 사람이며, 빈약한 철학자라는 것을 알 것"이라고 선언하였고, 선동적이며 신앙심이 없다고 비난하였다(Maestro, 1973:64). 『범죄와 형벌』은 가톨릭교회에서 금지한 도서목록에 기재되었으며, 1962년 목록이 폐지되기 전까지 남아있었다. 그러나 다행히도 지방정부는 베카리아의 행동에 대한 선처를 호소하였고, 그의 저서에 대한 공격은 더는 세상의 이목을 끌지 못했다.

마에스트로(Marcello Maestro)의 베카리아 전기에 대한 서두에서, 모리스(Norval Morris)는 『범죄와 형벌』은 "기존의 저서에 뿌리를 두고 있다"고 하였다(1973: ix). 특히 홉스, 로크, 흄, 루소 등의 사회계약설은 베카리아의 출발점이 되었다. 그는 형벌을 범죄의 예방과 통제를 위하여 안타깝지만 필요한 것으로 보았다.

> 법은 독립적이고 고립된 사람들이 사회를 형성하기 위하여 결합하는 조건을 제공한다. 끊임없는 전쟁 상황으로 삶에 지치고 불확실 상황에서 자유의 향유에 지쳤기 때문에 사람들은 일정 몫을 포기하고 평화와 안전을 확보하고자 하였다. … 그러므로 어떤 실질적인 동기는 사회의 법률에서 벗어나 원초적 혼동상태로 돌아가려는 모든 사람에게 깃들여있는 전제주의적 정신을 억제하기 위하여 요구되었다. 이러한 실질적 동기는 법위반자에 대한 형벌이다(Beccaria, 1764/1963:11-12).

형벌에 대한 이러한 주장을 펼쳤지만 그는 최초의 선도적인 인도주의적 법률개혁론자였다. 그는 *법률이 없으면 범죄도 없다*(nullum crimen sine lege, no crime without law)는 죄형법정주의를 강력하게 주장하였고, 형법의 제정과 운영을 위한 기준을 제시하였다. 베카리아는 형법의 제정과 재판의 분권을 확고하게 지지하였다. 베카리아는 이러한 주제에 대하여 다음과 같이 언급하였다(1764/1963:13-14)

> 오직 법을 통해서만 범죄에 대한 형벌이 규정될 수 있다. 이러한 권한은 오직 사회계약에 따라 전체사회를 대표하는 입법자에 주어져 있다. … 사회 그 자체를 대표하는 주권자는 모든 구성원을 구속하는 일반법을 제정할 수 있지만, 어떤 사람이 사회계약을 위반했는지를 판단할 수는 없다. … 그러므로 사건의 진실을 판단할 제3자가 필요하다. 그래서 판사가 필요하다. 그들의 판결에는 특정한 사건에 대한 확정과 부정만이 있을 뿐 그에 대한 불복은 있을 수 없다.

더구나 베카리아는 형사사건에서 판사는 "법을 해석할 권한이 없다. 그들은 입법자가 아니기 때문이다. … 법의 정신을 찾는 것이 필요하다는 대중적인 격언보다 위험한 것은 없다"(1764/1963:14-15)고 하였다. 베카리아는 당시의 법해석의 남용, 재판과정에서의 악명 높은 임의성과 비일관성에 대하여 분명하게 거부하였다.

고전주의 사상의 또 다른 중요한 흐름은 형사사법적 해악의 본질과 관련된다. 베카리아는 범죄의 본질은 사회적 해악이라고 주장하였다. 그는 법을 인간의 모든 악행을 억제하기 위한 도구로 파악하지 않았다. 그는 이러한 목적은 불가능하고 바람직한 것이 아니라고 믿었다. 그 대신에 형법은 오직 사회적 해악을 초래하는 행위를 통제하기 위해 활용되어야 하며, 형벌은 초래된 해악에 비례할 경우에만 정당화할 수 있다고 주장하였다.

고전주의 사상의 핵심은 "범죄를 처벌하기보다 범죄를 예방하는 것이 더 나을 것이다"(Beccaria, 1764/1963:63)라는 관점이다. 베카리아와 고전주의자들의 주장에 따르면, 예방은 억제기제를 통하여 성취될 수 있다. 그러기 위해서는 인간의 본질에 대한 어떤 전제가 세워져야 한다. 억제는 행위에 영향을 미치는 처벌위협을 통하여 이루어진다. 이를 위해 인간은 합리적이고 쾌락을 추구하며, 인간의 행동은 자유의지의 결과이며, 그 목표는 즐거움을 극대화하고 고통을 줄이는 데 있다고 전제한다. 합리적 존재자는 다른 대안에 대한 비용과 이득을 계산하여 합리적으로 행동한다. 그들은 자유의지를 가졌기 때문에 선택을 통하여 행동한다.

만일 어떤 이론의 전제가 잘못되었다면 이론 자체는 타당성을 상실할 것이다. 고전주의 억제이론을 뒷받침하는 전제는 지지될 수 있을 것인가? 베카리아와 당시 사람들은 그러한 생각을 경험적으로 검증하지도 않았지만 결코 의심하지 않았다. 억제이론의 개념들과 전제에 대한 수많은 '*상식*'적인 증거들은 많이 있다. 매일매일 이루어지는 행동의 대부분은 합리적이며, 자유의지적, 쾌락추구적 모형에 일치하는 것으로 보인다. 아침에 늦게 일어났기 때문에(좀 더 자려는 이전 결정으로 인하여), 시간을 확인하고, 합리적으로 무엇을 할 것인지를 결정한다. 아침을 먹을 것인가 아니면 범죄학 강의에 가야 할 것인가를 결정할 수 있다. 다른 대안적 결정의 결과를 고려한 후에(맛있는 아침의 즐거움 또는 배고픔의 고통), 범죄학 강의를 늦게 확인하였다고 하더라고 아침을 먹거나 강의를 들으러 가는 것은 자유롭게 결정할 것이다. 이러한 결정은 자유의지의 합리적 행사로 보인다. 이 과정은 즐거움의 추구(좋은 아침과 성적) 또는 고통의 회피(아침을 굶고 지겨운 범죄학 강의에 참석)를 고려했다는 점에서 쾌락추구적이다.

인간본질에 대한 억제이론의 주장과 전제는 사회적 관계와 제도에 스며들어 있다. 부모와 교사는 어린 아이의 행동에 영향을 미치기 위하여 "당근과 채찍"의 원리를 활용하고 있다. 바람직하지 않은 행동을 억제하기 위한 처벌위협과 바람직한 행동을 유도하기 위한 보상제공 모두는 인간이 쾌락추구적 행위자라는 것을 전제로 한다. 어른들도 고용상태에서 훈육적 위협과 임금인상 등을 통하여 같은 경험을 하게 된다. 이는 제재위협이 범죄를 억제한다는 주장을 지지한다는 것이다. 운전자들이 순찰차가 있을 경우 속도를 줄이고 정지표시에서 정지하는지를 살펴보기로 하자. 공원에서 술을 마시고 있는 10대 청소년들이 경찰이 다가왔을 때 맥주캔과 와인병을 어떻게 숨기는지를 생각해보자. 이러한 억제이론의 타당성에도 불구하고, 어떤 범죄학자와 과학자들은 이러한 증거에 대하여 회의적이다. 과학적 접근은 "선택적 관찰"(특정한 이론적 전제에 모순되는 것을 무시하고 지지되는 것만을 관찰함)의 오류를 피하기 위하여 체계적인 방식으로 조사할 것을 요구한다. 개인적 진술에 의해 지지되는 상식적 주장은 가끔 부정확한 것으로 드러나기도 한다(Hagan, 1982). 최근에 와서야 범죄학자들은 억제이론의 쟁점에 대하여 과학적으로 평가하기 시작하였다.

베카리아는 고전적 억제이론의 특징이 되는 세 가지 처벌의 원칙을 열거하였다. 인간은 합리적이고 쾌락추구적이며 자유의지에 의해 행동한다는 전제에서 범죄통제를 처벌의 확실성(certainty), 엄격성(severity), 신속성(celerity)의 함수로 보았다. 그는 이러한 요인들이 적절하게 이루어진다면 범죄는 예방될 것으로 믿었다. 베카리아와 그 당시 사람들이 목격한 18세기 상황처럼, 이러한 요인들이 무시되고 형벌이 임의적이며 비일관적으로 행해진다면 범죄는 증가할 것이다. 만일 사람들이 법위반행위의 부정적 결과에 대한 확고한 믿음이 없다면 법적 의무를 수행할 가능성은 낮아질 것이다. 만일 처벌가능성이 상대적으로 낮고 처벌이 신속하지 않으며 그 내용도 엄중하지 않으면, 타인의 재산을 탐하는 사람은 절도를 저지르게 될 것이다.

억제이론의 첫 번째 원칙은 처벌의 인지된 확실성이 증가할수록 규범을 위반할 가능성은 낮아진다는 것이다. 반대로, 베카리아가 표현한 바와 같이, "처벌에 대한 확실한 무지와 불확실성은 위반에 대한 걱정을 증가시킨다"(1764/1963:17). 그는 법은 명백하고 일관적으로 집행되어야 한다고 주장한다.

억제이론의 두 번째 원칙은 처벌이 신속할수록 규범위반의 가능성은 낮아진다는 것이다. 반대로 형벌의 지연은 규범위반의 가능성을 증가시킨다. 베카리아는 다음과 같이 이러한 원칙을 설명하였다(1764/1963:56).

> 처벌의 신속성은 매우 유용하다. 왜냐하면 악행과 형벌 간의 시간적 간격이 적을수록 범죄와 형벌이라는 연관관념이 강하게 되고 지속적으로 되기 때문이다. 사람들은 알지 못하는 사이에 전자를 원인으로, 후자를 불가피한 결과로 인식하게 될 것이다.

이러한 주장은 혐의자의 기소와 선고된 범죄자 모두에 대한 처벌이 신속하게 집행되어야 한다는 것이다.

고전적 억제이론의 세 번째 원칙은 엄격성으로 표현된다. 형벌의 엄격성은 확실성이나 신속성보다는 덜 중요한 것으로 여겨진다. 베카리아는 "만일 형벌이 적절하게 이루어진다면 형벌의 엄격성은 다른 두려움보다 처벌받지 않을 가능성과 결합되지만 더 두려운 것으로 강한 인상을 줄 것이다"라고 주장한다(1764/1963:58). 그는 형벌의 엄격성은 그것이 바람직한 수준의 억제효과를 거둘 경우에 정당화할 수 있다고 하면서 그러나 다음과 같은 것을 고려해야 한다고 하였다.

> 형벌이 그 목적을 달성하기 위해서는 형벌이 초래한 해악이 오직 범죄로 인한 이익을 초과하는 수준에서 집행되어야 한다. … 그 이상의 형벌은 불필요한 것이며 폭압에 불과하다 (1764/1963:43).

### *제레미 벤담: 공리주의와 고전주의 사상*

제레미 벤담(Jeremy Bentham, 1748-1832)은 고전주의 학파에 공헌하는 영역에서 베카리아의 저서를 찬양하고 그의 견해를 공유하였다. 베카리아와 같이, 벤담은 이론가보다는 형법개혁가로 더욱 활약한 것으로 알려져 있다. 게이스(Gibert Geis)가 평가한 바와 같이, “이론적 유산보다는 실질적 결과가 그가 뒤에 남긴 주요 기념물이라고 할 수 있다. 그는 위대한 철학자라기보다는 위대한 개혁가였다”(1972:66).

Jeremy Bentham

벤담은 런던에서 태어났다. 그는 매우 조숙하여 4살 때 라틴어를 읽고 곧 프랑스어를 하였다. 12세에는 옥스퍼드 대학에서 법학을 시작하였으나 학교생활에 흥미를 가지지 못했다. 매우 비판적인 성격이었던 그는 잠시 법률가로 활동하다가 다시 교수로 돌아왔다. 평생을 학자로서 보내며 다양한 주제에 걸쳐 많은 작품을 저술했다.

그는 많은 기이한 행동을 보여주었다. 그는 아주 친한 사람들 이외에는 잘 어울리지 않았다. 비록 57세 때 오랫동안 알고 지낸 여인에게 청혼을 한 적은 있었지만 결혼은 하지 않았다. 그는 음악, 정원 가꾸기, 동물돌보기 등을 하면서 학문과 저작에 몰두하였다. 식사습관은 단순했고, 주로 과일, 빵, 홍차 등과 직접 양조한 맥주를 즐겼다. 필립슨(Coleman Phillipson, 1923/1970)에 따르면, 그의 성격은 복합적이었으며 “극단적인 특성이 강하게 혼재된” 양상을 보였다. 그러나 많은 측면에서는 어린 아이와 비슷했다. 벤담의 가장 특이한 행동은 스스로 자신의 주검을 교육용으로 기증했다는 것이다. 사후에 그의 몸은 해부되었고 해골은 생전에 그랬던 것처럼 이마가 반짝거리는 상태로 런던대학교에 오늘날까지 전시되어 있다.

이러한 개인적 특성을 제쳐두고, 베카리아와 유사하게 벤담은 당시 형사사법의 임의성, 비일관성, 잔혹성에 대하여 논의하였다. 그는 형벌은 응보보다는 예방을 목적으로 행사되어야 한다고 주장하였다. 베카리아의 입장과 같이, 그는 범죄를 공동체를 약화시키는 것으로 정의하였다. 벤담의 형벌철학의 중심은 공리주의이며 이는 “최대행복원칙”(greatest happiness principle)으로 대표된다. 이 원칙에 따르면, 행위는 인류의 행복과 이익에 기여하는가 여부로 균형적으로 판단되어야 한다. 범죄행위는 공동체의 행복을 손상시키므로 반드시 예방되어야 한다. 공동체의 행복은 사람들이 그들의 행위에 대한 비용과 이익을 사려 깊게 계산할 수 있기 때문에 성취될 수 있다고 벤담은 생각했다.

> 자연은 인간이 두 개의 주요 요인, 고통과 즐거움의 지배를 받게 하였다. 이것은 우리가 무엇을 해야 하는가 뿐만 아니라 우리가 무엇을 할 수 있는가를 결정하는 데 영향을 미쳤다. … 그것은 우리의 행동과 말, 생각을 지배한다(1789/1973:66).

벤담에 의하면, 행복 또는 쾌락적 미분이라고 부르는 즐거움과 고통의 저울질에 의하여 법체계가 범죄행위를 억제하는 역할을 하게 한다. 처벌의 고통을 조절함으로써 범죄로 인한 즐거움을 줄일 수 있다.

고전이론가의 공통적 모습은 형법에 초점을 주지만, 범죄자에 대해서는 소홀히 한다는 것이다. 이는 당대의 법률이 임의적이며 변덕스럽게 집행되었다는 점에서 이해할 수 있을 것이다. 그러나 법률과 형사사법의 집행에 대한 강조와 더불어 범죄자에 대한 간과는 범죄학적 이론화의 측면에서는 아쉬운 것이다. 벤담의 저작의 주요 약점은 "범죄자를 살아있고, 복잡하고, 다양한 인성을 가진 인간으로 파악하지 못했다는 것이다"(Geis, 1972:53). 벤담의 최적행복미분은 인간본질에 대한 전반적인 단순한 전제로 남아 있다. 그의 사상은 형법과 형사사법운용의 개혁에는 즉각적으로 기여를 하였지만, 범죄자가 왜 법을 위반하는지에 대한 설명을 시도하는 데는 부족했다고 할 수 있다.

## 고전주의의 영향

고전학파는 범죄를 초자연적인 현상이라는 이전의 입장을 대체한 현대적 범죄이론을 대표한다. 그러나 이러한 주장에는 명백한 결핍이 있다. 범죄자의 동기에 대한 단순한 전제, 범죄자 개인에 대한 정밀한 조사의 실패, 이론적 명제에 대한 과학적 평가의 소홀 등은 실증주의 범죄학을 출현시키는 데 기여하였다. 그러나 형사사법에 관한 고전학파의 영향은 결코 흔들리지 않았다. 서유럽 형사사법체계에서 집행상 전제가 되는 대부분, 특히 피고인의 권리 등은 베카리아, 벤담 등의 고전학파의 저작에 기초를 두고 있다. 형법 및 형사절차, 교정학 및 경찰활동은 이러한 개혁운동의 영향을 깊게 받았다.

### *형법 및 형사절차*

고전학파 이론가들은 범죄행위를 통제하는 데 합리적 바탕을 제공하기 위한 법률을 제정하는 것에는 실패하였지만, 형법과 형사절차를 개혁하는 데는 중요한 기여를 하였다. 법률가인 사무엘 로밀리(Sir Samuel Romily)는 고전학파의 원칙에 근거한 법률개혁의 견실한 지지자였다. 로밀리는 1806-1818년까지 잉글랜드 의회에서 활동하면서 야만적 처벌을 제거하고 일관적이고 확실한 처벌을 촉진하는 많은 법률을 도입하였다. 그러나 이러한 개혁은 쉽게 성취되지 못했다. 1813년 로밀리의 의회 연설에서 나타난 바와 같이, 할복형과 사지절단형을 폐지하려는 법률이 거부되기도 하였다.

> 저는 우리 앞에서 이 법률안에 대한 저항에 대하여 다소의 실망감과 많은 굴욕감을 고백하지 않을 수 없습니다. 저는 최소한 이 상황에서는 만장일치가 될 것이라고 스스로 위로했습니다. 저는 19세기 잉글랜드 하원에서 살아있는 상태에서 사형수들의 심장과 내장을 꺼내고, 그들의 눈앞에서 그들의 신체를 태우는 잔인한 내용의 법률을 옹호하는 목소리가 있다는 것을 전혀 예상하지 못했습니다(Phillipson, 1923/1970:274).

고전학파가 주장한 법률개혁과 피고인 보호는 서유럽 전역에 퍼져나갔다. 미국에서는 존 아담스, 벤자민 플랭클린, 토마스 제퍼슨 등의 명사들도 베카리아의 영향을 받았다. 고전학파의 영향은 프랑스 인권선언, 1832년 잉글랜드 개혁법, 미국 헌법 등에 명백하게 나타났다. 고전주의 학파의 주장은 배심원에게서 공개재판을 받을 권리, 변호인 조력권, 자신에게 유리한 증거를 제출할 권리, 합리적 의심을 넘어서 유죄가 판명될 때까지 법적으로 무죄추정의 권리 등을 포함한다. 이와 유사하게 잔인하고 비정상적인 것으로 인정되는 모든 유형의 신체형의 제거, 고문의 금지, 사형의 감축 등을 포함하고 있다. 이러한 모든 개혁들은 고전학파의 사상에서 자극을 받은 것이다. 간단히 말하면, 서유럽에서 범죄행위의 규정, 형사절차, 범죄자의 처벌 등의 형법체계 전체가 개혁된 것이다.

### *행형학*

고전학파 시대는 행형학(penology)의 집행에서도 광범위한 변화를 일으켰다. 그때까지 무력화(incarceration)는 두 가지 유형이 지배적이었다. 하나는 감옥(gaol, 영어식 표기는 jail)에 가두는 것이었다. 감옥은 범죄로 기소된 사람이나 재판을 기다리는 사람, 사형이나 신체형을 기다리는 사람, 채무자 등을 상대적으로 단기로 구금하는 곳이었고 시설의 상황은 끔찍한 수준이었다. 갇혀있는 사람들은 연령, 성별, 처벌이유 등으로 구분되지 않았다. 다른 주요 수단은 헐크(hulk)라고 불리는 폐기된 선박에 감금하는 것이었다. 헐크의 내부환경은 매우 열악한데다 최소한의 식사와 생필품이 제공되어 사망률은 충격적인 수준이었다. 다른 처벌로는 신체형이나 미국식민지 또는 호주 등으로 유배시키는 것이었다.

잔혹한 처벌 대신에 인도주의적 상황에서 수감하는 것은 고전학파에 의한 개혁의 결과이다. 지금의 기준으로는 극단적이고 가혹하다고 할 수 있지만(펜실베니아 체제에서의 독방감금, 뉴욕의 공동체계에서의 침묵 강요) 교도소의 증가를 가져왔다. 이러한 시설은 감옥과 헐크로부터의 광범위한 개선을 의미한다. 해외유배가 사라진 것과 같이, 헐크도 사라졌다. 교도소에서는 성과 연령에 따라 분리하여 수감하였다. 범죄자의 동기를 줄이려는 처벌이 다른 것에 우선한다는 견해, 즉 벤담의 '개혁의 부산물'에 의하여 재활에 대한 조치들이 도입되었다.

이는 벤담 자신이 제안한 정교화된 감옥디자인인 원형감옥(Panopticon)으로 기존의 형벌양식을 대체하려는 시도에서 이루어졌다. 그는 많은 시간과 재산을 이러한 사업을 위해 사용하였다. 그러나 결국 잉글랜드 의회는 이를 거부하였다. 비록 그의 생각은 다른 국가에서 받아들여졌지만 부분적이었으며 제한적인 효과만을 얻을 수 있었다. 원형감옥은 원형감시건물과 주변의 날개형태의 건물로 구성된다. 그렇기 때문에 감시자는 중앙에서 모든 부속건물을 감시할 수 있다.

### *경찰활동*

범죄학에서 고전학파의 개혁원칙은 경찰영역에서도 확산되었다. 그러나 격렬한 정치적 논쟁으로 인하여 개혁은 천천히 진행되었다. 로밀리의 자살 이후 10년 동안, 내무부 장관이었던 로버트 필(Sir Robert Peel)은 열정적으로 경찰개혁을 추진하였다. 필의 노력으로 1829년 런던대도시경찰법(London Metropolitan Police Act of 1829)이 제정되었고 잉글랜드와 미국의 현대 법집행이 시작되었다. 이 법안은 필의 몇 년 동안의 능숙한 정치적 전략 덕분에 상하원에서 통과되었다. 그러나 시민들의 집권적인 정부에 대한 강력한 불신에서 기인한 광범위한 저항을 극복해야만 했다(Lyman, 1964; Critchley, 1972). 경찰개혁은 프랑스에서 이미 추진되었고, 다른 유럽 국가들도 중앙정부의 권한을 강화하였다. 그리하여 잉글랜드에서도 이와 같이 될 것이라는 불안이 퍼져있었다. 경찰에 대한 이러한 끊임없는 불신은 '보비스(Bobbies)'와 '필러스(Peelers)'라고 불리는 필의 새로운 경찰이 거리에 배치된 후에도 지속되었다. 교통통제를 위하여 경찰관들이 채찍을 휘두르기 때문에 시민들은 매우 적대적이었다(Critchley, 1972). 심지어 경찰관이 살해되는 일도 있었다. 그러나 몇 년 후에는 고전학파에 의한 새로운 경찰개혁은 런던에서 전국으로 퍼져나갔으며, 잉글랜드 전역에 경찰개혁의 모형이 되었다. 이러한 모형은 미국으로도 전파되어 도시경찰을 위한 기본 철학이 되었으며 1838년 보스턴 경찰국 설립으로 이어졌다.

필의 경찰개혁의 핵심은 범죄를 억제하는 것이었다. 런던경시청에 처음으로 두 명의 경찰청장을 도입하면서 필은 다음과 같이 말했다. "무엇보다도 가장 중요한 목표는 범죄를 예방하는 것임을 인지하는 것이어야 한다. … 범죄가 발생하지 않는다는 것은 경찰의 완벽한 효율성을 의미하는 증거이다"(Lyman, 1864:133). 고전학파의 주장에 따라 경찰의 순찰은 범죄를 억제할 것으로 믿었다. 만일 경찰이 눈에 띄는 정복을 입고 불규칙적으로 순찰한다면 잠재적 범죄자들은 체포될 위험이 높다고 생각하고는 범죄를 저지르는 것은 현명하지 않다고 결론을 내릴 것이다. 처벌에 대한 확실성이 높을수록 범죄를 통한 이득은 줄어

[그림 5.2] Sir Robert Peel

들 것이라고 생각할 것이다.

이러한 경찰의 범죄억제력에 대한 인식은 필의 개혁 이후 150여 년 동안 아무런 의심 없이 지속되었다. 미국의 발머(August Vollmer)도 자신의 고전적 경찰행정학 교제에서 순찰은 "범죄자에 대항하는 사회의 가장 좋은 방어수단이며, 단지 정복을 입은 경찰관이 순찰지역에서 보이는 것만으로도 법을 위반하려는 사람들을 충분하게 억제할 수 있다"고 하였다(1936:217). 경찰행정에서 선도적인 권위자인 윌슨과 맥레인(Wilson and Mclaren)도 경찰의 범죄억제력을 지지하였다. 그들은 순찰을 경찰의 근간으로 생각하였고, "어느 곳에서나 존재한다는 인상은 빈번하고 현시적인 순찰을 통하여 창출된다"고 하였다(1972:320). 그러나 30년이 지난 후에야 경찰당국은 순찰의 억제효과를 범죄예방의 본질보다는 경험적 문제로 고려하기 시작하였다.

## 현대의 억제이론

비록 20세기 초에 많은 범죄학자들이 고전적 억제이론에 대하여 실망을 하였지만, 입법자와 경찰당국은 그렇지 않았다. 이러한 이론도식 및 실행은 범죄학의 발전을 지연시켰다. 고전이론의 억제적 관점과 다른 이론적 관점이 서로 통합되면 더 많은 범죄현상을 설명할 수 있었지만 그러한 노력들은 거의 없었다. 이론적 도식의 측면에서 억제모형은 사회반응관점, 특히 낙인이론과는 반대적 입장이었다. 억제이론의 중심 주장은 처벌은 범죄를 감소시킨다는 것이지만, 낙인이론은 처벌은 범죄를 증가시킨다는 것이다. 억제이론에 따르면 개인의 범죄활동은 체포와 처벌로 인해 줄어들 것이다. 그러나 낙인이론은 처벌을 하면 장래에 범죄를 더 저지르게 된다고 주장한다.

억제이론이 정교해지고 복잡해지면서 다른 사회적 역동성과 불일치하는 관념들은 점차 약화되었다. 현재의 억제이론은 처벌은 어떤 사람에게는 억제효과가 있지만 다른 사람들에게는 반발효과(backlash effect)를 유발한다고 주장한다. 반발효과는 낙인이론의 주장을 유추한 것이다. 사회의 특정한 집단에게 경직된 처벌은 더 많은 일탈을 초래하기도 한다. 예를 들어, 게리 라프리와 그의 동료들(Lafree et al., 2009)의 최근 연구에 따르면, 북 아일랜드에서는 IRA 테러리스트에 대한 경찰단속에 억제 및 반발효과가 모두 나타났다. 이러한 연구결과는 이제 반-테러주의 사회에서 주요 관심거리가 되었으며, 그 개념은 범법자들에게 적용될 수 있다는 근거가 있다. 간단히 말해서 억제이론에서 처벌은 항상 긍정적인 결과만 초래한다고 가정할 수 없으며 때때로 범죄를 더 악화시킬 수도 있다는 것이다. 중요한 것은 제재의 순효과(net effect)이다. 처벌이 범죄를 억제하기보다 유발한다면 범죄예방에서 주의하여 고려해야 할 것이다.

그러나 최근까지 이러한 제재에 대한 정교하고 객관적인 분석은 범죄학자와 사회정책 분석가들에게서 이루어지지 않았다. 반대로, 억제이론에 남겨있는 이데올로기적 편견은 10여년 동안 소홀히 다루어졌다. 깁스(Jack Gibbs)는 "인류에게 도덕적 정보를 제공하기 위하여 과학자들은 (사형에 대한 모든 것을 포함한) 사실의 전달자로서 역할을 해야 한다. (정신과 의사나 사회사업자인) 사회공학자들이 전통적 처벌에 대한 대안을 제공한 까닭에 억제이론에 대한 평판이 나빠졌다(1975:9-10)"고 언급하였다. 이데올로기적 성향은 경험적으로 결론을 내리지 못한다. 어떤 주장은 억제효과가 있다고 하고 다른 주장은 그렇지 않다고 한다. 20세기로 들어서면서 페리(Enrico Ferri)는 "우리는 형법이 범죄를 치료하지 못한다는 것과 아무것도 치료하지 못한다는 것을 직시해야 한다(1901/1968:321)"고 주장하였다. 20세기의 중반에 버른(Harry Barnes)과 티에터(Negley Teeters)는 그들의 저서에서 검증되지 못하는 결론을 주장하며 "억제에 대한 요구는 역사와 논리의 도움으로 믿을 수 있다"고 하였다(1951:338). 1960년대 후반에도 선도적인 범죄학 저서들은 "다른 사람의 범죄를 예방하지 못하고 재범을 예방하지도 못하는" 억제효과에 대한 실질적이지 않는 주장들을 지속적으로 제안하였다(Reckless, 1967:508).

억제이론의 지지자와 반대자 모두 그들의 관점이 상식에 적합하다고 하였다. 억제이론의 주창자들은 순찰차가 보이면 교통속도를 줄이는 것을 예로 들어 억제효과를 증명하였다. 이에 비해 억제이론의 반대자들은 재범 이상의 수감자가 증가하는 것은 억제효과가 없다는 증거라고 주장하였다. 그러나 문제는 "때때로 상식은 터무니없는 것"이라는 점이다(Hagen, 1982:2). 일반적으로 감속하는 차량을 보고 "억제 작용"을 추론하는 것은 옳지 않으며 법위반을 반복하다고 해서 억제이론을 거부하는 것도 옳지 않다. 대체로 억제이론은 이러한 보장되지 않은 추론에 의지한다. 이는 짐링과 홉킨스(Zimring and Hawkins)의 풍자적인 분석을 통해 증명된다. 그들은 호랑이 퇴치오류(tiger prevention fallacy)에 유추하여 설명한다.

한 사람이 손가락은 퉁기면서 소리를 지르며 맨해튼 도심을 달리고 있다가 경찰관의 제지를 받았다. 그들의 대화는 다음과 같다.

경찰관: 지금 뭘 하고 있습니까?
신　사: 호랑이를 쫓아내고 있습니다.
경찰관: 뭐라고요? 미쳤어요? 뉴욕시 주변 5,000마일 내에는 야생 호랑이가 없어요.
신　사: 그래요? 그렇다면 내가 굉장히 효과적인 기술을 갖고 있다는 건데.

깁스(Gibbs, 1975)가 강조한 것처럼 호랑이 퇴치이야기의 중심은 억제효과는 내재적으로 관찰되지 않는 현상이라는 것이다. 우리는 범죄가 예방되었는지를 알 수 없다. 그러나 예방의 부재로 억제효과가 없다고 할 수 있다. 그러나 반대의 주장은 억제이론의 지지자에게도 가능하다. 낮은 수준의 일탈이 제재위협에 따른 것이라는 결론은 호랑이 퇴치오류를 반영한다. 이러한 호랑이 이야기는 익살맞은 설명이지만 형사사법의 성공에 대한 주장도 그만큼 우스꽝스럽다. 범죄학의 한 학자는 비슷한 예를 보여주고 있다. 한 지역경찰이 아침뉴스 방송에 출연해 대중적인 약물인 크랙 코카인에 대해 언급하면서 그의 지역에는 이러한 새로운 약물이 확산되지 않았다고 확신하며 말했다. 그 이유가 무엇인지를 묻자 경찰은 "우리가 막으려 한다는 걸 약물 거래자들이 알았기 때문에 나타난 효과"라고 주장하였다. 대중매체는 이러한 어처구니없는 주장을 그대로 받아들였다. 물론 이후에 밝혀진 일이지만, 크랙은 그 작은 마을에 들어와 1년 동안 약물문화를 주도하다가 점차 약화되었다. 그 이유는 경찰활동 때문이 아니라 다른 불법약물로 대체되었기 때문이었다. 이는 "크랙 예방오류"(crack prevention fallacy)라고 할 수 있다.

억제이론의 반대자들은 유사한 과정을 거쳐 반대의 결론을 추론하였다. 짐링과 홉킨스(1973)는 이러한 오류를 *감시자의 조사(warden's survey)*로 이름을 붙였다. 이 유추에서는 수형자들에 대한 관찰에 근거하여 억제효과가 없다고 주장하는 수많은 교도소 감시자들을 언급하고 있다. 그들의 잘못된 결론은 "억제가 되지 않은 집단이나 교도소에서 그렇지 않은 경험"으로부터 추론되었다(Zimring and Hawkins, 1973). 논리적으로 억제효과가 발견될 수 있다면 그것은 비-범법자들에게서 나타날 것이다. 이러한 기준에 따르면, 제재는 범죄가 완전히 부재한 곳에서 효과적인 억제가 될 수 있을 것이다.

20세기 동안 범죄학자들은 감시자의 조사자료와 사형제도를 채택한 지역에서의 높은 살인범죄율에 대한 자료를 통하여 억제이론을 반박하였다. 다른 한편으로 형사사법실무가들은 억제이론에 대한 단호한 신념을 반영하는 호랑이 퇴치오류와 같은 전형적인 실수를 저지르고 있었다. 티틀(Charles Tittle, 1980:1)은 이러한 상황을 다음과 같이 정리하였다: "제재는 일탈을 감소시킨다고 주장하는 일반인과 형사사법 실무가의 강력하고 무비판적인 신념이 있는 한편, 그렇지 않다는 학자들의 강력하과 무비판적인 신념도 있었다."

범죄학자들은 지난 40년 동안 억제이론의 문제점들을 다시 분석하였다. 깁스(Gibbs, 1968)와 티틀(tittle, 1969)의 경험적 노력에 힘입어 1970년대에 경험적 조사활동이 활발히 진행되는 동안 안데나이스(Andenaes, 1952; 1966)의 개념적 분석은 이러한 재분석의 조짐을 보였다. 이는 억제이론을 다시 고찰하려는 경향과 상황을 결합시킨 유일한 연구이다. 그 첫째로, 실증주의 범죄학(positive criminology)으로부터 논리적으로 추론된 재활정책이 실질적으로 재범 억제에 성공하지 못했다는 경험적 연구에 많은 관심이 집중되었다. 재활정책에 대한 평가는 1960년대 후반에서 1970년대 초반에 결론이 내려졌다(Bailey, 1966; Wilkins, 1969; Hood, 1971; Kassebaum et al., 1971). 범죄자에 대한 재활정책이 '효과 없다'는 마틴슨(Martinson, 1974)의 일반화는 억제이론에 대한 경험적 연구를 위한 계기가 되었다. 이후 이러한 억제에 대한 개념화는 커다란 발전을 이루었다.

### *억제의 개념화*

억제개념은 베카리아와 벤담의 저서에 뿌리를 두고 있다. 공리주의 사상가는 범죄를 처벌의 확실성, 엄격성, 신속성에 의한 부의 함수로 보았다. 다르게 표현하면, 이 세 가지 맥락에서 범죄에 대한 처벌적 반응이 강화되면 범죄빈도는 줄어들 것이라고 예상할 수 있다. 더구나 그 개념은 모든 사람과 모든 유형의 범죄에 적용되는 범죄의 일반이론으로 제안된다(Exum, 2002). 일반이론으로서 억제이론은 유연한 것으로 보인다. 그러나 합리적 선택이론의 억제적 명제는 베카리아가 제안한 이후 "오랜 기간에 걸쳐 진행"된 것이다(Pratt, 2008:43).

## •• 확실성(certainty)

현대 연구는 처벌의 확실성에 집중되어 있으며, 이는 초기 고전주의자들이 강조한 영역이었다. 많은 실질적인 증거들을 통해 처벌의 높은 확실성이 낮은 수준의 범죄와 관련이 있다는 것이 발견되었다. 간단히 말해서, 모든 영역 중에서도 처벌의 확실성이 가장 중요한 것이라는 강한 합의가 이루어졌다. 그러나 처벌의 확실성이 범죄를 억제한다면 어느 정도의 확실성이 필요한 것인가? 처벌이 금지된 행위를 못하게 한다는 것을 어떻게 잠재된 범죄자에게 확신시킬 수 있는가? 검거율과 범죄율 간의 관계에 대한 어떤 연구들은 체포가능성이 최소한의 수준에 이르지 않는다면 억제효과는 없다는 것을 보여주었다(Tittle and Rowe, 1974; Brown, 1978; Brown, 1981). 이러한 억제작용의 한계는 첨두수준(tipping level)이라고 불리며, 기본적인 억제적 명제에 또 다른 복합성이 추가된다.

## •• 엄격성(severity)

억제이론은 모든 것이 일정할 경우 처벌의 엄격성이 증가하면 범죄는 감소한다고 제안한다(Andenaes, 1966; Zimring and Hawkins, 1973). 그러나 모든 것이 일정하다는 것은 희박하다. 베카리아와 벤담은 억제효과가 처벌의 엄격성과 연관된다는 것에 대해 조심스럽게 언급했다. 처벌의 엄격성에 대한 효과는 거의 알려져 있지 않다. 그러나 기존의 연구들 중에는 이러한 주장을 지지하지 않으며 처벌의 엄격성은 중요하지 않다는 주장도 있다. 스픈과 홀러안(Spohn and Hooleran, 2002)이 시도한 징역형과 보호관찰의 효과에 대한 최근의 연구는 이에 대한 대표적인 연구이다. 약물, 약물관련, 비-약물과 관련된 중죄를 저지른 세 집단에 대한 비교에서 그들은 징역형을 받은 경우가 보호관찰을 받은 경우보다 세 집단 모두에서 높은 빈도와 신속한 재범을 보인다는 것을 발견하였다. 달리 말하자면, 처벌을 엄중하게 하면 억제효과보다는 다른 반대적 효과, 즉 범죄원인 또는 범죄촉진효과가 나타난다는 것이다. *범죄원인적 효과*는 약물범죄자에서 강하게 나타났다. 스픈과 홀러안(2002)는 범죄에 대한 현재의 처벌적 대응은 특히 약물범죄에서 우리가 처벌의 엄격성에 대해 배운 것과는 다르게 잘못된 결과를 낳으며 부산물을 초래한다고 하였다. 그러나 다른 최근 연구에서는 비록 범죄의 한 가지 유형에서 나타난 것이지만 반대의 결론에 도달하였다. 포가스키(Pogarsky, 2002)는 대학생의 음주운전에 대한 연구에서 "억제가능한" 영역에 한하여 처벌의 엄격성은 확실성보다 억제효과가 높은 것으로 나타났다. 이와 유사하게, 멘더스(Mendes, 2004)도 확실성과 엄격성은 모두 유사한 수준으로 중요하다고 주장하였다. 아래에 제시된 내용은 범죄와 비행을 저지르는 범죄집단(gang)에 대하여 처벌의 엄격성에 토대를 둔 공공정책의 예이다. 어떤 사람, 어떤 범죄유형이 더 억제적인가의 쟁점은 이 장의 후반부에서 좀 더 자세하게 다룰 흥미로운 주제이다.

범죄집단의 모습

## 범죄집단 구성원에 대한 강화된 형량

범죄집단의 활동에 대응하기 위하여 지역사회는 예방, 개입, 압박 등의 여러 가지 대응방안을 채택하였다. 어떤 지역사회는 세 가지 방법을 모두 포함한 종합적인 대응전략을 수립하였지만, 대부분의 지역사회는 전통적인 억제이론에 초점을 두고 강압적 접근방법을 채택하였다. 모든 곳에 대한 빈번한 순찰부터 형량강화와 선고율을 높이기 위한 기소의 증대 등의 강압적 조치들이 채택되었으며, 이는 일반 및 특별억제가 "쾌락주의적 계산" 함수에서 비용요인을 증가시킴으로서 성취될 수 있다는 전제에 기초한다.

1992년 캘리포니아 웨스트민스터(Westminster)시는 범죄집단에 대항하는 연합팀(TARGET, Tri-Agency Response Gang Enforcement Team)을 발족하였다. 켄트와 스미스(Kent and Smith, 1995)는 이러한 활동에 대해 자세하게 기술하였다. 이것은 "범죄집단의 우두머리와 재범자"를 억제하기 위하여 경찰, 검찰, 보호관찰기관을 통합한 것이다. 다른 강압적 조치들과 마찬가지로 이러한 프로그램의 기본 목적은 다음과 같다.

1. 지역사회의 강력한 범죄집단 구성원 선별 제거
2. 범죄집단에 대한 정보수집
3. 범죄집단과 싸우기 위한 혁신적 방안개발
4. 범죄집단과 집단범죄에 대한 개인적 전문지식 향상

이러한 목적을 달성하기 위하여 이 프로그램은 각 기관의 담당자(3명의 경찰관, 1명의 전업 보호관찰관 및 1명의 보조 보호관찰관, 1명의 중견 지역 검사, 조사관 및 지원부원)로 팀을 구성하여 경찰수사관의 감독 하에 운영되었다. 이 팀은 각각의 형사사법체계의 구성원이 결합되어 "범죄가 발생했을 때 피의자 및 사건에 대한 엄격한 수사 및 기소가 가능하게 하였다"(Kent and Smith, 1995:293).

TARGET의 목표 달성은 두 가지 전략에 따라 이루어진다. 그것은 형량강화절차와 민사금지법(civil abatement law)의 활용이다. 캘리포니아 주 의회는 1999년 거리테러리즘예방강화법(STEP: Street Terrorism Enforcement Prevention Act)을 제정하였다. 이 법은 범죄집단가입을 피의자의 형량을 높이는 상황으로 고려하고, 거리범죄집단에서의 적극적인 활동을 범죄로 고려하며, 검사는 범죄집단 관련 중죄에 대한 중형을 요청할 수 있게 하였다. 민사금지법은 범죄집단의 전체 구성원에 초점을 맞춘다. 이 법에 따르면, 모든 범죄집단 구성원을 "모든 지역에서 그들의 범죄행위를 금지하기 위하여" 민사법원에 기소할 수 있다. 범죄집단의 개인은 법원의 명령을 따라야 하고, 일반지시는 그 영역의 범죄집단 구성원에게 전달된다. 그들은 특정 지역에서 다른 범죄집단과의 협력이 금지된다. 이러한 법원의 금지명령에 대한 위반은 법정모독죄로 구성되며, 위반한 범법자는 형사법원에 기소된다. TARGET팀의 구성원은 이러한 법을 집행하고 웨스트민스터 시에서 범죄집단의 활동을 약화시키기 위하여 연합하여 활동한다.

억제이론의 전제와 처벌의 신속성, 확실성, 엄중성의 상호관련성의 측면에서, 이러한 강압적 프로그램은 어느 정도 성공하였는가? 최근까지 이러한 프로그램이 범죄집단 구성원 및 집단범죄활동에 미친 영향에 대한 평가가 공식적으로 보고되지는 않았다.

## •• 신속성(Speed)

검거 및 처벌이 범죄행위 이후에 이루어진다면 얼마나 신속하게 형벌적 반응이 이루어져야 효과가 있을까? 전형적인 미국의 형사사법은 매우 천천히 작용한다. 이러한 지연과 취소는 처벌효과를 평가할 수 있을 정도인가? 어떤 사람들은 그렇게 주장하지만, 다른 사람들은 처벌의 지연이 충분하게 고통과 두려움을 준다면 오히려 처벌의 억제효과가 강화된다고 주장한다. 그러나 최근까지 처벌의 신속성의 억제효과에 대한 경험적 연구는 거의 연구되지 않았다.

## •• 현대적 개념들 (Contemporary Concepts)

또 다른 기본적 개념들은 처벌 그 자체에 대한 관심에서 파생되었다. 실제로 처벌은 무엇인가? 최근에 실행되는 법적 제재는 벌금, 운전면허 등과 같은 자격정지, 보호관찰 등과 같은 지역사회 감시, 구치소 및 감옥에서의 구금 그리고 사형 등이다. 뉴먼(Newman, 1983)은 현재의 처벌유형에서 신체형을 복원하는 것이 필요하다고 주장한다. 다른 사람들은 현재의 처벌 중에서 사형을 폐지하자고 주장한다. 이러한 제재의 집행은 정치 및 문화적 제약을 받는다. 20세기 초의 북경에서는 제한속도를 넘어선 과속운전자를 사형시키고 그의 목을 거리에 효시하여 중요한 억제효과가 있었지만, 우리는 과속운전자를 억제하기 위하여 그러한 극단적인 처벌을 원하지 않는다(Griffiths, 1970).

처벌이 범죄를 억제할 수 있다면, 우리는 무엇을 파악해야 하는가? 여기에는 분명히 서로 다른 가능성이 존재한다. 이론적으로 어떤 개인에게 특정 범죄를 완전히 억제시키는 것은 가능하다. 만일 한 개인이 법적 제제의 두려움 때문에 범죄행위를 전혀 저지르지 않는다면, 이를 절대적 억제(absolute deterrence)라고 할 수 있다(Gibbs, 1975; Tittle, 1980). 그러나 호랑이 퇴치오류를 기억해 보자. 어떤 개인들이 범죄를 저지르지 않는다고 해도 그것은 절대적 억제를 증명하는 것은 아니다. 그러나 범죄의 포기는 제재의 두려움 말고도 다른 이유 때문일 수도 있다. 제재의 두려움에 대한 또 다른 대안적 가능성은 법위반은 감소하지만 그렇다고 법을 완전히 준수하지도 않는 것이다. 이러한 감소를 한정적 / 제한적 억제(marginal/restrictive deterrence)라고 부른다. 이러한 감소는 범죄빈도가 줄어들고, 덜 사악하며, 덜 파괴적인 양상을 의미한다. 예를 들어, 어떤 학생(또는 교수)이 매일 주차금지구역에 주차한다고 가정하자. 그는 빈번하고 반복적인 위반으로 결국 법정에 소환될 것이다. 그러나 그가 불법주차를 절대로 하지 않는 한 완전하게 억제되지는 않을 것이다. 이와 유사하게, 같은 학생(또는 교수)이 등굣길에 시속 40마일지역에서 시속 50마일로 달렸다면 그는 시속70마일로 달릴 경우에 받은 처벌을 피할 수 있을 것이다.

## ●● 범죄전이(crime replacement)

범죄전이(crime replacement)는 억제효과를 평가하기 위한 또 다른 개념이다. 이것은 인지된 처벌의 확실성이나 엄격성에 직면하여 범죄양상을 변화시키는 것을 의미한다. 전이는 시간, 장소, 범죄형태의 전환으로 나타난다(Reppetto, 1976). 예를 들어, 노상강도에 대한 억제는 다른 유형의 범죄를 증가시킨다. 노상강도에 대한 제재의 위협이 강력하다고 판단했다면 범죄자들은 범죄를 포기하기보다는 침입절도로 전환할 것이다. 또한 특정시간이나 특정 지역에 대한 강도범죄에 대한 억제가 높다고 생각한다면 다른 시간이나 다른 지역에서 범죄를 저지를 것이다. 결국, 범죄율에서의 순수한 변화를 제재에 대한 인지의 변형의 결과로 파악하는 것이 중요하다. 만일 노상강도를 억제하기 위한 조치를 통하여 도심지역에 20건 정도의 야간 노상강도 사건이 줄었다고 해도 10건 정도는 주거침입강도로, 5건 정도는 대낮 노상강도로, 5건 정도는 시골지역으로 전환되었다면, 범죄는 단지 전이된 것일 뿐 억제효과는 없는 것이다.

마지막으로 억제가 두 유형의 과정으로 구성돼 있다는 것을 파악하는 게 중요하다. 첫 번째 유형은 객관적 처벌양상은 처벌의 확실성 및 엄격성에 대한 개인의 인지에 영향을 미친다는 것이고, 두 번째 유형은 처벌에 대한 확실성과 엄격성에 대한 개인의 인지가 증가하면 일탈의 기능성이 줄어든다는 것이다(scheider, 2001). 그러나 만일 처벌에 대한 개인의 인지가 객관적 처벌양상과 관련이 없다면, 억제효과는 실패할 여지가 있다. 그러므로 만일 잠재적 범죄자가 억제이론에서 전제한 것보다 덜 합리적이라면, 또는 객관적 처벌에 대한 그들의 평가가 개인의 특성에 의하여 약화되었다면, 억제효과는 그에 비례하여 감소할 것이다. 처벌의 객관적 양상에 대한 이해는 기준율 오류(base rate fallacy)라고 부를 수 있다. '기준율'은 처벌의 확실성 및 엄격성에 대한 기대된 비율이고, 오류는 처벌의 확실성 및 엄중성의 개관적 양상에 대한 소홀 또는 오해를 의미한다. 형이 확정된 범죄자가 "나는 내가 너무 똑똑하여 잡히지 않을 것이라고 생각했다"고 하거나 새로운 범죄로 다시 감금된 범죄자가 "나는 내가 엉망이 된 곳에서 다시 잡히지는 않을 줄로 생각했다"고 말했다면 이는 기준율 오류의 예가 될 수 있다. 전반적으로 낙천적인 성격이거나 판단수준이 낮은 범죄자들이 기준율 오류를 저지른다. 그들은 그들이 검거될 기준율이 없다고 판단한다.

[그림 5.3]은 객관적 처벌양상(체포, 선고 등), 인지된 처벌양상, 범법행위 간의 인과관계를 보여준다. 불행하게도 이러한 모형에 대한 최근 연구는 거의 없다. 포갈스키와 그의 동료들은(Pogarsky et al., 2005) 처벌에 대한 인지된 위험의 형성과정이 매우 복합적이고, 특히 범죄유형에 따라 다양하게 나타나는 것을 발견하였다. 이와 유사하게, 클렉과 동료들도(Kleck et al., 2005) 형사사법체계에 따라 수행되는 거시적 수준의 처벌과 미시적 수준의 처벌인지 간의 관계에 대하여 검증하기 못했다. 이러한 연결 없이는 일반억제의 논리는 약화될 수밖에 없다.

기준율 오류를 평가하기 위하여 대학생을 대상으로 한 쉐이더(Scheider, 2001)의 실험에서는 인지는 객관적 처벌양상에 영향을 받는다는 억제가설은 지지하지만, 기준율 오류를 지지하지 않는 결과를 발견하였다. 그러나 이는 측정한 위반에 제한된 것이다. 기준율 오류는 음주운전과 코카인 사용에서는 지지되었다. 이러한 결과는 객관적 정보보다는 잘못된 과정에서 비롯된 개인적 지식이 형성된다는 것을 시사한다. 즉 사람들 대부분은 잘못된 행동을 하더라도 검거되지 않거나 처벌되지 않으면 막연하게 범죄에 대한 지식을 형성하게 된다. 그러나 억제의 첫 번째 단계(객관적 처벌양상이 인지된 양상을 형성하는)에 대한 지지는 처벌의 강화와 처벌가능성이 높고 엄중하다는 것이 공개되어야 한다는 것을 필요로 한다.

[그림 5.3] 객관적-인지적 처벌 간의 관계

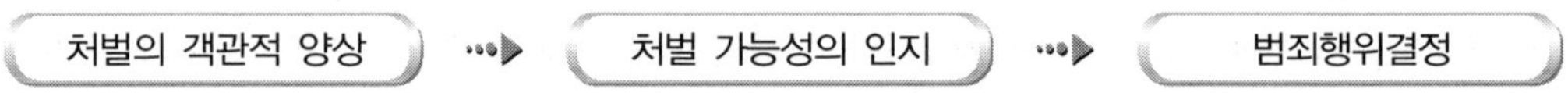


### *일반/특별억제*

처벌은 두 가지 특징적인 유형을 통하여 금지행위를 억제하는 잠재성을 지니고 있다. 범죄학자와 형사사법 실무가들이 억제에 대해 이야기할 경우는 대개 일반억제의 효과에 대한 것이다. 일반억제는 실재 또는 인지된 형벌적 제재가 처벌된 사람보다는 일반인의 행동에 영향을 미치는 것에 관한 것이다. 억제이론에서 전제된 합리적-계산과정을 통하여 불법행위를 고려하는 사람에게는 제재를 받은 개인은 하나의 본보기로서 역할을 하며 이를 통해 장래의 추가적인 법위반을 억제하게 한다.

공개성은 일반억제 과정에서는 필수적인 요인이다. 제재에 대한 정보가 널리 퍼질수록 정보의 잠재적 효과는 강력해진다. 불법 행위를 억제하기 위한 공개성은 주로 대중매체를 통한 홍보와 비공식적 대화를 통해 이루어진다. 이는 제재과정에 관한 정확한 정보를 소통시키고 위협수단으로 왜곡된 정보를 유용하게 한다. 더구나 특정 범죄나(약물판매자가 엄중한 처벌을 받았다는 이야기) 법에 대한 일반적 준수에 집중된다(예를 들어 "범죄는 대가를 받아야 한다"는 이야기).

일반억제이론은 처벌의 확실성, 신속성, 엄격성에 대한 공중의 인식을 강화시켜 범죄를 감소시키려는 공리주의적 도식이다. 이러한 관심은 처벌의 윤리적 양상이다. 많은 범죄학자들이 우려하는 바와 같이, 일반억제효과는 무고한 사람들에 대한 처벌을 통하여 성취될 수 있다. 무고한 사람들도 범죄자처럼 처벌을 받을 것으로 믿고 있다. 이보다 더 그럴듯한 시나리오는 공중에게 파악된 범법자에게 범죄의 심각성에 부합하지 않는 극단적으로 엄중한 처벌을 집행하는 것이다. 이러한 두 경우에 일반억제효과는 실현될 수 있지만, 공리주의의 장점과는 다르게 불공정한 것으로 평가될 것이다.

특별억제(specific deterrence, 특수, 개인적, 부분적 억제)는 제재받은 개인이 장래에 잘못된 행위를 저지르지 못하게 하려는 것이다. 다른 일반인들에게 영향을 미치는 것에 초점을 두지 않고 범죄자에게 "가르침"을 주려는 것이다. 일반억제와 유사하게, 특별억제는 (인간의 본질은 쾌락을 추구하고 고통을 피하려고 한다는) 쾌락적 계산원리에 기초한다. 그러나 초점은 다른 사람의 처벌에 대한 공공성보다는 실제적으로 어떻게 처벌을 경험하는가에 있다. 검거와 처벌은 범죄자에게 처벌의 가능성에 대한 재평가를 유도하고, 비용–편익 계산에서의 변화를 초래하며, 결국 추가적인 범죄의 가능성을 감소시킨다. 그러나 놀랍게도 많은 연구자들은 이와는 반대의 결과를 발견하였다(Pogarsky and Piquero, 2003). 그들은 이러한 현상을 (1) 심각한 범법자들이 이미 검거되었기 때문에 나타나는 '선택(selection)'의 과정으로 보았으며 (2) 도박자들이 더 이상 불운은 없다고 믿는 것과 같이 '다시 시작'(resetting)하는 현상으로 보았다. 이와 유사하게, 체포된 범법자들은 또 다시 체포되거나 처벌받지 않을 것이라는 잘못된 결론을 내리곤 한다. 이처럼 특별억제를 위한 활동이 기대와는 반대의 결과를 초래하는 것에 대해 몇 가지 이론적 관점이 존재한다. 예를 들어, 이전에 언급한 바와 같이, 낙인이론은 처벌의 결과로서 일탈행위의 증가를 예측한다. 처벌은 사람들에게 오명을 씌우며, 직업, 모임, 취미활동 등에서의 합법적인 기회를 제한한다(9장 참조). 그러나 낙인이 특별억제의 반대적 주장이라고 하더라도 그것은 일반

억제에 필수적으로 불일치하는 것은 아니라는 것을 인식해야 한다. 비록 처벌에 대한 학습으로 일반인의 위반행위가 감소한다고 해도 처벌은 처벌받은 사람들의 범죄행위를 증가시킨다는 것이다.

### 억제 효율성의 개념화: 개인

고전이론의 강력한 전제는 모든 사람들은 범죄를 저지르거나 저지르지 않거나 하는 과정에서 똑같은 계산과정을 따른다는 것이다. 이러한 전제에 어린이나 비정상적인 사람들이 적합하지 않다는 것을 인지하기까지는 오랜 시간이 걸리지 않았다 하더라도 억제이론의 새로운 시대가 열리기 전 20세기 초까지는 범죄학자들은 이러한 전제에 많은 예외가 존재하는 것을 인식하지 못했다. 이제 범죄학자들은 범죄 및 일탈행위자들을 억제하는 제재의 효과성을 예측하기 위한 복합적인 개념도식을 시도하고 있다.

고전주의적 범죄이론의 가장 큰 단점은 인간 존재에 대한 소박하고 단순한 견해이다. 이는 어떤 사람들은 더 억제되지만 다른 사람들은 그렇지 않는지에 대한 문제제기를 유발하였다. 최근에 범죄학자들은 개인적 특성들이 억제가능성에 차등적으로 나타나는 것을 파악하고자 하였다. 예를 들어, 유보된 만족(미래-지향)을 더 중요하게 생각하는 사람들은 현재-지향적이거나 충동적 개인보다 제재에 더 통제되는 것으로 여겨진다. 충동적인 사람들은 행위결과를 덜 고려하고, 그럼으로써 덜 영향을 받는다. 이는 8장에서 논의하는 바와 같이 낮은 자기통제력의 개념과 유사하다. 이러한 개념과 연관된 최근 연구들은 낮은 자기통제력은 억제효과를 약화시키는 주요 요인으로 제시하고 있다(Piquero and Tibbetts, 1996; Tibbetts and Myers, 1999). 이러한 연구들은 비공식적 또는 수치심기제를 통하여 자기통제력이 높은 사람들은 억제될 가능성이 높지만 자기통제력이 낮은 사람들은 억제될 가능성이 아주 없다고 제안하였다.

개인들은 위험을 즐기는 정도가 다르다. 흥분이나 위험추구에 자극받는 사람들은 위험을 두려워하는 사람들에 비해 덜 억제된다. 권위에 대한 태도는 법적 위협에 대한 반응에 차등적일 수 있다. 권위주의자는 규칙에 복종할 것을 더 요구하여 통제를 더 받아들이는 데 반해 반-권위주의자는 "모든 새로운 위협을 반항을 해야 하는 것으로 파악한다. … 금지된 행위에 대한 끌림은 검거가능성이 증가하는 것만큼 늘어날 것이다. 왜냐하면, 처벌의 증가는 법적 위협에 대한 강력한 도전의 증거이기 때문이다"(Zimring and Hawkins, 1973:124). 마지막으로 인성도 억제가능성과 연관된다. 낙천주의자는 검거 및 처벌가능성을 과소평가하는 경향이 있으며, 결국 억제효과가 덜 나타날 수 있다. 이와는 반대로 비관주의자는 처벌의 가능성을 과대평가하여 억제가능성이 높을 수 있다.

비록 인성적 특성이 이러한 요인과 밀접하게 연관되어 있다고 하더라도 인성적 특성 그 자체 이외의 다양한 개인적 요인들도 제재의 효과성의 차이에 영향을 미치는 것으로 나타났다. 예를 들어, 노인은 기존 사회질서에서의 많은 지위와 경험으로 인하여 젊은이보다 제재위협에 더 반응적일 것이다. 둘째로 비록 다른 범죄적 맥락에서의 인종에 대한 관심보다 억제가능성의 영역에서 인종에 대한 관심은 상대적으로 적지만, 인종에 따른 차이의 가능성에 대한 합리적인 추론이 있다. 예를 들어, 비쇼(Bishop, 1984)와 티틀(Tittle, 1980)은 왜 그러한 현상이 나타나는지를 명확하게 밝히지는 못했지만, 아프리카계 미국인이 백인(유럽계 미국인)보다 공식적 제재위협에 더 반응적이라는 것을 강하게 지지하는 경험적 결과를 발견하였다. 아프리카계 미국인은 검거되거나 선고를 받게 되면 더 가혹하게 처벌을 받을 것이라고 믿고 있다는 것이다. 블랙웰과 그의 동료들(Blackwell et al., 1994)은 아프리카계 미국인은 법적 제제의 위협을 강하게 인지하지만 비공식적 제재에 대해서는 약하게 느끼는 것을 발견하였다. 이와 유사하게, 음주운전에 대한 억제효과연구에서 킹스노쓰와 그의 동료들(Kingsnorth et al., 1993)은 사회계층체계에서의 개인적 위치에 따라 처벌을 다양하게 인지하는 것을 발견하였다. 상위 계층은 구치소에 갈 가능성에 대하여 부(−)의 관계로 나타났다. 물론 이러한 사회적 지위는 범죄유형에 따라 인지된 정도가 다르게 나타날 수 있다.

범죄성을 예측하는 가장 중요한 요인으로서 성별은 억제효과의 영역에서도 중요하다. 여성은 남성보다 처벌의 위협에 더 반응적인 것으로 예측된다. 그러나 성별과 공식적 제재체계에 관한 증거들은 혼재되어 있다. 대학생들의 부정행위에 대한 연구(Tittle and Rove, 1973)에서 여성은 제재위협에 더 반응적인 것으로 나타났고, 음주운전에 대한 판결의 특별억제효과도 강한 것으로 나타났다(Kingsnorth et al., 1993). 그러나 다른 연구에서는 성별에 따른 차이가 없거나(Anderson et al., 1977; Finken et al., 1998), 남성의 억제효과가 더 높은 것으로 나타났다(Silberman, 1976; Bishop, 1984; Miller and Anderson, 1986). 그러나 이러한 혼란은 일탈유형을 통제하고 비공식적 제재를 고려한다면 해결될 수 있을 것이다. 남성에게는 공식적 사회통제가 더 중요하지만, 여성은 비공식적 기제에 통제된다는 것이다(Hagen et al, 1979). 여성은 가족에 의존하도록 사회화되었기 때문에 가부장적 문화에서는 수치심에 더 반응하게 된다는 것이다. "그래서 여성은 항상 더 사회적으로 통합되고 그들이 의존하는 사람들로 인해 수치심에 더 민감하며 남성처럼 자유롭게 일탈적 행위를 선택하지 못한다"(Braithwaite, 1989:92). 여성은 남성보다 억제위협에 더 수

[표 5.1] 개인적 특성에 따른 억제효과

| 개인적 특성 | 억제가능성 |
|---|---|
| 미래지향/만족 유보 | 높음 |
| 현재-지향/충동 | 낮음 |
| 높은 자기통제력 | 높음 |
| 낮은 자기통제력 | 낮음 |
| 낮은 위험추구 | 높음 |
| 높은 위험추구 | 낮음 |
| 권위주의 | 높음 |
| 비-권위주의 | 낮음 |
| 비관주의 | 높음 |
| 낙관주의 | 낮음 |
| 노인 | 높음 |
| 젊은이 | 낮음 |
| 흑인 | 높음 |
| 백인(매우 적은 연구) | 낮음 |
| 상위 계급 | 높음 |
| 하위 계급 | 낮음 |
| 여성 | 높음 |
| 남성 | 낮음 |
| 많은 손실/적은 이득 | 높음 |
| 적은 손실/많은 이득 | 낮음 |

용적이며, 공식적 사회통제기관의 개입 이전에 가족에 의해 먼저 제재를 받을 수 있다. 성별과 제재에 대한 최근 연구들은 성별에 따른 공시적 억제효과의 중요성과 일관성을 발견하지 못했지만(carmichael et al., 2005), 여성이 비공식적 제재위협에 더 반응적이라는 것을 지지한다(Grasmick et al., 1993; Tibbetts and Herz, 1996).

개인이 자신의 억제가능성을 형성하는 데 중요한 결정요인은 무엇인가? 제재과정에서 잃을 수 있는 것과 규칙위반에서 얻을 수 있는 것은 의사결정과정에 영향을 줄 것이다. 제재로 인해 잃을 것이 많을수록 억제를 하겠지만, 반대로 위반을 하면 얻을 것이 많다고 믿을수록 억제하지 못할 것이다. 예를 들어, 다음에 살펴볼 대학생의 부정행위에 대한 연구에서 성적이 높은 학생들은(손실이 많을) 더 쉽게 억제되었지만, 성적이 낮은 학생들은(손실이 적을) 덜 억제된 것으로 나타났다.

[표 5.1]은 개인적 특성에 따라 차등적으로 나타날 억제효과를 정리한 것이다. 이러한 개인적 차이를 전체적으로 이해할 수 있기 위해서는 더 많은 연구가 필요하다. 그러나 분명한 것은 모든 사람의 행위는 동등한 '선택'에 의한 것이라는 전제보다는 더 복잡하다는 것이다. 현대 억제이론가들 대부분은 모든 사람들은 똑같다는 고전주의적 전제를 받아들이지 않고 오히려 개인의 억제가능성에 영향을 미칠 수 있는 수많은 차이를 인정한다. 제한된 합리성(bounded rationality)은 "범죄결정이 이루어지고, 범죄자가 그들의 세계를 인지하는 사회적, 물리적, 상황적 맥락"에 대한 제한적인 이해이다"(Copes and Vieaitis, 2009:242). 간단히 말해서, 제한적인 합리적 의사결정에 대한 현대적 견해는 개인의 다양한 차이를 형상화하고 있다.

개인은 더 또는 덜 억제적이라는 논리에 근거해 포거스키(Pogarsky, 2002)는 억제가능성에 대한 3자 개념적 도식을 발전시켰다. 억제가능성의 연속적인 측면으로 파악하고, 한쪽의 극단은 억제불능자(the incorrigible)로서 처벌위협에 전혀 영향을 받지 않는 사람들이다. 예를 들어, 성범죄자들은 악명 높게 아주 높은 재범률을 보이고 있다. 그들은 심리학 및 생물학적으로 억제이론에 근거한 합리적 계산능력이 낮은 범죄자들이다. 또 다른 극단은 철저한 순응자(the acute conformists)로서 다른 강제력이 법위반을 예방하기 때문에 준수를 강제하기 위하여 처벌위협이 필요하지 않은 사람들이다. 예를 들어, 사람들 대부분은 비-법률적 요인에 의해 억제되기 때문에 법적 제재의 위협이 필요하지 않다. 포거스키가 제시한 이러한 극단 사이의 중간범주는 억제가능자(the deterrable)이며, 그들은 공식적 제재위협과 연관된다. 따라서 그는 공식적 제재위협을 연구하기 위해서는 이러한 억제가능자 집단을 연구해야 한다고 제안하였다. 억제불능자와 철저한 순응자가 뒤섞인 대상에 대한 연구에서 억제효과의 결과는 신뢰할 수 없을 것이다. 다른 범죄학자들(Wright et al., 2004)은 뉴질랜드 연구에서 다른 결론을 내리기도 하였다. 대부분의 범죄에서 억제가능성에 영향을 미치는 가장 큰 요인은 낮은 자기통제력이라는 것이다. 두 연구 모두 억제는 순응자에게는 영향을 미치지 못하며 적당한 수준으로 일탈하는 사람에게만 유용하다는 점에는 동의한다.

### 억제 효율성의 개념화: 범죄유형

고전이론가들은 범죄유형 간 억제가능성의 차이를 예측하지 못했다. 그러나 개인에게 적

[그림 5.4] 포거스키의 개인적 억제가능성 도식

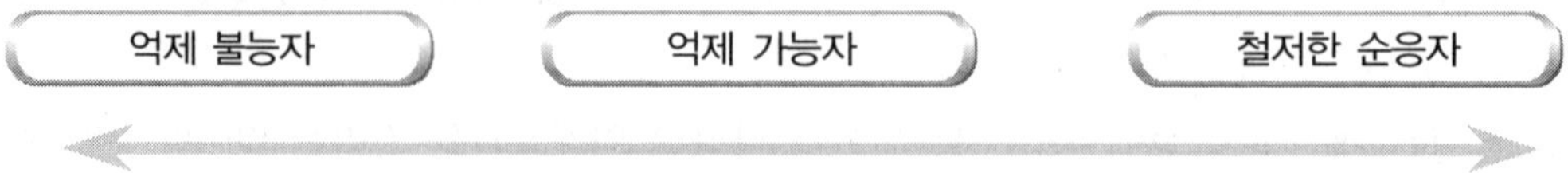


용할 수 있는 논리는 다양한 범죄유형에 대한 분석에도 적용되었다. 앞에서 논의한 개인적 특성과 같이, 다양한 사람들이 다양한 범죄유형과 연관된다는 것은 도움이 된다. 예를 들어, 성범죄자는 전형적인 재산범죄자보다 덜 억제될 특질이 많을 것이다.

간단히 말해서, 앞에서의 개인적 억제가능성의 분석과 유사하게 범죄유형에 따른 억제가능성에 대한 개념도 연속적인 측면에서 접근할 수 있다. 더 합리적이거나 '정상적인' 범죄유형은 그렇지 않은 범죄보다 더 억제될 것이라고 공식화할 수 있다. 이러한 생각의 토대는 잠재적 범죄자는 합리적이고 쾌락추구적이라는 억제이론의 전제에서 찾을 수 있다. 행동의 억제가능성은 행동의 합리성에 대한 의심만큼 의심스러운 것이다. 연구자들은 이러한 명제에 대한 경험적 지지를 발견하였다(Geerken and Gove, 1977). 내부주식거래와 아동성추행은 합리성의 연속적 측면에서 극단적인 예이다. 잠재적인 내주주식거래자는 처벌전망에 대해 심사숙고한다. 따라서 처벌가능성을 상대적으로 확신하거나 엄중한 것으로 인식하게 되면 그러한 범죄를 저지르지 않거나 범죄의 정도를 약화시킬 것이다. 이와는 달리 잠재적 어린이 성추행범은 처벌위험이 높고 엄중하다고 인식한다고 하더라도 어린이에 대한 사회적 행동규범을 준수할 가능성이 낮다는 것이다.

[그림 5.5]

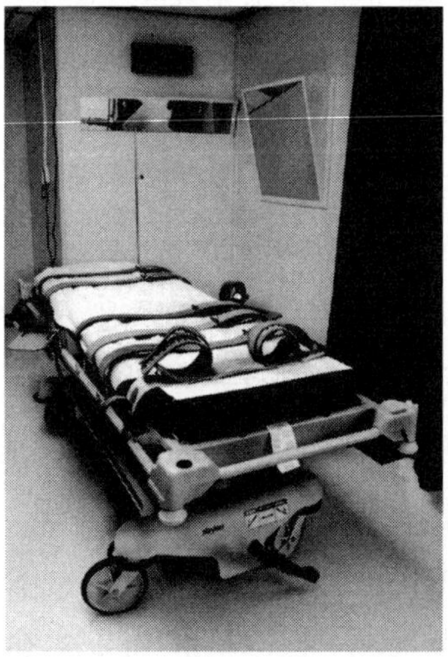

챔블리스(William Chambliss)는 이와 유사한 억제가능성개념을 제안하였다. 그는 *도구적 범죄*(instrumental crime)를 "다른 목적을 얻기 위한 도구"로, 표출적 범죄(expressive crime)를 "쾌락이나 그 자체 때문에 저지르는" 것으로 규정하였다(1967, 708). 두 범죄의 특성은 획득과 열정 간의 차이이며, 후자는 더 통제하기 어려운 것이다. 의사결정과정에서 감정의 역할은 억제이론가에게는 중요한 것으로 인정되어 왔다. 예를 들어, 성범죄는 도구–표출의 연속성에서 감정 및 표출적 극단으로 보인다. 그러므로 현대의 억제/합리적 선택모형은 성범죄는 합리적인 것이라기보다는 감정에 이끌려진 것이기 때문에 특히 억제하기 어려운 것이라고 제안하였다. 범죄가 덜 합리적인 것일수록 억제되기는 더 어려울 것이다. 실제로, 연구자들은 성범죄자들의 감정이 합리적 의사결정을 약화시킨다는 경험적 증거를 발견하기도 하였다(Bouffard, 2002; Loewenstein et al., 1997). 다양한 본능적인 상태(visceral states)는 정상적인 대안을 선택하는 것과는 반대로 기이한 행동으로 나아가게 한다. 예를 들어, 소아성애자(pedophile)는 어린 아이를 대상으로 성적 활동을 하지 못하면 소아성애적 성적 욕구를 발산하게 내몰리게 된다. 적절한(법적) 성인 대상자를 '선택'한 많은 소아성애자들은 성대상자로서 어린 아이를 선택한 비-소아성애자 또는 동성 성대상자를 선택한 이성애자와 유사한 어려움에 놓이게 된다. 이러한 특수한 '선택'을 추구하는 감정은 결핍을 느끼게 될 것이다. 결국 이러한 개인의 성적 활동이나 정서적으로 강제된 발산욕구를 억제하는 것은 어려운 일이라고 말할 수 있다.

차별적 억제효과는 사람에 대한 범죄뿐 아니라 재산에 대한 범죄에 대해서도 다루어진다. 재산범죄는 더 합리적이고 도구적이기 때문에 일반적으로 더 억제될 수 있는 것으로 고려된다.

범죄에 대한 전통적 구분, 금지된 해악(mala prohibita)과 해악 그 자체(mala in se) 또한 억제가능성에 차별적인 요인으로 고려된다. 금지된 해악이 법적 제재위협에 더 반응적이라는 근거는 순응이 공식적 제재에 전적으로 의존하며 비공식적 제재와는 관련이 없다는 주장에 있다(Andenaes, 1966). 예를 들어, 이러한 주장에 따르면, 만일 주차위반에 대한

[표 5.2] 범죄유형에 따른 차등적 억제효과

| 범죄의 특성 | 억제가능성 |
|---|---|
| 합리적<br>비합리적 | 높음<br>낮음 |
| 도구적<br>표출적 | 높음<br>낮음 |
| 재산(비폭력)<br>대인(폭력) | 높음<br>낮음 |
| 금지된 해악<br>해악 그 자체 | 높음<br>낮음 |
| 공공 장소<br>개인 장소 | 높음<br>낮음 |

법적 제재가 없다면 주차규정은 관찰되지 않을 것이다. 대체할 다른 사회적 통제기제는 없다. 이와는 반대로, 해악 그 자체에 대한 위반은 확산을 예방하기 위하여 법적 제재가 거의 필요 없다. "만일 법적 처벌위협이 제거된다면, 최소한 특정 기간 동안이라도 도덕적 감정과 공공판결에 대한 두려움은 범죄예방의 강력한 수단으로 남을 것이다"(Andenaes, 1966:957). 안데나에스에 따르면, 근친상간은 법적 통제에 덜 반응적일 것이며 법률의 부재상황에서도 이러한 규범을 위반할 사람은 거의 없을 것이다. 그러나 사람들 대부분은 법률이 없다면 그들이 원하는 장소에 주차를 할 것이다.

범죄의 장소도 억제력에 영향을 미친다. 공개된 장소에서 저질러지는 범죄가 개인적 장소에서 저질러지는 범죄보다 법적 위협에 더 반응적일 가능성이 높다. 예를 들어 공원에서 꽃을 꺾는 행위는 집안에서 폭행하는 것보다 더 억제될 수 있으며 길거리에서의 매춘은 전화를 통한 매춘보다 더 억제될 수 있다.

동기의 범위와 강도는 범죄유형에 따라 다양하게 나타난다. 이러한 차이는 효과적인 억제에 대한 전망과 연관되어 있다. [표 5.2]는 위에서 살펴본 차등적 요인들을 정리한 것이다. 다음에서는 억제원리의 작용을 이해하기 위하여 몇 가지 구체적인 범죄유형을 살펴보고자 한다.

## •• 교수의 주차위반

억제개념에 대해 새로운 범죄학적 관심이 제기되는 과정에서 챔블리스(1966)는 교수들 대부분의 법위반 행위, 즉 학교 내 주차위반에 대한 적절하고 흥미로운 연구를 시도하였다. 이 연구는 미드웨스트 대학교(Midwestern University) 교직원의 주차법규위반에 대한 것이다. 이 학교의 주차법규에 따르면 법규를 위반한 교수에게는 1달러(처벌의 엄중성)를 부과하였다. 하지만 정기적인 집행수단은 없었다(처벌의 확실성). 그러다 벌금을 높이고, 벌금을 내지 않으면 교내에서 운전할 권리를 박탈하고, 인가되지 않은 차량은 견인 조치하는 등의 새로운 제재 방식이 도입되었다. 챔블리스는 "주차위반에 대한 처벌의 확실성 및 엄중성의 현저한 강화"의 영향을 분석하였다(Chambliss, 1966:71). 43명의 교직원에 대한 면접을 통하여 그는 조사자의 35%는 새로운 정책을 시행하기 전후인 2년 6개월 동안 불법적인 주차를 하지 않은 것을 발견하였다. 비-위반자는 억제가능성의 적절한 대상이 아니다. 그러나 제재가 강화되기 이전에 빈번하게(5회 이상) 위반한 것으로 조사된 교수 13명 중에서 6명은 전혀 위반하지 않은 것으로 나타났고, 4명은 1-2회 정도 위반, 1명만이 3-4회 정도 위반한 것으로 나타났다. 챔블리스는 "이 자료에 따르면 규정의 변화(처벌의 확실성 및 엄중성의 동시에 증가)는 위반횟수 및 위반자의 감소와 효과적인 억제를 가능하게 하였다"고 하였다(1966:73). 빈번한 위반을 계속 유지한 교수도 두 명 있었다(제한된 억제력). 그 중 한 사람은 아주 잠시 동안 불법적 주차를 하였고, 다른 한 명은 소환장(규칙공고문)을 받을 수 없는 사무실 옆의 좁은 골목에 주차시켰던 것으로 나타났다. 비록 범죄학자들이 수십 년간 억제에 대해 비판했지만, 처벌은 그들과(교직원 위반자들을 범죄학자로 본다면) 동료들에게 일탈과 준수여부에 대한 중요한 역할을 하는 것으로 나타났다.

## •• 대학생의 부정행위

티틀과 로우(Tittle and Rowe, 1973)는 억제이론의 재발견과정에서 다른 유형의 연구를 시도하였다. 그들의 조사는 도덕적 요구/처벌의 위협이 대학생들의 부정행위를 감소시킬 것인가에 대한 것이었다. 사회학 과목에서 1개의 통제집단과 2개의 실험집단을 대상으로 매주 쪽지시험을 보았다. 학생들이 알지 못하게 교수는 매번 성적을 매겼고 다음 시간에 점수가 표시되지 않은 시험지를 학생들에게 되돌려준 다음 스스로 채점하게 하였다. 교수의 성적과 학생의 성적 간의 차이가 부정행위의 지표로 측정되었다. 모든 학생들의 부정행위 기회를 계산하기 위해 교수의 성적과 차이가 있는 질문들은 부정행위가 발견된 수로 나누었다. 예를 들어, 만일 9개의 질문은 실제로는 빠져있는 것이라면 3개를 부정행위한 학생은 33%의 부정행위기회를 활용한 것이다. 이러한 비율은 4개의 수업환경에서 비교되었다: (1) 부정행위에 대한 교수의 경고가 없는 상황 (2) 학생들에게 신뢰와 정직을 강조하는 도덕적 요구상황 (3) 부정행위는 주변의 비판을 초래할 것이라는 경고상황 (4) 부정행위자가 단속되면 처벌받을 것이라는 경고상황 등이다. 실험 결과, 부정행위는 도덕적 요구상황에서는 증가한 것으로 나타났으나(비록 이와 유사하게 통제집단에서의 증가가 설명되지는 못했지만), 두 유형의 위협상황에서는 감소한 것으로 나타났다. 불법주차의 경우와 마찬가지로, 부정행위는 처벌에 대한 신뢰할 만한 위협으로 억제될 수 있다는 것을 알 수 있었다.

그로부터 30년이 지난 후에 실시된 이와 비슷한 연구(Nagin and Pogarsky, 2003)에서도 결과가 앞의 것과 일치하는 것으로 나타나 억제이론가들이 지난 30년 동안 탐구한 것을 강화하는 역할을 하였다. 실험조작에서 연구자들은 10달러를 받고 1시간 동안 설문지를 완성할 학생들을 모집하였다. 설문의 마지막 페이지에 다다른 학생에게는 상식문제 8개 중에서 최소 6개를 정확히 맞히면 20달러를 받을 수 있다고 알려주었다. 그러나 안타깝게도 문제가 너무 어려워 6개를 정확하게 맞힐 수는 없었다. 예를 들어, 하나의 질문은 탄자니아(과거에는 잠비아)의 국경에 인접한 5개의 국가에 대한 것이었다. 마지막 페이지의 뒤쪽에는 정답이 있으며 시험이 끝나고 나면 호기심을 해소하기 위해 확인하라는 말도 덧붙였다. 최소 6개의 질문에 정확하게 대답할 실제적 가능성이 0인 상태에서 "성공한" 점수가 부정행위의 지표로 파악하였다. 물론 연구자가 파악하고자 한 것은 어떠한 상황에서 어떠한 사람들이 부정행위를 하는 것인가였다.

이 시험은 처벌의 확실성 및 엄중성의 수준이 다른 상황에서 4개의 집단을 대상으로 이루어졌다. 실험대상에게는 과거의 행동이나 인성적 특성 등을 파악하기 위한 척도와 인구학적 정보들을 질문하였다. 256명의 학생들 중에서 72명(29%)이 추가적인 10달러를 얻기 위해 부정행위를 하였다. 이 실험의 목적은 실험조건(처벌의 확실성 및 엄중성), 인구학적 차이, 과거 행동, 인성적 특성 등이 상식적 질문에 대한 부정행위와 연관되어 있는지를 분석하려는 것이었다.

다양한 장소 및 집단, 다양한 일탈 및 범죄유형에 대한 수많은 연구결과와 일치할 정도로 네진과 포거스키는 처벌의 확실성의 억제효과는 발견하였지만 엄중성의 억제효과는 발견하지 못했다. 그러나 부정행위를 경험하지 않은 사람보다 불법행위와 일탈(음주폭행)을 경험한 적이 있는 사람들이 더 부정행위를 저지른다는 것을 발견하였다. 이와 같은 사소한 문제에서 부정행위를 하는 경향은 심각한 일탈을 저지를 수 있다는 일반화의 측면에서는 중요한 것이다. 수많은 다른 연구에서와 마찬가지로, 그들은 남성과 저소득자(추가적인 10달러가 필요한)가 여성이나 고소득자보다 더 많이 부정행위를 저지르고 덜 억제적인 것을 발견하였다.

부정행위와 관련된 중요한 요인 중 하나는 성별이다. 대부분의 연구에서 여성보다 남성이 학업부정에 더 많이 관련된 것으로 나타났다(Gibson et al., 2008). 남성의 과도한 관련성은 우리에게 어려운 문제로 남겨진 성별에 따른 범죄분포와 일치한다. 왜 남자들은 대부분의 범죄유형에서 압도적으로 잘못을 저지르는가? 대학시험에서 부정행위에 대한 자기보고식 조사를 수행한 깁슨과 그의 동료들(Gibson et al., 2008)은 남성은 자기통제력이 낮으며 여성은 수치심과 부끄러움이 높다는 것을 발견하였다. 이러한 내적 통제 유형은 억제효과의 성공/실패와 성별에 따른 차이에 대한 중요한 시각을 제공한다. 이를 정리하면, 학업부정에 대한 억제가능성은 학생들의 특성에 따라 다양하게 나타난다는 것이다.

## •• 친밀한 상대에 대한 폭행

학생이나 교수의 사소한 잘못과는 달리, 배우자 및 애인폭행과 관련된 심각한 범죄는 억제가능성이 낮을 것으로 예상된다. 이러한 행동은 비합리적이고, 감정표출적이며, 폭력적이고, 사적인 공간에서 발생한다. 더구나 이러한 행동은 문화적으로 용인되어 왔다고 지적되었으며(Walker, 1979; Brown, 1984), 이론의 여지는 있겠지만 사실 어느 정도 인정되고 있다. 미니애폴리스 가정폭력실험(Minneapolis Domestic Violence Experiment)은 이에 대한 분수령이 되는 놀랄만한 결과를 보여준다(Sherman and Berk, 1984).

이 실험은 경미한 가정폭력에 대한 경찰의 3가지 대응 유형으로 구성하였다: (1) 범법자의 체포 (2) 분리 (3) 중재 및 충고. 가정폭력신고에 대응하는 경찰관은 신고서 위에 표시된 색을 통해 개입유형에 대한 지시를 받았다. 연구사례들은 6개월 동안 수집되었으며, 폭행이 재발되었다면 경찰의 추가적인 보고서가 작성되었고, 피해자에 대해서는 주기적으로 면접이 이루어졌다. 조사 결과, 범죄자가 체포되었을 때 폭력이 가장 낮게 반복되는 것으로 나타났다(13%). 다음으로는 충고 및 중재의 경우였으며(18.2%), 분리의 경우에는 가장 높은 재범양상이 발생하였다. 연구자들은 "즉각적인 무력화의 적절한 제재조치는 남성의 가정폭력을 억제한다. 즉 형사사법제재는 이러한 사건에서 범죄경력자에게 중요한 억제요인으로 보인다"고 결론을 내렸다(Sherman and Berk, 1984:270). 이와 같이 특별억제는 이론적으로 예측되지 않는 범죄유형에 작용되기도 한다.

매 맞는 여성에 대한 페미니스트 활동주의(feminist activism)와 법에 의한 평등한 보호를 추구하는 시민활동이 결합된 미니아폴리스 연구는 경찰활동에 전대미문의 영향을 끼쳤다. 대부분의 경찰서에서 경미한 가정폭력을 막는 데 가장 선호되는 정책으로 체포가 채택되었고 하나의 규범이 되었다. 배우자에게 폭력을 저지른 남편을 체포하는 것은 1984년에는 아주 희귀한 일이었지만, 연구가 발표된 이후 전형적인 대응방안이 되었다. 그러나 역설적으로 법의 변화는 여성의 체포에서도 급격한 증가를 초래하였는데, 이는 페미니스트 범죄학자들에게 당혹스러운 상황이 되었다(Chasney-Lind, 2002).

미니아폴리스 실험의 효과가 다른 사회적 요인들과 연관되어 신속하고 실질적인 양상을 보이는 동안 6개의 반복적 연구(Omaha, Milwaukee, Charlotte, Colorado Springs, Dade County, Atlanta)들은 억제개념의 복잡성을 드러냈다. 각각의 연구 결론은 상당히 다양했기 때문에 격렬한 논쟁이 일어났다. 어떤 연구에서는 체포의 특별억제효과는 약하지만 존재한다고 하고, 다른 연구들은 그렇지 않다고 하였다. 다른 연구들은 더는 잃을 게 없다고 생각하는 주변적 범죄자에게 체포는 재범을 증가시킨다고 하였다. 예를 들어, 밀워키(Milwaukee)에서 실업상태인 혐의자는 체포될 경우 배우자를 다시 폭행할 가능성이 높다고 하였다(Sherman et al., 1992). 이와 유사한 결론은 오마하(Dunford, 1992), 콜로라도 스프링스(Berk et al., 1992)에서도 나타났다. 국가범죄피해조사(NCVS: National Crime Victimization Survey)에 대한 분석에서도 체포될 경우 손실가능성이 낮은 사람들이 폭력을 더 반복할 것으로 나타났다(Felson et al., 2005).

많은 범죄학자들은 전반적인 결론으로 무엇을 지지할 수 있는지를 결정하기 위해 이러한 연구 자료를 다시 분석하고자 하였다. 슈거먼과 보니-맥코이(Sugarman and Boney-McCoy, 2000)는 연구집단에 대한 정교한 통계분석으로 메타-분석을 시도한 후 전반적으로 억제효과가 있다고 결론을 내렸다. 이보다 최근에 맥스웰과 그의 동료들(Maxwell et al., 2002)은 6개의 연구 중 5개 연구로부터 배우자를 폭행한 남자에 대한 모든 개인적 사례(4,032명)를 결합하여 분석하였다. 이 분석에서 그들은 "체포 대 비-체포적 조치를 받은 혐의자의 재범과 피해는 낮은 수준이지만 차이가 있다"고 결론을 내렸다(2002:66). 그리고 정책적 측면에서 "배우자에 의한 여성피해를 줄이기 위한 법집행의 수단으로서 체포의 지속적인 사용을 지지한다"고 하였다(2002:69). 그러나 NCVS 자료에 대한 최근의 연구에서는 체포의 억제효과에 대한 상반된 결과가 발견되었다(Felson et al., 2005). 그들은 체포조치가 가정폭력자의 재범을 줄인다는 유의미한 결과를 발견하지 못했다.

이처럼 가정에서 여자에 대한 폭력범죄를 억제하는 증거는 혼재되어 있을 뿐 아니라 복잡하다. 합의된 것이라면 특별억제효과는 범죄자의 특성에 따라 다양하다는 것이다. 그러나 불행하게도, 이러한 양상을 명확하게 파악한다고 해도, 개인 간 억제가능성의 차이는 정책발전을 더욱 어렵게 한다. 만일 체포가 어떤 사람에게는 범죄를 억제시키지만 다른 사람에게는 촉진시킨다면 이러한 범죄에 대한 경찰대응정책은 더욱 어렵게 될 것이다. 벨크납과 맥콜(Belknap and McCall, 1994)은 체포의 효과에 대한 집중된 관심은 매 맞는 여성에 대한 경찰의 역할을 쉼터나 다른 자원의 지원으로 전환시킨다고 주장한다. 그렇다면 주어진 증거에 근거해 배우자에게서 폭행을 당하는 여성을 위한 경찰의 대응은 무엇인가?

배우자폭행에 대한 경찰의 대응정책의 변화는 지난 10년 동안 형사사법에서 가장 극적인 것이었다. 대부분의 미국 경찰당국은 배우자 폭행에 대한 체포를 줄이고 추정적 체포기준으로 정책을 전환하였다(Brown, 1990). 다른 말로 표현하면, 여성이 경미한 폭행의 피해자일 경우, 경찰관은 비-체포적 결정을 우선으로 하고 체포를 예외적인 상황에서 선택해야 한다는 것이다. 이러한 변화에 대한 일반 시민의 지지여부도 혼재되어 있다. 스털런스

05

### [하이라이트 5.1] 케냐의 아내폭행: 억제될 수 있는가?

배우자 폭행은 미국이나 다른 서유럽국가에서는 지난 세기 초에 관심의 대상이 되었던 주제이다. 이 장에서 논의한 바와 같이, 하나의 해결방안으로서 폭력범죄를 억제하기 위해 형사사법체계의 형벌적 제재를 사용할 것인가이다. 이러한 방안이 성공을 거두기 위해서는 형사사법체계의 제재가 새로운 규범을 형성할 수 있도록 비공식적 강제가 강력하게 작용해야 한다는 것이다.

케냐에서 광범위하게 이루어지는 아내폭행에 대한 변화는 거의 없는 것으로 나타났다. 결국, 케냐 남부의 마사이족인 시얀코이(Agnes Siyiankoi)가 자신을 때린 남편을 법정에 세운 것은 국제적인 뉴스감이 되었다. 그녀의 남편은 목재 골프채로 무자비하게 폭행하여 그녀는 병원에서 치료가 필요할 정도로 큰 상처를 입었다고 한다. 이처럼 불법적인 아내폭행은 세상에 널리 퍼져 있으나 문화적으로 용인되고 있는 실정이다. 그리고 그 배경에는 여자를 아버지나 남편의 재산으로 보는 오래된 가부장적 문화가 있다. 남성의 권위는 힘에 의해 유지되기 때문에 아내를 때리지 못하는 남자는 나약한 사람으로 평가된다. 여성권리회복프로그램에 따라 시도된 한 조사에서 남여표본의 60% 정도가 폭행사건에서 여성을 비난하는 것으로 나타났고, 오직 51%만이 아내를 폭행한 남자를 처벌하기를 원하는 것으로 나타났다.

시얀코이 부인은 초등학교 시절 나이 많은 사람과 결혼하였고, 법정에 고소하기 이전 13년 동안 폭행을 당하며 살아왔다. 남편에게 맞아 생긴 상처를 그녀의 어머니에게 보여주어도 돌아오는 대답은 항상 다시 남편에게 돌아가라는 것이었다.

케냐에서의 아내폭행은 형사제재를 통하여 억제될 수 있는가? 어떤 면에서 미국과 서유럽국가와 케냐의 경험이 서로 유사하다고 할 수 있는가?

* G. Mwangi, Johnson City Press, October 31, 1997:11.

(Stalans, 1996)에 따르면, 조지아 주민의 26%는 여성이 "상당한" 부상을 입었을 경우 체포를 선호하였으며, 여성이 신체적인 피해가 없으면 1.3%만 체포를 지지하는 것으로 나타났다. 또한 여성의 교육수준이 체포의 선호에 정의 관계가 있다는 것을 발견하였다. 이와는 반대로, 캐나다 시민 표본에서는 체포를 강력하게 지지하는 것으로 나타났다(Hilton, 1993). 체포에 대한 지지는 싱가포르(Singapore) 시민에서도 비슷하게 나타났다(Choi and Edelson, 1995). 그러나 싱가포르 형법은 경미한 상해를 초래한 배우자폭행에 대해서는 체포하지 못하게 되어 있다.

싱가포르의 경우는 범죄의 상대성에 대한 흥미로운 사례이다. 배우자폭행에 대한 최근 법에는 오직 "상처(hurt)"이라고 되어 있지, "중대한 상처(grievous hurt)"로 되어 있지 않다. 이는 20여 년 전 미국에서의 경미한 폭행과 유사하다. 과거의 미국이나 현재의 싱가포르에서 경찰관은 가정폭력으로 단순한 상처(중대하지 않은 상처)를 입히면 체포할 수 없다. 이러한 경찰의 조치는 가정폭력 피해자에 대한 경찰의 부정적인 태도와 연관된다. 개혁이

전시대에 미국경찰관은 배우자를 폭행한 남자에 대해 다음과 같이 보고하였다. "아마 내가 아내를 한두 번 때렸지만, 그녀도 나를 그만큼은 때렸을 것이다"(Paterson, 1979:87). 이와 유사하게, 최근 나라야난(Narayanan, 2005:436)의 면접조사에 의하며, 싱가포르 경찰관은 피해자에게 노골적인 적대감을 보이지는 않았지만, "당신이 피해자의 가정상황을 이해한다면 그건 옳고 그름이나 유죄/무죄의 문제가 아니라는 걸 알게 될 것입니다. 아내가 남편을 고소하겠습니까? 그렇지 않습니다!"라고 주장했다. 하지만 다른 경찰관들은 "평화적인 해결을 찾아야 하고, 그들과 대화하여 그들을 침착하게 해야 한다"고 주장하였다. 〈중점 사항 5.1〉은 아내폭행에 대한 또 다른 문화적 시각을 보여준다.

어떤 유형의 범죄자가 법적 제재의 위협에 억제될 것인가에 대한 쟁점은 1980년대 중반부터 후반까지의 급격한 변화보다 더 복잡한 것으로 보인다. 그러나 그것이 무엇인지는 명확하지 않지만 무엇인가 작용하는 것으로 보였다. 여성에 대한 가정폭력발생률은 1990년대 후반에 21% 정도 감소하였다(Holland, 2000). 이러한 감소는 정책변화에 의한 억제효과, 규범적 타당성, 여성을 위한 유용한 대안(배우자 학대에 대한 쉼터 및 이혼) 또는 다른 유형의 범죄를 감소시킨 다른 요인(인구학적 변화, 경제적 요인, 약물남용양상의 변화) 등에 의한 것으로 보인다. NCVS 자료에 대한 최근의 연구(Felson et al., 2005)는 피해자 또는 제3자에 의한 경찰신고사건은 억제효과를 보인다고 결론을 내렸다. 이 연구는 체포의 억제효과를 발견하지는 못했지만 특정인에게는 억제효과가 나타난다고 제안하였다. 그리고 폭력경력자나 알코올/약물남용경력자들에게는 억제효과가 약하다는 것을 발견했다. 또한 이러한 요인들의 결합들이 친밀한 관계에서의 폭력에 대항하게 한다는 것이다.

친밀한 대상에 대한 폭력을 억제하기 위한 노력은 다양한 요인에 의하여 복합적인 영향을 받는 다는 점에서 최근에 기소재량권의 적절성에 대한 논쟁이 다시 등장하였다. 검사는 이른바 "일망타진(non-drop)" 정책에 따라 모든 친밀한 대상자에 대한 폭력사건을 기소할 것인가 아니면 피해자의 의사를 따라야 할 것인가의 문제이다. 적절한 제재에 대한 이러한 논쟁은 너무나 격렬해 크루트쉬니트(Candace Kruttschnitt)는 "그것은 완전한 다시 시작이다"라고 결론을 내렸다(2008:629). 한편에서는 기소는 범죄의 반복을 억제(특별억제)한다고 주장하고, 다른 한편에서는 적극적인 기소는 피해자의 삶에 의도되지 않은 결과(법원에 잦은 소환), 무기력(형사사법체계에 대한 장래의 협력의 약화) 등을 초래하고 어떤 사람에게는 장래의 폭력위험을 증가시킨다고 주장한다(Buzawa and Buzawa, 2008). 검사의 기소에 대하여 일방타진정책을 시행하는 부로클린(Brooklyn)의 입장과 피해자의 의견을 따르는 뉴욕의 브론스(Bronx)의 입장을 비교 분석한 결과 재범률에는 거의 차이가 없는 것으로 나타났다(Davis et al., 2008). 의도되지 않은 결과와 관련된 억제효과에 대한 혼재된 증거는 피해자의 의사를 따를 것을 제안한다. 예를 들어 딕슨(Dixon, 2008)은 가정폭력의 문제를 법원은 단지 억제효과로 해결하기보다는 사회문제의 근원을 파악하는 방식으로 논의하는 것이 더 바람직하다고 결론을 내렸다. 특히 제재는 "사회적으로 어려운 사람들에게 고용이나 주택, 자녀지원 등의 사회복지정책과 연계되어야 한다"고 주장하기도 하였다(Dixon, 2008:668).

가정폭력정책에 대한 또 다른 최근의 방향은 폭행자에게 재활프로그램을 따르도록 선고하는 것이다. 이러한 프로그램들은 범죄자를 파악하고 범죄자에게 책임감을 강화하는 효과를 거둘 수는 있지만 재활목표는 프로그램의 중심이고 억제개념과는 상반된 것이다. 그러나 이에 대한 평가는 대체로 재범을 감소시키는 데 성공적이지 않다는 것이다. 뉴욕의 브론스의 폭행자 프로그램에 대한 평가에서 프로그램을 다 마친 범죄자는 프로그램에 참여하지 않은 사람과 재범률이 같을 것으로 나타났다(Labriola et al., 2008). 그러나 최근 폭행자 재활프로그램의 인기는 가정폭력정책에 대한 변화를 반영한다.

## •• 살인

살인의 억제가능성에 대한 최근 연구는 대개 사형제도와 관련된 논쟁에 머물러 있다. 살인범죄는 "열정의 범죄"(crime of passion)이기 때문에 억제효과의 적당한 대상이 아니라고 생각된다. 그래서 사형제도에 대한 논쟁이 응보 또는 무력화 대신 억제와 관련되어 다루어진다는 것은 놀라운 것이다. 더구나, 중단되었던 사형제도를 부활시킨 미국연방 대법원의 Furman 대 Georgia(1972) 판결 이후, 사형집행은 급격히 증가하였다. 세계의 대부분 국가는 더 이상 사형을 형법에 포함시키지 않는다. 민주적이며 산업화된 국가 중에서 오직 미국만이 사형제도를 채택하고 있다. 중국, 이란, 사우디아라비아 등은 미국보다 사형을 더 활용하는 국가에 속한다(Amnesty International).

사형의 억제효과에 대한 경험적 증거는 서덜랜드(Sutherland, 1925)와 셀린(Sellin, 1952)의 연구를 시작으로 지난 수십 년 동안 축적되어 왔다. 그러나 대부분의 연구에서 억제효과는 발견하지 못했다. 단지 에르리히(Isaac Ehrlich, 1975)의 연구만이 예외적이었다(이러한 연구에 대해서는 Bedau, 1997; Bailey and Peterson, 1999 등을 참조). 어떤 연구들은 사형집행이 인간의 생명에 대한 가치를 약화시켜 실제적으로 살인을 감소시키기보다는 증가시킨다는 폭로적 증거를 발견하기도 하였다. 사형의 억제효과에 반대되는 주장을 *잔혹효과*(brutalization effect)라고 한다.

그러나 가장 최근의 연구들은 억제효과와 잔혹효과는 중복된다는 것을 보여준다. 캘리포니아의 사형제도의 부활로 마련된 "자연적 실험" 기회를 통하여 코크란과 챔린(Cochran and Chamlin, 2000)은 퍼먼(Furman)의 사형집행 전후로 7개 범주의 주간 살인범죄율을 분석하였다(Alton Harris, 1992). 그들은 억제효과와 잔혹효과 모두를 발견하였는데, 각각의 효과는 오직 하나의 살인범주에서만 나타났다. 사형집행과 다른 살인범주 간에는 관계는 없었다. 더구나 중죄적 살인에 대한 억제효과는 다툼상태에서의 타인살인에 대한 잔혹효과에 의해 상쇄되었다. 더구나 사형은 동시에 살인을 감소시키거나 증가시키는 것으로 나타났다. 그러나 다른 연구에서는 억제효과나 잔혹효과를 발견하지 못한 것으로 나타났다. 왜냐하면 모든 유형의 살인을 동시적으로 분석하였기 때문에 반대효과를 지닌 하위범주가 서로 상쇄하는 것을 파악할 수 없었던 것이다. 정책적 측면에서 이러한 발견은 가정폭력의 경우처럼 진퇴양란의 상황에 놓이게 한다. 처벌적 제재는 어떤 사람에게는 억제효과가 있지만, 다른 사람에게는 범죄를 증가시킬 가능성이 있다. 가정폭력에서는 특별억제에 초점을 두었지만, 사형에서는 개념 정의의 측면에서 (범죄자가 사형되었기 때문에) 오직 일반억제만을 살펴보았다.

역설적으로 사형의 비효과성에 대한 증거들이 축적되는 동안 사형집행은 오히려 증가하였다. 이는 사형에 대한 공중의 여론, 정책과 전문가의 견해, 경험적 증거들 간에 매우 심각한 차이가 있다는 것을 의미한다. 1990년도 후반의 여론조사에서는 조사자의 3/4 정도가 일관적으로 사형제도를 선호하는 것으로 나타났다. 그러나 라델릿과 에이커스(Radelet and Akers, 1996)의 조사는 경찰서장의 2/3 이상, 범죄학자의 3/4 이상이 사형제도에 억제효과가 없다고 인식하는 것으로 나타났다. 이러한 결과는 미국에서 사형제도를 지지하는 경향이 약화된다는 것을 보여준다. 그러나 그 이유는 사형이 범죄를 억제하지 못하기 때문이 아니라 새로운 DNA검사를 통하여 예상한 정도에 비하여 무고한 사람들이 많이 사형되었다는 것을 보여주었기 때문이다. 그래서 2000년 초반에 주지사인 라이언(George Ryan)은 사법과정에 대한 검토까지 사형을 중시시켰으며 2000년 5월 뉴햄프셔주(New Hampshire) 의회는 사형제도를 폐지하는 법안을 통과시켰으나 이후 섀언(Jeanne Shaheen) 주지사가 부활시켰다(Jhonson, 2000).

### 비법률적 제재: 부끄러움과 수치심

도리에 벗어난 행동을 억제하는 기제로서 비법률적 또는 비공식적 제재의 개념은 같은 시대에 형성되었다. 안데내스(Andenaes, 1968)는 "도덕적 충격"으로서 법적 금지는 사회에서 특정 행위를 금지시키기 위해 범죄자와 잠재적 범죄자를 반성시키려는 것이라고 주장하였다. 이것은 범죄가가 다시 준수하게 하고, 준수자는 지속적으로 준수하게 하는 수치심, 죄의식, 다른 비공식적인 사회적 통제를 형성시킨다. 이러한 과정에서 형벌적 제재는 규범을 정당화하고 강화하는 역할을 한다. 뒤르깽(Emile Durkheim)은 규범적 타당성(normative validation)을 범죄에 대한 처벌의 중요한 효과로 보았다. 규범위반자에 대한 공식적 제재를 목격하는 것은 사람들로 하여금 그러한 행위가 일탈이라는 인식을 강화시킨다는 것이다.

실제로 일탈행위가 억제될 수 있다면 법률적 제재와 비법률적 제재 간에는 몇 가지의 양상이 가능하다. 두 유형의 제재는 각각 독립적으로, 조건부로, 또는 상호적으로 작용할 수 있다. 예를 들어, 조 또는 조세핀 대학(Joe or Josephine College)에서 마리화나의 위험성이 없다고 마리화나의 흡연을 허용했다고 생각해보자. 쟁점은 이 흡연이 매우 위험하다는 인지된 위협정도이다. 만일 한 학생이 체포, 벌금, 범죄기록 등에 대한 두려움으로 억제하였다면, 공식적 제재가 작용되었다고 할 수 있다. 또한 어떤 학생이 그의 부모, 코치, 범죄학 교수나 다른 중요한 사람이 마리화나 흡연에 대해 아는 것을 꺼려해 억제하였다면, 비공식적 제재위협이 억제요인이라고 할 수 있다. 만일 경찰이 위반사건을 수사한다는 내용이 중요한 사람들에게 알려지지 않을까 하는 두려움 때문에 억제하였다면, 그것은 비공식적 억제효과가 공식적 제재에 의하여 조건지어진 것이라고 할 수 있다. 비숍(Donna Bishop)은 이러한 입장을 "비공식적 제재위협은 실질적 억제이며, 공식적 처벌은 비공식적 제재를 초래할 경우에만 중요하다"고 주장하였다(1984:405). 마지막으로 사회적 거부와 결합된 법적 문제(법정 출두, 벌금)가 점진적으로 높아져서 만족보다 더 크게 작용될 수 있다. 그러면 공식적 제재와 비공식적 제재는 억제효과에 대하여 상호작용한다고 할 수 있다.

비공식적 제재위협이 공식적 위협보다 더 억제효과가 있다는 것에는 상당한 합의가 이루어져 있다. 티틀(Tittle)은 "일반적 과정으로서 사회통제는 비공식적 제재에 전적으로 기반을 두고 있는 것으로 보인다"고 주장하였다(1980:241). 이와 유사하게 패터노스터와 이오바니(Paternoster and Iovanni)도 "공식적 제재위협은 어떤 즉각적이거나 직접적인 상황에서는 중요하지 않다. 억제이론가와 연구자들에게는 비공식적 사회통제모형을 형성하고 검증하는 것이 필요하다"고 주장하였다(1986:769). 이제 억제이론에서 비공식적 제재의 역할은 이론가와 연구자들에 의해 다시 고찰되고 있다. 프랭크 윌리엄스(Frank Williams)가 언급한 바와 같이, "법적 억제는 큰 틀에서 보면 한 부분으로 보인다. … 그것은 통제에 영향을 미치는 한 형태이며, 다른 사회통제의 형태에 불가피하게 얽혀 있다"(1985:148).

일탈에 대한 억제에서 비법률적 제재의 잠재성에 대한 초기의 발견은 특히 사회학자들에 의해 이루어졌으며, 이는 비법률적 요인과 특정한 도덕적 요인들을 통한 통제모형을 발전시키게 되었다. 깁스(Gibbs, 1989)는 통제를 사회화의 주요 개념으로 파악하고 범죄설명에 대한 사회학적 접근은 비-법률적 규범일탈과 통제로도 확장될 수 있다고 추론하였다. 비법률적 및 법률적 규범위반 간의 약하고 임의적인 경계는 억제의 비공식적 차원에 영향을 미치는 사회적 통제의 전체적인 측면을 고려해야 한다는 명백한 증거이다. 규범의 오직 아주 적은 부분만이 형법과 일치하고 법적 통제를 받게 된다. 그러나 비법률적 억제는 무례와 불쾌한 행동을 수반할 수 있다. 쉐프(Scheff, 1988)는 사회통제를 이루기 위해서는 전적으로 공식적 통제에만 의존해서는 안 된다고 주장하였다. 대신에 통제는 다른 사람들의 내적인 자부심을 통해 형성된 억제의 미묘한 보상, 수치심을 유발하는 존중의 철회(처벌) 등에 의해 유지된다고 하였다.

*부끄러움*(Shaming)은 범죄와 일탈의 비공식적 통제를 위한 범죄학적 사상에서 선도적인 개념이라고 할 수 있다. 범죄억제에서 *부끄러움*에 초점을 둔 주도적인 학자인 브레이스웨이트(Braithwaite, 1989)는 *부끄러움*은 바람직하지 않는 행동에 대한 광범위한 사회적 반응, 즉 찌푸림, 등 돌리기, 고개 젓기, 직접적인 언어적 대면, 풍문에 의한 간접적인 대면, 판사에 의한 공식적인 선고 등에 의해 형성된다(1989: 57-58)고 하였다. 다른 범죄학자와 같이, 그는 제재에 대한 예상 및 중요한 타자(친척이나 친구)에 의해 부여된 *부끄러움*은 형사사법기관의 공식적 위협보다 범죄예방에 더 효과적이라는 결론을 내렸다. 더구나 그는 *부끄러움*을 통하여 가족에서 이루어진 성공적인 사회화는 양심을 형성시킨다고 하면서 이 양심은 어떤 때든 의무를 다하게 하며, 모든 위반에 대해 즉각적인 처벌의 역할을 하며, 검거가능성에 대한 잘못된 전망과는 반대되게 하여 위반에 대해 *부끄러움*을 느끼게 한다고 하였다. 달리 말하면, *부끄러움*에 의해 형성된 양심이나 도덕적 인식은 *부끄러움 그* 자체에 대한 위협보다 더 통제적인 요인으로 작용한다. 그러나 그의 이론은 억제이론 및 광범위한 합리적 선택이론의 영역을 넘어선 것이라고 할 수 있다. 그것은 기회이론(7장), 통제 및 학습이론(8장), 그리고 낙인이론(9장)을 통합한 범죄의 일반이론이다. 범죄예방의 주된 개념은 범법자를 법-준수적 사회로 재통합시키는 것을 의미한다. 이러한 *부끄러움*의 반대명제는 오명 씌우기(stigmatization) 또는 낙인(labeling)이다. 이는 미에쓰와 그의 동료들(Miethe et al., 2000)이 *부끄러움*을 통하여 재범을 억제하는 약물법정에 대한 평가에서 발견한 것이다.

그라스믹과 그의 동료들은(Grasmick and Bursik, 1990; Grasmick et al., 1993b; Grasmick and Kobayashi, 2002) 비공식적 억제이론을 확장하여 내적인 죄의식으로 정의되는 *부끄러움*과 중요한 타자로부터 존경의 상실을 의미하는 수치심(embarrassment)을 구분하였다. 그들의 개념도식에 따르면, 이러한 비공식적 제재는 공식적 제재에 대한 고전이론가들이 예측과 유사한 방식으로 작용된다. 다른 말로, 그들의 억제모형은 범죄 및 일탈에서의 비용을 계산하는 잠재적 범죄자를 부끄러움과 수치심의 고통, 법위반을 통해 인지된 이득에 대한 불쾌한 경험 간의 균형 등으로 묘사하였다.

이에 대한 연구들은 비공식적 제재위협이 공식적인 것보다 더 억제적이라는 상대적으로 일관된 결과를 보여준다. 상점절도와 음주운전에서 성차를 설명하려는 합리적 선택모형을 검증하는 과정에서 티벳과 헤르쯔(Tibbetts and Herz, 1996)는 부끄러움에 대한 인지된 위협이 가장 중요한 요인이라는 것을 발견하였다. 이와 유사하게, 대학생의 학업부정행위에 대한 티벳과 마이어(Tibbetts and Myers, 1999), 코크란 등(Cochran et al., 1999)의 연구에서도 *부끄러움*의 중요성이 지지되었다. 일탈의 한정된 형태에 초점을 맞춘 그라스(Mardi Gras)의 외설적 행위에 대한 연구에서 레드몬(Redmon, 2002)은 가정, 직장, 지역사회의 영역에서 외적인 통제의 억제효과를 발견하지 못했다. 그래스믹과 고바야시(Grasmick and Kobayashi, 2002)는 일본사회에서는 외적 당혹감에 기초한 비공식적 제재가 내적 *부끄러움*보다 억제효과가 더 강하다는 가설을 설정하였다. 그 이유는 일본문화가 집합적인 관계를 강조하기 때문이다. 그러나 일본의 병원에서 작업규칙위반에 대한 연구에서는 수치심보다는 부끄러움이 준수에 영향을 미치는 가장 강력한 요인으로 나타났다. 만일 이러한 것들이 다양한 문화 및 일탈유형에서 지속적으로 발견된다면 범죄학자들은 비공식적 억제의 작용에 대하여 확신을 가질 수 있다. 지금까지의 연구를 살펴볼 때 외적 기제(수치심)보다 내적 요인(부끄러움)이 더 중요하다는 것은 확고해 보인다.

### *합리적 선택관점*

범죄억제개념은 고전주의 범죄학의 중심으로 알려졌다. 그러나 앞에서 살펴본 바와 같이, 폭넓은 합리적 선택 모형 중심에 남아있는 기본적 명제는 개념적으로 확대되었다. 합리적 선택모형은 고전주의적 억제개념에서 시작하였지만 현대에 와서는 상당히 복잡해졌다. 예를 들어, 억제이론에 대한 최근의 검증은 개인의 체포위험계산을 평가하는 베이즈(Bayes)의 확률이론에 근거한 합리적 선택모형에 대한 의심을 불러일으켰다(Matsyeda et al., 2006). 이 모형은 인지된 처벌 확률을 다양한 새로운 정보뿐만 아니라 개인 및 이웃의 특성에 대한 반응을 재공식화하는 기본위험 인지함수로서 평가된다. 이를 예측하기 위하여 사용된 세밀한 모형과 통계적 방법은 고전이론가의 상상을 넘어서는 것이며 이전의 억제연구보다 현저하게 정교화된 것이다.

합리적 선택은 잠재적 범죄자뿐만 아니라 피해자의 사고 및 선택과정에 대한 수많은 변수들을 구체화함으로써 기존의 억제연구를 확장하였다. 범죄선택과정에 대한 연구는 이전의 고전적 억제이론가들이 생각한 것보다 더 복잡하다는 것을 보여준다. 범죄를 선택하든 그렇지 않든지 선택은 끝이 없다. 범법자는 범죄유형을 선택해야 하고(Guertte et al., 2004), 장소와 시간을 선택해야 하고, 범죄방식을 선택하며, 이후에 무엇을 할 것인가를 결정해야 한다. 예를 들어, 노상강도를 "의도적인 약탈자"로 개념화하는 과정에서 번나스코와 블록(Bernasco and Block, 2009)은 어떤 지역의 특성은 노상강도를 억제하지만 약물 및 매춘시장은 강도를 끌어들인다는 것을 발견하였다. 합리성의 정도가 어떻든 간에 선택은 합리적 선택관점에서는 범법자 및 피해자에게는 지속적인 과정이며, 이러한 선택은 다른 수많은 요인에 영향을 받는다. 또한 합리적 선택관점은 수많은 실제적인 범죄예방조치를 위한 방향을 제시하였다. 피해자 연구에서 방어공간설계, 범죄대체, 집중발생지역, 일상활동 등은 모두 합리적 선택의 범죄학문헌에 나타난 가시적인 사례이다. 이전의 억제연구와 마찬가지로, 이러한 주제에서 합리성은 법위반을 결정하는 바탕이 되지만 다른 변수들을 고려한다. 예를 들어, 환경적 신호는 범법자의 사고과정에서 중요한 투입요소가 되었다. 피해자 역시 범죄함수의 한 변수로서 역할을 하며, 이는 합리적 선택모형에서는 기본적인 관심이 되었다. 그러나 합리적 선택이나 그 구체적인 파생물은 엄격한 의미에서는 범죄이론으로 고려될 수 없다. 오히려 정교한 범죄함수에서 선택변수를 구체화하는 관점일 뿐이다.

### *일상활동: 피해자와 범법자*

때때로 생활양식적 접근으로 불리는 일상활동이론(routine activity theory)은 1970년대 공식범죄율의 증가를 설명하기 위해 로렌스 코헨과 마커스 펄슨이 처음으로 제안하였고(Cohen and Felson, 1979), 그 이후 25년간 발전해오고 있다(Felson, 1994; 1998; 2002). 합리적 선택이론으로서 일상활동이론은 실제적 기회를 범죄결정에 중요한 요인으로 여긴다. 잠재적 범죄자의 입장에서 생활양식의 선택은 범죄를 저지르려는 범법자에게 범죄기회를 창출하기도 하고 제거하기도 한다. 피해자의 생활양식이나 일상에 대한 관심 때문에 범죄학자들 대부분은 일상활동이론을 범죄이론보다 피해자이론으로 보고 있다. 그러나 최근에 범죄학자들은 이를 범죄자의 영역에 적용하려고 한다. 개인의 생활양식에 따라 범죄 또는 피해에 관련된 확률을 높일 수 있는 기회와 경험정도가 달라진다.

일상활동이론의 중심은 범죄삼각형(crime triangle)이라고 불리는 3가지의 전제에 있다.

이 세 요소가 특정한 시간과 장소에 존재하게 되면 범죄는 발생한다는 것이다. 그래서 범죄는 피해자와 범죄자의 역할이 필요한 하나의 "사건"처럼 보인다. 각각 또는 둘의 생활양식은 범죄사건의 발생 또는 발생하지 않는 것을 이해하는 데 도움이 된다. 범죄발생을 위한 첫 번째 필수요인은 동기화된 범법자(motivated offenders)의 존재이다. 초기에 이러한 요인을 소홀히 하여 일상활동이론을 범죄이론보다는 피해이론으로 구성하게 되었다고 할 수 있다. 그동안 범죄자의 동기가 무엇인가에 대한 관심은 없었다. 단지 가시적 기회가 있을 때마다 동기화된 범법자는 범죄를 저지를 것이며, 이러한 범법자는 수없이 많다는 전제가 있을 뿐이었다. 이러한 전제는 고전학파의 사고에 근거한다는 것을 인식해야 한다. 인간의 본질은 쾌락추구적이며 인간은 충분한 기회가 주어지면 언제든지 법을 위반할 것이다.

최근에 와서야 이론가들은 동기화된 범법자의 존재를 당연한 것으로 인식하기보다는 이러한 틀에서 살펴보기 시작하였다. 그러나 그들이 발견한 대부분은 합리적 선택의 전제보다는 통합적인 실증주의에 더 일치하는 것으로 나타났다. 예를 들어, 설리(Sherley, 2005)는 캐나다 주요 도시의 성폭력에 대한 경찰기록을 조사하여 두 유형의 범죄동기를 발견하였다. 첫 번째는 과거의 사건(친밀한 관계의 상실)으로부터 보상받으려는 약탈자이며, 두 번째는 일반적으로 여성에 대한 깊은 분노이다. 이와 마찬가지로, 새서(Sasse, 2005)는 미드웨스턴(Midwestern) 지역의 치료프로그램에 등록된 성폭력자 163명의 범행동기를 조사하였다. 조사 결과, 집에서 범죄를 저지른 사람들은 피해자보다 나이가 많았으며, 학대피해경험이 많았고, 범죄 당시에 약물남용상태가 많았던 것으로 나타났다. 이와는 달리, 집 밖에서 범죄를 저지른 사람들은 피해자보다 나이가 어렸으며, 음주상태에서 범죄를 저지른 것으로 나타났다. 합리적 선택이론, 특히 억제이론은 대부분의 성범죄 관련 법률의 기초가 되지만 범죄자의 이질적인 동기에는 적합하지는 않은 편이다(Meloy, 2005).

적절한 대상(suitable targets)의 존재는 일상활동이론에서 피해 및 범죄를 설명하는 두 번째 요인이다. 잠재적 범죄자에게 가치 있는 것이 여기에 속한다. 그것은 재물이나 정서적으로 만족할 수 있는 발산대상이다. 예컨대, 분노 및 증오의 표현, 흥분의 추구, 성적 또는 다른 욕구의 수행대상 등이다. 간단히 말해서 잠재적 범죄자의 쾌락추구적 사고를 자극하는 어떤 것을 의미한다.

범죄삼각형의 마지막은 유용한 보호의 부재(absence of capable guardians)이다. 이는 취약한 재산이나 사람을 보호할 수 있는 사람이나 기관이 존재하지 않는 것을 의미한다. 유용한 보호개념은 맥락에 따라 다양한 형태를 지닌다. 그것은 사람이 집에 있거나, 경비상태 중이거나, 거리에 다른 사람이 옆에 있거나, 이웃이 집에 있거나, 문이 잠겨있거나, 감시카메라가 작동중이거나, 경비견이 있거나 하는 경우 등을 의미한다. 간단히 말해 동기화된 범죄자는 적절한 보호가 부재중일 때 적당한 대상이 있다면 범죄를 저지른다는 것이다.

코헨과 펄슨(Cohen and Felson)은 어떤 사회적 변화는 적당한 대상을 증가시키고 유용한 보호를 감소시킨다고 주장하였다. 예를 들어, 여성노동활동의 증가는 대낮에 집을 비우게 되는 결과(보호의 부재)를 초래하여 주거침입강도가 증가한다는 것이다. 이와 유사하게, 이동의 증가는 대인적 피해위험을 증가시킨다고 하였다. 아울러 기술의 발전으로 가치 있고 휴대하기 용이한 대상이 증가해 가정, 자동차, 개인은 절도범죄의 대상이 되었다는 것이다. 이러한 경향은 최근에 더욱 현저해져 휴대용 전화기, 디스크 플레이어, 휴대용 컴퓨터 등에 대한 절도로 확산되고 있다.

## •• 피해자의 일상활동

범죄학의 하위 영역으로 피해자학이라고 불리는 범죄피해자에 대한 연구는 일상활동이론이 알려지면서 많은 관심을 끌게 되었다. 몇 년 동안 이 이론은 개인의 일상활동과 생활양식이 어떻게 피해자의 위험에 연관되는지에 관심을 집중하였다. 근본적으로 이 이론의 목적은 피해위험이 개인의 행동에 어떠한 역할을 하는지를 밝히는 데 있다. 예를 들어, 가정을 자주 비워둔다면 집에 대한 보호의 부재가 증가해 가정의 재산에 대한 범죄피해의 위험이 늘어날 것이다. 같은 논리로, 집 밖에서 자주 배회한다면 동기화적 범죄자와 마주칠 가능성이 높기 때문에 대인피해의 위험이 증가할 것이다. 그러므로 범죄학자들이 잘 인지한 사실(그러나 반대로 신화처럼 확산된)은 노인들은 위험하지 않는 장소에서 활동하기 때문에 젊은이보다 범죄피해가 적을 것이라는 것이다. 그들은 밤늦게 거리에 나가지 않으며, 혼자 다니지 않고, 술집에도 덜 가는 편이다. 술집에 가는 것은 명백하게 범죄피해의 위험을 증가시킬 것이다. 이러한 측면에서, 머스타인과 토우크베리(Mustaine and Tewkbury, 1998)는 누구하고 술집에 가고, 얼마나 오래 있으며, 얼마나 술을 마시고, 언제 술집을 나오는지 등을 보호정도의 측면에서 수치화하였다. 미국 전역의 성인 16,000명에 대한 면접조사에서 펄슨과 부르필드(Felson and Burchfield, 2005)는 젊은 남자의 음주는 실체적 폭력에 놓일 위험이 있다는 것을 발견하였다. 그들은 음주상태에서는 남성과 여성 모두에게 성적 폭력위험이 더 높다는 것도 관찰하였다.

이와 유사하게, 피셔와 그의 동료들(Fisher et al., 1998:702)은 "밤마다 빈번하게 파티를 하는 학생들과 기분전환으로 약물을 하는 학생일수록 학교 내 폭력범죄의 피해를 받을 가능성이 높다"는 것을 발견하였다. 그러나 "도시에서 밤에 술을 마시는 것"보다는 위험의 정도는 낮은 것으로 나타났다. 예를 들어, 머스타인과 토우크베리(Mustaine and Tewksbury, 1998)의 연구는 자주 외식하고, 공부하기 위하여 집을 비우고, 클럽이나 모임에 자주 가는 것은 경미하거나(50달러 이하) 중대한(50달러 이상) 절도피해의 위험을 증가시킨다고 하였다. 이와 유사하게, 헨슨과 스턴(Henson and Stone, 1999)은 대학 교내에서 발생하는 대부분의 범죄는 문을 잠그지 않아서 일어나는 기숙사에서의 절도라고 하였다. 범죄피해는 일상활동의 함수이기 때문에 피해자는 또 다시 범죄자의 대상이 될 가능성이 높다.

일상활동에 대한 연구들이 피해자의 역할에 초점을 두기 때문에 이러한 관점에서 당신에게 적절한 질문은 당신의 습관에 관한 것이다. 당신은 범죄피해위험을 최소화하기 위하여 어떠한 노력을 하는가? 어떤 것을 피해위험이 있는 곳에 놓아두는가? 집을 비울 때 문을 잠그는가? 자동차에 열쇠를 두거나 차의 문을 열어두는가? 자전거는 항상 자물쇠로 채우는가? 이러한 행동은 재산의 피해를 최소화하는 대상보호강화(target hardening)라고 불리는 기계적 조치이다. 이는 개인적 안전에도 확대 적용될 수 있다. 당신은 늦게 집 밖에 나가는가? 술집에 자주 가는가? 술을 자주 마시거나 간혹 많이 마시는가? 사교적인 사람들을 많이 알고 있는가? 낯선 사람들과 자주 어울리는가? 나탈리 홀로웨이(Natalie Holloway) 고등학교를 졸업하고 뉴욕 형사사법 분야에서 앞날이 유망한 젊은 여학생인 이멜 걸리런(Imette St. Guillen)의 비극적 살인사건은 범죄에서 피해자의 역할에 대한 이념적 논쟁을 불러일으켰다. 어떤 시사해설자가 낯선 사람과의 밤늦은 음주를 넌지시 언급하자 사람들은 "피해자에 대한 비난(blaming the victim)"이라고 비판하였다. 범죄학적 일상활동이론의 입장에서는 잔혹한 범죄에 대한 범법자들의 책임을 그대로 고려하지만, 적절한 보호가 없고 친구가 없는 상황에서 밤늦게 술을 마시는 행위도 범죄원인의 한 요인으로 본다.

"어떤 학자는 폭력에서의 피해자의 역할에 대한 연구를 회피한다. 그 이유는 '피해자를 비난'할 가능성이 있기 때문이다"(Felson and Burchfield, 2004:855). 다른 학자들은 변명하듯이 범죄에서 피해자 역할을 아주 가볍게 다룰 뿐이다. 예컨대, 성폭력을 분석하면서 셜리(Sherley)는 다음과 같이 경고한다.

> 적절한 대상으로서 피해자를 조사할 때, 피해자가 자신으로 인하여 범죄피해가 초래되었다는 것을 암시해서는 절대 안 된다(2004:99).

그는 후에 다시 경고하였다:

> 성폭력 피해자가 어떠한 방식으로든 자신으로 인하여 범죄를 유발시켰다는 것을 비쳐서는 안 된다(2004:104).

그러나 일상활동이론은 이념적으로 융통성이 없는 사람들에게는 불가피하게 이데올로기적 교착상태를 초래하는 것으로 보인다. 피해자의 역할에 관한 범죄의 인과적 통찰을 얻기 위해서는 비난이나 도덕적 책임감을 분리한 분석적 인과모형이 필수적이다. 일상활동이론은 비난이나 책임은 범법자에게 주어져야 하지만, 피해자의 생활양식이 범죄의 한 요인이라는 것을 제시한 것뿐이다. 빈번한 휴가, 집을 취약하게 방치하기 등의 피해자의 생활양식이나 일상활동이 주거침입의 원인인지 또는 술집에 자주 가는 것이 대인범죄피해의 원인인지의 여부와 관계없이, 범법자의 법적, 도덕적 책임은 변함이 없을 것이다. 그러나 해결되지 않는 진퇴양난의 상황은 그대로 남아있다. 일탈적 생활양식은 준수적인 경우보다 피해위험이 더 높다. 이것은 우리 사회에서 왜 노인이 덜 피해를 받고 젊은이가 더 많은 피해를 받는지에 대한 이유이다. 피해자의 분포에 대한 사실을 파악하는 것은 "피해자를 비난"하는 것은 아니며, 그렇다고 범법자의 (법적 또는 도덕적) 책임을 면제하는 것도 아니다. 그러나 어떤 점에서 비난이나 개인적 책임의 정도는 피해자의 행위를 통해 추론될 수 있다. 예를 들어, 피해자의 행동은 판단의 부족, 낮은 자기통제력, 위험행위추구, 다른 결함적 특성을 반영한다. 그러한 맥락에서 젊은 사람들은 음주를 할 경우 폭력위험이 높아진다. 그 이유는 "술을 마신 사람들은 더 도발적이기 때문이다"(Felson and Bruchfield, 2004:848). 다른 학자들은 매춘종사자들의 대부분은 그들의 일이 너무 위험하기 때문에 폭력피해를 본 경험이 있다고 보고하였다(Dalla, 2002). 그러나 범죄학자의 작업은 "형사사법체계에서 '비난의 분석'이 아니라 '인과분석'에 기초해야 한다"(Felson and Bruchfield, 2004:856). 이와 같이, 피해자의 행동에 대한 이념적 평가는 불가피하지만 범죄사건을 분석하는 범죄학자들에게는 적절한 작업이 아니다.

## •• 범법자의 일상활동

잠재적 피해자의 생활양식이 피해위험을 파악할 수 있는 것과 같이, 최근에 범죄학자들은 범행의 유형을 설명하기 위하여 범법자의 일상활동을 분석하였다. 실제로, 범죄의 피해자와 약탈자의 일상활동에는 강한 상관관계가 있는 것으로 나타났다. 즉 일탈적 일상활동은 범행이나 피해 모두를 예측하는 요인으로 나타났다. 머스타인과 토욱스베리(Mustaine and Tewksbury, 1999)는 음주운전을 설명하기 위하여 대학생의 생활양식이나 일상활동을 조사하였다. 피해자에서 범법자로의 관심변화는 일상활동이론의 첫 번째 전제에 대한 회의를 반영한다. 그 전제는 적합한 보호가 없을 상황에서는 적절한 대상에 대하여 범죄를 저지를 수많은 범죄자가 존재한다는 것이다. 동기화적 범죄자들은 무작위로 분포되어 있는 것이 아니라 일상활동에 영향을 주는 다른 요인들과 생활양식에 의해 창출된 특정한 상황의 산물이라는 것이다. 인구학적 요인은 음주운전의 양상에 대한 차이를 설명한다. 특히 성별의 경우에 남성의 발생률이 여성보다 높은 것으로 나타났다. 그러나 범행의 동기에 더 직접적으로 연관된 것은 생활양식적 선택이다. 남성과 여성 모두 집 밖에서 술을 마셨을 경우, 다른 법위반에 대한 허용도가 높을 경우, 음주를 빈번하게 할 경우, 다른 유형의 불법행위를 할 경우에는 음주운전을 할 가능성이 더 높은 것으로 나타났다.

아이슬란드(Iceland) 청소년에 대한 재산 및 폭력범죄에 대한 연구에서도 일상활동이론과 사회통제 및 학습이론을 통합하여 분석한 바 있다(8장 참조). 연구자인 베른버그와 도어린슨(Bernburg and Thorlindsson, 2001)은 범법자의 동기는 당연한 것처럼 여겨서는 안 되고, 범죄학자들은 범법자가 처한 사회적 맥락에서 형성된 동기를 분석해야 한다고 주장하였다. 그들은 특히 비행친구(학습이론), 부모 및 교사와 같은 권위 있는 대상과의 애착의 부족(통제이론) 등의 요인을 비행기회를 접하게 하여 비행의 동기화를 강화시키는 것으로 분석하였다. 달리 말하면, 비행은 범죄기회 그 자체보다 비행기회를 초래하는 일상활동에 연관된 학습기회 및 부적절한 사회적 통제의 산물이라는 것이다. 그들은 일상활동에 대한 두 가지 측면을 제안한다. 일상활동은 피해뿐만 아니라 범행에도 영향을 미친다는 것이 하나라면, 다른 하나는 일상활동은 다른 관점과의 결합 및 통합에 의해 더 강화될 수 있다는 것이다.

이와 유사한 접근은 쉬바르쯔와 그의 동료들(Schwartz et al., 2001)이 수행한 여성의 성폭력피해에 대한 캐나다 대학생의 자료에서도 나타났다. 그러나 앞의 연구와는 조금 다르게, 그들은 또래집단의 태도를 일상활동과 결합한 학습요인이 아니라 "동기의 지표"로 파악하였고, 그러한 측면에서 "다른 남자들에 의해 유도되고 지지된 결과로써 어떤 태도와 행동을 형성하였기 때문에 동기화된 범죄자는 존재한다"고 결론을 내렸다(2001:646). 또한 그들은 범법자들은 상습음주자라는 것도 발견하였다. 여성의 피해양상에 대한 조사에서 그들은 술을 많이 마시는 경우, 약물을 더 자주 하는 경우, 데이트 상대와 음주를 하는 경우에 피해위험이 더 높은 것을 발견하였다. 즉, (정서적으로나 신체적으로) 여성에게 피해를 주려는 동료들에 의해 조장되거나 술을 많이 마시거나 데이트 상대방과 음주를 같이 하는 남성들은 동기화된 범법자가 될 가능성이 높으며, 데이트하는 과정에서 술을 마시거나 약물을 하는 여성은 성폭력피해의 적합한 대상으로 고려된다는 것이다.

증오범죄 역시 일상활동이론으로 분석되었다. 바이어와 크라이더(Byers and Crider, 2002)에 의하여 시도된 아미쉬(Amish) 소수자에 대한 "Claping"연구가 대표적이다. Claping은 반-아미쉬 편견에 뿌리를 둔 사람들, 특히 청소년들이 아미쉬에게 저지르는 약탈적 범죄를 의미한다. 이 용어는 "Clape"의 상대어로서 어원을 알 수 없는 경멸적인 말이다. 바이어와 크라이더가 언급한 Claping의 전형적인 예는 "먼지털기(dusting, 구타)", 빠르게 지나가는 아미쉬 마차에 먼지뿌리기, "밀가루 씌우기", 아미쉬 마차 위에 실은 밀가루 포대를 터뜨리기, 우편함 및 별채부수기 등 아미쉬 재산에 대한 직접적인 파손행위이다.

아미쉬 공동체와 인접한 지역에 대한 범법자 면접조사를 통하여 연구자들은 Claping은 일상활동의 3가지 요인에 적합하다고 주장하였다. 범법자들은 아미쉬를 그들과 이질적이라고 간주하고 때때로 그들의 행위는 도발적이고 생각하고 있었다. 이러한 반-아미쉬 편견은 범죄동기에 영향을 미치며, 이와 동시에 Claping은 지루함을 해소하는 흥분된 활동으로 동기화된다. 재미를 찾아 운전하며 돌아다니는 청소년의 맥락에서 자동차는 필수적이며, 범행은 지루함을 해소하기 위한 그들의 유대경험이자 반-아미쉬 편견을 표현하는 것으로 이해된다. 그러므로 범행동기는 무작위로 편재되어 있는 것이 아니라 또 다른 사회적 권력의 산물이다.

아미쉬는 범법자들에게 "쉬운" 대상으로 인식되는 적합한 대상으로 묘사된다. 그들은 덜 보호되어 있으며 특징적인 외모와 행동으로 인하여 쉽게 드러나기 때문이다. 적절한 보호의 부재는 아미쉬가 피해신고를 할 가능성을 낮추며 Claping에 대한 사회적 허용으로 설명될 수 있다. Claping은 범죄보다는 장난으로 넓게 인식되기 때문에 그러한 행위에 대한 처벌의 기대가 낮은 것이다.

어떤 생활양식적 선택은 일상활동이론에 대한 개념적 문제를 지니고 있다. 최근 스페노와 그의 동료들(Spano et al., 2008)은 총을 소지하고 사용하는 범죄집단(gang) 구성원에 대해 이러한 것을 지적하였다. 지배적인 시각은 범죄집단 구성원을 피해위험과 범죄를 증가시키는 일탈의 증표로 파악하지만, 어떤 사람들은 범죄집단 구성원을 유용한 보호요인으로 평가하기도 한다. 어떤 범죄집단 구성원은 주요 가입동기를 보호의 필요성이라고 한다.

이와 유사하게, 스페노와 그의 동료들이 파악한 바와 같이(Spano et al., 2008), 범죄학자들 대부분은 총기 소지를 위험한 일탈적 생활양식으로 파악한다. 그러나 총기 소지는 보호를 강화하는 것으로도 인식된다. 이와는 반대로, 고용은 청소년들을 위험으로부터 보호하는 것으로 오랫동안 여겨졌으며 최근의 연구도 그러한 전제를 바탕에 두고 있다. 피해자적 관점에서는 교통활동이나 늦은 귀가는 개인을 위험한 장소에 놓이게 하고, 소득은 더 적합한 범행대상으로 고려하게 한다. 빈곤지역 도시소수자 청소년에 대한 스페노 등의 연구(Spano et al., 2008)는 피해위험에서 일상활동의 3가지 요인이 어떻게 관련되는지에 대한 복잡한 본질을 다루고 있다.

### *선택은 얼마나 합리적인가?*

경제학자들은 경제적 활동을 합리적 선택관점으로 분석한다. 그들에 따르면, 치약이나 새로운 자동차를 살 때 개인들은 자신에게 가장 좋은 결정을 하려고 한다는 것이다. 고전주의적 용어로 말하면 소비자는 효용을 극대화할 것이다. 구입결정은 합리적일 것이고 매우 예측 가능할 것이라고 전제한다. 즉 두 명의 다른 사람은 전형적으로 같은 결정을 할 것이다. 같은 상표와 크기의 치약이 두 상점에 있거나 같은 차가 두 대리점에 있다면 가장 가격이 낮은 제품을 구입할 것이다. 게리 베이커(Gary Becker, 1968)는 범죄에 이러한 합리적 모형을 적용한 첫 번째 경제학자로서 이후 많은 학자들이 그 뒤를 이었다. 더구나 많은 범죄학자들도 경제적 모형을 받아들였다. 그러나 잠재적 범법자(소비자)는 의사결정에서 합리적이라는 것을 안전적으로 전제할 수 있을 것인가? 깊이 생각해 보면, 이것은 무모한 가정처럼 보인다.

턴널(Tunnell, 1992)은 합리적 선택모형을 다룬 교제에서 인지심리학자들은 인간의 의사결정에 대한 다른 모형을 채택하고 있다고 지적하였다. 사람들은 완전하게 합리적인 것으로 보이지 않는다. 다양한 이유로 자신에게 가장 이익이 되는 결정만을 하지는 않는다. 결정을 하기 위해 필요한 모든 정보를 가지고 있는 것도 아니다. 그러한 정보를 가지고 있다고 해도 그것을 최상으로 처리할 수 있는 것도 아니다. 사람들의 분석 능력은 약물이나 알코올, 인지적 결핍이나 부정적인 학습경험으로 인하여 부족해 질 가능성이 있다. 더구나 자신의 삶의 경험에 비추어 사물을 다르게 평가를 할 것이다. 알프레드 브름스타인(Blumstein, 1998:134)이 언급한 바와 같이, "이러한 차별적 억제가능성에 대한 문제는 합법적 경제활동에서 특별한 조건을 알지 못하는 개인과 범죄에 대한 사회화가 효과적으로 이루어지지 않은 사람의 범죄에 특히 민감하다. 왜냐하면 거리에서의 삶은 매우 위험할 것이기 때문이다. … 수감이 매우 매력적인 조건이 아닐지라도 그것의 비효용은 중간계급보다는 덜 할 것이다." 인간 생활에서 이루어지는 선택에 대한 경험과 조건은 매우 다양한 만큼 우리 모두가 상황을 유사하게 평가하고 유사한 결론을 내릴 것이라고 전제하는 것은 너무나 유치하다.

한 사람에서 다음 사람에게까지 얼마나 다양한 선택가능성과 조건이 있는가? 만일 한 사람이 다음 사람보다 조건이 적다면 그는 다른 사람과 같은 생각으로 선택할까? 이 책의 저자 가운데 한 사람이 학생들에게 자주 묻는 바와 같이, "얼마나 많은 사람들이 이 대학에 입학하기로 결정했습니까?" 우리들 대부분은 그들이 그렇게 했다고 주장한다. 그러나 많은 사람들이 학생들은 인근지역 출신이고, 학교에 다니며 일해야 하고, 이민 1세대 대학생들이라고 말하는 것은 무엇인가? 의사결정과정에서 더 나은 대학으로 입학할 기회를 약화시킨 것에 대해 묻자 대부분의 대답은 유사하였다. "없다"였다. 특정대학으로 진학하는 과정을 정밀하게 조사한 바에 따르면, 사람들 대부분에게 다양한 결정은 없었으며 다양한 요인들이 특정 시간에 특정 장소로 몰아가는 과정이 있었다는 것이다. 그러나 그러한 과정에 선택이 없었다고 말하는 것은 아니다. 마지막 분석에 따르면, 그들의 의사결정은 입학신청과 입학을 한 것이었다. 여기서 문제가 되는 것은 그들의 입학을 그들의 출신지역, 성장과정 동안 그들이 경험한 가정의 영향, 그들의 경제적 상황을 통하여 가장 잘 이해할 수 있는가이다. 아니면 대학입학을 입학신청과 학교에 다니기로 한 마지막 의사결정이 더 잘 설명할 수 있는가이다. 사실 모든 인간은 어느 정도 합리적 선택을 한다. 그러나 문제는 그러한 의사결정과 의사결정에 영향을 주는 요인들 간의 상대적 중요성에 대한 평가이다.

어떤 행동을 합리적으로 선택하는 것과 그냥 하는 것은 구분해야 한다. 오리가 물에 들어가 수영을 하기로 선택했다고 말하는 것은 선택개념의 왜곡이다. 또한, 13세 소년의 강간에 대한 레토네우(Mary Kay Letourneau)의 선고를 합리적 선택이라고 하거나 범죄자들 대부분의 행동을 사려 깊은 신중함의 결과로 보는 것은 설명을 위한 확장이라고 할 수 있다. 이러한 행동 및 범죄에 대한 통찰은 선택에 영향을 주는 요인들을 조사하고, 준수자보다 범법자의 상황을 분석하고, 특정 행동에 대한 사회적 반응이 왜 이루어지는지를 살펴봄으로써 얻을 수 있다. 합리적 선택관점의 단점은 합리성과 관찰된 범죄자의 충동성, 도덕적 모호성, 표출된 동기 등과의 조율의 실패라고 할 수 있다(de Haan and Vos, 2003). 간단히 말해, 범죄행위 대부분은  비록 합리적 단계를 거치지만 합리적 또는 사려 깊은 선택이라고 할 수 없는 정서적 충동을 반영한다.

[표 5.3]은 우리들 대부분이 "어리석은 범죄자"의 행동이라고 비꼬면서 묵살하는 것에 대

[표 5.3] 합리적 범죄 또는 어리석은 범죄

- 테네시에서 약물남용억제교육(DARE)프로그램의 교육을 담당하는 24세의 시 경찰관은 미성년자 비행을 방조했다는 죄로 기소되었다. 이는 그가 타고 다니던 차가 작은 읍내의 큰 도로에서 오전 2시 30분에 주 경찰관으로부터 검문받은 사건에 바탕을 두고 있다. 그는 17세의 두 명의 청소년을 차에 태우고 있었고 그중 한명은 그가 구입한 맥주를 마시고 있었다.
- 시애틀에 사는 한 여성이 아침 출근시간에 전기타워 위에 올라가 두 시간 동안 상의를 벗은 채 춤을 춘 이유로 체포되었다. 그녀는 춤을 출 때 보드카를 마시면서 내뱉는가 하면 거기에 불을 붙이기도 하였다. 나중에 알려진 것이지만, 그녀는 이전에는 남자였으나 성전환수술을 받았다고 한다. 외설적 노출과 무단침입은 기소대상이다.
- 오하이오에서 한 남자는 은행창구에서 300,000달러를 예금한 후에 잡화가방에 약물을 넣어 운반한 혐의로 체포되었다. 그런데 그는 일상적 출금서류에 실업자로 기재한 바 있다.
- 토론토에서 한 캐나다인은 살인죄로 재판을 받는 중에 자신의 변호사를 선임하였다. 그는 교도소 경비에게 이렇게 말했다. "당신들은 항상 나를 찾아야 할 거야. 왜냐하면 내가 어떤 백인 놈을 죽였거든."
- 1999년 디트로이트의 전직 경찰관은 자신의 아내와 아들을 살해한 혐의로 기소되었다. 1975년 그는 그의 첫 번째 부인과 두 자녀가 죽은 이후에 비정상이 되었다는 이유로 무죄가 된 바 있다.
- 테네시 지역대학 천문학 교사는 신시내티 천문대에서 골동품 렌즈를 훔쳤다는 이유로 선고를 받았다. 그는 그것을 자신이 근무하던 대학에 기부하였다.
- 비번인 경찰관이 술집에서 강도를 저지하는 과정에서 4명의 무장강도 중에서 한 명이 사망하고 고객 6명이 부상을 당했다. 그들은 경찰관으로 구성된 "담요 속의 돼지" 밴드의 공연을 듣기 위해 모여 있었다.
- 테네시 브리스톨의 한 사람은 자동차 절도 및 약물혐의에 대한 그의 청문회에 한 시간 반 정도 늦게 도착하였다. 그는 훔친 차로 청문회에 참석했기 때문에 그 자리에서 체포되었다.
- 테네시 뉴우포트의 32세 남자는 결혼서약을 확인받기 위해 17세의 신부에게 입맞춤을 한 이후 법원청사 잔디밭에서 체포되었다. 지나가던 부-보안관이 절도로 수배중인 신랑을 알고 있었다. 그는 신혼부부에게 접근하여 신랑에게 수갑을 채우고 구치소로 호송하였다. 결혼식을 치르던 공무원은 신부가 "제단에 서 있는" 상태로 남겨졌으며 "진짜 당혹한" 상태였다고 하였다. 순회판사는 그 다음날 부부가 신혼여행을 갈 수 있도록 보석으로 그를 석방하였다.
- 위의 사건을 재판한 순회판사는 몇 달 후에 공공음주와 법원재산손괴로 기소되었다. 친구의 쓰레기 처리회사에 대한 군위원회의 조사에 분노하여 그 판사는 다른 사람들이 당황하여 서 있는 동안 군청 사무실을 뒤졌다. 마지막에는 경찰관이 판사를 뒷문으로 호송하였다. 친구들은 그의 어머니가 최근에 사망하였고 그의 집에 화재가 났기 때문에 그가 심한 스트레스를 받고 있었다고 주장하였다. 그는 그 사건 이후에 우울증으로 병원에서 치료중이다.
- 테네시에 사는 36세의 남자는 자발적 살해혐의로 기소되었다. 그 기소는 그와 그의 부인이 다른 남자와 술을 마셨으며 이후 피고인은 술에 취해 잠을 자고 있었다는 사건에 대한 것이었다. 깨어보니 그의 부인이 다른 남자와 성관계를 갖고 있어 그는 이 남자에게 총을 4번이나 쏘았다는 것이다.
- 플로리다의 한 남자는 스타벅스 커피숍에서 부인의 정부를 총으로 살해하고 자신에게도 치명적인 총격을 가하였다. 그의 부인은 피해자와 떠날 계획이었다.
- 테네시의 보안관은 부-보안관의 집에서 그의 아들을 폭행하고 절도하려는 혐의로 기소되었다. 이 사건은 보안관의 조카가 피해자의 집에서 지낸 밤에 발생하였다. 피해자는 그 당시에 보안관은 정복을 하고 있었다고 주장하였다. 19세인 조카의 아버지는 보안관과 같이 기소되었다.

한 대중매체보도를 정리한 것이다. 사실, 발표된 범죄뉴스의 대부분은 샤롯(Charlotte)의 "John-Boy and Billy" 라디오 쇼의 "Dumb Crook News, The Stupid Crook Book" (Gregory, 2002) 또는 Butler와 Ray의 "The World's Dumbest Criminals" 등에서 간단하게 발췌한 것이다.

그러나 그것들은 실제적인 것이며 어떤 경우에는 매우 비극적이다. 분명히 이러한 범죄들 각각은 완전하게 합리적이지 않았으며 범죄자들은 준법적인 시민과는 상당히 다르게 보상과 제재를 평가하는 것으로 나타났다. 만일 이러한 것들이 어리석은 범죄라고 한다면 억제 및 합리적 선택이론가들처럼 우리는 범죄는 합리적(또는 제한된 합리성)의 결과라고 계속 주장할 수 있을 것인가?

상식에 대한 몇 가지의 위협이 이러한 범죄과정을 통하여 나타났음을 인지해야 한다. 대부분의 사건은 정서적으로 이끌어진 쟁점과 연관되었다. 어떤 사건은 음주로 인한 장애와 관련되었다. 분명하게, 범죄자들 대부분은 그들의 사고과정에서 발생 가능한 비용을 소홀히 하여 범죄를 통한 잠재적 이득(경제적 또는 정서적 만족)에 왜곡된 시각을 보이는 것으로 나타났다. 최소한의 계산이 발생했다는 것도 상상하기 어려운 사건도 있다. 오리가 물을 찾아가는 것처럼 그들은 행동했다. 고도의 또는 최소한의 합리적 행위자는 [표 5.3]에 나타난 바와 같은 선택을 할 것인가? 놀랍게도, 어리석은/멍청한 범죄자 TV쇼와 책을 위한 잠재적 자료가 되는 수많은 사례들은 존재한다. 다음 3장에서는 이러한 광범위하고 상대적으로 생각 없는 범법자에 대한 통찰을 살펴보고자 한다.

## 요약

범죄를 설명하는 과정에서 가장 논쟁적인 쟁점 중의 하나는 선택의 역할과 범법자가 의사결정의 과정에서 어느 정도 합리적인가이다. 고전주의 범죄학에 기원을 둔 억제개념은 높은 수준의 합리성을 전제로 한다. 또한 억제이론은 모든 범죄자와 범죄유형을 설명하는 일반이론을 지향한다. 현대의 억제이론과 광의의 합리적 선택관점은 선택을 어느 정도 상대적인 용어, 즉 제한적 합리성으로 고려한다. 이는 선택과 합리성의 수준이 다양하다는 것을 인정하는 것이다. 범죄학은 상대적으로 새로운 탐구영역이다. 자연적 현상으로서 범죄를 설명하는 시도는 18세기 고전주의 학파에서 비롯되었다. 그 전에는 범죄는 초자연적 발생으로 인식되었고 범죄에 대한 반응도 비합리적이었다. 교회와 국가는 서로 협력하여 범죄와 일탈에 대한 섬뜩하고 야만적인 처벌시대를 낳았다. 유럽 전역에서 범죄자들은 실제로 그리고 인지적으로 고문받고 처형되었다. 이처럼 잔혹시대는 범죄학이 출현하게 되는 배경이 되었다. 개혁운동은 고전주의 범죄학으로 불리기도 한다. 고전주의 범죄학은 계몽주의의 한 유형으로 18세기 후반에 형성되었다. 베카리아와 벤담이 주장한 고전주의 범죄학에서는 범죄행위를 억제할 수 있을 공정하고 합리적인 대응이 강조되었다. 그들은 범죄억제는 처벌의 상대적 확실성, 신속성, 엄격성을 통해 성취될 수 있다고 주장하였다. 범죄학자들 대부분은 고전주의 범죄학은 이론적 사상보다는 형사사법에서의 인도주의적 개혁에 기여했다는 것을 강조한다. 이 학파의 정책은 형벌의 가혹성을 실질적으로 감소시켰으며, 피고인의 권리와 보호를 위한 조치를 가능하게 하여 현재의 서유럽 형사사법의 기초가 되었다. 또한 서유럽 형법 및 150년 이상 잉글랜드와 미국에서 지배적인 경찰활동인 필의 원칙(Peelian principle)의 이론적 토대가 되었다. 억제이론은 미국에서는 지난 2세기 동안 형사사법의 이론적 토대였으나, 지난 100년 동안 실증주의 범죄학으로 인해 다소 소홀히 다루어졌다. 20세기 후반에 와서야 억제이론의 주장에 대한 재고찰과 경험적 검증이 시도되었다. 이러한 관점이 오랫동안 과학적 조사의 대상으로 고려되지 못한 것은 이념적 요소에 기인한다. 억제관념은 처벌에 혐오감을 느끼는 사람에 대항하여 범죄에 대한 처벌적 대응에 적합하기 때문이다. 그러나 보수적인 정치적 상황으로 인한 1970년대 재활주의의 약화는 억제에 대한 연구를 증가시켰다.

억제이론은 행위의 범죄적/비-범죄적 과정에서 합리적 의사결정에 영향을 미치는 주요 요인으로 처벌의 확실성, 신속성, 엄중성을 제시한다. 새로운 개념적 관심의 영향으로 이러한 중심적 주장은 억제효과의 연속적인 범위를 구체화하는 것으로 확대되었다. 어떤 시각은 범죄를 억제하는 요인으로 처벌의 인지적 요인과 객관적 요인으로 구분하고, 전자를 더 강조하기도 하였다. 또한 일반억제와 특별억제를 구분하고, 일반억제는 처벌받은 사람보다는 일반인의 의사결정에 영향을 미치는 과정으로 보고, 특별억제는 처벌받은 사람의 행동을 교정하는 의도라고 보았다. 억제정도는 인지 가능한 것으로 받아들여진다. 절대적 억제는 처벌의 두려움으로 범죄적 행위를 절대 하지 않는 것으로서 하나의 극단을 차지한다. 이에 비해 제한된/주변적 억제는 자제의 부족으로 범죄행위의 변형을 의미한다. 마지막으로, 비공식적 제재와 다른 비-법률적 요인들의 역할에 관심이 증가하였으며, 이러한 요인들은 법률적 요인보다 잠재적 억제과정에 중요한 것으로 인정되고 있다. 억제에 대한 현대의 관점은 실제적으로 범죄를 이해하기 위한 광의의 합리적 선택관점에 속한다. 때때로 처벌위협이 범죄행위를 억제하지만, 이러한 효과는 개인이나 범죄유형에 따라 다양하게 나타난다. 실제로 개인적 억제가능성은 연속성의 측면으로 개념화되었다. 어떤 사람은 잠재적으로 억제될 수 있기 때문에 제재는 좋은 수단이 될 수 있다. 하지만 다른 어떤 사람은 구제불능(억제되지 않음)일 수 있다. 철저한 준수자는 준수를 위한 제재위협이 필요하지 않다. 억제가능한 범죄유형은 더 합리적이고, 도구적(목적을 추구하는)이며, 비폭력적이고, 자연적으로 금지된 해악이고, 공공장소에서 저질러지는 행위일 것이다. 이 장에서 살펴본 잠재적으로 억제 가능한 위반행위에 대한 이전의 연구에는 교수들의 주차규정위반이나 대학생의 부정행위 등이 포함되었다. 다른 한편에서는 아내폭행의 혼재된 증거들이 발견되었으나, 대체적으로 억제이론의 주장과 부합하는 것으로 나타났다. 사형제도의 효과에 대한 대부분의 연구들은 일반적 억제효과를 발견하는 데 실패하였다. 억제가능성이 높은 개인들은 생활에서 범죄를 적게 저지른 사람, 비-전문적 범죄자, 취업기회 등에서 더 많은 손실 가능성이 있다고 생각하는 사람들이다. 또한 인성이나 인구학적 요인들의 대부분은 억제효과에 관련되어 있는 것으로 나타났다.

합리적 선택이론은 억제이론보다는 더 많은 영역을 포함한다. 그러나 합리적 선택관점은 전통적 측면에서 범죄행위만을 설명하는 이론은 아니다. 예를 들어, 일상활동이론이나 생활양식이론은 피해양상을 설명하기 위한 분석이라고 할 수 있다. 이 이론들은 피해를 동일한 시간과 공간에 동기화된 범죄자, 적합한 대상, 적절한 보호의 부재현상 등의 결과로 개념화하였다. 그러나 최근 연구들은 범행의 측면에서 일상적 생활양식의 효과를 분석하기도 한다. 범죄가 선택의 산물인가에 대한 논의와 함께 만일 그렇다면 그러한 선택은 어떻게 이루어지는가에 대한 논의는 범죄학에서 중요한 논쟁대상이다. 범죄사건 대부분은 전혀 합리적 선택으로 보이지 않으며, 범죄인들은 준법적 시민들과는 다르게 의사결정을 하는 것처럼 보인다. 다음의 3장에서 살펴볼 실증주의 이론들은 이러한 합리적 선택접근과는 상당히 다른 모습을 보여준다.

## 주요 용어 및 개념

유용한 보호의 부재(Absence of Capable Guardians)
절대적 억제(Absolute Deterrence)
완전한 준수자(Acute Conformists)
반-재활주의 운동(Anti-Rehabilitation Movement)
반발효과(Backlash Effect)
기준율 오류(Base Rate Fallacy)
피의 보복(Blood Feuding)
제한된 합리성(Bounded Rationality)
잔혹효과(Brutalization Effect)
확실성, 엄중성, 신속성(Certainty, Severity, and Celerity)
고전학파 범죄학(Classical Criminology)
범죄 대체(Crime Displacement)
범죄 삼각형(Crime Triangle)
범죄원인론(Criminologenic)
억제가능(Deterrable)
억제이론(Deterrence Theory)
수치심(Embarrassment)
계몽주의(Enlightenment)
표출적 범죄(Expressive Crimes)
자유의지(Free Will)
일반적 억제(General Deterrence)
쾌락주의(Hedonistic)
종교재판(Holy Inquisition)
개선불능의(Incorrigible)
도구적 범죄(Instrumental Crimes)
정의 모형(Justice Model)
런던대도시경찰법(London Metropolitan police Act)
해악 그 자체(Mala in Se)
금지된 해악(Mala Prohibita)
주변적(제한적) 억제(Marginal (Restrictive) Deterrence)
미니아폴리스 가정폭력실험(Minneapolis Domestic Violence Experiment)
동기적 범죄자(Motivated Offenders)
규범적 타당성(Normative Validation)
객관적 처벌양상(Objective Punishment Properties)

원형교도소(Panopticon)
처벌의 인지(Perceptions of Punishment)
실증주의 범죄학(Positive Crimonology)
고전주의 이전의 범죄학(Preclassical Criminology)
사지절단형(Quartering)
합리적(Rational)
합리적 선택(Rational Choice)
일상활동이론(Routine Activities Theory)
부끄러움(Shaming)
특수적(특별적) 억제(Specific (Special) Deterrence)
적합한 대상(Suitable Targets)
대상강화(Target Hardening)
호랑이 퇴치오류(Tiger Prevention Fallacy)
공리주의(Utilitarianism)
피해자학(Victimology)
본능적 상태(Visceral States)
감시자 조사(Warden's Survey)

## 주요 범죄학자들

케세라 베카리아(Cesare Beccaria)
로렌스 코헨(Lawrence Cohen)
로버트 마틴슨(Robert Martinson)
로버트 필 경(Sir Robert Peel)
그레그 포가스키(Greg Pogarsky)
살레스 티틀(Charles Tittle)
제레미 벤담(Jeremy Bentham)
마커스 펄슨(Marcus Felson)
레이몬드 페터노스터(Raymond Paternoster)
알렉스 피규에로(Alex Piquero)
사뮤엘 로밀리 경(Sir Samuel Romilly)

## 판례

Furman v. Georgia, 428 U.S. 238(1972).

## 토론 질문

1. 규문주의와 고전학파 이전의 범죄학간의 연관성에 대하여 설명하라.
2. 케세라 베카리아에 의하여 제시된 처벌의 3원칙에 대하여 서술하라.
3. 필(Peel)의 개혁운동에서 어떻게 고전학파 범죄학의 원칙을 도입하였는지 살펴보라. 또한 그러한 사상들이 경찰활동에 어떠한 영향을 끼쳤는지 파악하라.
4. 일반적 억제와 특수적 억제를 구분하고, 각각의 사례를 제시하라.
5. 어떠한 범죄유형이 더 또는 덜 억제되는가? 그 이유는 무엇인가?
6. 각자 억제했던 범죄는 무엇인가? 억제하지 못했던 범죄는 무엇인가?
7. 부끄러움과 수치심에 대한 두려움은 자신의 잘못된 행동을 예방하였는가?
8. 범죄삼각형은 무엇인가? 각각의 사례를 제시하라.
9. 범죄행동에 대하여 '어리석음' 또는 '교활함'으로 정형화하는 것은 좀 더 정확한 것인가? 억제이론에 관한 각자의 대답이 지닌 함의는 무엇인가?

## 참고문헌


Amnesty International, "Facts and Figures on the Death Penalty," http://www.amnesty.org

Andenaes, J. (1968). "Does Punishment Deter Crime?" *Criminal Law Quarterly*, 11:76–93.

Andenaes, J. (1966). "The General Preventive Effects of Punishment." *University of Pennsylvania Law Review*, 114:949–983.

Andenaes, J. (1952). "General Prevention–Illusion or Reality?" *Journal of Criminal Law, Criminology, and Police Science*, 43:176–198.

Anderson, L.S., T.G. Chiricos & G.P. Waldo (1977). "Formal and Informal Sanctions: A Comparison of Deterrent Effects." *Social Problems*, 25:105–115.

Applegate, B.K., F.T. Cullen, B.G. Link, P.J. Richards & L. Lanza–Kaduce (1996). "Determinants of Public Punitiveness Toward Drunk Driving: A Factorial Survey Approach." *Justice Quarterly*, 13:57–79.

Bailey, W.C. (1998). "Deterrence, Brutalization and the Death Penalty: Another Examination of Oklahoma's Return to Capital Punishment." *Criminology*, 36:711–733.

Bailey, W.C. (1966). "Correctional Outcome: An Evaluation of 100 Reports." Journal of

*Criminal Law, Criminology, and Police Science*, 57:153-160.

Bailey, W.C. & R.D Peterson (1999). "Capital Punishment, Homicide, and Deterrence: An Assessment of the Evidence." In M.D. Smith & M.A. Zahn (eds.) *Studying and Preventing Homicide*. Thousand Oaks, CA: Sage.

Barnes, H.E. & N.K. Teeters (1951). *New Horizons in Criminology*, Second Edition. New York, NY: Prentice-Hall.

Beccaria, C. (1764/1963). *On Crimes and Punishments*, trans. H. Paolucci. Indianapolis, IN: Bobbs-Merrill.

Becker, G. (1968). "Crime and Punishment: An Economic Approach." *Journal of Political Economy*, 76:493-517.

Bedau, H.A. (1997). *The Death Penalty in America: Current Controversies*. New York, NY: Oxford University Press.

Belknap, J. & K.D. McCall (1994). "Woman Battering and Police Referrals." *Journal of Criminal Justice*, 22:223-236.

Bentham, J. (1789/1973). *Political Thought*. New York, NY: Barnes and Noble.

Berk, R.A., A. Campbell, R. Klap & B. Western (1992). "A Bayesian Analysis of the Colorado Springs Spouse Abuse Experiment." *Journal of Criminal Law and Criminology*, 83:170-200.

Bernasco, W. & R. Block (2009). "Where Offenders Choose to Attack: A Discrete Choice Model of Robberies in Chicago." *Criminology*, 47: 93-130.

Bernburg, J.G. & T. Thorlindsson (2001). "Routine Activities in Social Context: A Closer look at the Role of Opportunity in Deviant Behavior." *Justice Quarterly*, 18:543-567.

Bien, D.D. (1960). *The Calais Affair*. Princeton, NJ: Princeton University Press.

Bishop, D.M. (1984). "Legal and Extralegal Barriers to Delinquency: A Panel Analysis." *Criminology*, 22:403-419.

Blackwell, B.S., H.G. Grasmick & J.K. Cochran (1994). "Racial Differences in Perceived Sanction Threat: Static and Dynamic Hypotheses." *Journal of Research in Crime and Delinquency*, 31:210-224.

Blumstein. A. (1998). "U.S. Criminal Justice Conundrum: Rising Prison Populations and Stable Crime Rates." *Crime & Delinquency*, 44:127-135.

Bouffard, J.A. (2002). "The Influence of Emotion on Rational Decision Making in Sexual

Aggression." *Journal of Criminal Justice*, 30:121–134

Bowers, W.J. (1988). "The Effect of Executions is Brutalization, Not Deterrence." In K.C. Haas & J.A. Inciardi (eds.) *Capital Punishment: Legal and Social Science Approaches*. Newbury Park, CA: Sage Publications.

Braithwaite, J. (1989). *Crime, Shame and Reintegration*. Cambridge, UK: Cambridge niversity Press.

Brown, D.W. (1978). "Arrest Rates and Crime Rates: When Does a Tipping Effect Occur?" *Social Forces*, 57:671–681.

Brown, S.E. (1990). "Police Responses to Wife Beating: Five Years Later." *Journal of Criminal Justice*, 18:459–462.

Brown, S.E. (1984). "Police Responses to Wife Beating: Neglect of a Crime of Violence." *Journal of Criminal Justice*, 12:277–288.

Brown, S.E. (1981). "Deterrence and the Tipping Effect." *Southern Journal of Criminal Justice*, 6:7–15.

Butler, D. & A. Ray (2000). *The World's Dumbest Criminals*. Rutledge Hill Press.

Buzawa, E.S. & A.D. Buzawa (2008). "Courting Domestic Violence Victims: A Tale of Two Cities." *Criminology & Public Policy*, 7:671–685.

Byers, B.D. & B.W. Crider (2002). "Hate Crimes against the Amish: A Qualitative Analysis of Bias Motivation Using Routine Activities Theory." *Deviant Behavior*, 23:115–148.

Carmichael, S., L. Langton, G. Pendell, J.D. Reitzel & A.R. Piquero (2005). "Do the Experiential and Deterrent Effect Operate Differently Across Gender?". *Journal of Criminal Justice*, 33:267–276.

Chambliss, W.J. (1967). "Types of Deviance and the Effectiveness of Legal Sanctions." *Wisconsin Law Review*, 1967:703–719.

Chambliss, W.J. (1966). "The Deterrent Influence of Punishment." *Crime & Delinquency*, 12:70–75.

Chesney-Lind, M. (2002). "Criminalizing Victimization: The Unintended Consequences of Pro-arrest Policies for Girls and Women." *Criminology & Public Policy*, 1:81–90.

Cohen, A.K. & M. Felson (1979). "Social Change and Crime Rates: A Routine Activities Approach." *American Sociological Review*, 44:214–241.

Choi, A. & J.L Edelson (1995). "Advocating Legal Intervention in Wife Assaults: Results from a National Survey of Singapore." *Journal of International Violence*, 10:243-258.

Cochran, J.K. & M.B. Chamelin (2000). "Deterrence and Brutalization: The Dual Effects of Executions," *Justice Quarterly*, 17:685-706.

Cochran, J.K., M.B. Chamelin & S. Mark (1994). "Deterrence or Brutalization? An Impact Assessment of Oklahoma's return to Capital Punishment." *Criminology*, 32:107-134.

Cochran, J.K., M.B. Chamelin, P.B. Wood & C.S. Sellers (1999). "Shame, Embarrassment, and Formal Sanction Threats: Extending the Deterrence/Rational Choice Model to Academic Dishonesty." *Sociological Inquiry*, 69:91-105.

Copes, H. & L.M. Vieraitis (2009). "Bounded Rationality of Identity Thieves: Using Offender-Based Research to Inform Policy." *Criminology and Public Policy*, 8: 237-262.

Critchley, T.A. (1972). *A History of Police in England and Wales*. Montclair, NJ: Patterson Smith.

Dalla, R.L. (2002). "Night Moves: A Qualitative Investigation of Street-Level Sex Work." *Psychology of Women Quarterly*, 26(1):63-74.

Davis, R.C., C.S. O'Sullivan, D.J. Farole & M. Rempel (2008) "A Comparison of Two Prosecution Policies in Cases of Intimate Partner Violence: Mandatory Case Filing Versus Following the Victim's Lead." *Criminology & Public Policy*, :633-662.

de Haan, W. & J. Vos (2003). "A Crying Shame: The Over-Rationalized Conception of Man in The Rational Choice Perspective." *Theoretical Criminology*, 7:29-54.

Dixon, J. (2008). "Mandatory Domestic Violence Arrest and Prosecution Policies: Recidivism and Social Governance." *Criminology & Public Policy*, 7:663-670.

Dunford, F.W. (1992). "The Measurement of Recidivism in Cases of Spouse Assault." *Journal of Criminal Law and Criminology*, 83:120-136.

Ehrlich, I. (1975). "The Deterrent Effect of Capital Punishment: A Question of Life and Death." *American Economic Review*, 65:397-417.

Exum, M.L. (2002). "The Application and Robustness of the Rational Choice Perspective in the Study of Intoxicated and Angry Intentions to Aggress." *Criminology*, 40:933-966.

Felson, M. (2002). *Crime & Everyday Life*, Third Edition. Thousand Oaks, CA: Sage.

Felson, M. (1998). *Crime & Everyday Life*, Second Edition. Thousand Oaks, CA: Pine Forge Press.

Felson, M. (1994). *Crime and Everyday Life: Insights and Implications for Society*. Thousand Oaks, CA: Pine Forge Press.

Felson, R.B., J.M. Ackerman & C.A. Gallagher (2005). " Police Intervention and the Repeat of Domestic Assault." *Criminology* 43:563–584.

Felson, R.B., E.P. Baumer & S.F. Messner (2000). "Acquaintance Robbery." *Journal of Research in Crime & Delinquency*, 37:284–305.

Felson, R.B. & K.B. Burchfield (2004). "Alcohol and the Risk of Physical and Sexual Assault Victimization." *Criminology*, 42:837–859

Ferri, E. (1901/1968). "Three Lectures Given at the University of Naples, Italy–April 22, 23, and 24, 1901." In S. Grupp, *The Positive School of Criminology*. Pittsburgh, PA: University of Pittsburgh Press.

Finken, L.L., J.E. Jacobs & K.D. Laguna (1998). "Risky Drinking and Driving/Riding Decisions: The Role of Previous Experience." *Journal of Youth and Adolescence*, 27:493–512.

Fisher, B.S., J.J. Sloan, F.T. Cullen & L. Chunmeng (1998). "Crime in the Ivory Tower: The Level and Sources of Student Victimization." *Criminology*, 36:671–710.

Geerken, M. & W.R. Gove (1977). "Deterrence, Overload and Incapacitation: An Empirical Evaluation." *Social Forces*, 56:424–427.

Geis, G. & I. Bunn (1997). *A Trial of Witches: A Seventeenth-Century Witchcraft Prosecution*. London: Routledge.

Geis, G. & I. Bunn (1981). "Sir Thomas Browne and Witchcraft: A Cautionary Tale for Contemporary Law and Psychiatry." *International Journal of Law and Psychiatry*, 4:1–11.

Geis, G. (1972). "Jeremy Bentham." In H. Mannheim (ed.) *Pioneers in Criminology*. Montclair, NJ: Patterson Smith.

Gibbs, J.P. (1989). *Control: Sociology's Central Notion*. Champaign, IL: University of Illinois Press.

Gibbs, J.P. (1975). *Crime, Punishment, and Deterrence*. New York, NY: Elsevier.

Gibbs, J.P. (1968). "Crime, Punishment, and Deterrence." *Southwestern Social Science*

*Quarterly*, 48:515–530.

Gibson, C.L., D. Khey & C.J. Schreck (2008). "Gender, Internal Controls, and Academic Dishonesty: Investigating Mediating and Differential Effects." *Journal of Criminal Justice Education*, 19: 2–18.

Grasmick, H.G., B.S. Blackwell & R.J. Bursik, Jr. (1993). "Changes in Sex Patterning of Perceived Threats of Sanctions." *Law and Society Review*, 27:679–705.

Grasmick, H.G. & R.J. Bursik, Jr. (1990). "Conscience, Significant Others, and Rational

Choice: Extending the Deterrence Model." *Law and Society Review*, 24:837–861.

Grasmick, H.G. & E. Kobayashi (2002). "Workplace Deviance in Japan: Applying an Extended Model of Deterrence." *Deviant Behavior*, 23:21–43.

Gregory, L. (2002). *The Stupid Crook Book*. Andrews McMeel Publishing.

Griffiths, J. (1970). "The Limits of Criminal Law Scholarship." *Yale Law Journal*, 79:1388–1474.

Guerette, R.T., V.M.K. Stenius & J.M. McGloin (2004). "Understanding Offense Specialization and Versatility: A Reapplication of the Rational Choice Perspective." *Journal of Criminal Justice*, 33:77–87.

Gustavo, M.S. (2000). "Perception of Risk, Lifestyle Activities, and Fear of Crime." *Deviant Behavior*, 21:47–62.

Hay, C. (1998). "Parental Sanctions and Delinquent Behavior: Toward Clarification of Braithwaite's Theory of Reintegrative Shaming." *Theoretical Criminology*, 2:419–443.

Hagan, F. (1982). *Research Methods in Criminal Justice and Criminology*. New York, NY: Macmillan.

Hagan, J., J.H. Simpson & A.R. Gillis (1979). "The Sexual Stratification of Social Control." *British Journal of Sociology*, 30:25–38.

Heath, J. (1982). *Torture and English Law: An Administrative History*. Westport, CT: Greenwood.

Henson, V. & W.E. Stone (1999). "Campus Crime: A Victimization Study." *Journal of Criminal Justice*, 27:295–307.

Hilton, N.Z. (1993). "Police Intervention and Public Opinion." In N.Z. Hilton (ed.) *Legal Responses to Wife Assaults*, pp. 37–61. Newbury Park, CA: Sage Publications.

Hobbes, T. (1651/1962). *Leviathan*. London, UK: Collier-MacMillan.

Holland, J.J. (2000). "'Intimate Partner' Attacks on Decline." Associated Press, *Johnson City Press*, May 18

Hood, R.G. (1971). "Research on the Effectiveness of Punishments and Treatments." In L. Radzinowicz & M.E. Wolfgang (eds.) *Crimes and Justice*, Vol. 3. New York, NY: Basic Books.

Johnson, G. (2000). "Repeal: New Hampshire Votes to Abolish Death Penalty." Associated Press: *Johnson City Press*, May 19.

Johnson, H.A. (2003). *History of Criminal Justice*, Third Edition. Cincinnati, OH: Anderson Publishing Co.

Kassebaum, G., D.A. Ward & D.M. Wilner (1971). *Prison Treatment and Parole Survival: An Empirical Assessment*. New York, NY: John Wiley and Sons.

Kleck, G., B. Sever, S. Li & M. Gertz (2005). "The Missing Link in General Deterrence Research." *Criminology*, 43:623-659.

Kramer, H. & J. Sprenger (1486/1928). *Malleus Maleficarum*. London, UK: John Rodker.

Kruttschnitt, C. (2008). "Editorial Introduction: The Effect of 'No-Drop' Prosecution Policies on Perpetrators of Intimate Partner Violence." *Criminology & Public Policy*, 629-632.

Labriola, M., M. Rempel & R.C. Davis (2008). "Do Batterer Programs Reduce Recidivism? Results from a Randomized Trial in the Bronx." *Justice Quarterly*, 25:252-282.

Lacroix, P. (1963). *France in the Middle Ages*. New York, NY: Frederick Ungar.

LaFree, G., L. Dugan & R. Korte (2009). "The Impact of British Counterterrorist Strategies on Political Violence in Northern Ireland: Comparing Deterrence and Backlash Models." *Criminology*, 47:17-46.

Langbein, J. (1977). *Torture and the Law of Proof*. Chicago, IL: University of Chicago Press.

Lea, H.C. (1887/1955). *A History of the Inquisition of the Middle Ages*. New York, NY: Russell Sage Foundation.

Lea, H.C. (1866/1973). *Torture*. Philadelphia, PA: University of Pennsylvania Press.

Loewenstein, G., D. Nagin & R. Paternoster (1997). "The Effect of Sexual Arousal on Expectations of Sexual Forcefulness." *Journal of Research in Crime and Delinquency*, 34(4):443-473.

Lyman, J.L. (1964). "The Metropolitan Police Act of 1829." *Journal of Criminal Law, Criminology and Police Science*, 55:141–154.

Maestro, M. (1973). *Cesare Beccaria and the Origins of Penal Reform*. Philadelphia, PA: Temple University Press.

Martinson, R. (1974). "What Works?–Questions and Answers about Prison Reform." *Public Interest*, 35:22–54.

Matsueda, R.L., D. Huizinga & D.A. Kreager (2006). "Deterring Delinquents: A Rational Choice Model of Theft and Violence." *American Sociological Review*, 71:95–122

Maxwell, C.D., J.H. Garner & J.A. Fagan (2002). "The Preventive Effects of Arrest on Intimate Partner Violence: Research, Policy and Theory." *Criminology & Public Policy*, 1:51–80.

Meloy, M.L. (2005). "The Sex Offender Next Door: An Analysis of Recidivism, Risk Factors, and Deterrence of Sex Offenders on Probation." *Criminal Justice Policy Review*, 16:211–236.

Mendes, S.M. (2004). "Certainty, Severity, and Their Relative Deterrent Effects: Questioning the Implications of the Role of Risk in Criminal Deterrence Policy." *Tennessee Electronic Library* 1–15.

Miller, J.L. & A.B. Anderson (1986). "Updating the Deterrence Doctrine." *Journal of Criminal Law and Criminology*, 77:418–438.

Monachesi, E. (1972). "Cesare Beccaria." In H. Mannheim (ed.) *Pioneers in Criminology*. Montclair, NJ: Patterson Smith.

Montesquieu, C.L. (1748/1900). *The Spirit of the Laws*. New York, NY: Appleton.

Morris, N. (1973). "Foreword." In M. Maestro, *Cesare Beccaria and The Origins of Penal Reform*. Philadelphia, PA: Temple University Press.

Mustaine, E. E. & R. Tewksbury (1999). "Assessing the Likelihood of Drunk Driving: Gender, Context and Lifestyle." *Journal of Crime and Justice*, 22:57–93.

Mustaine, E.E. & R. Tewksbury (1998). "Predicting Risks of Larceny Theft Victimization: A Routine Activity Analysis Using Refined Lifestyle Measures." *Criminology*, 36:829–858.

Nagin, D.S. & G. Pogarsky (2003). "An Experimental Investigation of Deterrence: Cheating, Self-Serving Bias, and Impulsivity." *Criminology*, 41:167–194.

Narayanan, G. (2005). "Theorizing Police Response to Domestic Violence in the Singaporean

Context: Police Subculture Revisited." *Journal of Criminal Justice*, 33:429–439.

Newman, G. (1983). *Just and Painful. A Case for the Corporal Punishment of Criminals.* New York, NY: Macmillan Publishing Company.

Newman, G. (1978). *The Punishment Response.* Philadelphia, PA: J.B. Lippincott.

Paternoster, R. & L. Iovanni (1986). "The Deterrent Effect of Perceived Severity: A Reexamination." *Social Forces*, 64:751–777.

Paterson, E.J. (1979). "How the Legal System Responds to Battered Women." In *Battered Women*, D.M. Moore (ed.), pp. 79–99. Thousands Oaks, CA: Sage.

Phillipson, C. (1923/1970). *Three Criminal Law Reformers.* Montclair, NJ: Patterson Smith.

Piliavin, I., R. Gartner, C. Thornton & R.L. Matsueda (1986). "Crime, Deterrence, and Rational Choice." *American Sociological Review*, 51:101–119.

Piquero, A. & S.G. Tibbetts (1996). "Specifying the Direct and Indirect Effects of Low Self–Control and Situational Factors in Decision–Making: Toward a More Complete Model of Rational Offending." *Justice Quarterly*, 13:481–510.

Pogarsky, G. (2002). "Identifying 'Deterrable' Offenders: Implications for Research on Deterrence." *Justice Quarterly*, 431–452.

Pogarsky, G. & A.R. Piquero (2004). "Studying the Reach of Deterrence: Can Deterrence Theory Help Explain Police Misconduct?" *Journal of Criminal Justice*, 32:371–386.

Pratt, T. (2008) "Rational Choice Theory, Crime Control Policy, and Criminological Relevance." *Criminology & Public Policy*,7:42–52.

Radelet, M.L. & R.L. Akers (1996). "Deterrence and the Death Penalty: The View of the Experts." *Journal of Criminal Law & Criminology*, 87:1–16.

Reckless, W.C. (1967). *The Crime Problem*, Fourth Edition. New York, NY: Appleton–Century–Crofts.

Redmon, D. (2002). "Testing Informal Social Control Theory: Examining Lewd Behavior during Mardi Gras." *Deviant Behavior*, 23:363–384.

Reppetto, T.C. (1976). "Crime Prevention and the Displacement Phenomenon." *Crime & Delinquency*, 22:166–177.

Rousseau, J. (1762/1948). *The Social Contract.* London, UK: Oxford University Press.

Sasse, S. (2005). "'Motivation' and Routine Activities Theory." *Deviant Behavior*, 26:547–570.

Schafer, S. (1976). *Introduction to Criminology.* Reston, VA: Reston.

Scheff, T.J. (1988). "Shame and Conformity: The Deference-Emotion System." *American Sociological Review*, 53:395-406.

Scheider, M.C. (2001). "Deterrence and the Base Rate Fallacy: An Examination of Perceived Certainty." *Justice Quarterly*, 18:63-86.

Schwartz, M.D., W.S. DeKeseredy, D. Tait & S. Alvi (2001). "Male Peer Support and a Feminist Routine Activities Theory: Understanding Sexual Assault on the College Campus." *Justice Quarterly*, 18:623-649.

Scott, G.R. (1938/1959). *The History of Corporal Punishment.* London, UK: Torchstream.

Sellin, T. (1952). "Murder and the Death Penalty." *Annals of the American Academy of Political and Social Science*, 284:1-166.

Sherley, A.J. (2005). "Contextualizing the Sexual Assault Event: Images from Police Files." *Deviant Behavior*, 26:87-108.

Sherman, L.W. & R.A. Berk (1984). "The Specific Deterrent Effects of Arrest for Domestic Assault." *American Sociological Review*, 49:261-272.

Sherman, L.W., J.D. Schmidt, D.P. Rogan, D.A. Smith, P.R. Gartin, E.G. Cohn, D.J. Collins & A.R. Bacich (1992). "The Variable Effects of Arrest on Criminal Careers: The Milwaukee Domestic Violence Experiment." *Journal of Criminal Law and Criminology*, 83:170-200.

Silberman, M. (1976). "Toward a Theory of Criminal Deterrence." *American Sociological Review*, 41:442-461.

Spano, R., J.D. Freilich & J. Bolland (2008). "Gang Membership, Gun Carrying, and Employment: Applying Routine Activities Theory to Explain Violent Victimization Among Inner City, Minority Youth Living in Extreme Poverty." *Justice Quarterly*, 25:381-410.

Spohn, C. & D. Holleran (2002). "The Effect of Imprisonment on Recidivism Rates of Felony Offenders: A Focus on Drug Offenders." *Criminology*, 40:329-358.

Stack, S. (1998). "The Effect of Publicized Executions on Homicides in California." *Journal of Crime and Justice*, 21:1-16.

Stalans, L.J. (1996). "Family Harmony of Individual Protection? Public Recommendations About How Police Can Handle Domestic Violence Situations." *American Behavior Scientist*, 39:433-448.

Sugarman, D. & S. Boney-McCoy (2000). "Research Synthesis in Family Violence: The Art of Reviewing the Research." *Journal of Aggression, Maltreatment & Trauma*, 4:55-82.

Sutherland, E.H. (1925). "Murder and the Death Penalty." *Journal of Criminal Law and Criminology*, 15:522-529.

Tibbetts, S.G. & D.C. Herz (1996). "Gender Differences in Factors of Social Control and Rational Choice." *Deviant Behavior*, 17:183-208.

Tibbetts, S.G. & D.L. Myers (1999). "Low Self-Control, Rational Choice, and Student Test Cheating." *American Journal of Criminal Justice*, 23:179-200.

Tittle, C.R. (1980). *Sanctions and Social Deviance: The Question of Deterrence*. New York, NY: Praeger.

Tittle, C.R. (1969). "Crime Rates and Legal Sanctions." *Social Problems*, 16:408-423.

Tittle, C.R. & A.R. Rowe (1974). "Certainty of Arrest and Crime Rates: A Further Test of the Deterrence Hypothesis." *Social Forces*, 52:455-462.

Tittle, C.R. & A.R. Rowe (1973). "Moral Appeal, Sanction Threat, and Deviance: An Experimental Test." *Social Problems*, 20:488-498.

Tunnell, K.D. (1992). *Choosing Crime: The Criminal Calculus of Property Offenders*. Chicago, IL: Nelson-Hall.

Vollmer, A. (1936). *The Police and Modern Society*. College Park, MD: McGrath.

Walker, L. (1979). *The Battered Woman*. New York, NY: Harper and Row.

Wilkins, L.T. (1969). *Evaluation of Penal Measures*. New York, NY: Random House.

Williams, F.P., III (1985). "Deterrence and Social Control: Rethinking the Relationship." *Journal of Criminal Justice*, 13:141-151.

Wilson, O.W. & R.C. McLaren (1972). *Police Administration*, Third Edition. New York, NY: McGraw-Hill.

Wright, B.R.E., A. Caspi, T.E. Moffitt & R. Paternoster (2004). "Does the Perceived Risk of Punishment Deter Criminally Prone Individuals? Rational Choice, Self-Control, and Crime." *Journal of Research in Crime and Delinquency*, 41:180-213.

Zimring, F.E. & G.J. Hawkins (1973). *Deterrence: The Legal Threat in Crime Control*. Chicago, IL: University of Chicago Press.

C/H/A/P/T/E/R 06

# 범죄에 대한 개인중심 이론: 생물학적, 심리학적 관점

## 학습 목표

제6장을 읽은 후, 당신은 다음의 내용을 수행할 수 있어야 한다.

- 고전주의에서 실증주의로의 변화에 대해 논하시오.
- 실증주의 범죄학과 관련된 여래 개념에 대해 논하시오.
- 초기 생물학적 이론의 한계와 전형적인 사례에 대해 논하시오.
- 반사회적 행위에 대한 현대의 네 가지 사회생물학적 사례를 설명하시오.
- 범죄 및 반사회적 행동과 관련된 사회생물학적 요소와 환경에 대해 논하시오.

이전 장에서는 이탈리아 개혁가, 베카리아(Cesare Beccaria)에 강한 영향을 받은 고전주의 범죄학을 중심으로 서술하였다. 고전주의 이론은 계몽주의의 번성과 더불어 절대적 왕권과 교회에 대한 반발로서 나타난 서양 세계의 혁명적 환경 속에서 나타났다고 할 수 있다. 범죄에 대한 최초의 자연스러운 설명이었기 때문에 쿤(Thomas Kuhn 1970)이 언급한 패러다임 혁명 (paradigm revolution)으로 표현될 수 있었다. 고전주의 이론은 범죄현상의 설명을 위해서 범죄의 이론적 방향 측면에서 또한 특히 근본적인 인간에 대한 가정에서의 급진적 변화였다고 할 수 있다. 이러한 합리적 선택 또는 자유의지는 또 다른 패러다임 혁명이 일어나기 전에 거의 한 세기동안에 가장 지배적인 범죄학적 이론이었다. 이 장에서는 고전주의에서 실증주의로의 패러다임 변화를 위한 사회적 환경을 검토하는 것으로 부터 시작하기로 한다.

19세기 후반에 눈부신 과학적 발전은 실증주의 범죄학의 출현에 비옥한 근거를 제공하였다. 다윈(Charles Darwin)의 종의 기원(1859)과 인간의 유래(1871)는 지적인 분위기를 마련하였다. 다윈설 또는 진화론이 나타난 시기의 전후 맥락 역시 아무리 과장해도 지나치지 않다. 특히 당시 시대적 상황은 과학이 다양한 인간의 문제들과 많은 인간의 의문점에 대한 해답을 제시해 줄 수 있을 것이라는 점에 대해서 매우 낙관적이었다. 다윈의 저서들은 매우 광범위하게 읽혀졌으며 새롭게 나타나는 과학주의의 표본이었다고 할 수 있다. 결과적으로 범죄학자들이 과학 쪽으로 이동하였던 점 그리고 초기 실증주의자들이 다윈의 이론들은 모방하였던 것은 전혀 놀라운 일이 아니었다. 일반적으로 롬브로소(Cesare Lombroso)는 근대 범죄학 혹은 실증주의적 범죄학의 아버지로서 인식되고 있으며, 그의 초기 연구에서의 가장 중요한 이론 중에 하나는 범죄자를 초기 그리고 더욱 원시적인 진화의 단계로 거슬러 올라간 것으로 간주한 격세유전이다. 생물학적 진화 측면에서 범죄를 설명하려고 했다는 점에는 롬브로소는 다윈이 과학적 연구 안에서 표현하려고 했던 생물학적 주장을 명백하게 계승했다고 할 수 있을 것이다.

새로운 패러다임으로서 실증주의로의 급격한 이동은 범죄현상 이해를 위한 틀 속에 있는 다른 어떤 이론들보다 범죄를 이해하기 위해서 더 중요하다. 초기에 실증주의는 어떤 사람들이 범죄를 저지르게 만드는 생물학적 체질 측면에서 범죄를 설명하려고 노력하였다. 후에 실증주의는 심리학적 요인들을 포함하였고, 7장과 8장에서 나타난 것처럼 궁극적으로는 20세기의 대부분 시기동안 사회학적 요인들에 의해 지배되었다. 따라서 실증주의는 많은 다른 형태를 가지고 있으며, 가끔 다른 학문적 정체성을 가지는 실증주의 학자들은 어떤 요인들이 범죄를 설명할 수 있는가에 대해서 날카롭게 대립하고 있기도 한다. 일반적으로 실증주의 학자들의 이론은 생물학적, 심리학적, 그리고 사회학적 이론으로 구분될 수 있다. 범죄학 이론들이 실증주의 범죄학적 패러다임 속에서 다양하게 구분되고 있기 때문에 이들 이론들 사이에는 어떤 공통점을 가지는가를 이해하는 것 역시 중요하다.

모든 실증주의 이론들의 공통점은 경험론과 결정론의 두 가지 개념에 주목하였다는 점이다. 첫째, 실증주의는 깨달음은 단지 관찰과 경험을 통해서만 발견될 수 있다고 간주하였다. 따라서 실증주의는 범죄학자들 역시 그들의 질문들에 대한 해답을 찾기 위해 과학적인 방법을 도입해야 한다고 주장하였다. 결과적으로 실증주의 철학은 경험적인 자료를 수집하는데 그 뿌리를 두고 있으며, 그것 때문에 범죄에 대한 관심에서 범죄자에 대한 관심으로 이동하게 되었다. 이와는 반대로 고전주의 범죄학자들은 철학자들이었다. 고전주의 범죄학자들은 범죄자와 범죄자가 아닌 자들 사이에는 어떤 차이점도 없다고 가정하였기 때문에 범죄에 대해서는 단지 탁상공론식의 이론화에만 관여해야만 했다. 단지 형사정책 시스템에서의 차이점이 그들의 중요한 관심 대상이었다. 이러한 점들은 실증주의 두 번째 원리로 연결된다. 실증주의는 인간 개인들의 차이점들은 인간의 개인적 통제 외의 요인들에 근원이 있거나 또는 이러한 인간들의 개인적 차이는 최소한 전적으로 인간의 내부적 통제에 있지 않다고 가정하고 있다. 결과적으로 범죄자들의 행위는 그들의 자유의지에 의한 선택에 의해서라기보다는 다른 것들에 의해 결정된다는 것이다. 다시 말해, 인간과 그들의 행위를 결정하는 요소들이 존재한다는 것이다. 실증주의가 범죄학에서 활기를 띠게 될 때의 관점은 범죄자는 생물학적 결함의 결과물이라는 점이었다.

모든 범죄학 이론들은 범죄를 다루기 위한 처방을 제시한다. 실증주의와 합리적 선택이론은 서론 상반된 가정들뿐만 아니라 서로 다른 정책적 주장으로 특징지어 질 수 있다. 실증주의 학자들이 인간의 자유의지를 부정하였기 때문에 범죄자의 행위를 처벌하는 것은 도덕적으로 합당하지 않으며 무익하게 되었다. 대신, 실증주의는 범죄행위의 치료를 주장하게 되었다. 이러한 의학적 모형에 따르면, 범죄의 원인들은 발견될 수 있고, 그 원인이 일단 발견된다면, 처방은 근처에 있다는 것이다. 질병과 마찬가지로, 범죄에 대해서도 원인의 발견이 치료를 위한 가장 우선적인 행위였던 것이었다. 결과적으로 억제이론가들이 범죄에 맞는 처벌에 열중할 것을 지지하였다면, 실증주의자들은 범죄자에 꼭 맞는 맞춤형 치료를 선호하였다고 할 있다.

실증주의는 20세기의 대부분의 기간 동안 미국 범죄학을 지배하였으며, 많은 정책 발달을 위한 근거를 제공하였다. 실증주의 철학은 행형학 실무에 광범위한 영향을 끼쳤고, 의학적 모형 구조 안에서 범죄학적 적용과 일치하는 현대적 교정의 도입을 이끌기도 하였다. 실증주의는 범죄자가 치료 또는 사회복귀를 위한 회복이 된 후에 범죄자 석방을 허용하는 부정기형을 제시하였다. 집행유예 또는 가석방을 포함한 지역사회교정 역시 실증주의 속에 포함된 것이었다. 가석방 위원회에 의해 사용된 행형 성적 가석방을 위한 예측 표는 언제 범죄자가 치료될 것인가 그리고 가석방 될지를 결정하는 것을 도와주는 경험적 도구였다. 교정 분야에서 시도되어 왔던 광범위한 치료 역시 범죄의 실증주의적 이론들에 근원을 두고 있다.

실증주의의 상징적인 목표는 범죄자 개인을 처벌하는 것이 아니라 도움을 주기 위한 것이었기 때문에 실증주의 철학은 합리적 선택이론의 주장보다 범죄자의 삶에 더 많은 개입을 정당화하기 위해 사용되었었다. 이러한 점은 현대 실증주의에 관련된 한 가지 걱정거리였다. 즉 사회복귀라는 이름 아래 국가 간섭의 한계에 관한 도덕적 그리고 정치적 의문을 일으켰다. 예를 들어 사회복귀를 위한 효과적인 방법에 대한 지식이 주어졌을 때 한 가지 중요한 질문은 과연 어떤 방법이 도덕적으로 가능한가이다. 집단상담(Group Counseling)? 심리요법? 약 또는 호르몬 처방? 식이요법? 교우 집단 감시? 뇌엽절리술? 거세? 그럽(Stanley Grupp 1968:8)은 40년 전에 이미 다음과 같이 언급하였다, “전문가의 잠재적인 독재에 의해 제기되는 문제점은 오늘날에도 여전히 불길하게 남아있다” 많은 범죄학자들 역시 반복적으로 이러한 문제점에 대해 경고하고 있다. [표 6.1]은 실증주의 철학과 고전적 합리적 선택 이론 사이에서의 몇 가지 차이점을 강조하고 있다.

[표 6.1] [실증주의적 패러다임과 합리적 선택적 패러다임의 비교]

| 실증주의 | 합리적 선택 |
|---|---|
| 범죄자에 초점 | 범죄에 초점 |
| 개인들 사이에 차이를 가정 | 개인 사이에 차이점이 없음을 가정 |
| 결정론적 요인을 가정 | 인간의 자유의지를 가정 |
| 생물학, 심리학, 사회학적 기원 | 철학, 특히 공리주의에 기원 |
| 생물학, 심리학 또는 사회적 환경에 비롯되는 차이점을 규명하기 위해 개별적 차원으로의 적용 | 단지 집단적 차원으로의 접근 (개별적 차이는 없음) |
| 개인에 대한 의학적 모형 (치료)의 적용을 요구 | 개인에 대한 형사사법제도 (처벌)의 적용을 요구 |

합리적 선택 이론, 즉 억제이론을 평가한다면, 패러다임으로 부터 파생된 최초의 이론으로서 18세기 후반에 출현하였다. 대략 100년 후에 실증주의에 의해 대체되었고, 20세기의 후반기 30년 동안 다시 나타나서 오늘날까지 번성하고 있다. 비슷한 운명이 생물학적 그리고 어느 정도 심리학적 실증주의에도 나타났다. 생물학적 범죄학은 1876년 롬브로소(Cesare Lombroso)가 출판한 그의 저서 '범죄인'에서 범죄를 개념화하기 위한 과정에서 처음으로 나타난 시각이라 할 수 있다. 비록 그의 저서가 1911년까지는 영어로 번역되지 않았지만, 롬브로소의 영향력은 미국을 포함한 서구세계 전체로 빠르게 스며들게 되었다(Rafter, 1992). 그는 실증주의적 이론을 비정상적인 사람의 유기적 그리고 정신적 구조의 연구로 정의 내린 범죄 인류학의 우산 아래에서 소개하였다(Lombroso-Ferrero, 1911/1972:5). 그러나 생물학적 범죄학은 1920년대와 30년대에 미국의 범죄학자들의 시각 속에서는 점차 쇠퇴하기 시작하였다. 이론의 쇠퇴를 알리는 신호는 크게 두 가지였다. 첫째, 범죄를 포함한 인간 행위의 생물학적 설명과 나치 그리고 파시스트 움직임과의 밀접한 관계는 불가분하게 생물학적 범죄학의 존재가 인종차별 주의적 이데올로기와 연관되도록 이끌었다. 극단적인 생물학적 실증주의 철학은 히틀러와 무솔리니에 의해서 지지되었고 대량학살 정책을 지지하는 정치적 분위기를 설립하는 기반으로서 사용되어졌다는 사실이 생물학적 범죄학을 거부하도록 그리고 수십 년 동안 생물학적 요인들이 범죄학에서 수용력이 없도록 내버려두게 만들었다. 이러한 논쟁은 오늘날까지도 계속되고 있다. 두 번째, 범죄학 분야의 역사 속에서 범죄학의 학문적 형태 구축에 서더랜드(Edwin Sutherland)의 중요한 역할은 반드시 인식될 필요가 있다. 그는 범죄학의 학문적 위상을 높이기 위해 그리고 생물학, 심리학, 그리고 다른 학문영역으로부터 범죄학을 분리시키기 위해 노력한 사회학자였다. 그는 이 두 가지 측면에서 모두 성공적이었다. 결과적으로 1940년대부터 20세기의

대부분의 기간 동안 범죄학은 사회학적 영향력 안에서 움직이게 되었다. 이러한 두 가지 요인들 때문에, "20세기 중반까지 범죄에 대한 생물학적 설명들은 수동적이고, 평판이 좋지 못했으며, 심지어는 금기시 되었다. 범죄에 대한 생물학적 설명들은 생각조차 하기 힘들고 언급되는 것 초차 민망한 것이었다."(Wright and Miller, 1998). 사회학적 요소들은 여전이 범죄학을 지배하고 있지만, 최근에 범죄학은 점차 학제적으로 변화하고 있다. 실제로 생물사회적 범죄학을 따르는 다양한 과정과 연구들이 광범위하게 발달하고 있다.

## 생물학적 실증주의의 역사

생물학적 실증주의의 초기 역사는 현대 생물학적 범죄이론으로 이동하기 전에 검토되었다. 생물학적 범죄학의 초기 이야기는 범죄학적 실증주의의 토대를 마련하였다고 알려진 롬보르조의 삶과 연구에 대해서 좀 더 상세하게 알아보는 것으로 시작하도록 한다.

롬브로소
(Cesare Lombroso 1835–1909)

### *롬브로소(Cesare Lombroso 1835–1909)*

롬브로소(Cesare Lombroso)는 유대인 소년에게 고등학교를 다니도록 허용한 몇몇 도시 중의 하나인 이탈리아 베로나에서 태어났다. 그는 의학 학위를 얻기 위해 1858년 파비아 대학에 들어갔다. 초기 그의 경력의 대부분은 군대내의 내과의사로서 보냈고, 이후 정신이상자 치료를 위해 몇몇 병원에서 일하였다. 1876년부터 사망할 때까지 그는 토리노 대학에서 교수로 재직하였다. 그는 그의 두 딸들(Gina와 Paola), 사위(William Ferrero) 그리고 많은 제자들의 헌신적인 추종을 받은 매우 생산적인 교수로서 편안하게 인생을 보냈다.

다시 한 번 강조하지만 롬브로소의 생물학적 실증주의는 동시대의 지적인 사상의 논리적 확장이었다. 그는 다윈의 모형을 따랐을 뿐 아니라 생물학적 구조 안에서 범죄를 고민한 다른 학자들의 초기 노력을 기반으로 만들어 졌다. 예를 들면  갈(Franz Joseph Gall 1758–1828)은 뇌에서의 기형이 범죄성향과 관련성이 있으며, 외부적으로도 확인이 가능하다는 골상학의 대중화에서 롬브로소에 앞서 활동하였으며, 두개골 분석가라는 별명을 얻기도 하였다.

롬브로소의 딸, 지나는 그의 죽음후가 그의 인생에서의 전환점이었다고 말했다. 롬브로소가 폭력 범죄자의 부검을 실시하는 동안, 그는 설치류, 새, 그리고 낮은 등급의 영장류에서 발견되는 것과 유사한 비정상적인 두개골 함몰을 발견하였다. 그의 딸은 후에 롬브로소의 이러한 발견의 효과를 다음과 같이 서술하였다.

> 두개골을 보자마자 아버지는 말했다. 불타는 하늘하래 거대한 평원에서 뚜렷하게 빛나는 것처럼, 모든 원시적인 미개함뿐만 아니라 육식동물과 같이 퇴행된 특징들이 문명화된 시기에 다시 재생산되는 범죄자들의 본질적 문제점들을 모두 한 번에 볼 수 있는 것 같다 (Lombroso- Ferreor, 1911/1972:6-7).

이러한 발견은 롬브로소의 차후의 이론적 연구의 기초를 제공하였다. 사회적 다윈 주의적 관점을 도입함으로 롬브로소는 인간은 생물학적 진화에서 다른 단계가 있음을 입증하고 있다고 주장하였다. 그가 발견한 두개골 함몰과 같은 특징들은 조금 더 원시적인 선조들의 특징을 소유하고 있는 사람들, 즉 격세유전의 특징을 가진 사람으로 간주하였다. 롬브로소는 그러한 생물학적 퇴행을 가진 사람을 생래적 범죄인으로 구분하였다. 그리고 그의 초기 연구에서 그는 모든 범죄자들은 격세 유전적 특징을 가지고 있다고 주장하였다. 하지만, 그가 사망할 시기에는 기존의 주장에서 한발 물러서, 생래적 범죄인은 모든 범죄자들 중에 약 3분의 1정도라고 말하였다. 나머지 3분의 2정도는 범죄형(Criminaloids) 또는 사소한 범죄자라고 주장하였다.

다음의 목록은 격세 유전적 범죄자를 인지하기 위해 롬브로소에 의해서 제시된 광범위한 특징의 간략한 표본이다.

- 범죄자의 두개골은 범죄자가 태어난 지역이나 국가의 평균적인 두개골 보다 더 크거나 더 작은 경향이 있다
- 현저한 앞쪽 부비강 그리고 과도한 대퇴부 근육의 발달은 영장류 그리고 육식동물에게 나타나는 공통적인 특징
- 과도하게 큰 턱과 광대뼈
- 교활하게 생긴 눈 그리고 눈에서 느낄 수 있는 어떤 감정
- 비정상적으로 크거나 작은 귀 또는 침팬지와 같은 얼굴에서 나타날 수 있는 귀의형태

[그림 6.1] 롬브로소에 의해 발견된 두개골 비정상의 비율 분포

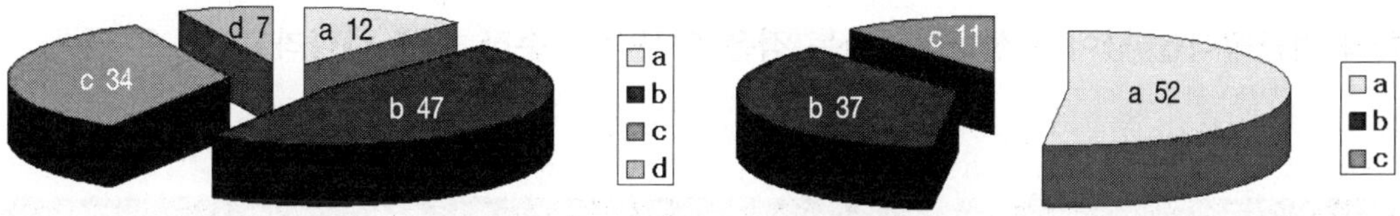


≫ 살인으로 유죄를 선고받고 형사상 처벌을 선고받은 범죄자 ≫ 이탈리아 군인

a = 두개골 이상 없음
b = 하나 또는 두 개의 두개골 이상
c = 세 개 또는 그 이상의 두개골 이상
d = 다섯 또는 그 이상의 두개골 이상

- 평평한 코는 절도범들에서 일반적이며, 새의 부리와 같이 생긴 매부리코는 살인범죄자들에게 주로 나타남
- 성폭행범죄자와 살인자들은 두껍고, 부어오른, 그리고 앞으로 돌출된 입술을 가질 가능성이 높고, 사기꾼의 경우에는 가늘고 곧은 형태의 입술을 가진다(Lombroso-Ferreor, 1911/ 1972:24 로부터 발췌).

한 연구에서, 롬브로소는 범죄자 집단과 추정적인 비범죄자(이탈리아 군인) 집단을 비교하였다. 비교 결과 그는 단지 군인집단의 11%만이 3가지 이상의 열등적 생물학적 특징을 가지고 있는 반면 범죄자 집단의 35-40%가 3가지 이상의 열등적 생물학적 특징을 가지고 있다고 보고 하였다([그림 6.1] 참고).

토마스와 헵번(Charles Thomas and John Hepburn 1983:146)은 롬브로소가 우리의 학문적 발전을 25년 이상 가로막아 왔지만 역사는 롬브로소에게 너무 관대했다고 주장하였다. 비록 사회학적 실증주의가 궁극적으로 생물학 (그리고 심리학적) 이론을 대체하였지만, 범죄의 과학적인 연구에서의 통계학적 관점은 이미 롬브로소에 거의 반세기 앞서 시작되었다. 프랑스 사회 통계학자, 게리(A.M. Guerry 1802-1866)는 범죄와 사회학적 특징들 사이의 관계 규명을 위해 처음으로 생태학 자료를 이용하였다. 통계학적 접근의 대표적인 학자로는 현대 통계의 아버지라 숭배되어온 벨기에 학자 케틀레(Adolphe Quetelet 1796-1874)였다. 케틀레는 인간의 자유의지를 반박하였으며, 사회학적 자료의 분석을 통하여 범죄에 대해 설명하고 범죄의 성향을 규명하려 하였다. 이처럼 크게 주목 받지 못한 통계학적 접근방식에서의 세 번째 중요한 학자는 메이휴(Henry Mayhew 1812-1887)였다. 그는 사회학적 접근방식에서 필수적인 공식적 자료 분석과 세밀한 관찰을 통한 분석 모두를 도입한

영국인 이었다. 롬브로소의 생물학적 접근법과 심리학적 요인들에 의해 주도되어온 개인적 특징에 기반을 둔 실증주의가 20세기 주류범죄학과 가장 유사한 사회학적으로 기원한 통계학적 접근방식을 넘어서 성공하였다는 점은 역사적 모순점 중에 하나라고 할 수 있다.

## •• 롬브로소와 여성 범죄자

이 시기에 남성 범죄자들의 행위를 설명하기 위한 이론들의 비교적 급속한 발달과는 달리, 여성 범죄자들에 대해서는 몇 가지 단순한 사실들과 생각들만이 존재했다. 그러나 1895년 롬브로소의 사위인 페레로(William Ferrero)는 그의 초기 연구에서 사용한 것과 같은 분석 구조를 도입하여 여성 범죄자(The Female Offender)라는 저서를 출판함으로서 여성에 의한 범죄의 연구에서 선구자가 되었다.

저자들은 교정시설 또는 법정에 나타난 여성들의 다양한 신체 부분을 측정하고 육체적으로 비정상인 측면에 주목하였다. 그는 여성 범죄가 후두부 비정상성, 좁은 이마, 두드러진 광대뼈, 그리고 남성적인 형태의 얼굴등과 연관성이 있다고 주장하였다.

롬브로소와 페레로는 여성범죄자들이 남성범죄자보다는 더 적은 퇴행적 신체 특징을 가지고 있다고 보고 하였다. 하지만 매춘부는 다른 여성범죄자 보다 더 많은 격세 유전적 특질을 가지고 있다고 보았다. 왜냐하면 매춘부의 행위의 대부분이 롬브로소가 여성 예절이라 생각하는 것에 대한 범죄행위이기 때문이다. 그들은 여성 범죄자의 악마적 성향들은 오히려 남성보다 더욱 광범위하고 다양하다고 주장하였다(1895:151). 그들은 여성 범죄자의 모성 본능과 여성스러움과 같은 성향은 억제되었다고 보았고 오히려 남성 폭력범죄자 보다 여성 폭력 범죄자들을 더욱 무자비한 것으로 묘사하였다. 롬브로소와 페레로는 여성 범죄자들을 어떠한 도덕적 관념도 없이 자란 아이들로 간주하였다.

여성 범죄자에 대한 롬브로소와 페레로의 연구는 당연히 혹독한 비난을 받았고, 그들의 방법론과 이론적 가정은 모두 공격받았다. 비판의 대상 중에서, 그들은 적은 수의 범죄자와 비교대상으로 부터의 결과를 일반화 하였다. 또한 범죄행위와 신체구조 사이에서의 발견에 대한 주장에 대해 더욱 타당할 것 같은 설명을 고려하는데 실패하였다. 예를 들면, 기형적 체형이 직업을 얻기 어렵게 만들 수 있으며, 원활한 인간 관계형성을 어렵게 만들고, 결과적으로 이러한 문제점들이 범죄를 유발할 수 있다는 점이다. 그들은 또한 문신, 음주, 그리고 과잉영향 섭취 등의 문제를 생물학적 문제로 간주함으로서 생물학적 요인과 환경적 요인들을 혼동하였다. 게다가, 여성에 대한 그들의 가정들 또한 어떤 과학적 근거가 없다. 여성 범죄자들이 남성범죄자보다 더욱 더 무자비하고 가혹하다는 주장은 여성범죄자들이 그들의 실질적 행위보다 전통적인 여성의 역할에서 벗어난 것과 더욱 더 관련이 깊다. 롬브로소의 동시대 프랑스인, 토피나르(Paul Topinard) 역시 롬브로소의 연구의 부적절함을 간결하게 지적하였다(Tarde에서 인용, 1912:270).

### *페리(Enrico Ferri 1856-1928)*

페리(Enrico Ferri)는 가난한 이탈리아 상점주인의 아들로 태어났으며, 그는 인생의 대부분을 사회주의 정당의 정치적 활동 회원으로 보냈다. 그의 인생에서 가장 중요한 시점은 그가 롬브로소에게 고전주의 학파와 자유의지에 대해 비판한 자신의 학위논문을 보냈을 때였다. 몇 년 후의 페리의 회상에 따르면, 롬브로소의 대답은 칭찬이었다, 하지만 몇 가지 점에 대해서는 단서를 달았다. 롬브로소는 페리가 실증주의라고 하기에는 충분하지 않다고 주장하였다. 페리는 즉각적으로 반박하였다. 롬브로소는 주장하는 것이 충분한 실증주의가 되기 위해서는 본인, 즉 변호사가 직접 범죄자의 머리를 측정해야 한다는 것이다(Sellin에서 인용 1968:17-18). 두 사람은 곧 가까운 동료가 되었고, 페리는 궁극적으로 인체측정방식을 범죄학에 대한 그의 실증주의적 접근방식에 결합하게 되었다.

페리의 영향력 아래에서, 실증주의는 단 하나의 범죄행위를 위해 많은 다양한 원인들을 찾는 그리고 후에 미국의 범죄학에 엄청난 영향을 끼친 다면적 요인 접근방식으로 발전하게 되었다 (Grupp, 1968). 또한 고전주의 전통에 반박하여, 페리는 미래의 행위를 예상할 수 있는 범죄자들의 배경과 성향에 맞는 맞춤형 처벌을 통해 비슷한 범죄를 저지를 범죄자들이라도 다른 처벌을 해야 한다고 주장하였다.

또한 프랑스와 이탈리아에서의 페리의 범죄연구는 유아살해와 존속살해를 제외하고 대인범죄는 여름 동안 가장 빈번하게 일어난다는 것을 보여준다. 그는 여름동안의 이러한 높은 대인범죄는 크게 3가지 요인들에서 기인한다고 보았다. (1)많은 잉여의 에너지를 발산하는 열의 생리적인 효과, (2)여름시즌에 더 좋은 영양 상태, (3)여름의 숨 막히는 열기와 습기로 인한 시민들의 과민성의 증가(Ferri, 1917). 또한 페리(1917:54)는 고전주의 학자들의 연구가 지지하는 인간의 자유의지에 대한 가정에 도전함으로써 롬브로소와 그의 동료 실증주의 학자들에 포함되었다.

실증주의적 현대 연구의 모든 도구들로 무장한 현대 심리학이 자유의지를 부정하고 인간의 모든 행동은 성격과 인간의 환경의 상호작용의 결과라는 증명하고 있는데 어떻게 당신은 아직 자유의지가 존재한다고 믿고 있습니까....

실증주의 범죄학은 주장한다.... 그것은 범죄자의 의지가 아니다. 범죄자가 되기 위해서는 외부적으로 내부적으로 그가 범죄적 성향을 갖게 하는 개인의 영원히 또는 일시적으로 개인적, 육체적, 그리고 도덕적 상태에 그 자신이 있음을 발견해야 하고, 또한 그러한 환경에 살아야 한다.

[그림 6.2] 생물학적 결정주의는 경멸스러운 비인간 행위의 역사에 의해 오염되고 고통 받았다. 여기 1937년 5월에 연설하는 독일 수상 아돌프 히틀러의 모습이 있다. 전 세계의 역사상 가장 악명 높은 독재자 중 하나인 히틀러는 그가 주장한 유태인 문제에 대한 마지막 해결방식으로 유태인 대학살(holocaust)을 조직적으로 시작하였다.

≫ 자료의 출처: AP Photo

비록 페리는 범죄학에 실증주의 접근법의 강점을 서술하는데 성공적이었지만, 그의 경력은 역설적으로 생물학적 실증주의의 추락의 전형적인 예가 되었다. 페리는 범죄현상을 규명하는 과학주의의 약속에 대한 믿음이 부족하였으며, 과학자와 정치학자들이 그러한 힘을 남용할 수 있다는 문제점을 인식하는데 실패하였다. 페리의 경력은 파시스트로 마감하였다. 특히 그는 파시스트 정부는 실증주의 학파의 몇몇 원칙과 대부분의 실질적인 제안을 받아들이는 개혁을 단행하고 있다고 선언하였다(Sellin에서 인용, 1968:32). 2006년에 영화 좋은 독일인(The good german)은 어떻게 나치 그리고 파시스트의 이데올로기가 학자적 정신을 타락시켰는지를 잘 보여주고 있다. 줄거리는 나치의 통치에서 이익을 얻기 위해 정치적 압력에 점차적으로 굴복하고 기본적인 학문적 가치들을 버리는 독일 문학 교수의 역할을 한 배우 조지 클루니(George Clooney)의 모습을 잘 묘사하고 있다.

### 가로팔로(Raffaele Garofalo 1852–1924)

가로팔로(Raffaele Garofalo)는 3명의 이탈리아 실증주의 범죄학의 선구자 중에 한명이었다. 가로팔로는 사회학적 접근을 위하여 범죄의 법적정의를 거부하였다. 그는 대인적 범죄자를 자연적 도덕정서인 연민이 부족한 사람으로 간주한 반면 재산 범죄자를 정직성이 부족한 사람으로 정의하였다. 가로팔로는 범죄자(특별한 환경 조건에 흡수 동화될 수 없는 사람) 없는 사회를 믿었으며, 다윈의 적자선택 이론을 촉진시켰다. 그러한 극단적인 관점의 위험성은 페리처럼 가로팔로가 무솔리니 정권아래 이탈리아 파시스트 운동의 활동가가 되었다는 사실에 잘 나타나고 있다. 그는 다윈이 제시한 것처럼 자연적 진화과정에서의 정부의 간섭과 열등한 범죄성향을 가진 사람들을 사형, 구금 그리고 귀향 보내는 것을 합법적인 것으로 간주하였다.

### *고링(Charles Goring 1870-1919)*

비록 고링(Charles Goring)의 저서 영국 재소자(The English Convict) 역시 생물학적 결정주의의 장점을 강조하였지만, 그의 저서 영국 재소자는 롬브로소의 생래적 범죄인 주장을 약화시키기도 하였다. 고링은 롬브로소를 측정을 위한 도구에 의존하기 보다는 관찰에 의존하였다는 점에서 비판하였으며, 롬브로소의 연구가 비과학적인 언어에 의지했다는 점을 증명하기 위해 롬브로소의 연구를 인용하였다. 그의 논평 중에 하나는 피해자를 독살한 혐의를 받고 있는 여성 피고인에 관한 것이었다. 롬브로소의 글에 따르면 "이러한 여성 범죄자는 깊은 주름을 가지고 악마처럼 음흉하면서 매우 남성적인 얼굴을 가지고 있으며, 이러한 모습 자체가 그녀가 악마로서 태어난 것임을 증명하고 있다. 만약 그녀가 그 범죄를 저지르는데 실패하였다면, 그녀는 다른 희생자를 반드시 찾았을 것이다"(Goring, 1913:15). 그러한 롬브로소적 과장법은 고링(Goring)이 다음과 같은 결과에 도달하도록 만들었다. "사실의 관찰을 통해 이론을 체계화하기 보다는 마음속의 이러한 자세의 결과로서, 무계획적인 조사의 결과 때문에, 사실을 이론에 적응시키고 싶은 소망 때문에 - 결과적으로 이 모든 것 때문에, 우리는.... 점성술, 연금술 그리고 중세시대의 다른 맹신 속에서만 발견될 수 있는 것과 동일한 명백한 혼돈의 조직화된 제도를 가지고 있다" (Goring, 1913:15).

영국 교도소에서 군의관으로서 고링은 많은 수의 비범죄자들과 3,000명의 상습범죄자를 연구하기 위해 유명한 통계학자 피어슨(Karl Pearson)과 협력하였다. 고링은 다음의 글로서 그의 연구를 요약하였다.

> 우리의 연구에 의해 도달한 예비적 결론은 인류학적인 괴수는 존재하지 않는다는 사실이다. 같은 나이, 신장, 계층, 그리고 지적 능력을 가진 범죄자와 법을 준수하는 사람들 사이에 신체적 정신적 체질은 동일하다. 인류학적 범죄자 유형은 결과 존재하지 않는다(Goring, 1913:370).

그럼에도 불구하고, 고링은 다른 체질 유형을 가진 사람들은 어떤 종류의 범죄를 더 많이 저지른다는 입장을 지지하는 결과를 발견하였다. 이러한 측면에서, 버니(Piers Beirne 1993:8)은 다음과 같이 서술하였다. "영국 재소자는 롬브로소의 생각에 반대되는 것이 아니라 평행선에 있으며 같은 범죄자에 대한 애매모호한 주장을 발전시켰다". 예를 들어 고링은 폭력 범죄로 기소된 범죄자들은 힘과 체질의 건실함에서 다른 범죄자의 평균보다 훨씬 상위에 있으며, 빈집털이범, 절도, 그리고 방화범은 신장과 체중에서 다른 범죄자들 보다 열등하며, 대개 전체 인구면에서도 열등한 신체구조를 가지고 있다(Goring, 1913:200). 고링은 또한 재소자들이 법을 준수하는 사람들 보다 1인치 또는 2인치가 작으며, 3에서 7파운드 정도 작은 몸무게를 가진다는 것을 발견하였다. 그는 이러한 결과들을 유전적 열등함의 일반적 표시로 생각하였다. 이러한 발견들 중에서 오늘날의 학자들은 비교적 작은 신장과 체중이 계층적 지위 자체와 연관성이 있는 열악한 영양공급의 결과인지에 대해 알기를 원한다. 학자들은 이러한 결과들이 유전적인 약점을 나타낸다는 생각에 대해서 의문을 제기하면서 수많은 작은 신장의 사람들과 평균이하의 체중을 가진 사람들이 결코 범죄를 저지르지 않는다는 점을 지적한다.

### *후튼(Earnest A. Hooton 1887-1954)*

범죄 생리적인 원인에 관련된 논쟁에서 다음에 소개할 학자는 범죄자: 인류학적 연구[The American Criminal: An Anthropological Study(1939a)]와 범죄와 인간 [Crime and the Man(1939b)를 출판한 하버드 대학의 자연 인류학자 후튼(Earnest A. Hooton)이다. 후튼은 당시에 유명했지만 논란이 많은 인물이었다. 그는 범죄는 단지 생물학만으로 이해될 수 있다고 확신하였다. 결과적으로 범죄학은 선도하는 학문으로서 사회학의 출현과 사회 문화적 인류학에 대해서는 단호하게 반대 입장을 고수하였다. 그는 다음과 같은 방식으로 범죄자들에 대한 그 자신의 관점을 요약하였다.

> 범죄자들은 본래 열등한 존재이다. 범죄는 낮은 등급의 인간 조직체에 둘러 싸여진 결과물이다. 범죄제거는 오직 육체적으로, 정신적으로, 도덕적으로 부적합한자들을 박멸하거나, 사회적으로 무균적인 환경 속에 그들은 완벽하게 분리시키는 것으로만 가능하다.

그들은 반드시 숙명적으로 범죄 행위를 저지를 것이라는 논쟁의 소지가 있는 근거를 이용해 생물학적으로 부적합한 자들은 모두 죽음에 이르게 할 것을 암시하고 있는 그의 표현은 후에 독일 나치 정권아래 대량학살 전략의 정당성을 제공했다는 것을 상기시키고 있다(Kuhl, 1994).

후튼은 14,000명의 죄수들은 포함한 17,000명 이상의 광대한 연구로부터 그의 결론에 도달하였다. 그는 범죄로 잡힌 자들과 통제집단을 비교함으로써 롬브로소의 격세 유전적 형질을 연상시키는 목록을 제공하였다. 그러나 후튼의 연구에는 매우 심각한 방법론적인 오류들이 존재했다. 롬브로소가 했던 것처럼, 그는 문신과 같은 환경적인 영향의 결과와 유전적 특징을 혼돈하였다. 게다가, 그가 재소자집단과 비교한 집단은 소방관들, 일광욕을 즐기는 사람들, 병원환자들과 같은 무계획적인 집단이었다. 또한, 어떤 신체적 특성이 연구의 모집단에서 관측된다는 이유로 이러한 신체적 특징이 범죄의 원인이라고 주장하는 것은 논리적이라 할 수 없다는 것이다.

후튼의 인생에 대한 래프터(Nicole Rafter)의 논평은 후튼을 색다른 우생학자로 묘사하고 있다. 비록 우생학이 후튼의 관점에서 핵심이었고, 이러한 관점이 출생통제, 불임수술, 안락사 등에 그를 매우 호의적으로 만들었지만, 그는 인종차별주의자는 아니었으며, 범죄는 모든 인종 안에서 발견되어 질 수 있는 정신박약아 그리고 신체적 퇴행자에 의해 저질러지는 것이라는 주장을 견지하고 있었다(Rafter, 2004:757). 비록 그는 충실한 우생학자였지만, 나치를 잔인한 인간이하의 존재로 간주하였으며, 유색인종의 발전을 위한 국가 협회의 편집자로서 활동을 하였다. 아마 후튼의 가장 큰 공헌은 지난 20세기 중반까지 생물학적 범죄학의 명맥을 미세하게 유지하도록 했다는 것에 있다고 할 수 있을 것이다. 이러한 공헌은 글릭(Eleanor Glueck) 그리고 셀던(William Sheldon)등과 같은 하버드 대학의 다른 범죄학자들에게 영향을 줌으로서 성취될 수 있었다.

### *셀던(William Sheldon 1898–1977)*

체질 심리학은 보스톤 재활시설 수용자 200명을 연구한 셀던(William Sheldon)의 저서 다양한 비행청소년(Varieties of Delinquent Youth, 1949)에서 발달한 생물학적 접근에서 유래한다. 셀던(1949:5)는 몸은 아주 오랜 세대동안 계승되어온 다년간의 가장 깊게 수립되어온 습관의 객관적인 대상이며 분명히 실제 하는 기록이라고 주장하였다.

셀던의 연구는 사람은 3가지 독특한 체형을 가지고 있으며, 이러한 체형을 가진 사람은 각각에 체형에 맞는 독특한 행위를 할 것이라고 믿는 크레치머(Ernst Kretschmer 1925)의 연구에 근거를 두고 있다. 체형은 3가지로 분류되는데 내배엽형(체형이 부드럽고 둥근 형태), 중배엽형(근육형), 그리고 외배엽형(마른)으로 구분된다. 특별한 기질은 각각의 체형과 관련이 있다고도 한다. 예를 들면, 내배엽형은 느긋함, 유쾌함, 그리고 음식의 폭식, 인간관계의 중시, 애정, 사회활동과 같은 특질은 분명하게 나타낸다(Sheldon, 1949:25). 셀던의 데이터 수집 방식에 대한 흥미로운 사실에 대해서는 하이라이트 6.1을 보시오.

[그림 6.3] 체형

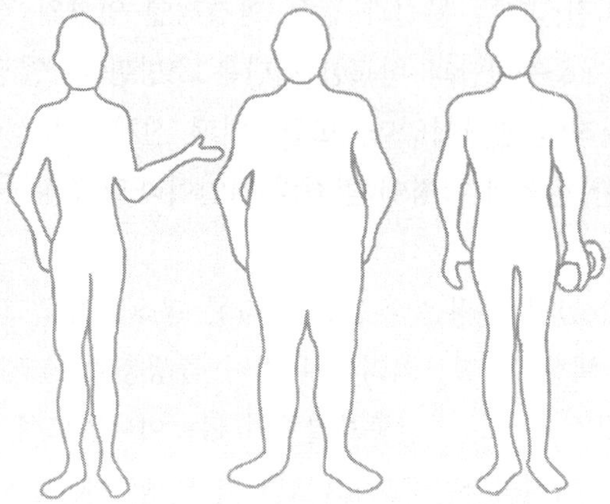

≫ 외배엽형 ≫ 내배엽형 ≫ 중배엽형

셀던은 비행소년은 중배엽형에서 상당이 높게 나타나고, 외배엽형에서는 매우 낮게 나타난다는 것을 발견하였다. 그러나 그의 표본은 특별한 범죄와 체형을 연관시키기에는 너무

### [하이라이트 6.1] 학생들의 나체사진 연구들이 논란을 일으키다

1940년대부터 1960년대 까지 몇몇 아이비리그 그리고 일류의 대학들의 신입생들은 나체의 사진 촬영이 요구되어 졌었다. 이러한 사진들은 체형과 지적능력, 다른 특징들 사이에 관계가 있다고 믿는 셀던(William H. Sheldon)에 의해 연구되었다. 이후 셀던의 연구는 대부분의 과학자들로부터 타당성이 없는 연구로 간주되어 일축되었다.

많은 셀던의 연구와 사진은 당시 참여하였던 학교에 의해 폐기처분되었다. 하지만, 최근 스미스소니언 학술협회는 클린턴(Hillary Rodham Cliton), 부시(George H.W. Bush)와 소여(Diane Sawyer)의 나체 사진집을 보유하고 있는 것으로 드러났다. 스미소니언 학술협회의 대변인은 현재 모든 사진들이 봉인되었다고 밝혔으나, 그전에는 학생들과 연구자들에게 접근이 가능했다고 한다. 현 시점에서의 문제는 사진들이 폐기되어야 하는가 아니면 역사적 가치를 위해 보관되어야 하는가이다. 논란은 예일대학이나 마운트 홀리요트(Mount Holyoke)와 같은 대학들의 졸업생들이 사진집에 대해서 뉴욕 타임즈의 보고를 읽었을 때 불거졌다. 흥분하거나 사진에 흥미를 느끼는 몇몇의 졸업생이 사진을 어떻게 할 것인가에 대해 알기 위해 자신의 모교에 전화를 하기 시작하였다.

≫ 자료의 출처: Adapted from AP report by B. Greenberg in the Johnson City Press, 1995년, 1월 21일.

적은 표본을 사용하였다. 셀던은 그가 후튼과 범죄자를 이해하는데 범죄 인류학의 중요성을 입증하였다고 주장하였다.

> 후튼은 학문적 과학의 창조에서 상식의 소유를 확고하게 고집한 동시대의 소수집단 중에 한 사람이다. 그는 구조적으로 우월하고 열등한 유기체가 존재하고 신체구조와 행위의 열등함 사이에는 관계가 존재하야 한다는 상식적 정보들을 고려하였다(Sheldon, 1949:752).

셀던의 연구 결과는 1950년 하버드 법학 대학의 연구팀에 셀던 글릭과 엘레노어 글릭의 500명의 비행청소년과 일반청소년의 비교 연구의 결과에 의해 지지되었다. 비행청소년은 일반청소년 보다 더욱 더 중배협형 체형을 가지고 있었으며, 낮은 비율의 외배엽형 체형의 비율을 가지고 있었다(Glueck and Glueck, 1950).

주류 범죄학의 공동체 안으로부터 가차 없는 비판이 윌리엄 셀던과 글릭의 연구에 쏟아졌다. 예를 들면, 당시 가장 뛰어난 학자 서덜랜드는 셀던의 연구를 9가지 점에서 비판하였다. 그의 비판은 비행에 대한 셀던의 조잡한 정의부터 그의 통계적 기법에 대한 비판을 포함하였다. 전통적인 범죄학은 셀던의 연구에 계속적으로 낮은 점수를 주고 있다. 그러나 최근에 샘슨과 롭(Robert Sampson and John Laub 1990)은 오늘날 이들의 연구에 대해서는 과거의 평가보다 더 많은 가치를 주어야 한다는 수정적 목소리를 높이고 있다. 샘슨과 롭은 서덜랜드와 사회학자들이 범죄연구를 사회학의 독점적인 영역으로 확보하기 위한 의도를 가지고 있었으며, 그들이 자신들의 지적 영역으로 간주하는 부분을 유지하기 위해 잠재적 침입자의 노력에 대해서 과잉반응을 보였다고 주장하였다.

## 범죄유전: 나쁜 종자이론(The bad seed theory)

과거 상당한 인기를 누렸으며 오늘날 우생학이라고도 불리는 접근법은 범죄활동이 여러 세대동안 광범위했던 가계들의 연구를 통해 범죄자의 행동과 유전적 특징사이를 연결하려고 노력해 왔다. 19세기 말엽 그리고 20세기 초기에, 천성이 양육보다 더욱 더 강한 역할을 한다는 강한 믿음이 있었다. 따라서 가계 안에 광범위한 일탈적인 행위의 관찰은 환경적인 영향력과 생물학적 특징과 일탈행위 모두에 영향을 주는 다른 요소들에 대한 통제의 필요성에 대해서는 거의 고려하지 않고 유전학에 의해서 설명되는 것으로 간주되었다. 예를 들면, 외소 생장과 일탈 모두가 사회적 약점의 결과라고 생각하기 위해 그 누구도 멈추지 않았다. 많은 생물학적 이론가들은 범죄자의 체격에서의 차이들이 일탈의 원인임에 틀림이 없다고 결론 내렸다.

퇴보한 가계 연구의 초기 연구 중에 하나는 헨리 고더드(Henry Goddard)의 칼리카크 가계 [The Kallikak Family (1912/1955)]였다. 고더드는 존경할만한 가계의 구성원인 칼리카크(Martin Kallikak)의 두 개의 혈통을 추적 조사하였다. 미국 혁명동안 민병대였던 칼리카크는 저능한(일반인의 지적 능력 범위보다는 낮은 기능을 가지고 있지만, 정신이 온전하지 못한 백치보다는 높은 지적능력을 가지고 있는 정도로 정의될 수 있다)여성을 만나 저능한 아들의 아버지가 되었다. 이 아이는 아버지의 이름과 동일한 이름이 주어졌다. 결과적으로 아버지의 이름과 어머니의 정신적 능력이 이 아이에게 전해 내려졌다(Goddard, 1912/1955:18). 고더드는 480명의 후손을 추적 조사하였다. 480명의 후손 중에서 36명은 사생아였으며, 33명은 매춘부, 24명은 알코올 중독, 3명은 간질병환자, 82명은 유아사망, 3명은 범죄자, 그리고 8명은 성매매를 사업을 운영하는 것으로 나타났다. 마틴이 존경할만한 여성과의 결혼을 통해 이어온 다른 496명의 후손들은 2명의 알코올 중독 그리고 성적으로 난잡한 1명을 제외하고는 모두 정상적인 삶을 사는 것으로 밝혀져 있다.

물론 이 연구는 가계에서의 다양한 문제점의 원인으로서 유전의 중요성을 주장하고 있지만, 문제는 양육으로부터 자연을 완전하게 분리할 수 없었다는 것이다. 고더드는 이러한 문제점에 대해 인지하였지만, 자신의 글이 얼마나 자신의 주장을 약화시키는지에 대해서는 인지하지 못했다. 고더드는 저능한 자손들이 일반적으로 같은 조건의 가계와 혼인을 한 반면에 모든 합법적 자손들은 그들이 사는 지역에서 최고의 가계, 예를 들어 식민지 행정관의 자손, 독립 선언 서명자의 자손, 군인의 자손, 훌륭한 대학 설립자의 자손과 혼인을 하였다는 것을 인지하였다(Goddard, 1912/1955:19-30). 고더드는 좋은 유전자와 좋은 가정이 법을 지키는 시민들을 배출할 가능성이 높으며 그 반대 역시 사실이 될 수 있다는 것을 증명하였다는 것은 의심의 여지가 없다. 고더드(Goddard)는 다른 상황의 중심적 역할이 없이 단순하게 유전적 구성이 어떤 사람을 특별하게 운명 짓는다는 주장에 대해서는 만족스럽게 증명하지는 못하였다.

초기 가계연구에서 광범위하게 인용되는 연구는 덕대일의 주크 가계: 범죄, 빈곤, 질병 그리고 유전연구 [The Jukes: A study in Crime, pauperisms, disease and Heredity (1877)]였다. 덕대일의 연구는 주크(Ada Jukes)와 140명의 범죄자, 280명의 극빈자, 성병 그리고 각각의 일탈행위를 일삼는 40명을 포함한 그녀의 1,000명 이상의 후손들에 대한 것이었다. 다시 말해, 칼리카크(Kallikaks)처럼, 주크 가계역시 여러 세대동안 불명예속에

**[하이라이트 6.2] 나쁜 종사 또는 나쁜 과학: 이데올로기적 편견의 희생자 Jukes 가계에 반영된 생각**

주크 가계는 범죄, 정신병, 빈곤 그리고 다른 사회적 결점의 집합체로서 유전적으로 결함을 가진 가족의 완벽한 전형으로 사회과학의 역사에서 한 세기 이상 동안 확립되어져 왔다. 그들은 그런 결함 있는 특징들을 전염시키는 유전적 힘의 학문적 증거를 제공하기 위해 사용되어 졌으며, 우성학자들이 불임수임, 뇌리절리술, 격리, 그리고 심지어는 멸종과 같은 정책을 요구하도록 선도해왔다.

덕대일(Richard Dugdale)에 의해 처음 연구되어졌고, 에스터불룩에 의해 갱신되어진 주크 가계에 대한 최초의 연구 문서들에서 가장 최근에 밝혀진 것은 주크 연구위에 어두운 구름을 드리운다. 연구는 1900년대 초기에 열광적 지지를 받았던 우생학 운동의 관점을 지지하기 위해 이데올로기적으로 조정된 것으로 보인다. 덕대일의 연구는 가끔 주크의 일탈적 행위에 관한 생물학적 주장을 순수하게 지지하고 있는 것으로 잘못 전달되고 있는 반면, 에스터불룩은 자료를 고의적으로 잘못 표현했다는 비난을 받고 있다. 예를 들면, 그는 주크가계 혈통에서의 몇몇의 후손들은 변호사, 부동산 중개업자, 다른 존경할 만한 사람이 되었다는 점을 지적하지 않았다. 그는 또한 주크(Ada Juke)의 남편이 주지사의 후손이었다는 정보는 공개하지 않았다. 에스터불룩은 주크 가계가 단 하나의 가계로 구성된 것이 아니라 밀러, 뱅크, 그리고 부시라는 성을 가진 다양한 가계를 포함한 몇 개의 가계로 구성되고 있음을 밝혔다.

≫ 자료의 출처: Adapted from S. Christianson (2003). The New York Times, February 8. Books and Arts section.

살았다. 1911년 덕대일의 연구는 1915년의 주크 가계(The Jukes in 1915)를 출판한 우성학자 에스터불룩(Arthur H. Estabrook)에 의해 개정되고 확장되었다. 하이라이트 6.2는 가계연구 접근방식과 가계연구가 궁극적으로 제공하려고 하였던 비인간적 정책에 중요한 역할을 한 이데올로기적 편견을 지적하고 있다.

주크 그리고 칼리카크 가계와 같은 가계연구는 19세기 후반 그리고 20세기 초반 우생학 운동을 꽃피우는데 결정적인 역할을 하였다. 이러한 생각들은 정부의 정책에 범죄, 정신건강, 그리고 다른 사회적 병리현상에 관한 내용들을 주입하게 만들었다. 미국의 연방 대법원의 Buck v. Bell(1927) 판결은 법률에서의 우생학 움직임의 효과를 잘 나타내고 있다. 유명한 그리고 진보적인 법관 홈즈(Oliver Wendell Holmes)가 제시한 의견에 따르면 법원은 만약 주 보호시설의 관리자가 사회의 전체를 위해서 이익이 된다고 판단할 경우 버지니아 주는 정신박약 그리고 사회에 적합하지 않은 다른 사람들에게 의학적인 단종수술을 시행할 권한이 있다고 판결 하였다. 법에 항소한 사람은 정신박약의 자손이었으며, 이미 정신박약의 사생아를 출산한 젊은 여성 벅(Carrie Buck) 이었다. 법관 홈즈의 의견은 다음과 같았다: "만약 범죄 때문에 퇴화한 자손을 사형시키기를 기다리거나, 그들의 우둔함 때문

**[하이라이트 6.3] 노스캐롤라이나 주 강제적인 불임 프로젝트의 희생자들 보상 추진**

1920년부터 1974년 까지 노스캐롤라이나 주에서 대략 7000명 정도가 불임시술을 받았다. 불임수술을 받은 대부분이 소수민족, 청소년, 그리고 여성이었다. 불임화 수술의 피해자의 85%정도가 여성들이었으며, 1950년 이후에는 피해자의 64%정도가 비백인 여성들이었다. 피해자들은 정박아, 성적으로 난잡한 사람들, 정신적으로 불안정한 사람들, 또는 다루기 힘든 또는 통제 불가능한 청소년으로 간주되는 경우에 강제적 불임을 위해 우생학 위원회에 회부되었다. 노스캐롤라이나는 당시 가장 자유스러운 강제 불임 정책을 가지고 있던 것으로 알려져 있다. 당시 다른 주에서는 강제적 불임 수술을 위해서는 보호시설 또는 교도소에 구금된 사람들에게만 가능한 반면, 노스캐롤라이나에서는 사회 복지자, 교육자, 의사들에 의해 보호시설 외에 사람들에게도 강제적 불임을 위해 우생학 위원회에 회부할 수 있도록 허락되었다. 1974년에 미국 시민자유연합은 강제적으로 불임수술을 받은 피해자들을 위해 노스캐롤라이나 우생학 위원회를 대상으로 소송을 제기하였다. 결국, 배심원단은 노스캐롤라이나 주가 출산을 위한 피해자의 권리를 위배하지 않았다고 판단하였지만, 미국 연방대법원은 사건을 기각하였다.

그럼에서 노스캐롤라이나에서 한명의 피해자는 정의를 찾는데 매우 중요한 역할을 하였다. 델로리스 이레인 리딕은 파티를 마치고 집으로 걸어오는 중에서 오래된 이웃 주민들에게 강간을 당한 후에 강제적 불임수술을 받았다. 별거중인 델로리스의 아버지는 심지어 문맹이며 당시에 델로리스에 대한 양육권을 가지고 있지 않음에도 불구하고 불임수술에 동의하는 서명을 하였다고 알려졌다. 최근의 공판에서 델로리스는 그들은 돼지처럼 나를 자르고 열었다라고 말했다. 2002년에 윈스턴세일럼 저널에서의 기사는 노스캐롤라이나에서의 잔혹한 불임화 정책에 대한 대중의 관심을 이끌어 내었으며, 2009년에 주지사 비벌리 퍼듀는 불임화 피해자를 위한 정의 재단을 위한 기금을 제공하였다. 재단의 위원회는 최종적으로 불임화 계획의 희생자에게 5만 달러 상당의 보상금을 제공하였다. 노스캐롤라이나는 우생학적 수술의 피해자에 보상을 제공한 첫 번째 주가 되었으며, 2012년 현재 72명의 생존자를 확인하였다.

≫ 자료의 출처: http://abcnews.go.com/US/wirestory?id=1430699&singlepage=true.

에 굶어죽도록 내버려 두기보다는, 명확하게 사회에 부적합한 그런 종류의 인간이 지속되는 것을 사회가 막을 수 있다면 그것이 세상을 위해서는 더 좋은 일이 될 수 있다. 3대의 정신박약으로 충분하다" (Buck v. Bell, 1927). 버지니아에서는 1974년까지 인간의 강제적인 불임수술이 법적으로 허용되었었다. 하이라이트 6.3은 노스캐롤라이나 우생학 위원회에 의해 강제적인 불임수술을 받은 사람들이 어떻게 그들의 피해에 대한 보상 받았는가에 대해 서술하고 있다.

20세기가 펼쳐지기 전에, 범죄학자들은 범죄의 생물학적 설명에 대해서 불편해 하기 시작하였다. 20세기 중반에 생물학적 주장은 반박되기 시작했고, 사회학적 접근이 범죄학의 주류가 되었다. 범죄를 설명하는데 있어서 유전학과 다른 생물학적 요인들에 대한 거부는 과학보다는 이데올로기의 반영에 더 가까웠다고 할 수 있다. 사회문제의 우생학적 해석에 의해 지지되어온 인간의 기본적 권리의 학대는 세계 제 2차 대전의 발발과 유럽에서의 나치와 파시스트의 발흥과 같은 가장 끔직한 결과를 가져왔다. 생물학적 이론은 인간의 권리에 대한 거부와 심지어는 인간을 학살시키는 것을 지식적으로 정당화하도록 사용되었기 때문에, 대부분의 범죄학 분야에서는 일축되었다. 생물학적 범죄학 이론의 극단적인 거부는 축적된 과학적 연구의 결과가 아니라 주로 과학의 끔찍한 남용에 대한 이데올로기적 대응이었다. 불행한 결과는 범죄와 일탈의 유발에서 생물학적 요인들의 역할을 객관적으로 이해하는 발전을 좌절시켰다는 점이다.

### *현대 생물학적 이론*

많은 사람들은 다시 한 번 범죄학이 범죄를 이해하기 위해 생물학의 영역으로 확장하기 위한 극적인 변화의 순간에 있다고 믿고 있다. 최근에 라프터(Nicole Rafter 2004:736)는 다음과 같이 결론지었다. "오늘날 생물학적 이론들은 다시 한 번 신뢰성을 얻고 있으며, 사회학적 범죄학과의 동등한 동반자로서 힘을 모으고 있다" 최근에 널리 알려진 고등교육 연대기에 출판한 "사회학에서의 유전학으로의 전환"에 관련된 최근 논평은 (Shea, 2009), 잘 구축된 부모의 훈육 속에서 성장하는 생물학적 요인들을 받아들이는 그림을 그리고 있다. 고등교육 연대기에 게재된 글들은 선도적인 사회학적 논문들이 최근에 인간의 행위를 이해하는데 생물학의 역할에 주목하고 있으며, 심지어는 유전자와 환경간의 상호작용의 하위분야가 몇몇 대학들의 사회학과 속에서 나타나고 있다. 그러나 몇몇 사람들은 여전히 범죄학 분야 속에서 현대 생물학적 관점을 포함하는 방향으로 발전하고 있는가에 대해서는 그리 긍정적으로 생각하지 않고 있다. 라이트(John Wright)와 그의 동료들(2008)은 대학 교수들 그리고 범죄학 그리고 형사정책 대학의 박사학위 논문주제의 분석을 통해 생물학적 요인에 대한 관심 증대를 나타내는 별다른 증거를 찾지 못하였다. 지난 수십 년 동안 범죄학 분야에서 4개의 최고의 논문집에서 출판된 논문 중의 단지 4퍼센트 정도만이 생물학적 범죄학과 관련성이 있는 것으로 알려졌다. 그들의 걱정은 다량의 새로운 생물학적 지식이 대학원 교육 그리고 범죄학 논문들의 통해 전달되는 범죄학적 지식의 몸체에서 삭제되어 지고 있다는 것이다. 라이트와 그의 동료들은 이러한 생물학적 무지는 범죄자의 행위를 설명하기 위한 우리의 능력을 억압하고 있으며, 그러한 생물학적 무지의 더 큰 문제점은 반생물학적 이데올로기적 편견을 더욱 강화하고 있다는 것에 대해 걱정하고 있다.

다행스럽게도 라이트와 밀러(Mitchell and Miller 1998:14)는 이전에 출판된 이 책에 대해 생물학적 범죄학에 대해 이상할 정도로 우호적으로 다룬 것을 훌륭함으로 간주하고 있다. 그들은 단지 인종차별적 관점과 관련된 언급에 대해서는 비판하였다. 라이트의 동료들(2008:327)은 오늘날까지 범죄학 개론의 교과서들이 생물학적 범죄학 이론을 히틀러와 무솔리니를 동반하는 역겨운 행위와 연관시키는 점에 대해 반대하였다. 생물학적 또는 심리학적 이론이든 간에 범죄와 일탈의 개인적 수준의 설명들은 위법행위의 통계학적 위험 측면에서 여전히 이들에 대한 인간권리 박탈의 잠재적 가능성을 가지고 있다. 이러한 남용의 역사는, 과학의 새로운 윤리적 남용을 막기 위한 마지막 보루로서 존재하기 위해 범죄학자들에게 미리 경고하고 있다. 그러나 동시에, 최근에 생물학과 인간행위에 대한 지식은 급격하게 발전되어 왔다. 과학으로서의 범죄학은 범죄와 일탈을 설명하기 위해 새롭게 나타나는 발견들을 통합할 의무가 있다.

비록 같은 논쟁이 지속되고 있기도 하고 나타나고 있지만, 논쟁들 사이에서의 의견의 차이점들은 크게 줄어들고 있다. 아마도 가장 중요한 변화는 지금은 소수의 이론가들만이 생물학적 변수만을 이용하여 범죄와 일탈을 설명하려는 제안을 한다는 것이다. 생물학적 변수들을 통합하려는 학자들은 그들 자신을 더 이상  단순히 생물 범죄학자들, 우생학자 또는 범죄 인류학자라고 간주하지 않는다. 대신 그들 자신을 생물 사회학적, 생물 심리학적, 사회 생물학적, 또는 정신 생물학적 범죄학자들 또는 여러 학문이 관련된 학제간의 범죄학자로 간주한다. 이러한 추세는 생물학을 포함하여 부모훈육의 광범위한 범위로부터 파생된 이론들 안에서의 변수들을 통합 또는 결합하려는 경향을 반영한다.

더욱 더 다양한 학문분야와 관련되어 학제간화 됨과 동시에, 생물학적 요인을 포함한 범죄학은 온건한 결정 주의적 방향으로 움직여 왔다. 논쟁은 천성과 양육의 대결적 구도가 아닌 천성 그리고 양육의 결합적 구도라고 보는 것이 타당하다. 생물학적 범죄학자로 유명한 라이트는 웨스턴 캐롤라이나 대학에서 방문교수로서 다음과 같이 강의하였다. "범죄를 위한 어떤 유일한 유전자가 존재하기 보다는, 대부분의 사람들에게, 범죄는 항상 그들의 유전적 구조, 그들의 경험들, 그리고 그들이 어떻게 사회화 되었는가의 결합이다."(Wright, 2009). 생물학적 이론들은 더 이상 범죄를 생물학적 운명으로 간주 하지 않고, 대신 범죄를 다양한 범위의 환경적 영향력들과 결합된 생물학적 위험 요소들의 결정체로서 간주한다. 생물학과 범죄 사이의 복잡한 경로가 점차 인식되고 있는 동안 이러한 위험 요소들은 범죄자의 행위의 통계학적 가능성에 영향을 끼치는 것으로 알려지고 있다. 명백히, 우울증을 앓고 있는 사람, 높은 테스토스테론 수준을 가지거나, 유전적으로 공격적인 모든 사람들이 범죄에 연루되지는 않는다. 대신 이들의 환경이 범죄의 가능성을 증가 시킬 수도 있고 생물학적 위험성을 가진 사람이 범죄자가 되는 것을 방지하는 역할을 할 수도 있다.

비록 범죄학은 확실하게 학제간의 학문적 방향으로 움직여 왔지만, 주로 사회학에서 기

### [하이라이트 6.4] 유전적 논란 기간

유전학이 얼마나 인간행위를 설명하는데 있어 논란이 많은가? 생물학과 범죄의 전문가, 로즈(Nikols Rose, 2000)는 우리는 모든 분야에서 인간의 다양성을 설명하기 위해 유전학에 의존하는 생물화된 문화 속에 존재한다고 지적하고 있다. 운동선수의 경기력에서부터, 지적 능력, 예술적 재능, 인간적 능력에 까지 유전학과 연관성은 점차 증가하고 있으며, 결과적으로 이상적인 후손을 생산하기 위해 도입되어진 유전적 변형에 대한 걱정이 증가하고 있다. 그러나 범죄학자들의 걱정은 연속체의 다른 끝, 즉 문제행위를 만들어 내는 유전자의 역할에 대한 것이었다. 예를 들어 유전학자들은 정신분열증, 조울증(조울병), 알코올중독, 공격성, 그리고 다양한 형태의 범죄와 유전이 연관성이 있다고 주장해 왔다.

유전적 성향에 대한 관심이 당신을 불안하게 만들었습니까? 몇몇 사람들에게는 그렇다. 1992년, "범죄에서의 유전적 요인들: 발견들, 사용들, 그리고 시사점들"이라는 회의는 국가 보건 연구원에 의해 지원을 받았다. 회의는 유전학과 범죄에 대한 자신들의 연구 결과를 공유하기 위해 메린 랜드 대학의 캠퍼스로 많은 분야의 연구자들을 한곳에 모이게 만들었다. 그러나 회의는 계획대로 열리지 못했다. 몇몇 흑인 단체의 지도자는 이 연구를 인종차별을 촉진시킨다고 주장하였고, 국가 보건 연구원은 자금지원을 중단하였다. 결국 1995년에 회의는 시위 속에 열리게 되었다.

원한 주류 범죄학에서 생물학적 변수들에 의존하는 이론에 대한 저항은 계속되고 있다. 이러한 점은 부분적으로 윤리적 걱정에 기반을 두고 있다. 생물학적 결함의 인지는 만약 그들이 단지 사회적 위험요인만을 가지는 경우보다 생물학적 결함을 가지는 사람들의 삶에 그들이 받아들일 수 없는 간섭을 할 가능성을 더 높게 만들 수 있다는 두려움이 있다. 비록 생물학적 요인들에 집중한 몇몇 연구자들은 우리가 그들의 생물학적 위험 요인을 인지할 수 있고, 그들을 위한 더 좋은 정책(예 산전관리 프로그램의 개발, 유전적 시한폭탄을 제거하는데 도움을 주는 기회 제공 등)을 공급할 수 있다고 강조하고 있지만, 생물학이 사람들에게 나쁜 일을 하는 정책을 더 많이 보유하고 있다는 걱정은 여전이 남아있다. 이것은 역사적으로 우생학자들과 인종차별주의자들의 학문 남용이 범죄학적 연구의 뇌리에서 계속 떠나지 않기 때문이다. 정신박약으로 분류된 사람의 불임화, 뇌엽절리술, 보호시설구금 그리고 열등한 사람으로 지정된 인종을 박멸시키기 위한 정치적 의제를 포함한 역사를 무시하기는 어렵다. 심지어는 스탠포드 대학의 임상적 우생학자 폴 빌링스(Paul Billings) 역시 그러한 걱정을 반복하고 있다. 우리사회에서 폭력을 유발하는 것은 유전자가 아니라 우리 사회의 시스템이다(Stolberg, 1993:A18). 하이라이트 6.4은 범죄를 포함한 문제행위를 설명하는 생물학의 역할의 계속되는 논란을 보여주고 있다.

문제점은 비행성향 그리고 범죄행위를 위한 위험적 특징(사회적, 심리적, 생물학적 위험 요인)을 가지고 있는 사람은 항상, 심지어는 그들이 문제행위를 보이기 전에 차별받을 수 있다는 것이다. 범죄행위의 생물학적 전조를 찾는 것은 잠재적 범죄자를 효과적으로 확인할 수 있는 특징들을 인지하고 싶은 희망에 의해 부채질 되었다. 만약 낮은 지적 능력이나 높은 테스토스테론 수치가 더 많은 불법적 행위를 유발한다면, 그러한 특징을 가진 사람들을 확인하고, 치료법을 찾고 이러한 특징을 가지고 있는 사람들을 더욱 조심스럽게 관찰하고 구금시키는 것은 당연하다. 불행하게도 이데올로기는 위험요인의 식별과 매우 관련성이 높다. 위험 요인들이 유전학 속에 위치했을 때, 몇몇 위험 요인들은 이데올로기에도 그 근원을 두고 있었다. 결과적으로 유전학에 대한 의심은 전면에 나타나게 되었다.

생물사회적 범죄학은 범죄자의 행위는 생물학적, 심리학적, 그리고 사회적 위험 요인들의 결합에 의한 결과라고 주장한다. 생물학적 위험 요인들은 유전적 특징들, 뇌 구조와 기능, 신경전달물질, 그리고 다양한 생리적인 특징들이라고 할 수 있다. 심리적인 위험 요인들은 반사회적 행위를 하도록 만드는 인지 과정들과 태도를 의미한다. 그러한 심리학적 위험 요인들은 신경심리학적 요인들(예: 낮은 자기 통제능력, 불안정한 결정 기술), 반사회적 태도들, 그리고 정신장애(예: 우울증, 양극성 장애)등이다. 다시 말해, 생물사회학적 접근은 다양한 학문을 포함하는 학제적 접근 방식이다. 그럼에도 사실 생물사회학적 접근은 공공연하게 심리적 요인들을 포함하지는 않는다. 왜냐하면, 심리학적 요인들이 생물학적 또는 사회학적 요인들에 의해 원인이 되는지에 대해서는 명확하지 않기 때문이다. 그럼에도 몇몇 생물사회학적 연구 모형들은 심리학적 변수들은 모형에 포함시키고 있다. 마지막으로 사회학적 위험 요인들은 공격행위에 대한 환경적 그리고 사회적 원인들을 의미한다. 예를 들어, 비행청소년 친구, 부모의 감독 부재, 그리고 스트레스를 유발하는 삶들이다.

생물사회학적 범죄학에 따르면, 생물학적, 심리학적, 그리고 사회학적 위험요인들은 최소한 4가지 방식으로 함께 반사회적 행위를 유발한다: (1) 가산적(additive) 생물사회적 모형, (2) 상관 관계적 생물사회적 모형, (3) 순차적인 생물사회적 모형, 그리고 (4) 배수적인 생물사회적 모형(Raine et al., 1997; Rutter et al., 2006).

첫 번째 모형은, 생물학적 그리고 사회학적 위험 요인들이 가산적으로 반사회적 행위에 영향을 주도록 결합되어 진다는 것이다([그림 6.4]을 보아라). 가산적 사회 생물학적 모형에 따르면 인간은 생물학적 그리고 사회학적 위험 요인들을 모두 가지고 있을 때 반사회적 행위에 더욱 연루될 가능성이 높다는 것이다. 결과적으로 생물학적 위험 요인(또는 사회학적 위험 요인)만으로는 반사회적 행위를 유발하지는 않는다는 것이다. 대신 행위에 대해서는 유전적 그리고 환경적 효과들은 상호 독립적 영향이다. 가산적 생물 사회적 모형으로 불리는 이유는 생물학적 사회학적 요인들과 연관된 위험성이 단순하게 더해지는 경향을 가지고 있기 때문이다. 가산적 생물사회적 모형에 대한 예는 [그림 6.5]에 잘 표현되고 있다.

[그림 6.5]에서 생물학적 위험 요인만을 가지고 있는 사람들의 경우 평균 일 년에 2번의 범죄를 저지른다. 비슷하게 사회학적 위험 요인만을 가지고 있는 사람들의 경우(즉 생물학적 위험 요인은 가지고 있지 않은 사람) 일 년에 평균 2번의 범죄를 저지른다. 생물학적 그리고 사회적 위험 요인을 모두 가지고 있는 사람의 경우 대략 일 년에 4번의 범죄를 저지른다. 이러한 예는 생물학적 위험 요인은 사회적 위험 요인은 각각 2번의 범죄를 저지르는데 두 가지가 합쳐질 경우 지지르는 범죄는 4번이 된다는 것을 보여주고 있다.

[그림 6.4] 생물사회적 이론 모형 서술

두 번째 형태의 생물사회적 모형은 상관 관계적 생물사회적 모형이다. 이모형은 생물학적 위험 요인들은 사회적 환경과 상호작용을 통해 개인의 범죄 행위에 간접적으로 연관된

[그림 6.5] 가산적 생물사회적 모형의 예

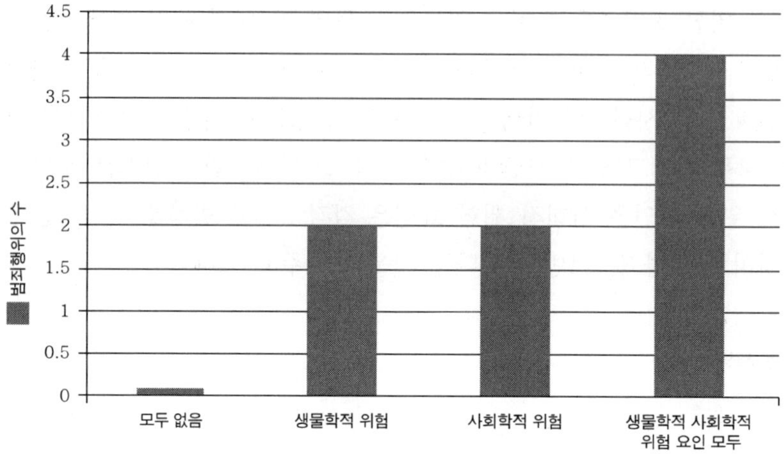


다는 것을 의미한다. 즉 생물학적 요인들은 개인들이 특별한 환경에 노출될 가능성을 높일 수 있으며, 다른 사람으로부터 어떤 행위를 유발할 가능성을 높인다. 결국, 환경과의 개인의 상호 작용은 범죄에 연루될 가능성을 높인다. 예를 들어, 반사회적 행위 또는 위험을 좋아하는 유전적인 성향을 가지고 있는 사람들의 경우 그들 자신을 범죄행위가 가능하도록 허용되어 지는 환경을 스스로 선택할 가능성이 높다. 그들은 범죄 행위가 허용되어지지 않거나 보안 시설 좋거나 또는 안전이 잘 확보된 곳보다 반사회적 행위의 기회가 제공되거나 허용되는(예, 어둡고, 보안 시설이 미약하거나 없는 곳, 규칙이 없는 곳) 나이트클럽 또는 술집을 전전할 것이다. 한번 그들이 범죄를 야기하는 술집이나 나이트클럽으로 들어가면, 이러한 사람들은 반사회적 행위를 자유롭게 행할 것이다. 생물사회학적 모형이 적용되어질 경우 이러한 모형의 예는 다음과 같다.

> 반사회적 행위를 좋아하는 사람 → 반사회적 행위가 허락되어 지는 술집 선택 → 반사회적 행위에 연루됨.

이러한 현상은 유전학 문헌에서 유전자 환경의 상관관계로 불리기도 한다(Plomin et al., 1977).

세 가지 종류의 유전자 환경 상관관계들이 존재하고 있다. 수동적, 능동적, 그리고 환기적. 우선 수동적 유전자 환경 상관관계는 부모가 가정환경과 유전자의 유전적 전달을 통해 그들의 아이들에게 반사회적 행위에 대한 유전적 성향이 전달될 때 일어난다. 즉 부모는 그들 자신의 유전적 구성을 가지고 있고, 다시 이들의 유전적 구성은 그들 자신의 인적 기술, 정신 건강, 성격적 특성, 기질에 영향을 미치게 된다. 부모의 인지 능력, 정신 건강, 성격과 기질 등은 부모가 어떻게 자식을 양육하고 그들의 아이들을 키우는가와 같은 부분에도 영향을 주게 된다. 예를 들어, 공격적인 부모들은 그렇지 않은 부모들 보다 아이들을 더욱 언어적으로 신체적으로 학대할 가능성이 높다. 결과적으로 학대 받은 아이들은 더욱더 공격적인 행위에 연루될 가능성이 높아지게 된다. 다시 말해, 부모의 유전적 구성은 부모가 어떻게 아이들과 상호 작용 하는지에 영향을 주게 된다(부모의 유전자 → 부모의 행위) 그리고 어떻게 부모들이 아이들을 양육하는지는 아이들의 반사회적 행위에 영향을 주게 된다(부모의 행위 → 아이의 반사회적 행위). 그러나 아이들은 공격성과 반사회적 행위에 대한 성향은 부모의 유전자의 전달을 통해 나타날 수도 있다(부모의 유전자 → 아이의 유전자). 조금 다르게 말하면, 부모는 반사회적 행위를 하게 만드는 유전적 변형을 가지고 있을 수 있고, 자녀들도 이러한 유전적 변형을 부모로부터 물려받을 수 있으며, 이는 자녀 역시 반사회적 행위를 하도록 만들게 된다. 유전적 그리고 환경적 경로 모두를 통해 부모의 유전적 요인을 통해 매개된 특징들은 아이들의 반사회적 행위에 영향을 미칠 수 있다.

두 번째 형태의 유전자 환경 상관관계 모형은 능동적 상관관계 이다. 능동적 유전자 상관관계는 어떤 인간들이 그들의 유전적인 영향력을 주는 특징에 의해 어떤 환경으로 그들 자신을 움직인다는 것이다. 더욱 구체적으로 그들의 유전적 구성들은 그들의 성격과 인지 능력들에 영향을 미칠 수 있으며, 그들의 성격과 인지적 능력들은 많은 환경 중에서 어떤 특정한 환경에서 그들이 시간을 보내는 것을 선택하는데 영향을 주게 된다는 것이다[그림 6.4]. 예를 들어, 내향적인 사람들은 기간을 조용한 장소(예, 도서관)에서 시간을 보내거나 소수의 친한 친구들과 어울린다. 반대로, 외향적인 사람들은 파티에 자주 가거나 나이트클럽 또는 큰 사회적 모임에서 더 많은 시간을 보내는 것을 선택한다. 같은 형태가 반사회적 행위에 대해서도 적용될 수 있다. 반사회적 행위에 대한 유전적 성향을 가지고 있는 사람들과 범죄 행위를 좋아하는 사람들의 경우 범죄행위가 만연한 장소를 자주 선택할 것이다. 능동적인 유전자 환경 상관성 모형은 개인의 유전적 구성이 그들의 성격을 통해 특별한 환경에 대한 그들의 노출에 간접적으로 영향을 주게 된다는 것을 의미한다.

마지막 유전자 환경 상관관계 모형은 환기형 유전자 환경 상관관계 모형이다. 환기형 유전자 상관관계 모형에 따르면, 유전적으로 영향을 미치게 되는 개인의 성격적 특성이 그들 주변의 환경으로부터 어떤 대응을 불러일으키게 된다는 것이다. 예를 들어, 변덕스러운 또는 신경질적인 아이들은 유쾌한 아이들 보다 주위의 친구들로부터 거부되거나 따돌림 받을 가능성이 높다. 환기형 유전자 상관관계 모형은 샘슨과 롭(1990)의 연령, 계층, 사회 통제 이론에서 잘 나타나고 있다(10장). 그들의 주장에 따르면, 나쁜 기질을 가지고 있는 아이들은 그렇지 않은 아이들에 비해 그들의 부모, 학교, 친구들과 낮은 사회적 유대를 가지게 되고, 결과적으로 낮은 사회적 유대를 가지고 있는 아이들은 비행의 가능성이 높게 된다고 주장한다.

유전자 환경 상관관계 모형 또는 상관 관계적 생물 사회적 모형은 인간의 유전적 또는 생물학적 요인이 그들의 환경과 연관되어 있다고 주장한다(유전적 또는 생물학적 기능 → 환경). 또 다른 형태의 생물사회적 모형으로 순차적 생물사회적 모형은 인간의 환경이 그들의 생물적 기능에 영향을 준다고 주장한다(환경 → 생물적 기능). 예를 들어, 많은 연구들은 유아기에 학대와 방임을 경험한 아이들은 시상하부 뇌하수체 부신 축 기능, 도파민 시스템, 세로토인 시스템, 부정적 감정과 자기 통제성을 책임지는 뇌 부분에 영향을 미친다고 보고하고 있다(Anderson and Teicher, 2009). 우리 주변의 환경이 우리 유전자의 표현 방식에 영향을 미친다는 연구들 역시 발견되고 있다. 유전자 외적 효과(후생적 효과)라 불리는 이러한 현상은 우리가 어떤 환경에 노출될 때 유전자가 활동을 중지하거나(예, 단백질 생산이 늦어지거나 중지), 활동이 시작(예, 단백질 생산이 시작되거나 증가)될 때 발생한다.

몇몇 고전적 후생학적 연구들은 위버와 그의 동료들(2004, 2007)에 의해 연구되었다. 연구자들은 특별한 유전자(글루코코티코이드 수용체 유전자)는 방임적인 어미(예, 친밀한 접촉 수준이 낮음)를 가진 어린 쥐들 사이에서 작동하지 않는 반면, 방임적이지 않은 어미를 가진 쥐들에서는 정상적으로 작용하게 된다. 이러한 특별한 유전자는 우리의 근심, 두려움, 스트레스에 대한 민감성을 책임지는 시스템의 부분이기 때문에 매우 중요하다. 결과적으로 만약 이러한 특별한 유전자 기능이 작동하지 않는 인간이나 동물들은 더욱 많은 걱정과 두려움을 가지고, 쉽게 짜증나고, 스트레스로부터 회복되는데 어려움을 겪을 것이다. 특히 이러한 연구의 흥미로운 점은 방임의 효과는 정반대로 바뀌질 수 있다는 것에 있다. 방임한 어미를 가지고 있는 쥐가 사랑스럽게 자식을 돌보아 주는 어미 쥐에게로 입양되어질 경우 그들의 글루코코티코이드 유전자가 다시 작용하게 되고, 그들의 유전자는 사랑스럽게 자식을 돌보아 주는 어미의 다른 어린 쥐들과 마찬가지로 작동을 시작하게 된다는 것이다. 후속 연구들 역시 환경이 900개 이상의 유전자의 활동에 영향을 미칠 수 있다는 것을 발견하였다(Weaver et al., 2006). 전통적인 사회학적 범죄학에 적용할 경우, 이러한 발견들은 긴장과 낮은 사회적 유대들은 생물학적 결과(사회적 그리고 심리적 결과와 더불어)를 가질 수 있으며, 이러한 결과들은 인간의 행위를 설명하는데 도움을 줄 수 있다는 것을 의미한다.

이 부분에서 서술되는 마지막 생물사회적 효과는 배수적 생물사회적 모형이다. 배수적 생물 사회적 모형은 생물학적 그리고 사회적 위험 요인들을 모두 가지고 있는 사람들은 단지 생물학적 위험 요인만을 또는 사회학적 위험 요인만을 가지고 있는 사람에 비해 기하급수적으로 높은 범죄 행위를 저지르게 된다고 주장한다. 이모형은 가산적 모형과 다르다. 왜냐하면, 생물학적 그리고 사회적 위험 요인들 사이의 동반상승효과는 생물학적 그리고 환경적(사회학적) 요인의 가산적 효과를 넘어서 범죄 행위를 증가시키기 때문이다. 예를 들기 전에 먼저 단지 생물학적 위험 요소만을 가지고 있는 개인이 일 년 동안 평균 2번의 범죄를 저지르고 단지 사회적 위험 요소(예, 빈곤)만을 가지고 있는 개인이 일 년 동안 평균 2번의 범죄를 저지르는 이전의 예로 다시 돌아 가보자. 가산적 모형에서는 생물학적 그리고 환경적 위험 요인을 모두 가지고 있는 사람의 경우 일 년 동안 평균 4번의 범죄를 저지른다([그림 6.5]을 보아라). 가산적 모형과는 달리, 배수적 생물사회적 모형에서는 일 년 동안 평균 5번 이상의 범죄를 저지를 것이다(또는 독립적 효과의 합인 4번 보다 큰 어떤 수의 범죄, [그림 6.6]을 보아라). 가산적 모형과 배수적 모형의 본질적인 차이는 수학적인 측면에서 나타난다고 볼 수도 있지만, 중요한 개념적 의미 역시 가지고 있다. 가산적 모형은 생물학적 그리고 사회적 위험 요소의 합을 통해 범죄성향의 위험성을 온건적으로 증가시키는 반면, 배수적 모형은 생물학적 그리고 사회적 위험 요인의 동반적 상승작용을 통해 더욱 심각한 결과를 가져오게 된다. 이러한 효과는 어떤 화학물질 또는 약물이 다른 물질과 결합되지 않는 한 거의 또는 별다른 생리적 효과를 가지지 못하지만, 다른 물질과 결합

[그림 6.6] 배수적 생물사회적 모형의 예

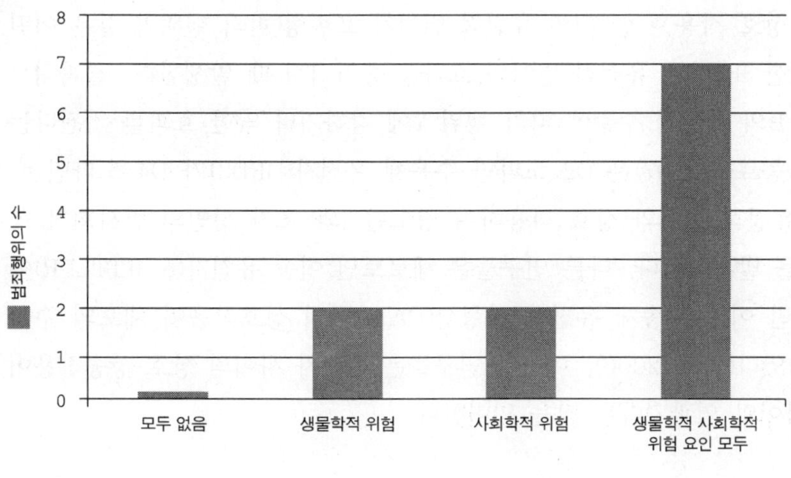

되는 순간 중대한 또는 치명적인 효과를 가지는 것과 흡사한 상황이라 볼 수 있다. 비슷하게, 생물학적 그리고 사회적 위험 요소는 합쳐져서 서로 부정적인 또는 긍정적인 효과를 배가시킬 수 있다는 것이다.

배수적 생물사회적 모형의 한 형태는 유전자와 환경이 곱해지는 상호작용이다. 유전자와 환경이 곱해지는 상호작용은 인간의 행위에 대한 환경의 효과가 인간의 유전적 구성에 의해 변화할 때 나타나게 된다. 예를 들어, 부정적인 사회적 환경은 반사회적 행위에 대해서 유전적인 성향을 가지고 있는 사람들에게 매우 강한 영향력을 주는 반면, 같은 부정적인 환경도 유전적으로 문제가 없는 사람들에게는 범죄 행위에 전혀 또는 별다른 효과를 주지 못한다. 범죄 행위에 대한 유전자와 환경의 곱셈을 통한 상호작용 효과에 대한 중요 연구는 캐스피와 그의 동료들(2002)에 의해 수행되었다. 그들의 연구는 모노아민 산화효소 A(MAOA) 유전자의 변종이 어린 시절 부모 학대와 상호작용을 통해 청소년 비행과 범죄에 영향을 미친다는 것을 발견하였다. 조금 더 구체적으로는 연구자들은 대립 유전자의 낮은 활동(예, 유전적 위험 요인)을 가진 학대 받은 아이들의 경우 유전적 위험성을 가지지 않고 학대만 경험한 아이들(예, 환경적 위험성만 가질 경우), 그리고 낮은 대립 유전자 활동을 가지는 학대를 경험하지 않은 아이들(예, 생물학적 위험성만 가질 경우)에 비해 매우 높은 수준의 품행 장애, 폭력 범죄로 인한 기소, 자기 보고식 설문에서 높은 폭력적 성향, 반사회적 인격 장애를 가지는 것을 발견하였다. 캐스피와 동료들(2002)의 연구 이후, 신경 전달 물질 그리고 호르몬과 연관되는 유전적 변종이 범죄 행위와 약물 사용에 영향을 주는 다양한 환경들과 상호작용한다는 연구들이 발견되었다(Boisvert and Vaske, 2011).

배수적 생물사회적 모형의 또 다른 예는 두 가지 생물학적 요인들이 상호 작용할 때이다. 즉 유전자들이 다른 유전자들과 상호 작용할 때 또는 유전자들이 다른 생물학적 기능(예, 호르몬, 신경펩티드)들과 상호 작용할 때 부적응적(범죄, 비행) 행위들이 발생하게 된다. 유전자와 유전자의 상호 작용은 한 개의 유전적 변이가 표현형(범죄 행위와 같은 어떤 측정 가능한 특성)에 대한 또 따른 유전적 변이의 효과를 증가시킬 때 발생한다. 결과적으로, 유전자 A는 유전자 B의 개인적 수준에 따라 행위 Y에 강하거나 약한 효과를 가진다는 것이다. 최근에 비버와 동료들(2007)은 D2 도파민 수용체 유전자(DRD2)가 D4 도파민 수용체 유전자(DRD4)의 유전적 변이와 상호 작용하여 청소년기와 초기 성인의 반사회적 행위에 영향을 미치는 것을 발견하였다. 다른 연구들은 세로토닌 이송 유전자(5-HTTLPR)에서 유전적 변이는 도파민 이송 수송체 유전자 다형성(DAT1)과의 상호작용이 체포의 수를 예측한다는 것을 발견하였다(Rae, 2006). 이러한 연구들은 유전자 사이의 상호 상승작용이 범죄행위에서 개인적 차이와 연관된다는 것을 의미한다.

다른 연구자들은 유전적 변이가 성 호르몬과 상호작용하여 뇌의 기능, 감정적 반응, 그리고 행위에 영향을 준다는 것을 발견하였다. 예를 들어, 메이어 린덴버그와 동료들(2006)의 분석은 낮은 모노아민 산화효소(MAOA) 활동을 가진 남성의 경우 같은 수준의 낮은 모노아민 산호효소 활동을 가진 여성 보다 편도체(뇌의 부정적인 감정을 책임지는 부분)에서 더 활발한 활동을, 전전두엽(뇌에서 자기 통제를 책임지는 지역)에서 낮은 활동성을, 그리고 이 두 가지 부분사이에서 빈약한 연결성을 가지는 것을 발견하였다. 이처럼 한쪽 성에 국한된 발견들은 모노아민 산화효소(MAOA) 유전자는 성호르몬과 상호작용하여 어떤 사회적 상황에 대한 인간의 대응에 영향을 준다는 가설을 설정하도록 만들었다. 소베르그와 동료들(2008)의 연구는 모노아민 산화효소는 테스토스테론과 상호작용하여 공격성과 반사회적 인격 장애에 영향을 주는 것을 발견하였다. 이러한 연구 결과들은 생물학적 위험 요인들이 단독으로 작용하는 것이 아니라 함께 작용하여 인간의 행위에서 차이를 생성한다는 것을 의미한다.

위에 제시한 네 가지 모형들은 생물사회학적 범죄학 연구를 수행하는데 이론적 기준을 제시하고 있다. 그러나 위의 모형들은 매우 일반적이며 어떤 생물학적 요소들이 반사회적 행위에 가장 연관성이 있는지에 대해서는 구체화하지는 않고 있다. 또한 많은 범죄학자들의 경우 반사회적 행위와 연관되는 특별한 생물학적 요소들에 대해서 알고 있지 않다. 이러한 문제에 대한 규명을 위해, 다음 부분은 반사회적 행위와 연관된 생물학적 요인들과 생물사회학적 환경에 대해 서술할 것이다. 생물학적 요인들은 유전자, 뇌의 구조와 기능, 신경전달물질, 호르몬들이다. 범죄 유발적 생물사회학적 환경은 산과 위험 요인, 독소에 노출, 어린 시절의 과도한 스트레스 등이다. 다른 환경들이 반사회적 행위의 위험을 증가시키는 반면, 이러한 환경적 요소들은 범죄행위와 관련된 생물학적 결과로 알려져 있다. 미래의 연구들은 이러한 요소들을 확대할 것이고 다른 환경들(예, 비행 친구 접촉)의 신경생물학적 결과들을 명확하게 할 것이다.

### *유전학*

유전자와 인간의 행위에 관한 연구는 크게 2가지로 구분될 수 있다. 행위적 유전학과 분자유전학이다. 행위유전학은 반사회적 행위에 대한 연구에서 "유전자와 환경이 얼마나 중요한가?" 에 대한 질문에 대한 해답을 찾으려고 노력한다. 따라서 행위적 유전 모형은 행위에서 어느 정도의 변화가 유전자 또는 환경에서 기인하는 것인가에 대해 답할 수 있을 것이다. 반대로 분자 유전학은 "어떤 구체적인 유전적 변이가 반사회적 행위의 연구에 중요한가?" 라는 질문을 연구한다. 결과적으로 행위적 유전학은 본질적으로 더욱 일반적이고, 분자 유전학은 인간의 인지와 행위에 특히 중요한 유전적 변이를 정확하게 찾아낸다는 측면에서 더욱 구체적이다.

## ●● 행위적 유전학

행위적 유전학의 광범위한 연구 질문은 어떤 주어진 표현형(phenotype)에 대해서 유전자와 환경의 상대적 기여부분이 각각 어느 정도 차지하고 있는가이다. 표현형은 머리 색, 신장에서 음악적 재능 그리고 운동적 재능과 같이 어떤 관측 가능한 인간의 특징을 의미한다. 행위적 유전학에서 범죄학적 관심은 공격성, 폭력, 범죄 성향과 같은 행위적 표현형들이다. 행위적 유전학 모형에서, 반사회적 행위에서 어느 정도의 변량이 유전학과 환경에 의해 설명될 수 있는가를 측정할 수 있다. 특히 연구자들은 인간의 행위에서 어느 정도의 변량이 유전에서 기인하는지를 유전가능성 계수($h^2$)를 통해 측정한다. 유전 가능성 계수($h^2$)는 0에서 1의 범위를 가지고 있으며, 0은 유전자가 반사회적 행위에서 인간의 차이를 전혀 설명하지 못한다는 것을 의미하며, 1은 반사회적 행위에서 100%의 변화가 유전자에 의해 설명된다는 것을 가리킨다. 유전가능성 계수에서 변동성을 표현하기 위해, 한 가지 예를 들면, 인간의 언어적 능력은 주위 환경에서 습득되고, 유전되지 않기 때문에 사람들이 말하는 언어의 변동성에서 유전 가능성 계수는 0이 된다. 그러나 인간의 신장의 경우에는 대략적인 유전 가능성 계수가 0.9이며, 이는 우리의 유전적 구조에 의해 인간의 신장이 90%정도 결정된다는 것을 의미한다(Rowe, 2002).

행위적 유전학에서, 잠재적인 환경적 영향력들은 공유된 환경 그리고 공유되지 않는 환경의 범주로 나누어 질 수 있다. 공유된 환경적 영향력들은 가족 내에서 공통된 사회적 경험들이며 이는 형제자매들을 유사하게 만들게 된다. 공유된 환경 영향력의 예는 생활수준과 지역사회에서의 다양한 경험들을 포함한다. 가정에서 각각의 구성원들은 그들에게만 형성되는 독특한 환경적 상호작용을 경험하게 되는데 이를 공유되지 않는 환경적 경험들이라고 한다. 예를 들어, 출산과정에서 부상을 경험한다든지, 출생 후에 다른 친구들의 영향력, 또는 가정 내에서 형제자매들과 다른 특별한 처우등과 같이 많은 다른 공유되지 않는 환경적 영향력 등이 존재한다. 공유되지 않은 환경적 영향력 등은  각각의 아이들에 따라 독특하기 때문에 형제자매들 사이에서 차이를 촉진하게 된다. 예를 들어, 최근에 연구에서는 일란성 쌍둥이 중에 어머니가 관심을 가지지 않은 아이는 자기 통제에 더 많은 문제를 가

[그림 6.7] 입양한 아버지와 생물학적 아버지의 범죄기록에 따른 입양된 덴마크 30-44세 남자 입양아의 범죄기록 분포

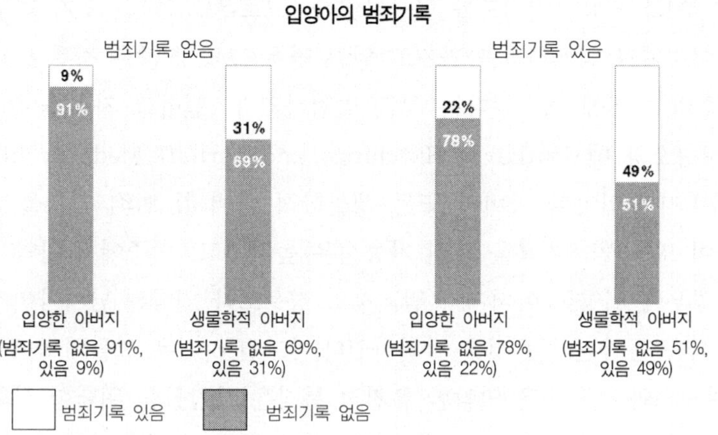


≫ 자료의 출처: adapted from B. Hutchings & S.A. Mednich (1977). "Criminality in adoptees and their adoptive and biological parents: A pilot study." in S.A. Mednick & K.O. Christiansen (eds.) Biosocial Bases of Criminal Behavior, pp. 127–141. New York: Garner Press.

질 가능성이 높고 더 많은 비행에 관여하게 된다고 보고하고 있다(Beaver, 2008).

연구자들은 반사회적 행위에서 유전자와 환경의 기여도를 연구하기 위해 두 가지의 다른 행위적 유전 방법론들은 사용해 왔다. 입양연구와 쌍둥이 연구가 그것이다. 입양연구는 출산 후 생물학적 가족이 아닌 가정으로 빠르게 입양된 아이들의 발달과정을 추적함으로서 연구한다. 이 연구 방법은 입양된 아이가 입양한 부모들 보다 그들의 생물학적 부모를 반사회적 행위 측면에서 더욱 닮는지를 연구함으로서 표현형(예, 범죄와 비행)에 유전자와 환경적 영향력의 기여부분을 평가하게 된다. 입양연구와 쌍둥이 연구에서 핵심 개념은 가족의 구성원들이 같은 행위적 결과를 보이는 사례의 부분이 두 가족 중에서 어느 쪽과 같은가를 의미하는 일치도 라고 할 수 있다. 만약 입양된 아이들이 입양한 부모들 보다 생물학적 부모를 더 많이 닮을 경우(다시 말하면, 입양한 부모보다 생물학적 부모와의 일치도가 더 높으면), 이는 유전적 요인들이 그들의 행위를 설명하는데 더욱 중요하다는 것을 의미한다. 예를 들어, 만약 입양된 아이들이 범죄에 연루되고 생물학적 부모는 범죄 전과를 가지고 있지만, 입양한 부모는 범죄에 연루되지 않는 경우, 연구자들은 범죄 성향을 유전된다고 말할 것이다. 반대로, 입양아가 입양 부모를 생물학적 부모보다 더 닮는 경우(다시 말해, 생물학적 부모보다 입양부모와 더 일치도가 높은 경우), 이는 사회적 요인들이 반사회적 행위와 더 관련된다는 것을 의미한다. 이것은 입양연구에서 사용된 가장 고전적인 연구형태이다. 그러나 입양연구에서는 다른 연구 방법역시 사용될 수 있다(Plomin, 1990).

초기 입양연구는 행위에서 유전자의 역할을 연구하기 위해 입양아와 그들의 부모(생물학적 부모와 입양 부모)사이의 일치도를 연구하였다. 크로우(1972)의 초기 연구는 입양된 아이의 생물학적 어머니가 범죄전과를 가지고 있는 경우 그렇지 않은 경우 보다 입양된 아이가 더 높은 수준의 범죄에 연루된다는 것을 발견하였다. 덴마크 자료를 분석한 광범위한 입양연구에서 허칭스와 매드닉(Barry Hutchings and Sarnoff Mednick 1977)은 만약 입양된 아이의 아버지가(입양한 아버지 또는 생물학적 아버지) 범죄 기록을 가지고 있으면 입양된 남자 아이 또한 범죄기록을 가질 가능성은 높아지고, 이중에서 만약 생물학적 아버지가 범죄자일 경우에 입양한 아버지가 범죄자일 경우보다 입양된 남자아이가 범죄 기록을 가질 가능성은 더욱 높아진다는 것을 발견하였다. [그림 6.7]은 그들의 연구결과에서 비율을 나타냈다. 허칭스와 매드닉은 열악한 유전적 특징은 사람들을 위험한 사회 환경에 더욱 취약하게 만든다. 왜냐하면, 그들이 범죄에 쉽게 굴복하게 만드는 사회적 위치에 존재하도록 만드는 유전적인 문제점으로 가지고 있기 때문이다.

최근의 입양 연구들은 반사회적 행위에 대한 유전, 공유된 환경, 공유되지 않은 환경의 기여도를 측정하기 위해 더 복잡한 통계적 기법을 사용해 왔다. 전체적으로, 이러한 연구들은 사회적 행위와 범죄행위에서 유전의 영향력은 0.30에서 0.40으로 추정하고 있다(Boisvert, 2009; Moffitt, 2005). 공유된 환경의 경우 반사회적 행위에 대해 별다른 설명력을 가지지 못한다. 하지만, 공유되지 않은 환경의 경우 나머지 60-70퍼센트를 설명한다. 공유되지 않은 환경의 경우 인간 행위 연구에서 반드시 내재하는 몇 가지 측정 오류를 포함한다. 결과적으로 범죄 행위와 반사회적 행위에서 공유되지 않는 환경의 기여도를 정확하게 측정하기는 어렵다고 할 수 있다. 이러한 연구들은 유전적 요인들이 반사회적 행위를 설명하는데 중요하다는 것을 의미하는 반면, 다른 연구들처럼 유전 연구들 역시 그 한계점을 가지고 있다는 것을 보여주고 있다. 입양 연구에서의 한 가지 한계점은 입양기관은 아이들을 가능한 안정적인 가정에 입양시키려는 경향이 있다는 것이다. 이러한 한계를 선택적 입양 편견(selective placement bias)라 한다. 선택적 입양 편견은 입양 가정의 환경에서 변화량을 감소시킴으로서 궁극적으로 연구자들이 환경의 영향력을 과소평가하게 된다. 쌍둥이 연구는 선택적 입양 편견 문제를 피할 수 있는 또 다른 행위적 유전 연구형태라 볼 수 있다.

쌍둥이 연구는 생물학적 관계인들 사이에 유전적 영향을 측정하기 위한 연구에서 중심적인 연구방법이 되었다. 알다시피, 평균적으로 완전한 형제자매(생물학적 두 부모가 모두 같은 경우)는 50%의 유전자를 공유하고, 반 형제자매(생물학적 부모 1명이 같은 경우)는 25%의 유전자를 공유한다. 이는 두 개의 수정란이 동시에 수정되고 형성되는 이란성 쌍둥이의 경우에도 동일하다. 생물학적으로, 그들은 단지 출생일을 공유하는 형제자매들이다. 그러나 일란성 쌍둥이의 경우에는 단일한 난자의 분리, 수정 그리고 동시 형성의 결과이기 때문에 같은 유전적 구조를 가지고 있다. 일란성 쌍둥이들은 그들의 유전자를 100%의 공유하기 때문에, 이론적으로는 공유하지 않는 환경적 영향이 통제되었을 때 일란성 쌍둥이들은 정확하게 동일해야 한다.

요하네스 랑게(Johannes Lange)의 운명으로서의 범죄(1930)는 범죄일치도의 연구에서 선구적 역할을 하였다. 그는 범죄성향의 유전적 설명과 동일하게 일란성 쌍둥이가 이란성 쌍생아보다 일치도가 더 높다는 것을 발견하였다. 아마도 쌍둥이 연구에서 가장 많이 언급되는 연구는 덴마크에서 실시된 칼 크리스티안젠(Karl O. Christiansen)의 연구일 것이다. 그는 광범위한 동시 출생 집단의 기록을 조사하여 다음과 같은 범죄 일치도 비율을 발견하였다. 일란성 남 쌍둥이의 35%; 이란성 남 쌍둥이의 13%; 일란성 여 쌍둥이의 21%; 이란성 여 쌍둥이의 8%.

전체적으로 쌍둥이 연구에서 축적된 연구의 결과는 비행과 범죄에서 공유되지 않는 환경이 대략 40%를 설명하며, 유전이 대략 50%를 설명한다고 보았다. 반면에 공유된 환경은 비행과 범죄에서 매우 적은 부분만을 설명한다(Moffitt, 2005). 예를 들어, 최근의 38개의 쌍둥이 연구와 입양 연구에 대한 메타 분석은 반사회적 인격 장애와 행위에서 유전적 요인들이 56%를 설명하고, 공유되지 않은 환경이 31%를 설명한다고 보고하고 있다. 반면 공유된 환경은 반사회적 인격 장애와 행위에서의 변화량의 11%만을 설명한다는 것을 발견하였다(Ferguson, 2010). 다른 메타분석 연구들 역시 다양한 행위들(예, 지능, 지각운동능력, 언어, 정신병, 약물 남용)은 유전에 의해 대략 40%정도가 설명된다고 보고하고 있다. 이러한 연구들은 유전자는 다양한 행위를 결정한다는 것을 의미한다(Malouff et al., 2008). 행위에 대한 유전적 요인들의 중요성을 고려해 볼 때, 다음 질문은 구체적으로 어떤 유전적 변종이 반사회적 행위에서 중요한가? 이러한 질문에 대해서는 분자유전학과 반사회적 행위에 관한 연구들을 통해 그 응답을 찾아 볼 것이다.

## •• 분자 유전학

범죄학자들은 더 높은 수준의 반사회적 행위와 범죄행위와 연관되는 구체적인 유전적 변종을 확인하기 위한 방법으로 분자 유전학을 이용한다. 사회 과학자들은 신경전달물질과 스테로이드 호르몬 시스템(예, 에스트로겐, 글루코코티코이드, 엔드로겐)과 연관된 유전적 변종에 집중해 왔다. 왜냐하면, 이러한 시스템은 인간의 심리와 의사 결정과정과 밀접하게 연관되어 있기 때문이다. 따라서 유전자와 행위 사이의 인과적 고리는 다음과 같다고 생각할 수 있다.

유전적 동질이상 → 인지신경심리에서의 변화 → 행위에서의 변화

[그림 6.8] 미네소타 대학의 따로 양육된 쌍둥이 프로젝트 연구의 책임연구원중의 한명인 낸시 시갈(Nancy Segal) 박사가 출생 후 따로 양육된 쌍둥이들과 같이 자세를 취하고 있다. 연구는 분리되어 양육된 쌍둥이들이 유사성을 공유하는가? 또는 그들이 경험한 환경이 동일한가에 대해서 연구한다.

≫ 자료의 출처: AP Photo.

과학자들은 범죄 유전자는 없다는 것을 강조한다. 대신, 그들은 범죄 행위는 매우 복잡하고 수백 또는 수천 개의 유전적 변종이 기처를 이루고 있다는 것을 인정하고 있다. 즉 연구자들은 범죄 행위를 다양한 유전자의 문제로 인식하거나 표현형(범죄, 또는 반사회적 행위)이 발생되기 위해서는 다양한 유전자가 함께 작용한다고 믿고 있다. 예를 들어, 커밍스와 동료들(2000)의 경우 10개의 유전적 변종이 품행장애와 연관되고, 7개의 유전적 변종이 반항장애, 10개의 유전적 변종이 주의력결핍장애와 연관된다는 것을 발견하였다. 그들의 연구는 반사회적 행위에 대한 다유전자적 특징을 연구한 첫 번째 연구 중에 하나였다. 그러나 그들의 연구는 단지 42개의 유전적 변종에 제한되었다. 사실 수백 개의 유전자가 반사회적 행위에 기여하고 있다.

유전적 변종은 무엇인가? 유전적 변종(또는 DNA에서 차이)은 분자 유전 연구에서는 동질이상이라고 불린다. DNA는 함께 연결되어 있는 유전적 문자(A, C, T, G)로 구성되며 어떤 아미노산의 생성을 위한 설명을 제시한다. 유전적 문자 또는 질소염기에서의 변화는 생성되는 아미노산에서의 차이를 의미한다. 더욱 구체적으로는, 유전적 문자에서의 변화는(예, 잉여의 문자, 삭제된 문자, 또는 다른 문자 구조)는 생성되는 아미노산이 더 적게 되

거나, 생성되는 아미노산이 다르다는 것을 함께 의미한다. 예를 들어, CCA에서 CAA로 순서에서의 전환은 프롤린(CCA) 대신 아미노산 클루타민(CAA)이 생성된다는 것을 의미한다. 이러한 변화는 매우 중요하다. 왜냐하면, 아미노산에서 변화는 단백질에서 변화를 가져오게 되고, 단백질에서의 변화는 인간의 뇌와 몸속에서 화학물질과 구조에서 변화를 야기한다. 결과적으로 DNA 구조에서의 변화는 몸 전체를 통해 예상 밖의 복잡한 결과를 야기하고, 어떻게 인간이 세상을 인지하고 상호작용하는가에 영향을 미칠 수 있다.

연구자들은 세로토닌, 도파민, 효소시스템과 연관된 유전적 동질이상(예, 모노아민 산화효소)가 반사회적 행위와 범죄와 연관된다는 것을 발견하였다(Boisvert and Vaske, 2011). 예를 들어, 연구들은 세로토닌 운반 다형성에서 짧은 대립 유전자(5-HTTLPR)을 가지고 있는 사람은 긴 대립 유전자를 가진 사람들에 비해 주의력 결핍 및 과잉행동장애, 공격성 행위, 폭력범죄, 알코올 남용, 다른 약물 남용 위험성이 더 높다는 것을 보고하고 있다. 5-HTTLPR 동질이상은 44번째의 유전적 문자(또는 염기쌍)들이 세로토닌 운송 유전자가 존재하는 부분에서 사라졌기 때문이다. 이러한 문제는 세로토닌 운반을 위한 단백질을 덜 분비하게 되고, 더 적은 운반자들은 전체적으로 더 적은 세로토닌 활동을 유발하게 된다(Vaske, 2011). 후에 서술되겠지만, 낮은 세로토닌 활동은 충동적인 그리고 공격적인 행위와 연관된다. 결과적으로 5-HTT 유전자 중에서 44번째 염기쌍의 삭제는 화학적 결과(예, 낮은 세로토닌)을 가지며, 이러한 결과들은 인간이 높은 반사회적 행위의 위험성을 가지게 만든다.

다른 연구들은 도파민 동질이상(도파민 운송 유전자 DAT1, 도파민 수용 유전자 DRD2와 DRD4)과 효소에서의 동질이상(모노아민 산화효소 유전자, 트립토판 수산화 효소 유전자, 그리고 카테콜-O-메틸전달효소 유전자; COMT)들은 반사회적 행위와 연관된다. 이러한 연구들이 반사회적 행위들과 유전적 동질이상을 연관시키고 있지만, 반사회적 행위에서 인간의 유전적 동질이상의 영향력은 비교적 적다는 것이 알려질 필요가 있다. 인간의 유전적 동질이상은 반사회적 행위에서 2%이상을 설명하기 힘들다. 그러나 연구자들은 이러한 인간의 동질이상들이 다른 동질이상들과 그리고 환경들과 결합되어 행위를 유발한다고 믿고 있다. 결과적으로, 인간의 유전자의 영향력에 대한 연구들은 행위에서 유전자의 영향력을 과소평가할 수 있다. 현시점의 과학 분야에서, 연구자들은 다양한 유전적 동질이상의 효과를 결합하는 방법론들(중요한 형질 위치 분석)의 개발이 시작되고 있으며, 이러한 방법론들은 행위에서 다양한 동질이상의 결합의 영향력을 연구한다. 다가올 미래에는 이러한 방법론들이 어떻게 유전자와 행위에 대한 우리의 이해를 형성하게 될 것인가를 보게 될 것이다.

가끔 유전적 변종은 행위와 연관된다. 왜냐하면, 이러한 변종은 뇌의 구조와 기능, 신경전달물질, 그리고 호르몬에 영향을 미치기 때문이다. 생물사회학적 영역에서는 이 부분에 대한 연구가 더욱 커질 것이다. 이러한 분야에 대한 보다 깊은 연구는 엘리스와 동료들(2009)의 연구에서 찾아볼 수 있을 것이다. 다음 부분은 반사회적 행위와 연관되는 뇌의 특별한 부분, 신경전달물질 그리고 호르몬에 대해 간략하게 검토해 볼 것이다.

### *뇌의 구조와 기능*

뇌의 구조는 뇌에서 회백 질과 백질의 용량과 밀도를 의미하는 반면, 뇌의 기능은 뇌 속에서 혈류량과 포도당 대사를 의미한다. 건강한 뇌는 뇌의 구조와 시스템이 온전할 뿐만 아니라 정상적인 수준의 혈류량과 에너지 소비를 필요로 한다. 인간의 뇌 구조에서의 결함은 뇌의 어떤 부분이 작거나 없는 것을 통틀어서 의미한다. 반대로, 뇌의 기능에서의 결함은 뇌의 어떤 부분이 기능할 수 있는 충분한 산소 또는 포도당(다시 말해, 에너지)을 공급받지 못한다는 것을 의미한다. 결과적으로 인간이 정상적인 행위를 하기 위해서는 뇌의 구조와 기능이 온전해야 할 필요가 있다.

1990년대 초기, 연구자들은 뇌의 구조와 기능 결함이 반사회적 행위와 연관되는지를 연구하기 위해 자기공명화상기술들을 사용하기 시작하였다. 연구자들은 특히 전전두엽, 측두엽, 변연계의 많은 부분이 반사회적 행위를 설명하는데 연관된다는 것을 발견하였다. 전전두엽은 뇌에선 가장 발달된 부분으로 간주되며, 문제 해결, 의사결정, 자기 통제, 그리고 메타인식과 같은 더 높은 수준의 인지 과정을 책임지는 부분이다. 레인과 동료들(2000)은 건강한 통제 집단과 비교하였을 때 반사회적 인격 장애를 가지고 있는 것으로 진단된 사람들은 전전두엽 회백질의 용량이 11% 정도 작다는 것을 발견하였다.

(1)인지적, 생리적, 그리고 감정적 정보를 의사결정으로 통합하는 역할을 하는 복내측 시상하핵 전전두엽 피질(VMPFC); (2) 감정 통제, 결과 예측, 동기유발 행동을 책임지는 부분인 안와전두피질(OFC); (3) 단기 또는 작동기억, 자기 통제, 계획 그리고 자기 인식 (예, 내가 느끼는 것은 무엇인가? 나는 누구인가?)과 같은 것을 책임지는 배측면 전두엽 피질(DLPFC)과 같은 부분들은 반사회적 행위들과 연관되는 특별한 전전두엽 피질 중에 하나이다. 레인과 양(2006)의 문헌 연구는 건강한 집단과 비교했을 때, 반사회적 행위를 하는 집단의 경우 VMPFC, OFC, DLPFC에서 용량이 적고 활동이 적다는 것을 보여주고 있다. 예를 들어, Yang과 동료들(2005)의 연구에 따르면 사이코 패스는 전두엽 회백질의 용량 감소와 연관된다는 것을 발견하였다. 하지만, 성공적이지 못한 사이코 패스(다시 말해 경찰에 검거된 사이코 패스)는 성공적인 사이코 패스 그리고 건강한 통제 집단과 비교하여 전전두

엽 피질의 용량이 대략 22%정도 적다는 것을 발견하였다. 이러한 연구들에서 밝혀진 것은 뇌의 구조와 기능에서의 차이점이 범죄자와 비범죄자의 차이를 설명할 뿐만 아니라 범죄자 집단속에서 범죄행위의 변량을 설명하기도 한다는 것을 의미한다.

측두엽에서의 뇌의 부분 역시 반사회적 행위와 연관되어 있다. 특히, 측두엽에서의 한 부분인 측두두정접합(TBJ)은 자기인식, 자기 대리, 사회적 신호과정(즉, 다른 사람의 행위의 의도), 대처기술(즉, 재평가), 도덕적 추론, 도덕적 감정(즉, 부끄러움/죄책감, 자부심)과 연관되기 때문에 특별히 관련이 깊다. 또 다른 연구들은 살인자 그리고 사이코 패스는 비범죄자들에 비해 혈류량이 적고 포도당 대사 역시 적은 것이 발견되었다(Raine and Yang, 2006).

또한 연구들은 대뇌 변연계 시스템의 부분(편도체와 해마)과 주위변연계 부분(대상엽과 뇌도) 부분이 반사회적 행위와 연관된다는 것을 발견하였다. 우리의 뇌 깊숙한 곳의 작은 아몬드 모양의 구조를 가진 편도체는 우리의 감정을 책임지는 부분이다. 편도체는 감정을 생성하고, 자극에 대해 감정을 부여하는데 도움을 주고, 이러한 정서적 기억을 저장한다. 그리고 세상에서 다양한 사물에 대한 빠른 감정적 판단을 내리는 것에 도움을 준다. 반사회적 행위에 대한 편도체에 대한 연구 결과는 혼재된 결과를 보이고 있다. 몇몇 연구에서는 반사회적 행위 집단은 더 활발한 뇌의 기능적 활동을 보이지만, 다른 연구에서는 줄어든 뇌의 기능적 활동을 보여준다. 현시점에서, 과학자들은 범죄자의 편도체는 기능적 장애를 가지고 있으며, 어떤 종류의 범죄자들(예를 들어, 높은 반응 공격성을 가지고 있는 범죄자)에게는 과대활동을 다른 종류의 범죄자들(예를 들어, 사이코 패스)에게는 과소 활동을 하는 것으로 결론 내렸다. 해마에 관련된 연구들은 반사회적 행위를 하는 사람들은 그렇지 않은 사람에 비해 해마에서 적은 회백질과 더 낮은 기능적 활동을 하는 경향이 있는 것을 발견하였다. 해마는 원인과 결과의 연관성(예, 경찰이 나를 의도적으로 체포한 것이 아니라, 내가 돈을 훔쳤기 때문에 교도소에 갔다)을 책임지는 기관이며, 단기 기억을 장기 기억으로 정보를 이동하는 역할을 한다. 결과적으로, 이 지역에서의 구조와 기능에서의 결함은 어떤 결과들이 형성되는 행위를 정확하게 연관시키지 못하기 때문에 반사회적 행위의 위험성을 높이게 된다. 결과적으로, 이러한 사람들은 자유롭게 반사회적 행위에 연관되게 된다. 어떻게 이러한 결함이 고전적 범죄학의 전제와 현재 합리적 선택 이론을 약화시키고 있는지 주목할 필요가 있다.

마지막으로 대상엽과 뇌도는 주위변연계 시스템의 부분이다. 이 부분은 원초적인 변연계 시스템들은 전두엽과 측두엽과 같은 높은 수준의 시스템으로 연결하는 지역이다. 대상엽은 내적 상태에 대한 자기 인식, 감정적 신호를 처리하고, 감정과 인식적 정보 사이에서의 충돌을 해결한다(예, 당신은 당신의 배우자의 명절 모임에 참석하기 싫다. 그러나 만약 당신이 참석하지 않는다면, 당신을 죄책감을 느낄 것이다). 연구들은 이 부분에서 기능적 활동 수준은 일반 사람들에 비해 반사회적 행위를 하는 사람들에게서 매우 낮다는 것을 발견하였다(Raine and Yang, 2006). 예를 들어, 키엘과 동료들(2001)은 범죄적 사이코패스의 경우 사이코 패스의 징후를 보이지 않는 범죄자와 비범자들에 비해 대상엽, 편도체, 전두엽, 측두엽에서 더 낮은 기능적 활동을 하고 있음을 발견하였다. 비슷하게, 감정적 생리적 정보를 더 높은 수준의 피질로 전달하는 책임을 지는 뇌도 에서의 감소된 활동 역시 코카인 사용과 사이코 패스와 연관성이 높다는 것을 발견하였다.

전체적으로, 연구는 VMPFC, OFC, DLPFC, TPJ, 해마, 편도체, 대상엽, 그리고 뇌도에서의 비정상성은 반사회적 행위와 연관된다는 것을 밝히고 있다. 이러한 구조적 그리고 기능적 비정상성들은 인지적 문제 그리고 일탈적인 행위들로 표현된다. 예를 들어, VMPFC에서 구조적 결함으로 고통 받고 있는 사람들의 경우 계획 적용 장애로 진단받기도 한다. 왜냐하면, 그들은 저녁식사를 준비하기 위해 또는 A지점에서 B지점으로 이동하는 여행을 위해 무엇을 어떤 순서로 해야 하는가를 결정하는 것과 같이 순서를 가진 일들을 처리하는데 어려움을 가지고 있기 때문이다(Shallice and Burgess, 1991). VMPFC에서 병변 또는 손상을 가지고 있는 사람들은 그들의 감정을 통제하는데 어려움을 가진다. 결과적으로 뇌에서 구조적 그리고 기능적 비정상성들은 인지적 문제점들을 가지게 만들고, 다시 이러한 인지적 문제들은 반사회적 행위를 하도록 만들게 된다.

뇌에서의 구조적 그리고 기능적 비정상성들은 행위에서 매우 중요한 반면, 그들은 큰 그림 중에서 단지 부분일 뿐이다. 뇌에는 인지와 행위에 영향을 미치는 수많은 신경전달 물질, 효소, 그리고 호르몬을 가지고 있다.

## •• 신경전달물질과 효소

신경전달물질은 뇌의 화학물 전달자로서 역할을 한다. 그들은 정보가 처리되는 뉴런에서 다른 뉴런으로 정보를 전달한다. [그림 6.9]에서 보면, 한 개의 뉴런에서 다른 뉴런 사이는 서로 분리되어 있어 작은 틈이 존재한다. 이러한 틈을 시냅스 간극이라 한다. 전기적 에너지는 이러한 시냅스 간극을 이동할 수 없다. 그래서 뇌 세포들은 화학적 전달자를 통해 서로 정보를 전달하고 의사소통을 한다. 정보를 전달하고 의사소통을 하기 위해 시냅스 전뉴

런은 시냅스 간극에 화학적 전달물질 또는 신경전달물질을 분비하게 된다. 신경전달물질은 시냅스 간극을 가로질러 이동하게 되고 수용기라 불리는 시냅스 후부에 있는 단백질 구조에 붙게 된다. 한번 수용기가 신경전달물질을 받아들이게 되면, 화학적 메시지는 시냅스 후부뉴런에 전기적 응답을 유발하고 전기적 메시지는 전기적 메시지가 처리되는 뉴런의 세포체로 보내지게 된다. 신경전달물질이 메시지를 전달한 후에는 수용기로부터 분리되고 시냅스 간극으로 다시 되돌아오게 된다. 그런 후에 신경전달물질은 MAOA 또는 COMP와 같은 효소에 의해 화학적으로 분해되거나 시냅스 전뉴런으로 되돌아가게 됨으로서 시냅스 간극으로부터 제거된다.

현재 100개 이상의 신경전달물질이 알려졌지만, 범죄 행위는 도파민, 세로토닌 그리고 모노아민 산호효소와 주로 연관된다. 도파민은 광범위한 행동과 기술과 연관이 된다. 특히 도파민은 운동, 학습, 집중, 그리고 어떤 즐겁거나 보상적인 경험들에서 중요한 역할을 한다. 연구들은 낮은 수준의 도파민 수치는 집중력 부족, 높은 우울증과 연관된다는 것을 발견하였다. 반면에 높은 수준의 도파민 수치는 공격성, 피해망상, 부정적인 감정, 그리고 과잉행동과 연관된다는 것을 보고하고 있다. 또한 도파민은 약물남용과 같은 중독행위에서

가장 중요한 요소이다. 예를 들어, 벅홀츠와 동료들(2010)의 연구는 충동적인 사이코패스 특징 측정에서 더 높은 수치를 얻은 사람들은 더 낮은 수치를 얻은 사람들에 비해 도파민 흥분제(암페타민)에 대한 반응에서 더 많은 도파민 분비를 가지는 것을 발견하였다. 이러한 연구 결과들은 충동적인 사람들은 암페타민과 다른 도파민 흥분제(예, 코카인, 알코올)에 대한 보상효과에 더욱 더 민감하다는 것을 의미하며 약물 의존 문제로 발달할 가능

[그림 6.9] 신경전달 물질

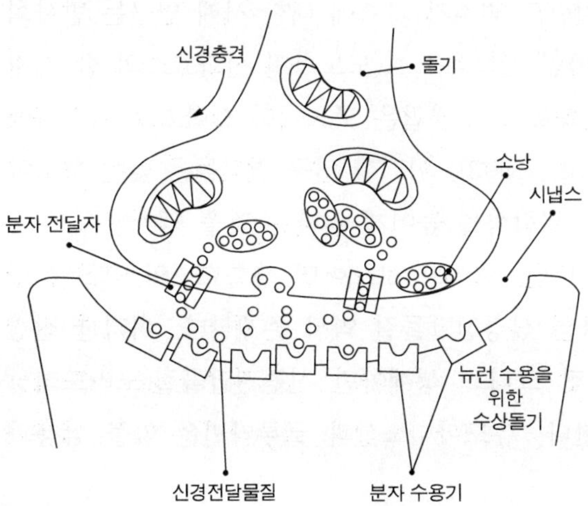

성이 더욱 높다는 것을 의미한다.

세로토닌은 감정, 인지, 그리고 행위를 통제하는데 중요한 신경전달물질이다. 중추신경과 내장에서 모두 생성된다. 하지만, 연구자들은 내장에 생성되는 세로토닌이 혈뇌장벽을 통과할 수 있는지 그리고 인지에 영향을 주는지에 대해서는 확신하지 않는다. 중추신경계에서의 낮은 세로토닌 수치는 높은 수준의 충동성, 감각추구, 반항장애, 우울증들과 연관된다고 알려져 있다. 20개의 연구에 대한 메타분석은 세로토닌 활동 측정(5-HIAA)과 반사회적 행위사이에는 어느 정도 부(negative)의 연관성을 가지는 것을 발견하였다(Moore et al., 2002). 다른 연구들은 내장에서 생성되는 세로토닌의 수치의 측정을 가지고 세로토닌과 반사회적 행위사이의 연관성을 조사하였다. 이러한 연구들은 명확한 결론을 도출하지는 못하고 있다. 몇몇 연구에서는 높은 세로토닌 수치가 반사회적 행위와 연관된다는 것을 발견한 반면, 다른 연구에서는 낮은 세로토닌 수치가 부적응 행위의 위험성을 높이는 것을 발견하였다. 세로토닌이 뇌에서 합성되고 직접적으로 뇌 기능에 영향을 줄 수 있기 때문에 연구자들은 중주신경계에서의 세로토닌 수치와 반사회적 행위 사이에 집중하는 경향을 가지고 있다.

도파민 그리고 세로토닌과 달리, 모노아민 산화효소는 신경전달이 끝난 후에 과도한 모노아민 신경전달물질들(세로토닌, 노르에피네프린, 그리고 도파민)의 분해를 책임지는 효소이다. 연구들은 높은 수준의 그리고 낮은 수준의 모노아민 산화효소는 부적응적인 행위를 유발하게 된다. 즉 모노아민 산화효소가 최상의 기능을 하기 위해서는 중간수준의 범위에 있어야만 한다는 것이다. 엘리스(1991)는 모노아민 산화효소와 반사회적 행위에 대한 문헌 분석을 실시하였으며, 낮은 모노아민 산화효소 수치는 처벌에 대한 반항, 충동성, 어린 시절의 과잉행동, 감각추구, 낮은 학업수행능력, 외향성, 유흥을 위한 마약 사용등과 같은 행동과 연관된다는 것을 발견하였다. 네덜란드 범죄자 가족에 대한 사례 연구는 반사회적 행위를 하는 남성들은 낮은 수준의 모노아민 산화효소 A(모노아민 산화효소의 한 가지 종류)을 가지고 있으며, 그들의 모노아민 산화효소 A 결핍은 모노아민 산화효소 유전자에서 유전적 동질이상의 결과이다(Brunner et al., 1993). 이러한 연구 결과들은 낮은 모노아민 산화효소 활동은 인간의 반사회적 행위의 위험성을 높이게 된다는 것을 의미한다.

현대 연구들은 공격행위에서 도파민, 세로토닌, 그리고 모노아민 산화효소의 역할에 집중한 반면, 반사회적 행위와 관련된 많은 다른 신경전달물질 역시 존재한다. 이러한 신경전달물질에는 유도아미노산(GABA), 글루타민 그리고 생체아민 신경전달물질(노라드레날린)과 같은 아미노산 신경전달물질을 포함한다. 유도아미노산과 글루타민은 약물 남용과 같은 문제와 연관되고, 노라드레날린은 감각추구와 연관된다. 바소프레신, 부신피질 자극 호르몬 방출호르몬(CRH)와 같은 신경펩티드 신경전달물질은 반사회적 행위에서 중요한 역할을 한다. 부신피질 자극호르몬 방출호르몬(CRH)는 스트레스에 대한 인간의 대응 통제를 위해 중요한 역할을 하며, CRH의 과잉활동을 가진 사람은 스트레스나 긴장에 과도하게 민감하게 반응할 수 있다. 로버트 에그뉴의 일반 긴장이론(8장을 보시오)에서 서술한 것처럼, 긴장과 스트레스 많은 생활은 더 높은 수준의 반사회적 행위와 약물 남용을 야기한다.

## •• 호르몬

연구결과는 성호르몬과 스트레스 호르몬이 반사회적 행위와 연관된다는 것을 발견하였다. 범죄학적 연구에서 가장 널리 연구되어온 성 호르몬 중에 하나는 테스토스테론이다. 많은 연구들이 테스토스테론은 폭력범죄, 성범죄, 마약범죄, 반사회적 행위, 알코올 중독, 신체적 공격행위, 감각 추구, 냉담함과 정(positive)의 상관관계를 가지고 있다고 보고하고 있다(Ellis et al., 2009). 테스토스테론과 반사회적 행위사이에 정적인 상관관계는 다양한 연령의 응답자(아이들 vs. 성인들), 연구가 수행되는 다양한 국가들(유럽 vs. 미국), 반사회적 행위와 공격행위의 다양한 측정방식(공식적 데이터, 자기 보고식 데이터, 실험 연구등)에도 광범위하게 보고되었다. 하지만, 이러한 연구들이 테스토스테론과 반사회적 행위 사이에 연관성을 보고하고 있지만, 연구자들은 왜 테스토스테론이 왜 반사회적 행위와 연관되는지에 대해서는 확신하지 못하고 있다. 아마 테스토스테론은 뇌기능에 직접적인 영향력을 가질 수도 있고, 유전적 표현을 변화함으로서 간접적으로 영향을 미칠 수도 있다. 또한, 경쟁이나 싸움에서 승리하는 것과 같은 환경적인 요인들은 테스토스테론의 수치를 잠시 동안 상승시킬 수 있다. 결과적으로 테스토스테론과 반사회적 행위 사이에 연관성은 테스토스테론 보다는 환경적 영향력의 효과를 실질적으로 반영하는 것일 수 있다.

에피네프린과 글루코코티코이드와 같은 스트레스 호르몬들 역시 반사회적 행위와 연관된다고 알려져 왔다. 글루코코티코이드는 코티졸과 코티코스테론과 같은 호르몬을 포함한다. 그리고 이 호르몬들은 사람을 진정하게 도움을 주고 스트레스 사건 후에 회복을 돕는다. 연구자들은 코티졸 결핍은 높은 수준의 반사회적 행위와 연관된다는 가설을 설정해왔다. 실제로 많은 연구들에서 코티졸 수치는 일반인들과 비교하였을 경우 반사회적 행위를 하는 사람들에게서 많이 낮다는 것을 보여주고 있다(Ellis et al., 2009). 또한, 지속적으로 더

[하이라이트 6.5] **원숭이 연구:** 초기 인간 환경, 중요시기 그리고 뇌 가소성에 대한 연구에서 인형과 치료 원숭이 사용

초기 아이의 환경, 중요시기, 그리고 뇌의 가소성등과 같이 이 장에서 언급된 많은 주제들은 발달 심리학에서 헤리 할로우의 연구를 참고하였다. 할로우와 그의 연구팀은 질병 없는 원숭이 집단을 개발하기 위한 노력을 위해 1950년대 붉은 원숭이를 가지고 연구를 시작하였다. 1970년대 까지 진행된 연구를 통하여, 할로우와 그의 동료들은 애착의 본질과 사회화 과정의 중요성에 관하여 많은 중요한 것들을 발견하였다. 그들의 실험은 유아기의 원숭이를 부모 원숭이에게 몇 시간 분리한 후에 다시 원숭이들을 실험 상태 또는 집단으로 구분하면서 시작하였다. 유아 원숭이들이 완전하게 엄마 원숭이와 동료들로부터 고립되었다. 부드러운 타월 면직물을 입힌 대리모와 함께 우리에 가두거나, 선으로 감긴 대리모와 함께 우리에 가두어 졌다. 할로우와 그의 동료들이 수년간 발견한 것은 놀라웠다. 첫째, 할로우(1958)의 책 사랑의 본질(Nature of Love)에서, 그는 선으로 둘러싸인 대리모보다 부드러운 타월 면직물을 입힌 대리모를 더욱 좋아한다는 결과를 발견하였다. 그는 유아기의 원숭이는 선을 감을 대리모가 우유를 제공(생존을 의미)하고 부드러운 면직물을 가진 대리모는 우유를 제공하지 않았음에도 선을 감은 대리모 보다 부드러운 천을 입은 대리모를 선호하기 때문에 매우 어린 시기의 애착은 본질적으로 심리적이고 생존을 위한 필요에 의해 발생하지는 않는다고 결론지었다.

둘째, 할로우의 연속적인 연구는 완전한 분리가 태어난 후 첫 번째 6개월에서 12개월 발달과정에서 발생할 경우 행위에 대해서 가장 큰 영향력을 가지는 것으로 발견하였다(Harlow and Novak, 1973). 태어나서 6개월에서 12개월 사이에 발생한 완전한 분리는 우울적인 행위, 비정상적 사회 행위(예, 공격성)를 유발하게 된다. 그러나 12개월이 지난 후에 분리된 경우는 중요한 행위문제를 발생시키지 않는 것을 발견하였다. 셋째, 초기 분리는 유아의 행위에 심각한 영향을 미치는 반면, 노박과 할로우(1975)의 연구는 분리의 부정적인 효과는 어린 시기에 동료 치료를 통해 바뀔 수 있다는 것을 발견하였다. 다양한 조건들 중에서, 연구자들은 정상적으로 사회화된 원숭이들과 분리된 어린 원숭이들이 상호 교류하도록 허락하였다. 정상적인 원숭이들은 분리된 원숭이들이 사회화 하는 것을 도울 수 있다(예, 모방의 모형을 제공하고 적절한 또는 부적절한 행위에 대한 보상강화와 처벌을 제공할 수 있다). 결과적으로 이전의 행위적 문제점들이 사라질 수 있다. 연구자들은 치료를 처음 시작하는 단계에서 일반 원숭이와 비교했을 때, 분리된 원숭이들은 낮은 수준의 운동기능을 가지고 더 높은 수준의 감정 동요와 단순한 행위를 하는 것을 발견하였다. 하지만, 이러한 차이점들은 24주의 치료가 마칠 때쯤에 사려졌다. 이러한 연구결과는 감정과 두려움과 관련된 분리된 원숭이의 뇌 기능은 치료에 대응으로 정상화되었다는 것을 의미하며, 결과적으로 인간의 행위 교정을 촉진하는 뇌의 가소성을 설명한다고 할 수 있다.

낮은 코티졸 수준을 가진 아이들은 스트레스를 행동으로 더 많이 표현(행동 외현화)하지만, 순간적인 코티졸 감소를 가진 아이들은 스트레스를 행동으로 표현하지 않는다(Shirtcliff et al., 2005). 예를 들어, 최근 메타분석에서 기초 코티졸 수준은 아이들 사이에서 행동 외현화와 부(negative)적으로 연관되지만, 코티졸 반응성은 행동 외현화와 연관되지 않는다는 것을 발견하였다(Alink et al., 2008). 이러한 연구들은 반사회적 행위의 위험성은 일

시적으로 글루코코티코이드 결핍을 경험하는 사람들과 비교했을 때, 계속적으로 낮은 수준의 글루코코티코이드 수준을 가진 사람들 사이에서 더 높다는 것을 의미한다.

## 생물학적으로 영향을 미치는 환경요인들

범죄학자들은 범죄에 대한 환경의 영향력을 연구할 때, 일반적으로 청소년 시기에 집중해 왔다. 이러한 경향은 비행친구, 부적절한 부모 감독, 선생님과 학생 사이의 긴장 관계와 같은 환경에 연구의 관점이 제한되도록 만들었다. 그러나 발달 심리학자들은 생물학적 기능과 행위에 대해서 태아기와 주산기의 영향력을 강조하기 시작하였다. 인생의 첫 번째 33개월 동안 (9개월의 임신 기간 그리고 인생의 첫 번째 24개월 동안), 인간의 뇌는 급격한 발달을 경험하게 된다. 이것을 발달과정에서는 "중요한 시기"라고 한다. 예를 들어, 시냅스(또는 뇌 세포 사이의 연결)의 수는 12개월쯤에 전전두엽에서 가장 많아진다. 그 이후 시간이 지날수록 점차 작아진다(Huttenlocher, 1994). 2세가 되었을 때, 뇌는 성인의 뇌의 80%에 이르게 된다(Kretschmann et al., 1986).

뇌가 인생의 첫 번째 33개월에서 많은 발달적 변화를 경험하기 때문에, 이 시간 동안은 공격과 독소에 더욱 민감하게 된다. 실제로 인생의 첫 번째 33개월 동안 부상 도는 독소 노출은 뇌의 구조/기능 그리고 인지에 결함을 유발한다. 그러나 부정적 환경 문제들을 "중요한 시기"후에 경험한다면, 같은 경험이라 할지라고 인지적 장애를 일으키지 않을 수도 있다(Riva and Cazzaniga, 1986). 하이라이트 6.5는 중요한 시기에 애착, 사회적 박탈, 비정상적 행위에 대한 헤리 할로우(Harry Harlow)의 동물 연구를 서술하고 있다. 연구의 발견은 임신기간 그리고 유아기에서 뇌 발달이 쉽게 손상될 수 있는 취약성을 보여주고 있다. 그러나 연구는 뇌의 회복을 돕는 간섭 또는 치료가 있는 경우 뇌는 손상으로부터 회복되고 재구성 될 수 있다는 것을 보여준다. 연구자들은 뇌구조와 기능에 대한 환경의 효과를 설명하기 위해 특별한 용어를 사용해 왔다. 이를 뇌 가소성(plasticity)이라 한다. 뇌 가소성은 특히 인생의 초기 환경이 뇌의 발달을 결정짓게 된다는 것을 주장한다.

뇌의 가소성 그리고 중요한 시기에 대한 연구의 증거들은, 인간을 반사회적 행위의 위험을 증가시키는 태아기 그리고 유아기에 집중해 왔다. 이러한 환경들은 산과적 요인들(예, 임신 합병증, 태아기 약물 사용, 저체중아, 또는 조기 출산), 독소 노출(예, 납 중독), 그리고 유아기의 스트레스(예, 방임과 학대)등을 포함한다. 태아기와 매우 어린 시절의 환경은 인간의 생물학적, 심리적, 그리고 사회적 시스템에서 변화를 야기할 수 있기 때문에 인간의 반사회적 행위의 위험성을 증가시킬 수 있다. 예를 들어, 어린 시기에 방임과 학대를 경험한 아이들은 다음과 같은 변화를 경험하게 된다. (1) 더 높은 수준의 도파민, 더 낮은 세로토닌 수치, 해마와 전전두엽에서의 장애, 그리고 높은 기초 글루코코티코이드 수치와 같은 생물학적 변화들(Anderson and Teicher, 2009); (2) 충동성, 분노, 우울함, 성급함, 좌절 그리고 불안과 같은 심리적 변화들; (3) 관심 유발 행동, 동료 집단의 변화, 가족, 선생님 또는 따른 사회적 통제/지지 시스템들과의 애착 약화 등과 같은 사회적 변화(Lansford et al., 2002). 이러한 생물학적, 심리적, 그리고 사회적 결과들은 인간의 반사회적 행위의 위험성을 높이게 된다.

비슷하게 저체중 출산같이, 다른 태아기 그리고 유아기의 위험요인들 역시 반사회적 행위의 위험성을 유발하는 다른 생물학적 문제점(예, 더 큰 측뇌실, 더 적은 뇌량)과 심리적 문제점(예, 부족한 언어적 그리고 사회적 기술)을 가질 수 있다. 예를 들어, 신시내티 납 연구로 부터의 자료는 어린 시절의 납에 노출(혈액의 1데시리터에서 납의 수치에 의해 측정)은 부모의 아이 비행 보고, 청소년 자신의 비행 보고, 성인기에 공식적 체포, 성인기 폭력으로 인한 체포, 그리고 성인 사이코 패스와 연관된다는 것을 발견하였다(Dietrich et al., 2001; Wright et al., 2008b, 2009). 납 노출은 인간의 뇌 발달과 인지 기능에 영향을 주기 때문에 인간의 반사회적 행위에 대한 위험 요인이다. 이러한 추정 속에서 신시내티 납 연구는 태어나서 5살까지의 시기 동안 혈액속의 높은 납수치는 전전두엽, 전방의 대상피질, 소뇌에서 회백질의 용량을 크게 감소시킨다는 것을 발견하였다(Cecil et al., 2008). 소뇌에서 구조적 결함을 가지고 있는 사람의 경우 어린 시절에서 온전한 운전능력에서 결함을 보인다. 비슷하게, 어린 시절 납 노출은 낮은 지능 지수와 연관된다는 결과 역시 보고되고 있으며(Needleman and Gatsonis, 1990), 낮은 지능은 첫 번째 기소되는 연령, 첫 번째 경찰의 문제접촉, 법원 기소, 경찰 접촉, 자기 보고식 범죄와 연관된다(Moffitt et al., 1994). 이러한 연구결과들은 매우 어린 시기의 경험은 생물학적, 심리적, 사회적 위험 요인들을 통해 반사회적 행위와 범죄행위에 간접으로 영향을 미칠 수 있다는 것을 보여주고 있다.

## 요약

이 장에서는 범죄학의 역사에서 두 번째 중요한 패러다임 변화에 대한 스토리를 서술하였다. 가장 먼저부분은 찰스 다윈과 함께 과학적 혁명의 시대를 시작하였다. 이 시기는 과학적 방법론과 결정론적 추정으로 대표되는 실증주의적 패러다임으로의 변화를 이끌었다. 실증주의 범죄학은 가장 먼저 생물학적 접근을 중시하였다. 그러나 이러한 접근은 20세기 중반에 약화되면서 사회적 접근에 의해 대체되었다. 그러나 지난 수십 년 동안, 생물사회학적 관점은 부활하였으며 범죄학 분야에서 주목할 만한 지지를 얻었다.

범죄 행위의 원인들에 대한 생물학적 설명은 측정 방법에서의 문제점, 자기중심적인 편견들, 원시적인 이론 때문에 설득력 있는 시작을 하지 못했다. 그러나 20세기가 끝날 때 즈음, 범죄학 영역은 생물사회학적 변수들에 대한 더 많은 여지를 제공하기 시작했다. 이러한 변수들은 훨씬 덜 결정론적이며, 더욱 더 학제간이 되었으며, 더 발달된 측정 도구로의 접근이 가능하게 되었다. 동시에 주류 범죄학은 학제간 방향으로 움직이고 있기 때문에 결과적으로 광범위한 생물학적 그리고 심리학적 변수들은 통합하는 범죄학 이론이 출현하고 있다.

생물사회학적 영역에서, 행위적 유전자와 분자 유전자 연구들은 유전자가 반사회적 행위와 연관된다는 것을 발견하였다. 그러나 유전자와 범죄행위 사이에는 선형적인 관계가 아닐 수 있다. 대신, 유전자는 인간의 심리 그리고 인지적 기술에 영향을 주고, 다시 이러한 심리적 구성은 행위에 영향을 준다는 것이다. 결과적으로, 연구자들은 반사회적 행위를 이해하기 위해 학제간 접근방식을 취해야 한다. 게다가, 유전자와 다른 생물학적 위험 요인들은 범죄적 환경과 합쳐질 경우에만 반사회적 행위를 유발할는지 모른다. 배수적 생물사회적 모형은 반사회적 행위를 설명하는데 천성과 양육 모두를 고려하는 것을 강조한다. 마지막으로, 학자들은 특별히 인생의 초기 환경 요인들은 우리의 뇌 기능에 영향을 줄 수 있고, 그러한 신경심리학적 변화는 우리가 어떻게 세상을 인식하고 세상과 상호 교류하는지에 영향을 미칠 수 있다는 것을 이해하는 것이 중요하다.

연구자들은 오랫동안 범죄자를 설명하기 위해 생물사회학적 요인을 고려하는 것을 주저해 왔다. 이것은 초기 생물학적 이론들인 사회의 특별한 집단에게 낙인을 찍고, 불임화 또는 우생학 정책과 같은 극악무도한 공공정책을 위한 기반을 제공하였다. 그러나 행위는 부분적으로 생물학적 기능이라는 증거는 점차 증가하고 있다. 만약 우리가 극단적인 공공정책의 가능성 때문에 우리의 인류와 인류의 발달 측면을 무시하는 것을 선택한다면, 우리를 무기력하게 만들 것이다. 왜냐하면, 모든 이론은 극단적으로 치우칠 때 위험한 정책을 만들 가능성이 있기 때문이다. 생물사회적 범죄학의 잠재적 위험에만 집중하는 것 대신, 인간들은 생물사회학적 접근이 행위와 치료에 대한 우리의 이해를 도울 수 있다는 것을 논의에 포함하여야 할 것이다. 예를 들어, 심리적 연구는 치료(예, 인지적 행위 치료)가 부적절한 행위(예, 우울, 공포, 두려움)를 감소시킬 수 있다는 것을 보여주고 있다. 왜냐하면, 이러한 치료는 뇌에서 기능적 변화를 야기하기 때문이다. 이러한 증거들을 감안하면, 범죄학자들은 전두엽과 TPJ에서 기능을 향상시키기 위해 교정적 치료를 개발하기 위한 뇌 영상기술을 사용 할 수도 있다. 기억하라, 이러한 부분들은 자기 통제와 사회적 기술을 위해 매우 중요하다. 이러한 접근은 더욱 효과적인 교정치료 프로그램 개발을 가능하게 하며, 재범률을 줄일 수도 있다. 하이라이트 6.6은 생물사회학적 범죄 연구의 정책적 주장을 둘러싼 의문들에 대한 더 많은 논의를 제기하고 있다.

생물사회학적 범죄학의 정책적 주장에 관한 의문들에도 불구하고, 최소한 당장의 범죄학의 발달 방향은 심리적 그리고 생물학적 영역을 포함하는 광범위한 범위의 영역으로부터 더 많은 변수들은 통합할 것이다. 앞으로 다가올 미래에서는 매우 학제간 일반적인 범죄학 이론을 더욱 더 발달시키려는 노력을 목격할 것이다.

### 하이라이트 6.6 생물사회학적 범죄학 이론의 정책과 논쟁

2009년 이탈리아 수감자는 생물학적 검사 결과 뇌에서의 구조적 비정상성을 가지고 있으며, 반사회적 행위와 연관된 5개 유전자의 변종을 가지고 있는 것으로 밝혀짐으로서 교도서 수형 기간이 1년이 줄어들게 되는 판결을 받게 되었다. 유전적 변종중의 하나는 모노아민 산화효소 A 유전자에서 낮은 활동을 가지고 있다는 것이었다. 이러한 사례는 어떻게 형사사법 제도가 범죄자의 행위에 대응할 것인가에 대해 입법자와 연구자들에게 생물사회학적 연구의 역할에 의문을 가져오게 되었다. 생물학적 위험요인들이 정신병과 같이 형량 감경의 요소로서 고려되어야 할 것인가? 생물학적 위험 요인을 가지고 있는 피의자는 더 낮은 형량을 받아야 하는가? 만약 범죄자가 생물학적 결함을 가지고 있다면, 형사정책 시스템은 어떻게 이러한 결함을 다루어야 하는가? 구금? 불임? 한 가지 제안은 생물학적 위험 요인을 가지고 있는 사람들에게 다양한 프로그램을 제공해 왔다. 만약 반사회적 행위가 환경과 생물학의 결과라면, 환경적 조건을 증가시킬 수 있는 다양한 프로그램들은 생물학적 위험 요인의 부정적인 효과를 상세 시킬 수 있을지 모른다.

≫ 자료의 출처: adapted from Feresin, E. (2009). Nature News, October 30.

## 주요 용어 및 개념

활동적 유전자 환경 상관관계
편도체
행위적 유전자
뇌 가소성
일치도
범죄인류학
중요시기
도파민
다유전자성 장애
실증주의
위험 요인들
배측면 전두엽 피질
경험주의
후생적
우생학
정신박약
유전자 환경 상호관계
유전계수
뇌도
순차적 생물사회학적 모형
사회생물학
쥬크가
성욕
분자유전학
배수적 생물사회적 모형
신경전달 물질
안와전두피질
수동적인 유전자 환경 상관관계
측두두부접합
복내측시상하액전전두엽피질
부가적 생물사회적 모형
격세유전
타고난 범죄자
대상엽
상관 관계적 생물사회적 모형
범죄형
결정론
골상학
동질이상
투영
세로토닌
외배엽
내배엽
우성
환기형 유전자 환경 상관관계
유전자 환경 상관관계
글루코코티코이드
해마
선택적 입양 편견
공유된 환경적 영향
체형
칼리카크가
의학 모형
모노아민 산화효소
본성 vs. 양육
공유되지 않는 환경적 영향력
패러다임 혁명
통계적 학파
테스토스테론

## 주요 범죄학자들

Karl O. Christiansen
Charles Darwin
Richard Dugdale
Lee Ellis
Arthur H. Estabrook
Hans Eysenck
William Ferrero
Enrico Ferri
Diana H. Fishbein
Sigmund Freud
Raffaele Garofalo
Eleanor & Sheldon Glueck
Henry Goddard
Charles Goring
A.M Guery
Earnest Hooton
John Laub
Cesare Lombroso
Henry Mayhew
Terrie Moffitt
Adolphe Quetelet
Robert Sampson
William Sheldon
Edwin Sutherland

## 판례

Buck v. Bell, Superintendent, 274 U.S. 200 (1927)

## 토론 질문

1. 찰스 다윈의 범죄학적 관점의 영향력에 대해 서술해 보시오
2. 롬브로조가 범죄학 영역을 어떻게 발달시켰는지에 대해서 어떻게 말할 수 있는가?
3. 실증주의의 핵심 개념과 가정은 고전주의 또는 합리적선택이론과 어떻게 다른가?
4. 생물사회학적 범죄학은 인간의 존엄성을 어떻게 위협하였는가? 다시 그러한 위협이 반복될 수 있는가? 왜 그런가? 또는 왜 그렇지 아니한가?
5. 초기 생물학적 이론들은 어떤 종류의 생물학적 위험요인들에 주목하였는가? 어떤 형태의 생물학적 또는 생물사회학적 위험 요인들을 현대 생물사회학적 요인들이 주목하고 있는가?
6. 초기 생물학적 이론들은 거부하게 만든 두 가지 요인들은 무엇인가?
7. 4가지 현대 생물사회학적 모형들은 반사회적 행위를 어떻게 설명하고 있는가?

## 참고문헌


Allen, F.A. (1960). "Raffaele Garofalo." In Hermann Mannheim (ed.) *Pioneers in Criminology*, pp. 254–276. London, UK: Stevens.

Andrews, D.A. & J. Bonta (1994). *The Psychology of Criminal Conduct*. Cincinnati: Anderson.

Barondes, S.H. (1997). *Mood Genes; Hunting for Origins of Mania and Depression*. New York: WH. Freeman.

Bartol, C.R. (1999). *Criminal Behavior: A Psychosocial Approach*, Fifth Edition. Upper Saddle River, NJ: Prentice Hall.

Beaver, K.M. (2008). "Nonshared Environmental Influences on Adolescent Delinquent Involvement and Adult Criminal Behavior." *Criminology*, 46: 341–370.

Beirne, P. (1993). *Inventing Criminology: Essays on the Rise of "Homo Criminals."* Albany, NY: State University of New York Press.

Binder, A. (1988). "Juvenile Delinquency." *Annual Review of Psychology*, 39:253–282.

Booth, A. & D.W. Osgood (1993). "The Influence of Testosterone on Deviance in Adulthood: Assessing and Explaining the Relationship." *Criminology*, 31:93–117.

Caspi, A., T.E. Moffitt, M. Cannon, J. McClay, R. Murray, H. Harrington, A. Taylor, L. Arseneault, B. Williams, A. Braithwaite, R. Poulton & I.W. Craig (2005). "Moderation of the Effect of Adolescent-Onset Cannabis Use on Adult Psychosis by a Functional Polymorphism in the Catechol-O-Methyltransferase Gene: Longitudinal Evidence of a Gene X Environment Interaction." *Biological Psychiatry*, 57; 1117–1127.

Christiansen, K.O. (1977). "A Preliminary Study of Criminality among Twins." In S.A. Mednick & K.O. Christiansen (eds.) *Biosocial Bases of Criminal Behavior*, pp. 89–108. New York, NY: Gardner.

Christianson, S. (2003). "Bad Seed or Bad Science: The Story of the Notorious Jukes Family." *The New York Times*, Feb 8.

Cleveland, H.H., R.P. Wiebe & D.C. Rowe (2005). "Sources of Exposure to Smoking and Drinking Friends among Adolescents: A Behavioral-Genetic Evaluation." *The Journal of Genetic Psychology*, 166(2); 153–169.

Crowe, R.R. (1972). "The Adopted Offspring of Women Criminal Offenders: A Study of their Arrest Records." *Archives of General Psychiatry*, 27:600-603.

Darwin, C. (1871/1964). *The Descent of Man*. New York, NY: D. Appleton.

Darwin, C. (1859/1964). *On the Origin of the Species*. Cambridge, MA: Harvard University Press.

Denno, D. (1990). *Biology and Violence: From Birth to Adulthood*. Cambridge, MA: Cambridge University Press.

Dietrich, K.N., M.D. Ris, P.A. Succop, O.G. Berger & R.L. Bornschein (2001). "Early Exposure to Lead and Juvenile Delinquency." *Neurotoxicol Teratol*, 23; 511.

Dugdale R.L. (1877/1910). *The Jukes: A Study in Crime, Pauperism, Disease, and Heredity*. New York, NY: G.T. Putnam's Sons.

Durand, V.M. & D.H. Barlow (2000). *Abnormal Psychology: An Introduction*. Scarborough, Ontario: Wadsworth.

Ellis, L. (1996). "Arousal Theory and the Religiosity-Criminality Relationship." In P. Cordell & L. Siegel. *Readings in Contemporary Criminological Theory*. Boston, MA: Northeastern University Press.

Ellis, L. & A. Walsh (1997). "Gene-Based Evolutionary Theories in Criminology." *Criminology*, 35:229-276.

Estabrook, A.H. (1916). *The Jukes in 1915*. Washington: The Carnegie Institute of Washington.

Eysenck, H.J. (1996). "Personality and Crime: Where Do We Stand?" *Psychology, Crime and Law*, 2:143-152.

Eysenck H.J. & G.H. Gudjonnson (1989). *The Causes and Cures of Crime*. New York, NY: Plenum.

Farrington, D.P. (ed.) (1994). *Psychological Explanations of Crime*. Aldershot, Hants: Dartmouth.

Feldman, P. (1993). *The Psychology of Crime: A Social Science Textbook*. Cambridge, MA: Cambridge University Press.

Ferri, E. (1917). *Criminal Sociology*, trans. J.I. Kelly & J. Little. Boston, MA: Little, Brown.

Gibson, C.L. & S.G. Tibbetts (2000). "A Biosocial Interaction in Predicting Early Onset of Offending." *Psychological Reports*, 86:509-518.

Glueck, S. & E. Glueck (1950). *Unraveling Juvenile Delinquency*. Cambridge, MA: Harvard University Press.

Goddard, H.H. (1912/1955). *The Kallikak Family*. New York, NY: Macmillan Publishing Company.

Gordon, J.A. & P.M. Moore (2005). "ADHD among Incarcerated Youth: An Investigation on the Congruency with ADHD Prevalence and Correlates among the General Population." *American Journal of Criminal Justice*, 30(1); 87-97.

Goring, C.B. (1913). *The English Convict: A Statistical Study*. London, UK: His Majesty's Stationery Office.

Grupp, S. (1968). *The Positive School of Criminology: Three Lectures by Enrico Ferri*. Pittsburgh, PA: University of Pittsburgh Press.

Hare, R.D. & S.D. Hart (1993). "Psychopathy, Mental Disorder, and Crime." In S. Hodgins (ed.) *Mental Disorder and Crime*, pp. 104-115. Newbury Park, CA: Sage Publications.

Hathaway, S.R. & E. Monachesi (1953). *Analyzing and Predicting Juvenile Delinquency with the MMPI*. Minneapolis, MN: University of Minnesota Press.

Hooton, E.A. (1939a/1969). *The American Criminal: An Anthropological Study*. Westport, CT: Greenwood.

Hooton, E. A. (1939b). *Crime and the Man*. Cambridge, MA: Harvard University Press.

Hutchings, B. & S.A. Mednick (1977). "Criminality in Adoptees and Their Adoptive and Biological Parents: A Pilot Study." In S.A. Mednick & K.O. Christiansen (eds.) *Biosocial Bases of Criminal Behavior*, pp. 127-141. New York, NY: Gardner.

Jaffee, S.R., A. Caspi, T.E. Moffitt, K.A. Dadge, M. Rutter, A. Taylor & L.A. Tully (2005). "Nature X Nurture: Genetic Vulnerabilities Interact with Physical Maltreatment to Promote Conduct Problems." *Development and Psychopathology*, 17; 67-84.

Kandel, E., S.A. Mednick, L. Kirkegaard-Sorensen, B. Hutchings, J. Knop, J.R. Rosenberg & F. Schlesinger (1988). "IQ as a Proactive Factor for Subjects at High Risk for Antisocial Behavior." *Journal of Consulting and Clinical Psychology*, 56:224-226.

Kirley, A., N. Lowe, C. Mullins, M. McCarron, G. Daly, I. Waldman, M. Fitzgerald. M. Gill & Z. Hawi (2004). "Phenotype Studies of the DRD4 Gene Polymorphisms in

ADHD: Association with Oppositional Defiant Disorder and Positive Family History." *American Journal of Medical Genetics Part B*, 131B; 38–42.

Kretschmer, E. (1925). *Physique and Character*. New York, NY: Harcourt Brace.

Krueger, R.F, A.Caspi, T.E. Moffitt, P.A. Silva & R. McGee (1996). "Personality Traits Are Differentially Linked to Mental Disorders: A Multitrait–Multidiagnosis." *Journal of Abnormal Psychology*, 105:299–312.

Kuhl, S. (1994). *The Nazi Connection: Eugenics, American Racism, and German National Socialism*. New York, NY: Oxford University Press.

Kuhn, T.S. (1970). *The Structure of Scientific Revolution*, Second Edition. Chicago, IL: University of Chicago Press.

Lachenmeyer, N. (2000). *The Outsider*. New York, NY: Broadway.

Lange, J. (1930). *Crime as Destiny*, trans. C. Haldane. New York, NY: Boni.

Laws, S., V. Hey & A. Eagan (1985). *Seeing Red: The Politics of Premenstrual Tension*. London, UK: Hutchinson.

Leon, S.L., E.A. Croes, F.A. Sayed–Tabatabaei, S. Claes, C.V. Broeckhoven & C.M. van Duijn (2005). "The Dopamine D4 Receptor Gene 48–Base–Pair_repeat Polymorphism and Mood Disorders: A Meta–Analysis." *Biological Psychiatry*, 57; 999–1003.

Lombroso, C. & W. Ferrero (1895). *The Female Offender*. London, UK: Unwin Fisher.

Lombroso–Ferrero, G. (1911/1972). *Criminal Man*. Montclair, NJ: Patterson Smith.

McCord, W. (1983). "Psychopathy." In S.H. Kadish (ed.) *Encyclopedia of Crime and Justice*, Vol. 4, pp. 1315–1318. New York, NY: The Free Press.

McCord, W. & J. McCord (1964). *The Psychopath: An Essay on the Criminal Mind*. Princeton, NJ: Van Nostrand.

Megargee, E.I. & M.J. Bohn (1979). *Classifying Criminal Offenders: A New System Based on the MMPI*. Beverly Hills, CA: Sage Publications.

Moffitt, T.E. (2005). "The New Look of Behavioral Genetics in Developmental Psychopathology: Gene–Environment Interplay in Antisocial Behaviors." *Psychological Bulletin*, 131(4):533–554.

Moffitt, T.E., D.R. Lynam & P.A. Silva (1994). "Neuropsychological Tests Predicting Persistent Male Delinquency." *Criminology*, 32:277–300.

Needleman, H.L., C. McFarland, R.B. Ness, S.E. Feinberg, M.J. Tobin (2002). "Bone Lead

Levels in Adjudicated Delinquents: A Case Control Study." *Neurotoxicol Teratol*, 24:711.

Needleman, H.L., J.A. Riess, M.J. Tobin, G.E. Biesecker, J.B. Greenhouse (1996). "Bone Lead Levels and Delinquent Behavior." *Jama*, 275; 363.

Papolos, D.F. & J. Papolos (1999). *The Bipolar Child*. New York, NY: Broadway Books.

Pogash, C. (2003). "Myth of the 'Twinkie Defense'." *San Francisco Chronicle*.

Quetelet, A. (1833/1984). *Research on the Propensity for Crime at Different Ages*. Translated by S.F. Sawyer. Cincinnati, OH: Anderson Publishing Co.

Rafter, N.H. (1992). "Criminal Anthropology in the United States." *Criminology*, 30:525-545.

Rafter, N.H. (2004). "Earnest A. Hooton and the Biological Tradition in American Criminology." *Criminology*, 42:735-771.

Reiss, A.J., Jr. & J.A. Roth (1993). *Understanding and Preventing Violence*. Washington, DC: National Academy Press.

Rose, N. (2000). "The Biology of Culpability: Pathological Identity and Crime Control in a Biological Culture." *Theoretical Criminology*, 4:5-34.

Rowe, D.C. (2002). *Biology and Crime*

Sampson, R.J. & J.H. Laub (1990). "Crime and Deviance over the Life Course: The Salience of Adult Social Bonds." *American Sociological Review*, 55:609-627.

Sellin, T. (1968). "Enrico Ferri: Pioneer in Criminology." In Stanley Grupp (ed.) *The Positivist School of Criminology: Three Lectures by Enrico Ferri*. Pittsburgh, PA: University of Pittsburgh Press.

Schoenthaler, S.J. (1991). *Improve Your Child's IQ and Behavior*. London, UK: BBC Books.

Schwitzgabel, R.K. (1979). "The Right to Effective Treatment." *California Law Review*, 62:936-956.

Shaw, S.H., Z. Mroczkowski-Parker, T. Shekhtman, M. Alexander, R.A. Remick, A.D. Sadovnick, S.L. McElroy, P.E. Keck, Jr. & J.R. Kelsoe (2003). "Linkage of Bipolar Disorder Susceptibility Laws to Human Chromosome 13q32 in a New Pedigree Series." *Molecular Psychiatry*, 8:558-564.

Shea, C. (2009). "The Nature-Nurture Debate, Redux." *The Chronicle of Higher*

*Education*, B6-9.

Sheldon, W. (1949). *Varieties of Delinquent Youth*. New York, NY: Harper and Row.

Stolberg, S. (1993). "Fear Clouds Search for Genetic Roots of Violence." *Los Angeles Times*, (Orange Cty. ed.) (Dec. 30): Al, A18.

Tarde, G. (1912). *Penal Philosophy*, trans. R. Howell. Boston, MA: Little, Brown.

Thomas, C.W. & J.R. Hepburn (1983). *Crime, Criminal Law, and Criminology*. Dubuque, IA: William C. Brown.

Tibbetts, S.G. & A.R. Piquero (1999). "The Influence of Gender, Low Birth Weight, and Disadvantaged Environment in Predicting Early Onset of Offending: A Test of Moffitt's Interactional Hypothesis." *Criminology*, 37:843-878.

Wright, J.P. (2009) Visiting Scholar Lecture at Western Carolina University: "Who is Winning the Nature/Nurture War? Insights From the Study of Violence." Posted at: http://fpamediaserver. wcu.edu/~static/johnwright.mov Summarized in: *The Carolina Criminologist*, 1,2:1-3,10-11.

Wright, J.P., K.N. Dietrich, M.D. Ris, S.D. Wessel, B.P. Lanphear & R.W. Hornung (2008). "Association of Prenatal and Childhood Lead Concentrations With Criminal Arrests in Early Adulthood." PLoS Medicine, 5.

Wright, J.P., K.M. Beaver, M. DeLisi, M.G. Vaughn D. Boisvert and J. Vaske (2008). "Lombroso's Legacy: The Miseducation of Criminologists." *Journal of Criminal Justice Education*, 19: 325-338.

Wright, R.A. & J.M. Miller (1998). "Taboo Until Today?: The Coverage of Biological Arguments in Criminology Textbooks, 1961 to 1970 and 1987 to 1996." *Journal of Criminal Justice*, 26:1-19.

C/H/A/P/T/E/R **07**

# 범죄에 대한 사회구조 이론 (Social Structure Theories of Crime)

## 학습 목표

제7장을 읽은 후, 당신은 다음의 내용을 수행할 수 있어야 한다.

- 긴장이론의 역사적 발전과정을 설명하시오.
- 구조적인 스트레스에 적응하기 위한 뒤르깽의 다섯 가지 적응유형을 설명하시오.
- 사회 내 스트레스 근원에 대한 뒤르깽과 머튼이 상정한 가정 사이의 차이를 논하시오.
- 클로워드와 올린이 합법적 그리고 불법적 기회구조 영향요소를 통합함으로써 머튼의 아노미 이론을 어떻게 확장하였는지를 설명하시오.
- 클로워드와 올린의 기회이론에 기초하여 범죄를 줄이는 정책을 논하시오.
- 메스너와 로젠펠드의 제도적아노미이론을 묘사하고 어떻게 이 이론가들이 범죄를 아메리칸드림으로 연결하여 설명하였는지를 논하시오.
- 사회적 긴장이론에 대한 최소 세 가지 주요 비판점에 대해 설명하시오.
- 일반긴장이론이 사회적 긴장이론에 대한 주요 비판사항을 어떻게 다루었는지를 설명하시오.
- 긴장이론에 근거하여 범죄를 줄이기 위한 세 가지 이상의 정책과 프로그램을 논하시오.
- 사회해체이론이 어떻게 범죄율을 설명하는지를 논하시오.
- 시카고지역프로젝트와 그 이론적 합리화에 대해 논하시오.
- 범죄율에 있어서 이민의 역할에 대해 논하시오.

앞 장에서는 개인적 차이에서 범죄의 원인을 규명하려는 두 가지 이론적 접근방식(생물학적 원인론 및 심리학적 원인론)에 대해 살펴보았다. 본 7장과 8, 9장에서는 1920년대 이후 미국 범죄학을 주도하였던 사회학적 접근방식에 대해 살펴보겠다.

사회학자들은 범죄, 비행, 일탈 행동이 개인적 차이에서 발생하는 것이라기보다는, 사회적 힘(social forces)의 산물이라고 보았다. '사회적 힘'이 개인이 범죄를 저지르도록 한다는 이러한 관점 때문에, 대부분의 사회학적 이론들은 실증주의에 잘 부합한다고 하겠다.

하지만, 이 광의적 분류에서조차, 이러한 접근법들(사회학적 이론들)이 다른 이론들과 분리되어 완전히 독자적이라고 할 수는 없다. 예를 들면, 사회생물학은 범죄현상을 설명하기 위해 사회학적 변수와 생물학적 변수를 조합하여 사용하기도 하고, 경제학자들과 사회학자들은 범죄에 대한 고전적인 설명을 추구하고 있기도 하기 때문이다. 따라서 범죄원인론에서 사회학적 접근이 지배적임에도 불구하고, 학제간 접근(cross-disciplinary perspective)이나 혼합이론(hybrid theories)들이 나타나고 있으며, 근래 이론적 주류 중 하나가 바로 다양한 이론적 접근을 통합하는 것이라고 하겠다(이에 대해서는 10장에서 논의 하겠다).

사회학적 접근에서 이론들을 분류하는 것은 단순하지 않은 작업이지만, 이 책은 다음과 같은 분류를 사용하였다. 이 장에서 논의된 이론들의 특징들을 잘 표현하기 위해서 "사회구조"라는 용어를 선택하였고, 8장에서 논의될 이론들의 특징을 위해서는 "사회 과정," 9장에서 언급될 이론들의 특징을 표현하기 위해서 "사회 반응"이라는 용어를 사용하였다. 비록 이러한 분류가 꼭 옳은 것은 아니지만, 사회학적 범죄원인론과 각 이론의 가정(assumptions)들을 효과적으로 비교하기에는 좋은 분석 틀이라고 생각된다.

사회구조적 접근은 범죄와 비행의 사회학적 설명들 중에서 가장 독자적이다. 사회구조적 접근법은 개인의 중요 문제(예를 들어, 범죄)를 그 문제의 사회구조적 원인과 연결시켜 설명하며(Mills, 1956), 사회구조적 접근법의 대표적 이론들은 범죄를 사회가 갖는 특징의 결과물로 인식한다. 빈곤, 실업, 낮은 교육수준, 인종주의를 조장하는 사회구조적 특징은 사회적 빈곤그룹의 높은 범죄율에 대한 간접적 혹은 근원적 원인으로 여겨진다. 하지만, 이러한 이론들이 단지 빈곤한 사람들만 범죄를 저지른다고는 주장하지는 않으며, 사회구조에서 하부구조에 속하는 사람들은 범죄 이외의 다른 선택의 여지가 없다거나 위반행위에 대한 책임이 없다고 주장하지 않는다. 대신 이 이론들은 범죄는 기본적으로 하부계층의 문제이며, 불법행위에 의존하게 되는 하층구조에 속하는 사람의 수를 증가시키는 사회 구조적 문제점을 지적한다. 사회구조적 이론가들은 형사사법제도에 유입되는 사람들의 하부 지위에 주목한다. 이러한 관점은 범죄와 비행 행위에 소수집단이 불균형적으로 연류 되는 것을 설명하기 위해(예를 들어, Messner외, 2001; Peterson외, 2000; Martinez, 2003), 또는 실업과 여타 경제적 어려움이 범죄율에 미치는 영향을 설명(예를 들어, Hill과 Crawford, 1990; Britt, 1997; Messner와 Rosenfield, 2007)하기 위해 자주 사용된다. 하지만, 여전히 많은 범죄학자들은 형사사법제도에서 하부계층이 차지하는 불균형적 비율은 형사사법기관의 차별 때문이라고 주장하며, 범죄는 대체로 하부계층의 현상이라는 가정을 거부한다.

사회구조적 이론들은 거시적 이론들이다. 이러한 이론들은 미국 계층 구조에서 하부 계층의 특징으로 여겨지는 더 높은 범죄 비율을 설명하기 위해 특별히 고안되었다. 결과적으로, 몇몇 범죄학자들은 개인 수준(individual level)에서 수집된 데이터가 사회구조이론들이 주장하는 집단의 문제점을 적절히 반영한다고 하는 반면 (예를 들어, Agnew, 1987; Mnard, 1995), 다른 몇몇 범죄학자들은 사회구조이론들이 집단 수준(group level)에서 수집된 데이터의 분석을 통해서 적절히 검증될 수 있다고 주장한다 (예를 들어, Bernard, 1987; Messner와 Rosenfeld, 2007).

사회구조적 이론들은 1950년대와 1960년대에 범죄에 대한 지배적 설명을 제공하였지만, 1970년대의 통제이론(8장)과 억제이론(5장)에 의해 전반적으로 대체되었다. 사회의 근본적인 구조적 결함에 집중한 것은 그 시대 개혁론자들의 이상과 잘 결부되었고, 사회구조적 이론들은 사회제도에 대한 기본적인 신뢰를 반영 하였지만, 그와 동시에 범죄의 근원적 원인을 구조적 결함에서 찾으려고 하였다. 이 때문에, 사회구조적 이론들은 기본 사회구조를 급진적으로 변화시키지 않는 개혁 방법을 찾는 전통적 자유주의자 이미지에 잘 들어맞으며, 법의 정당성(legitimacy of law)을 전재하고, 법의 공정성을 보장하는 범위 내에서의 개선을 추구한다. Charles Thomas와 John Hopburn (1983)은 이에 대해 사회구조적 이론가들과 자동차 정비공을 비교하며 설명하였다. 자동차 정비공은 내부분사엔진의 기본적 원리를 비판하지 않고, 대신 그것을 자동차의 최상의 동력원으로 받아들이며, 엔진의 청소, 조정, 튜닝, 부품 교환 등을 통하여 자동차의 원래 디자인 측면에서 자동차의 효율성을 회복하려고 노력한다는 것이다. 마찬가지로, 그들에 따르면, 사회구조주의자들은 우리 사회구조의 기초에 대한 근원적인 질문은 하지 않고, 대신 문제점을 찾고 개선하여 어떻게 사회구조가 최상의 상태를 구축할 수 있는가에 중점을 둔다는 것이다. 이와는 다르게, 다른 범죄원인론들은 우리 사회제도의 갈등적 관점을 수용하고 사회제도에 대한 근원적인 비판을 가하기도 한다 (예를 들어, 9장).

사회구조적 이론은 크게 두 가지로 나뉠 수 있다. 긴장이론은 범죄는 사회구조의 가장 큰 취약점들의 파생물이라는 점에 초점을 둔다. 다른 한 가지는 (이 분류에 비록 잘 들어맞지는 않지만), 사회 생태학적 접근이다. 사회 생태학적 접근은 사회구조적 접근의 근간을 이루며 개인이 속한 지역사회의 사회·경제적 상태를 분석하고 있기 때문에, 본 장에서 함께 논의될 것이다.

## 긴장이론(Strain theories)

긴장이론은 범죄를 설명하기 위한 사회학적 노력 가운데 가장 핵심적인 것이다. 긴장이론의 핵심 요지는, 스트레스, 좌절, 혹은 긴장(이름 그대로)은 이루지 못한 열정의 결과물이며, 이러한 것들이 규범 위반의 가능성을 증가시킨다는 것이다. 이에 따르면, 개인은 실패로 인한 긴장을 완화시키기 위해 규범을 위반하며, 특히, 적법한 절차를 통한 목적 달성이 어려울 경우 일탈적 방법을 적극 사용하게 된다는 것이다. 따라서 긴장이론들의 가장 중요한 목표는 긴장의 원인과 이에 대한 일탈적 적응을 규명하는 것이다. 대부분의 긴장이론들은 미국 사회구조가 사회적 하부계층에게 가장 큰 긴장을 유발시킨다고 주장하며, 결과적으로 긴장이론가들은 하부계층의 범죄를 설명하는데 중점을 둔다고한다. 긴장은 왜곡된 열망이나 성취에 대한 비현실적 욕망, 비정한 물질만능주의와 연관될 가능성이 높으며, 이러한 목표 왜곡은 개인의 실패와 좌절을 자초하며, 일탈적인 해결방법을 찾도록 하는 것이다.

초기 프랑스 사회학자인 Emile Durkheim의 이론은 범죄와 여타 일탈 행위를 설명하는 긴장이론의 시발점이 되었고, 이후 Robert Merton에 의한 뒤르깽 이론(Durkheim's theory)의 수정은 미국 문화 속에서 긴장이론을 통한 범죄 이해의 토대를 마련하였다. Richard Cloward나 Lloyd Ohlin, Robert Agnew, Steven Messner, Richard Rosenfeld 같은 긴장이론가들은 이를 더욱 확장시켰고, 긴장이론의 핵심적 사항들을 제시하였다.

### *Emile Durkheim - 사회구조 이론의 기원*

1858년 프랑스에서 태어난 Durkheim은 새로운 사회 질서에 적응해 나가는 프랑스 사회의 혼란과 소요를 목격하였다. 1789년의 프랑스 혁명으로 억압적인 전제 군주제가 의회를 기초한 공화국으로 대체되었고, 이러한 정치적 변동은 산업혁명으로 인한 사회적, 경제적 격변으로 이어졌다. 19세기 프랑스는 과도기를 겪고 있었다. 인간의 자유 의지에 대한 고전적 개념은 비판을 받았고, Cesare Lombroso(6장 참조)는 19세기 중반에 생물학적 결정론을 주장하였다. 세기 말에 이르러, Durkheim은 어떻게 사회 조직이 사람들로 하여금 규범을 어기도록 하는가에 초점을 맞추었다. 다시 말해, 사회학자인 Durkheim은 개인의 행위는 개인의 특성에 따라 결정되기 보다는 사회적으로 결정된다고 보았던 것이다.

1892년, Durkheim은 파리대학에서 사회학으로 첫 번째 박사학위를 수여 받았다. 범죄학에 대한 그의 가장 큰 공헌은 자신의 저서 "자살(Suicide): 사회학적 연구 (1897/1951)"

[그림 7.1] 뒤르껭의 사회 계층과 아노미와의 상관관계

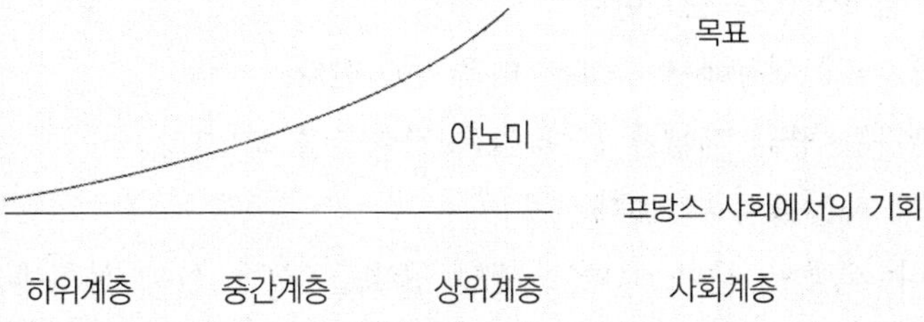


에서 명료하게 정의내린 아노미(anomie)라는 개념을 부활시킨데 있다. 비록 아노미라는 개념은 "무법상태(lawlessness)"를 의미하던 고대 그리스 시대까지 거슬러 갈수 있지만, Drukheim에게 아노미는 "무규범상태(normlessness)"를 의미하였다. 사회적으로 요구되는 행동, 즉 사람의 행동을 규제하는 규범을 사용하여 아노미를 정의 내렸기 때문에, 규범의 붕괴는 곧 사회적 통제에 대한 위협이 되는 것이다. Durhkeim은 이러한 아노미가 자살에 영향을 미친다고 가정하였고, 현대의 많은 이론가들은 아노미가 많은 범죄 유형에 있어 매우 중요한 한 요소라고 주장하고 있다.

당시 사회학은 새로운 학문 분야였기 때문에, Durkheim은 사회학의 유용성을 보여 줌으로써 학문적 신뢰도를 확보할 필요가 있다고 느꼈다. 비평가들은 개개인을 분석함으로써는 이해하지 못하는 사회 기관이나 그룹 행위를 연구함으로써 무엇을 얻을 수 있는가라고 비판하였고, 개인의 행동은 더 큰 사회 현상에 의해 영향을 받는 다는 자신의 신념을 검증하기 위해, Durkheim은 일탈행동 중 가장 개인적인 자살 행위를 연구하게 된 것이다. 그는 자살의 기본적 결정요인은 사회적 변수, 즉 종교, 혼인상태, 그리고 경제적 상황 등이라고 가정하였다. Durkheim은 집단 수준(group level, 혹은 거시적 수준(macro-level))으로 자살률을 설명하려고 하였지만, 그의 형이 자살 하였다는 사실은 또한 Durkheim이 자살을 개인적 수준(미시적 micro level)으로 설명하는 것에도 관심이 있었을 것임을 보여준다. 이는 그가 자신의 책, 자살,에서 종종 비유를 통하여 거시적 이론과 미시적 이론을 접목시키려 했다는 점에서도 잘 나타난다.

자신의 가설을 검증하기 위해, Durkheim은 19세기 유럽의 자살 데이터와 선사시대에 대한 자료를 분석하였고, 다음과 같은 결과를 도출하였다.

- 자살률은 순수 카톨릭국가에서 훨씬 더 낮다.
- 유대교도들은 카톨릭교도나 신교도 보다 낮은 자살률을 보였다.

- 독거인(이혼 및 별거자 포함)은 기혼자보다 자살할 가능성이 높다.
- 자살률은 나이와 비례하여 점차적으로 증가한다.
- 경제적 안정기 보다 경제적 위기 상황에서 자살은 더욱 빈번한다.
- 전쟁이나 혁명과 같은 혼란기는 평균 자살률 보다 높은 자살률을 보인다.
- 민간인보다 군인들 사이에서 자살률이 더 높다.
- 남편이 죽었을 때 부인이나 시종이 같이 죽어야 했던 규범을 가진 선사 사회에서 자살이 발견된다.

Durkheim은 위의 결과들을 사회 구성형태와 결부하여 네 가지 범주로 나누었다. 이기적(egoistic), 이타적(altruistic), 숙명적(fatalistic), 아노미적(anomic). 이상의 범주들은 Durkheim이 자살(이상행동)을 사회의 조직과 기관의 측면에서 설명하였기 때문에, 거시적이라 하겠고, 이 이론이 주장하는 바와 같이, 데이터 분석 결과는 자살율이 사회 구성형태에 따라 지리적 분포가 다름을 명확하게 보여주었다.

Durkheim의 자살의 네 가지 유형은 다음과 같다.

- 이기적 자살: 집단의 가치나 목표에 대한 몰입이 약해졌을 때, 특히 자기 자신만의 가치나 목표 등에 온전히 의존해야 할 때, 이기적 자살이 발생된다.
- 이타적 자살: 집단의 가치나 목표에 대한 과대 몰입이 발생했을 때 이타적 자살이 촉진된다.
- 숙명적 자살: 과도한 규범 및 규제에 의해 발생하는 자살(예를 들면, 노예제도나 수감 상태 등)
- 아노미적 자살: 급속하거나 극단적인 사회 변화 혹은 위기가 집단 규범을 위협하는 상황에서 발생하는 자살

아노미 이론 혹은 긴장이론의 토대를 구축한 것은 자살에 대한 Drukheim의 연구이다. Drukheim에 따르면, 아노미적 자살은 집단 규범을 위협하는 급속하거나 극단적인 사회 변화나 위기 상황에서 발생한다고 한다. 사람들은 어떤 것이 적합한 행동인가에 대한 확신을 잃게 되고, 결과적으로 혼란 혹은 "무규범상태(normlessness)"에 빠지게 되는데, Durkheim의 예는 전시나 혁명의 시기, 그리고 불경기, 경제적 공황, 경제적 활황의 시기에 높은 자살율이 나타남을 잘 보여주었다. Durkheim은 숙명적 자살과 아노미적 자살을 상반된 개념

으로 보았는데, 숙명적 자살은 통제과잉 상태를, 반면 아노미적 자살은 규범적 통제 부재의 상태를 대변하기 때문이다. 범죄학자들은 이러한 아노미 혹은 긴장의 개념을 확대하여 범죄의 근원을 설명하고자 했다.

### *아노미(Anomie)*

아노미는 규범이 더 이상 개인의 행위를 통제하지 못하는 사회적 상태를 말한다. 그럼, 어떻게 규범이 붕괴되거나 혹은 규범을 따르려는 의지가 약화되는 것일까? 전쟁과 같은 위기 상황에 덧붙여, Durkheim은 개인이 갖고 있는 목표에 대한 열망과 그 목표를 이룰 수 있는 개인의 능력 사이의 괴리가 아노미의 또 다른 원인이라고 하였다. 이러한 괴리 상황은 급격한 경제적 성장과 같은 빠른 사회적 변화 상황에서 유발된다. 19세기 프랑스 사회에서 Durkheim은 그러한 경제적 팽창은 경제적 목표 성취에 대한 기대감과 열망이 만족되지 못할 수준까지 팽창한 상위 혹은 중산 계층에 더 많은 영향을 미칠 것이라고 예측하였다. Durkheim의 다음과 같이 서술하였다.

> 경제적으로 번성할수록, 욕망은 증대하고...지나친 야망은 항상 얻어진 결과를 넘어 서고, 이미 충분한 결과일수 있지만, 여기서 멈춰야 한다는 경고가 없기에...이룰 수 없는 목표를 위한 이 경쟁은 어떠한 희열도 주지 않고, 다만 경쟁 그 자체만을 주는데...한 번 그 경쟁이 중단된다면, 참가자는 빈손으로 남겨지고...그런 상황에서 어떻게 삶에 대한 열망이 약화되지 않겠는가?

Durkheim은 하위 계층에서 자살률이 낮은 것에 착안하여, 빈곤은 가난한 사람들이 아노미를 경험하지 않도록 차단하며, 결과적으로 자살을 방지한다고 주장하였다.

Durkheim이 느끼기엔, 열망은 계층과 관련이 있는데, 상위계층일수록 낮은 계층보다 더 높은 목표를 갖게 된다는 것이다. 여기서, 그는 열망은 다양할 수 있는 반면에, 프랑스 혁명이 평등주의적 사회를 만들어냈고, 그 평등 사회에서 모든 구성원은 성공 혹은 실패에 대한 비슷한 기회를 갖게 되었다고 믿었다. 이에 따라, 추후 긴장이론가들이 말하는 기회구조는 언제나 일정한 것으로 여겨지게 되었다. [그림 7.1]은 Durkheim의 사회 계층과 아노미의 관계를 보여주고 있다.

Durkheim은 성공적인 사회 구조는 욕망에 대한 합리적 한계를 규정해 놓지만, 사회 조직이 위태롭게 흔들리는 사이 영원히 충족되지 못할 욕망의 고삐가 풀어진다('통제가 와해된다')고 믿었다. 그리고, 그 끝 모를 열망은 일탈적인 방법을 찾도록 압력을 가하게 되는 것이다. 근래, 형사 처벌을 받은 "분식회계(creative accounting, 예를 들어, Enron, WorldCom, Madoff의 사례)"는 이러한 끝 모를 열망이 가져다 준 결과를 보여주는 일례라고 하겠다.

### *Robert K. Merton - 사회구조와 아노미*

Robert K. Merton이 1938년에 주장한 아노미 이론은 범죄와 이상행동에 대한 연구에 있어서 가장 중대한 발전 중 하나로 여겨지고 있다. 미국 사회에 범죄가 난무하던 때, Merton은 사회 상황(social conditions)은 사회구조에 따라 차별적으로 개인에게 어떤 압력을 가하고, 개인은 이러한 사회상황에 개별적으로 대응한다는 당시로서는 계몽적인 이론을 제시하였다. Durkheim이 모든 사람은 선천적으로 사회적으로 통제되어야만 하는 끝없는 욕망을 갖고 태어난다고 주장한 반면, Merton은 그러한 욕망은 사회적으로 생성된 것이라고 생각했다.

Merton은 모든 사회는 문화제도(cultural system)를 갖는데, 이 제도는 (1) 사회적으로 용인된 가치관과 목표를 보여주며, (2) 그러한 목표를 성취하게 하는 받아들일 만한 규범 혹은 구조화된 도구(institutionalized means)를 구체적으로 규정한다고 주장하였다. 이러한 미리 규정되고 허용되는 목표와 수단은 개인이 적절한 방법으로 성공할 수 있도록 할 수 있을 뿐만 아니라, 동시에 사회의 특정 그룹에게 성공을 위한 노력의 일환으로 적절치 못한 행동을 하도록 압력을 가한다는 것이다. 이러한 경향은 성공을 위한 허용 가능한 방법보다 성공에 대한 성취목표가 더욱 더 강조되었을 때 발생한다고 한다.

Merton에 따르면, 미국 사회는 부의 획득을 가장 중요한 목표로 간주하고 있다고 하며, 금권(almighty dollar, 즉 금전 만능주의)은 모든 미국인이 추구해야 하는 어떤 것으로 강조되어 왔다고 한다. 비록 부의 획득을 위해 문화적으로 허용된 수단이 있지만, 그런 수단들은 덜 중요하게 강조되어왔고, 또 모든 사람들이 그런 합법적인 노력을 통하여 성공을 이룩한 것이 아니었기 때문에. 이러한 현상은 부를 획득하기 위한 편법이나 불법행위로 귀결될 수 있는 것이다.

부와 지위를 추구하기 위한 구조화된 도구는 미국 사회에서 명백히 규정되어 있지만, 이러한 도구들은 사회구조에서 하층에 속하는 대부분의 사람들에게는 사용가능한 것들이 아니다. "신교도의 근로 윤리(Protestant work ethic)"는 미국 문화에 의해 대중화된 전통적인 중산층의 가치를 옹호한다. 세대를 걸쳐 전해져 오는 Ben Franlin의 유명한 격언(예를

[그림 7.2] 머튼의 사회 계층과 아노미의 상관관계

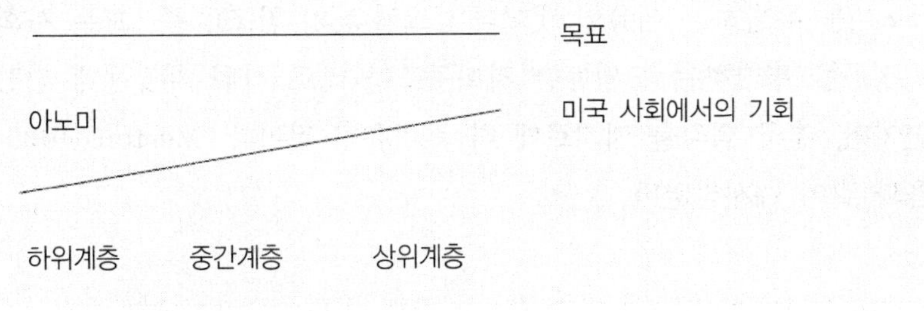


들어, '한 푼을 아끼면 한 푼을 번다,' '제때의 한 땀이 아홉 바늘을 번다,' '정직이 최선의 정책이다,' '오늘 할 일을 내일로 미루지 말라')들은 성공을 위한 수단들을 잘 표현하고 있다. 그러한 도구들은 절약, 근면, 고진감래, 노력, 정직과 자기 계발(즉, 교육)을 통한 성공을 말한다. 비록 기회 구조가 모든 이에게 공평하게 주어진 것은 아니지만, 근면함을 통하여 모든 미국인은 성공할 수 있음을 강조한다. 공교육을 받고 있는 모든 학생들은 일상적으로 열심히 공부하면 누구나 대통령이 될 수 있을 거라 교육을 받고, 자수성가(self-made man)한 사람의 성공 신화는 끈기 있게 노력하면 보상을 받을 것이라는 교훈을 증명하는데 쓰인다. 하지만, 문제는 많은 사람이 성공을 위해 노력하지만, 동시에 많은 사람이 실패한다는 것이며, 경제적 성공을 보장하든 하지 않던 사회적으로 승인된 수단만을 사용하려는 노력에 대한 보상은 간과되고 있다. 결과적으로, 부의 획득은 정당하게 성공하려는 노력이 가져다주는 작은 만족감보다 더 중요한 관심사가 되어버렸다고 Merton은 주장하였다. 남을 이겨 승리를 쟁취하는 것이 가장 중요한 것이 되어버렸다는 것이다. Green Bay Packer 미식축구팀의 코치인 Vince Lombardi가 '이기는 것이 모든 것이 아니다. 이기는 것은 유일한 것이다'라고 선언한 것처럼 말이다. 경제분야 작가인 Tauby (1991:59)는 이 이론이 근래 급증가한 여성의 횡령사건을 얼마나 잘 설명할 수 있는지 분명히 보여주었다. 그녀는 경제범죄(white-collar crime)는 "걷잡을 수 없는 야망에 휩싸인 아메리칸 드림(American dream)"의 부산물이라고 하였다.

부를 얻기 위한 정당한 수단은 계층 구조에 따라 차별적으로 주어져있다. 상위 계층의 구성원은 교육, 기회를 제공할 유용한 인맥, 재산과 지위를 높여줄 경쟁에서 이기도록 준비시키는 사회화 기회 등을 더 많이 갖고 있다 (Mills, 1956; Domhoff, 1967; Dye, 1976). 반면, 하위 계층의 구성원은 합법적인 방법으로 더 많은 돈을 벌어들이는데 더 큰 어려움과 스트레스를 경험한다. Merton이 늘 주장하듯, 그것이 바로 왜 하위 계층의 구성원들이 형사사법제도에 의해 더 많이 처벌을 받고 있으며, 왜 더 많은 이들이 정신적 문제나 비행

집단에 속해있는지를 설명하는 이유인 것이다. 구조화된 수단과 문화적으로 명시된 목적 사이의 이러한 갈등은 아노미를 유발하는 이유인 것이다 ([그림 7.2] 참조). 즉, 모든 사회계층에서 동일한 잣대로 성공을 평가하는 불평등한 사회구조가 바로 하위 계층에게 긴장(strain)을 유발하는 원인이며, 결국 범죄를 저지르게 하는 이유인 것이다. Merton (1938: 680)은 그의 주장을 다음과 같이 제시하였다.

> 대다수의 사람들에게 있어서, 문화적 가치체계가 성공에 대한 보편적 상징들(예를 들어, 큰 평수의 집이나 고급 외제차 등)을 다른 어떤 것 보다 더 중요시 하며, 동시에 그 체계의 사회구조는 성공의 보편적 상징들(앞서 언급한 집이나 외제차 등)을 획득 할 수 있는 사회적으로 승인된 도구(예를 들어, 교육기회나 인맥 형성 등)를 그 사람들 중 상당수가 부분적으로만 갖게 하거나 완전히 갖지 못하게 할 때 반사회적 행동은 급증하는 것이다.

미국사회에 대한 Merton의 설명은 얼마나 정확할까? 당신은 자신이나 다른 사람의 성공을 물질적 성취의 관점에서 평가하는가? 우리는 과연 수단보다 목적을 더 중요시 하는 것일까? 만약 다른 무엇인가가 물질적 성공만큼 혹은 그 보다 더 중요하게 여겨진다면, 성공을 위한 일탈적 행동에 대한 긴장과 스트레스의 문제가 발생하는 것이다. 마찬가지로, 만약 미국 문화가 성공하는 것과 비슷하게 혹은 그 보다 더 중요하게 규칙준수를 강조한다면, 이 긴장이론은 무너지게 된다. 우리의 문화적 가치는 어떠한지 생각해 보기 위해서, 다음과 같은 질문들을 고민해 보라. 우리의 직업이 얼마나 높은 지위를 보장하며 얼마나 많은 수입을 가져다주는지가 더 중요한가 아니면 직업 그 자체가 가져다주는 만족이 더 중요한가? 운동경기에서 이기는 것이 중요한가 아니면 공정한 경기를 하는 게 더 중요한가? 우리의 교육 시스템이 좋은 성적이나 졸업장에 가치를 두는가 아니면 근면하며 꾸준하게 노력하는 것에 더 큰 가치를 두고 있는가? 경제활동에서 더 많은 수익을 내는 것이 좋은 평가를 받는가 아니면 정직하게 하는 것이 좋은 평가를 받는가? 이러한 질문에 대한 대답은 우리 사회에서 목적과 수단이 곤고히 접목되어 있지 않음을 보여주는 Merton의 이론을 평가하는데 많은 도움을 줄 것이다.

Merton의 아노미 이론이 미국사회에 적용가능한지를 평가하기 위해서, 최소한 다음의 실증적인 한 가지를 고려해야 할 것이다. 미국 사회는 과연 하위 계층이 가져야 한다고 강조한 목적을 달성하기에 적합한 수단을 제공하지 않는 것인가? 과연 가난, 빈민가 혹은 다른 어떤 불평등한 상황에서 자랐기 때문에 교육을 잘 받거나 재능을 개발하고 직업을 가질 기회를 얻지 못하는 피해를 당한 사람이 있는가? 정말 문화적 배경(cultural background)

이 Merton이 말한 보편적 성공을 위한 경쟁에 영향을 미칠까? 만약 금전적 성공에 대한 과도한 강조와 기회의 차단이라는 두 가지 상황(이것이 긴장의 구조적 두 원인) 주어진다면, 사회구조의 하위계층에 속하는 사람들에게 긴장을 유발하는 조건이 마련된 것이다.

하지만, 이러한 구조적 긴장에 대응하는 방법은 여러 가지가 있고, 모든 방식이 일탈적인 것은 아니다. Merton은 구조적 긴장에 대응하는 다섯 가지의 개별적 적응 형태를 찾아냈는데, 순응형, 혁신형, 의례형, 도피형, 반항형이 그것들이다.([그림 7.3] 참조).

범죄 행위의 관점에서 볼 때, 순응형(conformity)의 사람은 큰 고려의 대상이 아니다. 순응형의 사람들은 문화적으로 중요시되는 목적을 받아들이고, 이러한 목표 달성(즉 성공)을 이루기 위해 구조화된 도구만을 사용하는 사람들로, 그들은 결과(성공이나 실패)에 상관없이 지속적으로 문화적 가치체계에 순응하며 살아갈 것이기 때문이다. 이들이 바로 사회를 하나로 지탱하는 사람들이며, 제 기능을 지속적으로 하기 위해 사회의 대부분은 이런 순응형 사람들로 구성된다.

[그림 7.3] 머튼의 개별적 적응의 방식

| 적응의 형태 | | 문화적 목표 | 제도화한 수단 |
|---|---|---|---|
| I | 동조(순응)형 | + | + |
| II | 혁신형 | + | — |
| III | 의례형 | — | + |
| IV | 은둔형 | — | — |
| V | 반항형 | ± | ± |

합법적인 방법으로 문화적 목표를 성취할 수 없을 때 발생하는 구조적 스트레스에 나타나는 가장 보편적인 적응 형태가 혁신형(innovation)이라고 하겠고, 이러한 혁신형 사람들(innovator)이 바로 범죄학자들의 관심의 초점이라고 하겠다. 혁신형의 사람들은 전형적인 목표를 적극 수용하지만, 그들 스스로 합법적인 기회를 갖고 있지 못하다고 여기기 때문에, 그 목표를 성취하기 위해서 불법적인 수단을 사용한다. 내부거래에 연루된 Wall Street의 브로커나, 절도범, 자신의 신체를 파는 사람들, 시험에서 부정행위를 하는 학생들은 모두 목표를 달성하기 위해 불법적인 도구를 사용한 예라고 하겠다. 사회구조이론의 하나로서, 특히 이 범죄이론은 합법적 기회가 덜 주어진 하위 계층에 보다 더 집중하는 것이다.

의례형은 혁신형의 반대 형태로 생각할 수 있다. 의례형 사람들은 규칙을 준수하지만 전통적인 목표를 추구하지는 않는다. 물론 의례형 사람들도 부나 사회적 지위를 얻기 위한 노력은 하지만, 다른 유형의 사람들처럼 그 목표 성취에 집중하지 않는다. 다년간에 걸친 저자의 경력에 비춰어 보면, 학교에도 의례형 학생들이 존재한다. 이러한 학생들은 수업에 참여하고 숙제를 하는 등 학생으로서의 역할을 하지만, 성적이나 졸업에는 별관심이 없어 보인다. 그들에게 시험 결과가 "A"이든 "D"이든 크게 상관이 없다. 마찬가지로, 교수들 중, 수업을 하지만, 학생들이 좋은 결과를 얻는 것이나 주제에 대한 최근 지식을 가르치는 것, 새로운 수업 방식을 시도하는 것, 열정적으로 수업하는 것 등에 관심이 없는 교수들이 바로 의례형에 속한다고 하겠다. 늘 주어진 규칙의 준수만 강조하고 자신이 일하는 조직의 진정한 목표가 무엇인지에는 무관심한 공무원들 역시 의례형에 속한다고 하겠다. 이러한 적응 형태는 실패의 가능성을 애초에 배제시키는 것이며, 인생을 가장 "안전"하게 사는 방식이다.

네 번째 적응 형태는 은둔형 사람들을 말하며, 이는 사회적 도피자(혹은 중퇴자, social dropouts)를 의미한다. 이 형태의 사람들은 문화적 목표를 추구하지도 않으며, 구조화된 수단을 따르지도 않는다. 사회적 도피(혹은 은둔)라는 상태는 허무주의, 약물 중독, 노숙 등의 특징을 갖는다. 물론 이러한 적응의 형태가 비정상적인 것으로 간주되기도 하고, 또 몇몇 행동들은 범죄화(criminalized, 예를 들어, 부랑죄, 공공장소에서의 만취행위) 된 경우도 있지만, 은둔형 사람들의 대부분은 자신을 제외하면 피해자가 없는 그런 범죄행위에 가담한다. 이러한 은둔형의 사람들은 신교도의 근로 윤리나 중산층의 가치관에 정확히 배치되는 부류라고 하겠다.

마지막 적응 형태로, 반항형 역시 사회의 보편적 목표와 구조화된 수단을 모두 거부하는 유형이다. 하지만, 은둔형과는 다르게, 반항형은 보편적 목표나 수단을 자신들 만의 새로운 목표와 수단으로 대체한다. 예를 들면, 돈 대신 명예(혹은 체면, "rep")를 추구하지만, 목표(금전적 이득)를 성취하기 위해 정직하고 근면하게 노력하는 대신 폭력이나 협박을 사용하는 조직폭력배(street-gang, 조직폭력배와 같은 뜻은 아니지만, 가장 유사한 한국적 범죄조직 유형)나, 정당한 정치활동 대신에 체제 전복적이며 폭력적인 방법을 사용하는 정치적 개혁주의자들이 이러한 반항형에 속한다. 비록 Merton은 반항형은 하나의 개인적 적응 형태라고 하였지만, 반항형 사람들은 근본적으로 자신들만의 고유한 하위문화를 만들어 가는 사회적 도피자(social dropouts)에 해당한다고 하였다.

이상의 다섯 가지 적응 형태는 사람들이 아노미 상황에 대응하는 방법들이다. 형사사법 정책의 관점에서 보면, 순응형과 의례형 사람들은 문제를 야기시키지 않는 사람들이다. 범죄문제를 야기시키는 사람들은 바로 혁신형, 은둔형, 그리고 반항형 사람들인 것이다.

Durkheim은 사회적 긴장을 야기하는 것은 충족되지 않는 끝없는 욕망이라고 하였지만,

Merton은 사회적 목표인 성공을 이룩하기 위해 필요한 합법적이고 정당한 수단을 갖기 못하는 것이 바로 사회적 긴장을 야기하는 것이라고 보았다. 이러한 사회의 기회구조에 대한 관점은 하위 계층에 주목하게 하였고, 절도나 강도 같이 경제적 이득을 얻게 하는 도구적 범죄 형태에 연구의 초점을 맞추게 하였다. 이후의 범죄학자들은 특히 청소년 비행이나 조직 범죄를 설명하기 위하여 이 이론을 더욱 발전시켰다.

### *Richard A. Cloward and Lloyd E. Ohlin - 기회 이론*

아노미에 관한 Merton의 연구가 발표되고 20여년이 흐른 후, Richard Cloward와 Lloyd Ohlin (1960)은 Merton의 이론을 바탕으로 청소년 조직범죄를 설명하는 이론을 제시하였다. 그들이 확장한 긴장이론은 기회이론(opportunity thoery)라고 이름 지어졌다. Cloward와 Ohlin은 Merton의 주장이 대체로 옳지만, 아노미 상황에 대한 비정상적 적응 형태 발달에 있어서 비합법적 기회 구조의 기능을 간과하였음을 비판하였고, 사회 집단에 따라 합법적인 수단에 대한 접근성이 다른것 처럼 불법적 수단에 대한 접근성 역시 다르다고 했다. 다른 말로, 한 사람이 깊이 빠져든 비행행위는 그 사람에게 주어진 비행행위의 기회에 달려있다는 것이다. 합법적 기회 구조와 마찬가지로, 불법적 기회 구조 역시 불법적 기회를 제공하기 위해 사회 조직이나 결속을 요구한다. 이에 대해, Cloward와 Ohlin(1960:173)은 "결속이 와해된 슬럼(slum, 극빈가 혹은 우범지역)이 젊은 세대에게 합법적 수단들을 제공하지 못하는 것처럼, 그곳에서는 불법적 수단에 대한 학습이나 기회구조가 성립하지 못하기 때문에, 그런 지역은 개인의 지속적인 범죄 경력(criminal careers) 역시 유도하지를 못한다"고 하였다. Cloward와 Ohlin에 따르면, 지역사회는 그 속에 활성화된 부모-교사 모임이 형성되어 있거나, 주민들의 높은 정책참여, 지역사회 방범 프로그램, Elks Club이나 Daughters of the American Revolution같은 조직 활동이 존재할 때, 범죄에 잘 대응할 수 있는 결속력을 가지고 있다고 할 수 있다. 반대로, Clifford Shaw의 저서 "The Jack-Roller: A Delinquent Boy's Own story (1930, 1966:54)"에서 비행소년으로 대표되는 "스탠리(Stanley)"라는 단어는 일탈적인 행동을 위해 잘 결속된 지역사회의 모습을 보여준다.

> 그 동네에서 도둑질은 아이들 사이에 일상적인 일이었고, 심지어 부모의 승인을 받은 일이기도 했다. 언제든 소년들이 한데 모이면 강도질과 도둑질에 대해 얘기하고 계획을 세웠다. 강도짓에 연루되지 않은 아이들을 찾기가 매우 힘들었다. 어린 꼬마들이 좀도둑질을 하거나, 화물차를 털거나 잡동사니들을 훔쳐댔다. 좀 더 나이든 소년들은 노상강도(stick-up,

예를 들어, 퍽치기 등), 절도, 자동차 도둑질을 하였고, 어린 꼬마들은 이런 아이들을 동경하며, 자기도 언젠가 그런 "거물(big shots)"이 되는 날을 고대하였다.

Cloward와 Ohlin은 자신의 상황적 긴장(스트레스)에 반응해 혁신적 방법을 찾는 사람들은 자신의 지역사회 내에서 기회 구조를 이용하기 위해 요구되는 가치와 기술을 습득해야 한다고 하였다. 즉, 합법적 기회 구조를 이용할 수 있거나 그렇지 못하는 개인의 특성은 불법적 기회 구조를 이용할 수 있느냐 없느냐에도 적용 될 수 있다는 것이다. 하지만, 이는 불법적인 방법을 사용하지 못하게 되는 것이 합법적인 성공을 찾는 경우에서 보다 더 공평하지 않다거나 관대하지 않아서가 아니다. 적절한 기술과 잠재적 의지 등이 없는 사람은 범죄자 (예를 들어, 마약판매업자)가 되려는 노력도 실패할 수 있다는 것이다.

기회구조를 설명하기 위해, 당신이 얼마나 열심히 하든 당신은 실패할 수밖에 없고, 그래서 당신은 불법적인 방법으로 성공을 하고자 한다고 가정해 보자. 당신은 어떤 불법적인 방법을 선택하겠는가? 대부분의 대학생들은 마약을 팔 거라는 대답을 하였다. 이 답변이 바로 Cloward와 Ohlin에 얘기하는 기회구조를 말하는 것이다. 불법 약물/마약을 판매하는 것은 대학생들에게 가장 보편적으로 갖고 있는 사용가능한 불법적 기회인 것이다. 여기에는 두 가지 이유가 있다. 첫째, 대학사회는 이윤을 남길 수 있는 불법약물/마약 거래의 기회를 제공하는 잘 조직되고 결속된 환경이라는 점이다. 둘째, 대학생으로서 당신은 불법약물/마약 거래를 위해 필요한 지식이나 기술, 연락책 등을 쉽게 얻을 수 있다고 믿기 때문이거나 실제로 얻을 수 있기 때문이다.

반면, 같은 상황의 대학생이 도시에서 대부업(loan-shark operation)을 하거나 지방군소지역에서 절도 차량을 거래하는 장물업(chop shop)을 운영하지는 못할 것이다. 비록 이러한 일들이 범죄행위를 위해 잘 조직된 지역사회에서 이윤을 남길 수 있는 일들이긴 하지만, 대부분의 대학생들은 이러한 일들을 할 기술이나 자질을 갖고 있지 못하기 때문이다.

따라서 Cloward와 Ohlin은 아노미에 적응 하는 양태는 개인이 살고 있는 주변환경과 밀접한 관련이 있다고 주장하였다. 만약 주변에 전당포나, 철책, 장물을 사고자 하는 사람이 없다면, 절도범에게는 절도를 계속해야 할 이유가 없는 것이다. 한 개인이 사용할 수 있는 아이팟이나 노트북의 수는 한정되어 있는 것이다. 즉, 만약 생태적 환경 속에 불법적 기회구조가 존재하지 않는다면, 사람들은 사소하며 별 이득이 남지 않는 범죄를 저지르게 되거나, 은둔형 혹은 반항형 적응 형태를 취하게 될 것이다. Clifford Shaw, Henry McKay와 다른 동료 시카고 학파 연구자에 의한 생태연구는 이러한 기회구조의 요소로서 지역사회의 조직력 혹은 해체를 분석하는 초석을 마련하였다. 마찬가지로, Edwin Sutherland(1937:211)는 "선택과 양육"은 전문 절도범이 되는 두 가지 필요요소라고 하면서, 차별적 기회(differential opportunity)라는 개념을 제시하기도 하였다. 바꿔 말하면, 특정 범죄적 하위문화는 범죄에 대한 소질(적성, aptitude)을 보일 수 있도록 하고, 적절한 기술을 습득하도록 하는 학습구조를 제공할 수 있어야 하는 것이다. Cloward와 Ohlin(1960:151)은 Shaw, McKay, 그리고 Sutherland의 긴장이론이 구조적(긴장)인 면과 과정(학습과정)의 측면을 모두 포함하고 있는점을 언급하며 명백히 그들의 공로를 인정하였다.

> 차별적 기회구조라는 개념은 합법적 수단에 대한 차별적 접근가능성 개념을 포함한 아노미 이론과 불법적 수단에 대한 차별적 접근 가능성 개념이 함축적으로 내재된 시카고 학풍을 서로 통합시킬 수 있도록 한다. 이로써 단순히 성취수단과의 관계 측면에서가 아니라, 성취수단의 합법성 혹은 불법성과의 관계에서 개인을 연구할 수 있게 되었다.

Cloward와 Ohlin은 청소년 폭력조직을 범죄적, 갈등적, 그리고 은둔적 폭력조직 등의 세 부류로 나누었다 ([그림 7.4] 참조). 각각의 유형은 아노미 상황에 적응하는 독특한 양태를 보여준다. 범죄적 폭력조직은 Merton의 혁신형 사람들과 유사한데, 이들은 사회의 전통적 목표를 추구한다. 하지만, 이들에겐 합법적 수단을 얻을 방법이 차단되어 있고, 반면 불법적이고 비관례적인 방법으로 돈과 지위를 획득할 수 있도록 해 주는 범죄를 위한 사회 조직 같은 형태의 불법적 기회구조가 주어져있다. 일례로, 절도를 일삼는 기성 범죄조직에 노출되어 있는 도심의 청소년들을 들 수 있다. 그들은 범죄자들로부터 행동방식이나 정당성(혹은 범죄행위에 대한 변명)을 배우고, 불법적 행위를 통하여 성공 하는 것을 보게 된다. 그 결과 그들은 범죄조직에 합류하게 되고 그 속에서 지위를 높여가며 성장하게 된다. 본 장에 제시된 "Gang Feature"는 합법적 기회에 대한 접근성의 특징을 잘 보여주고 있다.

Cloward와 Ohlin(1960:171)은 불법적 기회구조를 제공하는 지역사회를 다음과 같이 설명하였다.

> 범죄적 하위문화는 다양한 연령대의 가해자들 사이, 그리고 범죄적 요소와 전통적 요소 사이에 긴밀한 유대관계가 존재하는 곳에서 발생할 가능성이 높다. 이러한 통합적 관계의

[그림 7.4] 클로워드와 오린 : 아노미에 대한 집단 적응

| 적응의 형태 | 전통적인 목표 | 합법적인 수단 | 비합법적인 수단 |
|---|---|---|---|
| 범죄적 | + | − | + |
| 갈등적 | − | − | − |
| 은둔적 | ± | ± | ± |

> 결과로, 새로운 기회구조가 나타나는데, 이 기회구조는 성공이라는 목표를 위한 대안을 제시한다. 결과적으로, 합법적 수단을 통한 성공 목표의 성취가 힘들 경우 발생하는 긴장은 사라지게 된다. 표현적 행동을 제한하고 범죄적 하위문화에 반감을 갖는 이들이 (범죄형) 도구적 삶의 스타일에 적응해 나가도록 하면서 젊은 세대의 행동에 대한 사회적 통제는 효과적으로 수행된다.

Cloward와 Ohlin은, 불법적 기회구조가 존재할 때, 차단된 합법적 기회구조에 직면한 사람은 자신이 가진 전통적 목표를 이룰 수 있도록 불법적 수단과 행동을 하게 된다고 하였다. 만약, 불법적 기회구조가 존재하지 않으며, 그 사회가 해체(와해, disorganized)되어 있을 때에는 갈등적 폭력조직이 발생하게 될 것이다 ([그림 7.5] 참조). 갈등적 하위문화는 파괴적이며 폭력적인 행동을 보여주는 특징을 갖는다. 전통적인 목표는 버려지고, 대체로 물리적 힘(기량, prowess)이나 약삭빠른 행동들이 중요시 되는 대안적 가치관이 이를 대신한다. 갈등적 폭력조직은 종종 영화(예를 들어, West Side Story, Colors, Boyz in the Hood와 같은) 같은 대중매체에 의해서 흥미롭게 그려지기도 한다. Cloward와 Ohlin(1960:172)는 갈등적 폭력조직에 대해 다음과 같이 서술하였다.

> 첫째, 비조직화된 지역사회는 성공 목표를 위한 합법적 통로를 제공하지 못한다. 둘째, 안정적인 범죄적 기회 구조에 대한 접근성 또한 제한된다. 마지막으로, 그러한 사회구조에서는 사회적 통제가 약화된다. 우리가 생각하기에, 이러한 상황이 갈등적 하위문화가 나타나도록 한다.

Cloward와 Ohlin에 의해 발견된 마지막 비행 하위문화는 은둔형인데, 은둔형에는 사회적 도피자(예를 들어, 술주정뱅이, 약물중독자)들이 포함된다. 이러한 행동 유형은 개인주의적 행위로 보이는데, Cloward와 Ohlin은 예를 들어 약물 복용자들은 약물을 얻기 위해 다른 사람과 연락을 하는 이외에 사회적 관계형성을 할 이유가 없다고 하였다. 따라서 그

[그림 7.5] 사회 조직화의 정도, 불법적인 수단의 사용 그리고 일탈적인 갱단의 유형

| 사회 조직화의 정도 | 불법적인 수단의 사용 | |
|---|---|---|
| | Yes | No |
| 조직된 | 범죄적 | 은둔적 |
| 해체된 | 범죄적 | 갈등적 |

들의 주장에 따르면, 은둔형은 차단된 기회구조에 대한 단체적 적응형태의 하나인 것이다. 갈등적 하위문화와 함께, 은둔형 사람들은 합법적 수단에도 불법적 수단에도 모두 접근할 수 없는 두 배의 좌절을 경험하는 실패자들이다. 그들은 비조직화된 지역사회에 속할 수도 있지만, 대체로 조직화된 지역사회에 속한다. 그 이유는 (1) 불법적 수단이 없다면 범죄적 하위문화가 지속될 수 없고, (2) 조직화된 지역사회에는 갈등적 폭력조직과 관련한 파괴적이고 악의적인 행동들이 묵과되지 않을 것이기 때문이다. 따라서 Cloward와 Ohlin은 이러한 상황에서 젊은이들은 도피와 약물, 술 등에 의지할 것이라고 주장하였다.

## 갱의 특성 국제적 관점에서 폭력조직과 사회 구조

미국에서 경험한 청소년 폭력조직 문제가 유럽에서 발생하고 있다는 것이 1990년대에 점점 명백해졌다. 미국의 농촌지역이나 작은 군소도시에서 폭력조직이 나타나고 있었을 뿐만 아니라, 이전에 폭력조직이 없었던 유럽의 도시에서도 청소년 폭력조직이 나타나고 있었다. 이러한 폭력조직의 일부는 대중매체의 영향을 받았지만 (van Gemet, 2001), 대체로 합법적 기회에 대한 접근이 불가능한 경우와 관련된 구조적 문제에 대응하기 위해 나타났다.

질적 연구방법론을 활용하는 인류학자들이나 범죄학자들에 의해 수행된 최근 2건의 연구는 네덜란드, 노르웨이, 영국에 청소년 폭력조직이 존재하고 있음을 보여주었다. 이 세 연구의 결과를 이 Gang Feature에서 요약해 본다. 유럽 여러나라에서 폭력조직이 나타나는 현상에 대한 보다 많은 정보를 얻고 싶다면, 유럽폭력조직 연구프로그램(Eurogang Program of Research, e.g., Klein et al., 2001; Decker & Weerman, 2005; van Gemert et al., 2008; Esbensen & Maxson, 2012)을 참조하기 바란다.

네덜란드 인류학자인 Frank van Gemert는 헤이그와 로테르담의 폭력적인 청소년 그룹을 연구하였다. 그는 비록 구조적이며 문화적인 요인들을 인정하면서도, 대중매체를 통하여 전파되는 청소년의 라이프스타일의 영향을 강조하였다. 그가 연구한 청소년 폭력조직은 폭력적 가해행위를 하긴 하였지만, 대부분의 경우 정교한 협박으로 폭력을 피해가기도 하였다. 헤이그에 있는 Eight Tray Crips나 Eastside Crips같은 폭력조적의 구성원들, 로테르담에 있는 Southside First Tray Crips 같은 폭력조직의 구성원들은 미국의 유명한 폭력조직의 이름을 따라하기도 하였지만, 그들의 상징(휘장, 옷, 수신호)을 차용하였다. 대중매체를 통한 젊은층의 문화 전파 현상이 van Gemert가 기술한 다음에서 잘 나타난다 (2001:

145):

지난 몇 년 동안, 네덜란드 젊은이들은 큰 자동차에 굵은 금목걸이를 한 미국 흑인 갱단이 자극적인 여자들과 나오는 대중매체에 매료되었다. 그 젊은이들의 언어는 과장되고 경쟁과 폭력과 관련한 것들이었다. 유명한 래퍼 Tupac Shakur, Notorious B.I.G., Stretch 등이 그런 갱들의 폭력적 삶을 노래한 것 뿐만 아니라, 실제로 갱단원 처럼 총격난사에 의해 사망했다는 사실은 그들이 의도한 삶과 다를 바 없었다는 것을 보여주었다.

영국 맨체스터 대학소재 한 연구팀(Aldrige et al., 2012)은 한 "연구지역(Research City)"의 폭력조직과 폭력조직과 연루된 젊은이들을 연구하고 있었다. 개인정보보호 문제로 연구자들은 그 연구지역을 공개하기를 꺼려하였다. 2005년부터 2008년까지, 연구지역의 두 지역에서 직접관찰, 비공식적 대화, 130회의 정식 인터뷰를 진행하였다. Inner West(서도심)의 지역은 다양한 민족구성을 갖고 있지만 갱조직은 주로 흑인 캐리비안/아프리카/아시아 혼혈 계통이었고, Far West(서외곽) 지역은 도시의 외곽으로 대부분 백인으로 구성되었다. 이 연구의 결과 중 흥미로운 하나는 경찰의 갱단원에 대한 시각에 있었다. 서외곽 지역의 백인 갱단원들은 공공장소에 운집하였고, 그 지역 주민들에게 문제거리(공갈협박 등)들로 비쳤었지만, 경찰은 적어도 공식적으로는 이 지역을 폭력조직의 문제가 있는 지역으로 인식하지는 않았다. 반면, 연구자들은 서도심지역에서 폭력조직원들이 떼를 지어 운집하거나 공공지역을 활보하는 등의 문제를 한번도 목격하지 못했지만, 경찰은 이 지역을 갱 문제가 심각한 지역으로 인식하였다. 역사적으로 그 연구지역의 도심은 1980년대와 1990년대에 폭력조직의 마약 거래처로 알려져 왔다. 이러한 마약시장에 대응하기 위해, 경찰은 젊은이들이 경찰의 "검문검색"이 심각하다고 여길 때 까지 그 지역에 공격적인 경찰활동을 하였다. Aldrige와 그녀의 동료들은 이러한 공격적인 경찰활동은 총격난사사건과 더불어 공공지역에 최소한으로 운집하는 등 폭력조직원들의 행동에 변화를 가져왔다고 주장하였다. 그러나, 왜 경찰은 서도심지역에서와 같이 서외곽지역에서는 젊은 폭력조직원들을 문제로 인식하지 않았을까 하는 의문이 남는다. 노르웨이 오슬로에 있는 폭력조직에 대한 연구에서 Inger-Lise Lien(2001:169)은 van Gemert에 의해 제시된 젊은 문화의 문화적 전파에 대한 근거를 제시하고 있다. 폭력조직원은 "미국 갱단 영화를 보고, 자신들의 이름을 Cash Money Brothers나 Black Mafia Society, Mafia Sisters처럼 갱단원의 이름으로 바꾸었다." Lien은 합법적 수단을 사용하지 않고 물질적 풍요를 얻고자 하는 열망이 바로 오슬로의 폭력조직을 만드는 이유라고 하였다. 폭력조직원들과의 인터뷰는 법적 방법을 통하여 직업을 갖는 것에 연연해하지도 않으며 미래에 대한 그들의 낙관주의를 보여주었다.또한, 폭력조직과 연관된 많은 젊은 청소년들은 자신은 노르웨이의 경제체제에서 성공할 능력이 없다고 느끼는 이민자들이 대부분이었다. 예를 들어, Young Guns 조직의 일원이 말하기를, "우리는 가난하고 또 노르웨이에 새로 온 이민자들이었다...(반면) Killers 조직원들은 이민 2세대들이 었다. 그들은 BMW나 벤츠를 타고 다니며, 그들은 우리보다 낫다고 생각하지만, 우리는 우리가 누구며 우리 영역을 침범하지 못하도록 해주고 싶었다. 이게 바로 우리가 폭력조직을 결성하게 된 이유이다. 우리는 그들이 어떻게 우리를 존경해야하는지를 가르쳐주었고, 그들이 우리를 보았을 때 벌벌 떨게 만들었다. 우리는 그것에 만족감을 느꼈다."

## 근래 긴장이론의 발전

### *Robert Agnew - 일반 긴장이론*

비록 사회적 긴장이론이 20세기 미국에서 범죄와 관련한 사회학이론의 주류이었지만, 1970년대에는 많은 비판의 대상이 되었다 (예를 들어, Hirschi, 1969; Kornhauser, 1978; Bernard, 1984). Robert Agnew(1992)에 따르면, 사회적 긴장이론의 인기의 쇠퇴는 다음의 네 가지 비판에 기인한다.

- 하위계층의 비행에 중점을 둠
- 중산층 지위 획득과 경제적 이득 이외의 목표를 경시함
- 사회계층의 성취 이외의 다른 성취에 대한 장애물을 고려하지 않음
- 왜 긴장을 경험하는 사람들 중 몇몇 사람만이 범죄행위를 하게 되는지에 대한 설명 불가능

Agnew는 이러한 비판에 대응하여 일반긴장이론(general strain theory, GST)을 주창하였다.

긴장이론은 역사적으로 사회적 계층과 연관되어 왔다. 즉, 하위계층의 범죄는 차단된 기회의 결과로 여겨져 왔다는 것이다. GST에서 Agnew는 세 유형의 긴장 유발 요인을 제안하면서, 인지되는 긴장의 원인을 폭넓게 확대하였다. (1) 목표달성의 실패, (2) 긍정적으로 평가되는 자극의 제거, (3) 부정적으로 평가되는 자극의 존재가 그것들이다. 대부분의 사람들은 이상의 긴장중 하나이상을 보편적으로 경험한다. 하지만, 범죄행위 발생의 결정적 요인은 바로 긴장의 요소들을 개인이 어떻게 해석하느냐에 달려있는 것이다. 이러한 긴장이 불공평하며, 주체할 수 없이 크고 통제가 불가능하게 느껴지면, 범죄행위를 저지를 가능성이 높아지는 것이다. Agnew는 긴장이 분노, 좌절, 우울감을 유발하며, 이러한 부정적 감정은 긴장에 대한 불법적 반응의 원인이 된다고 주장하였다.

연이은 GST의 실증적 검증과 여러 연구가들의 GST 수정노력에 대하여 Agnew(2001; 2004; 2006)는 범죄행위를 유발하는 다양한 긴장유형의 역할에 대한 확대된 논의를 제시하였다. 첫째, Agnew는 "대부분의 구성원들이 싫어하는 사건이나 상황"은 객관적 긴장(objective strain)으로 (2001:320), 반면 "긴장을 경험하는 당사자가 싫어하는 사건이나 상황"은 주관적 긴장(subjective strain)으로 구분하였다 (2001:321). 모든 사람이 동일한 상황에 동일한 방식으로 반응하는 것이 아님을 인정하며, Agnew는 범죄행위에 있어서 긴

장이 갖는 역할을 이해하기 위해서는 긴장에 대한 개인의 주관적인 평가를 고려해야 한다고 강조하였다. 확대된 GST의 두 번째 요소는 범죄와 관련한 긴장의 네 가지 특징들이다. (1) 긴장이 불공평하게 느껴질 때, 분노를 유발할 가능성이 높다. (2) 긴장의 강도나 심각성이 클수록, 범죄행위로 귀결될 가능성이 높다("사소한 경제 문제보다는 큰 경제적 고난이 합법적으로 감당하기 더 힘들다", Agnew, 2001: 332); (3) 낮은 수준의 사회적 통제(실업, 노숙 등)와 관련된 긴장은 범죄로 이어질 가능성이 높다. (4) 범죄행위가 긴장을 완화하는 수단으로 인식될 때 긴장은 범죄행위로 연결될 가능성이 높다 (왕따 피해학생이 왕따 가해행위를 긴장에 적응하는 방법으로 인식하는 것과 같음).

2001년에 Agnew에 의해 확장된 GST의 세 번째 중요한 점은 몇몇 긴장은 범죄행위로 귀결되지만, 모든 긴장이 범죄적 반응을 유발하지 않음에 대한 설명이다. 예를 들어, Agnew는 다음의 긴장 유형은 범죄행위를 유발할 가능성이 높다고 하였다. 부모의 거부행위(rejection); 전통적 사회화 과정의 결과가 아니거나 범죄행위로 쉽게 이룰 수 있는 핵심 목표 성취의 실패 (예를 들어, 스릴, 흥미, 돈); 아동 학대; 노숙; 범죄 피해; 아동 방치; 폭력적 친구 관계 등. 반면에, 다음 유형의 긴장은 범죄 가능성을 결코 증대시키지 않는다. 인기 없음; 친구로 부터의 소외; 충분한 보상을 가져오는 전통적 직업의 과도한 업무 (많은 전문직종의 긴 근로시간); 전통적 사회화 과정의 결과인 목표 성취의 실패나 불법적 방법을 통해 이루기 힘든 목표 성취의 실패 (예를 들어, 교육이나 직업적 성공); 자신이 애정을 갖고 있는 전통적인 사람들(예를 들어, 자녀, 아프거나 장애를 가진 배우자)을 보호하는데 대한 부담감 등.

목표 달성의 실패는 계층구조 속 개인의 위치 때문에 차단된 기회를 갖지만, 그것은 또한 개인적 나약함이나 무능력 때문에 원하는 목표 달성을 하지 못한 실패 또한 포함한다. 4피트 6인치 (대략 140cm) 키의 하위계층 소년이 고등학교 농구팀에 가입하지 못한다는 사실은 그의 사회적 지위보다 그의 키와 더욱 관련이 깊다. Agnew는 노력에 비해 보상이 적절하지 않다고 느낄 때, 특히 다른 사람과 비교하였을 경우, 긴장이 발생할 수 있다고 하였다. 범죄학 교수들은 종종 학생들이 "하지만, 저는 10시간 동안 이 시험을 위해 준비를 하였습니다. 왜 A를 받을 수 없지요?"라고 불평하는 경우를 경험한다. 이 질문이 긴장을 의미하는 것일까? 전통적 관점에서는 아니다. 하지만 Agnew의 긴장이론에서는 왜 이 학생이 다음 시험에서 부정행위를 하다가 적발되었는지를 이해할 수 있다. 또한, Agnew는 긍정적으로 평가되는 자극의 제거와 부정적 자극에 대한 노출 같은 삶의 스트레스 상황으로부터 범죄가 발생할 수 있다고 주장하였다. 심리학자들은 이혼, 이사, 전학, 이직, 가족의 죽음 같은 삶의 이벤트가 주는 영향을 연구하였지만, 범죄학자들은 이러한 이벤트가 행동에 미치는 영향을 고려하지 않았었다. Agnew는 이러한 삶의 이벤트가 사회적 긴장을 유발할 수 있다고 주장하였다. 예를 들어, 범죄피해는 범죄 가해행위와 관련된 부정적 자극의 하나이다. 아동 학대나 배우자 폭행(가정폭력) 역시 궁극적으로 범죄행위를 통해 해소하고자하는 긴장을 유발할 수도 있다는 것이다.

하지만, 일탈은 긴장의 가능한 하나의 결과일 수 있다. Agnew는 부정적 결과를 최소화하고, 결과적으로 긴장으로부터 범죄적 행위의 유발 가능성을 낮추는 여러 인지적, 감정적, 행동적 적응행위를 찾아냈다. 예를 들어, 사람들은 다음의 세 가지 중 하나의 인지적 적응방식을 사용한다. 목표의 중요성을 최소화 함(그건 별로 중요하지 않아!), 부정적 결과를 최소화 함(그렇게 나쁜건 아냐!), 혹은 책임의 수용(그건 내 탓이야!). 즉, 긴장과의 관련성을 축소시키는 법을 아는 사람들은 반사회적 행동을 할 가능성이 적어지는 것이다.

### *Steven Messner and Richard Rosenfeld - 범죄와 아메리칸 드림*

Agnew와 기타 긴장이론가들과는 달리, Messner와 Rosenfeld(1994; 2007)는 50년이 더 된 Robert Merton이 주장한 거시적 관점에 새로운 불씨를 붙이는 또 다른 사회적 긴장 이론을 제시하였다. 4장에서 언급한 바와 같아, 미국사회는 다른 어느 나라보다 높은 범죄율을 갖고 있다. Messner와 Rosenfeld(2007)는 "아메리칸 드림(American Dream)"은 이러한 높은 범죄율의 근원적 이유라고 주장하였다. 아메리칸 드림은 개인 간 경쟁을 통해 물질적 성공에 열중(사실 과도하게 열중)하게 하는 문화적 정신으로 구성된다. 그의 말년의 연구 중에서, Merton(1968)은 미국 성공의 동력이며 동시에 "아주 중요한 미국의 악덕인 비행"을 조장한 것이 아메리칸 드림이라고 하였으며, 그것은 양날의 칼과 같다고 하였다(1968:200).

개인적 성공에 대한 강조는 사회의 집단의식을 위축시키고, 금전적 성공에 대한 예찬은 경제적 성공에 대한 열망을 제한한다. 이에 대해 Messner와 Rosenfeld(1994:8)는 다음과 같이 말했다. "기본적으로 비경제적 업무 자체는 문화적 지지를 받지 못하며, 이런 비경제적 업무의 능숙한 수행은 대중의 인정을 얻지 못한다." Messner와 Rosenfeld는 목표 그 자체로서 경제적, 직업적 성공을 이루기 위한 수단으로 교육을 예로 들었다. 예를 들어, 이 교재를 읽는 학생들 중 얼마나 많은 학생들이 온전히 혹은 전적으로 교육과 "자신의 지평"을 넓히기 위해서 대학에 다니는가? 얼마나 많은 학생들이 높은 지위의 고소득 직업을 얻는데 필요한 졸업장을 따기 위해 대학에 다니는가?

Messner와 Rosenfeld는 아메리칸 드림은 목표를 성취하는 것이 합법적 수단을 이용할 필요성을 앞서버리는 아노미적 사회를 만들었다고 주장하였다. 그들은 이러한 그들의 관점을 다음과 같이 서술하였다.

> 우리의 기본 논지는 아메리칸 드림 자체가 개인의 목표성취를 위해서라면 "무엇이든 상관없다"는 사고방식을 가지도록 하는 아노미적 문화 환경을 조장함으로써 범죄를 촉발하였다는 것이다 (2001:61)."

이러한 문화적 환경은 경제 및 그와 연관된 사회 제도에 의해 지배되었다. Messner와 Rosenfeld는 아메리칸 드림을 떠받치는 다음의 네 가지 문화적 가치관을 제시하였다: 성취, 개인주의, 보편주의, 물질 만능주의

- 성취는 "아메리칸 드림을 특징짓는" 것으로 간주된다. 선의의 경쟁이나 노력이 중요한게 아니라, 승리가 중요한 것이다.
- 개인주의는 자신이 적합하다고 여기는 대로 생각하고 행동하는 미국인의 개인적 권리 중심 사고를 의미한다. "권리장전"에 기술 된 것처럼, 이러한 개인권에 대한 침해는 비미국적으로 인식되어진다.
- 보편주의는 미국의 정신을 의미하며, Merton의 아노미 이론에서 기술된 문화적으로 공유되는 가치관을 의미한다. 미국인들은 일반적으로 경제적 성취라는 잣대로 매겨지는 성공에 대한 열망을 갖도록 유도된다. 신분상승 추구와 성공 혹은 실패에 대한 평가는 사회전반에 걸쳐 큰 긴장을 유발한다.
- 물질 만능주의 혹은 금전 숭배주의는 독특한 미국의 현상이다. 돈, 특히 많은 돈,은 미국사회에서 성공의 평가기준이다. Messner와 Rosenfeld는 "금전적 성공은 기본적으로 끝이 없다. 언제나 더 많은 돈을 가질 수 있다. 따라서 아메리칸 드림은 '최종 목적지'를 제시하지 않는다. 대신, 아메리칸 드림은 '끊임없는 성취'를 요구한다 (2001:63-64)."

성취, 개인주의, 보편주의, 물질 만능주의에 대한 문화적 강조는 가족 제도, 교육제도, 정치와 상호작용한다. 성공 추구에 있어서 과도한 경제적 강조는 다음의 세 가지 방식으로 미국사회에 영향을 끼친다.

- 비경제적 제도의 기능과 역할에 대한 평가절하
- 다른 제도에서 경제적 필요사항의 수용
- 다른 제도 영역으로 경제적 규범의 침투
(Messner & Rosenfeld, 2001: 70)

비경제적 목표의 평가절하는 교육 분야에서 두드러지게 나타난다. 교육은 대체로 직업 획득과 진급이라는 목표에 대한 수단으로 여겨지지, 교육이 목표 그 자체로 여겨지지 않는다. 학생들은 배움 그 자체를 위해서가 아니라 좋은 성적을 얻기 위해서 공부하도록 내몰린다. 경제적 필요사항의 수용은 가정에서 잘 나타난다. 대체로 부모들은 일(직업 상)하기 위해 일부러 시간을 마련하지 않고, 대신 가족을 위해 특별히 시간을 만들어야만 한다. 예를 들어, 부모의 자녀양육 참여를 위한 친가정 정책을 지원하는 대신, 대부분의 산업화된 나라에서와 마찬가지로, 미국에는 강제적 유급 육아/분만 휴가법이 존재하지 않는다. 실제로는 대부분의 부모들은 출산을 앞두고 무급 휴직을 하고, 후에 업무의 우선순위를 모른다거나 가족을 일보다 더 중요하게 생각한다는 비판을 받는다. 경제의 영향은 미국적 삶의 다른 부분에도 침투하였다. 일류 기업가들은 대부분 이전의 정치적 경험이나 배경 없이 선거에 기웃거린다. 여기에는 정부가 기업처럼 운영된다면 더 나을 것이라는 가정이 깔려있다. 비슷한 경향은 대학에서도 발견되는데, 많은 미국 대학들이 기업가를 이사장이나 총장으로 영입하는 것이다. 경제 모델의 예찬은 정부나 교육의 고유한 역할을 무시하는 것이며, 경제적 성공을 잣대로 개인의 성공을 평가하는 문화적 가치를 심는 일이다. 하이라이트 7.1에서 제시된 Richard Rosenfeld와의 인터뷰를 읽어보라.

아노미적 사회는 수단 보다는 목적을 강조한 결과, 상대적으로 약하거나 비효과적인 사회통제력을 갖는 경향을 보인다. 저자 중 한 명은 어느 지방 고등학교의 운동장 트랙에서 승리가 최고라는 생각을 보여주는 티셔츠의 글을 보았다 - "2등은 첫 번째 패배자다." 이러한 승리에 대한 강조와 함께, 가족, 교육과 같은 사회 제도는 제 기능을 다하기 더욱 힘들어졌다. "혁신" 혹은 불법적 방식의 사용, 혹은 불법적 수단(예를 들어, 운동선수들 사이의 스테로이드 사용)은 사회에 만연하게 되었다.

## [하이라이트 7.1] 제도적 아노미 이론과 근래의 범죄 감소

**미주리대학-세인트루이스 캠퍼스, 범죄학 및 형사사법학과 교수 Richard Rosenfeld교수와의 인터뷰**

질문: 제도적 아노미 이론(IAT)는 전적으로 미국 사회에서의 범죄를 설명하는데 중점을 둔다. 이렇게 놓고 볼 때, 이 이론은 다른 나라에서도 증가하고 있는 범죄율을 어떻게 설명하는가? 또한, 미국이나 유럽에서 범죄율 추이가 비슷한 양상을 보이고 있다는 것은 어떻게 설명하는가?

답변: 1990년대 초반에 처음 만들어졌을 때, Crime and the American Dream은 타 개발도상국과의 비교를 통하여 미국 사회의 높은 범죄율을 설명 하는데 초점을 맞추었었다. 나중에 IAT는 사회 제도의 불균형이 내재하고 있는 모든 국가에 적용할 수 있는 이론으로 발전했다. 예를 들어, 이 이론은 자유시장 경제가 지배적인 사회는 상대적으로 높은 심각한 대인 및 대물범죄율을 보이게 될 것이라고 예상한다. 1990년대와 근대에 들어와서, 미국과 유럽국가에서 범죄율이 감소했다. 즉, 이 이론은 범죄의 원인은 이 시기의 경제적 팽창에 기인한다고 주장한다 (Rosenfeld & Messner, 2009).

미국의 살인율은 다른 개발도상국 보다 지속적으로 높았는데, 반면, 지난 수십 년 동안 케나다, 오스트리아와 많은 유럽 국가의 대물범죄는 미국보다 높았다. 그것은 부분적으로 미국 내 수감율의 급격한 증가 때문이다. 특정 하루에, 다른 어느 나라보다 미국에서는 많은 범죄자들이 형사사법기관 속에 속해 있고[체포되어 처벌과정을 거치는 중], 따라서 대중을 상대로 그들은 범죄를 저지를 수가 없다. 비경제적 제도의 비공식적 사회통제가 약화되었을 때, 오직 형사사법기관(경찰, 법원, 교정기관) 만이 범죄를 억제할 수 있는 것이다. 초기의 IAT는 미국의 높은 수감율에 별로 신경쓰지 않았었다. 비록 최근에 들어와 그 부분의 개선에 노력하고 있지만(Rosenfeld & Messner, 2010), 이 이론은 여전히 발전되고 있는 중이다.

질문: IAT의 가장 중요한 개념 중 하나인 계층 상승의 기회가 미국사회에서 줄어들었다는 연구결과들이 있다. IAT에 따르면 범죄가 증가해야 하지만, 범죄율은 계속 하락하고 있다. 이것을 어떻게 설명하겠는가?

답변: 지금까지 그 어떤 이론도 경제적 위기상황이나 신분상승의 기회가 감소했을 때 범죄율이 감소하는 것을 만족스럽게 설명하고 있지 못하다. 미국의 역사에서 두 시기가 그랬는데, 1930년대 대공황(the Great Depression)과 2008-2009년에 걸친 경기침체(the Great Recession)이다. 가능한 하나의 설명은 1930년대의 루즈벨트 대통령의 공적과 수입보전 프로그램(income-maintenance)들을 포함하는 사회복지정책의 확장과 관련되어 있고 (Johnson et al., 2007), 근래에는 기록적으로 확대된 무료급식프로그램(the Food Stamp program, [학교의 학생을 대상으로 한 프로그램이 아니라, 일반 사회인 중 극빈층을 대상으로 무료 식량을 제공하는 프로그램])이나 실업보험 혜택의 확대 등과 관련되어 있다. 이 설명은 IAT이론이 자유시

장경제의 주기적 위기상황을 통제해야하는 정부의 역할을 강조한다는 점에서 서로 대치되지 않는다. 하지만, 과거 대공황과 지금의 경제위기는 서로 공통점을 갖고 있는데, 바로 인플레이션율이 매우 낮다는 것이다. 시장 가격이 천천히 오르거나 추락할 경우, 소비자들은 더 싼 물건을 찾거나 혹은 암시장의 장물을 구매해야 한다는 압박을 덜 느끼게 된다. 결과적으로 대물범죄(재산범죄)율은 감소해야 하고, 대물범죄의 감소는 대인범죄의 감소를 유발해야 하는 것이다 (Rosenfeld, 2009). IAT는 범죄율 사이클(변동추이)을 설명함에 있어서 시장경제의 압박으로부터 개인과 가정을 지켜내야 하는 경제와 정부의 역할 변화에 첫 번째 초점을 맞춘다.

## 긴장이론의 평가

긴장이론들의 가장 중요한 핵심은 범죄, 비행, 일탈행위들이 사회구조 중 하위계층에 속하는 문제라고 가정하는 것이다. 하지만, 자기 보고식 설문 같은 측정도구가 나타나면서 이 가정에 대한 문제가 제기되기 시작했다. 설문 데이터를 바탕으로 범죄학자들은 "사회계층과 범죄성에 대한 미신(Tittle et al., 1978)"과 마찬가지라고 하면서 긴장이론을 비판해왔다. 이 미신은 공식통계에 존재하는 근원적인 문제에 기인한다고 여겨진다. 형사사법제도는 계층적 편견을 바탕으로 법을 집행하고, 이에 따라 하위계층에 많은 범죄가 발생하는 것처럼 만들고 있다. 다른 한편으로, Braithwaite(1981)과 같은 학자들은 이 비판들이 계층부재(혹은 무계층주의, classlessness)에 대한 그릇된 미신을 대변하는 것이라고 하기도 한다.

사회계층과 범죄 사이의 관계는 긴장이론에 있어서 매우 중요한 문제이고, 매우 복잡한 문제이기도하다. 4장에서 언급한바와 같이, 그 복잡 난해함은 계층과 범죄를 어떻게 측정하느냐에 있다. 몇몇 학자들은 사회계층과 범죄 사이에 아무런 관계가 없다는 결과들은 두 변수를 적절하게 측정하지 못했기 때문이라고 주장한다 (예를 들어, Clelland & Carter, 1980; Johnson, 1980; Brown, 1985; Brownfield, 1986). 그들은 긴장이론처럼 계층구조를 바탕으로 한 이론들은 "최하계층과 다른 계층사이의 비교와 같이 두 계층 모델 (Brown, 1985; 213)"을 전제로 한다고 주장한다. 그런 모델에서 하위계층은 평판 나쁜 가난한 사람들이나 잉여인구를 의미하는 최하계층(혹은 극빈계층, underclass)이라는 용어로 지칭된다. 이러한 최하계층은 고질적인 실업상태를 유지하며 지속적으로 사회복지 제도를 남용하는 사람들로 구성된다 (Wilson, 1987). 이 부류에 속하는 사람들은 고등학교 학력 이하의 교육수준을 갖고 임금수준이 낮은 직업을 가진 집단과는 엄격히 다르다. 후자의 기준에 속하며 비록 적은 임금이지만 일을 해서 월급을 받는 이들이 미국 문화를 주류를 이루는 하위계층에 속하고, 이들은 상대적 빈곤에 시달리지만, 앞에서 언급한 전자의 부류(최하계층)의 사람들보다는 더 약한 혹은 양적으로 더 적은 수준의 긴장을 경험한다. 따라서 어떻게 사회계층을 측정하느냐가 긴장이론의 검증에서 어떤 결과를 가져올지를 좌우한다는 것이다.

하위계층에 속하는 사람들 사이에서 더 많은 비행행위를 발견하지 못한 연구들은 자기보고 설문에서 아주 사소한 범법행위를 포함하여 비행을 측정하였다는 한계성을 내포하고 있다. 예를 들어, 지위비행(status offenses, 청소년이 저질렀기 때문에 불법이 되는 행위들)은 대부분의 자기보고 설문에서 비행의 척도로 포함되어 있다. 무단결석이나 부모님 말씀을 거역하는 지위비행 행위가 비행 측정에 포함됨으로써, 하위계층에서 비행이 많이 발생하는 것처럼 보이게 하며, 결과적으로 사회계층과 비행 사이의 관계를 왜곡시키게 되는 것이다. 그래서 학자들은 심각한 범법행위를 측정하여 사회구조와의 연관성을 분석해야지만, 비행행위와 사회구조 사이의 관계를 밝힐 수 있다고 주장한다.

David Brownfield (1986)와 Stephen Brown (1985)의 연구 결과는 하위계층에서 비행이 많이 발생하는 것은 개념화의 오류 때문이라는 비판의 근거를 제시하였다. 두 연구자 모두 폭력적 가해행위는 "평판이 나쁜 가난(disreputable poverty)"이나 최하계층과 관련되어 있다는 것을 발견하였다. Alberta의 Edmonton 지역에 있는 200명의 "부랑아(혹은, 노숙자, homeless)"에 대한 연구에서, Stephen Baron과 Timothy Hartnagel은 대면 인터뷰와 관찰 데이터를 종합하여 부랑(노숙)행위와 범죄의 연관성을 분석하였다. 그들의 연구 목적은 부랑아(노숙자)들이 어떻게 인생의 실패(즉, 부랑/노숙행위)에 적응해 나가는지를 분석하는 것이었다. 긴장이론의 관점에서 보면, 개인의 실패의 원인은 사회구조에 있는 것이다. 이러한 관점을 지지하듯, Baron과 Hartnagel (1997:425)은 "장기간의 실업과 간헐적인 취업경험은 공평한 기회에 대한 관념을 약화시키고, 청소년들이 정부나, 사기업, 그리고 경제체제를 탓하게 만든다"고 주장하였다. Hoffman과 Ireland(2004)는 비행 비율에 있어서의 차이를 설명하기 위해 Cloward와 Ohlin의 기회이론을 검증하였다. 미국교육종단연구(National Education Longitudinal Study)의 데이터를 활용하여, 그들은 미국 전역의 883개 학교의 12,000명 이상의 학생을 대상으로 학교 단위와 학생 단위의 측정을 하였다. 그들의 연구 결과는 아노미의 역할에 따라 비행에 차이가 발생한다는 것을 보여주었다. 즉, 경제적 열망과 교육에 대한 기대의 차이는 비행행위 참여에 영향을 미친다는 것이다. 하지만, 불법적 기회 구조가 불법행위에 영향을 미친다는 기회이론과는 다르게, Hoffman과 Ireland는 학교 단위의 범죄에 대한 영향을 발견하지 못하였다.

더 기본적인 의문은 긴장이론이 하위계층에 대해 꼭 배타적으로 집중해야 하느냐 하는 것이다. Scott Menard는 하위계층에서 더욱 강하게 긴장을 느낄 수 있지만, 이것은 반드시 아노미가 "사회구조에 따라 변하는 것은 아니고, 대신, 아노미의 영향을 사회구조의 다른 위치에 있는 개인에 따라 다르게 느끼는 것이다"라고 하였다 (Menard, 1995:137). Merton의 아노미 이론에 대한 연구에서, Menard(1995)는 사회계층에 대한 변수와 함께 적응의 개인적 형태가 특정 범죄행위의 변동을 더욱 더 잘 설명하는 것을 발견하였다. Agnew의 GST는 모든 사회계층의 범죄행위를 설명하는 이론적 일례로 여겨진다. 하지만, 여전히 의문으로 남는 것은, 하위계층의 구성원이 필연적으로 더 큰 긴장을 경험하느냐는 것, 혹시 하위계층의 사람들은 물질 만능주의적 목표나 중산층 성공 기준에 덜 동기화 되고, 그에 따라 긴장을 경험하지 않는 것은 아닐까. 아니면, 비록 긴장을 경험한다고 하여도, 다른 계층의 사람들같이 다른 사회구조적 특징으로서 긴장을 경험하고 있지 않는 것은 아닐까?

2005년도 연구에서, Travis Pratt과 Francis Cullen은 1960년부터 1999년 사이에 발표된 214개 연구논문의 메타분석 결과를 발표하였다. 그들은 얼마나 많은 거시적 이론(macro-level theories)들이 내포하고 있는 가정들을 증명하는지를 알아보려고 하였다. 그들의 거시적 이론들에는 다음의 일곱 가지 부류의 이론들이 포함되었다. 사회 해체이론, 자원/경제적 박탈이론, 아노미/긴장이론, 사회적 지원/이타주의 이론, 일상활동이론, 합리적선택/억제이론, 하위문화이론. 본장의 주제와 관련해서, Pratt과 Cullen은 전반적으로 사회해체이론에 대한 실증적 근거는 "꽤나 강한"편이지만, "아노미/긴장이론은 아직까지 실증적 상태를 확인할 만큼 적절히 검증되지 않았다"고 하였다 (Pratt & Cullen, 2005:410).

긴장이론의 쐐기돌에 해당하는 Merton의 아노미 개념은 종종 대물범죄에 중점을 두고 있다는 비판을 받아왔다. 이러한 측면에서 Merton의 입장을 고려하면, Cloward와 Ohlin의 긴장이론의 확대가 이상의 문제점을 다소 해소했다고 하겠다. 이에 대해 Cullen(1988:233)은 다음과 같이 말하고 있다.

> 어떠한 주어진 긴장상태(예를 들어, 좌절된 열망)는 다양한 반응을 이끌어 낼 수 있다는 것 때문에, 긴장과 어느 특정 하나의 일탈, 범죄 형태 사이의 관계는 인과론적으로 구체적 혹은 확정적으로 결정지어질 수 없다. 따라서 왜 사람들은 특정 방식은 따르지만, 다른 방식은 따르지 않는 지를 설명하기 위해, 기회이론 같은 중재변수(intervening variable)에 대한 이론이 필요한 것이다.

Messner와 Rosenfeld의 IAT이론은 계층구조에 있어서 긴장의 위치에 대한 논의나 대물범죄에 국한되고 있다는 비판에 적절히 대응하였다. 그들의 이론적 구성은 폭력적 범죄에 대한 거시적 상태와 사회적 영향으로 초점을 바꾸었다. Mitch Chamlin과 John Cochran(1995)은 제도적 아노미 이론이 얼마만큼 도구적 범죄율을 설명하고 예측하는지를 연구하기 위해 50개 주로부터 수집한 데이터를 분석하였다. 연구결과는 Messner와 Rosenfeld의 모델과 동일하게 나왔는데, 즉 "경제제도와 다른 사회 제도의 상호관계가 집단의 아노미 수준을 결정하며, 이것이 결국 범죄율에 영향을 준다"는 것이다(Chamlin & Cochran, 1995:423). IAT이론의 가설에 대한 후속연구에서 Chamlin과 Cochran(2007)은 이 이론이 서구 선진국에서의 범죄를 설명하는 최적의 이론이라고 주장하였다.

IAT에 대한 다른 연구들도 대체로 이론을 잘 지지하는 결과를 보여주고 있다. Michael Maume와 Matthew Lee(2003:1168)은 IAT이론이 "미국 내 거시적 사회 단위에 걸쳐" 다른 살인율을 설명할 수 있음을 발견하였다. 하지만, 이런 결론들이 얼마나 다른 나라에 적용될 수 있을까? Messner와 Rosenfeld가 아메리칸 드림에 대한 집착이 다른 나라에서 보다 높은 미국 범죄율의 원인이라고 한 주장을 기억해 보라. 문화적으로 다른 지역의 살인율을 연구한 두 편의 비교연구 결과는 IAT이론을 뒷받침하고 있다. Jukka Savolainen(2002)과 Steven Messner와 Richard Rosenfeld(1997)은 높은 수준의 사회복지제도를 갖춘 나라는 상대적으로 낮은 살인율을 갖고 있다는 것을 발견하였다. IAT이론의 이론적 견고함을 평가하기 위한 연구에서, William Pridemore(2002)는 변화의 과도기에 있던 러시아에서 구조적 요인들이 살인에 미치는 영향을 연구하였다. 그는, Messner와 Rosenfeld의 예측과 동일하게, 부정적 사회경제적 변화와 살인율 사이의 강한 상관관계를 발견하였다. 하지만, 동 지역에서 구조적 요인들이 대물범죄에 미치는 영향을 분석한 연구에서, Kim과 Pridemore(2004)는 동일한 상관관계를 찾지 못하였다.

Robert Agnew와 Helene White(1992)의 연구를 시작으로 지난 수십 년 동안 GST에 대한 실증적 연구들이 많이 진행되어 왔다. Agnew와 White는 GST 변수들이 비행과 약물복용을 대체로 잘 설명하는 것을 발견하였다. 가족, 학교, 이웃의 긴장은 비행의 중요한 요인이었지만, 목적 달성의 실패에 대한 전통적 변수들은 그렇지 않았다. 또한, 그들은 긴장 변수들이 다른 영향력을 가진 것을 발견하였다. 예를 들어, 비행친구가 있는 청소년은 건전한 친구를 가진 청소년보다 긴장의 부정적 효과에 더욱 민감하였다는 것을 발견하였다. Paternoster와 Mazerolle(1994) 역시 사회적 통제의 효과와 차별적 접촉 변수를 통제하였을 때[통계적 용어로, 변수들의 영향을 고립시키는 것을 의미], 긴장은 더 높은 비행발생율과 관련이 있음을 발견하였다.

이후 연구자들은 GST의 다른 측면들을 연구하였다. 예를 들어, Mazerolle과 Piquero(1998)는 대학생을 대상으로 한 연구에서 특정 유형의 긴장이 분노와 관련되어 있으며, 분노는 다른 유형의 범죄에는 영향을 주지 않지만, 폭력행위에는 영향을 준다는 것을 발견하였다(Mazerolle et al., 2003 참조). 이와 유사하게, 가해자 데이터를 이용하여 Piquero와 Sealock(2000)은 GST에서 언급된 적응전략(coping strategy)를 발견하였고, 분노가 개인간의 폭력행위의 요인임을 발견하였다. 반면, 우울(depression)은 범죄와 관련이 없었다. Brezina(1996)은 종단 및 횡단 데이터를 활용한 연구에서 긴장은 분노와 적개심의 부정적 감정을 유발하며 이러한 부정적 감정들은 비행행위를 증대시킨다는 것을 발견하였다. 반면에, Broidy(2001)는 GST에 대한 혼합된 결과를 찾아냈다. GST의 주장과 동일하게 긴장은 분노와 다른 부정적 감정과 관련되어 있지만, 그녀는 개인이 경험하는 긴장의 유형에 따라 결과가 다르게 나타나는 것을 발견하였다. 성별의 차이와 관련하여, Mazerolle(1998)은 GST변수가 남자와 여자에게 다르게 영향을 미치지 않는다는 것을 찾아냈다. 하지만, 폭력행동에 있어서는 남녀간의 다소의 차이를 발견하였다. 남성과 여성의 범죄행위에 대한 GST의 설명을 연구한 후속 연구에서, Piquero와 Sealock(2004:146)은 "GST의 저변에 깔려 있는 이론적 전개는 남성과 여성 모두에게 동일하게 적용되어 질수 있다"는 것을 발견하였다. 하지만, 성별과 관련한 연구에서, Broidy와 Agnew(1997)는 남성에게 있어서 분노는 폭력적 행위로 귀결될 가능성이 더 높다고 주장하였다.

확장된 Agnew(2001; 2004)의 GST는 긴장의 유형을 구분하는 것이 매우 중요하다고 설명한다. 특정 형태의 긴장은 다른 형태의 긴장보다 범죄로 연결될 가능성이 더 큰 것이다. 케나다 벤쿠버의 비행청소년을 대상으로 한 연구에서, Stephen Baron은 범죄와 약물 복용에 대한 긴장의 여러 유형의 영향을 분석하였다. 그는 15세부터 24세 사이의 400명 이상 청소년과 인터뷰를 실시하여, 대인범죄, 대물범죄, 전체범죄를 설명하는 GST의 다양한 측면들을 발견하였다. 하지만, "Agnew가 제시한 긴장은 약물 복용에 대해서는 설명을 하지 못했다"고 하였다 (Baron, 2004:474). GST를 검증하는 대부분의 연구들은 개개인들 간의 비교에 집중하였다. 최근의 두 연구에서, Lee Ann Slocum(2010a, 2010b)는 한 개인의 범죄 패턴의 연구도 중요하다고 주장하였다. 이것은 바로, 긴장이 한 개인의 범죄행위에 있어서 어떻게 변화해 가느냐를 분석하는 것이다. 그녀의 약물 복용과 관련한 분석은 일반적 긴장은 지속적 약물 복용과 관련이 있다는 점을 찾아냈다. Slocum은 긴장을 일정한 영향이기 보다는 역동적인 과정의 한 부분으로 인식하는 것이 중요하며, 따라서 긴장은 개인적 특징이라기보다는 사회적으로 구성된 개념이라는 것이다. 수감여성들 사이에서 개개인들 간의 긴장의 차이에 대한 초기 연구가 긴장을 역동적인 과정으로 인식하는 것이 중요함을 보여준다 (Slocum et al., 2005). 다양한 형태의 범죄행위에 관련하여 GST 이론을 검증하는데 집중한 여러 연구들은, 비록 서로 대치되는 결과들을 보여주기도 하였지만, 몇몇 범죄행위에 대해 GST가 갖는 설명력을 잘 보여주고 있다 (예를 들어, Mazerolle & Maahs, 2000; Mazerolle et al., 2000, 2003; Agnew et al., 2002; Baron, 2004, 2007).

### *정책적 함의*

긴장이론은 범죄 대응 정책에 있어서 매우 명료한 정책적 함의를 지닌다. 긴장이론에 따르면, 구조적으로 발생한 긴장을 줄이는 것은 범죄율 감소로 이어질 것이다. 긴장 완화를 위한 여러 다양한 방식이 있겠지만, 전통적 해석은 자유민주적 이념과 잘 융합된다. 1960년대 John F. Kennedy대통령과 Lyndon B. Johnson 대통령은 비행 예방 요소(delinquency prevention component)를 포함하는 사회활동주의(social activism)의 관점을 잘 포용하였다. 법무장관이었던 Robert Kennedy는 Cloward와 Ohlin의 저서인 "비행과 기회(Delinquency and Opportunity)"에 막대한 영향을 받아서, 자신의 동생이 대통령이었던 기간 동안 그 책을 범죄에 대한 연방기구의 청사진으로 활용하였고, Ohlin을 Kennedy 대통령의 청소년 비행과 범죄에 관한 대통령 위원회의 특별보좌관으로 임명하였을 정도이다. 결국, "Kennedy일가(특히 Robert Kennedy)가 가진 편견에 있어, 비행을 인종과 빈곤으로부터 발생하는 문제와 결부시키기 때문에 Ohlin의 기회이론는 어쩌면 자연스러운 것이었다"고 평가되기도 한다(Binder & Polan, 1991:249). 이후 Lyndon Johnson이 대통령이 되면서, 이 정책은 지속적으로 이어졌는데, 1964년에는 "빈곤에 대한 전쟁(war on poverty)"이 선포될 정도이었다. Johnson 대통령의 위대한 사회(Great Society)에 대한 비젼은 다양한 형태의 프로그램들로 나타났는데, 예를 들면, Project Headstart, VISTA, Job Corps, Upward Bound같이 가난한 청소년을 위해 기회를 확대하여 학업 성취도록 높이도록 하는 프로그램들이 이에 해당한다. 이와 유사하게, 뉴욕시의 남동부에서 진행된 Mobilization for Youth 프로젝트는 빈곤한 소년들에게 교육과 취업 기회를 제공하는 것이었다.

1960년대에 빈곤퇴치와 기회확대를 위해 고안된 프로그램들은 실패한 것으로 여겨진다. 이러한 프로그램으로부터 이득을 얻은 단 하나의 집단은 "빈곤 포주(poverty pimp)"라 불리는 공무원들뿐이었다. 이들은 빈곤 퇴치를 위해 일해야 하지만 공무를 이유로 가난한 사람들에게 전해져야 할 세금을 포탈하였다. Stephen Rose(1972)는 이러한 프로그램의 실패

원인은 사회를 재구성하기 보다는 가난한 사람들을 바꾸려는 시도에 집중한 것이라고 하였다. 이는 긴장이론을 토대로 나타난 정책들의 실패가 정책 시행의 문제이었지, 이론의 문제가 아님을 의미한다. 물론, 이러한 프로그램들이 긍정적 효과를 가져왔다고 주장하는 이들도 있었다 (예를 들어, Schweinhart, 1987; Reynodls et al., 2001).

Merton에 의해 주장되고 다른 긴장이론가들에 의해 이용된 목표와 수단 사이의 괴리 문제 역시 열망을 감소시키는 방식으로 정책에 활용될 수 있다(Kornhauser, 1978). Merton이 비행을 조장하는 것은 제한된 기회와 함께 지나치게 성공을 강조하는 미국문화라고 주장한 것을 상기해보라. 이는 반대로, 신분상승을 강조하지 않는 사회는 긴장을 더 적게 양산한 것이라는 걸 의미한다. 물론 대다수의 사람들이 스스로 노력한다면 누구나 대통령(혹은 최소 부자)이 될 수 있다는 미국적 사고방식을 거부하는 이러한 유형의 사회를 좋아할 리가 없겠지만 말이다.

다른 긴장이론가들과는 다르게, Messner와 Rosenfeld는 이전의 정책들 보다 급진적인 사회 정책 변화를 요구한다. 범죄행위는 경제의 지배와 금전적 성공을 강조하는 것이 유발한 아노미적 문화 상태의 결과물이기 때문에, 범죄 억제 정책은 저변에 흐르는 문화적 구조적 원인들에 초점이 맞춰져야 하는 것이다. 즉, 범죄 억제 정책은 "가족과 학교, 정치 시스템을 활성화"하는데 중점을 두어야 한다는 것이다. 이러한 정책에는 다음과 같은 것들이 해당 한다. 가족휴가, 부부의 가사분담, 탄력적 근무시간, 저렴한 보육시설, 교육에서 경제적 역할을 덜 강조하는 것, 형사정책에 있어서 중간처우(intermediate sanction)의 확대, 그리고 "물질적 복지가 경제적 기능에 긴밀하게 연관되지 않고, 비경제적 역할이 집단적 재원(collective resources, 예를 들어, 정부 혹은 사회의 재원)으로부터 적절한 경제적 지원을 받도록 하는 (Messner & Rosenfeld, 2001:106)" 사회정책들이 여기에 포함된다. 이보다 완곡한 정책들로는 다양한 사회계층의 어린이들을 무리 없이 잘 양육할 수 있도록 교사들을 대상으로 한 교육과정을 바꾸는 것이다. 수업과 방과후 활동 역시 하위계층의 어린이들이 보다 더 잘 경쟁할 기회를 줄 수 있도록 바뀔 수 있을 것이다. 간단히 말해, 사회구조에 의해 유발된 긴장을 완화하는 그 어떤 수단도 모두 긴장이론과 관련한 정책이 될수 있는 것이다.

### *사회생태학*

생태학은 "유기체와 그것이 속한 환경과의 관계에 관한 학문"이라고 정의되어 진다 (Voss & Petersen, 1971: viii). 사회생태학은 사람이 사회적 환경과 갖는 관계에 중점을 둔다. 범죄학에서는 범죄와 비행의 지리적 분포와 관련이 된다.

범죄에 대한 사회생태학적 접근은 20세기 전반기에 시카고 대학의 사회학과 구성원들이 진행한 연구로부터 발전해왔다. 나중에 알려진 것처럼, 시카고학파(Chicago School)는 많은 경우 대학의 연구실에서 벗어나 현장 속으로 파고들어 연구를 진행하면서, 연구와 정책 사이의 상호관계를 강조하였다. 식물 생태학에서 차용된 사회생태학의 이념은 연구의 대상인 사람은 반드시 그들이 존재하는 자연적 상태에서 연구되어져야 한다는 것을 강조한다. 초기 시카고학파이며 범죄학의 연구와 이론에 막대한 영향을 끼친 Robert Park은 도시를 "자연적인 지역(natural area)"을 포함하는 사회적 유기체라고 보았고, 이 자연적인 지역은 민족적 군집, 비슷한 수준의 수입 수준, 특정 종류의 상업이나 산업의 존재 등으로 특징지어진다. 예를 들어, 자연적인 지역에는 샌프란시스코의 Chinatown, 보스톤의 North End, 뉴욕의 Harlem등이 있다. Park은 그러한 지역에는 거주자들 사이 및 지역간(예를 들어, 상업지역은 판매를 위해 거주지역에 의존하며, 거주자들은 상품과 편의를 제공하는 상업가에게 의존한다)에 공생의 관계가 존재한다고 주장하였다.

Park는 Ernest Burgess와 연구팀을 이루어 미국의 도시가 성장하는 과정을 연구하였다. 그들은 도시는 중심의 경제지구로부터 바깥으로 원형형태를 취하며 성장해 나간다고 주장하였다. 이 도시성장에 대한 동심원 지역 모델이 [그림 7.7]에 나타나있다. 각각 조금씩 성장하며 인접지역을 잠식해 나가는 다섯 개의 지역(zone)이 발견되었다. 동심원 지역의 유일한 제한은 호수나, 강, 고속도로나 철로 같은 경계들이었다. 1지역(Zone I)은 중심 상업 지역으로서, 소수의 거주자가 있을 뿐 대부분 상업 시설로 가득한 특징을 갖는다. 2지역(Zone II)은 과도기적 지역(transitional zone)으로서, 낡아빠진 고주택, 공장, 버려진 건물들이 존재한다. 일반적으로, 최근에 이민온 사람들을 포함하여 도시의 최극빈자들이 이 지역에서 주로 거주한다. 3지역(Zone III)은 노동 계층 지역으로서, 과도기적 지역에서 벗어난 사람들이 정착하는 지역이다. 전형적으로 이 지역은 거리를 따라 1가구 공동주택들이 나란히 들어차 있다. 4지역(Zone IV)는 도시의 변두리에 위치하며, 마당과 차고를 갖춘 1가구 주택들이 위치한다. 이 넘어의 지역은 5지역(Zone V)인 교외(suburbs) 통근자 지역이다. Park과 Burgess는 모든 도시들은 이러한 방식에 따라 팽창하며 성장한다고 주장하였다. 한 지역이 과밀 되면, 인접지역의 원주민들이 다음 지역으로 이동할 때 까지, 그 인접 지역으로 파고들어간다. 중심지역에 가까울수록, 삶의 질이나 집세는 낮아진다. 주민들은 경제적 지위가 높아짐에 따라 인접 바깥의 지역으로 이동하기를 원한다. 이러한 이동패턴은 생물 생태학의 침입(invasion), 점령(dominance), 계승(succession) 과정으로부터 차용된 것이다.

[그림 7.6] 동심원 지역 모델

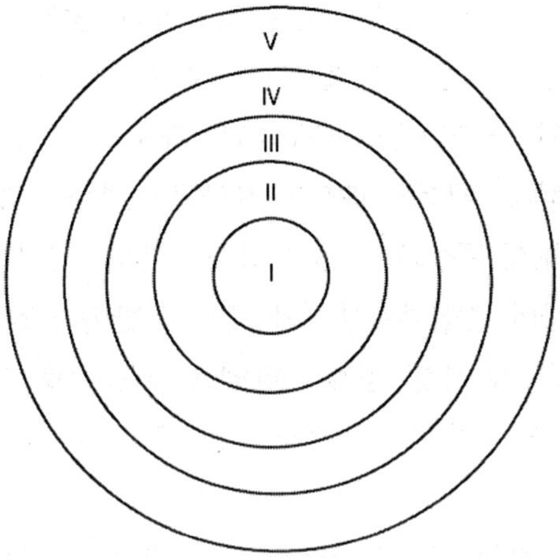


V. 통근자 지역
IV. 거주자 지역
III. 노동 계층 지역
II. 과도기 지역
I. 중심 상업 지역

### *Clifford Shaw와 Henry McKay - 사회해체와 문화적 전파*

Clifford Shaw와 Henry McKay는 Park와 Burgess의 이론을 바탕으로 시카고 지역의 청소년 비행문제를 연구하였다. 세 가지의 다른 종류의 지도를 사용하여, Shaw와 McKay(1942)는 1900년부터 1933는 사이 남자 청소년 비행율을 지도에 표시하였다. "점(spot)" 지도에는 비행으로 체포된 청소년의 거주지역을 표시하였고, "비율(rate)" 지도에는 431개의 인구조사 표본지역의 비행청소년 체포율을 표시하였고, "지역(zone)" 지도에는 동심원 지역 모델의 각각에 해당하는 지역의 청소년 비행율을 표시하였다.

Shaw와 McKay는 다수의 지역사회 변수와 비행사이의 관계를 분석하였고, 다음과 같은 지역 특징이 높은 비행율과의 관계가 있음을 발견했다.

- 감소하는 인구
- 높은 비율의 "해외 출생자"와 "흑인"이 가장인 가족
- 높은 비율의 생활 보호 대상 가구
- 낮은 비율의 자가 소유 주택
- 중하 수준의 임대료

또한, 그들은 다른 종류의 행동과 높은 비행율을 갖고 있는 지역 사이에 유사한 사회적 현상들을 발견하였는데, 그것들은 높은 무단결석율, 영아 사망률, 결핵, 정신질환, 높은 성인 범죄성향 등이었다. Shaw와 McKay는 또한 시간에 따른 동향을 분석하였다. 각기 다른 지역에서 거주하고 있는 민족집단(ethnic group)이 변화함에도 불구하고, 과도기 지역의 비행율과 사회문제는 상대적으로 일정하게 유지되었다. 이것은 과도기 지역에 거주하는 민족의 특징 때문이 아니라, 범죄율은 그 지역의 생태적 특성과 관련이 있다는 것을 시사한다. 해마다 사회적 병폐를 표시한 지역지도는 도심의 중심부로부터의 거리와 반비례함을 보여주었다. 다시 말하면, 중심 상업지역에서 범죄율이 가장 높게 나타났고, 다음으로 과도기지역, 가장 낮은 범죄율을 보여주는 지역은 통근자 및 주거지역과 노동 계층 지역과의 사이인 것으로 나타났다.

Shaw와 McKay는 비행은 도시의 물리적 구조와 사회 조직과 관련이 있다고 결론 내렸다. 그들은 차별적 가치체제가 각기 다른 지역에 존재한다고 주장하였다. 그들은 다음과 같이 기록하였다(1942:170-172).

> 청소년 비행율이 낮은, 경제적으로 높은 지위를 갖는 지역에서는 일반적으로 거주민들 간에 전통적 가치에 대해 매우 유사한 태도를 보였다...반면, 비행율이 높은, 경제적으로 낮은 지위의 지역은 규범과 행동 기준의 폭넓은 다양성이 존재했다...이러한 지역에 살고 있는 어린이들은 상대적으로 일관되고 전통적인 패턴보다 다양한 모순되는 기준과 행동양식에 노출되었다.

Shaw와 McKay는 광범위하게 다른 가치체계에 대한 이러한 노출은 이 지역의 소년들이 범죄행위나 비행행위를 저지른 사람과 접속할 수 있음을 의미한다고 주장하였다.

높은 청소년 비행율을 가진 지역 내에서의 차별적 접촉과 더불어, Shaw와 McKay는 그러한 지역의 사회해체적 특징을 언급하였다. 이 개념은 Cloward와 Ohlin이 나중에 자신들의 기회이론에 포함시켰으며, 사회생태학파의 다른 어떤 주장보다 많은 범죄학자들의 관심을 받았던 개념이다. 사회해체(social disorganization)는 빈곤, 주거 이동, 인종적 다양성이라는 변수들로 구성되어 있다. [그림 7.8]에 제시 된 것처럼, 이 세 개의 변수들은 사회해체를 유발하며, 범죄와 비행의 원인이 되는 독립변수로 개념화되었다. 즉, 빈곤한 지역은 그들의 문제에 대응할 만한 재원(혹은 여력, resources)이 부족하기 때문에 사회해체를 경험하게 된다는 것이다. 일례로 자금이 없기 때문에 가능한 여가시설 지역을 만들지 못하는 것을 들 수 있겠다. 높은 비율의 주거 이동은 익명성을 유발한다. 사람들이 서로 누가

[그림 7.7] 사회 해체의 인과 관계의 틀

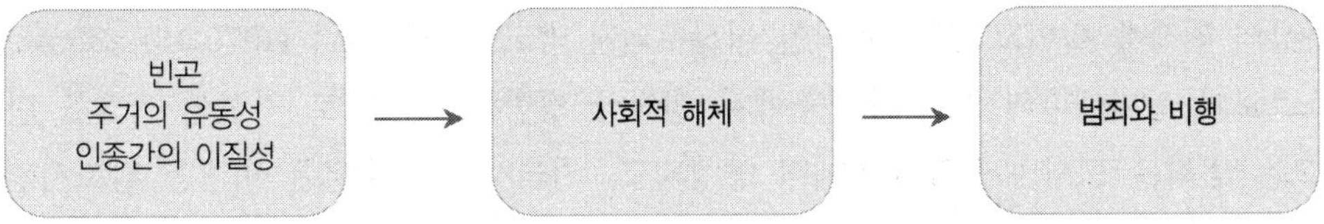


같은 지역의 일원인지 아닌지를 알지 못하게 되고, 결국 지역의식(sense of community)이 고취되지 않아, 사회적 통제 기능이 제구실을 못하게 된다. 이러한 경향은 인종적 다양성으로 인해 더욱 악화되는데, 인종적으로 다양한 지역에서는 사람들이 서로에 대해 잘 알지 못하기 때문에 공통된 가치관이 발달하지 못하기 때문이다. 지역 가치관(community values)의 부재는 문화전이(혹은 문화전파, cultural transition)이라는 과정을 통하여 한 세대에서 다음 세대로 전해지는 비행행동이 나타나게 한다. 지역사회의 사회통제 기능 와해는 다음 장에서 논의 될 "집단수준의 유사 통제이론"으로 인식되기도 한다(Bursik, 1988:521).

높은 비행지역의 또 다른 특성 중 하나는, 그 지역에 타 지역으로부터 재정 및 인사지원을 받는 봉사기관이 많이 존재한다는 것이다. 이러한 현상은 Shaw와 McKay에게 그 지역에 지역사회 조직이 부족함을 의미했으며, 그들로 하여금 비행 예방 프로그램인 Chicago Area Project(CAP)를 시행하게 만들었다. Shaw는 연구와 실무를 연계시켜야 할 의무감을 느끼는 사회활동가였다. CAP은 Shaw에 의해 진행된 생태학적 연구와 자서전적 연구의 결과를 바탕으로 하고 있는 것이다 (1930/1966).

CAP은 1932년부터 1957년까지 비행율이 높은 세 지역에서 시행되었다. Shaw와 McKay의 청소년 연구기관으로부터 나온 현장실무자들은 지역사회를 개선하기 위해 지역주민들을 조직하였다. 원래는 개인의 재정지원으로부터 시작하였지만, CAP은 나중에 일리노이 주에 인계되어 주정부차원의 비행 예방 프로그램이 되었다.

> CAP은 지역사회의 자발성(혹은 자치력, autonomy)의 중요성에 중점을 두었다. 전통적 백인 중산층의 가치기준을 거주민들에게 주입하지 않기 위해 노력하였다. 목표는 인위적 운용이나 통제를 하지 않으며 지역사회 조직을 "활성화"시키고, 지역사회 통제 기능을 위한 잠재력을 "자극"하는 것이었다. (Snodgrass, 1976:12)

Snodgrass는 Shaw의 "지역사회(community)" 개념을 "도시 산업사회의 현실에 대항하여 가상의 전쟁을 벌이고 있는 지역인 이상주의자"라고 설명하였다 (1976:13). Shaw는 자신 스스로가 인디애나의 한 지방마을에서 성장한 경험을 바탕으로 자신의 모델을 만들었다. 그는 범죄는 도시의 슬럼지역에서 양성되고, 지역사회의 발달은 비행을 감소시킨다고 믿었다.

CAP의 진정한 목적이 확고하게 정립되어 있지는 않았지만, Shaw는 지역주민을 화합시키고 사회통제기능을 회복시킨다면 그 프로그램은 성공적인 것이라고 생각했다. CAP에 대한 간략한 회고에서, Shaw와 McKay의 청소년 연구기관에서 근무했던 Solomon Kobrin (1959:22)은 다음과 같이 기술하였다.

> CAP가 바탕으로 하고 있는 이론에서, 가장 일반적인 측면으로 이해했을 때, 간헐적인 사회통제 기재가 와해되었을 때 나타나는 결과가 현대 대도시의 문제인 비행이다. 비행은 구세대의 지지를 받지 못하며 도심이 천국으로 자리매김한 범죄집단의 영향 아래에서, 시골에서 이사 온 소년이 자신들에게 의미 있고 동경의 대상이 되는 성인의 역할을 찾아가려고 노력중인 청소년 또래집단의 일원처럼 따라 하는 적응적 행동으로 여겨졌다.

CAP은 1960년대에 시행된 지역사회 예방 프로그램의 선구자 격이었다. Snodgrass(1976)는 CAP은 불균등하게 도심지역에서 나타나는 문제를 줄여나갈 수 있을 것이라는 믿음 하에서 슬럼 지역거주자들에게 미국의 중산층 가치관을 심어주도록 설계되었다고 말했다.

### *현대의 사회생태학*

1950년대와 1960년대의 사회해체이론에 대한 실증적 검증 이후에, 사회 해체론적 관점에서의 이론적 그리고 방법론적 관심은 다소 시들해졌다. 범죄학자들은 대체로 낙인이론(labeling)나 갈등이론(9장 참조), Hirschi의 사회통제이론, Akers의 사회학습이론(두 이론은 8장에서 논의)과 같은 사회심리적 관점, 또는 급격하게 통합이론모델(10장 참조)로 눈을 돌렸다. 하지만, 사회해체이론의 지속가능성에 대한 근거는 Bursik과 Grasmick의 다음의 대화에 잘 나타나 있다. "1980년대 중반 미국범죄학회(American Society of Criminology)의 연례회의에서, 사회해체이론은 범죄학에서 습진과 같다라는 말을 들었다...이제 나았구나 생각하면, 증세가 다시 나타나는 것과 같다 (1993:30)." 이 말과 같이, 범죄학자들은 범죄원인론에서 지역사회 요소의 중요성을 끊임없이 증대시켜왔다. 시카고대학 사회학과에서 박사학위를 수여받은 Robert J. Bursik Jr.는 사회해체이론의 가장 강력한 지지자이었다.

1993년, 그와 그의 동료 Harold G Grasmick은 체계적 범죄이론을 언급한 유명한 저서 "Neighborhoods and Crime(이웃과 범죄)"을 출간하였다. 그 저서에서, 그들은 지역사회 내에서 범죄행위를 규제하는 사회통제 역할을 강조하였다. 다음의 "현대" 사회통제이론에서 나타나듯, Shaw와 McKay의 이론은 범죄의 지역사회적 배경을 분석하는 거시적 관점에 대한 연구의 전통을 구축하는 기초가 되었다.

여러 사회학자들이 Shaw와 McKay의 시카고 연구를 재연하였다(Lander, 1954; Bordua, 1958-1959; Chilton, 1964; Quinney, 1964). 이 연구들은 대체로 미국의 인구조사국이 10년마다 실시하는 설문 데이터로부터 사용할 수 있는 변수들을 추출하여 진행되었다. 사회해체의 신호로 여겨지는 요소들에는 중하 수준의 월세, 낮은 소유자 거주 가계율, 높은 백인이외 인종비율, 높은 비율의 고밀집인구 가정, 높은 비율의 해외출생자등이 포함되었다. 연구 결과간의 차이에도 불구하고, 일반적으로 사회해체는 공식통계에 집계된 범죄 및 비행과 관련이 있다고 여겨지고 있다.

근래 정치적 논쟁은 이민자들이 범죄율에 미치는 영향에 집중되고 있다. 비록 이민자들의 유입은 사회해체의 신호로 여겨지고 있지만, 현재까지 어떤 이민이 범죄에 영향을 미치는가에 대한 합의는 이루어지지 않고 있다. 하이라이트 7.2는 이러한 논쟁에 대해 간략하게 요약하고 있다.

### [하이라이트 7.2] 사회해체이론과 이민: 몇몇 예상밖의 결과들

이번 하이라이트에서는 범죄에 대한 이민의 영향이 전공인 범죄학자 Stephanie DiPietro 교수의 고견을 살펴보겠다. 범죄와 이민 사이의 관계에 대해 설명해 달라는 질문에 그녀는 다음과 같이 대답하였다.

이민과 범죄 사이의 관계는 금세기 초 유럽에서 최초 다수의 이민자들이 미국으로 이민 온 이후, 100년 이상 지속되고 있는 논쟁의 화두이다. 비록 일반적으로 이민은 더 높은 범죄율과 관련이 있을 거라고 여기지만, 가장 최근의 연구결과는 그 반대의 관계를 보여주었다 (Lee & Martinez, 2009). 즉, 이민자들은 "위험한 계층"이라는 보편적인 편견에도 불구하고, 연구 결과는 이민자들이 원래 미국에 거주하던 사람들보다 범죄를 덜 저지르는 경향을 보이며, "이민자들이 모여 사는 도시들은 가장 안전한 도시들 중 하나라는 것을 계속해서 보여주고 있다" (Sampson, 2008: 30).

사실, 이민 문제의 전문가 한 명은 최근 지난 수십년 동안 미국 도시로 유입된 이민자 행렬은 1990년 초반에 목격된 범죄율 하락의 중요한 원인 중 하나일수도 있다라고 하였다 (Sampson, 2006).

가장 잘 알려진 범죄학 이론이 예상하는 것과는 정반대로, 이민이 범죄와 관련이 없거나 심지어 부적으로(역관계로) 관련되어 있다는 결과는 매우 놀라운 얘기다. 예를 들어, 사회해체이론은 가난하고 높은 인구이동율, 다양한 문화가 존재하는 지역은 범죄 같은 공통적으로 경험하는 문제에 대해 함께 대응할 수 없기 때문에 높은 범죄율을 보일것이라고 주장한다 (Bursik, 1988). 거의 대부분의 이민자인 라틴 아메리카, 아프리카-카리브, 아시아 인들은 대체로 이러한 지역에서 거주한다는 것을 놓고 볼 때, 그들이 불균형적으로 범죄에 연루된다고 예상할 수 있다. 하지만, 연구자들은 "이민자 재활성화 논제"라고 불리는 의견을 지지하는 실질적인 근거들을 발견하였다. 이 의견은 이민자들이 도심 황폐한 지역에 집단거주하는 것은 오히려 지역경제를 살리고, 인맥형성의 새로운 기회를 제공하며, 가족구조를 바꾸어 놓음으로써 오히려 사회조직 수준을 향상시킨다고 말한다 (Lee & mnartinez, 2002). 이민과 범죄에 대한 관계를 더욱 정확히 알기 위해서는 지역사회 단위에서 연구가 지속되어야 하겠지만, 지금까지의 연구결과들은 사회해체이론과 같이 고전적인 이론적 관점들의 유용성에 의문을 던지고 있다.

Shaw와 McKay의 연구와 언급된 네 개의 반복연구에 대한 주된 비판은 비행과 범죄를 측정함에 있어서 경찰과 법원의 공식통계를 사용하였다는 점에 중점을 두고 있다. 만약 자기보고식 설문 데이터를 사용하였더라면 연구결과들이 동일하게 나왔을까? 자기보고식 설문 데이터를 활용한 연구결과는 그들의 연구와 반대되는 결과를 보여주었다. Robert Kaspis(1978)는 인구이동이 많은 지역에서 높은 청소년 비행율을 찾아냈지만, 성인 범죄자와 비행 친구를 접할 기회가 많은 지역이나 불법적 행위를 정당화하는 규범(비정상적 규범)에 노출될 가능성이 높은 지역에서 더 높은 비행율을 발견하지는 못했다. Kaspis의 결과는 사회해체이론을 부분적으로만 지지하는 것이었다.

시카고 청소년 연구에서, John Johnstone(1978)은 지역사회 단위의 특징은 비행을 설명하는데 가장 유용하지 않을 뿐만 아니라, 경제적으로 낙후된 지역에 거주하는 인구집단에서 더 높은 범죄율이 나타난다는 증거도 없다고 주장하였다. Johnstone(1983)은 후속연구에서 폭력조직에 대해 연구를 하였고, 지역의 빈곤이 폭력조직원의 모집과 상관관계가 높게 나타났음을 발견하였다. 즉, 젊은 폭력조직은 대체로 사회 경제적으로 낙후된 특징을 갖는 지역에 존재한다는 것이다. Johnstone은 이와 관련하여, "폭력조직 형성의 기회는 외부적 사회 환경에 의해 확립되지만, 폭력조직을 실제로 형성하는 것은 사회와 제도에 대한 결속력(attachment)과 자아 관념에 의해 결정된다"고 언급하였다 (1983:296). 이와 유사하게, Anne Cattarello (2000)은 사회해체가 진행된 지역에 거주하는 청소년들은 사회가 잘 조직된 지역에 거주하는 청소년들보다 비행친구와 친해질 가능성이 더 높다는 것을 발견하였다. 나아가, 켄터키 주 렉싱턴에 있는 DARE 프로그램을 평가하는 연구에서 수집된 종단연구데이터를 분석한 Anne은 비행에서 지역변수의 변화는 모두 또래집단 변수에 의해 매개된다고 결론지었다. 즉, 이웃의 특징이 비행 또래집단과의 관계형성에 있어서의 차이를 설명하며, 비행 또래집단과의 관계형성은 결국 범죄행위에 차별적으로 연루되게 하는 것이다.

뉴욕, 시카고, 마이애미, 달라스에서 진행된 폭력범죄자에 대한 대규모 연구에서도 Johnstone의 발견한 결과와 유사한 결과가 나타났다. Jeffrey Fagan, Elizabeth Piper와 Melinda Moore(1986)는 폭력범죄자(경찰과 법원기록을 바탕으로 선별)들과 비교그룹에 해당하는 고등학교 청소년 및 중퇴자들을 대상으로 인터뷰를 실시하였다. 그 연구에서 지역사회와 개인 단위 데이터의 분석결과는 Fagan과 그의 동료(1986:462)들이 다음과 같이 결론내리도록 하였다.

> 도심의 지역사회에 불균형적으로 폭력적이며 심각한 청소년범죄가 집중되어 있음에도 불구하고, 그와 유사한 상대적 빈곤 상태에서 살아가고 있는 대부분의 청소년들은 범죄성과 관련하여 또래집단, 가족, 사회적 영향의 예상되는 결과들을 회피하며 살아가고 있다...명백하게 도심의 사회적 경제적 상태는 청소년 비행을 촉진하는 사회과정을 극대화 하는 것으로 보인다.

1989년, Robert Sampson과 Byron Groves는 사회해체이론에서 지금도 가장 많이 인용되고 있는 연구 한 편을 발표하였다. 이 연구는 1982년 영국범죄조사(British Crime Survey, BCS) 데이터를 사용하여 설문에 보고된 범죄와 범죄피해를 설명하기 위해 사회해체이론의 효과(혹은 효율성, efficacy)를 검증하였다. Sampson과 Groves(1989:799)는 연구에서 "성긴 친구관계, 통제받지 않는 청소년 집단, 사회조직에의 낮은 참여율 같은 특징을 갖는 지역사회는 불균형적인 범죄율과 비행율을 갖고 있다"는 것을 발견하였다. 이 이론적 틀이 발전하는데 매우 중요한 개념(즉 지역사회의 구조적 특징이 갖는 범죄와 비행에 대한 효과는 지역의 조직 수준에 의해 매개된다는 것)이 Sampson과 Groves에 의해 제시된 것이다. Sampson과 Groves와 동일하게 1994년 BCS 데이터를 활용한 후속연구에서도 같은 결과가 도출되었고, 사회해체이론이 입증되었다 (Lowenkamp et al., 2003).

자기보고 설문 데이터를 활용한 상대적으로 최근의 연구들도 지역사회 단위의 특징이 범죄율에 영향을 미친다는 것을 보여주고 있다. 하지만, 예외 없이, 이 모든 연구들에서 사회해체와 같은 거시적 변수보다 개인 단위의 변수가 범죄율에 더 큰 영향을 미치고 있는 것으로 나타나고 있다 (예를 들면, Elliott et al., 1995; Oberwittler, 2004). 이러한 현상은 자기보고 설문 데이터를 이용한 약물 복용의 사례에서 마찬가지로 나타나고 있다 (Esbensen & Huizinga, 1990).

생태학적 연구의 또 다른 하나의 최근 경향은 비행연구에 지역사회 외적인 역학관계(extracommunity dynamics)를 포함하는 것이다. Janet Heitgard와 Robert Bursik (1987)은 지역의 인종변화와 기타 사회해체 변수들이 주변지역의 비행율에 미치는 영향을 연구하였다. 분석결과는 주변지역의 인구 구성이 급격하게 변한 결과로 비행율이 증가하였다는 것을 보여주었다. 이에 대해서는 하이라이트 7.3에 제시된 Robert Bursik의 사회해체이론의 미래에 대한 관점을 참고하기 바란다.

### [하이라이트 7.3] 사회해체이론의 미래

미주리대학 세인트루이스 캠퍼스에 있는 범죄 및 형사정책학과 교수인 Robert Bursik과의 인터뷰. Bursik 교수에게 사회해체이론의 미래에 대해 질문하였다. 아래는 그가 응답한 내용이다.

> 오랫동안 Clifford Shaw와 Henry McKay의 전통적 사회해체 이론은 많은 범죄학자들로부터 외면 받았는데, 1980년대 후반에 와서 이 이론이 두드러지게 재조명을 받았다. 이 부활의 가장 중요한 특징은, 범죄 같은 거주지역의 문제가 발생 할 가능성을 감소시킬 수 있는 비공식적 통제 과정을 이끌어 낼 수 있는지에 대해서, 사회해체라는 중요 개념을 다시 재구성했다는 점이다. 이것이 도시구조에 대한 체계적 이론에 근거하고 있다는 점에서, 이 이론은 체계적 사회해체 이론으로 알려지게 되었다.

지난 십여 년간, 이 이론은 Robert Sampson과 동료 학자들이 제시한 "collective efficacy(집단효율성)" 모델로 발전하게 되었다. 집단효율성은 지역주민들이 지역사회에 대두 될 수 있는 문제를 서로 협력하여 해결해 낼 수 있을 것이라는 신념의 강도가 중요하다고 강조한다. 집단효율성이 발전하는 과정을 잘 설명한 내용이 Kubrin과 Weitzer(2003)의 연구에 나온다. 집단효율성이 발전하는 동안, 체계적 모델에서 강조되는 인간관계(relational ties)는 범죄를 통제하는데 필요하지도 혹은 충분하지도 않지만, 대신 점점 더 많은 증거들이 인간관계의 중요성은 집단효율성이라는 믿음을 얼마나 증대시켰는지와 관련이 있다는 것을 보여주고 있다.

개인적으로 이런 결론은 두 가지 이유에서 다소 섣부르다고 생각한다. 첫째, 규모가 작지만 중요한 몇몇 연구들(특히 민족지학적(ethnographic, [질적연구 방법의 하나]) 연구방법을 사용한 연구들)은 특정 네트워크의 특징은 상호 교류나 협력적 공생 같은 체계적 효과와 관련이 있다는 것을 지속적으로 보여주고 있다. 둘째, 이러한 관계적 네트워크(relational networks)의 측면은 지금까지 사용된 전통적인 양적 데이터 수집방법을 통해서는 완전히 이해하기가 불가능하다는 것이다.

따라서 나는 아직 관계적 네트워크의 구조적 측면과 비공식적 범죄 통제에 대한 체계적 분석은 통계적으로 아직 검증되지 않았다고 생각한다.

Add Health 프로젝트가 "포화 표본틀(saturation sampling frame)"이라고 하는 독특한 방식을 도입하기 까지 유사한 측정상의 문제점은 또래그룹과 비행에 대한 연구에서도 나타났다. 포화 표본틀 방식은 데이터가 수집되는 표본 학교들 중에서 소수의 학교를 대상으로 모든 학생을 인터뷰함으로써 해당 학교의 구조에 대한 미묘한 분석을 가능하게 하는 방법이다. 이 방식을 활용하여, 큰 지역사회에 속한 작은 주거단위 안에 거주하는 모든 주민들을 대상으로 인터뷰를 실시한다면, 이것이 바로 앞으로 사용될 수 있는 지역사회 연구에 있어서 대규모 질적 연구가 될 것이다. 이 방식이나 혹은 네트워크에 기초한 데이터 수집 방법이 아니라면, 오직 한 둘, 혹은 소수의 몇 명을 대상으로 한 민족지학적(ethnographic) 연구방법만이 범죄와 비행을 통제하는 관계적 네트워크의 역할에 대한 온전한 지식을 습득할 수 있게 할 것이다.

참고: Add Health 연구(청소년 건강에 대한 국가 종단연구)는 종단연구로서, 1994년과 1995년 학기과정 동안 미국의 7학년부터 12학년에 이르는 학생을 대상으로 국가적으로 대표성을 갖는 데이터를 수집한 연구이다. 더 자세한 정보를 위해서는 다음의 웹사이트를 방문하기를 바란다.
http://www.cpc.unc.ledu/projects.addhealth

여전히 흥미로운 실증적 의문들이 사회생태학이나 사회해체이론가들에 의해 끊임없이 연구되어 지고 있다. 범죄학자들은 자기보고(self-report)나 피해자 데이터 같은 새로운 기술과 지역사회 외적인 역동관계를 분석하거나 개인단위와 지역단위의 데이터를 혼합하는 등 새로운 접근 방식을 사용하기 시작하였다. 다른 한편으로, 요인분석이나 복잡한 통계기술을 활용하여 더 많은 지역사회 변수들을 분석하기도 하고(예를 들어, Scheuerman & Kobrin, 1986; Simcha-Fagan & Schwartz, 1986), 또 나은 통계기법을 활용하여 시간에 따른 경향 분석을 하기도 한다(예를 들어, Bursik, 1986). 사회해체이론의 가설들은 지역사회의 변화가 범죄와 비행율의 변화를 가져온다고 주장하는 점에서 종단적 연구를 필요로 한다. 예를 들면, 볼티모어의 두 지역의 변화를 10년 동안 추적한 연구에서, Ralph Taylor와 Jeanette Covington(1988)은 사회해체가 심화됨에 따라 폭력범죄율이 증가하는 것을 발견하였다.

긴장이론, 특히 통제이론이나 억제이론의 인기가 급부상함에 따라 사회생태학의 인기는 시들해졌다. 생태학적 접근에 대한 범죄학적 관심의 급락은 W.S. Robinson(195)이 생태학적 연구가 갖는 중대한 추론의 오류를 지적하면서 부터이다. Robinson은 생태적 상관관계(집단 수준)가 개인 수준의 상관관계를 대체할 수 없다고 강력하게 비판하였다. 왜냐하면,

예를 들어, 지역사회의 경제적 역량(혹은 재원, resources)은 그 지역의 범죄율과 관련이 있다는 것이 개인 수준에서 동일한 통계적 관계가 존재한다는 것을 의미하는 것이 아니기 때문이다. 생태적 오류(ecological fallacy)라고 명명된 이 문제점은 기본적으로 개인 수준에서 개인의 범죄성을 예측하고 설명하는데 관심이 있는 범죄학자들에게 큰 부담을 안겨줌으로써, 생태학적 데이터 분석을 통한 연구가 크게 줄어들게 하였다(Bursik, 1988). 대신, 지난 20년 동안, 거시적 수준의 이론과 미시적 수준의 이론이 통합되는 것에 많은 관심이 집중되어 왔다 (예를 들어, Hagan, 1989; Short, 1989). 이에 따라 범죄와 비행의 원인을 규명하려는 사회생태학적 이론들은 새로운 부활을 경험하고 있다 (Wikstrom & Loeber, 2000; Sampson, 2002; Sampson et al., 2002).

## 요약

본 장에서는 사회구조이론들이 논의되었다. 이 유형에 속하는 이론들은 세 가지 공통된 특징을 갖는다. 첫째, 이 이론들은 범죄를 빈곤이나 교육기회의 부재 등 사회 구조에 존재하는 불합리한 문제들의 부산물로 인식한다. 둘째, 이 이론들은 하위계층의 특징들을 범죄의 원인으로 인식한다. 왜냐하면 이 이론들은 범죄를 하위계층의 문제로 보기 때문에, 사회구조 이론가들은 범죄를 설명하기 위해서 사회구조에서 하위계층을 연구하는데 집중해야 하기 때문이다. 하지만, 몇몇 범죄학자들은 긴장이론을 경제범죄(white-collar offenses)에 적용하기도 하고, 다른 학자들은 범죄율의 증가는 여성들의 참여 증대 때문이라고 설명하기도 한다. 셋째, 이 이론들은 거시적 이론들이라는 것이다. 사회구조이론들은 개인의 범죄성을 설명하기 위한 것이 아니고, 조직 수준에서 범죄율이 증감하는 이유를 규명하는데 중점을 둔다.

긴장이론은 범죄를 이해하려는 가장 순수한 사회학적 접근방법 중 하나이다. 이 이론은 Emile Durkheim의 아노미(규범부재) 개념에 뿌리를 두고 있지만, Robert Merton에 의해 실용적 가치를 얻게 되었다. 긴장 혹은 좌절은 기회에 대한 구조적 제한 때문에 불균등하게 주로 하위계층에서 발생하는 실패의 결과물이다. 실패는 물질적 이득과 신분상승으로 대변되는 문화적으로 강조되는 성공 목표를 성취하기 위해, 사람들로 하여금 혁신적이거나 비정상적인 대응방법을 만들어 내게 한다. Richard Cloward와 Lloyd Ohlin은 기회이론과 함께 이 개념을 확장하여, 성공을 위해 불법적 수단을 이용하는 것은 언제나 가능한 것이 아니라고 주장하였다. 대신, 불법적 기회는 합법적 기회에서와 유사한 불법적 기회 구조에 의해 통제된다고 하였다.

긴장이론은 1960년대에 매우 인기를 얻었고, 또 많은 사회정책에 근거를 제공하였다. 하지만 긴장이론을 바탕으로 설립된 사회정책들은 크게 성공적이지는 못하였다. 또한, 범죄는 하위계층의 문제라는 가정은 범죄학자들 사이에서 뜨거운 논쟁거리가 되었고, 주요 긴장이론가들에 의해 제시된 비행에 대한 설명들이 비판의 대상이 되기도 하였다. GST를 개발한 Robert Agnew, Crime and the American Dream의 저자 Steven Messner와 Richard Rosenfeld 같은 범죄학자들은 긴장이론의 대가로 인식되고 있다. 이 부류의 이론들은 앞으로도 범죄에 대한 우리의 이해를 지속적으로 확대시켜 줄 것으로 생각된다.

사회생태학파는 긴장이론을 위한 대부분의 이론적 틀을 수립하였지만, 또한 근본적으로 사회 과정 이론에 포함 될 수도 있는 이론들을 만들어냈다. 사회생태학은 식물과 그 환경과의 관계에 대한 연구로부터 나왔는데, 생물 생태계의 원리들을 인간의 사회 환경에 적용시켰다. 사회해체 개념의 확립은 이 계통의 이론들이 이룩한 가장 중요한 공헌 중 하나라고 하겠다. 사회조직의 와해(해체)는 집단적 목표 성취를 위한 안정성과 재원을 부족하게 하고, 이것을 결국 높은 범죄율로 귀결된다는 것이다. 이 이론은 문화적 일탈에 대한 사회구조와 사회과정이론가들이 연구하는 두 가지 측면에 있어서 모두에 중요한 의미를 갖는다.

## 주요 용어 및 개념

이타적 자살
아노미
시카고 지역 프로젝트
시카고 학파
동심원 지역 모델
갈등적 폭력조직
동조형
범죄적 폭력조직
문화적 전이(전파)
생태적 오류
목표와 수단
혁신형
제도적 아노미 이론
무계급의 미신
기회 이론
반응 형성
반항형
은둔형
도피적 폭력조직
의례형
사회적 해체
사회적 생태학
사회적 조직
사회 구조 이론들
사회생물학
긴장 이론들

## 주요 범죄학자들

Robert Agnew
Robert J. Bursik, Jr.
Richard Cloward
Emile Durkheim
Henry McKay
Robert Merton
Steven Messner
Lloyd Ohlin
Richard Rosenfeld
Robert J. Sampson
Clifford Shaw
Edwin Sutherland

## 토론 질문

1. 자기보고식 연구가 긴장이론에 대한 가정에 어떻게 의문을 제기하게 되었는지 설명하시오.
2. 뒤르깽과 머튼의 긴장을 비교하시오. 두 이론가들이 주장한 사회에서의 성공을 위한 목표와 기회/수단에 대해 설명하시오.
3. 클로워드와 올린은 1960년에 긴장과 관련된 기회이론을 제안하였다. 그들의 이론이 1960년대 사회정책과 어떻게 관련되는지를 설명하시오.

4. "이등은 첫 번째 패배자"라는 말이 메스너와 로젠펠드의 제도적 아노미이론의 근원적 인 요소를 어떻게 나타내는지 설명하시오.
5. 널리 알려진 시카고지역프로젝트의 이론적 틀은 무엇인가? CAP를 설명하고 그 프로그램의 이론적 배경에 대해 설명하시오.

## 참고문헌


Agnew, R. (2006). *Pressured into Crime: An Overview of General Strain Theory*. Los Angeles, CA: Roxbury Publishing Company.

Agnew, R. (2004). "A General Strain Theory Approach to Violence." Pp. 37–50 in M.A. Zahn, H.H. Brownstein, and S.L. Jackson (eds.) *Violence: From Theory to Research*. Cincinnati, OH: LexisNexis/Anderson Publishing.

Agnew, R. (2001). "Building on the Foundation of General Strain Theory: Specifying the Types of Strain Most Likely to Lead to Crime and Delinquency." *Journal of Research in Crime and Delinquency*, 38:319–361.

Agnew, R. (1999). "A General Strain Theory of Community Differences in Crime Rates." *Journal of Research in Crime and Delinquency*, 36:123–155.

Agnew, R. (1992). "Foundation for a General Strain Theory of Crime and Delinquency." *Criminology*, 30:47–87.

Agnew, R. (1987). "On 'Testing Structural Strain Theories.'" *Journal of Research in Crime and Delinquency*, 24:281–286.

Agnew, R., T. Brezina, J.P Wright & F.T. Cullen (2002). "Strain, Personality Traits, and Delinquency: Extending General Strain Theory." *Criminology*, 40:43–71.

Agnew, R. & H.R. White (1992). "An Empirical Test of General Strain Theory." *Criminology*, 30:475–499.

Baron, S.W. (2007). "Street Youth, Gender, and Financial Strain and Crime: Exploring Broidy and Agnew's Extension of General Strain Theory." *Deviant Behavior*, 28:273–302.

Baron, S.W. (2004). "General Strain, Street Youth and Crime: A Test of Agnew's Revised Theory." *Criminology*, 42:457–483.

Baron, S.W. & T.P. Hartnagel (1997). "Attributions, Affect, and Crime: Street Youths' Reactions to Unemployment." *Criminology*, 35:409–434.

Bernard, T.J. (1987). "Testing Structural Strain Theories." *Journal of Research in Crime and Delinquency*, 24:262–280.

Bernard, T.J. (1984). "Control Criticisms of Strain Theories: An Assessment of Theoretical and Empirical Adequacy." *Journal of Research in Crime and Delinquency*, 21:353–372.

Binder, A. & S.L. Polan (1991). "The Kennedy–Johnson Years, Social Theory, and Federal Policy in the Control of Juvenile Delinquency." *Crime & Delinquency*, 37:242–261.

Bordua, D.J. (1958–1959). "Juvenile Delinquency and Anomie." *Social Problems*, 6:230–238.

Broidy, L.M. (2001). "A Test of General Strain Theory." *Criminology*, 39:9–35.

Broidy, L.M. & R. Agnew (1997). "Gender and Crime: A General Strain Theory Perspective." *Journal of Research in Crime and Delinquency*, 34:275–306.

Braithwaite, J. (1981). "The Myth of Social Class and Criminality Reconsidered." *American Sociological Review*, 46:36–37.

Brezina, T. (1996). "Adapting to Strain: An Examination of Delinquent Coping Responses." *Criminology*, 34:39–60.

Britt, C.L. (1997). "Reconsidering the Unemployment and Crime Relationship: Variations by Age Group and Historical Period." *Journal of Quantitative Criminology*, 13:405–428.

Brown, S.E. (1985). "The Class–Delinquency Hypothesis and Juvenile Justice System Bias." *Sociological Inquiry*, 55:213–223.

Brownfield, D. (1986). "Social Class and Violent Behavior." *Criminology*, 24:421–438.

Bursik, R.J., Jr. (1988). "Social Disorganization and Theories of Crime and Delinquency: Problems and Prospects." *Criminology*, 26:519–551.

Bursik, R.J., Jr. (1986). "Ecological Stability and the Dynamics of Delinquency." In A.J. Reiss & M.H. Tonry (eds.) *Crime and Community*, pp. 35–66. Chicago, IL: University of Chicago Press.

Bursik, R.J., Jr. & H.G. Grasmick (1993). *Neighborhoods and Crime*. New York: Lexington Books.

Cattarello, A.M. (2000). "Community-Level Influences on Individuals' Social Bonds, Peer Associations, and Delinquency: A Multilevel Analysis." *Justice Quarterly*, 17:33-60.

Chamlin, M.B. & J.K. Cochran (2007). "An Evaluation of the Assumptions that Underlie Institutional Anomie Theory." *Theoretical Criminology* 11:39-61.

Chamlin, M.B. & J.K. Cochran (1995). "Assessing Messner and Rosenfeld's Institutional Anomie Theory: A Partial Test." *Criminology*, 33:411-429.

Chilton, R.J. (1964). "Continuity in Delinquency Area Research: A Comparison of Studies for Baltimore, Detroit, and Indianapolis." *American Sociological Review*, 29:74-83.

Clelland, D. & T.J. Carter (1980). "The New Myth of Class and Crime." *Criminology*, 18:319-336.

Cloward, R.A. & L.E. Ohlin (1960). *Delinquency and Opportunity: A Theory of Delinquent Gangs*. New York, NY: The Free Press.

Cohen, A.K. (1955). *Delinquent Boys: The Culture of the Gang*. New York, NY: The Free Press.

Cullen, F.T. (1988). "Were Cloward and Ohlin Strain Theorists? Delinquency and Opportunity Revisited." *Journal of Research in Crime and Delinquency*, 25:214-241.

DeFronzo, J. (1983). "Economic Assistance to Impoverished Americans." *Criminology*, 21:119-136.

Domhoff, G.W. (1967). *Who Rules America?* Englewood Cliffs, NJ: Prentice Hall.

Durkheim, E. (1897/1951). *Suicide: A Study in Sociology*, trans. J.A. Spaulding & G. Simpson. New York, NY: The Free Press.

Dye, T.R. (1976). *Who's Running America?* Institutional Leadership in the United States. Englewood Cliffs, NJ: Prentice Hall.

Elliott, D.S., W.J. Wilson, D. Huizinga, R.J. Sampson, A. Elliott & B. Rankin (1995). "The Effects of Neighborhood Disadvantage on Adolescent Development." *Journal of Research on Crime and Delinquency*, 33:389-426.

Esbensen, F.-A. & D. Huizinga (1990). "Community Structure and Drug Use: From a Social Disorganization Perspective." *Justice Quarterly*, 7:691-709

Fagan, J., E. Piper & M. Moore (1986). "Violent Delinquents and Urban Youth." *Criminology*, 24:439-471.

Felson, M. (1994). *Crime and Everyday Life: Insights and Implications for Society*.

Thousand Oaks, CA: Pine Forge Press.

van Gemert, F. ( 2001). "Crips in Orange: Gangs and Groups in the Netherlands." In M.W. Klein, H-J. Kerner, C.L. Maxson & E.G.M. Weitekamp (eds.) *The Eurogang Paradox: Street Gangs and Youth Groups in the U.S. and Europe*, pp.145-152. Dordrecht, Netherlands: Kluwer Academic Publishers.

Hagan, J. (1989). "Micro and Macro-Structures of Delinquency Causation and a Power-Control Theory of Gender and Delinquency." In S.E. Messner, M.D. Krohn & A.E. Liska (eds.) *Theoretical Integration in the Study of Deviance and Crime*. Albany, NY: State University of New York Press.

Hagedorn J. & P. Macon (1988). *People and Folks Gangs: Crime, and the Underclass in a Rustbelt City*. Chicago, IL: Lake View Press.

Heitgard, J.L. & R.J. Bursik, Jr. (1987). "Extracommunity Dynamics and the Ecology of Delinquency." *American Journal of Sociology*, 92:775-787.

Hill, G.D. & E.M. Crawford (1990). "Women, Race, and Crime." *Criminology*, 28:601-626.

Hirschi, T. (1969). *Causes of Delinquency*. Berkeley, CA: University of California Press.

Hoffman, J.P. & T.O. Ireland (2004). "Strain and Opportunity Structures." *Journal of Quantitative Criminology*, 20:263-292.

Johnson, R.E. (1980). "Social Class and Delinquent Behavior." *Criminology*, 18:86-93.

Johnstone, J.W.C. (1983). "Recruitment to a Youth Gang." *Youth and Society*, 14:281-300.

Johnstone, J.W.C. (1978). "Social Class, Social Areas, and Delinquency." *Sociology and Social Research*, 63:49-72.

Kaspis, R.E. (1978). "Residential Succession and Delinquency." *Criminology*, 15:459-486.

Kim, S.-W. & W. Pridemore (2004). "Social Change, Institutional Anomie and Serious Property Crime in Transitional Russia." *The British Journal of Criminology*. 4:81-97.

Klein, M.W., H-J. Kerner, C.L. Maxson & E.G.M. Weitekamp (2001). *The Eurogang Paradox: Street Gangs and Youth Groups in the U.S. and Europe*. Dordrecht, Netherlands: Kluwer Academic Publishers.

Kobrin, S. (1959). "The Chicago Area Project-A 25-Year Assessment." *Annals of the American Academy of Political and Social Science*, 322:19-29.

Kornhauser, R.R. (1978). *Social Sources of Delinquency*. Chicago, IL: University of Chicago

Press.

Lander, B. (1954). *Towards an Understanding of Juvenile Delinquency.* New York, NY: Columbia University Press.

Lien, I.-L. ( 2001). "The Concept of Honor, Conflict and Violent Behavior Among Youths in Oslo." In M.W. Klein, H-J. Kerner, C.L. Maxson & E.G.M. Weitekamp (eds.) *The Eurogang Paradox: Street Gangs and Youth Groups in the U.S. and Europe,* pp.165-174. Dordrecht, Netherlands: Kluwer Academic Publishers.

Lowenkamp, C.T., F.T. Cullen & T.C. Pratt (2003). "Replicating Sampson and Grove's Test of Social Disorganization Theory: Revisiting a Criminological Classic." *Journal of Research in Crime and Delinquency,* 40:351-373.

Mares, D. (2001). "Gangstas or Lager Louts? Working Class Street Gangs in Manchester." In M.W. Klein, H-J. Kerner, C.L. Maxson & E.G.M. Weitekamp (eds.) *The Eurogang Paradox: Street Gangs and Youth Groups in the U.S. and Europe,* pp.153-164. Dordrecht, Netherlands: Kluwer Academic Publishers.

Martinez, Jr., R. (2003). "Moving beyond Black and White Violence: African American, Haitian, and Latino Homicides in Miami." In D.F. Hawkins (ed.) *Violent Crime: Assessing Race & Ethnic Differences.* New York, NY: Cambridge University Press.

Mazerolle, P. (1998). "Gender, General Strain, and Delinquency: An Examination." *Justice Quarterly,* 15:65-91.

Mazerolle, P. & J. Maahs (2000). General Strain and Delinquency: An Alternative Investigation of Deviant Adaptations." *Justice Quarterly,* 17:73-778.

Mazerolle, P. & A. Piquero (1998). "Linking Exposure to Strain with Anger: An Investigation of Deviant Adaptations." *Journal of Criminal Justice,* 26:195-211.

Mazerolle, P., V.S. Burton, Jr., F.T. Cullen, T.D. Evans & G.L. Payne (2000). "Strain, Anger, and Delinquency Adaptations: Specifying General Strain Theory." *Journal of Criminal Justice,* 28:89-101.

Mazerolle, P., A. Piquero & G.E. Capowich (2003). "Examining the Links between Strain, Situational and Dispositional Anger, and Crime: Further Specifying and Testing General Strain Theory." *Youth & Society,* 35:131-157.

Maume, M.O. & M.R. Lee (2003) "Social Institutions and Violence: A Sub-national Test of Institutional Anomie Theory." *Criminology,* 41:1137-1172.

Menard, S. (1995). "A Developmental Test of Mertonian Theory." *Journal of Research in Crime and Delinquency,* 32:136-174.

Merton, R.K. (1968). *Social Theory and Social Structure*. New York, NY: The Free Press.

Merton, R.K. (1938). "Social Structure and Anomie." *American Sociological Review*, 3:672–682.

Messner, S.F. & R. Rosenfeld (2007). *Crime and the American Dream*, Fourth Edition. Belmont, CA: Wadsworth.

Messner, S.F. & R. Rosenfeld (2001). *Crime and the American Dream*, Third Edition. Belmont, CA: Wadsworth.

Messner, S.F. & R. Rosenfeld (1997). "Political Restraint of the Market and Levels of Criminal Homicide: A Cross-National Application of Institutional Anomie Theory." *Social Forces*, 75:1393–1416.

Messner, S.F. & R. Rosenfeld (1994). *Crime and the American Dream*. Belmont, CA: Wadsworth.

Messner, S.F., L.E. Raffalovich & R. McMillan (2001). "Economic Deprivation and Changes in Homicide Arrest Rates for White and Black Youths, 1967–1998: A National Time- Series Analysis." *Criminology*, 39:591–613.

Mills, C.W. (1956). *The Power Elite*. New York, NY: Oxford University Press.

Oberwittler, D. (2004). "A Multilevel Analysis of Neighbourhood Contextual Effects on Serious Juvenile Offending: The Role of Subcultural Values and Social Disorganization." *European Journal of Criminology* 1:201–235.

Paternoster, R. & P. Mazerolle (1994). "General Strain Theory and Delinquency: A Replication and Extension." *Journal of Research in Crime and Delinquency*, 31:235–263.

Peterson, R.D., L.J. Krivo & M.A. Harris (2000). "Disadvantage and Neighborhood Violent Crime: Do Local Institutions Matter?" *Journal of Research in Crime and Delinquency*, 37:31–63.

Piquero, N.L. & M.D. Sealock (2004). "Gender and General Strain Theory: A Preliminary Test of Broidy and Agnew's Gender/GST Hypotheses." *Justice Quarterly*, 21:125–158.

Piquero, N.L. & M.D. Sealock (2000). "Generalizing General Strain Theory: An Examination of and Offending Population." *Justice Quarterly*, 17:449–484.

Pridemore, W.A. (2002). "Vodka and Violence: Alcohol Consumption and Homicide Rates in Russia." *American Journal of Public Health*, 92:1921–1930.

Quinney, R. (1964). "Crime, Delinquency, and Social Areas." *Journal of Research in Crime and Delinquency*, 1:149–154.

Reynolds, A.J., J.A. Temple, D.L. Robertson & E.A. Mann (2001). "Long–Term Effects of an Early Childhood Intervention on Educational Achievement and Juvenile Arrest: A 15– Year Follow–up of Low–Income Children in Public Schools." *Journal of the American Medical Association*, 285:2339–2378.

Robinson, W.S. (1950). "Ecological Correlations and the Behavior of Individuals." *American Sociological Review*, 15:351–357.

Rose, S.M. (1972). *The Betrayal of the Poor: The Transformation of Community Action*. Cambridge, MA: Schenkmann.

Sampson, R.J. (2002). "Transcending Tradition: New Directions in Community Research, Chicago Style–The American Society of Criminology 2001 Sutherland Address." *Criminology*, 40:213–230.

Sampson, R.J. (1985). "Structural Sources of Variation in Race–Age–Specific Rates of Offending Across Major U.S. Cities." *Criminology*, 23:647–673.

Sampson, R.J. & W.B. Groves. (1989). "Community Structure and Crime: Testing Social–Disorganization Theory." *American Journal of Sociology*, 94:774–802.

Sampson, R.J., J.D. Morenoff & T. Gannon–Rowley (2002). "Assessing 'Neighborhood Effects': Social Processes and New Directions in Research." *Annual Review of Sociology*, 28:443–478.

Savolainen, J. (2000). "Inequality, Welfare State, and Homicide: Further Support for the Institutional Anomie Theory." *Criminology*, 38:1021–1042.

Scheuerman, L.A. & S. Kobrin (1986). "Community Careers in Crime." In A.J. Reiss & M.H. Tonry (eds.) *Crime and Community*, pp. 67–100. Chicago, IL: University of Chicago Press.

Schweinhart, L.J. (1987). "Can Preschool Programs Help Prevent Delinquency?" In J.Q. Wilson & G.C. Loury (eds.) *From Children to Citizens*, Vol. 3, pp. 135–153. New York, NY: Springer–Verlag.

Shaw, C.R. (1930/1966). *The Jack–Roller: A Delinquent Boy's Own Story*. Chicago, IL: University of Chicago Press.

Shaw, C.R. & H.D. McKay (1942). *Juvenile Delinquency in Urban Areas*. Chicago, IL: University of Chicago Press.

Short, J.F., Jr. (1989). "Exploring Integration of Theoretical Levels of Explanation: Notes on Juvenile Delinquency." In S.E. Messner, M.D. Krohn & A.E. Liska (eds.) *Theoretical Integration in the Study of Deviance and Crime.* Albany, NY: State University of New York Press.

Short, J.F., Jr. & F.L. Strodtbeck (1965). *Group Process and Gang Delinquency.* Chicago, IL: University of Chicago Press.

Simcha-Fagan, O. & J.E. Schwartz (1986). "Neighborhood and Delinquency: An Assessment of Contextual Effects." *Criminology*, 24:667-699.

Smith, D.A. & G.R. Jarjoura (1988). "Social Structure and Criminal Victimization." *Journal of Research in Crime and Delinquency*, 25:27-52.

Snodgrass, J. (1976). "Clifford R. Shaw & Henry D. McKay: Chicago Criminologists." *British Journal of Criminology*, 16:1-19.

Sutherland, E.H. (1937). *The Professional Thief.* Chicago, IL: University of Chicago Press.

Tauby, L.A. (1991). "Other Women's Money." *Working Women*, (December):56-59.

Taylor, R. & J. Covington (1988). "Neighborhood Changes in Ecology and Violence." *Criminology*, 26:553-589.

Thomas, C.W. & J.R. Hepburn (1983). *Crime, Criminal Law and Criminology.* Dubuque, IA: William C. Brown.

Tittle, C., W. Villemez & D. Smith (1978). "The Myth of Social Class and Criminality: An Empirical Assessment of the Empirical Evidence." *American Sociological Review*, 43:643-656.

Voss, H.L. & David M. Petersen (eds.) (1971). *Ecology, Crime and Delinquency.* New York, NY: Appleton-Century-Crofts.

Vowell, P.R. & D.C. May (2000). "Another Look at Classic Strain Theory: Poverty Status, Perceived Blocked Opportunity, and Gang Membership as Predictors of Adolescent Violent Offending." *Sociological Inquiry*, 70:42-60.

Wikstrom, P.O. & R. Loeber (2000). "Do Disadvantaged Neighborhoods Cause Well-Adjusted Children to Become Adolescent Delinquents?" *Criminology*, 38:1109-1142.

Wilson, W.J. (1987). *The Truly Disadvantaged: The Inner City, the Underclass, and Public Policy.* Chicago, IL: University of Chicago Press.

C/H/A/P/T/E/R 08

# 범죄에 대한 사회과정이론
(Social Process Theories of Crime)

## 학습 목표
제8장을 읽은 후, 당신은 다음의 내용을 수행할 수 있어야 한다.

- 사회과정이론의 특성에 대한 설명 및 경쟁적인 이론들과의 비교
- 서덜랜드가 설명한 차별교제이론의 핵심원리 기술
- 울프강과 페레쿠티의 "폭력의 하위문화"의 논리를 설명하고 앤더슨의 "길거리 법칙"과 비교
- 밀러의 "중점관심"을 조명하고 중점관심들이 어떻게 정의되었는지를 설명
- 미국 남부지역의 폭력범죄율에 대한 대안적 설명을 숙지
- 다양한 "중화기술"을 정의하고 적용
- 자기통제의 개념이 어떻게 범죄학 이론에 내재되었는지를 설명

사회구조이론이 구조적 특성에 따른 범죄율의 차이를 다루었다면 사회과정이론은 개인이 어떻게 법 위반자가 되는지를 설명하는데 주력한다. 구조적 문제와 대비되는 개인의 경험에 의한 사회 작용 또는 과정에 대한 이러한 강조는 거시이론으로부터 미시이론으로의 변화를 의미한다. 사회과정이론은 사회구조이론이 개인적 수준에서 적용되었을 때에 발생할 수 있는 오류를 시정할 수 있다. 예를 들자면 전통적인 긴장이론은 사회구조가 하위계층 사람들에게 불균형적인 압박을 가하여 규범을 위반하도록 한다는 전제에 근거한다. 이에 따르면 부유한 사람들은 구조적으로 야기되는 긴장이 없기 때문에 범죄나 비행에 의존하지 않는 반면에 경제적 불이익에 처해 있는 개인들은 범죄 또는 비행에 이르게 된다. 그러나 빈곤을 경험하지 않은 사람들이 범죄자가 되는가 하면 가난으로 긴장을 경험하는 대부분의 사람들이 범죄자가 되는 것은 아니기 때문에 이러한 견해는 분명한 오류의 소지가 있다.

사회구조이론과 달리 사회과정이론은 전형적으로 범죄와 비행을 하위계층의 문제로 접근하지는 않는다. 사회과정이론의 장점중 하나는 이론의 설명력이 어떠한 사회·경제적 계층

에도 적용가능하다는 것이다. 제4장에서 검토했듯이 사회과정의 관점은 자기보고식 연구결과에서 강하게 나타나는데 비행과 범죄가 공식통계가 보여주는 것보다 더 균등하게 사회계층 전반에 분포되어 있음을 시사하고 있다.

사회과정이론은 또한 하위계층의 구성원에 가중되어 있는 범죄와 비행의 유형도 적절하게 설명할 수 있다. 사회구조의 특성이 하위계층의 구성원들을 부정적인 사회과정에 불균형적으로 노출시키고 이것이 결국 높은 비행의 결과를 초래할 수 있다. 그러나 개인으로 하여금 위법을 하거나 못하도록 하는 것은 가족 또는 친구들과 같은 보다 가까운 집단과의 상호작용일 것이다. 사회과정의 맥락에서는 이러한 것들이 인간의 행동을 설명하는 핵심이다. 사회과정을 통해서 각 개인은 순응 또는 비행에 대한 가치를 배울 것이다. 사회과정의 전통을 따르는 이론들은 개인이 경험하는 사회과정이 규범위반에 대한 억제를 제공할 수도 있고 그렇지 못할 수도 있다고 주장한다. 중요하게 여겨야 할 점은 각 개인에게 소중한 집단 내에서 경험되는 사람 간의 상호작용이다.

이번 장에서는 사회과정이론의 세 가지 유형인 학습, 문화갈등, 사회통제에 대한 논의를 전개하겠다. 이러한 이론적 접근은 집단이 개인에게 영향을 끼친다는 전제를 공유한다. 이 이론들은 집단(사회)과 개인(심리)적 변인들을 모두 포괄하기 때문에 사회과정이라는 명칭 대신 종종 사회심리이론으로 불리기도 한다. 이러한 이론적 관점은 거시·미시적 수준에서의 범죄에 대한 설명, 사회·심리적 설명, 상·하 사회계층을 아우르는 범죄에 대한 설명을 포괄하고자 한다.

이론들을 분류하고자 하는 시도가 만장일치로 인정된 경우는 없다. 최근 코스텔료(Barbara Costello, 1997; 1998)와 맷수애다(Ross Matsueda, 1997)의 논쟁은 그러한 문제에 대한 한 사례에 해당한다. 콘하우저(Ruth Kornhauser, 1978)의 주장에 따라 코스텔료(1997:405)는 "차별교제이론이 문화비행의 관점을 가장 잘 설명 한다"고 단언하였다. 이에 대한 반응으로 맷수애다(1997:447)는 콘하우저와 코스텔료가 '차별교제이론을 문화비행이론에 의한 말도 안되는 가정으로 격하시킴으로써 이론을 심각하게 왜곡하였다'고 주장하였다. 문제는 서덜랜드(Edwin Sutherland)의 차별교제이론을 어떻게 이해하는가에 달려있다. 그의 이론은 다음 부분에 설명되어 있다.

## 범죄행동의 학습

사회과정의 첫 번째 이론들은 범죄행위가 사회적인 맥락에서 학습된다는 개념에 근거하고 있다. 학습적 관점에서는 법위반에 대한 가치, 규범, 그리고 동기가 타인과의 상호작용을 통해 획득된다고 가정한다. 범죄의 복잡성 정도에 따라 내용이 다양하기는 하지만 필요한 기술과 기법들 또한 학습된다. 이러한 이론들이 범죄적 행위를 비범죄적 행위에서와 동일한 학습과정의 산물로 여기기 때문에 범죄는 '병리적'이라기보다는 '정상적'인 것으로 간주된다. 학습이론의 과제는 범죄유형이 개발되는 과정을 구체화하는 것이다. 2005년 미국 범죄학회(American Society of Criminology) 회장단 연설에서 호니(Julie Horney, 2006)는 스키너 이론에 뿌리를 둔 광범위한 범주의 학습이론이 범죄행위에 대한 관점의 상당부분을 포괄할 가능성이 있다고 주장하였다.

## 서덜랜드(Edwin H. Sutherland)의 차별교제이론

서덜랜드
(Edwin Hardin Sutherland)

서덜랜드(Edwin Hardin Sutherland, 1883-1950)는 네브라스카 주에서 태어났고 시카고대학에서 사회학 박사학위를 받은 후 미주리 주 리버티의 윌리엄 지웰 대학, 일리노이 대학, 미네소타 대학, 시카고 대학의 교수로 일하였으며 인디애나대학의 학과장을 역임하였다(Odum, 1951). 서덜랜드는 아마도 가장 잘 알려진 범죄학자이며 그의 차별교제이론은 범죄행위를 설명하는 가장 유명한 이론이다. 서덜랜드의 이론은 범죄를 설명하는 선구적이고도 진정한 사회학적인 이론으로 간주된다. 그는 20세기 초반에 우세했던 범죄에 대한 생물학적, 심리학적 설명으로부터 벗어나기를 희망하였다. 범죄를 설명하는데 있어서의 차별교제이론의 장점은 별개로 하더라도 차별교제이론이 범죄학 분야를 사회학적인 틀 속으로 가져온 것은 극히 중요하다.

차별교제이론은 몇 가지 지적 전통의 영향을 받았다. 첫째, 차별교제이론은 프랑스 범죄학자 타드(Gabriel Tarde)의 "모방의 법칙"의 확장이라 할 수 있는데 이것은 롬브로조 류의 설명에 대한 반발로 19세기 말에 형성된 것이었다(Vine, 1972).

상징적 상호작용, 문화전이, 문화갈등 등의 세 가지 개념은 서덜랜드의 차별교제이론의 발전에 지대한 영향을 미쳤다. 시카고대학의 미드(George Herbert Mead, 1863-1931)밑에서 학습하면서 서덜랜드는 사람들은 사물이 그들에게 가지는 의미에 따라 행동한다는 상징

[그림 8.1] 차별교제이론의 생태학적 유산

빈곤
인구이동성 ⟶ 사회해체 ⟶ 문화갈등 ⟶ 범죄에 우호적인 차별교제
인종이질성

적 상호작용의 가정에 자극을 받았다. 결과적으로 서덜랜드는 개인이 범죄적 행위에 부여하는 의미, 즉 가치체계의 형성이라는 견지에서 사고하였다. 상징적 상호작용이론은 타인과의 상호작용 속에서 범행에 호의적이거나 배타적인 가치들이 어떻게 학습되고 해석되는지를 서덜랜드로 하여금 숙고하도록 하였다.

시카고에서의 생태학적 연구 전통은 지역사회의 환경이 범죄와 비행에 중요한 역할을 한다는 것을 적시함으로써 차별교제이론의 개념화에 이바지하였다. 범죄와 비행이 특정한 물리·사회적 특성을 가진 지역사회에서 나타나는 경향이 있고 범죄적 가치는 마치 언어 및 다른 문화적 특색처럼 전이된다(즉, 문화전이)는 쇼와 맥케이(Shaw and McKay)의 연구결과(제7장 참고)는 법위반행위를 학습의 결과로 설명하는 발판을 마련해 주었다. 사회해체를 지역사회가 범죄를 제지하는 환경을 조성하는데 실패한 것으로 이해하는 쇼와 맥케이의 사유 또한 범죄행위를 학습으로 설명하는 측면과 일맥상통하는 것이다. 서덜랜드는 개인이 지역사회 내에서 범죄적 행위유형을 학습하는 과정을 차별교제로 설명함으로써 지역사회(거시적) 수준에서 개인적(미시적) 수준으로 초점을 돌렸다.

셀린(Thorsten Sellin, 1938)과 같은 문화갈등 이론가들은 시카고의 생태학적 자료는 물론 쇼와 맥케이에 의한 연구를 근거로 빈곤하고 사회적으로 해체된 지역에 존재하는 하위문화가 그들 스스로의 행동규범에 의한 특성을 가지고 있다는 설명을 더하였다. 이들 규범은 상위문화와는 대조되고 하위문화에서는 정상적으로 여겨지는 행동이 상위문화의 시각에서는 범죄로 규정되어지기 때문에 갈등의 원인이 된다. 서덜랜드는 문화전이, 사회해체와 더불어 이러한 문화갈등의 개념에 주목하며 범죄를 설명하기위한 차별교제이론을 발전시켰다.

[그림 7.7]을 확장한 [그림 8.1]은 차별교제의 근간이 되는 이론적 틀을 요약하고 있다. 이 그림은 빈곤, 인구이동성, 인종이질성 등을 사회해체를 유발하는 요인으로, 그리고 사회해체를 문화갈등을 야기하는 요인으로 묘사하고 있다. 사회적으로 해체된 지역에서 문화적으로 전이되는 가치와 행동유형은 문화갈등을 야기한다.

차별교제이론은 해체된 지역사회에서 사회화된 사람들은 범죄에 관여할 것을 권장하는 교제를 할 가능성이 크다고 주장한다. 반대로 사회적으로 잘 형성된 지역사회의 사람들은

비범죄적인 교제를 경험할 가능성이 크다. 이후에 출판된 차별교제이론에서 서덜랜드는 지역사회의 형성은 이분법적이라기보다는 연속적이라고 언급하며 차별적 사회형성을 사회해체로 대체하였다. 시카고학파와의 긴밀한 관계 속에서 서덜랜드가 배운 것은 범죄가 사회적으로 분포되어 있다는 인식과 범죄는 학습된 행동이라는 신념이었다. 그의 이론 형성을 위해 필요한 것은 그러한 학습과정을 이해하는 것이었다.

마지막으로, 서덜랜드 자신의 연구를 통한 노력이 차별교제이론에 기여하였다. 그의 저서 전문절도범(The Professional Thief, 1937)에서 서덜랜드는 범행의 시작과 실행에 필요한 주의 깊은 학습과정을 확인할 수 있었다. 서덜랜드의 가장 잘 알려진 저서는 화이트칼라범죄(White Collar Crime, 1949)이며 그 저서에서 서덜랜드는 범죄가 사회경제적으로 상위계층에 속해있는 사람들의 범죄를 포함하는 것으로 정의될 필요가 있다고 주장하였다(자세한 내용과 사례는 제 11장과 제12장 참조). 서덜랜드는 형사사법과정과 공식 범죄통계가 그러한 범죄를 무시해온 것이 범죄에 대한 이해에 있어서의 왜곡을 초래했다고 지적하였다. 그는 "이것은 마치 학자들이 붉은색 머리카락을 가진 범죄자만을 선택한 후 범죄의 원인은 붉은색 머리카락에 있다고 결론짓는 것만큼이나 명확한 왜곡이다"고 언급하였다(1949:9). 차별교제이론이 화이트칼라범죄와 길거리범죄를 포함한 모든 범죄를 설명하도록 의도되었기 때문에 이러한 우려는 차별교제이론의 핵심적인 논의내용이다. 이론의 목표를 과학적으로 일련의 상관관계가 있으면서도 예외가 있을 수 없는 일반명제를 개발하는 것으로 특정한 점에서 그러한 측면이 명확히 드러나 있다(Sutherland & Cressey, 1974:72). 차별교제이론은 범죄와 연관되어 있으면서도 범죄와 인과관계는 없는 변인들(예를 들자면 연령, 인종, 성, 사회경제적 지위 등)을 설명하고자 한다. 서덜랜드는 노년층과 청년층, 흑인과 백인, 남성과 여성 범죄자들을 아우르는 일반적인 사회과정을 밝혀내고자 하였다.

차별교제이론은 70년 동안 11판 까지 발행된 서덜랜드의 고전적 저서에 자세히 설명되어 있다. 첫판은 1924년에 '범죄학'으로 발행되었다. 차별교제이론은 '범죄학의 원리'라는 두 번째 발행본(1937)에 대략적으로 설명되었다. 세 번째 발행본(1939)에서는 차별교제이론이 일곱 가지 원리로 명확히 설명되었다. 아홉 가지 원리로 구성된 차별교제이론의 마지막 설명은 서덜랜드의 저서 네 번째 발행본(1947)에 소개 되었다. 서덜랜드의 사망이후 그의 제자인 크레시(Donald R. Cressey, 1919-1987)가 그 다음 6개의 개정판을 발행하였으나 서덜랜드의 차별교제이론에 대한 마지막 내용은 변경하지 않았다. 크레시는 차별교제이론이 광범위하게 검증된 이후에야 수정을 고려할 수 있다고 생각하였다. 마지막 11번째 발행본은 1992년 럭켄빌(David Luckenbill)에 의해 개정되어 출판되었다.

## •• 차별교제이론의 원리

차별교제이론의 아홉 가지 원리가 [그림 8.2]에 소개되었다. 이러한 명제들은 "특정 사람이 범죄행동에 이르게 되는 과정"을 구체화 한 것이다(Sutherland & Cressey, 1974:75). 범죄행동이 학습된다는 원리는 차별교제의 기초를 제공한다. 이것은 일탈행위의 원인에서 유전, 인간본성, 혁신을 명확히 배제시킨다. 인간은 쏘러굿(George Thorogood)이 노래하는바와 같이 "악하게 태어난"것도 아니며 그렇다고 일탈행위를 만들어내지도 않는다. 인간은 사회적인 맥락에서 어떻게 행동할지 또는 못된 짓을 할지를 배운다. 이러한 견해는 다른 이론들과 뚜렷한 대조를 이룬다. 고전주의 범죄학과 억제이론의 명제들이 인간의 본성이 범죄를 조장시킨다고 가정하고 어떻게 그러한 성향을 줄일지에 초점을 맞추었던 점을 상기해 보라.

[그림 8.2] 차별교제이론의 원리

1. 범죄행위는 학습된다.
2. 범죄행위는 의사소통을 통한 타인과의 상호작용 속에서 학습된다.
3. 범죄행위에 대한 핵심내용의 학습은 친밀한 인간관계에 있는 집단 속에서 이루어진다.
4. 범죄행위가 학습될 때, 그 학습은 다음사항을 포함한다.
   (a). 복잡하면서도 때로는 간단하기도 한 범죄수행의 기술
   (b). 동기, 욕구, 합리화, 태도의 구체적인 내용
5. 동기와 욕구의 구체적인 내용은 법 조항을 우호적으로 또는 비우호적으로 보는 정의로부터 학습된다.
6. 인간은 법위반에 대한 우호적인 정의가 법위반에 대한 비우호적인 정의를 초과하기 때문에 비행을 저지른다.
7. 차별교제의 양상은 빈도, 지속성, 우선성, 강도의 측면에서 다양하다.
8. 범죄적 또는 반범죄적 행위유형과의 접촉에 의한 범죄행위의 학습과정은 다른 일반적 학습과정의 모든 작용원리를 포함한다.
9. 범죄행위가 일반적인 욕구와 가치의 표현이기는 하지만 일반적인 욕구와 가치에 의해 설명되지는 않는다. 왜냐하면 비범죄적 행위도 그와 동일한 일반적인 욕구와 가치의 표출이기 때문이다.

» 자료의 출처: E. H. Sutherland and D. R. Cressey(1974), Criminology, Ninth Edition, pp. 75–76, Philadelphia, PA: J.B. Lippincott.

이 장의 후반부에 소개될 통제이론 역시 인간에게 통제가 가해지지 않을 경우 범죄나 비행에 관여할 것이라는 전제에 기초한다. 당신은 범죄를 설명함에 있어 어떤 관점이 가장 타당한 시작점이라고 생각하는가? 만약 외력에 의해 제지되지 않는다면 우리는 범죄를 범

### [하이라이트 8.1] 대중매체와 폭력

록음악의 가사가 폭력행위를 야기할까? 이 문제는 가정의 식탁에서부터 국회의사당에 이르기까지 곳곳에서 열띤 논쟁의 대상이다. 전직 부통령 앨 고어(Al Gore)의 아내 티퍼 고어(Tipper Gore)는 록음악의 가사가 청소년들에게 부정적인 영향을 미친다는 가정 하에 노래와 비디오에 대한 인증을 제도화하기 위한 로비활동을 하였다. 1993년 Ice-T의 '경찰 살해자(Cop Killer)'라는 랩 음악이 많은 지역에서 금지되었다. 비판하는 사람들이 주장한 바대로 그 음악이 청소년들로 하여금 경찰을 살해하는 분위기를 조장하였을까? 전국경찰장 협회장인 마틴(Dennis R. Martin)에 따르면, 1992년 144명의 미국 경찰관들이 공무집행 중 살해를 당했다. 과연 록음악 '경찰 살해자'가 이들의 죽음에 어떠한 기여를 하였을까? 마틴은 그 음악이 이들의 죽음과 관계되어 있다고 여기며 라스베이거스에서 4명의 청소년들로부터 부상을 당한 2명의 경찰관 관련사건에 대한 간략한 설명을 그에 대한 근거로 제시하였다. 이에 대하여 햄과 페렐(Mark Hamm and Jeff Ferrell)은 최소 150만 명의 사람들이 금지처분되기 전의 그 음악을 들었다고 고려해 볼 때 그 음악과 경찰관의 죽음 사이에 인과관계를 설정하는 것이 터무니없다고 논박하였다. 그들은 오히려 이러한 논쟁이 '의도적으로 랩 음악에 대하여 이기적인 도덕적 공황을 조장함으로써 랩 음악이 묘사하고 있는 사회문제에 대한 해결을 방해 한다'고 지적하였다.

그들은 또한 Ice-T가 '경찰 살해자'라는 주제를 음악에 도입한 첫 번째 음악가가 아니라고 설명하였다. 에릭 클렙튼(Eric Crapton)의 '나는 보안관을 쏘았다(I Shot the Sheriff)'는 음반은 훨씬 많이 판매 되었으면서도 어떠한 종류의 도덕적, 정치적 비난도 받지 않았다. 그들에 따르면 경찰을 향한 폭력을 묘사한 다른 많은 음악들 또한 대중의 비난을 받지 않았다.

≫ 자료의 출처: Mark S. Hamm and Jeff Ferrell(1994). "Rap, Cops, and Crime: Clarifying The 'Cop Killer' Controversy." ACJS Today, Vol. 13. No. 1 (May/June)

할 수밖에 없는가?, 아니면 우리는 범죄를 범하도록 학습되지 않는다면 범죄행위를 저지르지 않는 성향을 가지고 있는가? 각 범죄이론은 과학적으로는 해결할 수 없는 특정한 가정에 기초한다.

차별교제이론의 두 번째와 세 번째 원리는 범죄행위가 주로 가족이나 친구 같은 소중한 사람들과의 상호작용 속에서 학습된다고 구체적으로 설명하고 있다. 자녀양육에 있어서 부모의 영향을 강조하는 정책은 이러한 견해에 대한 광범위한 공감대를 보여주는 하나의 사례이다. 아이들이 그들의 부모로부터 언어, 식습관, 개인위생, 그 외 다수의 행동양식을 배우게 된다는 것은 너무도 당연한 사실이다. 차별교제이론은 일상에서의 학습과정을 범죄의 영역으로 확장시켰다. 청소년들의 교우관계가 확대 될수록 본래 부모님에 의해 형성되었던 행동양식은 친구들의 영향 하에 놓이게 되는데, 이러한 측면이 부모들로 하여금 자녀들이 사귀는 또래 친구들에 대한 염려와 관심을 갖도록 촉발시키곤 한다.

서덜랜드의 이론에 의하면 학습에 있어서 대중매체의 영향력은 미미하다. 그러나 차별교제이론이 등장한 이후에 대중매체의 특성이 크게 달라졌기 때문에 현대 이론가들은 이러한 견해에 의문을 제기한다. 예컨대, 텔레비전은 차별교제이론이 등장하기 전에는 보급되지 않았다. 이러한 상황적 변화를 고려해 볼 때 차별교제이론의 세 번째 원리에 대중매체의 영향을 포함시키는 것이 모순되는 것은 아니다. 하이라이트 8.1은 최근 많은 주목을 받고 있는 대중매체 문제에 대하여 자세히 설명하고 있다.

네 번째 원리에서는 범죄수행에 대한 기법을 학습하는 것이 범죄행위를 조장하는 동기, 욕구, 합리화, 태도 등의 사고방식을 학습하는 것보다 훨씬 덜 중요하다고 설명하고 있다. 특정한 형태의 사고방식이 범행을 수행하는데 필수적인 반면에 기법의 숙지는 행해지는 범죄의 유형 및 발각되지 않고 범행을 성공하는 것과 관계있다. 어떤 범죄는 상당히 복잡한 기법을 요한다. 화이트칼라범죄(Sutherland. 1949), 신용사기꾼(Maurer, 1947), 그리고 전문절도범(Sutheland. 1937) 등에 대한 연구는 이러한 범죄자들이 되기 위해 익혀야 할 상당히 복잡한 기술들을 보여주고 있다. 그러나 대부분의 범죄는 간단한 기법만으로 충분하거나 아예 기법을 요하지 않는다. 반면에 "불법적인 행위를 저지르기 위한 다소 일관된 갈망이나 지속적인 충동"을 일으키는 동기와 욕구를 학습하는 것은 범죄행위에 있어서 필수적이다(Tittle et al., 1986:414). 같은 맥락에서 범죄행위는 그 행위를 받아들일 수 있다고 결심하도록 하는 합리화와 태도를 학습함으로써 더욱 용이해진다. 예를 들어 사람들은 절도나 강간에 대한 구체적인 태도와 합리화를 배워왔기 때문에 절도나 강간범죄를 저지르지만 대체로 그러한 범죄를 위해 필요한 기법은 극히 중요하지 않다.

다섯 번째 원리인 법위반에 대한 우호적이거나 비우호적인 정의는 사람들의 가치체계와 사고방식을 결정하기 때문에 차별교제이론의 핵심적인 부분이다. 우리 모두는 누구와 교제하든 간에 여러 형태의 정의에 노출된다. 법위반에 대한 우호적인 정의가 법을 준수하는 사람들로부터 학습될 수 있는가하면, 법규를 옹호하는 가치가 유죄판결을 받은 범죄자로부터 학습될 수도 있다. 우리 모두는 어린 시절 우리의 부모 또는 보호자로부터 법위반에 대해 몇 가지 우호적인 정의를 전수받았다. 부모님들이 자동차 제한속도를 위반하는 것, 소득세 신고를 속이는 방식을 논의하는 것, 직장에서의 공적인 물건을 집으로 가져오는 것, 계산대에서 더 받은 거스름돈을 모른 척하고 돌려주지 않는 것 등을 목격한 경험이 있을 것이다. 이러한 행위에 동반되는 것이 바로 태도와 합리화이다. 즉 "도로에 차가 별로 없고 제한속도가 너무 낮아", "세금이 너무 높아", "직장에서 아무도 이 물건을 사용하지 않고 있어", "점원들이 거스름돈을 덜 준적이 많았어" 등의 태도와 합리화이다.

법규에 대한 비우호적인 정의는 법위반이 발생할 것을 요건으로 하지는 않는다. 심지어 좋은 목적으로 의도된 어떤 가치의 전달이 그러한 비우호적인 정의를 형성하기에 충분한 경우도 있다. 예컨대, 비록 그 의도가 가족에 대한 헌신을 목적으로 하였다 할지라도 평소에는 법을 준수하는 부모가 자식의 배고픔을 달래기 위해 남의 물건을 훔치는 행위는 괜찮다고 주장하는 것은 법위반에 대한 우호적인 정의를 심어주게 된다. 반면에 교도소에 수감되어 고생하는 부모를 방문하는 자식들은 타인의 물건을 훔치는 행위가 잘못되었다는 교훈을 얻을 수도 있을 것이다. 이런 상황에서 젊은이들은 법위반에 우호적이거나 비우호적인 정의를 모두 배우는 것이다.

차별교제이론의 여섯 번째 원리는 법위반에 대한 우호적인 정의가 비우호적인 정의를 초월하는 것이 차별교제이론의 원리를 형성하는 핵심이라는 것을 구체적으로 설명하고 있다(Sutherland & Cressey, 1974:75). 범죄에 대한 학습을 결정하는 것을 법위반에 우호적인 정의에 대한 법위반에 비우호적인 정의의 비율로 이해할 수 있다.

$$\frac{\text{법위반에 대한 우호적인 정의}}{\text{법위반에 대한 비우호적인 정의}}$$

한 개인이 그 비율의 균형을 깨고 비행행위를 하게 될 때 이러한 정의들은 사실상 무한히 발생하며 일생동안 지속될 수 있다.

서덜랜드가 범죄에 대해 우호적이거나 비우호적인 정의를 하나의 일반적인 비율로 통합시키고자 의도하였는지 혹은 범죄의 각 유형마다 구체적인 비율을 명시해 놓기를 원하였는지는 명확하지 않다(Tittle et al., 1986). 일반적이거나 구체적인 비율 양 측면의 해석 모두가 이론검증에 적용되어왔다. 일반적인 비율 측면에서의 해석이 보다 널리 사용되고 있지만 개인이 구체적인 범죄유형에 대해서만 학습할 수 있다는 근거도 있다. 예를 들자면, 어떤 한 대학생이 대마초를 피우는 행위에 대하여 우호적인 정의를 하는 교제에 노출되면서도 강도에 대해서는 우호적인 정의를 배우는 교제를 하지 않을 수 있다.

모든 교제가 똑같은 정도의 정의를 수반하는 것은 아니다. 차별교제이론은 빈도, 지속성, 우선성, 강도에 따라 정의의 정도가 다양할 수 있음을 제시하고 있다. 빈도는 얼마나 자주 그러한 정의에 노출되는가를 의미하고, 지속성은 각 노출이 어느 정도 지속되는지를 의미한다. 우선성은 특정 교제가 시작되는 시점을 의미한다. 어린 시절에 습득된 정의는 이후의 삶에서 획득한 정의 보다 더 큰 영향력을 가진다고 알려져 있다. 강도는 특정 교제에 대한 친밀감의 정도를 반영한다. 어린아이가 특정한 사람(예를 들자면 부모님)에게 친밀감을 더 느낄수록 그 사람이 제공하는 정의에 더 많은 영향을 받게 된다. 여섯 번째 원리에서 제시된 비율을 일곱 번째 원리와 관련지어 보았을 때, 공식에 이러한 요인들에 의한 가중치를 부여할 필요가 있다. 그렇지만 이러한 가중치 작업을 하는 것이 지극히 어려운 일이라는 사실을 인정하지 않을 수 없다(Sutherland & Cressey, 1974:76).

차별교제이론의 나머지 두 원리는 일반적인 학습원리와의 연관성을 보여주고 있다. 이 원리들은 범죄행위가 다른 행동양식들과 동일한 방법으로 학습되며, 범죄행위와 일반행위 등 두 유형의 행위는 서로 유사한 욕구와 가치의 산물이라는 것을 강조한다. 그러나 법을 준수하는 대부분의 사람들 또한 부를 추구하는 열망이 있기 때문에 절도범죄를 부의 축적에 대한 욕구 때문이라고 설명하는 것은 아무런 의미가 없다.

## ●● 차별교제이론에 대한 비판

차별교제이론에 대한 주요한 비판은 이론의 검증가능성, 인과관계의 틀, 그리고 설명의 범주에 집중되어 있다. 아마도 가장 중요한 비판점은 이 이론이 경험적 검증을 통해 입증할 수 없다는데 있을 것이다. 이 이론에 포함되어 있는 개념(예를 들자면 정의, 교제, 초월)은 애매모호하고 부정확하게 설명되어 있기에 각 연구자가 조작적 정의를 만들어 내어야 한다(Tittle et al., 1986). 그동안의 차별교제이론을 검증하기위한 목적으로 추진한 이론의 개념에 대한 조작적 정의와 연구결과에는 일관성이 없었음이 분명하다. 위에 언급했듯이 법위반에 대해 우호적인 정의와 비우호적인 정의의 비율을 측정하는 것 또한 실현불가능 하다(Tittle et al., 1986; Matsueda, 1988).

티틀과 그의 동료들(Charles Tittle and his colleagues, 1986)은 서덜랜드가 설정해 놓은 인과관계의 틀에 있어서의 결점을 비판하였다. 예를 들자면 차별교제이론은 타인과의 교제를 통해 얻어진 정의가 행동패턴으로 이어진다고 추정하였다. 다른 말로 설명 하자면, 어떤 교제를 통해서는 비행행위를 배우고 다른 교제를 통해서는 준법행위를 배운다고 가정하였다. 그러나 그 반대의 경우도 그럴듯하다. 어떤 이유에서든지 간에 사람들은 비행행위에 관여하게 되고 그에 따른 결과로 비행적 가치 및 비행행동을 배우는 교제를 추구하게 된다. 이러한 상황을 유유상종으로 이해할 수 있겠다. 또 다른 가능성은 교제와 행동은 서로 상호관계가 있다는 것이다. 즉 이 둘은 다른 하나에 동시다발적으로 영향을 미칠 수 있다. 인과관계는 또한 중간에 개입하는 변수의 영향으로 인해 복잡해질 수 있다. 예를 들자면 티틀과 그의 동료들(1986)은 범죄적 정의와의 과도한 차별교제가 범죄동기와 같은 중재요인을 통해서만 범죄행위로 이어진다는 것을 발견하였다.

차별교제이론은 모든 범죄행위를 설명하려는 시도를 통해 지나치게 광범위한 접근을 시도하였지만 결국 아무것도 설명하지 못했다는 비판을 받고 있다. 역설적이게도 어떤 비판가들은 이 이론이 많은 범죄적 질문에 대한 대답을 시도하지 않았다는 비판을 하기도 한다. 구체적으로 설명하자면, 어떤 범죄학자들은 차별교제이론이 왜 사람들이 그러한 교제를 하게 되는지를 설명하지 못한다는 의문을 제기한다. 그러나 이러한 비판은 개인의 범죄행위를 설명하도록 구성되었으면서도 범죄에 대한 거시적 설명과 밀접하게 연관되어있는 차별교제이론의 진화과정을 간과하고 있다. 서덜랜드는 시카고대학의 교수들로부터 사회구조적 특성이 규범적인 갈등을 야기하고 이것이 개인의 교제를 결정한다는 가르침을 받았다. 차별교제이론은 그러한 교제의 효과를 알아내고자 하는 것이다. 레이나르만과 패건(Craig Reinarman and Jeffery Fagan)은 "범죄는 법위반에 대해 우호적인 정의를 배우는 다른 사람과의 차별적 교제를 통해 야기되는 반면에 그러한 차별적 교제의 가능성을 여는 것은 차별적인 사회구조의 기능이다"라고 언급하며 서덜랜드의 관점을 요약하고 있다(1988:311).

## •• 차별교제이론의 검증

여러 가지 어려움에도 불구하고 많은 범죄학자들이 차별교제이론을 검증하기 위해 노력해왔다. 이들의 노력은 친구의 비행이 개인의 비행과 범죄행위를 설명하는 지금까지 확인된 가장 강력하고 일관적인 변수라는 사실을 발견하였다. 이러한 발견은 연령, 성별, 문화적 배경을 뛰어넘어 꽤 일관성을 보여 왔다. 또한 "친구" 변수가 비행친구들의 총합으로 측정되었는지, 아니면 친구들에 의해 보고된 비행의 비율 또는 합으로 측정되었는지에 따른 개인의 비행과의 관계도 연구되었다. 서덜랜드가 제안하고 많은 다른 이론가들이 강조한 핵심 개념은 바로 균형이다. 즉, 비행행위에의 노출수준이 높아질수록 그 행위에서 강조하는 가치를 학습하고 흡수할 위험성이 증가하게 된다.

친구에 의한 학습에 있어서의 균형의 개념은 최근에 맥글로인(Jean Marie McGloin, 2009)에 의해 확대되고 검증되었다. 그녀의 연구에서는 친구영향의 균형이 연구대상과 그 연구대상이 가장 친한 친구라고 인정하는 사람들 사이의 비행의 차이로 개념화 되었다. 비행영향을 활성화하는 것은 비행차이의 범위 또는 양 당사자 사이의 상대적 비행 불균형이라는 가설이 세워졌다. 서덜랜드의 본래 의도와 일관되게 사람들은 그들과 가장 친한 친구의 비행행위의 수준과 균형을 맞추려 할 것이라는 것이다. 중학교 1학년부터 고등학교 3학년까지의 1,170명의 학생들을 대상으로 일련의 그러한 명제들이 검증되었는데, 청소년들의 비행과 그들의 가장 친한 친구들의 비행 사이에 상호관계가 있다는 증거가 제시되었다. 구체적으로 설명하자면, 친구관계를 이루는 각 쌍의 대상자들은 시간이 지남에 따라 서로의 행동유형에 이끌려가는 경향이 있었다.

사회학습 이론가들은 스키너(B.F Skinner)의 조작적조건화이론의 원리를 포괄하도록 차별교제이론을 확대하고 수정하였다(e.g., Glaser, 1956; Jeffery, 1965; Adams, 1973; Akers, 1973). 글레이서(Daniel Glaser, 1956)의 "차별적 일체화"는 개인이 범죄행동 또는 준법행동의 성향을 갖도록 하는 가치를 체득하는 핵심적인 것으로 실제 또는 상상의 사람과의 정체성의 정도를 구체화한다고 설명하는 학습이론의 변형체이다. 이러한 변형은 대중매체에 의한 학습의 역할을 허용한다. 차별적 일체화에 따르면, 운동선수와 같은 대중적인 인물은 직접적으로 사적인 관계를 맺고 있는 사람보다 더 많은 영향력을 발휘할 수 있다. 예를 들자면, 영화 주인공 람보는 개인이 현실에서 직접 대면하는 사람들보다 더 많은 가치를 심어줄 수 있다.

티틀과 그의 동료들(Charles Tittle and his colleagues, 1986)은 여섯 가지 변인이 성인들에 의한 자기보고식 범죄행동 예측에 미치는 영향을 설명하는 차별교제이론의 인과모델을 검증하였다. 이 연구모델은 위에 언급된 상호관계와 중개변인을 포함하였다. 처벌에 대한 두려움 또한 이 연구모델에 포함되었는데, 구체적으로 "경험효과"(제5장 참고)로 인해 범죄에 우호적인 정의를 제공하는 사람들과의 교제가 처벌의 확실성과 엄중성이 상대적으로 낮다고 가르침으로써 처벌에 대한 두려움을 감소시킬 수 있다는 가설을 검증하였다. 비록 연구모델의 이러한 측면이 분석결과를 통해 지지되지는 못했지만 이 연구모델은 제10장에서 다루게 될 이론통합의 가능성을 조심스럽게 시사하고 있다. 전반적으로 티틀과 그의 동료들은 "우리의 분석은 범죄에 우호적인 정의와의 차별적 교제가 범죄행위를 설명하는 핵심요인이라는 서덜랜드의 논점을 지지한다"(1986;425)고 결론지었다.

## 에이커스(Ronald Akers)-사회학습이론

에이커스(Ronald Akers, 1985)는 조작적(자발적 대응) 및 반응적(비자발적 대응) 조건화의 요소를 가미함으로써 서덜랜드의 차별교제이론을 확대하였다. 서덜랜드의 여섯 번째 명제에서 시사되는 바와 같이 에이커스는 순응적·범죄적 행위 및 정의에 노출된 결과로 학습의 범위를 공식적으로 규정하였다. 에이커스는 범죄행위는 규범적 행위와 크게 다르지 않으며 양 행위 모두 그의 학습이론으로 설명될 수 있다고 가정하였다. 이에 따라 에이커스는 행위를 형성하는데 관여하는 네 가지 핵심요소를 제시하였다.

- 차별교제
- 정의
- 차별강화
- 모방

차별교제는 서덜랜드에 의해 구체화된 이론절차를 의미하며 사회적 상호작용을 통해 법에 대해 우호적이거나 비우호적인 정의를 학습하는 것을 포함하는 개념이다. 정의는 개인 스스로의 태도와 관계되는 것으로 성향, 합리화, 상황에 대한 정의, 옳고 그름에 대한 평가적 측면을 포함한다. 이러한 정의는 일반적 신념(종교, 다른 도덕적 가치, 그리고 비순응적 행위를 싫어하는 규범 등)과 구체적 신념(그 개인으로 하여금 특정 행동을 하도록 만드는 정의)을 모두 포함한다. 예를 들자면, 어떤 사람이 법질서에 대한 일반적 타당성을 믿으면서도 피해자 없는 범죄를 제재하는 규제에 동의하지 않을 수 있다. 이 사람은 대마초를 피우는 행위가 불법이라고 생각하면서도 그것이 피해자가 없으며 개인의 선택이라는 측면에서 용인될 수 있다고 정당화할 수 있다.

차별강화는 구체적 행위에 대한 실질적인 결과 또는 예측되는 결과로 구성된다. 구체적 행위에 대한 보상 또는 다른 긍정적인 결과는 그 행위에 대한 열망을 강화시키는 반면 처벌은 억제의 효과를 주게 될 것이다. 직접적인 보상에 추가하여 에이커스는 '실제의, 기대의, 유형의, 무형의 보상을 아우르는 모든 보상 (사회적 보상은 매우 상징적인 의미일 수 있음) 및 이념적, 종교적, 정치적, 또는 다른 어떤 목적을 충족시키는 보상' 등의 개념을 포함시켰다(Akers, 1994:99).

모방행위는 학습과정과 독립적으로 발생할 수 있다. 어떤 상황에서의 존경하는 역할모델의 행위에 대한 관찰 그리고 그 행위의 결과에 대한 관찰은 모방행위를 야기할 수 있다. 그러나 이러한 가능성은 지속적인 행동패턴을 설명하는데 있어서 보다는 처음행위 또는 탐구적 행위에서 더욱 확연히 나타난다.

에이커스는 이러한 요소들이 복잡한 학습과정의 일부분이며 범죄행위는 차별적으로 강화되고 바람직한 것으로 정의될 때에 예측될 수 있다고 설명하였다. 이러한 사회학습과정은 다음과 같이 요약된다.

> 학습된 정의와 범죄 또는 비행 모델에 대한 모방의 정도와 강화의 예측된 정도가 초기의 비행행위를 초래한다. 맨 처음 범행을 시작했을 때 보다는 중요성이 덜 하더라도 이러한 변인들의 범행 촉진효과는 범행반복에 있어서도 계속된다. 범행이 시작된 후에도 실제로 사회적, 비사회적 강화요인과 처벌요인은 그 행위의 반복여부 및 수준과 빈도에 영향을 미치게 된다. 행위 그 자체 뿐 아니라 행위에 대한 정의 또한 초기행위의 결과가 어떠한가에 따라 영향을 받는다. 기회가 제공되는 상황에서 비행이 저질러질 것인가 그렇지 않을 것인가는 개인의 학습의 내력과 그러한 상황에서의 행동에 대한 일련의 강화여부에 달려있다(Akers, 1994:99).

우리는 에이커스의 사회학습이론이 합리적선택이론(제5장 참고)의 여러 특성뿐만 아니라 서덜랜드의 차별교제이론의 측면을 포함하고 있다는 것을 알 수 있다. 사실상 에이커스는 합리적선택이론이 사회학습이론의 변형에 지나지 않으며 새로울 것이 없다고 주장한바 있다(Akers, 1990).

### *사회학습이론의 검증*

사회학습이론에는 두 가지 주요 비판이 있다; (1) 강화관련 명제는 동어반복이며, (2) 친구관계와 비행에 대한 시간적 연계관계가 구체적으로 설명되지 않았다. 이러한 비판에 따르면, 행동이 강화될 때 강화가 발생한다. 이는 정의 상 맞는 말이지만 만일 행동이 강화되지 않는다면 강화자체가 발생하지 않기 때문에 틀렸음을 입증할 수가 없다. 에이커스는 "만약 비행에 대한 긍정적 사회승인이나 다른 보상이 비행을 증가시키기보다는 감소시키는 경우가 더 많다는 것이 일반적인 사실이라면 사회학습이론이 틀렸음을 입증할 수 있다"(Akers, 1990:103)라는 이유로 사회학습이론의 명제가 동어반복이 아니라며 위의 비판을 논박하였다.

시간적 순서에 대한 비판과 관련하여 에이커스는 사회학습이론이 비행친구와의 교제와 비행과의 사이에 상호성을 전제하고 있다고 지적한다. 어떤 경우에 있어서는 개인의 비행행위가 비행친구와의 교제 보다 선행될 수 있는 반면에 다른 경우에는 이러한 교제가 비행보다 선행될 수 있다. 에이커스는 대부분의 사례에서 비행이 비행친구와의 교제를 선행하는 것으로 드러나는 경우에만 시간적 순서에 대한 비판이 의미 있을 것이라고 주장하였다.

현재까지의 연구결과는 시간적 순서에 대한 사회학습이론의 가설을 지지해왔다. 첫째, 비행친구 또는 비행을 용인하는 친구와의 교제가 발생한다. 둘째, 불법적인 행위에 대해 우호적인 정의가 학습된다. 그 다음 개인의 비순응적인 행위가 타인에 의해 긍정적으로 강화되고, 마지막으로 개인은 학습된 행위에 따라 행동하게 된다(Krohn et al., 1985; Sellers & Winfree, 1990; Winfree et al., 1993; 1994; Menard & Elliott, 1994; Akers & Lee, 1996). 사회학습이론 전반에 대한 연구는 일관성 있게  이론의 명제를 지지하였고, 같은 데이터자료를 활용하여 대립되는 이론모델을 검증할 때에도 사회학습이론이 가장 많은 경험적 지지를 받았다(Akers & Cochran, 1985; Deschenes & Esbensen, 1999; Elliott et al., 1985; Enbensen  & Deschenes, 1998; Matsueda & Heimer, 1987).

사회학습이론은 청소년들의 대마초사용과 절도(Bauer, 2009), 파트너 폭력(Sellers et al., 2005)에 대한 설명을 매우 의미 있게 설명하고 있으며, 가정폭력의 세대 간 특성을 매우 면밀히 반영하고 있다. 최근에 사회학습이론은 또한 경찰관들의 일탈행동을 설명하는 데에도 적용되고 있다(Chappell & Piquero, 2004). 요약 하자면, 사회학습이론과 학습관련 기타의 이론적 틀은 행위에 대한 광범위한 설명에 있어 매우 성공적으로 적용되어왔다.

## •• 문화갈등과 범죄

문화갈등이론은 학습이론의 개념과 밀접한 관계가 있다. 이론의 초점은 문화의 규범적 내용과 집단 내 구성원들의 학습과정에 있다. 규범은 다른 문화적 특성과 같은 방식으로 전해져 내려오는 것으로 이해된다. 한 하위문화에서의 가치에 뿌리를 두고 있는 행동양식이 주류사회의 행동양식과 갈등을 빚을 때 문제가 발생한다. 이러한 가치의 충돌과 그 가치에 의해 동기화된 행동들은 범죄나 일탈행위를 야기하는데, 이러한 관계가 문화갈등 혹은 문화비행이라고 불리는 범죄의 원인에 대한 관점을 설명한다.

문화갈등의 기본적 구조가 학습과정에 입각하고 있기 때문에 우리는 이번 장에 이 이론을 포함시켰다. 그러나 문화갈등은 범주화하기 매우 어려운 이론이다. 문화갈등이론은 범죄가 하위문화적 배경에서 학습되는 것에 초점을 맞추어 주로 범죄를 하위계층의 문제로 묘사하고 있다. 아래에서 논의되는 문화갈등의 세 가지 변형(울프강과 페레쿠티의 "폭력의 하위문화," 앤더슨의 "길거리 법칙," 밀러의 "중점관심")은 법 위반을 오로지 하위계층에서 발생하는 현상으로 묘사하는 반면에, 그 네 번째(셀린의 문화갈등)는 사회계층을 문화갈등과 범죄의 주요한 근원으로 제시하고 있다. 사회과정이론이 통상적으로 미시적인 차원에 한정되어 있는 상황에서 이러한 관점은 거시이론적 개념화와 분석에 적합하다. 차별교제이론과 마찬가지로 문화갈등이론의 근원 역시 시카고학파의 생태학적 연구결과와 관련되어 있다. 다른 민족적 배경을 가진 이민자들이 지역사회에 새로이 유입됨에도 불구하고 범죄와 비행은 빈곤하고 사회적으로 해체되어있는 그 지역사회에서 지속적으로 발생한다는 쇼와 맥케이의 연구결과는 하위문화를 법위반행위의 원인으로 제시하였다. 생태학적 관점과 문화갈등의 관점은 사회구조와 사회과정 모두를 아우르는 특성을 보여주고 있으므로 이러한 이론들은 교량이론(bridging theory)으로 잘 개념화될 수 있다(Williams & McShane, 1998).

갱의 모습

### 유유상종?

비교적 최근의 두 연구는 갱 비행을 설명하는데 있어서 사회학습이론의 효과성을 검증하였다. 로체스터 청소년발달 설문조사 연구를 시행한 쏜베리와 그의 동료들(Thornberry and his colleagues)은 갱활동에 대한 사회적 촉진과 선택이라는 두 가지 대립되는 모델을 검증하였다. 우리가 사회학습이라고 부르는 사회촉진모델에 따르면 갱단원들은 일반청소년들과 별반 다른 점이 없지만 "갱의 규범적 구조와 집단화 과정이 높은 비율의 비행과 약물사용을 초래하는 듯하다"고 밝혔다(Thornberry et al., 1993:58). 사회선택모델은 사회통제이론에서 도출 되었으며 갱단원들은 일반청소년들과 본질적으로 다르다고 제안한다. 이 모델은 "갱들은 이미 비행에 빠져있거나 적어도 비행성향이 농후한 청소년들을 구성원으로 선발한다고 가정한다"(Thornberry et al., 1993:57). 그들은 또한 "향상" 모델이 갱 행동을 더 잘 설명할 수 있을지도 모른다는 의문을 제기했다. 향상모델은 갱단원들이 비행청소년으로부터 선발되지만 갱의 환경이 그들의 비행을 더욱 악화시킨다고 주장한다. 쏜베리와 그의 동료들은 종적자료를 사용하여 갱에 소속되었는지 여부를 통제한 상태에서 인생의 여러 시간대에 걸친 비행률을 비교하였다. 그들은 일시적인 갱단원(갱단원으로 1년 정도 소속되어 있었고 따라서 갱활동에 전념하는 정도가 낮은 것으로 예측되는 자)에 대한 분석결과가 사회촉진모델과 가장 일치하고 고정적인 갱단원(갱단원으로 최소 2년 정도 소속되어 있었고 갱활동에 전념하는 정도가 더 높은 자)에 대한 분석결과는 향상모델에 약간 더 가까운 것을 발견하였다. 그러나 그들에게서 조차도 활동적인 갱단원으로 있던 시기에 비행참여가 가장 높았다. 어떠한 분석결과도 순수한 선택모델과는 일치하지 않았다(Thornberry et al., 1993:70-71).

다른 접근전략을 활용하여 윈프리와 그의 동료들(Winfree and his colleagues)은 197명의 중학교 3

학년 학생들을 설문조사하였다. 에이커스의 사회학습이론에서 도출된 여러 질문들이 학생들에게 제시되었다. 예를 들자면, 차별교제를 측정하기 위하여 갱활동에 참여하고 있는 가장 친한 친구들의 비율을 산출하였다. 차별강화의 개념을 측정하기 위하여 갱단원과 관련된 좋은 점과 안좋은 점을 연구대상자들에게 질문하였다. 그들은 분석을 위하여 설문지의 질문에 대한 반응을 기준으로 응답자들을 분류하였다. 그들은 "갱단원들이 인종적배경, 성별, 거주지를 포함하는 개인의 자체적 특성보다는 사회학습에서 도출된 변인들의 관점에서 일반청소년들과 뚜렷한 차이를 보이는 것을 발견하였다"(Winfree et al., 1994:167).

이 두 연구는 자기보고식 방법론에 입각하였고 학교를 기반으로 연구표집을 고려하였다. 로체스터의 연구가 종적연구인 반면에 뉴 멕시코 연구는 횡적연구였다. 서로 달리 측정도구들이 사용되었고 다른 분석방법이 활용되었다. 그러나 이러한 차이점에도 불구하고 두 연구의 저자들은 청소년의 갱활동을 설명하는데 있어서 사회학습이론의 효과성에 대한 일반적인 지지라는 유사한 결과를 보고하였다.

이전 장에서 논의했던 긴장이론과 마찬가지로 문화갈등이론은 범죄와 비행의 원인을 하위문화의 특성에서 찾는다. 그러나 이들 두 이론의 인과관계구조에 대한 설명은 무척 다르다. 긴장이론이 비행의 원인을 우세한 중산층의 문화를 통해 지득하는 목표도달에 실패함으로써 경험하는 하위계층 사람들의 좌절의 산물로 파악하는 반면에 문화갈등이론은 우세한 중산층의 문화에 반하여 운용되는 하위문화의 기준에 순응하는 것을 비행으로 파악한다. 법위반행위는 하위문화의 사회규범의 한 부분으로 학습되기 때문에 병리적인 것이라기보다는 오히려 정상적인 것으로 이해된다.

최근 문화갈등이론에 대한 인기는 감소하고 있다. 이러한 인기감소에는 여러 가지 이유가 있는데 밀러와 그의 동료들(J. Mitchell Miller and his colleagues, 1997)은 이념을 가장 주요한 원인으로 들고 있다. 처음으로 문화갈등이론에 타격을 가한 것은 1970년대 갈등을 배경으로 한 이론의 등장이다(제9장 참고). 이러한 관점은 범죄문제를 국가와 지배 엘리트의 문제로 이해하였는데 이것은 하위문화를 문제의 근원으로 여기는 것과 지극히 대조된다. 또한 최근의 "정치적 개선"에 대한 요구는 하위문화의 차이를 범죄의 원인으로 돌리는 것이 하위문화가 열등하다고 낙인찍고, 사회환경으로부터 다른 곳으로 관심을 유도하며, 아마도 인종차별주의를 반영하는 것이라고 공격하고 있다.

## 셀린(Thorsten Sellin)의 행동규범 갈등

셀린(Thorsten Sellin, 1987-1994)은 시카고학파와 서덜랜드의 주장으로부터 아이디어를 도출하여 범죄와 비행을 설명함에 있어서 처음으로 문화갈등을 강조하였다. 셀린(1938:62)은 쇼의 생태학적 연구가 "법규범과 상충하는 사회적 태도를 야기하는 지역사회의 특성"을 발견했다고 언급하였다. 그는 또한 서덜랜드의 차별교제이론의 개념들이 문화갈등이론에 대한 사회학적 이론 틀을 제공했다고 주장하였다. 서덜랜드는 사회과학연구위원회 하위부서인 비행위원회에서 일한 적이 있다. 그 위원회의 후원으로 셀린의 문화갈등이론에 대한 주요한 내용이 1983년 "문화적 갈등과 범죄"라는 단행본으로 출판되었다.

셀린은 스웨덴에서 태어났고 17세에 그의 가족들과 함께 북아메리카로 이민을 갔다. 그는 펜실베니아대학에서 사회학 박사학위를 받았으며 그 곳에서 1921년부터 1968년까지 학생들을 가르쳤다(Laub, 1983). 그는 그의 연구 동료였던 울프강(Marvin Wolfgang)을 비롯하여 여러 유명한 범죄학자들의 멘토 역할을 하였다. 셀린은 문화갈등이론에서의 중요한 기여 외에도 범죄통계와 사형제도를 포함한 여러 폭넓은 분야에 이바지 하였다. 1979년 면담에서 셀린은 자신이 범죄를 설명하기 위한 하나의 이론으로 문화갈등을 제시한 것이 아니라 "범죄에 대한 새로운 관점과 영감을 범죄학분야에 제공하기 위한 시도"였다고 언급하였다(Laub, 1983:174). 셀린이 이러한 목적을 갖게 된 이유는 범죄학의 과학적 위상의 발달에 대한 관심 때문이었다. 그의 연구는 범죄학이 범죄의 법률적 정의에서 벗어나 규범적 정의 쪽으로 나아가는데 도움을 주었다(제1장 참고). 셀린은 범죄에 대한 법적 정의가 사회과학이 요구하는 인간행동의 규범을 발달시키는데 부적절하다고 언급하면서, 범죄학의 과제가 행동규범 위반을 설명하기 위한 것이라고 주장하였다. 그의 이론에서 해결하기 어려운 하나의 딜레마는 많은 하위문화적 규범에의 순응이 주류문화의 규범에 반할 수 있어서 하위문화의 구성원들이 어떻게 행동하든지 사회집단의 규범을 위반하게 되는 모순을 야기할 수 있다는 것이다. 셀린의 문화갈등에 대한 개념은 범죄학에 행위규범과 범죄의 상대성을 일깨워주었다. 즉, 범죄는 법규범이 아니라 하위문화에서 학습된 행위규범의 측면에서 설명될 수 있다.

셀린은 시대상황을 고려하여 종종 미국인들의 이민에 관심을 기울였다. 예를 들자면, 셀린은 "뉴저지에 사는 시칠리아인 아버지가 자신의 딸을 유혹한 16세의 남성을 살해하고, 단지 전통적인 방식으로 가족의 명예를 지켰을 뿐인데 체포되었다며 놀라움을 표현하는 사건"(1938:68)을 인용한 적이 있다. 이것은 다른 문화체계로부터의 규범충돌인 1차적 문화갈등을 보여주는 사례이다. 셀린의 연구는 또한 다문화 사회에서 하위문화의 형성과 발전을 통해 발생하는 이차적 문화갈등을 설명하였다. 이러한 형태의 행동규범의 갈등이 도시 빈민가의 청소년 갱, 마약을 추구하는 하위문화, 무법의 오토바이 폭주족(Quinn & Koch, 2003 참고), 인종차별주의자 단체(Pridemore & Freilich, 2006 참고) 등과 같은 집단에 의한 법위반의 전형을 보여주고 있는 현대 미국사회의 특징이다.

## 울프강(Marvin Wolfgang)과 페레쿠티(Franco Ferracuti)-폭력의 하위문화

셀린의 제자격인 울프강(Marvin Wolfgang)은 이탈리아 범죄학자 페레쿠티(Franco Ferracuti)와 공동으로 '폭력의 하위문화'이론을 통해 문화갈등이론의 범위를 확대하였다(Wolfgang & Ferracuti, 1967). 폭력의 하위문화이론은 모든 폭력행위를 설명하고자 의도한 것이 아니라 우발적으로 또는 흔히 격정의 고조라는 것을 통해 발생하는 폭행과 살인에 대해서만 설명하고자 하였다. 대부분의 폭력은 계획적이거나 정신병적인 원인에 의해 발생하기보다는 이러한 다양한 형태로 발생한다. 우발적 폭력은 하위계층의 배경을 가진 늦은 청소년기부터 이른 중년기의 남자들 사이에서 특히 두드러진다.

울프강과 페레쿠티의 연구는 범죄에 대한 이론적 설명을 하나의 틀로 통합하려는 노력의 초기모습을 보여준다. 울프강은 문화갈등이론, 생태학적 연구, 다양한 학습이론으로부터의 이론적 사유를 통해 북아메리카 범죄학의 사회학적 관점의 특성을 연구에 반영하였다. 반면에 페레쿠티는 유럽범죄학의 두드러진 특징이던 의학적, 생물학적 패러다임을 울프강과의 공동연구에 도입하였다. 그들의 이론은 또한 심리학적 변인을 사회요인들과 결합하여 사용하였는데 이것은 사회과정이론의 특징이다.

폭력의 하위문화이론은 폭력의 하위문화가 "모체가 되는 문화와 아주 근소한 차이를 보일 뿐이며 완전히 다를 수는 없다"고 주장 한다(Wolfgang & Ferracuti, 1947:100). 하위문화가 "압도적인 형태로 표출되는" 폭력을 요건으로 할 필요는 없으나 "강한 폭력성"은 하위문화를 주류문화로부터 구별시키는 특징이다. 어떠한 사회상황에서 "폭력적이고 물리적 공격대응이 기대되거나 요구될 때" 폭력의 하위문화가 존재한다(1967:195). 하위문화의 구성원들은 그들의 "명예"를 고수하기 위해 폭력에 의지할 수밖에 없다. 예를 들자면, 남자다움, 즉 남자의 육체적 기량과 성적능력에 대한 공격은 폭력적인 보복을 필요로 한다. 폭력의 하위문화이론 형성에 영향을 끼친 중요한 내용은 "살인범죄 패턴"의 마지막 장에 반영되어있는 울프강의 초기의 살인연구에서 찾아 볼 수 있다(1958/1975:329).

> 우리의 연구결과는 개인의 폭력을 잘못되었다거나 반사회적인 것이라고 정의하기 보다는 즉각적인 물리적 공격이 사회적으로 용인되며 어떠한 자극에 당연하게 기대되는 반응으로 여겨지는 하위문화가 존재한다는 것을 보여주고 있다. 사회규범에 대한 갈등과 모순은 매우 분명하며 개인이 차별적으로 교제하고 동질감을 갖는 준거집단의 가치체계는 특정 사회상황에서 폭력적 행동이 필요하고, 기대되고, 바람직한지를 결정하게 된다. 모욕과 언쟁은 주류문화 규범에 의해서는 사소하고 하찮은 것으로 간주되지만 하위문화의 전통에서는 물리적 공격을 가해야하는 신호로 간주된다. 문화갈등이 존재하는 것이다.

울프강과 페레쿠티는 사회구조 또는 다른 요인이 하위문화 출현의 원인이 될 수 있다는 점을 인정하면서도 하위문화의 지속성은 학습과정을 통해 이루어진다고 설명하였다. 학습은 폭력행위에 대한 긍정적 강화에 의해서 촉진될 뿐만 아니라 특정한 자극에 대하여 폭력적인 대응을 하지 못하는 것에 대해 가해지는 부정적인 제재에 의해서도 촉진된다. 폭력의 하위문화에 속해있는 하위계층의 남성들은 모욕에 주저 없이 멋진 폭력으로 대응하는 경우에 명예를 얻게 되고 갈등에 대한 해결책으로 비폭력적인 수단을 사용하면 경멸이나 외면을 당하게 된다. 하위문화의 구성원들은 폭력이 상호간의 갈등을 해결하기 위한 정상적인 방법이라고 배우기 때문에 죄책감이 없다. 그러므로 주류문화의 사회통제전략은 학습된 가치와 하위문화 규범에 의해 회피되는 것이다. 이것은 하위문화 가치로 인해 야기된 우발적인 폭력행위는 하위문화의 와해를 통해서만 또는 그렇게 했을 경우에 가장 잘 억제될 수 있다는 점을 시사한다. 저소득층 가정을 넓은 지역에 분산시키고자하는 도시재정비 정책은 부분적으로 이러한 목적으로 추진되고 있다.

볼로키치(Sandra J. Ball-Rockeach, 1973)는 폭력의 하위문화이론을 가장초기에 경험적으로 검증한 학자에 해당한다. 그녀는 울프강과 페레쿠티가 설명한 "남자다움"에 대한 가치와 자기보고식 대인폭력 사이에 관계가 거의 없다는 것을 발견하였으며, "그러한 가치가 대인폭력을 결정하는 역할을 거의 또는 전혀 하지 못한다"는 결론을 내렸다(1973:742-743). 폭력의 하위문화이론에 대한 경험적 지지가 부족한 것에 주목하여, 버나드(Thomas Bernard, 1990)는 최근에 폭력의 하위문화에 근거를 두지 않는 다양한 영향요인을 검증하였다. 그는 "분노적 공격"이 도시환경의 사회적으로 낙후된 사람들 사이에서 인종차별과 낮은 사회적 지위의 결과로 발생한다는 선행연구의 결과를 수용하였다. 달리 말해 울프강과 페레쿠티가 설명한 폭력의 하위문화의 배경은 그 환경의 독특한 가치체계 보다는 사회적 구조로 인한 것일 수 있다.

## 앤더슨(Elijah Anderson)의 길거리 법칙



낙후된 지역에 거주하는 젊은 흑인남성들 사이에 불균형적으로 많이 발생하는 폭력을 설명하기위한 더욱 최근의 설명은 앤더슨(Elijah Anderson)에 의하여 제기되었다(1999). 그가 설명한 길거리 법칙은 울프강과 페레쿠티가 묘사했던 "명예"라는 개념과 매우 비슷해 보인다. 앤더슨이 설명하는 바와 같이, 길거리 법칙을 따르는 개인은 무시당할 경우 폭력적인 대결에 그들의 목숨을 내걸어야 한다고 느낀다. 폭력의 하위문화와 유사하게 길거리 법칙은 거친 면모를 보이고, 폭력적인 허세를 부리고, 폭력에 기꺼이 의지할 것을 사회구성원들에게 요구한다. 이 법칙에 따르는 것은 달리 성공할 방법이 없는 젊은 남성이 자존감을 지키며 살아가는 유일한 방식이다. 반면에 그러한 태도와 허세는 폭력의 순환고리를 형성한다. 총기 또는 칼을 휴대하고 다니는 젊은이들은 그들이 마주치는 이들과 마찬가지로 폭력에 맞설 준비가 되어 있는 것이다.

앤드슨의 길거리 법칙은 선행했던 폭력의 하위문화이론 및 여타 문화갈등이론들과 달리 폭력적 하위문화 내용의 원인을 밝히고자 한다. 앤더슨은 길거리 법칙이 빈곤, 차별, 가족붕괴, 기타 구조적 문제에 대한 반응으로 전개된다고 추론하며 사회구조이론과의 연결성을 제시한다. 즉, 사회구조적 상대적 결핍은 대안적 가치로써 길거리법칙을 채택하게 하고 결국 이것이 높은 수준의 폭력을 야기한다. 다른 말로 설명하자면, 이 이론은 동네구조와 개인수준이라는 두 가지 수준에서 작용한다. 최근의 한 연구는(Stewart & Simons, 2010) 두 수준 간의 관계에 대한 증거를 제시한다. 가난하고 해체된 동네에서 청소년들은 길거리 가치를 받아들인다. 성실한 청소년들조차도 지위와 상대적인 안전을 획득하기 위해서 길거리 법칙의 생활이미지에 맞춰 살아가야 한다고 전전긍긍한다.

앤더슨의 길거리 법칙은 최근에 드러몬드와 그녀의 동료들(Drummond and her colleagues, 2011)이 알라바마 주 모바일에서 흑인청소년들을 대상으로 한 연구에 의해서 검증되고 확장되었다. 그들의 연구결과는 문화갈등의 인과적 결합이 매우 복잡하다는 것을 보여준다. 그들은 길거리 법칙에 따르는 것이 폭력행위와 연관된다는 이론적 명제를 지지하는 것을 확인하였으며 "절망(앤더슨의 본래 이론에서 주장된 개념)"에 대한 측정도구를 분석에 포함시켰을 때 그러한 감정이 청소년들로 하여금 길거리 법칙을 따르는 위험을 감수하도록 한다는 것을 발견하였다. 그들은 또한 부모 감독의 결핍과 지역사회 주인의식의 결여가 절망적인 감정을 일으키는 핵심요소라는 것을 발견하였다. 이러한 과정은 아래 그림에 표현한 바와 같다. 드러몬드와 그 동료들(2011: 214)은 "이러한 매개적 모형의 복잡성이 우리 연구의 가장 중요한 기여이기도 하다"고 결론으로 언급하였다.

[그림 8.3] 길거리 법칙과 폭력 간 매개모형

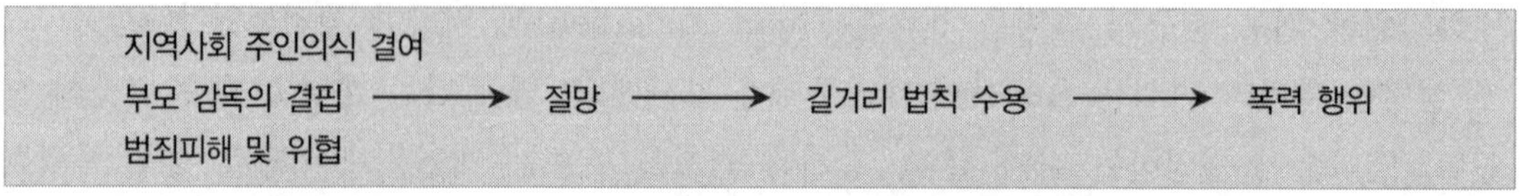


다른 많은 현대적 이론과 마찬가지로 길거리 법칙의 특별한 강점은 사회구조와 문화갈등 전통 사이를 매개한다는데 있다. 길거리 법칙의 문화적 구성요소에 내재되어 있는 가치는 밀러(Walter Miller)의 초기 문화갈등이론과 상당한 유사성을 보인다.

## 밀러(Walter Miller)의 하위계층 중점관심

밀러(Walter Miller, 1958)의 하위계층 문화의 특성에 대한 관심 또한 주류문화의 규범과 충돌하는 독특한 규범적 구조를 비행의 원인으로 간주한다. 문화갈등의 전통에 해당하는 다른 이론들과 마찬가지로 밀러의 이론은 학습이론과 생태학적 자료에 근거를 두고 있다. 하위계층의 환경에서 학습된 규범이 주류 중산층의 문화규범과 다른 정도가 문화갈등을 위한 여건을 조성하는 것이다.

문화인류학자 밀러는 하위계층의 남성 갱단원을 그들의 자연적 거주지에서 관찰하기위하여 문화기술적 연구전략을 활용하였다. 밀러는 일곱 명의 사회복지사들을 지도하며 보스톤 근처 메사추세츠 주의 록스베리 지역에서 비행에 빠져있는 갱단원들과 3년의 시간을 보냈다.

현장관찰을 통해 밀러는 하위계층 구성원들이 미국사회의 주류와는 구별되는 일련의 중점관심을 보이고 있다고 결론 내렸다. 중점관심은 가치와 유사하면서도 대상자의 행동을 통해 직접 관찰할 수 있다는 것과 논란의 여지가 있기는 하지만 기술적으로 더 중립적이라는 과학적인 이점을 갖고 있다. 밀러에 의해 제시된 여섯 가지의 중점관심은 [그림 8.4]에 요약되어 있다.

[그림 8.4] 밀러(Walter Miller)의 하위계층 중점관심

| 관점 | 정의 |
|---|---|
| **골칫거리** | 주류문화 공식사회통제요원의 개입에 의한 간섭 |
| **강인함** | 남자다움에 대한 왜곡된 이미지 |
| **영악함** | 하위계층의 환경과 관련한 어휘소통을 다루는 기술과 능력 |
| **자극성** | 주류문화의 규범을 위반하더라도 감정을 흥분시키는 오락을 통해 하위계층의 단조로운 일상을 탈출하는 것 |
| **운** | 인생을 좌우하는 어떤 힘을 조정할 수 없다는 믿음 |
| **자유분방** | 통제에 대한 공공연한 분개 속에서 외부통제로부터의 자유를 열망하면서도 통제를 은밀히 추구하는 양면성 |

≫ 자료의 출처: W.B. Miller(1958), "Lower-Class Culture as a Generating Milleu of Gang Delinquency." *Journal of Social Issues*, 14, 3:5-19.

## •• 골칫거리 (Trouble)

밀러는 하위계층의 구성원들이 주류문화의 사람들에 의한 바람직하지 않는 개입으로 귀결될 골칫거리를 만드는 행동의 가능성에 대해 고민하고 있다고 결론 내렸다. "골칫거리를 만드는 것"에 대한 이러한 염려는 중산층 문화규범과의 동일성을 반영하는 것이 아니라 그러한 규범으로부터의 일탈이 초래할 인생의 잠재적 어려움에 대한 두려움을 반영한다. 예를 들자면, 무단결석은 교직원 또는 복지담당자의 위협적인 조사로 이어질 수 있다. 조사과정에 동거사실이 사회복지사에게 발견되면 복지수당의 지급금지로 이어질 수 있다. 그러나 골칫거리의 핵심은 과음, 싸움, 또는 다른 불법적 행동에 대한 대가로 인해 체포, 벌금, 법정출두, 징역형, 그리고 여타 유형의 비슷한 불편함을 초래할 가능성에 있다. 그들의 행위는 하위문화의 기대에 순응하는 것일 수 있지만 그러한 골칫거리는 바람직하지 않은 결과로 연결된다. 법위반적 행위에 주기적으로 관여하는 하위계층의 남성의 경우 "멋있는 남자" 또는 "믿을 만한 남자"로 추앙받을 수 있는 반면에 "항상 골칫거리를 만드는 사람"으로 매도되기도 한다. 사람들은 하위문화의 기준이 요구하는 대로 행동할지 아니면 골칫거리를 회피할지를 결정해야 한다. 밀러는 골칫거리의 가능성이 하위계층에서 함께할 사람을 선택하는데 있어서 부정적 기준으로 작용하는데 이것은 중산층에서 성공과 성취가 파트너를 선택하는데 있어서 당연한 우선권이 되는 것과 대조된다고 언급하였다. 골칫거리는 하위계층 문화의 양면성을 보여주고 있는 것이다.

## •• 강인함 (Toughness)

밀러는 하위계층 중점관심의 강인함이라는 측면이 하위계층 환경에서 일반적인 여성중심 가정에 대한 반발이라고 제안하였다. 남성 역할모델이 결핍된 하위계층의 소년들은 강인함을 왜곡시키는 행동유형을 발전시킨다. 상위계층의 지적이고 문화적인 관점은 철저히 무시되고 위협에 직면하였을 때 힘, 신체적 기술 및 기량, 용감성이 강조된다. 신분이 상승하고 공부를 잘하거나 예술적 재능을 보이는 소년들은 "동성애자", "여자 같은 놈" 등으로 불리는 반면 문신은 남성성의 상징으로 간주된다. 동성애 혐오증(동성애 또는 동성애자에 대한 무조건적 두려움, 혐오감, 또는 차별)은 하위계층 남성들 사이에 만연해 있다. 남자다움에 대한 하위계층의 이러한 협소한 인식의 범주에 포함되지 않는 남자들의 특성은 경멸적인 것으로 치부된다. 남성들 사이의 공공연한 애정표현은 금기시되고 요란하고 시끄러운 언행이 장려된다.

골칫거리는 강인함에 집착한 이후에 나타날 수도 있다. 신체적 싸움을 통해 자신의 남자다움을 보여주겠다는 결심은 일반적으로 법규에서 파괴적이고, 난동스럽고, 공격적이라고 정의된 행동을 야기한다. 하위계층 중점관심의 이러한 강인함의 측면과 여타 측면은 본질적으로 중산층의 확고한 규범과는 모순되는 것으로 간주될 수 있다.

## •• 영악함 (Smartness)

하위계층에서 정규교육 또는 전통적으로 조직된 지식의 습득을 통한 지적성취는 경멸을 받는 반면 세상물정에 밝은 것은 높은 평가를 받는다. 하위계층의 남성들은 하위계층 환경에 맞는 특별한 기술을 배우거나 영악함을 촉진할 기회를 갖게 되며 그러한 영악함을 잘 발전시키고 활용하는가에 의해서 성공이 평가된다. 영악함이란 언어적 또는 심리적 기술을 통하여 다른 사람을 조종하거나 한 수 앞서는 능력을 말한다. 예를 들어 하위계층 남성들은 그들의 언어적 기교를 사용하여 경찰이나 여타 주류문화의 사람들을 순진하고 우습게 만드는 것을 자랑스럽게 여긴다. 놀리고 조롱하는 행위에는 공격적인 입담이 계속하여 이어지곤 한다. 이러한 언행은 "모친과의 근친상간, 변태적 성관계 내용 등 분노를 자극하는 모욕"을 포함하기도 한다(Miller, 1958:10). 이러한 기술에 정통하게 되면 강한남자 보다 더 높은 사회적 위치를 차지하게 된다. 영악한 사람은 최소한의 물리력을 사용하여 다른 사람으로부터 이익을 쟁취한 사람으로 칭송을 받게 된다. 사기꾼, 사기도박사, 또는 유사한 일을 하는 사람들이 이러한 형태의 성공과 성취를 한 사람들에 해당한다.

### •• 자극성 (Excitement)

하위계층에서 살아가는 일상적인 활동은 매우 지루할 수 있으며, 노닥거리거나 단조로운 일을 하는 따분함은 특히 주말에 주기적으로 "시내에서 밤을 보내는" 행위에 의해 해소된다. 이러한 경우에는 적극적으로 스릴과 흥분이 추구된다. 강인함과 영악함이 나타나고 일상활동의 지루함이 술, 마약, 도박, 음악, 성적탐닉으로 대체된다. 자극적인 일에 대한 기대를 채우는 것은 미리 순서가 정해진 것은 아니지만 마약으로 몽롱하고, 여기저기 나대며, 성적인 만남을 갖고, 언쟁이나 싸움을 통해 강인함을 과시하는 행위 등이 포함된다. 자극성에 대한 집착은 하위계층의 문화에 스며들어 있으며 말썽을 일으킬 가능성으로 인하여 양면적 감정을 야기한다.

### •• 운 (Fate)

하위계층의 문화는 미래를 교육, 노동, 저축, 및 욕망을 절제하고자 하는 중산층에서 말하는 일련의 노력에 달려있기 보다는 운의 문제라고 받아들인다. 사람은 운이 있거나 운이 없고, 비록 운이 변하기 쉽다고 생각되기는 해도 미래는 통제할 수 있는 대상으로 생각되지 않는다. 운에 대한 믿음은 영악함을 보충한다. 예를 들자면, 운과 영악함은 노동의 가치를 경시하면서 도박을 옹호한다. 운에 대한 집착은 하위문화 환경에서의 도박(내기당구, 주사위노름, 경마 등)의 인기와 몸에 새겨진 문신의 내용("행운" "실패를 위한 탄생" 등)을 보면 알 수 있다. 운은 또한 하위문화의 다른 중점관심과 상호 영향을 주고받는다. 예를 들자면, 도박과 문신은 말썽발생의 가능성을 높이는 동시에 강인함과 흥분을 포괄하는 것일 수 있다.

### 자유분방 (Autonomy)

밀러의 하위계층 중점관심의 마지막 관점은 "외부적 통제, 행동에 대한 규제, 불공정하고 강제적인 권위 등에 대해 강력하고 빈번하게 표출되는 분노"를 보면 알 수 있다(Miller, 1958:12). 이러한 통제에 대한 주제는 페이첵(Johnny Paycheck)의 "이 일을 맡아서 멋대로 해" 등의 컨트리뮤직과 캐쉬(Johnny Cash)의 "폴섬 교도소의 블루스", "교도소에서 나의 형기를 보내는 것" 등 수 많은 교도소 음악에 널리 드러나 있다. 역설적이게도 외부개입과 통제에 대해 멋대로 또는 자유분방하게 대응하는 것은 다른 중점관심을 채택함으로써 어렵게 된다. 하위계층 중점관심을 둘러싼 생활방식은 불가피하게 골칫거리로 이어지고 주류문화를 대변하는 사회통제 요원의 개입으로 귀결된다. 달리 설명하자면, 자유분방함은 문화갈등에 대한 하위계층의 분노를 반영한다.

## 중점관심에 대한 분석

하위계층의 환경에서 위에 설명한 중점관심에 대한 증거를 볼 수 있는가? 그러한 것들이 중산층의 가치 및 중점관심과 다른가? 만약 그렇다면 이러한 중점관심에 대한 집착이 빈번하게 법과의 갈등을 야기하는가? 이러한 질문들이 밀러의 이론을 수용하거나 배척하기에 앞서 다뤄져야할 경험적 의문에 해당한다. 밀러의 관점은 긴장이론의 전제와 뚜렷한 대조를 보이는데 긴장이론에 따르면 하위계층과 중산층의 구성원들은 근본적으로 동일한 가치를 따르지만 하위계층 구성원들이 그러한 기대에 맞춰 사는 것에 대한 실패로 좌절하게 되고 이러한 좌절감 때문에 범죄와 비행에 빠져들게 된다는 것이다.

두 가지 이론은 또한 매우 중요한 철학적 시사점을 갖고 있다. 중산층의 가치는 반드시 논리적으로 하위계층에 의해 열망되어야 한다는 긴장이론의 추정은 너무 앞서가거나 맹목적인 것으로 간주될 수 있다. 반면에 밀러의 하위계층 중점관심에 대한 설명은 중점적인 관심사들이 고정관념에 얽매여 있거나 편견에 빠져 있는 것처럼 보인다. 밀러의 명제는 또한 합의된 이론이라기보다는 갈등에 뿌리를 둔 극단적 개념이다. 근본적인 내용은 서로 다른 사회계층이 상호 모순되는 규범을 추구하고 더 강한 계층이 법적수단을 사용하여 약한 계층에게 자신들의 도덕적 관점을 강요한다는 점이다.

밀러의 이론에 대해서 많은 비판이 있다. 어떤 비판가들은 중산층 구성원들이 계층에 대한 편견 없이 하위계층의 상황을 관찰하는 것은 매우 어렵다고 언급한다. 또한 다른 이론들과 마찬가지로 밀러의 이론 역시 남성의 비행만을 다루고 있다. 다른 비평가들은 이 이론이 동어반복이라고 비판한다. 밀러는 하위계층의 중점관심을 알아보기 위해 하위계층 사람들의 행동을 관찰했고, 또한 그들의 행동을 설명하기 위해 그렇게 관찰된 중점관심을 활용하였다. 이 이론을 검증하기 위한 연구는 거의 없으며, 중점관심 또는 여타 가치와 관련된 현상을 관찰하고 해석하는 것이 어렵다는 것을 감안하면 앞으로도 검증연구가 쉽지 않을 것이다. 그럼에도 불구하고 이 이론의 독특한 가정은 범죄와 비행의 원인을 논의하는데 있어 매우 중요한 위치를 차지하고 있다.

## 사회통제와 범죄

사회통제이론은 사회학습이론과 문화갈등이론처럼 사람들의 사회화 과정과 관련되어 있다. 이러한 이론들에 있어서 범죄 또는 비행의 성향은 일련의 사회화 과정에서 자연스럽게 나타나는 결과이다. 그러나 공통점은 여기까지이다. 통제이론들은 사회화과정이론으로 분류되는 통제이론과 유사한 이론적 접근을 포함한 다른 범죄학적 접근법과 뚜렷이 대비된다.

통제이론의 관점은 사람이 혼자 남겨지게 되면 사회적 이익보다는 개인적 이익을 추구할 것이라는 가정에 기초한다. 사람들은 통제된 사회적 존재로서 양육되고 간섭되어졌을 때에만 비로소 순응하고자 한다는 것이다. 그러나 사회학습이론과 문화갈등이론을 포함한 다른 사회과정이론들은 통제이론과는 반대되는 시각을 취한다. 인간의 본성은 본래 선하다는 성선설의 입장을 취하면서 단지 인간이 일탈행동을 저지르는 것은 부정적인 환경적 경험의 산물이라는 것이다. 그러나 통제이론은 범죄를 사회통제의 실패로 자연스럽게 발생하는 예측가능한 행위로 인식한다. 사회학습이론이나 문화갈등이론과 관련된 일련의 시각에서는 범죄행위가 범죄를 야기하는 외부적 힘의 산물로 묘사되지만 통제이론적 관점에서는 범죄행위를 사회통제의 실패의 결과로 간주한다.

자유의지에 대한 개념은 범죄를 야기하는 외부적 압력으로부터 사회통제로의 초점의 전환을 설명하기 위해 사용된다. 범죄행위를 설명하기 위한 고전주의 범죄이론과 마찬가지로 통제이론은 선택을 개인의 행위와 관련되어 있는 것으로 설명한다. 고전주의 범죄이론(제5장)과 마찬가지로 이러한 관점은 실증주의 범죄학과 대비된다. 이러한 접근이 범죄행위의 선택과 책임을 범죄자에게 부과하기 때문에 통제이론은 범죄와 일탈을 설명함에 있어서 종종 보수적인 것으로 간주되곤 한다.

가치에 대한 합의 또한 통제이론의 근본이 되는 내용이다. 심지어 사람들이 사회적으로 약속된 가치를 어길 때조차도 대부분의 사람들은 본질적으로 공통된 일련의 가치를 믿는다고 가정한다. 사회적 순응을 획득하는 것은 사람들이 본래 전념하는 규범을 어기는 것을 막기 위한 조치를 하느냐에 달려있다. 각 통제이론은 통제를 순응을 위한  필수적인 수단으로 설명하거나 그러한 통제들이 어떻게 회피되는지를 설명한다. 통제적인 관점에 기여한 두 개의 주요한 이론인 중화이론과 사회유대이론이 아래에 설명되었다.

## 사이크스와 마짜(Gresham M. Sykes and David Matza) - 중화기술

비행이론으로서 중화기술의 시작점은 범죄나 비행행동을 배우는 것이 가치와 합리화 형성뿐만 아니라 범죄를 행하는 기법을 포함한다는 서덜랜드의 확고한 주장이었다. 사이크스와 마짜(Gresham sykes and David Matza, 1957)는 상황에 따라 들먹이는 변명을 배우는 것이 소년들로 하여금 그들이 본래 따랐던 가치체계를 위반하는 행동에 빠져들게 한다고 주장한다. 이러한 확신을 뒷받침하기 위해서 사이크스와 마짜는 범죄자들이 때때로 죄책감과 부끄러움을 느끼는 경험을 한다는 일화형태의 증거를 인용하였다. 그들은 또한 범죄자들이 피해자를 선택할 때 사회의 주요가치를 반영하는 사람을 피하고 사회적으로 외면되고 무시되는 목표물을 찾는 경향을 보인다는 것을 발견하였다. 예를 들어 성직자와 수녀는 비교적 강도피해를 잘 당하지 않는 반면에 동성애자 혹은 알코올중독자 사이에서 강도 피해자를 많이 찾아볼 수 있다. 이러한 관점은 교도소 수감자가 아동 성추행자에 대해 한 연구자에게 언급한 내용을 보면 더욱 확실하다. 그는 감옥밖에 있는 사람들이 수감자들을 "사회의 쓰레기"로 보는 반면에 감옥에 있는 수감자들은 아동 성추행범을 "쓰레기 중 쓰레기"로 여기면서 폭행하고 절도하며 여러 방식으로 학대한다고 언급했다.

만약 규범이 조건적인 것으로 간주된다면 그러한 규범의 유효함을 유지하면서 규범을 어기는 것이 받아들여질 수도 있다는 데에 주목해야 한다. 예를 들어 어떤 사람이 사회에서의 약속시간에 맞추어 나올 것으로 기대되고 그러한 행동규범에 전념함에도 불구하고 어떤 특별한 상황에서는 늦게 나오더라도 용서되는 경우가 있을 것이다. 형법에 성문화된 규범 또한 공공연하게 변명을 만들어 내고 상황을 완화시키도록 한다. 어떤 비슷한 규범체계보다도 형법은 행위자가 죄없음을 주장할 수 있는 원칙적인 근거를 인정하며 명시하고 있다. 법은 법을 중화할 수 있는 씨앗을 품고 있다(matza, 1964:61). 그러한 씨앗은 고의, 정당방위, 정신이상 그리고 착오 등과 같은 개념 속에 들어있다. 중화이론에 따르면 그러한 법

[그림 8.5] 사이크스와 마짜(Gresham Sykes and David Matza)의 중화기술

| 기술 | 정의 |
|---|---|
| 책임의 부정 | 법위반에 대한 개인적 책임을 부인하는 것 |
| 손상의 부정 | 금지된 행위를 통해 손상을 입힌 것이 없다고 주장하는 것 |
| 피해자의 부정 | 불법행위 피해자를 마땅한 목표물로 변환시키는 것 |
| 비난자에 대한 비난 | 법위반 혐의를 제기하는 사람을 맹렬히 비난하는 것 |
| 더 큰 충성심에의 호소 | 소속된 다른 집단의 도덕적 요구에 순응함으로써 법위반을 정당화 하는 것 |

≫ 자료의 출처: G.M. Sykes and D. Matza(1957). "Techniques of Neutralization: A Theory of Delinquency." *American Sociological Review*, 22: 664-670.

률에 대한 인식은 법적 테두리를 넘어서 죄의식을 덜어줌으로써 사람들로 하여금 자유로이 규범을 위반하도록 한다. [그림 8.5]는 본래 사이크스와 마짜에 의해서 형성되었던 다섯 가지 중화기술을 나열하고 있다.

사람이 본질적으로 믿는 법의 위반을 자기이미지를 유지하면서 허용하기 위해서는 범죄 이전에 중화가 있어야 한다. 합리화는 규범위반 뒤에 수반되는 변명이므로 범죄를 설명하지는 않는다. 이러한 차이는 법위반 이후에 범죄자가 증언하는 내용에 대해서는 법위반과 인과관계가 있을 수 있다는 것을 무시하기에 중요한 방법론적 문제를 야기한다.

## •• 책임의 부정

책임의 부정은 일탈행동에 대한 책임을 회피하기 위한 의도의 법적 개념을 확장하는 것이다. 그러한 전략은 행위의 결과가 "사고 였어", "내 잘못이 아니잖아", "어쩔 수 없었어" 등의 주장에 잘 드러나 있다. 범죄자가 통제할 수 없는 많은 변수들이 행동에 대한 책임을 부정하거나 감경하기 위한 목적으로 변명된다. 그러한 전략은 특정 사건을 둘러싼 직접적인 상황을 넘어서는데 "애정이 없는 부모, 나쁜 친구들, 슬럼화 된 동네" 등 사회환경 요인을 포함한다. 사실상 일탈자는 어떤 상황 속으로 무기력하게 굴러가는 당구공과 같이 자기 스스로를 이해한다. 스스로 행동하기보다는 어쩔 수 없이 행동하는 것으로 자신을 이해하는 관점을 배움으로써 일탈자들은 그들 스스로 규범을 어길 필요 없이 주류 규범체계에서 비행을 범할 수 있는 방법을 습득하게 된다(Sykes & Matza, 1957: 667). 사회구조가 불공

평하다는 것이 사고방식 속에 내재되고 이것은 다시 일탈자들 사이에서 일탈은 개인적 책임이 아니라고 간주하는 규범위반 중화를 위해 활용될 수 있는 것이다.

## •• 손상의 부정

실제로 손상이 발생하지 않았다고 주장하는 것은 손상의 부정에 해당한다. 예를 들자면, "그들은 돈이 많아", "난 단지 그것을 잠시 빌린 것 뿐이야", "그들은 보험에 들어 있어" 등의 주장에 그러한 측면이 잘 반영되어 있다. 손상의 부정은 규정상의 금지행위 위반에 대한 법적범주를 확장한 것으로 간주될 수 있다. 즉, 범죄와 일탈을 중화하는 자는 그 행위가 그저 형식적으로 법을 위반한 것일 뿐 도덕적으로는 잘못된 것이 아니라고 주장한다. 일탈행위자는 "아이들끼리의 일", "약간의 말썽", "난봉 피우기" 등을 주류사회가 예외로 취급하는 것과 크게 다르기 보다는 단지 조금 더 과장하여 변명하고 있을 뿐이다.

## •• 피해자의 부정

피해자의 존재를 부정함으로써 범죄자는 불법적인 행위가 발생한 특별한 상황 속에서 그 행위가 잘못되었다는 것을 부정한다. 피해자의 부정은 실제로 서로 다른 의미를 가진 두 가지 형태로 구분된다. 첫 째, 피해자의 존재가 피해자가 비난받을 만 했다는 주장에 의해 부정된다. 그 피해자는 "당해도 싼 사람"이기에 피해자로 간주되는 것이 적정하지 않다. 예를 들자면, 사기꾼들은 "정직한 사람을 사기칠 수는 없어," "그놈은 상습 절도범이 틀림없어"라고 주장하곤 한다(Maurer, 1974:101). 정직하지 않은 장사치로 알려진 사람을 터는 것, 라이벌 갱단으로부터 구역을 지키는 것, 동성연애자를 공격하는 것 등은 범죄에 대한 변명으로서 비난받을 만한 피해자를 지칭하는 사례에 해당한다. 악명 높은 "지옥의 천사" 같은 갱 집단은 "만일 어떤 여자가 우리 단원으로부터 강간당했다고 주장한다면, 십중팔구는 그 여자가 다가와서 강간해 달라고 요구했기 때문에 발생한 일이다"라고 주장하며 법위반에 대해 변명할 준비가 되어 있다(Thompson, 1966:246).

피해자를 부정하는 두 번째 형태는 첫 번째 유형에 비해 극단적이지 않다. "피해자가 물리적으로 존재하지 않거나, 밝혀지지 않았거나, 애매하다면(재산에 행해진 비행행위에서 그러하듯이) 피해자의 고통스런 경험에 대한 인식은 약화될 것이며 이렇게 피해자에 대한 인식이 약화되는 것은 범행과정으로 나아갈 것인가를 결정하는데 있어서 중요한 부분으로 작용한다"(Sykes & Matza, 1957:668). 이러한 경우에 있어서 피해자는 적극적으로 구체화 될 것 같지 않고 굳이 공공연하게 다뤄져야 될 요인으로 등장하지도 않는다.

## •• 비난자에 대한 비난

법위반자들은 비난자들의 동기와 행동을 부정함으로써 그들 자신의 비행행위는 비교적 덜 비난받을 만 하다고 주장한다. 법위반자들은 관심을 그들의 행위로부터 사회통제기관원 등 그들의 비행을 다루는 집단의 행위로 돌린다. 범죄자들은 종종 경찰, 판사 그리고 검사들을 "부패했다"거나 "더 나쁜 짓을 하고도 처벌받지 않는다"고 조롱한다. 비난의 대상을 비난자의 행동으로 돌리는데 있어서 성공하는 정도만큼 범죄자들은 그들의 행동을 통제하는 규범을 중화하는데 성공하게 된다. 사이크스와 마짜는 이러한 과정을 비난자에 대한 비난이라고 명명하였다.

## •• 더 큰 충성심에의 호소

개인이 주류사회의 규범을 준수하고자 하지만 그러한 규범이 그들이 소속된 더 작고 더 친밀한 어떤 집단이 요구하는 행동규범과 갈등관계에 있을 때 딜레마가 발생한다. 사회규범의 위반은 개인이 소속된 친밀한 집단의 더 강한 요구에 대한 충성심을 강조함으로써 중화될 수 있는데, 이것이 곧 더 큰 충성심에의 호소에 해당한다. 범죄자는 "친구를 위해" 혹은 "가족을 위해" 범죄가 필요했다고 주장할 것이다. 이원화된 충성심에 대한 딜레마에 대한 원인은 다른 중화기술에서처럼 문화적으로 변명을 용인하는데 있다. 돈이 없어서 또는 달리 방도가 없어서 아픈 유아를 치료하기 위해 약을 훔친 아버지를 비난할 사람은 거의 없을 것이다.

## •• 중화기술의 맥락

비행과 표류(1964)에서 마짜는 중화과정에 대해 상세히 설명하였다. 그의 실증주의에 대한 비평에 따르면 비행의 동기가 차별접촉, 차별적 기회, 대응의 형성, 또는 하위 계급 중점관심 등과 같은 이론에서 가정한 것 보다 더 제한된 역할을 하는 것으로 실증주의자들이 인식하고 있다는 것이다. 마짜는 이러한 실증주의 이론들이 "너무 많은 비행"을 설명하는데 그러한 이론들이 설명하는 환경에 노출되어 있는 대부분의 청소년들은 비행에 젖어들지 않으며 설혹 비행에 빠지는 청소년들조차 환경의 변화를 경험하지 않고도 비행으로부터 벗어나며 잘 성장한다고 주장한다. 마짜는 이러한 과대예측 또는 "과잉예측의 문제"는 이런 이론들의 결정론적인 가정들을 약화시킨다고 주장하며 고전주의와 실증주의의 중간에 해당하는 "유연한 결정주의"를 제시한다. 마짜는 "범죄자를 포함한 대부분의 사람들은 완벽히 자유롭지도 않고 그렇다고 철저히 강요당하는 것도 아니며 양자사이의 중간에 처하게 된다"(1964:27)고 주장하였다. 범죄자는 대체로 주류 규범구조에 전념하지만 사회통제가 느슨해질 때 비행 속으로 표류하는 것으로 묘사된다. 중화는 사람들이 일반적으로 준수하는 규범을 가끔씩 거부하는 하나의 수단을 제공해준다.

마짜는 구성원의 행동을 형성하게 될 비행으로 만연한 하위문화가 있다는 것을 거부하였다. 대신에 그는 지위, 남자다움, 그리고 소속감에 대한 우려를 경험하는 청소년들에 의해 형성된 비행의 하위문화를 설명한다. 마짜는 이러한 불안감이 청소년들로 하여금 타인의 의견을 잘 받아들이도록 만든다고 주장한다. 이것이 곧 청소년들에게 그들의 친구들이 비행에 빠져 있다는 공유된 오해와 잘못된 믿음을 갖게 한다. 청소년들이 성장함에 따라, 남성의 역할을 더 자연스럽게 받아들이고 새로운 소속을 추구하면서 그러한 우려는 감소한다. 결과적으로 대부분의 소년들은 실증주의 이론이 시사하는 바와 같이 범죄자의 길로 접어들기 보다는 비행을 극복하며 성장하는 것이다.

## •• 중화이론에 대한 분석

연구논문에서 자주 인용됨에도 불구하고 중화이론은 충분한 경험적인 연구의 대상이 되지는 못하였고 그동안 수행되었던 몇몇 연구의 결과들조차도 이론의 주장을 지지하지 않는다. 마이너(W. William Minor)는 수감된 성인들을 대상으로 한 중화이론에 대한 분석을 통해 "중화이론의 타당성에 대한 검증을 지금 시도하는 것은 시기상조"라는 결론을 내렸다(1980:106). 그러나 중화이론을 하위문화이론과 양립할 수 있는 것으로 개념화한 그의 나중의 종단연구(1981)에서 마이너는 중화이론을 지지하는 결과를 발견하였다. 볼(Richard Ball, 1983) 또한 교외지역(도시와 시골의 특성이 혼합된 지역)의 소년들 사이에서 중화이론을 부분적으로 지지하는 결과를 확인하였다. 타인에게 간주되는 중화(즉, 남들이 이러한 변명에 전념하고 있다는 의식)는 개인 스스로의 중화보다 자기보고식 비행을 더 잘 예측하였는데, 이는 마짜가 제안한 바와 같이 비행은 "공유된 오해(즉, 또래 친구들이 비행에 빠져 있다는 오해를 공유하는 것)"의 산물일 수 있다는 것을 시사하는 결과였다. 이러한 결과가 9학년(중학교 3학년)이 아닌 6학년 소년들에게만 나타났는데, 이것은 그러한 오해가 청소년기 후반기가 아닌 보다 이른 시기에 사라진다는 것을 보여주는 결과였다.

햄린(John Hamlin, 1988)은 중화이론에 대한 경험적 지지의 부족은 그 이론이 잘못되었음을 보여주는 것일 수 있다고 주장하였다. 그는 변명과 법위반 행위 사이에 인과관계의 순서를 설정하는 어려움이 "의심할 여지없는 증명을 하도록 하는 것을 거의 불가능하게 한다"고 믿었다(1988:430). 사람들이 그들의 행위를 사후변명(즉, 합리화)하는 것으로 설명하는 것은 결국 그 변명이 범행에 선행하여 불법행동을 수행하도록 했다(즉, 중화)고 해석하는 것 만큼이나 타당하다. 비록 중화(또는 합리화)에 대한 무척 많은 사례들이 있지만 이러한 설명은 인과관계 문제의 오류를 안고 있는 것이다.

중화이론에 새로운 힘을 불어 넣은 최근의 연구가 있다. 애그뉴(Robert Agnew, 1995)는 중화이론에 대한 미약하고 일관성 없는 경험적 지지는 대부분의 검증연구가 개념화된 방식 때문일 수 있다고 주장하였다. 그는 중화이론이 사실 중화가 직접적으로 비행으로 이어지는 것을 예측했다기보다는 중화가 단지 비행을 허용한다는 것을 예측하고 있다는 측면을 지적하였다. 그에 따라 애그뉴는 중화가 어떤 이들의 비행에는 강한 영향을 줄 수 있으나 다른 이들에게는 거의 또는 전혀 영향을 미치지 않을 수 있다고 주장한다. 이러한 점은 중화이론이 오늘날까지의 연구결과에서 상대적으로 약한 지지를 받은 이유를 설명할 수 있을 것이다. 그는 더 나아가 방대한 전국청소년설문조사 자료를 활용하여 이론을 종단적인 방식으로 검증하였다. 그의 분석은 폭력(또래와의 싸움)이 많은 비행친구를 가진 이들의 폭력과 일반적으로 폭력에 꽤나 반대했던 이들의 폭력에 제법 큰 영향을 미친다는 것을 보여주었다.

데브니(Dean Dabney, 1995)는 질적인 면접연구를 통해 병원 간호사들에 의한 약품과 의료용품 절도가 만연해 있으며 이러한 측면은 직장 내의 사회학습과 중화기술에 의해 잘 설명된다고 결론 내렸다. 애그뉴와 데브니의 연구결과를 종합해보면 중화이론이 중화가 지대한 영향을 미칠 수 있는 다양한 조건과 인과관계문제를 다룰 수 있는 전략을 통합적으로 모색하면서 보다 자세히 연구될 필요가 있다는 것을 알 수 있다. 카스텔로(Barbara Costello, 2000)는 사회유대이론과 중화이론을 동시에 검증하기 위한 연구를 통해 청소년들 사이에 경찰과 관련된 중화(비난자에 대한 비난)가 특히 강한 영향을 발휘하는 것을 발견하였다.

중화는 사람의 유형에 따라 다르다는 애그뉴의 제안은 사회적 애착에 따른 중화의 상이한 활용을 검증하는 최근의 연구를 위한 장을 마련하였다. 사이크스와 마짜의 중화이론은 부모님이 자신을 어떻게 생각할지에 대해 걱정하는 청소년 또는 직장에서의 책임을 가진 사람과 같이 사회적 애착이 강한 사람들이 중화를 사용할 가능성이 높다고 예측한다. 중화는 사람들이 기존 규범에 전념한다고 가정하기 때문에 전통적인 삶에 대한 유대가 높아질수록 규범위반을 중화하는 것이 더 필요할 것이다. 애착이 없는 사람들은 전통적인 삶과의 유대감이 없기 때문에 전통적 규범을 위반해도 죄책감을 느끼지 않을 것이며, 따라서 그들의 규범위반을 중화해야 할 필요가 없을 것이다. 이 장의 다음 부분에서 설명될 허쉬의 사회유대이론은 정 반대측면을 예측한다. 즉, 애착이 없거나 낮은 사람들만이 규범위반을 중화한다는 것이다. 이러한 관점에 대한 연구결과는 중화이론에 대한 더 기초적인 가설에서와 마찬가지로 일관적이지 않다. 코우프스(Heith Copes, 2003)의 성인 남성 자동차 절도범들에 대한 면접연구는 애착이 높은 사람들(즉, 직업이 있고, 기혼이고, 더 많은 교육을 받은 사람들)이 애착이 낮은 사람들보다 더욱, 자주, 그리고 더 많은 유형의 중화기술을 사용한다는 것을 발견하였다. 반면에 코스텔료(2000)의 연구에서는 부모에 대한 애착이 높다고 보고한 일탈행위자들일수록 중화에 대한 의존도가 낮았다.

중화이론에 대한 대부분의 검증연구가 길거리 범죄 또는 더 특이한 유형의 비행에 적용되어 왔지만, 높은 애착을 가진 비행행위자가 낮은 애착을 보이는 이들 보다 중화를 더 많이 활용한다면 중화이론은 특히 화이트칼라범죄에 적용가능 하다는 것을 알 수 있다. 언어와 물리 치료사들 사이에서 행해지는 노인과 저소득층을 위한 의료보험제도(Medicare/Medicaid) 사기에 대한 최근의 한 연구에서 에반스와 포르쉐(Rhonda Evans and Dianne Porche)는 이러한 주장을 뒷받침하는 강한 증거를 찾았다. 그들의 표본에서 81 퍼센트의 치료사들은 치료비를 과다 청구하는 사기를 저지른 것으로 나타났다. 그들과의 면담을 통해 연구자들은 고질적으로 죄책감을 중화하는 말들을 발견하였다. 본래 다섯 가지인 중화기술을 보충하기 위해 콜만(1994)이 제안한 "다른 사람들도 다 그렇게 한다"는 변명이 가장 많았고, "내가 같이 일했던 모든 사람들이 그렇게 한다는 것을 알고 있어요, 그래서 나는 그러한 행동이 용인된다고 생각했죠" 등과 같이 연구대상자들의 수많은 진술 속에서 그런 측면을 찾을 수 있었다(Evans & Porche, 2005:260). 책임감의 부정 (예를 들자면, "가끔 내 환자들은 아프고 계속 기침해서 내가 치료 시간을 줄였죠, 또는 그들이 그저 비협조적이기 때문입니다," 2005:262)는 그 다음으로 가장 자주 표현되는 중화기술이었다. "내가 5분 혹은 10분 일찍 검사 시간을 끝내도 환자들은 상관하지 않는 것 같습니다"(2005:265) 등과 같이 손상의 부정 또한 그들의 진술에서 언급되었다. 이 연구가 비록 인과관계 순서의 문제를 다루지는 않았으나, 중화(또는 합리화) 전략이 이런 보건 전문인들 사이에 광범위하게 퍼져있기에 중화이론에 대한 어느 정도의 지지를 보이는 연구라 할 수 있다.

중화를 연구에 적용한 어떤 연구자들은 비행과 관련될 수 있지만 법규위반은 아닌 행위에 집중하였다. 이러한 예에 해당하는 한 연구는 딸을 아동 미인 대회에 출전시키는 어머니들의 행동을 조사하였다(Heltsley & Calhoun). 이 연구는 1996년 발생한 램지(JonBenet Ramsey)라는 아동 미인 대회 우승자의 살인사건 이후에 아동 미인 대회에 대한 매우 부정적인 언론 방송이 몇 달 동안 지속된 상황에서 실행되었다. 연구자들은 딸을 아동 미인 대회 경쟁에 내보내는 어머니들을 비행행위자로 묘사하였다. 어머니들에게서 얻은 진술은 그들이 상당히 중화기술에 의존하고 있음을 보여주었다. 가장 흔히 사용된 중화는 비난자에 대한 비난이었다. 이러한 중화는 아이들이 미인대회 활동에 의해 성적매력을 갖게 됨으로써 성범죄 피해의 위험에 노출된다고 주장하는 사람들은 그런 범행을 생각하는 변태성욕자들이 분명하다고 설명하는 방식으로 진행되었다. 다소 차이가 나는 두 번째로 자주 사용되는 중화는 손상의 부정이었는데, 미인대회 활동이 어린 소녀들에게 해가 되기는커녕 사실상 매우 긍정적인 경험이 된다는 논리였다.

여성에게 학대적, 비하적, 모욕적인 것으로 훨씬 더 격렬한 논란이 되는 행위는 비만 여성에 대한 성적 착취로서 "돼지잡기"라고 지칭되는 것이 있다. 게일리와 프로헤스카(Jeannine Gailey and Ariane Prohaska)는 젊은 남성들 사이에서 이런 행동의 추세와 중화하는 경향을 연구하였다. 연구자들은 이런 행동이 술집에서 많은 시간을 보낼 때 집단속에서 발생한다는 것을 발견하였다. 이러한 행동은 뚱뚱하고 매력적이지 않은 여성을 골라내어 성적으로 놀리는 것을 삼는 것이며 유머, 내기, 그리고 성적 정복감을 포괄하는 행위이다. 대부분의 "돼지잡이" 남성들은 이 연구에서 그들의 행동을 "정상적이고 재미있는 것"으로 생각하였다. 그들 모두는 사이크스와 마짜의 중화기술 하나 또는 그 이상에 해당하는 것으로 간주될 수 있는 말들을 하였다. 중화기술 다섯 가지 모두에 대한 사례가 그들의 진술에서 제시되었으며 피해자의 부정(예를 들어, "그 여자가 필사적으로 원했다")이 가장 많았고 그 다음으로 자주 언급되는 것이 책임의 부정("나는 술에 취해 있었다" 혹은 "나는 정말 성적으로 달아올라 있었다") 이었다.

중화이론은 반세기 동안 자극적인 개념을 제공해 왔고 계속하여 연구되고 있다. 하지만 경험적인 연구결과에 의한 지지는 약하고 일관적이지 않은 결과를 보여주고 있다. 그러나 최근의 연구결과들은 중화이론이 특히 다른 이론과의 결합을 통해서, 또는 매우 구체적인 상황에서의 차이를 감안하면서 연구된다면 범죄와 비행을 이해하는데 도움이 되는 실마리를 제공할 수 있다는 가능성을 제시하고 있다.

## 허쉬(Travis Hirschi) – 사회유대이론

사회통제적 관점에서 범죄를 설명하기 위한 선구적인 이론은 허쉬(Travis Hirschi)의 통제 또는 사회유대이론이다. 마짜의 이론과 같이 허쉬의 이론은 "전통적인 질서와의 유대가 어떻게든 깨졌기에 개인은 자유로이 일탈행동을 하는 것이다"(1969:3)는 가정에 기초한다. 허쉬는 범죄자에 초점을 맞추어 "왜 그 사람이 일탈행동을 했을까?" 라는 질문(긴장이론이나 문화갈등이론에서처럼) 보다는 왜 순응하는 사람은 법을 위반하지 않는가에 관심을 갖는다. 이러한 질문에 대한 허쉬의 대답은 사람들이 준법규범을 내면화하고 사회유대를 발전시키는 한 법을 위반하지 않는다는 것이다. 허쉬는 비행을 촉발하는 어떤 외력 또는 압력이라는 부분이 통제이론의 관점과 통합될 가능성을 갖고 있다는 것을 인정하면서도 비행에 대한 동기를 파악할 필요는 없다고 생각하였다. 규칙들이 사회적인 차원에서 도덕규범으로 주입되지 않는다면 다른 동물들과 마찬가지로 인간은 법을 위반할 것이다.

> 우리는 모두 동물이다. 그러므로 자연스럽게 범죄행위를 저지를 수 있다.... 옆집의 옥수수를 훔치는 닭은 도덕규범에 대해 아무것도 모른다. 그 닭은 규범을 위반하기를 원한 것이 아니며, 단지 옥수수를 먹기 원했을 뿐이다....그 닭의 행동을 설명하기 위해 비행에 대한 어떤 동기가 필요한 것이 아니다. 그와 마찬가지로 인간이라는 동물에게도 범죄를 위한 어떤 특별한 동기가....그 범행을 설명하기 위해 요구되는 것은 아니다(허쉬, 1969: 31).

규범적인 합의를 가정했을 때 약화되거나 무너진 사회유대는 개인이 "순응했을 때의 이익"을 감소시킨다. 사회질서에 대한 유대가 부족해짐에 따라 대부분 또는 모든 사람들이 가진 일탈하고자 하는 충동이 더 활성화된다. 유대가 더 약할수록 일탈은 더 발생하게 마련이다. 사회유대는 범죄에 대한 동기를 감소시키는 것이 아니고 단지 사람들이 그러한 범죄의 동기에 굴복하는 기회를 줄여준다. 허쉬(1969:27)는 상호 연관된 사회유대의 네 가지 요소를 제시하면서 "개인이 이 네 가지의 어떤 요소에서라도 전통적인 사회에 대한 유대가 강하면 다른 요소에 있어서도 유대가 강화 될 것이다"고 결론지었다.

## •• 애착

타인의 의견에 대한 민감성은 사회유대이론의 한 요소인 애착의 핵심내용이다. "규범의 내면화, 양심, 초자아 등의 본질은 결국 개인의 타인에 대한 애착에 있는 것이다" (Hirschi, 1969:18). 개인이 전통적인 타인의 의견을 중요시하는 정도에 따라 그 사람은 통제된다. 청소년의 순응을 알아보기 위한 유력한 방법은 "당신의 부모님이 당신에 대해 어떻게 생각하는지가 중요한가?"라는 질문에 대한 반응이며, 그 질문에 대한 대답이 진정으로 "아니오"라면 그 청소년은 사회의 법규범으로부터 일탈할 가능성이 비교적 크다. 부모에 대한 애착은 특히 중요하다. 본래 허쉬(1969)는 부모에 대한 애착이 부모의 규범에 대한 순응 정도와 관계없이 비행으로부터 개인을 보호한다고 주장하였다. 그러나 연구결과들은 전통적(정상적)인 부모에 대한 애착만이 청소년을 비행으로부터 보호한다는 것을 발견하였다. 예를 들자면, 나이트와 트리포디(Karen Knight and Tony Tripodi)는 70퍼센트 이상의 연구대상자들이 감옥에 가족 구성원을 가지고 있는 표집을 대상으로 한 연구에서 가족에 대한 애착이 높을수록 비행이 높아지는 애착과 비행사이의 긍정적인 관계를 발견하였다. 이러한 사람들에게는 가족에 대한 애착이 더 높은 비행과 연결되었는데, 이것은 애착에 대한 사회통제이론의 가정과는 상반되는 결과였다.

부모가 일탈을 알게 될 것이라는 데 대한 염려는 행위를 통제하는데 있어서 중요하지 않다. 그렇지만 부모가 일탈행위를 어떻게 생각하는가에 대해 개인이 관심을 갖는 측면은 매우 중요하다. 달리 말하자면 심리적 측면만이 필요한 것이다. 이러한 판단의 문제는 부모에서 확대되어 친척, 선생님, 감독, 친구 그리고 이웃 주민들까지 포함될 수 있다.

만일 부모 중 한 사람에 대한 애착이 비행의 가능성을 감소시킨다면 부모 모두에 대한 애착은 비행의 가능성을 더욱 감소시킬 것인가? 허쉬(1969)의 연구결과와 논리는 그렇지 않다고 제안한다. 결론적으로, 대부분의 연구자들은 사회유대의 애착이라는 요소와 관련해서 한 부모와 양쪽 부모의 역할을 비교하여 연구하지는 않았다. 랜킨과 컨(Joseph Rankin and Roger Kern, 1994)의 연구는 이와 관련하여 흥미로운 의문을 제기한다. 첫째로, "양쪽 부모에 대한 강한 애착은 한 부모 혹은 부모가 없는 아이들의 강한 애착에 비해 비행예방효과가 더욱 크다"는 것을 발견하였다(1994:507). 이것은 가족관계의 질적 측면이 중요하다는 점을 명백히 시사하고 있다. 둘째로, 만일 한 부모에 대해서만 강한 애착이 형성되어 있다면 그것이 어머니에 대한 애착이냐 혹은 아버지에 대한 애착이냐 하는 것은 전혀 중요하지 않다. 이것은 어린 시절에는 어머니와의 유대가 아버지와의 유대보다 더 중요하다는 취지의 미국의 몇몇 주에서의 법적 가정에 배치되는 결과이다. 셋째로, 결손가정에 대한 그들의 검증은 허쉬의 주장과는 다소 상이한 연구결과를 보여준다. 허쉬는 편부모 가정에서의 한 부모에 대한 애착은 충분히 애착의 모든 이익을 제공한다고 주장한 반면에 랜킨과 컨은 부모 모두와 강한 애착을 형성하고 있는 온전한 가정에서 비행이 더 적게 발생한다는 것을 발견하였다.

애착은 허쉬의 사회통제이론의 네 가지 요소 중 가장 많은 주목을 받아왔다. 비록 많은 연구들이 청소년들의 부모 또는 학교에 대한 애착에 관하여 연구하여 왔지만 다른 측면에 대한 애착도 잠재적인 중요성을 지니고 있다. 예를 들자면, 배우자와의 애착이 면밀히 조사된 연구가 있다. 모우미와 그의 동료들(Michael Maume and his colleagues, 2005)은 부부애착이 마리화나 남용의 중단과 관계가 있음을 발견하였다. 또한 헵번과 그리핀(John Hepburn and Marie Griffin, 2004)은 애착이 심지어 보호관찰 중인 어린이 성추행자들의 재범가능성을 줄이는 데에도 도움이 된다는 결과를 보고하였다. 또 다른 최근의 연구(Thaxton & Agnew, 2004)에서는 애착이 비선형적임을 발견하였다. 그들은 고위험군의 비행청소년들 사이에서는 애착의 영향이 약한 것은 물론이고 부(-)적으로 기울기도 한다는 것을 발견하였다. 결과적으로, 그동안 애착과 비행 사이에는 선형관계가 가정되었기 때문에 많은 선행연구에서 애착의 영향이 과소평가되었을 가능성이 있다.

## •• 관여

사람이 합리적 동물이라는 가정을 고려한다면 사람들은 행동하기에 앞서 그 행동으로 인한 결과를 고려할 것이다. 허쉬는 사람들의 그러한 계산을 전통적인 사회질서에 대한 관여라고 생각하였다. 순응은 개인이 가지고 있는 것 또는 획득하고자 열망하는 것의 손실에 대한 두려움에 의해서 강화된다. 취업과 고육의 기회, 명성, 그리고 다른 가치 있는 조건들에 대한 전망이 일탈행동을 억제시킨다. 즉, 야망이 큰 사람일수록 범죄행위를 지양할 것이다. 고등학교의 운동선수들은 경기에 출장정지 당하는 것을 피하기 위하여 코치의 규칙을 따를 것이다. 법조계 또는 형사사법 기관에서의 직업을 갖고자 열망하는 대학생들은 직업에 대한 전망을 어둡게 할 수 있다는 두려움 때문에 마약을 즐기는 것을 삼갈 것이다. 범죄조직에 가입하기를 희망하는 청소년들이 그들에게 영향을 끼칠 수 있는 조직의 유력한 인사가 부적절하다고 생각할 것 같은 유형의 범행을 삼가는 것처럼 심지어 비정상적인 관여도 전통적인 순응을 장려할 수 있다. 사회규범을 따르는 것은 그 사회에서 개인의 지위를 유지하고 향상시키는데 도움을 주기 때문에 허쉬는 관여의 특징을 "일반 상식"이라고 설명하였다.

## •• 참여

전통적인 활동에 열심히 참여하는 것이 사람들로 하여금 비정상적인 행동을 하지 않도록 보호하는 역할을 한다는 설명은 당연한 것이다. "게으른 손은 악마의 작업도구"라는 진부한 표현은 참여의 개념을 잘 반영하고 있다. 참여의 효과를 논의하면서 허쉬(1969:22)는 "개인이 전통적인 활동에 열중할수록 일탈행동에 대해서는 생각조차 할 수 없으며, 충동을 실행하는 것은 더욱 그러하다"라고 설명하였다. 적법한 활동에의 참여가 비행을 줄일 것이라는 널리 알려진 상식적인 가정에도 불구하고 이러한 점을 지지하는 경험적 연구는 거의 없다. 스포츠에 참여하는 것에 대한 연구는 기껏해야 긍정과 부정적 영향으로 일관적이지 않은 결과를 보여주고 있고, 더 나아가 청소년 취업의 비행에 대한 효과를 연구한 결과는 취업이 비행을 줄이기보다는 증가시키는 관계를 보이는 것을 발견하였으며, 특히 일하는 시간이 많아질수록 그러한 관계는 더욱 뚜렷한 것으로 나타났다(Wright & Cullen, 2000). 이러한 결과에 대한 이론적 반발이 있었다는 것은 놀라운 일이 아닐 것이다. 롸이트(John Wright)가 미국범죄학회에서 통제이론의 예측과 달리 청소년취업과 비행 사이에 긍정적인 관계가 있다는 연구의 증거를 발표했을 당시에 그러한 결과가 나올 수 없다는 엄청난 반발이 있었다. 그러한 결과에 대한 이유가 꽤나 복잡해 보이지만(예를 들자면, 알콜과 마약 구입에 사용될 소비성 수입, 서로 다른 연령집단의 혼합, 일이 끝난 이후 감독의 부재 등) 그러한 연구결과는 이제까지 수차례나 반복해서 보고되고 있다.

## •• 신념

허쉬의 통제이론은 사람들이 공통된 신념을 가지도록 사회화되었음에도 불구하고 신념의 정도에는 차이가 있을 것임을 가정하고 있다. 전통적인 사회질서에 대한 사람들의 신념이 강할수록 그들이 범행할 가능성은 낮을 것이다. 허쉬는 법에 대한 신념이 약할수록 중화가 필수적으로 요구되지 않는다고 주장하였다.

## •• 사회유대이론에 대한 분석

허쉬는 범죄와 일탈을 설명하는 이론가들 중에서 개발단계에 상당한 경험적 연구의 대상이 된 이론을 제안한 몇 안 되는 이론가들 중 한명이다. 그의 저서 비행의 원인(1969)에서 허쉬는 캘리포니아주 리치몬드의 청소년 프로젝트에 참여한 3,605명의 소년에 대한 자기보고 자료, 경찰자료, 그리고 학교자료를 분석한 결과를 소개하였다. 데이터자료에 대한 분석은 그가 제시한 새로운 유형의 통제이론(사회유대이론)을 지지하였다(Hirschi, 1969). 그 이후 허쉬의 이론은 많은 범죄학자들의 경험적 연구에 의하여 지지되었다(Hindelang, 1973; Conger, 1976; Hepburn, 1977; Cernkovich, 1978; Krohn & Massey, 1980; Wiatrowski et all, 1981; Lasley, 1988). 사회유대이론의 기본 틀은 단지 소수의 범죄학자들에 의해 도전 받았을 뿐이지만 이론의 설명력이 약하고 주로 경한 범죄자들에게만 적용되었다는 비판은 자주 제기되었다.

사회유대이론에 대한 허쉬의 본래 연구(1969)에서는 여성이 제외되었으나 허쉬는 성별차이를 검증하기위한 추가적인 연구가 필요하다고 설명하였다. 그 이후 몇몇 범죄학자들이 여성 청소년들을 대상으로 사회유대이론을 검증하여 사회유대 변인들이 강한 설명력이 있다는 것을 발견하였다. 그러나 성인을 연구대상으로 한 최근의 한 연구(Li & MacKenzie, 2003)에서는 사회유대의 효과가 성별로 다르다는 것을 발견하였다. 또한 사회유대이론은 서로 다른 연령집단을 대상으로 검증되었고 연령집단에 따라 효과가 다양하다는 것을 발견하였다(LaGrange & White, 1985). 요약하자면, 사회통제 또는 사회유대이론에 대한 그동안의 경험적 연구결과가 상당히 성공적이었지만 보다 면밀하고 주의 깊은 연구에 의한 설명이 필요하다.

사회통제 혹은 유대이론의 중요한 단점은 인과관계에 대한 설명을 확실히 하지 못했다는 데 있다. 이 이론은 사회유대가 비행을 설명하는 것으로 가정한다. 즉, 약한 애착이 비행으로 연결되고 유대와 비행 사이의 상관관계는 그런 형태로 이해된다. 그러나 일탈행동이 사회유대의 약화를 초래한다는 설명도 그 만큼이나 일리가 있다. 사실상 거의 모든 사회통제이론에 대한 연구는 횡단자료에 의존하였기 때문에 인과관계의 순서를 다루는데 실패하였다. 애그뉴(1985; 1991)는 청소년을 대상으로 수집한 두 개의 종단자료를 분석하여 사회통제이론에 대한 매우 약한 지지만을 발견하였다. 애그뉴(1991: 150)는 이러한 자료가 "허쉬의 사회통제이론이 그렇게 중요하게 간주되어야 하는가에 대해 깊은 의문을 제기한다"고 결론 내렸다.

사회통제이론에 대한 두 번째 비판은 사회유대의 기원과 사회유대의 다양한 강도에 대한 설명을 등한시 했다는 점에 있다. 사회통제이론가들은 비행행위가 전통적인 사회질서에 대한 약한 유대의 결과라는 것을 확신한다. 이러한 설명은 범죄 또는 순응을 설명하고자 하는 학자들의 입장을 곤란하게 한다. 일탈 또는 순응하는 행동이 사회유대의 강도 때문이라고 하는 것은 단지 부분적 대답에 지나지 않는다. 만약 사회유대가 사람들의 행동에 책임이 있다면 가장 중요한 관심은 사회유대를 이해하는데 있을 것이다. 만약 허쉬가 주장한 것처럼 사회유대의 정도에 대한 차이가 존재한다면 그러한 차이를 설명하는 것이 필수적이다. 젊은 성인들을 대상으로 한 불법적인 마약 사용에 관한 한 연구에서는 마약사용자와 그렇지 않은 사람들 사이에서 사회유대의 차이를 발견하지 못했다(Kandel & Davies, 1991). 오히려 마약 사용자들은 그렇지 않은 사람들보다 친구에 대해 더 강한 애착을 보였다. 이러한 결과에 따라 연구자들은 통제이론적 관점보다는 문화비행이론이 마약사용을 설명하는데 더 적절하다고 결론지었다.

허쉬의 사회통제이론은 또한 이론적 배경에 대해서 비판을 받고 있다. 신켈(Willem Schinkel, 2002:140-141)은 사회통제이론이 동어반복적 이라고 주장하면서 "범죄자는 전통적인 것 보다는 비전통적인 것의 일부이기에 범죄자가 사회에 대해 약한 유대를 가지고 있다는 주장은 우리에게 전혀 새로운 것을 말해주지 못하며, 비전통적인 행위를 하는 사람인 범죄자는 그러므로 개념상 덜 전통적인 행위(왜냐하면 전통적인 행위가 곧 전통적인 사회와의 유대를 구성하기 때문에)를 하는 사람인 것이다"고 주장하였다.

사회유대이론을 구성하는 가정에 대해서도 의문스러운 점이 있다. 예를 들자면, 사람의 도덕성에 대한 허쉬의 설명은 인간이 본래 비도덕적이라고 여기는 것 같다. 허쉬의 관점에 의하면 인간은 사회유대에 의해서 통제되지 않으면 그들의 이익을 위해서는 무엇이든 할 수 있는 악한 존재이다. 신켈(2002: 126)은 유대의 요소 중 관여를 "규범은 따르지 않았을 경우에 발생할 결과에 대한 두려움 때문에 준수되는 것"이라고 요약하고 "허쉬가 총으로 누군가(예를 들어, 길버트 게이스)의 머리를 쏘지 않도록 하는 유일한 것이 그의 남은 인생을 감옥에서 보내야 한다는 것에 대한 허쉬의 두려움일까?"라는 의문을 제기한다. 그와 반대로 신켈은 도덕성은 순전히 억압된 힘 그 이상이라고 주장한다. 칸트의 주장에 따라 신켈은 도덕성은 허쉬가 주장하는 것처럼 인간에게 없는 것이 아니고 선택을 인간존재의 중심에 두고서 인간본성 속에 내재해 있다고 주장한다. 그러므로 허쉬가 주장하는 바와 같이 인간은 도덕성에 의해 통제되는 것이 아니라 자유롭게 도덕적 선택을 할 수 있다. 그러한 도덕적 선택이 사회유대이론에서처럼 독단적으로 분류되지는 않는다. 전통적인 것과 비전통적인 것은 그렇게 다르지 않다. 인간은 전통적인 사회에 강한 유대감을 가지고서도 비전통적인 활동에 관여할 수 있다. 부패한 정치인, 화이트 칼라범죄자, 또는 그릇된 성직자들은 이러한 설명을 뒷받침하는 좋은 증거에 해당한다.

통제이론의 정책적 효과는 긴장이론처럼 직접적이지는 않다. "상식적인" 관점에서 이해할 수 있는 것으로 간주되기도 한다. 사람들이 아이들을 양육하는데 있어서 어떻게 하려고 하는가의 중심에 통제이론이 있다. 엠피(Lamar Empey, 1982: 268)가 언급했듯이 "사람들이 사회의 모든 아이들보다 자신의 자녀에 더 관심을 가질 때 통제이론가들처럼 보인다." 애착은 가족, 학교, 여타 사회의 일차기관들을 강화할 것을 요구한다. 대부분의 부모들은 그들의 자녀들에 대해서 전통적인 사람 및 기관과의 애착을 증진시키기 위해 애를 쓴다. 참여는 운동장 및 여타 레크리에이션 기회를 개발할 것을 요구한다. 일반 가정에 있어서 이것은 아이들에게 체육활동, 취미활동, 그리고 다양한 과외활동을 장려하는 것으로 대체될 수 있다. 또한 부모들은 아이들이 순응을 발전시키기 위해서 자녀들에게 교육적, 전문적, 또는 사회적인 목표에 관여하도록 압력을 가하고 사회질서에 대한 신념을 촉진시키고자 한다.

## 갓프레드슨과 허쉬(Michael Gottfredson and Travis Hirschi) – 범죄에 대한 일반이론

다소 최근에 허쉬는 갓프레드슨(Michael Gottfredson, 1990)과 함께 낮은 자기통제력의 개념에 기반을 둔 범죄에 대한 일반이론을 제안하였으며 이것은 허쉬가 초기에 제안한 사회통제 또는 사회유대와는 반대되는 개념이다. 이 이론에 따르면 범죄는 낮은 자기통제력을 가진 범죄자가 상대적으로 낮은 수준의 위험으로 즉각적인 만족감을 얻을 수 있는 상황 또는 기회를 만났을 때 발생한다. 갓프레드슨과 허쉬는 범죄는 매우 단순한 반면 기회는 풍부하여 낮은 자기통제력을 가진 사람들이 범죄의 깊은 수렁 속에 빠지게 된다고 보았다. 자기통제는 어린 시절에 형성되기에 부모의 훈육과 관리만이 청소년 비행과 성인 이후의 범죄를 설명할 수 있는 변수로 제시되었다. 부모는 자녀의 행동에 관심을 갖고 잘못된 행위를 찾아내어 처벌함으로써 자녀들에게 자기통제를 심어줄 수 있다. 자녀의 부적절한 행위에 대한 부모의 적절한 감독과 훈육의 실패는 자녀의 낮은 자기통제력으로 귀결될 것이다.

갓프레드슨과 허쉬는 모든 범죄의 원인은 낮은 자기통제력이라고 주장하고(그래서 자기통제이론이 일반이론이라 불린다), 이러한 자기통제력의 특성이 여덟 살 때까지 형성되어 일생동안 안정적으로 유지된다고 보았다. 즉, 초등학교 때 부적절하게 행동하는 개인은 청소년시절에 비행 행위를 할 가능성이 크고 성인범죄는 물론 더 나아가 노년기의 일탈행위를 할 가능성이 크다. 그들은 낮은 자기통제력이 범죄와 비행뿐만 아니라 그와 유사한 행위이면서 비범죄적인 행동에도 영향을 준다고 주장한다. 과도한 음주, 흡연, 사회통념에 어긋나는 성행위와 사고까지도 그러한 행위의 사례이다. 즉, 자기통제력이 낮은 개인은 자신과 타인에게 문제를 유발하는 행동을 일관되게 지속할 것이다. 그들은 장기적인 목표를 희생하면서도 단기적인 쾌락을 추구하는 경향이 있다. 흡연과 음주로 건강은 악화될 것이고, 마약과 약물에 중독되어 있는 상황에서 하는 고위험 행동으로 사고가 발생하며, 모욕 등과 같은 자극에 폭력적인 대응을 하게 되면 형사상 기소될 수도 있다.

낮은 자기통제력은 몇 개의 특징적인 형태로 구성되어 있다. 통상적으로 낮은 자기통제력은 여섯 개의 요소를 구성하는 24개 문항의 척도로 그래스믹과 그의 동료들(Grasmick et al., 1993)에 의하여 조작화 되었다. 낮은 자기통제력을 가진 사람들은 이러한 여섯 가지 요소의 특징을 보이는 것으로 설명되고 있다. 여섯 개의 요소는:

1. 충동성: 낮은 자기통제력을 가진 사람들은 즉각적인 쾌락과 보상을 선호하고 욕구충족에 대한 참을성이 부족할 것이다.
2. 단순한 일: 계획이나 지적투자가 필요 없는 활동이 선호될 것이다.
3. 위험 추구: 위험한 행동에 대한 흥미는 가치가 있는 반면에 안전하고 신중한 활동은 지루할 것이다.
4. 육체적 활동: 육체적 노력이 지적활동보다 선호될 것이다.
5. 자기중심성: 낮은 자기통제는 다른 사람들의 요구와 이익에 둔감하고 자신의 욕구에

지나치게 민감한 특징을 가질 것이다.

6. 발끈한 성미: 낮은 자기통제력을 가진 사람은 쉽게 이성을 잃고 화를 낼 것이다.

갓프레드슨과 허쉬는 학습이나 문화전이 같은 낮은 자기통제의 실증주의적 근원을 배척하였다. 갓프레드슨과 허쉬는 누가 고의적으로 자손에게 문제가 있는 성격인 낮은 자기통제력을 물려주겠느냐고 반문한다. 허쉬의 초기 사회유대이론과 유사하게 자기통제력은 인생 초기에는 다소 낮다고 주장된다. 효과적인 자녀양육이 결핍되면 낮은 자기통제력은 지속될 것이다. 인생 초기의 8년 동안 아이의 행동이 적절히 보살핌을 받지 못하고 일탈행동이 처벌되지 않는다면 자기통제력은 낮은 수준에 머물 것이다. 이러한 상황은 개인의 일생 동안 지속될 것이다.

갓프레드슨과 허쉬는 그들이 고전주의 또는 억제이론과 실증주의 이론 사이의 괴리를 채워주는 이론을 전개하고 있는 것으로 생각한다. 자기통제이론이 인간 본성에 대하여 고전주의의 쾌락주의 관점에 근원을 두고 있는 반면에 자기통제력의 수준차이 때문에 모든 사람들의 똑같이 억제될 수 있는 것은 아니다. 따라서 실증주의적 관점에서처럼 범죄의 동기는 다양하지만 범죄를 위한 특정 동기 자체가 필요한 것은 아니며 기회와 더불어 낮은 자기통제력만이 필요하다. 그러나 이러한 것이 사람을 비행에 빠지도록 내몰지는 않는다(실증주의자들이 일반적으로 그들의 독립변수에 대하여 강하게 주장하듯이). 사람의 선택을 형성하는 것은 성격상의 특성이나 개인적 요인이다. 갓프레드슨과 허쉬는 모든 범죄를 흥분되고, 계획과 기술을 거의 필요로 하지 않으며, 장기적인 이득을 제공하지 않는 행위로 묘사하였다.

## •• 일반이론에 대한 분석

범죄에 대한 일반이론 또는 낮은 자기통제이론은 현재 가장 많이 인용되고 검증된 범죄에 대한 설명이다. 이 이론은 최근 서로 다른 문화 간의 검증에도 적용되고 있다. 연구에 따르면 미국의 백인과 흑인(Vazsonyi & Crosswhite, 2004), 러시아인(Tittle & Botchkavar, 2005)과 스위스인(Vazsonyi & Klanjsek, 2008) 표본 사이에 비슷한 결과가 발견되며, 여성들 사이에서도 남성집단에서 만큼 강하지는 않더라도 일반적으로 자기통제이론이 지지되고 있다. 낮은 자기통제력과 광범위한 유형의 범죄 및 범죄유사행위 사이에 관계의 수준이 높지는 않다 하더라도 대부분 일관성 있는 연관관계가 관찰되고 있다. 낮은 자기통제력은 학교에서의 부정행위(Cochran et al., 1998), 데이트폭력(Sellers, 1999), 폭음(Gibson et al., 2004), 그리고 청소년기 성행위(Hope & Chapple, 2005) 등과 관계있는 것으로 발견되고 있다. 이런 측면은 일반이론이 모든 일탈행동을 설명하고자 의도했다는 점을 상기해 보았을 때 중요해 보인다. 이러한 경향은 라이식과 프렛(Michael Reisig & Travis Pratt, 2011)의 500명의 학부학생들에 대한 일탈적 사회행동에 대한 연구에서도 일관되고 확인된다. 그들은 자기통제력이 낮은 학생들일수록 공공장소에서 방귀뀌기나 음란한 용어사용은 물론 만취상태에서 저녁에 전화를 하는 등의 일탈적 사회행동을 하는 정도가 높다는 것을 확인하였다. 많은 다른 유형의 일탈과 비행도 또한 낮은 자기통제력과 유의미한 관계가 있음이 확인되고 있지만, 연구자들은 낮은 자기통제력 이외의 다른 변인들도 비행과 그만큼 또는 더 강한 관계를 형성하는 것을 발견하였다(e.g., Evans et al., 1997; Gibson & Wright, 2001; Gibbs & Giever, 1995; Wright et al., 1999; Wright & Cullen, 2000). 자기통제이론의 경험적지지에 대한 전반적인 평가연구는 프렛과 큘른(Travis Pratt and Frank Cullen, 2000)에 의해서 수행되었다. 그들은 낮은 자기통제력의 범죄에 대한 예측력이 폭넓게 지지되지만 다른 변인, 특히 사회학습변인들 또한 범죄예측 역할을 하는 것으로 결론지었다.

자기통제와 사회학습 간 범죄에 대한 설명에 있어서의 경쟁은 첨예하다. 모든 종류의 일탈이 가족의 일탈경력으로부터 야기되며 사람들이 친구들과 닮아간다는 것은 다분히 일반화 된 사실이다. 문제는 가족의 행위경향이 일탈적 가족환경으로부터의 학습과정에 의한 것인지 아니면 그런 가족관계가 자기통제를 배양하는데 실패함으로써 후손들이 낮은 자기통제력 때문에 비행을 하도록 방치한 것에 기인하느냐에 있다. 비행친구 관계에 있어서 경쟁적인 측면은 친구관계가 (1) 규범과 가치를 학습하는데 있어서 중요한 것인지 (2) 아니면 단순한 "유유상종"의 유형으로 낮은 자기통제력을 가진 사람들이 비슷한 동료를 찾거나 통제불능인 생활방식이 그들을 한데 모이게 하는 것인지에 대한 것이다. 63,000명의 미국 전역 청소년들에 대한 연구에서 영(Jacob Young, 2011)은 친구관계가 자기통제에 의해서 형성된다기보다는 연령, 성별, 사회경제적 지위 등의 영향력이 더 큰 것을 확인할 수 있었다. 이러한 발견은 친구 간 행동의 유사성을 설명하는 사회학습의 견지와 일관된 것이다.

차별교제이론의 견지에서 논의되었던 가정폭력에 대한 문제를 다시 살펴보자면, 어렸을 때 가족의 폭력에 노출된 사람들이 어른이 되었을 때 가정폭력의 가해자나 피해자가 될 위험성이 높다는 것이 널리 알려진 범행경향이다. 자기통제는 이러한 범행경향에 대한 경쟁적 가설을 제시한다. 패인과 그의 동료들(Bryan Payne and his colleagues, 2011)은 최근 이러한 설명에 대한 검증을 시도하였다. 부모에 의한 가정폭력이 "형편없는 자식교육"에 대한 유사변인으로 간주되는 경우에는 자기통제력 배양에 문제를 초래하고 낮은 자기통제력으로 귀결되어 결과적으로 성인이 되었을 때 가정폭력을 야기한다. 이러한 관계를 검증하기 위하여 그들은 375명의 버지니아 남동부 주민들로부터 전화면접 자료를 수집하였다. 다른 연구에서와 마찬가지로 그들은 어린 시절의 가정폭력 경험이 어른이 되었을 때 배우자 폭력과 연관되어 있으며 낮은 자기통제력이 배우자 폭력과 관련 있음을 발견하였다. 그들은 그러나 어렸을 때 부모들의 폭력에 노출된 것이 자기통제력의 수준에 영향을 미치는 관계를 찾지는 못했다. 이에 대해 저자들은 여러 가지 이유가 있을 수 있다고 하면서도 배우자 간 가정폭력을 설명함에 있어서 자기통제이론이 사회학습이론보다 우월하다는 것을 증명하는데 실패하였기 때문이라고 단정하였다.

체플(Constance Chapple, 2005)에 의해 수행된 최근의 연구는 낮은 자기통제력 변인들을 사회학습을 포함한 다른 이론적 틀에서 제시하는 변인들과 통합하였을 때 장점이 크다는 것을 보여주고 있다. 그녀는 낮은 자기통제력이 친구관계를 단절시키는 것을 발견하였는데 이것은 낮은 자기통제력이 대인관계를 훼손하고 비행친구와의 교제를 초래한다는 갓프레드슨과 허쉬의 주장과 일관된 것이었다. 이러한 문제들은 결국 개인이 비행행동을 하는데 이바지한다. 코프만과 그녀의 동료들(Elizabeth cauffman and her colleagues, 2005)의 연구에서는 낮은 자기통제력이 비행을 예측하는 것과 동일하게 심장박동수(생물학적 변인)와 공간지각력(신경심리학적 측정도구) 또한 그러하였으며 이런 변인들은 낮은 자기통제력의 효과가 통계적으로 통제된 이후에도 계속해서 비행을 예측하였다. 그와 일관된 연구로 히긴스(George Higgins, 2005)는 대학생들의 소프트웨어 저작권법 침해를 설명하는데 있어서 낮은 자기통제력이 의미 있다는 것을 확인하였으나 도덕적 신념, 침해에 대한 태도, 그리고 친구의 행위 등 다른 변인들이 낮은 자기통제력보다 더 강한 영향을 미치는 것을 발견하였다.

갓프레드슨과 허쉬의 이론이 제시하는 정책적인 시사점은 명백하다. 자기통제는 인생의 초기에 이것이 형성된다고 설명되기에 어린이이들, 특히 열악한 부양환경에 노출된 남자아이들의 자기통제를 향상시키기 위한 프로그램에 가치를 둔다. 어린이들의 자기통제 향상을 위한 프로그램들을 평가한 34개 연구를 메타분석한 결과에 따르면 이러한 노력이 자기통제 수준을 향상시키고 비행을 줄이는데 상당히 성공적이다(Piquero et at., 2010).

폭넓은 관심과 상당한 경험적 지지가 있음에도 불구하고 범죄에 대한 일반이론은 많은 비판을 받아 왔다(예를 들어 Akers, 1994; Delisi et al., 2003; Geis, 2000; Tittle, 1995 참조). 일반이론에 대한 비판은 경험적이고 이론적 범주로 압축될 수 있다. 경험적인 비판은 검증연구가 어떤 방식으로 수행되었는지에 대한 것과 허쉬와 갓프레드슨에 의해서 제기된 모든 이론적 주장을 지지하는 증거를 발견하지는 못했다는 사실과 관련된다. 이론적인 비판은 이론의 논리에 초점을 맞추고 있다.

경험적 문제에 있어서 가장 큰 관심사는 자기통제력이 어떻게 조작화 되었는가에 관한 것이다. 그래스믹과 그의 동료들(Grasmick et al., 1993)의 척도는 가장 널리 사용되었는데 자기통제력의 개념이 단차원적인 것인지 아니면 다양한 요인의 결합으로 개념화되는 것이 최선인지가 그 척도에 대한 논란의 중점적인 내용이다(Piquero et al., 2000; Delisi et al., 2003 참조). 어떤 학자들은 자기통제력이 단일개념이라고 주장하지만(e.g., Nagin & Paternoster, 1994; Piquero & Tibbetts, 1996; Polakowski, 1994), 다른 학자들은 하위척도(예를 들어, 충동성)의 서로 다른 예측능력이 자기통제력을 단차원적인 개념으로 생각해서는 안된다는 것을 보여주고 있다고 주장한다(Arneklev et al., 1993; Delisi et al., 2003; Wood et al., 1993).

자기통제력 개념에 관한 경험적인 연구결과들은 또한 그다지 강한 효과를 보여주지 못했다는 비판을 받고 있다. 비록 자기통제력이 다양한 비행과 관계가 있다는 일관된 연구결과가 있지만 관계의 강도는 대부분 약하거나 보통 수준이다. 이것은 범죄학 연구에 있어서 통계적 유의성이냐 실제적 중요성이냐에 대한 근본적인 문제를 야기한다(이 주제에 대한 논의는 Brown, 1989 참조). 요컨대 관계(예를 들자면, 자기통제력과 비행의 관계)는 통계적으로 유의미할 수 있으나 실제적으로는 그렇게 중요하지 않을 수 있다. 통계적으로 유의미한 관계는 그러한 관계가 다른 표집에 대해서도 일관되게 나타날 것이라는 확신을 심어주는 반면에 실제적으로 중요한 관계는 매우 강한 의미를 갖는다. 자기통제력 변인들은 통계적으로는 종종 유의미하지만 실제적인 중요성은 대부분 제한적이다(Stylianou, 2002).

일반이론에서 논란거리가 되는 또 다른 중요한 경험적 주장이 있다. 예를 들자면, 일반이론은 자기통제력이 8세 전후까지 형성되고 일생 동안 유지된다고 설명하지만 다른 이론들은 이와 대조적인 관점을 보이고 있다. 인생항로 또는 발달이론(제10장 참조)은 비행성향이 삶의 경험에 따라 계속적으로 변하는 것으로 간주한다. 또한 최근의 연구에 따르면 자기통제력이 다양한 요인들의 영향을 받는다는 근거가 있다. 한 연구(Longshore et al., 2005)는 약한 유대가 낮은 자기통제력을 야기한다는 것을 보여주었다. 다른 연구에서는 자기통제력의 발달이라는 측면에서 남자와 여자는 훈육방식에 다르게 반응하는 것을 발견하였다(Blackwell & Piquero, 2005). 또 다른 연구에서는 부모의 감독뿐만 아니라 부정적인 이웃환경도 낮은 자기통제력을 설명할 수 있다는 것을 발견하였다(Pratt et al., 2004). 대체로 다른 변인에 있어서는 자기통제이론과 일관된 결과를 보고하면서도 ADHD(주의력결핍 과잉행동장애)가 낮은 자기통제력에 영향을 미치는 주요한 변인임을 발견함으로써 자기통제이론과 차이가 있는 결과를 보고한 연구도 있다(Unnever, 2003). 사실상 이 연구에서는 낮은 자기통제력이 ADHD 청소년들로 하여금 일탈행동의 위험에 노출되도록 하는 유일한 장치라고 결론지었다. 이와 유사하게 비버와 그의 동료들(Kevin Beaver and his colleagues, 2008)은 언어능력과 자기통제력 사이에 상당한 관계가 있음을 찾아내었다. 마지막으로 터너와 그의 동료들(Michael Turner and his fellow researchers, 2005)은 자기통제력의 근원이 주로 부모의 양육에 있음을 확인하면서도, 적어도 아주 낙후되지 않은 평범한 지역사회에서는 자기통제력이 학교교육에 의해서도 향상될 수 있다고 주장하였다. 그들은 자기통제력을 형성하는 복잡성을 아래와 같이 요약하였다.

> 이 연구는 갓프레드슨과 허쉬(1990)의 주장과는 대조적으로 자기통제의 기원 또는 근원이 부모훈육에 의한 단순한 사회화보다 훨씬 더 복잡하다는 것을 보여주고 있다. 그러므로 갓프레드슨과 허쉬가 이론적 간결성을 위해 이론의 정확성을 희생하였는데 이것이 곧 자기통제의 원인, 더 나아가 결국 비행과 범죄의 원인의 복잡성을 잠재적으로 과소평가한 것이라고 주장될 수 있다(Turner et al, 2005: 336).

자기통제이론에 대한 또 다른 흥미로운 연구는 이 이론을 범죄피해와 연관 짓는다. 연구자들은 낮은 자기통제력이 사람들을 범죄피해의 위험에 노출시킨다는 명제를 검증하였다. 이러한 접근은 피해자연구와 잘 융합하여 범죄를 설명하기위한 일반이론의 노력과 더불어 피해자와 가해자 사이의 상당히 중첩된 측면을 보여준다. 이러한 접근을 시도한 연구 중에서 스튜어트와 그의 동료들(Eric Stuart and his colleagues, 2004)은 여성 마약사용자들에 대한 관찰을 통해 낮은 자기통제력이 생활양식을 통제한 후에도 그들의 폭력적인 범죄피해에 기여하는 것을 발견하였다(생활양식이론에 대한 논의는 제5장 참조). 피케로와 그의 동료들(Alex Piquero and his colleagues, 2005)은 낮은 자기통제력이 폭력적 범죄와 살인 피해 모두에 관련되어 있음을 발견하였다(피해자 촉발에 대한 논의는 제11장 참조). 폭스와 그녀의 동료들(Kathleen Fox and her colleagues, 2009)은 여성들의 스토킹 피해가 낮은 자기통제력과 관련 있다고 보고하였다. 이러한 연구결과들은 자기통제력이 낮은 사람들은 실업, 관계지속의 어려움, 범죄행위, 사고를 포함한 일련의 문제에 직면할 것이라는 갓프레드슨과 허쉬의 주장과 일치한다. 이러한 검증결과는 범죄피해의 위험이 자기통제력이 낮은 사람들의 역경에 추가되는 또 다른 생의 위험임을 지적하고 있다.

이론적인 우려는 일반이론에 대한 비판에 있어서 훨씬 핵심적인 내용이다. 가장 알려진 비판 중 하나는 논리전개가 순환적이라는 의미의 '동어반복'의 문제이다. 자기통제력과 범죄행동 또는 유사범죄행동에 대한 성향이 독립적으로 정의되는 것이 아니고 하나의 같은 개념이라는 것이다. 즉, 이 이론은 낮은 자기통제력을 일탈행동을 하는 사람이라는 관점에서 정의하는 동시에 낮은 자기통제력은 일탈의 원인이라고 주장한다. 따라서 가설은 낮은 자기통제력이 낮은 자기통제력을 유발한다는 것이 된다. 사실상 몇몇 연구자들은 일탈행동을 낮은 자기통제력의 유사개념으로 사용하여 이것이 일탈행동을 예측한다는 보고를 한바 있다(예를 들자면, Evans et al.,1997; La Grange & Silverman, 1999; Redmon, 2003; Wright et al., 1999). 그러나 스타일리아누(Stelios Stylianou, 2002: 536)는 "우리는 범죄 그리고 유사범죄행동을 낮은 자기통제력의 측정도구로 사용할 수 없다. 다양한 범죄행동과 유사범죄행위간의 상관관계는 인과관계가 아니라 그들의 유사성에 대한 증거이다"라고 주장하였다. 그러한 상관관계는 자기통제이론보다는 사회학습이론을 지지하는 것으로 해석될 수 있다. 다양한 일탈행동들 간의 연관성은 어떤 사회적 환경이 그러한 일탈행동을 하기위해 요구되는 태도와 기술을 학습하는 것과 관련되어 있다는 것을 의미한다 (Stylianou, 2002).

또 다른 문제는 갓프레드슨과 허쉬의 기회변인에 대한 상대적인 무관심에 있다. 개인이 만나게 되는 범죄기회는 자기통제력보다 더 중요할 수 있다. 기회가 없다면 낮은 자기통제력은 범죄나 유사범죄행동을 그렇게 잘 예측할 수 없을 것이다. 헤이와 포레스트(Carter Hay and Walter Forrest, 2008)는 이 지나친 단순화가 이론의 설명력을 약화시킨다고 주장한다. 일상활동 요소를 연구모형에 추가한 이후에 그들은 감독받지 않는 친구관계와 친구와 보낸 시간의 정도 모두가 낮은 자기통제력이 다양한 일탈행동에 끼치는 영향에 독립적으로 기여함은 물론이고 그 영향을 강화한다는 것을 발견하였다. 다른 연구자들도 이러한 강화효과를 지지하는 발견을 하였다. 즉, 낮은 자기통제력과 더불어 범행에 참여할 더 많은 기회를 가진 개인은 훨씬 더 높은 수준의 범행을 야기한다(Cochran et al., 1998; Grasmick et al., 1993; Piquero & Tibbetts, 1996; Sellers.1999).

모든 범죄와 비행을 설명할 수 있다고 주장한 다른 이론들(예를 들자면, 고전적 억제이론, 차별교제이론 등)은 다른 행동에 비해 특정 형태의 행동에 잘 맞는다는 비판에 직면하곤 한다. 갓프레드슨과 허쉬의 일반이론 또한 동일한 비판을 받는다. 그동안의 연구는 낮은 자기통제력이 다양한 범행을 예측한다는 것을 발견하였지만 모든 범죄 특히 화이트칼라 범죄를 설명함에 있어서 이 이론의 적용가능성에 대해서는 의문이 생긴다(Reed & Yeager, 1996). 이론의 논리로 돌아와서 살펴보자면, 갓프레드슨과 허쉬는 모든 범죄가 계획되기보다는 즉흥적이고, 기술이 거의 필요하지 않고, 이득이 많지 않다고 주장한다. 이러한 가정은 화이트 칼라범죄, 조직범죄 및 그러한 유형의 다른 범죄에 대한 범죄학적 이해를 전체적으로 거부하는 듯하다. 낮은 자기통제력은 그 이론이 주장하는 것처럼 모든 유형의 범죄가 아닌 특정 유형의 범죄를 이해하는데 중요한 개념으로 밝혀졌다고 하여도 지극히 타당해 보인다. 즉, 연구결과에 의한 증거들은 낮은 자기통제를 지지하지만 그 이론을 모든 범죄에 대해서 일반적으로 적용하는 것에 대해서는 지지하지 않는 것으로 명확히 정리될 수 있다.

다른 이론가들은 일반이론 또는 낮은 자기통제이론의 이론적 공헌을 평가하는 데 있어서 인색하다. 예를 들자면, 레드몬(Davis Redmon, 2003)은 최근에 혹독한 이론적 고발을 하였다. 그는 낮은 자기통제력이 마르디그라 축제에서 사람들이 스스로 보고한 외설적 행동(노출이나 공공장소에서의 성행위)을 설명할 수 있는지를 밝혀내려고 하였다. 그는 범죄적/유사범죄적 행동들(주먹다짐과 약물사용의 횟수)의 5분의 2가 외설적인 행동을 예측하는 것을 발견하였다. 그러나 그는 연구대상자들과의 질적 면접 결과가 낮은 자기통제력을 지지하지는 않는다고 결론 내렸다. 외설적 행동에 대해 가장 빈번히 언급된 설명은 "매일의 지루한 일에 대한 불만" 이었다. 연구대상자들이 상당히 자기통제적인 삶을 영위하고 있었기 때문에 낮은 자기통제력이 일탈의 원인은 아니었다. 레드몬(Redmon, 2003:381)은 "응답자들은 외설적인 행동이 그들을 자기통제력으로부터 일시적으로 자유롭게 한다고 믿는다"라고 설명하였다. 레드몬(2003:384-385)은 "사람들은 자기통제력이 부족하기 때문에 외설적인 행동을 하는 것이 아니다. 외설적인 행동을 하는 것은 자기통제력을 유지하기위한 방법이지 자기통제력이 부족한 결과는 아니다"고 결론지었다. 다시 말하자면, 외설적 행동, 주먹다짐, 약물사용은 부적절한 자기통제의 결과라기보다는 자기통제에 대한 과도한 요구의 결과로 볼 수 있다.

레드몬(Redmon, 2003)의 비판은 자기통제이론의 실증적 타당성과 논리적 구조를 넘어 이념적 기초에 대한 것이다. 그는 자기통제이론을 "사람들을 좀 더 효과적으로 관리하기위한 목적으로 낮은 자기통제라는 오명으로 그들을 정죄하고 낙인 주도록 의도된 전문지식의 한 형태이며, 그것의 진정한 힘은 낙인된 사람들로 하여금 스스로 감시하고, 경계하고, 근신하도록 하는데 있다"(2003:387-388)고 설명한다. 이것은 "즉흥성, 즐기는 감정, 근시적인 행동을 제거하는 대가"로 이루어진다(2003:389). 범죄에 대한 일반이론 또는 낮은 자기통제이론은 매우 넓은 범주의 행동을 자기통제력의 결핍에 따른 징후로 설명하면서 다분히 보수적인 정책의제를 제시한다. 더욱이 이러한 자기통제력의 결핍은 치유될 수 없는 것이기에 그러한 개인으로 하여금 일탈행동에 관여할 기회를 갖지 않도록 할 필요가 있다.

## 요약

이 장에서는 사회과정이론을 살펴보았다. 이 관점에서 살펴본 이론들은 사회과정이나 상호작용이 범죄와 연관된 것으로 분석한다. 사회과정이론들은 미시이론적 초점을 가지는 경향이 있다. 즉, 이러한 이론들은 어떠한 과정으로 개인이 법 위반자가 되는지를 살펴본다. 이러한 이론들은 사회학적인 변인과 심리학적인 변인을 융합하기 때문에 사회심리학적 이라는 명칭이 붙는다. 사회구조적 이론들과 달리 대부분의 사회과정이론들은 사회계층구조의 어떤 특정부분에 초점을 제한하지는 않는다. 이 장에서는 세 집단의 이론들이 사회과정의 범주 내에 포함되었다. 즉, 사회학습이론, 문화갈등이론, 그리고 사회통제이론이 그것이다.

차별교제이론의 저자 서덜랜드(Edwin H. Sutherland)는 일반적으로 학습이론의 주역으로 간주된다. 마지막으로 제시된 유형에서 차별교제이론은 아홉 개의 원리로 구성되었다. 핵심원리는 사람이 과도하게 법위반에 대해 우호적인 정의를 갖게 되면 범죄자가 된다고 단정한다. 차별교제이론은 미국의 범죄학 연구에서 사회학적인 관점을 주도적인 위치에 올리는데 공헌했다는 점에서 특히 중요하다. 에이커스(Ronald Akers)의 사회학습이론은 추가적인 학습의 원리를 융합하여 차별교제이론을 확대하였다.

문화갈등 또는 문화비행이론은 학습이론에서 출발한다. 이 이론의 기초개념은 범죄와 일탈이 하위문화의 환경 속에서 일반적인 행동처럼 학습된다는 것이다. 셀린(Thorsten Sellin)은 이 이론적 전통의 선구자였으며 울프강과 페레쿠티(Marvin Wolfgang and Franco Ferracuti)가 "폭력의 하위문화이론"으로 셀린의 뒤를 따랐다. 밀러(Walter Miller)는 하위계층에 초점을 맞추었고 하위계층의 구성원들로 하여금 법을 위반하게 만드는 독특한 하위계층만의 중점관심이 있다는 것을 제안하였다. 앤더슨(Elijah Anderson)의 길거리 법칙은 이러한 전통을 따르는 가장 최근의 잘 알려진 이론에 해당한다. 이러한 이론의 많은 범죄학적 논의는 미국의 남부지역을 오랜 기간 특징 지웠던 높은 비율의 폭력과 살인에 집중되었다.

학습이론이나 문화비행이론에서처럼 사회통제이론은 범죄를 범죄유발 요인의 산물이라기보다는 사회통제의 실패 때문에 발생하는 것으로 간주하였다. 통제이론은 가치합의와 자유의지에 대한 가정에 뿌리를 두고 있다. 통제이론의 관점에서 사이크스와 마짜(Gresham Sykes and David Matza)가 제시한 중화이론의 핵심은 사람들이 궁극적으로 법을 신뢰하기 때문에 법위반 이전에 변명에 대한 구실을 만들어야 한다는 논리이다. 허쉬(Travis Hirschi)의 사회통제 또는 사회유대이론은 통제이론적인 관점에서 가장 대표적인 이론으로 간주된다. 허쉬는 사람들을 통제하는 역할을 하는 사회유대의 네 가지 요소를 제안하였다. 그는 법에 대한 사회유대가 약할수록 개인은 법에 의해 제약될 가능성이 적다고 주장하였다.

갓프레드슨과 허쉬의 범죄에 대한 일반이론은 최근에 폭넓게 논의되고 있는 이론들 중 하나이다. 그들은 자기통제가 범죄와 비행뿐만 아니라 유사한 여러 행위의 중심에 있다고 본다. 자기통제력은 여덟 살 때까지 형성되어 고착되는 것으로 주장되었다. 자기통제이론은 상당히 많이 검증되었고 이론에 대한 경험적 지지가 다소 일관적임에도 불구하고 범죄율에 있어서 비교적 적은 양의 변량만을 설명한다. 자기통제이론은 또한 이론적인 측면에서도 강한 비판을 받고 있다.

08

## 주요 용어 및 개념

유사행위(Analogous Acts)
더 큰 충성심에의 호소
애착(Attachment)
자유분방(Autonomy)
신념(Belief)
길거리 법칙(Code of the Street)
관여(Commitment)
비난자에 대한 비난
영악함(Smartness)
유대이론(Bond Theory)
사회통제이론(Social Control Theories)
사회학습이론(Social Learning Theory)
사회과정이론(Social Process Theories)
사회심리이론(Social Psychological Theories)
유연한 결정주의(Soft Determinism)
차별교제(Differential Association)
중화기술(Techniques of Neutralization)
강인함(Toughness)
골칫거리(Trouble)
중점관심(Focal Concerns)
범죄에 대한 일반이론
참여(Involvement)
학습이론(Learning Theories)
낮은 자기통제(Low Self-Control)
일차적 문화갈등
이차적 문화갈등
통제이론
문화비행(Cultural Deviance Social)
문화전이(Cultural Transmission)
문화갈등(Culture Conflict)
손상의 부정(Denial of Injury)
책임의 부정(Denial of Responsibility)
피해자의 부정(Denial of Victim)
폭력의 하위문화(Subculture of Violence)
상징적 상호작용(Symbolic Interaction)
표류(Drift)
자극성(Excitement)
운(Fate)

## 주요 범죄학자들

Ronald Akers
Donald R. Cressey
Franco Ferracuti
Daniel Glaser
Michael Gottfredson
Travis Hirschi
David Matza Marvin Wolfgang
Walter Miller
Thorsten Sellin
Edwin H. Sutherland
Gresham Sykes
Gabriel Tarde
Charles Tittle

## 토론 문제

1. 서덜랜드가 범죄학 분야에 기여한 바를 설명하시오.
2. 사람들은 어떻게 나쁜 행위를 배우는가? 그러한 행위가 영화, 음악, 또는 비디오게임으로부터 학습될 수 있다고 보는가?
3. 학습과 문화갈등 이론들 간의 관계는 무엇인가?
4. 일차적 문화갈등과 이차적 문화갈등을 구별하여 설명하시오.
5. 합리화와 중화의 차이를 설명하시오. 범죄학자들이 중화를 통해 설명하고자 시도했던 범죄와 비행의 사례에 대해 논하시오.
6. "유사행위"를 정의하고 어떻게 그것이 갓프레드슨과 허쉬의 범죄에 대한 일반이론에서 중요한 위치를 차지하는지 설명하시오.
7. 갓프레드슨과 허쉬의 범죄에 대한 일반이론에 가해진 비판에 대해 논하시오.

## 참고문헌

Adams, L.R. (1973). "Differential Association and Learning Principles Revisited." *Social Problems,* 20:458-470.

Agnew, R. (1995). "The Techniques of Neutralization and Violence." *Criminology*, 32:555-580.

Agnew, R. (1991). "A Longitudinal Test of Social Control Theory and Delinquency." *Journal of Research in Crime and Delinquency,* 28:126-156.

Agnew, R. (1985). "Social Control Theory and Delinquency: A Longitudinal Test." *Criminology*, 23:47-61.

Akers, R.L. (1994). *Criminological Theories: Introduction and Evaluation*. Los Angeles, CA: Roxbury.

Akers, R.L. (1990). "Rational Choice, Deterrence, and Social Learning Theory: The Path Not Taken." *Journal of Criminal Law and Criminology*, 81:653-676.

Akers, R.L. (1985). *Deviant Behavior: A Social Learning Approach*, Third Edition. New York, NY: Wadsworth.

Akers, R.L. (1973). Deviant Behavior: *A Social Learning Approach*. Belmont, CA: Wadsworth.

Akers, R.L. & J.K. Cochran (1985). "Adolescent Marijuana Use: A Test of Three Theories of *Deviant Behavior*." Deviant Behavior, 6:323-346.

Akers, R.L. & G. Lee (1996). "A Longitudinal Test of Social Learning Theory: Adolescent Smoking." *Journal of Drug Issues*, 26:317-343.

Anderson, E. (1999). *Code of the Street: Decency, Violence, and the Moral Life of the Inner City*. New York: W.W. Norton.

Antonaccio, O. & C.R. Tittle (2008). "Morality, Self-Control, and Crime." *Criminology*, 46, 479-510.

Arneklev, B.J., H.G. Grasmick, C.R. Tittle & R.J. Bursik (1993). "Low Self-Control and Imprudent Behavior." *Journal of Quantitative Criminology*, 9:225-247.

Ball, R.A. (1983). "Development of Basic Norm Violation." *Criminology*, 21:75-94.

Ball-Rokeach, S.J. (1973). "Values and Violence: A Test of the Subculture of Violence Thesis." *American Sociological Review*, 38:736-749.

Beaver, K.M., M. Delisi, M.G. Vaughn, J.P. Wright & B.B. Boutwell (2008). "The Relationship Between Self-Control and Language: Evidence of a Shared Etiological Pathway." *Criminology*, 46:939-970.

Bernard, T.J. (1990). "Angry Aggression among the 'Truly Disadvantaged.'" *Criminology*, 28:73-96.

Blackwell, B.S. & A.R. Piquero (2005). "On the Relationships between Gender, Power Control, Self-Control, and Crime." *Journal of Criminal Justice*, 33:1-17.

Brauer, J.R.(2009). "Testing Social Learning Theory Using Reinforcement's Residue: A Multilevel Analysis of Self-Reported Marijuana Use in the National Youth Survey." *Criminology*, 47: 929-970.

Brezina , T., R. Agnew, F.T. Cullen & J.P. Wright (2004). "The Code of the Street: A Quantitative Assessment of Elijah Anderson's Subculture of Violence Thesis and its Contribution to Youth Violence Research." *Youth Violence and Juvenile Justice*, 2: 303-328.

Brown, S.E. (1989). "Statistical Power and Criminal Justice Research." *Journal of Criminal Justice*, 17:115-122.

Cauffman, E., S. Steinberg & A.R. Piquero (2005). "Psychological, Neuropsychological and Physiological Correlates of Serious Antisocial Behavior in Adolescence: The Role of Self-control." *Criminology*, 43(1):133-176.

Cernkovich, S.A. (1978). *The American Occupational Structure*. New York, NY: John

Wiley and Sons.

Chappell, A.T. & A.R. Piquero (2004). "Applying Social Learning Theory to Police Misconduct." *Deviant Behavior*, 25:89–108.

Chapple, C.L. (2005). "Self-Control, Peer Relations, and Delinquency." *Justice Quarterly*, 22(1):89–106.

Cochran, J.K., P.B. Wood, C.S. Sellers, W. Wilkerson & M.B. Chamlin (1998). "Academic Dishonesty and Low Self-Control: An Empirical Test of a General Theory of Crime." *Deviant Behavior*, 19:227–255.

Coleman, J.W. (1994). *The Criminal Elite: The Sociology of White Collar Crime*. New York: St. Martin's Press.

Conger, R.D. (1976). "Social Control and Social Learning Models of Delinquent Behavior." *Criminology*, 14:17–39.

Copes, H. (2003). "Societal Attachments, Offending Frequency, and Techniques of Neutralization." *Deviant Behavior*, 24:101–127.

Costello, B. (2000). "Techniques of Neutralization and Self-Esteem: A Critical Test of Social Control and Neutralization Theory." *Deviant Behavior*, 21:307–29.

Costello, B. (1998). "The Remarkable Persistence of a Flawed Theory: A Rejoinder to Matsueda." Theoretical Criminology, 2:85–92.

Costello, B. (1997). "On the Logical Adequacy of Cultural Deviance Theories." Theoretical Criminology, 1:403–428.

Cretacci, M. (2003). "Religion and Social Control: An Application of a Modified Social Bond on Violence." Criminal Justice Behavior, 28(2):254–277.

Dabney, D. (1995). "Neutralization and Deviance in the Workplace: Theft of Supplies and Medicines by Hospital Nurses." Deviant Behavior, 16:313–331.

Delisi, M., A. Hochstetler & D.S. Murphy (2003). "Self-Control Behind Bars: A Validation Study of the Grasmick et al. Scale." Justice Quarterly, 20:241–263.

Deschenes, E.P. & F.A. Esbensen (1999). "Violence and Gangs: Gender Differences in Perceptions and Behavior." Journal of Quantitative Criminology, 15:313–331.

Elliott, D.S., S.S. Ageton & D. Huizinga (1985). Explaining Delinquency and Drug Use. Beverly Hills, CA: Sage Publications.

Empey, L.T. (1982). American Delinquency: Its Meaning and Construction. Homewood, IL:

Dorsey Press.

Esbensen, F.A. & E.P. Deschenes (1998). "A Multisite Examination of Youth Gang Membership: Does Gender Matter?" Criminology, 35:475–495.

Evans, D.T., F.T. Cullen, V.S. Burton, Jr., R.G. Dunaway & M.L. Benson (1997). "The Social Consequences of Self-Control: Testing the General Theory of Crime." Criminology, 35:475–495.

Evans, R.D. & D.A. Porche (2005). "The Nature and Frequency of Medicare/Medicaid Fraud and Neutralization Techniques among Speech, Occupational, and Physical Therapists." Deviant Behavior, 26:253–270.

Fox, K.A., A.R. Grover & C. Kaukinen (2009). "The Effects of Low Self-Control and Childhood Maltreatment on Stalking Victimization among Men and Women." American Journal of Criminal Justice, 34:181–197.

Gailey, J.A. & A. Prohaska (2006). "'Knocking off a Fat Girl:' An Exploration of Hogging, Male Sexuality, and Neutralizations." Deviant Behavior, 27:31–49.

Geis, G. (2000). "On the Absence of Self-Control as the Basis for a General Theory of Crime." Theoretical Criminology, 4:35–53.

Gibbs, J.J. & D. Giever (1995). "Self-Control and Its Manifestations among University Students: An Empirical Test of Gottfredson and Hirschi's General Theory." Justice Quarterly, 12:231–255.

Gibson, C., C.J. Schreck & J.M. Miller (2004). "Binge Drinking and Negative Alcohol-Related Behaviors: A Test of Self-Control Theory." *Journal of Criminal Justice*, 32:411–420.

Gibson, C. & J.P. Wright (2001). "Low Self-Control and Coworker Delinquency: A Research Note." *Journal of Criminal Justice*, 29:483–492.

Gottfredson, M. & T. Hirschi (1990). *A General Theory of Crime*. Stanford, CA: Stanford University Press.

Glaser, D. (1956). "Criminality Theories and Behavioral Images." *American Journal of Sociology*, 61:433–444.

Grasmick, H.G., C.R. Tittle, R.J. Bursik, Jr. & B.J. Arneklev (1993). "Testing the Core Empirical Implications of Gottfredson and Hirschi's General Theory of Crime." *Journal of Research in Crime and Delinquency*, 30:5–29.

Hamlin, J.E. (1988). "The Misplaced Role of Rational Choice in Neutralization Theory."

*Criminology*, 26:425–438.

Hay, C. & W. Forrest (2008). "Self–Control Theory and the Concept of Opportunity: The Case for a More Systematic Union." *Criminology*, 46:1039–1072.

Heltsley, M. & T.C. Calhoun (2003). "The Good Mother: Neutralization Techniques Used by Pageant Mothers." Deviant Behavior, 24:81–100.

Hepburn, J.R. (1977). "Testing Alternative Models of Delinquency Causation." *Journal of Criminal Law and Criminology*, 67:450–460.

Hepburn, J.R. & M.L. Griffin (2004). "The Effect of Social Bonds on Successful Adjustment to Probation: An Event History Analysis." *Criminal Justice Review*, 29(1):46–75.

Higgins, G.E. (2005). "Can Low Self–Control Help with the Understanding of the Software Piracy Problem?" *Deviant Behavior*, 26:1–24.

Hindelang, M.J. (1973). "Causes of Delinquency: A Partial Replication and Extension." *Social Problems*, 20:471–487.

Hirschi, T. (1969). *Causes of Delinquency*. Berkeley, CA: University of California Press.

Hope, T.L. & C.L. Chapple (2003). "Maternal Characteristics, Parenting, and Adolescent Sexual Behavior: The role of Self–Control." *Deviant Behavior*, 26:25–45.

Horney, J. (2006). "An Alternative Psychology of Criminal Behavior." *Criminology*, 44(1):1–16.

Jeffery, C.R. (1965). "Criminal Behavior and Learning Theory." *Journal of Criminal Law,* Criminology and Police Science, 54:294–300.

Kandel, D. & M. Davies (1991). "Friendship Networks, Intimacy, and Illicit Drug Use in Young Adulthood: A Comparison of Two Competing Theories." *Criminology*, 29:441–469.

Knight, K.W. & T. Tripodi (1996). "Societal Bonding and Delinquency: An Empirical Test of Hirschi's Theory of Control." *Journal of Offender Rehabilitation*, 23:117–129.

Kornhauser, R.R. (1978). *Social Sources of Delinquency: An Appraisal of Analytic Methods*. Chicago, IL: University of Chicago Press.

Krohn, M.D. & J.L. Massey (1980). "Social Control and Delinquent Behavior: An Examination of the Elements of the Social Bond." *Sociological Quarterly*, 21:529–544.

Krohn, M.D., W.F. Skinner, J.L. Massey & R.L. Akers (1985). "Social Learning Theory and Adolescent Cigarette Smoking: A Longitudinal Study." *Social Problems*, 32:455–473.

LaGrange, R.L. & H.R. White (1985). "Age Differences in Delinquency: A Test of Theory."

*Criminology*, 23:19–45.

LaGrange, T.C. & R.A. Silverman (1999). "Low Self–Control and Opportunity: Testing the General Theory of Crime as an Explanation for Gender Differences in Delinquency." *Criminology*, 37:41–72.

Lasley, J.R. (1988). "Toward a Control Theory of White–Collar Offending." *Journal of Quantitative Criminology*, 4:347–362.

Laub, J.H. (1983). *Criminology in the Making*. Boston, MA: Northeastern University Press.

Li, S.D. & D.L. MacKenzie (2005). "The Gendered Effects of Adults Social Bonds on the criminal Activities of Probationers." *Criminal Justice Review*, 28(2):278–298.

Longshore, D., E. Chang & N. Messina (2005). "Self–Control and Social Bonds: A Combined Control Perspective on Juvenile Offending." *Journal of Quantitative Criminology*, 21(4):419–437.

Matsueda, R.L. (1997). "'Cultural Deviance Theory': The Remarkable Persistence of a Flawed Term." *Theoretical Criminology*, 1:429–452.

Matsueda, R.L. (1988). "The Current State of Differential Association Theory." *Crime & Delinquency*, 34:277–306.

Matsueda, R.L. & K. Heimer (1987). "Race, Family Structure, and Delinquency: A Test of Differential Association and Social Control Theories." *American Sociological Review*, 47:489–504.

Matza, D. (1964). *Delinquency and Drift*. New York, NY: John Wiley and Sons.

Maume, M.O., G.C. Ousey & K. Beaver (2005). "Cutting the Grass: A Reexamination of the Link between Marital Attachment, Delinquent Peers and Desistance from Marijuana Use." *Journal of Quantitative Criminology*, 21(1):27–53.

Maurer, D.W. (1974). *The American Confidence Man*. Springfield, IL: Charles C Thomas.

McGloin, J.M. (2009. "Delinquency Balance: Revisiting Peer Influence." *Criminology*, 47:439–478.

Menard, S. & D.S. Elliott (1994). "Delinquent Bonding, Moral Beliefs, and Illegal Behavior: A Three–Wave Panel Model." *Justice Quarterly*, 11:173–178.

Miller, J.M., A.K. Cohen & K.M. Bryant (1997). "On the Demise and Morrow of Subculture Theories of Crime and Delinquency." *Journal of Crime and Justice*, 20:167–178.

Miller, W.B. (1958). "Lower-Class Culture as a Generating Milieu of Gang Delinquency." *Journal of Social Issues*, 14:5-19.

Minor, W.W. (1981). "Techniques of Neutralization: A Reconceptualization and Empirical Examination." *Journal of Research in Crime and Delinquency*, 18:295-318.

Minor, W.W. (1980). "The Neutralization of Criminal Offense." *Criminology*, 18:103-120.

Nagin, D.S. & R. Paternoster (1994). "Personal Capital and Social Control: The Deterrence Implications of a Theory of Individual Differences in Criminal Offending." *Criminology*, 32:581-606.

Odum, H.W. (1951). "Edwin H. Sutherland—1883-1950." *Social Forces*, 29:348-349.

Piquero, A., R. MacIntosh & M. Hickman (2000). "Does Self-Control Affect Survey Response? Applying Exploratory, Confirmatory, and Item Response Theory Analysis to Grasmick et al.'s Self-Control Scale." *Criminology*, 38:897-930.

Piquero, A.R., J. MacDonald, A. Dobrin, L.E. Daigle & F.T. Cullen (2005). "Self-Control, Violent Offending, and Homicide Victimization: Assessing the General Theory of Crime." *Journal of Quantitative Criminology*, 21(1):55-71.

Piquero, A. & S. Tibbetts (1996). "Specifying the Direct and Indirect Effects of Low Self-Control and Situational Factors in Offenders' Decision Making: Toward a More Complete Model of Rational Offending." *Justice Quarterly*, 13:481-510.

Polakowski, M. (1994). "Linking Self- and Social Control With Deviance: Illuminating the Structure Underlying a General Theory of Crime and its Relations to Deviant Activity." *Journal of Quantitative Criminology*, 10:41-78.

Pridemore, W.A. & J.D. Freilich (2006). "A Test of Recent Subcultural Explanations of White Violence in the United States." *Journal of Criminal Justice*, 34:1-16.

Pratt, T.C. & F.T. Cullen (2000). "The Empirical Status of Gottfredson and Hirschi's General Theory of Crime: A Meta-Analysis." *Criminology*, 38:931-964.

Pratt, T.C., M.G. Turner & A.R. Piquero (2004). "Parental Socialization and Community Context: A Longitudinal Analysis of the Structural Sources of Low Self-Control." *Journal of Research in Crime and Delinquency*, 41(3):219-243.

Quinn, J. & S. Koch (2003). "The Nature of Criminality within One-Percent Motorcycle Clubs." *Deviant Behavior*, 24:281-305.

Rankin, J.H. & R. Kern (1994). "Parental Attachments and Delinquency." *Criminology*, 32:495-515.

Redmon, D. (2003). "Examining Low Self-Control Theory at Mardi Gras: Critiquing the General Theory of Crime within the Framework of Normative Deviance." *Deviant Behavior*, 24:373-392.

Reed, G.E. & P.C. Yeager (1996). "Organizational Offending and Neoclassical Criminology: Challenging the Reach of a General Theory of Crime." *Criminology*, 34:357-382.

Reinarman, C. & J. Fagan (1988). "Social Organization and Differential Association: A Research Note from a Longitudinal Study of Violent Juvenile Offenders." *Crime & Delinquency*, 34:307-327.

Schinkel, W. (2002). "The Modernist Myth in Criminology." *Theoretical Criminology*, 6:123-144.

Sellers, C.S. (1999). "Self-Control and Intimate Violence: An Examination of the Scope and Specification of the General Theory of Crime." *Criminology*, 37:375-404.

Sellers, C.S. & L.T. Winfree (1990). "Differential Associations and Definitions: A Panel Study of Youthful Drinking Behavior." *International Journal of Addictions*, 25:755-771.

Sellers, C.S., J.K. Cochran & K.A. Branch (2005). "Social Learning Theory and Partner Violence: A Research Note." *Deviant Behavior*, 26:379-395.

Sellin, T. (1938). *Culture Conflict and Crime*. New York, NY: Social Science Research Council.

Stewart, E.A., K.W. Elifson & C.E. Sterk (2004). "Integrating the General Theory of Crime into an Explanation of Violent Victimization among Female Offenders." *Justice Quarterly*, 21(1):159-181.

Stewart, E.A. & R.L. Simons (2006). "Structure and Culture in African American Adolescent Violence: A Partial Test of the "Code of the Street" Thesis." *Justice Quarterly*, 23(1):1-33.

Stylianou, S. (2002). "The Relationship between Elements and Manifestations of Low Self- Control in a General Theory of Crime: Two Comments and a Test." *Deviant Behavior*, 23:531-557.

Sutherland, E.H. (1949). *White Collar Crime*. New York, NY: Dryden.

Sutherland, E.H. (1939). *Principles of Criminology*, Third Edition. Philadelphia, PA: J.B. Lippincott.

Sutherland, E.H. (1937). *The Professional Thief*. Chicago, IL: University of Chicago Press.

Sutherland, E.H. & Donald R. Cressey (1974). *Criminology*, Ninth Edition. Philadelphia, PA: J.B. Lippincott.

Sykes, G.M. & D. Matza (1957). "Techniques of Neutralization: A Theory of Delinquency." *American Sociological Review*, 22:664-670.

Thaxton, S. & R. Agnew (2004). "The Nonlinear Effects of Parental and Teacher Attachment on Delinquency: Disentangling Strain from Social Control Explanations." *Justice Quarterly*, 21(4):763-791.

Thompson, H. (1966). *Hell's Angels*. New York, NY: Ballantine.

Thornberry, T.B., M.D. Krohn, A.J. Lizotte & D. Chard-Wierschem (1993). "The Role of Juvenile Gangs in Facilitating Delinquent Behavior." J*ournal of Research in Crime and Delinquency*, 30:55-87.

Tittle, C.R. (1995). *Control Balance: Toward a General Theory of Deviance*. Boulder, CO: Westview Press.

Tittle, C.R. & E.V. Botchkovar (2005). "Self-Control, Criminal Motivation and Deterrence: An Investigation Using Russian Respondents." *Criminology*, 43(2):307-352.

Tittle, C.R., M.J. Burke & E.F. Jackson (1986). "Modeling Sutherland's Theory of Differential Association: Toward an Empirical Clarification." *Social Forces*, 65:405-432.

Turner, M.G., A.R. Piquero & T.C. Pratt ( 2005). "The School Context as a Source of Self- Control." *Journal of Criminal Justice*, 33:327-339.

Unnever, J.D., F.T. Cullen & T.C. Pratt (2003). "Parental Management, ADHD, and Delinquent Involvement: Reassessing Gottfredson and Hirschi's General Theory." *Justice Quarterly*, 20(3):471-500.

Vazsonyi, A.T. & J.M. Crosswhite (2004). "A Test of Gottfredson and Hirschi's General Theory of Crime in African American Adolescents." *Journal of Research in Crime and Delinquency*, 41(4):407-432.

Vazsonyi,, A.T. & R. Klanjšek (2008. "A Test of Self-Control Theory Across Different Socioeconomic Strata." *Justice Quarterly*, 25:101-131.

Vine, M.S.W. (1972). "Gabriel Tarde (1843-1904)." In H. Mannheim (ed.) *Pioneers in Criminology*. Montclair, NJ: Patterson Smith.

Wiatrowski, M.D., D.B. Griswold & M.K. Roberts (1981). "Social Control Theory and Delinquency." *American Sociological Review*, 46:525-541.

Wikstr m, P.H. & K. Treiber (2007). "The Role of Self-Control in Crime Causation." *European Journal of Criminology*, 4:237-264.

Williams, F.P., III & M.D. McShane (1998). *Criminology Theory: Selected Classic Readings*, Second Edition. Cincinnati, OH: Anderson Publishing Co.

Winfree, L.T., C.S. Sellers & D.L. Clason (1993). "Social Learning and Adolescent Deviance Abstention: Toward Understanding the Reasons for Initiating, Quitting, and Avoiding Drug Use." *Journal of Quantitative Criminology*, 9:101-125.

Winfree, L.T, G.L. Mays & T. Vigil-Backstrom (1994). "Youth Gangs and Incarcerated Delinquents: Exploring the Ties between Gang Membership, Delinquency, and Social Learning Theory." *Justice Quarterly*, 11:229-256.

Winfree, L.T, T. Vigil-Backstrom & G.L. Mays (1994). "Social Learning Theory, Self-Reported Delinquency, and Youth Gangs." *Youth and Society*, 26:147-177.

Wolfgang, M.E. (1958/1975). *Patterns in Criminal Homicide*. Montclair, NJ: Patterson Smith.

Wolfgang, M.E. & F. Ferracuti (1967). *The Subculture of Violence*. London, UK: Social Science Paperbacks.

Wood, P.B., B. Pfefferbaum & B.J. Arneklev (1993). "Risk-Taking and Self-Control: Social Psychological Correlates of Delinquency." *Journal of Crime & Justice*, 16:111-130.

Wright, B.R.E., A. Caspi, T.E. Moffit & P.A. Silva (1999). "Low Self-Control, Social Bonds, and Crime: Social Causation, Social Selection, or Both?" *Criminology*, 37:479-514.

Wright, J.P. & F.T. Cullen (2000). "Juvenile Involvement in Occupational Delinquency." *Criminology*, 38:863-896.

C/H/A/P/T/E/R 09

# 사회적 반응 이론들 (Social Reaction Theories of Crime)

## 학습 목표

제9장을 읽은 후, 당신은 다음의 내용을 수행할 수 있어야 한다.

- 자기 보고식 연구의 도입이 어떻게 낙인 시각의 성장에 영향을 주었는지 설명한다.
- 1960년에서 1970년대 사이에 갈등 시각이 출연하게 된 사회적 맥락을 이해한다.
- 일차적 일탈과 이차적 일탈의 관련에 관한 과정을 기술한다.
- "회고적 해석"이란 용어가 어떤 의미인지 그 예를 제시한다.
- "악의 극화"란 용어가 어떤 의미인지 설명한다.
- 베커가 제시한 4가지 종류의 일탈자 유형과 그 관계를 이해한다.
- 용의자에 대한 공식적 처리 과정의 결과에 대한 낙인 이론가들과 억제 이론가들의 상반된 가설들과 정책적 제안을 비교한다.
- 비판적 범죄학의 역사적 기원을 이해한다.
- 퀴니가 제시한 범죄의 사회적 실제에 대한 시각에 포함된 6가지 명제를 이해한다.
- 범죄를 줄이기 위해 커리가 제안한 권고 중 최소한 5가지를 기술할 수 있어야 한다.
- 터크가 주장한 5가지 사회적 요인들이 범죄화 과정에서 근본적 요소가 되는 것을 이해한다.

5장에서부터 8장까지는 범죄자 개인의 관점에서 범죄의 설명이 이루어졌다. 합리적 선택 이론가들은 자유의지라는 개념을 사용하여 사람들이 법을 위반하거나 혹은 지키거나 하는 선택을 할 수 있는 합리적 존재라고 주장한다. 생물학적 원인이나 심리학적 원인을 주장하는 이론가들은 유전적 원인 또는 다른 차이점들 때문에 사람들은 법률을 위반할 위험성이 매우 높다고 가정한다. 정신분석학자들은 이상 행동의 원인이 어린 시절 충격적인 경험들이 충분하게 해소되지 못한데 있다고 주장한다. 사회 구조와 사회 과정 이론가들은 개인 환경의 특정한 맥락 안에서 행위 하는 존재로 보고 있다. 이와 같은 환경의 본질에 따라 개인들은 범죄 행위에 관련될 확률이 달라진다고 본다.

이와 달리 사회적 반응 이론가들은 개인에 사회적 제도적 반응에 초점을 맞추고 있다. 사회적 반응 이론가들은 비행이나 범죄 행위는 사회 통제 집행자들에 대한 반응 방식으로 생각하기에 그 시작에는 관심을 두지 않는다. 사회적 반응 접근은 개인들을 사회적인 정의(definition)나 다른 사람들의 반응들에 의해서 범죄인의 역할이 강제되는 매우 수동적인 존재라는 관점을 가진다. 존 커라(John Curra, 2000: viii)는 그의 저서 일탈의 상대성(The Relativity of Deviance) 서두에서 "일탈은 그 사회적 맥락을 벗어나서는 이해될 수 없다" 라고 주장한다. 범죄의 사회적 맥락은 정말 중요하며 이 책의 주요 테마 중 하나가 되고 있다.

범죄와 비행 연구에서 자기 보고식 방법들의 소개와 확산 이후에, *낙인의 관점(labeling perspective)*은 매력을 끌게 되었고 범죄와 일탈을 설명하는 하나의 방식으로 받아들여지게 되었다. 낙인 이론가들은 법률 위반에 대한 공식적 반응이 사람들에게 범죄자라는 낙인을 찍으며 일탈 정체성을 갖도록 그들을 옭아맨다고 주장한다. 또한 그들은 더 나아가 행동만이 공식적 반응에 영향을 미치는 것이 아니라, 개인의 외모와 태도 또한 반응을 형성하는 중요한 역할을 한다고 주장한다. 예를 들어, 스테픈즈마이어와 테리(Darrell Steffensmeier and Robert Terry, 1973)에 의해 수행된 한 흥미로운 연구는 사람들이 옷차림에 대한 고정관념으로 불법적인 의도를 추정하는 경향이 있다는 것을 발견하였다. 그들은 두 명의 남학생과 두 명의 여학생들에게 백화점에서 거짓으로 절도를 하도록 했고, 백화점 지배인의 이해와 승인 하에서, 학생들의 행동에 대해 목격자들의 반응을 기록하였다. 남학생과 여학생들은 각각 말쑥한 옷차림의 "프레피(preppy)" 복장과 자유롭고 지저분한 "히피(hippie)" 복장으로 나누었다. 예상한 것처럼, 사람들은 다른 학생들보다 히피 복장을 한 남학생이 "들치기 절도(shoplifting)"를 했다고 보고하는 경향이 높았다. 절도에 대한 가능성은 히피 복장의 여학생, 프레피 복장의 남학생, 프레피 복장의 여학생 순으로 감소하였다. 목격자들은 프레피 복장을 한 절도범의 행위를 묵인하는 경향을 나타내었다. 그 이유는 목격자들이 이전부터 갖고 있던 기존의 관념과 불일치하는 것이기 때문에 발생한 것이다. 그러나 프레피 복장을 한 절도범은 히피 복장을 한 절도범보다 더 나을 게 없었다. 또한 사람들은 남자들이 일탈을 저지를 가능성이 더 크다고 믿기 때문에 여자들보다 남자들이 절도를 했다고 생각할 수 있을 것이다.

낙인 시각은 1960년대와 1970년대 학자들로부터 많은 호응을 얻게 되었다. 그 이후, 낙인 시각에 대한 평가와 이론적 요소들을 보다 구체화하려는 시도가 지속되었다(e.g., Gove, 1980; Dotter & Roebuck, 1988; Matsueda, 1992; Huizinga & Henry, 2007). 1980년대 말이 되자 낙인 시각에 대한 초기의 기대는 여러 연구 결과들에 의해 호된 비판을 받게 되었고, 결과적으로 그 이론적 화려함의 많은 부분을 잃게 되었다(Wellford, 1987). 그럼에도 불구하고, 형사사법의 개입과 처분과정은 많은 경우에 있어서 차후의 법규 위반을 억제하기보다는 증가시키는 경향이 있을 수 있다는 충분한 증거들이 제시되고 있다.

*비판 범죄학(critical criminology)*이라고 알려진 조류가 미국의 범죄학자들에게 인기를 끌게 되었는데, 이는 1960년대 초에 시작되어 1970년대 빠르게 확산되었다. 미클로우스키(Ray Michalowski, 1960)가 제시한 것처럼, 비판 범죄학은 하나의 지적인 운동으로 보는 것이 가장 적절하다. 이장의 끝부분에서는 비판 범죄학 발달에 대해 간략히 고찰할 것이다. 비판범죄학의 기본 전제가 범죄학 전반에서 폭넓은 지지를 받고 있지는 않지만, 분명한 것은 그것이 범죄학 사상형성에 지대한 영향을 미쳤다는 것이다. 비판범죄학은 이제 범죄 분석 내에서 매우 경쟁력 높은 시각의 하나로 자리 잡았고, 미국 범죄학회 내에서 독자적인 분과도 가지게 되었다. 앞으로 고찰하겠지만, 비판 범죄학은 다양한 이론들을 망라하는 매우 광범위한 시각으로 전개되었다.

각각의 이론적 시각들을 고찰하기 위해서는 그 시각의 성장 배경을 살펴보는 것이 중요하다. 1960년대와 1970년대 미국의 사회 환경은 시민사회 인권운동, 베트남 전쟁, 와츠(Watts), 뉴왁(Newark), 디트로이트(Detroit)에서 일어난 소요사태, 1968년 시카고(Chicago) 민주당전당대회 반대 시위사태, 존 케네디(John Kennedy) 대통령 암살사건, 마틴 루터 킹 주니어(Martin Luther King Jr.) 암살사건, 로버트 케네디(Robert Kennedy) 대통령 후보 암살사건, 워터게이트 스캔들로 정점에 이른 닉슨(Nixon) 행정부의 부패 등으로 매우 극적인 변화를 겪게 되었다. 시대의 정치적 사회적 혼란은 정부와 여타 사회 기관들에 대한 불신의 확산을 초래하였다. 당시 시대를 권위에 대한 광범위한 의문이 일어난 시대로 정의할 수 있다.

소수 인종과 여성에 대한 사법제도, 교육제도, 민간기업의 차별적 관례들 역시 밝혀졌다. 이 같은 분위기 속에서 많은 교육자들과 학생들이 시민인권 운동과 반전 운동에 적극적인 역할을 하게 되었고, 사회과학자들이 합법적 행동과 비합법적 행동에 관한 사회적 규정을 구체화하여 정치적·경제적·사회적 기관들이 행하는 역할에 초점을 두기 시작했다는 것은 놀라운 일이 아니다. 미 법무부가 경찰 활동과 교정에 수십억 불을 지출하는 동안, 챔블리스(William Chambliss), 터크(Austin Turk), 퀴니(Richard Quinney)와 같은 범죄학자들은 권력을 가진 자들이 자신들의 이익을 위해 법률을 조작한다는 주장을 하였다. 갈등이론가들이 아닌 다른 범죄학자들은 화이트 칼라(white-collar) 범죄와 조직 범죄의 사회적 해악에 대한 연구 저작물들을 출간하였다. 21세기가 시작된 첫 10년은 때로는 내부자

거래나 폰지(Ponzi) 사기와 같은 비합법적 행동을 포함하기도 한 월 스트리트의 탐욕의 비참한 결과를 목격하기도 하였다. 아마도 이것은 길거리 범죄에 초점을 맞추기보다는 주요 인사 수행원들(suites)의 범죄에 더욱 관심을 가져야 하는 시점이 된 것이다.

## 낙인 이론(Labeling Theory)

낙인 이론과 사회 갈등 이론들은 범죄학 내의 주요한 가정들을 고찰함에 있어 비판적 시각을 제시한다. 낙인 이론은 미드(George Herbert Mead)와 쿨리(Charles Horton Cooley)의 저작물에서 그 근원을 찾을 수 있다. 이와 같은 20세기 초 사회학자들은 사회 구조 이론가들이 집단 수준(group-level)에 비중을 두는 것과는 상반되게 행동에 관한 개인 수준(individual-level)의 시각을 강조하는 상징적 상호작용론(symbolic interactionism)과 밀접한 관련이 있다. 쿨리는 "거울(looking-glass)" 자아(self) 개념의 발달에 관해 가장 잘 알려져 있다. 그는 우리 자신을 이해한다는 것은 다른 사람들이 우리에게 어떻게 반응하는가를 아는 것이라고 주장한다. 즉, 우리는 다른 사람들을 통해서 우리 자신을 보게 된다. 미드는 이 개념을 정교화 하였는데, 자아의 생성과 그 자아에 대한 다른 사람들의 반응에 관한 인식의 상호작용에 초점을 맞추었다. 미드에 따르면, 개인과 다른 사람들 간의 역동적인 상호작용이 자아 개념의 발달을 이끌며, 자아 개념은 차후 행동에 영향을 미치게 된다고 볼 수 있다.

낙인 이론은 이러한 토대 위에서 형성된 것이다. 이 이론의 지지자들은 개인이 다른 사람들의 반응에 대응하여 항상 변하는 존재라고 주장한다. 형사 사법 체계에 의한 공식적 반응은 낙인 이론가들이 주장하는 개인의 정체성을 재평가하도록 강제한다. 또한, 체포와 공식적 반응을 잘 이해하고 있는 다른 사람들은 개인에 관한 견해를 재평가한다. 이러한 재평가 과정은 낙인 시각의 기본 원리이다. 이와 같은 낙인이론은 억제이론 논리와 정확히 상반된다는 사실에 주의해야 할 것이다. 억제이론은 형벌 적용을 통해 범죄나 비행행위가 감소된다고 보지만, 낙인이론에서는 처벌이 오히려 많은 일탈행동의 원인으로 작용한다고 본다.

예를 들어 보자. 리사는 최근에 고등학교를 졸업하였고, 이번 가을에 주립 대학에 입학할 예정이다. 졸업식이 끝나고 일주일이 지난 후 리사는 코카인과 마리화나를 구할 수 있는 파티에 참석한다. 리사는 처음으로 두 약물을 하였고, 한 친구가 나중에 사용하라고 약간의 코카인을 준다. 집으로 돌아오면서, 리사는 경찰의 음주측정 검문을 받는다. 리사는 지갑에서 운전면허증을 꺼내려다 우연히 코카인이 들어 있는 약병을 무릎에 떨어뜨리게 된다. 리사는 금지 약물 소지 혐의로 체포된다. 공식적인 사법 절차를 걸친 후, 리사는 약물 치료를 받는다는 조건 하에서 6개월의 보호관찰 처분을 받는다. 법적으로 보면, 그녀는 이제 기소된 범죄자이다. 낙인 과정을 통해 파생된 개인적 사회적 효과는 단순히 "범죄자(criminal)"라는 꼬리표를 붙이는 것보다 훨씬 심각하다. 리사의 부모, 친구, 이웃, 학교 선생님들은 그녀를 이제 다른 시각으로 본다. 리사는 더 이상 사람들에게 알고 있던 총명하고 자기주장이 분명한 젊은 여성으로 인식되지 않는다. 그녀는 이제 위험한 인물이 되었고 착한 아이들에게 나쁜 영향을 미칠 수 있는 사람으로 간주되게 되었다. 리사의 자아상 역시 변화의 과정을 겪는다. 그녀는 다른 사람들이 자신을 피하거나 자신의 뒤에서 수군거리는 것을 느낀다. 그녀는 이제 자신을 "아웃사이더"로 보기 시작하며, 약물치료에 참여하는 사람들을 그녀의 진정한 친구들이라고 받아들이게 된다. 낙인의 과정이 완성된다. 공식적 낙인이 적용되어 중요한 타인들(significant others)은 공식적 낙인에 대해 반응하게 되며, 리사는 낙인을 받아들이고 그녀의 자아 개념과 동료 선호관계를 조정하게 된다.

이와 같은 가설적 사례는 극단적일 수 있으나, 낙인 이론가들이 제시한 중요한 문제점들이 강조되고 있다. 첫째, 낙인 이론가들에게 가장 중요한 것은 행위의 원인이 되거나 촉진시키는 것이 무엇인지가 아니라, 행위 이후에 무엇이 발생하는 가이다. 둘째, 일탈은 행위에 부여되는 특징이 있으며 행위에 내재된 어떤 것이 아니다(Erikson, 1962). 즉, 리사의 코카인 시도나 코카인 소지는 경찰의 체포로 인한 공식적인 꼬리표가 붙기 전까지 일탈이 아니었다. 셋째, 개인의 낙인은 "일탈자(deviant)"와 유의미한 타자들간의 상징적 상호작용 과정이다. 레머트(Edwin Lemert, 1951)는 이를 *이차적 일탈(secondary deviance)*라고 하였다. 넷째, 낙인 과정은 누가 낙인을 찍는가와 낙인 찍힌 사람이 낙인에 대해 어떻게 반응하는가에 의해 영향을 받는다. 다섯째, 낙인 행위는 개인의 이전 행동에 대한 *회고적 해석(retrospective interpretation)*을 이끌기도 한다. 예를 들어, 리사가 체포되기 2주 전에 했던 펑크족 머리 모양은 이제 약물 남용자의 "또 다른(another)" 징후로써 받아들여 질 것이다. 이전에는 그 머리 모양이 "그저 귀여운(kinda cute)" 것으로 간주되었다. 여섯째, "범죄자(criminal)" 혹은 "약물 남용자(drug abuser)"와 같은 일탈적 낙인은 개인의 다른 속성들을 무시하는 주요한 지위가 된다. 위의 예시에서 보면, 리사는 이제 약물 남용자라고 첫 번째로 그리고 가장 먼저 규정 지워지며, 이와 같은 낙인은 다른 사람들이 그녀를 어떻게 상대하게 될 것인가에 영향을 줄 것이다. 결과적으로, 차후 범죄 행동(이차적 일탈)의 가능성이 증가한다. 반면에, 억제이론에서는 리사가 국가 형사사법기관을 경험함으로써 행위에 대한 처벌결과를 배웠기 때문에 비행행동이 증가하는 것이 아니라 오히려 불법행동이 감소할 것이라고 가정한다. 하이라이트 9.1은 친구들에 의한 비공식적 낙인의 강력한 결과에 관한 극단적 예를 제시하고 있다.

[하이라이트 9.1] **실패자의 낙인은 과잉 살인을 할 값어치가 있는가?**

어떤 사람들은 해리스(Eric Harris)와 크레볼드(Dylan Klebold)의 마음에 달려있었다고 결론을 내렸다. 이 두 소년은 콜로라도주 컬럼바인 고등학교를 습격하여, 13명을 죽이고 그들 또한 스스로 목숨을 끊었다. 이 끔찍한 행동을 한 가장 보편적인 이유는 그들이 따돌림 당하는 사람들이었다는 것이다. 인기가 있고 주류 집단에 속해 있는 특정 개인들이 그들의 목표가 되었다는 것은 이와 같은 해석을 뒷받침해 준다. 이러한 비극적 사건의 여파로 온 나라의 많은 고등학교 학생들이 비웃고, 따돌리고, 놀리는 행동을 삼가는 노력을 하겠다는 약속을 하게 되었다(Miller, 1999). 낙인이 부적응자(misfits), 실패자(losers), 기괴한자(weirdos)라고 낙인찍힌 사람들 일부에 의해 끔찍한 행동을 유발할 수 있다는 합의가 있었다. 이러한 비극들이 낙인의 재평가를 불러일으켰을 수 있다.

### *태넌바움(Frank Tannenbaum) – 악의 극화(Dramatization of Evil)*

1960년대와 70년대 낙인 시각을 주장하는 저서와 논문이 급격히 확산되었지만(e.g., Kitsuse, 1962; Becker,1963; Goffman, 1963; Schur, 1973), 그 기원은 태넌바움의 1938년 저서 '범죄와 지역사회(Crime and the Community)'에서 찾을 수 있다. 태넌바움은 개인이 체포되고 법률을 위반했다고 확인된 이후에 어떤 일이 일어나는가에 초점을 두고 범죄 행동을 설명하기 위해 기존의 이론들을 확장하려고 하였다. 태넌바움은 불법 행동에 대한 사회적 반응 과정을 *악의 극화(Dramatization of Evil)* 이라고 불렀다. 그는 범죄자들은 선천적으로 일반 사람들과 다른 것이 아니라, 개인의 행동에 관한 전체 목록 중에 특정 행위가 선택되어 그것이 공공의 주목을 받게 되기 때문이라고 주장했다. 다음의 인용 문구는 하나의 일탈행위를 행한 사람이 어떻게 변화하는가를 강조하고 있다.

개인의 모든 행위들을 의심의 눈초리로 보기 위해서, 해악이라는 특정 행위에 대한 정의로부터 해악이라는 개인에 대한 정의로 점차 변화해 간다. 지역사회의 관점에서, 나쁜 행동이나 손해를 끼친 행동을 한 개인은 이제 나쁘고 구제 불능의 인간이 된다. 개인의 관점에서도, 유사한 변화가 발생한다. 어린 비행 소년은 나쁘게 된다. 그 이유는 그가 착하게 되도 그를 믿지 않기 때문이다(Tannenbaum, 1938:17-18).

악의 극화는 태넌바움이 제안한 또 다른 개념인 *법률적 상대주의(legal relativism)*와 관련이 있다. 행위는, 그가 주장하길, 본래 선하지도 악하지도 않다. 선과 악은 변이성이 있으며, 사회 청중들이 특정 행동에 관한 명칭을 좌우한다. 사회적 지위가 다른 개인들이거나 혹은 다양한 환경에 따라 똑같은 행동이라도 매우 다른 반응을 보일 수 있다. 예를 들어, 동아리 파티에서 취한 것과 기말 시험 도중에 취한 행동은 같은 태도로 취급되지 않는다. 어떤 상황에서는 적절하거나 혹은 허용된 행동일지라도 다른 상황에서는 눈살이 찌푸려질 수도 있다.

### *레머트(Edwin M. Lemert) – 일차적 그리고 이차적 일탈(Primary and Secondary Deviation)*

낙인 시각에 관해 그 다음 주요한 공헌은 레머트의 1951년 저서, *사회 병리학(Social Pathology)*에 의해 이루어졌다. 레머트는 특별히 일차적 일탈과 이차적 일탈이라는 개념의 구분으로 잘 알려져 있다. 일차적 일탈(primary deviation)은 행위자 그리고/또는 사회적 청중에 의해 용서되거나 합리화 될 수 있는 우연한 또는 상황적 행동을 의미한다. 예를 들어, 시간 당 30마일 제한속도 지역에서 45마일로 운전하는 것은 "다른 모든 사람들도 이 정도의 속도로 운전을 합니다" 라는 진술로써 합리화 될 수 있다. 청중들이 "총각 파티"에서 돌아오고 있는 무리들이라는 것을 알았을 때는, 공공장소에서 취해있거나 외설적인 이야기를 하는 것이 용서가 된다. 그러나, 이러한 행위들이 일상화되고 행위자의 정체성에 주요 부분이 된다면, 상황은 더 이상 일차적 일탈이 아니다.

레머트는 "어떤 사람이 행동의 결과인 사회적 반응 때문에 발생한 드러나거나 숨겨진 문제에 관해 방어, 공격 혹은 적응의 수단으로 일탈 행동이나 그 역할을 시작할 때, 그 일탈은 이차적이다" 라고 기술하였다(1951: 76). *이차적 일탈(secondary deviation)*은 개인의 일탈과 그 일탈에 대한 사회적 반응간의 역동적인 상호작용의 결과이다. 레머트는 이와 같은 과정을 다음의 방식으로 기술하였다(1951: 77).

이차적 일탈에 이르는 상호작용의 순서는 대략 다음과 같다.

1. 일차적 일탈
2. 사회적 처벌
3. 보다 많은 일차적 일탈
4. 더 강한 처벌과 거부 반응
5. 보다 많은 일탈, 아마 형벌을 가하는 사람들에 대한 적대감과 원한의 시작을 동반한
6. 허용 지수, 일탈자의 지역사회 낙인이 공식적 행위로 표현된, 에 도달하는 위기
7. 낙인과 처벌에 대한 반응으로써 일탈 행동의 강화
8. 일탈적인 사회적 지위의 궁극적인 승인과 일탈과 관련된 역할에 기반을 둔 적응의 노력

일단 한번 이차적 일탈 과정이 개인의 낙인으로 끝나면, 개인은 일탈자의 분류로부터 벗어나기는 극도로 어렵다. 레머트는 체포, 법원심리, 공공복지 기관으로부터의 조사 등과 같은 공식적 반응은 보통 상황을 악화시키며 때때로 자아에 대한 극적인 재정의를 일으킨다고 주장한다. 따라서, 범죄 또는 일탈 행동에 대한 공식적 반응의 과정은 차후 범죄 행동의 원인이 될 가능성이 높다고 레머트가 주장하였다.

### *베커(Howard S. Becker) – 숨은 일탈자들과 억울하게 기소된 범죄자 (Secret Deviants and the Falsely Accused)*

베커는 1960년대 낙인 이론이 출현할 수 있도록 한 중요한 제안자 중 한 사람이었다. 이제는 고전이 된 그의 책, *아웃사이더: 일탈 사회학의 연구(Outsiders: Studies in the Sociology of Deviance)*, 은 1963년에 처음 출간되었고 오늘날 알려져 있는 것처럼 낙인 이론의 여러 가지 주요 요소들을 기술하고 있다. 이 중에 그의 주장은 일탈자들과 범죄자들은 동질적인 집단이 아니라는 것이다. 강도를 저지르는 사람과 성폭력을 저지르는 사람과 매우 다르다는 사실은 제쳐 두고서라도 어떤 사람들은 비행이나 범죄를 전혀 저지른 적이 없음에도 불구하고 일탈자라는 낙인이 찍힌다는 것이다. 더군다나 어떤 사람들은 법률을 위반하지만, 전혀 체포되거나 탐지되지 않는다는 것이다. 각종 범죄자들을 집단화하고, 베커가 이야기하는 *"억울하게 기소된 범죄자(falsely accused)"*들까지 포함하여, 우리는 매우 이질적인 사람들의 모음으로 감쌀 수 있을 것이다. 이와 관련해, 베커는 다음과 같이 기술하였다(1963: 9).

사회적 집단들은 규칙의 제정을 통해 그것의 위반이 일탈이라고 규정하여 일탈을 만들게 되며, 이러한 규칙들을 특정 사람들에게 적용하여 국외자라고 그들을 낙인찍는다. 이와 같은 관점에서 보면, 일탈은 개인이 저지른 행위의 성질이 아니라 "범죄자(offender)"에 대한 규칙과 제재를 다른 사람들이 적용한 결과인 것이다. 일탈자는 낙인이 성공적으로 적용된 사람이며, 일탈 행동은 사람들이 낙인찍은 행동이다.

[표 9.1] 베커의 일탈 행동에 관한 유형론의 적용

| | 순응적 행동 | 규범위반 행동 |
|---|---|---|
| 일탈자로 인식됨 | 억울하게 기소된 범죄자 | 진짜 일탈자 |
| 일탈자로 인식되지 않음 | 순응자 | 숨은 일탈자 |

범죄 행동과 일탈 행동이 사회적 가공물이라는 신념을 강조하기 위해서, 베커는 일탈과 일탈이 아닌 것에 관한 4가지 다른 종류의 유형을 제시하였다. [그림 9.1]에 이와 같은 유형이 제시되어 있다. *순응자(conformist)*와 *진짜 일탈자(pure deviant)*는 그들의 실제 행동에 대해서 사회가 정확히 인식한 유형이다. 그러나, 나머지 두 유형은 잘못 판단된 유형이다. *억울하게 기소된 범죄자(falsely accused)*는 그들의 성, 연령, 인종, 사회적 지위, 동료 집단에 대한 선호 혹은 외모 때문에 일탈자나 범죄자로 판단되고 있다. 이와 같은 부정확한 낙인은 비법률적인 환경에서 매우 빈번히 발견되지만, 연구자들은 사형수들도 억울하게 기소된 범죄자들이 존재한다고 보고 있다(Bedau & Radelet, 1987; Huff, 2002). 2011년 9월 중 억울하게 기소된 개인들을 석방하는데 전념하는 공공 정책 조직인 무죄 프로젝트(Innocence Project)는 DNA 검사 결과를 통해 273건이 무죄처리가 되었다고 보고 한다(www.innocenceproject.org/ 2011년 9월 4일).

[그림 9.1] 무죄 프로젝트의 이사인 스티클러스(John Stickels)가, 오른쪽, DNA 증명을 통해 15년 이상 감금에 처해질 범죄의 선고를 뒤집는 법원의 발표에 대해 환호하는 월러(Patrick Waller)를 바라보고 있다.

≫ 자료의 출처: AP 사진/거티레즈(Tony Gutierrez).

자기보고식 조사 연구에 따르면, 숨은 일탈자들은 경찰로부터 전혀 주의를 받지 않고 있는 넓은 집단을 말한다. 이러한 개인들은 탐지에 대해 회피할 수 있거나 혹은 목격자들이 행위에 대해서 범죄자나 일탈자라는 낙인을 부과하지 못했을 것이다.

이와 같은 4가지 범죄자 유형은 범죄학자들에게 분석에서 문제점을 유발할 수도 있다. 예를 들어, 억울하게 기소된 범죄자는 공식적인 범죄 기록에 범죄자로 나와 있을 수 있으며, 범죄학자들은 진정한 일탈자가 범죄 행동을 하는 것과 같은 방식으로 개인의 범죄성이라는 원인으로 설명하려고 할지도 모른다. 낙인 이론가들은 그 정확성과는 관계없이 일단 낙인이 이루어졌다면 낙인의 결과를 고찰하는 것이 타당하다고 주장할 수도 있다. 이것은, 부분적으로, *주요 지위(master status)*라는 일탈의 개념화에 의한 결과이다. 휴스(Everett C. Hughes)의 논문을 차용해 베커는 일탈 혹은 범죄 낙인은 다수의 가정할 수 있는 보조 지위 중에서 주요 지위가 된다고 제시하였다. 예를 들어, 의사는 일반적으로 남성, 백인, 중상 계층, 신교도 혹은 유대인이라고 가정된다. 같은 맥락으로, 범죄자는 보통 법을 존중하지 않는 바람직하지 않는 사람이며 그(남성은 범죄자의 보조 지위이다)가 원하는 것들을 얻기 위해서 다수의 범죄도 저지르는 사람으로 가정된다.

베커가 제시하는 또 다른 개념은 *도덕적 사업가(moral entrepreneurs)*, 즉, 규칙을 만들거나 집행하는 사람들이다. 베커는 이러한 규칙 제정자의 원형을 도덕적 십자군(moral crusader), "어떤 것을 바로잡기 위한 규칙이 만들어 질 때까지는 이 세상에는 아무것도 옳은 것이 없다고 생각하는 사람" 이라고 간주하였다(Becker, 1963: 148). 알코올 음료에 대해 반대하여 캠페인을 벌이는 금주론자들은 그들의 기준을 다른 사람들에게 강요하는 도덕적 사업가의 좋은 예이다. 그들은 때때로 참견하기 좋아하는 사람들로 보이나, 많은 도덕적 십자군은 인도주의적 충동에 의해서 동기화 된다. 그들은 자신들의 가치가 다른 사람들의 가치보다 우월하다고 생각하며 자신들의 입장을 받아들임으로써 모두에게 보다 나은 삶을 제공할 것이라고 믿는다.

우리는 낙인 이론가들이 했던 것처럼 다음과 같은 의문을 제시해야만 한다. 누가 규칙을 만들며 그 규칙에 누가 따라야 하는가? 베커는 도덕적 사업가들은 보다 나은 지위를 얻기 위해 자신들보다 낮은 위치에 있는 사람들을 전형적으로 도와줘서 상류계급의 구성원들이 되고자 한다고 주장한다. 그들보다 낮은 위치에 있는 사람들이 도움을 위해 제시되는 수단을 항상 좋아하는 것은 아니라는 것이 또 다른 문제이다. 도덕적 사업가들은 도덕—음주, 약물, 성적인 행동, 인간의 출산(예를 들면, 낙태), 육아에 대한 관례, 직장에서의 습관의 영역이 될 것이다—을 만들려고 애쓴다. 도덕은 사회적 반응 시각의 중요한 부분이기는 하지만, 그것이 설명을 바꾸고 필요로 하는 "일탈자들(deviants)"의 객관적 행동은 아니다. 도덕은 도덕적 사업가들의 도덕적 시각과 일치시키기 위해 그것을 재정의하며 이를 통해 일탈을 통제하는 도덕적 사업가의 상대적인 성과인 것이다. 일탈을 재정의하거나 만들어 내기 위한 한 가지 성공적인 전략은 "도덕적 공황(moral panic)"—사회에 넓게 해를 끼칠 것이라는 잠재성을 매우 과장하는 행동들 또는 사람들의 집단들에 관한 공공의 인식—을 만들어 내는 것이다. 이장의 "갱의 모습(Gang Feature)"에서 기술한 것처럼, 현대 갱들에 대한 반응은 도덕적 공황에 관한 좋은 예가 된다.

갱의 모습

## 도덕적 공황!

잭슨과 러드맨은 "도덕적 공황과 캘리포니아에서의 갱들에 대한 반응(Moral Panic and the Response to Gangs in California)"이라는 그들의 논문에서 1980년대 증가하는 청소년 갱 문제에 대한 캘리포니아의 반응을 고찰하였다. 앞장(특히, 2장과 5장에서 "갱의 모습"을 보라)에서 논의 되었듯이, 갱들에 대한 일차적인 반응은 억압이 되었다. 잭슨과 러드맨은 행동 유형들의 제지가능성에 관한 신념에 기반을 둔 공공정책의 반응을 설명하려고 한다.

갱들과 그 조직원들은 1980년대 중반 언론의 주목과 관심을 끌었다. "갱스터 랩(gangsta rap)"과 "워너비(wannabe)"는 MTV와 VH1에서 갱의 생활 방식을 보여주었듯이 보편적인 일상 언어의 한 부분이 되었다. 크립스(Crips), 블러즈(Bloods), 바이스 로즈(Vice Lords), 갱스터 디사이플스(Gangster Disciples)와 같은 갱은 저녁 뉴스나 지역 신문에서 크게 다루어졌다. 헐리웃에서도 이와 같은 언론의 열광에 동참하였는데, 그들은 영화 매니어들에게 호소할 수 있는 폭력과 약물거래에 중점을 둔 갱의 생활 방식을 표현하는 장편영화를 만들어냈다. 지방정부, 주정부, 연방정부에서는 이와 같은 선전에 반응하였다. 이 같은 갱의 현상에 대해 경찰 활동과 연구에 관한 많은 제안이 이루어졌다.

언론 매체가 제시하고 경찰이 촉진시킨 갱의 대중적인 이미지는 청소년들이 강력한 무기들을 소유하고 마약거래를 일삼는 것이었다. "갱들은 도구적인 집단이거나 혹은 크랙과 다른 약물 매매를 통해 많은 돈을 벌기 위한 목적을 가진 길거리 청소년 무리라고 특징 지워졌다"(Jackson & Rudman, 1993:258). 막대한 이익과 사치스러운 생활 방식이 "갱 추종자들"에게는 보편적이며 돈 때문에 갱 구성원들은 대부분 빈곤한 가정출신이거나 합법적인 고용기회가 제한된 소수인종 출신이라는 신념을 일반인에게 남겼다.

잭슨과 러드맨은 언론의 보도가 어떻게 갱 구성원들의 이미지를 확대시켰는가에 대해서 다음과 같은 예를 제시하였다.

- 로스엔젤레스 지역 갱들의 마약 거래에 대한 압박의 증가로 인해, 우리는 세크라멘토 지역 갱들의 마약 거래가 더욱 늘어날 것으로 예상한다(약물남용에 관한 세크라멘토 시장 대책 위원회의 마지막 보고서, 1988).
- 전체 세크라멘토 지역은 이제 남중부LA 지역의 북캘리포니아 용의자 인도(rendition) 지역이 될 위험성에 처해있는데, 그 이유는 코카인의 재앙과 그것을 여기로 가져온 갱들 때문이다. 어떤 지역 주민들은…거의 매일 차량 총격전, 말다툼, 폭행, 손괴 등의 문제와 싸우고 있으나, 성매매, 아동 유기 및 학대, 절도와 약물로 인한 정신이상 등의 마약으로 인한 황폐화에 대해서 언급하지 않고 있다(세크라멘토 지역신문 *Sacramento Bee*, 1988).

부분적으로는 무고한 시민들의 죽음 때문에(갱의 "차량 이동"에 의해서 빈번히 살해되어), 대중들은 스스로 그리고 열렬히 "학교에서의 갱 폭력, 갱들의 낙서, 지역 시설들에 대한 약물 관련 범죄와 약물 관련 체포 등의 증가에 관한 보고와 같은 갱과 관련된 활동에 관한 잠재적 목격자들의 위협" 보도를 믿었다(Jackson & Rudman, 1993: 259). 이와 같은 인식은 경찰활동에 대한 추가적인 지원이 없다면 갱은 그들의 크기와 힘을 지속적으로 증가시킬 것이라는 우려와 연관되어 있다. 갱들은 경찰보다 더 강하게 무장하고 있으며, 갱 문제에 대해 대항할 수 있는 유일한 방법은 예산과 경찰의 인력을 증원하는 것이라는 믿음이 나타나게 되었다.

잭슨과 러드맨은 갱에 관한 캘리포니아 입법부의 반응을 조사하고 다음과 같은 결론을 내렸다. "자료에 나타난 증거들은 캘리포니아의 '갱 문제'에 대한 대응의 본질이 '도덕적 공황'이라고 말할 수 있는 다른 사례들과 유사하다고 제시하고 있다. 개인 혹은 집단의 인지된 위협이 실제의 위협을 훨씬 능가한다는 것은 '도덕적 공황'처럼 그것의 특성화로 무르익고 있다"(Jackson & Rudman, 1993:271).

### *슈어(Edwin M. Schur) – 급진적 무간섭(Radical Nonintervention)*

논란이 되는 슈어의 한 저서는 사법체계에 의한 청소년 처리 과정의 효과에 대해 낙인의 시각을 잘 보여주었다. 1973년에 출판된 *급진적 무간섭(Radical Nonintervention)*은 법을 위반한 아이들에 대해 아무것도 하지 말아야 한다고 주장하였다. 그는 대부분 청소년의 규칙 위반은 본질적으로 사소한 것이고 처벌은 불필요하다고 주장하였다. 사회는 보다 관용적인 자세를 취해야 하며 청소년들에게 광범위한 행동의 대안들을 시험해볼 수 있도록 허용해야 한다. 그렇게 하지 않는다면, 슈어가 주장하길, 정당한 역할들로부터 청소년을 낙인찍거나 혹은 고립시키는 것에 불과하다는 것이다.

슈어는 "일탈자"의 낙인은 주요 지위가 되며 극복하기 힘들다는 베커의 주장에 동의한다. 더군다나, 부분적으로 사법 체계의 근거 없는 차별적인 관습 때문에, 슈어는 하위계층의 흑인 남자 청소년들이 다른 청소년들보다 공식적으로 낙인찍힐 가능성이 높다고 주장하였다. 이러한 점은 보통 청소년들 특히, 하위계층 흑인 남성들이 권력이 없기 때문에 발생한다. 예를 들어, 이와 같은 개인들은 법적인 조언을 받기 위한 비용을 마련할 수 없거나, 경찰이 혐의를 부과하지 못하도록 효과적으로 반론하기 힘들다.

슈어는 또 다른 낙인 시각의 초기 주장자인 키츠유스(John Kitsuse, 1962)가 제시한 회고적 해석(retrospective interpretation)의 개념을 논의하였다. 회고적 해석이란 사람들이 개인에 관한 새로운 정보에 비추어 개인들의 행동을 재해석하는 과정을 의미한다. 슈어와 다른 학자들은 일탈의 낙인은 다른 사람들에게 한 아이가 과거에 말했고 행동했던 것들을 재평가하고 그 다음 새로운 정보와 일치할 수 있도록 문제들을 재정의하는 특정한 신호의 역할을 한다고 주장하였다(예를 들어, 가상의 리사의 새로운 펑크 머리 모양은 금지 약물 소지로 체포된 그녀에 비추어 재해석 되고 있다).

## 낙인 시각의 개관

위에서 검토한 독창적 저작들에 기반을 두고 우리는 낙인 시각을 요약할 수 있다. 낙인 시각은 광범위한 사상이 혼합되어 있기 때문에, 많은 사람들이 하나의 간결한 이론이라기보다는 범죄와 비행을 이해하기 위한 일반적인 시각으로 보고 있다. 또한 많은 사람들에게 낙인 시각은 청소년들이 좋든 나쁘든 성인들보다 유연하다는 가설에 근거해 성인들보다 청소년들에게 더 잘 적용될 수 있다고 간주된다. 다시 말하면, 사회복귀적 개입활동은 낙인 입장에서 비행청소년들에게 역효과를 내거나 오히려 소년들의 일탈적인 자아상을 만들 가능성이 크다. 그러나 형사사법체계의 불완전성(많은 성인 위반자들이 탐지되거나 기소되지 않으며, 죄 없는 개인이 억울하게 기소되는)을 가정할 때, 낙인 시각은 그렇지만 여전히 성인들의 사법처리 과정에도 잘 적용될 수 있다.

낙인과정은 [그림 9.2]에서 그려진 것처럼 순환적인 성격을 가진다. 첫째, 도덕적 사업가들의 노력이 더 많은 행동을 범죄 혹은 비행으로 재정의하는데 성공하고 있기 때문에 일탈망(deviance net)은 확장된다. 더 많은 행동들에 대한 성공적인 범죄화는 위반자 계층을 확대시킬 것이다. 더 많은 행동들이 일차적인 일탈로 해석될 것이며 그것은 낙인 과정의 시작이 될 것이다. 이러한 과정은 억울하게 기소된 범죄자에게도 적용될 것이다. 그 외, 순응자들이나 숨은 일탈들은 체면을 유지하게 될 것이며, 한편으로 전환(diversion) 프로그램은 확인된 일탈자들에게 체면을 보존할 수 있도록 의도된 것이다. 낙인이 성공적으로 적용된 사람들은 지위 강등 의식의 결과로 일탈자가 된다. 예를 들어, 법정 심리에서 선고를 받은 청소년은 "비행 청소년(juvenile delinquent)"이라는 새로운 주요 지위를 얻게 된다. 성공적인 낙인의 결과로서 일탈자는 '존경할만한' 영향으로부터 고립되며 비슷한 처지에 있는 사람들과 교제의 증가에 의지하게 된다. 이것은 개인의 자아상이 일탈적 상으로 변화하는 원인이 되며 이차적 일탈의 장이 마련되는 것이다. 이 시점에서부터 체면으로부터 벗어난 악순환과 보다 깊게 일탈에 빠져드는 진행이 계속된다.

되풀이 하면, 개인의 경험과 관찰을 통해 생각하는 것이 낙인 가설 구성에 도움이 될 것이다. 여러분은, 그것이 만약 발각되었다면, 비행의 낙인이 찍힐 수 있는 어떤 행동을 한 경험이 있는가? 여러분의 친구들이 그런 행동을 한 적이 있는가? 자기보고식 자료들은 그러한 행동을 한 적이 없는 사람을 찾기 힘들다고 한다. 아마 여러분들은 몇몇의 비행을 했을 것이고, 그것이 발각되었을 것이며, 벌을 받았을 것이다. 그리고 나아졌을 것이다. 만약 발각되지 않고 비행이 처벌되지 않았다면, 상황이 훨씬 좋게 되었을 수도 있다. 다시 말해,

[그림 9.2] 낙인/비행 순환

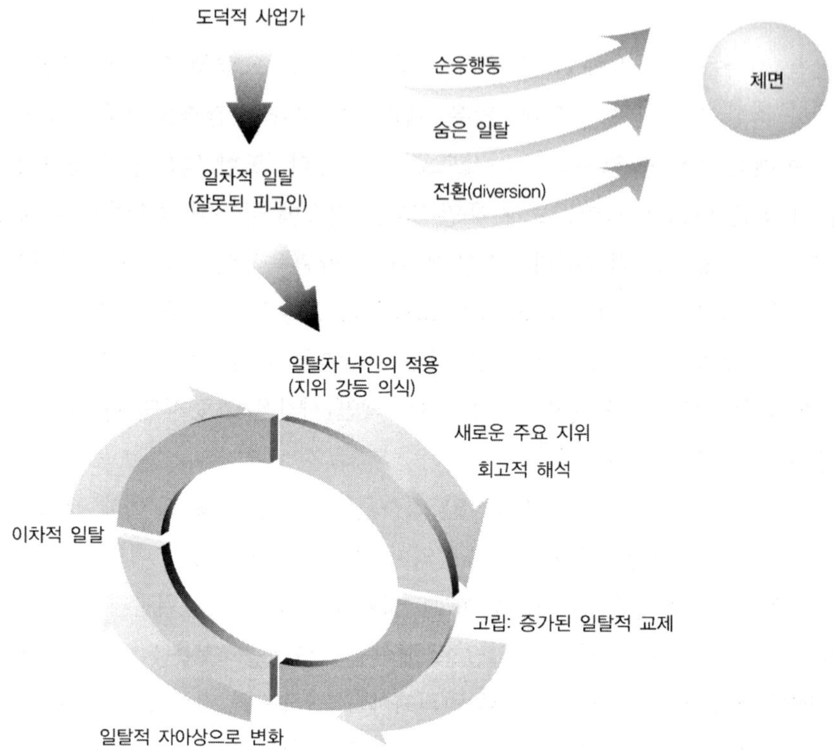


처벌은 어떤 개인에게 교훈을 줌으로써 나중에 생길지도 모르는 문제를 막았을 수도 있다. 이것은 우리가 특수 제지(specific deterrence)라고 칭하는 것이다. 다른 측면에서 본다면, 발각되고 공식적인 낙인을 받는다는 것은 여러분 혹은 여러분의 친구가 더 많은 비행을 저지를 가능성이 높아질 수도 있는 것이다. 낙인 이론은 아이들은 나쁜 행동을 하지만 대부분은 공식적인 개입이 없으면 나이가 들면서 그만둔다고 주장한다. 반대로, 낙인 이론은 공식적인 낙인이 보통 청소년들을 비행의 하강 순환으로 끌어들인다고 주장한다.

## 낙인 이론에 관한 연구

타이틀(Charles R. Tittle, 1980)은 낙인 이론에 대한 두 가지 근본적인 문제점을 발견하였다. 첫째, 연구자들이 주요 변수들 간의 관계를 연구하기 위해 필요한 명제들이 명확하게 구체화되어 있지 못하다. 둘째, 낙인 시각을 충분히 검증할 수 있는 자료가 없다. 직접적인 검증이 매우 적게 이루어졌으며, 타이틀은 낙인 개념의 모호함이 다른 목적으로 수행된 연구로부터 정보를 얻기 매우 어렵게 만들어 문제점을 더욱 악화시켰다고 주장하였다.

타이틀은 낙인 시각의 저작물로부터 두 가지 명제가 도출될 수 있다고 제시하였다. 첫째, 낙인은, 특히 사회 통제 기관의 관리들에 의한, 다른 사람들이 공식적 낙인을 알아차렸을 때 그들로부터 부정적인 반응을 초래하게 된다. 이와 같은 반응은 때때로 "나쁜 기질로의 귀인(attribution)과 정형화된 행동의 예상"과 연관된다(Tittle, 1980:247). 둘째, 낙인 이론가들은 공식적 처리 과정이 실제 규범 위반보다 개인적이고 사회적인 특성들에 의해 더 많은 영향을 받는다고 단정한다.

첫 번째 가설과 관련해서 슈왈츠와 스콜닉(Richard Schwartz and Jerome Skolnick, 1962)은 장래의 취업에 대한 공식적인 형사 사법 처리 과정의 효과를 연구하였다. 식당 조무, 보수유지 노동, 그리고 잡역부의 짧은 경력을 가진 미혼의 32세 남성을 서술한 4가지 서류가 준비되었다. 4가지 서류의 차이점은 단지 지원자의 형사 법정 연루에 관한 기록이었다. 서류 1은 지원자가 폭행으로 유죄 판결을 받았다고 제시하였다. 서류 2는 지원자가 재판을 받았지만 무죄방면 되었다고 기술하였고, 서류 3은 지원자가 무죄로 판명되었다는 판사의 증명서를 동봉하였다. 서류 4는 형사 기록에 관해 아무런 언급을 하지 않았다.

각각의 서류 25부가 휴양지 지역에 있는 100명의 고용인들 표본에게 보내졌다. 결과는 낙인 시각과 일치한다는 성향을 나타냈다. 9명의 긍정적인 반응은 형사 사법 체계와 연관이 전혀 없는 서류로부터 나왔다. 이는 증명서가 있는 서류(6), 무죄방면(3), 그리고 유죄판결(1)의 낮은 반응과 비교가 되었다. 슈왈츠와 스콜닉(Schwartz and Skolnick, 1962:335)은 이와 같은 결과에 대해 다음과 같은 방식으로 논하였다.

> 이론적 관점으로부터 보면, 결과는 유죄판결이, 우리 사회에서 처벌의 근간이 되는 정의에 관한 일반화된 이론에 의하자면, 개인의 "빚"이 청산된 이후에도 지속적으로 작동되는 "지위 강등(status degradation)"의 강력한 형태를 구성한다는 결론을 도출시킨다. 유죄판결의 기록은 그것이 지위의 영구적인 상실은 아니지만 매우 오래 지속된다.

미국 전역에 성범죄자 등록이 도입됨으로 인해 이러한 판결의 엄청난 결과가 목격되기도 한다. 수감 생활을 끝냄으로써 사회에 대한 빚을 이미 청산했음에도 불구하고 이러한 주요 지위는 사회에서 그들의 지위를 지속적으로 강등시킨다(하이라이트 9.2를 참조하라).

낙인 시각의 흥미로운 적용이라는 측면에서 마루나(Shadd Maruna)와 그의 동료들은 (2004)은 다른 사람들의 반응보다 범죄인의 자아 정체성에 초점을 맞추고 관심을 범죄의 중단에 두었다. 이전의 저작들이 낙인의 효과에 따른 삶의 기회에 관한 고찰이었다면, 이

[하이라이트 9.2] **"성범죄자"의 낙인은 죽음의 값어치가 있는가?**

토마스 벨넘(Thomas Varnum)은 메인(Maine) 주에서 성범죄로 유죄를 선고 받고 1997년 "성범죄자" 낙인에 의해 죽음으로 끝을 맺었다. 그는 9살 소년과 친구가 되어 6개월 동안 지속적으로 성관계를 가져 3년 반 동안 교도소에서 복역 하였다. 1년 반 동안의 가석방 기간 중 그는 건설현장에 취업이 되었고 주말 동안 기계공으로 일하였다. 그의 집주인은 그의 유죄 사실을 알지 못했었고, 그가 좋은 세입자였다고 말했다. 새로운 메건(Megan) 법이 메인 주를 비롯해 40개 다른 주들에서 통과가 되어 그에게는 소급해서 적용할 수 없는 것이었지만 보안관사무소(sheriff's department)는 방법을 찾아냈다. 유죄에 관한 정보를 공개할 수 있는 구법에 기초하여, 보안관들은 벨넘이 살고 있는 곳의 도로에서 그에 관한 유인물을 배부하였다. 유인물에는 범인 식별용 사진, 주소, 추잡한 성폭행으로 유죄를 받았다는 소개가 되어 있었다. 이웃들의 방문이 있었으며 벨넘의 집주인은 그에게 이사를 요구하였다. 다음날 저녁 그는 산탄총을 이용해 자신의 머리를 날려버렸다.*

또 다른 성범죄자 네이트 심스(Nate Sims)는 가방을 싸기로 결정했고 도망갔다. 또다시, 심스는 한 여성을 강간하고 수간(sodomy)하여 유죄를 선고 받고 20년을 복역하였다. 그가 고향 켄터키(Kentucky) 주 덴빌(Danville)로 돌아왔을 때, 그는 신문에 자신의 사진과 "성범죄자"라는 낙인이 있는 것을 알았다. 이것으로 그가 얻은 일자리를 잃게 되었고 등록된 주소지를 이탈하여 그의 자동차에서 살게 됨으로써 가석방 의무를 위반하게 되어 체포되었다. 그러나 지역의 독실한 기독교인 한 가족이 그들의 집에 잠자리를 제공함으로써 그는 약간의 행운을 얻었다. 그 부부는 "예수님은 어떻게 하였을까요?" 라는 질문을 하였다. 그러나 그들의 이웃들은 어떻게 이럴 수가 있느냐는 요청과 함께 무기명의 편지와 전화를 폭주시켰고 그들의 사업장까지 방문하였다. 사진 기자들이 도착하였을 때, 네이트는 가방을 싸고 새로운 그의 집과 직장을 떠났다.

공격적인 낙인 전략으로 인한 이와 같은 결과들은 많은 의문을 제시하였다. "위험한" 거주자로부터 그들의 가족을 보호하려는 개인의 도덕적 권리는 무엇인가? 그들의 삶을 재확립하는 "성범죄자"의 권리는 무엇인가 어디에서 일하고 살 것인가?

≫ 자료의 출처: * Jerry Schwartz, Johnson City Press 연합통신 기자. 98-3-22 에서 각색
Allen G. Breed Johnson City Press 연합통신 기자. 99-9-2. 에서 각색.

들은 범죄의 중단 과정과 개선된 인간으로서의 범죄인의 자격요건 또는 자아상의 확립에 관심을 두었다. 북부 뉴욕 주의 한 처우시설에서 조언자들과 의뢰인들의 면접을 통해 얻어진 한 가지 흥미로운 결과는 "사회과학자들처럼, 면접을 한 의뢰인들이나 조언자들 누구도 어떤 사람이 '회복되었다는' 혹은 '개선되었다는' 것을 결정하는 기준이 일치하지 않았다는 것이다"(Maruna et al., 2004:276). 중단의 과정을 설명하는데 있어서 연구자들은 레머트의 일차적 일탈과 이차적 일탈의 개념을 차용하여 단지 부분적인 범죄자 경험으로 "변화된 사람"의 정체성으로부터 모든 범죄자 경험에 관한 일시적 중단을 구분하기 위해 *일차적 중단(primary desistance)*과 *이차적 중단(secondary desistance)* 이라는 개념을 제시하였다.

그들은 범죄의 중단은 궁극적으로 자아 정체성의 변화를 가져오는 협상의 과정으로 이루어진다고 제시하였다. 이러한 중단의 과정은 낙인의 과정- 반대 방향으로-과 유사하다. 중단이 일어나기 위해, 그들은 "낙인제거 과정(delabeling process)"과 "증명제거(decertification)" 단계가 중요하다고 제시하였다.

2,617명의 캘리포니아 청소년들을 대상으로 한 6년간의 종단적 연구에서, 에지톤과 엘리엇(Suzanne Ageton and Delbert Elliott)은 낙인 이론에서 도출된 두 가지 구체적인 가설을 검증하였다. 다음의 질문들이 그들의 연구를 유도하였다. "법률적인 절차가 비행 성향을 만들며(혹은 만들거나) 촉진시키는가?" 그리고 "어떤 효과가, 만약 있다면, 이러한 과정에서 또래집단의 우호관계와 자기 보고된 비행과 같은 다른 환경적 행동적 요인들에 작용을 하는가?"(Ageton & Elliott, 1974: 89). 그들의 분석은 법률적 절차는 "비행 성향을 만들며(또는 만들거나) 증가시킨다"는 것을 나타냈다. 또한, 저자들은 백인들과 남성들이 멕시코계 미국인, 흑인, 여성들보다 경찰 접촉에 더욱 부정적인 영향을 받는다는 것을 밝혀냈다.

트리플렛(Ruth Triplett, 1993) 역시 부모의 낙인이 자녀들의 비행에 미치는 요인들을 고려하여 비공식적 반응에 관해 고찰하였다. 트리플렛은 낙인 지워진 행위자가 낙인을 부여한 사람들의 탓으로 돌리는 중요성 때문에 비공식적 반응이 공식적인 반응보다 더 중요하다는 것에 동의하였다. 부모에 의해 비행 청소년으로 간주되는 것은 청소년 사법체계에 의한 공식적인 낙인보다 훨씬 충격이 클 수 있다. 청소년 1,324명의 전국적 표본으로 얻어진 자료를 조사하여, 트리플렛은 부모의 낙인은 자녀들의 비행뿐만 아니라 자녀들의 성적, 비행 친구관계, 부모와의 관계, 부모의 신념, 인종과 관련이 있다는 것을 밝혀냈다. 이와 같은 결과는 부모가 자녀들을 비행 청소년으로 간주할지 또는 않을지는 자녀들의 실제 행위보다 부모가 고정관념에 어떻게 맞추는가에 좌우된다고 제시한다. 그러나, 낙인이론은 이러한 낙인 혹은 고정관념이 차후의 비행에 원인이 된다고 주장한다.

더 최근의 연구에서 스튜어트(Eric Stewart)와 그의 동료들(2002)은 체포가 차후 행동에 미치는 직접 효과뿐만 아니라, 어떤 낙인 효과가 작용하는가에 관한 원리를 설명하는 매개적 요인들에 대해서도 고찰하였다. 그들은 아이오아(Iowa) 농촌지역의 가족들에 대한 심층면접을 통해 비행과 그 결과로 인한 체포가 가족 관계(구체적으로, 양육 관행)에 어느 정도의 영향을 미치는가를 검증하였다. 중요하게, 종단적 자료는 양육 관행이 비행에 미치는 효과에 대해서도 고찰을 할 수 있게 해주었다. 그들은 다음과 같은 결론을 내렸다. "예상했던 것처럼, 시점 1에서 비행 참여가 증가하고 양육 관행이 나빠질수록 법적 제재의 확률이 증가하였다. 법적 제재는, 그 다음, 일 년이 지난 시점 3에서 비행의 증가와 양육의 질을 감소시키는 것으로 나타났다"(Stewart et al., 2002:52).

스튜어트의 연구와 같은 선상에서, 번버그(Jon Gunnar Bernberg)와 그의 동료들(Bernberg & Krohn, 2003; Bernberg et al., 2006) 로체스터 청소년 발달 연구(Rochester Youth Development Study)의 자료를 분석하였다. 이 자료 역시 종단적인 패널 자료(같은 사람들을 시간 때 별로 측정한)로 구성되어 있어, 횡단적인 자료보다 법적 과정이 차후 행동에 미치는 효과를 보다 면밀히 고찰할 수 있다. 그들의 첫 번째 논문에서, 번버그와 크론(Bernberg and Krohn, 2003)은 이른 청소년기의 체포와 청소년 사법 개입은 고등학교 졸업과 취업이 연관되어 있고, 그 결과, 취업에 영향을 주며, 성인 범죄와 연관되어 있다는 것을 밝혀냈다. 청소년 사법 개입이 고등학교 졸업과 취업에 미치는 매개적인 효과와 더불어, 그들은 사법 개입이 성인 범죄에 직접적인 영향을 준다는 것도 발견하였다. 그들의 차후 연구에서, 번버그와 그의 동료들(Bernberg et al., 2006)은 체포가 또래집단의 소속감에 얼마나 영향을 주는가에 관해 연구하였다. 베커(Becker, 1963)가 낙인 시각의 역사에서 일찍이 가정했던 것처럼, 그들은 경찰의 체포가 사회 연결망(social networks)에 영향을 미치는 것을 발견하였다. 체포되었던 청소년들은 체포가 예상되는 비행 또래집단과의 교제가 증가하였다. 사회 연결망의 이와 같은 변화는, 그 결과, 차후 범죄의 증가를 가져오게 하였다. 낙인 이론의 다른 최근의 평가들은 공식적 낙인(Chiricos et al., 2007; Hagan & Palloni, 1990; Huizinga et al., 2003; Sweeten, 2006)과 비공식적 낙인(Matsueda, 1992) 모두 부정적인 효과를 가져 온다는 측면에서 낙인의 시각을 지지한다는 것을 밝혀냈다. 체포가 차후 행동에 미치는 효과를 평가하는 종단적 연구들의 체계적인 검토를 통해 후이징거와 헨리(Huizinga and Henry, 2008)는 대부분의 연구들(17 연구)이 체포 후 차후 비행이 증가하거나 변화가 없다고 보고한다. 오직 2 연구만이 차후 비행이 감소하였다고 보고한다. (일탈 증폭 가설을 평가하는 최근의 연구에 대해 하이라이트 9.3을 참조하라.)

낙인 이론을 지지하는 바로 앞의 연구들과는 달리, 몇몇의 연구들은 낙인 가설을 입증하는 데 실패하였다. 초기의 연구에서, 포스터, 디니츠, 레클레스(Jack Foster, Simon Dinitz, and Walter Reckless, 1972)는 196명의 소년들을 대상으로 한 연구에서 단지 몇몇만이 기관의 접촉에 의한 결과로 인해 그들의 공적인 모습에 손상을 받았다는 결과를 얻었다. 비록 몇몇은 경찰 기록을 남김으로써 취업에 해를 끼칠 수 있다고 믿었던 반면에, 대부분소년들은 그들의 대인 관계에 부정적인 영향을 받았다고 느끼지 않았다. 공식적 과정이 자아태도에 미치는 효과에 관한 연구에서, 옌슨(Gary Jensen, 1972)은 인종에 따라 차이가 있음을 밝혀냈다. 경찰과 접촉이 있었던 흑인 청소년들은 백인 청소년들보다 자신들이 비행청소년이라는 생각을 덜한 것으로 나타났다. 옌슨은 비행 청소년들은 일반적으로 그렇지 않은 청소년들보다 자아 평가가 낮다는 것도 밝혀냈다.

### [하이라이트 9.3] 낙인 이론 – 최근의 연구 결과들

2011년 미국범죄학회(American Society of Criminology) 연례 모임에서 낙인 이론의 검증에 관한 시간이 있었다. 특히 흥미로운 한 발표는 미국 전역 7개 도시의 공립학교에 재학하는 2,527명의 학생을 대상으로 한 연구 결과를 보고하였다. 저자들(Wiley & Esbensen, 2011)은 비교적 새로운 통계기법을 이용하여 3집단을 매칭(matching)하였다. (1) 경찰과 전혀 공식적인 접촉이 없는 사람들, (2) 경찰로부터 제지를 당하거나 검문을 받은 집단, (3) 체포된 집단. 성향 점수의 매칭을 통해 연구자들은 시점 1에서 16개의 예측 변수들(예를 들어, 인구학적, 태도적, 행동적 측정)에 바탕을 두어 개인들을 매칭 할 수 있었다. 이와 같은 매칭 과정은 경찰과의 관련을 제외한 모든 부분이 유사한 3 집단으로 구성되게 하였다. 연구자들은 시점 2에서 경찰과 접촉을 하도록 하였고, 시점 3에서 경찰의 접촉에 대한 효과를 연구하기 위해 차후 태도와 행동을 조사하였다. 이미 존재하는 차이와 변수들의 시간적 순서를 통제한 후 연구자들은 체포(제지)가 태도와 행동에 미치는 유일한 효과를 평가할 수 있었다. 낙인 이론가들이 가정하였던 것처럼 저자들은 체포된 경험이 있는 청소년들이 공식적인 접촉이 없는 청소년들보다 유의미하게 더 부정적인 태도를 가지며 비행의 비율이 높음을 발견하였다. 구체적으로, 전혀 경찰 접촉이 없었던 청소년들과 비교하여, 체포된 청소년들은 비행이 더 많으며, 일탈 친구들을 더 접촉하며, 사회적 배제를 더 표현하며, 비행에 대한 태도가 더 높았다. 주목할 만한 사항은 경찰로부터 제지나 검문을 받았던 청소년들조차 접촉이 없었던 청소년들에 비해 다수의 측정에 대해 더 부정적 태도를 가진다고 보고하였다. 저자들은 이와 같은 결과들이 일탈 증폭 가설을 지지한다고 제한한다.

이 장의 시작 부분에서 제시되었던 스테픈즈마이어와 테리(Steffensmeier and Terry)의 연구는 개인의 특성이 고소를 할 것인가에 대한 결정에 영향을 미친다는 것을 강하게 지지하는 것이었다. 보다 면밀하게 통제된 연구에서, 코헨과 스타크(Lawrence Cohen and Rodney Stark, 1974)는 대도시 백화점에서 371건의 절도 사건을 바탕으로 고소할 것인지 여부에 관한 지배인의 결정에 대해 연구하였다. 낙인 이론가들의 예상과는 반대로, 연령, 인종, 성별과 같은 개인의 특성은 고소에 대한 결정과 관련이 없다는 것을 밝혀냈다. 고소에 대한 결정을 설명하는 하나의 변수는 도난당한 물품의 가격이었다. 저자들은, 일탈은 최소한 이 결과에서는, "보는 사람의 눈에 달려있는(in the eyes of the beholder)" 것이 아니라는 결론을 내렸다.

## 낙인 이론의 정책적 관련성

많은 양의 낙인 이론 저작물에 근거하여, 1960년대 회복(rehabilitation) 모델의 변화가 1970년대 중반까지 이루어졌던 것은 분명했다. 특히, 위반자들이 형사 사법 체계의 공식적

절차로 빠져드는 것을 예방하기 위해 만들어진 전환(diversion) 프로그램이 온 나라에 걸쳐 나타났었다.

이러한 프로그램의 대부분은 청소년들을 대상으로 한 것이었지만, 성인 집단에 대해서도 같은 논리가 적용되었다. 낙인에 대한 논의와 더불어서, 미국은 1970년대 청소년과 성인 교정시설의 극심한 과밀 현상이 나타났다. 전환 프로그램은 따라서 두 부분을 전면에 내세울 수 있었다. 첫째, 공식 형사절차에 따른 부정적 낙인 방지와 둘째, 교도소 수감 인원 축소를 통한 비용 절감을 두 가지 목적으로 볼 수 있다. 체포가 이후 범죄에 미치는 효과에 관한 흥미로운 국가 간의 연구에 대해서는 하이라이트 9.4를 참조하라.

공식적 절차를 회피하기 위한 수단으로써 전환의 가치에 대한 논쟁들이 바로 나타났다. 연구들의 많은 전환은 사회적 통제과정 *망의 확장(net widening)*을 가져왔다는 결론을 내렸다(예를 들어, Klein et al., 1976; Dunford, 1977; Blomberg, 1980). 레머트는, 예를 들면, 다음과 같이 기술하였다. "청소년 사법에서 재량행위를 줄이려는 노력으로 시작한 것이 재량행위와 이전에는 전혀 존재하지 않았던 외부적 통제를 증가시키는 영장이 되었다"(1981:45). 그리고, 망의 확장 문제를 고찰한 연구들의 요약에서, 오스틴과 크리스버그(James Austin and Barry Krisberg, 1981:170)는 "전환 프로그램은 망의 확장, 망의 공고화, 새로운 망의 창출 수단으로 변형되었다" 라고 결론을 내렸다.

이와 같은 망의 확장 현상은 전환 비판가들이 전환 프로그램의 취지가 훼손되었다는 것으로 간주한다는 것을 의미한다. 이전에는 투옥되었을 범죄자를 전환 프로그램으로 대체하는 대신, 공무원들이 이전에는 석방되었거나 보호관찰 처분을 받았을 범죄자를 전환 프로그램으로 대체함으로써 공식적 절차에 관한 망의 확장을 가져왔다. 예를 들어, 바이넘과 그린(Timothy Bynum and Jack Greene)은 "합의와 기각 결정 행사의 32% 감소로 이전에는 기각되었거나 합의로 처리되었던 많은 청소년들이 이제 전환 프로그램의 적용을 받는다는 것이 명백해졌다"라고 밝혔다(1984: 141). 그러나, 모든 평가들이 이와 같은 결론을 지지하는 것은 아니다. 대도시 3곳의 청소년 사법 체계에 의한 청소년 흐름 조사에서, 에스벤슨(Finn Esbensen)은 "명백히 좋은 믿음에 의해 시행되며 반대자들의 저항이 없는 대도시 두 곳의 전환 프로그램은 청소년들의 형사 사법 체계에 대한 개입을 줄이고 현 상태를 유지시키는데 성공했다" 는 것을 밝혀냈다(1984: 126).

전환 프로그램의 또 다른 비판은 만약 한 개인이 지역사회 처우시설에 배치된다면, 부정적인 낙인은 피할 수 있을 것이라는 전제를 공격하고 있다. 클라인(Malcolm Klein)과 그의 동료들은 전환을 "형사 사법 체계의 개입과 동등하거나 혹은 그것보다 훨씬 더 가두어 둔다" 라고 주장하였다(1976: 110). 전환의 효과와 그것이 어떤 역할을 해야 되는 지에 관한

### [하이라이트 9.4] 체포가 차후 행동에 미치는 효과: 국가 간의 비교

억제이론가들은(5장을 참조하라) 미래의 범죄 행동은 제재의 효과적인 위협을 통해 감소시킬 수 있다고 주장한다. 일반 제지 원리는 만약 인지된 제재가 충분히 신속성, 확실성, 엄격성을 보장한다면 일반적인 사람들은 범죄로부터 제지될 것이라는 것을 제시한다. 특수 제지는 이전 범죄의 결과로써 이미 제재를 받은 사람의 이후 범죄에 대한 감소를 의미한다. 이러한 이론적 시각이 과거 25년간 미국 형사사법을 지배해 왔다. 삼진아웃(three-strikes) 제도, 만성적 범죄자(habitual offender) 법률, 신병 훈련식 캠프(boot-camps), 청소년 권리포기와 성인법정으로 이송은 범죄는 억압적인 형사 사법 전략에 의해 제지될 수 있다는 신념을 대표하는 것이다. 제지 정책에 반해, 낙인 이론가들은 공식적 사법 체계의 개입은 상황을 악화시키며, 실제로는 일탈과 다른 법률 위반 행동을 "증폭시킨다(amplify)" 라고 가정한다. 이와 같은 두 가지 이론적 시각들은 같은 형사 사법 개입의 상호 모순적인 효과를 예상하는 것이다. 아래에 제시된 연구는 체포가 이후 범죄에 미치는 효과를 평가하고자 하는 것이다.

덴버 청소년 연구(The Denver Youth Survey)(3장을 참조하라)는 1988년부터 현재까지 연구에 참여한 사람들을 계속해서 추적하는 가족들에 관한 종단적 연구이다. 해마다 이루어지는 면접은 체포와 범죄에 관한 자기 보고를 포함한 각 개인의 정보를 제공하고 있다. 브레맨 학교에서 직장으로 연구(The Bremen School-to-Work Study)는 독일 브레맨 지역에서 수행되는 이와 유사한 연구이다. 이 두 연구의 자료들은 14-24세 남성과 여성들의 체포와 제재 유형을 고찰하는데 사용되었다(Huizinga et al., 2003을 참조하라).

브레맨의 사법 체계는 14세에서 17세 사이의 청소년을 처리하는데 있어서는 다소 관대하다. 검사는 사건의 90퍼센트 이상을 기각하거나 전환처우 하고 있다. 덴버 연구에 있어서는 체포가 상대적으로 보편적인 현상이다. 18세가 될 때까지 73퍼센트의 남자 청소년과 43퍼센트의 여자 청소년이 체포된 경험이 있었다. 브레맨에서 체포의 비율은 남자청소년과 여자청소년 각각 34퍼센트와 9퍼센트였다. 브레맨에서는 구속이 매우 드물지만, 덴버에서는 사건의 10-20퍼센트 정도가 구속된다. 매우 다른 사법적 철학에도 불구하고, 두 도시의 비행 참여율(prevalence)은 현저하게 유사하다(청소년기 동안 62%와 69%의 청소년들이 비행을 하고 있다). 휘징가(David Huizinga)와 그의 동료들은(2003) 다음과 같이 진술하고 있다. "두 체계의 지향점이 실질적으로 차이가 있다는 점을 가정하면, 범행의 비율이 크게 다르지 않다는 사실은 매우 놀라운 것이다".

휘징가와 그의 동료들은 이러한 사법 체계 지향점의 차이가 청소년 비행에 어느 정도 영향을 미치는가에 대해 관심을 가졌다. 네 가지 다른 분석 전략(교차표(cross-tabulations), 다항 회귀(multinomial regression), 사건사 모형(event history model), 정밀한 통제집단 대응 분석(precision control group matching analysis))은 똑같은 결과를 제시하였다. "모든 분석에서 체포가 차후 비행에 미치는 효과는 매우 적었다. 효과가 있는 부분을 제시하면, 체포는 이전의 비행 수준을 지속하게 하거나(지속성), 또는 차후의 비행을 증가시켰다. 두 곳을 개인적 수준으로 비교할 때, 체포가 비행의 감소를 가져온다는 결과는 본질적으로 찾을 수 없었다"(Huizinga et al., 2003: 3).

한쪽은 관대하며 다른 한쪽은 가혹하게 특정 지워지는 서로 다른 사법 체계에도 불구하고 두 곳에서 얻어진 체포가 차후 비행에 미치는 효과가 매우 유사하다는 사실은 결과가 매우 확실하다는 것을 제시한다. 체포는 특별 제지를 지지하는 사람들이 예견하는 제지의 효과를 나타내지 않는다. 이 연구의 저자들은 "비행에 관한 범죄화의 확대와 제재의 엄격성의 확대를 지향하는 현재 미국의 방향성에 보다 큰 관심과 논의"를 요구한다(Huizinga et al., 2003: 5).

논쟁은 다소 줄어들기는 하였지만 지속되고 있다. 1984년까지 이러한 주제에 관한 연구가 많지 않았지만, 바인더와 기즈(Arnold Binder and Gilbert Geis)는 "전환은 현재 청소년 사법체계가 지속되는 한, 어린 범죄자들을 위해 번창하는 형태로 남아 있을 것이다" 라고 주장했다(1984: 624).

1990년 후반 정책적 방향성은 낙인 이론의 전제와 정반대로 이루어졌으며, 그것은 청소년 비행에 대한 가혹한 반응의 실질적인 증가의 형태로 목격되었다. 예를 들어, 미국에서는 법률이 보다 어린 나이에, 덜 심각한 위반에, 그리고 비행 전과 기록이 적은 경우에도 청소년들을 형사 법정으로 송치하도록 촉진하였다. 가혹한 법률은 영국에서도 시작되었다. 영국의 한 도시에서의 청소년 사법 과정을 참여 관찰한 연구에서, 러지로(Ruggiero, 1997: 344)는 보다 가혹한 청소년 비행 입법은 "어린 위반자들에 대한 불관용 원칙의 증가 분위기"를 조성하는 결과를 가져왔다고 주장하였다. 이와 같은 더 가혹한 법률은 또다시 "그것을 입법화하는 사람들보다 더욱 가혹하게 하는 척도로써 촉매제"가 되었다. 다시 말하면, 새로운 법률이 보내는 "아이들에게 대해 강경하게(get tough on kids)" 라는 메시지는 선생님들, 사회 복지사들, 청소년 사법 기관 직원들에게 청소년들을 통제하기 위해서는 공식적인 제재를 보다 자주 사용해야 된다는 점을 야기하였다. 이와 유사하게, 미국의 학교에서 "무관용(zero tolerance)" 정책은 생리통이나 두통과 같은 일반적으로 가벼운 병에 대해서 처방전 없이 구입할 수 있는 약물을 사용하다 정학을 당하는 사례들을 낳게 되었다. 한 모범적인 여학생은 도시락에 잼을 바르는데 사용하는 칼을 가지고 있다가 정학을 맞았고, 몇 번이나, 어린 초등학교 남자 아이들에게 하는 악의 없는 키스나 가볍게 만지는 행위가 성희롱으로 간주되어 제재를 받았다. 요컨대, 이러한 추세는 청소년들 행동의 많은 부분을 비행으로 간주하여 공식적인 낙인을 부과하는 것으로 기울고 있다. 그러나, 최근 몇 년간 이와 같은 무관용 법규들에 대한 재평가가 이루어지고 있으며 학교 징계 과정에 대해 보다 균형 잡힌 접근을 해야 된다는 요구가 있다(예, American Psychological Association, 2008).

## 비판적 범죄학의 근원

이전 장들에서 제시된 많은 이론들은 *합의적 시각(consensus view)*(1장을 참조하라)으로 불리는 폭넓은 개념적 방향성을 대표하고 있다. 이러한 접근 방법에서 사회와 사회적 실체의 해석은 "집단 구성원들 간의 가치에 관한 동의"가 존재하며, "국가는 일반적인 공공의 이익을 보호하기 위해 구성된다"는 가정에 기반을 두고 있다(Vold et al., 1998: 235). 개인들 간 혹은 집단 간의 갈등이 발생했을 때, 국가는 전체 사회의 이익에 가장 잘 부합하는 해결을 이끌어내는 중재자의 역할을 하는 것으로 간주된다.

*갈등적 시각(conflict perspective)*은 사회에 서로 상반된 가치와 이익을 가지고 있는 집단으로 구성되어 있으며, 국가는 가장 큰 권력을 가지는 집단의 가치와 이익을 대표하는 것으로 가정한다. 초기 갈등에 관한 체계적인 논의들 가운데 19세기 후반부에 나타난 것은 마르크스의 추종자들에 의한 것이었다. 그것 중 범죄에 대해 적용을 해 1960년대와 1970년대 급진적 범죄학이 출현할 수 있도록 발판을 마련한 것이 1959년 볼드(George Vold)의 저서 *이론적 범죄학(Theoretical Criminology)*의 출간이었다. 이 두 가지 중요한 연구들은 아래에서 검토된다.

### *마르크스(Karl Marx) – 갈등 이론(Conflict Theory)*

현대 갈등 이론의 많은 부분은 독일의 경제학자이며 사회 철학자인 마르크스의 저작들에서 그 기원을 찾을 수 있다. 마르크스와 그의 동료 엥겔스(Friedrich Engels)는 범죄 그 자체에 대해서 언급은 거의 없었지만, 자본주의 사회와 인간 문명의 역사에 대한 그들의 이론적 서술은 범죄학 내에서 갈등 이론의 발전을 가져오는 토대가 되었다.

마르크스는 모든 사회의 지배적 특징은 생산 양식, 즉, 사람들이 물질적인 재화를 개발하고 생산하는 방법, 이라고 믿었다. 그는 사회의 경제적 토대가 모든 사회의 배치를 형성한다고 주장하였다. "물질적 삶의 생산 양식은 삶의 사회적, 정치적, 정신적 과정의 보편적인 성격을 결정한다. 인간의 의식이 그들의 존재를 결정하는 것이 아니라, 그 반대로 사회적 존재가 그들의 의식을 결정한다"(Marx, 1964: 51). 이와 같이 경제적 역점은 마르크스로 하여금 생산자들(즉, 노동자들)과 생산 수단을 소유한자들 간의 관계에 많은 관심을 두게 하였다. 마르크스가 주장하길, 자본주의 하에서 부르주아는 생산 수단을 소유한 지배계급이고, 프롤레타리아는 부르주아를 위해서 노동을 할 수 밖에 없다(마르크스주의자들의 용어에 따르면, 그들의 노동을 파는). 이와 같은 분업이 노동자들의 소외를 가져왔다.

그들의 노동 생산품으로부터 프롤레타리아의 소외는 사회에서 재산과 권력의 불평등한 분배를 나타내는 것이다. 이와 같은 재산과 권력의 불평등한 접근은 인류 역사의 모든 부분을 통해 만연되어 있다고 마르크스가 믿었던 필연적인 계급 갈등의 토대가 된다. 마르크스에 따르면, 모든 사회에서는 두 부분의 상반된 집단이 존재한다. 한쪽은 현재 상태를 유지하고자 하며, 다른 한쪽은 현존하는 관계를 바꾸려고 한다.

이와 같은 사회 조직 이론은 "현대 마르크스주의자들은 법률이 사회 통제의 수단으로써 계급 투쟁을 억제하고, 서로 다른 사회들에서 서로 다른 시간대에 계급의 분화를 유지시키는데 사용되고 있는 방법에 관한 연구를 하기 원한다" 라는 범죄학에서 갈등 학파에 토대를 제공하였다(Lynch & Groves, 1986: 7).

린치와 그로브즈(Michael Lynch and Byron Groves)는 현대 마르크스주의 범죄학자들의 역할에 대해 더욱 상세히 설명하였다.

> 그들은 역사적으로 생성된 사회적 불평등 체계가 범죄의 구체적인 형태로 만들어지는데 기여하고 있는 방법들을 밝히려고 노력한다. 다시 말하면, 마르크스주의자들은 구체적인 사회적 역사적 맥락에서 각각의 분석을 통해 범죄와 형사 사법을 이해하려고 한다. 예를 들어, 로마 시대나 중세의 사회적 경제적 체계가 우리 사회에서 찾을 수 있는 같은 유형의 범죄를 만들어 냈다고 가정을 할 이유는 없다. . . . 의미 있는 사회적 변화는, 이를테면, 도시화, 산업화, 관료제화 그리고 이것을 동반한 사회적 기술적인 변화, 모든 범위에서 새로운 행동들(자동차 절도, 컴퓨터 범죄, 비행기 공중납치 등의 범죄 행동들을 포함한)과 새로운 형태의 법률과 사회통제를 만들어 냈다(1986: 7).

현대 마르크스주의 범죄학자들은 엘리트와 국가 간의 관계를 두 가지 대안적 방식으로 보고 있다. *도구적 마르크스주의(instrumental Marxism)*는 국가와 형법이 부르주아에게 복잡하게 연결되어 있다고 본다. 즉, 경제적 엘리트는 그들의 권력을 유지하기 위한 도구로써 국가의 권력을 이용한다. 경찰, 법원, 교도소는 현상을 위협할 수 있는 사람들을 통제함으로써 엘리트의 이익을 보장한다. 다른 쪽에서는 이 같은 마르크스주의를 순진하며 음모가 있다고 본다. 그들의 국가는, 형사 사법 체계를 포함하여, 때때로 권력 엘리트들의 이익을 침해하는 행동을 취하기도 한다. *구조적 마르크스주의(structural Marxism)*는 국가를 권력 엘리트로부터 일부분 자율적이라고 본다. 국가는 일반적으로 권력 엘리트를 지지하고, 그것으로 인해 자본주의 체제를 유지하나, 항상 그런 것만은 아니다. 사실, 프롤레타리아에 대한 간헐적 지지는 국가에 대한 신뢰성을 세우며, 따라서 장기적으로는 국가를 강화시킨다.

### *집단 갈등 시각(Group Conflict Perspective)*

#### •• 볼드(George Vold) - 집단 갈등 이론(Group Conflict Theory)

볼드는 1958년 *집단 갈등 이론(group conflict theory)*의 공식화를 시작하였다. 볼드의 개념화는 사회적 상호작용과 집합 행동 전통에 근원을 두고 있다. 그는 사람들은 집단 지향적이며 사회는 각각 그들 자신의 이익을 도모하는 집단들의 집합으로 구성된다고 본다. 이러한 집단들은 그 구성원들의 공통의 이익과 욕구가 집단행동을 통해 가장 잘 부합할 수 있기 때문에 조직화 한다. 예를 들어, 어떤 수업에서 학생들이 강사로부터 부당한 대우를 받았다고 느꼈을 때, 그들은 개인적으로 행동하기보다 집단적으로 대응함으로써 더 쉽게 구제를 받을 수 있을 것으로 볼 것이다. 그들의 집단적인 불평은 아마 개인적인 불평보다 강사, 학과장, 학장에게 더욱 영향력을 줄 수 있기 때문이다.

볼드는 집단들은 그들이 추구하는 이익과 목적이 서로 간에 겹치고 침해하기 시작함으로써 갈등에 이른다고 주장하였다. 이와 같은 갈등이 발생하면, 각 집단은 스스로를 지키고자 한다. 위에서 제시된 예를 더 연장하여 보면, 교수가 수업에서 강의 계획서도 나누어 주지 않고 성적 평가 방법에 대해서도 언급하지 않았다고 가정해 보자. 두 번째 시험이 끝난 후 많은 학생들이 그 과목에서 낙제를 했다는 통보를 받는다. 첫 번째 시험에서 70점대와 두 번째 시험에서 50점대의 성적을 받은 학생들은 충격을 받고 어떤 실수가 있었다고 추측하게 된다. 강사는 그들에게 60점 이하를 받은 사람들은 0점 처리를 하였다고 통지를 한다. 따라서 76점과 0점의 평균은 38점이며 F의 성적이 된다. 이와 같은 성적처리 기준은 학생들을 화나게 하며 그들은 자신들의 "권리"를 주장할 수 있도록 서로 단합한다. 낙제를 받은 학생들의 이익과 갈등을 불러일으켰던 성적처리 기준을 결정할 수 있는 강사의 권력이 있어야 비로소 학생들은 스스로를 "보호하기" 위한 요구가 일어난다는 것에 주목하라. 볼드는 "집단 간의 갈등은 각자의 집단에 대한 집단 구성원으로서의 충성심을 발전시키고 강화시키는 경향이 있다" 고 제시하였다(Vold, 1958: 206).

볼드의 집단 갈등 이론의 또 다른 요소는 권력의 분배와 관련이 있다. 예를 들어, 누가 법률을 제정하고, 누가 그것을 집행하는가? 볼드는 "입법부의 다수를 만드는 사람들이 경찰 권력을 통제하고 누가 법률 위반에 연루될 가능성이 높은가를 결정하는 정책들을 지배한다"(Vold, 1958: 209). 이전 대통령인 레이건(Reagan)은 그의 보수적인 이미지로 미국 대법원을 구성할 수 있었다. 자유주의적인 워런(Warren) 대법원장 시절의 대법원은 대부분 케네디와 존슨 행정부로부터 지명 받은 사람들로 구성되었다. 렌퀴스트(Rehnquist) 대법원장 시절 동안 우리는 워런 대법원장 시절의 인사들에 의해 만들어진 결정들이 뒤집히고 수정되는 것을 목격하였다. 법률의 이러한 변동은 범죄와 범죄인에 대한 우리의 정의(definition)를 바꾸어놓는다. 예를 들어, 만약 미국 대법원이 *Roe v. Wade*(1973)의 결정을 뒤집었더라면, 낙태를 한 여성뿐만 아니라 낙태를 실시한 의사까지 아마 범죄인으로 인식되거나 간주되었을 것이다. 그러나 현재 대법원은 이러한 오랜 정책들을 뒤집는 결정을 하지는 않을 것이다. 현재 법원은 레이건, 클린턴(Clinton), 부시(Bush), 오마바(Obama) 대통령에 의해 지명된 판사들이 있다는 사실은 사법적 균형을 반영한다.

볼드 이론의 흥미로운 점은 그가 범죄나 비행을 소수 집단 행동으로 보았다는 것이다. 이것은 인간의 행동은 갈등으로 특징 지워지는 집단행동에 지배를 받는다는 그의 신념의 확장을 나타낸다. 볼드는 다음과 같이 기술하였다(1958: 211). "청소년 갱은 공감으로부터 벗어나 있으며 유력한 다수의 규칙과 규정 즉, 어른들의 가치와 권력에 의해 만들어진 세계에 다소 직접적으로 대립하는 '소수 집단(minority group)' 이다." 청소년 갱들은 대부분 세대 간 갈등의 결과이며, 어른들은 법적 장치의 통제를 통해 승리하도록 되어 있다.

볼드는 그의 이론이 범죄 일반에 관한 것에 적합하지만, 다음과 같은 4가지 종류의 범죄를 설명하는데 가장 적합하다고 제시하였다.

- 정치적 시위 때문에 발생하는 범죄들
- 노동쟁의 때문에 생겨나는 범죄들
- 조합들 간에 혹은 조합내의 경쟁 때문에 발생하는 범죄들
- 인종적 민족적 충돌 때문에 발생하는 범죄들

비록 이와 같은 4가지 범죄 유형은 볼드의 일반적인 이론적 틀에 매우 깔끔하게 들어맞지만, 강간, 횡령, 강도, 사기와 같이 보다 개인에 바탕을 둔 범죄들은 잘 적용되지 않는다. 그러나 비판적 시각의 시대로서 1970년대 "급진적 범죄학(radical criminology)"의 성장은 권력의 개념을 보다 명확히 구체화 하였다.

## 급진적 시대 – 1960년대 그리고 1970년대

### •• 터크(Austin Turk) – 범죄성과 법률적 질서(Criminality and Legal Order)

터크는 낙인 시각과 매우 유사한 범죄에 관한 갈등 분석을 제시하였다. 그의 1969년 저서 *범죄성과 법률적 질서(Criminality and Legal Order)* 에서, 그는 "어느 것도 그 누구도 선천적으로 범죄자는 아니다. 범죄성은 법률적 기준뿐만 아니라 불법적 그리고 법률외적 기준에 의해 집행할 수 있는 권력을 가진 개인들에 의해 적용된 규정이다" 라고 기술하였다(Turk, 1969: 10). 그는 낙인 또는 범죄인의 지위는 사회에서 지배를 당하는 혹은 무력

한 위치에 있는 개인들에게 부여된 것이라고 주장하였다. 서로 상호간 권력을 획득하거나 유지하려는 집단들 간의 갈등이 사회의 특징이 된다. 터크는 "어떤 이는 권력이 많은 사람들보다 권력이 적은 사람들을 처벌하려는 법률의 경향이 있으며, 어떤 개인들이나 집단들이 다른 개인들이나 집단들과 비교하여 그들의 권력 지위를 유지하거나 향상시키기 위해 어느 정도나 법률적 절차나 기관들을 이용할 수 있으며 그리고 이용하고 있는지를 연구하게 된다" 라고 제시하였다(Turk, 1969: 18).

터크는 경찰과 다른 법률 집행자들의 행동을 연구하는 것뿐만 아니라, 체포되는 사람의 행동도 면밀히 관찰하는 것 역시 중요하다. 터크는 "사람들은, 궁극적인 권력자들이며 궁극적인 피지배자들로서, 각각 우월한 점유자들 그리고 열등한 지위들, 지배의 실행자들과 복종의 역할들처럼 서로간의 상호작용을 배우며 지속적으로 다시 배우게 된다" 라고 기술하였다(1969: 41-42). 법률위반은 체계에서 실패가 있을 때, 다시 말해, 피지배자들이 그들의 행동을 통제하는 권력자의 능력에 관한 힘을 시험할 수 있다고 느낄 때 발생한다.

*범죄화(criminalization)* 는, 범죄인에 대한 낙인의 과정이며, 법률위반 행동 그 이상을 요구한다. 그것은 법률 집행자들과 추정된 위반자들 간의 상호작용에 의한 결과이다. 이와 같은 상호작용은 5가지의 사회적 요인들에 의해 형성된다.

- 문화적 사회적 규범들의 일치
- 피지배자들의 조직화수준
- 행동의 해석에 관한 정교화정도
- 집행자들과 위반자들 간의 권력 차이
- 갈등의 발생 가운데 동작의 사실성

규범들의 일치는 핵심적인 변수이지만, 다른 요인들이 갈등과 범죄화의 확률에 영향을 미치도록 상호작용 한다. 의미상 대부분의 권력자들은 조직화된 체계의 일부분이기에 변이가 발생하는 것은 위반자들에 의한 것이다. "자신의 행동이 집단의 지지를 받는 어떤 사람은 그 행동을 변화시키기 위한 노력에 직면했을 때, 자신의 편을 들어주는 사람이 하나밖에 없는 사람보다 더 완고하다"(Turk, 1969: 58). 따라서 갈등은 위반자가 조직화된 집단의 일부분일 때 더 잘 일어난다.

정교화(sophistication) 정도는 행동을 정당화하기 위해 사용되는 근거나 이유를 일컫는다. 권력자들은 상황을 해석하기 위해서 보통 법률적 규범에 의존한다. 피지배자들은 반면에 행동의 비법률적 해석에 의존한다. 그들은 "정의(justice)"와 같은 추상적인 정당화를 사용하거나, 덜 정교화 된 범죄자들일 경우에, 합리화에 의존할 경향이 높다. 터크가 주장하는 갈등은 피지배자들이 덜 정교한 경우에 더 많이 일어날 가능성이 크다. 비행 갱들은 보통 조직화되어 있으며 정교화 되어 있지 않는 사람들이므로 권력자들과의 매우 높은 비율의 갈등을 설명할 수 있다.

범죄화의 확률에 영향을 미치는 네 번째 요인은 집행자들과 위반자들 간의 권력 차이이다. 집행자들은 일반적으로 위반자들보다 더 큰 권력을 가지고 있지만, 항상 그런 것만은 아니다. 예를 들어, 어떤 화이트칼라 범죄자들에 관한 능력이나 형사 사법 체계에 이길 수 있는 정치적으로 연관된 사람들이 증언하는 것이다. 터크는 일반적으로 "저항자들에 대해 규범 집행자들을 지지하는 권력의 차이가 클수록, 범죄화의 가능성이 커진다" 라고 제시하였다(1969: 70).

범죄화에 영향을 주는 나머지 매개 요인은 갈등이 일어난 동안 집행자들과 피지배자들에 의해 생성된 동작의 사실성(realism of moves)이다. 이것은 양측의 상호작용이 일어난 동안 개인행동의 적절함이나 적합성을 의미한다. 여기에서의 핵심은 각각의 측에서 비현실적 동작(unrealistic moves)이라고 불리는 것을 어느 정도 참여하는 가이다. 저항자들이 권력자들과 갈등을 일으키는 행동의 가시성이나 공격성이 증가할 때 비현실적 동작이 발생할 가능성이 더 커진다. 예를 들어, 만약 마리화나 사용이 악명을 떨치게 되면, 마리화나 사용자들은 더 많이 발각이 되거나 갈등을 가져올 가능성이 커진다. 집에서 마리화나를 피우거나 밖에 나가기 전 사탕을 이용하는 것이 현실적인 행동이다. 반면에, 어떤 개인이 쇼핑센터에서 마리화나를 말거나 마리화나를 피우면서 상점을 구경하는 것은 터크가 이야기하는 비현실적인 동작이다. 후자의 시나리오에서, 공공이 마리화나 사용 규제에 관한 현재의 법률을 무시하는 것은 경찰관에게 이러한 행동을 경시하기 어렵게 만든다. 만약 그것이 정상적인 법적 절차로부터 벗어날지라도(예를 들어, 체포에 있어서 과도한 물리력의 사용), 권력자들은 비현실적 동작을 실행하는 것을 고소할 수 있게 된다.

이와 같은 이분법적 논리에 바탕을 두고, 터크는 범죄화의 상대적인 가능성을 예측할 수 있다고 제시하였다. 그는 다음과 같은 상황이 가장 가능성이 크다고 주장하였다.

- 집행자들과 저항자들이 문화적 사회적 규범들 간의 일치가 높다,
- 두 집단이 비현실적 동작을 취한다,
- 권력의 차이가 명확하게 집행자를 지지한다.

## •• 퀴니(Richard Quinney) – 범죄의 사회적 실재(The Social Reality of Crime)

퀴니(Richard Quinney, 1970)는 범죄와 범죄행동에 대해 약간 다른 설명을 제시하였다. 볼드의 초기 진술과 사회적 상호작용과 학습 이론을 차용하여 퀴니는 여섯 가지 명제와 그의 *범죄의 사회적 실재(The social reality of crime)* 이론의 윤곽을 구성하는 공리들을 발전시켰다. 퀴니가 제시한 여섯 가지 명제들은 다음과 같다(1970:15-23).

**명제 1** (범죄의 정의): 범죄는 정치적으로 조직화된 사회에서 공인된 기관들에 의해 만들어진 인간의 품행으로 정의된다.

**명제 2** (범죄의 정의들에 대한 공식화): 범죄의 정의들은 정치적 정책을 형성하는 권력을 가진 사회 부분의 이익과 갈등하는 행동들을 기술한다.

**명제 3** (범죄의 정의들에 대한 적용): 범죄의 정의들은 형법의 집행과 행정을 형성하는 권력을 가진 사회 부분에 의해 적용된다.

**명제 4** (범죄의 정의들과 연관된 행동 유형들의 발달): 행동의 유형들은 범죄의 정의들과 연관된 부분적으로 조직화된 사회 내에서 구조화되며 이와 같은 맥락에서 개인들은 범죄인으로 정의될 상대적 확률이 있는 행위를 하게 된다.

**명제 5** (범죄 개념들의 구성화): 범죄의 개념들은 의사소통의 다양한 수단에 의해 사회 부분 내에서 구성화되며 확산된다.

**명제 6** (범죄의 사회적 실재): 범죄의 사회적 실재는 범죄의 정의들에 의한 공식화와 적용, 범죄의 정의들과 연관된 행동 유형들의 발달, 범죄 개념들의 구성화를 통해 만들어 진다.

퀴니는 낙인이론가들처럼 범죄는 사회적 정의에 의한 산물이라고 본다. 그러나 명제 1의 중요한 점은 범죄의 정의는 사회에서 권력자들에 의해 부과된다는 것이다. 퀴니는 범죄는 어떤 한 집단의 행위들이 지배집단에 의해 판단되고 범주화되는 계층화된 사회 체계의 기능을 한다고 주장했다(예는 하이라이트 9.5를 참조하라).

### [하이라이트 9.5] 사회문제 형성에 관한 예시

지금 청소년에 대한 부가적인 압력의 흥미로운 하나의 예는 십대들의 섹스에 관한 현상이다. 오늘날 우리는 십대의 임신과 모성에 대해서 대중 매체 호소의 집중 포화를 당하고 있는데, 모두가 사회 문제와 관련된 것이다. 왜 사회에 갑자기 이와 같이 새로운 사회 문제를 갖게 되었는가? 만약 우리가 150년 전으로 돌아간다면, 그때 십대들은 성적 행동을 하지 않았을까? 십대 여성들은 임신을 하지 않았을까? 그것은 사회가 청소년 행동의 변화를 경험한 것이 아니라, 사회적인 맥락이 변했기 때문일 것이다. 1800년대 초기에는 많은 여성들이 16세가 될 때까지 결혼을 하고 아이를 가졌었다. 이러한 아이들의 출생은 결혼한 상태였기 때문에 전혀 문제가 되지 않았다. 그러나 오늘날 청소년들이 사춘기에 들어가는 시기가 갈수록 빨라지고 더 많은 문화에 의해 노골적인 성적 자극에 관한 노출이 증가하고 있지만, 청소년들은 결혼하기 전까지 성적인 행동을 하지 말라는 말을 듣고 있다. 미국 여성들과 남성들의 첫 번째 결혼의 평균 연령은 그 동안 꾸준히 증가하여 지금은 각각 23세와 25세이다. 혼인, 노동, 교육의 영역에서 사회 구조의 변화 때문에, 현대 청소년들은 그들의 증조부들과 증조모들이 같은 나이에 경험했던 행동들을 억제하도록 요구 받는다.

명제 2와 3은 볼드의 집단 갈등 이론과 비슷하다. 이들의 강조점은 범죄인이라고 개인을 낙인찍는 것뿐만 아니라 범죄 행동의 정의들을 설정하는데 필요한 부분은 정치적 권력이라는 것이다. 예를 들어, 미국의 역사를 통틀어 볼 때 알코올은, 약간의 예외는 있었지만, 사회적으로 허용된 약물이 되어 왔다. 오늘날 사회에서 약물 남용은 국내의 가장 큰 문제로 인식되고 있고 정치인들도 "약물에 대해 강경하게(get tough on drugs)" 라는 강령을 가지고 캠페인을 벌이고 있으나 알코올은 여전히 적합하다고 여겨지며 심지어 매력적인 약물이라고도 간주된다. 뉴스에서 운동선수들의 스테로이드 사용과 연예인들의 코카인 소비를 의심한다는 방송이 나간 후에 알코올 사용을 장려하는 광고를 하기 위해 뉴스가 중단된다. 어째서 모든 불법적인 "길거리 약물들(street drugs)"을 합친 것 보다 훨씬 더 사망과 건강 문제의 원인이 되는 약물이 여전히 합법적이고 사회적으로 인정되는가? 퀴니의 이론 첫 번째 3개의 명제들은 가능한 설명을 제시한다.

명제 4는 사회학습 이론, 더 구체적으로 서덜랜드의 차별교제 이론에서 비롯되었다. 행동의 유형들은 물론 행동의 정의들의 발달은 다른 사람들과의 개인적인 상호작용에 의한 것이다. 또한, 계급 구조 내에서 한 사람의 위치에 따라 범죄인으로 정의될 수 있는 행동의 차별적인 확률이 존재한다. 이 부분과 관련된 훌륭한 예시는 챔블리스(William Chambliss, 1973)의 논문 "성자들과 난폭한 자들(The Saints and the Roughnecks)" 에서 찾을 수 있다. 챔블리스는 고등학교 학생들을 두 집단으로, 한 집단은 중산층의 학생 대표들 그리고 다른 집단은 하위 계층의 학생들로 나누어 그들의 불법적인 비행을 비교하였다. 비록 후자의 집단이 비행을 하고 있다는 평판을 얻고 있었지만, 더 많고 심각한 불법 행동을 저지르는 쪽은 "성자들" 이라고 불리는 전자의 집단이었다.

퀴니의 마지막 두 명제들은 그의 범죄의 사회적 실제 이론을 요약하고 있다. 행동은 권력의 행사와 한 사회의 권력을 가진 부분에서 만들어 놓은 범죄의 정의를 지지하는 것을 장려하는 대중 매체의 사용을 통해 범죄화 된다. 위의 알코올 예로 돌아가서, 알코올 생산자들과 정치인들은 알코올의 매력적이고 사회적인 측면을 조장하기 위해 그들의 권력을 사용하는 동안에는 이러한 약물을 금지하고자 하는 일은 없을 것이다. 음주 운전에 반대하는 어머니들(Mothers Against Drunk Driving: MADD)과 같이 진실한 몇몇 집단은 음주 운전에 관한 관심을 고조시킬 수 있었지만, 최근의 여론 조사는 고등학생들의 알코올 소비가 증가하고 있다는 것을 보여준다. 범죄자라는 행동의 정의를 살펴보면, 정치인들이 법과 질서에 관해 토론하며 범죄자들에게 강경하게 할 때, 그들이 의미하는 것은 길거리 범죄들이지 "주요인사 수행원들의 범죄들(crimes in the suites)"은 아니라는 것이 분명해진다.

## •• 챔블리스와 사이드먼(William Chambliss and Robert Seidman) 법률, 질서, 권력(Law, Order, and Power)

챔블리스와 사이드먼(William Chambliss and Robert Seidman)은 그들의 1971년 저서 *법률, 질서, 권력(Law, Order, and Power)* 에서 미국의 사법 체계에 관한 마르크스주의 분석을 제시하였다. 그들은 법률의 제정과 집행에 관련된 하부조직(이를테면, 입법부, 법원, 경찰)을 조사하여 "법적인 질서는... 사실 권력과 특권을 유지하기 위한 자기 편의적 체계이다"라고 결론지었다(1971: 4).

사회 조직의 대중적인 시각은 그들이 주장하는 결론에 도달하지 못하도록 다수를 억제한다. 그들은 다음과 같은 방식으로 이 대중적 시각을 요약하였다(Chambliss & Seidman, 1971: 502).

- 법률은 사회의 가치들을 대표한다.
- 만약 법률이 모두의 가치들을 대표하지 않는다면, 최소한 사회의 공통분모를 가장 잘 표현하며 가치중립적인 정부 구조를 통해 운영하며, 궁극적으로 사람들의 선택에 의해 통제된다.

- 결국, 법률은 사회의 최선의 이익을 제공한다.

법률이 어떻게 작용하는가에 관한 이와 같은 신화는 저자들이 주장하길 법률이 매일매일 어떻게 작용하는 가를 고찰해 보면 쉽게 의심이 간다. 챔블리스와 사이드먼은 규칙을 제정하는 입법 과정을 고찰함으로써 법률이 작용하는 것을 추적하였다. 그들은 다음과 같이 기술하였다.

> 법규범의 생성에 관한 세부적인 연구는 입법의 내용을 결정하는 중요한 변수로써 "공공의 이익"이 아닌 이익 집단 행동의 엄청난 중요성을 시종일관 보여 주고 있다. 사회적 요구로부터 발생한다는 자연법의 의미를 유지하기 위해서는 왠지 이익 집단들이 최선의 이익을 운용한다는 매우 의심스러운 가설을 받아들일 것을 요구한다. 만약 사회의 모든 구성원이 특별한 이익의 업적으로부터 혜택을 얻는다면, "제너럴 모터스에 좋은 것은 사회에도 좋은 것"일 수도 있을 것이다. 이러한 것은 좀처럼 발생하지 않는다. 법률은 어떤 사람들에게는 재산을 필연적으로 증가시키고, 다른 사람들에게는 재산을 감소하게 만든다(1971: 73).

입법기관 뿐 아니라, 상급 법원도 규칙제정의 주요 근원이 된다. 상급 법원 판사들에 의한 결정은 이후 소송에 관한 판례가 된다. 중립적인 판사들에 의해 결정된 사례들이 사회의 최선의 이익이 되는가? 챔블리스와 사이드먼은 아니라고 주장했다. 판사들은 의사 결정자로서의 역할에 그들 자신들의 편향과 가치를 포함시킨다. 그들은 가치 합의적인 지향점을 옹호하도록 사회화된다. 게다가, 판사들은 미국 사회의 상류 계층에서 선별적으로 뽑힌다. 챔블리스와 사이드먼은 상급 법원 판사들은 "법원이 가난한 사람들보다 부자들에게 더 유용하다는 것을 보장하는 쪽으로 필연적으로 편향되어 있으며 부자들의 이익을 옹호하는 해결책을 제시하는 경향이 있다" 라고 결론 내렸다(1971: 113).

법률 집행에 관한 역할에 대해, 챔블리스와 사이드먼은 경찰의 관료주의적 본질과 정치 구조에 대한 그들의 연줄을 강조하였다. 저자들은 복잡한 사회에서 법률 집행 과정을 다음과 같은 여섯 가지 명제로써 요약하였다(1971: 269).

- 법률 집행 기관들은 관료주의 조직이다.
- 조직과 그 구성원들은 보상을 최대화하며 조직의 긴장을 최소화하려는 정책들과 활동들을 지속하려고 조직의 공식적 목표와 규범을 대체하려는 경향이 있다.
- 이와 같은 목표의 대체는 다음과 같은 것에 의해 가능하게 된다.

- 목표 대체에 대한 압력에 저항하기 위한 역할 담당자들의 동기부여 부재
- 실질적 형법에 의해 허용되는 재량의 만연과 법률 집행 기관의 구성원의 역할을 정의하는 규범
- 이와 같은 기관들의 역할을 정의하는 규범에 관한 효과적인 제재의 부재

- 법률 집행 기관들은 자원 배분에 관해서는 정치 조직에 의존한다.
- 법률 집행 기관은 정치적으로 약하고 권력이 없는 사람들을 기소하고 정치적으로 힘이 있는 사람의 기소를 억제하기 위해 조직에 대한 긴장을 최대화하고 최소화 할 것이다.
- 따라서 법률 집행 기관은 정치적으로 약하고 권력이 없는 사람들을 균형에 맞지 않게 많이 기소할 것이며, 반면에 권력이 있는 사람들의 위반은 무시할 것이다.

요약하면, 챔블리스와 사이드먼은 법률의 작용에 관한 분석을 수행하였다. 그들은 법률은 "공공의 이익을 대표하지 않으며, 권력이 있는 자들의 이익을 대표한다"고 주장했다. 챔블리스(1964)의 부랑자 법의 발생에 대한 분석(2장을 참조하라)은 이것의 고적적인 실례이다.

### *현대의 비판적 사상*

모든 비판적 범죄학은 갈등의 전제에 기반을 두고 있지만, 지난 20년 동안 상당히 다양해져서, "비판적인 이론적 접근의 다양성의 성장"으로 구체화 되고 있다(Michalowski, 1996: 13). 모두가 권력 배분의 작용으로 범죄를 설명하고 있으며 그것들은 "심층적이고 근본적인 사회적 변동을 필요로 하는 정치적 의제와 관련되어 있다는 의미에서 모두가 '급진적'이다"(Vold et al., 1998). 세 가지 중요한 현대 비판적 사상의 조류는 *좌파 현실주의(left realism)*, *여권주의(feminism)*, *포스트모던이즘(postmodernism)* 이다.

## •• 좌파 현실주의(Left Realism)

급진적 범죄학자들은 권력자들이 저지르는 범죄들과 "주요인사 수행원 범죄(suite crimes)"(즉, 내부자 거래, 횡령, 권력 남용과 같은 화이트칼라 범죄)가 가난한 사람들이나

노동 계급에 미치는 영향에 대해 강조해왔다. 그러나 이러한 시각이 가지는 한 가지 문제는 "길거리 범죄(street crime)"(예를 들면, UCR에 지수 분류에 포함되어 있는 범죄들)에 대한 주의를 기울이지 않았다는 점이다. 좌파 현실주의자들은 폭력을 저지르는 자들과 전통적으로 같은 계급과 같은 인종 안에서의 범죄와 연관된 손실을 강조하면서 초기 급진주의 시각을 비판해 왔다. 그들은 권력을 가진 자들의 범죄가 사회에 악영향을 준다고 하지만, 길거리 범죄도 마찬가지라고 주장한다.

급진적 범죄학자들은 역사적으로 전통적인 길거리 범죄자들을 현대의 로빈 후드(Robin Hoods) 또는 프롤레타리아 혁명의 지도자들로 미화하였다. 좌파 현실주의자들은 이와 같은 낭만주의화를 순진하거나 비현실적인 것으로 본다. 그들은 "길거리 범죄는 '현실'이며, 대중 매체와 같은 엘리트 여론 형성자들이 만든 도덕적 공황이 아니다"라고 주장한다(Schwartz & DeKeseredy, 1991: 51). 따라서 범죄 통제 정책들은 부자들의 범죄뿐만 아니라 가난한 사람들이 가난한 사람들을 상대로 저지르는 범죄에 대해서도 역점을 두어야 한다.

좌파 현실주의 운동의 확립은 영국에서 가장 성공적이었다(예를 들어, Young, 1988을 참조하라). 디케서리디와 슈와츠(Walter DeKeseredy and Martin Schwartz, 1991)는 좌파 현실주의가 미국에서는 완전히 실패했는데 그 이유는 (1) 미국에서 사회주의자들과 사회주의 사상의 주변화(marginalization)와 (2) 미국 대학들의 급진적 범죄학 이론을 연구하는 주요 센터 확립의 실패에 있다고 제시한다.

영국 좌파 현실주의 두 선도자인 레이어와 영(John Lea and Jock Young, 1984)에 따르면, 이 시각은 다음과 같은 네 가지 전제에 바탕을 두고 있다.

- 길거리 범죄는 노동 계급에게 심각한 문제이다.
- 노동 계급의 범죄는 주로 다른 노동 계급의 구성원들을 상대로 행해진다.
- 절대적 빈곤이 아닌 상대적 빈곤으로써 가난은 불만을 일으키며, 정치적인 해결이 없는 이와 같은 불만은 범죄를 양산한다.
- 범죄는 실제적인 사회주의 정책들의 실행을 통해 감소시킬 수 있다.

이 가설들은 가난한 사람들과 노동 계급에 속해있는 사람들이 부자와 권력을 가진 사람들을 위한 정책에 의해서 뿐만 아니라 비슷한 상황에 놓여있는 이웃들에 의해서 피해자가 될 가능성이 가장 크다고 간주한다. 따라서 범죄 통제 정책은 사회적 불평등과 개인의 악행 모두 역점을 두어야 할 필요가 있다. 좌파 현실주의자들은 보수적인 범죄 통제 정책들에 관한 몇 가지 대안을 제시하고 있다. 재소자들의 차후 주변화를 감소시키기 위해서 그들은 지역사회 봉사 프로그램에 대한 더 많은 이용, 지역사회 채용, 교도소에 대한 의존의 전반적 축소를 권고한다. 좌파 현실주의자들은 사회에 대한 경찰 활동과 범죄자에 대한 억제 시각의 중요성을 인정하지만, 경찰에 대해 보다 엄격한 시민적 민주적 통제를 요구한다. 이와 같은 개별적인 범죄 통제 정책들과 더불어, 미클로우스키(Raymond Michalowski, 1983)는 소비자들로부터 생산자들에게 복지 국가의 부담을 전환시켜 차후의 전통적인 범죄를 감소시키는 경제 정책들을 제시한다. 이와 같은 전략들의 예는 공장 폐쇄나 지역사회 인력 감축을 하려는 사업체에 대한 과세, 신기술로 인해 대체되는 인력의 재훈련을 의무화하는 법률, 빈곤 수준 50% 이상의 최저 임금들이다.

## •• 여권주의(Feminism)

여권주의자 범죄학자들은 사회는 근본적으로 젠더화 되어(gendered) 있다는 사실을 강조한다. 즉, 남성들과 여성들은 인종과 계급의 불평등으로 얽혀진 문화적, 역사적 사회적 과정들의 산물로서 서로 다른 삶의 경험들을 직면하게 된다. 여권주의자 범죄학자들은 "젠더가 형사 사법 정책들과 실무를 포함한 제도들을 조직하는 원리라는 인식이 범죄와 정의에 관한 연구에서 고려되어야 한다는 것이 범죄학자들에게 중요하다"고 주장한다(Miller, 2003: 4).

여권주의의 비판적 형태들은 세 가지 중요한 차이점이 있음을 가정하고 있다. *급진적 여권주의(radical feminism)*는 남성들이 여성들을 지배하는 가부장적 사회 질서를 근본적인 쟁점으로 본다. 이와 같은 권력의 불균형은 남성 우월성의 신념을 주입하는 성차별주의 사회화 과정의 결과이다. 남성들과 여성들 모두 남성이 상대적인 권력 우위를 차지하는 차별적인 성역할을 받아들이게 된다. 이 시각에 따른 해결책은 성별간의 권력의 평등화를 이루기 위한 사회화 유형의 변화가 될 것이다.

*마르크스주의자 여권주의(Marxist feminism)*는 남성들 사이에 경제력의 불균등한 위치 때문에 여성들이 남성들로부터 지배를 당한다고 본다. 순수 마르크스주의처럼, 쟁점은 권력 불균형의 기초가 되는 생산수단의 소유권이다. 이것이 성적인 봉사와 가사 노동의 역할을 하도록 여성들을 예속시키기 때문에 지배적 남성 엘리트의 이익에 기여하게 된다. 이 시각

에 따르자면, 해결책은 남성 프롤레타리아뿐만 아니라 여성을 포함시킨 부의 폭넓은 재분배의 형태가 될 것이다.

*사회주의자 여권주의(socialist feminism)*는 자본주의가 필연적으로 결함이 있으며, 그것이 여성들이 당하는 경험을 비롯해 다양한 억압을 양산하는 것으로 본다. 생물학 역시 중요한 역할을 차지하나, 이는 생식의 기능이 자녀의 출산과 양육에 관한 대부분의 부담을 여성들에게 부가시킨다는 의미이다. 이것은 남성 지배의 형성에 기여하며, 자본주의는 그것을 영속시킨다. 따라서 해결책은 부의 재분배와 자녀 양육의 책임의 불균등한 부담으로부터 여성들을 해방시키는 것이다.

## •• 포스트모던이즘(Postmodernism)

고전주의에 대한 패러다임의 전환이 합리주의를 가져오게 하였고, 그 이후 실증주의 발생이 과학을 가져오게 하였지만, 포스트모던이즘은 합리주의와 과학이 사물의 방식을 설명하는데 우위를 점하고 있다는 생각을 부정하고 있다. "모던(modern)" 사상은 과학을 이해에 관한 가능성을 가지고 있는 방법으로 보았다. 포스트모던주의자들은 이해를 위해서 새로운 방식으로 옮겨가야 할 시기가 왔다고 믿는다. 그 논의는 "진리(truth)"가 순전히 객관적이지 않다는 것이다. 진리를 추구하는 것에는 동등하게 타당한 많은 방법이 있으며, 과학적 방법은 그 중 하나라는 것이다. 사실, 과학적 접근법은 문제가 있다고 간주되는데, 그 이유는 과학자들이 일반적으로 자신들을 "전문가들(experts)"로 보고 "특권적인(privileged)" 지식을 만들었다는 것이다(Einstadter & Henry, 1995). 포스트모던주의자들의 시각에 따르면, 지식은 평등주의 용어로 간주된다. 평등한 고려가 누군가의 세상에 대한 이해를 확대시킨다. 지난 십 년간 이 시각이 범죄학 안에 출현하게 되었다.

권력의 불공평한 분배의 근원은 언어로 간주된다. 언어를 통제하는 자들이 "진리(truth)"를 통제한다. 실례로, 어려운 법률 용어는 오직 법률적 절차에서만 받아들여지는 언어이며 진리의 전체를 객관적으로 나타내지 않는다(Milovanovic, 1994). 어떤 이는 승소하는데 필요한 언어를 사용하기 위해 변호사를 고용한다. 형사 사건에서 피고인은 쉽게 자기 자신들의 입장에서의 진실을 이야기 할 수 없다. 그 대신, 피고인은 법률적인 용어로 자신들의 사건을 표현하는 변호사에게 의존하나 그것은 매우 다른 이야기가 될 수 있다. 이와 같이 다른 이야기들 혹은 여러 입장의 진실을 가려내기 위해서, 포스트모던주의는 담론 분석

(discourse analysis)이라고 불리는 방법을 쓴다. 이 과정은 무엇을 말하는가에 대해서 뿐만 아니라, 어떻게 그리고 왜라는 것을 찾는 것이다.

어떤 행위자에 의한 이야기는 그들의 이야기 분석에 반드시 포함되어 있는 특정한 사회제도에 크게 영향을 받는다. 예를 들어, 교육 문제에 관한 "진리(truth)"는 여러분들의 범죄학 교수가 채택하는 것처럼 현존하는 상급 교육 기관의 영향을 매우 크게 받을 것이다. 여러분들의 교수는 대부분 범죄학 이론 과목과(그래서 여러분이 여기에 있습니다!) 아마도 통계학 분야의 한 과목을 이수하기를 요구할 것이다. 그들은 아마 이러한 과목들이 여러분들에게 범죄를 정말로 이해하도록 만드는 필수적인 학습 경험이라는 관점을 가지고 있을 것이다. 이것은 범죄학 학술 분야 안에서 주류적인 시각이기 때문에 전혀 놀라운 것이 아니다. 그러나 포스트모던주의자는 비전문가의 견해, 비록 여러분들이 보기에 범죄에 관한 "진리(truth)"가 여러분들처럼 이웃에 살고 있다는 것만을 가르쳐 주고 범죄학과 통계학 과목에 전혀 덧붙일 것이 없다 할지라도, 역시 타당하다고 믿는다. 범죄학의 쟁점을 적용시켜 보면,  경찰관이 보는 "사실(truth)"은 현대 경찰 기관에 의해 광범위하게 구체화 된 것이며, 그것은 같은 시나리오를 보는 시민들의 눈에 비친 "사실(truth)"과는 전혀 다를 수도 있다. 따라서 경찰은 특정 사건을, 많은 시민들이 경찰의 폭력이라고 보고 있음에도 불구하고, 그렇게 간주하지 않을 수도 있다.

포스트모던이즘의 핵심은 *해체주의(deconstructionism)* 개념이다. 관습적인 지혜는 주로 현대적인 합리적 방법에 의한 근본적으로 과학적 방법에 의한 지식의 산물이기 때문에 지식의 타당성이 거부된다. 따라서 과제는 현존하는 지식 체계의 해체 혹은 분해가 된다. 포스트모던이즘은 지식의 창조라기보다는 지식의 해체를 요구하기 때문에 허무적이라는 비판을 받는다. 아인스타터와 헨리(Werner Einstadter and Stuart Henry, 1995: 280)는 "만약 진리가 불가능하면, 어떻게 무엇을 결정할 수 있는가?" 라는 의문을 제시한다.

## 갈등이론의 연구

많은 연구들이 갈등 시각의 유용성에 대해 평가하고 있다. 이와 같은 연구는 일반적으로 다음 두 가지 접근 방법 중 하나이다.

- 법률이 권력을 가진 자들의 이익을 위해 만들어졌다는 가설을 검증하는 사례 연구들

- 개인들이 그들의 인종이나 사회경제적 지위(Socioeconomic status: SES)에 따라 형사 사법 체계에 의해 어느 정도 차별적으로 처리되는가를 연구하는 경험적인 연구들

전자의 접근에 따르면, 윌리엄스(Frank Williams)는 선행 연구들의 고찰을 통해 "연구 결과들은 많은 법률들이 사실 권력 집단에 이익이 되도록 만들어져 갈등의 의견을 지지하는 것처럼 보인다"는 결론을 내렸다(1980: 215). 이와 같은 결론은 다음의 연구들에 의해 지지되고 있다.

- 부랑자(vagrancy)에 관한 법률(Chambliss, 1964)
- 마리화나 과세 법령(Marijuana Tax Act)의 제정(Becker, 1963)
- 절도 단속에 관한 법률의 발달(Hall, 1952)
- 금주 운동(Prohibition movement)(Sinclair, 1964)

차별적인 처리에 관한 증거들은 법률의 발달이 보여주는 것만큼 갈등의 시각을 지지하고 있지 않다. 연구들은 청소년들과 성인들을 대상으로 다양한 수준의 사법체계에서 그들의 인종과 사회경제적 지위에 의한 차별적인 처리 과정을 고찰하였다. 남동부 도시의 청소년 법원 기록의 분석에서 카터와 클리랜드(Timothy Carter and Donald Clelland, 1979)는 주어진 처분이 위법성의 본질에 따라 다르다는 것을 살펴보기 위해 두 종류의 범죄를 구별하였다. 그들은 법원의 처분은 전통적인 범죄에 반해 도덕적인 범죄(moral offenses)에 더 많은 차별이 있다는 것을 발견하였다. 도덕적 범죄는 약물 남용, 알코올, 성적 행동과 같은 피해자 없는 범죄(victimless offenses)와, 구제불능, 무단결석, 가출과 같은 지위범죄(status offenses) 이다. 이와 같은 도덕적 범죄는 그들이 주장하는 현존하는 사회 체계에 대한 도전이며 결과적으로 전통적인 범죄보다 더 가혹한 처벌을 받는다.

샘슨과 랍(Robert Sampson and John Laub, 1993)은 21개 주에서 청소년 대상 580,000건의 사법처리 과정을 조사하였다. 그들은 대인 범죄, 재산 범죄, 약물 범죄에 있어서, 최하위 계층(underclass)의 흑인 남자 청소년들이 백인 남자 청소년들보다 더 많은 가정 외 배치(out-of-home placements) 처우를 받고 있음을 밝혀냈다. 그들이 보기에 이와 같은 청소년 사법처리 유형은 "최하층 흑인 남자 청소년들이 중산층을 위협하는 집단으로 간주되며 따라서 청소년 사법 체계에 의한 공식적인 사회 통제의 증대가 필요하다는 생각과 일치하는" 것이다(Sampson & Laub, 1993: 306).

성인 처우에 관한 연구들은 갈등 이론들의 검증에 있어 일관적이지 못한 결과들을 나타내고 있다. 경찰의 살상 무력(deadly forces) 사용에 관한 연구에서, 제이콥스와 브릿(David Jacobs and David Britt, 1979)은 경제적인 불균형이 가장 큰 주에서 경찰의 살상 무력 사용이 가장 많았지만, 각 주에서 흑인의 백분율과 경찰의 살상 무력 사용은 관련성이 없었다. 이와 유사하게, 리조테(Alan Lizotte, 1978)는 시카고의 법원 처리 과정에 대한 연구에서 흑인 육체노동자들과 백인 육체노동자들 양쪽 다 화이트칼라 노동자들보다 복역 형기가 더 길었다. 이러한 결과는 이전의 체포 횟수, 사건의 심각성, 증거력의 정도와 같은 변수들을 통제한 경우에도 같았다. 리조테의 연구 결과와 반대로, 치리코스와 월도(Theodore Chiricos and Gordon Waldo, 1975)는 3개의 남부 주에서 10,000명 이상의 재소자들을 상대로 한 연구에서 사회경제적 지위는 형의 선고에 대한 가혹함과는 관련이 없다고 보고 하였다.

인종 또는 사회경제적 지위와 사법 체계 처리 과정간의 관련성에 관한 윌리엄스(Frank Williams)의 선행 연구들 고찰은 이와 같은 연구들 중 약간은 갈등 시각을 지지하지만, 대부분-80% 이상-은 지지하지 않는다는 것을 보여 주었다(Williams, 1980). 윌뱅크스(William Wilbanks, 1987)는 인종과 형사 사법 체계를 다룬 선행 연구들을 고찰하였다. 비록 형사 사법 체계에서 근무하는 일부 사람들에 대한 차별 대우가 존재할 수 있다는 것을 시인하지만, 그는 "오늘날 형사 사법 체계가 인종 차별적이라는 비난을 지지할만한 충분한 증거는 없다"라고 결론 내렸다(Wilbanks, 1987: 8).

스판(Cassia Spohn)은 윌뱅크스의 주장을 반박하기 위한 증거를 제시하고, "단순히 피고의 인종이 가지는 직접적인 효과만을 검증하는 연구자들은 인종이 선고의 가혹함에 영향을 주지 않는다는 잘못된 결론을 내릴 수도 있다" 라고 제안한다(1994: 265). 디트로이트에서 1976년부터 1978년까지 모든 중범죄 사건을 대상으로 연구한 선고 결정에 관한 스판의 평가는 인종과 선고와의 관련성을 고찰하기 위해서 많은 변수들이 고려되어야 함을 나타내었다. 특히 중요한 부분은 가해자의 인종, 피해자의 인종, 가해자와 피해자간의 관계, 차별적인 선고 결과를 양산한 범죄의 유형들 간의 상호작용이 관찰되었어야 한다. 이와 같은 상호작용 효과의 복잡함은 다음과 같이 구체적인 결과로 표현된다.

- 아는 혹은 모르는 백인을 살해한 흑인은 다른 피고들보다 형기가 더 긴 선고를 받는다.
- 모르는 백인, 아는 백인, 모르는 흑인을 성폭행한 흑인은 다른 피고들보다 형기가 더 긴 선고를 받는다.

- 가해자의 인종이나 피해자의 인종에 관계없이 모르는 사람에 피해를 입인 범죄인들은 동일한 비율의 형을 선고 받는다 구금의 비율은 같은 인종간의 범죄보다 흑인이 백인을 대상으로 한 범죄에서 유의적으로 높게 나타난다(Spohn, 1994: 264).

그렇다면 이 모든 것은 갈등 시각을 어디에 두어야 하는가? 법률이 부자들에게 이익이 가도록 만들어 졌다는 가설을 지지하는 자료뿐만 아니라 약간의 억지를 가진 논쟁들이 존재하고 있다. 모순된 결과들이지만 사법 체계 내에서 권력이 없는 사람들에 대해 차별적 처우에 관한 의문이 존재하고 있다. 최근의 연구는 연구 결과에서 불일치의 일부가 인종이나 계급의 효과를 지나치게 단순화시켜 검증했기 때문이라는 가능성을 제시하며 다른 주요 변수들과 가능한 상호작용 효과에 대해 보다 심층적인 연구가 되어야 함을 나타낸다.

## 갈등 이론의 정책적 관련성

지금까지 갈등 이론 그 자체가 형사 사법 체계에 끼친 영향은 적었다. 그럼에도 불구하고, 범죄와의 전쟁이라는 대중적인 의견과 전혀 연관되어 있지 않는 이 시각에서 도출될 수 있는 명확한 정책들이 존재한다. 갈등 이론가들은 오마바 대통령의 범죄와의 전쟁에 관한 최선의 제안은 그가 필요로 하는 의료 서비스에 대한 개혁이라고 주장한다. 커리(Elliott Currie, 1985; 1989)의 정책적 제안들은 형사 사법 체계의 교체라기보다 사회 제도의 변화를 통한 "범죄와의 전쟁(fighting crime)"에 관한 갈등 시각을 강조하고 있다.

그의 1989년 논문에서, 커리는 21세기에 범죄에 맞서는 12가지 제안들을 제시한다. 이 중 2가지만이 사법 체계 정책에 관한 강조이다. 나머지는 보다 큰 사회적 정치적 환경에 관한 제안들이다. 1970년대와 1980년대 형사 사법 체계를 지배하였던 보수적인 신고전주의적 접근 방법의 실패를 열거하면서, 저자는 미국의 범죄학은 "원인론적 위기(etiological crisis)"를 경험하고 있다고 제시하였다. 범죄에 대한 새로운 사고방식이 필요하다.

커리는 그의 제안들의 구체화할 수 있는 연구에 관한 확대를 언급하였다. 그는 그의 입장이 보다 넓은 사회 맥락적인 측면뿐만 아니라 개인과 가족의 수준에서 정책적인 개입을 요구하는 "사회 환경적(social environmental)" 또는 "인간 생태학적(human-ecological)" 시각임을 제시하였다. 커리의 제안들은 다음과 같다(1989: 11-21).

- 조기시작(Head Start) 모델에 대한 고품질 집중적인 조기 교육을 확대한다.

- 고위험성 어린이들과 청소년들에 대한 신체 건강과 정신 건강 서비스 그리고 부모들에 대해서는 고품질의 출생 전후 보살핌 서비스를 확대한다.
- 가족 지원 특히 아동 학대와 가정 폭력을 방지하는 포괄적인 프로그램에 대해 과장적인 지원이 아닌 실질적인 지원 서비스에 관한 확대된 관여를 수립한다.
- 범죄자들이 더 현명해지고, 더 건강해지고, 술에 취해 있지 않기 위해 수형 기간을 보다 건설적으로 보낼 것을 주장한다.
- 치료가 필요한 사람들에게 접근하기 쉽고 처벌적이지 않는 약물 남용 처우에 대한 관여를 수립한다.
- 1980년대 동안 실제적으로 30 퍼센트 정도가 감소된 최저 임금의 증대와 남성들의 소득에 가까워질 수 있도록 여성들의 소득 증대를 통해 불평등을 감소시키고 사회적 빈곤화를 줄이도록 나아간다.
- 불리한 입장에 있는 미국인들에 대한 일자리 증대를 위한 적극적인 노동 시장 정책을 펼쳐야 한다.
- 진심으로 후원하는 국가적인 가족 정책, 예를 들어 출생 유급 휴가를 개발해야 한다.
- 지역사회의 경제적 사회적 안정을 위해 보다 큰 책임을 떠맡는다.
- 위험에 처한 개인들에게 어떤 것이 효과가 있는지를 고찰하기 위해 더욱 신중한 연구 계획을 마련한다.
- "고위험성(high-risk)" 지역사회에 관한 포괄적인 예방 전략을 어떻게 수립할 것인가에 관해 더 많이 학습한다.
- 왜 어떤 사회들은 낮은 또는 상대적으로 낮은 범죄율을 보이며, 반면에 우리를 포함해 다른 사회들은 확산된 폭력에 고통 받는지 이해할 수 있도록 한다.

모든 갈등 범죄학자들이 커리의 의제에 동의하는 것은 아니겠지만, 대부분은 미국 사회에서 범죄에 대처하기 위한 장기적 그리고 단기적인 제안들에 박수를 보낼 것이다. 행동의 결과에 반해서 원인에 대한 그의 강조점은 25년 전을 비교해 "급진적(radical)"인 것은 아니다. 갈등 시각에 따르자면, 단순히 범죄인에 대해 싸우기보다 범죄에 대해 싸워야 한다는 것은 분명하다.

## 요약

이 장에서 우리는 5장에서부터 8장까지 논의된 이론들과 다른 두 가지 폭넓은 이론적 시각들을 고찰하였다. 낙인의 접근 방법은 행동에 대한 사회적 반응에 초점을 두고 있으며 사회적 반응의 결과를 이해하기 위한 부분에 관심을 가진다. 이와 비슷하게, 갈등 이론은 사회 체계 및 형사 사법 체계가 법률을 위반하였다는 혐의를 받는 사람들에게 어떻게 차별적으로 반응하는가에 관한 이해에 관심을 가진다. 덧붙여 갈등 이론가들은 현존하는 사회 구조의 정당성에 의문을 가지며 법률과 집행 과정은 부자에게 이익이 되며 가난한 사람들을 처벌하도록 구조화 되어있다고 주장한다.

낙인 시각은 1960년대부터 1970년대까지 인기가 있었으나, 그들의 주장을 입증하는데 실패한 연구결과들에 때문에 호소력에 관한 많은 부분을 잃었다. 자기 보고식 연구들은 대부분의 사람들이 적어도 사소한 위반을 저지르고 있다는 것을 지적하고 있지만, 그 이후의 평가들은 차별적인 사회적 반응이 기소와 감금의 상이한 비율의 원인이 된다는 실질적인 증거들을 내놓지 못했다.

갈등 시각은 1960년대 이후 이론의 지지에 있어 부활을 경험했다. 많은 부분에서 1960년대와 1970년대 사회적 혼란 때문에 인기를 되찾았다. "새로운 범죄학(new criminology)", 갈등 이론들이 그들의 연구에 이와 같이 이름을 붙이고 있지만(Taylor et al., 1973), 사실 다양하며 상대적으로 별개의 이론적 특징들로 구성되어 있다.

이 모두가 칼 마르크스의 연구에 근원을 둔 갈등 이론에 기초하고 있으며, 사회는 갈등을 가진 집단들로 구성되어 있다는 일반적 개념에 근거를 둔다. 볼드의 집단 갈등 이론의 발달은 1960년대 갈등 범죄학의 부활을 선도하였다.

갈등 이론은 더 폭넓은 비판적 범죄학의 토대를 제공하였고, 1960년대와 1970년대 급진적 시대를 열었다. 퀴니, 터크, 챔블리스와 같은 이론가들의 연구들은 이와 같이 흥분한 시대를 대변한다. 지난 10년 동안, 비판적인 사상은 보다 다양화 되었다. 좌파 현실주의, 몇몇 계통의 여권주의 사상, 포스트모던이즘은 현대 범죄학 사상의 역동적인 부분이다.

이 장에서 논의된 폭넓은 갈등/비판적 시각과 낙인 시각은 범죄학자들이 전통적 이론들의 근본적인 가설들에 의문을 가지도록 하는 필요한 부분이다. 결과적으로, 미국범죄학회(American Society of Criminology)와 형사사법학회(Academy of Criminal Justice Sciences)의 연간 모임에서 발표되는 범죄학 저술서들, 학술 논문들, 보고서들이 오늘날 범죄와 사회적 반응과 형사 사법 반응에 관한 보다 비판적인 분석을 반영한다.

## 주요 용어 및 개념

갈등 시각(Conflict Perspective)
합의적 시각(Consensus View)
비판범죄학(Critical Criminology)
일탈 증폭(Deviance Amplification)
억울하게 기소된 범죄자(Falsely Accused)
도구적 마르크스주의(Instrumental Marxism)
좌파 현실주의(Left Realism)
마르크스주의자 범죄학(Marxist Criminology)
주요 지위(Master Status)
망의 확장(Net Widening)
일차적 일탈(Primary Deviation)
급진적 범죄학(Radical Criminology)
급진적 무간섭(Radical Nonintervention)
이차적 일탈(Secondary Deviance)
사회 갈등 이론(Social Conflict Theory)
사회주의자 여권주의(Socialist Feminism)
순응자(Conformist)
범죄화(Criminalization)
해체주의(Deconstructionism)
악의 극화(Dramatization of Evil)
집단 갈등 이론(Group Conflict Theory)
낙인 시각(Labeling Perspective)
법률적 상대주의(Legal Relativism)
마르크스주의자 여권주의(Marxist Feminism)
도덕적 사업가(Moral Entrepreneurs),
포스트모던이즘(Postmodernism)
진짜 일탈자(Pure Deviant)
급진적 여권주의(Radical Feminism)
회고적 해석(Retrospective Interpretation)
숨은 일탈자들(Secret Deviants)
사회 병리학(Social Pathology)

## 주요 범죄학자들

하워드 베커(Howard S. Becker)
에드윈 레머트(Edwin Lemert)
리차드 퀴니(Richard Quinney)
로버트 사이드먼(Robert Seidman)
찰스 타이틀(Charles R. Tittle)
조지 볼드(George Vold)
윌리엄 챔블리스(William Chambliss)
칼 마르크스(Karl Marx)
에드윈 슈어(Edwin M. Schur)
프랭크 태넌바움(Frank Tannenbaum)
오스틴 터크(Austin Turk)

## 판례

*Roe v. Wade,* 410 U.S. 113(1973)

## 토론 문제

1. 어떤 낙인 이론가들은 범죄 행동의 증가에 대한 최선의 대응은 무대응 이라고 주장한다. 즉, 위반에 대해 어떤 공식적 방법으로 대응하지 않는다는 것을 의미한다. 이러한 견해를 가지는 이유를 설명하라.
2. 낙인 이론가들은 범죄행동과 관련된 처벌은 공식적 형사사법 과정의 한 측면일 뿐이라고 주장한다. 공식적 형벌뿐만 아니라, 낙인 이론가들은 이러한 과정의 또 다른 결과가 낙인찍힌 위반자들에 대해 잠재적으로 더 큰 결과를 가져온다고 주장한다. 이러한 결과들은 무엇이 될 수 있으며 이와 같은 쟁점을 검토하는 연구들에 대해 토론하라.
3. 무관용 원칙의 법률들은 낙인 시각의 입장에서는 지지를 받지 못한다. 이와 같은 법률들의 사용을 반대하는 낙인 이론가들의 논지는 무엇인가?
4. 커리(Elliott Currie)는 범죄를 줄이기 위한 12가지의 제안을 하였다. 이 제안 중 2가지만 형사사법체계의 정책과 관련이 있다는 사실에 관한 이유는 무엇인가?
5. 볼드(George Vold)가 제시한 집단 갈등 이론을 기술하라.

## 참고문헌


Ageton, S.S. & D.S. Elliott(1974). "The Effects of Legal Processing on Delinquent Orientations." *Social Problems*, 22:87–100.

Austin, J. & B. Krisberg(1981). "Wider, Stronger, and Different Nets: The Dialectics of Criminal Justice Reform." *Journal of Research in Crime and Delinquency*, 18:165–196.

Becker, H.S.(1963). *Outsiders: Studies in the Sociology of Deviance*. New York, NY: The Free Press.

Bedau, H.A. & M.L. Radelet(1987). "Miscarriages of Justice in Potentially Capital Cases." *Stanford Law Review*, 40:21–179.

Bernburg, J.G. & M.D. Krohn(2003). "Labeling, Life Chances, and Adult Crime: The Direct and Indirect Effects of Official Intervention in Adolescence on Crime in Early Adulthood." *Criminology*, 41:1287–1318.

Bernburg, J.G., M.D. Krohn & C.J. Rivera(2006). "Official Labeling, Criminal

Embeddedness, and Subsequent Delinquency." *Journal of Research in Crime and Delinquency*, 43:67–88.

Binder, A. & G. Geis(1984). "Ad Populum Argumentation in Criminology: Juvenile Diversion as Rhetoric." *Crime & Delinquency*, 30:624–647.

Blomberg, T.G.(1980). "Widening the Net: An Anomaly in the Evaluation of Diversion Programs." In M.W. Klein & K.S. Teilman(eds.) *Handbook of Criminal Justice Evaluation*. Beverly Hills, CA: Sage Publications.

Bynum, T.S. & J.R. Greene(1984). "How Wide the Net? Probing the Boundaries of the Juvenile Court." In S.H. Decker(ed.) *Juvenile Justice Policy: Analyzing Trends and Outcomes*. Beverly Hills, CA: Sage Publications.

Carter, T. & D. Clelland(1979). "A Neo-Marxian Critique, Formulation and Test of Juvenile Dispositions as a Function of Social Class." *Social Problems*, 27:96–108.

Chambliss, W.J.(1988). *Exploring Criminology*. New York, NY: Macmillan Publishing Company.

Chambliss, W.J.(1973). "The Saints and the Roughnecks." *Society*, 11:24–31.

Chambliss, W.J.(1964). "A Sociological Analysis of the Law of Vagrancy." *Social Problems*, 12:67–77.

Chambliss, W.J. & R.B. Seidman(1971). *Law, Order, and Power*. Reading, MA: Addison Wesley.

Chiricos, T.G., K. Barrick, W. Bales & S. Bontrager(2007). "The Labeling of Convicted Felons and Its Consequences for Recidivism." *Criminology*, 45:547–581.

Chiricos, T.G. & M. DeLone(1992). "Labor Surplus and Punishment: A Review and Assessment of Theory and Evidence." *Social Problems*, 39:421–446.

Chiricos, T.G. & G. Waldo(1975). "Socioeconomic Status and Criminal Sentencing: An Empirical Assessment of a Conflict Proposition." *American Sociological Review*, 40:753–772.

Cohen, L.E. & R. Stark(1974). "Discriminatory Labeling and the Five-Finger Discount: An Empirical Analysis of Differential Shoplifting Dispositions." *Journal of Research in Crime and Delinquency*, 11:25–39.

Curra, J.(2000). *The Relativity of Deviance*. Thousand Oaks, CA: Sage.

Currie, E.(1989). "Confronting Crime: Looking Toward the Twenty-First Century." *Justice Quarterly*, 6:5–25.

Currie, E.(1985). *Confronting Crime: An American Challenge*. New York, NY: Pantheon Books.

DeKeseredy, W. & M. Schwartz(1991). "British and U.S. Left Realism: A Critical Comparison." *International Journal of Offender Therapy and Comparative Criminology*, 35:248-262.

Dotter, D.L. & J.B. Roebuck(1988). "The Labeling Approach Re-examined: Interactionism and the Components of Deviance." *Deviant Behavior*, 9:19-32.

Dunford, F.W.(1977). "Police Diversion: An Illusion." *Criminology*, 15:335-352.

Einstadter, W. & S. Henry(1995). *Criminological Theory: An Analysis of its Underlying Assumptions*. Fort Worth, TX: Harcourt Brace.

Erikson, K.T.(1962). "Notes on the Sociology of Deviance." *Social Problems*, 9:307-314.

Esbensen, F.(1984). "Net-Widening? Yes and No: Diversion Impact Assessed Through a Systems Processing Rates Analysis." In S.H. Decker(ed.) *Juvenile Justice Policy: Analyzing Trends and Outcomes*. Beverly Hills, CA: Sage Publications.

Foster, J.D., S. Dinitz & W.C. Reckless(1972). "Perceptions of Stigma Following Public Intervention for Delinquent Behavior." *Social Problems*, 20:202-209.

Goffman, E.(1963). *Stigma*. Englewood-Cliffs, NJ: Prentice Hall.

Gove, W.R.(1980). *The Labelling of Deviance*. Beverly Hills, CA: Sage Publications.

Hagan, J. & A. Palloni(1990). "The Social Reproduction of a Criminal Class in Working-Class London, circa 1959-1980." *American Journal of Sociology*, 96:265-300.

Hall, J.(1952). *Theft, Law and Society*. Indianapolis, IN: Bobbs-Merrill.

Huff, C.R.(2002). "Wrongful Conviction and Public Policy: The American Society of Criminology 2001 Presidential Address." *Criminology*, 40:1-18.

Huizinga, D. & K. L. Henry(2007). "The Effect of Arrest and Justice System Sanctions on Subsequent Behavior: Findings from Longitudinal and Other Studies." In A.M. Liberman(ed.) *The Long View of Crime: A Synthesis of Longitudinal Research*. New York: Springer.

Huizinga, D., K. Schumann, B. Ehret & A. Elliott(2003). "The Effect of Juvenile Justice System Processing on Subsequent Delinquent and Criminal Behavior: A Cross-National Study." Paper presented at the Annual Meeting of the Western Society of Criminology, Vancouver, British Columbia, February.

Jackson, P. & C. Rudman(1993). "Moral Panic and the Response to Gangs in California." In S. Cummings & D.J. Monte(eds.) *The Origins and Impact of Contemporary Youth Gangs in the United States*. Albany, NY: State University of New York Press.

Jacobs, D. & D. Britt(1979). "Inequality and Police Use of Deadly Force: An Empirical Assessment of a Conflict Perspective." *Social Problems*, 26:403–412.

Jensen, G.F.(1972). "Parents, Peers, and Delinquent Action: A Test of the Differential Association Perspective." *American Journal of Sociology*, 78:562–575.

Kitsuse, J.I.(1962). "Societal Reaction to Deviant Behavior: Problem of Theory and Method." *Social Problems*, 9:247–256.

Klein, M.W., K.S. Teilman, J.A. Styles, S.B. Lincoln & S. Labin–Rosensweig(1976). "The Explosion of Police Diversion Programs." In M.W. Klein(ed.) *The Juvenile Justice System*. Beverly Hills, CA: Sage Publications.

Lea, J. & J. Young(1984). *What Is To Be Done About Law and Order?* Harmondsworth, UK: Penguin.

Lemert, E.M.(1981). "Diversion in Juvenile Justice: What Hath Been Wrought." *Journal of Research in Crime and Delinquency*, 18:35–46.

Lemert, E.M.(1951). *Social Pathology*. New York, NY: McGraw–Hill.

Lizotte, A.(1978). "Extra–Legal Factors in Chicago's Criminal Courts: Test of the Conflict Model of Criminal Justice." *Social Problems*, 25:564–580.

Lynch, M.J. & W.B. Groves(1986). *A Primer in Radical Criminology*. Albany, NY: Harrow and Heston.

Maruna, S., T.P. Lebel, N. Mitchell & M. Naples(2005). "Pygmalion in the Reintegration Process: Desistance from Crime through the Looking Glass." *Psychology, Crime, and Law*, 10:271–282.

Marx, K.(1964). *Selected Writings and Social Philosophies*. London, UK: McGraw–Hill.

Matsueda, R.L.(1992). "Reflected Appraisals, Parental Labeling, and Delinquency: Specifying a Symbolic Interactionist Theory." *American Journal of Sociology*, 97:1577–1611.

Michalowski, R.(1996). "Critical Criminology and the Critique of Domonation: The Story of an Intellectual Movement." *Critical Criminology*, 7:9–16.

Michalowski, R.(1983). "Crime Control in the 1980s: A Progressive Agenda." *Crime and*

*Social Justice*, 19:13-23.

Miller, J.(2003). "Gender, Crime, and(In)Justice: Introduction to the Special Issue." *Journal of Contemporary Ethnography*, 32:3-8.

Miller, K.(1999). "Students Make Pledge Not to Taunt Outcasts." Associated Press release, *Johnson City Press*, 5-30.

Milovanovic, D.(1994). *A Primer in the Sociology of Law*. Albany, NY: Harrow and Heston.

Pelfrey, W.V.(1980). *The Evolution of Criminology*. Cincinnati, OH: Anderson Publishing Co.

Quinney, R.(1970). *The Social Reality of Crime*. Boston, MA: Little, Brown.

Ruggiero, V.(1997). "Punishing Children: The Manufacture of Criminal Careers in Hellion Town." *Theoretical Criminology*, 1:341-361.

Sampson, R.J. & J.H. Laub(1993). "Structural Variations in Juvenile Court Processing: Inequality, the Underclass, and Social Control." *Law and Society Review*, 27:285-311.

Schur, E.M.(1973). *Radical Nonintervention: Rethinking the Delinquency Problem*. Englewood Cliffs, NJ: Prentice Hall.

Schwartz, M.D. & W.S. DeKeseredy(1991). "Left Realist Criminology: Strengths, Weaknesses, and the Feminist Critique." *Crime, Law and Social Change*, 15:51-72.

Schwartz, R.D. & J.H. Skolnick(1962). "Two Studies of Legal Stigma." *Social Problems*, 10:133-142.

Sinclair, A.(1964). *Era of Excess: A Social History of the Prohibition Movement*. New York, NY: Harper and Row.

Spohn, C.(1994). "Crime and Social Control of Blacks: The Effect of Offender/Victim Race on Sentences for Violent Felonies." In G. Bridges & M. Myers(eds.) *Inequality, Crime, and Social Control*. Boulder, CO: Westview Press.

Steffensmeier, D.J. & R.M. Terry(1973). "Deviance and Respectability: An Observational Study of Reactions to Shoplifting." *Social Forces*, 51:417-426.

Stewart, E.A., R.L. Simons, R.D. Conger & L.V. Scaramella(2002). "Beyond the Interactional Relationship between Delinquency and Parenting Practices: The Contribution of Legal Sanctions." *Journal of Research in Crime and Delinquency*, 39:36-59.

Sweeten, G.(2006). "Who Will Graduate? Disruption of High School Education by Arrest and Court Conviction." *Justice Quarterly* 23: 547-581.

Tannenbaum, F.(1938). *Crime and the Community*. Boston, MA: Ginn.

Taylor, I., P. Walton & J. Young(1973). *The New Criminology: For a Social Theory of Deviance*. New York, NY: Harper and Row.

Tittle, C.R.(1980). "Labelling and Crime: An Empirical Evaluation." In W.R. Gove(ed.) *The Labelling of Deviance: Evaluating a Perspective*. Beverly Hills, CA: Sage Publications.

Triplett, R.(1993). "The Conflict Perspective, Symbolic Interactionism, and the Status Characteristics Hypothesis." *Justice Quarterly*, 10:541-556.

Turk, A.(1969). *Criminality and Legal Order*. Chicago, IL: Rand McNally.

Vold, G.B.(1958). *Theoretical Criminology*. New York, NY: Oxford University Press.

Vold, G.B., T. Bernard & J. Snipes(1998). *Theoretical Criminology*, Fourth Edition. New York, NY: Oxford University Press.

Ward, D. & C.R. Tittle(1993). "Deterrence or Labeling: The Effects of Informal Sanctions." *Deviant Behavior*, 14:43-64.

Weidner, R.R. & W. Terrill(2005). "A Test of Turk's Theory of Norm Resistance Using Observational Data on Police-Suspect Encounters." *Journal of Research in Crime and Delinquency*, 42:84-109.

Wellford, C.F.(1987). "Delinquency Prevention and Labeling." In J.Q. Wilson & G.C. Loury(eds.) *From Children to Citizens, Volume III: Families, Schools, and Delinquency Prevention*. New York, NY: Springer-Verlag.

Wilbanks, W.(1987). *The Myth of a Racist Criminal Justice System*. Monterey, CA: Brooks- Cole.

Williams, F.P., III(1980). "Conflict Theory and Differential Processing: An Analysis of the Research Literature." In J. Inciardi(ed.) *Radical Criminology: The Coming Crisis*. Beverly Hills, CA: Sage Publications.

Young, J.(1988). "Radical Criminology in Britain: The Emergence of a Competing Paradigm." *British Journal of Criminology*, 28:159-183.

Zhang, L.(1997). "Informal Reactions and Delinquency." *Criminal Justice and Behavior*, 24:129-150.

C/H/A/P/T/E/R 10

# 새로운 방향: 통합적 접근 및 생애 경로 관점

(New Direction: Integration and a Life-Course Perspective)

## 학습 목표

제10장을 읽은 후, 당신은 다음의 내용을 수행할 수 있어야 한다.

- 최근의 범죄학 동향은 반사회적 행동과 범죄행동의 원인으로 통합적 관점(integrated approach)을 많이 사용하고 있다. 이러한 접근법이 갖고 있는 장단점(benefits and limitations)을 설명하라.
- 통합적 관점의 기초를 이루는 것은 범죄학 내의 다양한 개별 이론이라고 할 수 있다. 이러한 개별 이론 접근법(the single theory approach)이 갖고 있는 한계점에 대해 기술하라.
- 범죄 경력 접근(the criminal career approach)의 의미를 설명하고, 이 방법이 갖고 있는 정책적 의의에 대해 설명하라.
- 항상성(stability), 누적적 지속성(cumulative continuity), 상호 지속성(interactional continuity)의 개념에 대해 설명하라.
- 상태 의존성(state dependence)과 모집단 차별성(population heterogeneity) 패러다임이 어떻게 지속적인 반사회적 행동(the stability of antisocial behavior)을 설명해 줄 수 있는지 생각해 보라.
- 모핏(Moffitt)의 청소년 한정형 범죄자(adolescence-limited offenders)와 생애 지속형 범죄자(life-course-persistence offenders) 유형의 개념 및 특징에 대해 설명하라.
- 샘슨(Sampson)과 롭(Laub)이 주장한 비공식 사회통제의 연령 단계 이론(age-graded theory of informal social control)이 어떻게 반사회적 행동의 최초 시작(onset), 지속(persistence), 중지(desistance) 개념을 보여주고 있는지 설명하라.

우리는 지금까지 앞의 다섯 장을 통해 전통적인 범죄학 패러다임이 무엇인지 살펴봤다. 지금까지의 내용은 주로 범죄학 이론들이 역사적으로 어떻게 형성·변화되어 왔는지를 검토한 것으로써 그 대부분의 내용이 전통 범죄학 이론에 초점을 둔 것이라고 하겠다. 그러나 이제부터는 관심의 방향을 바꿔 새롭게 대두되고 있는 최근의 범죄학 이론들에 대해 알아보고자 한다. 핵심 내용은 지난 30년 동안 범죄학 분야에서 중요하게 다루어지기 시작한 (1) 통합이론 모델(integrated theoretical models)과 (2) 범죄자 경력 연구(criminal careers research), 그리고 (3) 발달 범죄학(developmental criminology)이다.

세 가지 접근방법이 새롭게 등장하게 된 배경을 먼저 알아보도록 한다. 각각의 배경 상황을 분야별로 정리해보면 다음과 같다. 첫째, 통합이론 모델이 등장하게 된 원인은 기존 이론들이 진정한 범죄의 근본원인을 설명하지 못하고 결정적인 한계를 드러냈다는 사실과 관련이 있다. 즉, 기존 이론이 한계점을 드러냄으로써 이에 대한 새로운 대안 이론으로 "통합이론 모델"의 필요성이 절실히 요구되었던 것이다. 어떤 특정 이론이 다른 이론보다 더 우월하거나 더 옳다고 주장하며 서로 비난하고 싸우기보다는 학자들이 새로운 시각에서 각각의 이론들이 가지고 있는 장단점을 모두 아우를 수 있는 상호보완적 특성의 새로운 이론이 필요하다는 것에 동의하기 시작하였다. 때로는 범죄의 원인이 단 한 가지로 설명 되는 경우도 있으나, 많은 경우 범죄화 되는 경로나 절차 및 그 원인은 매우 복잡하고 다양하다. 또한 범죄화 되어가는 과정 역시 범죄자 개인의 유형에 따라 다양한 궤적을 그리며 여러 형태로 움직이게 된다. 따라서 범죄원인을 설명하기 위한 이론의 통합은 범죄행동에 대한 심층적인 이해를 가능케 하고 동시에 보다 종합적인 범죄원인 근거를 보여준다.

둘째, 범죄자 경력 연구가 나타나게 된 원인은 바로 1980년대와 1990년대 레이건 대통령과 부시 행정부가 시도했던 범죄 "강경대응" 전략과 "무능화 모델"에 맞는 시의적절한 정책 배경이 필요했던 당시 상황과 깊은 연관이 있다. 전체 노상범죄(street crime)자의 절반 이상이 상습적이고 폭력적이며 실제 양적으로 가장 많은 수의 범죄를 차지한다는 연구결과가 발표되면서, 그에 대한 적절한 정책적 대안과 이론적 설명이 필요하게 되었다. 즉, 당시 상황에서 상습적으로 불법행동을 저지르는 일부 범죄자들에 대한 강경대응이 요구되었고, 이들을 장기간 구금, 처벌해야 한다는 요구가 널리 확산되면서 범죄자 경력 연구가 더욱 활발히 이루어지게 된 것이다. 실제 중범죄로 한 번 처벌받았던 범죄자가 계속적인 불법행동을 저질러 세 번째 유죄 확정까지 받게 되면 무조건 "응보적인" 형벌을 받게 된다는 소위 "삼진아웃제"가 미국에서 실시되었다. 비록 일부에서 이에 대한 법률적 재검토와 반대 의견이 제기되었으나, 결국 미국 대법원은 2003년 3월에 캘리포니아 州 법률의 합헌성을 공식적으로 인정했다.

셋째, 앞에서 언급한 두 개의 이론적 배경이 하나로 합쳐지면서 세 번째 이론인 "발달 범죄학", 즉 "생애-경로 범죄학"(life-course criminology)이 새롭게 등장하게 되었다. 실제로 지난 20년 동안 발달 범죄학은 범죄이론 분야에서 가장 눈부신 발전을 거듭하였고, 범죄 원인 설명력 향상 측면에서 커다란 학문적 성과를 거둔 것으로 평가받고 있다.

## 통합이론 모델(Integrated Theoretical Models)

기본적으로 이론의 통합화를 시도한다는 것은 기존의 다양한 이론들을 하나로 결합하여 범죄 원인을 보다 효과적으로 설명함을 의미한다. 이는 앞에서 언급한 전통적인 범죄이론의 단점, 즉 범죄발생에 있어 특정 하위 그룹에 존재하는 편차(variation)를 제대로 설명하지 못했다는 한계를 통합이론 시각으로 어느 정도 극복해 낼 수 있음을 뜻한다. 예를 들면, 사회구조이론은 소수집단과 하위계층 범죄만을 강조하였고 그로 인해 중류 및 상류계층의 불법행동을 사회구조이론 측면에서 충분히 설명하지 못했다는 문제를 안고 있다. 허쉬(Travis Hirschi)의 사회통제이론을 보면, 범죄행동에 나타난 개인 편차를 사회통제이론의 기본가정으로 인정하면서 단지 유대감(bonds) 부족을 핵심 범죄원인으로 간주하였다. 그러나 여기에서도 왜 어떤 특정 그룹의 사람이 타인에 비해 전통적인 사회규범에 더 강한 애착과 유대감을 갖게 되는지, 그 이유를 적절히 설명하지 못했다는 한계가 있다. 한편, 갈등론적 시각에서는 부유하고 힘 있는 자들의 법률이 법률을 제정한 본인들의 개인적 이익과 혜택으로만 작용되고, 왜곡된 사회구조가 힘없는 자들의 범죄를 유발시키는 원인이 되었다고 본다. 그러나 이 이론 역시 인과관계 측면에서 어떻게 힘 있는 자들의 법률 제정이 힘없는 사람들로 하여금 범죄를 저지르게 만들었는지 그 과정을 충분히 보여주지 못한다는 문제가 있고, 형사사법 시스템 전반에서 실제 부유한 사람과 가난한 사람이 어떻게 서로 다른 처벌을 받았는지에 대한 직접적인 증거를 보여주지 못한다는 한계가 있다. 이에 따라 범죄학 내부에서는 새로운 제3의 대안이 필요하게 되었고, 그에 대한 해답으로 다양한 이론적 통합 시도가 본격적으로 이루어지게 되었다.

쇼와 맥케이(Clifford Shaw and Henry McKay 1942)는 일찍이 사회해체이론과 사회학습이론을 이용하여 하나의 새로운 통합 이론을 만들고자 하였다. 그들은 사람의 행동과 상호작용 패턴에 영향을 미치는 요인은 바로 지역사회 조직과 물리적 구조라고 보면서 특히 청소년으로 하여금 비행행동을 선택하게 만드는 원인이 지역사회 내에 존재하는 가치와 행동의 다양성에 있다고 주장하였다.

클라우드와 올린(Richard Cloward and Lloyd Ohlin 1960)의 차별적 기회이론은 전통적인 긴장이론과 사회학습이론을 결합한 것이라고 볼 수 있다. 사회의 성공목표는 주로 합법적인 수단 또는 불법적인 수단에 의해 이뤄지는데, 이것은 결국 한 사람이 가지고 있는 차별적인 기회구조에 대한 접근 가능성 때문이라고 볼 수 있다. 예를 들면, 범죄 하위문화가 발전하게 되는 경우는 성공을 위한 합법적인 기회는 차단된 반면, 불법수단에의 접촉 가능성이 증가하기 때문이다. 이것이 소위 전통적인 긴장이론으로 인간이 범죄를 저지르게 되는 것은 외부의 특정 자극 때문이라고 볼 수 있다. 클라우드와 올린은 이러한 긴장이론 관점을 유지하면서도 동시에 사회학습이론 관점에서 청소년 비행이란 사회적 지지와 허가를 요구하는 집단행동이라고 간주하였다. 사회학습이론의 요소는 특정 범죄행동 뿐만 아니라 범죄행위에 대한 정의, 행동 합리화 기제 등을 모두 포함하는 것으로 이것은 자신과 비슷한 상황에 놓인 타인과 상호작용할 때 학습의 형태로 발생하게 된다.

다양한 이론을 통합하기 시작한 것은 위에서 살펴본 것과 같이 쇼와 맥케이가 활동했던 1940년대 과거 시대로까지 거슬러 올라간다. 그러나 1970년대에 접어들어 서로 경쟁관계에 있는 대립 이론들이 본격적으로 하나로 통합되는 시대가 오게 되면서 범죄학에서 많은 학자들이 통합 모델 및 통합 이론에 큰 관심을 갖게 되었다. 그러나 모든 학자들이 이러한 통합 분위기에 적극 동참한 것은 아니었다. 일부는 기존의 주류 범죄이론들이 결코 서로 조화될 수 없는 독특한 개개의 특징을 갖고 있고, 서로 갈등적인 논리구조를 갖고 있기 때문에 절대 하나로 결합될 수 없다고 반박하였다. 지금부터 다양한 범죄학 이론의 통합 가능성 여부에 대해 보다 자세히 살펴보기로 한다.

### *이론들의 통합 가능성 여부(Can Theories Be Combined?)*

범죄 원인을 설명하기 위한 통합 논의는 세 가지 주류이론의 통합, 즉 '긴장이론, 통제이론, 학습이론이 서로 공존할 수 있는가'라는 매우 기본적인 질문에서부터 시작한다. 콘하우저(Ruth Kornhauser 1978)는 이에 대해 범죄학 내 세 가지 주류이론을 유형화하고, 그 특징을 설명하면서 이론 통합 가능성에 대해 구체적으로 언급하기 시작했다. 그녀는 많은 이론 중 먼저 사회구조이론을 예로 들면서, 이 이론이 형법 내에 존재하는 특정한 사회적 가치와 공동체적 합의를 강조함과 동시에 범죄의 근본 원인을 사회구조 자체에서 찾고 있는 이론이라고 설명하였다. 즉, 법률을 위반하는 것은 한 개인이 갖고 있는 타고난 특성이나 내부의 숨겨진 욕구 때문이 아니라 사회에서 개인이 이루지 못한 박탈된 성공기회와 그에 따른 개인의 욕구좌절에 의한 것이라고 보았다. 따라서 사회구조이론에서 말하는 범죄원인은 사회 조직 구성 자체에 있는 것이고, 개인에게 합법적인 성공 수단을 획득할 수 있는 접근 가능성이 불공평하게 분배되어 있기 때문에 범죄가 발생한 것으로 볼 수 있다. 여기에서 말하는 성공을 위한 도구, 즉 합법적인 수단은 사회에서 인정한 바람직한 성공목표를 얻기 위한 관습적인 도구를 의미한다. 제 7장에서 이미 언급한 머튼(Robert Merton)의 아노미 이론을 되새겨보면 이 내용이 더욱 쉽게 이해될 것이다. 정리하면 한 개인이 갖고 있는 문화적 가치와 사회적 규범이 서로 충돌할 때 인간은 결국 아노미 또는 무규범 상태에 빠지게 되는 것으로 볼 수 있다. 그러나 이런 상황에서도 사람마다 외부 사회구조의 자극 및 스트레스에 적응하는 양식이 다르다고 하겠다. 사람들의 적응양식에 따라 개개인을 유형화하여 순응자(conformists), 혁신자(innovators), 의례주의자(ritualists), 퇴보자(retreatists), 반역자(rebels)로 나누어 볼 수 있는데, 사회구조이론은 개인이 범죄 상황에 노출되는 직접적 원인이 그 사람이 갖고 있는 독특한 성격 때문이 아니라 사회가 갖고 있는 독특한 구조적 특징 때문이라고 보았다.

반면, 콘하우저는 사회구조이론과 반대되는 또 다른 주류이론으로 사회통제이론을 예로 들었다. 사회통제이론은 기본적으로 인간을 타고난 쾌락주의자로 가정한다. 인간의 본성이 억제되지 않는다면 원래부터 갖고 있던 "강간, 약탈, 수탈"의 공격본능이 인간을 자극하게 되고 결국 자기중심적인 이기적 행동을 저지르게 된다고 보았다. 또한 사회통제이론은 모든 인간이 동일한 수준의 긴장감을 경험하는 것으로 가정하였다. 그러나 우리가 갖고 있는 특정 욕망은 반드시 다른 욕구들에 앞서 더 먼저 충족되어야 하고 그러기 위해서는 2차적인 욕구를 포기하고 1차적인 욕구를 먼저 충족시킴으로써 개인이 갖고 있는 긴장을 해소시킬 필요가 있다. 예를 들면, 범죄학 수업시간에 A학점을 얻고자 하면, 먼저 신나는 학교 뒤풀이 파티에 참석하는 기쁨을 지연시키거나 포기할 수 있어야 한다. 좋은 학점을 받고 싶다는 욕구가 파티 참석 욕구보다 더 중요한 욕구로 존재해야 한다는 말이다. 공부할 것인지, 아니면 파티에 가서 즐겁게 그냥 놀고 즐길 것인지는 각자가 갖고 있는 사회적 관습에 대한 존중 정도(stake)에 따라 다를 것이다. 또한 그것은 개인 내부의 신념 정도에 따라서도 다르게 나타날 것이다. 따라서 통제이론가들이 중요하게 여기는 것은 결국 사회의 관습과 가르침에 대해 개인이 갖고 있는 존중 정도라고 하겠다. 개개인이 갖고 있는 관습에 대한 이해심 정도에 따라 범죄에 관여하고자 하는 욕구가 약화될 수 있기 때문이다. 이러한 관점에서 사회통제이론에서는 관습에 대한 이해심 정도가 가장 중요하게 다루어진다. 콘하우저는 불법적인 수단이 일반적으로 합법적인 수단을 사용할 때보다 훨씬 더 빠르고 쉽게 우리의 욕구를 충족시켜 주기 때문에 사람들은 상대적으로 합법적인 행동보다 범죄행동 쪽의 결정을 더 쉽게 하는 경향이 있다고 설명하였다.

앞에서 설명한 사회구조이론과 사회통제이론은 범죄유발 요소나 범죄원인 측면에서 서로 완전히 반대되는 가정을 갖고 있는 것으로 보인다. 그러나 사회학습이론은 두 이론과 달리 제 3의 시각으로 범죄원인을 설명한다. 즉, 사회학습이론은 비행과 범죄행위를 항상 비규범적인 잘못된 행동으로 보는 것이 아니라 규범적이고 올바른 행동일 수도 있다고 간주한다. 다시 말해 우리가 생각하는 범죄행동이 적어도 특정 하위문화 구조 내에서는 '정상적인 행동'으로 간주될 수 있다고 본 것이다. 예를 들면, 정상적인 일반 사회에서 차를 훔치는 행위는 법률을 위반한 잘못된 행위이나, 특정 비행청소년 하위문화에서는 타인의 차를 상

[표 10.1] 범죄이론 모델 및 가설의 세 가지 큰 흐름

| | 긴장이론 | 통제이론 | 학습이론 |
|---|---|---|---|
| 기본가정 | 인간은 선천적으로 선하다. | 인간은 태어날 때부터 악한 존재이고 쾌락주의적 성향을 갖고 있다. | 인간은 기본적으로 착하지도 악하지도 않다. |
| 범죄원인 | 사회의 구조적 역기능이 개인에게 욕구좌절을 유발하고 그것이 범죄원인으로 작용한다. | 통제력 부족 또는 유대감 부족으로 개인의 욕구는 충족되지 못하고, 결국 불법수단을 통해 그 욕구가 충족되게 된다. | 불법행동을 정상적인 행동으로 간주하는 범죄 하위문화에 사회화됨으로써 범죄가 발생한다. |
| 관심 질문사항 | 왜 일부 사람들은 사회규범으로부터 이탈하려 하는가? | 왜 일부 사람들은 사회 규범을 준수하려고 하는가? | 사람들은 어떻게 규범을 배우고 학습해 가는가? |

습적으로 매주 훔치는 행위가 집단 내에서 자신의 지위를 유지시키는 매우 '정상적인' 행위일 수 있다. 사회학습이론은 이와 같이 인간 고유의 본성에 대한 일체의 긍정 혹은 부정적 가정 자체를 거부한다. 대신에 사회학습이론은 모든 인간이 기본적으로 태어날 때부터 하얀 슬레이트처럼 깨끗한 판을 들고 이 세상에 나왔고 사회규범에 순응할지, 혹은 불법적인 행위를 할지는 자신이 속한 집단에서 개인이 무엇을 배우고 학습했느냐에 따라 달라진다고 본다. 이러한 측면에서 사회학습이론에서 말하는 비행의 원인은 개인이 속한 갈등적인 하위문화, 그 자체에 있다고 볼 수 있다. 갈등적 하위문화는 한 개인에게 다수의 사회 구성원이 동의하지 않는 잘못된 규범에 따르도록 강요하는 것이고, 잘못된 비행하위문화에 개인이 사회화되도록 강요하는 특정 가르침과 규범 일체를 말한다. [표 10.1]은 위에서 설명한 세 가지 기본 범죄학 이론의 가정을 표로 간략하게 요약한 것이다.

일부 학자들은 위의 세 가지 이론을 하나의 모델로 결합, 통합시키는 것이 거의 불가능한 일이라고 주장하기도 한다. 허쉬(Travis Hirschi 1979)의 경우, "긴장, 통제, 차별적 접촉이론 세 가지는 근본적으로 완전히 서로 구분되는 이론으로 그것은 결코 양립될 수 없는 이론들"이라고 설명하였다. 그러면서 그는 매우 강한 어조로 범죄학 분야에서 "각각의 이론이 통합되는 것보다는 서로 구분되어 존재하는 것이 더 낫다"라고 주장하였다. 반면, 엘리엇(Delbert Elliott 1985)은 다양한 이론의 통합이 반드시 필요하다고 역설하며 범죄학에서 "이론들 간의 통합 및 화해를 포기해야 할 어떠한 본질적 이유도 존재하지 않는다"고 주장하였다.

### 통합 접근방법(Approaches to Integration)

대부분의 초기 이론 통합은 사회 심리학적 이론들의 결합을 추구한 것으로써 그것은 개

인의 특정 행동을 보다 구체화시키는데 초점을 두고 있었다. 따라서 통합 이론을 직접 검증하기 위한 학자들의 노력은 주로 자기보고식(self-reported) 설문조사를 실시하는 것이었고, 설문 데이터 분석을 통해 소년의 비행 원인을 직접적으로 밝혀내는데 그 목적이 있었다.

가장 흔한 통합시도는 바로 사회통제이론과 사회학습이론을 결합하는 것이었다. 이에 반해 사회통제이론과 긴장이론의 통합은 그다지 바람직하지 않은 결합으로 인식되었다. 그리고 가장 적절치 않은 이론 통합은 세 가지 주류 이론을 모두 하나로 통합하는 것이었다. 때때로 제 3의 통합 시도로 낙인, 사회해체, 갈등, 억제이론 등의 결합이 이루어지기도 하였다. 가장 일반적인 통합 방식을 부연 설명하자면, 각각의 이론들을 시간 순서 측면에서 순차적으로 결합하는 것이라고 볼 수 있다. 하나의 이론이 다른 이론보다 실제 범죄행동의 직접적 원인으로 더 가깝게 위치하는 것이 사실이기에 이러한 방법을 가리켜 '엔드 투 엔드(end-to-end)' 즉, 순차 모델이라고 부른다. 하나의 이론이 다른 이론보다 범죄 발생과 관련하여 초기 부분의 원인, 즉 범죄발생 시점에서 원거리 요인들을 설명하는데 더 적합하고, 나머지 이론은 범죄행동 요인에 더 직접적 영향을 미치는 단거리 논거로 적용될 수 있다 [그림 10-1]. 범죄발생 시점을 기준으로 후반부에서 가까운 단거리 시점 원인으로 일부 이론이 적용되고, 그 반대 이론이 원거리 요인들을 설명하는 방식으로 통합시도가 이루어질 수 있다 하겠다.

[그림 10.1] "엔드 두 엔드" 순차 모델의 사례

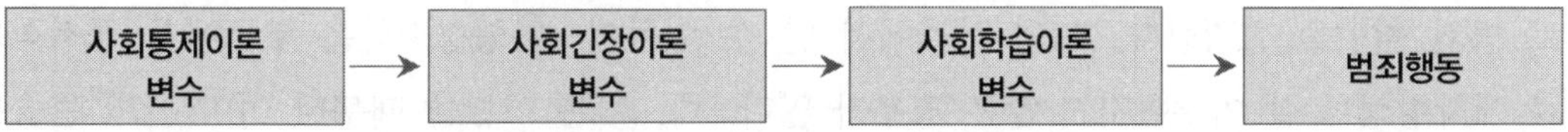


이런 접근법을 하나의 사례로 생각해 보자. 만약 여러분이 오랫동안 알고 지내던 친구 A1의 소식을 최근 접했다고 가정하자. 어느 날 A1이 흉기를 소지하고 남의 집에 침입하여 강도를 저질러서 체포되었다면 여러분은 제일 먼저 어떤 반응할 보일 것인가. 먼저 여러분은 대체 A1이 왜 그런 끔찍한 행동을 저질렀는지 궁금해질 것이다. 범죄학 수업을 담당하는 교수님을 찾아가 A1의 범죄원인에 대해 여쭤보기로 하자. 교수님은 A1이 어렸을 때 어떤 친구였는지 여러분에게 물어볼 것이고, 여러분은 다음과 같은 이야기를 교수님께 이야기할지 모른다.

과거로 돌아가서 생각해보면, 여러분이 처음 A1을 친구로 만났을 때 그의 집안 형편은 매우 좋지 않았고 그래서 그는 집이 아니라 주로 친구들과 거리에서 시간을 많이 보내며 방임된 채 어린 시절을 보내는 아이였다는 걸 떠올리게 된다. 그리고 당시 그의 부모님은 Al의 행동에 대해 별로 신경 쓰지 않았고, 그냥 Al을 방치해 두는 스타일이었기 때문에 항상 Al은 밖에서 친구들과 거리를 배회하며 성장할 수밖에 없었다. Al의 부모님은 경제적으로 매우 어려운 상황이었고, Al을 위해 특별한 선물을 사줄 형편이 되지 않았다. 학교에서 한동안 잘 적응하는 것처럼 보였지만, Al은 6학년이 되면서 점점 숙제를 하지 않기 시작했고, 공부도 별로 열심히 하지 않아서 학교 선생님들과 마찰을 빚기 시작했다. 그 시기에 접어들면서 점점 Al은 학교 출석을 소홀히 하기 시작했고, 무단으로 학교를 빼먹는 일도 자주 발생하게 되었다. 고등학교에 진학하게 되면서, Al과 만나는 일이 별로 없게 되었다. 소문에 따르면, Al은 담배를 피우고 술을 마시기 시작했고, 학교에서 문제를 일으키기 시작했는데, 한번은 Al의 장난이 너무 심각해서 학교에서 정학을 받은 적도 있다고 한다. Al은 더 이상 학교 성적에 전혀 신경을 쓰지 않는 상황까지 가게 되었고, 공부도 완전히 포기하였고, 좋은 성적을 받아야 할 필요성도 전혀 느끼지 않게 되었다. Al과 어울려 다니던 친구들은 이제 Al과 비슷한 처지에 있는 아이들만 남게 되었다. 방과 후에 Al과 친구들은 항상 어울려 다니며 파티를 즐기곤 했다. 이 시기에 Al과 친구들이 자동차를 몰래 훔쳐 싸게 팔고 그 돈으로 술이나 마약을 산다는 소문이 있었다. 고등학교 졸업 후, 가끔 Al을 길에서 만난 적이 있는데 Al은 여전히 학교 때 하던 행동들을 계속 하며 지내는 것처럼 보였다.

이 이야기를 들은 범죄학 교수님은 어떤 범죄이론으로 Al의 행동을 설명할지 물어볼 것이다. 이제 여러분은 Al의 상황을 어떤 이론으로 설명할 것인가. 통제이론은 개인이 관습적 가치를 인정한 성인, 소위 부모나 보호자에게 얼마만큼 애착이 형성되었느냐를 기준으로 범죄 원인을 설명한다. Al의 사례에서 알 수 있듯이, 비행청소년은 부모에게 정서적으로 애착형성이 잘 이루어지지 않은 경우가 많다. 즉, Al은 어렸을 때부터 이미 사회 관습에 순응하는 내면의 이해심 정도가 매우 낮아 결국 부모와의 애착 부재로 범죄를 저지르게 된다고 하겠다. 더욱 심각한 것은 Al이 학교생활에 충실하지 못하게 되면서 결국 그 내면의 신념이나 사회관습에 대한 이해심 부족이 더욱 감소되었다는 점이다. 통제이론은 이런 일련의 상황을 가지고 Al이 강도행위 원인을 설명한다.

이와 달리 긴장이론은 Al의 빈곤한 가정형편에 관심을 가지고 Al이 보호자로부터 충분한 물질적 지원을 받지 못했다는 점에 설명의 초점을 둔다. 즉, 내부의 통제력이나 이해심이 아닌 외부의 긴장 상황이 Al로 하여금 법률을 위반하게 만들었다고 보는 것이다. 그리고 Al이 학교에서 좋은 성적을 얻지 못했다는 점이 다시 부정적인 외부 자극으로 작용하여 기존의 부정적 여건을 더욱 악화시켰다고 가정한다. 결국 가정 및 학교의 부정적 상황이 Al이 처한 인생 전체의 긴장감을 악화시키는 요인으로 작용했다고 하겠다. 머튼의 이론에 따르면, 이런 긴장 상황에서 Al이 합법수단을 포기한 "혁신자(innovator)"가 된 것으로 볼 수 있다. 반면, 학습이론에서는 Al과 함께 어울려 다닌 교우 집단에 가장 큰 관심을 가진다. 교우 집단이 변화됨에 따라 Al이 담배 피우고, 술 마시고, 학교를 빼먹는 등의 비행행위가 자주 발생하게 되었고, 이로 인해 친구들 간에 서로의 비행행동을 간접적으로 지지해주는 분위기가 마련되었던 것으로 해석한다.

통합이론을 찬성하는 시각에서는 다양한 이론으로 복잡한 Al의 비행행동을 설명하는 통합시도가 다른 어떤 하나의 개별 이론을 가지고 범죄를 설명하는 것보다 더 효과적이라고 본다. 예를 들면, 초기에 Al이 보여주었던 나약한 애착형성이 결국 Al의 학교 부적응과 실패로 이어지고, 나아가 학교에서의 실패가 사회에서 인정된 성공 목표의 이행 좌절로 연결되었다고 보면서 결국, Al 스스로가 자신은 성공할 수 없는 사람이라는 패배감을 갖게 만들었다고 본다. Al은 불안한 미래로부터 회피하기 위해 비행친구들과 계속 어울려 다니게 되었고 그들로부터 범죄방법 등을 계속 학습해 간 것이다. 그리고 비행친구들과 함께 하면서 자신이 원래부터 갖고 있던 비행성향이 더욱 강화되었고, 결국 강도까지 저지르게 된 것으로 해석할 수 있다. 물론 이런 일련의 설명들이 부분적으로는 분명 Al의 범죄행동을 설명하는데 어느 정도 개별적 타당성을 가지는 것으로 보인다. 다양한 이론을 통합하려는 입장에서는 많은 이론들을 동시에 사용함으로써 하나의 개별 이론이 적용될 때보다 더 효과적으로 광범위하게 특정 범죄행동의 원인을 설명할 수 있는 것으로 가정한다.

### *통합의 목표(Objectives of Integration)*

논의의 방향을 바꿔 이제부터는 범죄학 이론이 왜 통합적 접근방법으로 바뀌게 되었고, 지난 30년 동안 범죄학 분야에서 왜 상이한 통합 모델들이 폭발적으로 등장하게 되었는지 생각해보기로 한다. 이 질문에 대한 직접적인 답은 1950년대 이후 나타난 사회과학 분야의 통계학 발전에서 찾을 수 있다. 초기 범죄학자들이 사용했던 설명방법은 단순히 두 변수의 관계를 기술하는데 그칠 수밖에 없었지만, 통계학이 발전하면서 두 변수의 상관관계를 넘어 인과관계까지 입증되기 시작했다. 통계학이 발전되기 전에는 오직 두 변수 사이의 단순 상관관계에만 초점을 두고 범죄학 관련 논의가 비교적 단순하게 이루어졌다. 변수 사이의 관계성을 하나의 사례를 통해 설명하면 사회계층과 범죄 사이의 관계를 이용할 수 있는데, 상관관계 측면에서 하류계층일수록 범죄발생이 높다고 단순화시켜 기술할 수 있다. 통계학 기법이 충분히 발전되기 전에는 이 경우 제 3의 변수나 통제변수가 개입되면서, 이전의 두 변수 관계가 제 3의 변수로 인해 어떻게 다시 변화되는가를 살펴보는데 초점을 두고 있었다. 구체적으로 보면, 인종이라는 제 3의 변수를 통제했을 때 사회계층과 범죄와의 관계가 어떻게 변화되느냐를 설명할 수 있을 것이다. 이 경우, 중류계층 백인과 중류계층 흑인 사이의 범죄율 차이를 보고하는 것으로 쉽게 그 관계를 풀어 설명할 수 있다. 그러나 이러한 단순한 설명방법은 연구자에게 정확한 범죄 원인, 즉 인과관계를 보여주지 못하고 단순히 변수 간의 상관관계만을 보여준다는 문제가 있다. 제시된 정책 목표와 특정 이론에 대한 검증이 필요하다면 설명하고자 하는 행동의 명확한 원인 또는 촉발 요인을 인과관계 측면에서 정확히 규명해 낼 필요가 있다.

지금 당장 통계학과 관련된 복잡한 인과관계 증명 공식 및 지식을 모두 이해할 수는 없겠지만, 일반적 수준의 인과관계 원칙에 대한 이해는 이론통합 모델을 이해하는데 큰 도움이 될 것이다. 사회과학에서 자주 활용되는 다중회귀 분석과 경로 분석이 알려지면서 범죄학자들은 마침내 범죄의 근본 원인을 규명할 수 있는 유용한 도구를 가지게 되었다고 볼 수 있다. 아래의 세 가지 조건들이 "X는 Y를 유발한다"라는 기본명제를 만들기 위한 필요적 전제 조건에 해당한다.

- 두 변수는 반드시 상관관계를 가지고 있어야 한다.
- X는 발생 시점을 기준으로 반드시 Y보다 선행해야 한다.
- 제 3의 대안적 설명은 제거되어야 한다.

인과관계를 보여주는 도식은 아래와 같은 형태로 표시될 수 있다.

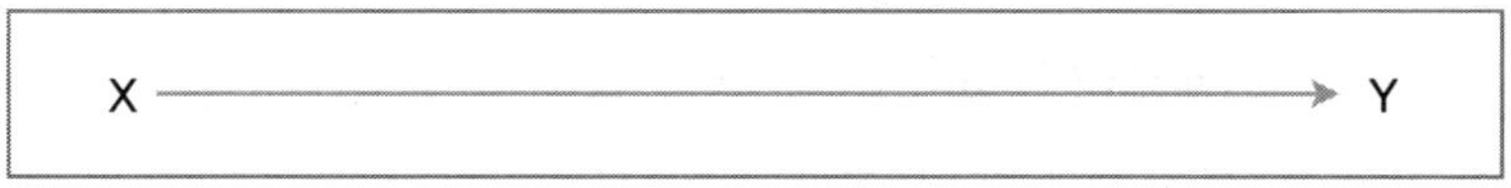


특정 현상의 원인으로 간주되는 독립변수는 도표에서 "X"로 표시되고 도식에서 보통 왼쪽 편에 위치한다. 결과변수에 해당하는 종속변수는 오른쪽에 위치하고 도식에서 "Y"로 표시된다.

위의 사례를 가지고 범죄원인 도식을 단순화시키면, 사회계층이라는 변수는 원인이 되고 범죄발생이라는 결과는 종속변수가 된다. 그 내용은 아래와 같다.

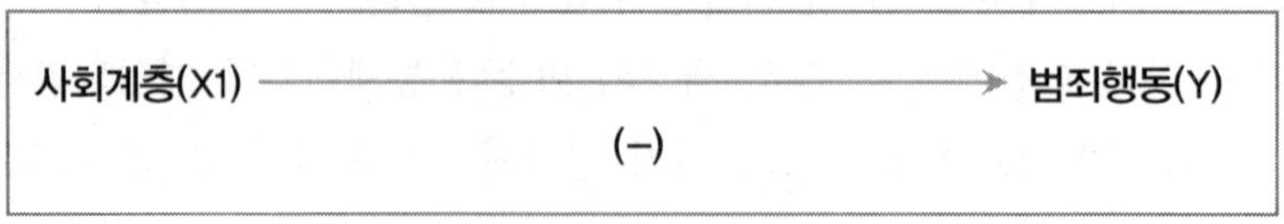

이러한 설명은 사회계층과 범죄행동 사이에 역의 인과관계가 존재한다는 의미로 볼 수 있다. 이는 긴장이론의 기본명제로써, 달리 말하면 하류계층에 있는 사람이 상류계층 사람보다 범죄를 더 많이 저지르는 것으로 볼 수 있다.

세 번째 변수로써 위의 도식에 다시 사회학습 이론을 결합시키면, 아래와 같은 새로운 통합모델이 탄생하게 된다.

사회계층 (X1) ——(−)——> 범죄자 접촉 (X2) ——(+)——> 범죄행동 (Y)

긴장이론과 사회학습 이론을 결합한 모델은 두 가지 기본 조건을 전제로 한다.

- 사회계층 변수와 공범 친구라는 변수는 부정적인 부(−)의 상관관계를 갖는다.
- 범죄자 접촉과 범죄행동 관여라는 변수는 긍정적인 정(+)의 상관관계를 갖는다.

앞에서 설명한 Al의 사례를 다시 한 번 생각해 보자. 그는 상대적으로 빈곤한 하류계층 출신이었고, 학교 때부터 소위 "질이 안 좋은" 친구들과 자주 어울려 다녔으며, 마지막에는 흉기를 들고 강도행위까지 저지르게 되었다.

다중회귀 분석을 통해 우리가 방금 설명한 모델들을 직접적으로 검증해 볼 수 있는바, 새로운 통계 기술로 연구자는 회귀모델을 통해 독립변수가 종속변수(범죄행동)를 설명하는 분산의 양까지 계산할 수 있게 되었다. 한 예로 대학생을 대상으로 한 자기보고식 설문조사에서 범죄학자는 다음과 같은 문항을 통해 범죄의 인과관계를 통계적으로 검증할 수 있게 된 것이다.

- 학생 본인의 사회계층 배경
- 범죄행동에 가담한 학생의 친구 수
- 일정 기간 동안 학생이 저지른 범죄 횟수

다음의 하이라이트 〈10.1〉 내용은 위의 설문조사 예시 문항 질문들이다. 이런 질문을 학생들에게 물어봄으로써 범죄학자는 범죄 발생과 관련된 원인변수와 독립-종속변수의 인과

관계를 통계적으로 파악할 수 있다. 또한 다중회귀 분석을 통해 개별 변수들의 설명력과 종속변수를 설명하는 독립변수 모델의 통계적 설명력을 직접 검증해 낼 수 있다.

이제 범죄학자들은 통계학과 관련된 다양한 계산공식, 통계지식, 분석절차를 통해 특정 이론의 유용성을 직접 테스트할 수 있게 되었다. 그 결과, 다양한 이론들이 가진 분산의 설명력이 약 15%(Cernkovich, 1978)에서 52%(Elliott et al., 1985)에 이르는 것으로 확인되었다. 범죄행동을 설명해주는 이론과 특정 이론을 대변하는 변수들의 설명력은 부분적으로 어떤 이론들을 통합시켜 특정 조합을 이룰 것인가에 따라 달라지고, 우리가 어떠한 이론 결합을 시도하느냐에 따라 그 설명력도 달라진다고 하겠다.

사회학습이론이나 낙인이론의 예측변수가 긴장이론과 결합되게 되면 범죄행동의 개인차를 어느 정도 설명할 수 있으나, 긴장이론 하나만 가지고 범죄원인을 분석하면 그 모델의 설명력이 감소하는 것으로 나타났다. 그리고 각각의 이론들이 개별적으로 검증되기보다는 이론통합이 이루어졌을 때 종속변수에 대한 전체 설명력이 증가하였다고 하겠다.

통합 모델로 범죄발생의 설명력이 증가했다는 통계적 이점 못지않게 통합적인 접근방법이 중요하게 다루어지는 이유는 개별 범죄 주류이론이 범죄발생 편차를 설명하는데 적절치 않다는 비판과 깊은 관련을 갖고 있다. 1970년대 학자들은 하나의 특정 이론이 다른 하나

**[하이라이트 10.1] 통합모델 검증을 위한 설문조사 문항 例**

1. 귀하는 아래의 사회계층 중 어디에 해당한다고 보십니까?
   a. 하류계층 b. 노동자 계층 c. 중하류 계층
   d. 중류계층 e. 중상류 계층 f. 상류계층

2. 지난 몇 년 동안 귀하의 주변 친구 중 몇 명이 법률위반으로 문제를 일으켰습니까?
   a. 아무도 없음
   b. 친구 중 몇 명
   c. 친구 대다수
   d. 친구 모두

3. 지난 몇 년 동안 귀하는 아래의 문제행동에 몇 번 가담했습니까?
   a. 5달러 이상의 물건을 훔친 경험
   b. 타인을 해칠 의도로 폭력을 행사한 경험
   c. 허가 없이 타인의 신용카드를 사용한 경험
   d. 불법약물을 사용한 경험

의 이론보다 훨씬 더 강력하고 타당하다는 이유로 서로 심각한 논쟁을 했으나, 이에 대해 엘리엇(Elliott(1985)은 다음과 같은 비판을 제기했다.

> 연구자들은 이제 자신의 검증 결과를 놓고 하나의 가설만 옳다고 주장하거나, 다른 나머지 가설은 모두 틀리다는 주장을 그만두어야 할 것이다. 기껏해야 연구자들은 자신의 연구결과를 통해 하나의 가설이 다른 가설에 비해 조금 더 그럴듯하다는 개연성 정도만 증명해 보인 것에 불과하다..... 사실 두 개의 가설이 모두 옳을 수도 있고, 어쩌면 상반되는 두 이론이 모두 결과변수 분산의 독립된 부분을 설명할 수 있는 타당한 설명력을 부분적으로 갖고 있는지 모른다. 그럼에도 불구하고 연구자들은 지금까지 자신이 발견한 개별연구에만 관심을 쏟으면서, 오직 하나의 이론만 옳고 나머지 이론은 모두 틀리다는 주장을 해왔고, 모든 이론이 부분적으로 모두 옳을 수 있다는 가능성들을 간과해왔다고 하겠다.

통합이론은 이러한 이론들 간의 경쟁을 모두 포기하고, 범죄행동을 유발시키는 과정들을 처음부터 진지하게 이해하고자 하였다. 이하 통합 모델의 세 가지 例를 구체적으로 살펴본다.

### *초기 통합이론 모델(An Early Integrated Theoretical Model)*

첫 번째 통합모델 사례로 가장 널리 알려진 엘리엇(Delbert Elliott)과 에이치튼( Suzanne Ageton)과 켄터(Rachelle Canter)의 통합이론 접근법이다. 이 모델은 긴장이론, 사회학습이론, 사회통제 시각을 결합하여 하나의 패러다임으로 재탄생시킨 것이다. 이 모델의 특징은 "전통 범죄학 이론에 내재된 계층에 대한 편견을 최소화하면서 지속적인 범죄행동에 대한 복합적인 인과관계 경로를 분석했다"는 점이다.

엘리엇과 동료들은 자기보고식 설문조사 방법이 범죄행동을 측정하는 가장 적절하고, 바람직한 연구방법이라고 주장하였다. 이들은 이 조사 방법이 범죄자의 습관적인 반복행동을 찾아내는데 매우 유용한 도구라고 믿었다. 초기 자기보고식 설문조사에서는 설문에 참가했던 거의 모든 참가자들이 법률 위반경험이 있는 것으로 나타났고, 범죄율 측면에서 인종과 사회계층은 별 차이가 없는 것으로 나타났다. 그러나 자기보고식 설문조사 방법이 점차 발전되어감에 따라 최근의 결과들이 고위험의 심각한 범죄자나 경력 범죄자들을 효과적으로 선별해내는 방법을 사용하면서 상이한 연구결과를 발표하게 되었다. 즉, 설문조사 문항이 개선되면서 범죄발생 빈도와 심각성을 통제하게 되었고 이를 통해 인종과 계층의 차이를 검증할 수 있게 된 것이다. 그 결과 하류계층과 소수인종이 비행행동에 관여하는 경우가 더 높은 것으로 나타났다. 엘리엇과 동료들은 비행관련 변수들과 비행발생 사이의 상관관계를 논하면서 정형화된(patterned) 특정 비행에 더욱 초점을 두고 범죄원인을 논해야 한다고 주장하였다. 이는 많은 사람들이 실제 법을 어기지만, 단지 소수의 사람들만 반복적으로 범죄행동을 계속 저지른다는 사실과 깊은 관련을 갖고 있다. 즉, 소수의 사람들이 저지른 대다수의 범죄를 설명할 수 있는 새로운 범죄 모델이 필요한 것으로 볼 수 있다. 그러므로 엘리엇과 동료들이 제시한 통합모델은 특히 반복적으로 범죄를 저지르는 정형화된 특정 범죄자에 적합하다 하겠다.

또한 이 모델은 "엔드 투 엔드" 접근방법을 보여주는 좋은 사례가 된다. 그것이 왜 "앤드 투 앤드" 접근법에 해당하는지 그 이유를 살펴보면 첫째, 이론 내에서 어린 시절 초기 사회화 경험을 강조함으로써 사회통제이론을 빌려 범죄 초기의 행동 원인을 설명했기 때문으로 볼 수 있다. 이것은 어린 시절 개인이 어떤 경험을 했느냐에 따라 강한 유대감이 형성될 수도 있고, 혹은 매우 약한 유대감이 만들어질 수 있다는 사회통제이론 내용과 일치하는 것이다. 통합 모델에서 말하는 이 시기의 특징들은 직접적으로 허쉬(Travis Hirschi)의 사회통제이론 용어에서 나온 개념들이다. 어린 시절 경험을 통해 아이들은 저마다 다양한 수준에서 부모, 선생님, 그리고 주변의 많은 관습적 성인들과 애착을 형성하게 되는데, 어떤 수준에서 얼마나 강력한 애착이 형성되는가는 전적으로 학교, 교회, 지역사회 활동, 봉사, 취미활동 등의 관습적 활동에 아동이 얼마나 관여하고 헌신적으로 참여하였느냐에 달려있다고 하겠다. 이러한 초기의 사회화 과정이 크게 보면 결국 소년이 사회에 통합될 수 있는 정도를 결정짓는 요인으로 작용하고, 이것을 사회통제이론에서는 소위 사회 규칙행동에 순응하는 태도 정도(stake)를 의미하는 것으로 본다.

둘째, 엘리엇과 동료들은 초기 사회화가 제대로 이루어졌는지를 직접 검증할 수 있다고 보았다. 이는 말기 유년시절이나 청소년기에 실제 다양한 사회기관들과 소년의 개인경험을 조사함으로써 사회화 적절 여부를 직접 확인할 수 있게 되었다는 사실과 관련이 깊다. 이 기간 동안 소년은 학교, 클럽, 직업, 운동 등의 관습적 경험을 통해 성공을 경험할 수도 있고 실패를 맛볼 수도 있다. 소년이 경험하는 내용이 무엇이든지 부차적으로 그 경험들은 초기에 형성된 소년의 유대감을 강화시키는 요인이 되거나 약화시키는 요인이 된다. 이 때 어린 시절에 만나는 교우 집단은 특히 아주 중요한 역할을 하게 되는데, 다른 사회경험과 마찬가지로 어떤 친구 유형을 사귀냐에 따라 소년의 어린 시절 유대감이 약화될 수도 있고 강화될 수도 있다. 사회의 바람직한 규범을 따르는 "관습적인 친구들"과 자주 어울리게 되면, 전통적인 관습에 순응하는 행동을 할 가능성이 증가하고, 결국 비행행동을 할 가능성도 줄어들게 된다. 반대로, 이 시기에 비행 교우 집단과 자주 어울리게 되면, 부정적인 사회 경험이 강화되고 비행행동과 연관될 가능성도 당연히 증가하게 된다. 따라서 여기서 설명한 최종 두 단계가 전체 통합이론 접근방법에서 긴장이론과 학습이론을 반영한다고 하겠다.

본 통합 모델의 특징은 비행 또는 정상행동을 유발하는 경로가 단 하나가 아니고 여러 방향으로 다양하게 존재할 수 있다는 점을 강조했다는 점이다. 예를 들면, 어린 시절 매우 약한 유대감을 갖게 된 아동이 이후에 관습적 사회 환경에 자주 노출되면 이후에 긍정적인 경험을 할 수도 있고, 전통적인 가치관을 가진 친구들과 자주 접촉하게 되면서 비행행동을 저지르지 않게 될 수도 있다. 반대로 어린 시절 사회 가치관에 매우 강한 애착을 형성했던 아동도 나중에 학교생활이나 다른 사회 경험에 실패하게 되면 비행 교우 집단과 어울려 다닐 가능성이 크다고 하겠다. 이러한 경로는 결국 소년으로 하여금 비행행동을 하게 할 가능성을 증가시킨다. [그림 10.2]는 이와 같은 통합 모델의 내용을 간략하게 그림으로 요약한 것이고 비행행위로 가는 복합 경로를 알기 쉽게 설명해 주고 있다.

[그림 10.2] Elliott, Ageton, Canter(1979)의 통합 이론모델

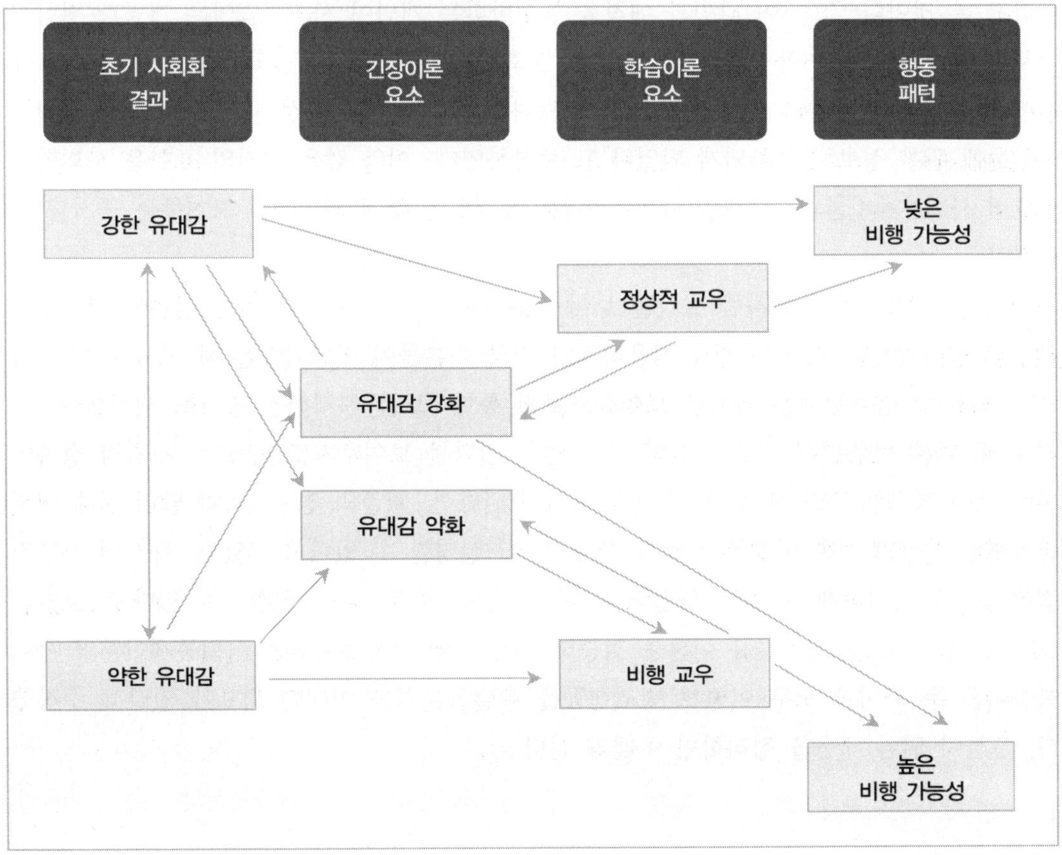

### 통합 모델에 대한 검증(Tests of Integrated Models)

학자들은 개별 이론들의 상대적 설명력을 비교한 후, 다시 각각의 이론들을 하나로 결합시켜 모델의 설명력을 제시하는 방법으로 통합이론의 우월성과 타당성을 검증해 왔다. 대부분의 경우, 개별 이론의 모델보다 통합이론의 모델 설명력이 더 높은 것으로 나타났다. 통합모델 비교의 또 다른 목적은 바로 어떤 모델이 더 예측가능성이 높은 요인들을 갖고 있느냐를 비교하는데 있다. 통합모델들은 일반 비행행위, 폭력행위, 재산범죄, 여성청소년 비행행위, 다양한 약물남용 행위를 설명하는데 사용될 수 있다. 통합이론 연구 결과, 모델이 설명할 수 있는 힘은 검증하고자 하는 특정 문제 행동유형에 따라 매우 다양한 것으로 나타났다.

범죄학에서 가장 자주 이용되는 이론의 통합은 바로 사회통제이론과 사회학습이론을 결합하는 것이다. 콘거(Rand Conger 1976)는 사회통제이론 변수가 매우 중요하긴 하지만, 사회학습이론 변수가 사회통제이론보다 비행행동을 예측하는 더 중요한 인자라고 주장하였다. 즉, 사회통제이론이 틀렸다(incorrect)는 것이 아니라 단지 미완성(incomplete)일 수 있다고 본 것이다. "인간이 타인과 애착을 형성한다는 개념이 사회학습이론 개념과 결합됨으로써 더 강력한 논거를 제공하게 되었다. 사회학습이론이 어떤 방식으로 어린 시절의 애착이 비행행동에 영향에 미치게 되는지를 보여줌으로써 분석 과정 내에 애착을 형성시킨 사람들에 관한 정보도 포함되게 되었다"고 주장하였다. 이와 같은 콘거의 표현은 사회학습이론이 사회통제이론과 결합되면서 더 폭넓은 설명력을 갖게 되었음을 보여주는 근거를 제공한다.

다른 연구들도 이와 유사한 결과를 보여주었는데, 하나의 독자적 이론 검증이 결과변수 분산 설명에 원인으로 어느 정도 작용하지만 결국 이론들이 결합되었을 때 전체 분산 설명력은 훨씬 더 증가한다는 결과를 보여줌으로써 통합시도를 지지하는 증거를 제시했다. 그러나 또 다른 비행관련 연구는 전혀 다른 연구 결과를 보여주기도 하였다. 차별적 접촉이론이 보다 적절한 "조작적 정의" 과정을 거치게 된다면, 기존의 연구결과와 달리 전체 비행 종속변수 분산의 절반 이상을 차별적 접촉이론이 설명할 수 있다고 보았고, 동시에 차별적 접촉이론이 사회통제 변수의 영향력을 어느 정도 조절(mediate)할 수 있다고 보았다(Matsueda, 1982). 상호작용 이론을 검증하면서, 손베리와 동료들은 사회통제이론과 사회학습이론 두 가지가 모두 어떻게 범죄행동을 유발하는지를 이해할 필요가 있다고 주장했다. 그들이 말한 내용을 정리하면 아래와 같다.

이론적으로 보면, 차별적 접촉이론이나 사회학습이론이 극단의 한 쪽에 서 있고 다른 한 쪽에 사회통제이론이 바라보며 묵은 논쟁 대결을 계속 하고 있는 꼴이다. 그러나 이러한 논쟁은 범죄학의 시간만 낭비하는 불필요한 대결이다. 우리가 다뤄야 할 핵심은 비행친구와 어울려 다니는 것이 또 다른 비행행동을 유발했는가를 밝히는 것이 아니고, 또 비행소년이 다른 유사한 범죄를 저지른 동종의 비행친구를 계속 찾아다녀 부차적인 비행이 발생한 것인가를 입증하는 것도 아니다..... 최근의 연구 결과들은 두 이론의 변수들이 어떻게 상호작용하여 소년의 초기 비행행위가 시간이 지나도 멈추지 않고 계속 지속되는가를 연구해야 한다고 강조한다.

범죄학자들은 또한 사회긴장이론과 사회통제이론을 결합한 통합이론도 평가를 했다. 이 모델은 상대적으로 사회학습이론과 사회통제이론이 결합된 경우보다 결과변수 분산 설명력이 좋지 않은 것으로 나타났다. 여전히 많은 학자들이 두 개가 아닌 세 개 이상의 이론을 하나로 결합하려는 노력을 계속하고 있다. 통합이론과 관련된 연구들이 다소 상반되는 결과들을 보여주기는 하지만, 전반적으로 봤을 때 통합모델이 개별모델보다 향상된 모델 설명력을 보여주는 것이 더 일반적이라 하겠다.

## 범죄 경력 논쟁(The Criminal Career Debate)

범죄학에서 현재 가장 뜨겁게 다뤄지고 있는 논쟁은 '범죄 경력' 논쟁으로 이는 범죄자를 일반 사람들과 전혀 다른 성격의 특이한 집단 구성원으로 볼 것이냐의 문제와 관련 있다. 범죄 경력(criminal career)이라는 개념에 찬성하는 학자들은 사람을 크게 두 유형으로 나누면서 하나는 적극적인 범죄자(active offenders)로, 다른 하나는 일반인에 해당하는 비범죄자(non-offenders)로 구분한다. 이에 대해 일부 학자들은 그러한 구분이 매우 인위적이고 적절하지 않다고 주장하며 반대하기도 한다. 반대자들은 기본적으로 인간을 두 유형으로 나누는 것이 불가능하고 인간 개개인이 다양한 수준의 "범죄 경향성"과 상이한 범죄성향을 갖고 있다고 주장한다. 둘의 이러한 논쟁을 순수한 범죄학 측면의 학문적 논쟁으로 한정지어 생각할 수도 있지만, 실제 이러한 논쟁은 매우 중요한 형사정책적 의미를 내포하고 있다. 바로 1990년대의 "삼진 아웃제" 법률제정이 범죄 경력 논쟁 결과에 영향을 받은 것이기 때문이다.

여론조사 결과, 미국 사회에서 가장 심각한 사회문제 중의 하나는 바로 범죄발생인 것으로 나타났다. 언론은 '묻지마' 형태의 범죄와 폭력행동, 갱 집단 간의 분쟁문제, 약물남용

문제를 거의 매일 보도하고 있고, 이로 인해 일반인들은 미국에서 발생하는 범죄문제가 이제 통제 불가능 상태에 이르렀다는 비관적 생각마저 갖게 되었다. 그러나 제 4장에서 이미 다루었듯이, 실제 범죄율은 1972년부터 1991년까지 증가하다가 1992년 이후부터는 계속적으로 감소하고 있는 추세이다. 더불어 대중의 관심이 범죄발생과 범죄피해 두려움에 쏠리고 있는 현 상황에서 정치권은 "범죄 강경대응"이라는 구호를 정치적 테마로 사용하고 있다. 1992년 미국 대통령 선거 기간에 부시와 클린턴, 그리고 러셀 페롯이 범죄문제에 있어 대중들에게 얼마나 "터프 가이"처럼 보여 지려고 노력했는지 기억할 필요가 있다. 실제 전직 대통령이었던 클린턴은 자신의 임기 동안 처음에 공약사항으로 내걸었던 경찰관 십만 명 추가 임용을 전격 실시했고, 연방에서 정한 중범죄를 저질러 세 번째 유죄확정을 받은 범죄자는 종신형으로 구금시킨다는 강력한 "무능화 모델"을 추진하였다. 결국 이러한 정치적 제안들이 모두 범죄 경력 논쟁에서 비롯된 것으로 새롭게 대두된 범죄 경력 논의의 중요성을 범죄학 측면에서 진지하게 고찰할 필요가 있다. 만약 우리가 이 세상의 모든 사람들을 정말 "적극적 범죄자"와 "일반인"으로 정확히 나눌 수 있다면, 적극적 범죄자만을 모두 교도소에 구금시킴으로써 범죄 감소효과를 극대화시키면 될 것이다. 1980년대에 벌써 미국은 상습 범죄자에 대한 종신형 처벌 법규를 만들었고, 그 법규는 반복적인 범죄자를 영원히 감옥에 가둠으로써 사회의 안전과 재범방지를 확보할 수 있다는 목표를 바탕으로 한 것이었다. 현재까지 이러한 논거가 정책적인 측면에서 유행처럼 번지고 있는 상황에서 특히 우리는 그 이론적 의미와 정책적 토대를 다시 한 번 진지하게 고찰해봐야 할 것이다.

연혁적인 측면에서 범죄 경력 패러다임은 사실 1930대와 1940년대의 엘리너 글룩(Eleanor Gleuck)과 쉘던 글룩(Sheldon Glueck)의 선구적인 연구 결과에서 처음 비롯된 것으로 볼 수 있다. 500명의 비행 소년과 500명의 일반 소년 집단을 비교집단으로 매치시켜 분석한 결과, 두 연구자는 통제집단과 달리 비행 소년 집단이 성인기에 접어들어서도 계속 불법행동을 저지른다는 사실을 발견했다. 공식 데이터를 분석하고 연구 참가자들과의 인터뷰를 실시하여 비행 청소년이 31살이 된 해를 기준으로 해서 살펴보면, 비행기록이 없는 442명의 정상 집단 소년 중 오직 62명(14%)이 성인기의 범죄기록을 보인 것으로 확인되었다. 반면, 428명의 비행 소년 집단은 성인이 되었을 때 무려 354명(81%)이 전과 기록을 보였다. 이러한 차이에 대해 Gluecks은 일반 소년보다 비행소년이 다음과 같은 독특한 특징을 갖고 있기 때문인 것으로 설명했다.

> ...능률적으로 상황을 처리하는 능력을 보면, 비행소년이 일반소년보다 매우 부족하고 감정적으로도 일반소년보다 훨씬 더 불안정하다고 하겠다.... 비행소년은 고집이 센 편이지만

동시에 일반 소년보다 더 역동적이고 에너지도 넘치고, 훨씬 더 공격적이다. 그리고 때로는 모험심도 강해 더 쉽게 외부자극에 영향을 받는다.... 따라서 이들은 충동적인 성향이 강하고 기운이 생기는 대로 매우 즉흥적으로 자신을 표현한다... 그러한 기질적 특성으로 인해 관습이나 사회 법규가 요구하는 제약을 쉽게 깨뜨릴 수 있고 그 관습 법규를 무시하려는 충동에 매우 쉽게 무너질 수 있다.

처음에는 이런 경력 연구가 미국 범죄학자들에게 크게 환영 받지 못하는 분위기였다. 그 이유는 경력 연구 대다수가 범죄원인을 설명하는 방식에 있어 비사회학적인 요인으로 이루어졌기 때문이다. 그러나 경력 연구에 대한 논의가 깊어짐에 따라 Gluecks의 초기 연구가 다시 범죄학계에서 새로운 관심을 받기 시작했다.

울프갱(Marvin Wolfgang)과 동료들이(1972) 펜실베이니아 대학에서 실시했던 연구는 초기 범죄 경력 연구에 불을 붙이는 중요한 단서가 되었다. 그들의 연구는 1945년에 필라델피아에서 태어난 남자 집단을 대상으로 한 연구였는데, 놀랍게도 여기에서 9,945명의 6%가 전체 공식 비행행위의 50%를 차지한다는 사실이 밝혀졌다. 더욱 흥미로운 것은 6%의 사람들이 FBI에서 발표하는 전체 중대범죄의 63%를 차지한다는 사실이었다. 비록 공식 체포기록을 활용한 분석방법에 많은 비난이 일고 있고, 그에 대한 주의가 요구되는 것이 사실이지만, 정책적 측면에서 이러한 발견은 아주 중요하고 강력한 메시지를 전달하는 계기가 되었다. 즉, 6%에 해당하는 고위험 범죄자들을 색출해냄으로써 사회로부터 완전히 고립시킬 수 있다면 실제 범죄를 감소시킬 수 있다는 논거가 마련된 것이다. 예를 들면, 호웰(2003)의 연구와 후이징거(1997)의 연구, 그리고 손베리등(2003)의 연구에서 소년 갱 구성원들이 전체 폭력 범죄의 약 75%를 차지하는 것으로 집계되었다.

네긴과 랜드(Daniel Nagin and Kenneth Land 1993)에 따르면, 범죄 경력연구는 뉴욕 도심에서 발생한 높은 범죄율에 관심을 가진 두 명의 공학자에 의해 본격적인 발전을 이룬 것으로 볼 수 있다. 공학자들이 가진 수학적 지식을 통해 상이한 기간 동안의 범죄자 구금이 어떻게 전체 범죄율에 영향을 미치는지 모델분석을 통해 검증해냈다. 범죄활동이 발생하는 시점(onset)과 종결되는 지점(termination)을 모두 고려하여 통계분석을 통해 범죄자와 비범죄자가 구별되는 고유한 특성을 가진 것으로 밝혀냈다.

가장 큰 목소리로 범죄 경력 패러다임의 당위성을 주장했던 블룸스타인(Alfred Blumstein)과 동료들은 범죄의 시작(initiation), 지속(maintenance), 종결(termination)을 각각 구분해서 각기 다른 예측 모델을 만들 수 있음을 주장했다. 실제 범죄행동(Blumstein & Graddy, 1982)과 약물사용(Esbensen & Elliott, 1994)을 독립변수로 조사했던 연구들은 범죄의 처음과 종결을 예측하는 관련 요인들이 범죄 유형에 따라 다르다는 사실을 발견했다.

범죄 경력 논쟁에서 청소년기의 불법행동이 성인기까지 계속된다는 시간적 연속성에 대한 증거는 폭넓은 합의를 얻은 상태이고, 과거와 미래의 범죄 행위 사이에 매우 높은 양적 관계가 존재한다는 사실에 대해서도 이제는 거의 대부분의 전문가들이 동의하는 상황이다. 그러나 논쟁의 핵심은 상이한 수준의 범죄 전과를 갖고 있는 다양한 형태의 범죄자가 실제 이 세상에 존재할 수 있는가의 여부("whether various types of criminals exist who have different crime histories")이다. 이에 대해 갓프레드슨과 허쉬(Michael Gottfredson and Travis Hirschi)는 범죄란 것은 오직 기본적인 하나의 핵심 구성물, 즉 낮은 자아통제력이라는 개인의 범죄 성향에서 비롯되는 것으로 설명될 뿐 다양한 형태의 범죄 유형이라는 것은 존재할 수 없다고 본다. 그렇게 때문에 낮은 자아통제력 관점에서는 범죄 경력이라는 개념도 인정할 수 없고 범죄로 가는 다양한 경로(paths) 개념도 인정할 수 없게 된다. 반면에, 바네트(Arnold Barnett)와 동료들은 범죄 경력 연구에 대해 다음과 같은 긍정적인 입장을 보였다.

> 범죄학에서는 (1) 범죄 참가 여부에 대한 조사(범죄활동에 관여한 사람과 그렇지 않은 사람들을 비교하는 것), (2) 범죄발생 빈도를 통해 범죄를 계속하는 범죄 경력자들의 인구사회학적 특징을 검토하는 것, 그리고 (3) 범죄 종결에 대한 연구(termination) 세 가지를 모두 포함해야 한다. 이러한 연구를 통해 다양한 요인들이 범죄경력 각각의 국면에 서로 다른 영향을 미칠 수 있다는 가능성을 보여주게 될 것이다. 반면, 단일 요인 접근법은 단 한 가지 요인이 각각의 단계에 동일하게 적용됨을 가정함으로써 시간적 흐름을 무시하고 모든 범죄 경력에 동일한 변수를 똑같이 적용한다는 오류를 범하게 된다.

극명하게 대립된 위의 범죄경력 논쟁을 보면서, 때때로 그 다툼이 매우 격렬한 학문적 논쟁으로 변해가는 상황이 범죄학 내에서 쉽게 이해되기도 한다. 반대 입장을 어느 정도 수긍하면서도, 랜드(Kenneth Land 1992)는 대립 상황을 다음과 같은 직설적인 표현으로 비난하였다. 그는 "둘의 이론적 싸움을 보면 왠지 킹콩과 고질라의 한 판 승부에 끼어든 심판이 된 것 같다. 내가 둘에게 무슨 이야기를 해도 이 둘은 중재에 상관없이 싸움에서 크게 한 판 붙을 생각만 할 것이고, 나는 그저 무의미한 심판 노릇만 하고 있을 것이다"라고 말하며 경력 논쟁 상황을 비꼬았다. 로 와 오스굿 그리고 나이스원더(David Rowe, Wayne Osgood, and Alan Nicewander)는 새로운 범죄 경력 방법을 제시했는데, 이들은 직접 관찰할 수 없지만 비교적 매우 안정적으로 확인할 수 있는 개인의 범죄 유발 성향(proneness) 예측

요인을 제시했다. 이들이 주장한 잠재적 범죄성향 접근법은 한 개인이 범죄를 저지를 가능성에 대해 예측 가능한 특정 성격을 범죄원인으로 강조하여 활용하는 것을 말한다. 아래의 표현은 이러한 연구자들의 새로운 가정 배경을 직접적으로 잘 보여주고 있다.

> 허쉬와 갓프레드슨이 제시한 현재의 논쟁 논거들을 학자들은 분명 조목조목 잘 되새겨 봐야 할 것이다. 그러나 어떠한 경우애도 도매급으로 무조건 범죄 경력 접근방법을 부정하는 허쉬와 갓프레드슨의 의견에 동참하고 싶지는 않다. 범죄 경력을 부정하는 대신 한 개인을 중심으로 인생 전반에 걸쳐 범죄행동 분포가 어떻게 달라졌고, 지금 상황에서 어떻게 발전되어 가고 있는지를 탐구함으로써 범죄 경력 연구의 가치를 제대로 알려야 할 것이다. 잠재 성향 접근법을 통해 분명 이러한 범죄 경력 연구의 장점이 극대화되리라 확신한다.

블룸스타인과 동료들은 범죄 경력이란, "일정기간 내에 개인이 저지른 범죄를 추적하여 그가 저지른 범죄의 범죄 사건들을 종단적인 시각에서 연구"하는 것이라고 정의하였다. 일회성으로 범죄를 저지른 사람도 그 특정 사건 하나의 기간을 기준으로 보면 독특한 범죄 경력을 갖는 것으로 해석할 수 있다. 그러나 많은 경우 단 한 번의 사건에 대해서는 더 제한적인 해석을 할 수도 있다. 범죄 경력은 시작단계(일명 '개시(initiation)'로 알려진 단계)에서부터 측정 기간 동안(빈도 또는 람다)의 범죄지속 시간(일명 '지속기간(duration)'으로 알려진 단계), 그리고 범죄활동이 발생하지 않는 기간(일명 불연속성(discontinuity) 또는 종결(termination)로 알려진 단계)을 모두 포함한다. 범죄 경력(criminal careers)이란 용어는 한 개인이 범죄활동을 통해 생계를 유지하거나 경력을 쌓는다는 경력 범죄(career criminal)와 구분되는 것으로 범죄 경력은 일정 기간 내에 저지른 범죄를 기준으로 그 이후에 발생한 일련의 사건들을 분석한다는 것이다. 개념 정의와 관련해서 블룸스타인과 동료들(1988b) 역시 범죄 경력 패러다임이 절대 어떤 독특한 범죄 행동 변화과정이나 범죄 수법 능숙화 절차를 보여주는 분야를 말하는 것이 아니라고 주장하였다. 비교적 최근에 발표된 시카고 대학 출판부의 "Criminal Justice" 시리즈를 보면, 피쿠에로와 블룸스타인, 그리고 패링턴이 범죄 경력 이론과 연구 분야의 현 상황을 종합적으로 정리, 발표한 글이 실려 있다. 그리고 이 장에서 설명한 "갱 특집"은 덴버와 로체스터에서 시행한 종단연구 결과를 요약한 것으로 갱 구성원이 어느 정도 범죄 경력 논쟁 논거에 잘 들어맞는지를 보여준다.

많은 평론가들이 범죄 경력 연구와 경력 범죄(또는 상습 범죄자)연구를 혼동하여 둘 용어를 섞어 사용해 왔다. 후자가 구금을 통한 무능화 모델을 전면적으로 지지했다면, 전자는 제한적으로 무능화 모델을 정책적으로 지지했다. 이미 앞서 언급했듯이, 범죄 경력 관점에서는 범죄에 시작 시점이 있고 적극적으로 범죄를 저지르는 왕성한 시기가 있다고 가정한다. 그러나 그 보다 더 중요한 것은 여기에 낮은 범죄발생 시기나 비범죄 시기도 있다는 점을 범죄 경력 연구가 강조한다는 것이다. 반면, 경력 범죄 개념에서는 범죄 활동이 비교적 안정적이고 지속적인 것으로 간주한다. 범죄 경력 논점과 상반되는 시각이라고 하겠다. 따라서 범죄 경력 시각에서는 삼진아웃과 같은 정책을 지지하지 않는다. 인간은 살아가면서 결혼, 이혼, 부모, 취업, 실업과 같은 의미 있는 다양한 사건들을 경험하고 그를 통해 기존의 범죄 패턴을 바꾸기도 한다. 따라서 범죄 경력 입장에서는 삼진아웃으로 인한 시설 구금 전략이 전반적이 전체 범죄율에 큰 영향을 미치지 않을 것이라고 본다.

### 갱 특집 한 번 해병은, 영원한 해병?

"갱(gang) 특집"이란 제목을 보고 여러분은 어쩌면 토크쇼나 TV 언론 인터뷰에서 조직범죄 구성원 일원이 나오는 인상적인 프로그램 타이틀을 떠올릴 것이다. 일반적으로 갱 일원이 되면 일생 동안 계속되는 헌신적 책무가 따르는 것으로 생각할 수 있다. 즉, 한 번 해병은 영원한 해병이듯, 한 번 갱 조직원은 영원한 갱 조직원인 것으로 보인다. 그렇다면 대체 범죄학 측면에서 어느 정도까지 이 말이 사실일까. 실제 연구에 따르면 '한 번 조직원은 영원한 조직원'이란 말은 현실과 매우 다른 것으로 나타났다. 갱 구성원의 지속성이 그리 길지 않음에도 불구하고 미국 뉴욕 등에서 시행된 관찰 연구와 질적 인터뷰 연구 결과를 보면, 놀랍게도 갱 생활을 접고 조직을 떠난 구성원들이 왜 조직을 떠나게 되었는가에 대한 연구는 매우 부족하고 사람들이 별로 그 이유에 대해서 눈여겨 살펴보지 않는 것으로 나타났다. 대부분의 관심은 개인이 조직에 들어오게 된 경로와 활동 내용에 초점이 맞춰져 있다. 조직을 떠나는 것, 즉 범죄 경력 논쟁에서 말하는 범죄의 중지(또는 단념)에 대한 연구 역시 범죄 발생원인 이상으로 매우 한 연구 분야임에도 불구하고 이에 대한 관심은 매우 적다고 하겠다.

최근에 실시된 종단 설문조사인 "덴버 청소년 조사와 로체스터 청소년 발달 조사"를 통해 조직 갱 구성원의 "경력"을 직접 검증할 수 있었다. 또한 동일 청소년을 장기간 추적하여 조직 구성원 자격변화에 대한 정보를 수집할 수 있었다. 이 결과 놀라운 사실이 발견되었는데, 그것은 대부분의 조직 구성원이 겨우 일 년 또는 일 년 이하의 기간 동안만 갱 신분을 유지했다는 점이다. 조직의 구성원이 된다는 것은 매우 유동적인 것이고 그것은 다른 청소년 교우 집단의 교류방식과 크게 다르지 않은 것으로 나타났다.

덴버 청소년 설문에서 에스벤슨과 후이징가는 갱 구성원 자격신분과 심각한 범죄행동과의 관련성을 조사했다. 실제 갱 구성원에 있었던 시간을 조사한 결과, 90명의 전체 갱 구성원 중 오직 18명만 연속해서 2년 또는 2년 이상의 갱 구성원 활동기간을 가졌던 것으로 나타났다. 그리고 단지 8명만 3년 이상 갱 구성원으로 활동했다. 다른 12명은 비연속적으로 갱 구성원 신분을 가졌었다. 본 덴버 청소년 설문연구에서 90명 중 60명이 전체 4년 동안의 연구기간 중 1년 동안만 갱 구성원이었던 것으로 나타났다.

심각한 비행행동 측면에서 살펴보면, 에스벤슨과 후이징가는 갱 신분이 심각한 범죄발생 확률을 증가시킨다고 주장했다. 흥미롭게도 범죄가 증가하는 시기는 실제 갱에 들어가기 이전부터이고 급격한 증가는 바로 갱에 들어간 그 해에 일어나는 것으로 볼 수 있다. 갱 구성원이 된다는 것은 분명 개인으로 하여금 심각한 범죄를 더 저지르게 만들 확률을 증가시키는 것이다. 그리고 더 중요한 것은 갱 입단이 더 빈번하게 자주 범죄를 저지르게 만드는 요인이라는 것이다. 최근 손베리는 로체스터의 연구와 유사한 결과를 발표했고, 힐과 동료들도 시애틀 청소년 데이터로 동일한 결과를 얻었다.

### *범죄 경력 패러다임의 정책 관련성 (Policy Relevance of the Criminal Career Paradigm)*

경력 패러다임에서는 어느 정도 선택적 무능화 정책이 전체 범죄율에 긍정적 영향을 미쳤다고 가정한다. 이 정책의 목적이 경력 범죄자를 제대로 선별해내서 범죄를 가장 활발히 저지를 시기에 범죄를 하지 못하게 한다는 것이고, 이를 통해 결국 전체 범죄를 감소시키는데 그 궁극적 목적이 있기 때문에 범죄 경력 패러다임 입장은 분명 어느 정도 선택적 무능화에 동의한다고 볼 수 있다. 그러나 이러한 주장에 대해 갓프레드슨과 허쉬(1990)는 "처벌 가능성(체포 등)이나 처벌의 엄중성(구금 장기화)으로 범죄자의 단기적 변화가 가능하고, 또 그것이 범죄 가능성에 영향을 미칠 것이라고 기대하는 것은 자아통제(self-control) 고유의 특성을 제대로 이해하지 못한 중대한 오류"라고 지적하며 범죄 경력 측면의 논거 자체를 부정했다.

그러나 범죄자 "강경대응 정책" 분위기 속에서 범죄 경력 패러다임은 계속 커다란 주목을 받게 되었다. 더 많은 교도소를 짓고, 더 오랫동안 범죄자를 구금하게 되었고, 법원에서는 점점 더 최소 양형원칙 의무화 원칙을 시행하게 되었다. 상습범죄자는 "삼진아웃"으로 보다 엄격히 처벌된다는 일련의 정책들이 주로 고위험 범죄자를 구금함으로써 범죄를 감소시킬 수 있다는 강한 믿음에서 비롯된 것이기에 특히 범죄 경력 패러다임은 사회에서 매우 매력적인 이론으로 보였다. 만약 재판단계에서 판사가 정말 "상습 범죄자"나 혹은 "경력 범죄자"를 제대로 선별해 낼 수만 있다면, 어쩌면 우리는 현저하게 범죄율을 감소시킬지도 모른다. 만약 그렇게 된다면 아마도 그 다음의 상황은 편익(benefit)을 넘어서는 비용(cost)의 문제를 논의하는 단계로 옮겨지게 될 것이다. 즉, 범죄예방의 이익보다 범죄를 구금하여 교도소를 증설하는데 소비한 관련 비용을 계산하고, 사회가 범죄예방으로 얻게 된 이익보다 예방을 위해 소비한 더 많은 비용을 걱정해야 되는 것이다.

범죄 경력 연구의 목적은 크게 세 가지로 요약된다. 첫째, 범죄 경력은 고위험의 범죄자를 정확하게 선별해 내는데 그 목적이 있다. 둘째, 범죄 경력은 범죄 개시, 지속, 종결과 관련된 핵심 요인들을 발견한다는데 목적이 있다. 셋째, 범죄 경력은 일정 기간 동안 각각의 개별 범죄자들이 저지른 평균 범죄 수를 계산한다는데 마지막 목적이 있다. 범죄 경력 논쟁에서 지금까지 범죄학자들로부터 가장 큰 주목을 받은 것은 마지막 세 번째였다.

1982년에 그린우드는 세 개 州의 교도소 재소자들을 설문조사하여 RAND 보고서를 집필하였다. 그린우드는 이 데이터를 이용하여 일 년 동안 재소자들이 저지른 평균 범죄 수치를 계산해 냈고, 이 때 그 분산의 정도는 100보다 훨씬 큰 것으로 나타났다. 연구 결과, 100건 이상의 범죄를 교도소 구금으로 예방할 수 있었던 것으로 나타났다. 후속 연구를 발표한 Edwin Zedlewski(1987)은 전형적인 "경력 범죄자"들이 매년 187건의 중범죄를 저지르는 것으로 주장했다. 다른 연구가들은 그러나 일부 범죄자의 범죄율이 전체 범죄율 내에서 실제 앞의 두 연구 결과 수치만큼 크지 않다고 주장했다. 블룸스타인과 코헨(Alfred Blumstein and Jacqueline Cohen 1979)은 성인 범죄자가 저지르는 중범죄 수치가 일 년에 약 10건에 불과하다고 보았다. 호니와 마셜(Julie Horney와 Ineke Marshall 1991)이 네브래스카 재소자를 상대로 조사한 결과, Zedlewski가 발표했던 수치는 72%정도 람다 값(범죄 빈도)을 과대평가한 것으로 확인되었다. 호니와 마셜이 사용했던 데이터는 연구자가 매달 재소자와 인터뷰를 실시하여 매우 정교하게 수집된 자료로 과대점수를 유발했던 초기 설문조사보다 더 세련된 측정방법을 이용한 것이다. 최근에 실시된 한 연구에서는 교도소에 구금된 범죄자와 구금되지 않은 범죄자의 범죄발생 차이를 비교·분석했는데, 여기에서 Jose Canela-Cacho와 동료 블룸스타인, 그리고 코헌(1997)이 공동으로 연구에 참가한 결과, 두 집단이 범죄 발생면에서 통계적으로 현저히 다르다는 것을 보여주었다. 그리고 구금된 범죄자들이 구금되지 않은 범죄자보다 10배에서 많게는 50배까지 더 많은 수의 범죄를 저지른다는 사실을 보여주었다. 어쩌면 순수한 학문적 질문이 될 수도 있지만, 여기에서 람다의 크기와 관련된 심각한 정책적 함의가 숨어있음을 유의해야 할 것이다. Zedlewski가 주장한 내용에서는 2천 5백 달러($25 million), 즉 우리 돈 약 2백 8십억 원을 교도소 증설에 소요하고 오랜 기간 범죄자를 교도소에 감금하면 범죄예방 측면에서 사회적으로 4억 3천 달러($430 million), 즉 4천 8백억 원을 감소시킬 수 있는 것으로 나타났다. 그러나 만약 Canela-Cacho와 동료들이 계산한 값과 호니와 마셜이 발표한 결과에 귀 기울이면, Zedlewski가 말한 무능화 모델의 이점은 과도하게 과장된 것임을 알 수 있다.

오늘날 범죄학자 사이에서 "삼진아웃제" 정책이 가진 부적절성과 무익함에 대해서 이야기하면 이에 반대할 사람은 거의 없을 것이다. 이러한 부정적 시각은 결코 진보주의자들의

"유연한 범죄정책" 태도에서 기인한 것이 아니다. 그것은 객관적으로 학자들의 경험적 연구 결과에서 비롯된 삼진아웃제 정책의 한계점에서 비롯된 것이다. 삼진아웃 정책을 반대하는 범죄학자들이 압도적으로 많지만, 그럼에도 불구하고 미국에서 일부 정치인들과 일반 대중은 여전히 삼진아웃제에 계속 찬성하고 있는 것으로 보인다. 그렇다면 왜 소위 '전문가'라고 하는 사람들의 의견을 대중과 정치인들은 계속 무시하고 있는 것일까? 오늘날 정치인들이 삼진아웃을 옹호하는 이유는 단순히 자신들이 재선되기 위한 하나의 선거 전략으로 그 정책을 악의적으로 사용하는 것에 불과한 것인가? 도대체 미국에서 일반 대중은 왜 같은 시민을 사회에서 영원히 추방시키는데 그렇게도 적극적인 태도를 보이고 있는 것인가? 이는 향후 계속 논의되고 고민해 봐야 할 중요한 질문들이고 매우 흥미로운 연구 주제이기도 하다.

### *발달이론과 생애-경로 범죄학(Developmental and Life-Course Criminology)*

범죄 경력 패러다임과 통합이론 모델은 발달이론과 생애 경로 범죄학이라는 새로운 이론 분야를 만들어 냈다. 그리고 이 두 가지 이론은 최근 대두된 범죄학 이론 중 가장 각광 받는 새로운 분야로 자리 잡게 되었다. 발달이론과 생애 경로 범죄학이 가장 초점을 두는 것은 시간의 흐름에 따라 반사회적 행동이 계속 변화·발전해 가고, 그 행동의 안정성 및 변화 여부가 다양한 요인에 영향을 받게 된다는 점이다. 범죄 경력 패러다임과 유사하게 발달이론과 생애 경로 범죄학 역시 범죄행동의 최초 시작, 상승, 변화, 중지와 같은 행동이 발생하는 원인을 설명하는데 크게 기여했다고 볼 수 있다. 반사회적 행동이 변화, 발전되어 간다는 사고는 어쩌면 궤도(trajectory)란 개념을 통해 더 쉽게 이해될 수 있다. 여기서 말하는 궤도란, 일련의 발달 순서를 의미하는 것으로써 시간의 흐름에 따라 펼쳐지는 행동 변화 과정 자체를 의미한다. 한 예로 로베와 동료들(Loeber and colleagues, 1993)은 궤도를 가리켜 파괴적이고 공격적이며 은밀한 행동들의 변화 과정을 구성하는 일련의 발달 순서라고 정의하였다. 이들이 제시한 모델은 어린 시절에서부터 성인에 이르기까지 나타나는 파괴적, 공격적, 은밀한 행동의 최초 시작, 발전, 특수화를 자세히 보여주고 있다.

발달이론과 생애 경로 범죄학이 갖고 있는 두 번째 요소는 위험요소(risk factors)를 연구하는 것이다. 여기서 말하는 위험요소란 반사회적 행동의 최초 시작, 상승, 일반화/다양성, 중지의 개념과 관련된 요인을 뜻한다. 통합이론에서 말한 바와 같이, 발달이론이나 생애 경로 범죄학에서는 반사회적 행동의 원인이 인생 경로를 따라 얼마든지 바뀔 수 있다고 가정한다. 한 예로 엘리오트와 동료들(Elliott and colleagues, 1979)이 통합 모델에서 제시한 것과 같이 부모와의 애착은 어린 유아 시절에 보이는 반사회적 행동발달과 연관이 있는 반면, 청소년기에 나타나는 반사회적 행동은 부모가 아닌 비행교우의 영향을 더 많이 받아 나타난다고 볼 수 있다. 다른 범죄학자들은 반사회적 행동이 시간의 흐름에 따라 동일한 유형의 위험 요인에 영향을 받아 발생할 수도 있지만, 그 위험 요인의 표출 여부는 시간의 흐름에 따라 달라질 수도 있다고 보았다. 샘슨과 라웁(Sampson and Laub, 1993)이 주장한 연령 단계별 비공식적 사회통제 이론에 따르면, 아동 시절과 초기 청소년기 양쪽에서 약한 수준의 사회적 유대감은 반사회적 행동을 불러일으키는 공통 요인이 될 수 있다. 하지만 이 이론에서는 부모와의 유대감 수준이 아동 시절의 문제행동과 큰 연관성을 갖는 반면, 배우자와 직장에 대한 유대감 정도가 성인기의 반사회적 행동에 더 큰 관련성을 보이는 것으로 나타났다. 다시 말해 이러한 접근방법은 위험 요소들이 반사회적 행동을 설명하는데 편차를 갖고 있고, 동일한 위험 요소가 있다 하더라도 그 안에서 발현되는 중요도가 달라질 수 있다는 것을 의미한다. 이러한 차이는 언뜻 보면 별 것 아닌 듯 매우 작아 보일 수 있지만, 사실은 반사회적 행동의 원인을 보다 풍부하게 설명하는데 도움을 주고, 동시에 통합적 틀 안에서 위험요인들을 범주화시키는데 도움을 준다고 하겠다.

발달이론을 주장한 학자들과 생애 경로 범죄학자들 역시 위험 요인들이 시간의 흐름에 따라 고유의 궤도를 거쳐 지속적으로 변화·발달해 간다고 보았다. 다시 말해, 위험 요소 자체들도 최초 발생시점, 상승, 다양, 중지라는 차원에서 설명될 수 있다. 최근 학자들은 위험요소 변화 궤가 어떻게 시간이 흐름에 따라 반사회적 행동의 궤도와 모습을 같이 하며 평행선을 달리는지, 혹은 중복되어 나타나는지를 연구하기 시작했다. 예를 들면, 스툴밀러(Stoolmiller, 1994)가 206명의 소년들을 오레곤 소년연구(Oregon Youth Study) 데이터에서 추출하여 분석한 연구 결과를 보면, 위험요소의 궤도와 반사회적 행동의 궤도 변화를 직접 확인할 수 있다. 먼저, (1) 반사회적 행동이 급격히 증가한 소년을 보면 4학년에서부터 8학년까지 추적 조사한 결과, 비행교우와의 교제도 급격히 증가했음을 알 수 있고, 부모의 감독은 현저히 감소했음을 알 수 있다. (2) 비행교우와 접촉 증가와 부모의 감독 부재가 발생하게 되면서, 4학년과 8학년 사이의 소년들에게서 급격한 반사회적 행동이 증가하게 되는 것으로 나타났다([그림 10.3] 참조). 스투밀러는 동시에 반사회적 행동 출현이나 비행교유와의 접촉, 그리고 부모의 감독이 나타나게 되는 어린 시절과 청소년기에는 그 위험요소가 절대적인 안정성을 갖는 것이 아니라, 상대적인 항상성이 존재한다는 사실을 밝혀냈다. 바로 이 연구가 반사회적 행동에서 나타나는 한 개인의 특정 기간 내의 변화와 시간적 흐름에 따른 변화(within-and between-individual changes in antisocial behavior)가 비행교우와 부모 감독 차원에서 나타나는 특정 기간 내의 변화와 시간의 흐름에 따른

### [하이라이트 10.2] 범죄학의 새로운 동향

생애-경로이론과 발달 범죄학은 범죄학 내에서 핵심 패러다임으로 빠르게 자리 잡았다. 이러한 사실은 두 가지 사건을 통해 확인할 수 있는데, 하나는 2005년 알바니 대학에서 열린 생애-경로 심포지엄이고, 두 번째는 2010년에 있었던 큘렌의 2011년 서덜랜드 시상이다.

첫째, 2005년 4월에 있었던 알버니(Albany) 대학의 생애 경로 및 발달 범죄학 심포지엄은 처음으로 범죄학자들이 모여 생애-경로 이론 관련 연구 결과를 이론적, 실증적으로 함께 나누는 자리였다. 여기에서 샘슨과 롭, 나긴과 트렘블레이(Robert Sampson and John Laub(2005), 나긴과 트렘블레이, 손베리(Daniel Nagin and Richard Tremblay(2005), (Terrence Thornberry 2005)의 발표가 있었다. 각각의 발표 논문은 저명한 범죄학자들에 의해 통렬한 비판을 받았고, 동시에 연구가 지닌 이론적 의미와 경험적 의의가 격렬히 논의되었다. 발달 범죄학 심포지엄의 최종 연설을 맡았던 블룸스타인(Al Blumstein 2005)은 종단연구 설계가 지닌 가치를 강조하며, 그것이 범죄학에서 범죄 경력의 발달 궤도를 개인 수준에서 검증해내는 새로운 계기를 마련해 주었다고 주장했다. 여기에서 중요한 것은 범죄 개시 등의 다양한 범죄 경력 단계가 개인이 경험하는 인생 주기 시점에 따라 매우 다양한 선행 사건들과 연관된다는 점이다. 이제 발달 범죄학과 생애 경로 범죄학은 범죄를 이해하는데 큰 희망을 제공해 주는 연구 분야로 자리 잡게 되었다. 블룸스타인은 심포지엄에 참석한 많은 사람들에게 용기를 주며 이 분야에서 더 많은 협력 연구가 이루어져야 한다고 주장했다. 그는 협력 연구(collaboration study)를 통해 결국 중첩적인 하나의 거대한 연구 결과가 더욱 의미 있는 연구 결과물을 보여주게 될 것이라고 주장하였다. 계속 발표될 것이라고 이야기했다. 그는 연설에서 공동 연구의 중요성을 거듭 강조하면서, "범죄학의 중요한 연구 흐름이 어떤 방식으로든 다른 연구들과 연결되면서 학자들이 단독으로 혼자 할 때보다 더 강력하게 연구 결과의 메시지를 전달하게 될 것이다"라고 주장했다.

둘째, 2011년 큘렌의 서덜랜드 시상식 담화문은 범죄학 분야에서 발달이론 및 생애-경로 관점이 지닌 의의를 강조하는 중요한 자리가 되었다. 사회학 배경을 갖고 있는 큘렌은 시상식에서 범죄학 전반의 발전이 1960년대 이후 청소년 한정형 범죄학(ALC) 발전에 크게 공헌한 점이 인정된다고 말했다. ALC가 유일하게 범죄 원인을 사회학적 차원에서 다루고 있는 중요 패러다임이라고 언급하면서도 그는 그것이 청소년 비행 원인에 한정된 설명력만 갖고 귀납적인 연구방법론을 무시한 문제점이 있다고 말했다. 연역적인 방법에 사로잡혀 좋은 결과를 보여준 점도 있지만, 이제는 어쩔 수 없이 한 물 간 이론이 되었고, 21세기에는 생애-경로 범죄학(LCC)이 ALC를 대신해야 할 시대가 왔다고 주장했다. "새 범죄학을 향한 여덟 가지 단계"를 설명하면서 큘렌은 기존 전통 범죄학의 의미를 명확히 이해한 후 샘슨과 롭의 연령 단계별 비공식 사회통제이론을 반드시 학습해야 한다고 언급했다. 특히, 그는 생애 지속형 범죄자가 유아기 및 아동기 때 나타나므로 아동 범죄학 분야가 발전해야 한다고 주장했다. 그는 "한 개인이 다양한 영역 내에서 특정 상황에 처해진 후, 선택을 하게 되고, 타협을 시도하고, 제한을 받게 되는 과정"을 의사 결정 차원에서 심도 있게 연구해야 한다고 주장했다.

변화(within-and between-individual changes in peer association and parental supervision)에 영향을 미치는가를 조사한 첫 번째 연구라고 하겠다.

[그림 10.3] 위험요소들의 변화가 반사회적 행동 변화에 미치는 영향

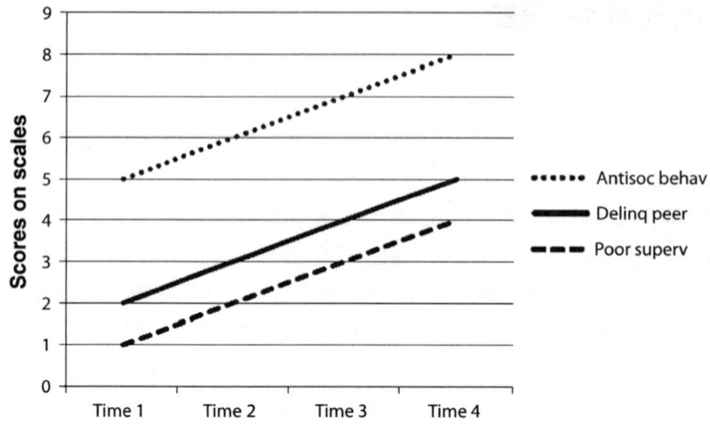


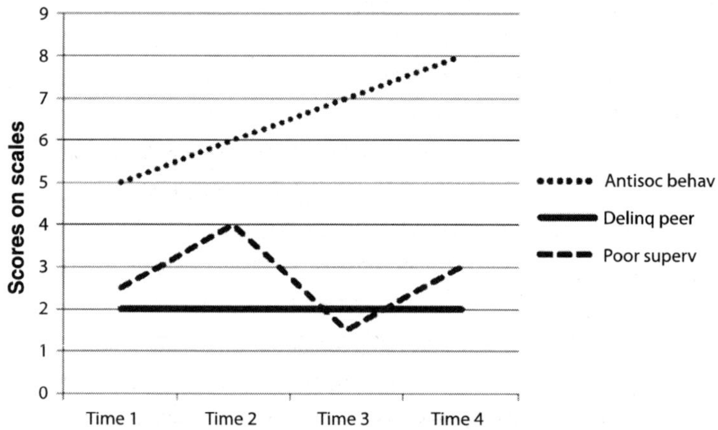


## •• 반사회적 행동에 대한 연구(Study of Antisocial Behavior)

많은 전통적 범죄학 이론이 청소년기를 최초 비행행동 발현시점으로 취급하여 비행행동이 그 이전에는 없었던 것으로 간주하는 반면, 발달범죄학에서는 반사회적 행동이 훨씬 그 이전부터 일찍 나타난 것으로 생각한다. 심지어 반사회적 행동이 발달범죄학에서는 두 살 때부터 시작되는 것으로 생각하기도 한다. 따라서 매우 어린 나이에 시작된 문제행동은 나이가 들어감에 따라 계속 발달되어 가고 특정한 형태를 취해가는 것으로 본다. 한 예로 트렘블레이와 동료들(Tremblay and colleagues, 2004)은 17개월 된 영아에게서 조차도 물리적인 신체 공격 수준의 차이가 존재한다고 주장하였다. 17개월에서부터 42개월까지 504

명의 아이들을 상대로 조사한 이 연구에서 약 28%의 아이들은 물리적 공격행동을 전혀 보이지 않았던 반면, 58%의 아이들은 중간 수준의 공격성을 보였고, 14%의 아이들은 매우 높은 수준의 공격성을 보였던 것으로 나타났다. 다른 연구들에서도 소수의 아이들이 매우 어릴 때부터 과격한 수준의 공격성을 보이는 것으로 나타났고, 어린 시절에 공격행동을 보였던 아이의 약 40%가 청소년기가 되어서도 계속 공격행동을 보이는 것으로 나타났다(Robins, 1966; Mitchell & Rosa, 1981; Loeber, 1982; Patterson, 1982; Huesmann et al., 1984). 이러한 연구결과는 반사회적 행동이 발달 과정 상 매우 어린 나이에 나타날 수 있다는 사실을 객관적으로 보여주는 것이고, 그러한 문제행동이 성장을 통해 청소년기나 성인기에도 계속 될 수 있음을 보여주는 근거가 된다고 하겠다.

반사회적 행동의 발달 과정을 표현하는 단어로 "안정성(stability)"라는 개념을 사용할 수 있다. 안정성은 시간의 흐름에 따라 특정 행동이 일관성 있게 나타나는 것을 말한다. 연구자들은 안정성 내에서 두 가지 개념을 발견해 냈다. 하나는 "절대적 안정성"이고 다른 하나는 "상대적 안정성"으로 불릴 수 있다. 절대적 안정성은 쉽게 말해 한 개인이 시간의 흐름에 따라 일관되게 나타내는 평균적 행동 특징을 말한다. 한 사람 내부에서 보이는 특정 행동의 일관성이라고 볼 수 있다. 만약 한 사람이 작년에 평균 다섯 번의 범죄를 저질렀고, 올해도 평균 다섯 번의 범죄를 저질러 매년 동일한 수준의 범죄횟수를 보인다면 그 범죄자에게는 절대적 안정성이 있다고 본다. 반면 상대적 안정성은 개인들 간에 나타나는 상대적 수준의 일관성을 말한다. 시간의 흐름에 따라 한 개인이 집단 내에서 보이는 순위 상의 상대적 위치가 변화지 않고 일관되게 나타날 때 상대적 안정성이 있다고 보는 것이다. 한 예로 만약 다섯 명의 범죄자 명단을 갖고 있는데, 매년 이들의 범행 횟수가 기록될 때 다섯 명 내에서의 순위가 일관되게 나타나면 거기에 상대적 안정성이 있다고 말한다. 다섯 명 전체의 순위가 시간의 흐름에 따라 정확히 변화지 않고 동일하게 유지된다면, 이러한 상황에 대해 완벽한 상대적 안정성(perfect relative stability)가 있다고 볼 수 있지만, 그 순위가 변해가게 된다면 미약한 수준의 상대적 안정성이 있다고 말한다([그림 10.4] 참조).

안정성을 만들어내는 두 가지 과정으로써 "중첩적 항상성(cumulative continuity)"과 "상호작용적 안정성(interactional continuity)"을 들 수 있다. 중첩적 항상성이란 반사회적 행동이 부정적인 결과들을 만들어내고, 다시 그 부정적 결과들이 반사회적 행동의 반복을 불러오는 순환과정을 만들어냄을 뜻한다. 쉽게 말해 반사회적 행동을 저지르게 되면, 주변의 동료들이 거부감을 표시하게 되거나, 학교 성적이 떨어지게 되고, 부모의 잔소리 등으로 자녀-아동 유대감이 약회되게 되는 부정적 결과들이 발생하게 된다고 볼 수 있다.

[그림 10.4] 범죄행동에서의 상대적 안정성(relative stability)

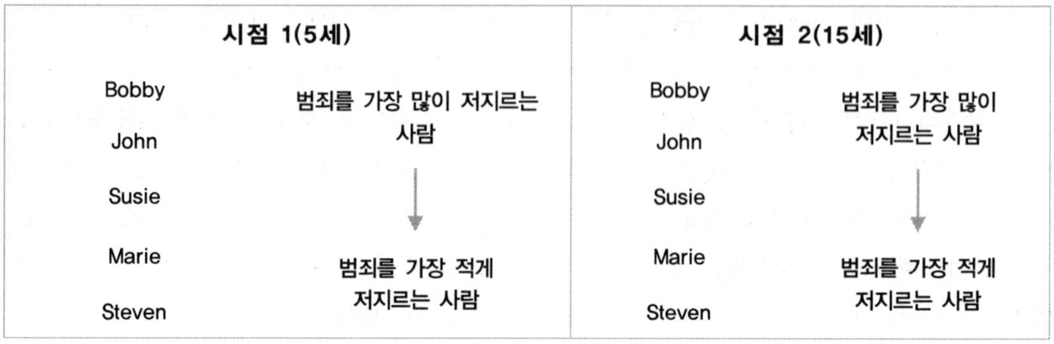


그리고 이러한 부정적 결과들로 인해 한 개인이 다시 반사회적 행동을 반복적으로 저지르게 된다고 말할 수 있다. 중첩적 항상은 도식적으로 표현하면 초기 반사회적 행동 → 부정적 결과들 → 사후의 반사회적 행동으로 요약할 수 있다. 1993년에 샘슨과 롭은 초기 반사회적 행동이 사람들과 맺은 유대감이나 좋은 기회들을 절단시키는 역할을 하게 되고, 그 절단 현상으로 인해 결국 반사회적 행동이 더욱 강화되게 된다고 주장하였다. 중첩적 항상성의 대표적인 사례로 교정시설에서 출소한 사람들이 겪는 경험을 생각해 볼 수 있다. 출소한 이후 그들이 취업의 기회나 안정적인 거주지를 찾는 일 등에서 얼마나 큰 어려움을 겪는지 상상해 보면 중첩적 항상성이 어떻게 범죄자에게 영향을 미치는지 쉽게 이해할 수 있을 것이다. 결국 취업 기회의 박탈과 거주 부정의 문제로 인해 이들이 다시 범죄를 저지르게 되고, 시설에 재입소하는 반복적인 패턴이 나타난다고 하겠다.

범죄-생애 범죄학과 관련된 두 번째 항상성 과정은 "상호작용적 안정성"이다. 상호작용적 안정성은 (1) 한 개인의 특징이 특정한 방식으로 자신이 처한 주변 여건과 상호작용하는 방식을 의미한다. (2) 그리고 상호작용적 안정성에서는 한 개인이 시간이 계속 흘러도 지속적으로 동일한 방식으로 주변의 사회적 환경을 만들어내는 경향이 있다고 본다. (3)마지막으로 사회적 상호작용 속에서는 나타나는 안정성은 특정 개인의 행동 안정성도 함께 만들어낸다고 간주한다. 쉽게 풀어서 이 과정을 설명하면, 한 개인이 적극적으로 자신을 둘러싼 특정 환경을 선택하게 되고, 그 선택으로 인해 환경으로부터의 특정 반응도 불러오게 되고, 결국 그로 인해 한 개인이 보여주는 행동도 일관되게 반복적으로 나타난다고 하겠다. 한 예로, 까다로운 성격으로 주위사람들과 쉽게 어울리지 못하는 성향을 갖고 있다면 그 사람은 (1) 자신과 비슷한 성향의 친구를 찾게 될 가능성이 크고, 결국 타인들과 원만하게 관계를 유지하지 못하는 사람들을 많이 갖게 될 것이다. 그로 인해 자신처럼 까칠한 성격의 소유자가 가장 정상인인 것으로 생각하게 될 가능성도 크다. (2) 이런 선택으로 인해 사회적 관계에서 일어나는 중요한 단서들을 오해하게 될 가능성이 커지고, 타인에 대해서도 항상 까칠한 태도로 대할 수 있다. (3) 결국 이런 반응들이 타인들의 부정적인 감정과 태도를 불러온다고 하겠다. 항상 까칠하게 사람을 대하다 보니, 타인들도 쉽게 적대감이나 거부감, 소외감을 느낄 수밖에 없는 것이다. 비꼬는 신랄한 태도가 계속되는 이유는 결국 이러한 상호작용 과정이 반복적으로 일어나기 때문이다.

중첩적 항상성과 상호작용적 항상성은 반사회적 행동의 안정성을 불러오는 대표적인 두 가지 잠재 요인이다. 그러나 범죄학자들은 행동의 안정성 과정을 보다 구체적으로 표현하기 위해 거시적인 두 가지 관점을 제시했다. 여기에서의 두 가지 관점이란 상태 의존성(state dependence) 관점과 모집단 이질성(population heterogeneity) 관점을 말한다. 상태 의존성 관점은 초기 반사회적 행동이 간접적으로 사후 반사회적 행동 가능성을 증가시킨다고 본다. 그리고 여기에서 중첩적인 항상성과 상호작용적 항상성이 중간 매개 역할을 하게 된다. 즉, 반사회적 행동이 친사회적인 기회를 차단시키게 되고, 그로 인해 범죄적 상호작용이 일어나게 된다고 보는 것이다. 이로 인해 결국 감소된 친사회적 기회와 부정적 상호작용이 반사회적 행동의 계속성을 만들어 낸다고 하겠다. 반면, 모집단 이질성 관점은 사후에 나타나는 반사회적 행동이 핵심 반사회적 행동의 경향성(propensity)에 의해 일어난다고 본다. 한 예로 1990년에 갓프레드슨과 허쉬(Gottfredson & Hirschi)는 "범죄 일반이론"에서 낮은 자아통제력을 갖고 있는 사람이 나중에 인생 전체에서 낮은 자아통제력 때문에 더 범죄를 많이 저지르게 될 가능성이 크다고 주장했다. 결국 낮은 자아통제력이라는 독특한 한 개인의 특징이 유아기, 청소년기, 성인기 전 영역에서 범죄 원인으로 작용하게 된다고 볼 수 있다. 이 두 가지 관점이 반사회적 행동의 항상성을 설명하는 서로 대립되는 대표 관점에 속한다. 한 쪽에서는 사회적 제도와 기회의 역할을 강조하며 그것이 상태 의존과 같은 안정성을 불러온다고 주장하고, 다른 한쪽에서는 한 개인이 갖고 있는 고유의 특징이나 경향성, 즉 모집단 이질성이 행동의 안정성을 불러온다고 주장하고 있는 것이다.

안정성과 상태 의존성, 그리고 모집단 이절성과 같은 개념이 시간의 흐름에 따라 인간의 행동이 어떻게 펼쳐지는가를 보여 주었고, 동시에 다양한 심리적 혹은 사회적 요인들이 어떻게 반사회적 행동의 일관성을 설명해 주는가를 보여주었다. 그러나 반드시 기억해야 할 점은 심리적 사건과 사회적 사건이 한 개인의 반사회적 행동 궤도(trajectory)에서 일종의 중대한 전환점(turning points)이 될 수 있다는 것이다. 여기서 말하는 전환점이란 반사회적 행동의 빈도, 다양성, 중대성과 관련된 행동의 증가 혹은 감소를 결정짓는 주요 사건을 말한다. 1993년에 샘슨과 롭(Sampson & Laub)은 연령 단계별 비공식적 사회통제이론을 발표하면서, 결혼이나 군대, 직장생활과 같은 중대한 사회적 변화(social transition)가 한 개인으로 하여금 기존의 범죄 패턴을 그만두게 하거나 변화하게 만드는 주요 요인이 된다고 주장하였다.

반사회적 행동 및 범죄 행동은 생애-경로 범죄학에서 말하는 다양한 행동 차원의 한 단면에 지나지 않는다. 반사회적 행동의 안정성을 설명해주는 위험 요인과 보호요인들을 분석해 내는 것이 생애-경로 범죄학의 중요한 연구 분야라고 하겠다. 아래 부분에서는 이러한 차원을 보다 중점적으로 살펴보기로 한다.

## 생애 반사회적 행동의 원인들(Causes of Antisocial Behavior Across the Life Course)

생애-경로 범죄학은 반사회적 행동의 원인이 다양한 차원에서 다루어져야 한다고 주장한다. 생애에 걸쳐 반사회적 행동에 영향을 미치는 원인이 그 형태가 표현방법 차원에서 매우 다양할 수 있고 변화될 수 있다고 보는 것이다. 구체적으로 생애-경로 범죄학에서는 반사회적 행동이 유전적/생물학적 요인, 심리학적 요인, 사회적 요인, 제도적 위험 요인들과 상호작용하게 발생하게 된다고 본다. 다시 말해 생애-경로 범죄학은 위험 요인으로 알려진 모든 영역의 잠재적 요소들을 모두 광범위하게 포함하여 인간의 범죄행동을 이해하려고 한다고 하겠다.

이와 함께 생애-경로 범죄학자들은 반사회적 행동을 설명하는 위험 요인들이 시간의 흐름에 따라 전 생애에 걸쳐 매우 다양할 수 있고, 그 내용도 변화될 수도 있다고 본다. 실제, 한 사례로 립시와 데존(Lipsey & Derzon)은 1998년에 청소년기의 폭력행동과 성인기의 폭력행동을 예측하는 요인이 6세-11세 사이에서와 12세-14세사에서 서로 상이함을 실증적으로 밝혀냈다. 이 연구에서 메타분석을 활용한 결과, 사후에 나타나는 폭력행동의 강력한 예측 요인은 6세-11세의 경우, 일반적 범죄행동과 약물남용인 것으로 나타난 반면, 12세-14세에서는 사후의 폭력성을 예측하는 요인이 친사회적 사람들과의 유대감 부족과 비행교우와의 접촉인 것으로 나타났다. 이와 같이 6세-11세에서 나타나는 특정 행동적 위험 요인은 청소년기와 초기 성인기에 나타나는 폭력행동을 설명하는 단서가 되는 반면, 12세-14세에서 나타나는 타인들과의 상호 관계수립 정도가 이후의 폭력행동을 설명하는 핵심 단서가 된다고 하겠다.

이러한 발견은 하나의 위험 요인이 생애 과정에서 특정 한 시점에만 작용하여 반사회적 행동을 유발하는 위험 요인으로 작용하게 됨을 보여주는 근거가 되었다.

다른 학자들은 이에 대해 동일한 위험한 요인이 시간의 흐름에 따라 다른 두 시점에서도 동일하게 중요한 위험 요인으로 작용할 수 있다고 주장하였다. 단지, 그 위험 요인이 표출되는 방식이 시간의 흐름에 따라 달라질 수 있다고 보았다. 실제 1993년에 샘슨과 롭(Sampson & Laub)은 약화된 사회적 유대가 인생 전 시점의 반사회적 행동을 설명하는 주요 위험요인이라고 보았다. 단지 그 사회적 유대가 시대의 변화에 따라 다양한 형태의 유대감을 만들어낸다고 가정하였다. 특정한 시기에 사회적 유대를 형성하게 되는 대상의 중요성과 의미가 달라진다고 본 것이다. 다시 말해 부모와의 유대는 아동기 시절의 반사회적 행동을 설명하는 주요 위험 요인이 되나, 배우자나 직장 동료와의 유대감 미약은 성인기의 반사회적 행동을 설명하는 핵심 요인이 된다고 볼 수 있다.

한 가지 추가적으로 더 기억해야 할 점은 반사회적 행동 및 범죄 행동을 유발하는 위험 요인이 범죄 중단(desistance) 요인과 같을 수도 있고 다를 수도 있다는 것이다. 실제, 1993년에 샘슨과 롭(Sampson & Raub)은 미약한 사회적 유대가 어린 남자들 사이에서 반사회적 행동을 유발시킬 가능성을 증가시키지만, 결혼이나 직장생활을 통해 성인기의 유대감을 잘 형성한 성인 남성은 범죄행동으로부터 멀어지게 만든다고 보았다. 범죄 원인과 범죄 중단 요인이 사회적 유대감으로 동일하다고 본 것이다. 그러나 다른 학자들은 범죄의 원인과 범죄 중단 요인이 서로 다르다고 보기도 했다. 1998년의 바스킨과 소머(Baskin & Sommers)는 뉴욕에서 170명의 여성을 분석하여 여성이 강도와 같은 범죄를 저지르는 이유가 짜릿한 재미와 비행교우와의 접촉, 그리고 돈 때문이라는 사실을 밝혀냈다. 그러나 범죄 중단이 일어나게 되는 이유는 부정적인 사회적, 개인적 경험과 자아정체성에 대한 변화 때문인 것으로 확인되었다. 쉽게 말해 범죄 중단이 일어나게 되는 것은 개인적인 질병이나 교도소 구금과 같은 새로운 인생사건 경험 때문인 것으로 볼 수 있다. 이와 같이 위험추구 행동과 비행 교우 접촉은 강도 행동을 시작하게 만드는 시작 요인이 되고, 이후에는 개인의 경제적 이유로 그 범행이 계속된다고 볼 수 있지만, 범죄 중단 요인은 억제 중심의 형사사법 절차나 인지적 변화과정에 의해 일어난다고 하겠다. 결과적으로 말하면 반사회적 행동의 최초 시작, 항상성, 그리고 중단 요인이 각각 서로 상이하다고 볼 수 있다.

지금까지 우리는 이 장에서 기본적인 생애-경로 범죄학의 개념에 대해 살펴보았다. 이 장에서 행동의 항상성과 반사회적 행동의 위험 요인들에 대해서도 함께 생각해 보았다. 그러나 실제 생애-범죄 패러다임 속에서는 가장 핵심적으로 다루어지는 두 가지 대표 이론이 존재한다. 하나는 1993년에 테리 모핏(Terrie Moffit)이 주장한 범죄자 유형론이고, 다른 하나는 샘슨과 롭(Sampson & Laub)이 1993년에 주장한 연령 단계별 비공식적 사회통제이론이다. 이하 두 이론 모델에 대해 상세히 살펴보도록 한다.

## •• Moffitt의 유형론(Moffitt's typology) : 청소년 한정형 vs. 생애-경로 지속형

심리학 배경을 갖고 있는 모핏(Moffitt)은 5-10%에 해당하는 소수 청소년 집단만이 지속적으로 범죄를 상습 범죄자가 되고, 대다수의 청소년 범죄자들은 성인기만 되면서 범죄를 자연스럽게 그만두게 된다는 사실을 발견해 냈다. 그녀는 생애-지속형 범죄자와 청소년기 한정형 범죄자로 범죄자들을 유형화하면서 자신의 이론을 구체적으로 설명하기 시작했다. 다시 말해 모핏(1994)은 "범죄학에는 질적으로 뚜렷이 구분되는 두 가지 범죄 유형이 존재하고 두 경우 모두 각각의 고유한 이론 설명 논거를 갖고 있다"라고 주장했다고 말할 수 있다. 생애-경로-지속형 범죄자(life-course-persistent offenders)는 전형적으로 3세경에 해당하는 매우 어린 나아부터 반사회적 행동을 보일 가능성이 크다. 그리고 성인기까지 반사회적 행동을 계속하는 범죄자가 된다. 그들이 보이는 반사회적 행동은 광범위한 수준에서 일어나고, 다양한 환경에서 발생할 수 있으며, 전 생애에 걸쳐 다양한 행동 방식으로 표출되게 된다. 그러나 청소년기-한정형 범죄자(adolescence-limited offenders)은 대략 11세-15세에 해당하는 청소년기에 반사회적 행동을 시작하게 된다고 볼 수 있다. 그리고 전형적으로 20대 초반이 되면 그들이 보인 반사회적 행동을 중단하게 된다. 청소년기 시절에 두 집단이 보이는 반사회적 행동 유형은 매우 흡사해 보이나, 아동기나 성인기에 보이는 두 집단의 행동은 매우 다르다고 볼 수 있다. 실제나 모핏과 그녀의 동료들이 연구한 바에 따르면 두 집단 모두 청소년기에 보이는 평균적 범죄발생 횟수는 서로 유의미한 차이가 없는 것으로 나타났다. 그러나 아동기와 성인기에 접어들어서 보이는 범죄 패턴은 서로 유의미한 집단 차이를 보이는 것으로 나타났다.

두 집단은 범지 패턴에서 뿐만 아니라 범죄 행동을 유발하는 위험요인에서도 서로 차이가 난다. 1993년 모핏에 따르면, 생애-경로-지속형 범죄자는 생물학적 요인과 신경심리적 문제, 그리고 부정적 사회적 환경이 복합적으로 작용하여 범죄가 발생하게 되는 것으로 나타났다. 인지적 지체, 운동신경 부족, 언어 활용능력 부족, 종합적 활용능력 지체 등이 반사회적 행동의 원인이 된 것이다. 아동이 태어난 환경이 불안하고 혼란스러우며 방임적 환경일 때 그러한 개인의 생물학적 장애가 더 극대화된다고 보았다. 이와 같이 생애-경로-지속형 범죄자는 어린 청소년이 생물학적 문제와 환경적 위험 요인 모두를 가지고 있을 때 만들어지다고 볼 수 있다.

생물학적 요인과 환경적 위험 요인이 범죄 최초 발생을 설명하는 핵심 요인이지만, 상호작용적 항상성과 중첩적 항상적이 전 인생에 걸쳐 일어나는 반사회적 행동을 설명하는 과정이라고 하겠다. 구체적으로 말하면, 청소년이 성인이 되어서도 계속 반복적으로 범죄를 저지르는 이유는 (1)그들의 부모가 의도적 혹은 비의도적으로 가정환경을 열악하게 만들어서 청소년으로 하여금 반사회적 행동을 하게 만들 수도 있고, (2)청소년이 계속 사회적 단서를 잘못 해석하여 부적절한 방식으로 사회적 상황들과 상호작용할 수도 있는 것이다. 이런 방식들이 직접 혹은 간접적으로 약화된 사회적 유대감을 만들어내게 된다. (3)청소년은 결국 부모님이나 선생님, 친사회적 동료들로부터 부정적인 반응을 얻게 되고, 이로 인해 (4)자기 자신을 반사회적 행동을 하게 되는 특정 상황과 교우 집단 속에 노출시키게 될지도 모른다. 스스로의 행동이 계속해서 부정적인 반응을 유발시켰기 때문에 청소년은 그 이후에도 반복적으로 반사회적 행동을 보이게 된다. 일단 청소년이 반사회적 행동을 하게 되면, 친사회적 행동을 하는 교우 집단들은 그를 멀리하려고 든다. 친사회적 교우집단들이 보기에 그는 결코 매력적인 친구가 될 수 없는 것이다. 이러한 일련의 과정을 거쳐 결국 인생-경로-지속형 범죄자가 만들어질 가능성이 증가한다고 볼 수 있다.

생애 지속형이 생물학적 요인과 환경적 요인에 근원을 두고 있는 반면, 청소년-한정형 범죄자는 발달 단계와 사회적 상호작용에 의의를 두고 있다. 사춘기 시절에 해당하는 청소년기를 보면, 그 시절은 성장 단절(maturity gap) 혹은 심리적 연령과 사회적 연력의 단절이 이루어지는 힘든 시기라고 볼 수 있다. 즉, 청소년은 신체적으로는 일하고, 활동하고, 성인처럼 행동할 모든 능력을 다 갖춘 것처럼 보이지만, 실제로는 그러지 못하는 존재라고 하겠다. 사회적으로 청소년이 할 수 있는 행동들은 매우 제한되었다는 뜻이다. 술집에 가거나 자신이 원하는 대로 모든 시간을 쓸 수 없는 제한된 환경에 처해 있다고 하겠다. 이러한 성장 단절은 청소년으로 하여금 좌절감을 느끼게 하고, 독립성에 대한 강한 욕구를 불러오게 된다. 자신도 성인처럼 행동하고, 진짜 성인처럼 보이게 되도록 무리해서 자신의 독립성을 과대포장하고 흡연이나 음주, 약물, 성행위, 소매치기 절도와 같은 비행행동을 저지르게 된다고 하겠다.

그러나 실제 이런 전형적인 청소년기 한정형 범죄자들은 세련된 범죄 수법을 알지 못하고 비행 및 범죄를 저지른다. 어쩌면 청소년 한정형 범죄자들이 범죄를 배우기 위해 생애-경로-지속형 범죄자와 어울릴 수도 있고 그들로부터 범죄 수법을 배워 그 범행을 모방할지도 모른다. 이와 같이 "성인처럼" 행동하고자 하는 욕구가 반사회적 행동을 하게 만드는 요인이 되고, 사후에 성장 차단으로 인해 비행행동에 참여하게 되는 욕구가 강화될 수 있다. 청소년 한정형은 이후 사회적 모방(social mimicry)을 통해 반사회적 행동이 더욱 강화될 수 있다.

모핏은 청소년 한정형 범죄자가 일단 성인기에 접어들게 되면, 대다수 범죄 행동을 중단하게 된다고 주장하였다. 그녀는 청소년들이 성인이 되면, 더 이상 "성인처럼" 행동해야 할 필요가 없게 되고, 그 전에 생각했던 비행행동들이 사회적으로 바람직한 행동이 아님을 인식하게 되어 더 이상 매력적인 행동으로 인식되지 않게 된다고 보았다. 물론 여기에서도 일부 청소년 한정형 범죄자는 범죄행동을 그만두지 않고 계속할 수도 있다. 모핏은 일부 청소년이 덫(snare)에 걸리게 되면 성인기에 들어서도 계속 범죄를 하게 될 수밖에 없다고 보았다. 여기서 말하는 덫이란 고등학교 졸업장을 따지 못하게 되거나, 구금경험이 있거나, 약물 중독에서 헤어나지 못하게 된 경우 등을 의미하는 것으로써 결국 성인기에 얻을 수 있는 합법적 기회를 얻지 못하게 된 경우가 여기에 해당한다고 볼 수 있다.

"청소년 한정형(adolescent-limited)"과 "생애 경로 지속형(life-course-persistent)"으로 구분되는 두 범죄 유형에 대해 보통 "청소년 한정형"의 반사회적 행동은 건강한 십대 청소년이 반사회적 행동을 모방했을 때 나타나는 것으로 볼 수 있다. 이것은 청소년 개개인의 경험에 따라 표출방식이 바뀌는 적응적 특성을 갖고 있고, 다소 규범적인 방식으로 이루어진다고 하겠다. 반면, "생애 경로 지속형"은 "신경심리학 측면에서 아동의 건강 상황에 따라 개인적 차이를 보인다고 하겠다. 결국에는 성인기의 병리적·반사회적 성향 구조를 나타내는 행동"으로 표출된다. 두 범죄행동 모두 각각의 고유한 범죄 원인 논거를 갖고 있기 때문에 이에 대한 독립된 분석연구가 필요하다. 모핏은 두 유형에 대해 만약 독립된 원인 분석이 이루어지지 않는다면, 비행 원인에 대해 연구자는 잘못된 정보를 얻게 될 우려가 있다고 경고하였다. 예를 들어 만약 연구자가 16세에서 17세에 해당하는 청소년, 즉 범죄활동이 가장 왕성한 청소년을 연구대상으로 삼아 그 청소년이 가진 심각한 수준의 파괴적, 반사회적 행동을 조사한다면, 주로 그 연구 표본에는 "청소년 한정형" 범죄자들이 다수 포함될 것이다. 이런 표본 추출은 결국 인과관계 원인과 행동 결과 사이의 관계를 제대로 밝혀내지 못하는 장애요인으로 작용하고, 표본 구성에 편견이 개입되는 심각한 오류를 초래한다. 모핏이 주장한 것처럼 만약 두 범죄 유형이 서로 다른 두 개의 독립된 원인 체계를 갖고 있다면, 이를 근거로 한 합리적인 비행 원인 분석을 시도해야 할 것이다. 이제 청소년 비행 연구가들이 이전에 보인 불일치 연구 결과들은 모핏의 이론을 통해 보다 쉽고 정확하게 해석될 가능성을 갖게 되었다.

이미 모핏의 입장을 지지해주는 연구 증거는 양적인 측면에서 꽤 많이 존재한다. 한 연구 결과, 약 5%에 해당하는 소수의 범죄자 집단이 상당한 비율의 반사회적 행동을 지속적으로 저지른 것으로 나타났다. 올프강과 동료들(1972)은 필라델피아 집단 연구에서 폭력적인 6%의 범죄자들이 전체 범죄의 절반 이상을 차지하는 것으로 보고했다. 엘리엇과 동료들은 전체 4%의 남자 청소년들이 5년 단위 추적연구를 기준으로 가장 심각한 폭력범죄를 저지르는 자들임을 발견했다. 모핏와 동료들은 뉴질랜드 더니드의 "다학문 건강 및 개발연구"에서 획득한 동일 출생년도 집단(birth cohort) 데이터를 분석하여, 모핏이 초기에 제시했던 범죄 모델을 실증적으로 테스트하는 과정을 거쳤다. 이 연구에서 "발달 범죄학은 신경심리학 상태에 문제가 있는 경우 특히 남성의 범죄를 예측할 가능성이 높다. 구체적으로 범죄는 주로 13세 이전에 나타나서 그 이후 지속될 가능성이 높다. 그러나 개인의 신경심리 상태는 청소년기에 시작된 비행행동과는 별 연관이 없다"라고 주장하였다. 이 결과를 통해 분명히 "청소년 한정형" 범죄자들이 "생애 경로 지속형" 범죄자들과 구분되는 다른 특징을 가진 것으로 확인되었다. 현대 범죄학이 어쩌면 여러 개의 범죄 행동을 모두 조사해야 할 상황에서 지금까지 사소한 범죄행동 하나에만 너무 극단적으로 신경을 쓰는 편협한 태도를 취해왔는지도 모르겠다. 구금된 범죄자에 초점을 두고 연구를 실시하는 횡단 조사 방식은 전체적인 큰 그림을 보지 못하고 그저 작은 한 부분에만 신경을 쓰게 될 우려가 있다. 이러한 측면에서 모핏이 제시한 두 비행 형태에 대해서 서로 상반되는 원인 설명이 존재하는 것은 매우 당연한 것처럼 보인다. 그리고 개인이 경험하는 특정 생애 사건은 이 두 비행행동에 서로 상이하게 영향을 미칠 수 있다. 따라서 범죄 개입활동 및 범죄예방 차원에서도 두 범죄자 형태에 따라 서로 구분되는 정책적 고려가 요구된다 하겠다.

## •• Sampson과 Laub의 발달 모델(Sampson and Laub's Developmental Model)

샘슨과 롭(Robert Sampson and John Laub)은 범죄행동에 대한 새로운 발달 모델을 제시했다. 이들의 발달 모델은 주로 Gluecks의 "청소년 비행문제 해결(Unraveling Juvenile Delinquency)" 데이터를 재분석하여 만들어진 것이다. 이 모델은 범죄행동 패턴을 이해하기 위해 특히 인생 과도기의 중요성을 지적한다. 그리고 시간 변화에 따른 개인 내부 변화를 매우 중요하게 다룬다. 이 발달 모델에서는 일정 발달 기간 동안에 발생한 특정 과도기 사건이 다른 기타 사건들보다 더욱 중요하고 그래서 그 과도기 사건이 범죄발생과 깊은 연관을 갖고 있다고 가정한다.

기본적으로 샘슨과 롭의 이론 모델은 사회통제이론에 근거를 두고 있다 〈[그림 10.5] 참조〉. 즉, 범죄행동이 발생하는 것은 사회와의 유대감이 약화된 것이라고 가정한다. 이 모델은 시간의 흐름에 따라 초기에 약화되었던 유대감이 안정될 수도 있고 변화될 수도 있다고 본다. 그리고 본 모델에서는 그 두 가지 상황을 모두 중요하게 다룬다. 모델의 두 가지 기본 가설을 기술하면 아래와 같다.

- 청소년 비행, 무질서 행동, 폭력 성향 같은 어린 시절의 반사회적 행동은 성인기에 나타나는 다양한 유형의 고질적인 문제행동으로 연결될 가능성이 크다. 여기에는 범죄 성향, 비행행위, 군대 범죄, 경제 의존성, 교육실패, 결혼 갈등과 같은 다양한 문제행동이 모두 포함된다. 한 개인의 사회계층 배경이나 인종/민족과 같은 변수와 상관없이 어린 시절의 반사회적 행동은 독립변수로서 성인기 문제행동 종속변수에 영향을 미치고 그 둘은 장기적인 측면에서 깊은 연관성을 갖고 있다.
- 가족, 교육, 이웃, 직장과 같은 성인 시기의 비공식 사회통제 요인에 개인이 어느 정도 사회적 유대감(social bonds)을 갖고 있느냐가 특히 중요하다고 하겠다. 그 유대감 정도에 따라 인생 전반에 걸친 범죄행동 발생 여부가 달라질 수 있는데, 그것은 개인이 갖고 있는 범죄적·반사회적 배경과 상관없이 범죄행동에 영향을 미치는 것으로 볼 수 있다.

샘슨과 롭의 모델은 어린 시절에 아주 강한 유대감을 형성한 사람도 장차 성장하면서 그 유대감이 약해져 결국 범죄행동을 저지를 수 있다고 가정한다. 또한 그 정반대의 인생 궤도도 생각해 볼 수 있는데, 어린 시절에는 매우 약한 관습적 유대감을 갖고 생활했지만 성장해 가면서 긍정적인 친사회적 경험을 많이 하게 되고 학교에서도 좋은 친구들과 어울림으로써 지역사회 활동에 참여하는 등 관습적인 생활습관을 갖게 되어 전통적인 유대감의 양이 현격히 증가하게 되는 경우도 포함한다. 즉, 어린 시절에는 유대감이 약했으나, 성장 후 전혀 범죄를 저지르지 않는 삶을 살게 될 수도 있는 것이다. 이런 일련의 전혀 다른 인생 궤도와 인생 사건은 인생을 살면서 언제라도 생길 수 있는 것이고 심지어 비행행동을 저질렀던 청소년도 바람직한 경험으로 자신의 생애 경로를 언제든지 바꿀 수 있는 것이다. 정리하면, 청소년 시절은 매우 힘들게 보냈으나 성장하여 매우 친사회적인 역할과 가치관을 형성하게 됨으로써 결혼이나 취업과 같은 새로운 사회 역할과 환경에 매우 강한 유대감을 형

[그림 10.5] Sampson과 Laub의 발달 모델

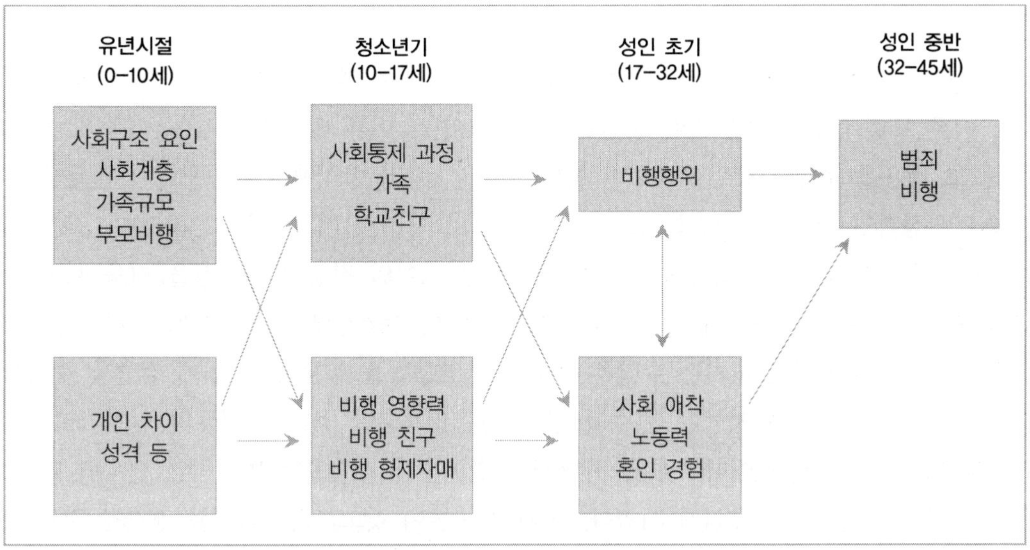


성하게 되고, 그로 인해 범죄행동에 전혀 관여하지 않는 일종의 '종결'(termination)단계를 밟을 수 있다고 가정한다. 이와 같은 샘슨과 롭의 모델은 범죄의 개시뿐만 아니라 종결에도 다양한 편차가 있을 수 있음을 받아들이는 탄력적인 논거를 제시한다. 유대감이라는 개념을 역동적으로 해석하는 샘슨과 롭의 관점은 모핏의 발달이론 분류학을 지지해 주는 설명과도 어느 정도 일맥상통하다. 즉, 어린 시절에 반사회적 행동을 보인 사람이 그 행동을 청소년기에 계속하지 않는 경우와 어린 시절에 문제가 전혀 없었던 많은 아동이 청소년기부터 비행행위를 하게 되는 경우를 모두 하나의 모델에서 설명할 수 있는 것이다. 발달 범죄 접근방법은 왜 대다수의 비행청소년이 성인기 초기가 되면 불법행동을 그만두게 되는가를 잘 설명해 주는 논거가 되었고, 왜 상당한 비율의 성인 범죄자가 청소년기 동안에 아무런 비행 경력도 갖고 있지 않는지를 설명해 주는 근거가 되었다. 코헨과 빌라(Cohen and Vila 1996)는 최근 연구에서 발달 범죄학과 갓프레드슨 과 허쉬의 일반이론을 다시 일목요연하게 비교하였다. 경험 연구 결과들이 샘슨과 롭의 모델을 지지하는 경향이 있기는 하지만, 아직도 어느 한쪽이 다른 한쪽에 비해 더 월등히 높은 지지를 받고 있다고 단언해서 말할 수 없는 상황이다. 달리 말하면, 샘슨과 롭을 기점으로 새롭게 대두된 신진 범죄학자들의 주장에 아직까지 전통 실증주의자들이 크게 위기의식을 느끼지 않는 상황이라고 하겠다.

## 요약

1970년대 이후 통합 이론 모델이 범죄학 분야에서 매우 빠르게 확산되고 있는 상황이다. 통합 이론 모델에서 다양한 관련 요인들이 등장하면서 이론 발달의 배경이 더욱 확대되고 있다. 그 내용을 구체적으로 살펴보면 첫째, 데이터 수집 방식에서 자기보고식 설문방법이 나타나 핵심적인 새로운 범죄자 자료수집 방법으로 자리 잡게 되었다고 하겠다. 자기보고 설문방법이 개인의 인구사회학적 특성과 범죄행동 사이의 직접적 연관성을 더욱 효과적으로 검증해내는 토대를 마련해 주었기 때문이다. 둘째, 통계방법이 정교화됨에 따라 연구자들은 범죄행동에 영향을 미치는 수많은 변수들의 영향력을 일제히 한 번에 검증할 수 있게 되었다. 결과적으로 연구자들은 변수들 간의 상관관계뿐만 아니라 행동의 원인까지 직접 검증해 낼 수 있게 된 것이다. 셋째, 하나의 개별이론만 가지고는 범죄원인 변수의 타당성을 설명하는데 한계에 부딪치게 되었다. 하나의 이론이 갖고 있는 의미를 평가한 결과, 충분한 설명력이 없는 것으로 나타난 것이다. 이에 개별 이론들을 하나로 결합하면서 범죄학자들은 범죄를 유발하는 더 높은 수준의 범죄경로나 과정을 더욱 폭넓게 이해하게 되었다.

범죄 경력 논쟁은 높은 범죄 발생률에 대한 우려와 관심으로 최근 그 관심이 더욱 가속화되고 있는 중요한 연구 분야에 해당한다. 무능화 전략과 선택적 무능화가 범죄 증가라는 복잡한 문제를 신속히 해결해 줄 것이라 믿었지만, 불행히도 그 빠른 문제해결 방법은 종국적으로 범죄율을 감소시키는데 실패하고 말았다. 범죄 경력 연구들은 폭력적이고 범죄성향이 강한 5-6%의 소수 범죄자 집단이 존재한다는 사실을 발견했다. 연구결과를 통해 중대한 사건이 개인의 범죄율에 영향을 미친다는 사실이 밝혀졌지만, 그 소수의 위험 범죄자를 선별해내는 완벽한 예측도구는 아직 만들어지지 않은 상황이다.

발달 범죄학과 생애 경로 범죄학은 현재 상당한 정도로 발전하여 범죄학 분야에서 큰 희망을 제시하는 미래 지향적 연구 분야로 자리 잡았다. 전통적으로 정적인 분위기를 가졌던 기존의 청소년기와 성인기 초기 연구 범위를 초월하여 발달 범죄학은 이제 전체 인생 경로 궤도에 초점을 둔 광범위한 연구 범위를 포함하는 새로운 이론 접근방법이 되었다. 그리고 발달 범죄학은 어린 시절의 경험과 성인기에 나타난 문제 행동 사이의 상호작용을 보다 섬세하게 연구할 수 있는 토양을 제공해주고 있다. 또한 재구화된 Glueck 데이터와 전국 청소년 설문조사, Dunedin 건강 설문조사, OJJDP 연구, 그리고 시카고 이웃 연구와 같은 많은 종단 패널 연구들이 발달 모델 검증에 필수적인 특정 형태의 데이터를 제공해 주고 있어 범죄 발달 모델이 성장할 여지를 계속 확대시키고 있다고 하겠다.

## 주요 용어 및 개념

청소년기 한정형
범죄 경력
기간
빈도
통합 모델 접근방법
잠재 특성
지속
정형화된 비행활동
삼진아웃제
경력 범죄
비연속성
엔드-투-엔드 모델
개시
람다
생애 경로 지속형
개시
종결

## 주요 범죄학자들

Alfred Blumstein
Mark Colvin
David Farrington
Travis Girschi
David Huizinga
John Laub
Ross Matsueda
Terrie Moffitt
Lee Robins
Terence Thornberry
Marvin Wolfgang
Jacqueline Cohen
Delbert Elliott
Michael Gottfredson
Julie Horney
Marvin Krohn
Rolf Loeber
Moan McCord
John Pauly
Robert Sampson
Charles R. Tittle

# 토론 질문

1. 긴장, 통제, 학습이론에 대한 핵심적인 가정들에 대해 논하시오.
2. 인과관계를 설정하기 위해 필요한 세 가지 요소들에 대해 설명하시오.
3. 범죄경력 패러다임에 기초한 정책의 장점은 무엇인가? 이 패러다임에 기초한 정책을 수행하는데 있어서의 장애물은 무엇인가?
4. 모집단이질성 관점이 행동에 있어서 일관성을 어떻게 설명하는가? 상태의존성 관점이 반

사회적 행동에 있어서의 일관성을 어떻게 설명하는가?

5. 모핏과 샘슨 그리고 롭의 이론은 많은 부분에 있어서 유사하지만 또 다른 중요한 부분에 있어서는 차이가 있다. 이 두 가지 이론적 접근은 생애경로형 범죄의 근원을 무엇이라고 설명하는가? 반사회적 행동에 있어서의 일관성을 촉진하는 과정은 무엇이라고 설명하는가? 이 두 이론적 접근에 따르면 생애경로지속형 범죄자는 범죄에 저항할 가능성이 있는가? 두 이론 각각에 있어서 어떤 요소가 이러한 저항을 유발하는가?
6. 샘슨과 롭의 이론은 어떤 측면에서 상태의존성 관점에 부합하는가? 모핏의 이론은 어떻게 모집단이질성 관점에 적용되는가? 모핏의 이론은 상태의존성 관점에 어떻게 적용되는가?
7. 생애경로 및 발전의 관점에 따르면 언제 반사회적 행동이 나타나는가?
8. 발전이론가들에 의해 발견된 핵심적인 전환점들을 논하시오.

## 참고문헌


Aultman, M.G. & C.F. Wellford (1979). "Towards an Integrated Model of Delinquency Causa-tion: An Empirical Analysis." *Sociology and Social Research*, 63:316–327.

Baron, S.W. & D.R. Forde (2007). "Street Youth Crime: A Test of Control Balance Theory." *Justice Quarterly* 24:335–355.

Barnett, A., A. Blumstein, J. Cohen & D.P. Farrington (1992). "Not All Criminal Career Models Are Equally Valid." *Criminology*, 30:133–140.

Bartusch, D.J., D.R. Lynam, T.E. Moffitt & P.A. Silva (1997). "Is Age Important? Testing a Gen-eral Versus a Developmental Theory of Antisocial Behavior." *Criminology*, 35:13–48.

Benson, M.L. (2002). *Crime and the Life Course*. Los Angeles, CA: Roxbury Publishing Company.

Blumstein, A. (2005). "An Overview of the Symposium and Some Next Steps." *The Annals of the American Academy of Political and Social Science*, 602:242–258.

Blumstein, A. & J. Cohen (1979). "Estimation of Individual Crime Rates from Arrest Records." *Journal of Criminal Law and Criminology*, 70:561–585.

Blumstein, A., J. Cohen & D. Farrington (1988a). "Criminal Career Research: Its Value for Criminology." *Criminology*, 26:1–35.

Blumstein, A., J. Cohen & D. Farrington (1988b). "Longitudinal and Criminal Career Research: Further Clarifications." *Criminology*, 26:57–74.

Blumstein, A. & E. Graddy (1982). "Prevalence and Recidivism in Index Offenses: A Feed–back Model." *Law and Society Review*, 16:265–290.

Braithwaite, J. (1997). "Charles Tittle's Control Balance and Criminological Theory." *Theo–retical Criminology*, 1:77–97.

Campbell, A. (1988). *The Girls in the Gang*, Second Edition. New York, NY: Basil Blackwell.

Canela–Cacho, J.A., A. Blumstein & J. Cohen (1997). "Relationship between the Offending Frequency of Imprisoned and Free Offenders." *Criminology*, 35:133–171.

Cernkovich, S.A. (1978). "Evaluating Two Models of Delinquency Causation: Structural Theory and Control Theory." *Criminology*, 16:335–352.

Cohen, L.E. & B.J. Vila (1996). "Self–Control and Social Control: An Exposition of the Gottfredson–Hirschi/Sampson–Laub Debate." *Studies in Crime and Crime Prevention*, 5:125–150.

Cloward, R.A. & L.E. Ohlin (1960). *Delinquency and Opportunity*. New York, NY: The Free Press.

Colvin, M. & J. Pauly (1983). "A Critique of Criminology: Toward an Integrated Structural–Marx–ist Theory of Delinquency Production." *American Journal of Sociology*, 89:513–551.

Conger, R.D. (1976). "Social Control and Social Learning Models of Delinquent Behavior." *Criminology*, 14:17–40.

Currie, E. (1989). "Confronting Crime: Looking Toward the Twenty–First Century." *Justice Quarterly*, 6:5–25.

Decker, S.H. & B. Van Winkle (1996). *Life in the Gang: Family Friends, and Violence*. New York, NY: Cambridge University Press.

Elliott, D.S. (1985). "The Assumption that Theories Can Be Combined with Increased Explanatory Power: Theoretical Integrations." In R.F. Meier (ed.) *Theoretical Methods in Criminology*. Beverly Hills, CA: Sage Publications.

Elliott, D.S., S.S. Ageton & R.J. Canter (1979). "An Integrated Theoretical Perspective on Delinquent Behavior." *Journal of Research in Crime and Delinquency*, 16:3–27.

Elliott, D.S., D. Huizinga & S.S. Ageton (1985). *Explaining Delinquency and Drug Use*. Beverly Hills, CA: Sage Publications.

Elliott, D.S., D. Huizinga & S. Menard (1989). *Multiple Problem Youth: Delinquency, Sub-stance Use, and Mental Health Problems*. New York, NY: Springer-Verlag.

Elliott, D.S., D. Huizinga & B.J. Morse (1987). "Self-Report Violent Offending: A Descrip-tive Analysis of Juvenile Violent Offenders and Their Offending Careers." *Journal of Interpersonal Violence*, 1:472–514.

Elliott, D.S. & H.L. Voss (1974). *Delinquency and Dropout*. Lexington, MA: D.C. Heath and Company.

Esbensen, F. & D.S. Elliott (1994). "Continuity and Discontinuity in Illicit Drug Use: Patterns and Antecedents." *Journal of Drug Issues*, 24:75–97.

Esbensen, F. & D. Huizinga (1993). "Gangs, Drugs, and Delinquency in a Survey of Urban Youth." *Criminology*, 31:565–589.

Farrington, D.P. (2002). "Developmental and Life-Course Criminology: Key Theoretical and Empirical Issues." The Sutherland Award Address, Annual Meeting of the American Society of Criminology, Chicago, IL. November.

Farrington, D.P. (1987). "Early Precursors of Frequent Offending." In J.Q. Wilson & G.C. Loury (eds.) *From Children to Citizens Volume III: Families, School, and Delinquency Prevention*. New York, NY: Springer-Verlag.

Glueck, S. & E. Glueck (1968). *Delinquents and Non-Delinquents in Perspective*. Cambridge, MA: Harvard University Press.

Glueck, S. & E. Glueck (1950). *Unraveling Juvenile Delinquency*. Cambridge, MA: Harvard University Press.

Gottfredson, M. & T. Hirschi (1990). A *General Theory of Crime*. Stanford, CA: Stanford University Press.

Gottfredson, M. & T. Hirschi (1988). "Science, Public Policy, and the Career Paradigm." *Criminology*, 26:37–55.

Gove, W.R. (1992). "Comparing Criminal Career Models." *Criminology*, 30:141–147.

Gove, W.R. (1985). "The Effect of Age and Gender on Deviant Behavior: A Biopsychosocial

Perspective." In A.S. Rossi (ed.) *Gender and the Life Course*. New York, NY: Aldine.

Greenwood, P.W. (1987). "Care and Discipline: Their Contribution to Delinquency and Regu-lation by the Juvenile Court." In Francis X. Hartman (ed.) *From Children and Citizens Volume II: The Role of the Juvenile Court*. New York, NY: Springer-Verlag.

Greenwood, P.W. & A. Abrahamse (1982). *Selective Incapacitation*. Santa Monica, CA: RAND Corporation.

Hawkins, J.D., R.F. Catalano, G. Jones & D. Fine (1987). "Delinquency Prevention through Parent Training: Results and Issues from Work in Progress." In J.Q. Wilson & G.C. Loury (eds.) *From Children to Citizens Volume III: Families, School, and Delinquency Prevention*. New York, NY: Springer-Verlag.

Hawkins, J.D. & J.G. Weis (1985). "The Social Development Model: An Integrated Approach to Delinquency Prevention." *Journal of Primary Prevention*, 6:73-97.

Hirschi, T. (1979). "Separate and Unequal Is Better." *Journal of Research in Crime and Delinquency*, 16:34-38.

Hirschi, T. (1969). *Causes of Delinquency*. Berkeley, CA: University of California Press.

Horney, J. & I.H. Marshall (1991). "Measuring Lambda Through Self-Reports." *Criminology*, 29:471-495.

Horney, J., D.W. Osgood & I.H. Marshall (1995). "Criminal Careers in the Short-Term: Intra-Individual Variability in Crime and Its Relation to Local Life Circumstances." *American Sociological Review*, 60:655-673.

Howell, J.C. (2003). *Preventing and Reducing Juvenile Delinquency: A Comprehensive Framework*. Thousand Oaks, CA: Sage Publications.

Huang, B., R. Kosterman, R.F. Catalano, J.D. Hawkins & R.D. Abbott (2001). "Modeling Mediation in the Etiology of Violent Behavior in Adolescence: A Test of the Social Development Model." *Criminology*, 39:75-107.

Huesmann, L.R., L.D. Eron & M.M. Lefkowitz (1984). "Stability of Aggression over Time and Generations." *Developmental Psychology*, 20:1120-1134.

Huizinga, D. (1997). "Gangs and the Volume of Crime." Paper presented at the Annual Meeting of the Western Society of Criminology, Honolulu, February.

Huizinga, D. & D.S. Elliott (1987). "Juvenile Offenders: Prevalence, Offenders, and Arrest

Rates by Race." *Crime & Delinquency*, 33:206–223.

Huizinga, D., F. Esbensen & A.W. Weiher (1991). "Are There Multiple Paths to Delin-quency?" *Journal of Criminal Law and Criminology, 82:83–118.*

Huizinga, D., R. Loeber & T.P. Thornberry (1994). *Urban Delinquency and Substance Abuse*. Washington, DC: U.S. Department of Justice.

Jensen, G.F. (1972). "Parents, Peers, and Delinquent Action: A Test of the Differential Asso-ciation Perspective." *American Journal of Sociology*, 78:562–575.

Johnson, R.E. (1979). *Juvenile Delinquency and Its Origins: An Integrated Theoretical Approach*. New York, NY: Cambridge University Press.

Johnstone, J.W.C. (1983). "Recruiting to a Youth Gang." *Youth and Society*, 14:281–300.

Kornhauser, R.R. (1978). *Social Sources of Delinquency*. Chicago, IL: University of Chicago Press.Land, K.C. (1992). "Models of Criminal Careers: Some Suggestions for Moving Beyond the Current Debate." *Criminology*, 30:149–155.

Larzelere, R.E. & G.R. Patterson (1990). "Parental Management: Mediator of the Effect of Socioeconomic Status on Early Delinquency." *Criminology*, 28:301–324.

Laub, J.H. & R.J. Sampson (2003). *Shared Beginnings, Divergent Lives: Delinquent Boys to Age 70*. Cambridge, MA: Harvard University Press.

Laub, J.H. & R.J. Sampson (1993). "Turning Points in the Life Course: Why Change Matters to the Study of Crime." *Criminology*, 31:301–326.

Lefkowitz, M.M., L. Eron, L. Walder & L.R. Huesmann (1977). *Growing Up to Be Violent: A Longitudinal Study of the Development of Aggression*. New York, NY: Pergamon.

Linden, R. (1978). "Myths of Middle-Class Delinquency: A Test of the Generalizability of Social Control Theory." *Youth and Society*, 9:407–432.

Loeber, R. (1982). "The Stability of Antisocial and Delinquent Behavior: A Review." *Child Development*, 53:1431–1446.

Loeber, R., L. Homish, E.H. Wei, D. Pardini, A.M. Crawford, D.P. Farrington, M. Stouthamer-Loeber, J. Creemers, S.A. Koehler & R. Rosenfeld. (2005). "The Prediction of Violence and Homicide in Young Males." *Journal of Consulting and Clinical Psychology* 73:1074–1088.

Loeber, R. & M. LeBlanc (1990). "Toward a Developmental Criminology." In M. Tonry & N. Morris (eds.) *Crime and Justice*, Vol. 12. Chicago, IL: University of Chicago

Press.

Loeber, R. & T.J. Dishion (1983). "Early Predictors of Male Delinquency: A Review." *Psychological Bulletin*, 94:68–99.

Loeber, R., D.P. Farrington, M. Stouthamer-Loeber, T. Moffitt & A. Caspi (1998). "The Development of Male Offending: Key Findings from the First Decade of the Pittsburgh Youth Study." *Studies in Crime and Crime Prevention*, 7:121–172.

Matsueda, R.L. (1982). "Control Theory and Differential Association: A Causal Modeling Approach." *American Sociological Review*, 47:489–504.

McCord, J. (1991). "Family Relationships, Juvenile Delinquency, and Adult Criminality." *Criminology*, 29:397–417.

McCord, J. (1979). "Some Child Rearing Antecedents of Criminal Behavior in Adult Men." *Journal of Personality and Social Psychology*, 9:1477–1486.

Messner, S.E., M.D. Krohn & A.E. Liska (1989). *Theoretical Integration in the Study of Devi-ance and Crime*. Albany, NY: State University of New York Press.

Mitchell, S. & P. Rosa (1981). "Boyhood Behavior Problems as Precursors of Criminality: A Fifteen-Year Follow-up Study." *Journal of Child Psychology and Psychiatry*, 22:19–33.

Moffitt, T. (1994). "Natural Histories of Delinquency." In E.G.M. Weitekamp & H. Kerner (eds.) *Cross-National Longitudinal Research on Human Development and Criminal Behavior*. Boston, MA: Kluwer Academic Publishers.

Moffitt, T. (1993). "Adolescent-Limited and Life-Course Persistent Antisocial Behavior: A Developmental Taxonomy." *Psychological Review*, 100:674–701.

Moffitt, T., D.R. Lynam & P.A. Silva (1994). "Neuropsychological Tests Predicting Persistent Male Delinquency." *Criminology*, 32:277–300.

Nagin, D.S. & R.E. Tremblay (2005). "What Has Been Learned from Group-Based Trajec-tory Modeling? Examples from Physical Aggression and Other Problem Behavior." *The Annals of the American Academy of Political and Social Science* 602:82–117.

Nagin, D.S., D.P. Farrington & T.E. Moffitt (1995). "Life-Course Trajectories of Different Types of Offenders." *Criminology*, 33:1111–1139.

Nagin, D.S. & K.C. Land (1993). "Age, Criminal Careers, and Population Heterogeneity: Specification and Estimation of a Nonparametric, Mixed Poisson Model." *Criminology*,

31:327-362.

Paternoster, R. & R. Brame (1997). "Multiple Paths to Delinquency: A Test of Developmental and General Theories of Crime." *Criminology*, 35:49-84.

Piquero, A. D.P. Farrington & A. Blumstein (2003). "The Criminal Career Paradigm." In M. Tonry (ed.) *Crime and Justice: Review of Research*. Chicago, IL: University of Chicago Press.

Piquero, A. & P. Mazerolle (2001). *Life-Course Criminology: Contemporary and Classic Readings*. Belmont, CA: Wadsworth.

Piquero, A. & M. Hickman (1999). "An Empirical Test of Tittle's Control Balance Theory." *Criminology*, 37:319-341.

Robins, L. & P. O'Neal (1978). "Sturdy Childhood Predictors of Adult Antisocial Behavior." *Psychological Medicine*, 8:611-622.

Robins, L. & P. O'Neal (1966). *Deviant Children Grown Up*. Baltimore, MD: Williams and Wilkens.

Robins, L. & P. O'Neal (1958). "Mortality, Mobility, and Crime: Problem Children Thirty Years Later." *American Sociological Review*, 23:162-171.

Rowe, D.C., D.W. Osgood & W.A. Nicewander (1990). "A Latent Trait Approach to Unifying Criminal Careers." *Criminology*, 28:237-270.

Sampson, R.J. & J.H. Laub (2005). "Developmental Criminology and Its Discontents: Tra-jectories of Crime from Childhood to Old Age." *The Annals of the American Academy of Political and Social Science*, Volume 602. Thousand Oaks, CA: Sage Publications.

Sampson, R.J. & J.H. Laub (2005). "A Life-course View of the Development of Crime." *The Annals of the American Academy of Political and Social Science*, 602:12-45.

Sampson, R.J. & J.H. Laub (2003). "Life-course Desisters? Trajectories of Crime among Delinquent Boys Followed to Age 79." *Criminology*, 41:301-339.

Sampson, R.J. & J.H. Laub (1993). *Crime in the Making: Pathways and Turning Points through Life*. Cambridge, MA: Harvard University Press.

Sampson, R.J. & J.H. Laub (1990). "Crime and Deviance over the Life Course: The Salience of Adult Social Bonds." *American Sociological Review*, 55:609-627.

Schweinhart, L.J. (1987). "Can Preschool Programs Help Prevent Delinquency?" In J.Q. Wilson & G.C. Loury (eds.) *From Children to Citizens Volume III: Families,*

*School, and Delinquency Prevention*. New York, NY: Springer-Verlag.

Segrave, J.O. & D.N. Hasted (1983). "Evaluating Structural and Control Models of Delin-quency Causation: A Replication and Extension." *Youth and Society*, 14:437-456.

Shannon, L.W. (1981). Assessing the Relationship of Adult Criminal Careers to Juvenile Careers. Report to NIJJDP and OJJDP: Iowa Urban Community Research Center, Uni-versity of Iowa.

Shaw, C.R. & H.D. McKay (1942). *Juvenile Delinquency in Urban Areas*. Chicago, IL: Uni-versity of Chicago Press.

Silva, P.A. (1990). "The Dunedin Multidisciplinary Health and Development Study: A Fifteen-year Longitudinal Study." *Pediatric and Perinatal Epidemiology*, 4:96-127.

Simons, R.L., E. Stewart, L.S. Gordon, R.D. Conger & G.H. Elder, Jr. (2002). "A Test of Life-Course Explanations for Stability and Change in Antisocial Behavior from Adolescence to young Adulthood." *Criminology*, 40:401-434.

Simons, R.L., C. Wu, R.D. Conger & F.O. Lorenz (1994). "Two Routes to Delinquency: Dif-ferences between Early and Late Starters in the Impact of Parenting and Deviant Peers." *Criminology*, 32:247-275.

Simons, R.L., M.G. Miller & S.M. Aigner (1980). "Contemporary Theories of Deviance and Female Delinquency: An Empirical Test." *Journal of Research in Crime and Delin-quency*, 17:42-53.

Sutherland, E.H. (1947). Principles of Criminology, Fourth Edition. Philadelphia, PA: J.B. Lippincott.

Thornberry, T.P. (2005). "Explaining Multiple Patterns of Offending across the Life Course and Generations." *The Annals of the American Academy of Political and Social Science* 602:156-195.

Thornberry, T.P. (1987). "Toward an Interactional Theory of Delinquency." *Criminology*, 25:863-891.

Thornberry, T.P. & M.D. Krohn (2003). *Taking Stock of Delinquency: An Overview of Findings from Contemporary Longitudinal Studies*. New York, NY: Kluwer Academic/Plenum Publishers.

Thornberry, T.P., M.D. Krohn, A.J. Lizotte, C.A. Smith & K. Tobin (2003). *Gang and Delin-quency in Developmental Perspective*. New York, NY: Cambridge University Press.

Thornberry, T.P., A.J. Lizotte, M.D. Krohn, M. Farnworth & S.J. Jang (1994). "Delinquent Peers, Beliefs, and Delinquent Behavior: A Longitudinal Test of Interactional Theory." *Criminology*, 32:47–83.

Thornberry, T.P., A.J. Lizotte, M.D. Krohn, M. Farnworth & S.J. Jang (1991). "Testing Inter-actional Theory: An Examination of Reciprocal Causal Relationships among Family, School, and Delinquency." *Journal of Criminal Law and Criminology*, 82:3–35.

Tittle, C.R. (1997). "Thoughts Stimulated by Braithwaites' Analysis of Control Balance Theory." *Theoretical Criminology* 1:99–110.

Tittle, C.R. (1995). *Control Balance: Toward a General Theory of Deviance*. Boulder, CO: Westview Press.

Winfree, L.T.,F.-A. Esbensen & D.W. Osgood (1996). "Evaluating a School-Based Gang Prevention Program: A Theoretical Perspective." *Evaluation Review*, 20:181–203.

Winfree, L.T., H.E. Theis & C.T. Griffiths (1981). "Drug Use in Rural America: A Cross-Cultural Examination of Complementary Social Deviance Theories." *Youth and Society*, 12:465–489.

Wolfgang, M.E., R. Figlio & T. Sellin (1972). *Delinquency in a Birth Cohort*. Chicago, IL: University of Chicago Press.

Wolfgang, M.E., T.P. Thornberry & R. Figlio (1987). *From Boy to Man: From Delinquency to Crime*. Chicago, IL: University of Chicago Press.

Zedlewski, E.F. (1987). *Research in Brief: Making Confinement Decisions*. Washington, DC: National Institute of Justice.

# PART III

# 범죄의 유형

앞에서 범죄에 대한 이론적 설명을 살펴보았기에 이제 우리는 범죄행동의 다양한 유형에 대해 논의할 준비가 되었다. 세 번째 영역에 해당하는 장들은 폭력범죄, 경제범죄, 피해자 없는 범죄 등 세 가지 형태의 범죄를 고려하였다. 이 장들의 목표는 학생들에게 범죄학자들이 연구하는 사건의 종류를 보여주기 위함이다. 사실, 형법 위반과 관련된 포괄적인 연구를 보여주려면 이 교재의 내용보다는 훨씬 더 많은 양을 필요로 한다. 이 장들을 통해 우리는 주요 요점을 정리하고, 주요 범죄의 역동성에 관한 최신의 연구 사례를 제시하며, 이러한 내용들을 이전의 장에서 설명했던 이론들과 연결시키려 한다.

11장과 12장에서 논의하는 폭력범죄와 경제범죄는 범죄문제를 생각할 때 일반인들이 통상적으로 마음속에 떠올리는 범죄인 살인, 강도, 주거침입절도, 강간 등이 포함되었다. 오늘날, 테러리즘은 평화에 대한 위협으로 이러한 범죄 행동의 대열에 합류하였다. 이러한 범죄들은 일반대중들의 범죄에 대한 두려움을 자극한다는 점 때문에 중요하다. 그러나 더 적은 수의 사람들이 염려하는 범죄들이 사실은 더 값비싼 비용을 요구하며, 더 치명적이기도 하다. 폭력 범죄로 인한 인적, 금전적 손실은 일반적으로 화이트칼라범죄라고 불리는 범죄로부터 야기되는 손실에 비하면 아무것도 아니다. 예컨대, 2009년 금융업자 매도프(Bernard Madoff)의 소송은 매도프가 투자자들을 속여 650억 달러를 사취했다는 것을 보여주었다(Henriques, 2011; Sander, 2009). 2008년 미국에서 시작된 경제 위기 당시 무모한 월스트리트 회사들의 술책으로 인한 실업 사태와 개인 주택 차압의 경제적, 정서적 손실은 헤아릴 수도 없다.

criminolog criminolog

범죄학에서 중요한 이슈는 형법의 그물망이 얼마나 넓게 던져져야 하는가이다. 마약과 매춘 등과 같이 피해자 없는 범죄의 범주에 속하는 행위를 범죄화 하는 것은 일반사회를 보호하는 것이라고 주장하는 사람들이 있는 반면에, "피해자 없는 범죄"가 형법의 지나친 확장의 결과라고 주장하는 사람들도 있다. 13장은 이러한 범죄와 그 범죄가 처리되는 방식에 대해 논하였다.

C/H/A/P/T/E/R 11

# 폭력범죄
# (Violent Crime)

## 학습 목표

제11장을 읽은 후, 당신은 다음의 내용을 수행할 수 있어야 한다.

- 미국 형법에서 폭력 범죄로 간주되는 행동들을 인지한다.
- 유해한 폭력과 유익한 폭력을 구분할 수 있다.
- 인간 행동의 범위 안에서 폭력이 통상적인 것인지 예외적인 것인지를 안다.
- 살인 발생에 있어 알코올의 역할을 이해한다.
- "집합적 효율성(collective efficacy)" 이론을 설명할 수 있다.
- 강간과 관련하여 진화생물학의 이론을 이해한다.
- 가정 폭력이 경찰에 신고 되는 비율이 극히 낮다는 사실을 이해한다.
- 회사 폭력, 정부 폭력의 예를 들 수 있다.

"폭력범죄"의 정의는 무엇인가? 미국 연방 대법원의 Josue Leocal 사건에서 폭력범죄의 명확한 정의에 대한 의문이 제기되었다. Josue Leocal은 플로리다에서 합법적으로 살고 있었던 아이티 출신의 사람으로, 음주 운전 사고를 일으켜 2명을 다치게 하여 유죄를 선고 받았다. 그는 유죄가 인정되어 결국 징역 2년을 선고 받았다. 플로리다 주는 사람과 재산에 대하여 물리적인 힘을 사용하였을 경우 이는 폭력범죄에 해당하고, 이를 위반한 외국인은 추방할 수 있다고 표명하였다. 이민국은 Leocal에게 아이티로 돌아가라고 명령하였다. 그러나 연방 대법원은 비록 Leocal의 행위적 결과는 폭력적이었으나 그가 물리적인 힘을 사용하려는 명백한 고의를 가지고 있었다는 점을 입증할 수 없었다고 지적하면서, 그가 "폭력범죄"를 범하였다고 할 수 없으므로 그의 추방은 불법이라고 만장일치로 판결하였다 (Cyphers & Lozada, 2008; *Leocal v. Ashcroft,* 2004).

미국 양형위원회는 어떤 행위가 "폭력범죄"에 해당하는지를 가늠하는 기준으로 다음을 제시하였다. 그러한 범죄는 "(1) 타인에게 무력을 사용하거나, 사용하려고 시도하거나, 사용한다고 협박한 경우, 혹은 (2) 타인에게 신체적 상해의 위험이 있는 행동을 하거나 폭발성 물질을 사용하여 주거침입절도나 방화, 혹은 강도를 저지른 경우로, 연방법이나 주법상 징역 1년 이상 처벌가능하다." 이러한 규정 하에, Kyle Mosley는 미시간 주 법률 상 그가 경찰관 직무집행방해 행위를 저지른 것이 폭력범죄에 해당하는 것은 아니라는 판결을 받았다(United States v. Mosley, 2009). 그러나 2011년 항소심에서는 Mosley가 후추 스프레이를 사용한 것이 폭력범죄에 해당하여 더 무거운 형량이 합당하다는 판결이 내려졌다(United States v. Mosley, 2011). 일반적으로 사람이 범죄에 대한 공포를 표현하는 경우는 대부분 살인, 강도, 강간 및 폭행 등 명백한 폭력범죄에 대해서이다. 2001년 9월 11일, 2대의 납치된 비행기가 뉴욕시에 있는 세계무역센터와 충돌하였고 세 번째 비행기가 워싱턴에 있는 펜타곤으로 돌진하였던 사건에서, 테러리스트의 행위 역시 두려움을 유발하는 범죄가 눈에 띄는 장소에서 발생하도록 계획한 것이었다.

범죄 피해자들은 사기를 당하거나 주거 침입 절도를 당하였을 경우에는 매우 화가 날 수 있으나, 폭력범죄의 경우에는 죽음이나 심각한 상해에 대한 생각으로 화를 낼 수 없을 것이다. 결국 두려움은 실제적인 상황에서 발생한다. 여러 산업 국가에서 조사한 바에 따르면, 미국은 매우 폭력적인 사회인 것으로 나타났다. 어느 저자는 이에 대하여 다음과 같이 묘사하였다. "미국은 잔인한 폭력과 환락 위에 세워졌고, 망상에 사로잡힌 찬미자들의 광기 넘치는 파괴적인 힘과 함께 폭력과 환락에 집착하고 있다(Herbert, 2006: A25)." 이러한 표현은 정도가 지나치지만, 어쨌든 폭력적 위협에 불안을 느끼는 미국의 많은 사람들이 자신들의 삶의 방식을 변경하고 있다. 그들은 어떠한 활동이 늦은 귀가를 요구한다면 그 활동에 참여하지 않을 수도 있다. 또한 낯선 방문자에게 문을 열어주지 않을 수도 있으며, 길을 잃고 헤매는 낯선 사람에게 도움을 제공하지 않을 수 있다.

그럼에도 불구하고 모든 폭력이 해로운 것만은 아니다. 제2차 세계대전 당시 나치에 대한 폭력의 경우에는 더 큰 해악이 발생하는 것을 막을 수 있었다. 경쟁의 일환으로서의 폭력은 개인적으로나 사회적으로 더욱 많은 것을 가능하게 할 수 있다. 잭맨(Mary Jackman 2002:387)에 의하면, 많은 경우에 있어서 폭력은 "악의(malicious intent)"에서 나오지 않으며 "사회적으로 거부(socially repudiated)" 당하지도 않는다고 한다. 관건은 "유용한" 공격성은 장려해야 하고 범죄적 폭력은 억제해야 한다는 점이다. 권투라는 스포츠가 폭력적인 행동이라는 것은 의심의 여지가 없다. 그러면 그것이 금지되어야 할 것인가? 권투의 열성팬이었던 소설가 Norman Mailer는 1962년 웰터급 챔피언전에서 싸우던 Emile Griffith가 상대였던 Benny Paret을 연속적으로 열여덟 번 강타하여 결국 죽음에 이르게 한 사건


524

이후 권투를 버렸다. Mailer는 미국 사회가 젊은이들을 위해 더 평화로운 배출구를 찾고, 자동차 경주와 같은 다른 스포츠들에 몰입하게 되기까지는 권투가 불법으로 금지되는 일은 없을 것이라고 생각한다(Cohen, 2004: 242).

몇몇 축구 경기에서의 충격으로 인한 뇌손상 관련 사건 보도(Casson 외, 2011)는, 축구 등의 운동이 교육과 무슨 상관이 있을까라는 의심과 함께 운동 경기에서의 경쟁의 합법성을 의심하게 만든다.

폭력에 관한 문헌의 역사는 오래 되었다. 아동기에 읽는 고전 동화에서의 폭력은 무섭고 잔혹하기도 하다. 피터팬의 후크 선장은 뾰족한 갈고리를 휘두른다. 헨젤과 그레텔은 마녀의 오븐 속으로 들어갈 뻔 했다. 논쟁의 여지는 있지만, 동화에서는 아동에게 폭력을 모방하지 않고 극복하도록 가르친다(Shattuck, 1996). 성경에서는 카인이 그의 형을 죽이는 살인이 발생하였고(Barmash, 2005), 셰익스피어의 햄릿에서도 여러 시체를 통해 폭력성이 극적으로 드러난다(Foakes, 2003).

더욱 우려를 낳는 부분은 텔레비전과 영화에서 폭력을 보여주는 것이다. 영상 속의 삶에서는 금새라도 사람을 죽게 만들 정도의 싸움이 갑작스럽게 발생하는 사건이 꽤 사실적으로 묘사된다. 불만을 품은 영웅이 의자로 사람의 머리를 내리치는 장면과 턱을 강한 주먹으로 치는 장면은 그다지 심각하게 느껴지지 않는다. 이와 같은 무차별적인 폭력은 악당이 굴복할 때까지 계속된다.

영화 속 폭력성의 영향력을 평가하기보다는 희화화하기가 쉽다. 최근 연구에서는 텔레비전에서 묘사되는 폭력으로 인해, 불만족스러운 대인 관계와 같은 개인적 문제에서 사람들이 더욱 공격적인 반응을 보이기 쉽다고 지적하고 있다(Eriksen & Jensen, 2009). 그러나 폭력적인 행동에 대한 매체의 영향력을 명확히 하기 위해서는 복합적인 연구가 필요하다. 이상적인 연구에 관하여 말하자면, 하나의 집단은 폭력적인 장면에 노출 시키고 또 다른 집단은 그런 경험을 하지 않도록 한 이후에 폭력에 대한 각 집단 구성원들의 의지를 비교하는 것이다. 하지만 연구 목적으로 이와 같은 두 개의 차별화된 집단을 설정하는 것 자체가 매우 까다로운 문제이다.

민족학 연구 문헌에 따르면, 어떠한 문맹 부족의 경우에는 다른 사람들을 지배하거나 사냥하고 죽이는 것으로부터 기쁨을 느끼지 못한다고 한다. 그들이 원하는 것은 평화 속에서 머무르는 것이고 이를 위하여 접근이 어려운 영역에서 은둔하며 생활한다. 인류학자인 고러(Geoffrey Gorer 1966)는 평화를 사랑하는 특징을 가진 부족의 경우에 먹기, 마시기, 성, 그리고 웃음에 대한 원초적인 기쁨을 매우 즐긴다고 언급하였다. 그런 부족에서는 남성과 여성의 사회적 성격 간에 차이가 없었다. "모든 남자들은 X를 한다"라고 하거나, "Y를 하는 여성은 부적절하다"라는 것과 같은 말을 들으며 성장하는 아이들은 없다.

역설적이게도 폭력에 대한 회피가 보편적이 되지 않으면 폭력이 승리한다. 이에 대한 대안은 범죄적 행위는 통제된 채로 실제의 적에 대해서만 폭력이 표현되어야 한다는 점인데, 현대의 산업화된 사회에서는 이와 같은 상황이 이루어지지 않는다.

갈퉁(Johan Galtung 1990)은 폭력을 합법화하는 문화적 요소는 없어져야 한다고 주장한다. 그는 나치 독일에서 우세하였던 지배 민족주의가 당시 독일인들로 하여금 도덕적 윤리에서 벗어나도록 했다고 지적한다. 별, 십자가, 초승달, 깃발, 성가, 군대 행진, 그리고 도처에 있는 지도자의 초상화와 같은 상징들은 외부인으로 규정된 사람들을 향한 폭력적인 행동을 지지하도록 한다.

폭력에 대한 포괄적인 연구에서, 콜린스는 폭력이 일반적이 아니라 예외적인 것이며, 쉽거나 자동적으로 발생하지 않는다는 결론을 내렸다. 콜린스는 천성적으로 적대적인 사람들은 두려워하고 긴장하며, 그들의 불안이 전형적으로 약자에 대한 잔혹행위, 청중 앞에서의 의식화된 과시, 테러리즘과 살인이라는 은밀한 행위를 유발한다고 주장한다(Collins, 2008).

## 살인, 폭행, 테러리즘, 그리고 강간(Homicide, Assault, Terrorism, and Rape)

미국에서 이러한 범죄들은 일반적으로 심각한 폭력 범죄로 다루어진다. 그러나 이전 장에서 언급하였듯이 이데올로기, 시간, 장소, 그리고 관찰자에 따라서 "폭력범죄"에 관한 견해가 다양하다. 폭행은 중대한 폭력 범죄로 여겨지는 반면에, 의료 보험이 없는 임신한 여성에게 의학적 치료를 제공하지 않는 것은 시장 경제에서 용인할 수 있는 행위로 여겨진다. 폭행이 청소년들 간의 힘겨루기 정도에 그치는 경우가 있는 반면에, 의학적 치료를 제공하지 않는 것은 여성과 그녀의 태아가 모두 사망하는 결과를 초래할 수 있는 데도 말이다.

어떤 형태의 대인 폭력은 거의 관심을 끌지 못한다. 가족이나 지인들 사이에서 발생하는 폭력은 형사사법기관에 거의 신고가 되지 않는다. 노동통계청은 2009년 보고서에서 1년 동안 4,340명이 업무관련 사망했다고 발표하였다. 고속도로 사고를 포함, 교통 관련이 가장 많은 수를 차지했으며, 살인 사건의 12%가 직장에서 발생하였다. 직장에서 발생한 사고 피해자의 93%가 남성이었으며, 이들 사망의 대다수는 불법적인 근무 조건이나 다른 형법 위반 사항과 관련이 있었다.

## 살인(Homicide)

한 사람이 다른 사람을 불법적으로 죽이는 것을 살인이라고 한다. 낙태에 반대하는 사람들이 복중 태아 살해 관련 형법을 수정하는데 어느 정도는 성공했지만, 살해 행위는 피해자가 출생하기 전이거나 출생 중인 경우가 아닌, 그 이후에 발생한 것만 고려한다. 살인으로 규정되기 위해서 특정한 범죄 행위가 사망에 대한 유일한 원인일 필요는 없고, 다만 원인으로 인식 가능해야 한다. 법률상 살인은 부상이 발생한 시점에서 366일 안에 사망한 경우이다. 미국에서는 살인에 대한 시효가 없다. 즉, 살인이 일어난 이후에는 시간의 경과에 상관없이 살인범을 언제든지 기소할 수 있다.

살인은 전통적으로 4가지 종류로 분류된다. 살인의 4가지 범주에는 모살(murder), 고살(manslaughter), 이유 있는 살인(excusable homicide), 그리고 정당 살인(justifiable homicide)이 있다. 1급 살인에는 예모(premeditation)와 살의(사전 악의, malice aforethought)의 요소가 포함된다. 예모는 고의가 형성되기 이전의 상태를 일컫는데, 이는 행위가 그 요건을 충족시키기 앞서 그러한 의도가 선행되었더라도 해당된다. 살의는 사람의 생명을 뺏으려고 하는 고의적인 의도의 표현을 말한다. 뉴욕에서 9/11 테러사건이 발생한 이후로 입법부는 "테러리즘의 행위의 일환으로 살해하는 것"을 일급 살인에 추가하였다.

이급 살인은 살의를 포함하지만 예모는 제외된 것이다. 이유 있는 살인(excusable homicide)은 적당한 정도로 주의를 기울이면서 법적인 행위를 한 사람이 사고를 일으켜서 사망이 발생하였을 때를 말한다. 권투선수가 펀치로 상대 선수를 죽이는 경우나, 차량을 안전하게 운행한 운전자가 부주의하게 차 앞으로 뛰어든 어린이를 치여 그 어린이가 사망하는 경우가 이유 있는 살인으로 분류된다. 정당 살인은 사형 선고를 받은 중죄인을 사형하거나 자기-방어를 위하여 사람을 죽이는 경우처럼 합법적인 행위를 포함한다. 최근 여러 주에서는 위협을 당한 사람에게 가능하면 물러나라는 요구를 하는 대신에, "자신의 입장을 고수하라(stand your ground)"는 자기-방어 법을 규정하여 자신을 위험에 처하게 하는 듯이 보일 경우 그 사람을 죽이는 것을 합법화하고 있다. 이에 반대하는 사람들은 이 법을 "일단 총을 발포하라는 법(Shoot First Laws)"이라고 부른다(Fontaine, 2010).

또한 중죄모살(felony-murder)에 대한 규정이 있다. 중범죄(강도와 같은)가 실행되는 도중에 사망하는 경우 중죄를 행한 살인범을 1급 살인으로 기소할 수 있다. 노숙자가 자고 있던 창고에 우연히 불을 질러 노숙자가 죽은 경우를 살펴보자. 그럴 경우에 방화범은 살인에 대한 예모와 살의가 부족한 범죄행위임에도 불구하고 살인범으로 기소될 수 있다. 중죄모살에 대한 규정은 "미국 법 가운데 끊임없이 가장 많은 점에서 비판을 받는 부분"이라고 언급된다(Binder, 2004:84). Guyora Binder는 중죄모살이 (1) 폭력과 파괴 그리고 (2) 피해자가 입은 상해와는 무관하게, 부가적으로 악의적인 목적이 포함된 중죄를 저지르던 도중 가해자가 야기한 사망 사건의 경우에만 적용되어야 한다고 주장한다. 이 조건에 맞는 사건은 강간범이 아이의 목을 조른 뒤 의도와는 달리 사망에 이르게 한 경우나, 모텔 점원을 상대로 강도를 저지르다가 실수로 총을 발사하여 점원을 죽인 경우일 것이다(Binder, 2008:966-967). 2005년에 콜로라도 대법원에서는 중죄모살에 대한 유죄를 선고 받고 8년 동안 수감되었던 리슬 오만의 사건을 반송하였다. 오만과 공범인 2명의 남성들이 그녀의 이전 남자친구의 집에 무단으로 침입하여 다른 물건과 함께 그녀의 물건을 가지고 나왔다. 치열한 추격 끝에 그녀는 체포되었고 수갑이 채워져 경찰차 뒷좌석에 앉았다. 5분 후 남자 공범 중 1명이 경찰에게 총을 쏘고 자살을 하였다. 오만은 1급 살인으로 유죄 판결을 받았고 가석방 없는 종신형을 선고 받았다. 항소 법원은 그녀의 사건에서 중죄모살에 대해서는 이견이 없었으나, 그녀가 강도의 목적으로 침입을 강행한 것인지 아니면 단순히 자신의 소유물을 가지고 나오기 위해서 침입을 한 것인지에 대하여 배심원들이 판단하도록 법원의 지시가 있었어야 했다고 판시했다(*Auman v. People*, 2005). 결국 오만은 가석방되었다.

오늘날, 몇몇 주(states)에서는 극도로 심각한, 아주 제한된 숫자의 범죄만이 중죄모살에 속하는 것으로 명시하고 있다.

고살(manslaughter)은 살의(malice aforethought)를 요건으로 하지 않는다. 1급 고살은 자발적 고살이라고도 하는데, 칼을 가지고 싸우는 것과 같이 이성적으로 죽음이 예상 가능한 상황에서 사망이 발생한 경우에 해당한다. 1급 고살의 예를 들면, 플로리다에서 장난으로 교차로에 있는 정지 표지판을 제거한 20세 남성과 21세의 여성은 15년의 징역형을 선고 받았는데, 교차로로 운전을 해서 들어온 3명의 청소년들이 8톤 트럭과 충돌하여 사망하였기 때문이다.

2급, 혹은 비자발적인 고살은 주먹 다툼을 하는 동안 추락하여 입은 부상으로 사람이 죽는 경우에서와 같이, 치명적인 결과와는 비교적 거리가 먼 환경에서 발생하는 것을 말한다. 최근에 비자발적인 고살의 예를 들면, 개가 가죽 끈을 끊고 아파트에 있는 거주자를 공격하여 죽게 한 사건으로, 그 결과 그 개의 주인인 한 여성과 그녀의 남편이 4년의 징역형을 받은 것이다(*People v. Noel*, 2005). 과실치사는 몇 개의 재판관할에서 운전으로 발생한 사망사건을 처리할 때 적용된다.

[하이라이트 11.1] **140명을 죽인 콜롬비아의 연쇄 살인범**

42세의 콜롬비아 남성인 루이스 알프레도 가라비토는 자신이 8-16세 사이의 어린이 140명을 죽였다고 자백하였다. 가라비토는 피해자들을 사냥하기 위하여 거지, 장애인, 그리고 중으로 여러 번 가장하였다. 피해자들의 시체는 목이 잘린 상태였으며 구타와 절단의 흔적이 보였다. 지금은 피해자들을 기리기 위하여 언덕 한 편에 벽화가 조각되어 있는 페레이라시에서 그가 죽인 어린이들의 뼈가 25구 발견되었다.

어린이들은 대개 가난한 가정의 구성원이었고 길에서 행상을 하면서 일하였던 것으로 밝혀졌다. 그들의 부모들은 자녀들을 자유롭게 돌아다닐 수 있도록 하였고 때로는 아이들에게 관광객들로부터 돈을 구걸해 오라고 시켰다(Newton, 2006을 토대로 재구성).

### *살인하지 말라: 전쟁의 경우에는 어떤가?*

"살인하지 말라"는 성경의 계명은 미국 남북전쟁(1881–1885) 당시 군대에서 중요한 역할을 했다. 남북전쟁 당시 62만 명이라는, 미국 군인이 참전한 모든 전쟁에서 사망한 미군의 숫자를 모두 합한 것보다 더 많은 수의 군인들이, 전장에서 병이나 다른 기타의 이유로 죽었다. 남북 전쟁에서 어떤 군인들은 종교적 신념에 근거해 적에게 발포하라는 명령을 거부하였다. 살인을 한 군인들은 자기 방어 등의 이유를 들며 자신의 행동에 대해 변명하였고, 혹은 정당한 사유로 싸우고 있었다고 믿었다. 많은 경우, 살인은 양심의 가책을 둔화시킨 원거리 사격으로 인한 것이었다(Faust, 2008). 신문이나 성직자들이 "살인자"라고 부른 사람들은 대부분 저격병들이었다. 저격병들이 잡혔을 때, 그들은 어느 쪽에서든 자비를 받지 못했다(Earley, 2009:182).

## •• 살인 관련(Homicide Correlates)

미국 남부는 가장 높은 살인 발생률을 보여주기 때문에 어떤 연구자들은 이 지역의 특성을 "폭력의 하위 문화(subculture of violence)"라고 규정한다(Clarke, 1998). 그러나 다른 사람들은 남부의 높은 폭력 수준의 주된 요인이 지역적 문화가 아니라 가난과 인종적인 불평등 때문이라고 주장한다(Huff-Corzine & Moore, 1991).

생애 살인-위험률은 살인 발생률이 안정적이라는 가정 하에서 특정 연도에 출생한 사람이 일생 동안 살인 피해자가 될 가능성을 토대로 한다. 가장 위험도가 높은 집단인 흑인 도시 남성의 경우, 살인 피해자가 될 확률은 놀랍게도 24명 중 1명이다. 미국 인디언 남성들(57명 중 1명) 또한 흑인 미국여성들(98명 중 1명)만큼이나 높은 위험률을 보이고 있다. 매체에서 청소년과 젊은 성인들의 살인 피해를 집중 조명하고 있지만, 미국 인디언 남성들을 제외하고, 생애 살인-위험률의 1/4 정도가 25세 이전에 발생한다. 매년 "보통(average)" 사람이 살인 피해자가 될 확률은 약 10,000분의 1이다(Reiss & Roth, 1993:62-63).

비교를 위해, 미국인들의 생애 살인-위험률은 210명 중 1명이다; 자동차 사고의 경우는 83명 중 1명이다; 비행기 사고의 경우는 5000명 중 1명이다; 길을 건너다 사고를 당하는 경우는 1,100명 중 1명이다;. 추락의 경우는 살인의 경우와 그 비율이 거의 같다.

## •• 살인의 경향(Trends in Homicide)

살인-특히 살의에 의한 살인-은 거의 모든 범죄가 경찰에 신고 되기 때문에 범죄 활동에 대한 가장 믿을만한 척도로 간주된다. 그렇다고 모든 살인이 발각된다는 말은 아니다. 어떤 살인들의 경우에는 자살이나 사고로 기록되기도 한다. 남편이나 아내가 배우자의 미움을 사서 "사고를 가장하여" 차고 밖으로 밀려나 차에 치일 수도 있다. 살인 발생률이 갖는 또 다른 문제는 사건 종류 간에 그 차이를 식별하기가 어렵다는 점이다. 영아 살인, 조직범죄의 학살, 그리고 청소년 갱들의 운전하면서 총 쏘기 등의 많은 형태의 살인 종류가 있다. 정의에 따른 문제도 존재한다. 9.11 세계무역센터 테러리스트들이 죽게 한 3,000명 이상의 사람들을 살인 피해자로 봐야 할 것인가?

미국의 기록에는 살인에 대한 일관성 있는 형태가 존재하지 않는 것으로 보인다. 최근 가장 높은 살인율은 1980년에 나타났다(인구 100,000명 당 10.2명). 1985년에는 100,000명 당 7.9명으로 감소하였다. 1991년에는 24%가 증가하여 9.8명이 되었지만, 그 이후에는 현저하게 수치가 감소하여 2010년에는 반 세기 동안 가장 낮은 수치인 4.8명을 기록하였다.

이와 같은 감소에 대한 가장 합리적인 추측은 많은 사망자를 산출했던 코카인 시장이 축소되었고 마약 판매상들이 더욱 비밀스럽게 활동하거나 거의 싸움을 일으키지 않았다는 주장이다(Jacobs, 2000). 블룸스타인과 로젠펠트(Alfred Blumstein and Richard Rosenfeld 1999:1211-1212)는 다음과 같이 말하였다. "햄버거를 뒤집거나 식료품을 포장하는 일의 단점이 무엇이든지 간에, 아이들은 거리 구석에서 환각제를 파는 것보다 패스트푸드 식당에서 일할 때 사람을 죽이거나 혹은 자신이 살해당할 가능성이 훨씬 낮다." 살인발생률이 감소하면, 정치가와 법 집행 기관은 이것이 그들의 프로그램으로 인한 성과라고 이야기한다. 그러나 살인 발생률이 증가하면, 정치가와 법 집행 기관에서는 이에 대한 원인으로 인구의 연령 구조와 전통적인 가정생활의 해체 등 그들의 통제에서 벗어난 것들이 원인이라고 주장한다.

가정생활 제도에서의 변화 또한 살인 발생률 감소에 공헌하였다. 지난 20년 동안 배우자, 예전 배우자, 그리고 동거인에 대한 살인이 지속적으로 감소하였다. 이러한 감소는 특히 흑인 사이에서 나타났고, 이는 혼인율의 감소, 혼인 연령의 증가, 높은 이혼율 등 "가정에 대한 애착"이 감소하는 것과 일치하는 것으로 밝혀졌다(Dugan 외, 1999). 마지막으로 높아진 수감률은 일반인들보다 살인할 확률이 더 높은 사람들이 거리에서 지내지 않도록 하여 살인 발생률을 낮추는데 기여하였다.

## •• 살인의 유형(Patterns in Criminal Homicide)

살인에 관한 최근 통계를 보면 2010년 총 14,778명의 피해자가 발생했다. 남성들은 길에서 살인의 피해자가 될 확률이 더 높았던 반면에, 여성들은 주로 집에서 살해되었고 대부분이 침실에서 발생하였다. 남성들은 대부분 주방에서 치명적인 가정 내 공격의 피해자가 되었고 주로 주방 칼로 살해 당하였다. 전체 살인 사건의 반 이상에서 술과의 관련성이 발견되었고, 반 정도는 피해자와 범죄자 모두가 음주를 한 상태로 나타났다.

범죄자 중 반 이상이 예전에 체포된 적이 있었고, 그들 중 2/3가 폭력범죄 전과를 가지고 있었다. 피해자가 여성일 경우에는 가해자의 거의 대다수가 친구, 친척, 지인들이었다. 사건 중 대다수는 피해자와 가해자가 동일 인종이었다. 살인의 대다수의 원인은 언쟁(3,588)으로 인한 것이었으며, 그 다음으로는 강도(924), 청소년 집단 살인(711), 마약 관련 살인(501)이 뒤를 이었다. 가장 많이 살인에 사용된 무기는 권총(6,755)이었다.

마빈 울프갱(1958:245)은 "피해자가 자신의 사망을 스스로 유발하는 주된 원인일 수도 있다."라는 점을 주장하기 위하여 피해자-유발(victim-precipitation)이라는 개념을 소개하였다. 피해자가 유발한 사건은 언쟁 중에 피해자가 먼저 치명적인 무기를 보여 주고 사용하였거나, 먼저 주먹으로 치는 경우 등을 들 수 있다. 울프갱은 필라델피아 살인 사건의 약 1/4이 피해자-유발 사건이라고 밝혔다.

체면을 세우는 것은 살인에 있어서 중요한 요인이다. 타인에 의해서 유발된 폭력의 수준의 점차적인 증가에 대해 양측이 서로 반응하면, 결국 축적된 폭력은 죽음으로 귀결된다. 살인은 개인적 가치를 반영하는데, 이러한 개인적 가치는 남성 우월주의적인 문화에서 유래할 경우 매우 현저하게 나타난다. "어느 누구도 나에게 그런 말을 하고는 도망칠 수 없다!"는 말은 죽음에 이르는 과정이 확대되기 전에 나오는 일반적인 표현이다. 그러나 어떤 남성들의 경우에는 다른 책략을 이용하여 그러한 상황을 피할 수 있다. 그들은 위협으로부터 도망치거나 농담으로 전환하거나 대결에서 벗어날 수 있는 책략을 사용할 수 있다. 그러나 그렇지 못한 사람들의 경우, 그러한 회피는 참을 수 없는 비겁함으로 간주될 것이다.

최근 경찰은 과거에 비하여 사소한 논쟁에서 비롯되는 살인들이 훨씬 더 많아졌다고 보고하였다. 밀워키에서 다음과 같은 상황으로 인하여 살인이 발생하였다. 한 여성은 실크드레스 때문에 친구와 언쟁을 하다가 친구를 죽였다. 한 남성은 이웃의 10세 소년이 자신의 주방 세제를 실수를 사용하자 화가 나서 그 소년의 아버지를 죽였다. 2명의 남성들은 전화기 때문에 다툼이 일어나서 서로의 총을 꺼냈고 총을 난사한 결과 13세 소녀를 죽게 하였다(Zernke, 2006).

## •• 연쇄 살인과 대량 살인(Serial Killings and Mass Murder)

연쇄 살인과 대량 살인은 매우 충격적이기 때문에 발생한 빈도에 비하여 훨씬 더 많은 주목을 받는다. 연쇄 살인은 여러 번 살인을 반복하는 것을 말한다. 연쇄 살인범은 매년 살인율의 1% 중 4/10에 불과하고(Schlesinger, 2001), 일반적으로 피해자를 납치한 후 1시간 이내에 살해한다(Godwin & Rosen, 2005). 연구자들은 연쇄 살인범들을 하위집단으로 구분하는데, 우선 몇 시간 혹은 며칠 동안 서로 다른 장소에서 3명 이상의 피해자를 죽인 사람들은 "분산 살인범들(spree killers)"이라고 부른다(Hickey, 2009). 연쇄 살인범들은 이동성이 매우 높은 경향이 있다. 그들은 피해자와 사전에 어떠한 연관성을 가지고 있지 않기 때문에 명백한 동기가 부족하다. 또한 그들은 부랑자, 가출 청소년 등 실종이 되어도 수사가 쉽게 시작되지 않을 법한 사람들을 주로 사냥한다(Colombia에서 보고된 연쇄 살인범에 관한 사건 11.1 참조). 대량 살인과 연쇄 살인의 범죄자들은 매춘부들을 쫓아다니며 괴롭히는 가학성애자로부터 직장에서의 불만을 해결하기 위하여 AK-47E를 가지고 고용주에게 화를 내는 노동자, 자신들의 범죄를 목격한 사람들을 죽이는 무장 강도들에 이르기까지 다양하다(Levin, 2008; Shon & Milovanovic, 2006).

Karen Quinet의 연구는 1979-2000년 사이와 비교해서 현 세기의 최초 10년간 연쇄 살인으로 살해당한 매춘부들의 숫자가 급격히 증가했다고 보고했다(Quinet, 2011). 피해자들의 시신 중 다수를 워싱턴 주에 유기한 "그린 리버 살인범" Gary Leon Ridgway는 71명 이상을 살해한 것으로 보고되고 있다. 종신형을 선고받으면서 그는 자신이 왜 매춘부들을 피해자로 삼았는지를 법정에서 밝혔다.

> 나는 매춘부들 대부분을 싫어했고, 매춘의 대가를 지불하기 싫어서 살해했다. 게다가 눈에 띄지 않고 차에 쉽게 태울 수 있어서 매춘부들을 골랐다. 나는 그들이 실종 신고가 되지 않으리라는 것을 알고 있었다. 또, 나는 잡히지 않고 최대한 내가 원하는 대로 많이 죽일 수 있을 거라고 생각했다(Quinet, 2011:81; Reichert, 2004 참조).

연쇄 살인과 관련하며 일상 활동 이론(routine activities theory)을 검증하려는 연구자들은 평균적인 연쇄 살인 비율보다 특정 주에서 더 높은 연쇄살인율을 보일 것을 예측하는 요인으로 다음 세 가지를 발견하였다. (1) 도시 지역에 사는 인구 비율이 더 높은 경우, (2) 높은 이혼율, 그리고 (3) 독신자 거주 가정의 수가 많은 경우(DeFronzo 외, 2007).

대량 살인범들은 단일한 사건에서 여러 명의 피해자를 죽이는 살인범들을 말한다. 대량 살인범들은 연쇄 살인범들이 죽이는 피해자의 수보다 훨씬 적은 피해자들을 죽인다(Duwe, 2007). 연쇄 살인범들이 예상하는 주목과 관심은 그들의 살인 행위를 강하게 자극하기도 한다(Caputi, 1990).

사회학자인 글래스너(Barry Glassner, 1999)는 연쇄 살인범들과 대량 살인범들에 관한 대중적인 불안을 범죄에 대한 "허위 공포(false fears)" 중 하나라고 명명하였다. 그는 극적인 범죄가 대중의 관심을 보다 심각한 문제들로부터 전환시킨다고 언급한다. 예를 들면 그는 사람들이 조작의 증거를 찾기 위하여 할로윈 캔디를 X-ray 검사하는 것을 걱정하는 대신에, 건강 보험 없이 지내는 주변 수백만 명의 사람들을 염려하는 것이 더 바람직하다고 주장한다.

연쇄 살인과 달리 대량 살인범들은 대부분 개방된 장소에서 사건이 발생하고, 종국에는 범죄자가 자살을 하거나 경찰에 의해 사살을 당하기 때문에 사건이 쉽게 해결된다. 대량 살인범은 직장에서 해고되는 것과 같이 스트레스를 유발하는 사건으로 인해 살인을 계획하기 시작한다. 대량 살인범들은 군사적 배경을 가지고 있는 점, 낯선 사람들을 죽이는 점, 백인인 점, 보통 살인범들보다 연령이 더 높은 점 등의 공통된 특징을 가졌다(Fessenden,

2000).

미국에서 가장 끔찍한 대량 살인 사건은 2007년 4월 5일, 웨스트버지니아의 Blacksburg에 있는 버지니아공대 캠퍼스에서 발생하였다. 조승희는 자살하기 전 32명을 살해하였고 23명을 부상 입혔다. 그는 정신 병력을 가지고 있었다(Roy, 2009). 이 사건으로 학생들이 자신들을 지키기 위해 학교 강의실에서 총기를 소지하도록 허가하는 법안이 통과되었다. 그러나 이 법안은 강의실에서 교수들이 어떤 학생에게 F를 줄 것인지에 대해 더욱 조심하게 만드는 것 외에는 크게 기여하는 바가 없다.

버지니아공대 대량 살인 사건 후, 2009년 11월 5일 텍사스의 Fort Wood에서 12명이 살해되고 31명이 다쳤다(대부분 군인). 살인범은 의사인 Nidal Malik Hassan 소령으로, 중동 지역에서 발생하는 미국 관련 전쟁에 적대감을 가진 회교도였다. 2011년 1월 8일 또 다른 대량 살인 사건이 발생했는데, 22세의 Jared L. Loughner는 아리조나 투산에서의 정치 집회에서 9세 소녀 및 연방 법원 판사를 포함하여 여섯 명을 살해하고, 하원 의원인 Gabrielle Giffords에게 치명상을 입혔다.

많은 사람들은 살인범의 성격에서 나타나는, (사건이 발생한 이후에는 명백하게 보이는) 이상 징후들을 관련 기관이 왜 미리 감지하지 못했을까를 궁금해 한다. Fort Wood에서 Hassan 소령은 낮은 업무 평가가 누적되어 있었고, Jared Loughner는 Pima Community College에서 분별없는 행동으로 퇴학당했으며, 조승희는 이웃들에게 음침한 사람으로 비춰졌다. 그러나 기괴한 행동과 대량 살인 사이에는 엄청난 차이가 존재하며, 무수히 많은 이상 행동 징후들 가운데 어떤 것이 폭력으로 이끄는지 예측하는 것은 거의 불가능에 가깝다 (Skeem & Monahan, 2011 참조).

[그림 11.1] 아리조나 투산에서의 정치 집회에서 하원 의원인 Gabrielle Giffords를 향해 총이 발사된 직후 Safeway 가게 밖에서 수사관이 사진을 촬영하고 있다.

≫ 자료의 출처: AP Photo/James Palka.

11

## ●● 살인에 관한 설명(Explaining Homicide)

범죄학에 새롭게 입문한 사람들은 살인을 하는 사람들이 "정신병자"임에 틀림없다고 주장한다. 즉 살인자들은 비이성적인 힘에 의해서 움직인 것이 틀림없다고 말한다. 이러한 표현은 살인자들에 대한 정확한 특성을 말하는 것이 아니다. 우리에게 살인은 기이하게 보이지만, 일반적으로 살인은 가해자의 입장에서는 상황에 대한 합리적인 선택이다. 블랙(Black, 1993)은 살인을, 궁지에 몰렸다고 느끼는 사람이 상황을 해결하기 위하여 사용하는 "자조(self-help)"의 한 형태라고 주장한다. 카츠(Jack Katz 1988)는 가해자가 살인을 자기-존중과 같은 어떤 상태를 성취하거나 유지하는데 있어서 필수적인 것이라고 믿고 있기 때문에, 살인은 "정당한 학살(righteous slaughter)"의 행위로 행해진다고 설명한다. 전형적으로 살인자는 피해자가 살인을 당해도 싸다고 생각한다. 카츠(1988:12)는 "만일 우리가 사건의 세부사항을 살펴본다면, 우리는 가해자가 정상이 아닌 것으로 보이는 상황에서조차도 선의의 사람들을 지키려고 했다는 것을 알 수 있다"고 서술하고 있다. 그러나 포크(Kenneth Polk)는 카츠의 지적이 사실인 부분도 있지만, 대부분의 살인을 설명하기에는 역부족이라고 언급하였다. 포크(1993:194)는 카츠가 말했던 사항에 대하여 "처음에는 살인의 특성에 대하여 이론을 제시하였고 그 후 그는 살인이 진행되는 과정에 대한 그의 이상적인 개념을 정당화하기 위하여 선택적으로 예시를 골랐다"고 주장한다.

영화배우인 시드니 프와티에는 자신의 자서전에서 "살인을 하는 사람들이 하루 24시간 내내 악마로 지내는 것은 아니다."라는 의견을 제시한다. 그는 "우리들 각자에게 있는 어두운 면은 다양한 복잡성의 가면 뒤에서 작동하다가, 우리가 어두운 면을 사용하겠다고 결정하면 겉으로 드러난다. 우리 모두는 분노, 불만족, 자기-혐오, 불행, 부적절함에 대한 참을 수 없는 느낌의 저수지를 가지고 있다. 그것들은 우리가 끔찍한 일을 하도록 만든다."(Poitier, 2000:220-221)고 덧붙였다.

사회학자인 레오나르도 비글리는 살인을 설명하는 최적의 이론적 구성요소에 대하여 5가지 사항을 거론한다. 그는 미국에서의 높은 살인율이 (1) 총의 가용성; (2) 불법적인 약물 시장; (3) 인종 차별; (4) 폭력에 대한 노출; (5) 경제적인 불평등의 영향을 반영하고 있기 때문이라고 주장한다(Beeghley, 2003).

그러나 이와 같은 살인에 관한 당대의 설명들은 최근에 실시된 세기에 따른 살인율 계산에 대한 연구에 의해 도전받고 있다. 살인은 오늘날보다 중세기에 더욱 보편적이었는데(Dean, 2007), 17, 18, 19세기에는 살인율이 급격하게 감소하였다. 대부분의 이론들은 가정과 지역 사회의 유대가 와해되고 도시화가 확장되었을 때 살인이 증가할 것이라고 반대로 추정한다. 중세기 이후 범죄 감소에 대한 가장 타당성 있는 설명 중에 하나는 도시화의 형태나 경제 성장의 형태에서 찾을 수 있는 것이 아니라 범죄에 대한 내부적이고 심리적인 태도의 변화에서 발견할 수 있다. 중세기에는 대부분의 살인이 많은 사람들 앞에서 발생하였고 분쟁을 종결하기 위해 수행되었다. 의견의 차이를 해결하기 위해서는 민사 소송과 같은 다른 수단들이 폭력적인 행위를 대체하여 사용되었다(Johnson & Monkkenon, 1996).

### •• 폭력의 하위문화 : Jerry (Subculture of Violence: Jerry)

이 글의 저자 중 한 명이 방문하여 만났던 제리는 살인죄로 교도소에서 복역 중이다. 제리의 수감은 사소한 언쟁의 결과였다. 그는 이사를 나간 다른 남자와 트레일러를 함께 사용했었다. 어느 날 두 사람 모두가 술을 마시고 작은 탁자의 소유에 대하여 의견이 불일치하였을 때 피해자가 제리를 총으로 위협하였다. 제리는 피해자가 무기를 내려놓도록 설득한 다음, 피해자가 총을 사용하지 않을 거라면 아예 애초에 총으로 자신을 겨누지도 말았어야 한다고 말하면서 그를 죽을 때까지 폭행하였다. 제리가 보석으로 석방되었을 때, 피해자의 친척 여러 명이 그의 트레일러에 나타나 그를 향해 총을 발사하였다. 제리는 탄약이 떨어진 후에 그들 중 한 명을 잡아서 자기 발로 밟고는 쏴 죽였다. 그는 자신을 먼저 공격한 사람에 대해서 자기가 그들 가족의 일원을 죽였기 때문에 "그들은 당연히 해야 할 일을 하였다"라고 말하며 그 피해자에 대하여 존경을 표하였다. 제리는 교도소에 입소한지 얼마 되지 않아서 자신의 물건을 훔쳐 간 수감자를 죽였다. 그는 "그들이 나를 얕보도록 놔두지는 않을 것이다. 누군가 당신의 물건을 훔쳐 가려할 대 그것을 놔둔다면, 그들은 뭐든지 자기들 맘대로 하려 할 것이다"라고 주장하였다.

외형적으로 제리는 유쾌한 남자로 보인다. 그는 방문하는 범죄학 학생들이 감탄할 정도의 정직함과 유머를 선보이고는 하였다. 제리는 그의 행동을 후회하고 있으며, 피해자들에 대하여 슬프다고 말하면서도 유사한 상황에서는 다르게 행동하지 못했을 것이라고 이야기한다.

## ••모욕과 살인(Insult and Homicide)

미국에서는 어느 살해 시도로부터 살아남은 생존자가 주에서 지불하는 피해 배상을 받은 사례가 있다. 로버트 해리스(가명)는 당시 만나던 여자에게 전화를 걸었는데, 그녀의 이웃인 로버타 잰슨이 전화를 받고는 그녀를 그만 괴롭히라고 말했다. 해리스는 잰슨에게, 나중에 경찰 조서에 기록된 바에 따르면, "창녀"라고 불렀다. 그녀는 남편에게 자신이 모욕을 당했다는 것을 알렸고, 해리스가 저녁에 나타났을 때 그녀의 남편이 사과를 요구하였다. 해리스가 사과하기를 거절하자 로버타의 남편은 자신의 허리띠를 풀어서 그에게 휘둘렀다. 해리스는 그날 경비원으로 취직했기 때문에 권총을 가지고 있었다. 그는 권총을 꺼내서 남편을 죽였다.

국선 변호인은 해리스가 자기-방어로 무죄를 선고 받을 것이라고 믿었지만, 그러나 그는 해리스가 법정에 나타날 경우 형편없는 증인으로 보일 것이라는 점을 알았다. 해리스의 유일한 걱정은 경찰의 주장처럼 그가 로버타의 남편을 향하여 두 발의 총을 발포하였다는 것을 배심원이 믿을 것인가였는데, 이는 그의 사격술에 있어서 용납할 수 없는 일이라는 것이었다. 국선 변호인은 재판의 위험을 피하고자 고살(manslaughter)과 그에 따른 오랜 수감 기간을 협상하는 쪽을 택했다(Geis, 1998). 이 사건은 감정 기복 심한 남편에게 알리지 않고 사건을 종결하기 보다는, 자신이 받은 모욕에 대한 시정을 바랬던 로버타의 역할과 함께, 사건에 연루된 두 남자 모두가 폭력에 대한 의지를 가지고 있었다는 점을 보여준다.

## •• 살인 이론(Homicide Theory)

밀러(1958)의 주관심사인 하위문화 이론과 울프갱과 페라큐티(1967)의 폭력의 하위문화 이론들은 살인에 관한 대량의 자료를 잘 설명한다(제8장 참조). 그러나 양쪽 이론 모두가 핵심적인 내용에 있어서 폭력적인 사람은 폭력적인 행위를 한 사람들이라고 언급하고 있기 때문에 순환 논리의 비판을 받을 수 있다(Brookman, 2005:109).

살인의 구조적인 설명들은 경제적인 불평등이 상대적 박탈의 과정을 통하여 폭력을 유발한다고 주장한다. 자신의 물질적인 자원이 다른 사람들에 비하여 적다라고 느끼게 되면 사람은 분개한다. 상대적인 박탈로 인하여 유발된 감정적 폭발은 먼 곳에 있는 실제 적들보다는 근처에 있는 사람들을 대상으로 직접적으로 발현된다. 마르티네스(Ramiro Martinez, 1996)는 히스패닉 집단 내(히스패닉 집단과 다른 인구 집단 간에서는 그렇지 않지만)에서 수입의 격차가 증가하고 있고, 그에 따라 살인율도 증가한다는 것을 발견하였고, 결과적으로 낮은 교육적 성취가 살인의 가장 강력한 예측요인이라는 것을 발견하였다.

흑인과 라틴계 남자, 그리고 백인 간 살인율의 현저한 차이를 설명하기 위하여 실시된 연구에서는 소수자들의 사회적 상황이 현재 백인과 같은 주류가 즐기고 있는 정도의 수준으로 상승된다면 백인-라틴 사이의 격차 모두와 백인-흑인 간 격차의 절반이 감소할 수 있을 것이라고 결론을 내렸다. 필립스(Julie Phillips 2002:353)는 "미국 백인의 경우 소수집단이 경험하는 동일한 사회적 압력과 구조적인 불이익을 당한다면 이에 상응하여 높은 살인율을 보이게 될 것이다"라고 언급하였다. 불이익이란 실업, 가난, 소득 불평등, 열악한 주거, 그리고 질 낮은 교육 등을 포함한다.

소수 집단의 미국 이민의 영향에 관한 주목할 만한 연구들에서는 마이애미와 엘파소로 이민을 온 집단들의 경우에 높은 살인율을 기록하지 않았다는 결과를 보여 주었다. 환영하는 대규모 소수 집단의 존재는 이민자들의 변천을 수월하게 하였다. 또한 새로운 이민자들이 자신들의 국가보다 미국에서 더 좋은 미래가 있다고 느끼는 것도 같은 작용을 했다(Lee, 2003a, b; Martinez 외, 2004). 이민이 살인에 큰 영향력이 없다는 것은 흑인과 백인, 라틴계 모두를 포함한 다른 연구에서도 발견되었다(Feldmeyer & Steffensmeier, 2009).

강한 공동체 의식을 보여주고 가치를 공유하며, 대부분의 부모가 자녀에게 학교를 결석하거나 낙서하는 것에 대해 혼을 내고, 공공장소에서 소란을 피우는 사람들에 항의하는 도시 지역에서는 폭력의 발생률이 더 낮다. 폭력범죄 발생률의 최고 예측요인인 "집합적 효율성(collective efficacy)"은 신뢰감, 보편적 가치, 이웃 간의 화합을 말한다(Sampson 외, 1997:918). "집합적 효율성"의 기본적인 요소는 거주자들이 자신의 자녀들에 대하여 무단결석과 길거리 구석을 배회하는 것과 같은 행위를 중단하도록 개입하려는 의지이다. 이러한 연구 결과는 가난과 실업, 편부모 가정, 혹은 인종 차별 등의 상황이 이웃 생활의 특성에 큰 영향을 미친다고 하더라도, 이러한 상황들에만 지나치게 초점을 맞춘 다른 이론들을 약화시킨다. 샘슨과 동료들이 연구한 몇몇 지역은 주로 흑인 거주 지역이면서 극빈하였지만, 낮은 폭력 발생률을 보여 주었다.

가르시아(R. Maria Garcia)와 두 명의 동료들은 폭력범죄와 연관이 있는 효율성의 요소를 더욱 명확히 밝히고자 연구를 수행하였다. 45개의 필라델피아 지역에서 살고 있는 거주자들에게 다음과 같은 진술문에 동의하는지 혹은 동의하지 않는지에 대하여 질문하였다. "내 이웃에 있는 대부분의 사람들을 신뢰할 수 있다." 예상대로 이웃에 대하여 더 큰 신뢰감을 가지고 있는 지역일수록 더 낮은 폭력 발생율을 보여 주었다(Garcia 외, 2007). 이러한 신뢰감의 부재가 지역의 폭력을 가져오는지 혹은 가져오지 않는지에 관해서는 불명확하지만, 약탈자들에 대항하여 이웃들이 단결하는 양상을 보여 준다는 주장과는 배치되는 결과이다.

살인의 위험과 관련해서, 약물을 사용하지 않을지라도 약물이 존재하는 지역에서 거주하는 사람들은 11배 정도 더 살해당할 확률이 높다. 가정 내 알코올 중독이 있을 경우에는 알코올 중독이 없는 가정에 비하여 70% 정도 살해당할 확률이 높다(Rivara 외, 1997).

혼인 상태는 살인과 강력한 상관관계를 가지는 요소 중 하나이다. Kevin Breault와 Augustine Kposowa(1997)는 이혼한 여성들이 결혼한 여성들보다 살인 피해를 당할 확률이 더 높은 반면에, 미혼의 여성들은 결혼한 여성들의 살인 피해율과 별 차이가 없었다고 밝혔다. 1970년대 이후 여성의 역할과 지위의 변화는 여성의 살인 피해율이나 파트너에 의해 살해를 당한 여성의 수에 별 영향을 미치지 않았다(Marvell & Moody, 1999). 남성의 경우에는 미혼 남성들이 결혼한 남성들보다 살인으로 죽을 확률이 91% 정도 더 높았다. 이혼한 남성들의 경우에는 결혼한 남성들보다 72% 더 높은 살인 피해율을 가지고 있었다. 일상 활동 이론가들(routine activities theorists)은 미혼 여성들의 낮은 살인 피해율에 대하여, 그들이 가정 폭력에 거의 연루되지 않으며 남성들을 살인 피해로 몰아넣는 위험한 종류의 행동을 거의 하지 않기 때문이라고 주장한다. 일상 활동 이론을 적용하여 살인을 설명함에 있어서, 미테(Terance Miethe)와 동료 연구자들은 이론적 결함을 드러냈는데, 시대에 따른 활동 양식이 상당히 변화했음에도 불구하고 살인 양식에는 현저한 변화가 없음이 드러났기 때문이다(Miethe 외, 2004).

모든 범죄학 이론들은 이 장에서 고려하고 있는 살인과 다른 행위들을 포함하여 폭력의 형태에 대한 이해를 제공하려고 시도한다. 각 이론들은 장단점을 가진다. 전체적인 맥락에서 봤을 때 잔(Margaret Zahn)과 동료들은 다음과 같이 결론을 내렸다.

> 이러한 이론들은 간결한 하나의 설명으로 통합하기가 어렵다. 폭력성이라는 현상을 다르게 정의하기 때문에; 하나의 이론에서 다른 이론으로 가로지르지 못하는 다양한 분석 수준과 복합적 변수들을 사용하기 때문에; 기본적인 가정이 다르기 때문에; 다양한 문헌에 있는 근거들이 사용되지만 이러한 근거들은 서로가 혹은 현존하는 이론들과 쉽게 연결되지 않기 때문에(Zahn 외, 2004:260).

또한 잔과 동료들은 피해를 발생시키는 모든 형태의 폭력보다는 오로지 불법적이거나 일탈적인 폭력에만 이론들이 초점을 맞추고 있기 때문에 부족한 점이 있다고 지적한다.

### *폭행 미수와 폭행 기수(Assault and Battery)*

대략적으로 정의하자면, 폭행 미수(assault)는 타인에게 신체적인 해를 가하려는 위협이나 시도를 하는 것을 말하는 반면에 폭행 기수(battery)는 실제 그 행위를 말한다. 일반적으로는 단순 폭행(simple assault)과 가중 폭행(aggravated assault)으로 구분하여 사용하며, 폭행 기수는 행위가 실행되었다는 것을 의미한다. FBI 범죄 총계 보고서(the Uniform Crime Reports)에서는 가장 심각한 폭력범죄라 할 수 있는 가중 폭행이 매년 약 1,000,000건이라고 보고한다. 단순 폭행 사건은 총, 칼, 그리고 타이어 쇠와 같은 위험한 무기의 사용이 없는 경우로 UCR에는 기록되지 않지만 훨씬 더 많이 발생한다. 피해자 조사를 통해서 봤을 때 매년 약 500,000건 정도의 폭행 사건이 당국에 보고되지 않는 것으로 파악된다. 바우머(Baumer, 2002)는 더욱 부유한 사람들과 가장 불우한 사람들일수록 단순 폭행을 잘 보고하지 않으며, 이는 이들이 그러한 사건을 더욱 묵인하기 때문이라고 주장한다.

### *테러리즘(Terrorism)*

테러리즘은 4가지 중요 요소를 가진다. 첫째, 테러에 노출이 된 사람들이 두려움을 가지게 하려는 의도를 가진 폭력 행위가 존재한다. 테러의 목표는 적들뿐만이 아니라 무고한 피해자들이기도 하며, 정치적인 목적을 가진다. 미 국무성은 테러리즘을 "주로 대중에게 영향을 미치려는 의도를 가지고, 규모가 큰 혹은 은밀한 조직이 전투 대원이 아닌 사람들을 목표로 하여 실행하는 계획적이고 정치적으로 동기화된 폭력"이라고 정의하고 있다. 콤(Cindy Combs 2006:1)은 다르게 정의를 내렸다. 그녀는 테러리즘이 "정치적인 목적을 위하여 두려움을 유발하는 분위기를 형성하려는 의도로 대중 앞에서 행해지는 가장 금지된 종류의 폭력(무고한 피해자들에게 실행하는)을 극화시킨, 전쟁과 연극의 통합"이라고 말한다.

로젠펠트(Richard Rosenfeld 2002)는 테러리즘이 범죄학 연구에서 우선순위에 있어야 한다고 주장한다. 그 이유는 테러리즘은 일반적인 폭력 형태와 질적으로 다르고, 발달과 생애-과정 관점, 사회 통제 이론, 자아-통제를 강조하는 이론들과 같은 현대의 범죄학 이론들에 쉽게 적용되지 않기 때문이다(Savelsberg, 2006 참조).

테러리즘은 특히 이해하기 어려운 개념으로 남아 있다. 어느 저자는 다음과 같이 서술하고 있다. "테러리즘이 막대한 관심을 받기 시작한 이래로, 테러리즘을 정의하거나 이해하는 것은 결코 수월한 적이 없었다."(Cooper, 2001:881). 쿠퍼는 한쪽에서는 테러리스트로 분류되는 사람이 동시에 다른 쪽에서는 자유를 위해 싸우는 전사로 생각된다고 지적한다. 그는 다음과 같이 정의한다. "테러리즘은 다른 사람들에 대한 통제를 확실히 하거나 유지하기 위한 목적에서 막대한 두려움을 의도적으로 발생시키는 것이다."(Cooper, 2001:883; "테러리즘은 정의하기가 왜 그렇게 어려운가?"라는 표제에 다른 정의와 논의가 있음 Whitaker, 2001; Young, 2006 참조).

David Shichor는 테러리즘의 피해자들에 대하여 "그들은 자신의 운명을 통제할 수 없기 때문에 거리 범죄의 피해자들보다 더욱 무력함을 느낀다. 그들은 피해자가 되는 것을 피하기 위하여 잘못 행동했던 것이나 더 잘 했어야 했을 것들에 관하여 확인할 수 없을뿐더러, 차후의 공격으로부터 자신을 보호하기 위한 정확한 지침을 가지고 있지 않다."라고 지적한다(Shichor, 2007:275).

미국의 이라크 전쟁은 이라크의 지도자가 자국에 있는 쿠르드(Kurdish)족에 대하여 집단 학살을 한 경우가 점차 누적되어 발발하게 되었다. 이라크는 핵무기와 치명적인 독을 가지고 있었다고 알려져 있었고, 미국이나 미국의 가까운 동맹인 이스라엘을 상대로 그러한 무기들을 사용하거나 다른 나라를 영입하기 위하여 다른 국가에 그 무기들을 판매할 수도 있었다고 알려졌다. 이라크는 또한 세계무역센터를 공격한 테러리스트들을 돕기도 했었던 것으로 알려져 있었다. 이라크가 2001년 9월 11일 공격에 가담했다는 의심과 대량 살상무기 소유라는 혐의가 사실이 아닌 것으로 드러나자, 전쟁에 대한 정당한 이유는 이라크를 본보기로 내세워 중동에 평화와 민주주의를 가져오기 위한 노력이라고 재정의되었다.

이라크에서 전쟁을 벌이는 동안, 어떤 사람들은 미국과 미국의 지도자들이 테러리스트 캠페인을 벌인다고 생각했다(Falk, 2003; Pious, 2006). 2011년 책에서, 한 때 미국의 핵무기 사찰팀의 수장이 "긴급한 위협"이 없는데도 이라크를 침공했다고 부시 전 대통령과 그의 팀을 힐난하며 물었다. "이것이 전쟁 범죄에 해당하는지 아닌지, 그리고 누가 책임이 있는지를 국제형사법원이 조사해야 하지 않는가?" (El Baradei, 2011:316).

여기 매우 중요한 범죄학적인 교훈이 있다. 우선, 당신이 어디 살고 있는지와 당신의 가치관이 누가 과연 테러리스트들인지에 대한 당신의 판단에 영향을 미친다. 제2차 세계 대전 동안 독일의 지도자들은 6백만 명의 유태인을 참혹하게 학살하였는데, 이것은 인류 역사상 가장 끔찍한 국가적 행위였다(Friedrichs, 2000). 그러나 프랑스에 있는 나치의 동조자들은 독일인들에 대한 지하 저항 세력을 "테러리즘"이라고 비난하였다.

미국 반테러리즘센터의 가장 최근 보고서에는 2009년에 83개 국가에서 약 11,000번의 테러리스트 공격이 있었다고 기록되어 있다. 총 피해자는 5만 8천명으로, 이중에 사망자는 만 오천 명이었다. 보고서에서 최악의 테러리즘 사건으로 분류한 234건 중 3분의 2가 동아시아 혹은 남아시아에서 발생했다. 이러한 사건들의 세부사항이 보고서에 기록되어 있는데, 이 가운데에는 2009년 11월 필리핀에서 발생한 끔찍한 사건이 포함되어 있다.

> 11월 23일 Ampatuan에서, 약 100명의 무장한 남자들이 주지사 예비 후보 자격 서류를 제출하러 가는 5개 호송 차량에 타고 있던 시민과 기자들, 수행원들을 멈춰 세웠다. 그들은 예비 후보의 여성 가족 13명과 기자 34명, 9명의 수행원, 6명의 시민을 살해하였다. 그들은 11월 23일, 굴착기 운전수와 신분이 불명확한 다른 사람을 무장 공격에 대한 증인이 될 것을 방지하고자 살해했다(미국 반테러리즘센터, 2010:63-64).

### *강간(Rape)*

강간에 대한 오래된 정의는 여성이 자신의 의지에 반하여 강제적으로 성적 피해를 당한 경우를 말한다. 이러한 정의는 대부분의 주에서 성-중립적 정의로 대체되어, 동성 강간, 남성이 피해자인 여성의 성폭행, 음경-질 삽입 이외에도 동의하지 않은 성적 활동을 포함한다. 현재 모든 주에서는 무력을 사용하거나 겁을 주어 발생하는 부인과 남편 간의 성교를 일컫는 부부 강간을 금지하고 있는데, 40년 전에는 이러한 행위가 범죄로 처벌 받지 않았다(Martin 외, 2007). 혼인한 여성의 10-14%가 부부 강간의 피해를 입은 적이 있는 것으로 추정된다. 그들은 자신들이 받는 공격의 빈도와 정도가 심해지고 있다고 느끼기 전까지는 결혼 생활을 그만두지 못한다(Bergen, 1996).

남아프리카공화국의 보고에서는 "숨은 범죄(hidden crime)"인 남성 대 남성의 강간이 증가하고 있는 것으로 나타났으며, 이러한 사건은 차량 납치와 주거 침입 절도와 같은 사건들과 연계되어 있기도 한 것으로 드러났다(Davis & Klopper, 2002). 남아프리카는 최근 52,417건의 강간 사건이 기록되는 등 매우 높은 강간범죄 발생율을 보이고 있다(Rumney & van der Bilj, 2010). 이러한 강간범죄 발생율은 범행의 책임을 가해자가 아닌 피해자에게로 떠넘기는, 강간에 대한 관대함이 많은 폭력적 사회적 특성의 영향을 받은 것으로 분석된다(Jewkes & Abrahams, 2002).

성적인 굴욕이 해당 범죄의 본질적인 구성요건이라고 하더라도, 사실상 이제는 모든 범죄학자들이 강간을 성범죄라기보다는 폭력범죄로 간주하고 있다. 역설적이지만, 성적 자유가 늘어남에 따라 강간은 오히려 증가했을 수도 있다. 캐닌(Eugene Kanin 1985)은 과거의 남성들의 경우 순결한 여성들이나 성교를 하지 않으려는 여성들에 대한 공격적인 성적 행위는 하지 않으려고 했었다는 사실을 발견하였다. 오늘날 어떤 남성들은 자발적으로 성관계를 맺을 수 있는 일정 연령 이상의 모든 여성들을 "만만한 대상(fair game)"으로 보고, 여성들이 그들의 접근을 거부할 경우에는 행위가 아닌 자신들을 거부한 것으로 가정한다. 여성들의 이러한 반응을 개인적인 거절이라고 인식하기보다는 사회적인 기준을 비난했던 이전과는 달리, 이제 이러한 거부는 분노와 좌절을 유발하기도 한다. 여성들은 언제든지 "싫다(no)"고 말할 권리가 있고 남자들은 이러한 반응에 좀 더 세심한 주의를 기울여야만 한다고 여성들은 강조하며, 법에서도 이에 명백하게 동의하고 있다.

최근 전국적으로 실시된 연구에서는 4,446명의 여대생들 중에 27.7%의 여성이 지난 7개월 동안 "누군가 당신에게 해를 입히겠다고 위협하거나 힘을 사용하여 강제로 성교를 하게 한 적이 있다."라는 진술문에 동의를 하였다. 이 결과를 통해, 10,000명의 학생이 있는 캠퍼스에서 약 350건 정도의 강간 사건이 발생한다는 추정이 가능하다. 사건의 반은 미수 사건이고, 나머지 반 정도는 기수 사건이다. 법적으로 강간의 기준에 맞는 사건이 발생하였을지라도, 반 정도의 여성들이 해당 사건을 강간으로 보지 않았다. 이러한 결과에 영향을 미친 요인에는 수치심, 강간의 정의에 대한 몰이해, 자기-비난, 자신이 알고 있는 누군가를 범죄자로 여기고 싶지 않은 점 등이 있다. 연구에서 가해자 대부분은 남자친구, 전 남자친구, 학우 혹은 동료로 피해자가 알고 지냈던 사람들이었다(Fisher 외, 2000). 알코올의 사용이 여대생들에 대한 성폭행에 있어서 주요 요인으로 작용하였다.

매키넌(Catharine MacKinnon 1992:189)은 다음과 같이 눈에 띄는 한 가지 사항에 있어서 강간이 다른 범죄와 차이가 있다고 지적하고 있다. 당신이 길을 걷고 있을 때 "누군가 당신을 덮치고 돈을 빼앗아 갔다면, 법은 당신이 걸어 다니는 자선가라고 가정하지도 않으며 경찰은 당신이 이런 일을 얼마나 많이 당했는지 혹은 지난주에 연합 자선 단체에 갔었는지 여부도 물어 보지 않는다."라고 매키넌은 비꼬아 서술하고 있다. 매키넌의 분석은 전적으로 옳지만, 강간의 기소가 어려운 점은 성폭행이 "분명한 사건(jumping out)"들이 아니라 관련 상황들을 통하여 성적 행위가 매키넌의 표현대로 "자선적이었는지" 혹은 강제로 이루어진 것인지에 대하여 합리적 의심을 넘어서 입증하는 것이 어려운 경우 존재한다. 다른 어려운 점들 중 하나는 2-10%의 강간 신고가 허위라는 점에 있다(Lonsway, 2000). 형사사법과 관련된 강간에 대한 주요 우려는 Joanne Belknap(2011)의 논문 제목("강간: 신고하기는 어려우나 의심받기는 쉬운")에 잘 요약되어 있다.

강간율의 증가는 법 집행 담당자들이 강간 피해자의 입장을 더욱 세심하게 받아들이는 것과도 관련이 있다. 예전부터 오늘날까지도 형사 사법 체제에서는 피해자에게 책임을 떠넘기려 하고 피해자가 이후에 스트레스와 당혹감을 경험하게 만드는 경향이 강하였다. 강

### [하이라이트 11.2] 강간과 청바지

이탈리아 대법원은 자신의 18세 학생을 강간하여 유죄를 선고 받은 45세 운전 강사의 판결을 번복하였다. 하급 법원에서는 그에게 2년 8개월의 징역형을 선고하였었다. 항소 법원의 판결은 피해 여성이 청바지를 입고 있었다는 근거 하에 이루어진 것이었다. 법원에서는 "일반적인 경험적 사실에서 봤을 때 꽉 끼는 청바지는 입고 있는 사람의 적극적인 협조 없이는 벗을 수 없다. 그러므로 성교는 합의 하에 이루어진 것임에 틀림없다."라고 판결의 이유를 설명하였다. 또한 법원은 고소인과 피고소인 모두 멍든 흔적이 없었다는 사실에 주목하였다.

이 판결은 분노를 자아냈다. 어느 참관인은 재판이 매우 드문 방식으로 진행되었다고 지적하였는데 결국 법원 판결에 사실상 모든 사람들이 반대를 하였다. 입법 기관에 있는 여성들은 모두 청바지를 입고 항의 시위를 하였으며 토크쇼 진행자들과 다른 사람들은 청바지가 현대판 정조대라면서 비꼬았다 (Calavita, 2001).

간 피해자들은 처음에는 강간범에게, 그 후에는 사법 체제로부터 두 번의 침해를 당하였다. 경찰의 무심한 질문을 받고, 법정에서는 성격과 예전 행동을 공격받는다. 또한 여성들이 강간을 신고하는 것을 주저하였던 점을 성관계에 대한 동의로 간주하면서 빈정거린다(11.2 참조). 자진 신고의 증가는 강간 위기 센터들의 설립, 성 문제에 대하여 더욱 솔직해지고 개방적인 분위기, 피해자 면담 시 여성 담당관 배치, 고소인의 성적인 전력을 법정 안에서 질문하지 못하도록 막는 법 개정에도 영향을 받았다. 그러나 Susan Caringella(2009)는 이러한 최근의 접근법들이 실상 형사사법 기관에서 강간 사건을 처리할 때 발생하는 일들에 있어 임시방편 밖에는 되지 못한다고 지적했다.

강간죄로 고소된 1%의 여성들은 거의 종범들로, 가령 그들은 공범인 남성이 피해자를 강간하는 동안 피해자에게 총을 겨눈다. 강간범이 가장 많은 연령은 20-24세 집단이다. 피해자와 가해자들이 동일한 인종인 경우가 거의 대부분이다. 중국에서 보고된 사건 11.3에서 보듯이 강간은 여성들에 대한 태도를 반영한다.

약물을 먹은 사람이 의식을 잃도록 만드는 GHB(gamma hydroxybutyrate)와 로힙놀(상표명은 flunitazepam, "roofies"라고도 불림) 등 다양한 약물의 개입이 많아지면서 데이트 강간에 대한 우려가 증가하고 있다. 대량의 약물 혹은 잘못 합성된 약물의 경우 생명에 치명적일 수 있다(Adams, 2007). 음료를 마시는 사이에는 병에 뚜껑을 닫아야 하며 자리를 비운 채로 음료를 놓고 가지 말아야 하고, 신뢰하지 않는 누군가가 주는 음료는 받지 말아야 한다.

[하이라이트 11.3] **중국에서 발생한 강간 사건**

중국에서 강간은 고소인에게 잘못이 없다고 하더라도 장래 고소인의 평판에 치명적인 피해를 가져올 수 있기 때문에 대부분 신고가 되지 않는다. 질과 앤더슨(1999)은 대학에 입학하기 전에 아이스크림 공장에서 경비를 하였던 앨리스라는 젊은 여성의 강간에 대하여 말한다. 폭우가 내리던 날 다른 노동자들은 2시간 동안 점심 식사 시간을 갖기 위하여 귀가를 했으나 그녀는 밖에서 비를 맞지 않기 위하여 머물러 있었다. 그녀의 고용주는 고령자와 권위 있는 사람들을 존경해야만 하는 중국의 전통을 무기로 그녀를 강간하였다.

다음 날 앨리스는 그녀가 임신을 하였는지 여부를 알기 위하여 평소 알고 지내던 간호사를 찾아갔다. "사실을 말하지 않는 것이 옳아."라고 간호사가 말하였다. "강간에 관한 법이 있지만 그 사람이 강간을 했다는 사실을 입증하기가 매우 어려울 거야. 그리고 너와 너의 가족 역시 창피를 당할 거야. 일어났던 일을 모두 잊으렴."(Gil & Anderson, 1999:1160).

### *강간에 관한 설명(Explaining Rape)*

강제적인 강간은 가해자의 정신병의 결과라고 이해하기도 한다. 강간범들의 심리적인 분석 자료에서는 그들이 권력 추구, 분노, 혹은 가학성에 의해서 움직인다고 한다. 미국심리학회에서 출판한 간행물에서 "강간은 일반적으로 반사회적이고 공격적이며 위험을 즐기는 생활양식의 일부이다."라고 서술하고 있다(Lalumiere 외, 2005:184).

강간은 폭력범죄에 익숙한 하위 계층, 소수자, 도시 젊은이에 의해서 집중적으로 저질러진다. 어떤 남성들은 목표 달성을 위하여 폭력을 사용하는 법을 배우고, 혹은 성적 접근을 남자다움에 대한 시험으로 생각하고 폭력을 사용하고, 혹은 이러한 목표를 달성하기 위하여 사용하는 힘은 허용 가능한 것으로 인식하기 때문에 폭력을 사용한다.

성-역할이 평등하다고 알려져 있는 국가인 스웨덴의 강간 연구에서 Gilbert Geis와 Robley Geis(1979)는 스톡홀름의 높은 강간 빈도에 대하여, 자신의 아파트에 잘 모르는 사람을 초대하지 않으려 하는 미국 여성들과 비교하여 이런 상황을 잘 꺼리지 않는 스웨덴 여성들의 생활양식이 "강간을 가능케 하는" 더 많은 상황들을 연출한 결과라고 결론 내렸다. 또한 그들은 스웨덴에서의 문화적 차이가 강간을 일부 잘 설명한다고 말한다. 즉, 스웨덴 여성들의 친근함의 행위를 성적 초대로 오해한 외국 남성들의 강간 비율이 높은 것으로 나타났다.

엘리스(1989)는 강간에 대한 설명에 여성주의 이론(feminist theory), 사회 학습 이론(social learning theory), 그리고 진화론적 이론(evolutionary theory)을 제시한다.

여성주의 이론에서 강간은 남성들이 정치적, 사회적, 그리고 경제적 생활을 지배하였던 뿌리 깊고 오랜 결과로 이루어진 것이라고 인식한다. 여성들은 소유물로 취급 받았고, 다른 남성들로부터 자신을 보호하기 위하여 특정한 남성들에게 의존하여야만 하였다.

사회 학습 이론에서 강간은 네 가지 서로 밀접한 관련이 있는 과정들을 통하여 학습과 강화를 받은 남성들의 공격적인 행동 양식의 부분이라고 묘사된다. (1) 다른 사람에 게 배우거나 대중 매체에서 묘사한 여성들에 대한 폭력 행위와 강간 장면을 모방하기, (2) 성과 폭력을 결합시키기, (3) "싫다는 표현은 좋다는 것을 의미한다(No means Yes)"와 "여성들은 강간당하기를 은밀히 원한다"와 같은 "강간 신화(rape myths)" 믿기, (4) 성적 공격에 대한 고통, 두려움, 그리고 굴욕감에 대하여 둔화되기.

진화론적이거나 사회생물학적인 이론에서는 부(父)의 경우 자녀들의 부모가 자신이라는 점에 있어서 더 낮은 확실성을 갖게 되는데(모의 경우는 반대임), 이러한 점은 남성들이 적은 자녀를 성실하게 양육하기보다 더 많은 자녀들을 갖기 위한 기회를 증가시키기 위한 특성으로 진화한 것이라고 본다. 진화론적 이론가들에 따르면 남성들과 여성들은 성에 대한 서로 다른 접근법 때문에 긴장 관계에 있게 되는데, 이것은 연애하는 동안 혹은 평생에 걸쳐서 양쪽의 성이 보여주는 좌절, 타협, 그리고 기만에 영향을 미친다고 한다.

## 가정 폭력(Family Violence)

감상주의자들에게 가정은 사랑, 지원, 양육의 요새로 생각될 것이고, 이러한 모든 특성을 충분히 보여주는 가정들이 있다. 반면에 어떤 사람은 자신의 가정 내에서 폭행을 당할 가능성이 더 크다. 또한 폭력적인 가정에서 자란 아동들이 성인이 되어 가정을 갖게 되었을 때 폭력의 위험성이 전승되는 세대 간 문제의 경향을 가지고 있다. 가정 폭력은 사적인 공간에서 발생하기 때문에, 형사 사법 체계에 신고와 추적을 당하는 범죄에 비하여 대체로 신고가 되지 않는다.

### *아동 학대(Child Abuse)*

자녀들은 많은 저항을 할 수 없기 때문에 폭력의 대상이 되기 쉽다. 우리 모두는 친구들로부터 자신이 아버지와 맞서 싸울 만큼 충분히 강하다는 사실을 깨닫고 아버지에게 맞서거나 맞설 수 있다고 말하기 전까지, 자신의 아버지에게 지속적으로 얼마나 맞았는지에 관한 이야기를 들어본 적이 있다(드물지만 어머니로부터 폭행을 당한 경우도 있음). 그 후에는 매질이 중단되기도 한다. 자녀들은 정서적으로나 경제적으로 좌절감을 안겨주는 짐이 될 수도 있고, 그러한 좌절이 때로는 폭력을 불러오기도 한다. 이 경우 자녀들은 가까이에 있는 화풀이 대상이다. 부모와 자녀들이 긴장의 시기 동안 떨어져서 지내는 것(방이 많은 집이라면)은 부모가 자녀에게 화풀이를 덜 하도록 한다.

"폭력의 순환(cycle of violence)"은 아동 학대와 관련 있는 것으로 나타난다. 위덤과 맥스필드(Widom & Maxfield, 2001)는 1,575명의 아동기부터 초기 성인기까지를 조사하였는데, 학대나 방임을 당한 사람들의 경우에는 그렇지 않은 사람들에 비하여 30% 정도 더 높은 폭력범죄에 대한 범죄 전력을 가지고 있었다고 밝혔다.

미국에 있는 대부분의 부모들에게 있어, 자신의 자녀들을 통제하거나 교육하기 위하여 물리적 처벌을 사용하는 것에 대한 권리(심지어 의무)를 자신들이 가지고 있다는 태도가 과거에 일반적이었다. 그러나 1960년대 즈음에 어린이들에 대한 폭력의 사회적 문제가 "발견(discovered)"되었다. 어린이들을 돌보는 것에 더 큰 초점이 고양되는 분위기였고, 부모-자녀 관계의 질을 높이고자 하는 사람들이 많아지고 있었다. 학대-아동 증후군에 대한 사람들의 관심이 높아짐에 따라 모든 50개의 주에서 아동 학대 방지에 관한 입법을 하였고, 이러한 점이 급격한 신고율의 증가를 가져왔다. 또한 아동 학대에 대한 재판이 현저히 증가하였는데, 이는 정신과 치료 도중 아동기에 당했던 학대를 "기억해 낸" 사람들이 자신에게 심리적인 피해를 입혔던 부모나 타인을 상대로 한 형사 기소가 촉발된 것에 기인한 것이다(Loftus & Ketcham, 1996; Loftus & Geis, 2011).

아동기 성적 학대를 당한 대학생들에 관한 59개의 연구에 대한 논문에서, 학대의 결과가 사람들이 생각하는 것만큼 심각하지 않으며 남성이 여성보다 덜 부정적으로 반응한다는 결론이 제시되었을 때 일어난 소란은 범죄학적 연구가 정치적인 분쟁을 일으킬 수 있다는 것을 보여주는 좋은 예이다(Rind 외, 1998). 이러한 연구 결과는 의회 대표자로부터 성적 학대의 영향을 축소화 하는 것이라는 비판을 포함하여 "과학으로 가장한 아동성범죄자들의 선동질"이라는 비난 세례를 받았다(Dallam, 2002:112). 아동 학대에 관한 해당 논문을 실은 학술지를 출판한 미국심리학회는 이에 책임감을 느끼고, "아동의 성적 학대를 항상 규탄해왔다"고 밝히며 비록 학문적인 연구에 대한 검열을 하겠다는 의미는 아니지만 "논란이 많은 주제에 관한 논문의 사회정책적 함의를 학술지 편집자들이 앞으로 충분히 고려할 것"이라고 선언했다. 논문 저자들은 "유해성이 없다고 해서 부적절하지 않다는 것은 아니다"라는 점을 분명히 하였다.

### *아내 폭행(Wife Battering)*

남편이나 동거남에 의해 자행되는 여성에 대한 폭력은 오랜 시간 동안 남성의 지배적인 영역인 법 집행과 사회 과학 분야에서 사적인 일로 간주되어 그늘 속에 숨어 있었다. 아내 폭행에 대하여, 여성들은 맞는 것을 즐기며 폭행을 관심과 보살핌의 신호로 이해하고 있다는 잘못된 믿음이 있었다. 어떤 여성들의 경우에는 폭행당하는 자신을 피해자라고 생각하지 않고 있다는 점도 사실이다. "Stand by Your Man"이라는 대중가요는 성 역할의 사회화적 요소를 반영하고 있다(Brown, 1986:280).

사회 복지와 정신 건강 및 법조계에서 확장주의자들의 관심이 증폭되고 매체에서 좋은 주제를 제시하면서, 여성 운동가들은 아내 폭행이 중요한 관심을 필요로 하는 문제라는 것을 입증할 수 있었다(Tierney, 1982). 학대 받은 여성들을 위한 수 백 곳의 쉼터들은 폭력적인 남성들이 처리되는 동안 대안을 제시한다(Merry, 2009; Walker, 2009). 동시에 연구에서는 가해자들이 가정 폭력범 치료프로그램을 수강하거나 보호 관찰 하에 있는 경우, 혹은 어떠한 개입도 받지 않는 경우에 있어서 재범률의 차이가 없었다고 보고하였다(Labriola 외, 2008).

체포한 남편을 경찰서로 연행하려고 할 때 폭행을 당한 아내들이 이제는 자신의 배우자를 용서하였으니 집으로 돌려보내 달라고 말하는 것에 대해 경찰은 한탄한다. 문제는 여성이 남편의 수입 없이는 자신과 자녀들을 부양할 수 없고, 형사적인 처벌을 원할 경우 더 큰 공격을 당할 것이라는 두려움을 갖는다는 점이다. 손택(Sontag, 2002:54)은 아내나 동거녀가 "자녀 때문에, 종교적 믿음 때문에, 혼자 있고 싶지 않기 때문에, 단순히 그를 사랑하기 때문이라는 이유로 불완전한 관계 속에 머무르려고 한다."고 지적한다. 밀스(Mills, 2008)는 법에 의하여 남성 폭행범들을 체포하는 것이 혼인 관계에서 특별한 변화를 가져오지 못하고, 유용하기보다는 오히려 더욱 파괴적이 되도록 할 수 있다고 지적한다. 험프리스(Drew Humphries 2002)가 발표한 논문의 제목은 가정 폭력의 상황을 다음과 같이 요약하고 있다. "쉽지 않은 해답: 공공 정책, 형사 사법, 그리고 가정 폭력(No Easy Answers: Public Policy, Criminal Justice, and Domestic Violence)."

자신의 배우자에게 더욱 폭력적으로 행동하는 것이 남성인지 혹은 여성인지에 관해서, 서로 모순되는 주장과 자료가 있다(Miller, 2005). 그러나 확실히 남성들은 더 세게 때리며 그로 인하여 상당한 손상을 입힌다(Felson, 2006). 실제로 경찰이 받은 신고의 40%가 남편에 의하여 위험한 상황에 처한 여성들로부터 걸려온 전화였다. 임산부들은 특수한 표적이 된다. 임산부의 37%가 파트너에게 신체적으로 학대를 받았다(Schneider, 2000). 이에 대한 원인 중 하나는 남성들이 아이의 아버지가 자신인지에 관하여 의심하는 경우가 있기 때문이다(Waite & Gallagher, 2000:157).

남성들의 알코올 사용과 경제적 불안은 아내-폭행과 매우 관련되어 있다. 인종은 아내-폭행과 매우 작은 연관성을 가진다. 여성들이 가장 위험한 경우는 두 사람이 헤어지고 난 이후 예전 파트너들에게 당하는 것이다(Fleury 외, 2000). 부파르(Leona Bouffard)와 동료들이 수행한 연구에서, 아내를 폭행하는 남성들은 다양한 폭력적 행위로 전과를 가지고 있었던 반면, 가정 폭력을 자행하는 여성들은 가정 폭력만 저지른다고 나타났다. 가정 폭력에만 초점을 맞추고 있는 치료 프로그램들은 가해 남성들의 다른 포괄적인 어려움들을 다루는 데 실패했다(Bouffard 외, 2008). 가정 폭력을 당한 406명의 여성과 관련된 재판에 관한 연구에서, 여성들은 징역형이 결정되었을 때 실망한다는 것이 드러났다. 그들은 의무화된 상담이나 분노 조절 치료, 혹은 약물 남용 치료를 더 선호했다. 여성들은 스토커에 대한 접근 금지 명령 등의 판결 후 법정에서 사후 관리가 없다고 비난하지만, 법원의 명령이 가해자들의 잘못된 행위를 억제하는 효과가 있다는 것은 인정한다(Bell 외, 2011).

"학대 받은 여성 증후군(battered-wife-syndrome)"은 남편으로부터 일정 기간 이상 신체적인 학대를 받은 후 자신의 남편을 살해한 여성들을 변호하기 위하여 형사 재판에 성공적으로 도입되었다. 이에 대해 많은 남성들은 폭행에 대해 살인을 저지르는 것은 맞지 않으며, 따라서 무죄 방면은 불평등한 처사라고 주장한다. 또한 그들은 여성들이 살인을 하기보다는 떠날 수도 있었다고 말한다(Ammons, 2005). 많은 여성들이 이러한 남성의 입장에 강한 이의를 제기한다. 여성들은 가정폭력의 피해자들이 자존감과 판단력을 상실한 상태에서 절망적인 마음에 보복한 것이라고 주장한다(Chan, 2001; Hattery, 2009). 최근 어느 만화에서는 형사 사건에서 자주 사용하는 피해자 방어를 다음과 같이 빗대어 표현하였다. "나는 그가 어렸을 적에 학대를 받았기 때문에 나를 때렸다는 것을 이해합니다."라고 증인석에 있는 여성이 말한다. 그 후 그녀는 다음과 같은 말을 덧붙인다. "그리고 내가 그를 죽인 것도 마찬가지 이유에서였습니다."

### *형제, 자매 폭행(Violence toward Siblings)*

형제, 자매 폭행은 "가정 폭력의 형태 중에서 가장 연구가 적게 되고 있으면서 덜 인지되고 있다"(Hines & Malley-Morrisson, 2004:263). 가정 폭력 사건에서 가장 많은 경우가 형제, 자매 사이에서 발생한다(Comstock, 2008). 매년 이러한 폭력 사건에는 카인이 자신의 형인 아벨을 죽이고, 요셉의 형제들이 요셉의 코트를 벗겨 황무지의 구덩이로 밀어 버리는 것과 같은 성경 속 이야기와 같은 경우들이 포함되어 있다(Butler, 2006).

대부분의 부모들은 자녀들이 다투고 때로는 서로를 때리는 것을 성장 과정의 일부라고 생각한다. 자녀들 중 하나가 심하게 통제에서 벗어나지 않는 경우라면, 중대한 폭력이 발생할지라도 경찰에 신고하지 않는다.

Hardy와 동료들은 어른이 아이를 때리면 학대로 신고 되고, 아이가 친구를 때리면 괴롭힘으로 간주되지만, 형제들 간에 폭력이 발생하면 그것은 형제들 간의 경쟁 정도로 인식된다고 지적한다. 그러한 행동에 대한 반응을 검증하기 위해, 이들은 한 대학교의 506명의 학생에게 어떤 사건을 묘사한 설문지를 나눠주었다. 사건은 12살과 9살 아이가 tv 리모컨을 두고 다투는 이야기였는데, 싸우던 도중 12살짜리가 물건으로 9살짜리의 얼굴을 쳐서 꿰맬 정도로 깊게 베인 상처를 냈다. 연구 결과, 남성들이 여성들에 비해 이러한 싸움에 대해 더 허용적이었으며, 형제가 없는 사람들이 형제가 있는 사람들에 비해 리모컨을 둔 채널 다툼에 대해 더욱 민감하게 반응했다. 가족 구성원의 숫자나 형제간의 나이차는 결과에 영향을 미치지 않았다. 질적 연구에서, 응답자들은 아이들이 싸우도록 놔두고 지켜보고 있지 않았던 부모들을 탓했다(Hardy 외, 2010).

### *노인 폭력(Violence against the Elderly)*

대중과 매체는 노인 학대에 대하여 관심을 갖는다. 노인 학대는 "노인을 돌보는 사람이 노인에게 의도적으로 해를 입히거나 심각한 해를 입힐 위험이 있는 의도적인 행위를 할 경우, 노인의 기본적인 필요를 충족시키지 않는 경우, 혹은 위해로부터 노인을 보호하지 않은 경우"를 말한다(Abbey, 2009:52). 다음과 같은 인구학적인 경향이 문제를 심화시키고 있다. 지난 반세기 동안 기대 수명은 50% 정도 증가하였다. 또한 고령의 부모를 돌보는 부담을 나눠야 하는 자녀들의 숫자는 적어졌으며, 가족들이 모여서 살기보다는 분가하여 지역적으로 멀리 떨어져 사는 경향이 있다.

대부분의 학대 행위(60%)는 배우자에게 당한 것이었고, 자녀가 노인을 학대할 경우에는 딸보다는 아들에게 당하는 경우가 많았다. 인종에 따른 피해율은 차이가 없었다. 노인 남성들이 학대를 당할 확률이 더 높았으나, 노인 여성들의 수명이 더 길었기 때문에 전체 피해자의 수치는 남성들보다 여성들이 더 많았다. 여성 노인들이 입은 상처는 남성 노인들이 당한 것보다 훨씬 더 심각한 것으로 나타났다.

최근 연구는 여성이 남성보다 훨씬 더 심각한 노인 학대의 피해자라는 점을 재차 강조한다. 가해자는 배우자 32%, 피해자 자녀(32%), 친구나 룸메이트(15%), 조카나 친척(10%), 손자(7%), 혹은 형제(5%)로 나타났다(Friedman 외, 2011).

### *가정 폭력에 관한 설명(Explaining Family Violence)*

가정 폭력은 다른 사회적 계층에서보다 하위-계층의 가정에서 더욱 현저하다. 그렇다고 가정 폭력범죄가 하위 계층에서만 발생하는 것은 아니다. 가정 폭력은 사회의 각 계층에 불균형적으로 분포되어 있다. 가난에 대한 스트레스, 복지 생활, 형편없는 주거와 교육, 제한된 기회들, 밑바닥의 생활수준들은 사회적 계층의 맨 하위에 있는 사람들에게 가정 폭력이 발생하도록 하는데 큰 영향을 준다(Barnett 외, 2005).

갈등 이론(conflict theory)은 가정 폭력을 설명하는데 상당히 유용하다. 가정 폭력의 일차적 피해자들은 가해자들과의 관계에서 힘이 약한 여성들과 어린이들이다. 고전 이론(classical theory, 제5장 참조)도 가정 폭력 사건을 설명하는데 활용되는데, 특히 처벌 받을 가능성이 낮다는 점이 크게 관련되어 있다. 가장 설득력 있는 이론은 가정 폭력이 대부분 세대 간의 특성이라고 주장하는 사회 학습 이론들(social learning theories, 제8장 참조)일 것이다. 요컨대, 많은 이론들이 가정 폭력을 이해하는데 유용하다.

## 회사, 정부, 직업적 폭력(Corporate, Government, and Professional Violence)

살인이나 폭력범죄 및 가정 폭력에 대한 관심이 증대하고 있는 반면에, 심각하고 더욱 만연한 다른 종류의 폭력이 간과되기도 한다. 사업과 정부 및 전문가에 의해서 자행되는 화이트컬러 범죄들은 살인과 상해를 유발하지만, 죽음과 관련된 눈에 띄는 다른 사건들보다 대중의 관심을 덜 받는다. 화이트컬러 폭력의 유명한 사례에는 공공 용수에 화학적 살충제인 케폰을 풀어 넣은 것, 주택과 업무 현장에서 암을 유발하는 석면, 안전 조치가 부실한 광산, 면직 공장 노동자들이 갖는 높은 폐질환의 고통, 그리고 공장 노동자들에게 노출되는 해로운 방사선 등이 있다.

이러한 형태의 피해자들은 거리에서 발생하는 범죄 피해자보다 몇 배가 더 많이 발생하기 때문에(Reiman, 2004) 어떤 범죄학자들은 폭력범죄의 개념에 모든 형태의 예방할 수 있는 사망과 부상이 포함되어야 한다고 주장한다. 어떤 폭력적인 화이트컬러 범죄 사건의 경우에는 형법 위반의 사실이 드러나지만, 동등하게 중대한 다른 범죄의 경우에는 형법을 피하기 위하여 권력이 있는 이익 집단들이 성공적인 로비를 성사시킨 결과 그 사실이 드러나지 않기도 한다. 이러한 방식은 첫 장에서 논의하였던 범죄의 상대성 개념을 상기하게 한다.

매년 소비 제품의 문제 때문에 30,000여명이 사망하고 2천만여건의 심각한 부상이 발생하고 있는 반면에, 직장에서 생명을 잃는 사람들은 약 14,000여명이고 2백만명의 사람들이 불구가 된다. 이처럼 많은 피해들은 우연한 사고의 결과라기보다는 폭력의 형태를 보이고 있다. 그 이유는 위험이 부당하고 예방 가능한 것이었으며, 혹은 현재의 규정이나 형법의 위반과 관련이 있기 때문이다(Rosoff 외, 2007).

### *회사 폭력(Corporate Violence)*

다음 내용은 회사 폭력 사건의 사례에 관한 것이다.

- Veliscol 화학약품 회사가 불법 폐기를 한 결과 수 년 동안 여러 가정에서 만성적인 우울증이 발생하였다. 나중에 사람들은 클로로폼이 그들의 물에 침투하여 매일 진정제로 작용한 것을 알았다. Veliscol의 화학 폐기물이 새는 원통을 끌고 다닌 트럭 운전수는 부식하는 연기에 연달아 노출되어 시력을 상실하였다. 그와 함께 작업을 하였던 24세의 아들은 신경 손상이 발생하였다. 그의 다리는 통제할 수 없이 떨리기 시작하였고 어느 여름에 그는 수영을 하던 중에 익사하였다(Rosoff 외, 2007).
- 석면의 치명적인 영향에 관한 결정적인 과학적 증거가 발견된 이후에도 노동자들과 소비자들은 석면에 지속적으로 노출되었다. 어떤 사람들의 경우에는 약간만 석면에 노출되어도 치명적인 영향을 받을 수 있고, 석면에 많이 노출된 수십만 명의 사람들이 폐암, 중피종(mesothelioma, 폐와 위의 연결선에서 발생하는 희귀암), 그리고 석면증(asbestosis)으로 사망하고 있다.

### *정부 폭력(Government Violence)*

정부는 국민과 외국에 대하여 폭력을 자행한다. 그에 대한 사례로 과거 유고슬라비아의 코소보에서 이슬람교도들이 세르비아인들에게 집단 학살을 당하였고, 이전 이라크 정부는 쿠르드인들(Kurds)을 학살하였다. 감지하기가 어려운 자국 내 폭력의 사례(불법적인 범죄로 정의되지 않음)로, 다른 모든 산업 국가들에서는 의료 서비스를 제공하고 있지만 미국은 약 5천만명의 미국인들을 위한 의료 서비스를 제공하지 않고 있다는 점을 제시할 수 있다.

Tuskegee에서 수행한 매독 실험은 정부 폭력의 가장 추악한 사례 중 하나이다. 1932년부터 1972년까지 지역 건강 공무원들과 일하는 미국공중위생국에서는 경제적으로 곤란한 400명 이상의 매독에 걸린 남성들을 대상으로 치료를 실시하지 않았는데, 이들은 대개 시골인 알라바마에 있는 흑인이었다. 그 사업의 목적은 건강한 통제 집단과 함께 치료를 받은 매독에 걸린 남성 환자들을 치료를 받지 않는 대상자들과 비교하여 치료에 따른 사망률과 심신의 약화 정도를 조사하려는 것이었다.

공무원들은 테스트에서 "독혈(bad blood)"이 나타났더라도 대상자들에게 그들의 작업이 매독과 관련된 것이라고 말하지 않았다(Jones, 1993). 대상자들에게도, 매독에 감염된 그들의 아내들에게도, 선천적인 매독을 갖고 출생한 자녀들에게도 아무런 치료적 개입을 하지 않았다. 1941년 매독에 효과적인 치료제인 페니실린이 개발되었을 때에도 여전히 치료를 하지 않았다. 로소프와 동료 저자들(2007;377)은 "페니실린의 출현으로 실험을 시행해야 할 어떠한 합리적인 이유도 사라졌다."라고 기술했다. 마침내 연구의 세부사항이 밝혀졌을 때 알라바마 법원은 생존자들의 의학적 권리가 무시되었던 40년 세월을 하루 2.50달러꼴로 70명의 생존자들 각자에게 37,500달러를 배상하도록 판결하였다. 1997년 클린턴 대통령은 Tuskegee 실험의 몇몇 피해자들이 참석한 회의에서 정부를 대신해서 공식적으로 사과하였다.

> 피해자들과 그들의 부인, 가족들, 아이들과 손자들에게, 당신들이 알고 있는 사실을 말하겠습니다. 지구 상의 어떠한 힘으로도 죽은 사람들을 되돌릴 수 없고, 당해 온 고통을 없앨 수 없으며, 고통과 분노의 세월을 되돌릴 수 없습니다. 이미 행해진 일을 돌릴 수는 없습니다. 그러나 침묵을 멈출 수는 있습니다. 계속 고개를 돌려왔던 것을 멈출 수는 있습니다. 이제 우리는 마침내 당신의 눈을 보고 미국인들을 대표해서 말할 수 있습니다. 미국 정부가 한 행동은 수치스러운 것이었으며, 사과합니다.(Clinton, 1997).

[그림 11.2] 뉴스 컨퍼런스에서 클린턴 대통령, 부통령 앨 고어, 94세의 Tuskegee 실험 피해자 Herman Shaw. 수치스러운 실험을 바로잡으며, 클린턴은 정부 의사들이 치료하지 않은 채로 방관한 매독 피해자들에게 사과했다.

≫ 자료의 출처: AP Photo/Doug Mills

### 전문가 폭력: 의사(Professional Violence: Physicians)

어떤 의사들은 권력과 지위 때문에 다른 직업에 종사하고 있는 사람들에 비하여 간섭을 받지 않고 더욱 심각한 폭력을 행사하기도 한다. 미국과학협회의 한 부서에서 발표한 보고서에서는 의학적인 실수 때문에 매년 44,000-98,000명의 미국인들이 사망하고 있다고 추정한다(Kohn 외, 2000). 제슬로우(Paul Jesilow)와 동료들(1985:153)은 "알면서도 실시한 불필요한 수술은 폭행과 같다."고 주장한다. 이와 같은 폭행은 매년 2백만 건 이상 발생한다. 이러한 폭력은 통증과 고통, 불구, 때로는 사망을 야기하고 덧붙여 피해자들과 보험회사, 그리고 납세자들의 돈을 빼앗는다. 피해자들이나 생존자들은 형사 절차를 통한 처벌보다는 민사적 구제를 통하여 배상받기를 원하지만, 상당한 비율의 의료 사고들이 범죄 행위에 해당한다. 또한 어떤 의사들은 검사와 치료를 가장하여 성폭행을 저지른다. 이러한 행위는 신뢰를 위반하기 때문에 거리 범죄들보다 더욱 심각한 것이 될 수 있다(Jacobs, 1994).

### 조직범죄(Organized Crime)

조직범죄는 살인, 강도, 혹은 유사한 법률 위반의 형태처럼 법에 명시되어 있지 않다. 조직범죄 단체에서 일하는 구성원들의 업무의 일부는 지극히 합법적이다. 영안실을 소유하는 것은 살인을 숨길 수 있기 때문에 조직범죄 집단에게는 매우 유용하다. 조직범죄 피해자들의 시체는 화장되거나 자연사로 죽은 사람의 관 속에 묻히기도 한다.

조직범죄의 특징은 이익을 얻고자 폭력에 의존한다는 점이다. 홉스(Dick Hobbs)는 "폭력은 조직범죄의 자산이고, 회사가 위협받거나 구성원들의 인격이 위협받는 상황이 아니면 오랜 시간 동안 잠재되어 있을 수도 있다."라고 말한다. 그는 "폭력은 조직범죄가 가지고 있는 권력의 특성이고, 시장에서 조직의 확립과 시장 구역의 지배, 그리고 불화와 불만을 해결하는 방식을 특징짓는다."라고 덧붙였다(Hobbs, 2003:683).

조직의 훌륭한 보스에게 가장 필요한 자질이 무엇인가에 대하여 카페시(Jerry Capeci)는 "첫 번째이자 가장 중요한 것은 무자비성이다. 보스는 폭력적인 것으로 명성이 자자해야 하며, 이러한 점은 그의 부하들로 하여금 그가 원하는 것은 무엇이든 할 수 있도록 고무할 것이다."라고 설명하였다(Capeci, 2006:WK5).

범죄 단체들은 국가의 금주령이 내려진 1920년대에 연방에서 술을 금지하는 것을 잘못된 처사라고 생각하고 있던 사람들에게 술을 공급하면서 시작되었다(Critchley, 2009). 조직범죄는 매춘, 도박, 마약, 그리고 공갈협박단까지 확장되었다(Jacobs, 2006). 또한 조직

### [하이라이트 11.4] 자금 세탁

하버드대학을 졸업한 콜롬비아의 경제학자인 Franklin Jurado는 룩셈부르크에서 체포되었다. 수사관들은 룩셈부르크에서 부다페스트까지 16개 지점에 있는 115개의 은행 계좌 기록이 담긴 컴퓨터 디스크를 압수하였다. Jurado의 5단계 자금 세탁 계획은 마약 밀매에서 나온 자금을 말끔하게 세탁하도록 고안된 것이었다. 자산은 일련의 단계에 따라 높은 위험 상태에서 낮은 위험 상태로 이동하였다.

(1) 가장 위험한 단계에 있는 초기 자금은 여전히 출처에 가까이 있고 오염되어 있기 때문에 파나마 은행에 있는 자금으로 배치하였다.
(2) 그 후 파나마에서 유럽에 있는 법인 계좌로 자금을 송금하였다. 이 때 파나마 은행에서 이동한 미국 달러를 유럽의 9개 국가 100개 이상의 계좌로 예치하였다. 예치 금액은 50,000$에서 1,000,000$까지 다양했다.
(3) 다음에는 허위의 유럽의 이름으로 개설한 새로운 개인 계좌로 자금을 이동하였다. 이러한 책략은 Colombian과 Hispanic의 성을 가지고 있는 계좌에 대한 특수한 감시를 피하기 위한 것이다.
(4) 이후에는 의심을 살 이유가 전혀 없는 유럽 회사들로 자금을 이동하였다.
(5) 자금은 유럽 회사를 통하여 식당, 건축 회사, 제약 기업, 그리고 부동산과 같은 사업을 위한 투자로 콜롬비아로 되돌아왔다(Blum 외, 1998:39–40).

범죄 활동에는 높은 이율로 돈을 빌려주는 것도 포함되어 있었고, 집단적 강탈 행위도 존재했다. 자금 세탁은 불법적으로 얻은 자금을 합법적인 수입(가급적 면세가 가능한 것으로)으로 보이도록 하는 과정을 통하여 돈을 운영하는 것을 말한다. 자금 세탁은 특히 법 집행의 조정이 전반적으로 실패하였다는 것을 보여 준다(Kochan, 2005; Madsen, 2009).

11.4에서는 자금 세탁 방법의 세부적인 내용을 제시한다. 적응성은 조직범죄 활동의 특징이다. 조직 범죄자들은 공급, 수요, 법의 집행, 그리고 경쟁의 변화에 재빨리 대응하는데, 앨버니즈(Jay Albanese)와 동료 저자들은 "그들은 지리적으로 이동하고, 다른 불법적인 상품으로 옮기며, 새로운 동업자를 찾거나, 수익성을 보장할 수 있는 다른 방법들을 취한다."고 주장한다(Albanese, Das & Verma, 2003:6). 이에 대응하여 검사들은 공갈 및 갈취와 부패 조직에 관한 법(RICO)을 이용하여 금지 명령을 확실히 하고 조직범죄 구성원들을 일소하고자 한다.

조직범죄의 목적은 주로 큰 이익을 창출할 어떤 활동에서 독점권을 확실히 하는 것이다. 범죄 조직은 회사들과 마찬가지로 다양성과 전문성이라는 이점이 있다(Federico, 2010). 조직의 범죄자들은 자신의 회계사가 따로 있고 한 명 혹은 여러 명의 변호사를 둔다. 다른 사람들을 위태롭게 하는 이야기를 누구에게도 하지 않는 것은 매우 중요한 사항이다. 따라서 침묵을 전통적으로 강조하고, 이러한 규칙을 지키지 못하였을 경우에는 조직원에게 치명적인 복수를 당한다.

마피아 보스였던 Joseph(Big Joey) Massino는 2004년 공갈 협박, 7번의 살인, 방화, 갈취, 고리대금업, 도박, 음모, 자금 세탁 등의 죄로 사형을 피하고자 정부에 모든 것을 이야기하며 Omerta(범죄 은폐)라고 불리는 침묵의 규정을 어겼다. 마시노는 마피아 두목인 Vincent Bonano가 믿을 수 없는 부하를 살해하라고 지시했다고 밀고하였다. 마시노는 Bonano가 제거하기를 원했던 사람에 대해 "그 쥐에게는 아무리 큰 치즈 조각이라도 성에 차지 않아"라고 말했다고 이야기했다(DeStefano, 2006).

### *조직범죄에 관한 설명(Explaining Organized Crime)*

조직범죄는 아노미 이론(anomie theory)의 관점에서 가장 쉽게 이해할 수 있다. 우리 사회에서 매우 중요시하고 있는 목표(가장 현저한 것은 재정적인 목표)를 달성하기 위한 불법적 수단에 대한 의지를 보여준다. 홉스(2000:157)는 조직범죄가 "규범적인 사회의 경직성 때문에 합법적인 경로가 막혔다는 점을 깨달은 소수 민족 집단들을 위한 출세의 대안 양식"을 제공한다고 설명한다. 조직의 범죄자들은 주로 사회의 하위 계층 출신이고, 이들은 낮은 학력과 다른 어려움을 가지고 있기 때문에 사회계층 이동에 있어서 약점을 가지고 있다. 조직범죄에서는 유용한 재능을 입증한 빈민가의 젊은이들과, 고가의 차량과 우아한 옷차림, 그리고 매우 호화로운 생활양식을 영유하는 사람들은 정직하거나 열심히 일하는 사람들이 아니라 조직범죄 단체의 중추들이라고 생각하는 젊은이들을 채용하기도 한다.

조직 범죄자들의 사회생활은 불법행위와 폭력 사용에 대한 부분을 제외하고는 개인적 성취에 관한 미국의 신화적 스토리에 매우 부합한다. 공갈협박범은 미국 사회라는 주거지의 현관문을 통하여 들어오기 보다는 창문을 깨고 성공을 이루는 셈이다. 조직의 범죄자들은 자녀들을 일류 학교에 보내고 합법적인 직업을 가지도록 강요하기도 할 것이다. 조직범죄 안에서 일하는 사람들은 인종적인 편견이 심해서, 최근까지도 범죄 단체에 연루된 흑인은 거의 없다.

11

## 요약(Summary)


살인의 전통적인 형태는 사회적 상호작용의 산물에 따른 것이다; 살인의 발생은 주말과 휴일, 그리고 사회적 활동이 더욱 많아지는 때에 증가한다. 대량살인범과 연쇄 살인범은 매우 드물지만, 광범위한 매체의 관심을 받는다. 폭력의 역동은 살인과 매우 유사하다. 살인은 폭행의 완료된 형태로 볼 수 있으며, 가중 폭행은 살인이 미완료된 형태라고 볼 수 있다.

강간은 강한 성적 요소의 특성을 지니고 있음에도 불구하고 지난 20여 년 동안 성범죄에서 폭력범죄로 재개념화 되었다. 이러한 성적 요소에는 힘과 우세함에 대한 의미로 성적 지배의 사용이 포함되어 있다.

여성주의 운동은 여성과 아동들에게 심각한 피해를 입히는 가정 폭력의 위험성을 강조하는데 크게 이바지하였다. 최근에는 사회의 고령화로 인하여 노인 학대에 관한 우려가 나타나고 있다. 형제 간 폭력은 폭력의 사용을 사회화시키지만, 여전히 큰 관심을 받지 못하고 있는 주제로 남아 있다.

사업, 정부, 그리고 전문가 폭력은 매우 광범위하게 형성되어 있지만 간과되기도 한다. 이러한 폭력들은 중대한 피해를 가져오는 범죄 목록의 일부분이다. 적절한 예방책을 제공하지 않은 경우나, 새로운 약물의 효과를 입증하기 위한 속임수에서 상해가 발생하기도 한다.

마지막으로 조직범죄는 범죄자들의 집단을 분류할 때 사용하는 용어이다. 그들은 주로 유사한 민족적 동일성을 갖고 있으며, 목표를 달성하기 위하여 무력을 사용한다. 조직 범죄자들은 강탈, 마약 밀매, 자금 세탁, 그리고 부정한 돈벌이의 보호와 같은 활동에 종사하는데, 이는 상인들이 다른 조직 폭력배들의 약탈로부터 자신과 상점이 공격 받는 것을 "보호(protect)"하고자 조직의 범죄자들에게 어느 정도의 대가를 지불하는 것을 포함한다.

### 주요 용어 및 개념

폭행 미수와 기수(Assault and Battery)
학대 받은 여성(Battered Women)
중죄모살(Felony-Murder)
생애 살인 위험성(Lifetime Murder Risk)
고살(Manslaughter)
자금 세탁(Money Laundering)
상대적 박탈(Relative Deprivation)
폭력의 하위문화(Subculture of Violence)
피해자 유발(Victim Precipitation)
학대 받은 아동 증후군(Battered-Child Syndrome)
강탈(Extortion)
살인(Homicide)
살의(Malice Aforethought)
대량 살인범(Mass Killers)
예모(Premeditation)
연쇄 살인범(Serial Killers)
테러리즘(Terrorism)

### 주요 범죄학자들

Alfred Blumstein
Albert J. Reiss, Jr.
Marvin Wolfgang
Jack Katz
Robert Sampson

### 판례

*Auman v. People,* 109 P.3d 647(Colo. 2005)
*Leocal v. Ashcroft,* 543 U.S. 1(2004)
*People v. Noel,* 28 Cal. Rpt. 3d 369(2005).
*United States v. Mosley*(2009). 575 F.3d 603(6th Circuit).
*United States v. Mosley*(2011). 09-21359(6th Circuit).

## 토론 질문

1. 1890년 이래 미국에서는 약 1,000명의 선수들이 권투경기에서 사망했다. 권투를 폭력범죄로 규정하고 금지시켜야 할까? 또한 축구의 경우는?
2. 청소년들에게 폭력적인 비디오 게임을 하지 못하도록 금지하는 것이 옳을까?

3. "살인하지 마라"는 성경의 계명이 전쟁 참전과 관련해서 어떻게 조화될 수 있을까?
4. 최근 대학 캠퍼스에서 발생한 대량 학살을 예방하기 위해서 학교에서는 어떤 조치를 취해야 할까?
5. 대량 살인을 목적으로 발생하는 폭력에 대해 스스로와 타인을 보호하기 위해서, 18세 이상의 청년들에게 무기 소지를 허가해야 할까?
6. 반테러리즘 단체라는 명목으로 수많은 무고한 시민을 학살하고 포로들을 고문하는 집단은 테러리즘 단체와 어떻게 구분되어야 할까?
7. 강간은 일차적으로 성범죄인가 폭력범죄인가?
8. 결혼한 부부나 동거인들 사이의 가정폭력 관련 정책으로 어떠한 것이 이상적인가?

## 참고문헌


Abbey, L. (2009). "Elder Abuse and Neglect: When Home Is Not Safe." *Clinics in Geriatric Medicine,* 25 (February):47–60.

Adams, C. (2007). "*Rohypnol: Roofies–The Date Rape Drug.*" New York, NY: Rosen.

Albanese, J. S., Das, D. K., & Verma, A. (2003). *Organized Crime: World Perspectives.* Upper Saddle River, NJ: Prentice Hall.

Ammons, L. L. (2003). "Why Do You Do the Things You Do?: Clemency for Battered Incarcerated Wives, a Decade's Review," *American University Journal of Gender, Social Policy and the Law, 11,* 533–565.

Barmash, P. (2005). *Homicide in the Biblical World.* New York, NY: Cambridge University Press.

Barnett, O., Miller-Perrin, C. L., & Perrin, R. D. (2005). *Family Violence across the Lifespan: An Introduction,* Second Edition. Thousand Oaks, CA: Sage.

Baumer, E. P. (2002). "Neighborhood Disadvantage and Police Notification by Victims of Violence." *Criminology, 20,* 579–616.

Beeghley, L. (2003). *Homicide: A Sociological Explanation.* New York, NY: Rowman & Littlefield.

Belknap, J. (2011). Rape: Too hard to report and too easy to discredit. *Violence against Women, 16,* 1335–1344.

Bell, M., Perez, S., Goodman, L., & Dutton, M. (2011). Battered women's perceptions of civil and criminal court helpfulness: The role of court outcome and process. *Violence against Women, 17,* 71–88.

Bergen, R. K. (1996). *Wife Rape: Understanding the Response of Survivors and Service Providers.* Thousand Oaks, CA: Sage.

Binder, G. (2008). "The Culpability of Felony Murder." *Notre Dame Law Review, 83,* 965–1060.

Binder, G. (2004). "The Origins of American Felony-Murder Rules." *Stanford Law Review, 57,* 84–244.

Black, D. (1993). *The Social Structure of Right and Wrong.* New York, NY: Academic Press.

Blum, J. A., Levi, M., Naylor, R. T. & Williams, P. (1998). *Financial Havens: Banking Secrecy and Money Laundering.* New York, NY: United Nations.

Blumstein, A. & Rosenfeld, R. (1999). "Explaining Recent Trends in U.S. Homicide Rates." *Journal of Criminal Law and Criminology, 88,* 1175–1216.

Bouffard, L. A., Wright, K. A., Muftie, L. R. & Bouffard, J. A. (2008). "Gender Differences in Specialization in Intimate Partner Violence: Concerning the Gender Symmetry and Violent Resistance Perspectives." *Justice Quarterly, 25,* 571–594.

Breault, K. D. & Kposowa, A. J. (1997). "The Effects of Marital Status on Adult Female Homicides in the United States." *Journal of Quantitative Criminology, 13,* 217–230.

Brookman, F. (2005). *Understanding Homicide.* London, UK: Sage.

Brown, S. (1986). "Police Response to Wife Beatings: Neglect of a Crime of Violence." *Journal of Criminal Justice, 12,* 277–288.

Butler, K. (2006). "Beyond Rivalry, a Hidden World of Sibling Violence." *New York Times,* (February 28), D1, D6.

Calavita, K. (2001). "Blue Jeans, Rape, and 'The Deconstructive Power of Law,'" *Law & Society Review, 35,* 89–116.

Capeci, J. (2006). "Will the Real Mafia Stand Up." *New York Times,* (Mar. 5), WK5.

Caputi, J. (1990). "The New Founding Fathers: The Lure and Lore of Serial Killers in Contemporary Culture." *Journal of American Culture,* 13(Fall), 1–12.

Caringella, S. (2009). *Addressing Rape: Reform in Law and Practice.* New York, NY: Columbia University Press.

Casson, I., Viano, D., Powell, J., & Pellman, E. (2011). Repeat concussions in the national football league. *Sports Health, 3,* 11–24.

Clarke, J. W. (1998). Without fear or shame: Lynching, capital punishment and the subculture of violence in the South. *British Journal of political Science, 28,* 269–289.

Clinton, W. J. (1997). *Apology for study done in Tuskegee.* Washington, DC: Office of the Press Secretary, the White House (May16).

Cohen, R. (2004). *A chance meeting: Intertwined lives of American writers and artists.* New York, NY: Random House.

Collins, R. (2008). *Violence: A Micro-Sociological Theory.* Princeton, NJ: Princeton University Press.

Combs, C. C. (2006). *Terrorism in the Twenty-First Century,* Fourth Edition. Upper Saddle River, NJ: Pearson/Prentice Hall.

Comstock, G. (2008). "A Sociological Perspective on Television Violence and Aggression." *American Behavior Scientist, 51,* 1184–1211.

Cooper, H. H. (2001). "Terrorism: The Problem of Definition Revisited." *American Behavioral Scientist, 44,* 881–893.

Critchley, D. (2009). *The Origin of Organized Crime in America: The New York City Mafia, 1891–1931,* New York, NY: Routledge.

Cyphers, J., & Lozada, P. (2008). *Leocal v. Ashcroft*: When immigration meets criminal law. *Empire Law Review, 3,* 65–71.

Dallam, S. J. (2002). "Science or Propaganda? An Examination of Rind, Tromovitch, and Bauman (1998)." *Journal of Child Sex Abuse, 9,* 109–134.

Davis, L. & Klopper, H. (2002). Personal communication (May 22).

Dean, T. (2007). *Crime and Justice in Medieval Italy.* London, UK: Cambridge University Press.

DeFronzo, J., Ditta, A., Hannon, L., & Prochnow, J. (2007). Male serial homicide: The influence of cultural and structural variables. *Homicide Studies, 11,* 1–14.

Destefano, A. (2006). *King of the Godfathers: Joseph Massino and the fall of the*

*Bonano crime family.* New York, NY: Pinnacle Books.

Dugan, L., Nagin, D. S. & Rosenfeld, R. (1999). "Explaining the Decline in Intimate Partner Homicide: The Effect of Changing Domesticity, Women's Status, and Domestic Violence Resources." *Homicide Studies, 3,* 187–214.

Duwe, G. (2007). *Mass Murder in the United States: A History.* Jefferson, NC: McFarland.

Earley, G. L. (2009). *The second United States sharpshooters in the Civil* War: A history and roster. Jefferson, NC: McFarland.

El Baradei, M. (2011). *The age of deception: Nuclear diplomacy in a treacherous time.* New York, NY: Henry Holt.

Ellis, L. (1989). *Theories of Rape: Inquiries into the Causes of Sexual Aggression.* New York, NY: Hemisphere.

Eriksen, S. & Jensen, V. (2009). "A Push or Punch: Distinguishing the Severity in Sibling Violence." *Journal of Interpersonal Violence, 24,* 185–208.

Falk, R. (2003). *The Great Terror War.* New York, NY: Olive Branch Press.

Faust, D. G. (2008). *The republic of suffering: Death and the American Civil War.* New York, HY: knopf.

Federio, V. (2010). *Organized Crime.* New York, NY: Routledge.

Feldmeyer, B., & Steffensmeier, D. (2009). Immigration effects on homicide offending for total and race/ethnicity disaggregated populations (white, black, and Latino). *Homicide Studies, 13,* 211–226.

Felson, R. B. (2006). "Is Violence Against Women About Women or About Violence?" *Context, 5,* 21–25.

Fessenden, F. (2000). "They Threaten, Seethe, and Unhinge. They Kill in Quantity." *New York Times,* (April 9), 1.

Fisher, B. S., Cullen, F. T., & Turner, M. G. (2000). *The sexual Victimization of College Women.* Washington, DC: Office of Justice Programs, National Institute of Justice, U.S. Department of Justice.

Fleury, R. E., Sullivan, C. M., & Bybee, D. I. (2000). "When Ending the Relationship Does Not End the Violence: Women's Experience of Violence by Former Partners." *Violence against Women, 6,* 1363–1283.

Foakes, R. A. (2003). *Shakespeare and Violence.* Princeton, NJ: Princeton University Press.

Fontaine, R. G. (2010). "An Attack on Self-Defense." *American Criminal Law Review* (forthcoming).

Friedman, L. S., Avila, S., Tanouye, K., & Joseph, K.(2011). A case control study of severe physical abuse of older adults. *Journal of the American Geriatrics Society, 59,* 417–422.

Friedrichs, D. (2000). "The Crime of the Century?: The Case for the Holocaust." *Crime, Law and Social Change, 34,* 21–41.

Galtung, J. (1990). "Cultural Violence." *Journal of Peace Research, 27,* 294–305.

Garcia, R. M., Taylor, R., & Lawton, B. A. (2007). "Impacts of Violent Crime and Neighborhood Structure on Trusting Your Neighbors." *Justice Quarterly, 24,* 679–704.

Geis, G. (1998). "Crime Victims: From the Wings to Center Stage." In H.D. Schwind, E. Kobe & H.H. Kuhne (eds.) *Essays in Honor of Hans Joachim Schneider,* pp. 315–329. Berlin: de Gruyter.

Geis, G. & Geis, R. (1979). "Rape in Stockholm: Is Permissiveness Relevant?" *Criminology, 17,* 311–322.

Gil, V.E., & Anderson, A. (1999). "Case Study of Rape in Contemporary China: A Cultural–Historical Study of Gender and Power Differentials." *Journal of Interpersonal Violence, 14,* 1151–1171.

Glassner, B. (1999). *The Culture of Fear: Why Americans Are Afraid of the Wrong Things,* New York, NY: Basic Books.

Godwin, M. & Rosen, F. (2005). *Tracker: Hunting Down Serial Killers.* New York, NY: Thunder's Mouth Press.

Gorer, G. (1966). "Man Has No 'Killer' Instinct." *New York Times Magazine,* (November 4), 47ff.

Hardy, M., Beers, B., Burgees, C., & Taylor, A. (2010). Personal experience and perceived acceptability of sibling aggression. *Journal of Family Violence, 25,* 65–71.

Hattery, A. (2009). *Intimate Partner Violence.* Lanham, MD: Rowman and Littlefield.

Henriques, D. (2011). *The wizard of lies: Bernie Madoff and the death of trust.* New York, NY: Henry Holt.

Herbert, B. (2006). "An American Obsession." *New York Times,* (February 2), A25.

Hickey, E. W. (2009). *Serial Murderers and their Victims,* Fifth Edition. Belmont CA: Wadsworth.

Hines, D. A. & Malley-Morrison, K. (2004). *Family Violence in the United States: Understanding and Combating Abuse.* Thousand Oaks, CA: Sage.

Hobbs, D. (2003). "Organized Crime and Violence." In W. Heitmeyer & J. Hagan (eds.) *International Handbook of Violence Research,* pp. 679-699. Dordrecht, The Netherlands: Kluwer.

Hobbs, D. (2000). "Researching Serious Crime." In R.D. King & E. Wincup (eds.) *Doing Research on Crime and Justice,* pp. 153-183. New York. NY: Oxford University Press.

Huff-Corzine, L., Corzine, J., & Moore, D. C. (1991). "Deadly Connections: Culture, Poverty, and the Direction of Lethal Violence," *Social Forces, 69,* 715-732.

Humphries, D. (2002). "No Easy Answers: Public Policy, Criminal Justice, and Domestic Violence." *Criminology & Public Policy, 2,* 91-96.

Jackman, M. R. (2002). "Violence in American Life." *Annual Review of Sociology, 28,* 387-415.

Jacobs, B. (2000). *Robbing Drug Dealers: Violence beyond the Law.* New York, NY: Aldine de Gruyter.

Jacobs, J. (2006). *Mobsters, Unions, and Feds: The Mafia and the American Labor Movement.* New York, NY: N.Y.U. Press.

Jacobs, S. (1994). "Social Control of Sexual Assault by Physicians and Lawyers within the Professinal Relationship." *American Journal of Criminal Law, 19,* 43-60.

Jesilow, P. D., Pontell, H. N., & Geis, G. (1985). "Medical Criminals: Physicians and White-Collar Offenses." *Justice Quarterly, 2,* 149-165.

Jewkes, R., & Abrahams, N. (2002). The epidemiology of rape and sexual coercion in South Africa: An overview. *Social Science and Medicine, 55,* 1231-1244.

Johnson, E. A., & Monkkenon, E. H. (Eds.) (1996). *The Civilization of Crime: Violence in Town and Country Since the Middle Ages.* Urbana, IL: University of Illinois

Press.

Jones, J. H. (1993). *Bad blood: The Tuskegee Syphilis Experiment.* New York, NY: Free press.

Kanin, E. J. (1985). "Date Rapists: Differential Sexual Socialization and Relative Deprivation." *Archives of Sexual Behavior, 14,* 219–231.

Kaplan, A. (2000). *The Collaborator: The Trial & Execution of Robert Brasilach.* Chicago, IL: University of Chicago Press.

Katz, J. (1988). *The Seduction of Crime: Moral and Sensual Attractions of Doing Evil.* New York, NY: Basic Books.

Kochan, N. (2005). *The Washing Machine.* Mason, OH: Thomson.

Kohn, L. T., Corrigan, J. M., & Donaldson, M. S. (Eds.) (2000). *To Err Is Human: Building a Safer Health System.* Washington, DC: National Academy Press.

Labriola M., Rempel, M., & Davis, R. C. (2008). "Do Batterer Programs Reduce Recidivism? Results from a Randomized Trial in the Bronx." *Justice Quarterly, 25,* 252–287.

Lalumiere, M. L., Harris, G. T., Quinsey, V. L., & Rice, M. E. (2005). *The Causes of Rape: Understanding Individual Differences in Male Propensity for Sexual Aggression.* Washington, DC: American Psychological Association.

Lee, M. T. (2003). *Crime on the Border: Immigration and Homicide in Urban Communities.* New York, NY: LFB.

Lee, P. (2003). "Reason, Rape, and Angst in Behavioral Studies." *Science,* (July 18), 301–313.

Levin, J. (2008). *Serial Killers and Mass Murderers: Up Close and Personal.* Amherst, NY: Prometheus.

Loftus, E. F., & Geis. G. (2011). Collaborating to deter potential public enemies: Social science and the law. *UCI Law Review. 1.* 175–186.

Loftus, E. F., & Ketcham, K. (1996). *The Myth of Repressed Memories: False Memories and Allegations of Sexual Abuse.* New York, NY: St. Martin's Griffin.

Lonsway, K. (2010). Trying to move the elephant in the living room: Regarding the challenge of false rape reports. *Violence against Women, 10,* 1356–1371.

MacKinnon, C. A. (1992). "Feminist Approaches to Sexual Assault in Canada and the

United States: A Brief Retrospective." In C. Backhouse & D.H. Flaherty (eds.) *Challenging Times: The Women's Movement in Canada and the United State,* pp. 186–192. Montreal, CN: McGill-Queen's University Press.

Madsen, F. G. (2009). *Transnational Organized Crime.* London, UK: Routledge.

Martin, E. K., Taft, C., & Resick, P. A. (2007). "A Review of Marital Rape." *Aggression and Violent Behavior, 12,* 329–347.

Martinez, Jr., R. (1996). "Latinos and Lethal Violence: The Impact of Poverty and Inequality." *Social Problems, 34,* 131–145.

Martinez, Jr., R., Lee, M. T., & Nielsen, A. L. (2004). "Segmented Assimilation, Local Context and Determinants of Drug Violence in Miami and San Diego: Does Ethnicity and Immigration Matter?" *International Migration Review, 38,* 131–157.

Marvell, T. B., & Moody, C. E. (1999). "Female and Male Homicide Victimization Rates: comparing Trends and Regressions." *Criminology, 37,* 879–900.

McCabe, K. A.(2003). *Child abuse and the criminal justice system.* New York, NY; Peter Lang.

Merry, S. E. (2009). *Gender Violence: A Cultural Perspective.* Malden, MA: Wiley-Blackwell.

Miethe, T. D., Regoeczi, W., & Drass, A. (2004). *Rethinking Homicide: Exploring the Structure and Process Underlying Deadly Situations.* New York, NY: Cambridge University Press.

Miller, S. L. (2005). *Victims as Offenders: The Paradox of Women's Violence in Relationships.* New Brunswick, NJ: Rutgers University Press.

Miller, W. B. (1958). "Lower-Class Culture as a Generating Milieu of Gang Delinquency." *Journal of Social Issues, 14,* 5–19.

Mills, L. G. (2008). *Violent Partners: A Breakthrough Plan for Ending the Cycle of Abuse.* New York, NY: Basic Books.

National Counterterrorism Center. (2010). *2009 NTCT report on terrorism.* Washington, DC: The Center.

Newton, M. (2006). *The Encyclopedia of Serial Killer* (2nd ed.). New York: Facts On File, Inc.

Page, A. D. (2010). True colors: Peace officers and rape myth acceptance. *Feminist Criminology, 5,* 316–338.

Phillips, J. E. (2002). "White, Black, and Latino Homicide Rates: Why the Difference?" *Social Problems, 49,* 349–374.

Pious, R. M. (2006). *The War on Terrorism and the Rule of Law.* New York, NY: Oxford University Press.

Polk, K. (1993). *When Men Kill: Scenarios of Masculine Violence.* Melbourne, Australia: Oxford University Press.

Poitier, S. (2000). *The Measure of Man: A Spiritual Autobiography.* San Francisco, CA: Harper.

Quinet, K. (2011). Prostitutes as victims of serial homicides: Trends and case characteristics. *Homicide Studies, 15,* 74–199

Reichert, D. (2004). *Chasing the devil: My twenty-year quest to capture the Green River Killer.* New York, NY: Little Brown.

Reiman, J. H. (2004). *The Rich Get Richer and the Poor Get Prison: Ideology, Class, and Criminal Justice,* Seventh Edition. Boston, MA: Pearson/Allyn and Bacon.

Reiss, A.J., Jr. & Roth, J. (Eds.) (1993). *Understanding and Preventing Violence.* Washington, DC: National Academy Press.

Rind, B., Bauserman, R., & Tromovitch, P. (1988). "A Meta Analytic Examination of Assumed Properties of Child Sexual Abuse Using College Samples." *Psychological Bulletin, 124,* 22–43.

Rivara, F. P., Mueller, B. A., Spomes, G., Mendoza, C. T., Rushforth, N. B., & Kellerman, A. L. (1997). "Alcohol and Illicit Drug Use and the Risk of Violent Death in the Home." *Journal of the American Medical Association, 278,* 569–575.

Rosenfeld, R. (2002). "Why Criminologists Should Study Terrorism." *The Criminologist,* 27 (November–December), 1, 3–4.

Rosoff, S.M., Pontell, H. N., & Tillman, R.H. (2007). *Profit Without Honor: White-Collar Crime and the Looting of America,* Fourth Edition. Upper Saddle River, NJ: Prentice Hall.

Roy, L. (2009). *No Right to Remain Silent: The Tragedy at Virginia Tech.* New York, NY: Harmony Books.

Rumney, P. N. S.,& van der Bilj, C. (2010). Rape attitudes and law enforcement in south Africa *New Criminal Law Review, 13, 826–840.*

Sampson, R. J., Raudenbush, S. W. & Earls, F. (1997). "Neighborhoods and Violent Crime: A Multi-Level Study of Collective Efficacy." *Science, 277,* 918–924.

Sander, P. (2009). *Madoff: Corruption, Deceit, and the Making of the World's Most Notorious Ponzi Scheme.* Guilford, CT: The Lyons Press.

Savelsberg, J. (2006). "Underused Potentials for Criminology: Applying the Sociology of Knowledge to Terrorism." *Crime, Law and Social Change, 46,* 35–50.

Schlesinger, L. (Ed.) (2001). *Serial Offenders: Current Thought, Recent Findings.* Boca Raton, FL: CRC.

Schneider, E. (2002). *Battered Women and Feminist Lawmaking.* New Haven, CT: Yale University Press.

Shattuck, R. (1996). *Forbidden Knowledge: From Prometheus to Pornography.* New York, NY: St. Martin's.

Shichor, D. (2007). "Thinking about Terrorism and Its Victims." *Victims and Offenders, 2,* 269–287.

Shon. P. & D. Milovanovic. (Eds.) (2006). *Serial Killer: Understanding Lust Murder.* Durham, NC: Carolina Academic Press.

Skeem, J. L.,& Monahan, J. (2011). Current directions in violence risk assessment. *Current Directions in Psychological Science, 20,* 38–42.

Sontag, D. (2002). "Fatal Entanglements." *New York Times Magazine,* (November 12), 52–62, 84.

Tierney, K. J. (1982). "The Battered Woman Movement and the Creation of the Wife Beating Problem." *Social Problems, 29,* 207–220.

Waite, L., & Gallagher, M. (2000). *The Case for Marriage: Why Married People are Happier, Healthier, and Better Off Financially.* New York, NY: Doubleday.

Walker, L. E. A. (2009). *The Battered Woman Syndrome,* Third Edition. New York, NY: Springer.

Whittaker, D. J. (Ed.) (2001). *The Terrorism Reader.* London. UK: Routledge.

Widom, C., & Maxfield, M.. G. (2001). *An Update on the "Cycle of Violence."* Washington, DC: Research in Brief, National Institute of Justice, U.S. Department of Justice.

Wolfgang, M. E. (1958). *Patterns in Criminal Homicide.* Philadelphia, PA: University of

Pennsylvania Press.

Wolfgang, M. E., & Ferracuti, F. (1967). *The Subculture of Violence.* London, UK: Social Science Paperbacks.

Young, R. (2006). "Defining Terrorism: The Evolution of Terrorism as a Legal Concept in International Law and its Influence on Definitions in Domestic Legislation." *Boston College International and Comparative Law Review,* 29, 23–103.

Zahn, M. A., Brownstein, H. H., & Jackson, S. L. (Eds.) (2004). *Violence: From Theory to Research.* Newark, NJ: LexisNexis/Matthew Bender.

Zernike, K. (2006). "Violent Crime Rising Sharply in Some Cities." *New York Times,* (February 12), *B1,* B28.

C/H/A/P/T/E/R 12

# 경제 범죄
## (Economic Crime)

### 학습 목표

제12장을 읽은 후, 당신은 다음의 내용을 수행할 수 있어야 한다.

- "아메리칸 드림"을 경제범죄를 범하려는 충동(impetus)과 연결시켜 보시오.
- 매우 부유한 자와 중간층과 노동자층간의 경제적 간극이 과거 수십 년 사이에 점증적으로 벌어져 왔음을 안다.
- 침입절도 사건에서 "장물아비"의 역할을 이해한다.
- 길거리의 마약상들이 왜 강도의 이상적인 피해자가 되는지를 설명하라.
- 침입절도가 왜 강도보다 피해자에게 더 심한 정서적 비용(toll)을 주는지 설명하라.
- 합리적 선택이론을 사용하여 경제범죄를 해석하라.
- 화이트칼라 범죄에 관한 두 주요 정의를 기술하라.
- 범죄학에서 에드윈 H. 서덜랜드가 어떤 사람이었고 어떤 존재인지를 파악한다.
- "피해자 부정"이 범죄행동에서 어떤 역할을 하는지 말해본다.

남들이 가진 것에 대한 질투, 개인 소유욕, 문화 강조에서 비롯된 물질에 대한 경쟁적 갈구. 이러한 조건들이 절도 범죄-절취 또는 강제에 의한 타인 재물의 불법 취득을 낳는다. 미국인들은 전형적으로 자신과 자식들을 위해 원하는 것이 "행복"이라고 말한다. 행복은 멋진 일몰을 바라보는 것, 친구와 동료들과의 동반을 즐기는 것, 양서를 읽는 것과 같이 여러 형태로 얻을 수 있다. 그러나 우리가 행복이라 여기며 추구하는 것은 빈번하게 돈 - 얼마나 가지고 있고 얼마나 갖고자 하는가- 과 관련된다. 이 탐욕적 패턴은 대부분의 미국인들이 자신의 생산물에 의존하던 최저(subsistence) 경제의 쇠퇴와 함께 19세기 초기 미국에서 등장하였다. 이러한 변동이 지향하는 시장경제에서는 상품이 국외에서 생산되고 판매된다(Reynolds, 2008:12). 이 전환에 불을 끼얹은 것은 산업혁명인데, 발전에 관한 많은 기록들을 연구한 한 영국 작가는 이에 대해 적절하게 언급했다. "그들은 발견과 성취의 기뿜이 보다 이익 지향적으로 되면서 어떻게 비극적 결말을 가져오게 되는지 –이상주의가 어떻게 탐욕과 불결함(squalor)으로 전도(capsize)되었는지 나로 하여금 예민하게 인식할 수 있게 해주었다"(Athill, 2008:137).

우리가 물질적 부를 심하게 강조하고 이를 취득할 합법적 기회를 제한하면 특히 절도가 발생할 가능성이 높아진다. 머튼(Robert K. Merton, 1964)은 바로 미국이 이렇게 하고 있다고 주장한다. 우리는 사람들이 존경을 받으려면 재정적으로 성공할 것을 장려(거의 요구)한다. 메스너와 로젠펠드(Steven Messner & Richard Rosenfeld, 2007)는 미국에서 재산범죄의 수준이 높은 것은 직접적으로 "*아메리칸 드림*"–물질적 성공에 대한 가열한 강요와 연결되어 있다고 주장한다.

## 탐욕과 절도

우리들 거의 대부분은 다소간에 물질의 획득을 통해 자존감을 향상시키는 경주에 휩쓸리고 있다. 합법적 방법으로 물질적 소유를 획득할 수 없거나 획득할 의사가 없는 사람들은 범죄 행동에 호소할 수밖에 없다. 이를 "경제 범죄"라고 칭하지만 다른 많은 형태의 범죄 행동 또한 그 근저에는 재정적 고려가 깔려 있다. 살인은 상속을 받기 위해 범할 수 있고, 방화는 보험금을 목적으로 행해질 수 있다.

실업, 불완전 취업, 마약 중독이 끼어들 때는 정직은 뒷전으로 미룰 수 있다. 한 풍자만화는 기업 세계에서 경제 범죄를 야기할 수 있는 태도를 희화하고 있다. 최고 경영자가 한 중간 관리자에게 말한다. "정직은 최선의 정책이야. 그러나 우리의 정책은 아니지."

절도는 지루한 일을 일상적으로 하는 것보다 선호될 수 있다. 탐욕 역시 경제 범죄의 기반이 될 수 있다. 많이 가진 자는 종종 더 많은 것을 원한다. 누군가는 당신보다 많이, 보다 새로운 차, 더 큰 요트를 가질 것이다. 머튼이 지적하기를 "성공에 대한 건망성 실어증(anomia of success)" 때문에 부유한 사람들 사이에서 범죄가 양산될 수 있는데, 이는 점차 고조된 열망이 현재 개개인의 성공에 의해 그리고 동료들과 성공한 사람들에 관한 잡담을 하는 중에 확장된 기대에 의해 강화되면서 나타난다고 주장한다(Merton, 1964:225). 욕망(wants)은 만족을 모를 수 있다. 범죄학 학도들은 이 점을 숙고해야 할 것이다. 무엇이 만족을 줄 것인가? 물질적 재화를 얻기 위해 어느 지점(만일 있다면)에서 법을 위반할 수 있다고 믿겠는가? 욕망은 끝이 없는 것인가?

### 교차 문화적 탐욕(Acquisitiveness Cross-Culturally)

우리가 알고 있는 일부 사람들은, 살인은 드문 일이 아니지만, 절도와 사기를 알지 못한다. 다코타(Dakota) 인디언들은 법으로 재물에 대한 평가를 강력하게 금지하고 있다. 재산은 이를 선물할 때 평판이 붙는다. 같은 식으로 나바호(Navahos)는 과도한 부를 관용 결여의 산물, 아마도 악의적인 마법의 귀결로 여긴다.

고대 유대와 게르만의 법에서는 절도를 다수의 폭력적 범죄보다 더 위험한 것으로 보았다. 히브리(Hebrew)의 믿음에 따르면, 범죄를 몰래 저지른 절도범들은 신이 자신들을 보지 못하고 있다고 생각한다. 게르만 민족은 절도를 사전 계획된 것이기 때문에 충동성이 있는 대인 범죄보다 중대하다고 여겼다. 중상해와 살인에 대해서는 벌금형을 허락하면서도 절도는 사형으로 처벌하였다.

역사적으로 기독교 사회는 탐욕을 금지시키려는 전쟁을 부단히 해 왔다. 성경은 천당에 대비하기 위해 세속의 소유물을 벗어 던질 것을 권유한다. 부자가 신성한 면죄부를 얻는 것은 낙타가 바늘구멍을 통과하는 것보다 어려울 것이라고 단언한다(Matthew 19:14). 이러한 금언들에도 불구하고 명목상 기독교 사회의 극소수만이 축재를 금지하는 이 종교적 명령을 진지하게 받아들이는 것처럼 보인다.

### 사회적 조건과 절도

비록 사유 재산에 대한 정의는 문화마다 천차만별이지만, 어떤 것은 어기지 않아야 한다는 핵 협정(nuclear agreement)은 유지되고 있다. 어떤 사회에서는 적당하게 사는 것이 권장될지 모르지만, 당신이 소유하는 모든 것에 대한 절취를 허용하는 것이 바람직하다고 여기는 사회는 어디에도 없다. 타인이 자기 집을 합법적으로 소유하게 될까 두려운 나머지 감히 집을 떠나지 않는다거나, 또는 자기 차가 정지당해 몰수당할까 겁나서 운행을 안 한다면, 사회적 혼돈 상태가 초래될 것이다.

자동차 절도는 소유와 재산 범죄와의 관계를 시사한다. 차는 편리한 운송 수단으로서의 명백한 가치뿐만 아니라, 그 소유자의 지위를 알려 준다. 차가 비쌀수록 주인이 보다 중요한 사람으로 보인다. 시간이 흐르면서 달라지는 차 모델은 미국에서 절도범들의 주요 표적이 된다. 고속도로 안전보험협회에 따르면, 2010년에 도난이 가장 많은 차는 캐딜락 에스칼라데 4-door SUV였고 그 다음으로 포드 F-250 픽업, 인피니티 G37 고급차, 그리고 HEMI 엔진의 돗지(Dodge) 크라이슬러가 뒤를 이었다. 차도둑들은 표적을 선택할 때 크롬 도금의 금속부품과 마력(horsepower)을 제일 높이 쳤다.

## •• 절도(Theft)에 관한 법률

절도 관련법은 형법에서 가장 복잡한 부분이다. 일부 정의가 도움이 될 수 있다. 가장 광범한 형태의 절도 범죄인 *절도*(larceny)는 타인의 동의 없이 타인으로부터 그 재산의 사용을 영원히 박탈할 의도로 재물을 취하는 것을 포함한다. 절도는 종종 도난 재산의 가치에 따라 *대절도(Grand Larceny)*와 *소절도(Petit Larceny)*로 구분된다. 대절도와 소절도의 구별은 계층의 편견을 반영한다고 할 수 있다. 무일푼의 타인에게서 10달러를 절취하는 것은 적어도 백만장자로부터 수천 불을 훔치는 것만큼이나 심각하다. 그에 상관없이 많은 관할에서 10달러는 소절도, 경죄로 간주되는 반면 후자는 대절도, 중죄로 정의된다.

*강도*는 재물이나 금전을 폭력 또는 위협을 사용하여 강취하는 절도의 한 형태이다. 위협은 본질상 이성적인 사람에게 위험에 대한 합리적 우려를 일으키는 수준의 것이어야 한다. 강도는 금전의 양이나 재물의 가치와 상관없이 절도보다 더 중한 범죄이다. 강도 피해자의 약 3% 정도는 입원을 요할 정도로 심한 개인적 부상으로 고생한다(Tunnel, 2000).

*침입 절도*(burglary)는 대개 주거에 대한 범죄로 정의된다. 침입 절도범은 옛날 보통법의 정의에 따르면, 야간에 중죄를 범할 의도로 타인의 집을 부수고 침입하는 사람이다. 입법에 의해 보통법의 영역을 점차적으로 넓히면서 곳간, 창고, 사무실, 그리고 유사 구조물들을 "주택(dwelling houses)"에 포함시켰다. 시계가 사용되기 이전인 초기 영국 법에서 "야간"은 사람의 형체를 알아보기에 불빛이 충분하지 않은 때로 여겼다. 현행 법률은 보다 정밀하게 시간적 한계를 정의하고 있다. 뉴욕은 일몰 후 ~ 일출 전을 야간으로 정하고 있다. 뉴욕 주는 또한 침입 절도를 3단계(degrees)로 분류하는데, 침입 절도3, 주간에 빈 지역에서 행하는 절도; 침입 절도2, 사람이 현존하는 주택 절도; 침입 절도1, 야간 절도나 위험한 무기를 휴대한 절도, 또는 구내에서 폭행을 행하는 절도이다. 이렇게 정밀한 정의가 존재해도 침입 절도에 관한 법률은 복잡한 의문을 야기할 수 있다. 예컨대, 하이라이트 12.1에서 기술한 대로 분묘 절도는 어떻게 정의하겠는가?

### *강도(Robbery)*

일부 범죄자들은 그냥 지나치기에는 너무 매력적인 기회가 생기면 다른 범죄에 더하여 강도와 침입 절도를 저지른다. 그럼에도 다른 유형의 범죄는 다른 범죄자에게 어울리는 경향이 있다. 강도는 직접 맞닥뜨려 신속하게 수익을 얻을 수 있고 절취한 재물을 처분할 필요가 없다는 의미에서 절도보다 '더 용이하다'. 한편 일부 범죄자는 피해자와의 대면 접촉을 피하며 나중에 신원이 밝혀질 수 있다는 것을 걱정한다. 그들은 저항하는 피해자에게 총을 쏘아야 하고 그래서 강도가 살인으로 상승하는 것을 두려워한다. 모든 살인의 10%는 강도의 상황에서 발생한다(300건의 강도 가운데 1건은 살인으로 끝난다).

강도에 공통된 충동은, 침입 절도의 그것과 같이, 침체된 지역에서 성공의 필요조건을 충족하려는 것이다. 한 구금된 강도는 뉴욕의 싱싱 교도소의 교도관과 대화하면서 그 상황을 요약했다. "빈민가에서는, 반듯해 보이고 차도 있고 메르세데스 벤츠 같은- 그러한 것들이 있어야 존경을 받아요. 어떤 여성도 당신하고는 데이트를 안 할 겁니다. 그게 현실이죠"(Conover, 2000:292).

강도는 절도와는 매우 다른 기술을 요하고 다른 속도로 전개되며 가장 두드러지게 "용기"를 보일 기회라는 그 자체의 감정적 보상을 제공한다. 많은 강도범들이 절도는 지루하고 너무 느린 것으로 여긴다. 한 강도가 지적한다.

노상강도(sticking up)는 특수 절도(B&Es: breaking and enterings)에서 결코 얻지 못한 흥분을 안겨 주었다. 행인에게 총을 겨눌 때 내 세계는 거의 마법같이 변하였다. 얼굴에 총을 들이밀 때, 가장 거친 고양이가 훌쩍이며 살려달라고 하는 것에 놀랐다. 보통 때 같았으면 나더러 경의를 명령했을 어른들이 마치 순종적인 애들처럼 내 지시에 따르지 않을 수 없었다(McCall, 1994:97).

라이트와 데커(Richard Wright & Scott Decker, 1997)는 세인트루이스에 거주하는 86명의 강도범들을 인터뷰하였다. 31%는 평생 49번 이상의 강도를 범하였다고 하였다. 그룹의 1/3은 한 번도 강도로 체포된 적이 없는 반면, 다른 26%는 1번 이상 체포되었으나 유죄판결을 받은 적이 없다고 했다. 대부분(85%)은 대개 노상에서 강도를 하였고 나머지는 상

**[하이라이트 12.1] 톰바롤리**

이탈리아에는 톰바롤리(tombaroli) 또는 묘지 침입자들이 행하는 특수한 형태의 절도가 존재한다. 로마의 서쪽에 있는 세베테리 시의 한 실행자는 무덤 속에 매장된 에트루스칸 폐허(Etruscan ruins)를 뒤진다. 그는 주로 금과 청동, 보석 그리고 장식꽃병을 찾는다.

오늘날 세베테리 묘지 절도범은 사업이 사양길이라고 애석해한다. "누구도 이 일을 원치 않아요" "젊은이들은 빠르게 노동 없이 돈을 벌고 싶어 해요. 밤에 나가서 파고 (또는) 열심히 일하는 것을 원하지 않지요. 그들은 사무원으로서의 아주 적은 보수에 만족합니다. 우리 경험이 사장되고 있어요."

묘지 절도범은 재물들이 헛되이 관 속에 묻혀 있다고 주장한다. 게다가 정부는 이를 찾아 유리를 씌워 박물관에 두려고 하는 반면, 그의 고객들은 언제나 개인 소장의 기쁨을 누릴 수 있다(Lattanzi, 1998).

업 시설에서 범하였는데 가장 눈에 띄는 건 대개 편의점과 주류점, 전당포, 바, 주유소였다. 많은 강도는 불법에 관여하고 있는 개개인들을 노린다. 마약상들은 가장 유력한 피해자다. 거래자는 대개 많은 돈을 소지하고 범죄를 신고할 가능성이 낮다. 한 강도가 다음과 같이 말했다. "그들이 경찰에게 뭐라 말할까요? 그가 내 마약을 강탈했다?"(Richard Wright & Scott Decker, 1997:64; Jacobs & Wright, 2008). 강도들은 특정 지역에 국한되는 경향이 있다. Braga 등이 보고한 바에 의하면 1980년과 2008년 사이에 보스톤의 도로부분과 교차로의 대략 1%와 8%에서 모든 상업강도의 거의 50%, 노상강도의 66%가 일어나고 있다(Braga et al., 2011:8).

시카고의 한 연구에서는 강도가 자신의 거주지 주변에서 대상자를 선택하는 경향이 있다는 것을 밝혔다. 그들은 인종과 민족의 인구 통계와 같은 문제와 관련하여 사회적 장벽들, 말하자면 범행 지역의 공동체와 그들 자신의 공동체 간 그리고 자신과의 분명한 차이들을 경계하고 있다(Bernasco & Block, 2009).

상업 시설을 노리는 강도에 관한 영국의 한 연구에서는 종업원들이 순순히 돈을 건네지 않을 때의 당황스러움에 대해 언급했다. "자기 돈도 아닌데 도대체 왜 자신의 생명을 거는 걸까?" 강도들은 궁금해한다(Matthews, 2002:24-25).

신용카드의 사용은 강도의 패턴을 변화시켰다. 강도들은 더 이상 잘 차려입은 사람을 반드시 좋은 표적으로 보지는 않는데, 그 이유는 종종 현금이 적고 신용카드만 가득하기 때문이다. 백인은 저항할 가능성이 낮기 때문에 피해자로 선호된다. 이는 특히 백인여성에게 들어맞는다. 비록 개중에는 강한 감정으로 대응(아마도 비명 지르기)하여, 대면의 성공이 위태로워진다고 믿는 까닭에 일부 강도들은 그러한 표적을 피하기도 하지만 말이다.

한 강도는 자신의 피해자 선호를 이렇게 설명했다.

> 여성은 쉬워요. 그들은 빨리 공포를 느끼니까요. 여성들이 지갑을 던져 버리면 그저 잽싸게 집어넣으면 됩니다. 하지만 남자는 때때로 주춤하기 때문에 내가 진지하다는 걸 보여 줘야 하고 다리를 쏘아야 됩니다(Wright & Decker, 1997:85).

강도에서 고려하는 한 가지는 어떤 방법으로 피해자의 돈과 귀중품을 제거하는가이다. 그것들을 건네라고 요구하면 피해자가 가진 것의 일부만 넘겨 줄 위험성이 있다. 몸수색은 피해자에게 가까이 접근해야 되고 따라서 스스로가 더 위험해질 수 있다는 의미가 된다. 총을 사용하지 않는 범죄자는 이런 가능성이 급격히 커진다. 라이트와 데커(1994)의 연구 중에 한 강도범은 아무도 총을 빌려주려고 하지 않기 때문에 칼을 사용한다고 말했다. 그는 누군가 자신을 힘으로 제압하는 것이 두렵다고 했다. 인터뷰는 낮에 이루어졌다. 그날 밤에 그 강도범은 대상 피해자가 그의 칼을 잡아 가슴을 찌르는 바람에 사망했다.

상업 강도의 시기에 주된 영향을 미치는 것은 수중에 금전이 얼마나 들어올까라는 강도의 생각이다. 강도 발생율은 몸을 숨길 밤 시간이 더 길기 때문에 겨울이 높은데, 이는 늦게까지 영업하는 가게가 강도의 표적이 되기 쉽다는 것을 의미한다. 하나 흥미 있는 계획 중에는 친구들 두 명이 쇼핑할 때 권총 강도를 해서 경찰에게 허위 식별을 하게 만든 한 강도범이 있었다.

다른 형태의 강도를 통계적으로 식별하는데 실패하게 되면 강도 범죄의 추세상을 잘못판단하게 할 수 있다. 남아프리카에서는 강도를 다섯 가지 주요 범주로 나누고 있다. 그 다섯 가지는 은행 강도, 현금 수송 강도, 트럭 납치[1], 기업 강도, 차량 탈취 그리고 주택 강도이다. 그중 주택 강도가 약 1/3을 차지한다(Berg & Kimnes, 2009).

### *침입 절도(Burglary)*

절도범죄자들이 보여 주는 능력의 정도는 절취하려는 집을 조심스럽게 "미리 살피는(case)" 정탐에서, 가장 편리한 표적에 조심성 없이 침입하는 아마추어에 이르기까지 다양하다.

456명의 가택 침입자에 기초한 분류에 의하면, 직업적 가택 침입자는 네 가지 주요 유형으로 나뉜다. (1) 젊고 재능 있는 자, (2) 방랑자, (3) 마약 지향적 침입자, (4) 성범죄자. 이중 마지막 그룹은 가장 심각한 범죄 경력을 가지고 있다(Vaughn et al., 2008).

라이트와 데커는 침입 절도범들이 타인의 집에 있을 때 누리는 고양된 느낌: 눈앞의 모든 것들은, 들키지 않고 반출할 수 있다는 추정 아래, 자기네 것이라는 느낌을 말하였다. 한편 그들은 처음 주택에 들어갈 때의 두려움에 대해 말한다. 총을 가진 거주인과 부딪혀 총알 세례를 받을 수도 있다는 것을 안다. 배리와 브라운(Darci Barry & Stephen Brown, 1997:10)이 인터뷰한 유죄 절도범들은 이 두려움을 서류로 뒷받침했다.

> 잡히는 것은 정말 두려워하지 않아요. 두려운 건 진짜로 하고 싶지 않은 행동을 해야만 하는 겁니다. 언제 누군가가 걸어 들어와 얼굴에 막대기나 총을 갈길지 알 수 없잖아요.. 다시 말해 총을 쏘게 내버려 둘까요, 아니면 시도하고 도망칠까요? 무슨 말인가 하면, 그런 상황에서 무얼 할지 정확히 예측할 수 없다는 겁니다. 그게 두려워요. 만일 사람이나 경찰

---

1) 원문에는 트럭하이재킹으로 표현되어 6가지가 되는데, 차량 탈취에 해당하기 때문에 다섯 가지 범주라고 서술한 것으로 보임

이 들어오면 내가 무슨 짓을 할지.

영국에서는 부유층의 보안장비 사용의 증가가 침입절도의 급격한 감소에 효과가 있었음을 연구자들이 밝혀냈다. 그러나 침입절도범들은 그들이 침입자로 인식될 가능성이 높기 때문에 부자동네를 기피하는 경향이 있다는 점 또한 지적했다(Tilley et al., 2011). 일부 보안 장비는 화재나 지진의 경우에 집에서 빠져나올 기회를 막아 버린다. 한 예로 캘리포니아의 11세 여아가 철제 방범창에 갇혀 연기로 질식사했다. 세 살배기 남동생이 담배 라이터를 가지고 놀다가 집이 불탄 것이다.

절도범들은 불법으로 들어간 집에서 신원을 확인할 수 있는 물건, 예를 들어 지갑, 을 떨어뜨려 신원이 들통 날 수 도 있다고 있다. 비록 전문가나 아마추어 정신의학자들은 그러한 "실수"가 체포에 대한 욕망을 표현한다고 말할 지도 모르지만 이는 아마도 긴장 때문일 것이다, 민속학에서는 때때로 절도범들이 자기네보다 풍요로운 사람들에 대한 적대감의 표출로서 절도 대상의 집에 소변이나 대변을 볼 것이라고 주장한다. 그러나 현장 조사에서는 범죄자가 불만을 가진 집에서 절취하는 어린 소년일 때 외에는 거의 발생하지 않는 것으로 보고되고 있다.

침입 절도는 대개 더 비인격적인 강도보다도 재정적 손실이 피해자에게 더 극심한 감정적 고통을 안겨줄 수 있다. 한 절도 피해자는 그의 감정을 신랄하게 묘사했다.

> 그들은 내 기억을 훔쳤어요-내 정신의 일부를 제거했습니다. 보험사 직원들은 내 물건이 얼마의 가치를 갖느냐고 물었지요. 난 솔직하게 값으로 따질 수 없다고 했어요. 다시는 이들 물건을 바라보고 기억할 수 없을 거예요. 한참 동안 난 미친 사람처럼 고함을 질러 댔어요. 사람들은 감상적인 가치라고 그래요. 그러나 내게 다른 가치가 없어요. 만일 우리 모두가 돈에 관한 것을 얘기하고 있었다면 이런 물건들은 대체될 수 있고, 난 아무 문제가 없었을 겁니다(Theroux, 2000:32).

한 영국작가는 그녀가 성장한 시골 집의 침입 절도를 회상하면서 비슷하게 그 범죄가 "부모에게는 마치 집이 강간당한 것처럼 느껴졌다"고 말했다(Seymour, 2007:282)

## •• 침입 절도의 표적

사실상 모든 절도들은 사실적이든 관념적이든 돈에 대한 필요로 유발된다. 전형적으로 범죄자는 떠들썩한 음주나 마약 잔치(bings)에 탐닉하고 파티를 계속할 자금은 바닥난다. 아니면 빚에 쪼들린다고 느낀다.

절도범들은 아주 희귀한 상황이 아니고서는 사람이 있다는 것을 알면서 들어가지는 않을 것이다. 또한 절도범은 이웃들도 염려한다. 안에 누가 있나 결정하는 통상적인 전략에는 우편물이나 신문이 쌓여 있는 것, 집 관찰, 전화해 보기 또는 그냥 문을 두드려 보는 것이 포함된다(Renger & Goff, 2011).

크롬웰(Paul Cromwell)과 동료들의 보고서에 의하면, 그들이 조사했던 텍사스 시의 절도범들은 고등학교 풋볼팀원이 산다는 것을 분명히 알려 주는 표식으로 잔디구장을 찾아본다. 거주민들이 팀의 경기를 볼 것으로 추정하고 경기 시간을 택하여 침입한다(Olson & Avery, 1991:24). 무슬림 지역에서는 신앙인들이 신발을 현관문 앞에 두고 주거에 들어갈 것이다. 만일 신발이 아무것도 없으면 집에 아무도 없다고 추정한다. 다른 절도범들은 아주 더운 날에 거주하는 동네를 천천히 차를 몰고 다니는 걸 좋아한다. 창문이 닫히고 에어컨이 작동하지 않으면 아무도 없다는 표시로 받아들인다.

범죄자들은 종종 집에 보안 자물쇠가 보일 때가 절도에 더 적합하다고 결론 내리는데, 그 이유는 자물쇠가 안에 값진 물건이 있다는 걸 암시하기 때문이다.

## •• 침입 절도의 시간과 장소

절도범의 주된 적은 시간, 소음, 불빛이다. 그들의 작업 태도는 인권 운동의 리더로 높이 존경받기 전에는 절도범이었던 말콤 엑스(Malcolm X)가 잘 표현하고 있다.

> 난 주의 깊은 것과 계획하는 것이 얼마나 중요한지를 다른 몇몇의 프로들과 스스로의 경험을 통해 배웠다. 절도는 잘 수행만 된다면 비록 그 위험에도 불구하고 최소의 위험으로 최대의 성공 기회를 제공한다. 만일 어떤 피해자들도 만나지 않도록 잘 해냈다면, 누군가를 공격하거나 아마도 살해해야만 할 가능성은 줄어들었다. 그리고 약간의 사소한 실수 때문에 나중에 경찰에 체포되었어도 확정적인 증인은 결코 없었다(1982:141-142).

사람이 점유하지 않은 지역의 가장자리에 있는 집은 거주 지역 내부의 집들에 비해 훨씬 표적이 될 가능성이 높다. 96건의 학생 주거지 절도를 연구한 바에 따르면, 불균형적으로 상당히 많은 수가 1층과 모퉁이 단위에서 발생했다. 모퉁이에 위치한 가택은 27%인데도 절도의 53%는 이러한 가택을 노렸다(Robinson & Robinson, 1997).

경찰 순찰은 진행 중인 절도를 관찰하기 어려울 것이다. 또한 침입 경보도 훨씬 쓸모 있을 것 같지는 않다. 한 가지 이유로 세련된 절도범은 이를 해제하는 방법을 알기 때문이다. 또 다른 이유는 절도범들은 집 안에서 소비하는 시간을 최소화하기 때문이다. 경험 있는 절도범에게는 집 안에서 5분을 넘지 않게, 되도록이면 더 적은 시간을 보내는 것이 법칙이다. 절도범이 들어간 지 3분 내에 집에서 나오면 설사 무성 경보(silent alarm)에 가장 빠르게 대응한다 해도 (그 집이 경찰서 건너편에 있거나 한 블록 떨어진 곳이 아니라면) 그들은 두려워하지 않을 것이다.

절도범들은 거의 변함없이 대부분의 사람들이 귀중품 특히 금전, 보석, 전자 제품, 카메라와 무기를 보관한다고 알려진 장소만을 뒤진다. 전형적으로 절도범들은 먼저 침대로 향한다. 빈틈없는 집주인들은 때때로 절도범들이 들어가는 일이 드문 아이들 방 안에 귀중품을 숨긴다.

## •• 일류(Big-time)의 침입 절도

전문 털이범들의 천재성은 일류의 보석 절도에서 나타난다. 사건은 미국 보석 전시회 기간 중 보스톤 호텔에서 발생했다. 매일 저녁 9시 15분경에 전시자들은 트렁크 안에 물건을 넣어 두는데, 이들 물건은 다음날 아침까지 문을 열지 못하도록 타이밍 장치가 되어 있는 금고 안으로 끌어당겨진다. 전문 절도범 필 크레스타는 영악한 시카고 보석상 두 명과 공모하였는데, 신장 155cm인 가벼운 크레스타를 트렁크 안에 숨기고 산소 탱크를 넣어 두었다. 트렁크는 경비원에 의해 금고 안으로 운반되었다. 트렁크 안의 공범은 다음 몇 시간 동안 다른 트렁크에 있는 보석들을 자신의 트렁크로 옮겼다. 어획량(haul)은 나중에 오십만 달러 이상의 가격으로 팔렸고, 게다가 시카고 보석상들은 도난 손실을 주장하며 보험회사에 허위 청구서를 작성하였다(Wallace & Crowley, 2000).

## •• 침입 절도의 통계

미국 주택의 약 8%가 매년 절도를 당한다. 침입 절도의 2/3는 주택을 대상으로 한다. 절도 피해자는 매년 약 40억 달러의 피해를 당하고, (주거와 비주거 재산을 통틀어) 평균적으로 1,200달러의 피해를 입는다. 절도범들은 때로 미디어에서 밝히는 도난 액수를 자신들이 훔친 것과 비교하는데서 역설적인(ironic) 만족을 얻는데, 이는 사건에 연루된 사기꾼들이 그들만이 아니고, 피해자들은 보험사를 기만하는데 전념한다는 믿음을 충족시킨다.

침입 절도로 체포된 자들은 남성이 90%를 약간 상회한다. 라이트와 데커(1994)의 연구에서는 일부 여성이 전형적으로 남성과 함께 하였고, 여성이 체포되면 남성 동료에게 책임을 전가하려고 했다고 한다.

## •• 침입 절도의 전망

절도를 설명할 때 주로 원용되는 설명은 "합리적 선택" 이론인데(5장 참조), 이는 범행의 결의는, 미숙하나마 잠재적 위험과 보상을 신중하게 비교 검토한 결과라고 보는 것이다. 하지만 라이트와 데커(1994)는 합리적 선택에 의한 설명은 침입 절도범의 의사 결정 과정에 미치는 주관적인 감정의 영향에 너무 소홀하다고 결론지었다.

라이트와 데커(1994)는 존과 로플란드(John & Lyn Lofland 1969)가 구축한 이론적 입장에 의존하고 있다. 로플란드는 대부분의 범행 수행은 3단계 과정을 통해 결정된다고 주장한다. 우선 (1) 인지된 위험에서 시작하여 (2) "심리 사회적 요약(encapsulation)" 상태로의 이동, 그리고 (3) 특정 범행으로 완결된다. 인지된 위험은 신체적 위해 가능성과 자신에게 중요한 타인의 견지에서 십중팔구 사회적 비난(disapproval)을 받을 위험과 같은 것을 포함한다. 종종 사람들은 "집단적으로 구축된 기회 개념(Hochsteler, 2001)"에 의해 서로를 격려하고(egg each other on), 따라서 그 누구도 단독으로는 감행하지 않았을 범행을 함께 저지른다.

*심리 사회적 요약은* 인지된 위협이 임박할 때, 위험을 드물게 경험할 때, 그리고 개인이 사회적으로 고립되어 있다고 느끼는 상황에서 위협이 발생한 때, 말하자면 타인의 도움을 요청할 수 없을 때에 발생할 공산이 크다. 로플란드(1969:53)의 주장대로, 요약은 "간단하

고, 단기적이며, 신속하고, 시간과 공간으로 근접한(close-at-hand)" 해결책(거의 불법)을 조장한다.

대부분의 침입 절도범은 벌어들인 돈을 마약이나 술, 그리고 지위 향상에 관계되는 소비재, 예를 들면 화려한 의류 같은 것에 소비하는데, 이는 위협이 그들의 자존감과 가장 관련 있다는 것을 암시한다. 라이트와 데커(1994:201)가 언급하듯이 "최신 유행에 통달한 것처럼(hip on the street) 보이려면 파티를 계속할 수 있어야 한다." 절도는 대부분의 타인처럼 일하기를 요구받는 것, 특히 직장을 가지는 것에 대한 반항이라고 해석되어 왔다. 터넬(Kenneth Tunnell 2000:92)이 언급하기로 침입 절도범들은 "공식적으로 승인된 활동으로부터 퇴행한다. 상습 절도범들은 일하기를 거부하고 일하는 사람들을 싫어한다. 투표를 하지 않는다. 공식 교육을 거부한다. 술과 마약 사용을 억제하지 않으며 종종 유목민 생활양식을 유지한다."

### *들치기와 고용 절도*

들치기는 때때로 "다섯 손가락 에누리"라고 언급된다. 여기에는 소매상이 영업 중일 때 절취하는 것이 포함된다. 들치기의 규모를 정확하게 산정할 수 없는데, 그 이유는 대부분의 상점이 들치기 손실을 "*재고 감소*" 즉 손상되어 할인 판매되는 물건, 회계 오류, 파손, 그리고 고용 절도가 포함된 수치에 혼합해 버리기 때문이다. 최적의 추산으로는 재고 감소의 80% 정도는 절도로 인한 것이고, 그중 3/4 정도는 고용 절도가 차지한다.

상점은 체포한 절도범 중에 적은 비율만을 기소한다. 이 선별 절차는 종종 체포된 자의 태도나 인종이나 민족적 배경, 재정적 지위 같은 요소들에 기초하여 행해진다. 아프리카계 미국인들과 빈곤한 자들은 중산층의 백인들보다 기소될 가능성이 더 높다. 자백서에 서명하는 자는 때때로 즉시 석방되기도 한다. 서명을 거부하는 자는 기소될 가능성이 더 높아 기업이 오인 체포 소송에 직면하지 않을 것이다.

수적으로 훨씬 많은 직업적 들치기범들은 아마추어들과 차별화할 수 있는데, 그들은 대개 "장물아비"에게 되팔기 위해 상품을 절취하여 소매가격의 1/3 값에 처리한다는 사실이 이를 말해 준다(Klockars, 1974; Steffensmeier, 1986). 도난품들이 점차로 온라인에서 거래되고 있다. 추산에 의하면 e-bay에서 판매되는 선물 카드의 70%는 장물이다. 일부 들치기들은 주문에 응해 절취한다. 고객들은 특정 물건들에 대한 욕구를 표출하고 들치기들은 이런 물건들을 노린다.

아마추어 좀도둑들(pilferers)은 백화점과 슈퍼마켓에서 활동하는데, 그들은 이곳에서 말 그대로 "셀프서비스"의 초대를 받아들인다. 들치기가 극성인 시즌은 구매 압력이 극대화하

[하이라이트 12.2] **오레곤 레고 절도**

덴마크의 블록 쌓기 레고 장비의 절도에 특화된 오레곤의 한 사내. 3년 넘게 서부의 5개주에서 60여 만 달러 상당의 장비를 절취했다. 그는 바코드를 위조하여 레고 세트의 값을 100달러에서 15달러로 바꾸어 버렸다. 그는 획득물을 웹사이트를 통해 장난감 수집가들에게 팔아 치웠다.

≫ 자료의 출처: 짐머맨(Zimmerman, 2006).

는 크리스마스 바로 전날에 찾아온다.

카메론(Mary Owen Cameron)은 시카고에 있는 마샬 백화점에서 체포된 들치기범에 관한 그녀의 고전적 연구에서, 고령의 아마추어 들치기들은 심리적 장애로 고생하는 충동적이고 통제 불능의 절도범이 아니라, 오히려 체계적으로 좀도둑질을 하는 존경할 만한 사람들이라는 결론을 내렸다. 그녀는 체포된 아마추어 절도범들의 차후의 절도를 금지시키는 것은 대개 그들의 자기 관념에 대해 손상을 주는 것으로 충분하다고 주장한다. 그녀는 말한다.

> 좀도둑들은 대개 자신들이 도둑이라고는 생각하지 않는다. 그리고 자신들이 강요하다시피 이러한 용어로 표현되는 것에 저항한다. 많은 경우 가게 직원들이 체포된 사람더러 진짜 체포된 것이라고 확신시키기가 참으로 어렵다. 상점 경찰은 좀도둑들에게 그들이 절도범으로 체포되었다는 점과 그들은 통상의 사건 절차대로 경찰차에 실려 유치장으로 인치되고 판사 면전에서 재판을 받아 선고가 내려질 거라는 점을 몇 번이고 설명한다. "그래요, 옷을 집었어요," 한 여성은 흐느낀다. "하지만 그렇다고 내가 절도범이라는 뜻은 아니잖아요"(Cameron, 1964:161).

들치기들은 슈퍼마켓 안을 어슬렁어슬렁 돌아다니는 동안 "자주 먹기(grazing) 즉 소모 음식을 먹는 흔한 장난에서부터, 백화점에 속임수로 상품을 반납하는 것에 이르기까지 다양한 전략을 활용한다. 전문가들은 절도용 상자인 "부스터 박스(booster box)[2]"를 이용하는데, 내부 스프링 장치에 의해 열리는 상자의 밑면을 통해 상품을 은밀하게 숨겨 넣는다. 다른 기술로는 느슨한 의복 속에 숨겨 허벅지 사이로 쥐는 "크로칭(crotching)"과 싼 상품

2) 주로 구두 상자 등 카드보드(Cardboard) 지로 만든 박스를 쓴다. 바깥에 랩을 씌워 새 제품인 것처럼 꾸미고, 안쪽엔 은박지를 채워 넣어 도난 경보 장치(anti-theft device)를 피한다. "booster"는 "가게 좀도둑"이란 의미의 속어이다.

의 라벨을 보다 고가의 것으로 바꿔치기하는 것이 있다. 일부 들치기범은 상점 보안 요원이 훤히 보는 가운데 절도를 한 후 체포되기 직전에 은밀하게 제품을 내려놓고 체포되는 것을 기획한다. 그 다음에는 중상(slander)과 오인 체포 또는 오인 구금으로 인해 손해를 입었다며 소송을 거는데, 이 전략은 아주 한정된 횟수로만 활용할 수 있다. 전문가들은 때때로 특별히 뻔뻔스러운 전략을 써먹기도 한다. 어떤 절도범들은 카누를 어깨에 걸치고 혼잡한 뉴욕 백화점에 들어선 후 아무 방해도 받지 않고 정문으로 행진하여 나갔다. 그때 절도범이 옷걸이에 불을 지르고 그 공황 상태를 이용해 다른 상품을 가지고 달아났다(Newman, 2006). 한 들치기범은 손님들이 대형 백화점에서 누군가 자기를 응대해 주지(wait on) 않는다고 푸념하는 것을 보고는 "아이구, 고마워라. 계속 해주세요."라고 말했다.(Trebay, 2000:A24).

상점들의 경우 이제는 상품에 경보가 울리는 전자 센서 꼬리표를 붙이고, 일부 아이템을 상품대(racks)로 보안 장치를 하고, 텔레비전 카메라로 판매 구역과 탈의실을 모니터하고 있다. 의류는 각각의 옷걸이를 서로 반대 방향으로 향하도록 선반에 진열하여 절도범들이 한 아름 안고 도주할 수 없게 하고 있다. 현재 많은 상점들이 들치기범을 세심히 지켜보는 사람들의 시선을 방해하지 않게 각도를 줄이도록 짓고 있다. 하지만 하이라이트 12.2가 보여 주듯이 열정적인 들치기들에게 대항 수단(counter-move)이 없는 것은 아니다.

## •• 종업원 절도

전형적인 종업원 절도의 전략은 상품을 친구에게 "파는" 것, 즉 150달러 신발을 2달러짜리 구두 광택 값으로 파는 것이다. 일부 피고용자들은 손목에 싼 물건의 바코드를 붙여 놓은 후 친구에게 훨씬 비싼 물건을 "판매"할 때 사용한다. 종업원들은 또한 퇴근하면서 자주 상품들을 반출해 간다.

소매상들은 절도로 체포된 모든 종업원들의 리스트가 들어 있는 데이터베이스를 구축함으로써 절도를 통제하려 했다. 상점에서는 서명된 자백이 있거나 구두의 자백을 입증하는 2인의 이름이 있어야만 리스트에 성명이 등재된다(Coleman, 2000).

## ●● 들치기의 전망

많은 범죄학도들은 들치기의 흥분(expeditions)이 주는 영향력(forces)에 관해 의심 없이 개인적 이야기들을 털어놓을 수 있다. 클렘케(Lloyd Clemke, 1992)가 165명의 단과 대학생들을 조사한 결과, 56%는 최소한 한 번의 들치기 경험이 있다고 고백했다. 카츠(Jack Katz, 1988)는 주로 UCLA에 다니는 범죄학 전공 여학생들로부터 얻어들은 들치기 얘기들을 분석하였다. 그는 "물건이 갖는 매력", "간단히 얻는 스릴(cheap thrills)", "깊숙이 감동받는 경험"을 분석했다. 카츠는 학생들한테 들치기는 가난보다는 지루함과의 전쟁에서의 한 전략이라고 믿는다. 메카시(Bill McCarthy, 1995)는 카츠의 통찰력이 정확함을 인정하면서도, 그것은 들치기에 관한 수많은 상관 계수 중 다른 변수들을 희생시키고 하나에만 초점을 맞춘 것이라고 주장하였다.

들치기가 갖는 "스릴"을 시사하는 한 상습 범죄자는 "만일 상점 지배인이 여기에 서 있으면 나는 바로 그의 코밑에서 뭔가를 가져갈 수 있어요. 그것은 오히려(more of) 하나의 성취인지라 내가 기꺼이 얻고자 하는 것이지요."라고 언급한다. 합법적인 고용을 시도해 본 적이 있느냐는 질문에 그 들치기는 "전혀 어떤 일도 구해 본 적이 없어요. 왜냐, 들치기보다 더 즐거운 일이 없으니까요"라고 대답했다(Tunnell, 2000:100). 월러스타인(Judith Wallerstein)과 그녀의 동료들은 한 범죄자와의 인터뷰 보고서를 통해 들치기의 매력을 서면화했다.

> 우린 들치기를 좋아했어요. 그건 최고였지요. 집단으로 가게에 들어가서 한 명은 소동을 피우고 직원이 무슨 일인가 보러갈 때, 우린 값비싼 화장품과 좋아 보이는 다른 물건을 절취하는 겁니다. 공포심에 간장이 죄어드는 그 기분을 기억해요. 아주 신명나다 보니 약간 어찔어찔하고 거의 현기증을 느끼죠. 빠져나와 잽싸게 도망치면 더욱 좋아져요. 내가 필요해서 심지어 원해서 물건을 훔친 적이 결코 없어요. 중요한 것은 흥분이죠(Wallerstein et al., 2000:118).

들치기에 대한 범죄 이론적 설명은 클렘케(1992)가 정리했다. 이론목록은 우선 정신병적 그리고 심리학적 가정에서 시작하는데, 이는 전형적으로 병적인 성적 조건을 비난하면서 종종 훔친 물건, 예를 들면 만년필을 성기와 등식화한다. 전국 조사에 의하면 43,000명의 응답자 중에서 11.3%는 평생(lifetime) 들치기범으로 확인될 수 있다. 3명은 충동 조절 장애, 반사회적 성격 장애, 약물 남용, 병적 도박, 양극성 장애의 특성을 가진 것으로 나타났다(Blanco, et al., 2008).

경제 침체기에, 특히 인플레 기간 중에 들치기가 증가하는 것은 아노미와 긴장 이론적 통찰을 증명하는 데 원용된다. 클렘케는 사회 통제 이론의 관점에서 "가정에서의 약한 사회적 유대는 들치기와 적당히 관련되어 있다는 가정을 다소 지속적으로 지지하고 있다"고 보는 반면에, 연구 결과는 학교와의 유대와 들치기에 대해서는 "덜 지속적인" 것으로 나타난다(Klemke, 1992:97).

범행을 할 때, 중화는 중요한 요소라는 사이키스와 맛짜(Sykes & Matza, 1957)의 이론은 들치기 문헌에서 지지되고 있다. 한 20세의 여성은 사이키스와 맛짜가 말하는 "피해자 부정"의 견지에서 자신의 절취를 정당화하고 있는데, 그녀는 피해 받아 마땅하지 않은 사람이 피해를 입은 적은 없었다는 주장을 편다.

> 내 생각엔 전체 시스템-점포 주인은 누구이고, 이득을 보는 건 누구인가-이 모든 것을 소유하고 있는 동일 인물에 의해 만들어졌어요. 난 인과응보(serve them right)라고 생각합니다[;] 그들은 가진 걸로 뭘 해야 하는지 아는 것보다 더 많이 가지고 있어요. 난 뭔가를 훔칠 때면 "걔들은 우리가 물건을 살 때마다 바가지를 씌우지, 난 그저 되갚음을 하는 거야"라고 말하죠(Klemke, 1992:106-107).

레이첼 스테어(Rachel Shteir, 2011)는 그녀의 역사적인 들치기 연구에서 이 학생의 관점을 반영하였는데, 1971년 간행된 급진적인 Abbie Hoffman의 *이 책을 훔쳐라*와 함께 들치기는 반항적인 반체제 행위, 구매 압력에의 저항 기운(aura)을 띠고 있었다고 지적하고 있다.

### *텔레마케팅 사기*

텔레마케팅은 판매자가 상업적 신뢰성에 대해 설정된 한계를 넘어설 때 불법이 된다. 만일 이득 수준을 특정할 합법적 기초가 없이, 석유 채굴 사업에 투자하면 매년 33%의 이득을 돌려받을 것이라고 전화의 상대방에게 약속하는 것은 범죄가 된다. 유정(油井)이 존재하지 않는다면 범행은 더욱 명백한 것이 된다. 피해자의 적극적인 관여 때문에 텔레마케팅 사기는 절도나 강도와 구별된다.

텔레마케팅 사기범들은 잠재적 고객들("smooches"는 거래 시 그들을 가리키는 말)의 명단을 구매하여 권유 전화(cold call)를 건다. 세일즈맨은 거의 남성들이고 만일 차후에 진정이 들어올 때 추적이 어렵도록 하기 위해 종종 이명(aliases)을 사용한다. 때로 불만을 제기하는 사람들에게는 물건을 처음 판매한 사람이 더 이상 근무하지 않는다며, 만일 지금 대화 중인 자기의 상품에 투자하면 원금에 그 이상을 얹어서 돌려주겠노라고 말한다.

텔레마케팅 업체 중 약 10% 정도가 불법 활동에 가담하고 있고, 미국인들은 비록 자신이 잘 속는 것(gullibility)에 당혹해 하기 때문에 대개는 10,000명에 한 명 정도만이 당국에 피해 신고를 할 것임에도 불구하고 기만적인 강매 선전(pitches)에 넘어가 매년 400억 달러의 피해를 입는 것으로 믿어진다(Stevenson, 1998).

성공적인 텔레마케팅 사기범(그들은 기업에서 "yaks"라고 불림)들에게는 대개 기본적인 선전 문구와 모범 응답의 대본이 존재하지만 말솜씨와 임기응변 능력이 요구된다. 예를 들어, 만일 고객이 전화로 사업하는 것은 좋아하지 않는다고 말하면 다음의 응답이 순서에 따라 진행된다.

> 전화로 사업하는 것이 어려우시면 전 분명코 당신에게 동의할 수 있습니다. 저로서도 물론 어렵지요. 하지만 사업은 전화에 의지하여 꾸려 나갑니다. 전 정말이지 당신과 비슷한 수천 명의 사람들이 전화상으로 이루어지는 사업을 통해 5만 달러, 10만 달러를 벌고 있다는 걸 분명히 압니다. 2만 달러의 투자는 큰돈이 아니고 당신을 재정적으로 해치진 않을 겁니다. 그래서 당신이 가진 확신의 그저 1%와 다른 99%를 벌어들일 기회만 주십사 요청하는 겁니다. 제가 당신을 위해 할 수 있는 것을 증명하고, 제가 얻은 결과를 미래의 모든 활동의 근거가 되도록 해 주세요. 공정하죠?

신임 텔레마케터 고용인에 관한 이야기가 있는데, 그는 전화상으로 사업을 해 본 적이 없다는 고객의 대답을 곰곰이 생각했다. 그러고는 곤혹스럽게 대답했다. "하다못해 피자 한 판도 사지 않았나요?"

즉응 전략(improvisation tactics)의 사례는 사기 투자를 판매하는 한 텔레마케터에 관한 다음의 이야기에서 볼 수 있다.

> 제가 처음 전화 판매를 할 때 석유와 가스 거래를 성사시켰습니다. 그러나 고객은 먼저 저보고 석유와 가스 분야에 종사한 지 얼마나 되느냐고 물어 왔습니다. 잠시 기다리라고 말하고 다른 전화를 받았습니다. 저의 상사는, 자네 운전한 지 얼마나 되지? 라고 묻더군요. 난 15년 되었다고 말했죠. 그는 "그럼 자네는 석유와 가스를 15년간 해 온 거야, 안 그래?" 라고 말하더군요.

여성들에게는, 특히 노부인에게는 강매 선전을 하면서 '친애하는' 용어를 수없이 많이 사용하고, 고객에게는 '선생님'과 '부인' 호칭을 사용할 것이다. 노인들은 대개가 그들이 생각하는 공손함 때문에 상대방 전화를 퉁명스럽게 끊기를 주저하는 경향이 더 강하다. 사기꾼들은 비록 구매할 것 같지 않으면 신속하게 단념하는 것을 선호하는데, 이는 전화를 많이 할수록 봉을 낚을 가능성이 많다는 전제 하에 작업하기 때문이다. 그들은 대략 100번의 전화당 1명의 구매자 비율을 인용한다.

소설가 레싱(Doris Lessing, 1961:52)은 많은 텔레마케팅 세일즈맨들을 움직이는 역학에 대한 단서를 제공한다. 그녀는 자신을 착취하려 애쓰던 한 사기꾼에 관해 쓰고 있다. "그의 힘은 –난 얼마나 강력한 지 느낄 수 있었다 –누군가를 자신의 의지대로 움직일 수 있어야 한다는 이 굉장하고 억지스러운 불안이었다." 레싱의 언급은 더 깊어진다. "그건 마치 피해자를 속이는 순간에, 제발 속아 다오. 제발 기망이 먹히도록 해 줘. 난 해야만 돼. 나에겐 필수적인 거야. 라고 조용히 호소하는 것 같았다."

사기범들의 자존심은 전투에 대한 강한 흥미와 연관되어 있다. 한 텔레마케팅 사기의 지배인은 그 느낌을 이러한 말로 표현했다.

> 내가 매상을 올릴(make a sale) 때는 우우(wooo) 소리치는 격이다. 그래, 거기에 중독되었다는 게 딱 어울려. 그 무엇보다도 흥미진진한 것 같아. 테이블 위에 돈이 놓여 있다는 것을 알면 그것은 의지의 싸움이었고 난 승리했지! 그럼! 그 사람은 패배를 인정했다구. 그는 깨어날 때 내 전화를 받으리라고는 기대하지 않았어. 자기가 가스와 석유에 흥미를 가질 거라고는 생각한 적이 없었지(Doocey et al., 2001).

텔레마케팅 사기와 같은 다양한 형태의 사기가 전 세계에 성행하고 있다. 하이라이트 12.3은 가나에서 쓰이던 책략(scheme)이다.

**[하이라이트 12.3] 달변 사기꾼에 의한 가나의 길거리 사기(swindling)**

가나어로 아자(azah)라고 불리기도 하는 사기 행위는 대개 말을 꼬아서 의심하지 않는 피해자를 혼미하게 만드는데 능한 사람들이 저지른다. 일부 사기꾼들은 마술을 미사여구에 결부시켰다고 전해지고, 피해자의 돈을 갑절로 만들어 주거나, 새로운 또는 더 훌륭한 물건을 주거나, 피해자가 목돈을 벌도록 해 주거나, 공무원들을 꼬드겨서 중화시킬 수 있는 약을 주겠다고 약속했다. 사기꾼들은 보통 돈에 관심이 있지만 의복, 보석, 손목시계 또는 손쉽게 구할 수 있는 휴대용 귀중품에 만족할 수 있다. 여성이 사기 피해자의 68%를 차지하지만, 가해자의 98%는 30대 중후반의 남성이었다(Appiahene-Gyamfi, 2003:19).

## *화이트칼라 경제 범죄*

*화이트칼라 범죄*의 개념이 복잡하고 다루기 곤란한 점은, 그 범주가 (1) 특정한 종류의 범죄를 범하는 사람들의 계층적 지위에 국한하여야 하는가(Sutherland, 1949/1983), (2) 아니면 범법자가 누구인가를 불문하고 오직 범행 자체에 적용되어야 하는가(Weisburd et al., 2001)에 대해 합의된 바가 없다는 사실에 내재되어 있다.

정의 (1)을 선호하는 사람들은 화이트칼라 범죄를 높은 지위에 있는 사람들이 영업, 직업, 정치 생활을 하는 과정에서 범하는 범죄로 간주한다. 이 정의가 갖는 딜레마 중 하나는, 범주에 들어가려면 어느 정도 높은 지위를 충족할 필요가 있는가이다. 정의 (2)를 선호하는 사람들로서는, 화이트칼라 범죄는 특정 법률, 예를 들어 거래 제한 모의를 금지하는 법률의 위반 같은 것 뿐 아니라, 허위 광고와 횡령을 불법화하는 법령, 그리고 일반적인 사기의 표제(heading)로 분류되는 법률의 위반이 포함된다. 이런 정의라면, 누가 법을 위반하느냐는 문제가 안된다. 중요한 것은 행위의 본질이다. 여기서의 난점은 화이트칼라 범죄라고 불리게 되는 일부 범주 속에서는 범법자의 거의 2분의 1이 빠질 수 있는 것인데, 이는 사회 지도층이 행하는 권력 남용에 주목하고자 하는 화이트칼라 범죄 개념의 본래 의도를 훼손하게 된다.

이러한 딜레마는 화이트칼라 범죄 개념의 일부가 되어 왔던 강한 이념적 요소를 부각(highlight)시킨다. 화이트칼라 범죄의 범주를 지위와 권력이 있는 사람들에 한정할 때, 범죄를 가난한 자, 소수 인종과 민족 집단의 구성원들, 사회의 부를 평등하게 배분받지 못하는 사람들의 활동에 결부시키려던 전통적인 범죄 개념을 바로잡는 데 이바지한다. 다른 사람들은 그러한 관심 집중을 권력층의 비리에 초점을 맞춰 사회 개혁을 유발하고자 하는 열망에 뿌리를 둔 선전(propaganda)으로 여긴다.

대체적인 반응은, 범죄학에서 대부분의 정의는 이념적이고 범죄 연구는 개혁주의자들의 사업이라는 것이다. 범죄학자들은 사회 제도의 개혁을 통해서든 개인을 고치든 범죄와 비리를 이해하여 이를 줄이고자 노력한다.

## *화이트칼라 범죄의 배경*

개혁론자들은 권력을 가진 사람들이 자신의 직위나 부를 이용하여 타인을 착취하는 범죄에 대해 늘 항의해 왔다. 성경 속의 예언자들은 이자를 붙여 금전을 빌려주는 고리대금에 대해 공공연한 비난을 퍼부었고, 물품 기망, 이를테면 희귀성과 아사지경(near-starvation) 때문에 사람들이 터무니없이 높은 가격으로 구매할 수밖에 없도록 만드는 매점매석에 대해 반대해왔다.

범죄학자들은 처음에는 간접적으로(glancingly) 화이트칼라 범죄 현상을 처리했다. 인습타파의 사회경제학자인 베블렌(Thorstein Veblen)은 상층 세계의 법 위반자들을 비난한 초기의 학자 중 하나였다. 베블렌은 그의 저서 *유한계급론(Theory of the Leisure Class)*에서 이상적인 기업의 수장(captain of industry)은 비양심적으로 재물과 사람들을 자신의 목적으로 변환시키고, 타인의 감정과 희망, 그리고 그 행위가 가져올 사후 영향에 대해서 냉담하게 무시해 버리는 이상적인 비행자와 같다는 것을 지적했다(Thorstein Veblen, 1912:237).

선구적 사회학자인 로스(Edward A. Ross)는 좋은 지위에 있는 자들이 범하는 범죄에 대해 다소 거친 독설을 퍼부으며 그들에게 범죄형(*criminaloids*)이라는 꼬리표를 붙였다. 로스(1907:47)는 "그들은 기괴한 갈망으로 괴로워하는 타락한 자들이 아니다. 그들은 우리 모두가 원하는 것-돈, 권력, 존경, 한마디로 성공- 이상을 원하는 것이 아니다. 그렇지만 그들은 안달이고 수단선택이 까다롭지가 않다."고 서술했다.

화이트칼라 범죄 개념은 인디애나 대학교의 에드윈 서덜랜드가 1939년에 미국사회학회 회장단 연설의 제목으로 이 용어를 사용하면서 공식적으로 탄생했다. 네브라스카 태생으로 대중 영합주의(populist) 정치의 산물인 서덜랜드는 화이트칼라 범죄를 간과하는 동료 범죄학자들을 질책했다. 이러한 도외시 때문에 범죄 원인에 관한 피상적인 이론을 채택하게 되었다고 주장했다. 서덜랜드는 결손 가정과 빈곤은 범죄의 원인이 될 수 없다고 강하게 주장하면서, 그 이유로 화이트칼라 범죄는 (최소한 서덜랜드가 글을 쓸 당시만 해도) 전형적으로 온전한 가정 출신으로 막강한 영향력을 가진 자들이 범하기 때문이라고 했다. 또한 오이디푸스 고착과 같은 정신병적 설명도 이치에 맞지 않은데, 왜냐하면 독점 금지법을 위반하는 회사 중역들이 그러한 증후군을 겪는다는 것은 찾아볼 수 없기 때문이다(Sutherland, 1940).

엄밀한 정의에 관한 관심은 서덜랜드에게 크게 중요하지 않았는데, 그 이유는 정의를 어떻게 내리건 화이트칼라 범죄는 차별적 접촉 이론(8장 참조)으로 적절히 설명할 수 있을 것이라고 추정했기 때문이다. 서덜랜드에서 비롯된 정의와 관련된 혼돈은 화이트칼라 범죄의 연구를 지속적으로 괴롭혀 왔다(Geis, 2007). 제안된 정의들 중에서 서덜랜드의 원래 개념에 가장 근접한 것이 라이스와 비더만(Albert J. Reiss, Jr. & Albert Biderman, 1980:4)의 개념이다.

> 화이트칼라 위법은 불법 이득을 목적으로 또는 개인적, 집단적 이득을 위한 불법 행위를 하기 위해서 자신의 경제력과 영향력을 이용하거나, 합법적인 경제 또는 정치의 제도적 질

서에 대한 신뢰를 이용하여 형벌이 부과되는 법률을 위반하는 것이다.

화이트칼라 범죄자들에 관한 학문적 연구가 상대적으로 미진한 이유는 그 주제의 복잡성에서 추적할 수 있는데, 이 주제는 범죄학, 민사법 및 형사법, 조직 이론, 심리학, 회계 그리고 다른 전공 분야의 문제들과 관련될 수 있다. 게다가 이 주제는 오늘날 사회 과학을 지배하고 있는 양적 분석을 손쉽게 허락하지 않는다. 그 외에도 화이트칼라 범죄자들은, 조사 연구를 위한 접근이 비행청소년들보다 훨씬 곤란하다. 의료 사기죄로 유죄판결을 받은 의사를 인터뷰했던 로소프(Stephen Rosoff)는 그러한 작업에 관련된 약간의 논점을 이야기하였다.

화이트칼라 범죄자들은 대개 과거에 대단한 존경을 누려 왔고, 그 존경을 의지에 반하여 박탈당했다. 교도소 교육을 맡았던 내 경험상 대부분의 수형자들은 자신의 "결백함"을 선언하는데, 이는 대개가 형식상의 의례(pro forma[3] ritual)라는 느낌이 들었다. "횡령하는 의사들(peculating physicians)"을 겪어 본 후에는 다른 느낌을 갖게 되었다. 이 사람들은 자신의 결백을 선언할 뿐 아니라, 진실로 그걸 믿거나, 최소한 상대방이 믿어 주길 간절히 원하고 있다. 그들은 한때 자신들이 가졌던 존경을 목말라 한다.

엘리트 범죄자와 인터뷰할 때의 최초 도전은 지나치게 대립적이지 않으면서 상대방의 정보를 끌어내는 것이었다. 만일 유죄 판결을 받은 절도범과 인터뷰한다면, 나는 그를 찰리(또는 무엇이든 그의 이름을)라고 불렀을 것이고, 반면 그는 나를 박사님이라고 칭했을 것이다. 범법자가 엘리트 비행자일 때는 역할이 역전된다. 나는 공손하게 의료 사기의 주체를 아무개 박사님이라고 불렀다. 그리고 반대로 내가 스티브라고 불리거나 전혀 불리지 않는 것은 당연한 일이다. 문제는 없다. 나는 여전히 보호관찰관 한 명도 두지 않고 인터뷰를 끝낸다(Dodge & Geis, 2006:86).

### *화이트칼라 범죄의 형태*

2007년과 2008년의 전 세계 경제의 대폭락에는 화이트칼라 범죄, 탐욕, 무책임성 그리고 상당한 어리석음의 복용(dosage of stupidity)이 내포되어 있었다. 도화선이 된 것은 구매 유인을 받은 물량을 소화할 능력도 없는 사람들에게 종종 허위 증거 서류에 기초하거나 아예 증거 서류조차 없이 이루어진, 통제 불능의 주택 담보 판매였다. 판매자들은 구매자들의 주택 가치는 극적으로 상승할 것이므로 마치 ATM 기기 마냥 주거를 이용하여 차환할 수 있을 것이라며 그들을 안심시켰다.

3) for the sake of form을 의미하는 라틴어.

1-2% 이자율을 안고 있는 예고 대출(teaser loans)은 몇 년 안에 과도한 이자율로 재설정되고, 지급은 800달러에서 2,400달러까지 늘어나도록 만든다. 채무 불이행과 압류는 빠른 속도로 이어지고, 베어 스턴스(Bamber & Spencer, 2009; Kelly, 2009), 리먼 브러더스(McDonald & Robinson, 2009), 미국국제그룹(AIG)(Cohan, 2009; Shelp & Ehbar, 2009) 그리고 페니 메와 페디 멕(Christie, 2006)과 같은 월 스트리트의 거대 기업들은 감당할 수 없는 채무에 빠졌다. 소위 서브프라임 모기지로 대차 대조표가 포화 상태였던 이들 회사들은 도산하면서 경쟁사에 매각되거나 연방 정부가 어마어마한 세금을 투입함으로써 긴급 구제되었다. 실업률은 급등했고 정부는 엄청난 재정 결핍에 직면하였다.

형사 기소는 흔하지 않았는데 그 이유는; 주주들의 돈을 부주의하게 관리한 것은 범죄가 아니기 때문이었다. Countryside 파이낸셜의 사장인 안젤로 모질로는 공식적으로 기소된 몇 안 되는 악인들 중 하나였다. 그렇지 않음을 잘 알고 있던 그는 투자자들에게는 훌륭한 투자라고 말하는 한편 동시에 자신의 회사주식을 1억 2,900만 달러에 매도하였다(Michaelson, 2009). 모질로는 형사기소에 대해 격하게 싸우겠노라 맹세했지만 공정거래위원회와의 6,550만 달러 합의, 그 중 2천만 달러는 Countrywide가 고용계약 일부로서 지급하는 것으로 동의했다. 합의에는 모질로가 가진 순수가치 6억 달러로 평가되는 극히 적은 지분이 포함되지 않았다.

가장 잘 알려진 폰지 사기범[4] 베르티 매도프는, 이익금이 아니라 신규 투자자들에게서 확보한 돈을 빼 기존 투자자들에게 지급하였다. 그는 불가능한 계산이 나오는 상황에 발목을 잡혀 연방교도소에 징역 150년 형을 선고받았다(Sander, 2009; Strober & Strober, 2009: Henriques, 2011).

1980년대와 1990년대에 저축 및 대출 기관에 의한 수십 억 달러의 약탈이 있었다. 한 추산에 따르면 2021년까지 지급 불능 파산자들에게 들어가는 긴급 구제 금융은 4,730억 달러에 이를 것이다. 화이트칼라 범죄 형태의 압권은 저축 및 대출 스캔들이었는데, 회사 내부의 임원들은 독점 금지 및 유사한 종류의 위반에서와 같이 회사의 이득을 증진시키기 위한 행위를 하는 것이 아니라, 오히려 기관의 희생을 통해 사적인 이득을 취하는 "집단 횡령"이라 불리는 행위에 가담하였다(Calavita et al., 1997:177; Pontell, 2005).

---

4) FBI분류에 따르면 폰지 사기는 피라미드 사기와 함께 투자 관련 사기의 하나이다. 운영자가 전통적인 투자로는 불가능한 높은 재정적 이익금이나 배당금을 약속하여 피해자의 자본을 모은 후, 이를 투자하는 대신에 후속 투자자가 "투자"한 양을 이용하여 "배당금"을 지불한다. 폰지 사기는 대개 운영자가 모든 이득을 챙기고 도주하거나 배당금 지불을 지속할 수 있는 충분한 신규 투자자가 없어질 때 종말을 맞는다.

또한 의사들이 메디케어(노년층 대상)와 메디케이드(빈곤층 대상)와 같은 정부의 수혜 프로그램을 위반하여 저지르는 긴 범법 행위 명단(a long roaster of offenses)이 있다. 그러한 사기로 인한 비용은 프로그램에 소요되는 총금액 중에 10%에서 25%에 이른다고 한다. 일부 사례는 특이하다. 일리노이의 한 정신과 의사는 연간 4,800시간 메디케이드 진료를 하거나 영업일의 거의 24시간을 진료한 것으로 청구한 것이 밝혀졌다. 다른 외과 의사는 이미 사망한 사람을 병원에서 진료하였다고 청구하는 바람에 체포되었다. 환자와 성관계를 맺은 한 정신과 의사는 회계를 담당한 자기 부인이 의심할 수 없도록 "전문 진료" 명목으로 메디케이드 진료 청구서를 제출하였다.

화이트칼라 범죄의 범주에는 허위 광고 같은 일들이 포함된다. 백화점들은 종종 어느 날 물품 가격을 인상하고 그 다음 날 정상 가격으로 원위치 시키면서, 광고에는 "할인 판매" 중이며 "70% 할인"이라고 주장한다. 유인 판매(bait-and-switch) 상술에서는 특정 상품을 파격적인 가격으로 광고하지만, 막상 고객이 사려고 하면, 상점에서는 그 물건은 더 이상 구할 수 없다거나, 점원이 세일 품목은 정작 상점이 팔고 싶어 하는 물품보다 훨씬 못한 것이라고 말한다(블룸버그, 1989).

### *화이트칼라 범죄의 다른 특성들*

만일 화이트칼라 범죄의 범주를 권력을 가진 자들이 직업적 수행 과정에서 범하는 범죄에 한정하면, 이러한 정의로 인해 잠재적 범죄자들의 지위가 제한된다. 누구라도 힘이 있거나, 권총을 정조준하거나, 독약에 접할 수 있으면 살인을 범할 수 있다. 그러나 셔먼 독점 금지법을 위반할 수 있는 지위는 오로지 기업 중역들에게 있다. 당신이나 나는 우리에겐 용기가 있고 감옥의 위험이나 양심의 구속은 두렵지 않다고 굳게 믿으면서 동네를 돌며 절도에 손을 댈 수 있다. 그러나 오로지 의사(또는 추정되는 의사)만이 정부 의료복지프로그램에 등록된 환자들에게 필요하지 않은 X레이를 지시하거나 수술을 함으로써 과잉 진료를 할 수 있다.

많은 종류의 화이트칼라 범죄는 특성상 그 피해자들이 대개 자신들이 피해를 입은 사실을 인식하지 못하고 있다. 석면에 의한 중독사는 시간이 걸리고 잠행성일 가능성이 많다. 다른 잠재적인 기여 요인들을 감안할 때 불치병을 정확한 원인과 결부시키라고 피해자들에게 거센 압박을 가할 것이다. 암에 걸린 공장 노동자로서는 생명을 단축시킨 원인이 그녀가 15년간 다루었던 유독성 화학물 때문인지 과다 흡연이나 빈약한 유전인자 때문인지 아니면 불운 때문인지 확신할 수가 없다.

많은 화이트칼라 범죄의 피해는 널리 분산되고 개개인에게는 그리 대수롭지 않은 경향이 있다. 만일 오렌지주스라 믿고 산 것이 물로 희석한 오렌지 농축물이었다면, 당신은 아마도 그 차이를 알지 못할 것이고 설사 안다 해도 그걸 갖고 야단법석을 피울 가능성이 적다. 그러나 회사는 요구되는 기준치에 미달된 상품들에 높은 값을 매김으로써 "잉여"의 수백 만 달러를 벌 수 있다. 100개들이 압정 팩을 사면서 시간을 내어 내용물을 세어 볼 사람은 극소수일 것이다. 한 팩에 92개의 압정을 넣는 것은 쉽고도 안전한 모험이 될 것이므로 일부 상인들은 유혹을 뿌리치지 못한다.

## •• 밤에 짖지 않았던 개

셜록홈즈의 유명한 단편소설 내용 속에 홈즈가 명성있는 Wessex컵의 우승후보인 경주마 실버 블레이즈가 사라진 사건을 수사하고 있다. 그는 이 사건을 담당한 스코틀랜드 야드의 그레고리경감과 이야기를 나누고 있었다.

그레고리: "제가 주의하길 바라시는 다른 포인트가 있으신가요?"
홈　　즈: "밤 시간에 개한테 발생한 사고가 궁금하오."
그레고리: "개는 야밤에 아무것도 안했는데요?"
홈　　즈: "그게 알고 싶은 겁니다"

만약 흥미가 있어서 "실버 블레이즈"라는 제목의 단편소설을 찾아 짖지 않는 개의 중요성을 알아보는 것은 독자에게 맡긴다. 현재의 목적을 위해 이 주제가 그레첸 몰겐손과 루이즈 스토리에 의한 조사보고서에서 강조되었다는 걸 지적한다. 두 사람은 나라의 경제 붕괴에 책임 있는 범죄자들에 대해 짖지 않은 연방집행기관들의 실패에 자극받은 *뉴욕 타임지*의 편집부 기자들이다. 그들은 "주요 금융 기관들이 행한 무분별한 대출과 과도한 위험수용에 의해 부분적으로 초래된 금융위기가 있은 지 몇 년 후에 어떤 상급 중역들도 기소되거나 구속되지 않았고, 정부의 종합적인 노력도 나오지 않았다 "고 적고 있다(Morgenson & Story, 2011:B10).

리포터들은 저축 및 대출스캔들의 여파로 1,000명이 넘는 범죄자들이 수사선상에 올랐고 800명 가량이 징역형을 선고받았다고 지적했다. 경제파탄 관련 첫 유죄판결이 나온 것은 *타임지* 보고가 있은 후의 일일 것이다.

이건 왜 그랬을까? 몰겐손과 스토리가 결론지은 바는 일부 지도적 기업의 경영자들이 범한 이기적이고 후안무치한 행동을 공적으로 드러냄으로써 물을 혼탁하게 만든다면 이미 취약해진 국내 경제에 더 해로운 영향을 미쳤을 것이라는 태도를 정부가 취했다는 것이다. 그들은 법무성이 FBI에게 추가 인력으로 기업실패 수사에 전념하기를 주문하였지만 여럿의 검찰청에서 반대하였고, 지시는 의무적이기보다는 선택적이었다고 지적했다. 리포터들은 설명적 정보를 제공하지는 않았지만 검사들이 인상적인 법정 승소 수치의 기록을 편집하는데 열중하고 있다고 지적했다. 특정기간 동안에 마약거래와 우편국 강도와 같은 사건을 포함한 14건 중 12건에서 승소하였다면 화이트칼라 범죄 재판에서 4건 중 오직 한 건만 승소한 것 보다는 훌륭해 보인다. 화이트칼라 범죄 사건은 따분하고 시간과 인력을 소모하며 승소하기도 버겁다.

베어 스턴스 헤지펀드 조작사건에서 고객들을 기망하여 어리석은 투자를 하도록 한 혐의로 초기에 두 명을 기소했다가 "무죄" 평결을 받은 사실에는 교훈이 있었다. 랄프 치오피와 매튜 탄닌은 고객에게 주식의 진짜 가치에 대해 지속적으로 거짓말을 한 혐의로 기소되었다. 둘 다 통신사기(wire fraud), 증권사기 그리고 공모죄로 기소되었다. 치오피는 고객 투자자들에게 자신의 행동을 고지하지 않고 내부거래를 통해 헤지펀드에서 2백만 달러를 취득한 것도 기소되었다. 18개월 동안 두 명은 투자자들에게 실제로는 60%일 때도 그들 펀드 주식의 6%만이 서브프라임 모기지에 들어가 있다고 월간 사업보고서에서 명시했다. 두 남자는 3주간의 재판 끝에 2009년 말에 무죄로 판명되었다. 배심원의 결정은 기소된 두 명이 서투른 투자결정을 했지만 그것이 범죄행동은 아니라는 판단에 근거하였다.

이러한 종류의 행위들은 법의 관점에서 보면 검사가 합리적 의심을 넘어설 정도로 범죄의 고의를 입증해야 하는 본질적인 요구사항을 가지고 있는 분명히 복잡한 상황이다. 게다가 변호인들은 대개 더 푸르른 (녹색은 돈의 색깔) 민간 활동을 위해 퇴직한 연방 검사출신으로 재판정에서의 매우 만만치 않은 상대로 판명될 수 있다. 덧붙여 공적 관계의 딜레마가 있다. 한 회사가 무거운 벌금을 부과 받고 연방 정부의 긴급금융으로 이를 납부한다고 상상해보라. 이는 사악한 기업한테 부과된 벌금액을 납세자들로 하여금 납부하게 만든다는 걸 의미한다. 연방 규제가 부진(inertia)한 것을 입증한 시라큐스 대학교 거래 기록 청산기관(Syracuse University Transactional Records Clearinghouse)은 은행감독관들이 1995년에 1,837건을 FBI에 수사 및 기소를 의뢰하였음을 밝혀냈다. 수치는 2006년과 2010년 사이에 급격히 떨어져 한 해 평균 겨우 72건이 의뢰되었다.

타임지 보고의 기간 동안 플로리다주 오칼라에 소재한 테일러, 빔, 휘테커 모기지 회사의 전 사장이었던 리 파카스는 14가지 죄목의 사기로 유죄판결을 받았다. 7년 넘게 파카스는 투자자들을 기망하여 2백9십만 달러를 편취하였다. 그는 12대의 차, 7대 비행기, 여러 채의 집을 소유하고 있다. 저축 및 대출 악한(miscreant)처럼, 파카스는 월스트리트의 거물(big fish) 금융인이라기 보다 비교적 조그마한 오지의 연못에서 활동하는 잔챙이(fry)다.

## •• Sokol 사건

화이트칼라 범죄는 국가의 지도자에 대한 신뢰를 파괴하기 때문에 가두범죄보다도 사회의 활력과 성실을 훨씬 더 심각하게 위협한다고 믿고 있는 범죄학자들에게 법집행활동은 특별한 문제점을 조성한다. 너무도 많은 화이트칼라 비리가 묻혀 지는 부분적 이유는 화이트칼라 범죄자들과 동일한 사회적 배경 및 유사한 믿음을 공유하는 사람들이 형법을 제정하기 때문이다. 로비스트들은 부를 추구하는 그들의 부유층 고객들을 불편하게 할 수도 있는 법률이 통과되지 않는 걸 보기 위해 열심히 일하고 후한 보수를 받는다. 정말로 로비스트들이 정치인들에게 뿌리는 캠페인 기금과 특전들은 뇌물의 형태라고 보는 것이 합리적일 수 있으나, 이러한 기부를 받는 사람들은 어떤 행위를 뇌물로 처벌할 것인지를 결정할 수 있는 권력과 특권을 가진 사람들이다.

데이빗 소콜이 연루된 2011년 사례는 화이트칼라 범죄에 관한 수많은 연구를 특징짓는 일종의 법적 애매함(murkiness)을 보여준다. 소콜은 미국에서 두 번째의 갑부(첫째는 마이크로소프트의 빌게이츠)인 웨렌 버핏이 운영하는 회사인 버크셔 해더웨이 복합기업이 소유하고 있는 여러 회사들의 우두머리로 근무했었다. 소콜은 매우 부자였다. 그는 그가 운영했던 미드아메리칸 에너지의 스톡 옵션을 9천6백만 달러에 처분했다. 1959년에 31,500달러에 구입한 오마하의 주택에서 살고 있는 버핏과는 달리, 소콜은 오마하 거주지를 소유하고 있을 뿐만 아니라 와이오밍 잭슨 홀에 위치한 고소득층 대상 스키장에도 집이 있고, 플로리다 포트 로더데일에 있는 그의 또 다른 집에는 요트도 보유하고 있다. 소콜은 80세의 버핏이 더 이상 버크셔 해더웨이를 운영할 수 없게 되면 그를 승계할 사람으로 진지하게 고려되어 왔다.

버핏이 모르고 있는 사이에 소콜은 잠재적 버크셔 인수에 관해 시티그룹과 미팅자리를 마련하였다. 그는 마음이 가는 구매대상이 영국 화학 회사인 루브리졸이라고 조언을 받았다. 루브리졸 중역들을 버핏 몰래 다시 접촉했고 그들은 팔리는 것에 순응하기로 동의했다. 소콜은 그 회사를 버핏에게 던졌지만 그냥 자신이 루브리졸 주식을 약간 소유하고 있다고

"지나가는 말로" 언급하여 버핏 입장에서는 명백하게 그가 과거에 투자를 했고 회사의 미래는 밝아 보인다고 믿었다라고 생각하게끔 만들었다.

사실 소콜은 바로 전 주에 천만 달러 가치의 루브리졸 주식을 샀고, 피고용인들이 자기 거래로 이해관계가 상충되지 않도록 한 버크셔의 내부 정책을 위배하고 있었다. 소콜은 버크셔 해더웨이가 루브리졸을 90억 달러에 매입하였을 때 3백만 달러의 이득을 보았다. 투자사실이 밝혀지자 그는 가족들을 위해 돈을 더 벌고자 회사를 떠난다고 진술하면서 버크셔를 퇴사하였다. 성실과 정직으로 명성을 얻은 버핏은 처음에는 소콜의 행위가 "아무튼 불법은 아니었다"고만 말했다. 얼마 안가 버크셔의 감사위원회가 이번 구입과 관련하여 "오해를 불러 일으키게끔 버크셔 해더웨이의 상급관리에게 공시한 철저하지 못한 행동은 소콜이 회사에 지고 있는 정직(candor) 의무를 위반한 것"이라고 선언했다. 직후에 열린 주주총회에서 버핏은 소콜의 행위는 이제 "이해할 수 없고 용서받을 수 없다"고 밝히며 그의 노선을 바꿨다. 버핏이 당혹스러운 것은 수년 전에 소콜에게 노고에 대한 인센티브로 천2백5천만 달러의 보상금을 제시했다는 사실이었다. 그는 그 돈을 그의 보조인에게 대신 지급해야 한다고 주장했다. 이는 보스에게 미덕을 보여주려고 노력하였던 것일지도 모른다. 버핏에 대응하여 변호인은 소콜이 "드물게 보는 강직한 사람이고 잘못한 것이 없다(Ng & Holm, 2011)"고 말했다. 소콜의 행위에 대한 최상의 키는 그가 발간한 책의 제목: *기뻤지만 만족스럽지 못한*(Sokol, 2007)을 구성한 네 마디 단어 속에 들어있을 수 있다.

증권거래위원회는 그 사안을 조사할 것이라고 알려졌다. 형사 처벌에 관해서는 법률전문가들의 의견이 나누어졌고, 범죄학자들은 비록 소콜의 행위를 금지하는데 실패한 법률의 흠결이 논제의 주요 부분임을 평가했지만 그들이 뻔뻔한 화이트칼라 범죄자의 사례를 보고 있는 것인지 아니면 영악한 기업가의 사례를 보는 것인지 곰곰이 생각했다.

### *범죄학 이론과 화이트칼라 범죄*

쇼버(Neil Shover, 1998)는 화이트칼라 범죄의 근원이 자신이 내린 또는 외부에서 부과한 성공적 수행의 기준 충족에 대한 압박이라고 믿는다. 의학자들이 연구의 돌파구 마련에 대한 압박을 느낄 때, 또는 운동 코치들이 일련의 시즌 부진을 겪거나, 경영자들이 수익 감소에 직면할 때 범죄적 결정으로 눈 돌릴 가능성이 증가한다.

서덜랜드는 처음으로 화이트칼라 범죄에 관해 저술하면서, 그것을 잘 설명하는 것이 자신의 차별적 접촉 이론(제8장 참조)이라고 주장했다. 서덜랜드로서는 사업자, 전문가들, 정치인(물론 모든 법 위반자들까지)들의 법률 위반 행위는 학습 과정의 산물이었다. 위반자들은 함께 일하는 사람들 사이에 행해지는 법 위반 사례들에 직면하고, 일상적인 세뇌

(indoctrination)의 결과로 업무 요건의 한 부분으로서 그러한 행위 패턴에 표류하거나 뛰어든다. 결국 법 위반에 대한 우호적 정의가 법 준수 권장을 압도한다는 것을 알게 된다.

그러한 설명이 갖는 애로는, 이미 살펴보았듯이 실험이 불가능하지는 않을지라도 현실적으로 지극히 어렵다는 점이다. 또한 기업에 소속된 개인들이 아닌 기업에 대한 형사 소추를 적절하게 해석하는 이론의 구축 능력과 관련해서는 논란이 있다. 크레시(Donald Cressy, 1988)는 기업은 그 행위를 사회 심리적으로 만족스럽게 이론화하는데 필수적 조건인 고의(intent)를 형성할 수 없다고 주장한다. 브래드웨이트와 휘세(John Braithwaite & Brent Fisse, 1990)는 크레시에 반박하면서, 조직들은 그 결정에 기여하는 사람들의 정신의 총합과는 구별되는 자신의 정신을 (예를 들어, 회사의 지침이 대변하듯) 소유하고 있으며 조직의 행동을 이론적으로 해석할 수 있다고 주장했다.

최근 긴장 이론이 화이트칼라 범죄를 설명하는 능력은 제한적임을 보여준 랑톤과 피케로(Lynn Langton & Nichole Leeper Piquero, 2009)는, 그 이론이 엄선된 화이트칼라 범죄자 집단에는 적용이 가능할 수 있지만, 기업 직원들에 의한 위법을 설명할 수는 없을 것 같다고 밝혔다. 그들은 또한 화이트칼라 범죄에서 보는 긴장이 가두 범죄자의 것과는 구별된다는 점도 지적하였다.

## 요약

이 장의 서두에서 경제 범죄의 근본 이유, 금전과 물품에 대한 욕구, 그리고 목적을 달성하기 위해 불법적 수단을 활용하는 능력과 의지를 강조하였다. 지적하였듯이, 인간은 물질 상품에 전념하는 것, 실질적이거나 상상적인 요구, 재정적 목적을 달성하려고 위법을 저지를 가능성 면에서 각기 상당히 다르다. 일부 사회에서는 획득보다는 선물하기와 소박한 삶을 강조한다. 대부분의 종교는 타인이 빈곤함에도 불구하고 과도하게 부를 축적하는 것을 개탄한다.

침입 절도는 위험의 계산과 재빨리 침입하고 빠져나오는 통상적인 습관이 특징으로 보였다. 침입 절도범은 압도적으로 빈집을 노린다. 그들은 특히 이웃이나 행인들에게 쉽게 발견되기 어려운 주거지를 선택한다. 존과 린 로프트란드는 3단계 이론의 개요를 제시하여 침입 절도와 관련하여 특별히 유익한 해석상의 책략을 제공하였다. 로프트란드 등은 인지된 위협(종종 범죄자의 자존심에 대한)에 뒤이어 요약 상태(범죄자가 딜레마에 대한 다른 어떤 방법을 생각할 수 없는)에 빠지고는 범죄로 귀결된다고 주장한다.

한때 주로 여성 범죄였던 들치기는 이제 높은 남성 범죄자의 비율, 변화된 들치기 습성의 반영을 보여 준다. 학생들의 들치기는 흥분과 대상물이 갖는 매력에 초점을 둔 이론의 틀에서 이해되고 있다. 그 동기는 빈곤보다는 지루함에서 나온다고 한다. 고용 절도의 역동성은 사람들을 들치기로 몰아가는 것과 거의 마찬가지다.

컴퓨터 범죄는 특별한 유형의 전문 지식을 필요로 한다. 컴퓨터는 불법적 경제 이득에 훨씬 용이하게 접근할 수 있게 한다.

권력과 지위를 가진 사람들이 업무 수행 과정에서 저지르는 범죄라고 통상 정의되는 화이트칼라 범죄는, 예를 들어 결손 가정을 법 위반의 주요 기여 요인으로 간주하는 것과 같은 보편적인 범죄적 설명에 이의를 제기했다. 그럼에도 불구하고 화이트칼라 범죄 개념은 정의의 딜레마에 빠져 있다.

### 주요 용어 및 개념

American Dream
Booster Box
Burglary
Criminaloid
Fence
Grand Larceny
Petit Larceny
Psychosocial Encapsulation
Robbery
Shoplifting
Target Hardening
Telemarketing Fraud
White-Collar Crime

### 주요 범죄학자들

John Braithwaite
Mary Owen Cameron
Donald Cressey
Jack Katz
John and Lyn Lofland
Henry Pontell
Edward A. Ross
Edwin H. Sutherland
Thorstein Veblen

## 토론 질문

1. 화이트칼라 범죄에 관한 두 개의 주요 정의는 무엇이고, 각각 어떠한 장점과 단점이 있는가?
2. 이전의 5년 동안 보너스로 4천만 달러를 받은 회사 중역이 이후에는 왜 불법적인 헤지펀드 사기를 구상하거나 배서함으로써 자신의 명성과 징역살이를 위태롭게 한다고 믿는가?
3. 만일 당신의 지인이 심각하게 길거리 경제범죄를 고려하고 있고 당신에게 절도와 강도 중 하나를 추천해달라고 요구했다면 그를 위해 무엇을 택할 것인가? 그 이유는?
4. 독서나 당신의 경험 아니면 친구의 경험으로 볼 때, 사람들은 왜 심지어 원하지 않거나 사용하지 않을 물품을 들치기한다고 믿는가?
5. 버크셔 해더웨이 매니저의 행위를 어떻게 설명할 것인가? 그리고 그러한 행위에 대해 어떻게 대처해야 한다고 믿는가?

## 참고문헌


Anand, S. (2007). *Essentials of the Sarbanes–Oxley Act.* Hoboken, NJ: John Wiley.

Appiahene–Gyamfi, J. (2003). "Urban Crime Trends and Patterns in Ghana: The Case of Accra." *Journal of Criminal Justice*, 31:1–11.

Bamber, B. & A. Spencer (2009). *Bear Trap: The Fall of Bear Stearns and the Panic of 2008.* New York, NY: Black Tower Press.

Barry, D. & S. Brown (1997). "Rational Choice and Environmental Cues among Residential Burglars." Paper presented at the annual meeting of the American Society of Criminology.

Berg, J. & I. Kimnes (2009). "An Overview of Crime in South Africa." *The Criminologist*, (May/June):22–24.

Bernasco, W. & R. Block (2009). "Where Offenders Choose to Attack: A Different Choice Model of Robberies in Chicago." *Criminology*, 47:93–130.

Blano, C., J. Grant, N.M. Petry, H.B. Simpson, A. Alegria, S.M. Liu & D. Hasin (2008). "Prevalence and Correlates of Shoplifting in the United States: Results from the National Epidemiological Survey on Alcohol and Related Conditions (NESARC). *American Journal of Psychiatry*, 165:905–913.

Blumberg, P. (1989). *The Predatory Society: Deception in the American Marketplace.* New York, NY: Oxford University Press.

Braithwaite, J. & B. Fisse (1990). "On the Plausibility of Corporate Crime Theory." In W.S. Laufer & F. Adler (eds.) *Advances in Criminological Theory*, 2:15–38. New Brunswick, NJ: Transaction.

Butterfield, F. (1997). "Property Crimes Steadily Decline, Led by Burglary." *New York Times*, (October 17):1,17.

Calavita, K., H. Pontell & R.H. Tillman (1997). *Big Money Crime: Fraud and Politics in the Savings and Loan Crisis.* Berkeley, CA: University of California Press.

Cameron, M.O. (1964). *The Booster and the Snitch: Department Store Shoplifting.* New York, NY: Free Press.

Cassidy, J. (2000). "The Greed Cycle: How the Financial System Encouraged Corporations to Go Crazy." *The New Yorker*, (September 23):64–77.

Christie, J. (ed.) (2006). *Fannie Mae and Freddie Mac: Scandal in U.S. Housing*. New York, NY: Nova.

Cohan, W.D. (2009). *House of Cards: A Tale of Hubris and Wretched Excess on Wall Street*. New York, NY: Doubleday.

Coleman, C. (2000). "As Thievery by Insiders Overtakes Shoplifting, Retailers Crack Down," *Wall Street Journal*, (October 4):A1, A16.

Conover, T. (2000). *Newjack: Guarding Sing Sing*. New York, NY: Random House.

Cressey, D.R. (1988)."The Poverty of Theory in Corporate Crime Research." In W.S. Laufer & F. Adler (eds.) *Advances in Criminological Theory*, 1:31–56. New Brunswick, NJ: Transaction.

Cromwell, P.F., J.N. Olson & D.W. Avery (1991). *Breaking and Entering: An Ethnographic Approach to Burglary*. Newbury Park, CA: Sage.

Dodge, M. & G. Geis (2006). "Fieldwork with the Elite: Interviews with White-Collar Criminals." In D. Hobbs & R. Wright (eds.) *The Sage Handbook of Field Work*, 79–92. London, UK: Sage.

DiMento, J.F.C. & G. Geis (2005). "Corporate Criminal Liability in the United States. In S. Tully (ed.) *Research Handbook on Corporate Legal Responsibility*, 159–176. Cheltenham, UK: Edward Elgar.

Doocey, J.H., D. Shichor, D.K. Sechrest & G. Geis (2001). "Telemarketing Fraud: Who Are the Tricksters and What Makes Them Trick?" *Security Journal*, 4:7–26.

Eichenwald, K. (2005). *Conspiracy of Fools: A True Story*. New York, NY: Broadway Books.

Fletcher, W.H. & F.N. Plette (2008). *Sarbanes-Oxley Act: Interpretation, Significance, and Impact*. New York, NY: Nova Science.

Friedrichs, D.O. (2009). "Exorbitant CEO Compensation: Just Reward or Grant Theft?" *Crime, Law and Social Change*, 51, 45–72.

Geis, G. (2007). *White-Collar and Corporate Crime*. Upper Saddle River, NJ: Prentice Hall.

Glasbeck, H. (2002). *Wealth by Stealth: Corporate Crime, Corporate Law, and the Perversion of Democracy*. Toronto, Ontario: Between the Lines.

Grabosky, P.N. (2007). *Electronic Crime*. Upper Saddle River, NJ: Prentice Hall.

Hochstetler, A. (2001). "Opportunities and Decisions: Interactional Dynamics in Robbery and Burglar Groups." *Criminology*, 39:732-767.

Jacobs, A. "As Shoplifters Sharpen Their Game, the Police Do, Too." *New York Times*, (December 24):A16.

Jacbos, B.A. & R. Wright (2008). "Researching Drug Robbery." *Crime and Delinquency*, 54:511-531.

Jesilow, P., H.N. Pontell & G. Geis (1994). *Prescription for Profit: How Doctors Defraud Medicaid*. Berkeley, CA: University of California Press.

Katz, J. (1988). *Seductions of Crime: Moral and Sensual Attractions to Doing Evil*. New York, NY: Basic Books.

Kelly, K. (2009). *Street Fighters: The Last 72 Hours of Bear Stearns, the Toughest Firm on Wall Street*. New York, NY: Portfolio.

Klemke, L.W. (1992). *The Sociology of Shoplifting: Boosters and Snitches Today*. Westport, CT: Praeger.

Klockars, C. (1974). *The Professional Fence*. New York, NY: The Free Press.

Krauss, L.I. & A. MacGahan (1979). *Computer Fraud and Countermeasures*. Englewood Cliffs, NJ: Prentice Hall.

Langton, L. & N.L. Piquero (2007). "Can General Strain Theory Explain White-Collar rime?: A Preliminary Investigation of the Relationship between Stain and Select White-Collar Offenses." *Journal of Criminal Justice*, 35:1-15.

Lattanzi, G. (1999). "Raiders of the Lost Ark." *UTNE Reader*, (September 10):36.

Lessing, D. (1961). *In Pursuit of the English*. New York, NY: Simon and Schuster.

Lofland, J. & L.H. Lofland (1969). *Deviance and Identity*. Englewood Cliffs, NJ: Prentice Hall.

MacFarquhar, N. (2000). "Stock Swindler's Profile: Likes Wrestling, Hates Yankees, Is 15." *New York Times*, (September 22):A23.

Malcolm X. (1982). *The Autobiography of Malcolm X*. New York, NY: Grove Press.

Matthews, R. (2002). *Armed Robbery*. Cullompton, UK: Willan.

McCall, N. (1994). *Make Me Wanna Holler*. New York, NY: Random House.

McCarthy, B. (1995). "Not Just 'For the Thrill of It': An Instrumental Elaboration of

Sneaky Thrill Property Crimes." *Criminology*, 33:519–538.

McDonald, L.G. & P. Robinson (2009). *A Colossal Failure of Common Sense: The Inside Story of the Collapse of Lehman Brothers*. New York, NY: Crown.

Merton, R.K. (1964). "Anomie, Anomia, and Social Integration: Contexts of Deviant Behavior." In M. Clinard (ed.) *Anomie and Deviant Behavior: A Discussion and Critique*, 213–242. New York, NY: The Free Press.

Messner, S.F. & R. Rosenfeld (2007). *Crime and the American Dream*, Fourth Edition. Belmont, CA: Thompson/Wadsworth.

Michaelson, A. (2009). *The Foreclosure of America: The Inside Story of the Rise and Fall of Countywide: Home Loans, the Mortgage Crisis and the Default of the American Dream*. New York, NY: Berkley Books.

Newman, A. (2006). "A Fire Unset Led to a Thief's Arrest." *New York Times*, (January28):B1.

Norris, F. (2003). "No Positives in this Legal Double Negative." *New York Times*, (January 24):C1.

Pontell, H.N. (2005). "Control Fraud, Gambling for Resurrection, and Moral Hazard: Accounting for White-Collar Crime in the Savings and Loan Crisis." *Journal of Socio-Economics*, 34:756–770.

Reiss, A.J. Jr. & A.D. Biderman (1980). *Data Sources on White-Collar Lawbreaking*. Washington, DC: National Institute of Justice, U.S. Department of Justice.

Robinson, M.B. & C.E. Robinson (1997). "Environmental Characteristics Associated with Residential Burglary of Student Apartment Complexes." *Environment and Behavior*, 29:657–675.

Rosoff, S.M., H.N. Pontell & R. Tillman (2003). *Looting America: Greed, Corruption, Villains, and Victims*. Upper Saddle River, NJ: Prentice Hall.

Ross, E.A. (1907). "The Criminaloid." *The Atlantic Monthly*, 99 (January):44–50.

Sander, P. (2009). *Madoff: Corruption, Deceit, and the Making of the World's Most Notorious Ponzi Scheme*. Guilford, CT: Lyons Press.

Shelp, D. & A. Ehrbar (2009). *Fallen Giant: The Amazing Story of Hank Greenberg and the History of AIG*. Second Edition. Hoboken, NJ: John Wiley

Shover, N. (1998). "White-Collar Crime." In M.J. Tonry (ed.) *Handbook of Crime and Punishment*, pp. 133–158. New York, NY: Oxford University Press.

Shover, N. (1996). *Great Pretenders: Pursuits and Careers of Persistent Thieves.* Boulder, CO: Westview.

Shover, N. & A. Hochstetler (2006). *Choosing White-Collar Crime.* New York, NY: Cambridge University Press.

Steffensmeir, D.J. (1986). *The Fence: In the Shadow of Two Worlds.* Totowa, NJ: Rowman and Littlefield.

Stevenson, R.J. (1998). *The Boiler Room and Other Telephone Sales Scams.* Urbana, IL: University of Illinois Press.

Strober, D. & G. Strober (2009). *Catastrophe: The Story of Bernard L. Madoff, the Man Who Swindled the World.* Beverly Hills, CA: Phoenix Books.

Sun-Sentinel (1989 May 4). "Alleged Thieves Willing to Pay Toll to Society." Fort Lauderdale, FL.

Sutherland, E.H. (1949/1983). *White Collar Crime: The Uncut Version.* New Haven, CT: Yale University Press.

Sutherland, E.H. (1940). "White-Collar Criminality." *American Sociological Review*, 5:1-12.

Sykes, G.M. & D. Matza (1957). "Techniques of Neutralization: A Theory of Delinquency." *American Sociological Review*, 22:664-670.

Theroux, P. (2000). *Fresh Air Fiend: Travel Writings, 1985-2000.* Boston: Houghton Mifflin.

Tillman, R.H. & M.L. Indergaard (2005). *Pump and Dump: The Rancid Rules of the New Economy.* New Brunswick, NJ: Rutgers University Press.

Trebay, G. (2000). "Shoplifting on a Grand Scale: Luxury Wear Stolen to Order." *New York Times*, (August 8):A24.

Tunnell, K.D. (2000). *Living Off Crime.* Chicago, IL: Burnham.

Vaughn, M.G., M. Delisi, K.M. Beaver & M.O. Howard (2008) "Toward a Quantitative Typology of Burglars: A Latent Profile Analysis of Career Offenders." *Journal of Forensic Sciences*, 53;1387-1392.

Veblen, T. (1912). *The Theory of the Leisure Class.* New York, NY: Macmillan.

Wallace, B.P. & B. Crowley (2000). *Final Confession: The Unsolved Crimes of Phil Cresta.* Boston, MA: Northeastern University Press.

Wallerstein, J., J. Lewis & S. Blakeslee (2000). *The Unexpected Legacy of Divorces: A 25 Year Landmark Study*. New York, NY: Hyperion.

Weisburd, D., E. Waring & E.F. Chayet (2001). *White-Collar Crime and Criminal Careers*. New York, NY: Cambridge University Press.

Wright, R.T. & S.H. Decker (1997). *Armed Robbers in Action: Stickups and Street Culture*. Boston, MA: Northeastern University Press.

Wright, R.T. & S.H. Decker (1993). *Burglars on the Job: Street Life and Residential Break- Ins*. Boston, MA: Northeastern University Press.

Zietz, D. (1981). *Women Who Embezzle or Defraud: A Study of Convicted Felons*. New York, NY: Praeger.

Zimmerman, A. (2006). "As Shoplifters Use High-Tech Scams, Retail Losses Rise." *Wall Street Journal* (October 25): A1, A12.

C/H/A/P/T/E/R 13

# 피해자 없는 범죄들과 범죄 없는 피해자들

(Crimes without Victims and Victims without Crimes)

## 학습 목표

제13장을 읽은 후, 당신은 다음의 내용을 수행할 수 있어야 한다.

- 음주운전이나 마약상태에서의 운전이 피해자가 없음에도 왜 범죄인지를 이해한다.
- "피해자 없는 범죄"를 정의한다.
- 포르노그래피에 대한 페미니스트 운동의 기초지식들을 설명한다.
- 왜 시크교가 오토바이 헬멧 착용을 거부하는 법정싸움에서 졌는지를 설명한다.
- 피해자 없는 범죄를 지지하는 패트릭 데블린(Patrick Devlin)의 주장을 요약한다.
- 안락사와 관련해서 "미끄러운 비탈길(Slippery slope)"의 영향을 설명한다.
- 미국에서 매춘방식이 거리에서 전화, 인터넷으로 변화하는 과정을 살펴본다.
- 뉴욕 주지사 엘리엇 스피처(Eliot Spitzer)의 몰락 이야기를 설명한다.
- 메스암페타민이 세계에서 가장 오용되고 있는 마약임을 이해한다.

대부분의 범죄는 피해자를 만든다. 피해자인 개인과 법인은 신체적, 정신적인 피해를 입거나 피해자에게 부여된 법적 권리를 박탈당한다. 어떤 경우에는 범죄행위와 피해자의 관계가 추정된다. 음주운전은 피해자를 만들지 않을 수도 있지만 음주운전자가 술에 취하지 않은 사람보다 자동차 운행을 통제하지 못하고, 그들의 불안정한 운전으로 조만간 피해를 일으킬 것으로 간주된다. 음주운전자는 그들이 정상이 아님을 알기 때문에 평소보다 더욱 조심스럽게 운전한다. 그러나 그들이 아무리 조심해도 알코올의 영향을 받지 않았을 때처럼 주의력을 가지고 운전을 할 수는 없다. 이와 같이 음주운전관련 사고로 사망한 음주운전자들 여섯 명 중 다섯 명은 이전에 음주운전 기록을 가지고 있지 않다는 것을 주목하여야 한다(Ross, 1992). 음주운전(DUI)은 통계적으로 타인에게 위해를 가하고, 사망을 야기할 가능성이 있는 범죄가 되었다.

## 피해자 없는 범죄(Crimes without Victims)

피해자 없는 범죄유형에 속하는 범죄들이 있다(Schur, 1965). 그들의 공통적인 특징은 불법적인 행동에 자발적으로 참여했다는 점이다. 이들 참여자들은 발생한 사고에 대해 어떠한 불평도 하지 않는다. 정부는 이러한 행동에 참여한 사람들에게 형법으로 이의를 제기하고 처벌한다.

예를 들어, 사람들이 기계공이나 변호사에게 서비스와 기술을 사는 것처럼 매춘부는 자신을 산 손님과 성관계를 하는 것이다. 사실 현대사회에서 변호사를 비난할 때 변호사를 매춘과 동일시하는 경향이 있는데 이것은 많은 변호사들이 그들 고객의 유무죄에 대한 판단과 상관없이 누구라도 자신들의 상품을 구매할 수 있으면 팔려고 하기 때문이다. 불법적인 마약판매자 또한 강압적으로 참여하지 않는다. 대부분의 사람들이 식료, 의류, 생필품을 판매하듯 누구나 물건을 팔고, 부르는 값을 치르거나 더 낮은 가격으로 흥정하며, 다른 곳에서 필요한 물건을 사거나 아니면 구매하지 않는다.

### *그것이 범죄가 되어야 하나?(Should They Be Crimes?)*

피해자 없는 범죄들이 감소하거나 없어져야 한다고 믿는 사람들은 민주주의의 중요한 특성으로 다른 사람의 동등한 자유를 침해하지 않는 한 모든 시민들의 자유가 보장되어야 한다고 주장한다. 이러한 견해를 가지고 있는 사람들은 피해자 없는 행위가 범죄화된 것은 종교적인 이유라고 주장한다. 매춘은 간음과 간통을 범죄시하는 신학적 명령을 어긴 것이다. 그러나 대부분의 서양종교는 형법이 규정하고 있지 않은 상당히 많은 종류의 행위들 또한 범죄시하고 있다. 여기에는 신의 이름을 가장한 허영, 고리대금, 부모를 저주하는 것(이것은 성경에서 사형에 처할 것을 명하고 있다) 등이 있다. 또한 천주교 신학은 자살을 혐오스러운 행동으로 간주한다. 천주교 신학에서 자살은 경멸시 된다. 초기 자살자들은 범법자로 공표되어 자산이 압수되었고 그들의 시신은 심장에 말뚝이 박힌 채 십자로의 부정한 땅에 매장되었다. 이러한 시각은 세속법(secular law)에 더 이상 영향을 미치지 못하고 있다. 만약 어떤 단체의 도덕적이거나 종교적인 믿음이 다른 사람들에게 해를 입힐 것으로 보이면, 이 단체의 믿음은 이 단체의 원칙을 받아들이고 있지 않은 사람들에게 법으로 강제될 수 없다.

반대하는 입장도 존재한다. 그것은 피해자 없는 범죄는 불완전한 구성물이라는 입장이다. 즉 사실은 피해자가 없는 범죄는 없다는 것이다. 매춘은 대부분 여성을 경시하고,

AIDS와 같은 성병을 전염시키며, 가정을 파괴시키고, 손님들을 약탈하며, 그들을 무자비하게 착취하는 포주들을 유지시켜 준다.

마약 중독자들은 종종 생산적인 노동에 참여할 수 없게 되어, 그들은 마약을 구하기 위해 선량한 피해자들을 약탈하게 된다. 최근에는 마리화나 소지와 건강상 위험이 없는 마약 사용을 합법화하는 움직임이 있어 왔다. 이러한 움직임은 만일 마약이 고통을 줄여주는데 효과적이고, 병을 완화시켜 준다는 의사의 처방만 있다면, 마리화나 구매를 허용하도록 하는 시도로 더욱 확산되었다.

### *포르노그래피(Pornography)*

"피해자 없는 범죄"로 알려진 포르노그래피 (Pornography)를 둘러싼 논쟁은 여전하다. 많은 사람들은 외설물이 통상적으로 남성이 여성을 잔인하게 다루는 끔직한 장면들을 묘사하고 있고, 여성에 대한 강간이나 학대를 장려하고 있다고 주장한다. 인디애나폴리스와 미네아폴리스의 입법기관은 그림이나 사진을 통하여 성적으로 여성을 종속시켜 이용하는 "성적으로 명백한 (sexually explicit)" 발행물을 금지하는 법을 통과시켰다(MacKinnon & Dworkin, 1997). 미네아폴리스의 금지법은 외설물이 성의 불평등을 만들고 유지하는데 중심적인 역할을 하고 있다고 규정하고 있다. "성적으로 명백한"에 대한 만족할 만한 정의를 내리는데 실패한 것과, 기본적으로 이 법안과 헌법 첫 조항인 의사표현의 자유와의 모순 때문에, 미네아폴리스 시장이 이 법안에 거부권을 행사했고, 또한 법원은 인디애나폴리스 시의 법안이 헌법의 규정을 벗어났다고 판결 내렸다(American Booksellers Assn. v. Hudnut, 1985). 근래 인터넷 사이트의 동영상에서 성인들이 아이들의 옷을 벗기고, 여러 종류의 성 행위를 시도하는 행위들이 컴퓨터를 통해 여과 없이 방송되는 것을 보면 심히 걱정스럽다(Note, 2009; Otis, 2009).

반대 측에 있는 사람들은 성 상품에 대하여 좋은 점을 말하기가 힘들겠지만, 외설물을 포함한 평이 좋지 않은 표현들도 미국의 헌법 제1조로 보호를 받아야한다고 믿고 있다. 논쟁은 외설물을 접한 후에 오는 현실적인 영향에도 맞추어지고 있다. 그것이 사회를 반영하고 있는 것인지 아니면 사회에 영향을 주고 있는 것인지 하는 문제이다. 근본적인 질문은 다음의 세 가지이다. 첫째, 출판물과 외설물의 구입이 피해자 없는 범죄인가. 둘째, 그것을 법적 보호로 인해 무고한 사람들이 피해를 입을 것인가. 셋째, 헌법적으로 보호된 권리의 하나이기에, 자유사회는 어떤 행위도 용납을 해야 하는 의무가 있는가(Cothran, 2002).

## 오토바이 헬멧 (Motocycle Helmets)

관념적인 논쟁은 종종 헬멧 없이 오토바이를 타는 것과 같은 피해자 없는 범죄의 본래의 문제로 되돌아온다. 1975년 3개주를 제외하고 모든 주에서 오토바이 운전자에게 헬멧을 쓰도록 규정하고 있다. 이 법안 제정에 실패하면 연방고속도로기금(federal highway fund)을 받지 못하였다. 그러나 로비스트들은 이 법이 폐지되게 하였고, 오늘날 일리노이, 아이오와, 그리고 뉴햄프셔는 헬멧 착용을 요구하지 않는다. 그리고 많은 주에서도 미성년자에 한해서만 법으로 강제하고 있다. 헬멧을 쓸 것을 요구하는 법에 반대하는 사람들은 헬멧을 쓸지 안 쓸지에 대한 선택은 오토바이를 타는 사람에게 주어 져야 한다고 주장하고 있다. 만약 오토바이를 타는 사람이 헬멧을 쓰지 않겠다고 결정을 내리면 그것은 다른 누구도 상관할 수 없는 것이다. 헬멧을 반드시 써야한다고 주장하는 사람들은 이 법이, 만약 헬멧을 쓰지 않은 사람이 돌에 맞아서 오토바이 컨트롤을 할 수 없게 되어 지나가는 차와 충돌함으로서 차에 탄 사람들을 다치게 하거나 죽게 할 수 있을지도 모를 상황에 대비하는 사회보호임과 동시에 당사자를 보호하기 위해서라고 말한다. 같은 맥락에서, 메사추세츠 연방법원은 주가 오토바이 운전자에게 헬멧을 쓰도록 규정하는 법의 합헌성을 인정하였다. 법원의 판결은 다음과 같다.

> 사회는 사고 순간부터 그 사람을 고속도로에서 구조해 병원이나 의사에게 데려가고, 그에게 실업수당을 제공한다. 만일 회복 후에 직업을 구하지 못하거나, 사고로 신체적 장애를 갖게 되면, 사회는 그 사람과 그의 가족의 최저생활에 대한 책임을 지게 된다. 우리는 원고 자신만 고려하는 법의 정신을 이해할 수 없다.(Simon v. Sargent, 1972: 279; see also Atwood, 2008)

연방정부는 오토바이는 자동차에 비해 제동장치가 안정적이지 못하고 다른 운전자에게 가시성이 떨어진다는 이유로, 1마일을 운전할 때, 오토바이 운전자들의 사망률이 자동차 운전자의 사망률보다 35배 높다고 추정하였다. 오토바이 사고로 사망한 사람은 자동차 음주운전 중 사망한 수보다 2.5배 높은 것으로 나타났고, 면허 없이 운전하다 사고 난 사람보다 3배나 높은 것으로 나타났다(Wald, 2008). 2002년부터 2007년까지 병원을 대상으로 한 연구에서 사고를 당한 오토바이 운전자 122,578명을 조사하였다. 조사결과 헬멧을 쓴 환자들이 뇌와 머리손상에 있어 가벼운 부상 패턴을 보여주고 있었다. 연구자들은 7년 동안 모든 오토바이운전자들이 헬멧을 썼다면, 의료보험제도는 집중치료 비용에만 3천2백5십만 달러를 절약할 수 있었다고 추정하였다(Croce et al., 2009).

모든 인간의 존재는 위험으로 가득 차 있다는 것과, 위험도를 낮추기 위해 인간의 자유 행사를 억압할 수는 없다는 것은 상반된 논쟁이다. 사실 범죄로 살해되는 사람의 수보다 고속도로에서 차량 사고로 사망하는 사람이 더 많다고 해서, 고속도로의 사망률 감소를 위해 자동차의 사용을 금지하자고 하는 사람은 아무도 없다.

오토바이를 타는 사람들에게 헬멧착용을 요구하는 이유는 타는 사람의 불편이 자유를 억압할 정도로 견디기 어려운 것이 아니기 때문이다. 어떤 법학자는 "어떤 새로운 법이 자유를 어느 정도 억압하기는 하지만, 모든 제한이 자유를 위협하는 것은 아니다"라고 말한다(Woozley, 1983:130). 헬멧착용이 필수지역인 콜롬비아 지구(Columbia District)와 20개 주에서 오토바이 사고로 사망한 사람들 중 헬멧을 착용하였음에도 사망한 사람이 84%나 되지만, 헬멧이 생명을 보호하여 주는 것임은 확실하다.

주목하여야 할 만한 논쟁은 전통적인 회교도인 시크교도(Sikhs)들이 자기들의 종교가 요구하는 머리를 터번 속으로 집어넣어야 하는 리쉬 매듭이 헬멧을 올바로 착용하기가 불가능하다는 이유로 법원에 헬멧 없이 오토바이를 탈 수 있게 해 달라고 청원한 것이다. 캘리포니아 주 법원은 그 요청에 호의적이지 않았다. 오토바이 헬멧법은 시크교도(Sikhs)들이 리쉬 매듭과 터번 착용을 막지 않기 때문에, 그들의 종교의식 행사를 막고 있지 않다고 판결 내렸다. "오히려 리쉬 매듭과 터번이 공중 고속도로에서 헬멧을 착용하고, 오토바이를 타는 것을 막고 있다"고 설명했다(Buhl v. Harrigan, 1993: 1616).

## 찬반(Pros and Cons)

사람의 선택권을 존중하여 최소한의 간섭만을 요구하는 자유의지론자(Libertarian)들을 반대하는 사람들은 문명화된 사회가 공통적인 도덕성(common morality)을 요구할 권리가 있다고 믿는다. 이러한 관점을 강하게 주장한 영국 고등법원 판사였던 데블린(Patrick Devlin)은 만약 우리가 일반적인 도덕성의 표준을 고수하는 것에 실패하면 사회적 위험을 초래할 것이라고 말했다.

> 사회는 외부적 압력에 의한 붕괴보다 더 자주 내부적으로 붕괴된다. 공통적인 도덕성이 지켜지지 않을 때 사회가 붕괴되었고, 도덕적 결속이 느슨하여 질 때가 붕괴의 첫 단계인 것을 역사는 보여주고 있다. 그러므로 사회는 정부나 다른 기관을 보호하고자 할 때처럼 도덕적 규율을 지키기 위하여 똑같은 방법을 취하는 것이 정당화된다.

데블린의 뒤를 이어 예일대학교 교수인 보크(Robert Bork)는 "도덕적 분노는 제한적인 법을 제정하는 충분한 근거가 된다."고 말했다. "지식은 어떤 행위가 이루어질 때 그것이 그 행위가 매우 비도덕적이라고 생각하는 사람들에게 해를 끼친다는 것이다"라고 보크 교수는 주장하였다(Bork, 1991: 132).

17세기 영국 성직자들은 다양한 비유를 사용해서 개인이 자기가 원하는 것을 할 때 (현대 언어로, 자기들만의 일을) 그것이 사회의 건강(social well-being)을 해칠 경우에는 그들의 행동을 허용하는 것에 반대의사를 표명하였다. 헤밍웨이 소설의 제목을 만드는 기초가 되어 아주 유명해진 존 던의 연설이 있다(1624, No. 7).

> 사람은 누구나 그 자체로 온전한 섬이 아니니다. 모든 사람은 대륙의 한 조각, 본토의 일부이다. 누구의 죽음이든 그것은 나를 줄어들게 하는 것이니, 그것은 내가 인류에 속해 있기 때문이다. 그러니 저 종소리가 누구의 죽음을 알리는 종소리인가. 알아보려고 사람을 보내지 말라. 그것은 그대의 죽음을 알리는 종소리이니.

이러한 논쟁의 반대편 끝에 서 있는 사람은 독일 철학자인 니이체(Friedrich Nietzche)이다. 그는 "도덕성은 코로 모든 인류를 이끌어가는 모든 기구 중 최고의 기구이다"라는 주장을 하고 있다(Nietzche, 1844/1920: 44).

다른 반대 논쟁은 법이 반드시 결과와 균형을 이루어야 한다는 것이다. 마약 사용을 불법화하는 것은, 제한적 법을 제정하는데 사용하는 많은 상황을 만들어 주기 위해 유지되기도 한다. 만약 마약을 자유롭게 구입할 수 있게 되면 마약 중독자들은 자기들의 중독을 만족시키기 위해서 도둑질을 하지 않아도 되고, 조직 폭력배들은 마약 판매를 독점할 수 없게 될 것이라는 주장도 있다. 유사한 예로, 매춘이 다른 공공 서비스업과 같이 면허를 취득할 수 있게 되어 법적인 직업으로 되면, 매춘부들은 경찰에게 괴롭힘을 당하지 않아도 되고 매춘부들의 자아상(self-image)도 향상될 것이다. 추가로 합법화를 주장하는 사람들은 문명이 시작된 이후로 매춘을 저지하는 법은 그 힘을 발휘하지 못하고 있다고 주장하고 있다. 미국은 마약을 저지하려고 지난 100년 동안 노력해 왔지만 별다른 성과가 없다.

그 반대의 의견을 가지고 있는 사람들은 법이 금지하고자 하는 행동을 없애거나 줄이지 못하였다 하더라도 만약 그것을 제재하는 법이 없다면 얼마나 많은 사람들이 그 행위에 참여하였을지는 알 수 없다고 주장한다.

### *비범죄화로의 흐름(the Decriminalization Drift)*

우리 부모시대와 동시대에서 피해자 없는 범죄에 대한 시각이 획기적으로 변화되고 있는 것은 주목할 만하다. 40여 년 전에는 매춘, 도박, 마약 사용, 동성연애와 낙태가 매우 중대한 범죄였다. 오늘날 임신 초 3개월 이전에 행해지는 낙태는, 이를 반대하는 격심한 반발이 끊이지 않고 있기는 하지만 합법적인 권리로 인정되고 있다. 한때 네바다 주에서만 인정이 되었던 도박이 이제는 모든 행정구역에서 인정이 되고 있다. 동성연애에 있어서는 동성결혼과 군대에서 얼마나 자유롭게 표현을 할 수 있는 지에 대한 극히 제한된 주제로 그 논쟁이 좁혀졌다. 어떤 종류의 마약은 아직도 금지되고 있고, 구치소와 교도소는 마약법을 어긴 사람들로 넘쳐나고 있지만, 대마초의 소지와 사용은 완화되었고 대마초의 합법적인 유통을 시범적으로 허용하자는 의견이 퍼져가고 있다. 오직 매춘만이 여전히 제한되고 있다.

많은 사회의 상황들처럼, 권력을 가지는 것이 피해자 없는 범죄에 대한 법의 변화를 이해하는 열쇠이다. 낙태를 합법화하는 것은 원하지 않은 임신으로 고민하는 사회 권력과 사회적으로 힘 있는 여자들의 후원으로 이루어졌다. 동성연애자들도 변호사들, 의원들, 부자들 등 법에 영향을 행사할 수 있는 권력이 있는 사람들이 포함되어 있다. 도박도 주 정부의 어려운 예산집행에 막대한 액수의 돈을 헌납하는 것 외에 권력이 있는 사람들에 관여하고 있고, 그들의 자녀들이 사용하는 마약이 대마초이기도 하다. 대부분 힘이 없고 빈곤하고 소외된 사람들을 상대로 하는 매춘부들만이 미국 전역에 있어서 형사법에 의하여 처벌되는 범죄로 남아 있을 뿐이다.

### *의사의 도움을 받는 자살-안락사(Physician-Assisted Suicide)*

피해자 없는 범죄에 대한 논쟁은 “빠른 사망(hastened death)”이라고 부르는 안락사에 초점이 맞추어지고 있다. 이것을 지지하는 사람들의 주장은 회복할 수 없는 병에 걸린 사람들이 언제 어떻게 죽을 것인지를 결정할 수 있도록 허용해야 한다는 것이다. 그들은 피할 수 없는 사망에 도달하기까지 무자비한 고통과 신체적 괴롭힘을 당하는 치료를 받아야 할 필요는 없는 것이다. 불치병에 걸린 사람들의 치료비용도 상당히 높다. 정부 의료보험의 반 이상이 연장자들 중 마지막 6개월의 삶을 살고 있는 고령자들을 위하여 사용되고 있다. 또한 안락사를 허용하는 것은 현재 많은 의사들이 환자들에게 치명적인 양의 수면제를 주거나 삶을 조금 더 연장할 수 있는 치료를 보류함으로 환자들이 죽도록 허용하는 것을 공공연하게 만들 뿐이다.

### [하이라이트 13.1] 일본에서 일어난 동의 없는 안락사

일본 신문사들이 실시한 여론조사의 결과를 발표하였는데 참여한 사람들의 70%가 안락사를 합법화하는데 찬성하였다. 약 10%의 사람들은 불치병에 걸린 사람들에게 그들의 동의 없이 안락사를 시행하는 것을 반대하지 않았다. 질문에 응답한 의사들의 절반 정도는 가족들이 환자의 동의 없이 환자의 삶을 종결시켜 달라는 부탁을 받았었고, 많은 경우 일본에서는 일반적으로 암 환자들에게 그 병명의 실체를 알려주지 않기 때문에 환자들은 자신이 불치병에 걸려 있다는 것을 모르는 상태에서 부탁해 왔다.

안락사를 반대하는 사람들은 "미끄러운 비탈길 (slippery slope)"(Wright, 2000)처럼 의사들이 일시적인 어려움을 겪고 있는 우울증 환자나 장애가 있는 어린아이들을 죽이는 것을 허용하는 데까지 갈 수 있는 시작점이 될 수 있다는 것이다(Lode, 1999). 안락사가 법으로 허용되면 어떤 사람들에게는 행복하고 만족스러운 지속적인 삶을 살기 위해 싸우기보다는 포기하기를 권장할 수도 있다. 그 외에도 돈을 절약하기 위하여 건강이 걷잡을 수 없이 악화되고 있는 사람들을 없애는 소위 "나무 밑 청소 (clear the underbrush)"(Nuland, 1994)를 하라는 부담이 그러한 강요나 권유가 없을 경우 살아남기를 원하는 사람들에게 주어질 것이다. 어떤 사람들은 말하기를 이와 같은 경우 "죽을 권리"가 "죽을 의무"로 대체된다고 주장하고 있다. 다음 예(하이라이트 13.1)에서 보여주고 있는 일본에서 일어난 일은 법이 악용된 사례이다. 이러한 문제에 대해 2010년 의회에서 제정한 연방의료서비스 프로그램을 반대하는 한 사람은 "사망선고위원회(death panels)"에게 아픈 노인들을 안락사 시키는 결정에 대해 공개적으로 비난하였다.

오리건 주는 1994년 Death with Dignity Act(존엄하게 죽을 권리법)를 제정하였으며, 이는 미국에서 최초로 안락사를 허용하게 된 것으로, 2009년에는 워싱턴 주와 몬타나 주에서도 허용했다(Mason, 2011). 이 두 주에서는 환자가 성인이어야 하며, 해당 주의 주민이어야 하고, 사망청원이 있어야 하며(문자적으로, 자기 자신을 죽이겠다고), 우울증이 없음을 문서로 증명하고, 두 명 이상의 의사가 6개월 이상 살지 못할 것이라고 진단해야 한다. 의사는 말기환자 진료 (hospice care)와 진통제를 포함한 다른 치료방법을 포함하여야 한다. 또한 법은 환자가 구두로 청원하고 서류에 서명할 때까지 15일을 기다려야 한다고 규정하고 있다. 법은 의사가 환자 자신이 복용해야 하는 치명적인 양의 약을 처방할 수 있게 한다. 이 법의 반대자들은 어떤 약들은 적어도 3시간정도의 시간이 필요할 때도 있고, 환자 자신이 반사적으로 약을 토해낼 경우도 있다고 한다. 또 이 법안은 효과적인 말기환자

간병치료를 무효화시킬 수도 있다. 한 저자들의 모임은 오리건 주에서 이것이 현실화 되었다고 믿고 있다(Hendin & Foley, 2009; Jeffrey, 2009: 반대의견은 Gill, 2009).

2010년 말에는 오리건 주 법에 의하여 525명이 안락사 되었다(당신의 견해에 따라서 자신들을 죽이도록 허용했다). 이 방법을 택한 사람의 대부분은 백인이고 아주 극소한 차이로 남자가 많았다. 대부분 말기 암으로 고통을 받고 있었고, 집에서 그들의 삶을 끝냈다. 거의 모든 사람들이 자신의 죽음을 선택할 자유를 상실한 상태였다. 거의 모든 죽음은 효과가 빠른 바르비투르(Barbiturates)와 구토방지제 (antiemetic)를 사용하였다. 대부분의 환자들은 5분 이내에 의식을 잃게 되고, 1시간 이내에 사망했다. 한 사람만이 의식불명 상태로 11.5시간이나 있었을 뿐이다(Chin, Hedbery, Higginson & Fleming, 1999). 지난 10년간의 오리건 주의 프로그램 진행과정을 분석한 결과 "비참한 결과를 예측했던 것은 증거의 비중으로 볼 때 잘못된 예측"이었다. 이 프로그램이 "의사나 환자나 오리건 주민들이 일반적으로 삶의 가치를 과소평가하게"하지는 않았다(Lindsay, 2009: 19).

살렘(Tania Salem 1999)은 안락사에 대해서 흥미로운 분석을 제시했다. 오리건 주의 안락사에 관한 법은 거의 개인적인 행동을 의료적인 사건으로 전환시켰다. 살렘은 또 지지자들이 주장하는 것처럼 법이 사람의 자유와 자주성(autonomy)을 증가시킨 것이 아니라고 설명하고 있다. 능력 있는 사람들은 언제나 자신들이 원하였을 때 삶을 떠날 수 있었다. 이제는 그들도 의료진의 도움을 연관시켜야 하고 살렘의 말에 따르면 그들도 "대중의 허가를 신청하고 자살을 합법화하여야 한다."(Salem, 1993:33).

## 매춘 - 성 매매(Prostitution – Sex Work)

### *여성 매춘(Female Prostitution)*

**여성의 매춘행위에 대하여 무엇이라 말할 수 있을까?**

- 여성에 대한 추하고 참을 수 없는 남성들의 힘의 산물이며, 여자 아이와 여성을 성적으로 착취하는 것인가?

아니면

- 시장 가치가 있는 상품을 가지고 있는 판매자가 참여한 현명한 상업 활동인가?

미국 여성인권운동가들에게 있어 매춘이란 어렵고 의견이 분열되는 주제이다. 어떤 사람들은 위에 언급된 두 번째 해석을 선호하여 매춘부를 성 전문 노동자(sex trade worker)로 보고 있다. 다른 사람들은 첫 번째 해석을 선택하고 있다. 그들은 매춘이 여자를 성의 도구로 정의하는 가부장적인 사회의 산물로 보고 있다. 아동 성학대, 근친상간과 같은 행위로 희생된 여성들이 매춘에 가담하게 되는 중심인물들로 알려지고 있다. 많은 여성인권운동자들은 포주가 포함된 경우 매춘을 노예제도와 동일시하고 있다(Holsopple, 1999). 드워킨(Andrea Dworkin 1997: 145)은 "남자가 여자를 매춘에 이용할 때는 여성의 몸에 대한 절대적인 혐오감을 표현하고 있는 것"이라는 입장을 견지하고 있다.

매춘의 가부장적 통제는 많은 매춘부들이 포주에 의존하고 있는 것으로 반영된다. 이 포주들은 남자들로 매춘여성들이 버는 수입의 대부분을 가져가고, 그 대가로 고객들과 경찰로부터 보호하여 주고 포주와의 왜곡된 애정을 형성한다. 중산층의 사람들은 이러한 복잡한 포주(pimping)와의 관계를 이해하기 힘들다. 일반적으로 능력 있는 포주들은 여러 매춘부들에게 자기의 사랑을 받을 수 있는 방법은 길, 술집, 호텔에서 매춘행위를 위해 고객을 찾아내는 것 뿐 이라고 설득한다. 포주와 매춘부의 관계는 변해가고 있지만 통상적인 미국사회의 구애방식인 남자가 여자에게 자기가 가장 알맞은 파트너인 것을 설득하는 것과 반대되는 것이다. 하지만 미국 대중적인 속어에서는 오늘날 "포주 (pimp)"라는 말은 "멋있다"는 말을 대신하여 사용되고 있다. 리처드슨(Lisa Richardson 2000)은 중산층 대학생, 채팅상대, 성매매와 전혀 상관없는 사람들이 생일선물, 자전거와 의류를 "중개(pimp)"한다는 표현을 사용하고 있다고 지적하고 있다. 이 성향은 금지된 언어와 표현이 주류 사회에 사용되는 추세를 보여주고 있다.

페미니스트들의 반대에 직면한 경찰은 매춘부를 찾는 남성들을 체포하기 위해 함정수사를 사용한다. 그들의 일반적인 믿음은 이러한 활동이 성매매 자체를 줄이는 효율적인 측면보다는 상징적인 측면이 더 크다. 어떤 법치구역에서는 매춘부를 구하는 사람의 운전면허를 취소시키거나 그들의 사진을 공공장소나 인터넷에 게시하기도 한다. 좀 더 극단적으로 자산을 몰수하는 방침으로 손님이 매춘부를 구하려고 사용한 차를 압수하기도 한다.

도지(Mary Dodge)와 그녀의 동료들은 함정수사를 했던 여성경찰관과의 인터뷰에서 경찰관들이 그러한 일에 대해 모순되는 감정을 가지고 있었다고 말했다. 6년 동안 적어도 한 달에 한번 성매매 함정수사에 참여한 경찰관이 말하기를: "바람잡이가 되는 것은(유인하는 사람이 되는 것은) 기분이 조금 찜찜하지만 그것은 지구상의 인간쓰레기 같은 남자들을 잡는다는 자부심을 가져다주기도 한다. 10년 경력의 다른 경찰관은 "처음에는 내가 지금 뭘 하는 거지? 거기에 나가서 실패하기를 원하지 않았다. 그것은 자존심인데, 만약 아무도

나를 원하지 않으면?"이라고 말했다(Dodge, Starr-Gimeno & William, 2005: 76-77).

미국은 "서양나라 중 거의 모든 곳에서 성매매가 불법인 몇 안 되는 나라 중 하나이다" (Anderson, 2002: 748). 거의 모든 곳 중 예외는 네바다 주와 로드아일랜드 주이다. 1971년부터 네바다 주 법은 만약 인구가 25만 명 이하인 카운티에서 매춘을 선택했다면 성매매를 허용해왔다. 현재 네바다 주 17개 카운티 중 14개 카운티에서 성매매를 허용한다. 사실상 11개 카운티에서만 실제로 28곳의 사창가가 있다. 네바다 주의 합법적인 사창가는 (스스로를 목장 (ranch)이라고 부름) "여성들이 돈을 위해 합의한 성관계가 가능한 가장 안전한 환경을 제공한다." 그들은 방안에 비상버튼이 있고, 청취기구나 관리자들이 감시하는 시설을 갖추고 있다(Brents & Haubeck, 2005: 289). 네바다 주의 합법적인 매춘부들은 1988년부터 에이즈 테스트를 받아왔고 "이 테스트가 시행된 이래 아무도 HIV 보균자로 판명된 사례가 없다"(Weitzer, 2005: 217).

로드아일랜드 주는 논란이 되고 있는 실내 매춘(indoor prostitution)의 개념을 좀 더 제한적으로 규제하고 있다. 왜냐하면 1980년, 주에서 성매매법을 개정하면서 사창가, 노상매춘, 외설적인 노출을 하고 서 있는 것과 차에서 여성을 사려는 것을 금지했기 때문이다. 하지만 실수로 성매매가 무엇인지를 설명하는데 실패했다(State v. DeMagistris, 1998). 2009년 11월, 주 입법부는 법적차이(statutory gap)를 폐지하였다.

규정되지 않은 불법 매춘과 비교하여, 합법화된 매춘은 여성이 손님에게 콘돔의 사용을 강요할 수 있는 지위를 부여했고, 프리랜서 보다 더 낮은 수준의 에이즈 감염가능성을 제공했다. 노상 매춘부들은 콘돔을 많이 휴대하지 않는다. 왜냐하면 경찰이 그것을 불법 성매매의 증거로 쓸 수 있다는 부담감 때문이다(Cambell, 1991).

매춘부들에게 에이즈의 가장 큰 위험은 그들의 일로부터 생기는 것이 아니라 그들이 애정을 갖게 되는 사람들과 성관계를 할 때 콘돔사용을 강요하지 않는데서 기인한다 (Cambell, 1991). 한 오스트리아의 매춘부는 "나는 나의 남자친구와는 콘돔을 사용할 수 없다. 그가 어떻게 생각하겠는가. 내가 다음에 그에게 돈을 내라고 할 거라고 생각할 것이다"(Waddell, 1996: 81).

네바다 주의 사창가에서 일하는 여성들은 보통 지문을 등록하고, 신분증을 항상 지니고 있어야 한다. 네바다 주는 성매매 업소가 상업 중심부나 학교, 교회에서 400야드 이내에 위치할 수 없도록 규정하고 있다. 여성들은 독립적인 계약자로서 일한다. 그들은 주로 그들 수입의 절반을 주인에게 내야하고, 방과 식비에 대한 비용을 매일 지불한다. 일반적으로 그들은 일주일 내내 12시간씩 일하고 난 후 2주나 3주 동안 쉰다. 평균 하루에 6명의 손님을 받고 $150불에서 $500불 정도를 받으며, 그 가격은 시간과 요일, 손님의 태도 그리고 그 손님이 술이나 마약에 어느 정도 취했느냐에 따라 다르다(Albert, 2001).

매춘은 업무시간이 유연한 것, 다양한 종류의 사람들을 만날 수 있고, 감수성을 높이는 행위(heightened a sense of activity)라는 것, 그리고 상당히 많은 돈을 벌 수 있는 기회라는 것 등 여러 가지 직업적 장점도 제공 한다(물론 그 사람이 할 수 있는 다른 일이 무엇인가에 따라 다르지만). 하지만, 이러한 혜택은 모든 이들에게 해당되지 않으며, 그렇게 오래 지속되지 못한다. 저속한 지역에서 일하는 여성들에게 매춘은 힘들고 지저분한 사업이다. 그들은 신체적인 폭력을 경험하고 적은 돈을 번다(Dalla, 2007). 그들은 그들의 행위에 대한 법의 제재에 따라 사회의 한 부분으로서의 자부심을 잃게 될 것이다. 반면 어떤 매춘부들에게는 "부도덕"의 사회적 정의가 다소 유연해 보인다. 노벨학자 레싱(Doris Lessing)이 성매매에 종사하는 많은 여성들과 뉴욕 아파트에서 살았던 이야기를 보고하였다. 그녀는 매춘부들 중 한명에게 자신의 성생활을 즐기고 있는지 물었다. 매춘부는 "만약 당신이 더러운 얘길 할 거라면 나는 관심 없어요." 라고 말했다(Klein, 2000: 220).

많은 남성 손님들에게 매춘부는 감정개입이나 복잡한 문제없이 구매하거나 이용할 수 있는 하나의 상품이다. 700명의 손님에게 요청한 응답을 보면 47%는 그러한 관계가 "흥분된다."고 했으며, 43%는 "자신의 파트너가 제공하는 것과 다른 경험"을 하기 원한다고 말했다. 42%는 "나는 여성을 만나려고 할 때 수줍음이 많고 서투르다"는 발언에 동의했다. 이보다는 적지만 상당수의 사람들이 그들은 여성과의 통상적인 관계를 위한 시간이 없으며 그들과의 관계에 대한 책임을 지고 싶지 않다고 말했다(Monto, 2004). 한 손님이 "나는 여자를 사귀려고 노력하는데서 오는 만족감에는 관심이 없다. 내가 정말 좋아하는 것은 쉽게 갈 수 있고, 돈을 낼 수 있고, 양쪽 어느 쪽의 이해도 필요 없이 적당한 시간 후에 집에 갈 수 있는 사창가이다."라고 했다(Davenport-Hines, 1995: 223). 노벨 문학상을 수상한 작가 네이폴(V. S. Naipaul)은 다른 견해를 제시했는데 "내가 어렸을 때, 나는 매춘부의 단골손님이었다. 나는 그들이 활기를 준다고 여겼다. 하지만, 30대 중반부터 나는 매춘부와의 성관계가 우울하게 느껴지기 시작했다. 나는 속았다는 기분이 들었고 좌절감을 느꼈다"(French, 2008: 475).

몇몇 매춘부들은 인터넷을 이용하여 성매매를 했고, 휴대전화나, "에스코트 서비스"로 위장하여 지속한다. 뉴욕의 전화번호부 옐로우 페이지의 50페이지 이상이 접대서비스(escort service) 목록이다. 그 중 몇몇은 합법적인 비즈니스이지만 나머지는 불법 성매매의 위장이다. "특별실 매춘 (suite prostitution)"과 "노상 매춘"에 대한 구분을 조심스럽게 하는데 실패하면 그 행위에 대해 잘못된 결론에 도달할 수 있다(Weitzer, 2007). 한 연구에서 75%의 콜걸들, 19%의 사창가 매춘부들이 응답하기를 그들은 자주 그들의 일에서 오르가슴을 느낀다고 말했다. 노상 매춘부들은 오르가즘을 느낀 사람이 없었다. 거의 모든 콜걸들은 그들이 매춘에 종사하기 시작했을 때 그들이 자존감이 높아짐을 경험한다고 말했다. 그러나 겨우 8%의 노상 매춘부들만이 같은 응답을 했다(Prince, 1986).

## •• 엘리엇 스피처 스캔들(The Eliot Spitzer Scandal)

뉴욕 주지사 스피처(Eliot Spitzer)가 뉴욕에서 비즈니스 미팅 후에 머무fms 호텔에서 하루밤에 2천달러나 하는 고가의 콜걸과의 성매매한 사건이 발각된 후, 언론에서는 상위계층 매춘이 2008년 헤드라인을 장식했다. 스피처는 48세로 하버드 로스쿨 동료와 결혼하였으며, 10대인 딸이 세 명 있었다. 그는 Emperors Club VIP에 등록된 다른 여성들과 최소 7번 만났으며, Emperors Clup VIP는 다음과 같이 광고하고 있었다.

> Emperors Club VIP는 가장 선호되는 국제적인 사회 소개 서비스이다. 가장 인상깊은 모델에서부터 세계를 주도하는 신사를 소개하는 것은 우리가 전문이다. 우리는 패션모델, 미인대회 수상자 그리고 아주 아름다운 학생, 성공적인 경력을 가지고 있는 여성이나 대학원생(재정, 예술, 음악, 등)을 아주 특별한 신사에게 소개하는 것을 전문으로 한다. 하룻밤 데이트나, 주말여행 동행 또는 당신의 저녁 비즈니스./사회적 활동에 동반한 친구로는 우리 모델들이 제격이다.

미끼는 아주 달콤한 말로 던져졌다: “우리는 자신의 일에 최선을 다하고 최고의 대우를 받기 원하는 좋은 교육을 받고 세련된 국제적인 특별한 고객을 위해 활동한다.” 잠재적인 존(John)은 “삶을 더 평화롭고, 균형 있으며, 아름답고 의미있게 만드는” 클럽의 목표를 만족시켜 줄 “동반자” 한명과 짝을 만나게 된다고 한다.

에스코트 회사는 스피처와 연락하도록 선정된 크리스틴(Kristen)이라 불리는 여성과의 사이의 전화대화 도청은 이러한 거래의 위험에 대한 특정되지 않은 힌트를 제공한다. 전화통화에서 에스코트 회사 대표는 크리스틴에게 “스피처가 당신에게 당신이 안전하다고 생각하지 않는 뭔가를 하자고 할 수도 있어요..당신도 알다시피..내 말은...아주 기본적인 거 말이에요.” 라고 말했다. 크리스틴은 그러한 도전에 응한다고 말한다: “나는 그것을 잘 대응할 방법이 있어요.

크리스틴은 에스코트 회사 직원에 대한 불리한 증언을 함으로써 기소를 면했다. 그녀는

Ashley R. Youmans라는 이름으로 태어났지만 Ashley Alexandra Dupre로 살았다. 그녀는 2006년 합법적으로 Ashely Rae Maika Dipietro로 이름을 바꾸었는데, 구강외과의사이며 그녀에게 부유한 삶을 누리게 해준 그녀의 새아버지의 성을 사용하였다. 그녀는 뉴저지의 벨플라워에서 태어났고, 그녀의 웹사이트를 보면 그녀는 학대받고 무너진 가정을 떠나 팝음악을 녹음하기 위해 맨하튼으로 갔다. 그러나 그녀의 고모에 따르면 그녀의 가정생활은 학대 받았다기 보다는 여러 특권을 누리고 살았다고 한다. 17세에 그녀는 두 번째 아내와 살고 있는 아버지와 생활하기 위해 노스캐롤라이나 주의 Kill Dee Hills로 갔다. 고등학교 졸업 후 뉴욕으로 주거지를 옮겼고, 2004년 Emperors Club에 등록하기 전에 다양한 일을 했다. 스피처에게 배정받은 때 그녀는 맨하튼의 West 25th Street에 있는 아파트에 살며 한달에 4천달러를 지불하고 있었다.

"나는 음악 밖에 없다," 라고 Ashley는 그녀의 웹사이트에 기록했다. "그리고 내 음악은 전부 나에 대한 것이다. 그것은 내가 어떻게 살아왔는지 그리고 내가 본것과 내가 느끼는 것에서 나온다." 그녀는 또한: "내가 만들었다. 나는 여전히 여기 있다. 나는 나를 사랑한다. 만일 내가 힘든 시간들을 겪지 않았다면, 나는 좋은 것에 감사하지 못했을 것이다. 뻔한 얘기지만, 나는 그것이 사실임을 안다." 그녀의 사이트를 보는 사람들은 그녀 몸에 라틴어와 아랍어로 적힌 타투를 보았다. 그녀의 오빠 Kyle Youmans는 그녀를 최고의 여성이라 말했다. 그녀의 어머니 Carolyn Capablo는 그녀의 딸이 "주지사와 같은 사람을 다룰 만큼 영특하다. 그러나 그녀는 32살이나 42살이 아니라 22살이고, 그녀는 그녀가 상상하는 이상의 훨씬 더 큰 일에 연루되었다."라고 말했다.

Ashley Dupre는 대중매체에 그녀는 Spitzer의 위신 실추 발표 이후 3일 동안 잠을 자지 못했으며 대중들이 그녀를 "괴물"로 보지 않았으면 좋겠다고 했다. 타블로이드판 뉴욕포스트 신문은 스피처의 성관계 파트너가 그녀의 가슴을 손으로 감싼 사진을 첫페이지에 싣고, 사진 아래 "BAD GIRL"이라 썼다. 그녀의 이름이 알려진 지 3일만에 그녀의 사진은 인터넷 게시판에서 7백만명 이상이 보았다. 그녀는 누드사진을 찍는 대가로 *Hustler*잡지에서 백만달러를 제안하였다. 그리고 그녀의 신분이 노출된 지 이틀만에 그녀의 마이스페이스(MySpace) 연주음악 "우리가 원하는 것(What We Want)"는 3백만명 이상이 들었다. 그녀는 음악 다운로드로 2십만 달러 이상의 수익을 얻었다. 피플(*People*)지는 Dupre와의 인터뷰 타이틀로 "나는 평범한 여자입니다(I am a Normal Girl)."로 하였다. 그녀의 태도가 어떻든 간에 그녀를 평범하게 보는 사람은 거의 없었다(Elkind, 2010).

### 매춘의 비범죄화(Decriminalizing prostitution?)

미국에서 매춘의 비범죄화 가능성은 (많은 다른 나라에서 매춘은 합법이다. 예시 13.2와 13.3 참조) 가까운 시일 내에 있을 것 같지 않다. 이 법의 변화를 지지하는 선두적인 그룹은 샌프란시스코에 기반을 둔 기관인 COYOTE(Call Off Your Old Tired Ethics: 너희들의 낡고 오래된 도덕성을 불러들여라)이다. 여기서는 성매매에 관련된 형법의 철폐를 요구한다. 하지만, 이러한 움직임은 계속해서 강한 반대에 부딪치고 있는데, 이것은 전반적으로 미국인들이 성매매를 부도덕적인 것으로 여기고, 이런 경우에 종종 그러하듯이 만약 도덕적으로 옳지 않은 것이라면 금지되어야 한다고 믿는다.

**[하이라이트 13.2] 독일 성매매 개정**

2000년 독일 정부는 성매매를 규정하는 법의 전면적인 개정을 선언했다. 성에 관련된 직업은 독일에서 불법이 아니었지만 과거의 법은 매춘을 다른 종류의 직업과 동일하게 여기지 않았다. 새로운 법은 부도덕적이라는 뜻을 가진 sittencidrig라는 용어를 성매매법에서 삭제했다. 그렇게 함으로써 매춘부들이 건강보험이나 사회복지 혜택을 신청할 수 있도록 허용되었다. 독일에는 대략 500,000명의 매춘부들이 일하고 있다. 한 조사에 따르면 매일 1.2백만 독일인들이 상업적인 성관계를 위해 돈을 지불하고 연간 계산되는 수치는 거의 7억 만 달러가 된다.

**[하이라이트 13.3] 네덜란드의 성매매에 대한 다른 접근법**

지정된 노상매춘(streetwalking) 구역이 네덜란드의 주요 도시에 만들어졌다. 이러한 노력은 여성들이 매춘업자로 일하기에 안전한 장소를 제공하기 위한 것이다. 이 구역은 매춘부들이 그들의 동료들을 만날 수 있고, 건강관리 전문가들과 이야기 할 수 있으며, 휴식을 취할 수 있다는 점에서 쉼터(shelter)의 기능을 제공한다. 일찍이 매춘부에 대한 경찰의 잦은 불시단속은 이러한 문제를 더 심각하게 만든다고 결론지었다. 매춘부들은 겁에 질리게 되고 도망 다녔다. 그리고 경찰은 그들이 그 거리를 안전하게 만드는데 실패했다고 믿었다(Killinger, 2000: 19).

### Male Prostitution(남성 매춘부)

남성 파트너를 제공하는 에스코트 서비스에 대한 최근 연구는 이러한 회사에 고용된 남성의 3분의 2가 이성과 결혼한 사람들이라고 말한다(Smith & Grov, 2011). 인구가 약 4만

명인 미국 동부 연안에 위치한 지역에서, 인터넷으로 고용된 남성 성매매자 32명중 30명과의 인터뷰 결과는 남성들이 그들의 직업과 그들 개인 삶 사이에서 어떠한 신체적 정신적 장애를 가지게 되는지 설명하고 있다. 남성매춘부의 평균 나이는 22세이며, 모두 백인이고, 그들 스스로 게이라고 인식한다. 그리고 최소 고졸이상의 학력을 가지고 있다. 그들 중 5명은 회사 본부에 살고 있고, 평균 거주 기간은 4달 정도였다. 이들 중 3분의 2는 다른 직업을 가지고 있었다(Smith & Seal, 2007; Smith et al., 2008).

케이트와 마클리(Jim Cates and Jeffrey Markley 1992)는 남성 매춘부의 주된 목적이 그들에게 도움을 줄 수 있는 돈 많은 중년남자("sugar daddy")와 관계를 만드는 것이라고 했다. 여성 매춘부들과 같이 사실상 모든 미국 남성매춘부들에게 금전적인 보상은 그들에게 참여 동기를 부여한다. 와인버그(Martin Weinberg)와 그의 동료들(1999)은 남성 매춘부들이 여성보다 그들의 성적행위에 더 만족한다고 보고했다.

남성 매춘의 한 형태는 여성처럼 옷을 입고 남성들에게 구강성교를 파는 트랜스젠더들이다. 어떤 손님들은 매춘부의 성이 남성인 것을 알게 될 경우 매우 폭력적으로 나올 수 있기 때문에 그들은 매우 위험한 일에 관여하고 있다. 뉴욕의 한 연구는 트랜스젠더 남성 매춘부들이 여성 매춘부 보다 더 벗은 듯이 옷을 입고 고객 대상자들에게 더 적극적으로 다가간다고 말했다(Cohen, 1980).

### *스칸디나비아의 매춘(Prostitution in Scandinavia)*

1999년 스웨덴에서는 매춘이 더 이상 범죄가 아니지만 매춘을 후원하는 행위는 범죄로 정의되었다(Gould, 2001). 스웨덴에서 성매매를 하는 몇몇 여성들은 새로운 법 제정이후에 상류층의 그들 고객들이 체포에 대한 두려움으로 더 이상 그들을 후원하지 않기 때문에 더 위험하게 되었다고 말한다. 2009년 노르웨이는 스웨덴을 따라 법을 제정하였으며 아이슬랜드도 같은 해에 법을 제정하였다. 2006년 핀란드는 인신매매 피해자인 매춘부를 사는 행위를 불법으로 규정하였다(Viuhko, 2010).

인터넷 설문조사에서 15세에서 65세 사이의 노르웨이인 1,726명과 스웨덴인 1,815명의 매춘에 대한 견해를 조사하였다. 닉클라스 제이콥슨(Niklas Jakobsson)과 안드레아 코츠담(Anreas Kotsadam)은 남성이나 양쪽 성에 대해 자유로운 성적 자유주의자들이 매춘에 대해 더 긍정적이지만, 성적 평등을 지지하거나 보수적인 남성과 여성은 매춘에 부정적임을 밝혔다. 조사 결과 반이민적(anti-immigration)견해를 가진 사람들(많은 스칸디나비아의 매춘부들은 소비에트 연방국에서 왔음)은 이민에 긍정적인 사람들보다 매춘을 더 쉽게 받아들이는 것으로 나타났다.

통계적으로 유의미한 정도에서, 노르웨이 사람들은 스웨덴 사람들보다 매춘을 합법화하는데 우호적인 것으로 나타났다. 연구자들은 이러한 결과가 노르웨이 보다 스웨덴이 이러한 법을 10년정도 더 오래 가지고 있었고 법의 존재가 스웨덴 사람들의 태도에 영향을 미쳤다고 추측했다.

### *매춘에 대한 이론적 접근(Theoretical Views of Prostitution)*

현재 사회에서, 매춘은 사회정치적인 용어로 해석된다. 데이비스(Nanette Davis 1993: viii)는 일반적인 시각을 다음과 같이 요약했다.

> 법적, 사회적, 그리고 정치적 패턴들은 매춘을 다양한 사회의 형태로 만들고 지속시킨다. 국제적인 관심은 또한 선별적이고 성별에 근거한, 또는 자주 여성들을 이용하고 피해를 주는 계층적 성격을 보여주고 있다. 매춘은 존재하는 사회적, 정치적 구조와 연결되고 (그러므로 제도가 바뀌어야만 바뀔 수 있는), 주어진 시장 경제, 여성에게 사회에 주어진 기회, 그들의 남자 포주와 지역 사업가들과 연결된 사회적인 문제이다.

로날드 웨이첼(Ronald Weizer, 2012)은 매춘은 직업의 가장 아래 단계를 대표하는 거리 매춘부만에 한정되어 설명하려 해서는 안된다고 경고한다. 그들은 전형적으로 다른 형태의 착취나 어린 나이에 성적 학대를 받은 피해자로서 묘사된다. 사실상 에스코트 서비스 직원으로 하여금 그러한 직업을 받아들이게 하는 요인이나, 더 높은 수입과 더 화려한 생활과 같은 의심할 여지없이 눈에 보이는 혜택에 대한 유혹 요인을 분류하는 연구는 없는 실정이다.

## 마약범죄(Drug Offenses)

불법 마약사용은 한 사람이 금지된 제약 제품을 들이마시거나 삼키거나 주사를 맞는 행위를 말한다. 마약은 사용한 사람에게만 영향을 미치지만 그 행위는 범죄, 운전사고와 질병 등 여러 다른 분야에 상당한 영향을 초래할 수 있다.

현재 약 70%의 연방 교도소 수감자들은 마약사범들이다. 1980년 미국 교도소에 4만1천명이 마약사범이었다. 2009년에는 50만 명으로 급증했다. 마약형은 가끔 살해, 성폭행, 폭행, 그리고 방화의 형기를 초과하기도 한다. 각 수감자들을 위해 세무자들이 연간 2만 불

### [하이라이트 13.4] 네덜란드 자유마약시장

미국에서 마약이 불법인 것과 달리 1976년부터 마약사용을 자유롭게 허용해 온 네덜란드의 기록에 따르면 눈에 띄게 범죄가 감소되었다. 네덜란드 마약 중독률은 천오백만 명중 만 오천 명의 심각한 중독자(hard-core addicts)와 60만 명의 대마초 사용자가 있어, 유럽에서 가장 낮다. 주사바늘 교환프로그램 (needle-exchange)은 정맥주사를 사용하는 마약 사용자들 중 네덜란드사람들이 세계에서 가장 낮은 에이즈 감염률을 갖도록 하였다. 하지만 이러한 원인과 결과의 관계가 그리 간단하지는 않다. 스페인은 10년 이상 이전에 "약한(soft)"마약의 개인적 사용을 비범죄화하였고 헤로인과 코카인 사용을 용인하였다. 하지만 정맥주사를 사용하는 마약사용 사망률이 75%이며, 유럽에서 가장 높은 에이즈 사망률을 가지고 있다. 분명히, 법의 입장 이외의 다른 요소들이 다양한 결과에 반영된다(Zimmer & Morgan, 1997: 175; Korf, Bullington & Ripe, 1999).

이상의 비용을 내야 한다. 이와 함께 마약 거래와 사용의 비범죄화를 시도하기 위한 아주 작지만 지속적인 움직임이 있어 왔다. 심각한 건강문제를 야기할 수 있는 술과 담배사용이 허용된  이후 사람들은 왜 마약이 불법으로 지목되어야 하는지 궁금해 했다. 담배 흡연에 반대하는 캠페인은 상당한 성공을 거두었다고 입증되었다. 몇몇은 강력한 마약사용 반대프로그램이 법을 통한 처벌보다 더 효율적임을 증명할 수 있다고 믿는다.

마약사용 비범죄화에 관한 우려들 중에 어떻게 그 절차가 진행되는지에 대해 의견이 거의 일치하지 않는다는 것이다. 대다수는 마약을 "의약품화"하여 통제된 상황 안에서 처방이 되는 것을 선호하지만, 허가된 유통과정에서 허용되지 않는 다른 마약이나 성분을 가지기 위해서, 혹은 공식적인 통로를 거치지 아니하고 구입을 원하는 사람을 위해서 암시장이 생겨나지 않을 지는 미지수이다(Mosher & Akins, 2007). 예시 13.4는 오늘날 네덜란드 마약사용의 시각을 묘사하고 있다.

국제적으로, UN은 약 1억4천만 명의 사람들, 즉 세계인구의 2.5%가 마리화나 또는 마리화나의 한 형태인 해시시(hashish)를 피운다고 추정한다. 적어도 천 삼백만 명의 사람들이 코카인을 들이마시거나 피우거나 주사한다고 믿어진다. 또 다른 8백만 명은 헤로인을 사용한다. 불법 마약사용의 국제적인 비즈니스는 전체 연간 국제무역의 약 8%에 해당하는 4조 달러를 만들어낸다. 현재 아편 재배는 세계적으로 6십 9만 1천 에이크 이상을 자리 잡고 있다. 3조 억 톤의 코카인이 추출되는 코카나무 잎이 페루, 콜롬비아와 볼리비아에서 자라고 있다(Wren, 2000).

### *아편(Opiate Drugs)*

아편계통(Opiate)의 마약은 헤로인, 모르핀, 아편틴크(laudanum), 그리고 코디인(codeine)이 있다. 코디인은 다른 것들보다 성능이 약하다. 마약은 계속해서 사용하면 내성이 생기고, 같은 생리학적인 반응을 위해서 점점 더 많은 양을 복용해야 한다는 점에서 중독성이 강하다. 게다가 아편 사용의 중단은 강한 신체적 고통을 수반하는 금단현상을 가져온다. 마약은 신체기능 억제제로, 마약은 희열을 느끼게 만든다. 이런 점에서 마약중독자들은 때때로 마약의 영향으로 가려진 심각한 신체적 질병으로 고통 받는다.

아편을 금지하는 초기의 연방 법령인 1914년 해리슨 법안의 통과 이전에 독한 약품에 아편을 혼합하는 것은 모든 사회적 차원에서 중독자를 만들어냈다. 남성 중독자 보다 여성 중독자들이 더 많았는데, 이는 "부인병(female trouble)" 때문에 임시방편으로 아편이 들어있는 약을 사용했기 때문이다. 진정제(Narcotics)는 계산대에서 살 수 있거나 우편으로 주문 할 수도 있었다(Jonnes, 1999). 헤로인은 기관지 질병의 치료나 기침 억제제로서 새로운 기적의 약으로 묘사되었다. 헤로인은 높은 순도이면서 싸게 만들어지고 대게 입을 통해 섭취된다. 헤로인이라는 이름은 "heroic"에서 유래되었다. 바이엘 실험실에서 1898년 헤로인을 마케팅하기 시작했을 때 그 약품성 가치를 표시하기 위해 사용했다(Booth, 1999).

1914년 이후, 마약 중독자들은 점점 더 낮은 사회경제적 계급 사람들에게서 집중되어 나타났다. 그리고 남성과 여성 중독자 비율이 급격하게 변화했다. 제2차 세계전쟁 후에 마약은 무서운 공공의 프로그램(formidable public program)으로 정의되었다. 의학전문가들은 연방 법집행기관들이 그들 기관의 업무에 영향을 미치는 법원의 판결에 대한 해석에 의한 위협에 대처하기 위해 치료분야를 버렸다(Catwright, 2001; Musto &Korsemeyer, 2002). 이러한 상황을 요약하기 위해 제실로우(Paul Jesilow)와 그의 동료들(1993: 2002)은 이렇게 말한다.

> 의사들과 마약사용자에 대해 분명한 것은, 미국 의학전문가들이 정부 규제가 시작되면서 그 분야에서 놀랄 만큼 성급하게 철수했다는 것이다. 영국의 의사들은 마약에 중독된 사람들에게 책임감을 느꼈다. 미국에서는 정부의 권위를 회피하거나 대항한 몇몇 의사들을 기소했고, 이러한 문제는 해결되었다. 미국 의사들에게 마약환자들은 대부분 매력 없고, 경제적인 회수가 불확실하여 전체적으로 그들의 시간과 노력의 가치가 없는 것으로 간주되었다.

헤로인의 사용은 대부분 인간의 행동과 같이 적어도 단기적으로 한 사람에게 만족할 만한 결과를 준다. "그것은 마치, 내가 생각하는 최고의 표현으로 말하자면, 달콤한 죽음

(sweet death)이다" 일생동안 마약중독자였던 사람이 말하기를 "그것이 진짜 끔찍한 위험의 가장자리에 있지만 강한 달콤함이 있기 때문이다. 내가 생각하기에 그것이 모든 사람들이 헤로인을 사용하는 이유이다"라고 말했다(Hughes, 1961: 124). 이 중독자는 가정하기를 "모든 사람들"이 헤로인을 사용하거나 사용을 시도할 것이라고 한 것은 분명히 잘못된 가정이다. 앞서 말한 바와 같이 즐거움과 쾌락에는 비용이 들고 위험이 따른다. 불치병의 극심한 고통을 누그러지게 하기 위해서 모르핀을 사용하는 것은 별개의 문제이지만, 어떤 사람들은 인간생존의 불쾌함을 피하기 위해서 사용하기도 한다. 궁극적으로 사회적 가치는 헤로인의 불법적 위치에 영향을 주고, 정부는 시민들이 마약에 의해 진정되고 약해지도록 내버려 두지 않을 것이다. 하지만 정부는 사람들이 그들에게 펼쳐진 삶이 무엇이든지 간에 그들이 가질 수 있는 맑은 정신을 갖고 참여하기를 원한다(Zimring & Hawkins, 1993).

헤로인 사용자에 대한 33년간의 장기 연구는 헤로인 사용자들의 라이프스타일과 수십 년간의 절망감 등과 관련이 있다고 한다. 처음 581명의 남자 중 284명은 사망했고, 29.6%는 마약 과다복용이나 마약에 다른 혼합물을 첨가한 음독으로 사망했다. 38.6%는 암이나 심장 혹은 간 기능 질병으로 죽었다. 간 기능 질병은 마약주사에 사용되는 소독되지 않은 바늘을 통한 전염으로 C형 간염에 감염되어 죽었다. 3명은 에이즈로 죽었고, 9.4%는 살해당하거나 자살, 사고로 죽었다. 이러한 사망률은 동등한 인구율 대비, 상당히 높은 수치이다.

여전히 생존한 사람들도 힘들게 살아간다. 약 40%는 지난해에도 헤로인을 사용했다고 기록했다. 그리고 다른 불법 마약의 남용 또한 잦았다. 헤로인은 5년간 복용을 절제했던 사람들이 다시 복용할 확률이 낮다. 하지만, 이 그룹에서 25%는 다시 복용하였고 어떤 사람은 15년 간 자제 후에 다시 사용했다. 헤로인을 자제한 사람은 알코올과 다른 불법 마약을 사용하는 것이 일반적인 사례이다(Hser, Hoffman, Grella &Anglin, 2001; 오스트리아에서도 비슷한 연구가 있었음 Danle et al., 2009).

## •• 헤로인 복용에 대한 시각들(Perspectives on Heroin Use)

헤로인 복용에 대한 다양한 설명이 있지만 그 어느 것도 범죄학계에서 많은 동의를 얻지 못했다. 마약을 복용하는 행동이 그룹의 한 부분이기 보다는 개인이 혼자서 복용하기 때문에 심리학적, 정신학적 이론들이 오히려 더 우세하다. 일반적으로 마약 중독자들은 수동적인 경향이 있고, 약물의 힘을 빌어서 현실이 명령하는 것과 싸우는 것을 회피하는 경향이 있다. 하지만 헤로인 중독자의 존재는 정상적인 삶을 사는 사람들의 현실이 요구하는 상황보다 더 많은 것을 요구한다. 중독자는 마약을 사기 위해 하루 단위로 돈을 구해야 한다. 혹은 그녀는 마약 판매자를 확보하여야 하고 그리고 경찰을 피해야 하며, 이것은 제정신이 아닌 삶일 수 있다(Caputo, 2008). 한 작가는 "의지 부족으로 나타나는 것은 소용돌이 아래로 떨어지는 심각한 헌신" 이라는 관점을 가지고 있다(Powers, 2000: 145).

제시된 정신학적 설명들도 동일하게 피상적이다. "마약은 가상의 어머니(instant mother), 즉 그들이 가지지 못했던 가상의 어머니이다"라고 정신학자 베틀하임(Bruno Bettelheim 1969: 125)이 말했다. 이러한 의견은 "정상적인" 행동을 하게 하는 데 필수적일 정도의 "어머니의 교육(mothering)"이 있어야 하는데, 마약 복용은 건강한 양육을 위한 "비정상적인" 대체물이라는 생각에 기초한다. 이러한 가정은 의문투성이다. 중상층 여성에서 하층계급 남성으로의 마약 사용의 급격한 변화는 어머니의 양육유형에 어떤 변화를 동반하지는 않았다.

사회학자들은 종종 헤로인 사용이 슬럼가의 고통과 가난에 대한 응답이라고 한다. 즉 실직의 절망이나 암울한 삶을 극복하기 위한 진통제이고, 마약중독을 줄이기 위한 가장 효율적인 방법은 사회·경제적 불평등을 제거하는 것이다. 이러한 상태는 사회 부정의의 문제로서 혐오스럽다. 하지만 이는 마약중독의 발생 원인을 설명하기에는 부족하다. 다시 말해, 아편의 사용이 이전에 중산층에서 팽배했다는 사실은 이러한 접근방법을 약화시키는 경향이 있다.

### *코카인 (Cocaine)*

코카나무 잎에서 추출되는 알칼로이드(alkaloid) 성분인 코카인은 사람들이 요구하는 최상의 쾌락을 만족시켜 준다. 코카인은 중심 신경계 흥분제로 에너지의 폭발을 가져오거나 집단적인 열정을 고취하는 결과를 초래한다. 코카인 사용과 관련된 어려움 중에는 그것이 비싸다는 것, 그리고 일시적인 초기의 에너지가 몰려온 후에, 종종 사용자들이 경미하거나 심각한 우울증을 앓게 된다는 것이다. 더 많은 양의 코카인이 그러한 우울증을 피하기 위해 필요할 것이며, 이러한 과정이 많은 사용자들에게 코카인 흡입 습관이 스스로 통제할 수 없을 때까지 계속 될 것이다.

코카인은 남미, 멕시코, 서인도 제도가 원산지이며, 이 지역에서 마약 잎은 고산병 완화와 신체 지구력 향상을 위해 사람들이 종종 씹고 있는 것을 볼 수 있다.

헤로인과 달리 코카인이 물리적으로 중독되지 않는 반면, 코카인은 보통 정신적 의존성을 만들어 낸다. 코카인은 또한 과도한 흥분, 소화불량, 메스꺼움, 식욕감퇴, 체중감소, 경련, 그리고 때때로 과대망상을 만들어 낸다. 반복되는 흡입은 점액을 분비하는 막을 약화시키고 코 사이뼈(nasal septum)에 구멍을 뚫을 수도 있다. 만성적인 "콧물"은 정기적으로 코카인을 사용하는 사람들의 특징이다.

### 크랙 코카인 (Crack Cocaine)

크랙 코카인은 상대적으로 일반 코카인보다 가격이 낮고, 코로 흡입하기보다 연기를 담배처럼 들이마신다. 피우는 도구는 특별한 유리 파이프이거나 "stems," "straight shooters." "skillets" "tools" "ouzies"로 알려진 맥주나 음료수 캔, 병으로 제작한 임시장치이다. (Inciardi et al., 1993). 크랙 코카인 혹은 순화 코카인(freebase cocaine)은 코카인과 다른 화학적 물질이지만, 코카인에서 추출된다. 인시아디와 그의 동료들(1993: 8)은 크랙 코카인은 빠르고, 강하게 영향을 유발하며, 마약시장에 다량으로 유입되었을 때 "섞어 만들 수 있는 용이함 때문에 크랙은 코카인의 인기 있는 즉석 유사품이 되었다"라고 말했다.

크랙의 사용은 특히 여성들 사이에서 두드러졌으며 미디어는 카운티 병원 소아병동에 크랙에 중독된 갓난아이들을 강조하는 보도를 했다. 즉 크랙을 사용한 엄마들이, 그들의 아이에게 끔찍한 피해를 안긴다는 언론매체의 보도는 엄마가 출산 전에 사용한 코카인은 신생아들에게 최소한의 영향만 주며 이러한 영향은 주로 가벼운 성장 결함에 국한된다고 밝힌 많은 과학연구에 의해 반박되었다. 연구자들은 방송매체의 이야기가 엄마의 크랙 사용과 추가적인 불법 물질(술, 마약)의 영향을 받거나, 영양부족, 가난, 그리고 안전하고 적절한 의학적 치료 부족과 같은 다른 요소들을 구별 짓는 것에 실패 했다고 지적한다(Day & Richardson, 1993).

크랙을 원하는 여성들이 마약을 위해 성관계를 가지는 "크랙 하우스(crack houses)"의 탄생을 통해 크랙의 사용범위를 알 수 있다. 인시아디와 그의 동료들이 마이애미에서 이러한 현상에 대해 연구한 후에 이와 같은 결론을 내렸다.

> 크랙을 위한 성관계 현상과 이러한 반복된 재현을 둘러싼 여성에 대한 믿기 힘든 비하는 마약사용, 노숙, 매춘, 또는 가정폭력 연보에서 지금껏 보지 못한 것이다. 이것은 성욕과잉 행동-잦은 성행위, 수많은 익명의 자들과의 성교, 개인적인 성행위, 그룹성행위, 이성애와 동성애 모두가 포함되었다(Lnciardi et al., 1993: 39).

새프(Tanya sharpe)는 "여자는 남자의 크랙을 공유하려면 피우는 대가로 성관계를 가져야 한다. 남자는 다른 남자와 함께 피워도 성관계를 하지 않아도 된다." 고 언급했다. 그녀는 이것은 "명백한 성 차별의 한 예이고 남성위주의 크랙 문화의 본보기이다."라고 지적했다(Sharpe, 2005).

뉴욕시 에서는 2000년 이전 10년간 경찰은 세계 어느 도시보다 훨씬 많은 거의 900,000명의 마약사범을 체포했다. 대략 3분의 1이 크랙을 사거나 사용했다. 하지만 모든 다른 도시들이 크랙에 관한 법 제정에 상관없이 크랙 사용량이 같거나 혹은 더 많은 감소를 보인 것을 볼 때 이러한 체포의 결과가 최근 크랙유통의 감소에 영향을 미친 것으로 보이지는 않는다. 크랙의 전염성은 한 작가가 말하기를 "열병과 같은 반응을 보인다. 강하게, 망설임 없이 반응한 후 빈털터리가 된다. 꼭 끔찍한 경고음이 울린 것처럼"(Egan, 1999: A27). 크랙 사용자들은 거리에서 최악의 실패자로 정의되었고 이 마약에 대한 세대적인 반발이 일어난 것 같다.

## •• 코카인과 크랙 코카인에 대한 견해(Perspectives on Cocaine and Crack Cocaine)

인시아디와 그의 동료들은 마약의 남용, 특히 코카인과 크랙 코카인의 남용은 마약 자체의 문제가 아니라 다른 문제들의 반영이라고 말한다.

> 마약 남용은 인간의 무질서이다. 문제는 마약이 아니라 마약을 사용하는 사람이며, 마약 중독은 무질서의 본질이 아니라 하나의 증상이다. 대부분의 마약 중독자들은 일반적으로 정신적 기능장애가 있고, 비현실적으로 생각하거나 체계적이지 못하며, 가치관이 변형되고, 교육적으로 문제가 있거나 고용상태, 양육방식, 그리고 다른 사회기술 등의 문제와 같이 우리가 인식 가능한 문제들을 가지고 있다(Inciardi et al., 1993: 145).

인시아디와 그의 동료들은 크랙 중독자에게 필요한 것은 이전의 삶의 방식으로 돌아가는 것을 의미하는 교정이 아니라, 긍정적인 자아상을 심어주고 생산적이고 책임감 있는 삶의 방식으로 사회화하게 만들어 주는 교육이라고 했다(Inciardi et al., 1993).

현재 논쟁이 되고있는 사항은 파우더 형태의 코카인과 비교할 때 크랙 코카인에 더 과중한 처벌을 하는 것은 인종차별적이라는 의견이 있다. 왜냐하면 흑인들은 대부분 크랙으로 기소되기 때문이다. 1986년 연방법은 5그램의 크랙 코카인 소지 초범의 경우에도 5년형을 선고하였다. 같은 형량이 500그램의 파우더 코카인 소지에 적용되었다. 크랙 코카인 사용자의 80퍼센트가 흑인이고 대부분의 파우더 코카인 사용자는 백인이었다. 2010년, 의회는 법을 바꾸어 28그램의 크랙 코카인 소지와 500그램의 파우더 코카인 소지가 같은 처벌을 받도록 하였다. 한 비판가는 이를 일컫어, 이 법은 이제 "이전보다 5분의 1만큼만 인종차별주의다."라고 말하였다.

### *메스암페타민 (Methamphetamine)*

메스암페타민(변덕쟁이, 스피드, 가속, 메테드린 중독으로 알려진) 중앙 신경조직 자극제이다. 변덕쟁이(Crank)라는 이름은 장거리 트럭 운전사들이 장거리 운전 중에 깨어있기 위하여 마약을 크랭크 케이스에 넣어서 가지고 다니는데서 유래되었다. 이 마약은 처음에는 미국에서 1970년대에 오토바이 갱들에 의해서 제조되었고, 그 후 1990년대에 멕시코 마약 제조자들이 생산했다. UN은 메스암페타민이 헤로인과 코케인 사용자들을 합한 숫자보다 더 많은 사람들에게 사용되고 있으며 지구상에서 가장 널리 남용되고 있다고 보고하고 있다.

메스암페타민은 상대적으로 제조하기 쉽고, 제조에 필요한 에페드린(ephedrine)과 같은 마약은 멕시코에서 미국으로 밀수입된다. 암페타민(Amphetamines)은 독특하지만 약물적으로 메스암페타민과 관련이 있다. 이 약은 체중을 줄이고 싶어 하는 사람들이 많이 사용하고, 시험 이전이나 학기보고서 제출기간에 맞추려 밤샘을 하는 학생들이 많이 사용한다. 폭력적인 성향과 메스암페타민 사용 간에 연관성이 있음이 입증되었다고 하지만 저자들은 또한 "폭력성은 만성적인 메스암페타민 사용의 불가피한 결과물이 아니다"라고 말했다 (Baskin-Sommers & Sommers, 2006).

공식적인 체포율은 남성보다 여성 사이에서 메스암페타민의 조금 더 높은 사용률을 보인다고 밝혔다. 아마도 이것은 더 많은 마약 구매자들이 조직 범죄집단과 거래하지 않아도 되기 때문일 것이다. 메스암페타민은 이웃에 있는 술집에서도 구입이 가능하다. 몬태나 주에서는 메스암페타민 판매와 사용은 모든 교도소 인구의 80%, 여성 수감자의 90%와 관련이 있다고 보고하고 있다. 이 주에 사는 한 자선가는 대중매체에 캠페인 광고를 위해 수백만 달러를 기부했다. 그 광고 내용은 매우 암울하다.

> 카메라가 한 10대 소녀를 따라간다. 그녀는 야간에 외출하기 위해 샤워를 하고 있고 아래를 보자 배수구에 피가 소용돌이치는 것이 발견한다. 메스암페타민에 중독된 그녀는 마약이 그녀 스스로 피부 속에 벌레들이 기어 다닌다고 생각하게 만들었고, 그녀 몸의 모든 딱지(피부병)를 떼어내자 피가 흐르기 시작한다. 그녀는 영화 사이코에 나올법한 비명을 지른다 (Zernike, 2006).

몬타나의 캠페인의 효과는 인상적이었다. 2005년 몬타나는 메스암페타민 사용량이 미국 전체에서 5위를 차지했고, 2010년에는 39위 였다. 같은 해 금융계 출판사 *Barron's*는 몬타나의 반-메타 캠페인을 세계에서 세 번째로 인상깊은 노력으로 평가했으며, 다른 주에서도 몬타나를 따라 하고 있다.

다른 것이 섞이지 않은 상태의 메스암페타민은 하얗고, 냄새가 없으며 쓴맛이 난다. 거리에서 판매되는 메스암페타민은 노란 빛이 도는 경향이 있으며 캡슐로 정제되어 있거나 덩어리로 되어 있다. 현재 사용자들은 백인, 중하층 계급의, 고등학교 교육을 받은, 20세에서 35세 사이의 연령대가 많다(Roll, Rawson, Ling & Shoptaw, 2009). 이전에 메스암페타민은 정맥주사로 투입하였지만, 오염된 바늘에서 오는 HIV감염의 두려움 때문에 메스암페타민을 피우는 방향으로 급변했다. 메스암페타민의 효과는 코카인이 45분 정도인 것에 비해 10시간에서 12시간가량 지속된다(Halkitis, 2009).

### *대마초 (Marijuana)*

대마초 성분에 (대마초의 주성분은 9-THC, 즉 delta-9-trans-tetrahydrocannabinol 약자) 관한 의학적, 범죄학적 주된 어려움은 사실과 이데올로기가 뒤엉켜 있기 때문이다. 만성적인 대마초 중독의 단기적이거나 장기적인 신체적 결과에 대한 더 많은 논쟁들이 존재한다. 어떤 작가들이 말하기를 10년 동안 하루에 여러 번 대마초를 흡입하는 것은 인체기관에 해로울 수 있다고 한다. 지금도 0.8%의 미국인들이 매일 혹은 거의 매일 대마초를 피운다 (Zimmer & Morgan, 1997). 대마초 흡연은 담배보다 높은 발암성 물질을 포함한다고 미국 국립마약남용연구소(National Institute of Drug Abuse)에 의해 보고되어 왔다. 다만, 소수의 대마초 사용자들은 흡연 중독증에 상응하는 하루 20개비 혹은 더 많은 담배를 피운다고 한다.

대마초로 인한 주된 신체적 결함은 흡연으로부터의 폐 손상이다(Zimmer & Morgan, 1997:139; Earlywine, 2002). 임산부들에 의한 대마초 사용은 태아에게 잠재적인 위험이 될 수 있다는 믿음이 있고, 임신 중에는 마약을 멀리하라고 사람들이 말하는 것은 불확실한 결과에 대한 지혜로운 판단이기 때문이다. 중년 사람들의 심장마비 위험률은 대마초 흡연 후 첫 한 시간 안에 거의 5배 증가한다. 마약을 섭취하면 심장박동 수치가 1분에 40번 이상 증가한다 (Mittelman et al., 2001). 비슷하게, 의사 4명은 대마초가 심장에 미치는 영향에 대한 그들 보고서의 제목을 "풀에 손대지 마시오." 라고 붙였다(Caldicott et al., 2005). 존스 홉킨스 대학의 의학교수이자 Center for Chemical Dependence의 책임자인 야진스키(Donald Jasinski)가 몇몇 수사적인 질문에 대답하기를 "대마초가 알코올만큼 많은 생명을 파괴 하나요? 아니요. 대마초가 담배만큼 많은 사람들을 죽게 하나요? 아니요. 대마초는 아스피린 과다복용으로 인한 사망수와 비슷한가요? 아니요"(Carroll, 2002: C24).

한때 대마초는 지금의 아스피린처럼 의학적 치료에 일반적으로 사용되었고 긴장완화 효과를 가지고 있는 것으로 알려졌다. 1937년 Federal Marijuana Tax Act가 인지대를 구매하지 않은 대마초 소지를 불법화하였다. 하지만 사실상 사야할 한 장의 인지도 없었다. 대마초사용은 혜택을 받지 못하거나 비주류 집단원에 국한되었다. 제2차 세계대전 직후에 대마초는 헤로인과 같은 종류로 인식되어 초창기 법은 강하게 금지했다. 1960년대 말에는 대마초의 사용 (일명 "pot"이라고 불렸다)이 미국사회 주류로 급격에게 퍼져나갔다. 베트남전쟁과 대학 캠퍼스에서의 반전운동과 함께 대마초는 논쟁의 주요한 쟁점이 되었다. 이처럼 대마초에 대한 관심은 마약의 영향을 정확히 찾아내려는 의학적 연구를 활발하도록 만들었다. 대마초의 유해성에 대한 여러 주장들 중 최근의 종합적인 의견은 짐머와 모간(Lynn Zimmer and John P. Morgan)에 의해 이루어졌다. 의학박사인 모간은 대마초의 해악성에 관한 증거가 아주 적거나 없다고 했다. 1995년 영국에서 가장 명성 있는 의학 저널인 란셋(Lancet)에서 그들은 "대마초 흡연은 심지어 장기간이라 해도 건강에 해롭지 않다"(Zimmer &Morgan, 1997: 17)고 주장했다. 그 연구를 간단히 요약하자면 대마초는 격렬한 반대자들이 주장하는 것만큼 위험하지도 또 지지자들이 주장하는 것만큼 무해하지도 않다고 했다.

대마초에 관한 현행법에 비판적인 사람들은 형법이 쓸데없이 대마초를 사용하는 사람들을 범죄자로 만들고, 어떤 경우에는 법과 경찰에게 적대감을 만들어 낸다고 한다. 또한 많은 액수의 돈이 더 나은 목적에 사용될 수 있는데 대마초에 대한 법을 집행하는데 사용되고 있다고 지적했다. 그들은 대마초를 불법으로 만들었지만 그것을 제거하는 데는 실패하여 마약의 시장유통을 다른 많은 불법적이고 위험한 행위들을 하는 조직범죄단체들에게 넘겨주었다고 주장했다(Husak & de Marneffe,2005).

## •• 치료제로서의 대마초 (Marijuana as Medicine)

마약 범죄가 피해자 없는 범죄라는 것에 대한 논쟁은 대마초가 만일 합법화되어서 시장에 나와 있는 많은 약들의 한 종류가 되면, 질병치료에 도움이 되고, 고통이 해소될 것이라고 주장하는 사람들에 의해 또 다른 국면을 맞았다. 암치료센터에서 전문교육을 받은 2,400명의 종양학자들에 대한 연구에서 이들 중 약 40%는 자신들의 환자들이 대마초를 사용하도록 권장했다고 한다. 대마초는 녹내장 때문에 눈에 생기는 압력을 감소하여 준다고 믿어진다. 게다가 대마초는 신경계 이상에서 오는 근육경련을 줄여주고 편두통을 경감시키며 절단수술 후에 종종 따라오는 “환각지(절단 된 팔, 다리 등이 아직 그 자리에 있는 것처럼 느끼는 현상)” 현상으로부터의 통증을 완화시킨다고 한다. 이러한 문제들 위하여 THC(테트라하이드로카나비놀)의 합성약품이 처방전으로 사용 할 수 있다. 하지만 이것은 대마초를 피우는 것 만큼 많은 환자들에게 효과적이라고 볼 수 없으며, 이는 오히려 더 좋지 못한 많은 부작용들을 낳을 수 있다고 생각했다(Zimmer & Morgan, 1997).

2011년 5월, 델라웨어주는 대마초가 환자의 고통을 경감시켜준다고 이유로, 의사에게 대마초를 처방하도록 허용하는 15번째 주가 되었다. 델라웨어에서는 다른 곳과 마찬가지로 규정된 의학적 상태에 대해서만 대마초 6온스까지 합법적인 소지를 허용한다.

연방 FDA는 대마초의 의학적 사용에 대한 믿을만한 과학적인 연구조사가 없다고 발표하고, 정부는 그와 같은 처방을 하는 의사들의 특권을 없앨 것이며, 정부보험의 혜택을 받는 환자들을 치료하고 보상을 받을 수 없게 하는 등의 법률적인 대응을 해 왔다. 미국 연방대법원에서 2005년 6대 3의 차이로 규제약품법(controlled substance act)이 연방정부에게 의학적 목적을 가지고 대마초를 재배하는 것이 주와 다른 주와의 상업에 상당한 영향을 줄 수 있기 때문에 불법화하는 권한을 주고 있다고 판결함으로써 위와 같은 의사들에 대한 위협을 강화시켰다(Gonzales v. McClary, 2005).

2002년 캘리포니아 주 판사 슈로더(Mary Schroeder)는 의사가 환자에게 도움이 될 수 있다고 판단하면 환자에게 대마초 사용을 상담하는 것은 헌법 제1조에 의하여 보호받을 수 있다고 판결하였다. 또한, 이 판사는 후에 맥클래리건을 대법원에서 심의할 때 지지하지 않겠다는 의견을 발표했다. 판사는 “특히 그 주의 주민들이 숭고한 사회와 경제의 실험실이 되기로 선택하였을 상황에서는” 주의 권리들이 이겨야만 한다고 말했다(Canant v. Walters, 2002: 639). 유명한 New England Journal of Medicine의 편집자 사설에서 정부의 반대를 “바보스러움”, “위선적”, 그리고 “비인간적”이라고 하였다(Kassirer, 1997).

대마초의 의학적 사용을 반대하는 사람들은 대마초가 주장하는 것만큼 효과적이라는 견해에 이견을 보였다. 만약 효과적이라고 하더라도 그와 같은 효능을 발휘하거나 더 나은 합법화된 약들이 있다고 주장하고 있다. 그들은 또한 대마초를 의학적 목적으로 합법화하려는 움직임은 대마초를 완전히 합법화하는 초석을 놓는 것을 포장하는데 불과한 것이라고 말하고 있다. 이 관점에 대해 2009년 워싱턴 포스트 신문의 편집자 사설에서 "캘리포니아 주의 의학 진료실은 현재 진행 중인 좋은 모범사례를 보여주고 있다. 마약 판매의 합법화로 하늘이 무너지지는 않는다."라고 지적하고 있다(Maskos & Franklin, 2009: A13). 대마초의 의학적 사용을 반대하는 사람들은 대마초의 처방이 합법화되면 대마초를 필요로 하지 않는 사람들에게도 대마초를 처방하는 의사들이 많이 나올 거라고 주장하고 있다. 그들은 또 AIDS와 같은 병을 앓고 있는 환자들이 대마초를 사용하게 되면 그들의 면역 체제를 더 해쳐서 사용자를 박테리아와 곰팡이 균에 감염되기 쉽게 만들 것이라고 주장하고 있다(Wasserman, 2005).

## •• 대마초 사용과 범죄학 이론(Marijuana Use and Criminological Theory)

에이커스와 젠슨(Ronald Akers and Gary Jensen 2003)은 대마초 사용에 대한 가장 효과적인 이론적 접근은 차별적 접촉과정의 결과로 본다. 에이커스와 젠슨은 젊은 사람과 그 동료들, 부모들, 그리고 다른 사람들과의 상호관계가 그들이 어떻게 행동할 것인가를 배우는 사회 환경을 제공한다고 주장한다. 동료들, 특히 가까운 친구들이 대마초 사용의 시작과 지속적인 사용에 가장 중요한 영향을 미친다. 빈도와 사용의 수량은 사용자의 친구들 중 현재 사용하는 사람들의 유형과 숫자에 관련된다(Esbensen & Huizinga, 1993). 부모들과 다른 가족들, 교회와 종교단체, 학교 선생들, 권위를 가진 사람들과 다른 지역 사회에 있는 사람들과의 접촉도 대마초를 사용할 것인가와 얼마나 사용하며 어느 기간 동안 사용할 것인가를 결정하는데 영향을 준다. 에이커스(1985: 115)는

> 이러한 그룹들이 사용하든 그렇지 않든 청소년의 마리화나 사용을 조장하는 행동을 하면, 청소년들이 마리화나를 사용할 수 있는 기회들은 최대화된다. 청소년들이 이들과 대립할 때 이들은 종종 그들과 가까운 동료들과 비슷한 행동을 하게 된다. 대개 친구들 사이에서 처음으로 마약이 소개되며 사용할 기회가 주어지게 된다.

그러나 대마초 사용에 대하여 많은 식견을 통한 아이디어들이 제시하지만 어떤 기본적인 질문을 답하지 않고 있다. 예를 들면, 왜 마약사용자는 그런 종류의 친구와 관계를 형성하게 되었는가? 왜 그런 친구관계가 어떤 사람에 의해 지속되고 어떤 사람에 의해 단절되는가?

### *마약사용의 유행 (Trends in Drug Use)*

대부분의 고등학생들은 그들이 사는 동네보다 학교에서 불법마약을 더 자주 보게 된다. 41%의 학생이 자기 학교에서 마약이 판매되는 것을 본 적이 있었는데 반해 25%만이 자기 동네에서 마약이 판매되는 것을 보았다고 보고했다. 또한 25%의 학생들이 자기 학교에서 한 시간 이내에 대마초를 살 수 있다고 말했다.

설문은 또 35%의 10대들이 마약이 자기들이 당면하고 있는 가장 심각한 문제라고 보고했다. 대다수의 교사들은 학교에서 마약을 소지한 학생의 퇴학과 사물함의 불시 수색 및 운동선수들의 마약검사를 선호하고 있다. 그러나 대부분의 교사들은 모든 학생의 마약검사는 반대하고 있다(Wren, 1999).

11세에서 30세의 1,172명의 참가자를 조사한 자료를 가진 Finn-Aage Esbensen과 엘리엇(Delbert Elliott)가 마약사용의 시작과 발전에 대해 연구했다. 그들은 한 번 마약사용을 시작하면 상당한 기간 동안 지속되는 경향이 있고, 마약을 시작하는 것에는 사회적 학습요인이 나이와 성별 같은 인구통계학적 요인보다 더 중요한 원인임을 밝혔다. 대마초 사용은 사용자가 청년이 되거나 결혼 또는 동거를 할 경우 평균 1/3 이상 감소되고, 코카인은 반 이상이 줄어든다. 그 이유는 마약사용이 더 이상 개인의 문제가 아니라 다른 사람의 존재를 계속해서 의식하는 것과 관련이 있기 때문이다. 만약 이혼을 하게 되면 "결혼효과"는 번복되고 사용되는 그 사람이 독신이었을 때의 수준으로 돌아가게 된다(Bachman et al., 1997).

## 범죄 없는 피해자(Victims without Crimes)

범죄학은 불법행위에 대한 연구이지만 제1장에서 보았듯이 범죄학자들 사이에서 범죄는 다르게 정의되고 있다. 범죄학 교과서는 일반적으로 거의 모든 관심이 형법에서 금지하고 있는 행위에 두고 있다. 어떤 범죄학자들은 이러한 범죄학계에 눈가리개에 대해 걱정하고 있다. 그들이 이런 경향으로 인해 범죄학자들이 임명되거나 선출된 관계자들이 범법이라고 정의한 행동만을 볼 수밖에 없다고 반대하고 있다. 대개 법을 제정하는 사람들은 대부분의 사람들이 받아들일 수 없다고 생각하는 - 살인, 강도, 자동차 절도와 이와 비슷한 행위들만을 유죄로 판단하고 있다. 그러나 피해자 없는 범죄와 같은 논쟁의 가치가 있는 이유들로 불법화된 것도 있다. 그리고 형법에서 규정하고 있지 않지만 명백하게 사회적 해악이 존재하는 문제들도 있다. 예를 들면, 유럽 전체와 남미의 국가들은 자신에게 손해가 되지 않는 상황에서 타인을 도와줄 수 있음에도 도와주지 않을 경우 형법으로 처벌할 수 있도록 요구하는 법이 있다. 미국에서는 다섯 개의 주를 제외하고는 얕은 물에서 어린아이가 빠져죽어도 서서 구경만 하거나 장님이 자기를 지나서 몇 미터 떨어진 절벽으로 떨어지게 되는 것을 보고도 그 장님을 멈추게 하거나 경고하지 않고 무관심하게 보고만 있어도 법에 저촉되지 않는다(Schiff, 2005).

미시간 대법원은 어느 여인이 모르핀과 장뇌(camphor)를 먹고 혼수상태에 빠진 것을 보고도 방치하여 사망케 한 남자의 살인죄를 번복하여 현존하는 미국원칙을 확인하였다(People v. Beardsley, 1907). 유명한 형법학자와 많은 다른 학자들은 법원의 판단을 혐오스러운 판결이라고 믿고 있다.

> 이러한 판결에 대해 차분하게 대하는 것은 어려운 일이다. 이런 야만스러운 판결은 자비와 동정의 충동을 무시하는 것이다. 이것은 잘난 체하고 무지하고 보복적인 도덕성을 선포하는 것이다. 문명화된 사회에서 무력하게 아파하는 사람이 유일하게 도움의 손길이 구할 수밖에 없는 사람과 함께 있을 때에는 그 사람이 그의 아내이든 정부이든 매춘부이든 아니면 대법원 판사이든지 도움에 응할 의무가 있다. 비어즐리(Beardsley) 판결은 강한 비난을 받아도 마땅하다(Hughes, 1955: 624).

### 흡연 (Cigarette Smoking)

담배 제조와 판매는 범죄 없는 피해자를 가장 잘 표현하고 있으며, 지금 여기서 우리는 범죄학의 합법성에 관한 질문을 독자들에게 제시한다.

담배 이야기는 막대한 경제적 이익을 창출하는 사업에 대한 이야기로 그 이익의 일부분을 법으로부터 자신을 보호하기 위해서 쓴다(Parker-Pope, 2001). 담배산업은 정치인들에게 많은 정치자금을 제공하면서 자신들에게 유리한 법을 제정하도록 지지하여 주기를 바라고 있다. 담배 제조업자들은 의심할 여지없이 사람을 죽이기를 원하지 않는다. 그러나 모호한 표현법, 거부(denial)와 조작의 기술을 사용함으로써 수백만 명의 그들 고객의 생명의 대가로 자신의 경제적 이익을 취하고 있다. 담배는 "우리가 알고 있는 박테리아, 바이러스, 총알, 야생동물, 독성 화학품과 미국 자동차 등의 모든 치명적인 요소들 보다 더 많은 죽음을 야기해 왔다"(Kluger, 1996: 204). 2011년 흡연을 감소시키기 위한 캠페인은 전체 인구의 측면에서 불균형적인 성공을 보였다. 여성보다 남성이 계속해서 흡연을 더 많이 하고, 그 비율은 남성이 24퍼센트, 여성이 18퍼센트를 차지한다. 이러한 비율의 차이는 교육에 따라 달라지는데, 대학원 이상의 학력을 가진 사람들은 6퍼센트 만이 흡연을 하고, 대학졸업자의 경우는 11퍼센트, 그리고 9학년에서 11학년까지의 교육(고등학교)을 받은 사람들은 34퍼센트, 마지막으로 고등학교 학력과 같은 GED 학위를 가진 사람들의 49퍼 센트가 흡연을 하는 것으로 나타났다.

담배산업은 소송들이 제기되기 이전에는 흡연이 사망과 연관성이 없다고 주장하였다. 흡연을 많이 한 사람이 상당히 높은 수준으로 폐암에 걸린다는 것만으로는 흡연이 암을 야기한다고 증명할 수 없다고 주장하였다. 추가로 폐암으로 죽은 사람들보다 더 많은 흡연을 하였거나 그와 비슷한 양의 흡연을 한 사람들 중에는 고령에 다른 이유로 사망한 사람들도 있다. 그리고 흡연을 하지 않은 사람들 중에도 흡연을 한 사람들과 똑같은 질병으로 사망했다. 더욱이 흡연을 한 사람이 어떠한 독특한 이유로 흡연을 하지 않은 사람보다 먼저 사망했을지도 모른다. 어느 한 의사가 지적했듯이 흡연을 폐암의 원인으로 연관시키는 것은 "완전히 정당성이 없다". "단순히 비가 온 후에 황소개구리를 발견하였다고 황소개구리가 비처럼 내린 것은 아니다"(Kluger, 1996: 166)라고 주장했다.

담배 제조업자들은 마약사용의 합법화를 요구하는 사람들이 주장하듯이, 사람들이 그들의 삶을 어떻게 살 것인가와 어떻게 자신들의 사망을 촉진시키는가를 결정하는 것은 그 사람들의 문제이다. 삶 자체가 죽음으로 가는 병이다. 최소한 우리는 (1)사람들이 흡연을 시작하고 지속시키기 위해 맹렬한 광고를 하고 있다는 것과 (2) 담배에 있는 니코틴은 표기하기에 너무 고통스러울 정도로 매우 중독성이 강하다는 것에 대한 충분한 정보를 가져야 한다.

담배 공급의 조절에 대한 최초의 획기적인 전환점은 정부가 담배회사들이 텔레비전에 광고하는 것을 금지한 것이다. 이 금지령은 대형 담배회사들에게는 상당한 도움이 되었다. 활발한 광고시장을 잃어버림으로써 새로운 회사들이 현존하는 대형회사들과 경쟁할 수 없게 되었다. 그와 동시에 담배회사들은 운동경기장에 전략적으로 광고판을 게시함으로써 그들의 제품들을 텔레비전 시청자들에게 홍보할 수 있게 되었다.

담배회사들은 텔레비전 금지를 환영했는데 이것은 자신들에 대한 비난에 대하여 반박할 수 있도록 허용해 주는 "공정의 원칙"을 정부가 주장했기 때문이다. 담배회사들은 텔레비전의 무료시간을 통하여 그들을 경멸하는 사람들로부터 짓밟혔다. 담배광고 금지령을 인정한 결정에 대해 주의하여야 할 것은 금지령을 반대한 소수의 의견이다. 라이트(Skelly Wright) 판사는 살렘(Salem) 담배광고에 매력적인 여자를 사용한 것은 "유혹적인 죽음의 상인(seductive merchant of death)"임에 틀림없고, "Marlboro Country"는 공동묘지임이 사실이지만, 헌법 제1조는 배심원들이 말하는 것처럼 "건강하고 해가 없는 자유표현만 보호하는 것은 아니다"라는 주장이다(Capital Broadcasting Co. v. Mitchell, 1971: 582).

따라서 일반인의 건강을 관리하는 미공중위생국의 제안에 따라 정부가 모든 담뱃갑에 (나중에는 광고에도) 흡연의 위험에 대하여 경고문을 싣도록 강요하였다. 담배 제조업자들은 수백 만 불을 들여서 최대한 눈에 띄지 않게 경고문을 실었다. 제조업자들은 경고문에 대한 강요를 나쁘게만 받아들이지 않았다. 왜냐하면 제조업자들은 경고문을 통해 흡연이 일반인에게 위험한 행동이라는 것을 알려주었기 때문에, 소송으로 인한 경제적 손실로부터 자신들을 보호하여 줄 수도 있다고 믿었기 때문이다(Brandt, 2007).

범죄학자들에게 이러한 이슈는 그들의 전문적인 관심에 포함되는 것인가 아니면 형법의 권한 밖의 일이므로 그들의 학문적인 영역을 벗어나는 것인가라는 질문을 던졌다. 가능한 대답은 흡연으로 가해진 해악의 증거가 충분할 경우 불법행위에 의한 해악을 다루는 법학자들이 이 문제에 관여하여야 한다는 것이다. 그와 동시에 주의하여야 할 것은 명백한 과학적 증거에 의하여 입증되지 않은 도덕적 판단으로 주의 깊은 관찰 없이 우리의 비위를 거스른 것들을 "범죄"라고 칭하고 싶은 유혹이다. 그러므로 우리는 범죄의 상대성과 이데올로기 영향에 대해 서론에서 거론했던 문제에 또 다시 직면하게 된다.

## 요약 (Summary)

전반적으로 법집행기관의 활동은 피해자 없는 범죄를 제지하기에 비효과적인 것으로 판명되었다. 예를 들어 오랜 기간 동안 마약사용과 매춘 등의 행동을 저지하려했던 법률들은 그다지 영향력이 없었다(Meier & Geis, 2006). 미국에서 알코올음료의 판매 정지법의 실험은 무너져 버렸고, 불운한 금주법은 폐지되었다. 아마도 미국에서 가장 교훈적인 경험은 금연에서 왔을 것이다. 교육운동, 의학적 연구 결과와 개인건강의 자기보호에 대한 호소, 집단 압력 등으로 미국에서 오늘날 흡연에 많은 영향을 미쳤다. 담배는 지난 50년 중에서 가장 낮은 판매량을 보였다. 인구 당 흡연숫자는 1930년대의 숫자로 돌아갔다.

철학자들은 종종 충분히 이룰 수 없는 목적을 위해 형법을 사용하려고 노력하는 것을 비난해 왔다. 그 중 유명한 스피노자(Baruch de Spinoza 1632-1677)의 주장과 벤담(Jeremy Bentham 1748-1832)의 주장이 있다. 스피노자는 타인에게 해악을 끼치지 않는 모든 행동을 제제하려는 법률을 법전에서 제외해야 한다고 주장하였다. 그 이유는 "누구든지 모든 사람을 통제하려고 할 때에는 오히려 그것을 개혁시키기보다 그 부도덕이 더 크다. 그것이 비록 해롭다 하더라고 그것을 없앨 수 없다면 허용하는 것이 최선의 방법이다"라는 것이다(de Spinoza, 1670/1937: 141).

벤담은 "상상적인 범죄"에 대하여 경고하였다. 그는 자기의 주장을 미국의 초기 두 법안이었던 간통과 음주를 들어서 보여주었다. 벤담이 질문하기를 입법자들은 법적 처벌로 음주와 간통을 근절시킬 수 있었는가? 모든 기발한 고문을 발명해도 이룰 수 없을 것이다. 그것을 위해서 어떤 과정을 고려하기 전에 악의 집단이 선호하는 처벌은 그 범죄의 가장 나쁜 행위가 가져올 해악 보다 천배나 더 커질 것이다"(Bentham[1978]/1948: 420).

팩커(Herbert Packer)은 형법을 통해 제재하여야 할 행위들에 대한 적정한 판단에 사용할 수 있는 기본원칙을 제안하였다. 이것은 다른 사람이 상해를 당했다고 생각하는 결과를 가져와서 당국에 고발하는 범죄가 아닌 것들이다(Packer, 1968: 151). Packer는 범법행위로 간주되기 전에 몇 가지 조건이 맞아야 한다고 주장한다. 그 중에는

- 행위는 대부분의 사람들에 의해 사회적인 위협을 준다고 여겨져야 하고, 사회의 중요한 일부분이 용서하고 있어서는 안 된다.
- 차별 없는 법집행기관단체에서 공정하게 다룰 수 있어야 한다.
- 법적 절차를 통해서 통제할 경우 그 절차가 양적으로나 질적으로 무리하게 드러나지 않아야 한다.
- 행위를 다루는데 법적 제한 이외에는 다른 적당한 차선책이 없어야 한다.

형법의 범위 안에서 위와 같은 기본원칙들을 고려하였을 때 피해자 없는 행위들이 지속적으로 감소된 것이 기록을 통해서 알 수 있다. 그렇다고 해서 이러한 과정이 지속되거나 같은 방향으로 나아갈 것이라는 확신은 없다. 역사가 분명히 우리에게 말해 주는 것은 형법을 사용하여 도덕적인 가치를 주장할 경우 종종 순환적인 형태를 낳게 된다. 예를 들면 법아래서 오늘날 낙태는 아직도 강한 논쟁의 대상으로 남아있다. 또한 "피해자 없는 범죄들"의 여러 행동들이 시민들에게 있어 상당한 논쟁을 낳고 있다. 안락사와 의사가 만약 약으로 처방할 경우인 의학적 사용으로의 대마초의 사용권리 등이 그러한 예이다.

마지막으로 주요한 피해자 없는 범죄 중 하나인 마약사용에 대한 사람들의 상반되는 의견이 전국적인 신문에 실린 두 편의 편지를 보자. 첫 번째는 지속적으로 마약사용을 범죄화하기를 주장하는 글이다.

마약사용을 합법화하는 것은 파멸적이다. 이 나라에는 천오백만의 알코올 중독자와 오백만의 마약중독자가 있다. 우리는 5백만이 천오백만이 되기를 원하는가? 부모들은 법을 없애면 마약사용의 증가와 그와 관련된 차량사고, 학업 중단과 결근 등이 증가할 것임을 알고 있다. 병원 응급실은 넘쳐날 것이고 범죄는 마약사용이 최고로 높았던 1970년대나 80년대와 같은 위험한 수준으로 돌아갈 것이다. 가정폭력과 데이트 강간도 상당히 높아질 것이다.

다른 측면에서는 다음과 같은 논리를 택하고 있다.

마약과의 전쟁은 비참한 패배였다는 것을 모든 사람들이 알고 있다. 그 부수적인 피해로 특히 남미와 지구상에서 반 미국 사상이 싹트고 있다. 미국 내에서는 헌법 제4항(수색과 압수)을 무시하고 다른 사람이 좋아하지 않는 방법으로 만족감을 찾는 것이 유일한 죄인 사람들을 우리의 교정시설에 채우고 있다.

## 주요 용어 및 개념

Cocaine
Crack Cocaine
Crank
Crimes without Victims
Marijuana
Methamphetamines
Opiates
Physician-Assisted Suicide
Pimp
Prostitution
Status Offenses
Victims without Crimes

## 주요 범죄학자들

Ronald Akers
Elliott Currie
Nanette Davis
Finn-Aage Esbensen
Erich Goode
James Inciardi
Edwin Schur
Franklin Zimring

## 판례

*American Booksellers Assn. v. Hudnut*, 771 F.2d 323 (7th Cir. 1985), affirmed 475 U.S. 1001 (1986)
*Buhl v. Harrigan*, 16 Cal. App. 4th 1612 (1993)
*Capital Broadcasting Co. v. Mitchell*, 333 F. Supp. 582 (D.C. Cir. 1971)
*Conant v. Walters*, 309 F.2d 693 (9th Cir. 2002).
*Gonzales v. McClary*, 541 U.S. 1 (2005)
*People v. Beardsley*, 113 N.W.2d 1128 (Mich. 1907)
*State v. DeMagistris*, 714 A.2d 567 (R.I. 1998).

## 토론 질문

1. 알코올음료와 담배는 합법적으로 판매된 반면에 코카인과 마리화나 같은 마약의 판매는 불법화된 사실에 대해 어떻게 정당화하거나 반대하는가?
3. 의사에 의해 도움을 받는 자살을 허용하는 법을 정당화하거나 비판하시오.

4. 매춘은 불법적인 범죄로 남아있어야 한다고 믿는가? 그렇지 않다면 매춘 행위를 허용하는 조건은 무엇이라고 생각하는가?
5. 매춘의 구매자들이 범죄자로 입건되는 정책에 대해 동의하는가 아니면 반대하는가? 만약 동의한다면, 예전에 그러했던 것처럼 낙태가 불법일 때 낙태를 추진하는 여성들에 대해서도 같은 의견인가?
6. 스웨덴이 매춘을 다루기 위해 추진해온 정책에 동의하는가 아니면 반대하는가?
7. 국가가 좋은 사마리아인 (가능하고 본인에게 어떠한 해도 없는 상황에서는 부상당한 운전자들 같은 타인을 돕는 것을 의무화 하는 것)을 강요하는 것을 입법화해야 한다고 생각하는가? 찬반의견을 제시하고 그 이유를 설명하시오.

## 참고문헌


Akers, R.L. (1985). *Deviant Behavior.* Belmont, CA: Wadsworth.

Akers, R.L. & G.F. Jensen (eds.) (2003). *Social Learning Theory and the Explanation of Crime.* New Brunswick, NJ: Transaction.

Albert, A.E. (2001). *Brothel: Mustang Ranch and Its Women.* New York, NY: Random House.

Anderson, S.A. (2000). "Prostitution and Sexual Autonomy: Making Sense of the Prohibition of Prostitution." *Ethics,* 112:748-782.

Bachman, J.G., K.S. Wadsworth, P.M. O'Malley, L.D. Johnson & J.F. Schulenberg (1997). *Smoking, Drinking and Drug Use in Young Adulthood: The Impacts of New Freedoms and New Responsibilities.* Mahwah, NJ: Earlbaum.

Baskin-Sommers, A. & I. Sommers (2006). "Methamphetamine Use and Violence among Young Adults." *Journal of Criminal Justice,* 34:661-674.

Bentham, J. (1802/1841). *Theories of Legislation*, Second Edition. London, UK: Trubner.

Bettelheim, B. (1969). *Children of the Dream.* New York, NY: Macmillan.

Booth, M. (1999). *Opium: A History.* New York, NY: St. Martin's.

Bork, R. (1991. *The Tempting of America: The Political Seduction of the Law.* New York, NY: Simon & Schuster.

Brandt, A.M. (2007). *The Cigarette Century: The Rise, Fall, and Deadly Persistence of the Product that Defined America*. New York: Basic Books.

Brents, B.G. & K. Hausbeck (2005). "Violence and Legalized Brothel Prostitution in Nevada." *Journal of Interpersonal Violence*, 20:270-295.

Caldicott, D.G., J. Holmes, K.C. Robers-Thomson & L. Mahar (2005). "Keep off the Grass: Marijuana Use and Acute Cardiovascular Events." *European Journal of Emergency Medicine*, 12:23-64.

Campbell, C.A. (1991). "Prostitution, AIDS, and Preventive Health Behavior." *Social Science and Medicine*, 32:1367-1378.

Caputo, G.A. (2008). *Out in the Storm: Drug-Addicted Women Living as Shoplifters and Sex Workers*. Hanover, NH: University Press of New England.

Carroll, L. (2002). "Marijuana's Effects: More than Munchies." *New York Times*, (January 29):C24.

Cartwright, D. (2001). *Dark Paradise: A History of Opiate Addiction in America*. Cambridge, MA: Harvard University Press.

Cates, J.A. & J. Markley (1992). "Demographic, Clinical, and Personality Variables Associated with Male Prostitution by Choice." *Adolescence*, 27:695-714.

Chin, E., K. Hedberg, G.K. Higginson & D.W. Fleming (1999). "Legalized Physician-Assisted Suicide in Oregon: The First Year's Experience." *New England Journal of Medicine*, 340:577-583.

Cohen, B. (1980). *Deviant Street Networks: Prostitution in New York City*. Lexington, MA: Lexington Books.

Cothran, H. (2002). *Pornography: Opposing Viewpoints*. San Diego, CA: Greenhaven.

Dalla, R.L. (2007). *Exposing the "Pretty Woman" Myth: A Qualitative Evaluation of Street- Level Prostituted Women*. Lanham, MD: Lexington Books.

Danke, S., K.L. Mills, J. Ross, A. Williamson, A. Harvard & M. Teeson (2009). "The Aging Heroin User: Career Length, Clinical Profile, an Outcome across 36 Months." *Drug and Alcohol Review*, 28:243-249.

Davenport-Hines, R. (1995). *Auden*. London, UK: Heinemann.

Davis, N.J. (1993). "Introduction: International Perspectives on Female Prostitution." In N.J. Davis (ed.) *Prostitution: An International Handbook on Trends, Problems, and Policies*, 1–13. Westport, CT: Greenwood.

Day, N.L. & G. Richardson (1993). "Cocaine Use and Crack Babies: Science, the Media, and Miscommunication." *Neurotoxicology and Teratology*, 15:293–294.

de Spinoza, B. (1670/1937). "Tractatus Theologico Politicus." Chap. XX. In A.G.A. Balz (ed.) *Writings on Political Philosophy*. New York, NY: Appleton–Century–Crofts.

Devlin, P. (1965). *The Enforcement of Morals*. London, UK: Oxford University Press.

Dodge, M.J., D. Starr–Gimeno & T. Williams (2005). "Puttin 'on the Sting: Women Police Officers' Perspectives on Reverse Prostitution Assignments." *International Journal of Police Science & Management*, 7:71–85.

Donne, J. (1624). *Devotions upon Emergent Conditions and Several Steps in My Sickness*. London, UK: Augustine Matthews.

Dworkin, A. (1997). *Life and Death*. New York, NY: Free Press.

Earlywine, M. (2002). *Understanding Marijuana: A New Look at the Scientific Evidence*. New York, NY: Oxford University Press.

Editorial. (1997). "The Way We Are." *Wall Street Journal*, (January 10):A18.

Egan, T. (1999). "A Drug Ran Its Course, Then Hid With Its Users." *New York Times*, (September 19):A1, A27.

Esbensen, F. & D.S. Elliott (1994). "Continuity and Discontinuity in Illicit Drug Use Patterns and Antecedents." *Journal of Drug Use*, 24:75–97.

Esbensen, F. & D. Huizinga (1993). "Gangs, Drugs, and Delinquency in a Survey of Urban Youth." *Criminology*, 31:565–587.

French, P. (2008). *The World is What It Is: The Authorized Biography of V. S. Naipaul*. New York, NY: Knopf.

Gill, M.B. (2009). "Is the Legalization of Physician–Assisted Suicide Compatible with Good End–of–Life Care?" *Journal of Applied Psychology*, 26:27–45.

Halkitis, P.N. (2009). *Methamphetamine Addiction: Biological Foundations, Psychological Factors, and Social Consequences*. Washington, DC: American Psychological Association.

Hawkins, G. & F.E. Zimring (1988). *Pornography in a Free Society*. New York, NY: Cambridge University Press.

Hendin, H. & K. Foley (2009). "Physician–Assisted Suicide: A Medical Perspective."

*Michigan Law Review*, 106:1613–1640.

Holsopple, K. (1999). "Pimps, Tricks and Feminists." *Women's Studies Quarterly*, 27:47–52.

Hser, V-I, V. Hoffman, C.E. Grella & M.D. Anglin (2002). "A 33-Year Follow-up of Narcotics Addicts." *Archives of General Psychiatry*, 58:503–508.

Huggins, L.E. (ed.) (2005). *Drug War Deadlock: The Policy Battle Continues*. Stanford, CA: Hoover Institution.

Hughes, G. (1955). "Criminal Omissions." *Yale Law Journal*, 67:590–637.

Hughes, H.M. (ed.) (1961). *The Fantastic Lodgee*. Boston, MA: Houghton Mifflin.

Husak, D. & P. de Marneffe (2005). *The Legalization of Drugs*. New York, NY: Cambridge University Press.

Inciardi, J.A., D. Lockwood & A.E. Pottieger (1993). *Women and Crack Cocaine*. New York, NY: Macmillan.

Jeffrey, D. (2009). *Against Physician Assisted Suicide: A Palliative Care Perspective*. New York, NY: Radcliffe.

Jesilow, P., H. Pontell & G. Geis (1993). *Prescription for Profit: How Doctors Defraud Medicaid*. Berkeley, CA: University of California Press.

Jonnes, J. (1999). *Hep-Cats, Narcs, and Pipe Dreams: A History of America's Romance with Illicit Drugs*. Baltimore, MD: Johns Hopkins University Press.

Kassirer, J.P. (1997). "Federal Foolishness and Marijuana." *New England Journal of Medicine*, 336(3):366.

Klein, C. (2000). *Doris Lessing: A Biography*. New York, NY: Carroll & Graf.

Klinger, K. (2003). "Prostitution, Humanism and a Woman's Choice." *The Humanist*, 63, (January-February):16–20.

Kluger, R. (1996). *Ashes to Ashes: America's Hundred-Year Cigarette War and the Unabashed*

*Triumph of Philip Morris*. New York, NY: Knopf.

Korf, D.J., B. Bullington & H. Riper (eds.) (1999). "Symposium: Windmills in the Minds?: Drug Policy and Drug Research in the Netherlands." *Journal of Drug Issues*, 29:443–726.

Lindsay, R.A. (2009). "Oregon's Experience: Evaluating the Record." *American Journal of Bioethics*, 9:19–27.

Lode, E. (1999). "Slippery Slope Arguments and Legal Reasoning." *California Law Review*, 87:1469–1544.

Lombroso, C. & W. Ferrero (1895). *The Female Offender*. New York, NY: Appleton.

MacKinnon, C.A. & A. Dworkin (eds.) *In Harm's Way: The Pornography of Civil Rights Hearings*. Cambridge, MA: Harvard University Press.

Mascow, P. & S. Franklin (2009). "It's Time to Legalize Drugs." *Washington Post*, (August 17):A13.

Mayrose, J. (2008). "The Effect of Mandatory Motorcycle Helmet Laws on Helmet Use and Injury Patterns among Motorcyclist Fatalities." *Journal of Safety Research*, 39:429–432.

Meier, R.F. & G. Geis (2006) *Criminal Justice and Moral Issues*. New York, NY: Oxford University Press.

Mittelman, M.A., R.A. Lewis, M. Machre, J.B. Sherwood & J.E. Miller (2001). "Triggering Myocardial Interactions by Marijuana." *Circulation*, 103:2805–2809.

Monto, M. (2004). "Female Prostitution, Customers, and Violence." *Violence against Women*, 10:160–168.

Mosher, C.J. & S. Akins (2007). *Drugs and Drug Policy: The Control of Consciousness Alteration*. Thousand Oaks, CA: Sage.

Musto, D.F. & P. Korsmeyer (2002). *One Hundred Years of Heroin*. Westport, CT: Auburn House.

Nietzsche, F.W. (1844/1920). *The Antichrist*. Trans H.L. Mencken. New York, NY: Knopf.

Note. (2009). "Child Pornography, the Internet, and the Challenge of Upholding Statutory Terms." *Harvard Law Review*, 122:2206–2227.

Nuland, S.B. (1994). *How We Die: Reflections on Life's Final Chapter*. New York, NY: Knopf.

Otis, S. (2009). *Child Pornography and Sexual Grooming: Legal and Social Responses*. New York. NY: Cambridge University Press.

Packer, H.L. (1968). *The Limits of the Criminal Sanction*. Stanford, CA: Stanford University Press.

Padden, D.H. (2006). "Our Unwinnable War-Against Drugs." *Wall Street Journal*, (March 7):A12.

Parker-Pope, T. (2001). *Cigarettes: Anatomy of an Industry*. New York, NY: Public Affairs.

Peters, G. & L. Merlington (2009). *Seeds of Terror: How Heroin is Bankrolling the Taliban and al Queda*. New York, NY: Thomas Dunne.

Powers, A. (2000). *Weird Like Us: My Bohemian America*. New York, NY: DeCapo.

Prince, D.A. (1986). *A Psychological Study of Prostitutes in California and Nevada*. Ph.D. dissertation. San Diego, CA: United States International University.

Richardson, G. & N.L. Day (1992). "Maternal and Neonatal Effects of Moderate Cocaine Use During Pregnancy." *Neurotoxicology and Teratology*, 13:455-460.

Richardson, L. (2000). "The Pimp Phenomenon." *Los Angeles Times*, (December 3):E1,E3.

Roll, J.M., R.A. Rawson, W. Ling & S. Shoptaw (eds.) (2009). *Methamphetamine Addiction: From Basic Science to Treatment*. New York, NY: Guilford.

Ross, H.L. (1992). *Confronting Drunk Driving: Social Policy for Saving Lives*. New Haven, CT: Yale University Press.

Salem, T. (1999). "Physician-Assisted Suicide." *Hastings Center Report*, 20(May):30-36.

Schiff, D. (2005. "Samaritans, Good, Bad, Ugly: A Comparative Analysis. *Roger Williams University Law Review*, 11:77-141.

Schur, E. (1965). *Crimes without Victims: Deviant Behavior and Public Policy*. Englewood Cliffs, NJ: Prentice Hall.

Sharpe, T.T. (2005). *Behind the Eight Ball: Sex for Crack Cocaine Exchange and Poor Black Women*. New York, NY: Haworth.

Shishkin, P. & D. Crawford (2006). "In Afghanistan, Heroin Trade Soars Despite U.S. Aid." *Wall Street Journal* (January 18): A1).

van der Poel, S. (1992). "Male Prostitution: A Neglected Phenomenon." *Crime, Law and Social Change*, 18:259-275.

Waddell, C. (1996). "HIV and the Social World of Female Commercial Sex Workers." *Medical Anthropological Quarterly*, 10:75-82.

Wald, M. (2008). "Death of Motorcyclists Rise Again." *New York Times* (August 15):A11.

Wasserman, S. (2005). *Medical Marijuana*. Denver, CO: National Conference of State Legislatures.

Weinberg, M.S., F.M. Shaver & C.J. Williams (1999). "Gendered Sex Work in the San Francisco Tenderloin." *Archives of Sexual Behavior*, 28:503–521.

Weiner, R. (2006). "Our Unwinnable War–Against Drugs." *Wall Street Journal*, (March 7):A12.

Weitzer,R. (2007). "The Social Construction of Sex Trafficking Ideology and the Institutionalization of a Moral Crusade." *Politics & Society*, 35:447–475.

Weitzer, R. (2005). "New Directions in Research on Prostitution." *Crime, Law & Social Change*, 43:211–235.

Woozley, A.D. (1983). "A Duty to Rescue: Some Thoughts on Criminal Liability." *Virginia Law Review*, 69:1273–1300.

Wren, C.S. (2000). "Widespread Drug Use." *New York Times*, (January 23):A9.

Wren, C.S. (1999). "Study Sees Little Change in Drug Use." *New York Times*, (December 19):51.

Wright, W. (2000). "Historical Analogies, Slippery Slopes, and the Question of Euthanasia." *Journal of Law, Medicine & Ethics*, 28:176–193.

Zernike, K. (2006). "With Scenes of Blood and Pain: Ads Battles Methamphetamine in Montana." *New York Times* (February 26):17.

Zimmer, L. & J.P. Morgan (1997). *Marijuana Facts, Marijuana Myths: A Review of the Scientific Evidence*. New York, NY: The Lindesmith Center.

Zimring, F.E. & G. Hawkins (1993). *The Search for Rational Drug Control*. New York, NY: Cambridge University Press.

# 찾아보기

## 한글

영글

## ◌ 역자 소개


**황의갑** 경기대학교 사회과학대학 경찰행정학과 교수

**기광도** 대구대학교 행정대학 경찰행정학과 교수

**김용근** 동신대학교 사회과학대학 경찰행정학과 교수

**류준혁** 대구가톨릭대학교 법정대학 경찰행정학과 교수

**박지선** 경찰대학교 행정학과 교수

**윤우석** 계명대학교 법경대학 경찰행정학과 교수

**이봉한** 대전대학교 법정대학 경찰학과 교수

**이상문** 영산대학교 법경대학 경찰행정학과 교수

**이창한** 동국대학교 사회과학대학 경찰학전공 교수

**이창훈** 한남대학교 사회과학대학 경찰행정학과 교수

**정덕영** 경동대학교 경찰행정학과 교수

**정진성** 순천향대학교 사회과학대학 경찰행정학과 교수

**조윤오** 동국대학교 사회과학대학 경찰행정학과 교수



도서출판
**그 린**

**범죄학** – 범죄원인론, 형사정책, 범죄발생의 최근 경향

인지

| | |
|---|---|
| 초판 1쇄 인쇄 ▶ | 2015년 2월 24일 |
| 초판 1쇄 발행 ▶ | 2015년 2월 28일 |
| 저 자 ▶ | Stephen E. Brown, Finn-Aage Esbensen, Gilbert Geis |
| 역 자 ▶ | 황의갑 · 기광도 · 김용근 · 류준혁 · 박지선 · 윤우석 · 이봉한<br>이상문 · 이창한 · 이창훈 · 정덕영 · 정진성 · 조윤오 |
| 발행처 ▶ | 도서출판 그린 |
| 발행인 ▶ | 윤 덕 우 |
| 출판등록 ▶ | 제8-161호(1995. 5. 3.) |
| 주 소 ▶ | 경기도 파주시 가람로 116번길 107<br>운정한강듀클래스 411호 (우)10896 |
| 전 화 ▶ | 02) 333-2574, 2575 |
| F a x ▶ | 02) 333-2561 |
| E-mail ▶ | greenpress@greenpress.co.kr |
| Homepage ▶ | http://www.greenpress.co.kr |

**정가 : 33,000원**

ISBN : 978-89-5727-212-1